Direito Eleitoral

Grupo
Editorial
Nacional

O GEN | Grupo Editorial Nacional – maior plataforma editorial brasileira no segmento científico, técnico e profissional – publica conteúdos nas áreas de concursos, ciências jurídicas, humanas, exatas, da saúde e sociais aplicadas, além de prover serviços direcionados à educação continuada.

As editoras que integram o GEN, das mais respeitadas no mercado editorial, construíram catálogos inigualáveis, com obras decisivas para a formação acadêmica e o aperfeiçoamento de várias gerações de profissionais e estudantes, tendo se tornado sinônimo de qualidade e seriedade.

A missão do GEN e dos núcleos de conteúdo que o compõem é prover a melhor informação científica e distribuí-la de maneira flexível e conveniente, a preços justos, gerando benefícios e servindo a autores, docentes, livreiros, funcionários, colaboradores e acionistas.

Nosso comportamento ético incondicional e nossa responsabilidade social e ambiental são reforçados pela natureza educacional de nossa atividade e dão sustentabilidade ao crescimento contínuo e à rentabilidade do grupo.

FRANCISCO DIRCEU BARROS

Direito Eleitoral

14ª Edição
Revista, atualizada e ampliada

SÉRIE PROVAS & CONCURSOS

gen
EDITORA MÉTODO

Impresso no Brasil – *Printed in Brazil*

EDITORA FORENSE LTDA.
Uma editora integrante do GEN | Grupo Editorial Nacional
Rua Conselheiro Nébias, 1384 – Campos Elíseos – 01203-904 – São Paulo – SP
Tel.: (11) 5080-0770 / (21) 3543-0770
faleconosco@grupogen.com.br / www.grupogen.com.br

■ Esta obra passou a ser publicada pelo selo Método, da Editora Forense, a partir da 12.ª edição.

■ Fechamento desta edição: 16.03.2018

■ CIP – Brasil. Catalogação na fonte.
Sindicato Nacional dos Editores de Livros, RJ.

B277d

Barros, Francisco Dirceu

Direito eleitoral / Francisco Dirceu Barros. – 14. ed. rev., atual. e ampl. – Rio de Janeiro: Forense; São Paulo: MÉTODO, 2018.
(Provas & Concursos)

Inclui bibliografia
ISBN 978-85-309-8017-7

1. Direito eleitoral - Brasil. 2. Direito eleitoral - Brasil - Problemas, questões, exercícios. I. Título.

18-48180 CDU: 342.8(81)

Leandra Felix da Cruz - Bibliotecária - CRB-7/6135

"Confia no Senhor de todo o teu coração e não te estribes no teu próprio entendimento. Reconhece-o em todos os teus caminhos, e ele endireitará as tuas veredas."

(Provérbios 3:5-6).

Nota do Autor

É com imensa alegria que apresento ao leitor a 14ª edição do livro *Direito Eleitoral*, da Série Provas & Concursos.

Com a atual exigência da disciplina de Direito Eleitoral nos concursos da Magistratura, do Ministério Público e da OAB, enfrentamos o seguinte desafio: melhorar o nível das matérias enfocadas sem perder a objetividade e a clareza; ou seja, sem perder o caráter direto e didático da obra.

Portanto, tenho certeza de que, ao ler este trabalho, você terá contato com dezenas de questões resolvidas de acordo com o pensamento do melhor da doutrina nacional e julgados atuais, podendo, com segurança, responder às questões objetivas e dissertar em uma eventual prova subjetiva, fato que acredito ser primordial para o seu êxito em concursos jurídicos. Imputo o sucesso das edições anteriores à graça divina e à simplicidade, à objetividade e ao enfoque prático que estabeleci no desenvolvimento das matérias.

A presente obra foi atualizada de acordo com a reforma eleitoral, com os últimos julgados do TSE e com as diretrizes gerais para a aplicação do Novo Código de Processo Civil no âmbito da Justiça Eleitoral.

Agradeço aos colegas promotores, juízes, advogados e estudantes pela recepção e pela crítica positiva, além das sugestões, que sempre são salutares, para melhorar o livro. Portanto, continue mandando a sua crítica ou sugestão para *fdirceub@gmail.com*.

Um grande e fraternal abraço.

Apresentação

E QUANDO OS OBSTÁCULOS GERAM
UM DESEJO FORTE DE DESISTIR?

Certo dia, fui fazer a **terceira** fase de um concurso para ingresso no Ministério Público. Precisava tirar nota 5,0.

Dos 8.700 candidatos, havia apenas 128, e eu estava entre os dez primeiros colocados.

Resultado: fui reprovado porque tirei a seguinte nota: 4,98. (Seria aprovado com 5,00).

Essa poderia ter sido uma história de fracasso, se eu não tivesse em mente:

a) um grande sonho – tornar-me Promotor de Justiça;
b) humildade para começar tudo de novo;
c) determinação e capacidade de renúncia; e
d) noção de que cada fracasso é uma bênção disfarçada, pois nos dá sempre uma lição que, de outra maneira, talvez nunca aprendêssemos. Quase todos os fracassos são apenas derrotas temporárias e, se nós somos capazes de ter o erro como aliado, vamos logo perceber que nenhum homem terá chance para desfrutar um triunfo permanente se não começar por olhar-se em um espelho para descobrir a causa real de todos os seus erros.

Ao repensar a prova objeto da reprovação supramencionada –, tive uma grande surpresa: das quatro questões, simplesmente não resolvi uma questão de **Direito Eleitoral,** perdi pontos e saí reprovado por 0,02.

Os meus amigos do grupo de estudo, que puderam testemunhar o meu esforço quase sobre-humano, os anos de estudo e o tempo que passei só alimentando um ideal, foram todos unânimes: "**isso não é possível**", "**todo concurso é desse jeito**", "**não vamos mais estudar**", e eu, naquele momento de tristeza, afirmei: "**eu começo a estudar hoje mesmo e, um dia, ainda irei escrever um livro de Direito Eleitoral**".

A frase, dita como desabafo, mas em forma de brincadeira, ficou gravada no meu subconsciente e comecei a estudar, a fazer anotações e resoluções de questões que eram cobradas nos mais variados concursos jurídicos. Tempos depois, já tendo, enfim, assumido o cargo de Promotor de Justiça, percebi que a experiência que acumulei durante os vários anos, em conjunto com a grande aprendizagem que auferi, lecionando em cursos preparatórios para ingresso nas principais carreiras jurídicas, deveria ser repassada para jovens que sonham em passar em concurso público. Surgiu assim a série de livros destinados a concursos jurídicos.

Foi assim, também, que tornei o **Direito Eleitoral** uma das minhas matérias favoritas; **e, na lição, aprendi que quem vai prestar concurso público não pode discriminar nenhuma matéria tampouco ser especialista em uma determinada área.**

Tinha especialização em duas áreas, mestrado em outra; na universidade, já havia lecionado oito disciplinas diferentes, **e saí reprovado em uma matéria que achava de pouca importância. Hoje, tenho certeza de que o Direito Eleitoral não é só importante para os concursos, é também essencial para o resgate da cidadania e o aperfeiçoamento do regime democrático.**

Para você que já tentou, mas não conseguiu passar em um concurso, forneço-lhe dez dicas retiradas do livro *Os segredos do sucesso nos concursos públicos*, da Editora JH Mizuno, e do livro *Carta aos concursandos,* escrito em coautoria com o amigo William Douglas:

1. **Não desista**, encare os obstáculos com serenidade, como um degrau. Algo que, quando superado, deixará você em um nível superior. Lembre-se de que o caminho mais fácil para **não conseguir** é desistir.
2. **Saiba que tudo tem um propósito.** Se Deus demora a atender seu pedido, é porque Ele tem uma missão: fazer endurecer mais a nossa resistência espiritual por meio da espera ou, então, Ele quer fazer um milagre maior. Tudo tem seu tempo e as demoras de Deus são sempre propositadas.
3. **Faça como eu fiz: peça a Deus, mas faça sua parte, erga a cabeça, siga em frente, com mais garra, mais disciplina, mais determinação e com muita humildade.** Afinal, toda derrota se transformará numa lição aproveitável, se tivermos humildade para reconhecer e identificar o erro e aprender com ele. A adversidade é, em geral, uma grande bênção disfarçada de oportunidade. Sem fracassos e derrotas temporárias, jamais conseguiremos evoluir, não há vitória sem luta, sem dor, sem muito sacrifício, e, se não fosse a escuridão, você jamais saberia o que é luz.
4. **Não confunda sua mente**, não fique fazendo concursos em todos os níveis, você tem que ter um objetivo claro, direcionado. Não esqueça que tudo é possível à pessoa que tem um propósito definido.
5. **Reveja sua estratégia de estudos.** Com a estratégia errada, você perde muito tempo. No livro *Os segredos do sucesso nos concursos públicos*, forneço uma ótima estratégia de estudo para você ganhar tempo e qualidade de estudo.
6. **Identifique no que você foi reprovado e se especialize em suas deficiências.** É um erro grave e fatal querer estudar apenas aquilo de que se **gosta**; nossa mente não tem limite, nós podemos **gostar** e **aprender** de tudo.
7. **O importante é passar, e não é estritamente necessário que seja da primeira vez.** Você sabia que eu e até o campeão dos concursos, William Douglas, já saímos reprovados em um concurso?

Imagine agora o que eu estaria escrevendo, se tivesse desistido no primeiro obstáculo. Lembre-se de que pessoas vencedoras entendem que os obstáculos são para a mente aquilo que os exercícios são para os músculos, e desenvolvem nela a resistência e o poder da superação. **Não faça concurso para passar, faça concursos até passar.**

8. **Estude por livros especializados em concursos jurídicos.**
9. **Acredite em você, mas saiba que tudo tem um tempo.** "Tudo tem o seu tempo determinado, e há tempo para todo o propósito debaixo do céu. Há tempo de nascer, e tempo de morrer; tempo de plantar, e tempo de arrancar o que se plantou;" (Eclesiastes 3:3).
10. **Lembre-se de que, dentro de você, há um poder ilimitado, que é ativado pela fé, na qual podemos tudo**. Jesus Cristo disse: *"Se tens fé, cumpre saberes que tudo é possível àquele que a tem."* Ele disse **tudo**; portanto, o poder da fé é tão grande, que, se seu ideal for justo, não existe obstáculo instransponível, nós podemos **tudo** naquele que nos fortalece. Peça com convicção e acredite na realização, pois a sentença é absoluta: "por isso, vos digo que tudo quanto pedires em oração, crede que receberás, e assim será para convosco", afinal, o homem é tão grande quanto a medida de sua fé. Assim, se meditarmos longo tempo e com suficiente intensidade de fé em alguma coisa, essa coisa tende a materializar-se.

Tenho uma frase como um norte de minhas atitudes: "**E tudo quanto fizerdes, fazei-o de coração" (Colossenses 3:23)**; e foi com o coração aberto e despido de quaisquer virtudes e pretensões prepotentes que elaborei este trabalho, que tem como fim precípuo ajudar meu semelhante a também consolidar o seu ideal, mesmo tendo plena consciência de que estou apenas apontando o caminho – o caminhar será feito com seus passos, pois, como Galileu dizia: "**Não se pode ensinar tudo a alguém; pode-se apenas ajudá-lo a encontrar por si mesmo.**"

Espero, sinceramente, que esteja contribuindo com a efetivação do seu sonho, e, se ele for verdadeiro, um dia você vai realizá-lo. Seja persistente, saiba recomeçar e nunca desista do seu ideal. Afinal, como dizia Thomas Edison: "**Nossa maior fraqueza está em desistir. O caminho mais certo de vencer é tentar mais uma vez.**"

Lembra do motivo da minha reprovação?

Neste exato momento é madrugada, mas estou motivado, fazendo a leitura da 14ª edição do livro *Direito eleitoral*, o livro de direito eleitoral mais vendido do Brasil no segmento concursos públicos, justamente a matéria que um dia foi objeto da minha reprovação.

Um milagre??

Não, apenas porque eu sei que:

NÃO IMPORTA O QUE ACONTECE; O QUE IMPORTA É COMO VOCÊ REAJE AO QUE ACONTECE.

Entre você e seu sonho acontecerão muitas coisas, mas lembre-se:

DESISTIR NUNCA PODE SER UMA OPÇÃO!!!

"Mas o justo viverá pela fé! Contudo, se retroceder, minha alma não se agradará dele. Nós, entretanto, não somos dos que regridem para a perdição; mas sim, dos que creem e, salvos, seguem avante". (Hb 10:38).

Francisco Dirceu Barros
Procurador-Geral de Justiça

Prefácio

Mais um livro sobre Direito Eleitoral, porém, **desta vez, um trabalho diferente de muitos que têm aparecido nos últimos anos.**

Com efeito, poucos são os novos livros sobre este tema que examinam os fundamentos jurídicos desse ramo do Direito Público ou, mesmo, comentam a legislação eleitoral em sua totalidade, limitando-se, a maior parte deles, a abordar ou simplesmente a anotar a chamada "Lei das Eleições", a de nº 9.504, de 30 de setembro de 1997.

No caso presente, o *Direito Eleitoral*, de autoria de Francisco Dirceu Barros, tem uma destinação certa: elaborado para orientar candidatos a concursos públicos que incluam a disciplina nos seus exames. Daí sua feição ser a de informar tais candidatos, oferecendo-lhes subsídios relacionados com as questões formuladas em concursos anteriores.

Não dispõe o livro de muitas análises doutrinárias, nem de estudos comparativos de Direito estrangeiro, pois o objetivo é restrito, vincula-se ao Direito Positivo nacional, tal como presente na legislação eleitoral, a começar do Código Eleitoral, de 1965, a Lei nº 4.737, que vem sendo posta de lado, como se tivesse sido revogada pela Lei nº 9.504.

O panorama de aplicação do Direito Eleitoral nos dias que correm mudou sensivelmente, a partir da "Constituição Cidadã", especialmente com a incorporação das regras atinentes ao voto do analfabeto e dos jovens, da inalistabilidade reduzida aos estrangeiros e aos consentes, da elegibilidade de brasileiros naturalizados (com pouquíssimas ressalvas) e do reconhecimento de que o partido político é pessoa jurídica de Direito Privado, e não de Direito Público, como ocorria na legislação anterior.

Daí a grande modificação na legislação que veio da parte das novas leis, sobre a inelegibilidade (Lei Complementar nº 64, de 1990, e suas alterações), a Lei dos Partidos Políticos, não mais "Lei Orgânica" (nº 9.096, de 1995) e a nova Lei das Eleições (nº 9.504, de 1997), já mencionada.

Com isso, foi modificada a orientação doutrinária e jurisprudencial a respeito, tendo o Tribunal Superior Eleitoral expedido uma série enorme de resoluções e instruções, bem como respondido a consultas sobre tais alterações.

Tudo isso foi bem levantado e coligido pelo autor, no presente livro. Passa ele a ser uma ferramenta valiosa para os que buscam os conhecimentos, até então dispersos, sobre as diversas facetas do Direito Eleitoral, com um objetivo direto e imediato: a participação em concursos públicos.

Não quer dizer que este livro não tenha outra serventia, para os estudantes de Direito, sobretudo quando a disciplina Direito Eleitoral, que dantes não existia nas faculdades brasileiras, hoje reponta na maioria delas, seja com caráter obrigatório, seja como eletiva. E, também, para todos aqueles que necessitam de informações sobre este ramo do Direito Público, na sua atividade regular, política ou profissional, como advogado, magistrado ou membro do Ministério Público, militante partidário ou detentor de mandato político.

O seu autor é um cultor do Direito Eleitoral, a isto levado pela força das circunstâncias, conforme confessa na sua apresentação: reprovado por dois centésimos de ponto, por não ter respondido a uma questão de Direito Eleitoral, sofreu nos seus brios e prometeu a si mesmo que, depois de estudar bastante, um dia escreveria um livro sobre o tema. Essa promessa está sendo cumprida agora, com resultado positivo.

Tal evento, a reprovação por pouca margem, efetivamente, leva o estudante ou candidato que foi alvejado em voo a se dedicar com mais afinco, a fim de demonstrar que aquele teria sido um incidente passageiro, algo apenas ocorrido no percurso, não definitivo. E o leva a estudar o tema com mais denodo e profundidade.

Neste ponto, existe uma grande afinidade entre o autor do livro e o seu prefaciador. Quando cursava a disciplina Direito Constitucional, na Faculdade de Direito do Recife (hoje, Centro de Ciências Jurídicas da Universidade Federal de Pernambuco), num mesmo ano, o signatário deixou de ser aprovado duas vezes por falta de um ponto e, finalmente, em segunda época, por meio ponto, quando as notas eram obrigatoriamente dadas em números inteiros. E isso levou a estudos aprofundados de Direito Público interno, deixando de lado as veleidades de estudos da verdadeira paixão, o Direito Internacional, que se mitigou com o magistério de Política Internacional, integrante do elenco de disciplinas de Ciência Política, no Centro de Filosofia e Ciências Humanas.

Os estudos de Direito Constitucional trouxeram, em consequência, os de Direito Eleitoral e, mais tarde, os de Direito Administrativo, com os resultados sendo divulgados em mais de uma vintena de livros e mais de dois centos de artigos em revistas especializadas.

O primeiro, decorrente da participação acadêmica e político-partidária em eleições, desde os anos 1950; o segundo, por força das necessidades no trato administrativo na Universidade Federal de Pernambuco, como Diretor de Pessoal e como Pró-Reitor Administrativo. E, no campo do Direito Político, com o doutoramento em Direito, obtido com a defesa da tese sobre as Eleições Indiretas no Brasil.

Por isso, entendo que devemos agradecer aos percalços da vida, que nos empurram para uma atividade nova, que, além de ser um desafio, serve de estímulo e faz que apareça a produção, que vem sempre como fruto de estudos quantitativos, certo, porém de especial qualidade.

De parabéns, não só o autor, como os futuros leitores e usuários deste *Direito Eleitoral*, que, sem a menor dúvida, com a divulgação dessa informação altamente selecionada, contribuirá para o progresso daquela Ciência e para a consolidação das práticas democráticas em nosso País.

Recife, fevereiro de 2004.

Doutor Palhares Moreira Reis

Doutor em Direito.

Professor aposentado de Ciência Política (CFCH)
e de Direito Constitucional (CCJ-FDR) da Universidade
Federal de Pernambuco.

Professor de Direito Eleitoral da Faculdade Salesiana do Nordeste.

Ex-Professor de Eleições, Partidos Políticos e Grupos de
Pressão (CFCH) e de Direito Eleitoral (CCI-FDR) da
Universidade Federal de Pernambuco.

Ex-Professor de Direito Eleitoral e de Direito da Cidadania
nos Cursos de Especialização, Mestrado e Doutorado
do CCJ-FDR da Universidade Federal de Pernambuco.

Ex-Professor de Ciência Política e de Direito Eleitoral
da Universidade Católica de Pernambuco.

Ex-Professor de Direito Eleitoral e de Ciência Política
da Faculdade de Direito de Olinda.

Ex-Professor de Ciência Política na Escola Superior
da Magistratura de Pernambuco.

Sumário

Capítulo 2 A Justiça Eleitoral 31

Capítulo 8 A Elegibilidade e a Inelegibilidade 249

Capítulo 14 Crimes Eleitorais 663

Capítulo 1

Introdução ao Estudo de Direito Eleitoral

Para que você perceba a importância do tema em análise, veja estas questões, formuladas em concursos jurídicos.

1. **Defina o princípio da anterioridade das resoluções criado pela reforma eleitoral.**
2. **Qual a fonte primária do Direito Eleitoral?**
3. **Como é realizada a classificação dos procedimentos eleitorais?**
4. **Defina o princípio da anualidade eleitoral.**
5. **Como é exercida a soberania popular?**
6. **Cite as principais características de uma resolução eleitoral.**

Obs.: Todas as questões serão solucionadas durante o desenvolvimento da matéria.

1. Conceito de Direito Eleitoral

Embora não seja fácil conceituar qualquer disciplina jurídica, pode-se dizer que o Direito Eleitoral é o ramo do Direito Público que trata de institutos relacionados com os direitos políticos e das eleições, em todas as suas fases, como forma de escolha dos titulares dos mandatos eletivos e das instituições do Estado.[1]

2. Origens da Justiça Eleitoral

A Justiça Eleitoral teve sua origem histórica na Inglaterra, com **Disraeli**, em 1896. Desconheceu-a o Brasil durante o Império e a Primeira República. Entre nós, foi criada como consequência da intitulada "Revolução de 1930".

---

[1] Nesse sentido: CÂNDIDO, Joel José. *Direito Eleitoral*. Bauru: Edipro, 2002.

No Brasil, a Justiça Eleitoral foi criada através do Decreto nº 21.076, de 24 de fevereiro de 1932. Até então, as eleições eram coordenadas pelo Poder Legislativo. As fraudes eram muito frequentes, comprometendo a credibilidade dos resultados apresentados.

A Constituição de 1934 a institucionalizou, incluindo-a como um órgão do Poder Judiciário (art. 63) e, em seguida, os sucessivos Códigos Eleitorais a agasalharam em seus dispositivos.

Um dos motivos da prefalada "Revolução de 1930" foi a moralização dos costumes políticos, em face das decapitações e depurações eleitorais, de que inclusive foi vítima **Rui Barbosa**, em sua campanha civilista.[2]

▸ INDAGAÇÃO DIDÁTICA

Agora ficou superfácil responder esta questão elaborada em um concurso jurídico: *"Qual foi a primeira Constituição brasileira que normatizou a justiça eleitoral?"*

3. Objetivo do Direito Eleitoral

O Direito Eleitoral tem como objetivo o estudo das normas e dos procedimentos que regulam o sufrágio e o voto popular, estabelecendo diretrizes para a consolidação do regime democrático.

4. O valor da legislação eleitoral

Como leciona o mestre **Pinto Ferreira**, uma boa e sábia legislação eleitoral é útil ao progresso do país porque assegura uma melhor representação popular. É verdade que a lei eleitoral em si não elimina as distorções do ambiente, a falta de educação política, a imaturidade social de um povo, a ignorância resultante da miséria e da fome, porém, ajuda a corrigi-las.[3]

5. Constituição de 1988 e o Direito Eleitoral

Com a atual Constituição, tivemos várias evoluções no campo do Direito Eleitoral, pois a mesma regulou os direitos políticos (arts. 14 a 16) e dispôs sobre os partidos políticos (art. 17), mantendo a Justiça Eleitoral dentro do Poder Judiciário, como um de seus órgãos (arts. 92, V, e 118 a 121). Regulou amplamente a eleição para Presidente e Vice-Presidente da República, indicando as substituições e seu

---

[2] No mesmo sentido: PINTO FERREIRA. *Código Eleitoral comentado*. 2. ed. São Paulo: Saraiva, 1990.

[3] PINTO FERREIRA. *Código Eleitoral comentado*. 2. ed. São Paulo: Saraiva, 1990.

processo, nos casos de impedimento e vacância. O Ato das Disposições Constitucionais Transitórias contém vários artigos referentes ao Direito Eleitoral, mormente sobre plebiscito, mandatos e eleições (arts. 2º, 4º, 5º etc.).

Saliente-se que o Código Eleitoral de 1965 faz sucessivas referências à Constituição de 1946, de modo que tais alusões devem ser ajustadas à nova Constituição de 1988, com os artigos correspondentes. O Código Eleitoral, em grande parte, foi recepcionado pela nova Constituição.

6. A fonte do poder

A Constituição Federal também mostrou-se bastante sensível a essas modernas tendências, como assim revela o parágrafo único do seu art. 1º: "Todo o poder emana do povo, que o exerce por meio de representantes eleitos ou diretamente, nos termos desta Constituição."

O destaque dado ao povo, colocando-o como a única fonte legítima de todo o poder, recebe grande reforço da Constituição Federal, que fundamenta em seu art. 14 a soberania popular, estabelecendo o sufrágio universal como modo exclusivo de concretização do poder.

Preconiza o art. 2º do Código Eleitoral que: "Todo poder emana do povo e será exercido em seu nome, por mandatários escolhidos, direta e secretamente, dentre candidatos indicados por partidos políticos nacionais, ressalvada a eleição indireta nos casos previstos na Constituição e leis específicas".

Um exemplo de eleição indireta para o cargo de Presidente da República:

Ocorrendo a vacância nos últimos dois anos do período presidencial, a eleição para ambos os cargos será feita 30 dias depois da última vaga, pelo Congresso Nacional, na forma da lei.

▸ ATENÇÃO

Corrija o erro da questão de concurso a seguir:

"Todo poder emana do povo e será exercido em seu nome, por mandatários escolhidos, indiretamente e de forma secreta, dentre candidatos indicados por partidos políticos nacionais, ressalvada a eleição direta nos casos previstos na Constituição e leis específicas" (CESPE. Analista Judiciário. TRE/PA).

7. A soberania popular

A soberania popular será exercida pelo sufrágio universal e pelo voto direto e secreto, com valor igual para todos, e, nos termos da lei, mediante (**Macete**: PRI):

a) **p**lebiscito;
b) **r**eferendo;
c) **i**niciativa popular.

Obs.: veja a questão nº 5.

7.1. Plebiscito

O art. 2º, *caput*, da Lei nº 9.709/1998 define plebiscito e referendo como "consultas formuladas ao povo para que delibere sobre matéria de acentuada relevância, de natureza constitucional, legislativa ou administrativa", sendo que o primeiro (**plebiscito**) deve ser "convocado com **anterioridade** a ato legislativo ou administrativo, cabendo ao povo, pelo voto, aprovar ou denegar o que lhe tenha sido submetido" (cf. § 1º do art. 2º).

7.2. Referendo

O referendo deve ser "convocado com **posterioridade** a ato legislativo ou administrativo, cumprindo ao povo a respectiva ratificação ou rejeição" (cf. § 2º do art. 2º).

7.2.1. *A diferença*

a) Observe que, no plebiscito, há uma consulta "**prévia**" que se faz aos cidadãos no gozo de seus direitos políticos, sobre determinada matéria a ser, posteriormente, discutida pelo Congresso Nacional.
b) No referendo, já há uma decisão que deverá ser "**posteriormente**" ratificada, ou seja, "referendada", no sentido de conceder-lhe eficácia (**é a chamada condição suspensiva**), ou, ainda, para retirar-lhe a eficácia (**condição resolutiva**).

▸ EXEMPLO HISTÓRICO DE PLEBISCITO

No dia 21 de abril de 1993, o eleitorado brasileiro foi consultado, através de plebiscito, sobre a forma (**república ou monarquia constitucional**) e o sistema de governo (**parlamentarismo ou presidencialismo**) que deviam vigorar no País. Venceu a forma "república" e o sistema de governo "presidencialismo".

▸ EXEMPLO HISTÓRICO DE REFERENDO

No dia 23 de outubro de 2005, o eleitorado brasileiro foi consultado, através de referendo, se o comércio de armas e munição deveria ser proibido no Brasil.

▸ INDAGAÇÃO DIDÁTICA

Agora ficou superfácil responder esta questão elaborada em um concurso jurídico: *"Apresente a diferença entre plebiscito e referendo."*

7.2.2. *A competência*

Por expressa previsão constitucional (art. 49, inciso XV), é da competência exclusiva do Congresso Nacional autorizar referendo e convocar plebiscito.

▸ **INDAGAÇÃO DIDÁTICA**

Agora ficou superfácil responder esta questão elaborada em um concurso jurídico: *"Quem tem a competência para autorizar referendo e convocar plebiscito?"*

7.2.3. *Matérias vinculadas ao plebiscito*

Algumas matérias constitucionais estão diretamente vinculadas à prévia consulta popular.

▸ **EXEMPLOS DIDÁTICOS**

Exemplo 1: Preconiza o art. 18, §§ 3º e 4º, da Constituição Federal que os Estados podem incorporar-se entre si, subdividir-se ou desmembrar-se para se anexarem a outros, ou formarem novos Estados ou Territórios Federais, mediante aprovação da população diretamente interessada, **através de plebiscito**, e do Congresso Nacional, por Lei Complementar.

Exemplo 2: A criação, a incorporação, a fusão e o desmembramento de Municípios far-se-ão por lei estadual, dentro do período determinado por Lei Complementar Federal, e **dependerão de consulta prévia, mediante plebiscito**, às populações dos Municípios envolvidos, após divulgação dos Estudos de Viabilidade Municipal, apresentados e publicados na forma da lei.

▸ **INDAGAÇÃO DIDÁTICA**

Agora ficou superfácil responder esta questão elaborada em um concurso jurídico: *"Quais as matérias que estão diretamente ligadas à prévia consulta popular?"*

7.3. A iniciativa popular

Segundo a redação do art. 61, § 2º, da Constituição Federal: "A iniciativa popular pode ser exercida pela apresentação à Câmara dos Deputados de projeto de lei subscrito por, no mínimo, **um por cento do eleitorado nacional**, distribuído pelo menos por **cinco Estados**, com **não menos de três décimos por cento dos eleitores de cada um deles.**"

Dispõe também o art. 29, inciso XIII, da Constituição Federal "iniciativa popular de projetos de lei de interesse específico do Município, da cidade ou de bairros, através de manifestação de, pelo menos, **cinco por cento do eleitorado**".

▸ **QUADRO DIDÁTICO DA INICIATIVA POPULAR**

1% do eleitorado nacional Nº mínimo de Estados = 5 *Quorum* mínimo dos eleitores no Estado = 3/10

▸ INDAGAÇÃO DIDÁTICA

Agora ficou superfácil responder esta questão elaborada em um concurso jurídico: *"Qual o* quorum *necessário para propositura de uma lei de iniciativa popular de projetos de lei de interesse específico do Município, da cidade ou de bairros?"*

Cuidado: o *quorum* para propositura de uma lei de iniciativa popular de projetos de lei de interesse específico do Município é totalmente diferente do *quorum* para iniciativa popular exercida pela apresentação à Câmara dos Deputados de projeto de lei. Leia novamente o texto supracitado, você perceberá a diferença.

8. As resoluções do TSE

As resoluções emitidas pelo Tribunal Superior Eleitoral figuram entre as fontes subsidiárias do Direito Eleitoral de maior importância. Nelas é encontrado útil manancial para dar atualizada ordenação ao processo eleitoral, dotando, assim, a Justiça Eleitoral do necessário equipamento normativo para corrigir as distorções e tornar exequível o livre pronunciamento popular.[4]

Decorre essa produção normativa de atribuição concedida pelo Código Eleitoral em seu art. 23, IX:

> Art. 23. Compete, ainda, privativamente, ao Tribunal Superior: (...)
> IX – expedir as instruções que julgar convenientes à execução deste Código; (...)

▸ INDAGAÇÃO DIDÁTICA

Veja esta questão, elaborada em um concurso jurídico: *"Qual a natureza jurídica da resolução eleitoral?"*

Resposta: Conforme estudo realizado por **Thales Tácito**,[5] as resoluções do TSE podem ter dupla natureza jurídica:

I) ato normativo primário;
II) ato normativo secundário.

A Lei nº 9.504/1997, em seu art. 105, permite que o TSE normatize as eleições por meio de resoluções, sendo que estas, assim, têm força de lei ordinária federal, já que a Lei nº 9.504/1997 é uma lei ordinária federal.

Desta ordem, temos que tais atos normativos poderão ser:

I) **ato normativo primário** – de caráter autônomo e alcance geral, normatiza situação não regulada pela norma legal eleitoral de apoio.
Exemplo: ADIn nº 2.269 MC/RN – Rio Grande do Norte. Constitucional. Eleitoral. Resolução administrativa de TRE. Proibição do uso de simulador

---

[4] Nesse sentido: RIBEIRO, Fávila. *Direito Eleitoral.* 5. ed. Rio de Janeiro: Forense, 1998.
[5] *Ibid.*

da urna eletrônica. O simulador é mecanismo de propaganda, e não de instrução ao eleitor. Seu uso indiscriminado, por vincular-se à capacidade econômica dos candidatos, imporia um desnivelamento entre os mesmos;

II) **ato normativo secundário** – de caráter acessório, apenas se presta para interpretar uma lei eleitoral ou a CF/1988.

Exemplo mais polêmico: Ações Diretas de Inconstitucionalidade (ADIn nº 2.626 e nº 2.628) movidas pelo PT, PSB, PC do B, PL e PPS, e pelo PFL, respectivamente, contra a Resolução do Tribunal Superior Eleitoral (nº 20.993/2002) que determinou a verticalização das coligações partidárias para as eleições de 2002. A decisão do TSE obrigou os partidos a seguirem a coligação nacional para concorrer nas eleições estaduais, não podendo ser estabelecidos vínculos diferentes. O STF, no entanto, no julgamento das ADIn, por sete votos a quatro, decidiu não deliberar no mérito da decisão do TSE.

A maioria dos ministros considerou que a resolução sobre verticalização das coligações representava uma mera interpretação da legislação existente, especialmente do art. 6º da Lei Eleitoral (Lei nº 9.504/1997).

Obs.: atualizando a opinião do renomado autor, leia o item 14.14, Capítulo 9, "*A verticalização das coligações*".

▸ RESUMO DIDÁTICO

a) A resolução que funciona como *ato normativo primário*, ou seja, **aquela que cria uma norma para regulamentar uma situação nova**, *pode* ser objeto de açao direta de inconstitucionalidade, porque essa norma tem **força de lei ordinária**.

b) A resolução que funciona como *ato normativo secundário*, ou seja, **aquela que apenas interpreta uma norma já existente**, *não pode* ser objeto de ação direta de inconstitucionalidade, pois o ato é *puramente interpretativo*.

- **Destaque da reforma eleitoral:**

A reforma eleitoral alterou totalmente o art. 105, *caput*, da Lei nº 9.504/1997 e ao estabelecer as principais características de uma resolução, mitigou o seu caráter de ato normativo primário, pois não mais será possível uma resolução restringir direitos ou estabelecer sanções distintas das previstas na Lei nº 9.504/1997.

Leia o art. 105 da Lei nº 9.504/1997, *in verbis*:

> Até o dia 5 de março do ano da eleição, o Tribunal Superior Eleitoral, atendendo ao caráter regulamentar e sem restringir direitos ou estabelecer sanções distintas das previstas nesta Lei, poderá expedir todas as instruções necessárias para sua fiel execução, ouvidos, previamente, em audiência pública, os delegados ou representantes dos partidos políticos.

Portanto, com a reforma eleitoral, podemos dizer que as principais características de uma resolução serão:

a) caráter regulamentar;
b) vedação a restrição de direitos;
c) vedação do estabelecimento de sanções diversas das constantes da lei das eleições (*Lei nº 9.504/1997*);
d) necessidade de ouvir, previamente, em audiência pública, os delegados ou representantes dos partidos políticos;
e) anterioridade (*veja o item princípio da anterioridade das resoluções*).

▸ INDAGAÇÃO DIDÁTICA

Agora ficou superfácil responder esta questão que futuramente será elaborada em concursos jurídicos: *"Quais são as principais características de uma resolução eleitoral?"*

9. O final da competência eleitoral

▸ INDAGAÇÃO DIDÁTICA

Pinto Ferreira[6] indaga e responde: *"Até aonde vai a competência da Justiça Eleitoral?"* Ela cessa com a expedição do diploma aos representantes eleitos. Esta diplomação, transitada em julgado, termina com a atribuição da Justiça Eleitoral.[7]

Tito Costa também apresenta lição idêntica:

> A competência da Justiça Eleitoral cessa com a expedição dos diplomas aos eleitos. A partir daí, qualquer questão relativa ao exercício do mandato tem seu deslinde confiado à Justiça Comum. Exceto, na Constituição de 1988, a ação de impugnação de mandato eletivo, prevista em seu art. 14, §§ 10 e 11.[8]

Minha posição: na realidade, a Justiça Eleitoral encontra-se dividida em quatro fases (macete: **AV – AD**):
a) **a**listamento;
b) **v**otação;
c) **a**puração;
d) **d**iplomação.

A maioria dos doutrinadores afirma que a competência da Justiça Eleitoral se encerra com a expedição do diploma dos eleitos, mas algo deve ser observado: conforme o art. 14, § 10, da Constituição Federal: "O mandato eletivo poderá ser impugnado ante a Justiça Eleitoral no prazo de quinze dias contados da diplomação,

---

6 *Op. cit.*
7 TSE, Boletim Eleitoral nº 108:532.
8 COSTA, Tito. *Op. cit.*

instruída a ação com provas de abuso do poder econômico, corrupção ou fraude." Portanto, se a Justiça competente para julgar a impugnação do mandato eletivo é a Eleitoral, entendo que a competência da Justiça Eleitoral vai além da diplomação, ou seja, até o trânsito em julgado do recurso contra diplomação ou da ação de impugnação de mandato eletivo.

Insta acentuar que o art. 22, § 1º, da Resolução nº 23.462/2015 foi taxativo ao estipular o prazo final para propor algumas ações eleitorais até 31 de dezembro de 2017, *in verbis*:

> Art. 22. As representações que visarem à apuração das hipóteses previstas nos arts. 23, 30-A, 41-A, 45, inciso VI, 73, 74, 75 e 77 da Lei nº 9.504/1997 observarão o rito estabelecido pelo art. 22 da Lei Complementar nº 64/1990.
> § 1º As representações de que trata o *caput* poderão ser ajuizadas até a data da diplomação, exceto as do art. 30-A e 23 da Lei nº 9.504/1997, que poderão ser propostas, respectivamente, no prazo de quinze dias e até 31 de dezembro de 2017.

▸ OBSERVAÇÃO MUITO IMPORTANTE

Não é da Justiça Eleitoral – segundo jurisprudência do STF – a competência para decidir sobre a perda de mandato eletivo por fato superveniente à diplomação (Resolução nº 20.864/2001 – Rel. Min. Sepúlveda Pertence/TSE).

▸ ATENÇÃO

Corrija o erro da questão de concurso a seguir:

"As representações eleitorais poderão ser ajuizadas até a data da eleição, exceto as do art. 30-A e 23 da Lei nº 9.504/97 que poderão ser propostas, respectivamente, no prazo de 15 (quinze) dias e no de 180 (cento e oitenta) dias a contar da eleição" (Questão adaptada – CESPE. Analista Judiciário. TRE/PB).

10. A forma de Governo, a forma de Estado, o sistema de Governo e o regime de Governo

Cuidado: não confunda "forma de governo" com "forma de Estado", nem "sistema de governo" com "regime de governo".

Veja a diferença no quadro didático:

Forma de Governo: República. Forma de Estado: Federativa. Sistema de Governo: Presidencialista. Regime de Governo: Democracia.

Em elucidativa lição didática, o constitucionalista **Sylvio Motta**[9] nos ensina a respeito.

Forma de Governo. Sistema adotado pelo Estado que determina como se atinge o poder político e quanto tempo nele se permanece.

A Constituição adota a República como forma de governo com duas características principais: **a eletividade do mandatário** e a **transitoriedade do mandato eletivo**. Ressalte-se que esta é a primeira Constituição republicana brasileira onde a forma de governo não é uma das cláusulas pétreas.

Forma de Estado. Típica forma de organização político-administrativa que exige a divisão do Estado em partes internas dotadas de autonomia, denominadas entidades federativas. No Brasil, são entidades federativas a União, os Estados membros, os Municípios e o Distrito Federal.

A forma federativa de Estado é uma das quatro cláusulas pétreas.

Regime de Governo. A atual Constituição brasileira inovou, elevando nosso país à condição de Estado democrático de Direito, o que caracteriza uma convergência de vontades entre aqueles que são legalmente administrados (povo) e aqueles que legitimamente administram (governo). Em consequência disso, o regime de governo ou regime político evoluiu de uma democracia meramente representativa para um regime democrático participativo ou semidireto, onde ser cidadão não significa apenas a posse lícita de um título de eleitor, visto que a cidadania ganha novo relevo conceitual. Nos termos do art. 1º, parágrafo único, a cidadania implica participação ativa na vida política do Estado. Não apenas através do voto direto, secreto, periódico e universal, que, inclusive, se constitui em cláusula de cerne inviolável. Mas, antes e também, na atuação junto ao Poder Público de instrumentos constitucionais como o plebiscito, o referendo, a iniciativa popular, apenas para citar alguns exemplos.

Sistema de Governo. É o modo de relacionamento entre o Poder Executivo e o Poder Legislativo adotado pelo Estado. Se essa relação é mais flexível, isto é, se o Chefe do Executivo depende da aquiescência da maioria do Parlamento para governar, temos o sistema parlamentarista de governo. Se, por outro lado, essa relação é mais independente, estamos no sistema presidencialista de governo. Note-se que o sistema de governo não é cláusula pétrea.

▸ INDAGAÇÃO DIDÁTICA

Veja esta questão, elaborada em um concurso jurídico;
Não será objeto de deliberação a proposta de emenda tendente a abolir:

a) a forma de governo;
b) o sistema de governo;

---

9 MOTTA. Sylvio. *Direito Constitucional.*, 25ª. ed., Rio de Janeiro: Editora Método, 2015, p. 32 *usque* 34.

c) regime de Governo;
d) forma de Estado;
e) Nda.

Resposta: Item "d". Segundo a Constituição Federal (art. 60, § 4º, inciso I): "Não será objeto de deliberação a proposta de emenda tendente a abolir a forma federativa de Estado".

11. A antinomia da Lei Eleitoral

▸ NOÇÃO DIDÁTICA

Aprendemos na introdução ao estudo do Direito Civil que antinomia jurídica "é a oposição que ocorre entre duas ou mais regras (total ou parcialmente contraditórias), emanadas de autoridades competentes num mesmo âmbito normativo, as quais colocam o destinatário numa posição insustentável devido à ausência ou inconsistência de critérios aptos a permitir-lhe uma saída nos quadros de um ordenamento dado".[10]

Na doutrina encontramos três critérios para a solução das antinomias:

a) **Critério cronológico** (*lex posterior*): entre duas normas incompatíveis, a norma posterior prevalece à anterior. É a regra geral do Direito de que em um mesmo nível normativo, a última vontade anula a precedente.

▸ EXEMPLO DIDÁTICO

Havendo confronto entre o Código Eleitoral (Lei nº 4.737/1965) e a lei das eleições (Lei nº 9.504/1997) a norma do primeiro (de 1965) estará revogada ou derrogada.

b) **Critério de especialidade** (*lex especialis*): havendo incompatibilidade entre uma norma geral e uma especial, prevalece a última.

▸ EXEMPLO DIDÁTICO

Havendo confronto entre a matéria partido político previsto no Código Eleitoral, que é norma geral, prevalecerá o que determina a Lei dos Partidos Políticos que é especial.

c) **Critério hierárquico** (*lex superior*): entre duas normas incompatíveis entre si, prevalece a hierarquicamente superior, ou seja, a norma superior revoga ou derroga a inferior.

---

10 FRANÇA, Rubens Limongi (Coord.). *Enciclopédia Saraiva do Direito*. São Paulo: Saraiva, 1977. vol.7, p.14.

▸ EXEMPLO DIDÁTICO

A Constituição Federal é a norma suprema, portanto, qualquer norma infraconstitucional que entrar em confronto com a mesma estará fora do ordenamento jurídico.

Entendo que o critério hierárquico é o mais importante, pois havendo conflito entre os critérios prevalecerá o hierárquico, portanto, o princípio da anualidade que vamos estudar no item seguinte é de fundamental importância para o Direito Eleitoral por ser previsto na própria Constituição Federal.

12. Princípio da anualidade

A Constituição Federal, em seu art. 16, preconiza:

> A lei que alterar o processo eleitoral só entrará em **vigor na data de sua publicação**, não se aplicando à eleição **que ocorra até um ano da data de sua vigência**.

Podemos dizer, de forma mais didática, que toda lei que alterar o processo eleitoral tem "vigência imediata" à data de sua publicação, mas só terá eficácia, leia-se efeito prático, para as eleições que serão realizadas "um ano da data de sua vigência".

▸ EXEMPLOS DIDÁTICOS

a) No dia 1º de outubro de 2015, foi sancionada uma lei eleitoral que terá **vigência imediata** e também **eficácia**, porque poderá ser "usada" nas eleições que vão ser realizadas no 3 de outubro de 2016 (**mais de um ano após a vigência**).
b) No dia 25 de outubro de 2015 foi sancionada uma lei eleitoral que terá **vigência imediata**, mas não terá **eficácia**, porque não poderá ser "usada" nas eleições que vão ser realizadas no 3 de outubro de 2016 (**menos de um ano após a vigência**). Nesse caso, as eleições do ano de 2016, apesar de haver uma lei eleitoral nova que entrou imediatamente em vigor, serão regidas pelas regras da lei antiga.

A matéria é tão importante que o Tribunal Superior Eleitoral entende que se aplicam as regras que estamos comentando para mudança em lei de partidos políticos, como, por exemplo: filiação partidária, convenções etc.
Obs.: responda agora à questão nº 4.

c) No dia 3 de outubro de 2015, foi publicada uma lei eleitoral que terá **vigência imediata**, mas não terá **eficácia**, porque não poderá ser "usada" nas eleições que vão ser realizadas no dia 3 de outubro de 2016 (temos 1 (um) de vigência e a Constituição Federal diz "... *não se aplicando à eleição que ocorra até um ano da data de sua vigência*").
Cuidado: no seu concurso vai cair assim. Julgue o item com **C** ou **E**:

"A lei que alterar o processo eleitoral só entrará em vigor na data de sua promulgação, não se aplicando à eleição que ocorra até um ano da data de sua vigência."

Resposta: E. Não confunda *promulgação* com *publicação.*

Ou então:

"A lei que alterar o processo eleitoral só entrará em vigor na data de sua publicação, aplicando-se à eleição que ocorra até um ano da data de sua vigência."

Resposta: E. Corrija: "... ***não*** se aplicando ..."

Ou então:

"A lei que alterar o processo eleitoral só entrará em vigor na data de sua publicação, se aplicando à eleição que ocorra até um ano e um dia da data de sua vigência."

Resposta: C.

12.1. Princípio da anualidade em relação à alteração da jurisprudência dominante do TSE

A alteração abrupta de um entendimento do TSE, alterando as regras do processo em pleno período eleitoral, pode afrontar um dos alicerces do nosso ordenamento jurídico, que é o princípio da segurança jurídica ou proteção da confiança legítima,[11] podendo desequilibrar totalmente o pleito eleitoral.

Nesse sentido, no Conflito de Competência 7.204, o STF firmou o entendimento de que *"o Supremo Tribunal Federal, guardião-mor da Constituição Republicana, pode e deve, em prol da segurança jurídica, atribuir eficácia prospectiva às suas decisões, com a delimitação precisa dos respectivos efeitos, toda vez que proceder a revisões de jurisprudência definidora de competência ex ratione materiae. O escopo é preservar os jurisdicionados de alterações jurisprudenciais que ocorram sem mudança formal do Magno Texto".*

Portanto, é inteiramente cabível no direito eleitoral o princípio da anualidade em relação à alteração da jurisprudência dominante do TSE, pois quando o Tribunal Superior Eleitoral modifica sua jurisprudência em pleno período eleitoral, pode desequilibrar o pleito eleitoral lesando a confiança dos cidadãos candidatos e cidadãos eleitores.

No mesmo sentido o Min. do STF **Gilmar Ferreira Mendes**: "Aqui não se pode deixar de considerar o peculiar *caráter normativo* dos atos judiciais emanados do Tribunal Superior Eleitoral, que regem todo o processo eleitoral. Mudanças na jurisprudência eleitoral, portanto, têm efeitos normativos diretos sobre os pleitos eleitorais, com sérias repercussões sobre os direitos fundamentais dos cidadãos (eleitores e candidatos) e partidos políticos. No âmbito eleitoral, portanto, a segurança jurídica assume a sua face de *princípio da confiança* para proteger a estabilização das expectativas de todos aqueles que de alguma forma participam dos prélios

[11] Terminologia usada no julgado no Recurso Extraordinário nº 608.482/RN, Tribunal Pleno do STF, Rel. Teori Zavascki.

eleitorais. Em razão do caráter especialmente peculiar dos atos judiciais emanados do Tribunal Superior Eleitoral, os quais regem normativamente todo o processo eleitoral, é razoável concluir que a Constituição também alberga uma norma, ainda que *implícita*, que traduz o postulado da segurança jurídica como princípio da anterioridade ou anualidade em relação à alteração da jurisprudência do TSE. O Supremo Tribunal Federal concluiu que as decisões do Tribunal Superior Eleitoral que, no curso do pleito eleitoral (ou logo após o seu encerramento), impliquem mudança de jurisprudência (e dessa forma repercutam sobre a segurança jurídica), não têm aplicabilidade imediata ao caso concreto e somente terão eficácia sobre outros casos no pleito eleitoral posterior".[12] Enfim, por princípio da anualidade em relação à alteração da jurisprudência dominante do TSE, entende-se que:

"A jurisprudência dominante do TSE que alterar o processo eleitoral, não se aplica à eleição que ocorra até 1 (um) ano da data de sua vigência e só terá eficácia sobre outros casos no pleito eleitoral posterior".

▸ ATENÇÃO

Há no TSE e no STF alguns julgados que denominam o "princípio da anualidade" como "princípio da anterioridade eleitoral" (Vide: TSE, Recurso Ordinário nº 453.330, Rel. Marcelo Henriques Ribeiro de Oliveira; STF, RE nº 633.703/MG, Rel. Min. Gilmar Mendes).

12.2. O princípio da anualidade e a ultra-atividade da lei eleitoral

Ultra-atividade é o fenômeno pelo qual uma lei eleitoral, embora tendo sido revogada, continua sendo aplicada.

▸ EXEMPLO DIDÁTICO

Imagine que o TSE decidiu que determinada alteração é processo eleitoral. Portanto, deve ser submetida ao princípio da anualidade e, não sendo possível aplicar às eleições de 2016, deve ser observada a regra imposta no artigo revogado.

Quer dizer que é possível uma lei eleitoral ser revogada e ainda perdurar seus efeitos?

Exatamente. É o que se convencionou chamar de ultra-atividade da lei eleitoral.

▸ INDAGAÇÃO DIDÁTICA

Agora ficou superfácil responder esta questão elaborada em um concurso jurídico: *"O que se entende por ultra-atividade da lei eleitoral?"*

---

12 No mesmo sentido, Gilmar Ferreira Mendes, no artigo "Segurança jurídica e mudança na jurisprudência eleitoral". Disponível em: <http://www.conjur.com.br/2012-ago-18/observatorio-constitucional-seguranca-juridica-jurisprudencia-eleitoral>. Acesso em: 5 jun. 2015.

12.3. A ultra-atividade da lei eleitoral e o princípio da irretroatividade da lei penal eleitoral

A lei eleitoral que define crimes (lei eleitoral criminal) só pode retroagir para beneficiar o réu. O art. 5º, XL, da Constituição Federal é bem claro: "a lei penal não retroagirá, salvo para beneficiar o réu".

▶ EXEMPLO DIDÁTICO

"A" está sendo processado por um crime eleitoral que tem a pena de 1 (um) a 2 (dois) anos de detenção. Posteriormente, é sancionada uma lei eleitoral, afirmando que o mesmo crime cometido por "A" tem a pena de 4 (quatro) a 7 (sete) anos. Você já aprendeu: a lei nova maléfica não pode retroagir. Então "A" será penalizado por uma lei revogada?

Resposta: correto, esse é o fenômeno da ultra-atividade, através do qual é possível a aplicação de uma lei, não obstante cessada a sua vigência.

▶ RESUMO DIDÁTICO

A lei eleitoral criminal posterior mais severa é irretroativa.

A lei eleitoral criminal posterior mais benéfica é retroativa.

Veja a matéria "ultra-atividade e retroatividade" no livro *Direito Penal, Parte Geral*, da Série Universitária.

▶ INDAGAÇÃO DIDÁTICA

Veja esta questão elaborada em um concurso jurídico: *"Em que consiste o princípio da ultra-atividade da lei penal eleitoral?"*

Resposta: veja o item "O princípio da anualidade e a ultra-atividade da lei eleitoral".

▶ CASO PRÁTICO ELEITORAL SUPERINTERESSANTE

Uma lei eleitoral foi sancionada no dia 5 de outubro de 2015. Pelo princípio que estamos estudando, a lei não poderá ser utilizada nas eleições que serão realizadas no dia 3 de outubro de 2016. Considere, agora, a hipótese de a eleição de 3 de outubro de 2016 ter sido, por algum motivo, adiada para o dia 7 de outubro de 2016 e responda se é possível a aplicação da lei sancionada no dia 5 de outubro de 2015.

Resposta: O Prof. **Thales Tácito**, respondendo a uma indagação, que tem os mesmos fundamentos, apresenta a seguinte lição:

> Não, mesmo assim não terá a eficácia para as eleições em curso, porque o que se busca preservar é exatamente as "regras do jogo", ou seja, somente se muda as regras do jogo se observado o intervalo de um ano da data

> marcada para o pleito. Isso porque daria tempo para todos os candidatos, partidos políticos e coligações se prepararem para as mudanças. No seu exemplo, em comento, havendo "força maior", todos seriam pegos de surpresa com a própria força maior e, via de consequência, não estariam preparados para uma nova lei eleitoral, pois até então sabiam da aplicação da lei velha. Ora, ocorrendo a surpresa com a "força maior" quando todos já estavam preparados com as regras da lei velha, não poderia haver a "mudança de regras no meio do campeonato". É o que o Direito norte-americano denomina de *rules of engagement* ou *rules of game*, ou seja, "as regras do jogo", a saber, compromisso, promessa (*I am under an engagement to* – eu estou contratado para; ou, *I meet my engagements* – eu honro meus compromissos). Por este princípio, quando entro numa disputa eleitoral, tenho que conhecer as regras do jogo e elas não podem ser alteradas como forma de burlar o sistema jurídico por influência do abuso do poder econômico ou de autoridade. Portanto, o princípio em Direito Eleitoral, no tocante à antinomia das leis, é o da "preservação das regras do jogo" ou da proibição de supresas casuísticas.

▸ POSIÇÃO DIVERGENTE

Minha posição: a resposta do renomado jurista tem a sua relevância prática. Afinal, dependendo da mudança prevista, a lei nova poderia até inviabilizar a eleição. Mas, no contexto teórico, e isso é o que importa para os concursos públicos, entendo que a lei sancionada no dia 5 de outubro de 2015 será aplicada na eleição que foi adiada para o dia 7 de outubro de 2016. Observe que o princípio da anualidade, ou seja, o lapso temporal de um ano da data da vigência foi plenamente observado, satisfazendo o comando da lei máxima, contido no art. 16, *in verbis*: "A lei que alterar o processo eleitoral só entrará em **vigor na data de sua publicação**, não se aplicando à eleição **que ocorra até um ano da data de sua vigência**". A norma constitucional não prevê nenhuma exceção; portanto, um princípio, "*preservação das regras do jogo*", não pode retirar a eficácia de uma norma suprema.

▸ CASO PRÁTICO ELEITORAL SUPERINTERESSANTE

"O QUE O PRINCÍPIO DA ANUALIDADE PROÍBE SER MODIFICADO NO ANO DA ELEIÇÃO."

O tema é pouco explorado na doutrina e, se o mesmo for elaborado na segunda fase de um concurso, fatalmente reprovará a maioria dos concursandos.

A matéria é de vital importância porque o art. 16 da CF/1988 diz que "A lei que alterar o *processo eleitoral*..."; portanto, a grande perplexidade doutrinária e jurisprudencial é responder o que é definir o que seja "*processo eleitoral*".

Definindo o que seja "*processo eleitoral*" nós saberemos o que não pode ser mudado um ano antes de cada eleição.

Joel José Cândido[13] leciona:

> Deve-se entender como insuscetíveis de alteração, porém, só as regras pertinentes ao processo eleitoral *stricto*. Vale dizer, em outras palavras, que são imutáveis, pelo princípio da anualidade da lei eleitoral, só as normas que estabelecem os parâmetros igualitários entre os partidos, no pleito, e não aquelas que apenas instrumentalizam o processo, incapazes, por isso, de gerar surpresas ou desequilíbrios na eleição e no seu resultado.

Exemplifica o renomado autor:

> Geralmente, as normas imutáveis da lei eleitoral, à luz do art. 16 da Constituição Federal, situam-se na fase preparatória do microprocesso eleitoral e são de natureza material. As relativas às convenções, a inelegibilidades e incompatibilidades, às coligações, ao número de candidatos, a alguns prazos; ao registro e à impugnação aos recursos financeiros das campanhas, à propaganda, entre outras, são alguns exemplos dessa espécie. Das que não se incluem na proibição da Lei Maior, e que normalmente são adjetivas e pertinentes às outras fases do microprocesso eleitoral, temos as normas pertinentes às medidas preliminares à votação e apuração; à contabilidade e escrituração de votos; as relativas à fiscalização da votação e do escrutínio pelas partes do processo eleitoral; à proclamação dos resultados e diplomação do pleito; aos crimes e aos processos, penal e civil eleitoral etc.

Thales Tácito, em entrevista concedida à revista *Consulex*, nº 221, afirma que pesquisando a ADIn nº 354/1990, chega-se à seguinte conclusão: (*Apresentarei apenas uma síntese didática da entrevista comparando com a posição de* ***Joel Cândido*** *e colocando a minha posição*)

1. **Mudanças que não se sujeitam ao princípio da anualidade:**
   a) Não se sujeitam ao princípio da anualidade as modificações na Lei de Inelegibilidades:

▸ POSIÇÃO DIVERGENTE

Minha posição: o TSE entendeu ser possível modificações na Lei de Inelegibilidades porque o art. 14, § 9º, da CF/1988 (Consulta nº 11.173/1990), seria uma exceção ao art. 16 da Constituição Federal. *Data venia*, entendo que a Constituição Federal autorizou a lei complementar a criar outros casos de inelegibilidade e os prazos de sua cessação já foram sancionados. Desse modo, qualquer alteração na LC nº 64/1990 deverá obedecer ao art. 16. Uma mudança em uma das condições de elegibilidade, por exemplo, quatro, três, dois meses antes da eleição, alteraria drasticamente as regras do jogo e poderia até decidir uma eleição.

[13] CÂNDIDO, Joel José. *Inelegibilidades no Direito brasileiro*. 2. ed. Bauru: Edipro, p. 23.

Obs.: Para **Joel Cândido**, as inelegibilidades são insuscetíveis de alteração no período vedado pelo princípio da anualidade.

b) Não se sujeitam ao princípio da anualidade a emancipação de Municípios ou alterações do número de cadeiras das câmaras municipais.[14]

▸ POSIÇÃO DIVERGENTE

Minha posição: embora o entendimento jurisprudencial dominante seja no sentido de que as *"Alterações relativas à fixação de número de vereadores, por não se refletirem no processo eleitoral, não estão sujeitas à exigência da anualidade disposta no art. 16 da Constituição Federal. Supremacia das diretrizes fornecidas pelo STF e TSE sobre normas municipais em matéria eleitoral"*,[15] entendo que a alteração no número de vereadores, para mais ou para menos, dois meses antes do pleito, por exemplo, é mero casuísmo e viola as *regras do jogo*, desequilibra o processo eleitoral e, portanto, viola o princípio da anualidade.

Obs.: **Joel Cândido** não comenta esta possibilidade.

c) Não se sujeitam ao princípio da anualidade os crimes eleitorais.

Obs.: hipótese unânime na doutrina e jurisprudência.

d) Não se sujeitam ao princípio da anualidade o processo penal eleitoral que receba subsídios da Constituição Federal.

Comentário Didático: se a alteração é processual e recebe subsídio do Código de Processo Penal, não precisará atender ao princípio da anualidade por intervenção do *princípio tempus regit actum*, ou seja, a lei processual penal aplicar-se-á desde logo, sem prejuízo da validade dos atos realizados sob a vigência da lei anterior. Ao contrário, se a mudança é processual e não se utiliza da aplicação subsidiária do Código de Processo Penal e sim de subsídios da Constituição Federal, deverá observar o princípio da anualidade. Veja a matéria "Princípio *tempus regit actum*", no livro I do *Curso de Processo Penal para Concursos*, do mesmo autor.

Obs.: **Joel Cândido** não faz a distinção supracitada; apenas afirma que "não se incluem na proibição da Lei Maior as mudanças "*... aos processos, penal e civil eleitoral etc.*".

e) Não se sujeitam ao princípio da anualidade a prestação de contas eleitorais.

Obs.: é também a minha posição; anoto apenas a posição contrária de **Joel Cândido** que defende que "... impugnação aos recursos financeiros das campanhas, são insuscetíveis de alteração no período vedado pelo princípio da anualidade".

f) Não se sujeitam ao princípio da anualidade as resoluções do TSE que funcionem como ato normativo secundário.

---

14 TSE, ARESP 19.830/SP, *DJ* de 22.08.2003.

15 TRERS – Proc. 932005 – Viamão – Rel. Juiz Almir Porto da Rocha Filho – J. 14/04/2005.

Obs.: embora **Joel Cândido** não comente esta possibilidade, entendo que não haverá controvérsia doutrinária, pois o ato puramente interpretativo não cria nenhuma norma.

2. Mudanças que se sujeitam ao princípio da anualidade:

a) **Mudança na lei partidária** *(filiação, convenção, coligações, número de candidatos, alguns prazos, registro de candidatos etc.).*

Obs.: hipótese unânime na doutrina e jurisprudência.

b) **Mudança na lei eleitoral.**

Obs.: hipótese em que não há unanimidade na doutrina e jurisprudência.

c) **Mudança no processo eleitoral autônomo.**

Obs.: veja o comentário do item "d" anterior.

d) **Resoluções do TSE que funcionem como ato normativo primário.**

Obs.: veja o comentário do item "f" anterior.

12.4. O caráter primário e o caráter secundário do princípio da anualidade

Ínsito no princípio da anualidade há um princípio maior que o da "segurança jurídica", que tem como principal objetivo dar estabilidade ao ordenamento jurídico, *in casu*, a norma eleitoral não poderia ter a mínima confiabilidade se fosse permitido mudar "*as regras do jogo eleitoral*" a qualquer momento.

Os institutos do ato jurídico perfeito, da coisa julgada e do direito adquirido estão vinculados ao princípio da segurança jurídica, com expressa menção no texto constitucional, no rol dos direitos e garantias fundamentais: "*A lei não prejudicará o direito adquirido, o ato jurídico perfeito e a coisa julgada*" (CF, art. 5º, XXXVI).

Portanto, defendemos que o princípio da anualidade, por trazer implícito o princípio da segurança jurídica, é uma verdadeira cláusula pétrea, não podendo ser suprimido por emenda constitucional (*art. 60, § 4º, IV, da CF*).

Posição dominante do STF I:

O Supremo Tribunal Federal entendeu que o artigo 16 da Constituição Federal é cláusula pétrea, por consagrar o princípio da segurança jurídica (ADIn nº 3.685/OAB).

Essa conclusão também nos credencia a defender que o princípio da anualidade eleitoral tem duas grandes consequências jurídicas.

a) **caráter primário do princípio da anualidade:** não permite que nenhuma lei possa alterar o processo eleitoral se não for aprovada "*1 ano e 1 dia*" antes da eleição;
b) **caráter reflexo do princípio da anualidade:** a lei futura não poderá alterar o processo eleitoral passado se "*as regras do jogo*" foram regidas legalmente sob a égide da lei anterior.

▶ EXEMPLO DIDÁTICO DO ITEM "B"

O Congresso Nacional, no dia 23 de setembro de 2009, promulgou a Emenda Constitucional nº 58 mudando o art. 29 da Constituição Federal e alterando totalmente o número de vereadores em todo Brasil.

No art. 3º, inciso I, da citada Emenda Constitucional, há uma previsão totalmente casuística, qual seja: aplica-se "*o disposto no art. 1º, a partir do processo eleitoral de 2008*", portanto, as "*regras do jogo passado*" deverão ser alteradas.

Aumentado o número de vagas nas câmaras municipais, o quociente eleitoral também será alterado e, como consequência, algum vereador que foi legitimamente eleito poderá perder o mandato eletivo, pois segundo as novas regras o seu partido poderá não obter o quociente partidário suficiente.

Há, portanto, grave violação ao caráter reflexo do princípio da anualidade. Nesse sentido, o **STF**, na ADI 4.310/DF, suspendeu a eficácia do dispositivo supracitado.

▶ INDAGAÇÃO DIDÁTICA I

Agora ficou superfácil responder estas questões que futuramente serão elaboradas em concursos jurídicos: "*Defina o caráter primário e o caráter secundário do princípio da anualidade.*"

▶ INDAGAÇÃO DIDÁTICA II

Agora ficou superfácil responder estas questões que futuramente serão elaboradas em concursos jurídicos: "*O princípio da anualidade é uma cláusula pétrea?*"

Resposta: Sim, por cláusula pétrea entende-se os dispositivos da Constituição Federal que são imodificáveis, ou seja, não podem ser abolidos por Emenda Constitucional; assim, a simples violação ao princípio da anualidade, fere de morte o princípio da segurança jurídica (art. 5º, *caput*, da CF) protegido pela cláusula pétrea, tornando-o insuscetível de supressão até por Emendas (art. 60, § 4º, IV, da CF).

12.5. A Lei da Ficha Limpa *versus* o princípio da anualidade

Na consulta nº 1120-26.2010.6.00.0000, o TSE foi indagado:

> Uma lei eleitoral que disponha sobre inelegibilidades e que tenha a sua entrada em vigor antes do prazo de 5 de julho, poderá ser efetivamente aplicada para as eleições gerais de 2010?

A consulta supracitada tinha como principal referência a aplicação da lei "*da ficha limpa*" para eleições de 2010, mas trazia em seu conteúdo a possibilidade de elucidação de três grandes divergências eleitorais:

Primeira: em qual momento se inicia o processo eleitoral?

Segunda: qual o conceito de processo eleitoral?

Terceira: quais os atos que podem comprometer o princípio da anterioridade eleitoral?

Enfrentando tais questões o TSE decidiu que:

a) o processo eleitoral terá início com a escolha pelos partidos políticos dos seus pré-candidatos.

b) Deve-se entender por processo eleitoral os atos que de alguma forma se projetem no pleito eleitoral, devendo abranger:
   - as coligações;
   - convenções;
   - registro de candidatos;
   - propaganda política eleitoral;
   - votação;
   - apuração; e
   - diplomação.

c) Seguindo o resultado da ADI nº 3741/DF, de Relatoria do Ministro Ricardo Lewandowski e ADI nº 3.345/DF, relatada pelo Ministro Celso de Melo, o TSE decidiu que só se pode cogitar de comprometimento do princípio da anterioridade, quando ocorrer:
   1) o rompimento da igualdade de participação dos partidos políticos e dos respectivos candidatos no processo eleitoral;
   2) a criação de deformação que afete a normalidade das eleições;
   3) a introdução de fator de perturbação do pleito; ou
   4) a promoção de alteração motivada por propósito casuístico.

Diante das indagações supracitadas, concluiu o TSE que:

> No caso em tela, a lei foi publicada antes das convenções partidárias, circunstância que não afetaria o andamento da eleição vindoura, mantendo-se a segurança jurídica entre os partidos, candidatos e eleitores. Diante dessas considerações, se a lei entrar em vigor antes das convenções partidárias, não há de se falar em alteração no processo eleitoral.

12.5.1. *A Lei da Ficha Limpa* versus *o princípio da anualidade e a posição do STF*

Por 6 votos a 5, o Supremo Tribunal Federal (STF) considerou inconstitucional a aplicação da **Lei da Ficha Limpa** às eleições de 2010. A não aplicação da Lei da Ficha Limpa nas eleições de 2010 teve como fundamento o desrespeito ao art. 16 da Constituição, segundo o qual "*a lei que alterar o processo eleitoral entrará em vigor na data de sua publicação, não se aplicando à eleição que ocorra até um ano da data de sua vigência*". Votaram pela posição vencedora os ministros Gilmar Mendes, Luiz Fux, Dias Toffoli, Marco Aurélio, Celso de Mello e Cezar Peluso. Pela aplicabilidade da Ficha Limpa às eleições passadas, votaram Cármen Lúcia, Ricardo Lewandowski, Joaquim Barbosa, Carlos Ayres Brito e Ellen Gracie.

No voto de desempate, o novo ministro do STF, Luiz Fux, em síntese, usou os mesmos argumentos que colacionamos na página 22, item 1: "*Não resta a menor dúvida de que a criação de novas inelegibilidades em ano da eleição inaugura regra nova no processo eleitoral*".

▸ RESUMO DIDÁTICO

O **TSE** (*Tribunal Superior Eleitoral*) entendeu que era possível a aplicação da **Lei da Ficha Limpa** às eleições de 2010, pois os dispositivos da citada lei "*não*" violam o art. 16 da Constituição Federal (*princípio da anualidade*).

O **STF** (*Supremo Tribunal Federal*) considerou inconstitucional a aplicação da **Lei da Ficha Limpa** às eleições de 2010, entendendo que seus dispositivos violavam o art. 16 da Constituição Federal (*princípio da anualidade*).

No julgamento da ADI 4.578/DF o STF julgou constitucional a Lei da "Ficha Limpa", que começou a ser aplicada a partir das eleições de 2012, devendo se firmar como uma importante ferramenta para provocar o banimento da vida pública de pessoas que não atendem às exigências da moralidade e probidade inerentes aos cargos públicos.

12.6. A composição do princípio da anualidade

No núcleo base do princípio da anualidade há dois princípios, a saber:

a) **Princípio da segurança jurídica eleitoral:**

Precedente do STF: "*O sentido maior de que se acha impregnado o art. 16 da Constituição reside na necessidade de preservar-se uma garantia básica assegurada, não só aos candidatos, mas, também, destinada aos próprios cidadãos, **a quem assiste o direito de receber, do Estado, o necessário grau de segurança e de certeza jurídicas contra alterações abruptas das regras inerentes à disputa eleitoral**" (Ministro Celso de Mello, nas Ações Diretas de Inconstitucionalidade nos 3.345 e 3.365).*

b) **princípio da igualdade eleitoral:**

Precedente do STF: "*A norma inscrita no art. 16 da Carta Federal, consubstanciadora do princípio da anterioridade da Lei Eleitoral, foi enunciada pelo Constituinte com o declarado propósito de impedir **a deformação do processo eleitoral mediante alterações casuisticamente nele introduzidas, aptas a romper a igualdade de participação dos que nele atuem como protagonistas principais: as agremiações partidárias e os próprios candidatos**" (STF, Pleno, ADIn nº 353-MC/DF, Rel. Min. Celso de Melo, DJ 1, de 12.02.1993, p. 1.450).*

13. O princípio da anterioridade das resoluções

Antes da reforma eleitoral, convivíamos com uma séria anomalia jurídica, era a possibilidade do TSE editar resoluções a qualquer tempo. Tal fato gerava grande insegurança jurídica, pois em diversas oportunidades fomos surpreendidos por publicações de resoluções na véspera das eleições.

- **Destaque da reforma eleitoral:**

A reforma eleitoral alterou o art. 105 *caput* da Lei nº 9.504/1997 e criou, em seu § 3º, o princípio da anterioridade das resoluções, *in verbis*:

> Art. 105. Até o dia 5 de março do ano da eleição, o Tribunal Superior Eleitoral, atendendo ao caráter regulamentar e sem restringir direitos ou estabelecer sanções distintas das previstas nesta Lei, poderá expedir todas as instruções necessárias para sua fiel execução, ouvidos, previamente, em audiência pública, os delegados ou representantes dos partidos políticos.
> § 3º Serão aplicáveis ao pleito eleitoral imediatamente seguinte apenas as resoluções publicadas até a data referida no *caput*.

Portanto, por princípio da anterioridade das resoluções devemos entender que: somente serão aplicáveis ao pleito eleitoral imediatamente seguinte as resoluções publicadas até o dia 5 de março do ano da eleição.

▸ INDAGAÇÃO DIDÁTICA

Agora ficou superfácil responder esta questão que futuramente será elaborada em concursos jurídicos: *"O que se entende por princípio da anterioridade das resoluções?"*

▸ ATENÇÃO

Corrija o erro da questão de concurso a seguir:

"Por princípio da anterioridade das resoluções devemos entender que: somente serão aplicáveis ao pleito eleitoral imediatamente seguinte as resoluções publicadas entres os dias 08 e 30 de junho do ano da eleição" (CESPE. Analista Judiciário. TRE/RJ).

14. Observações didáticas constitucionais

a) São privativos de brasileiro nato os cargos (art. 12, § 3º, da Constituição Federal):
   a) de Presidente e Vice-Presidente da República;
   b) de Presidente da Câmara dos Deputados;
   c) de Presidente do Senado Federal;
   d) de Ministro do Supremo Tribunal Federal;
   e) da carreira diplomática;
   f) de oficial das Forças Armadas;
   g) de Ministro de Estado da Defesa.

Os critérios utilizados para o cargo nato foram basicamente dois:

1ª) preservação da linha sucessória de substituição do Presidente da República;
2ª) razões de segurança nacional.

▸ INDAGAÇÃO DIDÁTICA

Agora ficou superfácil responder esta questão elaborada em um concurso jurídico: *"É possível o brasileiro naturalizado concorrer ao cargo de deputado federal?"*

Resposta: sim, mas depois de eleito ele não poderá ser presidente da Câmara, pois este é um cargo que se encontra na linha sucessória presidencial.

b) Compete privativamente à União legislar sobre Direito Eleitoral (art. 22, I, da Constituição Federal).

c) É vedada a edição de medidas provisórias sobre matéria relativa à nacionalidade, à cidadania, aos direitos políticos, aos partidos políticos e ao Direito Eleitoral (art. 62, § 1º, inciso I, "a", da Constituição Federal).

d) **Os "fundamentos" da República.** A República Federativa do Brasil, formada pela união indissolúvel dos Estados e Municípios e do Distrito Federal, constitui-se em Estado Democrático de Direito e tem como fundamentos: (art. 1º da Constituição Federal) (Macete: SO.CI.DI.VA.PLU).
   a) a **so**berania;
   b) a **ci**dadania;
   c) a **di**gnidade da pessoa humana;
   d) os **va**lores sociais do trabalho e da livre iniciativa;
   e) o **plu**ralismo político;
   (...)

e) **Os "objetivos" fundamentais da República.** Constituem objetivos fundamentais da República Federativa do Brasil (art. 3º da Constituição Federal) (Macete: Conga ER.PRO).
   a) **con**struir uma sociedade livre, justa e solidária;
   b) **ga**rantir o desenvolvimento nacional;
   c) **er**radicar a pobreza e a marginalização e reduzir as desigualdades sociais e regionais;
   d) **pro**mover o bem de todos, sem preconceitos de origem, raça, sexo, cor, idade e quaisquer outras formas de discriminação.

▸ INDAGAÇÃO DIDÁTICA

Agora ficou superfácil responder esta questão elaborada em um concurso jurídico: *"Quais são os fundamentos e os objetivos da República Federativa do Brasil?"*

15. Questões objetivas nos concursos[16]

1. (TRE/SC – Analista Judiciário) São privativos de brasileiro nato os seguintes cargos:

---

[16] Fonte de pesquisa das questões 3 *usque* 14: Motta. Sylvio. *Direito Constitucional*. 25. ed. Rio de Janeiro: Método, 2015. p. 32 *usque* 34.

a) Presidente e Vice-Presidente da República, Presidente do Senado Federal, Presidente da Câmara dos Deputados e Ministro do Supremo Tribunal Federal;
b) Presidente e Vice-Presidente da República, Presidente do Senado Federal, Presidente da Câmara dos Deputados e Presidentes de Partidos Políticos;
c) Presidente e Vice-Presidente da República, Presidente do Senado Federal, Presidente da Câmara dos Deputados e Presidentes de organismos internacionais com sede no país;
d) Presidente e Vice-Presidente da República, Presidente do Senado Federal, Presidente da Câmara dos Deputados e Governadores de Estados.

2. (TRE/SC – Analista Judiciário) Legislar sobre o Direito Eleitoral é competência:
a) privativa dos Estados;
b) privativa da União;
c) concorrente da União e dos Estados;
d) concorrente dos Estados, do Distrito Federal e dos Municípios.

3. O plebiscito realizado no dia 21 de abril de 1993 teve como assuntos:
a) forma de Estado e forma de Governo;
b) forma de Governo e regime de Governo;
c) regime de Governo e regime político;
d) forma de Governo e sistema de Governo;
e) regime político e sistema de Estado.

4. A República Federativa do Brasil tem como forma de Estado:
a) Estado democrático de Direito;
b) Estado federal;
c) Estado unitário;
d) Estado republicano;
e) Estado confederado.

5. Assinale a alternativa incorreta.
a) A forma federativa de Estado se constitui em cláusula pétrea.
b) São instrumentos de manifestação da vontade popular: o plebiscito, o referendo, a iniciativa popular.
c) O Município não é entidade federativa.
d) A soberania é um dos princípios fundamentais da República Federativa do Brasil.
e) A República, enquanto forma de governo adotada pela Constituição atual, não se constitui em cláusula pétrea.

6. O regime de Governo adotado pela atual Constituição é:
a) presidencialista;
b) autocrático;
c) parlamentarista;
d) republicano;
e) democrático.

7. A República, a Federação, o presidencialismo e a democracia são, para a Constituição de 1988, respectivamente:
a) forma de Governo, forma de Estado, sistema de Governo, regime de Governo;
b) forma de Estado, sistema de Governo, regime de Governo, forma de Governo;
c) sistema de Governo, regime de Governo, forma de Estado, forma de Governo;

d) forma de Governo, forma de Estado, regime de Governo, sistema de Governo;
e) sistema de Governo, forma de Estado, sistema de Estado, regime de Governo.

8. A democracia participativa é possível através de quais práticas?
a) Eleições diretas.
b) Plebiscito, referendo e lei popular.
c) Plebiscito, referendo e iniciativa popular.
d) Representação no Congresso Nacional.
e) Eleições indiretas.

9. O Estado Federativo tem como características principais:
a) eletividade dos mandatários e temporalidade dos mandatos;
b) soberania e autonomia dos entes federados;
c) divisão de competências entre os entes federados e participação dos Estados-membros nas decisões nacionais;
d) representatividade dos mandatários e soberania popular;
e) relação rígida entre o Poder Executivo e o Poder Legislativo.

10. O governo republicano tem como traços que o distinguem:
a) o acesso do povo ao poder;
b) a divisão de competências entre as entidades federativas;
c) a eletividade dos mandatários e a transitoriedade dos mandatos eletivos;
d) a vitaliciedade e a hereditariedade;
e) a centralização das decisões políticas e administrativas.

11. A República Federativa do Brasil se constitui em:
a) Estado Republicano de Direito;
b) Estado Federativo de Direito;
c) Nação democrática de Direito;
d) Estado democrático de Direito;
e) Estado popular de Direito.

12. O poder é exercido pelo povo:
a) exclusivamente por representantes eleitos;
b) por representantes eleitos ou nomeados;
c) exclusivamente por representantes nomeados;
d) por representantes nomeados ou diretamente;
e) por representantes eleitos ou diretamente.

13. A promoção do bem-estar de todos constitui um dos:
a) fundamentos da República;
b) objetivos da República;
c) princípios de ordem internacional;
d) princípios de expressão de cidadania;
e) postulados básicos do neoliberalismo.

14. São fundamentos da República Federativa do Brasil, dentre outros:
a) soberania e monarquia;
b) parlamentarismo e cidadania;
c) soberania e cidadania;
d) república e presidencialismo;
e) parlamentarismo e monarquia.

15. (MP/PI) Assinale a alternativa correta.

a) O mandato eletivo poderá ser impugnado ante a Justiça Eleitoral no prazo de trinta dias, contados da diplomação, instruída a ação com prova de abuso do poder econômico, corrupção ou fraude.
b) A ação de impugnação de mandato eletivo é pública, respondendo o autor, na forma da lei, se temerária ou de manifesta má-fé.
c) O alistamento eleitoral e o voto são facultativos aos analfabetos, aos maiores de sessenta e cinco anos, bem como aos maiores de dezesseis e menores de dezoito anos.
d) Para concorrerem aos mesmos cargos, o Presidente da República, os Governadores de Estado e do Distrito Federal e os Prefeitos devem renunciar aos respectivos mandatos até seis meses antes do pleito.
e) A lei que alterar o processo eleitoral entrará em vigor na data de sua publicação, não se aplicando à eleição que ocorra até um ano da data de sua vigência.

16. (MP/PI) Assinale a alternativa incorreta.

a) É competência privativa da União legislar sobre Direito Eleitoral.
b) A democracia tem arcabouço na concepção do povo como autêntico titular do poder soberano, logo, é este que legitima a investidura e o exercício do poder governamental.
c) Os tribunais e juízes eleitorais são órgãos do Poder Judiciário.
d) O Direito Eleitoral trata de estabelecer a forma de participação no exercício do poder, seja para a ocupação das instituições, ou para exercer o sufrágio universal.
e) O plebiscito é um modo de participação no exercício do poder, sendo uma manifestação de assentimento exarada pelo voto popular para conferir validade a uma proposição normativa ordinária.

17. (MP/PI) É fonte primária do Direito Eleitoral:

a) Resolução do Tribunal Superior Eleitoral;
b) Constituição estadual;
c) Lei das inelegibilidades;
d) Constituição Federal;
e) Código Eleitoral.

18. (MP/MT) A lei que altera o processo eleitoral:

a) entra em vigor após um ano de sua publicação;
b) entra em vigor na data de sua publicação;
c) só entra em vigor na data da publicação quando não há eleição prevista para até um ano depois;
d) nenhuma.

19. (MPF – Procurador da República) Na democracia brasileira:

I. a soberania popular é exercida pelo sufrágio universal e pelo voto direto e secreto, cláusula pétrea na Constituição;
II. todo o poder emana do povo, que o exerce por meio de representantes eleitos ou diretamente, mediante plebiscito, referendo ou iniciativa popular;
III. adota-se sistema parlamentarista, não podendo o Presidente da República realizar o seu programa de governo sem o apoio de maiorias eventuais na composição partidária do Congresso Nacional.
Analisando-se as assertivas acima, pode-se afirmar que:

a) estão corretas as de números I e II;
b) somente as de números II e III estão corretas;
c) todas estão corretas;
d) apenas as de números I e III estão corretas.

20. (MPF – Procurador da República) A lei que alterar o processo eleitoral:

a) entrará em vigor na data de sua publicação e terá aplicação imediata, devendo o Tribunal Superior Eleitoral comunicar aos partidos políticos as alterações ocorridas em até seis meses antes da data das eleições;
b) somente entrará em vigor um ano após a sua publicação, não tendo qualquer efeito durante o período de *vacatio legis;*
c) entrará em vigor na data de sua publicação, não se aplicando à eleição que ocorra até um ano da data de sua vigência;
d) terá vigência imediata se vier a aprimorar o sistema político partidário, de acordo com entendimento do Tribunal Superior Eleitoral.

21. (MPF/BR) O desmembramento, a fusão, a incorporação ou a criação de municípios somente poderá se efetivar:

I. mediante plebiscito organizado pela Justiça Eleitoral, no qual será feita consulta prévia à população do Estado, obedecidos os requisitos estabelecidos em Lei Complementar federal;
II. preservando-se a continuidade e a unidade histórico-cultural do ambiente urbano;
III. com a autorização prévia da Assembleia Legislativa do Estado, após ouvidos os órgãos técnicos competentes sobre a renda mínima e a população da área, seguida de plebiscito para consulta às populações diretamente interessadas, organizado pela Justiça Eleitoral;
IV. por lei estadual, preenchidos os requisitos previstos em Lei Complementar estadual, dependendo de consulta prévia às populações diretamente interessadas, mediante plebiscito organizado pela Justiça Eleitoral.

Analisando as assertivas acima, pode-se afirmar que:

a) ( ) estão corretas as de número I e II;
b) ( ) as de número II, III e IV estão corretas;
c) ( ) estão corretas apenas as de número II e IV;
d) ( ) somente as de número I e III estão corretas.

22. (MPF/BR) A soberania popular, segundo a constituição, é exercida:

I. pelo sufrágio universal e pelo voto direto e secreto, com valor igual para todos, em eleições periódicas para o Legislativo e o Executivo;
II. mediante plebiscito ou referendo;
III. pela liberdade sindical, o direito de greve e a dispensa temporária de trabalhadores;
IV. através de iniciativa popular, pela apresentação à Câmara dos Deputados de projeto de lei subscrito por, no mínimo, um por cento do eleitorado nacional, distribuído pelo menos por cinco Estados, com não menos de três décimos por cento dos eleitores de cada um deles.

Analisando as assertivas acima, pode-se afirmar que:

a) ( ) todas estão corretas;
b) ( ) somente as de número I, II e III estão corretas;
c) ( ) estão corretas apenas as de número II, III e IV;
d) ( ) apenas as de número I, II e IV estão corretas.

23. (MPF/BR) A soberania popular, segundo a Constituição:

a) é fundamento da democracia representativa e manifesta-se apenas nas eleições dos representantes do povo;
b) é exercida unicamente por meio dos seus representantes e nunca diretamente pelo próprio povo;
c) significa que o povo tem poderes inerentes ao soberano e sempre diretamente exercido por ele próprio;
d) será exercida pelo sufrágio universal e pelo voto direto e secreto, com valor igual para todos, e, nos termos da lei, mediante plebiscito, referendo e iniciativa popular.

24. (UnB/Cespe – TRE/PA) Acerca da vigência, aplicação e interpretação da lei, assinale a opção incorreta.

a) Repristinar uma lei é dar-lhe nova vigência, ou seja, uma lei que fora revogada volta a viger por determinação expressa de uma nova lei.
b) O intervalo entre a data da publicação da lei e a de sua entrada em vigor chama-se *vacatio legis*.
c) A lei posterior revoga a anterior quando é com ela incompatível ou quando disciplina inteiramente a matéria por ela tratada.
d) Para que uma lei seja interpretada de maneira sistemática, há que se examinar a sua relação com as demais leis que integram o ordenamento jurídico.
e) A irretroatividade da lei é um princípio constitucional absoluto. A lei nova não pode retroagir e a sua aplicação e seus efeitos abrangem fatos futuros, não sendo aplicável ao passado.

25. (TRE/SC – Cespe) Compete privativamente ao Tribunal Superior Eleitoral esclarecer sobre matéria eleitoral, não tendo tais esclarecimentos caráter normativo. Como são denominados esses esclarecimentos? Assinale a alternativa correta.

a) Portarias e ordens de serviço.
b) Instruções.
c) Resoluções.
d) Consultas.

16. Gabarito das questões objetivas

1. A
2. B
3. D
4. B
5. C
6. E
7. A
8. C
9. C
10. C
11. D
12. E
13. B
14. C
15. E
16. E
17. D
18. B
19. A
20. C
21. "C" foi a resposta oficial. Informo que a Emenda Constitucional nº 15/1996 deu nova redação ao art. 18, § 4º, da Constituição Federal. Portanto, os itens II e IV também estão incorretos. Veja a nova redação do parágrafo supracitado: "A criação, a incorporação, a fusão e o desmembramento de Municípios far-se-ão por lei estadual, dentro

do período determinado por Lei Complementar federal, e dependerão de consulta prévia, mediante plebiscito, às populações dos Municípios envolvidos, após divulgação dos Estudos de Viabilidade Municipal, apresentados e publicados na forma da lei".

22. D
23. D
24. E
25. D

▸ CASO PRÁTICO ELEITORAL SUPERINTERESSANTE

Cabe Ação Direta de Inconstitucionalidade contra uma resolução do Tribunal Superior Eleitoral?

Concordo com a lição proferida pelo Professor **Thales Tácito,**[17] o jovem colega do glorioso Ministério Público.

Na verdade, a resolução em si não é inconstitucional, e sim o seu conteúdo, já que, por força do art. 105 da Lei nº 9.504/1997, o TSE pode usar deste instrumento para disciplinar as eleições brasileiras.

Portanto, a distinção entre ato normativo primário e ato normativo secundário das resoluções do TSE é fundamental para saber se o conteúdo da resolução pode ser objeto de ADIn.

Assim, o STF tem entendido que:

a) cabe ADIn contra resolução do TSE somente quando caracterizado seu caráter de ato normativo autônomo (primário), ou seja, de alcance geral, passível de controle normativo abstrato de constitucionalidade (art. 102, I, *a*, da CF/1988);
b) não cabe ADIn contra resolução do TSE quando a mesma é ato normativo secundário. Leia-se: apenas se presta para interpretar a CF/1988 ou lei infraconstitucional, ao invés de normatizá-la (ato normativo primário). Nesta última posição do STF, de que não cabe ADIn contra Resolução do TSE, de caráter normativo secundário (interpretativo), qual seria o remédio jurídico para provocar a discussão da constitucionalidade? Consulta para o próprio TSE.

17. Simulação

Imagine-se na última fase de um concurso jurídico, pois, após a leitura do Capítulo 1, você agora já tem plenas condições de resolver a questão infracitada, elaborada em um concurso jurídico.

Disserte: *Anualidade eleitoral ou antinomia eleitoral (TRE).*

---

17 *Direito Eleitoral brasileiro e as eleições em face da Lei nº 9.504/97*. 3. ed., Capítulo 37 – As resoluções do TSE podem ser inconstitucionais? – Belo Horizonte: Del Rey, 2004.

Capítulo 2

A Justiça Eleitoral

Para que você perceba a importância do tema em análise, veja estas questões, formuladas em concursos jurídicos.

1. **Qual a composição da Justiça Eleitoral?**
2. **Qual a composição do Tribunal Superior Eleitoral?**
3. **Quais os atos que competem de forma originária ao TSE processar e julgar?**
4. **São irrecorríveis as decisões do Tribunal Superior Eleitoral. Pergunta-se: existem exceções? Fundamente sua resposta.**
5. **Quais as decisões dos Tribunais Regionais Eleitorais de que cabem recurso?**
6. **Qual a composição das juntas eleitorais?**
7. **Quais as pessoas que estão impedidas de participar das juntas eleitorais?**

Obs.: todas as questões serão solucionadas durante o desenvolvimento da matéria.

1. Noções preliminares

1.1. Características institucionais

A Justiça Eleitoral não dispõe de quadro próprio de profissionais. A composição é realizada através de promotores e magistrados de outros setores e de forma periódica.

Há órgãos da Justiça Eleitoral no Brasil, mas não há uma magistratura eleitoral exclusiva, própria, de carreira. A composição de todas as três espécies de órgãos colegiados com jurisdição eleitoral é híbrida, integrando os juízes de outros tribunais, juristas da classe dos advogados e, até, pessoas sem formação jurídica, como no caso das juntas eleitorais.[1]

Na Justiça Eleitoral, o princípio da temporariedade adquiriu maior amplitude, e nenhum magistrado ou promotor de Justiça tem vinculação permanente na Justiça Eleitoral, integrando-se sempre por prazo delimitado.

[1] Nesse sentido: CÂNDIDO, Joel José. *Op. cit.*

O insigne autor **Thales Tácito** afirma que, "atualmente, a Justiça Eleitoral tem um quadro próprio de funcionários nos Tribunais (TSE e TREs), mas não na 1ª instância, de forma que os juízes eleitorais têm, como serventuários, funcionários emprestados do Município, do Estado, do próprio fórum, sem concurso, muito embora treinados com diversos cursos".[2]

1.2. Características peculiares

Diferentemente das outras organizações judiciárias, a Justiça Eleitoral pode ter nos seus órgãos de primeira instância composição eventualmente colegiada, como acontece na fase de apuração dos votos à diplomação dos eleitos. Observe que órgão colegiado na Justiça Comum só existem as turmas recursais dos Juizados Especiais e o Egrégio Tribunal Popular do Júri.

Outra característica peculiar é que "os tribunais eleitorais não se podem subdividir em câmaras ou turmas, diante da ausência de permissão constitucional. Assim acontecendo, todos os atos deliberativos, de caráter administrativo, normativo ou jurisdicional, atribuídos aos tribunais eleitorais, devem resultar de manifestações plenárias. Não os pode emitir singularmente o seu Presidente, em virtude da natureza coligada da instância".[3]

O princípio da temporariedade estabelece para a magistratura Eleitoral outra característica peculiar que é ausência da garantia da vitaliciedade na função.

2. Órgãos e composição

Segundo o art. 118 da Constituição Federal, a Justiça Eleitoral é composta dos seguintes órgãos, dispostos hierarquicamente:

a) o Tribunal Superior Eleitoral;
b) os Tribunais Regionais Eleitorais;
c) os juízes eleitorais;
d) as juntas eleitorais.

Obs. 1: responda agora à questão nº 1.

▸ ATENÇÃO

Corrija o erro da questão de concurso a seguir:

"O Ministério Público Eleitoral é considerado um dos órgãos mais importantes da Justiça Eleitoral" (CESPE. Promotor de Justiça/PE).

Obs. 2: observe que o Ministério Público Eleitoral *não se encontra* catalogado entre os órgãos da Justiça Eleitoral. **Cuidado:** esta é uma pegadinha constantemente usada nos concursos.

---

[2] CERQUEIRA, Thales Tácito Pontes Luz de Pádua. *Op. cit.*

[3] Nesse sentido: RIBEIRO, Fávila. *Direito Eleitoral.* 5. ed. Rio de Janeiro: Forense, 1999.

▸ INDAGAÇÃO DIDÁTICA I

Responda agora a esta questão que vai ser elaborada em um concurso jurídico: *Quais são os órgãos permanentes da justiça eleitoral?*

Resposta: os órgãos permanentes da justiça eleitoral são:

a) o TSE (*Tribunal Superior Eleitoral*);

b) os TREs (*Tribunais Regionais Eleitorais*);

c) os juízes eleitorais;

Professor Dirceu... E as juntas eleitorais?????

Cuidado: não caia nessa pegadinha!

As juntas eleitorais são órgãos "*temporários*" da justiça eleitoral.

▸ ATENÇÃO

Corrija o erro da questão de concurso a seguir:

"As juntas eleitorais, embora prestem importante assessoria ao trabalho dos juízes eleitorais, não são consideradas órgãos da justiça eleitoral, por serem formadas ordinariamente apenas por ocasião da realização de alguma eleição, sendo desfeitas logo a seguir" (CESPE. Analista Judiciário. TRE/MA).

▸ INDAGAÇÃO DIDÁTICA II

Responda agora a esta questão que vai ser elaborada em um concurso jurídico: *Quais são os órgãos colegiados da justiça eleitoral?*

Resposta: os órgãos *colegiados* da justiça eleitoral são:

a) o TSE (*Tribunal Superior Eleitoral*);

b) os TREs (*Tribunais Regionais Eleitorais*);

c) as juntas eleitorais;

Professor Dirceu... E os juízes eleitorais?????

Cuidado: não caia nessa pegadinha!

Os juízes eleitorais são um órgão "*monocrático*" da justiça eleitoral.

Responda esta questão: julgue este item com C ou E.

( ) O **STF** é a instância máxima da justiça eleitoral.

Cuidado: não caia na pegadinha**!**

Resposta: E. O STF é a instância máxima do Poder Judiciário. A instância máxima da justiça eleitoral é o TSE.

3. O princípio da periodicidade da investidura das funções eleitorais

Os órgãos da Justiça Eleitoral se submetem ao **princípio da periodicidade da investidura das funções eleitorais**, segundo o qual não há magistrados ou promotores permanentemente investidos nas atribuições eleitorais, sendo elas exercidas temporariamente. De fato, o juiz eleitoral é o juiz de Direito que exerce, por empréstimo, as funções eleitorais naquelas comarcas em que funciona a sede da zona eleitoral – pois há comarcas que são eleitoralmente **termos** de outras comarcas, vale dizer, fazem parte do território da zona eleitoral, que tem por sede a comarca mais importante. Logo, o juiz exerce a função eleitoral enquanto responder pela titularidade daquela comarca a que corresponde a sede da zona Eleitoral, se desvestindo dessas atribuições tão logo ingresse em férias ou licença, ou, mesmo, seja promovido para uma outra comarca em que não haja sede de zona eleitoral. Outrossim, os membros dos Tribunais Regionais e do Tribunal Superior Eleitoral são todos eles periodicamente mudados, de maneira que o corpo de juízes eleitorais é temporário e alternado.[4]

Quanto aos promotores eleitorais, veremos oportunamente que a lei delega ao Ministério Público dos Estados e Distrito Federal a atribuição de oficiar perante os juízes e juntas eleitorais de primeira instância da Justiça Eleitoral, abrindo uma exceção, pela delegação de parte dessa atribuição.

▶ INDAGAÇÃO DIDÁTICA

Agora ficou superfácil responder esta questão elaborada em um concurso jurídico: *"O que defende o princípio da periodicidade da investidura das funções eleitorais?"*

▶ INDAGAÇÃO DIDÁTICA

Responda agora a esta questão que vai ser elaborada em um concurso jurídico: *Quando não será possível a aplicação do princípio da periodicidade da investidura da função eleitoral?*

Resposta: O princípio da periodicidade da investidura da função eleitoral não é usado quando, na primeira instância, a comarca é de vara única e, portanto, só existe um juiz e um promotor eleitoral.

▶ EXEMPLO DIDÁTICO

Sou promotor eleitoral há 14 anos consecutivos, pois na minha comarca a vara é única, havendo um só promotor não há possibilidade de ser efetivado um revezamento na função eleitoral.

Responda esta questão: julgue este item com C ou E.

( ) Não há aplicação do princípio da periodicidade da investidura da função eleitoral nas comarcas de primeira instância.

Cuidado: não caia na pegadinha!

Resposta: E. Você deve ter cuidado para não confundir, pois o que relatamos acima é que nas comarcas de primeira instância e de **"vara única"** não haverá apli-

---

[4] Nesse sentido: COSTA, Adriano Soares da. *Instituições de Direito Eleitoral*. 5. ed. Belo Horizonte: Del Rey, 2002.

cação do princípio da periodicidade da investidura da função eleitoral, mas caso a comarca de primeira instância tenha **"mais de uma vara"**, haverá sim a aplicação do princípio, portanto, haverá alternância dos exercícios eleitorais, para o juiz e o promotor, a cada dois anos.

4. O Tribunal Superior Eleitoral

4.1. Composição

Pelo art. 119, I e II, da Constituição Federal de 1988, é a seguinte a composição do TSE, derrogados os arts. 16 e 17 do Código Eleitoral: o Tribunal Superior Eleitoral compor-se-á, **no mínimo, de sete membros, escolhidos:**

I – **mediante eleição, pelo voto secreto:**
 a) três juízes dentre os Ministros do Supremo Tribunal Federal;
 b) dois juízes dentre os Ministros do Superior Tribunal de Justiça;

II – **por nomeação do Presidente da República: dois juízes dentre seis advogados.**
 Os advogados deverão atender aos requisitos:
 a) ter notável saber jurídico;
 b) idoneidade moral.

4.2. Resumo didático

Composição do TSE:
3 juízes do STF = eleição.
2 juízes do STJ = eleição.
2 juízes dentre 6 advogados = nomeação.
A indicação dos advogados para o TSE é feita pelo Supremo Tribunal Federal.
Obs.: responda agora à questão nº 2.

▸ ATENÇÃO

Corrija o erro da questão de concurso a seguir:

"A respeito da composição dos órgãos da Justiça Eleitoral, é correto afirmar que três juízes do Tribunal Superior Eleitoral serão nomeados pelo Presidente da República dentre os Ministros do Supremo Tribunal Federal" (FCC. Analista Judiciário. TRE/MG).

▸ INDAGAÇÃO DIDÁTICA I

Veja esta questão, elaborada em um concurso jurídico:

1. *Como é realizada a indicação de advogados para o TSE?*
 Resposta: A indicação de advogados para o TSE é feita pelo Supremo Tribunal Federal. O plenário do STF elegerá os três Ministros (veja o art. 19, inciso I, alínea

"*a*", da CF/1988) e organizará a lista sêxtupla dos advogados, de modo como dispuser seu regimento interno (veja o RISTF, arts. 7º, II, e 143 a 146), empós, remeterá tal lista ao Presidente da República, que escolherá e nomeará dois advogados. Veja que, dos sete juízes, o STF exerce influência na nomeação de cinco, três de forma direta e dois de forma indireta. Os outros dois juízes o STJ escolhe em conformidade com seu regimento interno (veja o RISTJ, arts. 10, III, e 171).

Há realmente uma incoerência, pois a escolha da lista sêxtupla de advogados deveria ser feita pela OAB, como ocorre nos demais tribunais, para preenchimento da vaga do quinto constitucional; mas, como acabamos de aprender, a indicação de advogados para o TSE é feita pelo Supremo Tribunal Federal.

▸ INDAGAÇÃO DIDÁTICA II

2. *O art. 119 da CF cuida da composição do TSE: no mínimo sete membros, dando a ideia de que pode vir a ser ampliada. No art 120, § 1º, ao tratar da composição do TRE, não usa a expressão "no mínimo", dando a ideia de taxatividade. Então, os arts. 13 e 23, VI, do Código Eleitoral não foram recepcionados pela CF?*

Resposta: Informa **Thales Tácito Pontes**[5] que, tanto no TSE quanto no TRE, o número de sete membros não pode ser reduzido, porém pode ser ampliado, apesar de a interpretação isolada do art. 120, § 1º, dar entendimento diverso (que o número de membros do TRE seria taxativo). Veremos que o número de membros, tanto do TSE quanto do TRE (logo, o art. 120, § 1º, não é taxativo), pode ser ampliado, jamais reduzido, conforme **interpretação sistemática** das normas constitucionais (para o TSE devem ser combinados os arts. 119 com o 96, II, *b*, e 121, *e*; já para o TRE, devem ser combinados os arts. 120, § 1º, com o 96, II, *a*, e 121, todos da CF/1988):

a) no TSE, a composição é de, no mínimo, sete ministros, podendo este número ser alterado, jamais reduzido, porém, por **Lei Complementar** (art. 121 da CF/1988) e de iniciativa **privativa** do TSE (CF/1988, art. 96, II, *b*);
b) no TRE, a composição é obrigatória de sete membros, podendo este número ser alterado, jamais reduzido, porém, por **Lei Complementar** (art. 121 da CF/1988) e de iniciativa **privativa** do TSE (CF/1988, art. 96, II, *a*). Assim, o art. 13 do Código Eleitoral, quando diz que "**o número de juízes dos Tribunais Regionais não será reduzido, mas pode ser elevado até 9, mediante proposta do TSE e na forma por ele sugerida**", está correto, porém disse mais do que deveria, cabendo ao leitor fazer uma interpretação restritiva na seguinte expressão "**pode ser elevado até 9**", uma vez que a CF/1988 não disse que o limite para elevar o número de membros é até nove; logo, pode ser nove, onze, treze, quinze, enfim, qualquer quantidade ímpar (é óbvio), uma vez que a CF/1988 prevalece na hierarquia das leis em relação ao Código Eleitoral.

---

5 CERQUEIRA, Thales Tácito Pontes Luz de Pádua. *Op. cit.*

4.3. O princípio da diversidade na composição de seus órgãos colegiados

Você observou que, na composição supramencionada, não existe previsão para constar nas listas os nomes de magistrados aposentados nem componentes de Ministério Público, ainda que em atividade.

Segundo **Fávila Ribeiro**, esses impedimentos legais são de molde a evitar distorções nos colegiados eleitorais, que devem ter dois membros integrados na profissão de advogado. É preciso considerar que, na Justiça Eleitoral, domina o **princípio da diversidade** na composição de seus órgãos colegiados. Assim não ocorreria, se essas vagas de juristas fossem destinadas a magistrados que se aposentaram e a membros do Ministério Público.[6]

▸ POSIÇÃO DIVERGENTE

O renomado autor supracitado, na realidade, faz uma interpretação literal do art. 119 da Constituição Federal, que, como vimos, não prevê, na composição do TSE, juízes oriundos do Ministério Público, porquanto a lei fala em "advogados" (art. 119, II). Assim, segundo o renomado autor, refere-se a advogados em sentido legal, ou seja, bacharéis regularmente inscritos na OAB.

Quanto à omissão de membros na composição do TSE, concordamos com **Joel José Cândido,** quando o mesmo afirma que "não existe nenhuma razão plausível para esta omissão. Já que a Justiça Eleitoral não tem magistratura própria, e de diversos segmentos vêm os membros de seus órgãos judiciários, não se justifica a ausência da classe do Ministério Público em suas composições. Não há simetria com a composição de todos os demais tribunais superiores, onde o quadro do Ministério Público foi sempre preservado; é possível, mesmo, a nomeação dos membros dessa Instituição até para o Pretório Excelso (CF, art. 101)".[7]

▸ OBSERVAÇÕES DIDÁTICAS

O Tribunal Superior Eleitoral elegerá seu Presidente e o Vice-Presidente dentre os Ministros do Supremo Tribunal Federal, e o Corregedor Eleitoral, dentre os Ministros do Superior Tribunal de Justiça.

Os magistrados da Justiça Eleitoral, nomeados na forma dos incisos II do art. 119 e III do § 1º do art. 120 da Constituição Federal, serão aposentados de acordo com as normas estabelecidas pela legislação previdenciária a que estavam submetidos antes da investidura na magistratura, mantida a referida vinculação previdenciária durante o exercício do mandato.[8]

---

6 Nesse sentido: RIBEIRO, Fávila. *Op. cit.*

7 CÂNDIDO, Joel José. *Op. cit.*

8 Nesse sentido: TST – ROMS nº 4207/1970 – TP – Rel. Min. Francisco Fausto – *DJU* 18/08/2000 – p. 367.

Há previsão da presença de um representante do Ministério Público Eleitoral nas sessões de Julgamento, além de obrigatoriedade de oficiar em todos os processos, na condição de fiscal da lei.

O Ministério Público Eleitoral é representado junto ao TSE pelo Procurador-Geral da República, chefe do Ministério Público Federal.

5. A competência do TSE

5.1. Competência originária do TSE

Compete ao TSE (veja o Código Eleitoral, art. 22):

I - **Processar e julgar originariamente:**

a) o registro e a cassação de registro de partidos políticos, dos seus diretórios nacionais e de candidatos à **Presidência e Vice-Presidência da República**;

b) os conflitos de jurisdição entre Tribunais Regionais e **juízes eleitorais de Estados diferentes**;

c) a suspeição ou o impedimento aos seus membros, ao Procurador-Geral e aos funcionários da sua secretaria;

d) os crimes eleitorais e os comuns que lhes forem conexos cometidos pelos seus próprios juízes e pelos juízes dos Tribunais Regionais.

- **Atualização do Código Eleitoral:** CF/1988, art. 102, I, *c*: competência do STF para processar e julgar, nas infrações penais comuns e nos crimes de responsabilidade, os membros dos tribunais superiores; art. 105, I, *a*: competência do STJ para processar e julgar, nos crimes comuns e nos de responsabilidade, **os membros dos tribunais regionais eleitorais.**

e) o *habeas corpus* ou mandado de segurança, em matéria eleitoral, relativos a atos do Presidente da República, dos Ministros de Estado e dos Tribunais Regionais; ou, ainda, o *habeas corpus*, quando houver perigo de se consumar a violência antes que o juiz competente possa prover sobre a impetração;

- **Atualização ao Código Eleitoral:** a Resolução nº 132/1984, do Senado Federal, suspendeu a locução "ou mandado de segurança". Entretanto, em decisão no RE nº 163.727-7/RJ, o STF deu-lhe interpretação para restringir o seu alcance à verdadeira dimensão da declaração de inconstitucionalidade no MS nº 20.409, que lhe deu causa, vale dizer, à hipótese de mandado de segurança contra ato, de natureza eleitoral, do Presidente da República, mantida a competência do TSE para as demais impetrações previstas neste inciso. **CF/1988, art. 102, I, *d:* competência do STF para processar e julgar mandado de segurança contra ato do Presidente da República. CF/1988, art. 105, I, *c:* competência do STJ para processar e julgar mandado de segurança contra ato de Ministro**

de Estado. Veja também CF/1988, art. 105, I, *h, in fine:* competência da Justiça Eleitoral para o mandado de injunção;

f) as reclamações relativas a obrigações impostas por lei aos partidos políticos, Resolução nº 23.546/2017 do TSE regulamenta o disposto no Título III da Lei nº 9.096, de 19 de setembro de 1995 – Das Finanças e Contabilidade dos Partidos. Nesse sentido, os partidos deverão apresentar extratos bancários mensalmente, com toda a movimentação de suas contas-correntes.);

g) as impugnações à apuração do resultado geral, proclamação dos eleitos e expedição de diploma na eleição de Presidente e Vice-Presidente da República;

h) os pedidos de desaforamento dos feitos não decididos nos Tribunais Regionais dentro de trinta dias da conclusão ao relator, formulados por partido, candidato, Ministério Público ou parte legitimamente interessada;

i) as reclamações contra os seus próprios juízes que, no prazo de trinta dias a contar da conclusão, não houverem julgado os feitos a eles distribuídos;
   - **Atualização do Código Eleitoral:** Dec. monocrática do Min. José Delgado na Rcl nº 475/SP, de 10/10/2007: a competência para o julgamento das reclamações desta espécie passou ao Conselho Nacional de Justiça, nos termos do art. 103-B, § 4º, III, da Constituição Federal.

j) a ação rescisória, nos casos de inelegibilidade, desde que intentada dentro do prazo de cento e vinte dias de decisão irrecorrível, **possibilitando-se o exercício do mandato eletivo até o seu trânsito em julgado.**

Atualização do Código Eleitoral: veja a ADIn (Ação Direta de Inconstitucionalidade) nº 1.459-5/DF, *DJ* de 07/05/1999: declarou inconstitucionais o trecho acima **grifado** e a expressão "aplicando-se, inclusive, às decisões havidas até cento e vinte dias anteriores à sua vigência", constante do art. 2º da LC nº 86/1996.

Posição dominante do TSE: Ac.-TSE nºs 106/2000 e 89/2001: TRE não é competente para o julgamento de ação rescisória. A LC nº 86/1996, ao introduzir a ação rescisória no âmbito da Justiça Eleitoral, incumbiu somente ao TSE seu processo e julgamento, originariamente, contra seus próprios julgados. Ac.-TSE nº 124/2001: cabimento de ação rescisória contra decisão monocrática de juiz do TSE; Ac.-TSE nºs 19.617/2002 e 19.618/2002: cabimento de ação rescisória de julgado de TRE em matéria não eleitoral, aplicando-se a legislação processual civil.

II – Julgar os recursos interpostos das decisões dos Tribunais Regionais nos termos do art. 276 do Código Eleitoral, inclusive os que versarem sobre matéria administrativa.

Atualização ao Código Eleitoral: com relação ao texto, **"os que versarem sobre matéria administrativa"**, veja o Acórdão-TSE nº 11.405/1996: "Não cabe ao Tribunal Superior Eleitoral apreciar recurso especial contra decisão de natureza estritamente administrativa dos Tribunais Regionais". Veja também os Acórdãos – TSE nº 10/1996 e nº 12.644/1997: "Competência do TSE para apreciar recurso contra decisão judicial de Tribunal Regional sobre matéria administrativa não eleitoral."

Obs.: responda agora à questão nº 3.

5.2. Competência privativa do TSE

Obs.: não confunda a competência originária, vista no item anterior, com a competência privativa do TSE, que passaremos a estudar.

Compete, ainda, privativamente, ao Tribunal Superior (veja o art. 23 do Código Eleitoral):

a) elaborar o seu regimento interno;
b) organizar a sua Secretaria e a Corregedoria-Geral, propondo ao Congresso Nacional a criação ou extinção dos cargos administrativos e a fixação dos respectivos vencimentos, provendo-os na forma da lei;
c) conceder aos seus membros licença e férias, assim como afastamento do exercício dos cargos efetivos;
d) aprovar o afastamento do exercício dos cargos efetivos dos juízes dos Tribunais Regionais Eleitorais;
e) propor a criação de Tribunal Regional na sede de qualquer dos Territórios;
f) propor ao Poder Legislativo o aumento do número dos juízes de qualquer Tribunal Eleitoral, indicando a forma desse aumento;
g) fixar as datas para as eleições de Presidente e Vice-Presidente da República, senadores e deputados federais, quando não o tiverem sido por lei;
   Atualização ao Código Eleitoral. Hoje, as datas para as eleições estão fixadas em lei; veja a Constituição Federal, art. 77, *caput* e § 3º; e Legislação Complementar: Lei nº 9.504/1997, arts. 1º, *caput*, e 2º, § 1º.
h) aprovar a divisão dos Estados em zonas eleitorais ou a criação de novas zonas;
i) expedir as instruções que julgar convenientes à execução deste Código;
j) fixar a diária do Corregedor-Geral, dos Corregedores Regionais e auxiliares em diligência fora da sede;
k) enviar ao Presidente da República a lista tríplice organizada pelos Tribunais de Justiça nos termos do art. 25;
l) responder, sobre matéria eleitoral, às consultas que lhe forem feitas em tese por autoridade com jurisdição federal ou órgão nacional de partido político;
m) autorizar a contagem dos votos pelas mesas receptoras nos Estados em que essa providência for solicitada pelo Tribunal Regional respectivo;
n) requisitar força federal necessária ao cumprimento da lei, de suas próprias decisões ou das decisões dos Tribunais Regionais que o solicitarem, e para garantir a votação e a apuração;
o) organizar e divulgar a súmula de sua jurisprudência;
p) requisitar funcionário da União e do Distrito Federal quando o exigir o acúmulo ocasional do serviço de sua Secretaria;
q) publicar um boletim eleitoral;

Atualização ao Código Eleitoral: o Boletim Eleitoral foi substituído, em julho/1990, pela revista "Jurisprudência do Tribunal Superior Eleitoral" (Res. – TSE nº 16.584/1990 – *DJ* de 28/6/1990).

r) tomar quaisquer outras providências que julgar convenientes à execução da legislação eleitoral.

5.3. A jurisdição do TSE

O TSE tem jurisdição em todo o território nacional.

5.4. O TSE e o sistema recursal

São irrecorríveis as decisões do Tribunal Superior Eleitoral, salvo as exceções:

1ª) as decisões que contrariarem a Constituição Federal;

2ª) as decisões denegatórias de *habeas corpus* ou mandado de segurança.

Obs.: responda agora à questão nº 4.

5.5. O *quorum* de deliberação do TSE

O Tribunal Superior delibera por ***maioria de votos***, em sessão pública, com a presença ***da maioria de seus membros***.

As *decisões* do Tribunal Superior, tanto na *interpretação do Código Eleitoral* em face da Constituição e *cassação de registro de partidos políticos*, como sobre quaisquer recursos que importem *anulação geral de eleições* ou *perda de diplomas*, **só poderão ser tomadas com a presença de todos os seus membros**. Se ocorrer impedimento de algum juiz, será convocado o substituto ou o respectivo suplente.

Posicionamento majoritário do TSE: há possibilidade de julgamento com o *quorum* incompleto em caso de suspeição ou impedimento do ministro titular da classe de advogado e impossibilidade jurídica de convocação de juiz substituto.[9]

6. Os Tribunais Regionais Eleitorais

Por previsão constitucional (art. 120), haverá um Tribunal Regional Eleitoral na capital de cada Estado e no Distrito Federal.

6.1. Composição

Os Tribunais Regionais Eleitorais compor-se-ão:

I – mediante eleição, pelo voto secreto:

a) de dois juízes, dentre os desembargadores do Tribunal de Justiça;

---

9 TSE – AC nºs 16.684/2000 e 612/2004.

b) de dois juízes, dentre juízes de Direito, escolhidos pelo Tribunal de Justiça;

II - de um juiz do Tribunal Regional Federal com sede na capital do Estado ou no Distrito Federal, ou, não havendo, de juiz federal, escolhido, em qualquer caso, pelo Tribunal Regional Federal respectivo;

III - por nomeação, pelo Presidente da República, de dois juízes dentre seis advogados. Os advogados deverão atender aos requisitos:

a) de notável saber jurídico;
b) idoneidade moral.

6.2. Resumo didático

Composição do TRE:

2 juízes, dentre os **desembargadores** do TJ = eleição.
2 juízes, dentre **juízes de Direito**, escolhidos pelo TJ = eleição.
1 juiz, dentre os **do TRF ou juiz federal** = escolha do TRF.
2 juízes, dentre 6 **advogados** = escolha do Presidente da República.

Cuidado: por inteira previsão constitucional, os membros do **TSE** e do **TRE** são denominados juízes, não ministros. No contexto prático, usa-se as terminologias Ministro para os integrantes do **TSE** e desembargadores para os integrantes dos ***TRE(s)***.

ATENÇÃO

Corrija o erro da questão de concurso a seguir:

"Lauro é Ministro do Superior Tribunal de Justiça; Maria é Desembargadora do Tribunal de Justiça do Estado; e Mário é advogado de notável saber jurídico e idoneidade moral. Nesse caso, preenchidos os demais requisitos legais, Lauro pode vir a integrar o Tribunal Superior Eleitoral; Maria pode vir a integrar o Tribunal Regional Eleitoral do respectivo Estado; e Mário não pode integrar nem o Tribunal Superior Eleitoral e nem o Tribunal Regional Eleitoral" (FCC. Analista Judiciário. TRE/PI).

Correção: Mário pode vir a integrar tanto o Tribunal Superior Eleitoral quanto o Tribunal Regional Eleitoral.

6.3. A indicação do advogado para o TRE

A indicação dos advogados para o **TRE** é feita pelo **Tribunal de Justiça**.

Compete exclusivamente ao Tribunal de Justiça do Estado a indicação de advogados para composição de Tribunal Regional Eleitoral, nos termos do art. 120, § 1º, inciso III, da Constituição, sem a participação, portanto, do órgão de representação da respectiva classe a que se refere o parágrafo único do art. 94, quando trata da composição do quinto nos Tribunais Regionais Federais, dos Estados, do Distrito Federal e dos Territórios.[10]

[10] Nesse sentido: STF – MS nº 21.060 – DF – T.P. – Rel. Min. Sydney Sanches – *DJU* 23/08/1991.

▸ I. INDAGAÇÃO DIDÁTICA

Quem faz a lista sêxtupla e quem faz a escolha do advogado?

Resposta: Declarada a vacância de juiz eleitoral da classe de jurista, compete ao **Tribunal de Justiça do Estado** a formação de lista sêxtupla composta por profissionais de notável saber jurídico, para enviá-la *ao Tribunal Superior Eleitoral.*

> Dispõe os artigos 1º, 2º e 3º da Resolução nº **23.517/ 2017**, que:
> Art. 1º Os advogados a que se refere o inciso III do § 1º do art. 120 da Constituição Federal (CF/1988) serão indicados em lista tríplice organizada pelos Tribunais de Justiça que será encaminhada ao Tribunal Superior Eleitoral (TSE) pelo respectivo Tribunal Regional Eleitoral (TRE).
>
> Art. 2º Até 90 dias antes do término do biênio de juiz da classe dos advogados, ou imediatamente depois da vacância do cargo por motivo diverso, o presidente do TRE notificará o respectivo Tribunal de Justiça (TJ) para a indicação de advogados em ordem de classificação na lista tríplice.
> § 1º Da notificação deverão constar o nome do juiz e o respectivo biênio a que se refere a vaga.
> § 2º Caberá ao TRE, de posse do ofício do TJ, notificar os advogados indicados para que apresentem os documentos de que trata o art. 4º, encaminhando-os ao TSE.
> § 3º Somente deverá ser encaminhada a documentação dos advogados indicados para compor a lista tríplice.
>
> Art. 3º O procedimento de lista tríplice, a ser encaminhado ao TSE, deverá ser instruído com os seguintes documentos:
> I – ofício do TRE informando:
> a) a categoria do cargo a ser provido, se efetivo ou substituto;
> b) o nome do juiz cujo cargo será preenchido e a causa da vacância;
> c) se a vaga decorre do término do primeiro ou do segundo biênio, quando for o caso.
> II – ofício do TJ com os nomes dos advogados indicados em ordem de classificação;
> III – cópia do acórdão – ou da ata da sessão ou de documento equivalente – da qual conste a ordem de escolha, a quantidade de votos computada a cada candidato e, se for o caso, o número de escrutínios em que eventualmente se deliberou para a escolha do candidato;
> IV – documentação dos advogados indicados.
> Parágrafo único. Ao receber o ofício do TJ, a Secretaria do TRE certificará se ele atende aos requisitos previstos neste artigo e adotará, se for o caso, as providências necessárias à sua complementação.

Após receber a lista sêxtupla, o TSE repassa para o **Presidente da República** para que seja nomeado o jurista de sua escolha.

▸ INDAGAÇÕES DIDÁTICAS

Leia o texto supracitado e responda:

a) Quem faz a lista sêxtupla é o Tribunal de Justiça do Estado ou o TRE?
b) Quem faz a escolha dos integrantes da lista sêxtupla é *Tribunal Superior Eleitoral ou o presidente da república?*

Responda esta questão: **julgue este item com C ou E.**

( ) Quem faz a lista sêxtupla dos advogados para futura composição do **TRE** é a OAB.

Cuidado: não caia na pegadinha!

Posicionamento majoritário do STF II: a OAB não participa do procedimento de indicação de advogados para composição de TRE.[11]

Posicionamento majoritário do TSE III: inadmissibilidade de lista contendo apenas um nome.[12]

Posicionamento majoritário do STF IV: advogados membros da Justiça Eleitoral não estão abrangidos pela proibição de exercício da advocacia contida no art. 28, II, da Lei nº 8.906/1994 (EOAB).[13]

Grave na sua memória: só há proibição para o exercício da advocacia no âmbito eleitoral.

▸ II. INDAGAÇÃO DIDÁTICA

Responda agora esta questão elaborada em um concurso jurídico: *"É possível na composição da lista do TRE um membro do Ministério Público ou o nome de um magistrado aposentado?"*

Resposta: não. Segundo o art. 25, § 2º, do Código Eleitoral: "A lista não poderá conter nome de Magistrado aposentado ou de membro do Ministério Público."

Posicionamento majoritário do STF: este dispositivo foi recepcionado pela Constituição e não foi revogado pela Lei nº 7.191/1994.[14]

Responda esta questão: **julgue este item com C ou E.**

( ) O advogado do **TRE** é nomeado pelo governador do Estado.

Cuidado: não caia na pegadinha!

Resposta: E. Lembre-se que a justiça eleitoral é um órgão da justiça federal, portanto, quem nomeia o advogado para o **TRE** é o Presidente da República.

6.4. A eleição do Presidente e do Vice do TRE

O Tribunal Regional Eleitoral elegerá seu Presidente e o Vice-Presidente dentre os desembargadores do Tribunal de Justiça.

---

[11] STF – AC de 29/11/1990, no MS nº 21.073, e de 19/06/1991, no MS nº 21.060.
[12] TSE – DEC s/nº, de 1º/06/2004, na ELT nº 394.
[13] STF – AC de 06/10/1994, na ADIN MC nº 1.127.
[14] STF – AC de 15/12/1999, no RMS nº 23.123.

6.5. A eleição do Corregedor do TRE

▸ INDAGAÇÃO DIDÁTICA

Responda esta questão, elaborada em um concurso jurídico: *"O TSE elegerá o Corregedor Eleitoral dentre os Ministros do Superior Tribunal de Justiça. Pergunta-se: e no TRE, como é escolhido o Corregedor Eleitoral?"*

Resposta: Preconiza o art. 26 do Código Eleitoral que:

> O presidente e o vice-presidente do tribunal regional serão eleitos por este, dentre os 3 (três) desembargadores do tribunal de justiça; o terceiro desembargador será o corregedor regional da justiça eleitoral.

A solução dada pelo Código Eleitoral é no sentido de que "*o terceiro desembargador será o corregedor regional da justiça eleitoral*". Entendo que o artigo em comento não foi recepcionado pela nova Constituição, que limita em *"dois o número de desembargadores"*. **A solução será a Corregedoria Regional Eleitoral ser exercida pelo vice-presidente ou por um dos juízes que compõem o Tribunal Regional Eleitoral**. Depende do regimento interno de cada Tribunal; portanto, consulte o regimento do Tribunal vinculado ao Estado em que você vai realizar o concurso.

▸ RESUMO DIDÁTICO

A maioria dos TREs atribui a Corregedoria Eleitoral ao Vice-Presidente, que desenvolve as duas funções, mas repito: *consulte o regimento do TRE do local em que você vai realizar o concurso.*

7. A competência do TRE

7.1. Competência originária

Compete de forma originária aos Tribunais Regionais:

I – processar e julgar originariamente:

a) o registro e o cancelamento do registro dos diretórios estaduais e municipais de partidos políticos, bem como de candidatos a Governador, Vice-Governadores e **membro do Congresso Nacional e das Assembleias Legislativas**;

b) os conflitos de jurisdição entre juízes eleitorais do respectivo Estado;

c) a suspeição ou os impedimentos aos seus membros, ao Procurador Regional e aos funcionários da sua Secretaria, assim como aos juízes e escrivães eleitorais;

d) os crimes eleitorais cometidos pelos juízes eleitorais;

e) o *habeas corpus* ou mandado de segurança, em matéria eleitoral, contra ato de autoridade que responda perante os Tribunais de Justiça por crime de responsabilidade e, em grau de recurso, os denegados ou concedidos pelos juízes eleitorais; ou, ainda, o *habeas corpus*, quando houver perigo de se consumar a violência antes que o juiz competente possa prover sobre a impetração;

f) as reclamações relativas a obrigações impostas por lei aos partidos políticos, quanto à sua contabilidade e à apuração da origem dos seus recursos;

g) os pedidos de desaforamento dos feitos não decididos pelos juízes eleitorais em trinta dias da sua conclusão para julgamento, formulados por partido, candidato, Ministério Público ou parte legitimamente interessada, sem prejuízo das sanções decorrentes do excesso de prazo;

II – julgar os recursos interpostos:

a) dos atos e das decisões proferidas pelos juízes e juntas eleitorais;

b) das decisões dos juízes eleitorais que **concederem** ou **denegarem** *habeas corpus* ou mandado de segurança.

▸ INDAGAÇÃO DIDÁTICA

Agora ficou superfácil responder esta questão elaborada em um concurso jurídico: *"De quem é a competência para o registro da candidatura de um deputado federal e de um senador?"*

Cuidado: a competência não é do **TSE, mas** do **TRE**. Leia novamente o inciso I, item "a".

7.2. Competência privada

Art. 30. Compete, ainda, privativamente, aos Tribunais Regionais:

I – elaborar o seu regimento interno;

II – organizar a sua Secretaria e a Corregedoria Regional, provendo-lhes os cargos na forma da lei, e propor ao Congresso Nacional, por intermédio do Tribunal Superior, a criação ou supressão de cargos e a fixação dos respectivos vencimentos;

III – conceder aos seus membros e aos juízes eleitorais licença e férias, assim como afastamento do exercício dos cargos efetivos, submetendo, quanto àqueles, a decisão à aprovação do Tribunal Superior Eleitoral;

IV – fixar a data das eleições de Governador e Vice-Governador, deputados estaduais, prefeitos, vice-prefeitos, vereadores e juízes de paz, quando não determinada por disposição constitucional ou legal;

Atualização ao Código Eleitoral. Hoje, as datas das eleições estão fixadas em lei, não pertencendo à competência do Tribunal Regional a atribuição prevista no inciso ***ut supra***.

V – constituir as juntas eleitorais e designar a respectiva sede e jurisdição;

VI – indicar ao Tribunal Superior as zonas eleitorais ou seções em que a contagem dos votos deva ser feita pela mesa receptora;

VII – apurar, com os resultados parciais enviados pelas juntas eleitorais, os resultados finais das eleições de Governador e Vice-Governador, de **membros**

do Congresso Nacional e expedir os respectivos diplomas, remetendo, dentro do prazo de dez dias após a diplomação, ao Tribunal Superior, cópia das atas de seus trabalhos;
VIII – responder, sobre matéria eleitoral, às consultas que lhe forem feitas, em tese, por autoridade pública ou partido político;
IX – dividir a respectiva circunscrição em zonas eleitorais, submetendo essa divisão, assim como a criação de novas zonas, à aprovação do Tribunal Superior;
X – aprovar a designação do ofício de Justiça que deva responder pela escrivania eleitoral durante o biênio;
XI – (Revogado pela Lei nº 8.868/94.);
XII – requisitar a força necessária ao cumprimento de suas decisões e solicitar ao Tribunal Superior a requisição de força federal;
XIII – autorizar, no Distrito Federal e nas capitais dos Estados, ao seu presidente e, no interior, aos juízes eleitorais, a requisição de funcionários federais, estaduais ou municipais para auxiliarem os escrivães eleitorais, quando o exigir o acúmulo ocasional do serviço;
XIV – requisitar funcionários da União e, ainda, no Distrito Federal e em cada Estado ou Território, funcionários dos respectivos quadros administrativos, no caso de acúmulo ocasional de serviço de suas secretarias;
XV – aplicar as penas disciplinares de advertência e de suspensão até trinta dias aos juízes eleitorais;
XVI – cumprir e fazer cumprir as decisões e instruções do Tribunal Superior;
XVII – determinar, em caso de urgência, providências para a execução da lei na respectiva circunscrição;
XVIII – organizar o fichário dos eleitores do Estado;
XIX – suprimir os mapas parciais de apuração, mandando utilizar apenas os boletins e os mapas totalizadores, desde que o menor número de candidatos às eleições proporcionais justifique a supressão, observadas as seguintes normas:
a) qualquer candidato ou partido poderá requerer ao Tribunal Regional que suprima a exigência dos mapas parciais de apuração;
b) da decisão do Tribunal Regional qualquer candidato ou partido poderá, no prazo de três dias, recorrer para o Tribunal Superior, que decidirá em cinco dias;
c) a supressão dos mapas parciais de apuração só será admitida até seis meses antes da data da eleição;
d) os boletins e mapas de apuração serão impressos pelos Tribunais Regionais, depois de aprovados pelo Tribunal Superior;
e) o Tribunal Regional ouvirá os partidos na elaboração dos modelos dos boletins e mapas de apuração, a fim de que estes atendam às peculiaridades locais, encaminhando os modelos que aprovar, acompanhados das sugestões ou impugnações formuladas pelos partidos, à decisão do Tribunal Superior.

INDAGAÇÃO DIDÁTICA

Agora ficou superfácil responder esta questão elaborada em um concurso jurídico: *"De quem é a competência para expedir os diplomas dos membros do Congresso Nacional?"*

Cuidado: antes de responder à questão leia o inciso VII.

▸ OBSERVAÇÃO DIDÁTICA

Faltando num Território o Tribunal Regional, ficará a respectiva circunscrição eleitoral sob a jurisdição do Tribunal Regional que o Tribunal Superior designar. Atualmente, no Brasil, não existe nenhum território, mas existe plena possibilidade de sua criação, já que a matéria é tratada na Constituição Federal.

7.3. A jurisdição do TRE

O TRE tem jurisdição nos respectivos Estados e no Distrito Federal.

7.4. O TRE e o sistema recursal

Das decisões dos Tribunais Regionais Eleitorais somente caberá recurso quando:

a) forem proferidas contra disposição expressa da Constituição ou de lei;
b) ocorrer divergência na interpretação de lei entre dois ou mais Tribunais Eleitorais;
c) versarem sobre inelegibilidade ou expedição de diplomas nas eleições federais ou estaduais;
d) anularem diplomas ou decretarem a perda de mandatos eletivos federais ou estaduais;
e) denegarem *habeas corpus*, mandado de segurança, *habeas data* ou mandado de injunção.

Obs.: responda agora à questão nº 5.

▸ INDAGAÇÃO DIDÁTICA

Agora ficou superfácil responder esta questão elaborada em um concurso jurídico: *"Cite as hipóteses em que as decisões do TRE comportam recursos."*

8. O tempo e a possibilidade de recondução dos juízes dos Tribunais Eleitorais

Os juízes dos Tribunais Eleitorais, salvo motivo justificado, servirão por dois anos, no mínimo, e nunca por mais de dois biênios consecutivos, sendo os substitutos escolhidos na mesma ocasião e pelo mesmo processo, em número igual para cada categoria (veja o art. 121, § 2º, da Constituição Federal).

▸ ATENÇÃO

Corrija o erro da questão de concurso a seguir:

"Os juízes dos tribunais eleitorais sempre servirão por dois anos, no máximo, vedada a recondução" (FCC. Técnico Judiciário. TRE/PB).

8.1. O *quorum* de deliberação do TRE

Os Tribunais Regionais deliberam ***por maioria de votos***, em sessão pública, com a presença da *maioria de seus membros.*

Responda estas questões elaboradas em um concurso jurídico:

1- Quando o TRE só pode deliberar com maioria absoluta?
2- Quando o TRE só pode deliberar com a presença de todos os membros?
3- Em caso de impedimento de um dos membros, como é realizada a substituição?
4- Em que hipótese é possível deliberar com *quorum* incompleto?

Leia os textos abaixo e encontre as respostas:

Somente pelo voto da maioria absoluta de seus membros poderão os TREs declarar a inconstitucionalidade de lei ou ato normativo do Poder Público.

No caso de impedimento, e não existindo *quorum*, será o membro do Tribunal substituído por outro da mesma categoria, designado na forma prevista na Constituição.

Posicionamento majoritário do TSE: "Juiz classe jurista. Impedimento ou suspeição. Convocação do substituto da mesma categoria por ordem de antiguidade; permanecendo o impedimento ou suspeição, convoca-se o remanescente."[15]

Perante o Tribunal Regional, e com recurso voluntário para o Tribunal Superior qualquer interessado poderá arguir a suspeição dos seus membros, do Procurador Regional, ou de funcionários da sua Secretaria, assim como dos Juízes e *escrivães eleitorais*, nos casos previstos na lei processual civil e por motivo de parcialidade partidária, mediante o processo previsto em regimento.

As decisões dos tribunais regionais sobre quaisquer ações que importem cassação de registro, anulação geral de eleições ou perda de diplomas **somente poderão ser tomadas com a presença de todos os seus membros**, neste caso, se ocorrer impedimento de algum juiz, será convocado o suplente da mesma classe.

Segundo José Jairo Gomes:[16]

> Havendo ausência, impedimento ou suspeição e não existindo quórum para votação, o juiz ausente será substituído por outro da mesma categoria, designado na forma legal (CE, art. 28, § 1º). Inexiste a figura de membro ad hoc de Tribunal Eleitoral. Assim, não sendo possível convocar substituto ou inexistindo este (ex.: por falta de designação da autoridade competente), poderá o julgamento, excepcionalmente, ser levado a efeito com o quórum incompleto. Esse entendimento já foi sufragado na jurisprudência: TSE – REsp nº 16.684/SP – PSS 26-9-2000; TSE – RCED nº 612/DF – *DJ* V. 1, 16-92005, P. 170.

---

15 TSE – Res nº 19.740/1996.

16 No mesmo sentido: GOMES, José Jairo. *Direito eleitoral*. 12. ed. São Paulo: Atlas, 2016.

▸ INDAGAÇÃO DIDÁTICA

Agora ficou superfácil responder esta questão elaborada em um concurso jurídico: *"Qual o* quorum *de deliberação do TRE?"*

9. Os juízes eleitorais

Os juízes eleitorais são magistrados da Justiça Estadual designados pelo TRE para presidir as zonas eleitorais.

São titulares de zonas eleitorais, funcionando como órgão singular em primeira instância, enquanto a junta que preside na ocasião dos pleitos é órgão colegiado de primeira instância.

A função de juiz eleitoral pertence ao juiz de Direito da comarca, se a mesma for vara única. Se a comarca tiver mais de uma vara, o juiz eleitoral será escolhido de acordo com a organização judiciária de cada Estado.

Responda estas questões: julgue este item com C ou E.

1 – ( ) Não existe concurso para magistratura eleitoral.

Resposta: C.

2 – ( ) Os juízes eleitorais, salvo motivo justificado, servirão por dois anos, no mínimo, e nunca por mais de dois biênios consecutivos (CESPE. Analista Judiciário. TRE/GO).

Cuidado: a frase correta é "Os juízes dos tribunais eleitorais, salvo motivo justificado, servirão por dois anos, no mínimo, e nunca por mais de dois biênios consecutivos".

9.1. A designação dos juízes

A designação será feita coletivamente pelo Tribunal Regional, quando se compuser a comarca de mais de uma vara.

Segundo o disposto no parágrafo único do art. 32 do Código Eleitoral, onde houver mais de uma vara, o Tribunal Regional Eleitoral designará aquela ou aquelas a quem incumbe o serviço eleitoral, não se vislumbrando no ato impugnado, outrossim, ofensa à Constituição.[17]

9.2. Garantias dos juízes eleitorais

Os membros dos tribunais, os juízes de Direito e os integrantes das juntas eleitorais, no exercício de suas funções, e no que lhes for aplicável, gozarão de plenas garantias e serão inamovíveis.

---

[17] Nesse sentido: TSE – MS nº 2.364 – PE – Rel. Min. Antônio de Pádua Ribeiro – *DJU* 06/12/1996.

As garantias de que cuida o art. 121 da Constituição devem ser entendidas, tendo em vista as peculiaridades da magistratura eleitoral, **que é temporária, e não vitalícia**. Daí a ressalva de que são outorgadas, na medida em que aos juízes eleitorais forem aplicáveis. Possibilidade de haver mudança da vara a que foi confiado o serviço eleitoral, desde que devidamente justificada, visando a atender ao interesse público.[18]

Fácil? Estão responda esta questão: **julgue este item com C ou E**.

( ) Os membros dos tribunais eleitorais são vitalícios.

Cuidado: não caia na pegadinha!

Resposta: E. Em se tratando dos juízes pertencentes à categoria de jurista, são eles efetivamente desprovidos de vitaliciedade, dado que não pertencem aos quadros da carreira judiciária. Exemplo: os advogados.

9.3. O afastamento do juiz eleitoral

O afastamento do juiz a quem foram confiadas as funções eleitorais poderá fazer-se quando fundado em critérios objetivos, a todos aplicáveis, e quando vise a atender ao interesse público, devidamente justificadas as razões. Não se trata, entretanto, de função de confiança de que possa o magistrado ser demitido *ad nutum*. Se lhe são imputadas faltas, haverão de ser apuradas em procedimento regular.[19]

A Constituição da República, em seu art. 121, concedeu aos juízes eleitorais as garantias pertinentes aos magistrados em geral. Dessa maneira, não podem ser privados dos cargos de juízes eleitorais sem compatível procedimento. Do contrário, resultaria inócua a estipulação constitucional.

9.4. Atividades dos juízes eleitorais

Os juízes eleitorais funcionam singularmente, processando e julgando os crimes eleitorais, conhecendo e decidindo os *habeas corpus* e mandados de segurança, dirigindo o alistamento eleitoral, localizando as seções eleitorais, nomeando os respectivos mesários e apreciando as reclamações que lhes sejam interpostas, enfim, praticando todos os atos decisórios que de forma processual ou administrativa lhes sejam atribuídos.

9.5. A jurisdição dos juízes de Direito

Quanto aos juízes de Direito, com a designação eleitoral, sua jurisdição é só nas zonas eleitorais as quais preside.

Responda esta questão: **julgue este item com C ou E.**

---

18 Nesse sentido: TSE – MS nº 2.686 – (2.686) – Recife – PE – Rel. p/o Ac. Min. Eduardo Ribeiro – *DJU* 30/10/1998 – p. 65.

19 Nesse sentido: TSE – RMS nº 8 – (8) – BA – Rel. Min. Eduardo Ribeiro – *DJU* 22/10/1999 – p. 137.

( ) Os juízes têm jurisdição no município.

Cuidado: não caia na pegadinha!

Resposta: E. A jurisdição dos juízes eleitorais é só nas zonas eleitorais as quais preside.

9.5.1. *Zonas eleitorais*

Trata-se de uma região geograficamente delimitada dentro de um Estado, gerenciada pelo cartório **eleitoral**, que centraliza e coordena os **eleitores** domiciliados na localidade. A **zona eleitoral** pode ser composta por mais de um município, ou apenas por parte dele.

Dispõe a Resolução 23.512/2017 que:

> *Art. 3º (...):*
> *I – número mínimo de eleitores na zona eleitoral a ser criada e na remanescente, observados os seguintes parâmetros:*
> *a) capitais e municípios com mais de 200.000 (duzentos mil) inscritos: 100.000 (cem mil) eleitores;*

Portanto, em relação às zonas eleitorais situadas nas capitais e nos municípios com mais de 200 mil eleitores, deverão ter 100 mil eleitores cada.

Nos municípios com menos de 200 mil eleitores, os critérios para criação ou alteração de uma Zona eleitoral seguirá o fator da densidade demográfica estabelecido na Resolução 23.422/2014, artigo 3º, inciso I, alínea "b".

Quanto à zona eleitoral do exterior, deve-se observar as disposições da Resolução 23.541/2017, *in verbis*:

> *§ 3º Haverá apenas uma zona eleitoral do exterior, independente do número de eleitores a ela vinculados.*
> *§ 4º A zona eleitoral do exterior poderá contar com quadro diferenciado de pessoal, a critério do Tribunal Regional Eleitoral do Distrito Federal.*
> *§ 5º A zona eleitoral do exterior poderá contar com mais funções comissionadas além das atribuídas às demais zonas eleitorais, em estrutura definida a critério do Tribunal Regional Eleitoral do Distrito Federal.*
> *§ 6º O saldo remanescente das funções comissionadas deverá ser utilizado para a criação de novas zonas eleitorais ou postos de atendimento ao eleitor quando necessário.*

9.6. A competência dos juízes eleitorais

Segundo o Código Eleitoral (CE, art. 35), compete aos juízes:

> I) cumprir e fazer cumprir as decisões e determinações do Tribunal Superior e do Regional;
> II) processar e julgar os crimes eleitorais e os comuns que lhe forem conexos, ressalvada a competência originária do Tribunal Superior e dos Tribunais Regionais;

III) decidir *habeas corpus* e mandado de segurança, em matéria eleitoral, desde que essa competência não esteja atribuída privativamente à instância superior;
IV) fazer as diligências que julgar necessárias à ordem e presteza do serviço eleitoral;
V) tomar conhecimento das reclamações que lhe forem feitas verbalmente ou por escrito, reduzindo-as a termo, e determinando as providências que cada caso exigir;
VI) indicar, para aprovação do Tribunal Regional, a serventia de justiça que deve ter o anexo da escrivania eleitoral;
VII) (Revogado pela Lei nº 8.868, de 1994)
VIII) dirigir os processos eleitorais e determinar a inscrição e a exclusão de eleitores;
IX) expedir títulos eleitorais e conceder transferência de eleitor;
X) dividir a zona em seções eleitorais;
XI) mandar organizar, em ordem alfabética, relação dos eleitores de cada seção, para remessa à mesa receptora, juntamente com a pasta das folhas individuais de votação;
(**Atualização ao Código Eleitoral:** veja que a Lei nº 6.996/1982, art. 12, substituiu a folha individual de votação por listas de eleitores emitidas por computador no processamento eletrônico de dados).
XII) ordenar o registro e cassação do registro dos candidatos aos cargos eletivos municipais e comunicá-los ao Tribunal Regional;
XIII) designar, até 60 (sessenta) dias antes das eleições, os locais das seções;
XIV) nomear, 60 (sessenta) dias antes da eleição, em audiência pública anunciada com pelo menos 5 (cinco) dias de antecedência, os membros das mesas receptoras;
XV) instruir os membros das mesas receptoras sobre as suas funções;
XVI) providenciar para a solução das ocorrências que se verificarem nas mesas receptoras;
XVII) tomar todas as providências ao seu alcance para evitar os atos viciosos das eleições;
XVIII) fornecer aos que não votaram por motivo justificado e aos não alistados, por dispensados do alistamento, um certificado que os isente das sanções legais;
XIX) comunicar, até às 12 horas do dia seguinte à realização da eleição, ao Tribunal Regional e aos delegados de partidos credenciados, o número de eleitores que votaram em cada uma das seções da zona sob sua jurisdição, bem como o total de votantes da zona.

9.7. A suspeição do juiz eleitoral

A suspeição do juiz pode ser arguida por qualquer interessado, competindo ao TRE processá-la e julgá-la (Código Eleitoral, arts. 28, § 2º, e 29, inciso I, alínea *a*).

Será ilegítima a suspeição quando o excipiente a provocar ou, depois de manifestada a causa, praticar ato que importe aceitação do arguido.

Independe de pauta o julgamento de exceção de suspeição (por exemplo, art. 91, I, do Regimento Interno do STJ).

Da decisão que julga a exceção cabe recurso para o TSE, recurso de natureza especial (Constituição, art. 121, § 4º, incisos I e II, e Código Eleitoral, art. 276, inciso I, alíneas *a* e *b*).

Recebida a exceção, suspende-se o processo. Julgada a exceção pelo TRE (Código Eleitoral, art. 29, inciso I, alínea *c*), o processo retoma o seu curso, até porque o recurso interponível não tem efeito suspensivo (Constituição, art. 121, § 4º, incisos I e II; Código Eleitoral, art. 276, inciso I, alíneas *a* e *b*.

Segundo o art. 95 da Lei nº 9.504/1997: "Ao Juiz Eleitoral que seja parte em ações judiciais que envolvam determinado candidato é defeso exercer suas funções em processo eleitoral no qual o mesmo candidato seja interessado."

Posicionamento majoritário do TSE I: não incidência deste dispositivo em se tratando de representação de natureza administrativa contra juiz eleitoral.[20]

Posicionamento majoritário do TSE II: o TSE admite a exceção de suspeição de magistrado para todo o processo eleitoral.[21]

Dispõe o Código Eleitoral, art. 14, § 3º, que:

> *Da homologação da respectiva convenção partidária até a diplomação e nos feitos decorrentes do processo eleitoral, não poderão servir como juízes nos Tribunais Eleitorais, ou como juiz eleitoral, o cônjuge ou o parente consanguíneo ou afim, até o segundo grau, de candidato a cargo eletivo registrado na circunscrição.*

A Lei nº 9.504/1997, art. 95, traz uma regra muito importante:

> Ao Juiz Eleitoral que seja parte em ações judiciais que envolvam determinado candidato é defeso exercer suas funções em processo eleitoral no qual o mesmo candidato seja interessado.

Se, posteriormente ao pedido de registro da candidatura, candidato propuser ação contra juiz que exerce função eleitoral, o afastamento deste somente decorrerá de declaração espontânea de suspeição ou de procedência da respectiva exceção.

9.8. Vedações aos juízes eleitorais

Aos juízes eleitorais é vedado:

a) exercer, ainda que em disponibilidade, outro cargo ou função, salvo uma de magistério;
b) receber, a qualquer título ou pretexto, custas ou participação em processo;
c) dedicar-se a atividade político-partidária;
d) receber, a qualquer título ou pretexto, auxílios ou contribuições de pessoas físicas, entidades públicas ou privadas, ressalvadas as exceções previstas em lei;

---

20 TSE – AC de 21/03/2006, no REsp nº 25.287.

21 TSE – AC nºs 13.098/1992, 19/2002 e 3.106/2002.

e) exercer a advocacia no juízo ou tribunal do qual se afastou, antes de decorridos três anos do afastamento do cargo por aposentadoria ou exoneração.

ATENÇÃO

Três observações importantes:

1- Além do magistério, é possível o juiz eleitoral também acumular o cargo de juiz estadual.
2- A restrição prevista na alínea "e" não se aplica aos ex-membros de Tribunais Eleitorais, oriundos da classe dos juristas, por exemplo, aos advogados. (No mesmo sentido: TSE: Questão de Ordem em Petição nº 3.020, TSE/DF, Rel. Aldir Guimarães Passarinho Junior, j. 08.06.2010, maioria, *DJe* 04.08.2010).
3- Segundo o entendimento dominante do TSE, ao juiz de direito é vedada a cumulação de função administrativa em tribunal de justiça com a jurisdição eleitoral. Escolhido o juiz para compor Tribunal Regional Eleitoral, ele deve se afastar das funções administrativas para assumir a vaga.[22]

10. Das juntas eleitorais

10.1. A origem histórica

A origem histórica das juntas eleitorais, no Brasil, foi na Constituição de 1934 (art. 83, § 3º), quando se permitiu a sua organização, tornada imperativa com a Constituição de 1946, com a Carta Política de 1967, com a Emenda Constitucional nº 1, de 17 de outubro de 1969, e com a Constituição Federal de 1988 (art. 118, IV).[23]

As juntas eleitorais são órgãos colegiados de primeira instância da Justiça Eleitoral.

Com 17 anos de prática como Promotor de Justiça Eleitoral, tenho constatado que, com a efetivação da votação eletrônica, as juntas não têm mais razão de existir e devem ser extintas na próxima reforma eleitoral, mas estou mantendo o comentário sobre o tema, por dois motivos:

a) o costume não revoga a lei;
b) a matéria ainda é "*cobrada*" em vários editais de concursos.

10.2. Composição

Compor-se-ão as juntas eleitorais:

a) de um juiz de Direito, que será o presidente.

Como o presidente da junta eleitoral é **sempre** um juiz de Direito, verifica-se que o legislador confiou ao juiz de Direito o critério da escolha do secretário-geral, dos secretários de turmas, dos escrutinadores e dos auxiliares;

---

22 Precedentes do TSE: Res. nº 23.214 e Consulta nº 1.708.

23 Nesse sentido: PINTO FERREIRA. *Op. cit.*

b) e de dois ou quatro cidadãos de notória idoneidade.

Obs.: responda agora à questão nº 06.

Fácil? Estão responda esta questão: **julgue este item com C ou E.**

( ) Compor-se-ão as juntas eleitorais de um juiz de direito, que será o presidente, e de 2 (dois) a 4 (quatro) cidadãos de notória idoneidade.

Resposta: E. Correção: Compor-se-ão as juntas eleitorais de um juiz de direito, que será o presidente, e de 2 (dois) ou 4 (quatro) cidadãos de notória idoneidade.

CUIDADO: NÃO CAIA NA PEGADINHA I

Corrigiu o erro? Veja a frase: "*2 (dois)* ***a*** *4 (quatro) cidadãos*". Mas, tem importância professor Dirceu?

Resposta: sim, pois se fossem 2 (dois) a 4 (quatro) poderiam ser 3 (três) cidadãos e com o juiz teríamos 4 (quatro) componentes e um número par que não é possível em uma junta eleitoral.

CUIDADO: NÃO CAIA NA PEGADINHA II

Qual é o número máximo admissível em uma junta eleitoral?

Resposta: 05 (cinco) membros. Como assim?

Nº máximo de cidadãos: *4 (quatro) + 01 juiz = 05 componentes.*

CUIDADO: NÃO CAIA NA PEGADINHA III

Qual é o número mínimo admissível em uma junta eleitoral?

Resposta: 03 (três) membros. Como assim?

Nº mínimo de cidadãos: *02 (dois) + 01 juiz = 03 componentes.*

CUIDADO: NÃO CAIA NA PEGADINHA IV

Ainda é necessário fazer uma última variante da questão, pois agora ficou fácil responder esta questão: **julgue este item com C ou E.**

( ) As juntas eleitorais podem ser formadas por três ou cinco membros.

Resposta: C.

Responda ainda esta questão: **julgue este item com C ou E.**

( ) O juiz de direito que compõe a junta é necessariamente um juiz eleitoral.

Resposta: E. A questão é tão óbvia que você incide em erro.

CUIDADO: NÃO CAIA NA PEGADINHA V

O juiz de direito não é "*necessariamente*" um juiz eleitoral, pois há uma exceção, leia o art. 37 do Código Eleitoral:

> "Poderão ser organizadas tantas Juntas quantas permitir o número de juízes de direito que gozem das garantias do art. 95 da Constituição, mesmo que não sejam juízes eleitorais".

Responda ainda estas questões: **julgue este item com C ou E.**

1 – ( ) A seção é a menor área de jurisdição eleitoral.

Resposta: E. A junta eleitoral é a menor área de jurisdição eleitoral.

CUIDADO: NÃO CAIA NA PEGADINHA VI

Grave na sua memória: a junta eleitoral é o único órgão que é temporário e colegiado.

2 – ( ) A cada sessão eleitoral corresponde uma mesa receptora de votos.

Resposta: E. A cada "*seção*" eleitoral corresponde uma mesa receptora de votos.

CUIDADO: NÃO CAIA NA PEGADINHA VII

Observações Didáticas Sobre as Juntas

Os membros das juntas eleitorais serão nomeados **sessenta dias antes da eleição**, depois de aprovação do Tribunal Regional, pelo presidente deste, a quem cumpre também designar-lhes a sede.

Até dez dias antes da nomeação, os nomes das pessoas indicadas para compor as juntas serão publicados no órgão oficial do Estado, podendo qualquer partido, no prazo de três dias, em petição fundamentada, impugnar as indicações.

Nas zonas em que houver de ser organizada mais de uma junta, ou quando estiver vago o cargo de juiz eleitoral ou estiver este impedido, o Presidente do Tribunal Regional, com a aprovação deste, designará juízes de Direito da mesma ou de outras comarcas para presidirem as juntas eleitorais.

Até trinta dias antes da eleição, o presidente da junta comunicará ao Presidente do Tribunal Regional as nomeações que houver feito e divulgará a composição do órgão por edital publicado ou afixado, podendo qualquer partido oferecer impugnação motivada no prazo de três dias.

Responda esta questão: **julgue este item com C ou E.**

( ) Ao Presidente do TRE é facultado nomear, dentre cidadãos de notória idoneidade, escrutinadores e auxiliares **para junta eleitoral**.

Resposta: E.

CUIDADO: NÃO CAIA NA PEGADINHA VIII

Ao Presidente da Junta, que é o juiz eleitoral, será facultado nomear, dentre cidadãos de notória idoneidade, escrutinadores e auxiliares em número capaz de atender a boa marcha dos trabalhos.

A essa nomeação será sempre obrigatória quando houver mais de dez urnas a apurar. Na hipótese do desdobramento da Junta em Turmas, o respectivo Presidente nomeará um escrutinador para servir como secretário em cada Turma. Além dos Secretários será designado pelo Presidente da Junta um escrutinador para Secretário-Geral.

O Código Eleitoral ainda se refere à figura do "escrutinador", ou seja, aquele que tem a função de verificar os votos, apurar o número deles e recolher esse número, após devidamente conferido. Evidentemente, com o voto eletrônico, ficou mais difícil a apuração com "cédulas", exceto o voto em separado, assunto de que trataremos futuramente.

Responda esta questão: **julgue este item com C ou E.**

( ) Os cidadãos integrantes da junta eleitoral são nomeados pelo juiz presidente da junta.

Resposta: E.

CUIDADO: NÃO CAIA NA PEGADINHA IX

Os nomes são indicados pelo juiz ao **TRE**, portanto, quem nomeia é o **TRE**.

▸ RESUMO DIDÁTICO

O juiz indica e o TRE nomeia.

10.3. Competência da junta eleitoral

Segundo o art. 40 do Código Eleitoral, compete à Junta Eleitoral:

a) apurar, no prazo de dez dias, as eleições realizadas nas zonas eleitorais sob a sua jurisdição.
   Veja a Lei nº 6.996/1982, art. 14: "A apuração poderá ser iniciada a partir do recebimento da primeira urna, prolongando-se pelo tempo necessário, observado o prazo máximo de 10 (dez) dias";
b) resolver as impugnações e demais incidentes verificados durante os trabalhos da contagem e da apuração;
c) expedir os boletins de apuração mencionados no art. 179 do Código Eleitoral;
d) expedir diploma aos eleitos para cargos municipais.

Responda esta questão: **julgue este item com C ou E.**

( ) A diplomação do prefeito é feita pelo juiz eleitoral.

CUIDADO: NÃO CAIA NA PEGADINHA!

Na eleição municipal a diplomação é ato da junta eleitoral e não do juiz eleitoral.

▸ OBSERVAÇÃO DIDÁTICA

Observe que, nos municípios onde houver mais de uma junta eleitoral, a expedição dos diplomas será feita pela que for presidida pelo juiz eleitoral mais antigo, à qual as demais enviarão os documentos da eleição.

10.4. Os impedimentos dos membros das juntas

▶ INDAGAÇÃO DIDÁTICA

Responda estas questões que vão ser elaboradas em um concurso jurídico:
1 – "Quem não pode participar das juntas eleitorais?".
2 – Segundo o Código Eleitoral, não podem participar das Juntas Eleitorais.

I ( ) – os candidatos e seus parentes, ainda que por afinidade, até o terceiro grau, inclusive, e bem assim o cônjuge;
II ( ) – os membros de diretórios de partidos políticos devidamente registrados e cujos nomes tenham sido oficialmente publicados;
III ( ) – as autoridades e agentes policiais, bem como os funcionários no desempenho de cargos de confiança do poder legislativo;
IV ( ) – os que pertencerem ao serviço eleitoral.

Assinale o item correto:
Resposta:
a) I e II.
b) II e III.
c) III e I.
d) II e IV.
e) Apenas o item IV.

Resposta: item D. Segundo o art. 36, § 3º do Código Eleitoral:
Não podem ser nomeados membros das Juntas, escrutinadores ou auxiliares:

> I – os candidatos e seus parentes, ainda que por afinidade, até o segundo grau, inclusive, e bem assim o cônjuge;
> II – os membros de diretórios de partidos políticos devidamente registrados e cujos nomes tenham sido oficialmente publicados;
> III – as autoridades e agentes policiais, bem como os funcionários no desempenho de cargos de confiança do Executivo;
> IV – os que pertencerem ao serviço eleitoral.

Usando a analogia, entendo que também não podem participar da junta eleitoral:

> V – Os menores de 18 anos;
> VI – Os membros do Ministério Público;
> VII – Os fiscais e delegados dos partidos políticos ou coligações;
> VIII – Companheiro(a) do(a) candidato(a).

CUIDADO: NÃO CAIA NA PEGADINHA I

Responda esta questão: **julgue este item com C ou E.**

( ) Não podem ser nomeados membros das Juntas os candidatos e seus parentes até o quarto grau.

Resposta: E. Correção: *"até o segundo grau"*.

CUIDADO: NÃO CAIA NA PEGADINHA II

Responda esta questão: **julgue este item com C ou E.**

( ) Não podem ser nomeados membros das Juntas os funcionários no desempenho de cargos de confiança do legislativo.

Resposta: E. Correção: "*de confiança do Executivo*".

CUIDADO: NÃO CAIA NA PEGADINHA III

Responda esta questão: **julgue este item com C ou E.**

( ) Sobrinho de candidato pode participar da junta eleitoral.

Resposta: C. A vedação é "*os candidatos e seus parentes, ainda que por afinidade, até o segundo grau, inclusive, e bem assim o cônjuge*", o sobrinho é terceiro grau.

10.5. O impedimento entre os integrantes da mesma junta

CUIDADO: NÃO CAIA NA PEGADINHA I

Aprendemos no item anterior quem não pode participar das juntas, agora precisamos saber: *há algum impedimento entre os integrantes de uma mesma junta eleitoral?*

Resposta: sim. É vedada a participação na mesma Mesa, Turma ou Junta Eleitoral:

a) de parentes em qualquer grau;
b) de servidores da mesma repartição pública;
c) de servidores da mesma empresa privada.

▸ GRAVE NA SUA MEMÓRIA

Impedimento entre os integrantes da mesma junta = parentes em qualquer grau.

Impedimento entre os integrantes do TRE = parentes até quarto grau.

Impedimento entre os integrantes do TSE = parentes até quarto grau.

CUIDADO: NÃO CAIA NA PEGADINHA II

Os impedimentos acima relatados são internos, ou seja, entre "*os integrantes*".

Já aprendemos que há impedimentos externos e, um deles é o impedimento entre o membro de uma junta eleitoral e *os candidatos e seus parentes, ainda que por afinidade, até o segundo grau, inclusive, e bem assim o cônjuge.*

▸ RESUMO DIDÁTICO

a) **Impedimento interno:** Um membro de uma junta eleitoral não pode em "*qualquer grau*" ser parente de outro integrante.
b) **Impedimento externo:** Um membro de uma junta eleitoral não pode "*até o segundo grau*" ter parentesco com *candidatos e seus parentes.*

CUIDADO: NÃO CAIA NA PEGADINHA III

Responda esta questão: **julgue este item com C ou E.**

( ) Tício e sua companheira Mévia podem participar da mesma junta eleitoral.

Resposta: E. A vedação é "*os candidatos e seus parentes, ainda que por afinidade, até o segundo grau, inclusive, e bem assim o cônjuge*", mas doutrina usando a analogia, inclui como impedimento o companheiro e a companheira.

10.6. Privilégios dos cidadãos que servem à junta eleitoral

A Lei nº 8.868/1994, art. 15, dispensa dos servidores públicos nomeados para compor as mesas receptoras ou juntas apuradoras pelo dobro dos dias de convocação.

O art. 98 da Lei nº 9.504/1997, também foi taxativo:

> Os eleitores nomeados para compor as Mesas Receptoras ou Juntas Eleitorais e os requisitados para auxiliar seus trabalhos serão dispensados do serviço, mediante declaração expedida pela Justiça Eleitoral, sem prejuízo do salário, vencimento ou qualquer outra vantagem, pelo dobro dos dias de convocação.

Obs.: responda agora à questão nº 7.

Uma observação importante: as impugnações devem ser alegadas no momento da designação, sob pena de preclusão. Veremos, posteriormente, em capítulo próprio, que as vedações supramencionadas não são de ordem constitucional; portanto, estão imunes ao preconizado no art. 259, parágrafo único, do Código Eleitoral.

10.7. Garantias dos membros das juntas eleitorais

O doutrinador José Jairo Gomes[24] afirma que:

> "Aos seus integrantes são reservadas as mesmas garantias dos membros dos Tribunais e juízes eleitorais, no exercício de suas funções".

CUIDADO: NÃO CAIA NA PEGADINHA!

Com o devido respeito, entendo que há um equívoco na posição do renomado doutrinador, pois se aos integrantes das juntas "*são reservadas as mesmas garantias dos membros dos Tribunais e juízes eleitorais, no exercício de suas funções*", poderíamos dizer que os cidadãos são vitalícios, inamovíveis e gozam de irredutibilidade de subsídio?

Resposta: não. O art. 121 § 1º da Constituição Federal é bem claro:

> Os membros dos tribunais, os juízes de direito e os integrantes das juntas eleitorais, no exercício de suas funções, "e no que lhes for aplicável", gozarão de plenas garantias e serão inamovíveis.

---

[24] GOMES, José Jairo. *Direito Eleitoral. Editora* Atlas, 2011, p. 69.

Portanto, podemos fazer a seguinte divisão:

a) **Garantia do juiz eleitoral integrante da junta:**
   - inamovibilidade, salvo por motivo de interesse público, na forma do art. 93, VIII da Constituição Federal;
   - irredutibilidade de subsídio, ressalvado o disposto nos arts. 37, X e XI, 39, § 4º, 150, II, 153, III, e 153, § 2º, I, todos da Constituição Federal.

b) **Garantia dos cidadãos integrantes das juntas eleitorais:**
   - Inamovibilidade enquanto estiverem exercendo a função.

Responda esta questão: **julgue este item com C ou E.**

( ) O juiz eleitoral tem vitaliciedade, que, no primeiro grau, só será adquirida após dois anos de exercício, dependendo a perda do cargo, nesse período, de deliberação do tribunal a que o juiz estiver vinculado, e, nos demais casos, de sentença judicial transitada em julgado.

Resposta: E.

CUIDADO: NÃO CAIA NA PEGADINHA!

Nenhum dos integrantes da junta ou da justiça eleitoral tem vitaliciedade.

▸ RESUMO DIDÁTICO

- O juiz de direito tem vitaliciedade.
- O juiz eleitoral não tem vitaliciedade.

10.8. Características do juiz componente da junta

Segundo o art. 32 do Código Eleitoral *"Cabe a jurisdição de cada uma das Zonas Eleitorais a um Juiz de Direito em efetivo exercício e, na falta deste, ao seu substituto legal que goze das prerrogativas do art. 95 da Constituição"*.

Da leitura do artigo supracitado, concluímos que o juiz de direito que vai se tornar juiz eleitoral tem as seguintes características:

a) vitaliciedade;
b) inamovibilidade;
c) irredutibilidade de subsídio.

Professor Dirceu... Quer dizer que os juízes substitutos, ou seja, aqueles que estão em estágio probatório, não podem participar de uma junta eleitoral?

CUIDADO: NÃO CAIA NA PEGADINHA!

A sua resposta deve está em consonância com o que for perguntado, por exemplo.

Responda esta questão: **julgue os itens com C ou E**.

( ) Segundo o Código Eleitoral os juízes que estão em estágio probatório, não podem participar de uma junta eleitoral.

Resposta: C.

( ) Segundo o TSE os juízes que estão em estágio probatório, não podem participar de uma junta eleitoral.

Resposta: E.

É isso mesmo, amigo*(a)* a posição dominante do TSE é no sentido de que os juízes que estão em estágio probatório podem participar de uma junta eleitoral. **Neste sentido:**

> "O juiz de direito substituto pode exercer as funções de juiz eleitoral, mesmo antes de adquirir a vitaliciedade, por forca do que disposto no art. 22, § 2º, da Loman". (Ac.-TSE no 19.260/2001).
>
> ***"A Lei Complementar nº 35 continua em vigor na parte em que não haja incompatibilidade com a Constituição, como sucede com seu art. 22, § 2º. Assim, podem atuar como juízes eleitorais os magistrados que, em virtude de não haver decorrido o prazo previsto no art. 95, I, da Constituição, não gozam de vitaliciedade". (Ac.-TSE no 15.277/1999).***

10.9. O tempo de duração de uma junta eleitoral

Uma das características das juntas é temporariedade, portanto, a duração será:

a) Nas eleições gerais (*Presidente, governador, senador, deputado federal, deputados estaduais e distritais*) a junta é extinta após o término dos trabalhos de apuração de votos.

b) Nas eleições municipais (*prefeito e vereadores*) a junta é extinta após a diplomação dos eleitos.

CUIDADO: NÃO CAIA NA PEGADINHA!

Responda esta questão: **julgue este item com C ou E.**

( ) Nas eleições gerias a junta eleitoral é extinta após a diplomação dos eleitos.

Resposta: E.

11. Casos práticos eleitorais superinteressantes

1. **Os três Ministros do STF que compõem o TSE ficam impedidos de voto em questão constitucional no processo eleitoral em que atuaram? Qual a posição do STF?**

   Resposta: Não. Segundo a Súmula nº 72 do STF:

   > No julgamento de questão constitucional, vinculada à decisão do Tribunal Superior Eleitoral, não estão impedidos os Ministros do Supremo Tribunal Federal que ali tenham funcionado no mesmo processo, ou no processo originário.

2. **Análise da possibilidade de o servidor da Justiça Eleitoral se candidatar, mediante pedido de licença remunerada.**

   Resposta: O entendimento do Tribunal Superior Eleitoral, em resposta a uma consulta na qual se indagou sobre a possibilidade de servidor da Justiça Eleitoral se candidatar mediante pedido de licença remunerada, é pela impossibilidade. O servidor da Justiça Eleitoral que quiser se candidatar a cargo eletivo, necessariamente terá que se exonerar do cargo público em tempo hábil para o cumprimento da exigência legal de filiação partidária.

O Tribunal também esclareceu que, como o servidor da Justiça Eleitoral é impedido de exercer atividade político-partidária, **o que inclui a filiação partidária, mesmo que o cargo em disputa seja em outro Estado da Federação**, diferente do Estado de seu domicilio profissional, ele deve afastar-se do cargo que ocupa.

Em resposta à outra indagação da mesma consulta, o TSE sustentou que a regra se estende aos servidores que estiverem cedidos a outro órgão da Administração Pública (federal, estadual ou municipal) de qualquer dos Poderes da República (Executivo, Legislativo ou Judiciário). O voto do relator da consulta, Ministro César Asfor Rocha, foi acompanhado por todos os ministros da Corte.

3. A competência para julgar demanda entre partido e filiado.

Qual o órgão do Judiciário competente para solucionar litígio entre filiado e partido?

Resposta: existe divergência jurisprudencial.

1ª posição: o STF, no RMS 23244/RO, em Acórdão do Ministro Moreira Alves, optou pela competência da Justiça Comum por não apresentar o litígio ingerência direta no processo eleitoral:

> "Mandado de segurança. Conflito entre órgãos do mesmo Partido Político. Incompetência da Justiça Eleitoral. Em si mesmo conflito entre órgãos do mesmo partido político não constitui matéria eleitoral para caracterizar a competência da Justiça especializada, a menos que possa configurar hipótese em que ele tenha ingerência direta no processo eleitoral, o que, no caso, não ocorre, não se configurando tal hipótese, como pretende o parecer da Procuradoria-Geral da República, pela simples circunstância de a dissolução do diretório partidário estadual, que, se existente, participa da escolha dos candidatos aos mandatos regionais, se ter verificado em ano eleitoral. Recurso ordinário a que se nega provimento" (DJ, 28/5/1999, p. 32, Primeira Turma, Unânime).

▸ POSIÇÃO DIVERGENTE

2ª posição: na Medida Cautelar nº 1.058, o Ministro Sálvio de Figueiredo, integrando o Tribunal Superior Eleitoral, no dia 14 de junho de 2002, deferiu liminar requerida pelo Senador Roberto Requião, autorizando-o a submeter seu nome à Convenção do PMDB que escolheria o candidato à Presidência da República dessa agremiação (*DJU*, 6/9/2002).

Minha posição: a primeira. Como afirmou o Ministro Francisco Falcão, do STJ, no conflito de Competência nº 30.324, *"as questões internas dos partidos políticos, seja entre estes e seus filiados, seja entre órgão da própria agremiação partidária, de-*

verão ser dirimidas pela Justiça Comum, só se caracterizando a competência da Justiça Eleitoral após o início do procedimento eleitoral" (*DJU*, 13/11/2001).

O TSE reconhece a competência da Justiça Comum e não Eleitoral para solucionar conflitos travados entre órgãos partidários.

> "Intervenção de diretório regional de partido político em diretório municipal, com designação de comissão provisória. Alegada afronta aos princípios da ampla defesa e do contraditório. Incompetência da Justiça Eleitoral para dirimir conflito instaurado entre órgãos do mesmo partido político. Legitimidade da escolha de candidatos efetuada por convenção partidária convocada por comissão provisória cuja nomeação decorreu do ato interventivo não impugnado perante órgãos competentes da própria agremiação política" (Rec. Especial 13.312/TO, Ac 13.212C, 4/11/1997, Rel. Min. Ilmar Galvão).

▸ RESUMO DIDÁTICO

Observação didática nº 01 – O Tribunal Superior Eleitoral é composto por, no mínimo, sete juízes, sendo três oriundos do Supremo Tribunal Federal, dois do Superior Tribunal de Justiça, e dois dentre seis advogados indicados pelo Supremo Tribunal Federal e nomeados pelo Presidente da República.

Observação didática nº 02 – Os juízes de Tribunal Regional Eleitoral nomeados dentre advogados indicados pelo Tribunal de Justiça gozam de inamovibilidade, que é uma garantia comum aos juízes de Direito.

Observação didática nº 03 – A Justiça Eleitoral é composta dos seguintes órgãos: Tribunal Superior Eleitoral, Tribunal Regional Eleitoral, juízes eleitorais e juntas eleitorais.

Observação didática nº 04 – Quanto aos Tribunais Eleitorais, podemos afirmar que o Corregedor Eleitoral do Tribunal Superior Eleitoral será eleito dentre os Ministros do Superior Tribunal de Justiça.

Observação didática nº 05 – A composição do Tribunal Regional Eleitoral é de sete juízes, sendo dois desembargadores, dois juízes de Direito, um juiz federal e dois advogados, nomeados pelo Presidente da República, estes indicados em lista sêxtupla pelo Tribunal de Justiça, sendo o Presidente do TRE escolhido dentre os desembargadores.

Observação didática nº 06 – A junta eleitoral é composta por um juiz de Direito e cidadãos de notória idoneidade, sendo desnecessário a estes formação jurídica.

Observação didática nº 07 – O Tribunal Superior Eleitoral expedirá instruções para a fiel execução do Código Eleitoral:

a) a composição dos membros do Tribunal Superior Eleitoral far-se-á mediante eleição dentre os Ministros do Supremo Tribunal Federal e Superior Tribunal de Justiça e nomeação pelo Presidente da República dentre advogados;
b) as funções de Procurador-Geral Eleitoral junto ao Tribunal Superior Eleitoral serão exercidas pelo Procurador-Geral da República;

c) haverá um Tribunal Regional Eleitoral na capital de cada Estado e no Distrito Federal.

Observação didática nº 08 - A junta eleitoral é composta por um juiz de Direito, que será o presidente, e por dois ou quatro cidadãos de notória idoneidade.

Observação didática nº 09 - No Distrito Federal, há um Tribunal Regional Eleitoral.

Observação didática nº 10 - Os juízes dos Tribunais Eleitorais servirão, no máximo, por quatro anos consecutivos.

Observação didática nº 11 - No âmbito dos Tribunais Regionais Eleitorais, as funções de Corregedor-Geral e de Procurador Regional Eleitoral são exercidas, respectivamente, pelo Vice-Presidente do Tribunal e pelo Procurador da República designado pelo Procurador-Geral da República, se, no respectivo Estado, houver mais de um.

Observação didática nº 12 - Dois membros do Tribunal Regional Eleitoral de um determinado Estado brasileiro, os juízes Mévio e Tício, pertencem à classe de juristas. Com esses dados, podemos afirmar que foram indicados pelo Tribunal de Justiça e nomeados pelo Presidente da República.

Observação didática nº 13 - Compete ao Tribunal Superior Eleitoral:

a) processar e julgar originariamente as reclamações relativas a obrigações impostas por lei aos partidos políticos, quanto à sua contabilidade e à apuração da origem dos seus recursos;
b) compete ao Tribunal Superior Eleitoral processar e julgar originariamente as impugnações à apuração do resultado geral, proclamação dos eleitos e expedição de diploma na eleição de Presidente e Vice-Presidente da República.

Observação didática nº 14 - Compete, ainda, privativamente, ao Tribunal Superior:

a) conceder aos seus membros licença e férias, assim como afastamento do exercício dos cargos efetivos;
b) aprovar a divisão dos Estados em zonas eleitorais ou a criação de novas zonas;
c) responder, sobre matéria eleitoral, às consultas que lhe forem feitas em tese por autoridade com jurisdição federal ou órgão nacional de partido político;
d) organizar e divulgar a súmula de sua jurisprudência.

Observação didática nº 15 - Nos Tribunais Eleitorais, serão escolhidos substitutos em igual número para cada categoria na mesma ocasião e pelo mesmo processo.

Observação didática nº 16 - Os juízes eleitorais, salvo restrições expressas na Constituição, gozarão de garantias, entre elas a inamovibilidade e a irredutibilidade de salário. Cuidado! A vitaliciedade não é uma das garantias do juiz eleitoral, leia novamente o item 9.2.

Observação didática nº 17 - Os Tribunais Regionais Eleitorais compor-se-ão, mediante eleição, pelo voto secreto, de dois juízes, eleitos dentre os desembargadores do Tribunal de Justiça.

Observação didática nº 18 – É competente para expedir salvo-conduto em favor de eleitor na iminência de sofrer violência na sua liberdade de votar o juiz eleitoral ou o presidente da mesa receptora de votos.

Observação didática nº 19 – O partido político, legalmente criado, tem obrigação de prestar suas contas à Justiça Eleitoral.

12. Questões interessantes sobre o tema

1. **Qual a composição do Tribunal Superior Eleitoral?**

Resposta: Pelo art. 119, I e II, da Constituição Federal de 1988, é a seguinte a composição do TSE, derrogados os arts. 16 e 17 do Código Eleitoral: três juízes dentre os Ministros do STF; dois juízes dentre os Ministros do STJ e dois juízes nomeados pelo Presidente da República, dentre seis advogados de notável saber jurídico e idoneidade moral, indicados pelo STF.

2. **É possível, na composição do TSE, existirem juízes oriundos do Ministério Público?**

Resposta: Na composição do TSE, não é possível juízes oriundos do Ministério Público, porquanto a lei fala em "advogados" (art. 119, II), expressão que já havia sido usada pela Constituição anterior (art. 131, II). Essa composição eminentemente classista é só para advogados em sentido legal.

3. **Qual a razão pela qual os membros do Ministério Público não entram na composição do TSE?**

Resposta: De acordo com a lição de **Joel Cândido**,[25] "não existe nenhuma razão plausível para esta omissão. Já que a Justiça Eleitoral não tem magistratura própria, e de diversos segmentos vêm os membros de seus órgãos judiciários, não se justifica a ausência da classe do Ministério Público em suas composições. Não há simetria com a composição de todos os demais Tribunais Superiores, onde o quadro do Ministério Público foi sempre preservado; é possível, mesmo, a nomeação dos membros dessa instituição até para o Pretório Excelso (CF, art. 101)".

4. **Qual a composição dos Tribunais Regionais Eleitorais?**

Resposta: A Constituição de 1988 derrogou os arts. 25 e 26 do CE, ficando assim a composição: dois juízes dentre os desembargadores do Tribunal de Justiça; dois juízes, dentre os juízes de Direito, escolhidos pelo Tribunal de Justiça; um juiz do Tribunal Regional Federal com sede na capital do Estado ou no Distrito Federal, ou não havendo, um juiz federal, escolhido, em qualquer caso, pelo Tribunal Regional Federal respectivo; e, por nomeação, pelo Presidente da República, dois juízes dentre seis advogados de notável saber jurídico e idoneidade moral, indicados pelo Tribunal de Justiça (CF, art. 120).

---

[25] *Op. cit.*

5. **Quem são os juízes eleitorais?**
Resposta: Os juízes eleitorais são magistrados da Justiça Estadual designados pelo TRE para presidir as zonas eleitorais, menor fração territorial com jurisdição dentro de uma circunscrição judiciária eleitoral.

6. **Qual a jurisdição do TSE?**
Resposta: O TSE tem jurisdição em todo o território nacional.

7. **Qual a jurisdição do TRE?**
Resposta: O TRE tem jurisdição nos respectivos Estados e no Distrito Federal.

8. **Qual a jurisdição dos juízes de Direito?**
Resposta: Quanto aos juízes de Direito, com a designação eleitoral, a jurisdição é só nas zonas eleitorais.

9. **O que são juntas eleitorais?**
Resposta: As juntas eleitorais são órgãos colegiados de primeira instância da Justiça Eleitoral.

10. **Qual a composição das juntas eleitorais?**
Resposta: As juntas eleitorais são compostas por dois ou quatro membros, mais seu presidente, que é juiz de Direito, o que forma um colegiado de três ou cinco membros no total.

11. **Em se tratando de eleição municipal, de quem é a competência para conhecer e processar a representação prevista no art. 22 da Lei Complementar nº 64/1990?**
Resposta: Em se tratando de eleição municipal, a competência para conhecer e processar a representação prevista no art. 22 da Lei Complementar nº 64/1990 não é do Tribunal Regional Eleitoral, nem do Tribunal Superior Eleitoral, mas, sim, do juiz da zona eleitoral, como dispõe o art. 24 da mesma lei.[26]

12. **Se o paciente, na condição de funcionário público no exercício de função e serviço da Justiça Eleitoral, apropria-se de formulários e títulos eleitorais em branco, dos quais detinha a posse em razão da função de escrivão eleitoral que ocupava, e se falsificou a assinatura de um juiz eleitoral, com a finalidade de abrir contas em estabelecimento bancário para lesar o comércio das cidades vizinhas, de quem é a competência para processar e julgar tais delitos?**
Resposta: A competência para julgar e processar os crimes de falso e de peculato cometidos por funcionário público no exercício de função pública federal e contra bens e materiais da Justiça Eleitoral é da Justiça Federal (art. 109, IV, da Constituição Federal). Crimes conexos. Prevalência da competência da Justiça Federal que tem

---

[26] STF - CC nº 7.018 - ES - T.P. - Rel. Min. Moreira Alves - *DJU* 18/08/1995.

sede constitucional, em detrimento da competência da Justiça Comum, que é de natureza residual.[27]

13. O que acarreta a desobediência às resoluções da Justiça Eleitoral?

Resposta: O fato de se ter como olvidada resolução da Justiça Eleitoral não revela o tipo do art. 347 do Código Eleitoral, que pressupõe ordem ou instrução formalizadas de maneira específica, ou seja, direcionadas ao agente. O teor abstrato das resoluções gera, no caso de inobservância, simples transgressão eleitoral, longe ficando de alcançar a prática do crime de desobediência, no que, como tipo subjetivo, acarreta o dolo, isto é, a vontade livre e consciente de desobedecer à ordem legal direcionada.[28]

14. Compete à Justiça Eleitoral julgar sobre a conveniência, ou não, da fixação de data para realização de convenção partidária?

Resposta: A fixação de data para realização de convenção partidária é ato da conveniência do partido, não competindo à Justiça Eleitoral julgar sobre a conveniência, ou não, de sua realização. Trata-se de ato *interna corporis*.[29]

15. Funcionário da Justiça Eleitoral pode filiar-se a partido político?

Resposta: A filiação a partido político caracteriza a atividade político-partidária vedada a funcionário da Justiça Eleitoral, sob pena de demissão (CE, art. 366).[30]

16. Quem não pode fazer parte do TSE?

Resposta: Com sede na Capital da União, compõe-se o TSE de sete juízes, sendo três indicados dentre os Ministros do Supremo Tribunal Federal; dois dentre os membros do Superior Tribunal de Justiça, escolhidos mediante eleição nesses tribunais, pelo voto secreto; e dois nomeados pelo Presidente da República, mediante indicação pelo Supremo Tribunal Federal em lista sêxtupla de advogados de notável saber jurídico e idoneidade moral. O Presidente e o Vice-Presidente do TSE serão escolhidos, por eleição, entre os três Ministros do STF. Não podem fazer parte do TSE, segundo o Código Eleitoral, cidadãos que tenham entre si parentesco, ainda que por afinidade, até o quarto grau, seja o vínculo legítimo ou ilegítimo.[31]

17. Como é escolhido o Corregedor-Geral do TSE?

Resposta: O Corregedor-Geral do TSE é escolhido dentre os Ministros do Superior Tribunal de Justiça.

---

[27] STF – HC nº 70.563 – PR – 2ª T. – Rel. Min. Paulo Brossard – *DJU* 22/04/1994.

[28] Precedentes: TSE – HC nº 240 – (240) – PR – Rel. Min. Marco Aurélio – *DJU* 23/09/1994 – p. 22.372.

[29] TSE – RMS nº 1.125 – (11.030) – RJ – Rel. Min. Sydney Sanches – *DJU* 14/03/1990 – p. 1.791.

[30] TSE – REsp nº 8.139 – (10.752) – MG – Rel. Min. Bueno de Souza – *DJU* 08/06/1989 – p. 10.044.

[31] COSTA, Tito. *Op. cit.*

18. Quem exerce as funções de Procurador-Geral Eleitoral no TSE?

Resposta: Junto ao TSE, exerce as funções de Procurador-Geral Eleitoral o Procurador-Geral da República, funcionando, em suas faltas e impedimentos, seu substituto legal.

19. Como é feita a votação do TSE?

Resposta: De acordo com o Código Eleitoral, o TSE delibera por maioria de votos, em sessão pública, com a presença da maioria de seus membros.

20. A recondução dos juízes dos Tribunais Eleitorais é automática?

Resposta: Conforme **Tito Costa**, os juízes dos Tribunais Eleitorais servirão obrigatoriamente por dois biênios consecutivos. Dessa regra que vem do art. 121, § 2º, da Constituição do Brasil, não se pode induzir que a recondução para o segundo biênio se faça automaticamente. O Código Eleitoral – proclamou o STF – autorizando, alternativamente, a recondução do juiz que já serviu por um biênio ou a eleição de outro nada tem de inconstitucional.

21. As decisões do Tribunal Superior Eleitoral que concedem *habeas corpus* ou mandado de segurança, são recorríveis?

Resposta: Não. Cuidado as decisões que "denegam" *habeas corpus* ou mandado de segurança é que são recorríveis.

Leia com atenção o art. 121, § 3º, da Constituição Federal:

São irrecorríveis as decisões do Tribunal Superior Eleitoral, salvo as que contrariarem esta Constituição e as denegatórias de habeas corpus ou mandado de segurança.

▶ RESUMO DIDÁTICO

Só caberá recurso de uma decisão do **TSE** em três hipóteses:

1ª hipótese: quando a decisão do TSE contrariar a Constituição Federal;
2ª hipótese: quando a decisão do TSE denegar *habeas corpus*;
3ª hipótese: quando a decisão do TSE denegar mandado de segurança.

22. Qual o *quorum* de deliberação do TSE?

Resposta: Em regra, o Tribunal Superior delibera por maioria de votos, em sessão pública, com a presença da maioria de seus membros.

23. Em quais hipóteses as decisões do TSE só podem ser tomadas com a presença de todos os seus membros?

Resposta: As decisões do Tribunal Superior, assim na interpretação do Código Eleitoral, em face da Constituição e cassação de registro de partidos políticos, como sobre quaisquer recursos que importem anulação geral de eleições ou perda de diplomas, só poderão ser tomadas com a presença de todos os seus membros. Se ocorrer impedimento de algum juiz, será convocado o substituto ou o respectivo suplente.

13. Testes objetivos

1. **São órgãos da Justiça Eleitoral:**

   a) o Tribunal Eleitoral;
   b) os Tribunais Regionais;
   c) os juízes eleitorais;
   d) as juntas eleitorais;
   e) c e d estão corretas.
   Observação didática: se você encontrou dificuldades para resolver a questão, veja o art. 118 da CF.

2. **O Tribunal Superior Eleitoral compor-se-á, no mínimo, de sete membros, escolhidos, mediante eleição, pelo voto secreto:**

   a) três juízes, dentre os Ministros do Supremo Tribunal Federal;
   b) dois juízes, dentre os Ministros do Superior Tribunal de Justiça;
   c) dois juízes, dentre os Ministros do Supremo Tribunal Federal;
   d) três juízes, dentre os Ministros do Superior Tribunal de Justiça;
   e) a e b estão corretas.
   Observação didática: se você encontrou dificuldades para resolver a questão, veja o art. 119 da CF.

3. **O Tribunal Superior Eleitoral compor-se-á, no mínimo, de sete membros, escolhidos por nomeação do Presidente da República:**

   a) dois juízes, dentre seis advogados de notável saber jurídico e idoneidade moral, indicados pelo Supremo Tribunal Federal;
   b) seis juízes, dentre dois advogados de notável saber jurídico e idoneidade moral, indicados pelo Supremo Tribunal Federal;
   c) dois juízes, dentre seis advogados de notável saber jurídico e idoneidade moral, indicados pelo Supremo Tribunal Estadual;
   d) dois juízes, dentre seis advogados de notável saber jurídico, indicados pelo Supremo Tribunal Federal.
   Observação didática: se você encontrou dificuldades para resolver a questão, veja o art. 119, inciso II, da CF.

4. **O Tribunal Superior Eleitoral elegerá seu Presidente e o Vice-Presidente dentre os Ministros:**

   a) do Supremo Tribunal Federal, e o Corregedor Eleitoral, dentre os Ministros do Superior Tribunal de Justiça;
   b) do Supremo Tribunal Estadual, e o Corregedor Eleitoral, dentre os Ministros do Superior Tribunal de Justiça;
   c) do Superior Tribunal Federal, e o Corregedor Eleitoral, dentre os Ministros do Superior Tribunal de Justiça;
   d) do Supremo Tribunal Federal, e o Corregedor Eleitoral, dentre os Ministros do Supremo Tribunal Federal.
   Observação didática: se você encontrou dificuldades para resolver a questão, veja o art. 119, parágrafo único, da CF.

5. **Os Tribunais Regionais Eleitorais compor-se-ão, mediante eleição, pelo voto secreto:**

   a) de dois juízes, dentre os desembargadores do Tribunal de Justiça;
   b) de dois juízes, dentre juízes de Direito, escolhidos pelo Tribunal de Justiça;

c) de três juízes, dentre os desembargadores do Tribunal de Justiça;
d) de dois juízes, dentre juízes de Direito, escolhidos pelo Tribunal de Justiça Eleitoral;
e) a e b estão corretas.
Observação didática: se você encontrou dificuldades para resolver a questão, veja o art. 120, § 1º, da CF.

6. **O Tribunal Regional Eleitoral elegerá seu Presidente e o Vice-Presidente:**

a) seis juízes, dentre dois advogados de notável saber jurídico e idoneidade moral, indicados pelo Supremo Tribunal Federal;
b) dois juízes, dentre seis advogados de notável saber jurídico e idoneidade moral, indicados pelo Supremo Tribunal Estadual;
c) dois juízes, dentre seis advogados de notável saber jurídico, indicados pelo Supremo Tribunal Federal;
d) dentre os desembargadores.
Observação didática: se você encontrou dificuldades para resolver a questão, veja o art. 120, § 2º, da CF.

7. **São irrecorríveis as decisões do Tribunal Superior Eleitoral, salvo:**

a) as que contrariarem a Constituição;
b) as denegatórias de *habeas corpus*;
c) as denegatórias de mandado de segurança;
d) Todas estão corretas.
Observação didática: se você encontrou dificuldades para resolver a questão, veja o art. 121, § 3º, da CF.

8. **Das decisões dos Tribunais Regionais Eleitorais, somente caberá recurso quando:**

a) forem proferidas contra disposição expressa da Constituição ou de lei;
b) ocorrer divergência na interpretação de lei entre dois ou mais tribunais regionais;
c) versarem sobre elegibilidade ou expedição de diplomas nas eleições federais ou estaduais;
d) anularem diplomas ou decretarem a suspensão de mandatos eletivos federais ou estaduais.
Observação didática: se você encontrou dificuldades para resolver a questão, veja o art. 121, § 4º, da CF.

9. **Compete aos Tribunais Regionais Eleitorais processar e julgar originariamente:**

a) o registro e o cancelamento do registro dos diretórios estaduais e municipais de partidos políticos, bem como de candidatos a Governador, Vice-Governador, e a membro do Congresso Nacional e das Assembleias Legislativas;
b) os conflitos de jurisdição entre juízes eleitorais do respectivo Estado;
c) a suspeição ou impedimentos aos seus membros, ao Procurador Regional e aos funcionários da sua Secretaria, assim como aos juízes e escrivães eleitorais;
d) todas questões estão corretas.
Observação didática: se você encontrou dificuldades para resolver a questão, veja o art. 29 do Código Eleitoral.

10. **Compete aos juízes eleitorais, entre outras funções:**

a) decidir *habeas corpus* e mandado de segurança, em matéria eleitoral, desde que essa competência não esteja atribuída privativamente à instância superior;

b) tomar conhecimento das reclamações que lhes forem feitas verbalmente ou por escrito, reduzindo-as a termo e determinando as providências que cada caso exigir;
c) expedir títulos eleitorais e conceder transferência de eleitor;
d) todas as questões estão corretas.
Observação didática: se você encontrou dificuldades para resolver a questão, veja o art. 35 do Código Eleitoral.

11. **Não podem ser nomeados membros das juntas, escrutinadores ou auxiliares:**

a) os candidatos e seus parentes, ainda que por afinidade, até o terceiro grau, inclusive, e bem assim o cônjuge;
b) os membros de diretórios de partidos políticos devidamente registrados e cujos nomes não tenham sido oficialmente publicados;
c) as autoridades e os agentes policiais, bem como os funcionários no desempenho de cargos de confiança do Executivo;
d) os que não pertencerem ao serviço eleitoral.
Observação didática: se você encontrou dificuldades para resolver a questão, veja o art. 36, § 3º, inciso III, do Código Eleitoral.

12. **Compete à junta eleitoral:**

a) apurar, no prazo de dez dias, as eleições realizadas nas zonas eleitorais sob a sua jurisdição;
b) resolver as soluções e demais incidentes verificados durante os trabalhos da contagem e da apuração;
c) expedir os diplomas de apuração mencionados no art. 179;
d) expedir diploma aos eleitos para cargos federais.
Observação didática: se você encontrou dificuldades para resolver a questão, veja o art. 40, I, do Código Eleitoral.

13. **As deliberações do TSE são tomadas, em sessão pública:**

a) somente com a presença do seu Presidente e Vice-Presidente;
b) por maioria de votos e com a presença da maioria de seus membros;
c) se estiverem presentes os delegados e fiscais dos partidos políticos;
d) quando os fiscais e delegados assim solicitarem;
e) se estiverem presentes os advogados de cada um dos partidos políticos.
Observação didática: se você encontrou dificuldades para resolver a questão, veja o art. 19 do CE.

14. **As decisões do TSE, quanto à cassação de registros de partidos políticos, só poderão ser tomadas:**

a) com a presença de todos os fiscais daquele partido político;
b) com a presença de todos os seus membros;
c) com a presença dos delegados dos partidos políticos;
d) se for solicitada por todos os candidatos registrados;
e) quando o candidato registrado estiver presente.
Observação didática: se você encontrou dificuldades para resolver a questão, veja o art. 19, parágrafo único, do CE.

15. **Podem ser nomeados para juiz do Tribunal Eleitoral, na categoria de jurista:**

a) promotores de Justiça;

b) procuradores da República;
c) advogados;
d) magistrados de instância inferior;
e) juízes comuns.
Observação didática: se você encontrou dificuldades para resolver a questão, veja o art. 119, II, da CF.

16. **O Presidente do Tribunal Superior Eleitoral:**

a) é indicado pelo STF;
b) é eleito pelos membros do STF;
c) é eleito pelos Ministros do STF;
d) é eleito pelos membros do STJ;
e) é eleito pelos membros do TRE.
Observação didática: se você encontrou dificuldades para resolver a questão, veja o art. 119, parágrafo único, da CF.

17. **Legislar sobre Direito Eleitoral é competência:**

a) do Tribunal Superior Eleitoral;
b) da União;
c) do Executivo Federal;
d) do Poder Judiciário;
e) do Supremo Tribunal Federal.
Observação didática: se você encontrou dificuldades para resolver a questão, veja o art. 22, I, da CF.

18. **De acordo com a Constituição Federal, a organização e competência dos Tribunais, dos juízes e das juntas eleitorais serão objetos:**

a) de lei orgânica;
b) de decisão do Supremo Tribunal Federal;
c) de decisão do Superior Tribunal de Justiça;
d) instruções do Tribunal Superior Eleitoral;
e) de Lei Complementar.
Observação didática: se você encontrou dificuldades para resolver a questão, veja o art. 121 da CF.

14. Questões objetivas de concursos jurídicos

1. **(TRE/RJ) O Tribunal Superior Eleitoral é composto por:**

a) no mínimo sete juízes, sendo três do Supremo Tribunal Federal, dois do Superior Tribunal de Justiça e dois membros do Ministério Público Eleitoral;
b) no máximo sete juízes, escolhidos pelo Congresso Nacional, em votação secreta, dentre os integrantes do Supremo Tribunal Federal e do Superior Tribunal de Justiça;
c) sete Ministros, nomeados pelo Presidente da República, dentre advogados de notável saber jurídico e idoneidade moral, submetida a nomeação ao Senado Federal;
d) no mínimo sete juízes, sendo três oriundos do Supremo Tribunal Federal, dois do Superior Tribunal de Justiça, e dois dentre seis advogados indicados pelo Supremo Tribunal Federal e nomeados pelo Presidente da República;

e) no máximo sete juízes, sendo três do Supremo Tribunal Federal, dois do Superior Tribunal de Justiça, um do Ministério Público Eleitoral e um advogado, nomeado pelo Presidente da República, dentre seis indicados pelo Supremo Tribunal Federal.
Observação didática: se você encontrou dificuldades para resolver a questão, veja o item "**resumo didático**", observação didática nº 01.

2. **(TRE/RJ) Os juízes de Tribunal Regional Eleitoral nomeados dentre advogados indicados pelo Tribunal de Justiça gozam da seguinte garantia comum aos juízes de Direito:**

a) inamovibilidade;
b) vitaliciedade;
c) titularidade;
d) estabilidade;
e) efetividade.
Observação didática: se você encontrou dificuldades para resolver a questão, veja o item "**resumo didático**", observação didática nº 02.

3. **(TRE/RJ) A Justiça Eleitoral é composta dos seguintes órgãos:**

a) Supremo Tribunal Federal, Tribunal Superior Eleitoral, Tribunal Regional Eleitoral e juízes eleitorais;
b) Supremo Tribunal Federal, Superior Tribunal de Justiça, Tribunal Superior Eleitoral e Tribunal Regional Eleitoral;
c) Superior Tribunal de Justiça, Tribunal Superior Eleitoral, Tribunal Regional Eleitoral e juízes eleitorais;
d) Tribunal Superior Eleitoral, Tribunal Regional Eleitoral, juízes federais e juntas eleitorais;
e) Tribunal Superior Eleitoral, Tribunal Regional Eleitoral, juízes eleitorais e juntas eleitorais.
Observação didática: se você encontrou dificuldades para resolver a questão, veja o item "**resumo didático**", observação didática nº 03.

4. **(TRE/RJ) Quanto aos Tribunais Eleitorais, é correto afirmar que:**

a) haverá um Tribunal Superior Eleitoral na capital de cada Estado e no Distrito Federal;
b) a composição dos membros do Tribunal Regional Eleitoral far-se-á por meio de eleição, nomeação e promoção;
c) o Presidente do Tribunal Regional Eleitoral será eleito dentre os Ministros do Supremo Tribunal Federal;
d) o Corregedor Eleitoral do Tribunal Superior Eleitoral será eleito dentre os Ministros do Superior Tribunal de Justiça;
e) a indicação dos advogados para composição do Tribunal Regional Eleitoral será feita pela Ordem dos Advogados do Brasil ao Presidente da República.
Observação didática: se você encontrou dificuldades para resolver a questão, veja o item "**resumo didático**", observação didática nº 04.

5. **(TRE/RJ) A correta composição do Tribunal Regional Eleitoral é:**

a) sete juízes, sendo um desembargador, três juízes de Direito que já tenham sido juízes eleitorais, um membro do Ministério Público Eleitoral e dois advogados indicados pelo Governador do Estado, sendo o Presidente do TRE o desembargador mais antigo;
b) nove juízes, sendo dois desembargadores, dois juízes de Direito, dois juízes federais, dois advogados nomeados pelo Presidente da República, estes indicados em lista sêxtupla pelo Tribunal de Justiça, e um membro do Ministério Público Estadual, sendo o Presidente do TRE escolhido dentre os desembargadores;

c) sete juízes, sendo dois desembargadores, dois juízes de Direito, um juiz federal e dois advogados, nomeados pelo Presidente da República, estes indicados em lista sêxtupla pelo Tribunal de Justiça, sendo o Presidente do TRE escolhido dentre os desembargadores;
d) nove juízes, sendo três desembargadores, dois juízes de Direito, dois juízes federais e dois advogados, nomeados pelo Governador do Estado, sendo o Presidente do TRE o desembargador mais antigo;
e) no mínimo sete juízes, sendo dois desembargadores, dois juízes de Direito, um promotor de Justiça e dois deputados estaduais, estes escolhidos pelo Presidente da República dentre seis deputados indicados pela Assembleia Legislativa, sendo o Presidente do TRE escolhido dentre os desembargadores.
Observação didática: se você encontrou dificuldades para resolver a questão, veja o item "**resumo didático**", observação didática nº 05.

6. **(TRE/RJ) Quanto aos órgãos da Justiça Eleitoral, é correto afirmar que:**

a) os juízes eleitorais são magistrados da Justiça Eleitoral, designados pelo Tribunal Superior Eleitoral para presidir as zonas eleitorais;
b) a junta eleitoral é composta por um juiz de Direito e cidadãos de notória idoneidade, sendo desnecessária a estes formação jurídica;
c) o Tribunal Superior Eleitoral tem jurisdição em todo o território nacional, enquanto o Tribunal Regional Eleitoral e os juízes de Direito com designação eleitoral têm jurisdição em todo o Estado da Federação a que pertencem;
d) a junta eleitoral é um órgão colegiado de primeira e segunda instância da Justiça Eleitoral;
e) o Tribunal Regional Eleitoral é composto por juízes do Supremo Tribunal Federal, do Tribunal Regional Federal e por advogados nomeados pelo Presidente da República.
Observação didática: se você encontrou dificuldades para resolver a questão, veja o item "**resumo didático**", observação didática nº 06.

7. **(TRE/RJ) Sobre os Tribunais Eleitorais e suas funções, assinale a alternativa incorreta.**

a) O Tribunal Superior Eleitoral expedirá instruções para a fiel execução do Código Eleitoral.
b) A composição dos membros do Tribunal Superior Eleitoral far-se-á mediante eleição dentre os Ministros do Supremo Tribunal Federal e Superior Tribunal de Justiça e nomeação pelo Presidente da República, dentre advogados.
c) As funções de Procurador-Geral Eleitoral junto ao Tribunal Superior Eleitoral serão exercidas pelo Procurador-Geral da República.
d) As funções de Procurador Regional Eleitoral junto ao Tribunal Regional Eleitoral serão exercidas pelo Procurador-Geral de Justiça.
e) Haverá um Tribunal Regional Eleitoral na capital de cada Estado e no Distrito Federal.
Observação didática: se você encontrou dificuldades para resolver a questão, veja o item "**resumo didático**", observação didática nº 07.

8. **(TRE/RJ) A junta eleitoral é composta:**

a) por um juiz de Direito e por três ou cinco cidadãos de notória idoneidade, sendo um dos cidadãos nomeado presidente;
b) por um juiz de Direito que será o presidente e por dois ou quatro cidadãos de notória idoneidade;
c) por um juiz de Direito e por dois ou quatro cidadãos de notória idoneidade, sendo um dos cidadãos nomeado presidente;
d) por um juiz de Direito que será o presidente e por três cidadãos de notória idoneidade;

e) pelo juiz eleitoral, mesários e escrutinadores, em número máximo de cinco cidadãos de notória idoneidade, através de nomeação ou designação pelo Tribunal Regional Eleitoral.
Observação didática: se você encontrou dificuldades para resolver a questão, veja o item "**resumo didático**", observação didática nº 08.

9. (RN – Juiz) Há um Tribunal Regional Eleitoral:

a) em todas as regiões metropolitanas criadas e implantadas;
b) em todos os Municípios com mais de duzentos mil eleitores;
c) na capital de cada Estado e nas capitais dos Territórios;
d) no Distrito Federal e nas capitais de Territórios, mediante proposta do Tribunal Superior Eleitoral;
e) no Distrito Federal.
Observação didática: se você encontrou dificuldades para resolver a questão, veja o item "**resumo didático**", observação didática nº 09.

10. (RN – Juiz) Os juízes dos Tribunais Eleitorais servirão, no máximo, por:

a) seis anos, desde que não sobrevenha candidatura, na circunscrição, de cônjuge ou parente consanguíneo legítimo ou ilegítimo até terceiro grau do magistrado;
b) quatro anos consecutivos;
c) dois biênios, vedada a substituição;
d) dois anos;
e) dois períodos de dois anos.
Observação didática: se você encontrou dificuldades para resolver a questão, veja o item "**resumo didático**", observação didática nº 10.

11. (RN – Juiz) No âmbito dos Tribunais Regionais Eleitorais, as funções de Corregedor-Geral e de Procurador Regional Eleitoral são exercidas, respectivamente, pelo:

a) Vice-Presidente do Tribunal e pelo Procurador-Geral da Justiça do respectivo Estado;
b) terceiro Desembargador do Tribunal de Justiça e pelo Procurador de Justiça nomeado pelo Procurador-Geral da Justiça do respectivo Estado;
c) Vice-Presidente do Tribunal e pelo Procurador da República designado pelo Procurador-Geral da República, se no respectivo Estado houver mais de um;
d) Desembargador eleito para o cargo e pelo Procurador da República no respectivo Estado;
e) terceiro Desembargador do Tribunal de Justiça e pelo Procurador da República no respectivo Estado.
Observação didática: se você encontrou dificuldades para resolver a questão, veja o item "**resumo didático**", observação didática nº 11.

12. (MA – Juiz) Dois membros do Tribunal Regional Eleitoral do Maranhão, os Juízes Nivaldo Guimarães e Carlos Santana, pertencem à classe de juristas. Com esses dados, podemos afirmar que:

a) foram indicados pelo Tribunal de Justiça e nomeados pela governadora;
b) foram indicados pela OAB e nomeados pelo Tribunal Regional Eleitoral;
c) foram indicados pelo Tribunal de Justiça e nomeados pelo Presidente da República;
d) foram indicados pela OAB e nomeados pelo Presidente da República.
Observação didática: se você encontrou dificuldades para resolver a questão, veja o item "**resumo didático**", observação didática nº 12.

13. **(Promotor de Justiça) Assinale a incorreta. Compete ao Tribunal Superior Eleitoral processar e julgar originariamente:**

   a) o *habeas corpus* ou mandado de segurança, em matéria eleitoral, relativos a atos do Presidente da República, dos Ministros de Estado e dos Tribunais Regionais; ou, ainda, o *habeas corpus*, quando houver perigo de se consumar a violência antes que o juiz competente possa prover sobre a impetração;
   b) as reclamações relativas a obrigações impostas por lei aos partidos políticos, quanto à sua contabilidade e à apuração da origem dos seus recursos;
   c) as impugnações à apuração do resultado geral, proclamação dos eleitos e expedição de diploma na eleição de Presidente e Vice-Presidente da República;
   d) a ação rescisória, nos casos de inelegibilidade, desde que intentada dentro do prazo de cento e vinte dias de decisão irrecorrível, possibilitando-se o exercício do mandato eletivo até o seu trânsito em julgado;
   e) B, C e D estão corretas.

   Nota à resposta. t A expressão "possibilitando-se o exercício do mandato eletivo até o seu trânsito em julgado" foi declarada inconstitucional pela ADIn nº 1.459-5 - Plenário 17.03.1999 - *DJU* 07.05.1999.

   Observação didática: se você encontrou dificuldades para resolver a questão, veja o item "**resumo didático**", observação didática nº 13.

14. **(Promotor de Justiça) Assinale a incorreta. Compete, ainda, privativamente, ao Tribunal Superior:**

   a) conceder aos seus membros licença e férias, assim como afastamento do exercício dos cargos efetivos;
   b) propor ao Poder Executivo o aumento do número dos juízes de qualquer Tribunal Eleitoral, indicando a forma desse aumento;
   c) aprovar a divisão dos Estados em zonas eleitorais ou a criação de novas zonas;
   d) responder, sobre matéria eleitoral, às consultas que lhe forem feitas em tese por autoridade com jurisdição federal ou órgão nacional de partido político;
   e) organizar e divulgar a súmula de sua jurisprudência.

   Observação didática: se você encontrou dificuldades para resolver a questão, veja o item "**resumo didático**", observação didática nº 14.

15. **Nos Tribunais Eleitorais, serão escolhidos substitutos em igual número para cada categoria:**

   a) na mesma ocasião e pelo mesmo processo;
   b) na mesma ocasião e pelo ritual de antiguidade;
   c) por ocasião da primeira sessão do plenário;
   d) na ocasião da posse do Ministério ou juiz eleitoral;
   e) na segunda sessão do plenário de um ano eleitoral.

   Observação didática: se você encontrou dificuldades para resolver a questão, veja o item "**resumo didático**", observação didática nº 15.

16. **Indique a alternativa correta.**

   a) Compete aos juízes eleitorais designar, até noventa dias antes das eleições, os locais de votação.
   b) Os juízes eleitorais não poderão decidir sobre *habeas corpus* e mandado de segurança.
   c) Os membros de diretórios de partidos políticos poderão servir como escrivães eleitorais.
   d) Os juízes de Direito exercerão a função de juiz eleitoral com jurisdição parcial e na forma de lei.

e) Os juízes eleitorais, salvo restrições expressas na Constituição, gozarão de garantias, entre elas a vitaliciedade, a inamovibilidade e a irredutibilidade.
Observação didática: o item "e" foi a resposta oficial, mas há um grave erro. Veja o item "**resumo didático**", observação didática nº 16 e identifique o erro.

17. Os Tribunais Regionais Eleitorais compor-se-ão, mediante eleição, pelo voto secreto, de dois juízes, eleitos dentre:

a) os juízes federais;
b) os promotores de Justiça;
c) os desembargadores do Tribunal de Justiça;
d) os procuradores da República;
e) os procuradores de Estado.
Observação didática: se você encontrou dificuldades para resolver a questão, veja o item "**resumo didático**", observação didática nº 17.

18. (GO – Juiz de Direito) É competente para expedir salvo-conduto em favor de eleitor na iminência de sofrer violência na sua liberdade de votar:

a) o juiz eleitoral ou o presidente da mesa receptora de votos;
b) o juiz ou o escrivão eleitoral;
c) apenas o juiz titular da respectiva zona eleitoral;
d) o delegado de polícia do respectivo Município;
e) nenhuma das questões anteriores.
Observação didática: se você encontrou dificuldades para resolver a questão, veja o item "**resumo didático**", observação didática nº 18.

19. (PE – Juiz de Direito) O partido político, legalmente criado, tem obrigação de prestar suas contas:

a) ao Tribunal de Contas da União;
b) ao Tribunal de Contas do Distrito Federal;
c) ao Tribunal Superior Eleitoral;
d) ao Supremo Tribunal Federal;
e) à Justiça Eleitoral.
Observação didática: se você encontrou dificuldades para resolver a questão, veja o item "**resumo didático**", observação didática nº 19.

20. (TRE/BA – Analista Judiciário) As afirmações:

I. um quinto dos lugares do Tribunal Superior Eleitoral será composto de membros do Ministério Público, com mais de dez anos de carreira;

II. o Presidente e o Corregedor Eleitoral serão eleitos dentre os Ministros do Supremo Tribunal Federal;

III. o Tribunal Regional Eleitoral elegerá seu Presidente, devendo a escolha recair dentre seus membros desembargadores;

IV. os membros do Tribunal Regional Eleitoral, de regra, servirão por dois anos, no mínimo, e nunca por mais de dois biênios consecutivos;

V. são irrecorríveis as decisões do Tribunal Superior Eleitoral e dos Tribunais Regionais Eleitorais, salvo, dentre outras, as denegatórias de habeas corpus ou de mandado de segurança.

Estão corretas apenas:

a) I, II e III;
b) I, II e V;
c) I, IV e V;
d) II, III e IV;
e) III, IV e V.

21. **(TRE/SC – Analista Judiciário) Assinale a alternativa correta.**

a) Os funcionários de qualquer órgão da Justiça Eleitoral só poderão pertencer ao diretório de partido político com a anuência expressa do Presidente do Tribunal Regional Eleitoral.
b) Os funcionários de qualquer órgão da Justiça Eleitoral poderão pertencer ao diretório de partido político, tendo em vista o princípio da liberdade de filiação partidária.
c) Os funcionários de qualquer órgão da Justiça Eleitoral não poderão pertencer a diretório de partido político ou exercer qualquer atividade partidária.
d) Os funcionários de qualquer órgão da Justiça Eleitoral não poderão pertencer a diretório de partido político, mas poderão exercer atividade partidária.

22. **(TRE/SC – Analista Judiciário) Compõem a Justiça Eleitoral:**

a) o Supremo Tribunal Federal; o Tribunal Superior Eleitoral; os Tribunais Regionais; os Tribunais de Justiça; as juntas eleitorais e os juízes eleitorais;
b) o Tribunal Superior Eleitoral; um Tribunal Regional Eleitoral, na Capital de cada Estado e no Distrito Federal e, mediante proposta do Tribunal Superior Eleitoral, na Capital de Território; as juntas eleitorais e os juízes eleitorais;
c) o Superior Tribunal de Justiça; o Tribunal Superior Eleitoral; os Tribunais Regionais; os juízes e as juntas;
d) o Supremo Tribunal Federal; o Tribunal Regional Eleitoral; as juntas eleitorais e o Ministério Público.

23. **(TRE/SC – Analista Judiciário) A competência para processar e julgar originariamente o habeas corpus ou mandado de segurança, em matéria eleitoral, contra ato de autoridades que respondam perante os Tribunais de Justiça por crime de responsabilidade é do(s):**

a) Supremo Tribunal Federal;
b) Tribunal Superior Eleitoral;
c) Superior Tribunal de Justiça;
d) Tribunais Regionais Eleitorais.

24. **(TRE/SC – Analista Judiciário) Sobre os trabalhos eleitorais, é correto afirmar que:**

a) a polícia dos trabalhos eleitorais é do presidente da mesa e dos demais membros representantes dos partidos políticos, de modo que nenhuma autoridade estranha à mesa poderá intervir;
b) a polícia dos trabalhos eleitorais é do presidente da mesa receptora e do juiz eleitoral, de modo que nenhuma autoridade estranha à mesa poderá intervir, sob pretexto algum, em seu funcionamento, salvo o juiz eleitoral;
c) a polícia dos trabalhos eleitorais é do presidente da mesa receptora, do juiz eleitoral e dos membros dos partidos políticos ali representados, de modo que nenhuma autoridade poderá intervir nos trabalhos, sob hipótese alguma;
d) a polícia dos trabalhos eleitorais é de todas as autoridades presentes à mesa, inclusive os representantes oficiais dos partidos políticos.

25. (TRE/SC – Analista Judiciário) De acordo com o Código Eleitoral, somente podem concorrer às eleições candidatos registrados por partidos políticos. Nesse caso, é correto afirmar que:

a) os candidatos a Senador, Deputado Federal, Governador e Vice-Governador serão registrados nos juízos eleitorais;
b) os candidatos a Senador, Deputado Federal, Governador e Vice-Governador e Deputado Estadual serão registrados nos Tribunais Regionais Eleitorais;
c) os candidatos a Presidente e Vice-Presidente da República, Senador e Deputado Federal serão registrados no Tribunal Superior Eleitoral;
d) os candidatos a Deputado Estadual, Vereador, Prefeito e Vice-Prefeito serão registrados nos juízos eleitorais.

26. (TRE/SC – Analista Judiciário) O Tribunal Superior Eleitoral possui, em sua composição:

a) apenas Ministros do Supremo Tribunal Federal e do Superior Tribunal de Justiça;
b) Ministros do Supremo Tribunal Federal, Ministros do Superior Tribunal de Justiça e membros do Ministério Público;
c) Ministros do Supremo Tribunal Federal, Ministros dos Tribunais Superiores e membros do Ministério Público;
d) Ministros do Supremo Tribunal Federal, Ministros do Superior Tribunal de Justiça e advogados de notável saber jurídico e idoneidade moral.

27. (TRE/CE) Na composição dos Tribunais Regionais Eleitorais, prevista na Constituição Federal:

a) todos os membros são provenientes de diferentes órgãos do Poder Judiciário;
b) todos os membros são provenientes da Justiça Federal e dos quadros do Ministério Público;
c) há membros provenientes da Justiça Estadual, da Justiça Federal e dos quadros da advocacia;
d) há membros provenientes dos quadros do Ministério Público e da advocacia;
e) todos os membros são provenientes da Justiça Federal.

28. (TRE/CE) Dentre as garantias constitucionais dos juízes está:

a) a estabilidade após três anos de exercício;
b) a vitaliciedade, que, no primeiro grau, somente é adquirida após dois anos de exercício;
c) a inamovibilidade, salvo por decisão do presidente do respectivo tribunal, fundada em interesse público;
d) o exercício remunerado de até dois cargos de magistério;
e) o recebimento de participação nas custas processuais, nos termos da lei.

29. (TRE/CE) Na composição dos Tribunais da Justiça Eleitoral, identifica-se, no âmbito:

a) do Tribunal Superior Eleitoral, a necessidade de eleição de três juízes dentre os Ministros do Supremo Tribunal Federal;
b) dos Tribunais Regionais Eleitorais, a presença de três juristas de notável saber jurídico e idoneidade moral;
c) do Tribunal Superior Eleitoral, a exigência de ser atribuída a função de Corregedor Eleitoral a um Ministro do Supremo Tribunal Federal;
d) dos Tribunais Regionais Eleitorais, a necessidade de nomeação, pelo Presidente da República, de dois juízes do Tribunal Regional Federal;
e) do Tribunal Superior Eleitoral, a necessidade de nomeação pelo Presidente da República de três Ministros do Superior Tribunal de Justiça.

30. (TRE/CE) São órgãos da Justiça Eleitoral:

a) as juntas eleitorais, os juízes eleitorais e as seções eleitorais;
b) os juízes eleitorais e os escrutinadores nomeados;
c) os Tribunais Regionais Eleitorais, as juntas eleitorais e as mesas receptoras;
d) os juízes eleitorais e as juntas eleitorais;
e) o Supremo Tribunal Federal, o Tribunal Superior Eleitoral e o Ministério Público Eleitoral.

31. (TRE/CE) Aos Tribunais Regionais Eleitorais compete a apuração:

a) na hipótese de interrupção dos trabalhos de apuração pela junta eleitoral;
b) por solicitação de delegado de partido político credenciado junto à junta eleitoral;
c) em se tratando de eleições para vereadores e suplentes;
d) referente à eleição de senador e deputado federal;
e) quando houver impugnação fundada em violação de urna.

32. (TRE/AC – Analista Judiciário) A respeito dos Tribunais Eleitorais, é incorreto afirmar que:

a) o Tribunal Superior Eleitoral terá jurisdição em todo o território nacional e será composto, no mínimo, por sete membros;
b) os juízes dos tribunais eleitorais, salvo motivo justificado, servirão por dois anos, no mínimo, e nunca por mais de dois biênios consecutivos;
c) haverá um Tribunal Regional Eleitoral na Capital de cada Estado e também no Distrito Federal;
d) os membros dos Tribunais Eleitorais, no exercício de suas funções e no que lhes for aplicável, gozarão de plenas garantias e serão irremovíveis;
e) o Tribunal Superior Eleitoral escolherá seu Presidente dentre quaisquer de seus integrantes, mediante eleição e voto secreto.

33. (TRE/PI – Analista Judiciário) Os Tribunais Regionais Eleitorais devem escolher como seu Presidente:

a) aquele que for desembargador do Tribunal Regional Federal;
b) o mais velho dentre os membros magistrados de carreira;
c) qualquer um de seus membros, independentemente da origem;
d) um dos dois membros que são desembargadores oriundos do Tribunal de Justiça;
e) qualquer um de seus membros, exceto aquele originário da advocacia.

34. (TRE/PI – Analista Judiciário) Uma junta eleitoral compõe-se de um juiz de Direito, que é seu Presidente:

a) de um representante do Ministério Público, e de três cidadãos de notória idoneidade;
b) de um representante do Ministério Público, outro da Ordem dos Advogados do Brasil e de dois cidadãos de notória idoneidade;
c) e de dois ou quatro cidadãos de notória idoneidade;
d) de um representante da Ordem dos Advogados do Brasil e de um ou três cidadãos de notória idoneidade;
e) e de quatro eleitores filiados aos partidos políticos e por eles indicados, servindo dois como efetivos e dois como suplentes.

35. (MP/MA) O presidente do Tribunal Superior Eleitoral será:

a) indicado pelo Senado Federal em sessão secreta;
b) nomeado pelo Presidente da República;

c) eleito pelo próprio Tribunal Superior Eleitoral dentre os Ministros do Supremo Tribunal Federal que compõem o primeiro;
d) eleito pelo próprio Tribunal Superior Eleitoral dentre Ministros do Superior Tribunal de Justiça que compõem o primeiro;
e) indicado pela Câmara dos Deputados, por maioria absoluta de seus membros.

36. (MP/MA) Assinale a alternativa incorreta.

a) Os juízes eleitorais são órgãos da Justiça Eleitoral.
b) O Tribunal Regional Eleitoral elegerá seu Presidente e Vice-Presidente dentre os desembargadores que o compõem.
c) A nomeação de dois juízes dentre seis advogados para compor o Tribunal Regional Eleitoral será feita pelo Governador do Estado.
d) É recorrível a decisão do Tribunal Regional Eleitoral que anular diplomação ou decretar a perda de mandatos eletivos federais ou estaduais.
e) No exercício de suas funções eleitorais, os membros dos Tribunais e os juízes de Direito são inamovíveis.

37. (MP/MA) Assinale a alternativa incorreta.

a) As juntas eleitorais compor-se-ão de um juiz de Direito, que será o presidente, e de dois ou quatro cidadãos de notória idoneidade.
b) Os membros das juntas eleitorais serão nomeados sessenta dias antes da eleição, depois de aprovação do Tribunal Regional Eleitoral, pelo presidente deste, a quem cumpre também designar-lhes a sede.
c) Até dez dias antes da nomeação os nomes das pessoas indicadas para compor as juntas serão publicados no órgão oficial do Estado, podendo qualquer partido, no prazo de três dias, impugnar as indicações.
d) Não compete às juntas eleitorais julgar as impugnações e os incidentes verificados durante os trabalhos da contagem e da apuração.
e) Não podem ser nomeados membros das juntas, escrutinadores ou auxiliares, os parentes dos candidatos, ainda que por afinidade, até o segundo grau.

38. (MP/MG) Com base na legislação eleitoral vigente, é correto afirmar que:

a) as juntas eleitorais são órgãos que integram a Justiça Eleitoral;
b) a execução das multas eleitorais, salvo no caso das condenações criminais, deverá ser promovida pela Procuradoria da Fazenda Pública Federal perante o juízo eleitoral competente;
c) a impugnação ao registro de candidato poderá ser feita no prazo de trinta dias contados da publicação do pedido de registro, por partido político ou coligação mediante petição fundamentada dirigida ao Ministério Público Eleitoral, ou, ainda, por qualquer cidadão no gozo de seus direitos políticos, nesse caso, independentemente de fundamentação;
d) as infrações penais definidas no Código Eleitoral, cuja pena máxima privativa de liberdade prevista seja inferior a um ano, somente se processam mediante representação da vítima ou de seu representante legal;
e) a veiculação de propaganda eleitoral pela distribuição de folhetos, volantes e outros impressos somente será permitida mediante prévia autorização da Justiça Eleitoral, ouvido o Ministério Público.

39. (MP/PI) Quanto à composição do Tribunal Superior Eleitoral, assinale a alternativa incorreta.

a) Três juízes dentre os Ministros do Supremo Tribunal Federal.
b) Dois juízes nomeados pelo presidente do Tribunal Superior Eleitoral.
c) Dois juízes dentre os Ministros do Superior Tribunal de Justiça.
d) Dois Juízes dentre seis advogados de notável saber jurídico e idoneidade moral.
e) O Corregedor Eleitoral será escolhido dentre os Ministros do Superior Tribunal de Justiça.

40. (18º concurso MPF) A Justiça Eleitoral:

a) é constituída pelo Tribunal Superior Eleitoral, pelos Tribunais Regionais Eleitorais e pelos juízes e juntas eleitorais em todo o País, compostos os Tribunais exclusivamente de Ministros do Supremo Tribunal Federal, do Superior Tribunal de Justiça e de juízes federais;
b) tem competência para realizar o alistamento eleitoral, o registro de partidos políticos e respectivos diretórios, o processo e julgamento do registro de candidaturas e das impugnações por inelegibilidade, a fiscalização da propaganda eleitoral, o processo e julgamento de crimes eleitorais (ressalvada a competência do Supremo Tribunal Federal e do Superior Tribunal de Justiça), as representações por abuso de poder econômico e de autoridade em matéria eleitoral, os recursos contra a diplomação e a ação de impugnação de mandato eletivo, dentre outras;
c) deve decretar a perda do mandato do deputado ou senador que sofrer condenação criminal em sentença transitada em julgado;
d) somente realiza consulta prévia, mediante plebiscito, às populações diretamente interessadas, para criação, incorporação, fusão ou desmembramento de Municípios, se devidamente autorizada pelo Governador do Estado e os Prefeitos Municipais.

41. (UnB/Cespe – TRE/TO) O Brasil é considerado um país moderno quanto à forma como realiza as eleições. Alguns países já solicitaram ao Tribunal Superior Eleitoral (TSE) o intercâmbio de informações a respeito de procedimentos eleitorais. Quanto à legislação, esta tem sido substancialmente alterada desde a promulgação da Constituição de 1988. Entretanto, permanece em vigor um documento básico, o Código Eleitoral de 1965. A respeito da estrutura e funcionamento da justiça eleitoral, nos termos do Código Eleitoral (Lei nº 4.737/1965), assinale a opção correta.

a) Ministro do TSE pode ser casado com a irmã de outro ministro desse tribunal.
b) Decisão do TSE sobre cassação de registro de partido político exige maioria absoluta de ministros presentes, e maioria simples de votos favoráveis.
c) Dois integrantes do TSE têm de ser advogados, escolhidos pelo presidente da República a partir de lista sêxtupla indicada pelo STF.
d) Um dos advogados indicados para o TSE deve ser parlamentar, federal ou estadual.
e) É competência originária do TSE expedir o diploma dos eleitos para cargos municipais.

42. (UnB/Cespe – TRE/TO) A respeito das competências dos tribunais e dos juízes eleitorais, assinale a opção correta.

a) O pedido de registro de candidatura a deputado estadual deve ser feito perante a junta eleitoral de sua circunscrição.
b) A suspeição ou o impedimento de servidor da Justiça Eleitoral deve ser julgada, originariamente, pelo TRE respectivo.
c) A expedição do diploma de senador da República é feita pelo TSE, por se tratar de mandato nacional.

d) O procurador-geral eleitoral, chefe do Ministério Público, tem competência para fixar as diárias dos corregedores regionais eleitorais e seus auxiliares, no caso de diligências fora da sede.
e) O TRE pode determinar diretamente a convocação de força federal para assegurar a normalidade do pleito.

43. (TRE/SC – Cespe) Assinale a alternativa correta. O presidente e o vice-presidente do Tribunal Regional Eleitoral:

a) são eleitos pelo próprio Tribunal Regional Eleitoral, dentre os desembargadores que o compõem;
b) são eleitos pelo Tribunal de Justiça do respectivo Estado, dentre os desembargadores que o compõem;
c) são eleitos pelo próprio Tribunal Regional Eleitoral, dentre os desembargadores e os juízes que o compõem;
d) são eleitos pelo próprio Tribunal Regional Eleitoral, dentre os membros que o compõem.

44. (TRE/SC – Cespe) Assinale a alternativa correta. Os Tribunais Regionais Eleitorais são compostos:

a) de sete juízes de carreira eleitos pelo Tribunal de Justiça do respectivo Estado, para servirem por 2 anos;
b) de, no mínimo, sete juízes, sendo dois eleitos dentre desembargadores, três juízes de Direito escolhidos pelo Tribunal de Justiça e, pelo menos, dois advogados indicados pelo Tribunal de Justiça do respectivo Estado;
c) de sete membros, sendo dois desembargadores, dois juízes de Direito, dois advogados e um desembargador ou juiz federal;
d) de, pelo menos, sete membros, sendo, no mínimo, dois desembargadores, dois juízes de Direito, dois advogados e um desembargador ou juiz federal.

45. (UnB/Cespe – TRE/MT) No Brasil, o Poder Judiciário conta com uma estrutura autônoma, um ramo especializado, destinado a dizer o direito nas lides eleitorais. Cabe à Justiça Eleitoral julgar os processos eleitorais e também organizar a eleição, do ponto de vista administrativo. Nesse sentido, a Constituição Federal e o Código Eleitoral estatuem os critérios para a organização da Justiça Eleitoral e a definição de sua competência. A esse respeito, assinale a opção correta.

a) A Constituição Federal determina que lei ordinária disporá sobre a organização e a competência dos tribunais, dos juízes de Direito e das juntas eleitorais.
b) O vice-presidente do Tribunal Regional Eleitoral será necessariamente um desembargador indicado pelo presidente do Tribunal de Justiça do Estado respectivo.
c) É vedada a recondução de juízes de tribunais eleitorais.
d) Os substitutos dos membros efetivos dos tribunais eleitorais são escolhidos na mesma ocasião e pelo mesmo processo, em número igual para cada categoria.
e) O presidente da República indica três dos seis advogados escolhidos pelo Supremo Tribunal Federal para ministros do TSE.

46. (TRE-2009) Os registros de candidatos a cargo eletivo são processados:

a) no Tribunal Regional Eleitoral: os candidatos a Senador, Governador e Vice-Governador, Deputado Federal e Estadual e Prefeito;
b) no Tribunal Superior Eleitoral: os candidatos a Senador, Governador e Vice-Governador, Deputado Federal e Estadual;

c) no Tribunal Superior Eleitoral: os candidatos a Presidente e Vice-Presidente da República e Senador;
d) nos Juízos Eleitorais: os candidatos a vereador, Prefeito e Vice-Prefeito;
e) no Tribunal Regional Eleitoral: os candidatos a Senador, Governador e Vice-Governador, Deputado Federal e Estadual, Prefeito e Vereadores.

47. (TRE-2009) A apuração da votação compete à Justiça Eleitoral, com a seguinte distribuição:

a) ao Tribunal Superior Eleitoral, nas eleições para Presidente e Vice-Presidente da República, Senador e Deputado Federal, de acordo com os resultados parciais enviados pelos Tribunais Regionais;
b) aos Tribunais Regionais Eleitorais, nas eleições para Governador, Vice-Governador, Senador, Deputado Federal e Estadual, de acordo com os resultados parciais enviados pelas Juntas Eleitorais;
c) ao Tribunal Superior Eleitoral, nas eleições para Governador, Vice-Governador, Senador, Deputado Federal e Estadual, de acordo com os resultados parciais enviados pelos Tribunais Regionais;
d) às Juntas Eleitorais, nas eleições majoritárias e proporcionais, nas esferas federal, estadual e municipal;
e) ao Tribunal Superior Eleitoral, nas eleições regidas pelo princípio majoritário, nas esferas federal, estadual e municipal.

48. (TRE-2009) A organização e competência dos tribunais, juízes de direito e das juntas eleitorais será definida por:

a) lei complementar.
b) resolução do Tribunal Superior Eleitoral.
c) resolução do Supremo Tribunal Federal.
d) resolução do Senado Federal.
e) lei ordinária.

15. Gabarito dos testes objetivos

1. E
2. E
3. A
4. C[32]
5. E
6. D
7. D
8. A
9. D
10. D
11. C
12. A
13. B
14. B
15. C
16. C[33]
17. B
18. E

[32] "C" foi a resposta oficial, entendo que o item correto seja "A".

[33] "C" foi a resposta oficial, entendo que tal questão deveria ter sido anulada, pois o presidente do TSE não é eleito "pelos" membros do STF e sim pelos próprios membros do Tribunal Superior Eleitoral que elegerá seu Presidente "dentre" os Ministros do Supremo Tribunal Federal.

16. Gabarito das questões objetivas

1.	D	17.	C	33.	D
2.	A	18.	A	34.	C
3.	E	19.	E	35.	C
4.	D	20.	E	36.	C
5.	C	21.	C	37.	D
6.	B	22.	B	38.	A
7.	D	23.	D	39.	B
8.	B	24.	B	40.	B
9.	E	25.	B	41.	C
10.	B	26.	D	42.	B
11.	C	27.	C	43.	A
12.	C	28.	B	44.	C
13.	A	29.	A	45.	D
14.	B	30.	D	46.	D
15.	A	31.	D	47.	B
16.	E	32.	E	48.	A

17. Simulação

Imagine-se na última fase de um concurso jurídico, pois, após a leitura do Capítulo 2, você agora já tem plenas condições de resolver a questão infracitada, elaborada em um concurso jurídico.

Disserte: *Composição dos órgãos eleitorais.*

Capítulo 3

Ministério Público Eleitoral

Para que você perceba a importância do tema em análise, veja estas questões, formuladas em concursos jurídicos.

1. **Apresente em síntese a atribuição do Ministério Público na jurisdição eleitoral.**
2. **O princípio da excepcionalidade ainda vigora no Direito brasileiro?**
3. **Quais os princípios que norteiam as funções eleitorais do Ministério Público?**
4. **Quais as funções que são atribuídas ao Ministério Público na fase preparatória do pleito?**
5. **Qual a atribuição do promotor eleitoral na quarta fase do processo eleitoral?**
6. **O que pode acarretar a investidura ilegal do promotor eleitoral?**

Obs.: todas as questões serão solucionadas durante o desenvolvimento da matéria.

1. Noções didáticas

Conceito. O Ministério Público é instituição permanente, essencial à função jurisdicional do Estado, incumbindo-lhe a defesa da ordem jurídica, do regime democrático e dos interesses sociais e individuais indisponíveis (veja o art. 127 da Constituição Federal). Os promotores de Justiça, entre outras funções, defendem o interesse público, representam a sociedade, promovendo a apuração de responsabilidade penal dos infratores, cuidando, enfim, de acautelar os interesses particulares indisponíveis que estejam a carecer de proteção. É a *magistrature débout* (magistratura de pé) ao lado da *magistrature assise* (magistratura sentada), na consagrada expressão de *garsonnet*.[1]

[1] Nesse sentido: RIBEIRO, Fávila. *Op. cit.*

2. O Ministério Público Eleitoral

2.1. Fundamentação legal

O art. 72 da Lei Complementar nº 75, de 20/05/1993 – Lei Orgânica do Ministério Público da União –, desnuda a seguinte conformação:

> Art. 72. Compete ao Ministério Público Federal exercer, no que couber, junto à Justiça Eleitoral, as funções do Ministério Público, atuando em todas as fases e instâncias do processo eleitoral.
> Parágrafo único. O Ministério Público Federal tem legitimação para propor, perante o juízo competente, as ações para declarar ou decretar a nulidade de negócios jurídicos ou atos da administração pública, infringentes de vedações legais destinadas a proteger a normalidade e a legitimidade das eleições, contra a influência do poder econômico ou o abuso do poder político ou administrativo.

Nesse sentido, a Lei Orgânica Nacional do Ministério Público, consubstanciada na Lei Federal nº 8.625, de 12/02/1993, insere, no elenco de atribuições dos promotores da Justiça, as estipulações seguintes:

> Art. 10. Compete ao Procurador-Geral de Justiça: (...)
> IX – designar membros do Ministério Público para: (...)
> h) oficiar perante a Justiça Eleitoral de primeira instância, ou junto ao Procurador Regional Eleitoral, quando por este solicitado. (...)
>
> Art. 32. Além de outras funções cometidas nas Constituições Federal e Estadual, na Lei Orgânica e demais leis, compete aos Promotores de Justiça, dentro de suas esferas de atribuições: (...)
> III – oficiar perante a Justiça Eleitoral de primeira instância, com as atribuições do Ministério Público Eleitoral previstas na Lei Orgânica do Ministério Público da União que forem pertinentes, além de outras estabelecidas na legislação eleitoral e partidária.
>
> Art. 70. Fica instituída a gratificação pela prestação de serviço à Justiça Eleitoral, de que trata o art. 50, VI, desta Lei.
>
> Art. 50. Além dos vencimentos, poderão ser outorgadas, a membro do Ministério Público, nos termos da lei, as seguintes vantagens:
> VI – gratificação pela prestação de serviço à Justiça Eleitoral, equivalente àquela devida ao Magistrado ante o qual oficiar; (...)
>
> Art. 73. Para exercer as funções junto à Justiça Eleitoral, por solicitação do Procurador-Geral da República, os membros do Ministério Público do Estado serão designados, se for o caso, pelo respectivo Procurador-Geral de Justiça.
> § 1º. Não ocorrendo designação, exclusivamente para os serviços eleitorais, na forma do *caput* deste artigo, o Promotor Eleitoral será o membro do Ministério Público local que oficie perante o Juízo incumbido daqueles serviços. (...)

Joel José Cândido[2] leciona que:

> Principalmente após a promulgação da Constituição Federal de 1988, é indiscutível a ampla legitimidade do Ministério Público para atuar, ora como parte, ora como fiscal da lei, em todo o processo eleitoral. Não existe a figura do Ministério Público como substituto processual em matéria eleitoral. Desde o alistamento e seus eventuais incidentes à diplomação dos eleitos, e às ações e aos recursos que daí podem decorrer, é imprescindível a atuação do Ministério Público Eleitoral nesses feitos.
>
> Hoje, o entendimento mais adequado e festejado em relação à legitimidade do Ministério Público, em Direito Eleitoral, é no sentido de que ele terá a mesma atuação e participação que for assegurada aos partidos políticos, coligações e candidatos; enquanto estes órgãos partidários têm interesse unilateral no processo, aquele é o defensor da ordem jurídica eleitoral, extrapartidária, bem como do próprio regime democrático. Relativamente à matéria criminal eleitoral, é exclusiva a atuação do Ministério Público (CF, art. 129, I, e CE, art. 355), não ensejando o tema maiores controvérsias.

▸ INDAGAÇÃO DIDÁTICA

Leia esta questão elaborada em um concurso jurídico: *"Havendo mais de um Promotor lotado na comarca, qual deve ser designado Promotor de Justiça Eleitoral?"*

Resposta: preconiza o inciso III, do art. 1º, da Res. nº 30/2008 do **CNMP** que deve ser observada a "*ordem decrescente e de antiguidade na titularidade da função eleitoral, prevalecendo, em caso de empate, a antiguidade na zona eleitoral*".

2.2. Quem não pode ser designado para exercer função de Promotor de Justiça Eleitoral

Não poderá ser designado para exercer função eleitoral o membro do Ministério Público:

a) lotado em localidade não abrangida pela zona eleitoral perante a qual este deverá oficiar, salvo em caso de ausência, impedimento ou recusa justificada, e quando ali não existir outro membro desimpedido;
b) que se encontrar afastado do exercício do ofício do qual é titular, inclusive quando estiver exercendo cargo ou função de confiança na administração superior da instituição;
c) que estiver respondendo a processo administrativo disciplinar por atraso injustificado no serviço;
d) nos dois anos posteriores ao cancelamento da filiação, o membro do Ministério Público que tenha sido filiado a partido político.

---

2 *Op. cit.*

2.2.1. *Quem deve ser designado para exercer função de Promotor de Justiça Eleitoral*

Conforme o artigo 79 da LC nº 75/1993, o Promotor Eleitoral será o membro do Ministério Público local que oficie junto ao Juízo incumbido do serviço eleitoral de cada Zona.

Na inexistência de Promotor que oficie perante a Zona Eleitoral, ou havendo impedimento ou recusa justificada, o Chefe do Ministério Público local indicará ao Procurador Regional Eleitoral o substituto a ser designado (parágrafo único do art. 79).

2.3. O prazo inicial da investidura na função eleitoral

Pelo art. 5º da Resolução CNMP nº 30/2008, não pode haver investiduras em função eleitoral em "*prazo inferior a noventa dias da data do pleito eleitoral e não cessarão em prazo inferior a noventa dias após a eleição*".

2.4. O período de vedação do gozo de férias ou licença voluntária do Promotor Eleitoral

É vedada a fruição de férias ou licença voluntária do Promotor Eleitoral no período de:

a) 90 dias que antecedem o pleito;
b) até 15 dias depois da diplomação.

2.5. O Procurador-Geral Eleitoral

▸ INDAGAÇÃO DIDÁTICA

Leia esta questão elaborada em um concurso jurídico: "*O PGE pode ser reconduzido várias vezes ao mesmo cargo?*"

Resposta: o Procurador-Geral Eleitoral (PGE) é o Procurador-Geral da República (PGR). Como o mandato deste é de 2 anos (CF, art. 128, § 1º), resulta que aquele conta com prazo idêntico, o que se harmoniza com o mandato dos juízes dos Tribunais Superior e Regionais Eleitorais. A diferença é que o PGR – e, portanto, também o PGE – pode ser reconduzido várias vezes ao cargo, ao passo que os juízes desses Tribunais só podem cumprir, no máximo, dois mandatos consecutivos de 2 anos cada, o que totaliza 4 anos. Como é sabido, recentemente ocorreu de um PGR – Dr. Geraldo Brindeiro – ser reconduzido três vezes ao cargo, tendo, pois, exercido as funções de PGE pelo período de 8 anos.[3]

2.5.1. *A destituição do Procurador-Geral Eleitoral*

Preconiza o art. 128, § 2º, da Constituição Federal que "*a destituição do Procurador-Geral da República, por iniciativa do Presidente da República, deverá ser precedida*

---

[3] No mesmo sentido: GOMES, José Jairo. *Direito Eleitoral*. 4. ed. Belo Horizonte: Del Rey, 2010. p. 74-75.

de autorização da maioria absoluta do Senado Federal". Portanto, a destituição do Procurador-Geral Eleitoral decorre automaticamente da destituição do PGR.

▸ RESUMO DIDÁTICO

Destituição do Procurador-Geral Eleitoral:

a) **Iniciativa:** Presidente da República.
b) **Autorização:** maioria absoluta do Senado Federal.
c) **Destituição do PGR:** gera automaticamente a destituição do PGE.

2.5.2. *A nomeação dos Subprocuradores-Gerais e do Vice-Procurador-Geral Eleitoral*

O Procurador-Geral Eleitoral designará, dentre os Subprocuradores-Gerais da República, o Vice-Procurador-Geral Eleitoral, que o substituirá em seus impedimentos e exercerá o cargo em caso de vacância, até o provimento definitivo.

2.5.3. *Competências na jurisdição eleitoral*

Incumbe ao Procurador-Geral Eleitoral:

a) designar o Procurador Regional Eleitoral em cada Estado e no Distrito Federal;
b) acompanhar os procedimentos do Corregedor-Geral Eleitoral;
c) dirimir conflitos de atribuições;
d) requisitar servidores da União e de suas autarquias, quando o exigir a necessidade do serviço, sem prejuízo dos direitos e vantagens inerentes ao exercício de seus cargos ou empregos.

O Código Eleitoral apresenta, em seu art. 24, articulado com o art. 27, § 3º, adequada síntese das competências do Ministério Público na jurisdição eleitoral.

> Art. 24. Compete ao Procurador-Geral, como Chefe do Ministério Público Eleitoral:
> I – assistir às sessões do Tribunal Superior e tomar parte nas discussões;
> II – exercer a ação pública e promovê-la até o final, em todos os feitos de competência originária do Tribunal;
> III – oficiar em todos os recursos encaminhados ao Tribunal; (Veja o Acórdão – TSE nº 15.031, de 11.11.1997: desnecessidade de pronunciamento da Procuradoria-Geral nos embargos de declaração).
> IV – manifestar-se, por escrito ou oralmente, em todos os assuntos submetidos à deliberação do Tribunal, quando solicitada sua audiência por qualquer dos juízes, ou por iniciativa sua, se entender necessário;
> V – defender a jurisdição do Tribunal;
> VI – representar ao Tribunal sobre a fiel observância das leis eleitorais, especialmente quanto à sua aplicação uniforme em todo o País;
> VII – requisitar diligências, certidões e esclarecimentos necessários ao desempenho de suas atribuições;
> VIII – expedir instruções aos órgãos do Ministério Público junto aos Tribunais Regionais;

IX – acompanhar, quando solicitado, o Corregedor-Geral, pessoalmente ou por intermédio de Procurador que designe, nas diligências a serem realizadas. (...)

Art. 27. Servirá como Procurador Regional junto a cada Tribunal Regional Eleitoral o Procurador da República no respectivo Estado e, onde houver mais de um, aquele que for designado pelo Procurador-Geral da República.
§ 1º. No Distrito Federal, serão as funções de Procurador Regional Eleitoral exercidas pelo Procurador-Geral da Justiça do Distrito Federal.
§ 2º. Substituirá o Procurador Regional, em suas faltas ou impedimentos, o seu substituto legal.
§ 3º. Compete aos Procuradores Regionais exercer, perante os Tribunais junto aos quais servirem, as atribuições do Procurador-Geral.
§ 4º. Mediante prévia autorização do Procurador-Geral, podendo os Procuradores Regionais requisitar, para auxiliá-los nas suas funções, membros do Ministério Público local, não tendo estes, porém, assento nas sessões do Tribunal.

Atualização ao Código Eleitoral muito importante: veja que o Acórdão – TSE nº 309, de 19.09.1996, dispõe que "as normas da Lei Orgânica do Ministério Público da União revogaram o art. 27 e seus parágrafos do Código Eleitoral, porquanto regularam completamente a matéria".

Veja agora sobre os arts. 76 e 77 da Lei Complementar nº 75, de 20/05/1993 – Lei Orgânica do Ministério Público da União.

3. O Procurador Regional Eleitoral

O Procurador Regional Eleitoral, juntamente com o seu substituto, será designado pelo Procurador-Geral Eleitoral, dentre os Procuradores Regionais da República no Estado e no Distrito Federal, ou, onde não houver, dentre os Procuradores da República vitalícios, para um mandato de dois anos.

São 05 (cinco) Procuradores Regionais Eleitorais, que atuam:

1 – Na 1ª região (Brasília);
2 – Na 2ª região (Rio de Janeiro);
3 – Na 3ª região (São Paulo);
4 – Na 4ª região (Porto Alegre);
5 – Na 5ª região (Recife).

3.1. Do mandato e da recondução

O Procurador Regional Eleitoral terá o mandato de dois anos e poderá ser reconduzido uma vez.

3.2. Da destituição

O Procurador Regional Eleitoral poderá ser destituído, antes do término do mandato, por iniciativa do Procurador-Geral Eleitoral, anuindo a maioria absoluta do Conselho Superior do Ministério Público Federal.

3.3. As funções do Procurador Regional Eleitoral

Compete ao Procurador Regional Eleitoral exercer as funções do Ministério Público nas causas de competência do Tribunal Regional Eleitoral respectivo, além de dirigir, no Estado, as atividades do setor.

O Procurador-Geral Eleitoral poderá designar, por necessidade de serviço, outros membros do Ministério Público Federal para oficiar, sob a coordenação do Procurador Regional, perante os Tribunais Regionais Eleitorais.

CUIDADO! NÃO CAIA NESSA PEGADINHA!

Quem designará esse reforço é o Procurador-Geral Eleitoral, e não o Procurador Regional Eleitoral.

4. O Promotor de Justiça Eleitoral

As funções eleitorais do Ministério Público Federal Eleitoral perante os Juízes e Juntas Eleitorais serão exercidas pelo Promotor Eleitoral, membro do Ministério Público estadual.

O Promotor Eleitoral será o membro do Ministério Público local que oficie junto ao Juízo incumbido do serviço eleitoral de cada Zona.

Na inexistência de Promotor que oficie perante a Zona Eleitoral, ou havendo impedimento ou recusa justificada, o Chefe do Ministério Público local indicará ao Procurador Regional Eleitoral o substituto a ser designado.

Obs.: veja agora a questão nº 1.

É possível, mediante prévia autorização do Procurador-Geral Eleitoral, os Procuradores Regionais requisitarem, para auxiliá-los nas suas funções, membros do Ministério Público estadual, não tendo estes, porém, assento nas sessões do Tribunal.

O art. 24 do Código Eleitoral cogita especificamente das competências do Procurador-Geral Eleitoral. Veja que os arts. 77, 78 e 79 da Lei Complementar nº 75, de 20/05/1993 – Lei Orgânica do Ministério Público da União, põem em aplicação o **princípio da unidade** e **indivisibilidade** peculiar à instituição, distende as mesmas atribuições ao procurador regional eleitoral e promotores eleitorais, para que sejam exercidas no âmbito da circunscrição a que estejam funcionalmente vinculados.

4.1. Como é realizada a designação do Promotor de Justiça Eleitoral

A designação do promotor eleitoral é feita por ato do Procurador Regional Eleitoral, com base em indicação do Chefe do Ministério Público estadual.

Conforme a Resolução nº 30/2008 do CNMP:

> Art. 1º (...)
> II – a indicação feita pelo Procurador-Geral de Justiça do Estado recairá sobre o membro lotado em localidade integrante de zona eleitoral que por último houver exercido a função eleitoral;
> III – nas indicações e designações subsequentes, obedecer-se-á, para efeito de titularidade ou substituição, à ordem decrescente de antiguidade na titularidade da função eleitoral, prevalecendo, em caso de empate, a antiguidade na zona eleitoral;

4.2. O tempo da designação

> A designação será feita pelo prazo ininterrupto de dois anos, nele incluídos os períodos de férias, licenças e afastamentos, admitindo-se a recondução apenas quando houver um membro na circunscrição da zona eleitoral.

4.3. Quem não pode ser designado para exercer função eleitoral

> Não poderá ser indicado para exercer a função eleitoral o membro do Ministério Público:
> a) lotado em localidade não abrangida pela zona eleitoral perante a qual este deverá oficiar, salvo em caso de ausência, impedimento ou recusa justificada, e quando ali não existir outro membro desimpedido;
> b) que se encontrar afastado do exercício do ofício do qual é titular, inclusive quando estiver exercendo cargo ou função de confiança na administração superior da Instituição, ou
> c) que tenha sido punido ou que responda a processo administrativo ou judicial, nos 3 (três) anos subsequentes, em razão da prática de ilícito que atente contra: a celeridade da atuação ministerial; a isenção das intervenções no processo eleitoral; a dignidade da função e a probidade administrativa.

Em caso de ausência, impedimento ou recusa justificada, terá preferência, para efeito de indicação e designação, o membro do Ministério Público que, sucessivamente, exercer suas funções:

> a) na sede da respectiva zona eleitoral;
> b) em município que integra a respectiva zona eleitoral;
> c) em comarca contígua à sede da zona eleitoral.

4.4. A destituição do Promotor de Justiça Eleitoral

Não há previsão legal para hipóteses de destituição do Promotor de Justiça Eleitoral. O preceito lógico é que, se o Procurador Regional Eleitoral pode designar, poderá também destituir. Advirta-se que a destituição não é um ato administrativo discricionário, e sim vinculado, portanto, devidamente fundamentado em impedimento, suspeição ou nas hipóteses em que não seria possível a designação do Promotor de Justiça Eleitoral.

4.5. O lapso temporal mínimo da investidura na função eleitoral

As investiduras em função eleitoral não ocorrerão em prazo inferior a noventa dias da data do pleito eleitoral e não cessarão em prazo inferior a noventa dias após a eleição, devendo ser providenciadas pelo Procurador Regional Eleitoral as prorrogações eventualmente necessárias à observância deste preceito.

4.6. A vedação do gozo de férias

No período de 90 (noventa) dias que antecede o pleito até 15 (quinze) dias após a diplomação dos eleitos, é vedada a fruição de férias ou de licença voluntária pelo Promotor de Justiça que exerça funções eleitorais, salvo em situações excepcionais autorizadas pelo Chefe do Ministério Público respectivo, instruídos os pedidos, nessa ordem, com os seguintes requisitos:

> a) demonstração da necessidade e da ausência de prejuízo ao serviço eleitoral;
> b) indicação e ciência do Promotor substituto;
> c) anuência expressa do Procurador Regional Eleitoral.

4.7. O valor da gratificação eleitoral

A gratificação pela prestação de serviço à Justiça Eleitoral é equivalente a 1/3 do subsídio do juiz federal.

Nesse sentido, merecem destaque dois artigos da Resolução nº 30/2008 do CNMP:

> Art. 2º Não será permitida, em qualquer hipótese, a percepção cumulativa de gratificação eleitoral.
>
> Art. 3º É vedado o recebimento de gratificação eleitoral por quem não houver sido regularmente designado para o exercício de função eleitoral.

No mesmo sentido a lição de **José Jairo Gomes**:[4]

> O exercício de função eleitoral assegura ao Promotor de Justiça a percepção de gratificação, a qual é prevista no artigo 50, VI, da Lei nº 8.625/93. Essa gratificação – correspondente ao terço do subsídio de juiz federal – não entra no cômputo do teto remuneratório. Assim, a soma do subsídio e da gratificação pode superar o teto. O artigo 2º da Resolução CNMP no 30/2008 veda a percepção cumulativa da gratificação em tela. Ademais, o artigo 3º desse diploma proíbe seu recebimento por quem não tenha sido regularmente designado pelo PRE. A percepção irregular da verba em apreço faz emergir a obrigação de restituir, sobretudo por haver enriquecimento sem causa do beneficiário.

---

4 No mesmo sentido: GOMES, José Jairo. *Direito eleitoral*. 12. ed. São Paulo: Atlas, 2016.

5. O Ministério Público eleitoral e o acesso às informações constantes no cadastro de eleitores

As informações constantes no cadastro de eleitores, tais como filiação, data de nascimento, profissão, estado civil, escolaridade, telefone e endereço, em resguardo da privacidade do cidadão, não podem ser fornecidas pela justiça eleitoral, mas há algumas exceções, excluem-se dessa proibição os pedidos relativos a procedimento previsto na legislação eleitoral e os formulados.

a) pelo eleitor sobre seus dados pessoais;
b) por autoridade judicial e pelo Ministério Público, vinculada a utilização das informações obtidas, exclusivamente, às respectivas atividades funcionais;
c) por entidades autorizadas pelo Tribunal Superior Eleitoral, desde que exista reciprocidade de interesses (Lei nº 7.444/85, art. 4º).

▸ ATENÇÃO

Os juízes e os tribunais eleitorais não fornecerão dados do cadastro de eleitores não pertencentes a sua jurisdição, salvo na hipótese de quitação de multa eleitoral.

6. Principais atividades do Promotor de Justiça Eleitoral

As funções do Ministério Público Eleitoral são descritas com muita maestria por **Joel José Cândido.**[5]

a) Na fase preparatória do pleito:

> 1. opinar, em vista que lhe deve ser pessoalmente concedida – e se não for deve ser requerida – em todos os processos de pedidos de registro de candidaturas de prefeitos, vice-prefeitos e vereadores, haja ou não impugnação de terceiros, atuando como fiscal da lei eleitoral, podendo, inclusive, requerer diligências imprescindíveis antes da análise de mérito;
>
> 2. impugnar pedido de registro de candidatura, na forma dos arts. 3º e seguintes da Lei das Inelegibilidades, atuando como parte e, quando não o for, como ***custos legis***;
>
> 3. fiscalizar amplamente o exercício do direito de propaganda dos partidos políticos, zelando pelo cumprimento da lei eleitoral e providenciando contra as irregularidades e seus autores as medidas necessárias (CE, art. 245, § 3º). Ingressar com o pedido de Investigação Judicial Eleitoral, quando for o caso, na forma dos arts. 19 e seguintes da Lei Complementar nº 64/1990;
>
> 4. acompanhar o processo de nomeação de mesários, escrutinadores e auxiliares, oficiando nos pedidos de dispensa e recusa dos serviços eleitorais (arts. 39 e 120, § 4º, do CE), exercendo direito de impugnação motivada, na forma dos arts. 36, § 2º, e 121, ***caput***, do Código Eleitoral;

---

5 *Ibidem.*

5. acompanhar a nomeação dos membros das juntas eleitorais, exercendo o direito de representar à Procuradoria Regional Eleitoral, sempre que for caso de impugnação dos nomeados (art. 36, §§ 1º e 2º, do CE);

6. zelar pela boa execução dos demais atos preparatórios do pleito, mormente os relativos às seções eleitorais, mesas receptoras e suas localizações (CE, art. 135, § 7º).

Obs.: veja agora a questão nº 4.

b) Na fase da eleição:

Fundamental e ordinariamente, é de ***custos legis*** a atuação do Ministério Público Eleitoral no dia das eleições. Deve o promotor eleitoral ficar à disposição dos assuntos eleitorais, com exclusividade, e acompanhar a marcha da votação, na sede da sua zona eleitoral, durante todo o dia do pleito.

Normalmente, junto com o juiz eleitoral – cuja presença física na zona eleitoral, de plantão, é também imprescindível – fiscalizam, de ofício ou quando solicitados, as mesas eleitorais, no mínimo por amostragem. Nesse trabalho, têm oportunidade de prestar esclarecimentos a mesários, fiscais e eleitores; isso sempre contribui – quando não decide – para um regular e satisfatório desenvolvimento do pleito. Não se compreenderia a ausência do Ministério Público Eleitoral e do juiz eleitoral em caso de eventual crime eleitoral de repercussão, com prisão em flagrante. A própria imprensa, muitas vezes, presta bons serviços à Justiça Eleitoral, denunciando irregularidades em mesas eleitorais, incidentes que, de pronto, poderão ser solucionados com a intervenção sumária e segura dessas autoridades e dos funcionários autorizados do cartório eleitoral. Deve ainda:

1. opinar, oralmente ou por escrito, em todos os casos surgidos nesse dia, em sua esfera de atribuição, inclusive em matéria criminal (representação de prisão preventiva, parecer em pedido de liberdade provisória etc.);

2. impugnar a atuação de mesário, fiscal ou delegado de partido político, requerendo a sua destituição toda vez que sua atuação contrariar a lei eleitoral, mormente no que se refere à ilegal composição da mesa receptora de votos, bem como exercer, se for o caso, o direito de impugnação à identidade do eleitor (CE, art. 220, I, e art. 147, § 1º);

3. fiscalizar a entrega das urnas, certificando-se de que todas as seções encerraram o recebimento de votos no horário legal, observando eventual caso de violação e tomando as providências necessárias (CE, art. 165, § 1º, I a V);

4. requerer, quando não determinado de ofício pelo juiz eleitoral, designação de policiamento para guardar as urnas, em prédio seguro, desde a votação até a apuração (CE, art. 155, §§ 1º e 2º);

5. fiscalizar a correção e a expedição do boletim de contagem a que se refere o art. 156 do Código Eleitoral, pelo juiz eleitoral, ao TRE;

6. eventualmente, iniciar suas atividades relativas ao escrutínio que, em algumas eleições e em algumas zonas, poderá começar no mesmo dia da eleição (CF, arts. 188 a 196).

c) **Na fase de apuração:**

Nesse período, a enumeração exemplificativa das principais atribuições do Ministério Público Eleitoral de primeiro grau é a seguinte:

> 1. fiscalizar a instalação da junta eleitoral e a regularidade de seu eventual desmembramento em turmas (CE, art. 160);
> 2. acompanhar, pessoalmente, o escrutínio, requerendo as providências necessárias para coibir ilegalidades da parte dos escrutinadores e auxiliares, candidatos, fiscais e delegados;
> 3. zelar pela concessão de direito de ampla fiscalização aos partidos políticos;
> 4. impugnar fiscal ou delegado de partido político cujo credenciamento ou atuação contrariarem a lei eleitoral;
> 5. apresentar impugnações, interpor recursos, arrazoar e contra-arrazoar, tudo na forma dos arts. 169 e seguintes, combinados com o art. 24, IV, do Código Eleitoral;
> 6. manifestar-se, em parecer, oralmente ou por escrito, de forma sumária, antes da decisão da junta eleitoral sobre as impugnações de votos formuladas por terceiros, atuando como ***custos legis*** (CE, art. 24, IV);
> 7. receber, conferir e assinar boletins, mapas e atas eleitorais emitidos pela junta eleitoral, requerendo o que entender necessário para coibir ou corrigir as eventuais ilegalidades (CE, art. 179, § 4º).

d) **Finalmente, na diplomação, quarta e última fase do processo eleitoral, compete ao promotor eleitoral:**

> 1. fiscalizar a expedição de diplomas eleitorais, zelando pela coincidência de seus dados (art. 215, parágrafo único, do CE) com os resultados da totalização definitiva do pleito, expedidos pela junta eleitoral;
> 2. assistir à sessão de diplomação realizada pela junta eleitoral, com assento à direita de seu presidente, sendo dela previamente notificado (Lei nº 8.625/1993, art. 41, IV e XI);
> 3. ajuizar Ação de Impugnação de Mandato Eletivo ou interpor Recurso Contra Diplomação, quando for o caso (CF, art. 14, § 10º, e CE, art. 262).
>
> Nas eleições municipais, a atuação do promotor eleitoral abrange todos os atos de todas as fases do processo eleitoral; nas eleições gerais e presidenciais, atuará a instituição em parte da fase preparatória (com exceção dos registros, formação das juntas e alguns casos de propaganda), na totalidade dos atos relativos às fases de eleição e da apuração e não atuará na fase de diplomação.

Obs.: veja agora a questão nº 5.

6.1. Participação nas reuniões judiciárias

A toda e qualquer sessão que realizarem os órgãos judiciários, a ela terá acesso o representante do Ministério Público que junto a eles funcione. Mais do que isso, desde que se trate de uma sessão em caráter extraordinário, para ela deve ser convocado o representante do Ministério Público, por ser participante obrigatório das reuniões judiciárias.

6.2. O exercício da ação pública

A ação penal em matéria eleitoral é, em regra, pública incondicionada. Significa isso que somente pode promovê-la a instituição que dela é titular – o Ministério Público. Afastada está, como regra geral, a possibilidade de ação penal em matéria eleitoral por iniciativa privada. A ação penal eleitoral há de ser sempre pública. Somente se admite a **ação privada subsidiária** se o Ministério Público não intenta ação penal em tempo hábil, nos termos do art. 5º, LIX, da Constituição Federal.

Obs.: Veremos a matéria "Ação privada subsidiária da pública" no livro *Direito Penal – Parte Geral* da Série Universitária.

7. O início da ação penal eleitoral

Para iniciar a ação penal, age o Ministério Público espontaneamente, independentemente de comunicação particular e, mesmo, de inquérito policial. Afinal, é ele o *dominus litis* da persecução criminal. Por outro lado, desde que considere necessário aprofundar a investigação para determinação de responsabilidade penal, poderá pôr em aplicação a competência que lhe advém do Código de Processo Penal, em seu art. 5º, II, e requisitar à autoridade policial a abertura de inquérito, que deverá ser prontamente atendida.

Cabe lembrar as palavras de **Haroldo Valladão**: "Violada a lei, o Ministério Público sai imediatamente a campo. Não é preciso que outra pessoa venha chamar a sua atenção, pedir a sua intervenção, que outra autoridade apure o fato... Não pode ter os olhos vendados, nem os ouvidos moucos, nem esperar que alguém lhe conte, há de ele próprio ir procurar o seu cliente, cego, mudo, surdo, desamparado".

Aprofundaremos o tema "*persecução penal judicial*" no livro *Curso de Processo Eleitoral*, 3ª edição.

7.1. O princípio da oficialidade

A adoção da ação pública traz como consectário o princípio da oficialidade, a significar o dever que se impõe ao membro do Ministério Público de oferecer denúncia sempre que se deparar com elementos indicadores da prática de ilícito penal, requisitando as providências que se tornarem necessárias ao início do procedimento.

Obs.: Veremos a matéria "Princípio da oficialidade" no livro *Direito Penal – Parte Geral*, Série Universitária.

8. O Ministério Público na fase de execução

Atividade do Ministério Público projeta-se à fase de execução. A ele cabe promover a execução da pena e velar pela observância do julgado. Nesse sentido, estabelece o art. 363 do Código Eleitoral:

> Art. 363. Se a decisão do Tribunal Regional for condenatória, baixarão imediatamente os autos à instância inferior para a execução da sentença, que será feita no prazo de 5 (cinco) dias, contados da data da vista ao Ministério Público.
> Parágrafo único. Se o órgão do Ministério Público deixar de promover a execução da sentença serão aplicadas as normas constantes dos parágrafos 3º, 4º e 5º do art. 357.

Assim, havendo decisão condenatória, deverão baixar os autos com vista ao órgão do Ministério Público para que promova a sua execução, ficando passível de responsabilidade em caso de desídia.

Quanto à execução de multas aplicadas pela justiça eleitoral e oriundas da falta injustificada do eleitor à eleição ou das multas originadas de infrações eleitorais, o art. 367, V, do Código Eleitoral atribui ao Ministério Público Eleitoral a iniciativa da cobrança. Mas entendo que o inciso citado não mais se aplica ao Ministério Público, que não tem atribuição de representar a Fazenda Pública. **O entendimento jurisprudencial dominante é no sentido de que o Ministério Público Eleitoral é parte ilegítima para cobrança judicial de multas eleitorais, tal atribuição é dos procuradores da fazenda.** Veja este julgado:

> Embargos à execução. Cobrança de multa. Preliminar de ilegitimidade ativa *ad causam* do Ministério Público. Acolhida. Art. 129, inciso IX, da Constituição Federal. Compete à Procuradoria-Geral da Fazenda representar privativamente a União na execução de dívida ativa. Lei Complementar nº 73/1993 e Portaria nº 94/1999 – TSE. Extinção do processo sem julgamento do mérito. Art. 267, inciso VI, do CPC [art. 485, VI, NCPC] (TRE/MG, Rec. 712/2001, Elói Mendes, Sessão de 23.09.2002, MG 19.11.2002).

▸ ATENÇÃO

No julgado acima deve-se substituir o art. 267, inciso VI, do CPC pelo art. 485, inciso VI, do Novo Código de Processo Civil, *in verbis*:

> Art. 485. O juiz não resolverá o mérito quando:
> (...)
> VI – verificar ausência de legitimidade ou de interesse processual;

▸ POSIÇÃO DIVERGENTE

José Jairo Gomes[6] defende que: "*... cumpre observar que, no caso de multa criminal, originária de condenação por crime eleitoral, a execução é igualmente processada na Justiça Eleitoral. Mas a legitimidade ativa para o ajuizamento da ação de execução é do Ministério Público*".

---

[6] No mesmo sentido: GOMES, José Jairo. *Direito Eleitoral*. 4. ed. Belo Horizonte: Del Rey, 2010. p. 612.

9. O Ministério Público na fase recursal

Em todos os recursos submetidos à apreciação dos órgãos da Justiça Eleitoral, deve manifestar-se antes o Ministério Público. Para tanto, logo após a distribuição do feito, despachará o relator ou o juiz designado, concedendo vista ao representante do Ministério Público. Isso quer dizer **oficiar**, emitir parecer ou dizer do direito. Quando assim o faz, aproxima-se, no aspecto teleológico, da função judiciária, pois deverá adotar a posição opinativa que se lhe afigure juridicamente consentânea. Não está, portanto, nem a acusar nem a defender. É interessante na correta aplicação da lei ao caso concreto.

Nesse sentido, concordamos com **Fávila Ribeiro**,[7] quando o renomado autor afirma:

> (...) havendo recurso pendente de deliberação do Tribunal Eleitoral, não poderá ir a julgamento sem que tenha havido abertura de vista aos autos do Ministério Público, para que nele defina a sua posição.

10. Outras funções desempenhadas pelo Promotor de Justiça Eleitoral

10.1. Defensor da jurisdição eleitoral

O Ministério Público tem o dever de exercitar a defesa da jurisdição com a qual está relacionado, tomando as iniciativas procedimentais que se fizerem necessárias para a remoção de obstáculos que ocasionalmente possam despontar.

10.2. Requisitar diligências, certidões e esclarecimentos necessários ao desempenho de suas atribuições

Por essa previsão legal, fica o Ministério Público equipado para que possa dar cumprimento ao seu amplo mister. Fica-lhe assegurado o poder de recrutar todos os elementos informativos de qualquer órgão que os possua.

▸ PREVISÃO LEGAL

Pelo que consta do art. 24, VII, do Código Eleitoral:

> Art. 24. Compete ao Procurador-Geral, como Chefe do Ministério Público Eleitoral: (...)
> VII – requisitar diligências, certidões e esclarecimentos necessários ao desempenho de suas atribuições; (...)

---

7 *Op. cit.*

A Constituição Federal, em seu art. 129, VI, preceitua:

> Expedir notificação nos procedimentos administrativos de sua competência, requisitando informações e documentos para instruí-los na forma da Lei Complementar respectiva.

A Resolução nº 23.490/2016 do TSE regula o acesso às informações constantes do cadastro de eleitores, prevendo:

> Art. 29. [...]
> § 1º O tratamento das informações pessoais assegurará a preservação da intimidade, da vida privada, da honra e da imagem do cidadão, restringindo-se o acesso a seu conteúdo na forma deste artigo.
> § 2º Excluem-se da restrição de que cuida o § 1º os pedidos relativos a procedimento previsto na legislação eleitoral, a ele relacionado ou de cujo atendimento resultem subsídios a sua análise, e o acesso:
> a) do eleitor a seus dados pessoais;
> b) de autoridade judicial, de órgão do Ministério Público e, desde que haja expressa autorização legal para acesso aos dados mantidos pela Justiça Eleitoral, de órgãos e agentes públicos ou outras entidades, vinculada a utilização das informações obtidas às respectivas atividades funcionais, exclusivamente;
> c) de órgãos públicos, desde que signatários de convênios com o Tribunal Superior Eleitoral – TSE, cujos objetos estejam alinhados às respectivas missões institucionais, e de Termo de Compromisso e Manutenção de Sigilo – TCMS, na forma prevista pelo art. 18, parágrafo único, do Decreto nº 7.845/2012.
> § 3º O acesso de outros órgãos ou agentes públicos não indicados nas alíneas *b* e *c* do § 2º não incluirá informações pessoais relativas à intimidade, à vida privada, à honra e à imagem, aí considerados ocupação, estado civil, escolaridade, telefone, impressões digitais, fotografia, assinatura digitalizada e endereço;
> § 4º A restrição de que cuida o § 3º incidirá sobre outras informações cuja obtenção possa comprometer, mesmo que indiretamente, as regras de proteção estabelecidas nesta resolução, sem prejuízo da confirmação da autenticidade e da unicidade do registro de titular de inscrição eleitoral, desde que provido por ferramenta eletrônica ou serviço automatizado, na forma regulamentada por ato normativo próprio.

Dessa forma, ficam todos os órgãos públicos obrigados a atender às requisições formuladas pelo Ministério Público, para que possa dar cabal cumprimento aos seus deveres funcionais. Traduzindo o caráter de obrigatoriedade de atendimento, de modo que os objetivos legais possam ser atingidos, valeu-se o legislador da expressão **requisitar** diligências, certidões e esclarecimentos.

▸ A FORMA DE REALIZAR AS DILIGÊNCIAS

O Ministério Público pode realizar diretamente as diligências ou requisitar que elas sejam realizadas por autoridades administrativas ou policiais.

▸ INDAGAÇÃO DIDÁTICA

Veja esta questão, elaborada em um concurso jurídico.

A participação do Ministério Público, na investigação de crimes eleitorais, acarreta o seu impedimento para o oferecimento da denúncia?

Resposta: O entendimento do STJ, expresso na Súmula nº 234, é que "a participação de membro do Ministério Público na fase investigatória criminal não acarreta o seu impedimento ou suspeição para o oferecimento da denúncia".

10.3. Formular reclamações sobre a constituição de mesas receptoras

As mesas receptoras são constituídas pelo juiz eleitoral sessenta dias antes do pleito, com a necessária publicação. Desde que existam impedimentos entre os designados, assiste a qualquer pessoa qualidade para apresentar reclamação.

Por se tratar de matéria de ordem pública, que poderá acarretar a anulação da votação, pertence também competência ao Ministério Público para oferecer reclamação, arguindo os impedimentos.

10.4. Assistir às perícias sobre a arguição de violação de urna

Toda vez que houver indício de violação de urna, será designado um perito para examiná-la. Nesse trabalho, será assistido por representantes do Ministério Público que emitirá pronunciamento, tanto quanto o fará o perito, **se a manifestação de ambos for acorde sobre a inexistência de violação a apuração será feita**.

Se apenas o perito reconhecer a existência de violação, deliberará a junta, com a necessária comunicação ao Tribunal Regional. Se apenas o representante do Ministério Público considerar que ocorreu violação, deliberará a junta e, caso não seja unânime a decisão, poderá interpor recurso imediatamente para o Tribunal Regional.[8]

10.5. Impugnar registro de candidatos

A Lei Complementar nº 64, de 18.05.1990, define os casos de inelegibilidade e o processo aplicável. Atribui a qualquer candidato, a partidos políticos e ao Ministério Público qualidade para oferecimento de impugnações.

> Art. 3º Caberá a qualquer candidato, a partido político, coligação ou ao Ministério Público, no prazo de 5 (cinco) dias, contados da publicação do pedido de registro do candidato, impugná-lo em petição fundamentada.
> § 1º A impugnação, por parte do candidato, partido político ou coligação, não impede a ação do Ministério Público no mesmo sentido.
> § 2º Não poderá impugnar o registro de candidato o representante do Ministério Público que, nos 4 (quatro) anos anteriores, tenha disputado cargo eletivo, integrado diretório de partido ou exercido atividade político-partidária.

---

[8] *Ibid.*

> § 3º O impugnante especificará, desde logo, os meios de prova com que pretende demonstrar a veracidade do alegado, arrolando testemunhas, se for o caso, no máximo de 6 (seis).

Minha posição: como já relatei, a Emenda Constitucional nº 45, de 08.12.2004, *DOU* 31.12.2004, que estabeleceu nova redação ao art. 128, § 5º, inciso II, alínea *e*, *in verbis*: "*II – as seguintes vedações (...) e) exercer atividade político-partidária*".

Portanto, leia o item 13: "*O Ministério Público e o exercício de atividade político-partidária*".

10.5.1. *A obrigatoriedade da impugnação*

Enquanto os partidos e candidatos podem deixar de fazer impugnações, constitui um dever dos órgãos do Ministério Público. Desde que haja incidência de qualquer causa determinante de inelegibilidade, deve ser arguida pelo representante do Ministério Público. É isso uma consequência do princípio da oficialidade a ser inexoravelmente observado pelos membros da instituição.[9]

10.6. Oficiar nos registros dos estatutos de partidos

Resume-se hoje a competência do Tribunal Superior Eleitoral ao exame dos requisitos que devam constar dos estatutos partidários, ensejo em que, obviamente, oficiará o órgão do Ministério Público.

10.7. Promover o cancelamento do registro de partido político

Se o partido político se desviar de suas finalidades, faltando em lealdade aos postulados democráticos, torna-se passível de cancelamento. O cancelamento far-se-á, nessa hipótese, por meio de procedimento judicial, de iniciativa do Procurador-Geral Eleitoral ou de partido político. Trata-se da ação pública de cancelamento de registro de partido político.

11. Da suspeição, do impedimento, da incompatibilidade do Promotor Eleitoral

Três são as causas que acarretam a exclusão de competência dos órgãos jurisdicionais, que se projetam também nas atividades do Ministério Público, com as peculiaridades inerentes à instituição. São elas:

a) suspeição;
b) impedimento;
c) incompatibilidade.

---

[9] *Ibid.*

Sobre impedimento e suspeição, afirma o Código Eleitoral:

> Art. 20. Perante o Tribunal Superior, qualquer interessado poderá arguir a suspeição ou impedimento dos seus membros, do Procurador-Geral ou de funcionários de sua secretaria, nos casos previstos na lei processual civil ou penal e por motivo de parcialidade partidária, mediante o processo previsto em regimento.
> Parágrafo único. Será ilegítima a suspeição quando o excipiente a provocar ou, depois de manifestada a causa, praticar ato que importe aceitação do arguido. (...)
>
> Art. 22. Compete ao Tribunal Superior:
> I – processar e julgar originariamente: (...)
> c) a suspeição ou impedimento aos seus membros, ao Procurador-Geral e aos funcionários da sua secretaria; (...)
>
> Art. 28. Os Tribunais Regionais deliberam por maioria de votos, em sessão pública, com a presença da maioria de seus membros.

Obs.: veja a Resolução – TSE nº 19.740/1996: "Juiz classe jurista. Impedimento ou suspeição. Convocação do substituto da mesma categoria por ordem de antiguidade, permanecendo o impedimento ou suspeição convoca-se o remanescente. Aplicação do art. 19, parágrafo único, do CE".

> § 1º No caso de impedimento e não existindo *quorum* será o membro do Tribunal substituído por outro da mesma categoria, designado na forma prevista na Constituição.
> § 2º Perante o Tribunal Regional, e com recurso voluntário para o Tribunal Superior qualquer interessado poderá arguir a suspeição dos seus membros, do Procurador Regional, ou de funcionários da sua Secretaria, assim como dos juízes e escrivães eleitorais, nos casos previstos na lei processual civil e por motivo de parcialidade partidária, mediante o processo previsto em regimento.
> § 3º No caso previsto no parágrafo anterior será observado o disposto no parágrafo único do art. 20.[10]

Um exemplo claro de impedimento é o previsto no art. 14, § 3º, do Código Eleitoral, *in verbis*:

> Da homologação da respectiva convenção partidária até a diplomação e nos feitos decorrentes do processo eleitoral, não poderão servir como juízes nos Tribunais Eleitorais, ou como juiz eleitoral, o cônjuge ou o parente consanguíneo ou afim, até o segundo grau, de candidato a cargo eletivo registrado na circunscrição.

A mesma disposição *ut supra* foi repetida pela Resolução nº 21.575/2003 – TSE, acrescentando "cônjuge ou companheiro". Observe que a mesma disposição por uso da analogia é também aplicada aos promotores eleitorais, mas o impedimento

---

[10] Parágrafo acrescentado pela Lei nº 4.961, de 04.05.1966.

só se aplica se a candidatura for na mesma circunscrição. Portanto, se o parente ou cônjuge do promotor for candidato a vereador em município que não integra a Zona Eleitoral, não haverá impedimento.

12. Princípios do Ministério Público Eleitoral

Na época da Lei nº 1.341/1951, eram três os princípios que norteavam as funções eleitorais do Ministério Público: a) princípio da federalização; b) princípio da delegação; e c) princípio da excepcionalidade. Desses, dois permanecem após a vigência da LC nº 75/1993: princípio da federalização e princípio da delegação.

12.1. Princípio da federalização

Previsto nos arts. 37, I, e 72 da LMPU, significa que pertence ao Ministério Público Federal, a princípio, a atribuição de oficiar junto à Justiça Eleitoral, em todas as fases do processo eleitoral. Estava, antes, no art. 1º, parágrafo único, da Lei nº 1.341/1951.

12.2. Princípio da delegação

Por esse princípio, a lei delega ao Ministério Público dos Estados e do Distrito Federal a atribuição de oficiar perante os juízes e juntas eleitorais, primeira instância da Justiça Eleitoral, abrindo uma exceção, pela delegação de parte dessa atribuição, ao princípio anterior.[11]

12.3. Fundamento do princípio da delegação

Tem como base legal o art. 78 da LC nº 75/1993, e, antes, estava assentado no art.77 da Lei nº 1.341/1951.

12.4. Princípio da excepcionalidade

No art. 78, parágrafo único, da Lei nº 1.341/1951 **estava** presente esse princípio. Por ele, os membros do Ministério Público dos Estados podiam atuar como auxiliares dos Procuradores Regionais Eleitorais, na segunda instância, junto aos Tribunais Regionais Eleitorais, se por eles requisitados. A atuação era excepcional – já que só na primeira instância atua o Ministério Público dos Estados, em matéria eleitoral – e a requisição só se dava se previamente autorizada pelo Procurador-Geral da República, chefe do Ministério Público Eleitoral. Para manter íntegro o princípio da federalização, a lei impedia os auxiliares de tomarem assento nas sessões dos tribunais, embora pudessem, no mais, atuar livremente sob a coordenação do Procurador Regional.[12]

---

[11] No mesmo sentido: CÂNDIDO, Joel José. *Op. cit.*

[12] No mesmo sentido, *ibid.*

Observação importante: o princípio da excepcionalidade, previsto no artigo supracitado, foi revogado pela LC nº 75/1993, art. 77, parágrafo único.

▸ INDAGAÇÃO DIDÁTICA

Agora ficou superfácil responder a esta questão elaborada em um concurso jurídico: *"Defina os principais princípios do Ministério Público Eleitoral."*

13. O Ministério Público e o exercício de atividade político-partidária

O exercício de atividade político-partidária por parte dos membros do Ministério Público é uma questão muito controvertida nos meios jurídicos, inclusive motivo de divisão na própria instituição.

▸ SÍNTESE DA DIVERGÊNCIA

1ª posição. O *parquet* acima de tudo é *custos legis* e, ainda quando for parte, poderá arguir (ou ser arguida) a sua suspeição ou, quiçá, impedimento ou incompatibilidade, já que ele, de qualquer forma, não é órgão julgador; ademais, um membro do *parquet* no Poder Executivo ou Legislativo é valoroso, pois é uma pessoa técnica, que tem conhecimentos jurídicos e pode perfeitamente defender os interesses políticos, institucionais e jurídicos da instituição como um todo, evitando ou combatendo, na Casa respectiva a que pertencer, leis obnubilantes ao regime democrático, como "leis de mordaça", "leis que criam competência originária em improbidade administrativa" ou emendas que retirem poderes, funções, garantias etc.

2ª posição. Não combina com as funções ministeriais de defensor da sociedade um agente que se envolve em atividades político-partidárias, pois o membro do *parquet* é acima de tudo o "primeiro juiz da causa" e, como tal, deve agir com imparcialidade, justiça, podendo, inclusive, na seara penal, pedir absolvições, benefícios legais e, na seara cível, como eterno *custos legis*, preservar a Justiça e o parecer consistente em "dar a cada um aquilo que é seu".

Minha posição: entendo que, hoje, a discussão é meramente acadêmica, pois a Constituição vigente **não tornava** absoluta a vedação de atividade político-partidária aos membros do Ministério Público. Preconizava o art. 128, § 5º, inciso II, alínea *e*, da Constituição Federal:

> § 5º Leis complementares da União e dos Estados, cuja iniciativa é facultada aos respectivos Procuradores-Gerais, estabelecerão a organização, as atribuições e o estatuto de cada Ministério Público, observadas, relativamente a seus membros:
> (...)
> II – as seguintes vedações:
> e) exercer atividade político-partidária, **salvo exceções previstas na lei.**

Com a nova redação dada à alínea *e* do art. 128, § 5º, inciso II, da Constituição Federal pela Emenda Constitucional nº 45, de 08/12/2004, *DOU* 31/12/2004, foi revogado qualquer tipo de exceção prevista em lei infraconstitucional.

Veja a nova redação do art. 128, § 5º, inciso II, alínea *e*, da Constituição Federal, *in verbis*:

> § 5º. Leis complementares da União e dos Estados, cuja iniciativa é facultada aos respectivos Procuradores-Gerais, estabelecerão a organização, as atribuições e o estatuto de cada Ministério Público, observadas, relativamente a seus membros:
> (...)
> II – as seguintes vedações:
> e) **exercer atividade político-partidária.**

No dia 20 de março de 2006, o Conselho Nacional do Ministério Público editou a Resolução nº 5, que disciplina o exercício de atividade político-partidária e de cargos públicos por membros do Ministério Público Nacional. No art. 1º o CONAMP foi taxativo: estão proibidos de exercer atividade político-partidária os membros do Ministério Público que ingressaram na carreira após a publicação da Emenda nº 45/2004.

Hoje, repito, a proibição constitucional é quase absoluta; destarte, não comporta exceções impostas por leis infraconstitucionais. As únicas exceções são: (a) a prevista pelo art. 29, § 3º, do Ato das Disposições Constitucionais Transitórias (para aqueles membros da instituição que tenham ingressado antes da promulgação da Constituição de 1988 e tenham optado pelo regime anterior); (b) a aposentadoria do promotor de Justiça, igualando-se, portanto, a mesma restrição do juiz de Direito em atividade; (c) os membros do Ministério Público que ingressaram na carreira "antes" da promulgação da Emenda nº 45/2004 (conforme a Res. nº 5/2006 da **CONAMP**).

Obs.: os itens "a" e "b" são pacíficos na doutrina, mas entendo que o item "c" é questionável, pois inexiste direito adquirido contra norma constitucional.

Posicionamento majoritário do TSE I: aplicação imediata e linear do art. 128, § 5º, inciso II, independentemente da data de ingresso no Ministério Público.[13]

Posicionamento majoritário do TSE II: com o advento da EC nº 45/2004, o membro do Ministério Público deverá se desvincular definitivamente de suas funções para dedicar-se a atividade político-partidária.[14]

14. Questões interessantes sobre o tema

1. O princípio da excepcionalidade ainda vigora no Direito brasileiro?

Resposta: Não. Não mais vigora, eis que de modo diverso dispôs a LC nº 75/1993, em seu art. 77, parágrafo único. Essa norma revogou o art. 78, parágrafo único, da Lei nº 1.341/1951 e não recepcionou o art. 27, § 4º, do Código Eleitoral, que também a consagrava.[15]

Obs.: veja agora a questão nº 2.

---

13 TSE – RES nºs 22.045/2005 e 22.095/2005.

14 TSE – RE nºs 22.012/2005 e 22.015/2005.

15 No mesmo sentido: CANDIDO, Joel José. *Op. cit.*

2. **Quais os princípios que norteiam as funções eleitorais do Ministério Público?**
Resposta: Na época da Lei nº 1.341/1951, eram três os princípios que norteavam as funções eleitorais do Ministério Público: a) princípio da federalização; b) princípio da delegação; c) princípio da excepcionalidade. Desses, dois permanecem após a vigência da LC nº 75/1993: o princípio da federalização e o princípio da delegação. **Obs.:** veja agora a questão nº 3.

3. **O que se entende por princípio da federalização?**
Resposta: Previsto nos arts. 37, I, e 72 da LMPU, significa que pertence ao Ministério Público Federal, a princípio, a atribuição de oficiar junto à Justiça Eleitoral, em todas as fases do processo eleitoral. Estava, antes, no art. 1º, parágrafo único, da Lei nº 1.341/1951.

4. **O que se entende por princípio da delegação?**
Resposta: Por esse princípio, a lei delega ao Ministério Público dos Estados e do Distrito Federal a atribuição de oficiar perante os juízes e juntas eleitorais, primeira instância da Justiça Eleitoral, abrindo uma exceção, pela delegação de parte dessa atribuição, ao princípio anterior.

5. **Qual o fundamento legal do princípio da delegação?**
Resposta: Tem como base legal o art. 78 da LC nº 75/1993, e, antes, estava assentado no art. 77 da Lei nº 1.341/1951.

6. **De quem é a competência para a designação dos promotores eleitorais, para atuação perante as zonas eleitorais de cada Estado e do Distrito Federal?**
Resposta: A designação dos promotores eleitorais, para atuação perante as zonas eleitorais de cada Estado e do DF, é incumbência dos respectivos Procuradores-Gerais de Justiça, que devem fazê-lo independentemente de qualquer solicitação, tão logo criada a zona ou vago o provimento, por qualquer motivo.

7. **Qual o fundamento legal da competência supramencionada?**
Resposta: A atribuição dos Procuradores-Gerais de Justiça de designar os promotores eleitorais tem como base os arts. 10, IX, *h*, primeira parte, e 73, *caput*, da Lei nº 8.625/1993.

O art. 73 da Lei nº 8.625/1993 é bem claro: "Para exercer as funções junto à Justiça Eleitoral, por solicitação do Procurador-Geral da República, os membros do Ministério Público do Estado serão **designados**, se for o caso, pelo respectivo Procurador-Geral de Justiça". Na prática, o que prevalece é a posição do TSE.

Posição majoritária do TSE: cabe ao Procurador Regional Eleitoral a *designação* de promotor para exercer a função eleitoral, devendo o Procurador-Geral de Justiça apenas *indicá-lo* (Ac. nº 19.657, de 15.06.2004, Rel. Min. Humberto Gomes de Barros).

8. **Quais os diplomas que legitimam a participação do Ministério Público Eleitoral no processo eleitoral?**
Resposta: Entre os principais diplomas legais que legitimam a participação do Ministério Público Eleitoral, no processo eleitoral, é de se citar o art. 127, *caput*, da

Constituição Federal; o Código Eleitoral; a Lei das Inelegibilidades (LC nº 64/1990); a Lei Orgânica dos Partidos Políticos (Lei nº 5.682/1971); e a Lei do Ministério Público da União (LC nº 75/1993). Também assumem relevo, nesse assunto, o Novo Código de Processo Civil e o Código de Processo Penal, ambos com incidência subsidiária e supletiva do Direito Eleitoral. Além, evidentemente, da Lei nº 8.625/1993.

9. O Ministério Público tem legitimidade para propor reclamações e representações relativas ao descumprimento da Lei nº 9.504/1997?

Resposta: O Ministério Público possui legitimidade para promover a apuração dos fatos e oferecer representação, tendo em vista a fiel observância das leis eleitorais e sua aplicação uniforme em todo o país. Sendo assim, o Ministério Público possui legitimidade para propor reclamações e representações relativas ao descumprimento da Lei nº 9.504/1997.[16]

10. O que acontece com o pleito no qual o Ministério Público não tenha sido intimado para intervir no feito como *custos legis*?

Resposta: É nulo o processo no qual o *parquet* não tenha sido intimado para acompanhar o feito em que deva intervir como *custos legis*.[17]

11. O Ministério Público pode, em face da desistência da ação de impugnação de mandato eletivo pelo autor, assumir o feito?

Resposta: O Ministério Público, por incumbir-lhe a defesa da ordem jurídica, do regime democrático e dos interesses sociais e individuais indisponíveis (art. 127 da CF), é parte legítima para, em face da desistência da ação de impugnação de mandato eletivo pelo autor, assumir a sua titularidade e requerer o prosseguimento do feito.[18]

12. Quando o membro do Ministério Público se recusa a oferecer a suspensão condicional do processo (art. 89 da Lei nº 9.099/1995), o juiz pode concedê-la de ofício?

Resposta: Não, não há a possibilidade da aplicação *ex officio* pelo juiz eleitoral. Há de ser observado, no caso, o disposto no art. 28 do Código de Processo Penal.[19]

13. Não existindo promotor que oficie perante a zona eleitoral, ou em caso de impedimento ou recusa justificada, o que deverá fazer o chefe do Ministério Público local?

Resposta: O chefe do Ministério Público local deve indicar o nome do substituto para que o Procurador Regional Eleitoral proceda à designação.[20]

---

[16] TSE – REsp nº 15.754 – Goiânia/GO – Rel. Min. Nelson Azevedo Jobim – *DJU* 30/06/2000 – p. 159.

[17] TSE – REsp nº 15.232/BA – Rel. Min. Maurício Corrêa – *DJU* 14.08.1998 – p. 54.

[18] TSE – RO nº 4 – Brasília/DF – Rel. Min. Maurício Corrêa – *DJU* 07.08.1998 – p. 138.

[19] TSE – REsp nº 15.106/SC – Rel. Min. Eduardo Alckmin – *DJU* 12.06.1998 – p. 119.

[20] TSE – REsp nº 12.704/MG – Rel. Min. Edson Vidigal – *DJU* 07.05.1999 – p. 84.

14. Quais as principais garantias e prerrogativas, deveres e impedimentos do Promotor de Justiça Eleitoral?

Resposta: Joel José Cândido[21] apresenta a seguinte lição: além das garantias asseguradas aos agentes do Ministério Público, na Constituição Federal, em seu art. 128, § 5º, I, *a*, *b*, e *c*, encarregou-se a Lei nº 8.625/1993 de enumerar algumas prerrogativas aos membros da instituição estadual, nos arts. 38 a 42, necessárias para um bom desempenho de suas funções. De igual forma, as leis orgânicas estaduais também enumeram as prerrogativas aos membros do Ministério Público, no exercício de suas atribuições, quase de modo semelhante. No Rio Grande do Sul, o assunto está assente no art. 34 da Lei Estadual nº 7.669, de 17.06.1982 (Lei Orgânica do Ministério Público do Rio Grande do Sul).

Esses direitos, obviamente, não são pessoais, como equivocadamente se apregoa com frequência. Podem e devem ser exercidos pelo membro do Ministério Público, mas decorrem, unicamente, do exercício de suas funções. Eles também existem em matéria eleitoral e, mais do que isso, a eles podem acrescer-se outras prerrogativas próprias do exercício das funções de promotor eleitoral, que interessa discriminar:

1. não podem, proibitivamente, por pertencerem ao serviço eleitoral em *lato sensu*, ser os membros do Ministério Público, mesmo os não pessoalmente designados para atuação eleitoral, convocados para as funções de mesários, escrutinadores ou auxiliares (CE, art. 36, § 3º, IV; art. 120, § 1º, IV; e CF, art. 128, § 5º, II, *d*). Igualmente, pela mesma razão, não podem jamais integrar junta eleitoral (CE, art. 36, § 3º, IV, e CF, art. 128, § 5º, II, *a*), que é um órgão de um Poder do Estado (CF, art. 118, IV);
2. pode votar normalmente, assinando a ficha modelo 2, em qualquer seção da zona em que atuar, salvo em eleições municipais, nas quais poderá votar em qualquer seção do Município de que for eleitor, do mesmo modo como assegurado aos juízes eleitorais (CE, art. 145, I);
3. do mesmo modo, deve ser assegurada ao promotor de Justiça Eleitoral a preferência para votar, como já vem interpretando o art. 143, § 2º, do Código Eleitoral, o Tribunal Superior Eleitoral.

15. Casos práticos eleitorais superinteressantes

A INVESTIDURA ILEGAL DO PROMOTOR ELEITORAL

Joel José Cândido[22] defende que a investidura ilegal do promotor eleitoral poderá acarretar as consequências processuais do art. 358, III, do Código Eleitoral, nos processos criminais; nos processos não criminais, o juiz deverá aplicar o art. 13 do Código de Processo Civil (atual art. 76, § 1º, do Novo Código de Processo Civil).

---

[21] *Op. cit.*

[22] CÂNDIDO, Joel José. *Direito Eleitoral brasileiro*. 10. ed. Bauru: Edipro, p. 60.

Já pelo ângulo institucional, como não pode haver o pagamento da gratificação a promotor eleitoral designado em desacordo com o preconizado pela consulta, o Procurador-Geral de Justiça ficará sujeito à Ação Popular se também for responsável por esse pagamento. Assim, quer por uma ótica ou por outra, o assunto é grave e sério, merecendo ser melhor examinado.

Minha posição: de forma mais didática, podemos dividir as consequências da nomeação ilegal do promotor eleitoral em duas hipóteses:

1ª hipótese: no âmbito "eleitoral criminal", haverá duas consequências, dependendo da fase procedimental.

a) **O processo ainda não foi iniciado.** Nesse caso, o juiz rejeitará a denúncia, "por manifesta ilegitimidade da parte", na forma do art. 358, inciso III, *in verbis*:

> Art. 358. A denúncia será rejeitada quando: (...)
> III – for manifesta a ilegitimidade da parte ou faltar condição exigida pela lei para o exercício da ação penal.

O promotor eleitoral, investido regularmente, pode propor outra denúncia.

> Art. 358, parágrafo único. Nos casos do número III, a rejeição da denúncia não obstará ao exercício da ação penal, desde que promovida por parte legítima ou satisfeita a condição.

b) **O processo já foi iniciado.** O juiz deve decretar a nulidade do processo por rejeitar a ilegitimidade de parte, conforme preconiza o art. 564, inciso II, do Código de Processo Penal, *in verbis*:

> Art. 564. A nulidade ocorrerá nos seguintes casos: (...)
> II – por ilegitimidade de parte; (...)

2ª hipótese: no âmbito "eleitoral cível", haverá também duas consequências, dependendo da fase procedimental.

a) **O processo ainda não foi iniciado.** Nesse caso, o juiz indefere a petição inicial, "por ser a parte manifestamente ilegítima", conforme dispõe o art. 330, inciso II, do Novo Código de Processo Civil, *in verbis*:

> Art. 330. A petição inicial será indeferida quando: (...)
> II – a parte for manifestamente ilegítima;

b) **O processo já foi iniciado.** O juiz não resolverá o mérito, na forma do art. 485, inciso VI, do Novo Código de Processo Civil, *in verbis*:

> Art. 485. O juiz não resolverá o mérito quando: (...)
> VI – verificar ausência de legitimidade ou de interesse processual; (...)
> § 3º O juiz conhecerá de ofício da matéria constante dos incisos IV, V, VI e IX, em qualquer tempo e grau de jurisdição, enquanto não ocorrer o trânsito em julgado.

O promotor eleitoral, investido regularmente, pode propor novamente a ação. Vide art. 486 do Novo Código de Processo Civil, *in verbis*:

> Art. 486. O pronunciamento judicial que não resolve o mérito não obsta a que a parte proponha de novo a ação.
> § 1º No caso de extinção em razão de litispendência e nos casos dos incisos I, IV, VI e VII do art. 485, a propositura da nova ação depende da correção do vício que levou à sentença sem resolução do mérito.

Você pode estar pensando: "Mas o Ministério Público não é uno e indivisível?". Sim, mas a nomeação ilegal do Promotor de Justiça atenta contra o princípio do "promotor de Justiça Eleitoral natural", portanto, o promotor de Justiça, investido ilegalmente na função, torna-se parte ilegítima na relação processual.

Atendendo ao "princípio da periodicidade da investidura das funções eleitorais", em todos os Estados existe uma espécie de rodízio, revezamento, entre os promotores.

▸ EXEMPLO DIDÁTICO

Em uma comarca com dois promotores, cada um assumirá por dois anos a função de promotor eleitoral; é o mesmo caso dos juízes. Suponha que, no rodízio, chegou a sua vez de assumir as funções de Promotor de Justiça Eleitoral e o Procurador-Geral de Justiça indicou ao Procurador Regional Eleitoral, novamente, o nome do primeiro promotor. A solução será o promotor que foi preterido em seu direito líquido e certo assumir a função de promotor eleitoral propor um mandado de segurança.

▸ OBSERVAÇÕES DIDÁTICAS

a) **Quando não é possível fazer o rodízio:** nas comarcas em que há apenas uma Promotoria de Justiça e apenas um Promotor de Justiça, não há o rodízio das funções eleitorais.
b) **Cuidado, não confunda:** a "indicação" do Promotor de Justiça Eleitoral é realizada pelo Procurador-Geral de Justiça e a "designação oficial", pelo Procurador Regional Eleitoral.

Obs.: veja agora a questão nº 06.

▸ O CONFLITO DE ATRIBUIÇÕES

Os Professores **Eugênio Pacelli**[23] e **Thales Tácito**[24] defendem que:

> A própria LC nº 75/93 dá tratamento diferenciado entre as funções institucionais propriamente ditas e as funções eleitorais: veja-se, por exemplo, o disposto no art. 75, que diz incumbir ao Procurador-Geral Eleitoral a função de dirimir

---

23 *Curso de Processo Penal*. 4. ed. Belo Horizonte: Del Rey, 2004.
24 *Op. cit.*

> conflitos de atribuições, enquanto o art.62, VII, atribui tal mister à Câmara de Coordenação e Revisão, quando entre órgãos do Ministério Público Federal:
> Art. 62. Compete às Câmaras de Coordenação e Revisão: (...)
> VII – decidir os conflitos de atribuições entre os órgãos do Ministério Público Federal.
>
> Art. 75. Incumbe ao Procurador-Geral Eleitoral: (...)
> III – dirimir conflitos de atribuições; (...)
> Portanto, por expressa previsão legal, o conflito de atribuições entre Procuradores Regionais Eleitorais é resolvido pelo Procurador-Geral Eleitoral **(que, como sabemos, é o Procurador-Geral da República)**. Ademais, conforme visto alhures, a interpretação gramatical e lógica da disposição da seção que cuida da Câmara de Coordenação e Revisão encontra-se afastada da seção que cuida do Ministério Público Eleitoral, o que reforça que a Câmara não detém a solução de conflito de atribuições entre Procuradores Regionais Eleitorais.

Os insignes doutrinadores supracitados também sustentam que o conflito de atribuições entre dois promotores eleitorais deve ser resolvido pelo Procurador Regional Eleitoral, e não pela Câmara de Coordenação e Revisão do Ministério Público Federal – aqui, apesar de não haver previsão expressa na LC nº 75/1993, vale lembrar também o disposto no art. 27, § 3º, do Código Eleitoral, que confere a mesma atribuição legal do Procurador-Geral Eleitoral (PGE) ao Procurador Regional Eleitoral (PRE), no tocante à função junto aos Tribunais Regionais Eleitorais.

▸ SÍNTESE DIDÁTICA

a) O Procurador-Geral Eleitoral resolve conflito de atribuições entre Procuradores Regionais Eleitorais (art. 75, III, da LC nº 75/1993).
b) O Procurador Regional Eleitoral resolve conflito de atribuições entre os promotores eleitorais, mas existe uma exceção: veja o caso eleitoral superinteressante "O conflito de atribuições de promotores eleitorais em Estados diferentes" no final do Capítulo 14.
Segundo José Jairo Gomes:[25]

> Não há conflito de atribuições: a) entre PRE e Promotor Eleitoral no mesmo Estado, pois nesse caso prevalece a decisão do PRE; b) entre PGE e PRE ou Promotor Eleitoral, pois nesse caso prevalece a decisão do PGE.
>
> Note-se que a situação é diferente da hipótese de conflito entre membros do MP Estadual e Federal. Nesse caso, a competência para dirimir o conflito é do Supremo Tribunal Federal, nos termos do art. 102, I, *f*, da CF. Por esse dispositivo, compete ao Supremo Tribunal Federal processar e julgar, originariamente: "f) as causas e os conflitos entre a União e os Estados, a

[25] No mesmo sentido: GOMES. José Jairo. *Direito eleitoral*. 12. ed. São Paulo: Atlas, 2016.

> União e o Distrito Federal, ou entre uns e outros, inclusive as respectivas entidades da administração indireta;"

Observação importante: atualizando a posição do renomado autor, informo que o Plenário do Supremo Tribunal Federal decidiu que não cabe à Corte julgar conflitos de atribuição entre o Ministério Público Federal e os Ministérios Públicos dos Estados. Por maioria, os ministros não conheceram das Ações Cíveis Originárias (ACO) 924 e 1394 e das Petições (Pet) 4.706 e 4.863, com o entendimento de que a questão não é jurisdicional, e sim administrativa, e deve ser remetida ao procurador-geral da República.

O julgamento do caso foi iniciado em maio de 2013. O relator, ministro Luiz Fux, levantou questão preliminar sugerindo que não havia conflito federativo e, portanto, o STF não devia conhecer do feito. Seguiram esse entendimento os ministros Teori Zavascki, Joaquim Barbosa (aposentado), Luís Roberto Barroso e Rosa Weber. O ministro Marco Aurélio abriu divergência, no sentido de conhecer o conflito e estabelecer a atribuição do MPF.

Neste caso, entendo que, num conflito de atribuição ocorrido entre um promotor eleitoral e um promotor integrante dos Ministérios Públicos estaduais, a atribuição para decidir será do Procurador-Geral Eleitoral e não do Procurador-Geral da República. Este decidirá o conflito de atribuição ocorrido entre Ministério Público Federal e os Ministérios Públicos dos Estados.

▸ O PRINCÍPIO DO PROMOTOR ELEITORAL NATURAL

Defendo que, no Direito Eleitoral, o princípio do promotor natural tem ampla aplicação porque este tem sua origem na Constituição Federal.

O princípio do promotor eleitoral natural decorre do princípio da independência, que é imanente à própria instituição. Ela resulta da garantia de que toda e qualquer pessoa física ou jurídica que figure em determinado processo, que reclame a intervenção do Ministério Público Eleitoral, tenha um promotor eleitoral certo, determinado, pois é um direito subjetivo do cidadão ter e conhecer o promotor eleitoral, legalmente legitimado para o processo. Por outro lado, ela se constitui também uma garantia constitucional do princípio da independência funcional, compreendendo o direito do promotor eleitoral de oficiar nos processos afetos ao âmbito de suas atribuições.

Esse princípio, na realidade, é verdadeira garantia constitucional, menos do órgão do *parquet* eleitoral e mais da própria sociedade, do próprio cidadão, que tem assegurado, nos diversos processos em que atua o Ministério Público Eleitoral, que nenhuma autoridade ou poder poderá escolher promotor eleitoral específico para processar determinada pessoa, bem como que a atuação do membro do Ministério Público Eleitoral dar-se-á livremente, sem qualquer tipo de ingerência política.

Segundo os Ministros do STF: Celso de Mello, Sepúlveda Pertence, Marco Aurélio e Carlos Velloso, o postulado do promotor natural limita, por isso mesmo, o poder do Procurador-Geral que, embora expressão visível da unidade institucional, não deve exercer a Chefia do Ministério Público de modo hegemônico e incontrastável.

Posição do TSE:

> O C. Supremo Tribunal Federal, a partir do julgamento do HC nº 67.759, *DJ* 01.07.1993, Rel. Min. Celso de Mello, tem afirmado que o princípio do promotor natural não existe no ordenamento jurídico brasileiro, com aplicabilidade imediata. Orientação reafirmada no HC nº 84.468, Rel. Min. Cezar Peluso, *DJ* 29.06.2007 e HC nº 90.277, Relª Minª Ellen Gracie, *DJe* 01.08.2008. No mesmo sentido, o e. Tribunal Superior Eleitoral já se manifestou: AG 8.789/PB, Rel. Min. Eros Grau, *DJe* de 20.05.2009 e AREspE 28.468/PB, Rel. Min. Eros Grau, *DJe* de 13.08.2008. 4. Ainda que fosse admitido o princípio, no caso, a competência do c. TSE para julgamento do recurso contra expedição de diploma tem natureza originária (ARCED nº 656, Rel. Min. Carlos Velloso, *DJ* 21.11.2003, Referendo MC/DF, Rel. Min. Eros Grau, 30.09.2009 e 01.10.2009).

Entendo que esses precedentes estão superados, pois, em julgados posteriores, o STF deu sinais claros do reconhecimento do princípio do promotor natural. Conferir o HC 103.038/PA, 2ª Turma, Relator Ministro Joaquim Barbosa, julgado em 11.10.2011 e também o Recurso Ordinário em *Habeas Corpus* nº 126885/RJ, 2ª Turma do STF, Rel. Cármen Lúcia. j. 15.12.2015, unânime, *DJe* 01.02.2016, in *verbis*:

> Os princípios constitucionais do juiz natural e do promotor natural têm seu emprego restrito às figuras dos magistrados e dos membros do Ministério Público, não podendo ser aplicados por analogia às autoridades policiais ou ao denominado "delegado natural", que obviamente carecem da competência de sentenciar ou da atribuição de processar, nos termos estabelecidos na Constituição da República.
> De toda sorte, o próprio recurso extraordinário seria manifestamente inadmissível, uma vez que o Supremo Tribunal Federal assentou que a questão relativa à afronta ao princípio do promotor natural tem natureza infraconstitucional. 5. Agravo regimental não provido. (Ag. Reg. na Petição nº 5951/RJ, 2ª Turma do STF, Rel. Dias Toffoli. j. 03.05.2016, unânime, *DJe* 01.06.2016).

Portanto, o princípio do promotor natural tem plena aplicação no Direito Eleitoral, não podendo o Procurador-Geral de Justiça indicar ao Procurador Regional Eleitoral um promotor eleitoral sem obediência ao critério legal. Veda-se, assim, designação de um promotor eleitoral com fins específicos de processar determinado político. É primordialmente salutar prefixar o critério de designação dos promotores eleitorais. Em vários Estados já existe resolução emitida pelo Procurador Regional Eleitoral, determinando critérios objetivos para o rodízio dos promotores eleitorais; portanto, o descumprimento da resolução viola impreterivelmente o princípio do promotor eleitoral natural.

Em suma, o réu tem direito público, subjetivo, de conhecer o Promotor de Justiça Eleitoral, como ocorre com o juízo natural.

▸ A SUSPEIÇÃO

Tício, que é Promotor Eleitoral, entrou com uma queixa-crime contra Mévio, Prefeito da Cidade "xy". Aponte a solução jurídica, considerando que:

a) o que motivou a queixa-crime foi o fato de Mévio ter proferido ofensas contra a honra de Tício;

b) na eleição municipal, o partido de Mévio arguiu a suspeição de Tício, argumentando que ele estava em litígio com o candidato e, portanto, não poderia exercer a função de promotor eleitoral.

Resposta: Em um caso concreto, a 5ª Turma do Superior Tribunal de Justiça[26] rejeitou mandado de segurança da promotora de (...), alegando que, se o promotor está em litígio com um candidato, não deve atuar no processo eleitoral durante a campanha.

A partir de reclamação dos diretórios municipais dos partidos (...), por suposta inimizade entre a promotora (...) e a candidata a prefeita, o procurador regional eleitoral do (...) recomendou o afastamento da promotora. A promotora havia registrado queixa-crime contra a candidata. Com a decisão do procurador eleitoral, o Procurador-Geral do Estado resolveu acatar o pedido de afastamento da promotora de suas funções eleitorais, designando outro membro do MP para atuar na zona eleitoral.

A promotora sustentou que não ficou comprovada sua inimizade com a candidata. Também alegou que houve violação de seus direitos e que a suspeição não poderia ter sido alegada pela coligação, mas apenas pela pessoa diretamente afetada. E se defendeu, dizendo que o próprio parecer que recomendou o afastamento não atribuiu a ela nenhum comportamento indevido ou irregular.

O Estado do (...) contra-argumentou, considerando que foi dada a ela a oportunidade de se defender. E que o afastamento foi determinado por autoridade competente, em cumprimento da disposição legal, seguindo ainda a opinião da Corregedoria-Geral do MP e da Coordenação do Centro de Apoio Operacional das Promotorias Eleitorais. Para o MPF, o procurador-geral de Justiça do Estado do (...) seria incompetente para determinar o afastamento da promotora de suas funções eleitorais, o que seria atribuição exclusiva do procurador regional eleitoral. Isso porque os promotores eleitorais exercem funções do MP Eleitoral.

O Ministro Arnaldo Esteves Lima destacou que o entendimento do Tribunal Superior Eleitoral é diverso, entendendo ser da competência do Procurador-Geral de Justiça a indicação ao procurador regional eleitoral do substituto do promotor eleitoral impedido. O relator esclareceu que o procurador regional eleitoral decidiu ser caso de afastamento da promotora de suas funções eleitorais e solicitou, conforme a jurisprudência do TSE, que o Procurador-Geral de Justiça indicasse o substituto. E, por isso, não existe ilegalidade no ato.

O período de afastamento também não seria excessivo, já que a jurisprudência entende que é possível o afastamento durante todo o processo eleitoral, de juiz ou

---

26 Fonte de pesquisa (RMS nº 14.990). *Revista Consultor Jurídico*, 3 de novembro de 2005.

membro do MP, em razão de impedimento ou suspeição. Quanto ao afastamento ter sido dado por pedido de partidos políticos, o ministro afirmou que esse fato é previsto no art. 96 da Lei nº 9.504/1997, que diz: "Salvo disposições específicas em contrário desta lei, as reclamações ou representações relativas ao seu descumprimento podem ser feitas por qualquer partido político, coligação ou candidato".

A existência efetiva de impedimento da promotora também foi analisada. O Ministro Arnaldo Esteves Lima esclareceu que a representação apreciou a questão e verificou a existência de ação penal privada promovida pela promotora contra a candidata por suposto crime contra a honra. "A existência dessa ação indica a presença de animosidades que vão além daquelas meramente derivadas do exercício de suas respectivas funções. Tornou-se pessoal", considerou o procurador regional eleitoral.

O ministro entendeu aplicável ao caso o disposto no art. 95 da Lei nº 9.504/1997: "Ao juiz eleitoral que seja parte em ações judiciais que envolvam determinado candidato é defeso exercer suas funções em processo eleitoral no qual o mesmo candidato seja interessado". "Não se trata de punição à recorrente ou imputação de prática de atos irregulares. Apenas garantia de imparcialidade na atuação do MP nas eleições municipais", afirmou o relator.

O direito de defesa da promotora também foi respeitado, no entendimento do Ministro Arnaldo Esteves Lima, já que ela teve a oportunidade de responder, na representação, e não negou a existência da ação penal privada que fundamentou a decisão do afastamento.

Minha posição: entendo, *data venia*, que o fato de Tício propor queixa-crime contra Mévio não gera nenhuma relação de inimizade ou situação de dependência que possa gerar suspeição. Por meio do princípio da inafastabilidade da jurisdição (CF, "Art. 5º (...) XXXV – a lei não excluirá da apreciação do Poder Judiciário lesão ou ameaça a direito"), Tício tem um direito líquido, certo e subjetivo de propor a competente ação judicial com escopo de punir o infrator que causou dano a sua honra – dignidade. O que seria vedado a Tício é "o exercício arbitrário das próprias razões" (CP, "art. 345. Fazer justiça pelas próprias mãos, para satisfazer pretensão, embora legítima, salvo quando a lei o permite"); portanto, o exercício de um direito constitucional não tem o condão de gerar suspeição. Seria o cúmulo da insipiência dizer, em um Estado Democrático de Direito, que o exercício do direito de ação possa provar inimizade.

A decisão *ut supra* ainda gera dois sérios precedentes:

a) um político de má-fé pode injuriar um promotor eleitoral, para que, quando este propuser queixa-crime, seja impedido de exercer suas atividades eleitorais;
b) o promotor eleitoral pode deixar de propor a queixa-crime, para não ser afastado de suas atividades eleitorais.

Posicionamento majoritário do STJ: defende a aplicação do art. 95 da Lei nº 9.504/1997 também ao membro do Ministério Público.[27] O artigo 95 do CE tem a seguinte redação:

---

[27] STJ – AC de 25.10.2005, no RMS nº 14.990.

Ao Juiz Eleitoral que seja parte em ações judiciais que envolvam determinado candidato é defeso exercer suas funções em processo eleitoral no qual o mesmo candidato seja interessado.

16. Questões objetivas de concursos

1. **(PR – Promotor de Justiça) São funções do Ministério Público Eleitoral:**

a) acompanhar os pedidos de alistamento de eleitores e os pedidos de transferência de títulos, bem como os cancelamentos de inscrição, obtendo ou pedindo vistas dos processos que apresentarem alguma particularidade;

b) acompanhar a nomeação dos membros das juntas eleitorais, exercendo o direito de representar à Procuradoria Regional, sempre que for o caso de impugnação dos nomeados;

c) fiscalizar a entrega das urnas, certificando-se de que todas as seções encerrem o recebimento de votos no horário legal, observar eventual caso de violação e tomar as providências necessárias;

d) manifestar-se oralmente ou por escrito, de forma sumária, antes da decisão da junta eleitoral sobre as impugnações de votos formulados por terceiros, atuando como *custos legis;*

e) todas as afirmativas acima estão corretas.

2. **Observe os enunciados abaixo e responda.**

I. Quanto à legitimação, o Ministério Público terá a mesma atuação e participação que for assegurada aos partidos políticos, coligações e candidatos.

II. Em matéria eleitoral, o Ministério Público pode figurar como substituto processual.

III. Na fase preparatória do pleito, o Ministério Público somente opinará nos processos de pedidos de registro de candidaturas de prefeitos e vereadores, quando houver impugnação de terceiros.

IV. Na fase de apuraçao, compete ao Ministério Público manifestar-se, em parecer, oral ou por escrito, de forma sumária, antes da decisão da junta eleitoral sobre as impugnações de votos formuladas por terceiros, atuando como custos legis.

V. Compete ao Ministério Público requerer, no juízo eleitoral, a suspensão dos direitos políticos, principalmente em decorrência da condenação criminal definitiva, promovendo a sua execução e restauração.

a) I, II e IV estão corretas.

b) I, IV e V estão corretas.

c) II, III e V estão corretas.

d) Somente I e III estão corretas.

e) Somente IV e V estão corretas.

3. **(TRE/SC – Analista Judiciário) No tocante ao Ministério Público, é correto afirmar que:**

a) é instituição permanente, essencial à função jurisdicional do Estado, incumbindo-lhe a defesa da ordem política, do regime democrático e dos interesses individuais indisponíveis. Tem autonomia funcional e administrativa, podendo, inclusive, propor a criação e a extinção de cargos públicos;

b) é instituição permanente, essencial à função jurisdicional do Estado, incumbindo-lhe a defesa da ordem jurídica, do regime democrático e dos interesses sociais e individuais indisponíveis. Como função institucional, compete-lhe, também, zelar pelo efetivo respeito dos Poderes Públicos e dos serviços de relevância pública aos direitos assegurados na Constituição;

c) é instituição permanente, essencial à função administrativa do Estado, incumbindo-lhe a defesa da ordem administrativa do Poder Público e dos interesses sociais e individuais indisponíveis, assemelhando-se ao Poder Judiciário, formando, assim, um quarto poder tacitamente autorizado;

d) é instituição permanente, essencial à função administrativa do Estado de Direito, devendo zelar pelo patrimônio público e privado dos indivíduos na sociedade, bem como pela ordem administrativa, constituindo-se, expressamente, num quarto poder, atuando na defesa dos direitos das minorias e propondo a criação e extinção de cargos e serviços auxiliares à Justiça.

4. (TRE/CE) Servirá como Procurador Regional, junto a cada Tribunal Regional Eleitoral:

a) o Procurador-Geral de Justiça do respectivo Estado;

b) procurador dos quadros da Procuradoria do respectivo Estado, nomeado pelo Governador;

c) membro do Ministério Público Estadual designado pelo Procurador-Geral da República;

d) Procurador da República designado pelo Presidente do respectivo Tribunal Regional Eleitoral;

e) o seu substituto legal, nas suas faltas ou impedimentos.

5. (TRE/PI – Analista Judiciário) Cabe ao Ministério Público Federal o exercício das funções de Ministério Público Eleitoral. Todavia, nas comarcas onde ele não estiver estruturado, essas funções são:

a) inerentes à Ordem dos Advogados do Brasil, que agirá por sua secção local;

b) exercidas por procurador *ad hoc* nomeado pelo juiz;

c) dispensadas, ficando supridas quando o processo subir ao Tribunal Regional Federal;

d) desnecessárias, pois a lei só exige sua participação no Tribunal Regional Federal;

e) exercidas pelo órgão do Ministério Público Estadual.

6. (MPF – Procurador da República) O Ministério Público eleitoral:

a) tem como membros exclusivamente os Procuradores Regionais da República que atuam como Procuradores Regionais Eleitorais junto aos Tribunais Regionais Eleitorais e os demais Membros do Ministério Público Federal que oficiam em cada uma das capitais e em todas as comarcas no interior dos Estados da Federação, vedada a função eleitoral ao Ministério Público Estadual;

b) tem como incumbências, dentre outras, representar à Justiça Eleitoral para a abertura de investigação judicial, visando a apurar uso indevido ou abuso do poder econômico ou do poder de autoridade, ou ainda utilização indevida de veículos ou meios de comunicação social;

c) pode mover ação penal apenas nos casos de crimes eleitorais de ação pública, cabendo-lhe opinar, mas não impugnar registros de candidaturas nas hipóteses de inelegibilidades;

d) compõe o quinto constitucional, com os advogados, nos Tribunais Regionais Eleitorais.

7. (MPF – Procurador da República) O Ministério Público eleitoral:

a) exerce suas funções perante os órgãos da Justiça Eleitoral, incumbindo-lhe precipuamente oficiar nas causas de sua competência, representar sobre a fiel observância da legislação eleitoral e partidária e promover a ação penal pública nos casos de crimes eleitorais;

b) é constituído por membros do Ministério Público Federal, que oficiam perante a Justiça Eleitoral em todo o País, inclusive perante juízes e juntas eleitorais nas comarcas do interior;
c) perante o Tribunal Superior Eleitoral, é representado pelo Procurador-Geral Eleitoral, que é o Procurador-Geral da República e, junto aos Tribunais Regionais Eleitorais nos Estados, oficiam os Procuradores-Gerais de Justiça;
d) é composto de membros do Ministério Público Federal e Estadual, que somente podem exercer as funções eleitorais após aprovação em concurso público de provas e títulos, promovido pela Justiça Eleitoral.

8. (MP/PA) Sobre o Ministério Público Eleitoral, é correto afirmar que:

a) compete ao Procurador-Geral de Justiça indicar, ao procurador regional eleitoral, promotor de Justiça para oficiar perante zona eleitoral, pelo prazo mínimo de 2 anos, permitida uma recondução;
b) as atribuições de corregedor regional eleitoral, em cada Estado, são exercidas pelo corregedor-geral do Ministério Público;
c) cabe ao partido político, coligação, candidato e ao Ministério Público Eleitoral representar diretamente ao juiz-presidente da junta eleitoral, relatando fatos e indicando provas, indícios e circunstâncias, pedindo abertura de investigação judicial para apurar abuso do poder econômico, nas eleições municipais;
d) a interposição de recurso contra diplomação interposto pelo autor da representação, impede a atuação do Ministério Público Eleitoral no mesmo sentido.

17. Gabarito das questões objetivas

1. E	4. E	7. A
2. B	5. E	8. C
3. B	6. B	

18. Simulação

Imagine-se na última fase de um concurso jurídico, pois, após a leitura do Capítulo 3, você agora já tem plenas condições de resolver a questão infracitada, elaborada em um concurso jurídico.

Disserte: *Princípios do Ministério Público Eleitoral.*

Capítulo 4

Do Alistamento Eleitoral, do Domicílio Eleitoral, da Retificação do Título, da Segunda Via, da Transferência, da Perda e Extravio do Título

Para que você perceba a importância do tema em análise, veja estas questões, formuladas em concursos jurídicos.

1. **O art. 5º do Código Eleitoral foi recepcionado pela Constituição Federal?**
2. **Quais são as exceções quanto à "obrigatoriedade" do alistamento?**
3. **O condenado ou preso perde o direito de votar enquanto permanece detido?**
4. **Qual o conceito de domicílio eleitoral, segundo a jurisprudência?**
5. **É possível a discussão, no processo eleitoral, de vícios ocorridos durante o alistamento eleitoral?**
6. **Após determinada a realização de eleições suplementares por acórdão regional, poderá ser alegada a ocorrência de irregularidades e fraudes?**

Obs.: todas as questões serão solucionadas durante o desenvolvimento da matéria.

1. Noções didáticas

O alistamento se faz mediante a qualificação e inscrição do eleitor.

1.1. Da qualificação

Qualificação é o ato ou efeito de qualificar-se; é a comprovação de informações para preencher requisitos para determinado ato.

1.2. Da inscrição

Inscrição é o ato de inscrever alguém ou de se inscrever. No caso, o ato é do juiz eleitoral que, verificadas as condições de qualificação, defere o pedido, determinando a inscrição do eleitor na listagem geral de eleitores.[1]

2. O alistamento eleitoral

Conceito. Podemos dizer que o alistamento é a consumação da inscrição, pois ele é o resultado das duas etapas iniciais do processo: qualificação e inscrição.

Merece o alistamento eleitoral revestir-se de adequada ordenação para escapar a expedientes fraudulentos.

▸ INDAGAÇÃO DIDÁTICA

Como pode ser o alistamento?

O alistamento eleitoral é:

I - **em regra, obrigatório:**

a) para os maiores de 18 anos;

II - **facultativo para**:

a) analfabetos;

b) os maiores de 70 anos;

c) os maiores de 16 e menores de 18 anos.

2.1. Os inalistáveis

Afirma o Código Eleitoral que:

> Art. 5º Não podem alistar-se eleitores:
> I – os analfabetos;
> II – os que não saibam exprimir-se na língua nacional;
> III – os que estejam privados, temporária ou definitivamente, dos direitos políticos.
> Parágrafo único. Os militares são alistáveis, desde que oficiais, aspirantes a oficiais, guardas-marinha, subtenentes ou suboficiais, sargentos ou alunos das escolas militares de ensino superior para formação de oficiais.

▸ POSIÇÃO DIVERGENTE

Minha posição: entendo que o art. 5º do Código Eleitoral não foi recepcionado pela Constituição Federal, que expressa no art. 14, § 2º, inciso II: não podem alistar-se

---

[1] CÂNDIDO, Joel José. *Op. cit.*

como eleitores os estrangeiros e, durante o período do serviço militar obrigatório, os conscritos.

Portanto, entendo que só são inalistáveis:

a) os estrangeiros;
b) durante o período do serviço militar obrigatório, os conscritos e,
c) os que perderam ou tiveram os direitos políticos suspensos na forma do art. 15 da Constituição Federal.

Obs.: veja agora a questão nº 1.

Entendo também que o absolutamente incapaz para a vida civil é também inalistável. Observe que o artigo supracitado não inclui incapaz absoluto para a vida civil entre os inalistáveis, mas a Constituição Federal, ao dispor no art. 15, inciso II, que a incapacidade civil absoluta gera a perda dos direitos políticos, via de consequência, está proibindo que o absolutamente incapaz seja alistável.

Joel José Cândido[2] apresenta a seguinte lição:

> O novo regramento, portanto, mantém a obrigatoriedade do alistamento e do voto para os maiores de dezoito anos; para os analfabetos, os maiores de setenta e os maiores de dezesseis e menores de dezoito anos, é facultativo.
> Por oportuno, cumpre destacar que, para os cidadãos arrolados nas letras **a**, **b** e **c**, descabe a exigência, para qualquer fim, de quitação eleitoral, qualquer aplicação de multa, relativa ao alistamento ou ao voto, ou de qualquer das penalidades previstas no art. 7º do Código Eleitoral.
> Embora não haja referência expressa à condição de brasileiro para o alistamento e o voto, o texto legal, ao excluir o estrangeiro, chega ao mesmo ponto por diverso caminho e, talvez, não pela melhor forma. Exclui, também, do alistamento, o conscrito – **praça que se encontra engajado para prestação de serviço militar obrigatório** –, integrando ao corpo eleitoral os contingentes de cabos e soldados "reengajados" (CF, art. 14, § 2º).
> **De outra parte, permanece a regra do art. 8º do Código Eleitoral, segundo a qual o naturalizado brasileiro deverá se alistar um ano após a aquisição da nacionalidade.**
> Esse mesmo dispositivo veda, ainda, o alistamento do conscrito, sendo omisso o texto constitucional quanto ao seu voto. O estrangeiro, não podendo se alistar, está automaticamente impedido de votar; portanto, quanto a ele, a omissão apenas evita uma redundância lógica.
> Diversa é, todavia, a situação do conscrito, de vez que, ao ser engajado, o jovem de dezessete/dezoito anos já pode estar alistado eleitor, pois a própria Constituição lhe faculta desde os dezesseis anos.
> O que parece ser a intenção do legislador constituinte é vedar, em última análise, o voto, como consequência lógica da vedação ao alistamento, embora, no caso, tal lógica ignore a possibilidade de o conscrito já se encontrar alistado.

[2] CÂNDIDO, Joel José. *Op. cit.*

Nesse sentido, o TSE, apreciando a Consulta nº 9.881/1990, entendeu que "o eleitor inscrito, ao ser incorporado para prestação do serviço militar obrigatório, **deve ter sua inscrição mantida, porém ficará impedido de votar**", fundamentando a decisão com o art. 6º, inciso II, alínea c, do Código Eleitoral. Não nos parece, ***data venia***, que o art. 6º do Código Eleitoral arrole impedimentos, mas sim exceções à obrigatoriedade, tanto de alistamento quanto do voto, aos casos que enumera. Não se poderia tomar esse dispositivo como substrato para impedir o voto dos conscritos alistados antes da incorporação, que, nessas circunstâncias, poderiam exercer o direito de voto. Todavia, havendo impedimento em decorrência de ordem administrativa de seu superior hierárquico, não poderá o eleitor conscrito ser punido pela ausência ao pleito.

▸ OBSERVAÇÕES DIDÁTICAS

O alistamento eleitoral é condição singular de elegibilidade.

Realizado o alistamento eleitoral pelo processo eletrônico de dados, será cancelada a inscrição do eleitor que não votar em três eleições consecutivas, não pagar a multa ou não se justificar no prazo de seis meses, a contar da data da última eleição a que deveria ter comparecido.[3]

O alistando apresentará em cartório ou local previamente designado, requerimento em fórmula que obedecerá ao modelo aprovado pelo Tribunal Superior.

Veja Resolução – TSE nº 21.538/2003, arts. 4º a 8º: para alistamento eleitoral, transferência, revisão ou segunda via, será utilizado o Requerimento de Alistamento Eleitoral (RAE).

Posicionamento majoritário do TSE: a palavra "conscritos" alcança também aqueles matriculados nos órgãos de formação de reserva e os médicos, dentistas, farmacêuticos e veterinários que prestam serviço militar inicial obrigatório.[4]

2.2. O naturalizado brasileiro e o alistamento

Permanece a regra do art. 8º do Código Eleitoral, segundo a qual o naturalizado brasileiro deverá se alistar um ano após a aquisição de nacionalidade.

> Art. 8º O brasileiro nato que não se alistar até os 19 (dezenove) anos ou o naturalizado que não se alistar até um ano depois de adquirida a nacionalidade brasileira incorrerá na multa de três a dez por cento sobre o valor do salário mínimo da região, imposta pelo juiz e cobrada no ato da inscrição eleitoral através de selo federal inutilizado no próprio requerimento.[5]
> Parágrafo único. Não se aplicará a pena ao não alistado que requerer sua inscrição eleitoral até o centésimo primeiro dia anterior à eleição subsequente à data em que completar dezenove anos.[6]

---

3 TSE – RES nº 15.850/1989.

4 TSE – RES nº 15.850/1989.

5 Redação dada ao *caput* pelo art. 3º da Lei nº 4.961, de 04.05.1966.

6 Parágrafo acrescentado pelo art. 1º da Lei nº 9.041, de 09.05.1995.

> Art. 9º Os responsáveis pela inobservância do disposto nos arts. 7 e 8 incorrerão na multa de 1 (um) a 3 (três) salários mínimos vigentes na zona eleitoral ou de suspensão disciplinar de até 30 (trinta) dias.

▸ POSIÇÃO DIVERGENTE

Minha posição: entendo que não é mais possível a aplicação do parágrafo único do art. 8º do Código Eleitoral, isso porque o mesmo foi revogado pelo art. 91 da Lei nº 9.504/1997, *in verbis:*

> Nenhum requerimento de inscrição eleitoral ou de transferência **será recebido dentro dos cento e cinquenta dias anteriores à data da eleição.**

Portanto, nos 150 dias antes da eleição, não pode haver nenhum requerimento de inscrição eleitoral ou de transferência, assim, podemos dizer que a redação correta do parágrafo único do art. 8º do Código Eleitoral:

> Não se aplicará a pena ao não alistado que requerer sua inscrição eleitoral **até 151º dia anterior à eleição** subsequente à data em que completar dezenove anos.

▸ INDAGAÇÃO DIDÁTICA

Responda agora esta questão elaborada em um concurso jurídico:

Tício, brasileiro nato, 19 anos, obrigado ao alistamento e ao voto, ainda não se alistou. Estará isento da multa se:

a) requerer sua inscrição até o 151º dia anterior à eleição subsequente à data em que completou 19 anos;
b) requerer sua inscrição até o 100º dia anterior à eleição subsequente à data em que completou 19 anos;
c) requerer sua inscrição nos 15 dias anteriores à eleição subsequente à data em que completou 19 anos;
d) em hipótese alguma, estará isento, uma vez que ao que não se alistar até 19 anos será aplicada multa.

Obs.: a maioria absoluta dos candidatos seguiu o Código Eleitoral e respondeu o item "b"; a resposta oficial seguiu a posição que defendemos, ou seja, o item correto é o "a".

Atualização ao Código Eleitoral nº 01:

Responda esta questão: julgue este item com C ou E.

I – ( ) A cobrança das multas eleitorais é feita através de SL (*selo federal*).

II – ( ) A cobrança das multas eleitorais é realizada através de DARF (*Documento de arrecadação da receita federal*).

III – ( ) A cobrança das multas eleitorais é realizada através de GRU (*Guia de Recolhimento da União*).

▸ CUIDADO: NÃO CAIA NESSA PEGADINHA!

Resposta: E, E, C.

A Lei nº 5.143/1966, art. 15, aboliu o imposto do selo e, hoje, o recolhimento das multas eleitorais é feita por Guia de Recolhimento da União (**GRU**).

A Resolução do TSE nº 21.975/2004 disciplina o recolhimento e a cobrança das multas previstas no Código Eleitoral e leis conexas, enquanto a distribuição do Fundo Especial de Assistência Financeira aos Partidos Políticos (Fundo Partidário) determina em seu art. 4º **a utilização obrigatória da GRU para recolhimento das multas eleitorais e penalidades pecuniárias, assim como doações de pessoas físicas.**

2.3. Exceções quanto à "obrigatoriedade" do alistamento

Fávila Ribeiro[7] afirma que as exceções são os inválidos, os maiores de setenta anos, os que se encontrem fora do país, os analfabetos, os maiores de dezesseis e menores de dezoito anos.

Preconiza o art. 6º do Código Eleitoral:

> Art. 6º O alistamento e o voto são obrigatórios para os brasileiros de um e outro sexo, salvo:
> I – quanto ao alistamento:
> a) os inválidos;
> b) os maiores de setenta anos;
> c) os que se encontrem fora do País;
> (...)

▸ POSIÇÃO DIVERGENTE

Minha posição: entendo que o art. 6º do Código Eleitoral não foi recepcionado pela Constituição Federal, que expressa, no art. 14, § 1º, inciso II:

> § 1º O alistamento Eleitoral e o voto são: (...)
> II – facultativos para:
> a) analfabetos;
> b) os maiores de setenta anos;
> c) os maiores de dezesseis e menores de dezoito anos.

Veja que, ao contrário do art. 6º do Código Eleitoral, a Constituição Federal não se refere aos:

a) inválidos;
b) que se encontrem fora do País.

Portanto, entendo que, para os inválidos e os que se encontrem fora do País, o alistamento é obrigatório.

Obs.: veja agora a questão nº 2.

---

7 *Idem, ibidem.*

2.3.1. *Isentos do alistamento*

Não podem alistar-se como eleitores:

a) os estrangeiros;
b) durante o período do serviço militar obrigatório, os conscritos;
c) os que estejam privados, temporária ou definitivamente, dos direitos políticos.

▸ INDAGAÇÃO DIDÁTICA

Veja esta questão elaborada em um concurso jurídico: *"O indígena integrado é isento do alistamento?"*

Resposta: Não, a relação dos isentos do alistamento são as indicadas no item supracitado.

Posicionamento majoritário do TSE: "Alistamento eleitoral. Exigências. São aplicáveis aos indígenas integrados, reconhecidos no pleno exercício dos direitos civis, nos termos da legislação eleitoral (estatuto do índio), as exigências impostas para o alistamento eleitoral, inclusive de comprovação de quitação do serviço militar ou de cumprimento de prestação alternativa".[8]

O índio não integrado não está obrigado a se alistar e votar, mas em recentes julgados do TSE tem flexibilizado a regra:

> [...] Recepção. Constituição Federal. Artigo 5º, inciso II, do Código Eleitoral. - Consoante o § 2º do artigo 14 da CF, a não alistabilidade como eleitores somente é imputada aos estrangeiros e, durante o período do serviço militar obrigatório, aos conscritos, observada, naturalmente, a vedação que se impõe em face da incapacidade absoluta nos termos da lei civil. – Sendo o voto obrigatório para os brasileiros maiores de 18 anos, ressalvada a facultatividade de que cuida o inciso II do § 1º do artigo 14 da CF, não há como entender recepcionado preceito de lei, mesmo de índole complementar à Carta Magna, que imponha restrição ao que a norma superior hierárquica não estabelece. – Vedado impor qualquer empecilho ao alistamento eleitoral que não esteja previsto na Lei Maior, por caracterizar restrição indevida a direito político, há que afirmar a inexigibilidade de fluência da língua pátria para que o indígena ainda sob tutela e o brasileiro possam alistar-se eleitores. – Declarada a não recepção do art. 5º, inciso II, do Código Eleitoral pela Constituição Federal de 1988 (Res. nº 23.274, de 1º.06.2010, Rel. Min. Fernando Gonçalves).

Assim, tem prevalecido o entendimento de que:

a) Quanto à quitação militar: somente é exigida para o índio integrado — TSE, Res. 20.806/2001.
b) Quanto ao alistamento eleitoral: podem se alistar tanto o índio integrado quanto o não integrado.

---

[8] RES nº 20.806, de 15.05.2001.

2.4. Do requerimento de alistamento

Segundo o Código Eleitoral (art. 44), o requerimento, acompanhado de **três retratos**, será instruído com um dos seguintes documentos, que não poderão ser supridos mediante justificação.

Atualização ao Código Eleitoral nº 02: veja a expressão *ut supra* grifada, pois a Lei nº 7.444/1985, art. 5º, § 4º, c/c o art. 1º, *caput*, dispensa as fotografias no alistamento por processamento eletrônico.

> I – Carteira de identidade expedida pelo órgão competente do **Distrito Federal ou dos Estados;** (grifo nosso)

Atualização ao Código Eleitoral nº 03: veja a palavra *ut supra* grifada, pois a Lei nº 7.444/1985, art. 5º, § 2º, afirma apenas: "carteira de identidade expedida pelo órgão competente".

> II – Certificado de quitação do serviço militar;
> III – Certidão de idade extraída do Registro Civil; (...)

Obs.: a Lei nº 7.444/1985, em seu art. 5º, § 2º, completa o inciso supracitado, quando admite a "carteira emitida pelos órgãos criados por lei federal, controladores do exercício profissional".

> V – Instrumento público do qual se infira, por direito, ter o requerente **idade superior a dezoito anos** e do qual conste, também, os demais elementos necessários à sua qualificação; (...)

Atualização ao Código Eleitoral nº 04: veja a palavra *ut supra* grifada, pois, como já relatei, a Constituição Federal, no art. 14, § 1º, II, *c*, admite o alistamento facultativo aos maiores de dezesseis e menores de dezoito anos.

> IV – Documento do qual se infira a nacionalidade brasileira, **originária ou adquirida**, do requerente.

Atualização ao Código Eleitoral nº 05: a Lei nº 6.192/1974, que "dispõe sobre restrições a brasileiros natos e naturalizados e dá outras providências": "Art. 1º É vedada qualquer distinção entre brasileiros natos e naturalizados. (...) Art. 4º Nos documentos públicos, a indicação da nacionalidade brasileira alcançada mediante naturalização far-se-á sem referência a essa circunstância."

Posicionamento majoritário do TSE: inexigibilidade de prova de opção pela nacionalidade brasileira para fins de alistamento eleitoral, não prevista na legislação pertinente.[9]

---

[9] TSE – REsp nº 21.385/2003.

▸ OBSERVAÇÕES DIDÁTICAS

a) Será devolvido o requerimento que não contenha os dados constantes do modelo oficial, na mesma ordem, e em caracteres inequívocos.
b) Preconiza o art. 45 do Código Eleitoral:

> O escrivão, o funcionário ou **o preparador**, recebendo a fórmula e os documentos, determinará que o alistando **date e assine** a petição em ato contínuo, atestará terem sido **a data e a assinatura** lançados na sua presença; em seguida, tomará **a assinatura** do requerente na **"folha individual de votação"** e nas duas vias do título eleitoral, dando recibo da petição e do documento.
> § 1º. O requerimento será submetido ao despacho do juiz nas 48 (quarenta e oito) horas seguintes.
> § 2º. Poderá o juiz, se tiver dúvida quanto à identidade do requerente ou sobre qualquer outro requisito para o alistamento, converter o julgamento em diligência para que o alistando esclareça ou complete a prova ou, se for necessário, compareça pessoalmente à sua presença.
> § 3º. Se se tratar de qualquer omissão ou irregularidade que possa ser sanada, fixará o juiz para isso prazo razoável.
> § 4º. Deferido o pedido, no prazo de cinco dias, o título e o documento que instruiu o pedido serão entregues pelo juiz, escrivão, funcionário ou **preparador**. A entrega far-se-á ao próprio eleitor, mediante recibo, ou a quem o eleitor autorizar por escrito o recebimento, cancelando-se o título cuja **assinatura** não for idêntica à do requerimento de inscrição e à do recibo.
> O recibo será obrigatoriamente anexado ao processo eleitoral, incorrendo o juiz que não o fizer na multa de um a cinco **salários mínimos regionais**, na qual incorrerão ainda o escrivão, funcionário ou **preparador**, se responsáveis, bem como qualquer deles, se entregarem ao eleitor o título cuja **assinatura** não for idêntica à do requerimento de inscrição e do recibo ou o fizerem a pessoa não autorizada por escrito.

Atualização ao Código Eleitoral nº 06: veja que o art. 14 da Lei nº 8.868/1994 torna sem efeito a menção ao preparador, ao revogar o inciso XI do art. 30 e o inciso VII do art. 35, além dos arts. 62 a 65 e 294 do Código Eleitoral. A Lei nº 7.444/1985, art. 5º, § 1º: no caso de analfabeto, será feita a impressão digital do polegar direito.

Veja também, na atualização nº 1, o que falei sobre a vinculação ao salário mínimo.

> § 5º A restituição de qualquer documento não poderá ser feita antes de despachado o pedido de alistamento pelo juiz eleitoral.
> § 6º Quinzenalmente o juiz eleitoral fará publicar pela imprensa, onde houver, ou por editais, a lista dos pedidos de inscrição, mencionando os deferidos, os indeferidos e os convertidos em diligência, contando-se dessa publicação o prazo para os recursos a que se refere o parágrafo seguinte.
> § 7º Do despacho que indeferir o requerimento de inscrição caberá recurso interposto pelo alistando e do que o deferir poderá recorrer qualquer delegado de partido.

Atualização ao Código Eleitoral nº 07: veja a Lei nº 6.996/1982, art. 7º, § 1º: prazo de cinco dias para interposição de recurso pelo alistando e de dez dias pelo delegado de partido, nos casos de inscrição originária ou de transferência.

> § 8º Os recursos referidos no parágrafo anterior serão julgados pelo Tribunal Regional Eleitoral dentro de 5 (cinco) dias.
> § 9º Findo esse prazo, sem que o alistando se manifeste, ou logo que seja desprovido o recurso em instância superior, o juiz inutilizará **a folha individual de votação** assinada pelo requerente, a qual ficará fazendo parte integrante do processo e não poderá, em qualquer tempo, ser substituída, nem dele retirada, sob pena de incorrer o responsável nas sanções previstas no art. 293 do Código Eleitoral, *in verbis*:
> Perturbar ou impedir de qualquer forma o alistamento: Pena – detenção de 15 dias a seis meses ou pagamento de 30 a 60 dias-multa.

Atualização ao Código Eleitoral nº 08: veja que a Lei nº 6.996/1982, art. 12, substituiu a folha individual de votação por listas de eleitores emitidas por computador no processamento eletrônico de dados.

> § 10. No caso de indeferimento do pedido, o Cartório devolverá ao requerente, mediante recibo, **as fotografias** e o documento com que houver instruído o seu requerimento.

Veja, na atualização nº 02, o que falei sobre a exigência de fotografias.

> § 11. O título eleitoral e a **folha individual** de votação somente serão assinados pelo juiz eleitoral depois de preenchidos pelo cartório e de deferido o pedido, sob as penas do art. 293 do Código Eleitoral.

Veja, na atualização nº 08, o que falei sobre a folha individual de votação.

> § 12. É obrigatória a remessa ao Tribunal Regional da ficha do eleitor, após a expedição do seu título.

c) As certidões de nascimento ou casamento, quando destinadas ao alistamento eleitoral, serão fornecidas gratuitamente, segundo a ordem dos pedidos apresentados em cartório pelos alistandos ou delegados de partido. Veja que a Lei nº 9.534, de 10/12/1997, preconiza a gratuidade do registro civil de nascimento e da certidão respectiva.
d) O empregado, mediante comunicação com quarenta e oito horas de antecedência, poderá deixar de comparecer ao serviço, sem prejuízo do salário e por tempo não excedente a dois dias, para o fim de se alistar eleitor ou requerer transferência. Veja a CLT, no art. 473, inciso V, *in verbis:*

> O empregado poderá deixar de comparecer ao serviço, sem prejuízo do salário (Redação do caput e incisos do Decreto-Lei nº 229, de 28/02/1967): (...)

V – até 2 (dois) dias consecutivos ou não, para o fim de se alistar eleitor, nos termos da lei respectiva.

e) Sobre o alistamento dos cegos, veja o que dispõe o Código Eleitoral:

Art. 49. Os cegos alfabetizados pelo sistema "Braille", que reunirem as demais condições de alistamento, podem qualificar-se mediante o preenchimento da fórmula impressa e a aposição do nome com as letras do referido alfabeto.
Art. 50. O juiz eleitoral providenciará para que se proceda ao alistamento nas próprias sedes dos estabelecimentos de proteção aos cegos, marcando, previamente, dia e hora para tal fim, podendo se inscrever na zona eleitoral correspondente todos os cegos do município.
§ 1º Os eleitores inscritos em tais condições deverão ser localizados em uma mesma seção da respectiva zona.
§ 2º Se no alistamento realizado pela forma prevista nos artigos anteriores, o número de eleitores não alcançar o mínimo exigido, este se completará com a inclusão de outros ainda que não sejam cegos.

É lícito aos partidos políticos, por seus delegados, acompanhar os processos de inscrição e examinar, sem perturbação do serviço e em presença dos servidores designados, os documentos relativos ao alistamento eleitoral, podendo deles tirar cópias ou fotocópias.

2.5. Do encerramento do alistamento

O art. 68 do Código Eleitoral preconiza que:

Em audiência pública, que se realizará às 14 horas do 69º dia anterior à eleição, o juiz eleitoral declarará encerrada a inscrição de eleitores na respectiva zona e proclamará o número dos inscritos até as 18 horas do dia anterior, o que comunicará incontinenti ao Tribunal Regional Eleitoral, por telegrama, e fará público em edital, imediatamente afixado no lugar próprio do juízo e divulgado pela imprensa, onde houver, declarando nele o nome do último eleitor inscrito e o número do respectivo título, fornecendo aos diretórios municipais dos partidos cópia autêntica desse edital.
§ 1º Na mesma data, será encerrada a transferência de eleitores, devendo constar do telegrama do juiz eleitoral ao Tribunal Regional Eleitoral, do edital e da cópia deste fornecida aos diretórios municipais dos partidos e da publicação da imprensa, os nomes dos dez últimos eleitores, cujos processos de transferência estejam definitivamente ultimados e os números dos respectivos títulos eleitorais.

Atualização ao Código Eleitoral. Derrogada está a previsão do artigo *ut supra* quando o mesmo afirma *"Na mesma data será encerrada a transferência de eleitores..."*, pois como já relatei, com a nova redação do art. 91 da Lei nº 9.504/1997, podemos afirmar que o alistamento eleitoral será realizado ininterruptamente, sendo paralisados os trabalhos 150 dias antes do pleito até o fim da apuração das eleições.

O despacho de pedido de inscrição, transferência ou segunda via, proferido após esgotado o prazo legal, sujeita o juiz eleitoral às penas do art. 290, *in verbis:*

> Art. 290. Induzir alguém a se inscrever eleitor com infração de qualquer dispositivo deste Código. Pena – reclusão até 2 (dois) anos e pagamento de 15 (quinze) a 30 (trinta) dias-multa.

O alistamento reabrir-se-á em cada zona, logo que estejam concluídos os trabalhos de sua junta eleitoral.

Entre nós, é inadmissível o alistamento de ofício, dependendo sempre de um requerimento, datado e assinado pelo alistando em presença de autoridade ou serventuário da Justiça Eleitoral.

Por fim, lembramos que realizar inscrição de forma fraudulenta é crime na forma do artigo infracitado:

> Art. 291. Efetuar o juiz, fraudulentamente, a inscrição de alistando. Pena – reclusão até 5 anos e pagamento de cinco a quinze dias-multa.

3. Do domicílio eleitoral

Segundo **Washington de Barros Monteiro**, "residência é a relação de fato, é o lugar em que a pessoa habita ou tem o centro de suas ocupações". Domiciliado, para o autorizado civilista, é conceito puramente jurídico, criado pela lei, para presumir-se, para fins de Direito, estar presente a pessoa em determinado lugar.[10]

Veja o art. 42, parágrafo único, do Código Eleitoral:

> Para o efeito da inscrição, é domicílio eleitoral o lugar de residência ou moradia do requerente, e, verifica do ter o alistando mais de uma, considerar-se-á domicílio qualquer delas.

Joel José Cândido[11] leciona que:

> No art. 42, parágrafo único, o Código Eleitoral definiu o domicílio. Definiu, mas não conceituou domicílio, o que tem gerado inúmeras controvérsias sobre o parágrafo. Não seguiu a esteira do art. 31 do Código Civil,[12] onde a característica do domicílio é o animus definitivo de morar. Para o legislador de 1965, domicílio = residência = moradia, o que, às vezes, pela riqueza e a situação de fato, não é suficiente para decidir. Termina, como tem ocorrido, se julgando em favor do interessado, em decorrência da imprecisão da norma. Mais feliz foi o legislador do Código Eleitoral de 1935, onde o domicílio eleitoral era o mesmo domicílio civil. A jurisprudência, porém, embora por

---

10 cf. Barros Monteiro, Washington de. *Curso de Direito Civil.* São Paulo: Saraiva, v. 1, p. 132-133.

11 No mesmo sentido Cândido, Joel José. *Op. cit.*

12 Atualizando a posição do renomado autor, leia o art. 70 do novo Código Civil: "O domicílio da pessoa natural é o lugar onde ela estabelece a sua residência com ânimo definitivo."

> isso se tenha pago um preço muito caro, reluta em exigir, para caracterizar o domicílio eleitoral, os mesmos requisitos que estão a indicar o domicílio civil: "Domicílio eleitoral. Não se confunde com domicílio civil. Fatos que demonstram a existência do domicílio eleitoral. Prova."[13]

Minha posição: veja os acórdãos do TSE de nº 16.397/2000 e nº 18.124/2000: o conceito de domicílio eleitoral não se confunde, necessariamente, com o de domicílio civil; aquele, mais flexível e elástico, identifica-se com a residência e o lugar onde o interessado tem vínculos (políticos, sociais, patrimoniais, negociais).

O Novo Código Civil, no art. 70, considera domicílio o lugar onde a pessoa estabelece a sua residência com ânimo definitivo. Se tiver duas residências onde viva, o domicílio será qualquer uma delas. Mas no *HC* nº 210, o TSE esclarece que, em relação ao domicílio, o *"ânimo definitivo, próprio do Direito Civil, não compõe o conceito em Direito Eleitoral"*.[14]

Portanto, hoje, o entendimento jurisprudencial é no sentido de que: "Domicílio eleitoral abrange, inclusive, a existência de vínculo pessoal com o município, constituindo-se local do exercício de atividades políticas, de aspectos comunitários ou meramente profissionais. A jurisprudência do TSE é pacífica no sentido de que a comprovação do domicílio eleitoral se dá com a existência de vínculos, incluindo os de natureza econômica, política, comunitária, além dos sentimentos de amizades. Pedido de transferência que se defere, nos termos do art. 42, parágrafo único, do Código Eleitoral."[15]

▸ INDAGAÇÃO DIDÁTICA I

Agora você já pode resolver esta questão elaborada em um concurso jurídico: *"Ocupação esporádica de imóvel pode ser invocada para comprovação do domicílio eleitoral?"*

Resposta: Djalma Pinto apresenta a seguinte lição: "Anteriormente, sustentamos não poder a ocupação esporádica de imóvel ser invocada para comprovação do domicílio eleitoral, chancelando este posicionamento do Egrégio Tribunal Regional Eleitoral de São Paulo.[16]

Cita o renomado autor os seguintes julgados:

> Alistamento eleitoral, domicílio. Imóvel de veraneio, ocupado esporadicamente, não caracteriza domicílio, sob o aspecto civil e político, de modo a justificar a inscrição eleitoral no local.[17]

---

[13] Acórdão nº 8.246, de 3/10/1986, *in* BE-TSE nº 424/766. *Vide*, também, BE-TSE nº 373/381-382.

[14] JTSE nº 6, p. 11.

[15] Processo 12.488, TRE/CE, publicado na sessão do dia 24 de novembro de 2003.

[16] Nesse sentido: PINTO, Djalma. *Direito Eleitoral, anotações e temas polêmicos*. 3. ed. Rio de Janeiro: Forense.

[17] Acórdão nº 73.267, TRE-SP. 2. *In* BE nº 6/21.

Entretanto, a ênfase ao vínculo patrimonial, dada pelo Tribunal Superior Eleitoral, ao considerar domicílio eleitoral, também, o lugar onde o eleitor detém a propriedade de imóvel, independentemente de ali residir permanentemente, parece mais compatível com a flexibilidade contida na expressão "moradia", utilizada pelo Código Eleitoral, no parágrafo único do art. 42, para a caracterização do domicílio eleitoral.

"É domicílio eleitoral o lugar de residência ou moradia do requerente", esclarece a norma citada. Moradia, por sua vez, não é apenas o lugar onde se reside com a intenção de permanecer, mas, também, o lugar de simples estada habitual, de mera habitação, que a própria titularidade da propriedade do imóvel propicia ao seu dono.

Posição majoritária do TSE: a jurisprudência do Tribunal Superior Eleitoral pacificou-se no sentido de que, se o eleitor mantém, no Município, laços patrimoniais ou familiares, pode, ali, caracterizar-se o seu domicilio eleitoral, ainda que residindo só eventualmente. Por isso, se o eleitor nasceu em determinado Município, onde residem seus genitores, não se afigura razoável recusar-lhe o domicílio eleitoral sob o fundamento de que ali não mais reside. O vínculo com aquele lugar deve ser considerado para aferição do domicílio eleitoral. Entre outros, podem ser alinhados os seguintes acórdãos daquela Corte:

> Recurso Especial – art. 77 do CE – Exclusão de eleitores inscritos em Município onde não mais possuam domicílio civil – EXISTÊNCIA DE VÍNCULOS com a localidade – possibilidade de manutenção do mesmo domicílio eleitoral – Transferência não obrigatória.
> Para efeitos de cancelamento, previsto no art. 71 do CE, a infração do art. 42 do CE deve ser considerada no momento da inscrição. Recurso conhecido e provido.[18]
> Recurso Especial. Domicílio eleitoral. Comprovada a IDENTIFICAÇÃO E VINCULAÇÃO DO CIDADÃO AO MUNICÍPIO, há de ser deferido o pedido de transferência. Recurso provido.[19]

▸ ATENÇÃO

Corrija o erro da questão de concurso a seguir:

"Para a configuração de domicílio eleitoral, não basta que o interessado mantenha vínculos políticos, comunitários ou familiares com o local pelo qual será candidato, sendo necessário que nele resida com *animus* definitivo" (CESPE. Analista Judiciário. TRE/GO).

▸ INDAGAÇÃO DIDÁTICA II

Responda agora esta questão elaborada em um concurso jurídico: *"A câmara municipal pode cassar o mandato de Vereador que residir fora do Município?"*

Resposta: Sim, conforme a redação do art. 7º do Decreto-lei nº 201: "A Câmara poderá cassar o mandato de Vereador, quando: II – fixar residência fora do Município."

---

[18] REsp. nº 15.241, Rel. Ministro Eduardo Alckmin, *DJU* de 11/06/1999, p. 90.

[19] REsp. nº 14.611, julgado em 17/12/1996, Relator Ministro Francisco Rezek.

4. Da vinculação do eleitor

Conforme o art. 46, § 3º, do Código Eleitoral: "o eleitor ficará vinculado permanentemente à seção eleitoral indicada no seu título, salvo":

> I – se se transferir de zona ou Município, hipótese em que deverá requerer transferência;
> II – se, **até 100 (cem) dias antes da eleição**, provar, perante o Juiz Eleitoral, que mudou de residência dentro do mesmo Município, de um distrito para outro ou para lugar muito distante da seção em que se acha inscrito, caso em que serão feitas na folha de votação e no título eleitoral, para esse fim exibido, as alterações correspondentes, devidamente autenticadas pela autoridade judiciária.

Atualização ao Código Eleitoral nº 09: veja que a Lei nº 9.504/1997 (Lei das Eleições), art. 91, *caput*, fixa o tempo em cento e cinquenta dias, portanto: "Nenhum requerimento de inscrição eleitoral ou de transferência será recebido dentro dos cento e cinquenta dias anteriores à data da eleição."

5. Da retificação do título

São duas as possibilidades de retificação previstas no Código Eleitoral.

Primeira: quando no título constar erro evidente.

Segunda: quando houver indicação de seção diferente daquela a que devesse corresponder a residência indicada no pedido de inscrição ou transferência.

Veja a previsão no art. 46, § 4º, do Código Eleitoral:

> O eleitor poderá, a qualquer tempo, requerer ao juiz eleitoral a retificação de seu título eleitoral ou de sua **folha individual de votação**,[20] quando neles constar erro evidente, ou indicação de seção diferente daquela a que devesse corresponder a residência indicada no pedido de inscrição ou transferência. (Parágrafo acrescentado pela Lei nº 4.961, de 04/05/1966.)

O erro, para ser evidente, é o facilmente percebível e que se encontra demonstrado em provas documentais, já que não é possível fazer instrução probatória.

O título eleitoral servirá de prova de que o eleitor está inscrito na seção em que deve votar. E, uma vez datado e assinado pelo presidente da mesa receptora, servirá também de prova de haver o eleitor votado.

6. Da segunda via

No caso de perda ou extravio de seu título, requererá o eleitor ao juiz do seu domicílio eleitoral, **até dez dias antes da eleição**, que lhe expeça segunda via.

---

[20] Como já relatei, a Lei nº 6.996/1982, art. 12, substituiu a folha individual de votação por listas de eleitores emitidas por computador no processamento eletrônico de dados.

6.1. O procedimento

O pedido de segunda via será apresentado em cartório, pessoalmente, pelo eleitor, instruído o requerimento, no caso de inutilização ou dilaceração, com a primeira via do título.

Preconiza o art. 52, § 2º, do Código Eleitoral que:

> No caso de perda ou extravio do título, o Juiz, após receber o requerimento de segunda via, fará publicar, pelo prazo de 5 (cinco) dias, pela imprensa, onde houver, ou por editais, a notícia do extravio ou perda e do requerimento de segunda via, deferindo o pedido, findo este prazo, se não houver impugnação.

▸ CUIDADO I: NÃO CAIA NESSA PEGADINHA!

Responda esta questão: julgue este item com C ou E.

( ) No caso de perda ou extravio do título, o Juiz, após receber o requerimento de segunda via, fará publicar, pelo prazo de 5 (cinco) dias.

Resposta: E. **Mas... Professor Dirceu.... Acabamos de ler o** 52 § 2º do Código Eleitoral diz que são 5 (cinco) dias. É verdade, vamos fazer uma **atualização ao Código Eleitoral.**

Na decisão formulada no PA nº 19.536 de 4.4.2006 e na Pet nº 1.817 de 19.3.2007, o Corregedor-Geral Eleitoral, finalizou afirmando:

> "(...) ficando, por idênticas razões, parcialmente superado o disposto no § 2º do art. 52 do mesmo código, relativamente a segunda via".

Como o prazo para o partido político e o Ministério Público Eleitoral recorrer são dez dias, o juiz não pode *publicar, pelo prazo de 5 (cinco) dias e deferir o pedido, findo este prazo, se não houver impugnação.*

Portanto, o art. 52, § 2º, do Código Eleitoral deve ser lido assim:

> ***"No caso de perda ou extravio do título, o Juiz, após receber o requerimento de segunda via, fará publicar, pelo prazo de 10 (dez) dias, pela imprensa, onde houver, ou por editais, a notícia do extravio ou perda e do requerimento de segunda via, deferindo o pedido, findo este prazo, se não houver impugnação".***

Obs.: No estudo do item 8 voltaremos a tratar do assunto.

6.2. A segunda via do eleitor que estiver fora do seu domicílio eleitoral

Se o eleitor estiver fora do seu domicílio eleitoral, poderá requerer a segunda via ao juiz da zona em que se encontrar, esclarecendo se vai recebê-la na sua zona ou na que requereu.

Há exigência no Código Eleitoral de que o requerimento seja acompanhado de um novo título assinado pelo eleitor na presença do escrivão ou de funcionário designado e que será encaminhado ao juiz da zona do eleitor. Não esqueça: a Lei nº 7.444/1985, art. 5º, § 4º, c/c o art. 1º, *caput*, dispensa as fotografias no alistamento e na segunda via por processamento eletrônico.

Antes de processar o pedido, na forma já citada, o juiz determinará que se confira a assinatura constante do novo título.

Deferido o pedido, o título será enviado ao juiz da zona que remeteu o requerimento, caso o eleitor haja solicitado essa providência, ou ficará em cartório, aguardando que o interessado o procure.

6.3. O tempo para retirar a segunda via quando o eleitor estiver fora de seu domicílio eleitoral

Quando o eleitor estiver fora de seu domicílio eleitoral, o pedido de segunda via só poderá ser recebido até 60 (sessenta) dias antes do pleito.

6.4. O valor da segunda via

Afirma o art. 54 do Código Eleitoral que o requerimento de segunda via, em qualquer das hipóteses, deverá ser assinado sobre **selos federais,** correspondentes a 2% (dois por cento) **do salário mínimo da zona eleitoral de inscrição**.

Atualizando o Código Eleitoral: a Lei nº 5.143, de 20/10/1966 (DO de 24/10/1966), em seu art. 15, aboliu o imposto do selo. A Instrução Normativa nº 36, de 21/06/1996, da Secretaria da Receita Federal, que "dispõe sobre a arrecadação das multas do Código Eleitoral e leis conexas pela rede arrecadadora de receitas federais", diz, em seu art. 1º: "As multas previstas no Código Eleitoral e leis conexas serão recolhidas ao Tesouro Nacional por intermédio das agências bancárias integrantes da rede arrecadadora de receitas federais, mediante preenchimento de Documentação de Arrecadação de Receitas Federais (Darf), preenchida de acordo com as instruções anexas." Veja também o que falei sobre a vedação à vinculação ao salário mínimo.

6.5. Condição à expedição da segunda via

Segundo o art. 54, parágrafo único, do Código Eleitoral, somente será expedida segunda via ao eleitor que estiver quite com a Justiça Eleitoral, exigindo-se, para o que foi multado e ainda não liquidou a dívida, o prévio pagamento, através de selo federal inutilizado nos autos.[21]

6.6. A competência em caso de mudança de domicílio

Em caso de mudança de domicílio, cabe ao eleitor requerer ao juiz do novo domicílio sua transferência, juntando o título anterior.

---

[21] Veja que a Lei nº 5.143/1966 aboliu o Imposto do Selo.

7. Da transferência

7.1. As condições da transferência

A transferência só será admitida, satisfeitas as seguintes exigências.

7.2. O tempo do requerimento

a) **O Código Eleitoral apresenta as seguintes regras (veja o art. 55 do Código Eleitoral):**

> I - entrada do requerimento no Cartório Eleitoral do novo domicílio até 100 (cem) dias antes da data da eleição;

Minha posição: entendo que este inciso foi revogado pelo art. 91 da Lei nº 9.504/1997: "Nenhum requerimento de inscrição eleitoral ou transferência será recebido dentro dos cento e cinquenta dias anteriores à data da eleição." Veja que, através da Resolução nº 20.166, de 07/04/1998, o TSE deliberou que os pedidos de inscrição eleitoral, de transferência de domicílio e de alteração do local de votação, neste caso, formulados por eleitor residente no mesmo Município, somente poderão ser deferidos, se apresentados até cento e cinquenta dias antes das eleições.

b) **O tempo da inscrição primitiva:**

> II - transcorrência de pelo menos 1 (um) ano da inscrição primitiva;

c) **O tempo no novo domicílio:**

> III - residência mínima de 3 (três) meses no novo domicílio, atestada pela autoridade policial ou provada por outros meios convincentes.

Atualização do Código Eleitoral: veja a Lei nº 6.996/1982, art. 8º, III: residência declarada, sob as penas da lei, pelo próprio eleitor e também o Acórdão - TSE nº 196/1996: o inciso III foi derrogado pelo art. 8º, III, da lei citada. Portanto, não é necessário o atestado de residência expedido pela autoridade policial; o próprio eleitor pode declarar o seu tempo de residência.

Posicionamento majoritário do TSE: este inciso III foi derrogado pelo art. 8º, III, da lei citada. Lei nº 7.115/1983, art. 1º: "A declaração destinada a fazer prova de vida, residência, pobreza, dependência econômica, homonímia ou bons antecedentes, quando firmada pelo próprio interessado ou por procurador bastante, e sob as penas da lei, presume-se verdadeira."[22]

---

[22] TSE - AC nº 196/1996.

▸ OBSERVAÇÃO IMPORTANTE

O disposto nos incisos II e III do art. 55 do CE não se aplica quando se tratar de transferência de título eleitoral de servidor público civil, militar, autárquico, ou de membro de sua família, por motivo de remoção ou transferência.

Joel José Cândido[23] apresenta a seguinte lição didática:

> O procedimento das transferências encontra-se regulado pelos arts. 55 a 61 do Código Eleitoral, derrogado o primeiro pelo art. 8º da Lei nº 6.996/1982. Pelos textos legais, há três condições para o deferimento do pedido:
> a) entrada do requerimento no Cartório Eleitoral do novo domicílio até cem dias[24] (leia a observação na nota de rodapé) antes da data da eleição;
> b) transcurso de, pelo menos, um ano da inscrição anterior; e
> c) residência mínima de três meses no novo domicílio, declarada, sob as penas da lei, pelo próprio eleitor.
>
> Ressalta o parágrafo único desse art. 82 que as exigências das alíneas b e c não se aplicam à transferência de título eleitoral de servidor público civil, militar, autárquico, ou de membro de sua família, por motivo de remoção ou transferência.
>
> O art. 56 do Código Eleitoral prevê o processo de transferência nos casos de perda ou extravio do título anterior. O título ali referido era o relativo a modelo usado pela Justiça Eleitoral antes do recadastramento de 1986.
>
> Com o advento do processamento eletrônico de dados nos serviços eleitorais, o modelo de título eleitoral foi simplificado, não se caracterizando mais como documento em sentido legal. Não possui mais a foto do eleitor, nem incorpora, como o anterior, os comprovantes de votação. Estes são dados em pequenos canhotos destacáveis da listagem de eleitores, ali impressos em formulário contínuo. Assim, perdido o título, eventualmente, pode comprovar que votou, desde que ainda tenha os respectivos canhotos que recebera da mesa receptora nas eleições.
>
> Eventualmente perdidos o título e os comprovantes de votação, dever-se-ia instaurar o processo previsto no art. 56.

▸ RESUMO DIDÁTICO

Exigências para o deferimento da transferência:

a) 3 meses no novo domicílio;
b) 1 ano do título anterior;

---

[23] *Op. cit.*

[24] Atualizando a posição do renomado autor, leia o art. 91 da Lei nº 9.504/1997: "Nenhum requerimento de inscrição eleitoral ou de transferência será recebido dentro dos cento e cinquenta dias anteriores à data da eleição."

c) Pedido realizado 151 dias antes da eleição (*porque 150 dias antes da eleição é o período de vedação*).

As exigências "a" e "b" não se aplicam quando se tratar de transferência de título eleitoral de servidor público civil, militar, autárquico, ou de membro de sua família, por motivo de remoção ou transferência.

8. O procedimento no caso de perda ou extravio do título anterior

No caso de perda ou extravio do título anterior, declarado esse fato na petição de transferência, o juiz do novo domicílio, como ato preliminar, requisitará, por telegrama, a confirmação do alegado à zona eleitoral onde o requerente se achava inscrito.

O juiz do antigo domicílio, no prazo de cinco dias, responderá por ofício ou telegrama, esclarecendo se o interessado é realmente eleitor, se a inscrição está em vigor, e, ainda, qual o número e a data da inscrição respectiva.

A informação supramencionada suprirá a falta do título extraviado, ou perdido, para o efeito da transferência, devendo fazer parte integrante do processo.

Segundo o art. 57 do Código Eleitoral:

> O requerimento de transferência de domicílio eleitoral será imediatamente publicado na imprensa oficial na Capital, e em cartório nas demais localidades, podendo os interessados impugná-lo no **prazo de 10 (dez) dias.**
> § 1º Certificado o cumprimento do disposto neste artigo, o pedido deverá ser desde logo decidido, devendo o despacho do juiz ser publicado pela mesma forma. (grifo nosso)

9. O recurso contra a denegação do pedido de transferência

Segundo o Código Eleitoral poderá recorrer para o Tribunal Regional Eleitoral, no prazo de três dias, o eleitor que pediu a transferência, sendo-lhe a mesma negada, ou qualquer delegado de partido, quando o pedido for deferido.

Atualização ao Código Eleitoral:

O prazo do recurso comporta controvérsia na jurisprudência:

1ª posição: Norma disposta nos arts. 17, § 1º, e 18, § 5º, da Res.-TSE no 21.538/2003. Ac.-TSE nº 4.339/2003: "*[...] o art. 7º, § 1º, da Lei nº 6.996/1982 não alterou o art. 57 do Código Eleitoral. Versam os artigos institutos diferentes – inscrição e transferência eleitorais, respectivamente*".

2ª posição: Em sentido contrário, decisão monocrática do corregedor-geral eleitoral, de 4.4.2006, no PA n º 19.536 e, de 19.3.2007, na Pet nº 1.817: "*[...] as disposições contidas nos arts. 17, § 1º, e 18, § 5º, da Res.-TSE nº 21.538/2003, aprovadas em consonância com o art. 7º, § 1º, da Lei nº 6.996/1982, legitimamente alteraram o procedimento do art. 57 do Código Eleitoral, compatibilizando-o com a sistemática de prestação de serviços eleitorais introduzida com a implantação do processamento eletrônico no alistamento eleitoral (Lei nº 7.444/1985), ficando, por idênticas razões, parcialmente superado o disposto no § 2º do art. 52 do mesmo código, relativamente a segunda via*".

Minha posição: a segunda. O § 1º do art. 7º da Lei nº 6.996/1982 estabeleceu o prazo de 5 dias para interposição de recurso pelo alistando e de 10 dias pelo delegado de partido nos casos de inscrição originária ou de transferência.

CUIDADO I: NÃO CAIA NESSA PEGADINHA!

Responda esta questão: julgue este item com C ou E.

( ) Poderá recorrer para o Tribunal Regional Eleitoral, no prazo de 3 (três) dias, o eleitor que pediu a transferência, sendo-lhe a mesma negada, ou qualquer Delegado de partido, quando o pedido for deferido.

Resposta: E.

CUIDADO II: NÃO CAIA NESSA PEGADINHA!

Responda esta questão: julgue este item com C ou E.

( ) Em caso de indeferimento da transferência, o eleitor poderá recorrer da decisão no prazo de dez dias.

Resposta: E.

CUIDADO III: NÃO CAIA NESSA PEGADINHA!

Responda esta questão: julgue este item com C ou E.

( ) No caso de deferimento da transferência o partido político pode recorrer no prazo é de três dias, contados da afixação da listagem dos eleitores.

Resposta: E.

▸ RESUMO DIDÁTICO

a) Em caso de ***indeferimento*** da transferência, o eleitor poderá recorrer da decisão no prazo de *cinco dias*, pois o art. 7º, § 1º, da Lei nº 6.996/1982, derrogou o § 2º do art. 57 do Código Eleitoral.
b) No caso de ***deferimento*** da transferência, o prazo é de *dez dias*, contados da afixação da listagem dos eleitores.

Observação importante: a legitimidade para recorrer do ***deferimento*** da transferência é do delegado de partido político e do Ministério Público Eleitoral.

A questão ainda pode ser elaborada com três variantes:

CUIDADO IV: NÃO CAIA NESSA PEGADINHA!

Responda esta questão: julgue estes itens com C ou E.

I – ( ) **Em caso de *deferimento* da transferência, o eleitor poderá recorrer da decisão no prazo de *cinco dias*.**

II – ( ) **No caso de *indeferimento* da transferência, o partido político ou Ministério Público pode recorrer no prazo é de dez dias, contados da afixação da listagem dos eleitores.**

III – ( ) **A legitimidade para recorrer do *deferimento* da transferência é do delegado de partido político, do Ministério Público Eleitoral e do eleitor que requer a transferência.**

Resposta: leia o "resumo didático" anterior e identifique porque todos estão errados.

O recurso cabível é o inominado e cabe juízo de retratação.

9.1. O procedimento

Dentro de cinco dias, o Tribunal Regional Eleitoral decidirá do recurso interposto nos termos do item anterior.

Só será expedido o novo título, decorridos os prazos supramencionados.

Expedido o novo título, o juiz comunicará a transferência ao Tribunal Regional competente, no prazo de dez dias, enviando-lhe o título eleitoral, se houver, ou documento a que se refere o § 1º do art. 56 do Código Eleitoral, *in verbis:*

> O juiz do antigo domicílio, no prazo de cinco dias, responderá por ofício ou telegrama, esclarecendo se o interessado é realmente eleitor, se a inscrição está em vigor, e, ainda, qual o número e a data da inscrição respectiva.

Na mesma data, comunicará ao juiz da zona de origem a concessão da transferência e requisitará a "folha individual de votação".

Diz o art. 58, § 2º, do Código Eleitoral que, "na nova **folha individual de votação,** ficará consignado, na coluna destinada a "anotações", que a inscrição foi obtida por transferência, e, de acordo com os elementos constantes do título primitivo, qual o último pleito em que o eleitor transferido votou. Esta anotação constará, também, de seu título".

Veja, na atualização nº 08, o que falei sobre a folha de votação individual.

Esta anotação constará, também, de seu título.

10. O arquivamento do processo de transferência

Segundo o Código Eleitoral (art. 58, §§ 3º e 4º):

> § 3º O processo de transferência só será arquivado após o recebimento da **folha individual de votação** da zona de origem, que dele ficará constando, devidamente inutilizada, mediante aposição de carimbo a tinta vermelha.
> § 4º No caso de transferência de município ou distrito dentro da mesma zona, deferido o pedido, o juiz determinará a transposição da folha individual de votação para a pasta correspondente ao novo domicílio, a anotação de mudança no título eleitoral e comunicará ao Tribunal Regional para a necessária averbação na ficha do eleitor.

Veja, na atualização nº 08, o que falei sobre a folha de votação individual.

10.1. O procedimento do juiz

Relata o Código Eleitoral (art. 59) que, na zona de origem, recebida do juiz do novo domicílio a comunicação de transferência, o juiz tomará as seguintes providências:

a) determinará o cancelamento da inscrição do transferido e a remessa dentro de três dias, da **folha individual** de votação ao juiz requisitante;
Veja, na atualização nº 08, o que falei sobre a folha de votação individual.
b) ordenará a retirada do fichário da segunda parte do título;
c) comunicará o cancelamento ao Tribunal Regional a que estiver subordinado, que fará a devida anotação na ficha de seus arquivos;
d) se o eleitor havia assinado ficha de registro de partido, comunicará ao juiz do novo domicílio e, ainda, ao Tribunal Regional, se a transferência foi concedida para outro Estado.
O eleitor transferido não poderá votar no novo domicílio eleitoral em eleição suplementar à que tiver sido realizada antes de sua transferência.

10.2. Impedimento ao pedido de transferência

Somente será concedida transferência ao eleitor que estiver quite com a Justiça Eleitoral.

Se o requerente não instruir o pedido de transferência com o título anterior, o juiz do novo domicílio, ao solicitar informação ao da zona de origem, indagará se o eleitor está quite com a Justiça Eleitoral, ou não o estando, qual a importância da multa imposta e não paga.

Instruído o pedido com o título, e verificado que o eleitor não votou em eleição anterior, o juiz do novo domicílio solicitará informações sobre o valor da multa arbitrada na zona de origem, salvo se o eleitor não quiser aguardar a resposta, hipótese em que pagará o máximo previsto.

O pagamento da multa, em qualquer das hipóteses supramencionadas, será comunicado ao juízo de origem para as necessárias anotações.

Posicionamento majoritário do TSE: o TSE entende ser possível o acompanhamento, pelos partidos políticos, dos pedidos de alistamentos, transferência, segundas vias e quaisquer outros, até mesmo emissão e entrega de títulos eleitorais.[25]

11. Entendimento sumulado pelo TSE

SÚMULA Nº 14

A duplicidade de que cuida o parágrafo único do art. 22 da Lei nº 9.096/1995 somente fica caracterizada, caso a nova filiação haja ocorrido após a remessa das listas previstas no parágrafo único do art. 58 da referida lei.

▸ CUIDADO

A minirreforma eleitoral alterou o art. 22 da Lei nº 9.096/1995 e revogou totalmente essa súmula. Mas, professor Dirceu, por que a súmula não foi retirada

---

[25] TSE – REsp nº 21.538/2003, art. 27.

do livro? Por um motivo bem simples, a redação da súmula será "cobrada" no seu concurso, portanto, coloque "E" de errado.

12. Pequena revisão didática

Observação didática nº 01. O alistamento eleitoral e o voto são obrigatórios para a pessoa maior de dezoito anos de idade.

Observação didática nº 02. O alistamento eleitoral e o voto são facultativos para os analfabetos e os maiores de setenta anos.

13. Questões interessantes sobre o tema

1. **O voto e o alistamento eleitoral são obrigatórios?**

Resposta: Infelizmente, a nossa Carta Política mantém a obrigatoriedade do alistamento e do voto para os maiores de dezoito anos. Como regra, veja exceções nas questões 2, 3, 4 e 5.

2. **Quando é que o voto e o alistamento são facultativos?**

Resposta: Para os analfabetos, os maiores de setenta e os maiores de dezesseis e menores de dezoito anos.

3. **O naturalizado brasileiro deverá se alistar?**

Resposta: Sim. Permanece a regra do art. 8º do Código Eleitoral, segundo o qual o naturalizado brasileiro deverá se alistar um ano após a aquisição de nacionalidade.

4. **Existem exceções quanto à obrigatoriedade do alistamento?**

Resposta: Sim. As exceções são: os maiores de setenta, os analfabetos, os maiores de dezesseis e menores de dezoito anos.

5. **Existem exceções quanto à obrigatoriedade do voto?**

Resposta: Sim. Os maiores de setenta anos, os analfabetos, os maiores de dezesseis e menores de dezoito anos.

6. **O condenado ou preso perde o direito de votar enquanto permanece detido?**

Resposta: À luz da Constituição Federal, esses eleitores teriam pleno direito ao exercício do voto. O impedimento deles é circunstancial, de fato. Eles não estão impedidos, na acepção jurídica do termo, de votar, mas impossibilitados, na acepção fática, tanto quanto um cidadão comum, fora de seu domicílio eleitoral, e, desse fato, eventualmente absolvido, ou cumprida a pena, restaurados seus direitos políticos, nenhum débito terão para com a Justiça Eleitoral, devendo, todavia, comparecer ao cartório eleitoral, justificando suas ausências nos pleitos.

Obs.: veja agora a questão nº 3.

7. **Como se faz o alistamento?**

Resposta: O Código Eleitoral preconiza que o alistamento se faz mediante a qualificação e inscrição do eleitor.

8. O que se entende por qualificação?
Resposta: Qualificação é o ato ou efeito de qualificar-se; é a comprovação de preencher requisitos para determinado ato.

9. O que se entende por inscrição?
Resposta: Inscrição é o ato de inscrever alguém ou de se inscrever. No caso, o ato é do juiz eleitoral que, verificadas as condições de qualificação, defere o pedido, determinando a inscrição do eleitor na listagem geral de eleitores.

10. O que se entende por alistamento?
Resposta: O alistamento, por seu turno, é o resultado desses dois atos preparatórios ou dessas duas etapas iniciais do processo; o alistamento é a consumação da inscrição.

11. O que se entende por domicílio eleitoral?
Resposta: Leia novamente o item 3 "Do domicílio eleitoral".

12. Qual o conceito de domicílio eleitoral, segundo a jurisprudência?
Resposta: A jurisprudência reluta em exigir, para caracterizar o domicílio eleitoral, os mesmos requisitos que estão a indicar o domicílio civil: "Domicílio eleitoral. Não se confunde com domicílio civil. Fatos que demonstravam a existência do domicílio eleitoral. Prova."
Obs.: veja agora a questão nº 4.

13. Quando será possível a revisão do eleitorado?
Resposta: A revisão do eleitorado dar-se-á quando resulte provada, perante o Tribunal Regional, fraude em proporção comprometedora, bem como quando o TSE, ao realizar o processamento dos títulos eleitorais, se depara com qualquer dessas situações:
I – o total de transferências de eleitores ocorridas no ano em curso seja dez por cento superior ao do ano anterior;
II – o eleitorado for superior ao dobro da população entre dez e quinze anos, somada à de idade superior a setenta anos no território daquele Município;
III – o eleitorado for superior a 65% da população projetada para aquele ano pelo Instituto Brasileiro de Geografia e Estatística (IBGE).

14. É possível a discussão, no processo eleitoral, de vícios ocorridos durante o alistamento eleitoral?
Resposta: Segundo o entendimento majoritário do TSE: Não é possível a discussão, no processo eleitoral, de vícios ocorridos durante o alistamento eleitoral.[26]
Obs.: veja agora a questão nº 5.

---

[26] Precedentes. TSE – REsp nº 19.413 – (19.413) – São Vicente Ferrer – MA – Rel. Min. José Paulo Sepúlveda Pertence – *DJU* 22/02/2002 – p. 181.

15. Compete à Justiça Eleitoral julgar as questões que dizem respeito ao alistamento de eleitores?

Resposta: Sim, inclusive as alegações de vícios ou irregularidades, mesmo quando ocorram fora do chamado período eleitoral.[27]

16. Poderá ocorrer o cancelamento do alistamento por alegação de falta de residência?

Resposta: Sim, mediante observância devida a processo de exclusão (Código Eleitoral, art. 77).[28]

17. Qual a idade mínima exigida pela lei para o alistamento eleitoral e o exercício do voto?

Resposta: O voto facultativo será exercido nos termos da lei (CE, art. 67). Para o exercício do voto, é necessário o prévio alistamento, somente advindo capacidade para requerê-lo ao se completar a idade mínima prevista no texto constitucional até a data do encerramento das inscrições, em ano de realização de eleições. A exigência não pode ser considerada um obstáculo artificial ou arbitrariamente erigido, para impedir o exercício do direito constitucional de votar, porque inerente ao funcionamento regular do processo eleitoral estabelecido em lei e na própria Constituição. Vigência do art. 44, IV, do CE, não derrogado pelo art. 147 da Constituição anterior (EC nº 25, de 1985).[29]

18. A denúncia de fraude, fundamentada e documentada, no processamento da inscrição e da transferência de domicílio justifica a instauração do processo de exclusão?

Resposta: Sim, inclusive será admitida a dilação probatória prevista no inciso III do art. 77 do CE. Ademais, pode o tribunal *a quo* determinar o cancelamento das inscrições viciadas (CE, arts. 76 e 77) ou a revisão do eleitorado (CE, art. 71).[30]

19. Após determinada a realização de eleições suplementares por acórdão regional, poderá ser alegada a ocorrência de irregularidades e fraudes?

Resposta: Não. Ocorrerá a preclusão, pois a denúncia foi oferecida após esgotado o prazo para impugnação das transferências e inscrições (CE, arts. 171 e 259). A não incidência da preclusão só tem sido admitida em casos excepcionais quando as fraudes, devidamente comprovadas, tenham ocorrido na intimidade dos cartórios eleitorais, sem que os interessados pudessem das mesmas ter conhecimento nas

---

[27] TSE – REsp nº 19.474 – (19.474) – Almeirim – PA – Rel. p/o Ac. Min. Fernando Neves da Silva – *DJU* 16/11/2001 – p. 102.

[28] TSE – REsp nº 8.735 – (12.160) – BA – Rel. Min. Sepúlveda Pertence – *DJU* 16/03/1992 – p. 3.065.

[29] TSE – REsp nº 8.525 – (10.905) – DF – Rel. Min. Octávio Gallotti – *DJU* 11/10/1989 – p. 15.686.

[30] TSE – REsp nº 8.114 – (10.820) – GO – Rel. Min. Villas Boas – *DJU* 13/09/1989 – p. 14.453.

épocas próprias. Divergência entre a decisão *a quo* e a jurisprudência pacífica do TSE, que entende que não há de se discutir vício no alistamento eleitoral dentro do processo de eleições. Violação pelo aresto recorrido dos arts. 171 e 259 do Código Eleitoral e infringência, por via oblíqua, da regra contida no art. 72 do mesmo diploma. Inaplicabilidade à espécie do disposto no art. 187 do Código Eleitoral.[31]
Obs.: veja agora a questão nº 6.

20. Como tirar a segunda via do título eleitoral?

Resposta: A Resolução nº 21.538/2003 alterada pela Resolução nº 23.518/2017 estabelece que: "**Art. 19.** No caso de perda ou extravio do título, bem assim de sua inutilização ou dilaceração, **o eleitor deverá requerer pessoalmente ao juiz de seu domicílio eleitoral que lhe expeça segunda via. § 1º** Na hipótese de inutilização ou dilaceração, o requerimento será instruído com a primeira via do título. **§ 2º** Em qualquer hipótese, no pedido de segunda via, o eleitor deverá apor a assinatura ou a impressão digital do polegar, se não souber assinar, na presença do atendente da Justiça Eleitoral, que deverá atestar a satisfação dessa exigência, após comprovada a identidade do eleitor."

21. Qual o prazo para o nato e o naturalizado se alistarem?

Resposta: o brasileiro nato que não se alistar até os 19 (dezenove) anos ou o naturalizado que não se alistar até um ano depois de adquirida a nacionalidade brasileira incorrerá na multa de três a dez por cento sobre o valor do salário mínimo da região, imposta pelo juiz e cobrada no ato da inscrição eleitoral através de selo federal inutilizado no próprio requerimento (redação dada ao *caput* pela Lei nº 4.961, de 04/05/1966).

Nato = até 19 anos.

Naturalizado = até um ano depois de adquirida a nacionalidade brasileira.

14. Questões objetivas de concursos

1. (TRE/RJ) O alistamento se faz mediante a qualificação e inscrição do eleitor (art. 42 do CE). O escrivão, o funcionário ou preparador, ao receber a fórmula e os documentos para o alistamento, entre outras providências, observará:

a) se a petição encontra-se datada e assinada, comparando-a com a assinatura do requerente na folha individual de votação, tomada obrigatoriamente naquela oportunidade;
b) se a petição encontra-se datada e assinada, comparando-a com a assinatura do requerente no(s) documento(s) apresentado(s) no ato do alistamento;
c) se a petição encontra-se datada e assinada, comparando-a com a assinatura do requerente na folha individual de votação e nas vias do título eleitoral, tomadas obrigatoriamente naquela oportunidade;

[31] TSE – REsp nº 6.298 – (9.027) – RJ – Rel. Min. Sérgio Gonzaga Dutra – *DJU* 19/02/1988 – p. 2.487.

d) se o local destinado para assinatura na petição encontra-se em branco, determinará que o alistando date e assine, atestando, em ato contínuo, que a data e a assinatura foram lançadas em sua presença;
e) se o local destinado à assinatura na petição encontra-se em branco, determinará que o alistando date e assine e, em ato contínuo, tomará sua assinatura na folha individual de votação e nas vias do título eleitoral.

2. **(PE – Juiz de Direito) O alistamento eleitoral e o voto são obrigatórios:**
a) para a pessoa maior de dezoito anos de idade;
b) para a pessoa de qualquer idade depois de dezesseis anos;
c) para pessoa maior de vinte e um anos e menor de setenta anos;
d) para pessoa maior de dezoito anos que tenha concluído o 2º grau;
e) para qualquer pessoa, sem limite de idade.
Obs.: se você encontrou dificuldades para responder à questão, veja a observação didática 01.

3. **(SP – Juiz) Assinale a alternativa correta. O alistamento eleitoral e o voto são:**
a) obrigatórios para os maiores de dezesseis e menores de vinte e um anos;
b) facultativos para os maiores de dezoito anos;
c) obrigatórios para os conscritos durante o período do serviço militar obrigatório;
d) facultativos para os analfabetos e os maiores de setenta anos.
Obs.: Se você encontrou dificuldades para responder à questão, veja a observação didática 02.

4. **(TRE/CE) O alistamento eleitoral produz o efeito de:**
a) afastar das urnas os analfabetos;
b) viabilizar a candidatura para todos os postos eletivos;
c) fixar o número de votantes nos pleitos eletivos;
d) assegurar, em relação ao alistado, o direito de votar e ser votado;
e) integrar o nacional no corpo eleitoral.

5. **(TRE/CE) A decisão acerca do alistamento eleitoral implica um ato de natureza:**
a) eleitoral, porquanto produz efeitos restritos aos pleitos eletivos;
b) civil, porque atribui ao nacional direitos políticos;
c) administrativa, de competência do escrivão eleitoral;
d) judiciária, cabendo ao juiz eleitoral deferir o pedido;
e) mista, competindo ao juiz eleitoral interferir na apreciação do pedido apenas na hipótese de dúvida suscitada pelo preparador.

6. **(MPF – Procurador da República) São condições de elegibilidade:**
a) o registro da candidatura, intensa propaganda eleitoral e votos;
b) alistamento eleitoral, filiação partidária e domicílio eleitoral na circunscrição;
c) aquelas estabelecidas em Lei Complementar a fim de proteger a probidade administrativa e a moralidade para o exercício do mandato;
d) as que, nos termos do Código Eleitoral, são estabelecidas por resolução do Tribunal Superior Eleitoral.

7. **(MPF – Procurador da República) O alistamento eleitoral e o voto:**
a) são obrigatórios para todos os brasileiros maiores de dezoito anos e no pleno gozo dos seus direitos civis e políticos;

b) são facultativos para os estrangeiros e os conscritos, durante o período de serviço militar obrigatório;
c) são obrigatórios para os maiores de dezoito anos e facultativos para os analfabetos, os maiores de setenta anos e os maiores de dezesseis e menores de dezoito anos;
d) são vedados para os deficientes visuais e admitidos para as pessoas portadoras de deficiência física, mediante laudo por junta médica, nos termos da lei.

8. **(MPF/BR) O alistamento eleitoral e o voto:**
I. são obrigatórios para todos os brasileiros maiores de dezoito anos;
II. são obrigatórios para os maiores de dezoito anos, brasileiros ou estrangeiros, exceto os analfabetos e os maiores de setenta anos, para os quais são facultativos;
III. são ainda facultativos para os brasileiros maiores de dezesseis e menores de dezoito anos, sendo vedado, no entanto, o alistamento aos conscritos, durante o período do serviço militar obrigatório;
IV. são obrigatórios para os brasileiros maiores de dezoito anos, exceto os analfabetos e os maiores de setenta anos, para os quais são facultativos.
Analisando as asserções anteriores, pode-se afirmar que:
a) estão corretas as de números II e III;
b) apenas as de números I e IV estão corretas;
c) estão corretas apenas as de números III e IV;
d) somente a de número I está correta.

9. **(UnB/Cespe – TRE/TO) O Código Eleitoral confere ao TSE a competência para expedir instruções para a sua fiel execução. No exercício dessa atribuição, o TSE expede resoluções que regulamentam aspectos essenciais do Código e da Lei Eleitoral, inclusive alistamento e serviços eleitorais, de que é exemplo a Resolução nº 21.538/2003. A respeito desse assunto, assinale a opção correta.**
a) O alistamento eleitoral, onde não for possível o processamento eletrônico, realizar-se-á por meio manual, executado pelo serventuário da Justiça indicado pelo juiz eleitoral.
b) Servidor público transferido para trabalhar em outro Município somente pode pedir transferência do domicílio eleitoral após o transcurso de um ano do último alistamento.
c) Em caso de extravio do título eleitoral, o eleitor deve pedir segunda via à junta eleitoral de sua zona.
d) A data da emissão do título eleitoral, na hipótese de alistamento e transferência, é a da entrega do título ao eleitor.
e) Para requerer transferência de domicílio eleitoral, o cidadão deve comprovar a quitação com a Justiça Eleitoral e entregar o seu título de eleitor ao cartório.

10. **(UnB/Cespe – TRE/MT) O TSE, com base em seu poder regulamentar, disciplinou o alistamento eleitoral mediante a Resolução nº 21.538/2003. A respeito desse tema, assinale a opção correta.**
a) No ano em que completar 16 anos de idade, o cidadão pode alistar-se, caso cumpra os demais requisitos legais.
b) Para transferência do eleitor, é necessário, além da prova de quitação eleitoral, comprovar residência mínima de 1 ano no novo domicílio.
c) O título eleitoral será confeccionado, obrigatoriamente, à mão, por senha autorizada.
d) É vedado aos partidos políticos examinar, mediante seus delegados, os documentos relativos aos pedidos de alistamento.
e) Cabe ao representante do Ministério Público presidir a revisão eleitoral da zona eleitoral de sua competência.

11. **(Concurso Público para Juiz Substituto – TJ/PA) Qual é o período mínimo exigido de domicílio eleitoral para o candidato concorrer ao pleito?**
    a) O período mínimo de domicílio eleitoral é de 6 meses, com filiação deferida há pelo menos 1 ano.
    b) O período mínimo de domicílio eleitoral é de 3 meses e 100 dias antes da data da eleição.
    c) Inexiste período mínimo a ser observado quando o candidato concorre à reeleição.
    d) O período mínimo exigido é de 1 ano.
    e) O período mínimo exigido é de 6 meses.

15. Casos práticos eleitorais superinteressantes

A TRANSFERÊNCIA DO DOMICÍLIO ELEITORAL DO PREFEITO

1. **A HIPÓTESE: "(...) Pode o prefeito em exercício transferir o domicílio eleitoral para outra comarca, sem prejuízo do exercício do mandato em vigor? Caso possa, qual o tempo necessário? (...) Qual o tempo necessário para a mudança de domicílio eleitoral para o prefeito, em exercício numa comarca, candidatar-se em outra comarca? Qual o tempo necessário para a transferência do título eleitoral da comarca em que o prefeito está no cargo, para a outra onde irá candidatar-se?"**

Resposta: Ementa: "Consulta. Prefeito municipal. (...) Domicílio eleitoral. Inscrição eleitoral. Transferência. (...) Prefeito em exercício pode transferir o seu domicílio eleitoral para outra comarca. As eventuais consequências que esse ato possa acarretar não são examinadas pela Justiça Eleitoral. (...) **O candidato deve ter domicílio eleitoral na circunscrição em que pretende concorrer pelo menos um ano antes do pleito**. A transferência do título eleitoral deve estar efetuada pelo menos um ano antes da eleição, observado o que dispõe o art. 55 do Código Eleitoral." Res. nº 21.297, de 12/11/2002 (Cta nº 841/RJ), Rel. Min. Fernando Neves.

2. **Análise da Possibilidade de um Menor Impúbere, com Apenas Quinze Anos de Idade, se Alistar**

A cada eleição, as Resoluções do TSE estão sempre reeditando uma regra:

"É facultado o alistamento, no ano em que se realizarem eleições, do menor que completar 16 anos até a data do pleito, inclusive".

Portanto, há possibilidade de um menor impúbere, com apenas quinze anos de idade, se alistar.

Cuidado: há uma condição, qual seja, o menor deve completar a idade mínima de 16 anos até a data do primeiro turno das eleições.

3. **Análise da Possibilidade de ser Conhecida a Prescrição no Pedido de Registro de Candidatos**

Vimos, no livro *Direito Penal Geral*, da Série Universitária, que a prescrição é matéria de ordem pública e deve ser reconhecida por qualquer juízo ou Tribunal, inclusive *ex officio*. A jurisprudência eleitoral também é no mesmo sentido, *in verbis*: Precedente do TSE, *in verbis*:

Recurso ordinário nº 625/MS. Relator: Ministro Luiz Carlos Madeira. Ementa. Registro de candidatura. Deputado estadual. Pleito eleitoral de 2002. Sentença condenatória transitada em julgado. Prescrição retroativa. Art. 114 do Código Penal. Matéria de ordem pública. Reconhecimento. Possibilidade. Resolução TSE nº 20.993/2002. Registro deferido. **Sendo a prescrição matéria de ordem pública, pode a mesma ser analisada e reconhecida em feito de registro de candidatura, mormente tratando-se de crime eleitoral.** Com efeito, se entre a data do recebimento da denúncia e a sentença condenatória imposta pelo Tribunal fluíram mais de dois anos, incide a prescrição retroativa de que trata o art. 114 do Código Penal e, por conseguinte, defere-se o registro de candidatura da requerente.

4. Não Confunda Justificativa Prévia com Posterior

Tício não votou e não justificou, no dia da eleição, a impossibilidade de votar. Aponte a solução jurídica, considerando que Tício quer regularizar sua situação perante a Justiça Eleitoral.

Resposta: Tício deve apresentar justificativa perante o juiz eleitoral até sessenta dias após a realização da eleição. Esta justificativa não se confunde com a que se utiliza do formulário entregue no dia da eleição e está sujeita à livre apreciação do juiz eleitoral. Estamos tratando da justificativa do eleitor que deixou de votar e não justificou seu voto no dia da eleição.

A chamada justificativa posterior é realizada, obedecendo ao que estabelece a Lei nº 6.091/1974 em seu art. 7º, *in verbis*: "*O eleitor que deixar de votar e não se justificar perante o Juiz Eleitoral até 60 dias após a realização da eleição incorrerá na multa de três a dez por cento sobre o salário mínimo da região imposta pelo Juiz Eleitoral e cobrada na forma prevista no art. 367 da Lei nº 4.737, de 15 de julho de 1965.*"

Portanto, no período supramencionado, o eleitor faltoso deve comparecer a qualquer zona eleitoral em que deixou de votar, com comprovante de sua impossibilidade de votar, e requerer a regularização da situação eleitoral. Observe que a Resolução nº 21.538/2003 do TSE aponta mudanças para aplicação da multa para regularização da situação eleitoral. Segue o texto legal.

> Art. 80 (...) § 4º. A fixação do valor da multa pelo não exercício do voto observará o que dispõe o art. 85 desta resolução e a variação entre o mínimo de 3% e o máximo de 10% do valor utilizado como base de cálculo.
> Art. 85. A base de cálculo para aplicação das multas previstas pelo Código Eleitoral e leis conexas, bem como das de que trata esta resolução, será o último valor fixado para a Ufir (cerca de R$ 1,0641), multiplicado pelo fator 33,02, até que seja aprovado novo índice, em conformidade com as regras de atualização dos débitos para com a União.

5. Qual crime comete o eleitor que se transfere fraudulentamente?

Resposta: O art. 289 do Código Eleitoral preconiza: "**Inscrever-se** fraudulentamente eleitor: Pena – reclusão até 5 (cinco) anos e pagamento de 5 (cinco) a 15 (quinze) dias-multa". Embora o artigo deseje punir claramente a "inscrição", o posicionamento majoritário no TSE, violando o princípio da tipicidade, entende que o mesmo se refere a "inscrição ou transferência" (*vide* TSE - AC nº 15.177/1998). Leia a matéria "princípio da tipicidade" no livro *Direito Penal - Parte Geral*, Série Universitária.

6. Qual crime comete a pessoa que auxiliar o eleitor a alistar-se fraudulentamente?

Resposta: O art. 290 do Código Eleitoral preconiza: "Induzir alguém a se inscrever eleitor com infração de qualquer dispositivo deste Código." Embora o artigo deseje punir claramente a conduta "induzir", o posicionamento majoritário no TSE, violando o princípio da tipicidade, entende que "induzir alguém abrange as condutas de instigar, incitar ou auxiliar terceiro a alistar-se fraudulentamente, aproveitando-se de sua ingenuidade ou de sua ignorância".[32]

16. Gabarito das questões objetivas

1. "D" foi a resposta oficial.
Minha posição: veja que o art. 14 da Lei nº 8.868/1994 torna sem efeito a menção ao preparador, ao revogar o inciso XI do art. 30 e o inciso VII do art. 35, além dos arts. 62 a 65 e 294 do Código Eleitoral. A Lei nº 7.444/1985, art. 5º, § 1º: no caso de analfabeto, será feita a impressão digital do polegar direito.

2. A
3. D
4. E
5. D
6. B
7. C
8. C
9. E
10. A
11. D

17. Simulação

Imagine-se na última fase de um concurso jurídico, pois, após, a leitura do Capítulo 4, você agora já tem plenas condições de resolver a questão infracitada, elaborada em um concurso jurídico.

Disserte: *Do domicílio eleitoral.*

[32] TSE - AC nº 68/2005.

Capítulo 5

Cancelamento e Exclusão

Para que você perceba a importância do tema em análise, veja estas questões, formuladas em concursos jurídicos.

1. **Existe diferença entre o cancelamento e a exclusão?**
2. **O Código Eleitoral vigente alude ao cancelamento e à exclusão do eleitor. Pergunta-se: quais as causas do cancelamento e da exclusão?**
3. **Determinado, por sentença, o cancelamento, quais as providências que devem ser tomadas pelo cartório eleitoral?**
4. **Quanto ao procedimento do cancelamento pela pluralidade de inscrições, existe preferência para efetuar o cancelamento?**
5. **O juiz eleitoral, ao receber o requerimento para exclusão do eleitor, como deverá proceder?**
6. **Existe previsão legal para a participação dos partidos políticos no acompanhamento dos processos de exclusão?**

Obs.: todas as questões serão solucionadas durante o desenvolvimento da matéria.

1. Noções preliminares

Em regra, as inscrições eleitorais são permanentes, habilitando o eleitor ao direito de sufrágio nos pleitos que se realizarem na área política a que pertence. Essa condição persiste até que sobrevenha decisão judicial impondo o cancelamento da inscrição e a exclusão do eleitor do rol dos inscritos.

▸ INDAGAÇÃO DIDÁTICA

Veja agora esta questão, elaborada em um concurso jurídico: *"O Código Eleitoral, em vários artigos, alterna as palavras "cancelamento e exclusão". Afinal, existe diferença entre o cancelamento e a exclusão?"*

Resposta: Pinto Ferreira elucida a questão:

> O **cancelamento** se realiza quando a inscrição de que se trata deixa de existir, como nas hipóteses de **pluralidade de inscrições**, quando elas

> são canceladas, ou na de **transferência do eleitor** para outra zona ou circunscrição.
>
> A **exclusão** é feita contra o próprio eleitor, que deixa de ser eleitor, até que cesse o motivo da exclusão, quando poderá novamente pleitear e requerer a sua inscrição.[1]

Minha posição: entendo que o Código Eleitoral e a doutrina, *data venia*, fazem uma verdadeira confusão entre os dois institutos. *In casu*, deve ser realizada a seguinte distinção:

a) as causas que ensejam o "cancelamento" são temporárias; quando superadas, o eleitor pode perfeitamente readquirir o título;
b) as causas que ensejam a "exclusão" são definitivas; portanto, não comportam reaquisição do título.

▸ EXEMPLO DIDÁTICO

Como exemplo didático, leia agora a questão nº 3 do item "Questões subjetivas interessantes".
Obs.: responda agora à questão nº 1.

2. As causas do cancelamento e da exclusão

As causas do cancelamento e da exclusão podem ser:

a) individuais;
b) genéricas.

▸ AS CAUSAS INDIVIDUAIS

O art. 71 do Código Eleitoral discrimina as causas individuais do cancelamento de inscrições, a saber:

> Art. 71. São causas de cancelamento:
> I – a infração dos arts. 5º e 42; (...)

▸ CONCLUSÕES DIDÁTICAS

a) O art. 5º declara quais as pessoas **inalistáveis**, incluindo na época os analfabetos, mas para estes, atualmente, o voto é facultativo – CF de 1988, art. 14, § 1º, *in verbis:*

> O alistamento eleitoral e o voto são:
> I – obrigatórios para os maiores de dezoito anos;
> II – facultativos para:

---

[1] Nesse sentido: *Op. cit.*

a) analfabetos;
b) os maiores de setenta anos;
c) os maiores de dezesseis e menores de dezoito anos.

b) Quanto aos militares, novas exigências devem ser colacionadas, de acordo com a Constituição Federal, art. 14, §§ 2º e 8º, *in verbis:*

> Não podem alistar-se como eleitores os estrangeiros e, durante o período do serviço militar obrigatório, os conscritos.

O militar alistável é elegível, atendidas as seguintes condições:
a) se contar **menos de dez anos de serviço**, deverá afastar-se da atividade;
b) se contar **mais de dez anos de serviço**, será agregado pela autoridade superior e, se eleito, passará automaticamente, no ato da diplomação, para a inatividade;
c) A exigência da língua nacional e a interpretação restrita.

Entendo como **Joel José Cândido**: quanto à impossibilidade de exprimir-se na língua nacional, devemos fazer uma interpretação restrita, sob pena de excluir os indígenas, os surdos e os mudos. Veja a lição do renomado autor:[2]

> Permanecem inalistáveis aqueles que não saibam se exprimir na língua nacional – circunstância que parece contemplar os estrangeiros e os indígenas. Quanto ao estrangeiro, ainda que plenamente capaz de exprimir-se na língua nacional, seu alistamento está expressamente vedado pela Constituição Federal (Constituição Federal, art. 14, § 2º). O indígena, capaz de exprimir-se na língua nacional, pode se alistar, desde que portador de documento, ainda que mero registro administrativo na Funai.
>
> Deve-se entender, ademais, de maneira restrita, a questão da impossibilidade de exprimir-se na língua nacional, sob pena de se excluir da alistabilidade os deficientes, mudos e surdos-mudos que se encontrem aptos ao convívio e com capacidade de expressão e de manifestação de sua vontade. A língua portuguesa é o idioma oficial do Brasil. (Constituição Federal, art. 13, *caput*).

▸ OBSERVAÇÃO DIDÁTICA

O art. 42 do CE preconiza: "O alistamento se faz mediante a qualificação e inscrição do eleitor. Parágrafo único. Para o efeito da inscrição, é domicílio eleitoral o lugar de residência ou moradia do requerente, e, verificado ter o alistando mais de uma, considerar-se-á domicílio qualquer delas."

Portanto, caracteriza-se uma das hipóteses de exclusão do eleitor em face da sua inscrição em jurisdição eleitoral diversa daquela que abrange fisicamente seu domicílio.

---

2 CÂNDIDO, Joel José. *Op. cit.* p. 91.

▸ CONCLUSÃO DIDÁTICA

O artigo supracitado alude ao alistamento mediante o processo adequado de qualificação e inscrição. Assim, a fraude **ao processo adequado de qualificação e inscrição** acarretará o cancelamento do título do eleitor.

Observe que a lei exige que a inscrição do eleitor ocorra no lugar de sua residência ou moradia. No seu domicílio eleitoral.

É legítimo o pedido de transferência do eleitor para o lugar com o qual mantém vínculo de afetividade. Por exemplo, onde nasceu, onde residem seus genitores etc. Nesse passo, decidiu o TSE, no REsp nº 37.481, em acórdão lavrado pelo Ministro Marco Aurélio Mello:

> *Na linha da jurisprudência do TSE, o conceito de domicílio eleitoral é mais elástico do que no Direito Civil e se satisfaz com a demonstração de vínculos políticos, econômicos, sociais ou familiares. Precedentes. 2) Recurso especial provido para deferir o registro de candidatura.*

Desenvolveremos melhor o tema no item "Domicílio eleitoral".

> II – a suspensão ou perda dos direitos políticos;

Nos casos de exclusão por suspensão ou perda dos direitos políticos, o juiz que cominar a pena, seja de reclusão, seja de detenção nos casos criminais, tomará as necessárias providências para a comunicação do fato ao Tribunal Regional Eleitoral da circunscrição da residência do réu. Havendo suspensão condicional da pena, ainda fica o réu condenado com os seus direitos políticos suspensos.[3]

Desenvolveremos melhor o tema no item "suspensão ou perda dos direitos políticos".

> III – a pluralidade de inscrição;

Desenvolveremos melhor o tema no item "a exclusão pela pluralidade de inscrições".

> IV – o falecimento do eleitor;

Desenvolveremos melhor o tema no item "a exclusão por óbito".

> V – deixar de votar em 3 (três) eleições consecutivas.[4]

---

3 Nesse sentido: PINTO FERREIRA. *Op. cit.*

4 Redação dada ao inciso pela Lei nº 7.663, de 27/05/1988.

▸ OBSERVAÇÃO DIDÁTICA

Sobre a abstenção reiterada, **Joel José Cândido**[5] nos ensina que:

> A Lei nº 7.663, de 27/5/1988, seguindo outros diplomas editados geralmente antes dos pleitos, anistiou os que não votaram nas eleições de 1986, dispensando-os do pagamento da multa correspondente a essa ausência. A prática reiterada de anistia visava a estimular a participação do eleitor no processo político, não obstante as multas não serem de valores vultosos. Como a anistia virou rotina, tornou a redação anterior do art. 71, V, do Código Eleitoral praticamente letra morta. Mudou o legislador, então, esse inciso. **A redação de hoje prevê o cancelamento se o eleitor deixar de votar em três eleições consecutivas, não pagar a multa ou não justificar sua ausência no prazo de seis meses** (CE, art. 79, § 3º). Em caso de nova anistia, a lei respectiva deverá dizer se permanece ou não a inscrição.

Obs.: quanto ao prazo de seis meses defendido pelo renomado autor, veremos no Capítulo 7 que há divergência.

▸ O CANCELAMENTO GENÉRICO

Contempla a legislação eleitoral uma modalidade de cancelamento em caráter genérico. As hipóteses que citamos referiam-se a cancelamentos individuais. A Lei nº 4.961, de 04/05/1966, acrescentou ao art. 71 do Código Eleitoral o § 4º, com a redação seguinte:

> § 4º. Quando houver denúncia fundamentada de fraude no alistamento de uma zona ou município, o Tribunal Regional poderá determinar a realização de correição e, provada a fraude em proporção comprometedora, ordenará a revisão do eleitorado, obedecidas as Instruções do Tribunal Superior e as recomendações que, subsidiariamente, baixar, com o cancelamento de ofício das inscrições correspondentes aos títulos que não forem apresentados à revisão.[6]

Obs.: responda agora à questão nº 2.

▸ OBSERVAÇÃO DIDÁTICA

Vencidas as hipóteses do art. 71 do Código Eleitoral, a Constituição Federal indica, ainda, mais dois casos de cancelamento de inscrição eleitoral. Decorrem eles da perda da nacionalidade, seja pelo cancelamento da naturalização, por sentença judicial, em virtude de atividade nociva ao interesse nacional, seja por naturalização voluntária. Perdida a nacionalidade, perdidos os direitos políticos; cancela-se, por

---

5 *Op. cit.*, p. 93.

6 Parágrafo acrescentado pela Lei nº 4.961, de 04/05/1966.

conseguinte, a inscrição do eleitor, excluindo-o dos cadastros eleitorais (Constituição Federal, art. 12, § 4º, I e II[7]).

2.1. A legitimidade para propor o cancelamento e a exclusão

A ocorrência de qualquer das causas supracitadas acarretará a exclusão do eleitor, que poderá ser promovida:

a) *ex officio*;
b) a requerimento de delegado de partido;
c) a requerimento de qualquer eleitor.

Pinto Ferreira conclui de forma didática: "Em qualquer desses casos de cancelamento, o processo poderá ser iniciado *ex officio*, ou seja, pelo próprio juiz eleitoral, em portaria, sempre que tiver conhecimento de alguma das causas do cancelamento (Código Eleitoral, arts. 71, § 1º, e 74), a requerimento do delegado do partido ou de qualquer eleitor."[8]

▸ OBSERVAÇÃO DIDÁTICA

Entendo que, embora não previsto no art. 71 do Código Eleitoral, o Ministério Público, como fiscal da lei, da ordem jurídica e do regime democrático, também tem legitimidade para propor o cancelamento ou exclusão do título de eleitor.

2.2. A exclusão por óbito

Os oficiais de Registro Civil, sob as penas do art. 293 do Código Eleitoral, enviarão, até o dia 15 (quinze) de cada mês, ao juiz eleitoral da zona em que oficiarem, comunicação dos óbitos de cidadãos alistáveis, ocorridos no mês anterior, para cancelamento das inscrições.

O descumprimento pode também caracterizar o crime do art. 71, § 3º, *in verbis:* "Os oficiais de Registro Civil, sob as penas do art. 293, enviarão, até o dia 15 (quinze) de cada mês, ao juiz eleitoral da zona em que oficiarem, comunicação dos óbitos de cidadãos alistáveis, ocorridos no mês anterior, para cancelamento das inscrições."

Observe também que o art. 79 do Código Eleitoral, preconiza: "No caso de exclusão por falecimento, tratando-se de caso notório, serão dispensadas as formalidades previstas nos números II e III do art. 77."

▸ OBSERVAÇÕES DIDÁTICAS

1. Exceto no caso do item 2.2, durante o processo e até a exclusão, pode o eleitor votar validamente.

---

[7] No sentido do texto: CÂNDIDO, Joel José. *Op. cit.*, p. 132.

[8] *Op. cit.*

Pinto Ferreira[9] destaca o motivo:

> Pode o eleitor votar validamente ainda durante o processo da exclusão para acatar o princípio do direito adquirido: se o eleitor foi inscrito em processo regular, só perde o seu direito mediante decisão definitiva passada ou julgada, em outro processo regular, em que se lhe assegure ampla defesa. É o princípio do ***due process of law*** aplicado ao plano eleitoral.

2. Tratando-se de inscrições contra as quais hajam sido interpostos recursos das decisões que as deferiram, desde que tais recursos venham a ser providos pelo Tribunal Regional ou Tribunal Superior, serão nulos os votos se o seu número for suficiente para alterar qualquer representação partidária ou classificação de candidato eleito pelo princípio majoritário.
3. No caso de exclusão, ou cancelamento, a defesa pode ser feita pelo interessado, por outro eleitor ou por delegado de partido.
4. A exclusão será mandada processar *ex officio* pelo juiz eleitoral, sempre que tiver conhecimento de alguma das causas que ensejem cancelamento ou exclusão.

Como nos ensina **Pinto Ferreira:**[10] "Para o cancelamento de inscrição ou exclusão do eleitor, por iniciativa do juiz eleitoral ou do Tribunal, será baixada uma resolução ou portaria. Tratando-se de ato do juiz, deverá este autuar a portaria, isto é, transformá-la em autos, com os documentos que a acompanharem, expedindo o edital na forma do art. 77 do Código Eleitoral. Se a resolução ou portaria procede do Tribunal, este deve dirigir-se na forma de estilo ao juiz eleitoral."

2.3. A exclusão pela pluralidade de inscrição

O Tribunal Regional, tomando conhecimento através de seu fichário, da inscrição do mesmo eleitor em mais de uma zona sob sua jurisdição, comunicará o fato ao juiz competente para o cancelamento.

A preferência para efetuar o cancelamento deverá recair:

a) na inscrição que não corresponda ao domicílio eleitoral;
b) naquela cujo título não haja sido entregue ao eleitor;
c) naquela cujo título não haja sido utilizado para o exercício do voto na última eleição;
d) na mais antiga.

Obs.: responda agora à questão nº 4.

---

[9] *Ibid.*

[10] *Ibid.*

3. O processamento da exclusão e do cancelamento

Qualquer irregularidade determinante de exclusão será comunicada por escrito e por iniciativa de qualquer interessado ao juiz eleitoral, que processará a exclusão ou o cancelamento.

O juiz eleitoral processará a exclusão ou o cancelamento pela forma seguinte:

a) mandará autuar a petição ou representação com os documentos que a instruírem;
b) fará publicar edital com prazo de dez dias para ciência dos interessados, que poderão contestar dentro de cinco dias;
c) concederá dilação probatória de cinco a dez dias, se requerida;
d) decidirá no prazo de cinco dias.

Obs.: responda agora à questão nº 5.

3.1. As providências do cartório

Segundo o Código Eleitoral (art. 78), depois que o juiz determinar, por sentença, o cancelamento, o cartório tomará as seguintes providências:

a) retirará, da respectiva pasta, a folha de votação, registrará a ocorrência no local próprio para "anotações" e junta-la-á ao processo de cancelamento;
b) registrará a ocorrência na coluna de "observações" do livro de inscrição;
c) excluirá dos fichários as respectivas fichas, colecionando-as à parte;
d) anotará, de forma sistemática, os claros abertos na pasta de votação para o oportuno preenchimento dos mesmos;
e) comunicará o cancelamento ao Tribunal Regional para anotação no seu fichário.

Obs.: responda agora à questão nº 3.

Posicionamento majoritário do TSE: o TSE defende a admissibilidade da retirada do nome do eleitor da folha de votação após a sentença de cancelamento, ainda que haja recurso. Excluído em período que inviabilize a regularização no cadastro, o eleitor não ficará sujeito às sanções pelo não exercício do voto.[11]

▸ OBSERVAÇÃO DIDÁTICA

No caso de exclusão por falecimento, tratando-se de caso notório, o juiz não precisará publicar edital com prazo de dez dias para ciência dos interessados, que poderão contestar dentro de cinco dias, nem concederá dilação probatória de cinco a dez dias, se requerida.

3.2. O recurso da exclusão e do cancelamento

Da decisão do juiz eleitoral caberá recurso no prazo de três dias, para o Tribunal Regional, interposto pelo excluendo ou por delegado de partido.

---

11 TSE – REsp nº 21.931/2004.

▸ INDAGAÇÃO DIDÁTICA

Veja essa questão, elaborada em um concurso jurídico.

"Quando o interessado poderá requerer novamente a sua qualificação e inscrição?"

Resposta: Cessada a causa do cancelamento, poderá o interessado requerer novamente a sua qualificação e inscrição.

3.3. A fiscalização partidária

Estão os partidos legalmente habilitados a acompanhar todos os trabalhos sobre ingresso e exclusão no corpo eleitoral, exercendo em todas as latitudes atividades de fiscalização.

3.4. Previsão legal da fiscalização partidária

A participação dos partidos políticos está prevista no art. 66 do Código Eleitoral, *in verbis:*

> Art. 66. É lícito aos partidos políticos, por seus delegados:
> I - acompanhar os processos de inscrição;
> II - promover a exclusão de qualquer eleitor inscrito ilegalmente e assumir a defesa do eleitor cuja exclusão esteja sendo promovida;
> III - examinar, sem perturbação do serviço e em presença dos servidores designados, os documentos relativos ao alistamento eleitoral, podendo deles tirar cópias ou fotocópias.

Obs.: responda agora à questão nº 6.

4. Resumo didático

Observação didática nº 01 – Um partido pode cancelar o registro de um candidato, mediante sua expulsão, ainda que o pedido de registro já tenha sido deferido pela Justiça Eleitoral, se o ato de expulsão ocorrer antes das eleições.

Observação didática nº 02 – Constitui causa de cancelamento do eleitor possuir o mesmo duas inscrições eleitorais, em razão de ser proprietário de duas residências em municípios diferentes.

Observação didática nº 03 – No caso de exclusão do eleitor, a defesa poderá ser feita pelo interessado, por outro eleitor ou por delegado de partido.

Observação didática nº 04 – A incapacidade civil relativa superveniente à inscrição não é, por ausência de previsão legal, causa de cancelamento da inscrição do eleitor.

Observação didática nº 05 – É causa de cancelamento da inscrição do eleitor inscrever-se em jurisdição eleitoral diversa daquela que abrange fisicamente seu domicílio.

Observação didática nº 06 – A abstenção **alternada** não é causa de cancelamento do título.

5. Questões subjetivas interessantes

1. **Na exclusão, pode a defesa ser feita pelo interessado?**

Resposta: No caso de **exclusão**, a defesa pode ser feita pelo interessado, por outro eleitor ou por delegado do partido.

2. **O juiz eleitoral, ao receber o requerimento para exclusão do eleitor, como deverá proceder?**

Resposta: O juiz eleitoral, ao receber o requerimento para exclusão do eleitor, processará a **exclusão** na forma do art. 77 do Código Eleitoral. Mandará autuar a petição ou representação com os documentos que a instruírem, isto é, transformá-la-á em autos, mandando publicar edital com prazo de dez dias para ciência dos interessados, que poderão contestar dentro de cinco dias. O juiz concederá ainda dilação probatória dentro dos limites de cinco a dez dias, para apresentação de provas, se for requerida tal dilação, e afinal decidirá no prazo de cinco dias. Veja o item: "o procedimento da exclusão".

3. **O Código Eleitoral vigente alude ao cancelamento e à exclusão do eleitor. Pergunta-se: quais as causas do cancelamento e da exclusão?**

Resposta: Como já relatei, entendo que existe diferença entre causas de cancelamento e causas de exclusão, a saber:

I – **A infração dos arts. 5º e 42**

a) Com a infração do art. 5º, que é o caso das pessoas que não podem se alistar, entendo que é causa de **cancelamento**, porque em todos os casos poderá haver um alistamento futuro.

b) Com a infração do art. 42, ou seja, no caso de domicílio eleitoral incorreto, a causa será de **cancelamento**, podendo o leitor retirar o título no domicílio correto.

II – **A suspensão ou perda dos direitos políticos**

a) a causa será de **cancelamento** na suspensão dos direitos políticos que se caracteriza pela temporariedade da privação dos direitos políticos e ocorre nas hipóteses de incapacidade civil absoluta; condenação criminal com trânsito em julgado, enquanto durarem os seus efeitos; improbidade administrativa e recusa de cumprir obrigação a todos imposta ou prestação alternativa, nos termos do art. 5º, VIII, da Constituição Federal.

b) a causa será de **exclusão** na perda dos direitos políticos que se constitui na privação definitiva dos mesmos e ocorre nos casos de cancelamento da naturalização por sentença transitada em julgado e perda da nacionalidade no caso de aquisição, por cidadão brasileiro, de outra nacionalidade, por naturalização voluntária.

III - **Na pluralidade de inscrição**, haverá **exclusão** de uma delas.
IV - **No falecimento do eleitor**, haverá **exclusão** do título.
V - **Deixar de votar em três eleições consecutivas,** a causa será de **cancelamento**. Paga a multa, o eleitor poderá retirar novamente o título.

4. A legislação eleitoral prevê impugnação à lista dos eleitos?

Resposta: A legislação eleitoral não prevê impugnação à lista dos eleitos. As inelegibilidades e a falta de condições de elegibilidade devem ser suscitadas no processo de registro ou no recurso contra a diplomação, caso se trate de fato superveniente. Se o deferimento do registro da candidatura do agravado foi condicionado à decisão definitiva sobre a validade de sua filiação partidária, e, não havendo ocorrido trânsito em julgado sobre a questão, correta sua diplomação. A argumentação acerca da impossibilidade de se deferir registro de candidatura provisório e da falta de efeito suspensivo ao recurso interposto no processo que cuida de filiações partidárias deve ser apresentada no processo de registro.[12]

5. Se a parte, no processo em que se discute cancelamento de filiação partidária, está representada por advogado, é imprescindível que ele seja regularmente intimado dos atos do processo?

Resposta: Sim. Não sendo o advogado intimado da decisão, não começa a correr o prazo para recurso.[13]

6. A denúncia de fraude em transferências, com pedido de revisão do eleitorado, obriga o tribunal a concedê-la?

Resposta: Não, pois o tribunal poderá entender mais adequada a ação de cancelamento, por ser mais segura e rápida, no caso concreto.[14]

7. Qual o tempo mínimo que o eleitor deve observar para o requerimento de transferência de domicílio eleitoral?

Resposta: Nos termos do art. 55, § 1º, III, do CE (Lei nº 6.996/1982, art. 8º), somente pode substituir a transferência de domicílio eleitoral se provada, por meios idôneos, a residência mínima de três meses no novo domicílio.[15]

---

12 TSE - AI nº 2.929 - (2.929) - Osasco - SP - Rel. Min. Fernando Neves da Silva - *DJU* 15/10/2001 - p. 134.

13 TSE - REspag nº 8.433 - (10.823) - GO - Rel. Min. Villas Boas - *DJU* 01/09/1989 - p. 13.927.

14 TSE - REsp nº 18.930 - (18.930) - Poá - SP - Rel. Min. Fernando Neves da Silva - *DJU* 09/02/2001 - p. 110.

15 TSE - REsp nº 8.239 - (10.610) - SE - Rel. Min. Bueno de Souza - *DJU* 26/06/1989 - p. 11.099.

6. Questões objetivas de concursos

1. **(MA – Magistratura) Assinale a alternativa correta.**
   a) Qualquer detentor de mandato em cargo proporcional tem o direito assegurado de registrar sua candidatura para o mesmo cargo, pelo partido a que esteja filiado.
   b) Nas eleições proporcionais, cada partido ou coligação deverá reservar o mínimo de 30% (trinta por cento) e o máximo de 70% (setenta por cento) para candidaturas do sexo feminino e masculino, respectivamente, mas, não sendo preenchido esse percentual mínimo, as vagas poderão ser completadas por candidatos de um ou de outro sexo.
   c) A idade mínima constitucionalmente estabelecida como condição de elegibilidade é verificada tendo por referência a data da eleição.
   d) A idade mínima constitucionalmente estabelecida como condição de elegibilidade é verificada tendo por referência a data da posse, salvo quando fixada em dezoito anos, hipótese em que será aferida na data-limite para o pedido de registro.

2. **(TRE/RJ) Constitui causa de exclusão/cancelamento do eleitor:**
   a) filiar-se a partido não registrado nos órgãos competentes e determinados por lei;
   b) possuir duas inscrições eleitorais, em razão de ser proprietário de duas residências em municípios diferentes;
   c) ser analfabeto que não saiba assinar seu nome;
   d) deixar de votar em duas eleições consecutivas;
   e) deixar de votar em três eleições alternadamente.
   Observação didática: se você encontrou dificuldades para resolver a questão, veja o item "**resumo didático**", observação didática nº 02.

3. **No caso de exclusão do eleitor, a defesa poderá ser feita pelo(a):**
   a) interessado e Ministério Público;
   b) fiscal de partido ou pelo próprio eleitor;
   c) interessado, por outro eleitor ou por delegado de partido;
   d) interessado e fiscal de partidos não constituídos naquela circunscrição;
   e) Ministério Público e cidadãos inalistáveis.
   Observação didática: se você encontrou dificuldades para resolver a questão, veja o item "**resumo didático**", observação didática nº 03.

4. **(TRE/RJ) Assinale o item correto. É causa de cancelamento da inscrição do eleitor:**
   a) a condenação criminal em primeira instância de jurisdição, ainda que não transitada em julgado, enquanto durarem seus efeitos;
   b) a abstenção consecutiva ou alternada e não justificada em três eleições;
   c) ser comprovadamente analfabeto, após a realização da inscrição;
   d) inscrever-se o eleitor em jurisdição eleitoral diversa daquela que abrange fisicamente seu domicílio;
   e) a incapacidade civil relativa superveniente à inscrição.
   Observação didática: se você encontrou dificuldades para resolver a questão, veja o item "**resumo didático**", observações didáticas nºs 04, 05 e 06.

5. **(TRE/PI – Analista Judiciário). Quanto às causas que determinam a exclusão eleitoral, é incorreto afirmar que o cancelamento ocorrerá por motivo de:**
   a) ausência do exercício do voto em, no mínimo, cinco eleições sucessivas;

b) suspensão dos direitos políticos;
c) o eleitor não saber exprimir-se em língua nacional;
d) estar o eleitor inscrito fora de seu domicílio eleitoral;
e) pluralidade de inscrições eleitorais.

7. Gabarito das questões objetivas

1. D.
Lembrar que o item "C" está errado porque a idade mínima constitucionalmente estabelecida como condição de elegibilidade é verificada tendo por referência **a data da posse, salvo quando fixada em dezoito anos, hipótese em que será aferida na data-limite para o pedido de registro.**
2. B
3. C
4. D
5. A

8. Simulação

Imagine-se na última fase de um concurso jurídico, pois, após a leitura do Capítulo 5, você agora já tem plenas condições de resolver a questão infracitada, elaborada em um concurso jurídico.

Disserte: *Cancelamento e exclusão.*

Capítulo 6

Capacidade Política

Para que você perceba a importância do tema em análise, veja estas questões, formuladas em concursos jurídicos.

1. **Quais são as restrições para quem não está no gozo dos direitos políticos?**
2. **Quais as hipóteses de perda dos direitos políticos?**
3. **Quais os casos de suspensão dos direitos políticos?**
4. **A suspensão condicional da pena acarretará a suspensão dos direitos políticos? E o *sursis*?**
5. **A condenação em contravenção penal ou pena de multa implicará a suspensão dos direitos políticos?**
6. **Existe outro caso que implique a cassação dos direitos políticos, além dos mencionados no art. 15 da Constituição Federal?**
7. **A suspensão dos direitos políticos opera-se automaticamente ou precisa ser declarada na sentença?**

Obs.: todas as questões serão solucionadas durante o desenvolvimento da matéria.

1. Noções preliminares

Conceito. Capacidade política é a aptidão pública reconhecida, pela ordem jurídica, ao indivíduo para integrar o poder de sufrágio nacional, adquirindo a cidadania e ficando habilitado a exercê-la.[1]

1.1. Aquisição da capacidade política

No Brasil, a capacidade política é suscetível de aquisição, por brasileiros:

a) em caráter facultativo, aos dezesseis anos de idade;
b) de forma obrigatória aos dezoito anos.

---

[1] Nesse sentido: RIBEIRO, Fávila. *Op. cit.*

1.2. Requisitos à capacidade política

A regra dominante é que todos os brasileiros podem requerer a sua inscrição eleitoral, facultativamente, aos dezesseis anos de idade, tornando-se obrigatória à idade de dezoito anos, menos quanto aos analfabetos, que também são colocados em sentido facultativo.

2. Os direitos políticos

Direitos políticos, segundo **Pinto Ferreira**,[2] são aquelas prerrogativas que permitem ao cidadão particular intervir na formação e no comando do governo.

Na definição clássica de **Pimenta Bueno**, os direitos políticos são "as prerrogativas, os atributos, faculdades ou poder de intervenção dos cidadãos ativos no governo do seu país, intervenção direta ou só indireta, mais ou menos ampla, segundo a intensidade de gozo desses direitos".[3]

Pontes de Miranda sintetiza: "Direito político é o direito de participar da organização e funcionamento do Estado."[4]

2.1. A essência do direito político

A essência do direito político é o sufrágio, expressando-se pela capacidade de votar, escolher seus representantes e também de ser eleito.

Assim, o direito de sufrágio apresenta-se em seus dois aspectos:

- capacidade eleitoral ativa (direito de votar – **alistabilidade**)
- capacidade eleitoral passiva (direito de ser votado – **elegibilidade**).

3. Prerrogativa para quem está no gozo de direitos políticos

Estar no gozo dos direitos políticos significa:

a) estar habilitado a alistar-se eleitoralmente e exercer o *jus suffragi* (direito de votar);
b) poder habilitar-se a candidaturas para cargos eletivos, exercendo assim o *jus honorum* (direito de ser votado);
c) estar apto a nomeações para certos cargos públicos não eletivos (CF, arts. 87; 89, VII; 101; 131, § 1º);
d) participar de sufrágios;
e) votar em eleições, plebiscitos e referendos;
f) poder apresentar projetos de lei pela via da iniciativa popular (CF, art. 61, § 2º, art. 29, XI);
g) poder propor ação popular (CF, art. 5º, LXXIII).

---

2 *Comentários à Constituição brasileira*. São Paulo: Saraiva, 1989, 1º volume, p. 288.

3 *Direito Público brasileiro e análise da Constituição do Império*. RJ: Ministério da Justiça, Serviço de Documentação, 1958, p. 458, citado por PINTO FERREIRA. *Op. cit.*

4 *Comentários à Constituição de 1967*. RJ: Forense, 1987, vol. 4, p. 573.

A matéria é muito importante porque a consequência é drástica, ou seja, dependendo do caso, haverá suspensão ou perda do *jus honorum* (direito de ser votado) e o *jus suffragii* (direito de votar).

4. Restrição para quem não está no gozo dos direitos políticos

Quem não está no gozo dos direitos políticos **não poderá:**

a) filiar-se a partido político (Lei nº 9.096, de 19/09/1995, art. 16);
b) investir-se em qualquer cargo público, mesmo não eletivo (Lei nº 8.112, de 11/12/1990, art. 5º, II);
c) exercer cargo em entidade sindical (CLT, art. 530, V);
d) Não pode exercer o *jus suffragii* nem o *jus honorum*;

Agora ficou fácil responder esta questão elaborada em um concurso jurídico: "**Quem não está no gozo dos direitos políticos pode votar?**"

Obs.: responda agora à questão nº 1.

e) o cancelamento do alistamento e a exclusão do corpo de eleitores (CE, art. 71, II);
f) o cancelamento da filiação partidária no caso de perda (LOPP – Lei nº 9.096, de 19/09/1995, art. 22, II);
g) a perda de mandato eletivo do Deputado ou Senador (CF, art. 55, IV, § 3º);
h) a perda de cargo ou função pública (CF, art. 37, I, c.c. Lei nº 8.112/1990, art. 5º, II e III);
i) a impossibilidade de se ajuizar ação popular (CF, art. 5º, LXXIII);
j) e para exercer a iniciativa popular (CF, art. 61, § 2º).

Responda esta questão: julgue com V ou F:

( ) Quem não está no gozo dos direitos políticos não poderá ser diretor ou redator-chefe de jornal ou periódico.

Cuidado: não caia nessa pegadinha!

Resposta: E. Esta era a previsão da Lei nº 5.250, de 09/02/1967, art. 7º, § 1º, lei da imprensa, que foi declarada não recepcionada pela Constituição Federal.

4.1. A capacidade eleitoral ativa e os direitos políticos negativos

Leciona **Alexandre de Moraes**[5] que a capacidade eleitoral ativa consiste em forma de participação da pessoa na democracia representativa, por meio da escolha de seus mandatários. O direito de voto é o ato fundamental para o exercício do direito de sufrágio e manifesta-se tanto em eleições quanto em plebiscitos e referendos.

A aquisição dos direitos políticos faz-se mediante alistamento, que é condição de elegibilidade. Assim, a qualificação de uma pessoa, perante o órgão da Justiça Eleitoral, inscrevendo-se como eleitor, garante-lhe o direito de votar.

---

5 No sentido do texto: MORAIS, Alexandre. *Direito Constitucional*. São Paulo: Atlas, 2005, p. 222 e 227.

Os direitos políticos negativos correspondem às previsões constitucionais que restringem o acesso do cidadão à participação nos órgãos governamentais, por meio de impedimentos às candidaturas. **Dividem-se em regras sobre inelegibilidade e normas sobre perda e suspensão dos direitos políticos**.

As inelegibilidades estudaremos em capítulo próprio. Passaremos a estudar as normas sobre perda e suspensão dos direitos políticos.

5. A cassação dos direitos políticos

A Constituição Federal veda a cassação dos direitos políticos, mas admite sua perda ou suspensão nas hipóteses previstas no art. 15, a saber:

a) cancelamento da naturalização por sentença transitada em julgado;
b) incapacidade civil absoluta;
c) condenação criminal transitada em julgado, enquanto durarem seus efeitos;
d) recusa de cumprimento de obrigação a todos imposta ou da prestação alternativa; e
e) improbidade administrativa.

5.1. Dissenso doutrinário

Tem-se discutido se existe outro caso que implique a cassação dos direitos políticos, além dos mencionados no art. 15 da Constituição Federal.

1ª posição: não obstante rezar o dispositivo constitucional que a perda ou suspensão dos direitos políticos "só se dará nos casos (...)" elencados no art. 15, é certo que pelo menos um caso não está ali compreendido: o de perda de nacionalidade, de que trata o art. 12, § 4º, II, da CF. O cidadão brasileiro que adquirir outra nacionalidade por naturalização voluntária perderá a nacionalidade brasileira e, consequentemente, seus direitos de cidadania. É a nossa posição.

▸ POSIÇÃO DIVERGENTE

2ª posição: em sentido contrário, **José Afonso da Silva**, entendendo que a perda da nacionalidade, hoje, não importa perda dos direitos políticos.[6]

Obs.: responda agora à questão nº 6.

5.2. A disposição autoaplicável

A Constituição Federal de 1988 não se refere à exigência de norma regulamentadora. A eficácia plena e a aplicabilidade imediata do seu inciso III do art. 15 é, destarte, inquestionável, e assim pensa a doutrina e decidem os tribunais. Nesse sentido: "A norma do art. 15, III, da CF é autoaplicável", diz o prejulgado nº 1, de 1992, do TRE-RS.

---

[6] *Curso de Direito Constitucional positivo*. São Paulo: RT, 7. ed., p. 331.

O Supremo Tribunal Federal já pacificou o entendimento quanto à autoaplicabilidade da Constituição Federal, art. 15, III. Conheço do *habeas corpus*, mas indefiro o pedido.[7]

Hipótese em que o candidato a deputado estadual foi condenado por sentença com trânsito em julgado. Patente a sua inelegibilidade em face da autoaplicabilidade do art. 15, III, da Carta Magna, sendo irrelevante a ausência de decisão constitutiva da Câmara dos Deputados ou do Senado Federal, prevista no art. 55 da Constituição Federal. Recurso não conhecido.[8]

6. Perda dos direitos políticos

São apenas **duas** as hipóteses de perda dos direitos políticos.

I. Perda da nacionalidade

Será declarada a perda da nacionalidade do brasileiro que:

I – tiver cancelada sua naturalização, por sentença judicial, em virtude de atividade nociva ao interesse nacional;

II – adquirir outra nacionalidade, salvo nos casos:

a) de reconhecimento de nacionalidade originária pela lei estrangeira;

b) de imposição de naturalização, pela norma estrangeira, ao brasileiro residente em Estado estrangeiro, como condição para permanência em seu território ou para o exercício de direitos civis.

II. Cancelamento da naturalização

A perda dos direitos políticos por cancelamento de naturalização decorre, também *ipso iure*, do trânsito em julgado da sentença que decretar o cancelamento. É o que dispõe de modo expresso o inciso I do art. 15 da CF. Ou seja, independentemente de qualquer específica menção na sentença à perda dos direitos políticos, esta se operará automaticamente ante o cancelamento do seu pressuposto essencial, a nacionalidade.

Obs.: a Lei nº 818, de 19 de setembro de 1949, regula a aquisição, a perda e reaquisição da nacionalidade e a perda dos direitos políticos.

▸ OBSERVAÇÕES DIDÁTICAS

Alexandre de Moraes[9] defende que existe mais uma causa de perda dos direitos políticos, seria "a hipóteses em que o procedimento de naturalização vier a ser anulado judicialmente por vício de cumprimento no ato jurídico (erro, dolo, coação, fraude ou simulação). A pessoa retornará à condição de estrangeiro, deixando, pois, de ostentar direitos políticos perante o ordenamento brasileiro.

---

7 STJ – HC nº 14.616 – MS – 5ª T. – Rel. Min. Edson Vidigal – *DJU* 05/03/2001 – p. 196 JCF.15 JCF.15.III.

8 TSE – REsp nº 20.012 – Relª p/o Ac. Minª Ellen Gracie Northfleet – *DJU* 20/09/2002 CF.15 JCF.15.III JCF.55.

9 No sentido do texto: MORAIS, Alexandre. *Direito Constitucional*, São Paulo: Atlas, 2005, p. 244.

Exige-se, no entanto, que o cancelamento decorra de sentença, ou seja, de ato do Poder Judiciário.

Não está recepcionado pela nova Constituição, destarte, o § 3º do art. 112 da Lei nº 6.815, de 19/08/1980, que prevê hipótese de declaração de nulidade do ato de naturalização, mediante processo administrativo no Ministério da Justiça.

6.1. A competência

São de competência da Justiça Federal: "(...) as causas referentes à nacionalidade, inclusive a respectiva opção, e à naturalização", conforme dispõe o inciso X do art. 109 da CF.

O Ministério Público Federal tem legitimidade para "*promover ação visando ao cancelamento de naturalização, em virtude de atividade nociva ao interesse nacional*" (LC nº 75/1990, art. 6º, IX).

7. Suspensão dos direitos políticos

São casos de suspensão dos direitos políticos:

1. recusa de cumprimento de obrigação a todos imposta ou da prestação alternativa;
2. incapacidade civil absoluta;
3. condenação criminal transitada em julgado, enquanto durarem seus efeitos;
4. improbidade administrativa;
5. opção pelo exercício dos direitos políticos em Portugal feita por brasileiro beneficiado pelo Estatuto Especial de Igualdade (art. 12 do Decreto nº 70.436/1972).

▸ OBSERVAÇÃO DIDÁTICA

Entendo que a recusa de cumprimento de obrigação a todos imposta ou da prestação alternativa, prevista no art. 5º, inciso IV, da Constituição Federal é causa de suspensão dos direitos políticos. Mas, atendendo à finalidade do livro, informo que existe divergência.

Os dois grandes constitucionalistas brasileiros, **Sylvio Motta** e **William Douglas**, também têm a mesma opinião: "O art. 15 prevê a privação dos direitos políticos, definindo em seus incisos quais as causas. Essa privação pode ser definitiva (perda) ou temporária (suspensão), malgrado a Lei Magna não definir um caso e outro. José Afonso da Silva (op. cit., p. 264) leciona que a solução é dada pela tradição e pela analise do motivo, indicando como casos de suspensão os incisos II, III e V. Nesse sentido, também Celso Ribeiro Bastos (op. cit., p. 238). Entendemos que o inciso IV também será caso de suspensão, podendo os direitos políticos ser retomados se a pessoa voltar a cumprir a obrigação em questão."[10]

---

[10] MOTTA. Sylvio. *Direito Constitucional*. 25. ed. Rio de Janeiro: Método, 2015.

- **É também a posição de:** Joel Cândido, Thales Tácito, Marcos Ramayana e Antônio Carlos Mendes.

▸ POSIÇÃO DIVERGENTE

Alexandre de Moraes[11] entende que a recusa de cumprir obrigação a todos imposta ou prestação alternativa, nos termos do art. 5º, VIII, da Constituição Federal, é causa de perda dos direitos políticos.

- **É também a posição de:** Celso Ribeiro Bastos, José Afonso da Silva e Manoel Gonçalves Ferreira Filho.

Com o devido respeito, entendo ainda que a posição dos quatros grandes constitucionalistas supracitados deve ser revista, pois o art. 4º, § 1º e 2º da Lei nº 8.239/1991 foi taxativo ao preconizar que a recusa de cumprimento de obrigação a todos imposta é causa de suspensão dos direitos políticos. Leia os parágrafos do artigo já citado:

> § 1º A recusa ou o cumprimento incompleto do Serviço Alternativo, sob qualquer pretexto, por motivo de responsabilidade pessoal do convocado, implicará o não fornecimento do Certificado correspondente, pelo prazo de dois anos após o vencimento do período estabelecido.
> § 2º Findo o prazo previsto no parágrafo anterior, o Certificado só será emitido após a decretação, pela autoridade competente, da suspensão dos direitos políticos do inadimplente, que poderá, a qualquer tempo, regularizar sua situação mediante cumprimento das obrigações devidas.

7.1. Comentários didáticos

7.1.1. *Recusa de cumprimento de obrigação*

▸ EXEMPLO DIDÁTICO

As pessoas que seguem a crença "Testemunhas de Jeová" estão proibidas de servir a qualquer corporação militar, mas podem, assim que desejarem, cumprir a prestação alternativa ou servir às Forças Armadas.

A primeira causa de suspensão dos direitos políticos é a recusa de cumprimento de obrigação a todos imposta ou da prestação alternativa. A Constituição Federal de 1988 não distinguiu expressamente os casos de perda dos de suspensão. Porém, ao regulamentar "a prestação de serviço alternativo ao serviço militar obrigatório", como manda o art. 143, §§ 1º e 2º, da atual CF, a Lei nº 8.239, de 04/10/1991, estabeleceu que a recusa ao atendimento de serviços nela previstos importará suspensão dos direitos políticos (art. 4º, § 2º).

---

[11] No sentido do texto: MORAIS, Alexandre. *Direito Constitucional*, São Paulo: Atlas, 2005, p. 243.

Realmente, a sanção política de perda dos direitos, pela sua perpetuidade, não parece adequada à natureza da falta, sempre passível de "regularização", como reconhece a citada Lei nº 8.239, de 1991 (§ 2º do art. 4º).

A suspensão dos direitos políticos, nestes casos, não poderá dispensar o devido processo legal, a teor do que dispõe o art. 5º, LIV e LV, da CF/1988, assegurados ao acusado os mais amplos meios de defesa.

▸ INDAGAÇÃO DIDÁTICA

Veja esta questão elaborada em um concurso jurídico: *"Há alguma implicação no Direito Eleitoral o fato do cidadão se recusar a participar do conselho de sentença do júri?"*

Resposta: preconiza o novo art. 438 do Código de Processo Penal, *in verbis*:

> A recusa ao serviço do júri fundada em convicção religiosa, filosófica ou política importará no dever de prestar serviço alternativo, sob pena de suspensão dos direitos políticos, enquanto não prestar o serviço imposto.
> § 1º. Entende-se por serviço alternativo o exercício de atividades de caráter administrativo, assistencial, filantrópico ou mesmo produtivo, no Poder Judiciário, na Defensoria Pública, no Ministério Público ou em entidade conveniada para esses fins.
> § 2º. O juiz fixará o serviço alternativo atendendo aos princípios da proporcionalidade e da razoabilidade.

Obs.: veja melhor a matéria no meu livro *Manual do Júri - Teoria e Prática.*

7.1.2. *Perda da capacidade civil*

A segunda causa de suspensão dos direitos políticos é a perda da capacidade civil. A capacidade civil é condição para aquisição e manutenção da capacidade política.

Verificando-se hipótese de incapacidade civil absoluta, dentre as previstas na lei civil, suspensa ficará a cidadania enquanto perdurar aquela.

A Lei nº 13.146/2015 (Lei Brasileira de Inclusão da Pessoa com Deficiência – Estatuto da Pessoa com Deficiência), alterou totalmente o artigo 3º do Código Civil, passando a dispor que:

> Art. 3º São absolutamente incapazes de exercer pessoalmente os atos da vida civil os menores de 16 (dezesseis) anos.
> I – (Revogado);
> II – (Revogado);
> III – (Revogado);

Atenção: Responda estas questões que ainda não foram exploradas em nenhum concurso jurídico: julgue com V ou F:

1. **( ) São absolutamente incapazes de exercer pessoalmente os atos da vida civil, portanto, terão os direitos políticos suspensos, os que, por enfermidade**

ou deficiência mental, não tiverem o necessário discernimento para a prática desses atos.

2. **( ) São absolutamente incapazes de exercer pessoalmente os atos da vida civil, portanto, terão os direitos políticos suspensos, os que, mesmo por causa transitória, não puderem exprimir sua vontade.**
3. **( ) São absolutamente incapazes de exercer pessoalmente os atos da vida civil, portanto, terão os direitos políticos suspensos, os menores de 16 (dezesseis) anos.**

▸ CUIDADO: NÃO CAIA NESSA PEGADINHA!

Resposta: 1.E. 2.E. As duas previsões supracitadas foram revogadas pela Lei Brasileira de Inclusão da Pessoa com Deficiência -Estatuto da Pessoa com Deficiência. 3.C.

7.1.3. *Condenação criminal*

A terceira causa de suspensão dos direitos políticos é a condenação criminal, com trânsito em julgado, enquanto perdurarem os seus efeitos.

Cuidado I: colocamos o item "condenação criminal", de propósito, para chamar sua atenção para um detalhe pouco percebido por alguns autores, mas é tão relevante que pode levar o concursando a grave erro. O nome do item deve ser **"condenação criminal com trânsito em julgado"**, pois, baseado no princípio da não culpabilidade antecipada, afirmamos que só com o trânsito em julgado da sentença penal condenatória poderá haver a suspensão dos direitos políticos. **Veja a matéria "Princípio do estado de inocência"** (não culpabilidade antecipada), **no livro *Direito Penal – Parte Geral* – Série Universitária.**

Cuidado II: observe que não é só a condenação criminal com trânsito em julgado. A frase completa é condenação criminal "**transitada em julgado, enquanto durarem seus efeitos**".

Observe que o art. 15, inciso III, da Constituição Federal é bem claro: "condenação criminal transitada em julgado, enquanto durarem seus efeitos". Posteriormente, você verá que **Fávila Ribeiro** e **Pontes de Miranda** têm opiniões diferentes.
Obs.: responda agora à questão nº 3.

Veja que julgados interessantes

> Candidato que estava, à época do registro, com os direitos políticos suspensos – Condenação por desacato – Pena de multa – Sentença criminal com trânsito em julgado – Autoaplicabilidade do art. 15, III, da Constituição Federal – Recurso não conhecido.[12]
> Impugnação de registro de candidatura. Condenação criminal. Extinção da punibilidade pelo cumprimento da pena. Suspensão dos direitos políticos

---

12 TSE – REsp nº 19.633 – Rel. Min. Fernando Neves da Silva – *DJU* 09/08/2002 – p. 205 JCF.15 JCF.15.III.

> (Constituição Federal, art. 15, inciso III). Inelegibilidade para qualquer cargo pelo prazo de três anos, após o cumprimento da pena (Lei Complementar nº 64/1990, art. 1º, inciso I, alínea e). Provimento negado.[13]

Caso prático Eleitoral Superinteressante I
A expressão: "Enquanto durarem seus efeitos."

Suspendem-se os direitos políticos por "condenação criminal transitada em julgado, **enquanto durarem seus efeitos**", diz o inciso III do art. 15 da CF.

▸ DIVERGÊNCIA DOUTRINÁRIA

Duas correntes se formaram a respeito do que se há de entender por "duração dos efeitos".

Primeira posição: partindo do pressuposto de que, por "efeitos da condenação", devem ser entendidos os previstos na Lei Penal, neles incluídos, portanto, também os efeitos secundários, como o de "tornar certa a obrigação de indenizar o dano causado à vítima", previsto no art. 91, I, do CP. Vale dizer: enquanto não atendida esta obrigação, perdurará o efeito da condenação e, portanto, a suspensão dos direitos políticos. Posição adotada pelo TRE-RS.[14]

▸ POSIÇÃO CONTRÁRIA

Segunda posição: a orientação, mais restrita, é no sentido de que os efeitos da condenação se esgotam com o cumprimento da pena imposta pela sentença condenatória, ainda que persistam os efeitos secundários de que trata a Lei Penal. O sentido ético que inspira e subjaz à sanção política prevista no art. 15, III, da CF. É a nossa posição e também a do TSE.[15]

Joel José Cândido[16] afirma que:

> A extensão temporal dos efeitos da condenação não é aquela decorrente dos efeitos genéricos e específicos mencionados nos arts. 91 e 92 do Código Penal. A expressão "enquanto durarem seus efeitos", usada pela Constituição Federal no art. 15, III, refere-se aos efeitos da pena e das medidas de segurança, pena como tal prevista no art. 32, I, II e III do Código Penal e medidas de segurança, conforme o disposto no art. 96, I e II, do mesmo diploma. Os efeitos genéricos e específicos da condenação não são automáticos, dependendo de motivação na sentença, onde são expressamente declarados para existir. Ademais, se a eles se referisse a duração da suspensão dos direitos políticos, poderia haver caso em

---

13 TRE/RS - RREG nº 15.010.500 - Rel. Juiz Pedro Celso Dal Prá - *DJERS* 11/06/2001 - p. 48.

14 Acórdão nº 50/92, de 25/03/1992, Rel. Juiz ARMINDO JOSÉ LIMA DA ROSA, entre outros.

15 Acórdão nº 12.931, de 01/10/1992, Rel. Min. TORQUATO JARDIM.

16 CÂNDIDO, Joel José. "Os Direitos Políticos, a Condenação Criminal Irrecorrível e o Papel do Ministério Público Eleitoral na Nova Constituição", *In: Revista Brasileira de Direito Eleitoral*, nº 5, p. 7/14, Fortaleza, CE: 1991.

> que essa duração ficaria incerta no tempo (art. 91, I), por vinte anos, ao talante do credor da obrigação decorrente do delito julgado, o que não é possível. Afirma-se, por isso, que essa extensão terá a dimensão do período da pena privativa de liberdade, ou da pena restritiva de direitos, ou da duração de medida da segurança, já que a pena de multa se extingue com o efetivo pagamento (CP, arts. 32 a 49).
> A suspensão dos direitos políticos será automática, tendo como termo ***a quo*** a data do trânsito em julgado da condenação, cessado:
> a) com o término do cumprimento da pena privativa de liberdade ou da pena restritiva de direitos;
> b) com o término do período de provas da suspensão ou do livramento condicional;
> c) com o efetivo pagamento da pena de multa; e
> d) com o término da execução da medida de segurança.
> Ocorrendo, por qualquer causa, a perda ou suspensão dos direitos políticos, haverá, automaticamente, a perda ou suspensão do direito de se alistar e de votar e ser votado, já que estes têm aqueles como pressupostos necessários. Não se pode confundir, portanto, direito de votar (capacidade eleitoral ativa, atribuída ao eleitor) e direito de ser votado (direito subjetivo eleitoral atribuído ao elegível), nem inelegibilidade (perda do direito de ser votado, somente, continuando com o direito de votar), com perda ou suspensão dos direitos políticos (perda ou suspensão do direito de se alistar, votar e ser votado). Uma vez já alistado o eleitor, a perda ou suspensão dos direitos políticos acarretará o cancelamento da inscrição, com base e na forma do art. 71, II, e arts. 77 a 80, todos do Código Eleitoral.

No mesmo sentido a posição dominante do TSE: "A condenação criminal transitada em julgado suspende os direitos políticos pelo tempo que durar a pena".[17]

INTERESSE PRÁTICO: A MANOBRA DO ADVOGADO I

Como promotor eleitoral, acompanhei um caso em que "X" foi condenado definitivamente a cumprir uma pena alternativa. A pena era doar cestas básicas a uma comunidade carente durante um ano. "X" era candidato e requereu ao juiz a possibilidade de doar todas as cestas básicas de uma só vez. Entendeu a manobra? Cumprida a pena, "X" se tornaria elegível.

Veja agora duas questões elaboradas em concursos jurídicos:

1. **"Em quais casos o condenado além de ter os direitos suspensos ficará inelegível após o cumprimento da pena?"**

Resposta: leia o item 5.1., alínea "e" do capítulo 8.

2. **O preso pode votar?**

Resposta: cuidado, por tudo que você já aprendeu, a resposta é aparentemente muito simples, mas há um detalhe muito importante: você deve responder à pergunta considerando duas hipóteses:

---

[17] Recurso Ordinário nº 913, TSE/RR.

1ª hipótese: o preso condenado com pena definitiva, leia-se com "*pena transitada em julgado*", não pode votar porque enquanto não cumprir a sua pena estará com os direitos políticos suspensos.

2ª hipótese: o preso que ainda não foi condenado com pena definitiva, leia-se o "preso provisório", pode votar.

É importante destacar que em cada eleição o TSE sempre edita uma Resolução nos seguintes termos:

> Consideram-se:
> I – presos provisórios aqueles que, apesar de recolhidos a estabelecimento de privação de liberdade, não possuírem condenação criminal transitada em julgado;

CASO PRÁTICO ELEITORAL SUPERINTERESSANTE II

▸ INDAGAÇÃO DIDÁTICA

Veja agora esta questão, elaborada em um concurso jurídico.

"Acarreta a inelegibilidade a condenação irrecorrível por crime contra o patrimônio privado?"

O Professor **Joel José Cândido**[18] apresenta a seguinte lição, com a qual concordamos plenamente:

> O egrégio TSE, todavia, tem entendido que não acarreta a inelegibilidade a condenação irrecorrível por crime contra o patrimônio privado.[19] Os respeitáveis arestos, não obstante a nobreza de sua procedência, ficaram aquém do que pretendia o legislador. Temos dificuldades de aceitar a elegibilidade em caso de roubo qualificado ou de extorsão mediante sequestro seguida de morte (CP, art. 157, § 2º, e art. 159, § 3º), em oposição à inelegibilidade decretada nas hipóteses de simples prevaricação ou abandono de função, desobediência ou mero desacato (CP, arts. 319, 323, 330 e 331). Ademais, o sinal mais evidente de que o legislador queria se referir a todos os crimes contra o patrimônio, em geral, como era na época da Lei nº 5/1970, está no fato de que o patrimônio público já está protegido com a inelegibilidade prevista para os casos de crimes contra a Administração Pública, onde esse bem está tutelado.

Observação: a LC nº 135/2010 (*Ficha limpa*) elidiu todas as controvérsias dispõe no art. 1º, alínea *e*, item 2, da LC nº 64/1990 que:

e) os que forem condenados, em decisão transitada em julgado ou proferida por órgão judicial colegiado, desde a condenação até o transcurso do prazo de 8 (oito) anos após o cumprimento da pena, pelos crimes:

---

[18] *Op. cit.*

[19] Jurisprudência do STF, vol. 2, nº 3, Acórdãos nºs 11.316 e 11.401, p. 66/68 e 242/244.

2. contra o patrimônio privado, o sistema financeiro, o mercado de capitais e os previstos na lei que regula a falência.

CASO PRÁTICO ELEITORAL SUPERINTERESSANTE III

▸ A SUSPENSÃO E O *SURSIS*

Veja a matéria *sursis*, no livro *Direito Penal – Parte Geral*, Série Universitária.

INTERESSE PRÁTICO: A MANOBRA DO ADVOGADO II

1. **Como promotor eleitoral, acompanhei um caso em que "X" foi condenado definitivamente a cumprir uma pena. O juiz decretou o *sursis*. O advogado argumentou que seu cliente era elegível, pois, com o *sursis*, suspensão condicional da pena, não haveria pena a cumprir. O advogado está certo?**

Resposta: Não. Durante o prazo do *sursis*, a sanção política persistirá, porque ainda persistem os efeitos da condenação. O motivo é muito simples, o *sursis* é a suspensão condicional da pena; nele, há uma condenação criminal com trânsito em julgado.

Torquato Jardim deixou assentado que:

> O sursis, porque mera suspensão temporária da execução da pena, não afasta a inelegibilidade. (...) O sursis e o livramento condicional em nada influem na suspensão dos direitos políticos, uma vez que os efeitos da condenação continuam existentes. Aliás (...) a concessão de qualquer daqueles benefícios em nada afeta a pena acessória que a Constituição prevê.[20]

A suspensão dos direitos políticos "não está adstrita às hipóteses de aplicação das penas privativas de liberdade e ao encarceramento do condenado. Exige (o art. 15, III, da CF) que, remetendo-se à legislação penal, a condenação continue produzindo efeitos penais ou extrapenais. Assim, os institutos jurídicos de política criminal, visando à suspensão de aplicação da pena privativa da liberdade (sursis) ou antecipação provisória da liberdade (livramento condicional), não autorizam a cessação dos efeitos da suspensão dos direitos políticos".[21]

INTERESSE PRÁTICO: A MANOBRA DO ADVOGADO III

1. **Como promotor eleitoral, acompanhei um caso em que "X" foi denunciado por receptação. Como a pena mínima era de um ano, ofertei a proposta de suspensão condicional do processo. Posteriormente, e antes do término da suspensão, o advogado argumentou que seu cliente era elegível, pois, com a suspensão condicional do processo, não haveria pena a cumprir. O advogado está certo?**

---

[20] JARDIM, Torquato. *Direito Eleitoral Positivo*: Conforme a nova Lei Eleitoral. 2. ed. Brasília: Brasília Jurídica, 1998.

[21] *Direito Eleitoral positivo*. 2. ed. Brasília: Brasília Jurídica, 1998, p. 75.

▸ OBSERVAÇÃO DIDÁTICA

Resposta: Sim. Não confunda *sursis*, que é a suspensão condicional da pena (art. 77 do Código Penal), com a suspensão condicional do processo (art. 89 da Lei nº 9.099/1995). Neste, não há uma condenação criminal com trânsito em julgado; portanto, não podemos falar em suspensão dos direitos políticos.

Veja que julgados interessantes

Condenação criminal transitada em julgado. Sursis. Aplicação do art. 15, III, da Constituição Federal. Suspensão dos direitos políticos. Recurso a que se nega provimento.[22]

A concessão do *sursis* não afasta a aplicabilidade da norma em referência. 2. O cancelamento de inscrição eleitoral decorre da suspensão dos direitos políticos, não sendo necessário que a sentença condenatória faça menção expressa a tal pena acessória, eis que ela advém de indeclinável ordem constitucional, bem como do art. 71, II, do Código Eleitoral, devendo inclusive ser decretada *ex officio*. Recurso a que se nega provimento.[23]

▸ RESUMO DIDÁTICO

No *sursis*, suspensão condicional da pena = **há suspensão dos direitos políticos.**

Na suspensão condicional do processo = **não há suspensão dos direitos políticos.**

Então, agora, você já sabe: a decisão que decreta a suspensão do processo (porque não discute a culpa) não julga o mérito, isto é, não absolve, não condena nem julga extinta a punibilidade, decorrendo, então, que **não gera nenhum efeito penal secundário típico da sentença penal condenatória, muito menos afeta quaisquer direitos políticos.**[24]

Obs.: responda agora à questão nº 4.

▸ INDAGAÇÃO DIDÁTICA

Veja esta questão, elaborada em um concurso jurídico.

"E se houver transação penal, haverá incidência do art. 15, inciso III, da CF/1988?"

Resposta: Adriano Soares[25] afirma que:

> Quanto aos Juizados Especiais Criminais, havendo conciliação das partes, com a renúncia do direito de queixa ou de representação, não há sentença penal,

---

22 TRE/MG – RO nº 25.682.000 – (1.786/2000) – Iapu – Rel. Des. João Sidney Alves Affonso – J. 03/09/2000 JCF.15 JCF.15.III.

23 TRE/MG – RO nº 1.721.999 – (190/2000) – Nacip Raydan – Rel. Des. Rogério Lanza Tolentino – DJMG 27/04/2000 – p. 63) JCF.15 JCF.15.III.

24 Proc. nº 96.002025-0-Lages, Rel. Des. Nilton Macedo Machado, j. em 25/05/1996.

25 Nesse sentido: COSTA, Adriano Soares da. *Instituições de Direito Eleitoral*. 5. ed. Belo Horizonte: Del Rey, 2002.

porque ação não houve (art. 74, parágrafo único, da Lei nº 9.099/1995). **Já na hipótese de transação, prevista no art. 76 desta lei, há inflição de pena restritiva de direitos ou multa, com a incidência do art. 15, inciso III, da CF/1988**. Diversamente, contudo, ocorre com a suspensão condicional do processo, prevista no art. 89 da Lei dos Juizados Especiais. Tal instituto, alvissareiro no nosso ordenamento jurídico, admite que haja paralisação do trâmite processual, desde que o réu se submeta a período de prova, assemelhado a cumprimento de pena restritiva de direito. Nada obstante, não há sentença penal de procedência, com a declaração da prática do crime e aplicação da pena, não havendo ensanchas à incidência do art. 15, inciso III, da CF/1988. O cumprimento do período de prova é causa de extinção da punibilidade.[26]

▸ POSIÇÃO DIVERGENTE

Minha posição: entendo de forma contrária. A sentença da transação penal não é condenatória, e sim homologatória. Tanto é verdade que:

a) não deve constar na certidão de antecedentes criminais, salvo para os fins previstos no art. 76, § 4º, da Lei nº 9.099/1995;
b) não gera reincidência.

A submissão voluntária do agente à sanção penal não significa o reconhecimento da culpabilidade penal; portanto, não havendo expresso reconhecimento da culpabilidade do agente, não poderemos falar em sentença penal condenatória. Assim, não há condições jurídicas de a sentença que homologa a transação penal causar inelegibilidade.

Lecionava o saudoso Professor **Mirabete**:[27]

> Assim, a transação impede que o autor do fato seja considerado como reincidente pela eventual prática de crime posterior, o que violaria o princípio da não culpabilidade e não é idônea para servir de elemento probatório de maus antecedentes do autor do fato em ação penal posterior. Não é possível, também, que seja o nome do autor do fato lançado no rol dos culpados, já que, **embora se trate de imposição de pena, a sentença homologatória não é condenatória própria**. Pelas mesmas razões, é inadmissível considerar transação anterior como maus antecedentes no processo pela prática de crime posterior (Destaquei).

Sendo genérico o dispositivo, ao referir-se a "efeitos civis", também não gera a sentença homologatória da transação a perda dos instrumentos ou produto do crime (art. 91, *a* e *b*, do Código Penal). Também se pode afirmar que, tratando-se de sentença condenatória imprópria, não causa a sentença os efeitos civis e administrativos previstos no art. 92 do Código Penal, eventualmente aplicáveis ao autor da infração de menor potencial ofensivo, mesmo porque tais efeitos não são automáticos, devendo ser motivadamente declarados na sentença (art. 92, parágrafo único, do CP).

---

26 *Vide* MIRABETE, Julio Fabbrini. *Juizados especiais criminais*. São Paulo: Atlas, p. 143-144.
27 MIRABETE, Júlio Fabbrini. *Juizados especiais criminais*. 5. ed. São Paulo: Atlas, 2001.

No mesmo sentido a posição dominante do TSE:

> 1. Há pelo menos duas posições jurisprudenciais e doutrinárias opostas a respeito da sentença de homologação da transação penal: de um lado, uma corrente que defende a natureza homologatória da sentença, que é registrada apenas para impedir que o autor do fato utilize o benefício novamente no prazo de cinco anos; de outro, a que defende a natureza condenatória da sentença, que gera a sucessão dos efeitos da condenação, salvo aqueles expressos no art. 76, §§ 4º e 6º, da Lei nº 9.099/95. 2. **Posiciono-me, a respeito do tema, a favor da tese de que a transação penal não tem natureza condenatória e não gera trânsito em julgado material, pois considero que, embora haja o cumprimento de medidas restritivas de direito ou o pagamento de multa, não há, ainda, processo penal e não ocorreu a verificação ou mesmo a assunção da culpa pela parte transacionante**. 3. Atribuir à transação penal e à sentença que a homologa efeitos condenatórios e a possibilidade de transitar em julgado materialmente violaria o princípio da presunção de inocência, segundo o qual exige-se, para a incidência de efeitos penais, o perfazimento ou conclusão do processo respectivo, com vistas à apuração profunda dos fatos levantados e a realização de juízo certo sobre a ocorrência e autoria do ilícito imputado ao acusado. 4. Assim, nos termos do art. 15, III, da Constituição Federal, a suspensão dos direitos políticos somente pode ocorrer com a condenação que, além de transitada em julgado materialmente, decorra do devido processo legal e apure a culpabilidade do cidadão, o que não ocorre na transação penal. 5. Recurso especial eleitoral a que se nega provimento.[28]

CASO PRÁTICO ELEITORAL SUPERINTERESSANTE IV

A EXIGÊNCIA DO TRÂNSITO EM JULGADO

Segundo o mestre **Fávila Ribeiro**, a suspensão ocorre antes do trânsito em julgado, afirmando:

> Ainda mais, não ficou a sua eficácia condicionada ao trânsito em julgado. Necessário apenas que tenha havido condenação judicial em procedimento criminal para acarretar inexoravelmente a sustação de direitos políticos contra os que os possuíam anteriormente, ou dos demais que a partir da emissão da decisão condenatória criminal em pena restritiva à liberdade ou sustação de direitos a que fiquem privados de sua aquisição, salvo, é evidente, se o recurso previsto comportar efeito suspensivo tornando, assim, impeditiva qualquer execução – principal ou acessória. Prolonga-se a privação enquanto perdurarem os efeitos da decisão condenatória. Significa isso que, nos casos de livramento condicional ou de suspensão condicional da pena, enquanto

[28] Recurso Especial Eleitoral nº 12.602, TSE/MA, Rel. José Antônio Dias Toffoli. j. 02.10.2012, unânime.

> persistirem os efeitos das decisões, em que estiverem os apenados submetidos à restrição judicial, não podem participar ativa ou passivamente das atividades políticas.[29]

Ainda acrescenta o renomado autor:

> Daí o dizer de **Pontes de Miranda** que, "enquanto se está fazendo cumprir a pena, ou enquanto é possível exigir-se o cumprimento da pena, da sentença de condenação criminal irradiam-se efeitos, e estão suspensos os direitos políticos.[30]

Data maxima venia, discordamos dos dois grandes mestres do Direito supramencionados. Entendemos que a suspensão dos direitos políticos só ocorrerá **após o trânsito em julgado da sentença criminal condenatória**, pois a suspensão antes do trânsito em julgado viola frontalmente o princípio da não culpabilidade antecipada, e a própria Constituição Federal é imperativa neste sentido:

> Art. 15. É vedada a cassação de direitos políticos, cuja perda ou suspensão só se dará nos casos de:
> (...)
> III – condenação criminal **transitada em julgado**, enquanto durarem seus efeitos (grifo nosso).
> A incidência dos efeitos do art. 15, V, da Constituição Federal condiciona-se à existência de decisão judicial com trânsito em julgado; portanto, não há que se falar de inelegibilidade, em prestígio ao princípio da inocência.[31]
> Em face do disposto no art. 15, III, da Constituição Federal, a suspensão dos direitos políticos se dá ainda quando, com referência ao condenado por sentença criminal transitada em julgado, esteja em curso o período da suspensão condicional da pena.[32]

▸ INDAGAÇÃO DIDÁTICA

Veja esta questão, elaborada em um concurso jurídico.

"A condenação criminal transitada em julgado que aplica apenas a pena de multa acarreta a suspensão dos direitos políticos (art. 15, III, da Lei Maior)?"

Resposta: Sim, a aplicação da pena de multa prevista na legislação penal produz os mesmos efeitos das penas restritivas de direito e privativas de liberdade para fins políticos (suspensão dos direitos políticos). Enquanto não paga a multa e declarada

---

29 *Op. cit.*

30 MIRANDA, Pontes de. *Comentários à Constituição de 1967 com a Emenda nº 1 de 1969*. 2. ed. São Paulo: Revista dos Tribunais, 1969, t. IV, p. 577-578.

31 TRE/RN – RO nº 1.607/2000 – (1.607/2000) – Rel. Des. Célio Maia – J. 17/08/2000 JCF.15 JCF.15.V.

32 STF – RE nº 179.502 – SP – TP – Rel. Min. Moreira Alves – *DJU* 08/09/1995 JCF.15.

extinta a pena pelo seu cumprimento, o condenado não poderá votar e ser votado. Nesse sentido são as valiosas lições de Adriano Soares Costa e Marcos Ramayana.

CASO PRÁTICO ELEITORAL SUPERINTERESSANTE V
A SUSPENSÃO AUTOMÁTICA
INTERESSE PRÁTICO: A MANOBRA DO ADVOGADO IV

1. **Como promotor eleitoral, acompanhei um caso em que "X" foi condenado definitivamente a cumprir uma pena. O juiz não declarou na sentença que "X" era inelegível. O advogado argumentou que seu cliente era elegível, em virtude de não haver declaração de inelegibilidade expressa na sentença. O advogado está certo?**

Resposta: Não. A suspensão dos direitos políticos não é pena acessória, e sim consequência da condenação criminal, "**operando-se automaticamente**", independentemente de qualquer referência na sentença.

Além disso, é de se dizer que independe de processo especial de cognição e de análise de mérito para a execução da medida no juízo eleitoral, sendo automática a decretação da perda ou suspensão dos direitos políticos e da inelegibilidade superveniente, porquanto tem ela assento constitucional de eficácia e aplicabilidade imediatas.[33]

VEJA ESSE JULGADO

> Suspensão de direitos políticos é sanção constitucional para a qual basta a decisão condenatória, sendo despiciendo se o juiz a declare ou não, quanto mais informar o prazo, devendo perdurar enquanto subsistirem os efeitos da condenação, nos termos do art. 15, III, da CF. II – Recurso absolutório improvido. Redução de ofício da pena aplicada. Unanimidade.[34]

No mesmo sentido o art. 16 da Resolução nº 23.219/2010, *in verbis:*

> Art. 16. Fica impedido de votar o preso que, no dia da eleição, tiver contra si sentença penal condenatória com trânsito em julgado.
> Parágrafo único. Na hipótese prevista no caput, os Juízos Criminais comunicarão o trânsito em julgado à Justiça Eleitoral para que seja consignado na folha de votação da respectiva seção eleitoral o impedimento ao exercício do voto do eleitor definitivamente condenado.

Obs.: responda agora à questão nº 7.

---

[33] CÂNDIDO, Joel José. "Os Direitos Políticos, a Condenação Criminal lrrecorrível e o Papel do Ministério Público Eleitoral na Nova Constituição". *In: Revista Brasileira de Direito Eleitoral,* nº 5, p. 7.114, Fortaleza, CE: 1991.

[34] TJMA – ACr nº 24.573/2002 – (43.354/2003) – 1ª C.Crim. – Rel. Des. Benedito de Jesus Guimarães Belo – J. 25/02/2003 JCP.16 JCF.15 JCF.15.III.

▸ INDAGAÇÃO DIDÁTICA

Leia esta questão, elaborada em um concurso jurídico: "*A condenação criminal transitada em julgado acarreta, de forma automática, a perda do mandato de Deputado Federal ou Senador?*"

Resposta: Cuidado: a condenação criminal transitada em julgado ***não*** acarreta, de forma automática, a perda do mandato de Deputado Federal ou Senador.

Dispõe o art. 55, inciso VI, da Constituição Federal que:

Perderá o mandato o Deputado ou Senador:

> VI – que sofrer condenação criminal em sentença transitada em julgado.

Portanto, como no caso de Deputado Federal ou Senador há regra específica, deve-se aplicar o princípio da especialidade. Assim, a perda do mandato por *condenação criminal transitada em julgado*, ***não é efeito automático da sentença,*** devendo ser decidida pela Câmara dos Deputados ou Senado Federal na exata forma do art. 55, § 2º, *in verbis:*

> § 2º Nos casos dos incisos I, II e VI, a perda do mandato será decidida pela Câmara dos Deputados ou pelo Senado Federal, por maioria absoluta, mediante provocação da respectiva Mesa ou de partido político representado no Congresso Nacional, assegurada ampla defesa.

▸ QUADRO DIDÁTICO[35]

Sentença penal transitada em julgado (art. 15, inciso III, da CF/1988).	Efeito automático: suspensão dos direitos políticos.	A perda de cargo público ou mandato eletivo é dependente de outra decisão judicial ou de decisão posterior do Legislativo.
Sentença penal que decreta a perda do mandato eletivo ou perda de cargo público (art. 92, inciso I, do CP).	Efeito dependente de expressa decisão motivada (art. 92, parágrafo único, do CP).	Não há suspensão dos direitos políticos como efeito natural, mas sim como efeito anexo (art. 15, III, da CF).

CASO PRÁTICO ELEITORAL SUPERINTERESSANTE VI

▸ INDAGAÇÃO DIDÁTICA

Veja esta questão, elaborada em um concurso jurídico.

"A condenação em contravenção penal implicará a suspensão dos direitos políticos?"

---

[35] Elaborado por COSTA, Adriano Soares da. *Op. cit.*

▸ CONTROVÉRSIA DOUTRINÁRIA

O entendimento dominante é no sentido afirmativo. Neste sentido, o excelente artigo do Professor **Teori Albino Zavascki**, publicado na RJ nº 201 – Jul./1994, p. 118:

> O constituinte não fez exceção alguma: em qualquer hipótese de condenação criminal haverá suspensão dos direitos políticos enquanto durarem os efeitos da sentença. Trata-se de preceito extremamente rigoroso, porque não distingue crimes dolosos dos culposos, nem condenações a penas privativas de liberdade de condenações a simples penas pecuniárias. Também não distingue crimes de maior ou menor potencial ofensivo ou danoso. A condenação por contravenção, que também é crime, acarreta, assim, o efeito constitucional.

▸ POSIÇÃO CONTRÁRIA

Anoto opinião em sentido contrário de **Antonio Carlos Mendes**,[36] que admite a possibilidade de "concluir-se que os crimes culposos são insuscetíveis de suspensão dos direitos políticos".

Minha posição: a primeira. Só discordo do insigne mestre na afirmação: "A condenação por contravenção, que também é crime." A contravenção é uma infração penal, mas não é crime em sentido formal. **Veja a matéria "Do crime", no livro *Direito Penal - Parte Geral*, Série Universitária.**

Em realidade, a Constituição Federal exige uma condenação criminal, leia-se condenação em uma infração penal, que pode ser um crime ou uma contravenção. A condenação criminal é o gênero que tem como espécies:

a) a condenação em crime;
b) a condenação em contravenção penal.

No mesmo sentido o entendimento dominante do TSE:

> A disposição constitucional, prevendo a suspensão dos direitos políticos, ao referir-se a condenação criminal transitada em julgado, abrange não só aquela decorrente da pratica de crime, mas também a de contravenção penal (*Resp: 132.93: RJTSE – Revista de Jurisprudência do TSE, Volume 8, Tomo 4, p. 157*).

É também a posição do STF (Vide RE nº 179.502-6/SP).

Obs.: responda agora à questão nº 5.

▸ CASO PRÁTICO ELEITORAL SUPERINTERESSANTE VII

"A sentença penal que impõe medida de segurança ao inimputável por doença mental, transitada em julgado, acarreta a suspensão dos direitos políticos?"

---

[36] *Ibidem.*

Resposta: Entendo que não, a sentença que declara a inimputabilidade do agente por doença mental é "a absolutória imprópria" porque nela não há aplicação de pena e sim de medida de segurança. A Constituição Federal exige que a sentença seja "condenatória" com trânsito em julgado, portanto, não podemos fazer uma interpretação extensiva em matéria de suspensão ou perda de direitos políticos.

Poderá haver suspensão dos direitos políticos no caso do inimputável ser também declarado, no Direito Civil, absolutamente incapaz, mas não em decorrência da sentença penal que, repito, não é condenatória e sim absolutória imprópria.

Informo que minha posição é minoritária, pois o entendimento amplamente dominante defende que a sentença penal que impõe medida de segurança ao inimputável, transitada em julgado, acarreta a suspensão dos direitos políticos.

No mesmo sentido é a lição de Joel José Cândido,[37] que faz a indagação infracitada e responde: a capacidade de entendimento é a imputabilidade, que a eles falta. Assim, não se cogita de condenação, embora possa ter havido crime, e, nesses casos, o agente é absolvido, aplicando-se-lhe a medida de segurança. Pergunta-se, então: como ficam os direitos de segurança, uma vez que não houve uma condenação criminal?

Aplicando a medida de segurança ao acusado, mais do que presente estará, na hipótese, o pressuposto constitucional básico para a decretação da suspensão dos seus direitos políticos. A não ser assim, teríamos, por exemplo, o absurdo de se suspenderem os direitos políticos de uma pessoa mentalmente sadia, condenada, eventualmente, a uma pena inexpressiva, deixando com plenos direitos políticos um insano, autor de crime grave, submetido à internação em instituto psiquiátrico, talvez para o resto de sua vida. Se no menos e no menos grave, o constituinte quis a suspensão, o intérprete não pode, por falta de uma interpretação razoável, deixar de fora dos efeitos desta o mais e o mais grave.

É de se considerar, ainda – fator de importância significativa – que, se foi aplicada medida de segurança, obrigatória e necessariamente o juiz reconheceu periculosidade no agente, já que este é pressuposto indispensável daquela. Não raro, aliás, o art. 26, *caput*, do CP nos mostra, na prática, casos de insanidade furiosa. Não é possível, destarte, que pessoa com essa saúde, após ter passado pelo crivo judicial que isso atestou, possa naturalmente votar e ser votada, entre outros direitos, porque o interprete não lhe reconheceu caso de suspensão dos direitos políticos. E não haverá a menor diferença entre dois insanos, com o mesmo diagnóstico de doença mental incurável, ambos tendo passado por sentença judicial transitada em julgado, para se suspenderem os direitos políticos daquele cuja hipótese se enquadre no inciso II, e não decretar essa suspensão para aquele que estiver incurso no inciso III, ambos no art. 15 da Constituição Federal.

---

37 CÂNDIDO, Joel José. *Inelegibilidades no Direito brasileiro*. 2. ed. Bauru: Edipro, 2003, p. 58 *usque* 60.

A duração do período de suspensão dos direitos políticos do inimputável que foi submetido à medida de segurança dar-se-á no exato tempo de duração desta, que, por sua vez, terá por base o que determinar o juiz. (*Vide o art. 96, parágrafo único, e art. 97, § 1º, ambos do Código Penal.*)

No mesmo sentido o entendimento dominante do TSE:

> Não obstante tratar-se de sentença absolutória imprópria, a decisão que impõe medida de segurança ostenta natureza condenatória, atribuindo sanção penal, razão por que enseja suspensão de direitos políticos nos termos do art. 15, III, da Constituição Federal. Resolvem os ministros do Tribunal Superior Eleitoral, por unanimidade, responder à indagação, nos termos do voto do relator. (TSE: Processo Administrativo nº 2 19.297 -2006).

Obs.: Leia no item 11 o caso superinteressante "*o semi-imputável*".

▸ CASO PRÁTICO ELEITORAL SUPERINTERESSANTE VIII

A suspensão dos direitos políticos subsiste em razão da decretação da extinção da punibilidade com subsunção, nas causas elencadas no art. 107 do Código Penal?

Resposta: Leciona **Joel José Cândido** que, por qualquer das causas enumeradas no art. 107 do Código Penal, decretada a extinção da punibilidade, os efeitos da suspensão dos direitos políticos não subsistem.

▸ POSIÇÃO DIVERGENTE

Entendo que há um pequeno erro na construção doutrinária supracitada, pois em algumas causas elencadas no art. 107 do Código Penal, não haverá extinção imediata da punibilidade como é o caso do indulto parcial, ademais há também a controvérsia do "perdão judicial" que enfrentaremos em outro tópico.

Destaca-se.

(TSE) INELEGIBILIDADE – CONDENAÇÃO CRIMINAL – INDULTO. Registro de candidatura. Indeferimento. Condenação criminal com trânsito em julgado. Suspensão de direitos políticos. Sentença declaratória da concessão de indulto posterior ao indeferimento. Indulto parcial, referente, apenas, ao aspecto da pena restritiva de liberdade, não se estendendo às penas acessórias e aos efeitos da condenação. **Permanência, *in casu*, da pena acessória relativa à suspensão dos direitos políticos**. Recurso não provido. Acórdão nº 95 – Recurso Ordinário nº 95 – Classe 27a/PR (Curitiba). Relator: Ministro Eduardo Alckmin. Decisão: unânime em negar provimento ao recurso.

Veja a matéria "Causas extintivas da punibilidade", no livro *Direito Penal – Parte Geral*, Série Universitária.

▸ CASO PRÁTICO ELEITORAL SUPERINTERESSANTE IX

Tício foi condenado por ter cometido um crime. Os direitos políticos de Tício foram suspensos com o trânsito em julgado da sentença penal condenatória. Aponte a solução jurídica, considerando que:

a) o advogado de Tício requereu uma revisão criminal;
b) requereu também a reaquisição dos direitos políticos de Tício, argumentando que a propositura de ação de revisão criminal afasta a causa de suspensão dos direitos políticos.

Resposta: O advogado não tem razão. Veja este julgado:

> (TSE) Agravo regimental. Recurso especial recebido como ordinário. Eleições 2002. Registro. Inelegibilidade. Art. 1º, I, *e* e *g*, da LC nº 64/1990. Crime eleitoral. Rejeição de contas. **A propositura de revisão criminal não suspende a inelegibilidade**. Acórdão nº 19.986, de 01/10/2002, Agravo Regimental no Recurso Especial Eleitoral nº 19.986 Classe 22ª/ES (Vitória).

▸ CASO PRÁTICO ELEITORAL SUPERINTERESSANTE X

Quando há condenação e substituição da pena privativa de liberdade pela restritiva de direito, haverá suspensão dos direitos políticos?

Resposta: Sim, pois a espécie do crime ou a natureza da pena são irrelevantes, já que a CF é peremptória ao afirmar:

> Art. 15. É vedada a cassação de direitos políticos, cuja perda ou suspensão só se dará nos casos de: (...) III – condenação criminal transitada em julgado, enquanto durarem seus efeitos;

A novidade é que o TSE recentemente adotou a posição que estamos defendendo desde a primeira edição deste livro, vejam:

> O Plenário do Tribunal Superior Eleitoral, por unanimidade, reafirmou que é nula a filiação **partidária ocorrida no período em que os direitos políticos do eleitor estão suspensos por condenação criminal transitada em julgado.** Na espécie vertente, o pretenso candidato ao pleito de 2012 foi condenado a dois anos de reclusão e dez dias-multa por porte ilegal de arma de fogo, vindo a decisão transitar em julgado em 17.1.2011. O Plenário destacou que, nos termos do art. 15, inciso III, da Constituição da República, a condenação em processo criminal transitada em julgado **resulta na suspensão dos direitos políticos, persistindo esse efeito enquanto não cumprida ou extinta a pena. Salientou também que, nos termos do artigo 16 da Lei nº 9.096/1995, só pode filiar-se a partido político o eleitor que estiver no pleno gozo dos direitos políticos, sendo, portanto, nula a filiação realizada durante o período em que se encontram suspensos seus direitos políticos.** No ponto, **asseverou que a espécie do crime ou a natureza da pena são irrelevantes para a incidência da restrição dos direitos políticos, ainda que haja a substituição da pena privativa de liberdade pela restritiva de direito.** Nesse entendimento, o Tribunal, por unanimidade, desproveu o recurso (Recurso Especial Eleitoral nº 114-50, Rel. Min. Laurita Vaz, 06.08.2013).

No mesmo sentido a posição dominante do STF:

> Na linha da jurisprudência deste Tribunal e até que o Supremo Tribunal Federal reexamine a questão já admitida sob o ângulo da repercussão geral, a condenação criminal transitada em julgado é suficiente para atrair a incidência da suspensão dos direitos políticos, **independentemente do fato de a pena privativa de liberdade ter sido posteriormente substituída pela restritiva d e direitos**.

▸ CASO PRÁTICO ELEITORAL SUPERINTERESSANTE XI

Existe diferença entre suspensão dos direitos políticos por condenação criminal transitada em julgado e inelegibilidade legal em face de condenação criminal por determinadas infrações penais?

Resposta: Com o devido respeito, entendo que a falta de contato com o direito eleitoral faz com que a doutrina penal não elucide muito bem a diferença, que pode ser assim apresentada:

a) **Suspensão (*fundamento no art. 15, inciso III, da Constituição Federal*):**
- Atinge o *jus singuli* (direito de votar) e o *jus honorum* (direito de ser votado).
- Só começa os efeitos após o trânsito em julgado.
- Atinge qualquer crime.
- Não tem um tempo predeterminado, perdurando enquanto durar os efeitos da condenação.

b) **Inelegibilidade (*fundamento: art. 1º, inc. I, da LC nº 64/1990*):**
- Atinge somente o *jus honorum*.
- É possível gerar efeito antes do trânsito em julgado.
- Atinge somente os crimes especificados no art. 1º, inc. I, da LC nº 64/1990.
- Não há tempo predeterminado, perdurando desde a condenação até o transcurso do prazo de 8 (oito) anos após o cumprimento da pena.

▸ CASO PRÁTICO ELEITORAL SUPERINTERESSANTE XII

Brasileiro que não estiver no gozo dos seus direitos políticos, pode participar de comícios e atos de propaganda eleitoral?

Resposta: Dispõe o art. 337 do Código Eleitoral que é crime "Participar, o estrangeiro ou brasileiro que não estiver no gozo dos seus direitos políticos, de atividades partidárias, inclusive comícios e atos de propaganda em recintos fechados ou abertos".

Entretanto, o artigo supracitado não foi recepcionado pelo novo ordenamento constitucional, sendo no mesmo sentido a posição dominante do TSE:

> 1. As restrições advindas da suspensão de direitos políticos alcançam apenas as hipóteses previstas no art. 14, da Constituição Federal (direito de votar e de ser votado); sendo assim, ao tipificar como crime a participação em atividades partidárias, inclusive comícios e atos de propaganda, de estrangeiro ou brasileiro que não estiver no gozo dos seus direitos políticos, o Código Eleitoral entra em confronto com a ordem constitucional posterior, o que leva à conclusão

de que o art. 337 não foi recepcionado pela Lei Maior. 2. Resta flagrante ainda o descompasso entre o art. 5º, inciso IV, da CF e o art. 337, do Código Eleitoral, já que a Constituição Federal prevê como direito fundamental a liberdade de expressão, sendo vedado, portanto, à legislação ordinária, no caso em tela o Código Eleitoral construir tipo penal que restrinja a liberdade de manifestação, inclusive política, sendo que tais restrições devem ser expressamente autorizadas pela Lei Maior. 3. Concessão da Ordem (*Habeas Corpus* nº 16.795, TSE/SE, Rel. Cléa Monteiro Alves Schlingmann. j. 29.11.2012, maioria, *DJe* 07.12.2012).

▸ CASOS FORENSES PRÁTICOS

Tício sofreu condenação criminal com trânsito em julgado e teve seus direitos políticos suspensos. Considere que ocorreu a extinção da punibilidade, pergunta-se: para cessar a suspensão de direitos políticos, Tício precisa fazer a reabilitação ou provar a reparação dos danos?

Resposta: Não. Leia o entendimento dominante do **TSE**:

> A suspensão de direitos políticos decorrente de condenação criminal transitada em julgado cessa com o cumprimento ou a extinção da pena, independendo de reabilitação ou de prova de reparação dos danos. (Súmula nº 9 do TSE)

Tício foi condenado por ter cometido um crime e, antes do trânsito em julgado, se tornou inelegível. Pergunta-se, é possível uma condenação gerar inelegibilidade antes do trânsito em julgado da sentença penal condenatória?

Cuidado: a suspensão dos direitos políticos precisa do trânsito em julgado, mas a condenação, em alguns crimes, pode gerar inelegibilidade antes do trânsito em julgado. O art. 1º, inc. I, da Lei Complementar 64/1990, elenca alguns casos em que é possível ser decretada a inelegibilidade antes do trânsito em julgado, desde que a condenação seja proferida por órgão judicial colegiado, veja: São inelegíveis para qualquer cargo: e) os que forem condenados, em decisão transitada em julgado ou proferida por órgão judicial colegiado, desde a condenação até o transcurso do prazo de 8 (oito) anos após o cumprimento da pena, pelos crimes: contra a economia popular, a fé pública, a administração pública e o patrimônio público; contra o patrimônio privado, o sistema financeiro, o mercado de capitais e os previstos na lei que regula a falência; contra o meio ambiente e a saúde pública; eleitorais, para os quais a lei comine pena privativa de liberdade; de abuso de autoridade, nos casos em que houver condenação à perda do cargo ou à inabilitação para o exercício de função pública; de lavagem ou ocultação de bens, direitos e valores; de tráfico de entorpecentes e drogas afins, racismo, tortura, terrorismo e hediondos; de redução à condição análoga à de escravo; contra a vida e a dignidade sexual; e os praticados por organização criminosa, quadrilha ou bando.[38]

---

[38] A Lei nº 12.850, de 02.08.2013, alterou a nomenclatura "quadrilha ou bando" para "Associação Criminosa".

A SUSPENSÃO DOS DIREITOS POLÍTICOS E A DELIBERAÇÃO DA CÂMARA DE VEREADORES

Tício é vereador e foi condenado pelo crime de ameaça. Aponte a solução jurídica, considerando que:

a) **A pena de 02 meses imposta ao vereador foi convertida em restritiva de direitos;**

b) **A sentença transitou em julgado;**

Pergunta-se:

1. **É possível Tício perder do mandato político?**
2. **É preciso haver alguma deliberação da câmara de vereadores?**

Resposta: Tício perderá o mandato independentemente de manifestação da câmara de vereadores.

No mesmo sentido, o **STF:**

> (...) Pois bem. Em relação à perda dos direitos políticos de vereadores condenados criminalmente, a jurisprudência deste Supremo Tribunal firmou entendimento no sentido de que:
> (I) basta o trânsito em julgado da condenação, pouco importando a natureza e a quantidade da pena, haja vista que o fundamento da norma é estritamente ético; e
> (II) os efeitos decorrentes do inc. III do art. 15 da Constituição Federal são autoaplicáveis e independem de decisão da Câmara dos Vereadores sobre o tema, pois não há qualquer previsão constitucional, sequer implícita, que destine aos vereadores um tratamento simétrico àquele conferido aos parlamentares federais pelo § 2º do art. 55 da Constituição Federal.
> (...)
> Assim, apesar de a pena privativa de liberdade imposta ao vereador ter sido convertida em restritiva de direitos, o fundamento ético que se extrai da condenação já transitada em julgado é motivo suficiente à perda do mandato político. Já no que diz respeito à autoaplicabilidade do inc. III do art. 15 da Constituição Federal e à incompetência da Câmara dos Vereadores para decidir sobre a perda de mandato de parlamentar municipal, o Plenário desta Corte, no julgamento do RE 225.019, asseverou que "a perda dos direitos políticos é consequência da existência da coisa julgada, [sendo certo que a Câmara de vereadores não tem competência para iniciar e decidir sobre a perda de mandato (...), bastando uma comunicação à Câmara de Vereadores da condenação criminal transitada em julgado, extraída dos autos do processo criminal.
> (...)
> O DL. 201, de 02 de fevereiro de 1967, atribui ao Presidente da Câmara a declaração da extinção do mandato (art. 8, I). (...) O ato declaratório é obrigatório. Constitui-se em mera formalização da extinção do mandato e da vacância do cargo. Não cabe ao Presidente da Câmara de Vereadores outra conduta senão a declaração da extinção do mandato (Publique-se. Int. Brasília, 09 de junho de 2014. Ministro Joaquim Barbosa Presidente Documento assinado digitalmente (SL 789 MC, Relator(a): Min. Presidente, Decisão Proferida pelo(a) Ministro(a)

JOAQUIM BARBOSA, julgado em 09/06/2014, publicado em PROCESSO ELETRÔNICO *DJe*-120 DIVULG 20/06/2014 PUBLIC 23/06/2014).

No mesmo sentido, **José Jairo Gomes**[39]:

> A suspensão de direitos políticos constitui efeito secundário da sentença criminal condenatória, exsurgindo direta e automaticamente com seu trânsito em julgado, independentemente da natureza ou do montante da pena aplicada in concreto. Por isso, não é necessário que venha gravada na parte dispositiva do decisum. Tal qual o registro da candidatura e a diplomação do eleito, a investidura no cargo e o exercício de mandato político-eletivo pressupõem que o mandatário esteja no gozo dos direitos políticos. Pretende-se que os cargos público-eletivos sejam ocupados por cidadãos insuspeitos, sobre os quais não pairem dúvidas quanto à integridade ético-jurídica, honestidade e honradez. Visa-se, com isso, assegurar a legitimidade e a dignidade da representação popular, pois o Parlamento – e, de resto, todo o aparato estatal – não pode transformar-se em abrigo de delinquentes. Cumpre indagar se a suspensão de direitos políticos decorrente de condenação criminal transitada em julgado implica a perda automática de mandato eletivo. A indagação justifica-se diante da especificidade que reveste a sentença penal condenatória e seus efeitos, bem como do especial tratamento normativo conferido à matéria.

7.1.4. *Improbidade administrativa*

A quarta causa de suspensão dos direitos políticos é algo que está se tornando rotina nas administrações públicas: a **improbidade administrativa**.

A Lei nº 8.429, de 2 de junho de 1992, assim como a Constituição Federal, dispõem sobre a improbidade administrativa e sobre a competência para julgar ações que a envolvam.

A suspensão dos direitos políticos por motivo de improbidade administrativa é hipótese nova no Direito brasileiro, introduzida pela CF/1988. À improbidade, tradicionalmente, cominavam-se sanções de natureza penal, ainda que com efeitos políticos. Mas sempre em ação penal. Agora, a sanção não é penal. É civil ou, melhor dizendo, político-civil.

Leia-se, com efeito, a CF, no § 4º do art. 37: "Os atos de improbidade administrativa importarão a suspensão dos direitos políticos, a perda da função pública, a indisponibilidade de bens e o ressarcimento ao erário, na forma e na gradação previstas em lei, sem prejuízo da ação penal cabível." Ora, essa circunstância – natureza não criminal da sanção – inova substancialmente na ordem jurídica, o que fica evidenciado no exame da Lei nº 8.429, de 02/06/1992, que, regulamentando o texto constitucional, dispôs sobre "as sanções aplicáveis aos agentes públicos nos casos de enriquecimento ilícito no exercício de mandato, cargo, emprego ou função na administração pública direta, indireta ou fundacional".

---

[39] No mesmo sentido: GOMES, José Jairo. *Direito Eleitoral*. 12. ed. São Paulo: Atlas, 2016.

Autor e lesado por improbidade têm conceito amplíssimo na lei, conforme se vê nos seus arts. 1º e 2º. Agente público, eventual sujeito ativo do ilícito, é considerado "todo aquele que exerce, ainda que transitoriamente ou sem remuneração, por eleição, nomeação, designação, contratação ou qualquer outra forma de investidura ou vínculo, mandato, cargo, emprego ou função nas entidades mencionadas no artigo anterior" (art. 2º).

Como vítimas, figuram, além das entidades da Administração Direta, Indireta e Fundacional, as empresas incorporadas ao patrimônio público ou aquelas entidades para cuja criação ou custeio o erário haja concorrido ou concorra com parcela superior a 50% (cinquenta por cento) do patrimônio ou da receita (art. 1º) e, ainda, as entidades que recebem subvenção, benefício ou incentivo, fiscal ou creditício, de órgãos públicos (parágrafo único do art. 1º).

IMPLICAÇÕES DOS ATOS DE IMPROBIDADE ADMINISTRATIVA

As implicações da sentença condenatória em "ação civil de improbidade" são destacadas por **Cláudio Ari Mello**, ao anotar que "o condenado por improbidade administrativa ver-se-á na indigna posição de não cidadão, em face da perda dos direitos políticos".[40]

Não é preciso dizer, também, que muitos dos ilícitos descritos na Lei de Improbidade configuram, igualmente, ilícitos penais que podem dar ensejo à perda do cargo ou da função pública, com efeito da condenação, como fica evidenciado pelo simples confronto entre o elenco de "atos de improbidade", constante do art. 9º da Lei nº 8.429/1992, com os delitos contra a Administração praticados por funcionário público (Código Penal, arts. 312 e seguintes, especialmente os crimes de peculato, art. 312; concussão, art. 316; corrupção passiva, art. 317; prevaricação, art. 319; e advocacia administrativa, art. 321).

OS ATOS DE IMPROBIDADE FORAM DIVIDIDOS EM TRÊS GRANDES GRUPOS

a) os "que importam enriquecimento ilícito" (art. 9º);
b) os "que causam prejuízos ao erário" (art. 10); e
c) os "que atentam contra os princípios da Administração Pública" (art. 11).

O DOLO E A CULPA NOS ATOS DE IMPROBIDADE

Com obtemperada razão, fazemos alusão aos ensinamentos de **Mariano Pazzaglini Filho, Márcio Fernando Elias Rosa** e **Waldo Fazzio Junior**, em *Improbidade Administrativa*, Ed. Atlas, 2000.

> O ato de improbidade administrativa supõe que a conduta lesiva ao erário, dolosa ou culposa, comissiva ou omissiva, seja ilegal.

---

[40] "Improbidade Administrativa - Considerações sobre a Lei nº 8.429/92", *In:* RT - *Cadernos de Direito Constitucional e Ciência Política*, a. 3, nº 11, p. 58, abr/jun 1995.

> Em princípio, pode parecer de excessivo rigor legal a punição do agente público que laborou culposamente para a consumação de lesão ao erário. Todavia, assim não é.
> Os agentes públicos em geral, inclusive os que servem empresas estatais ou que de qualquer modo envolvam dinheiro público, têm a obrigação de se conduzir com diligência no desempenho de suas funções, sendo incompatível com a natureza delas a imprudência e a negligência.
> Agente público imprudente é o que age sem calcular as consequências, previsíveis para o erário, do ato que pratica. Negligente é o que se omite no dever de cautelar o patrimônio público. Tanto um como outro descumprem dever elementar imposto a todo e qualquer agente público, qual seja, o de zelar pela integridade patrimonial do ente ao qual presta serviços, à medida que se trata de patrimônio que, não sendo seu, a todos interessa e pertence.

Ensina José Jairo Gomes[41] que:

> A perda ou a suspensão de direitos políticos acarretam várias consequências jurídicas, como o cancelamento do alistamento e a exclusão do corpo de eleitores (CE, art. 71, II), o cancelamento da filiação partidária (LOPP, art. 22, II), a perda de mandato eletivo (CF, art. 55, IV, § 3º), a perda de cargo ou função pública (CF, art. 37, I, c.c. Lei nº 8.112/1990, art. 5º, II e III), a impossibilidade de se ajuizar ação popular (CF, art. 5º, LXXIII), o impedimento para votar ou ser votado (CF, art. 14, § 3º, II) e para exercer a iniciativa popular (CF, art. 61, § 2º). A exclusão do corpo de eleitores não é automática, devendo ser observado o procedimento traçado no art. 77 do Código Eleitoral. Todavia, uma vez cessada a causa do cancelamento, poderá o interessado requerer novamente sua qualificação e inscrição no corpo eleitoral (CE, art. 81), recuperando, assim, sua cidadania. No tocante a deputados federais e senadores (e também a deputados estaduais e distritais, por força do disposto nos arts. 27, § lº, e 32, § 3º, da CF), a concretização da perda dos direitos políticos não acarreta direta e automaticamente a do mandato. E que a perda de mandato legislativo deve necessariamente decorrer de ato editado pela Mesa da Casa respectiva, que age de ofício ou mediante provocação de qualquer de seus membros, ou de partido político com representação no Congresso Nacional, assegurada ampla defesa (CF, art. 55, IV, § 3º). A necessidade de haver pronunciamento da Mesa tem o sentido de preservar a independência do Parlamento da interferência de outros poderes, bem assim seu regular funcionamento.

7.1.5. *A regularização de situação eleitoral de pessoa com restrição de direitos políticos*

Dispõe o artigo 52 da Resolução do TSE nº 21.538/2003:

> Art. 52. A regularização de situação eleitoral de pessoa com restrição de direitos políticos somente será possível mediante comprovação de haver cessado o impedimento.

---

41 No mesmo sentido: GOMES, José Jairo. *Direito Eleitoral*, 4ª ed., Belo Horizonte: Editora Del Rey, 2010. p. 9.

> § 1º Para regularização de inscrição envolvida em coincidência com outra de pessoa que perdeu ou está com seus direitos políticos suspensos, será necessária a comprovação de tratar-se de eleitor diverso.
> § 2º Na hipótese do artigo, o interessado deverá preencher requerimento e instruir o pedido com Declaração de Situação de Direitos Políticos e documentação comprobatória de sua alegação.
> § 3º Comprovada a cessação do impedimento, será comandado o código FASE próprio e/ou inativado(s), quando for o caso, o(s) registro(s) correspondente(s) na Base de Perda e Suspensão de Direitos Políticos.

7.1.5.1. Documentos comprobatórios de reaquisição ou restabelecimento de direitos políticos[42]

São considerados documentos comprobatórios de reaquisição ou restabelecimento de direitos políticos:

I - Nos casos de perda:

a) decreto ou portaria;

b) comunicação do Ministério da Justiça.

II - Nos casos de suspensão:

a) para interditos ou condenados: sentença judicial, certidão do juízo competente ou outro documento;

b) para conscritos ou pessoas que se recusaram à prestação do serviço militar obrigatório: Certificado de Reservista, Certificado de Isenção, Certificado de Dispensa de Incorporação, Certificado do Cumprimento de Prestação Alternativa ao Serviço Militar Obrigatório, Certificado de Conclusão do Curso de Formação de Sargentos, Certificado de Conclusão de Curso em Órgão de Formação da Reserva ou similares;

c) para beneficiários do Estatuto da Igualdade: comunicação do Ministério da Justiça ou de repartição consular ou missão diplomática competente, a respeito da cessação do gozo de direitos políticos em Portugal, na forma da lei.

III - Nos casos de inelegibilidade:

Exige-se a certidão ou outro documento.

▸ RESUMO DIDÁTICO

1. Suspensão dos direitos políticos.
   - a) **Consequência jurídica:** o cidadão fica afastado "temporariamente" da capacidade eleitoral ativa e passiva (direito de votar e ser votado).
   - b) **Reaquisição:** ocorre com a cessação dos motivos que ensejaram a suspensão.
2. Na perda dos direitos políticos.
   - a) **Consequência jurídica:** haverá privação **definitiva** do *jus honorum* (direito de ser votado) e o *jus suffragii* (direito de votar).
   - b) **Reaquisição:** impossibilidade.

---

[42] Fonte da pesquisa: artigo 53 da Resolução do TSE nº 21.538/2003.

▸ POSIÇÃO DIVERGENTE

Thales Tácito[43] defende que, "no caso de perda, o cancelamento da naturalização, determinado por sentença judicial transitada em julgado, só pode ser invalidado por ação rescisória".

8. Entendimentos sumulados pelo TSE

SÚMULA Nº 9

A suspensão de direitos políticos decorrente de condenação criminal transitada em julgado cessa com o cumprimento ou a extinção da pena, independendo de reabilitação ou de prova de reparação dos danos.

SÚMULA Nº 13

Não é autoaplicável o § 9º do art. 14 da Constituição, com a redação da Emenda Constitucional de Revisão nº 4/1994. (Texto reiterado pelo Ac.-TSE, de 10.5.2016, no PA nº 32345, publicado no *DJE* de 24, 27 e 28.6.2016).

O § 9º supracitado tem a seguinte redação: "Lei Complementar estabelecerá outros casos de inelegibilidade e os prazos de sua cessação, a fim de proteger a probidade administrativa, a moralidade para o exercício do mandato, considerada a vida pregressa do candidato, e a normalidade e legitimidade das eleições contra a influência do poder econômico ou o abuso do exercício de função, cargo ou emprego na administração direta ou indireta."[44]

SÚMULA Nº 15

O exercício de mandato eletivo não é circunstância capaz, por si só, de comprovar a condição de alfabetizado do candidato. (Texto atualizado pelo Ac.-TSE, de 10.5.2016, no PA nº 32345).

9. Questões subjetivas interessantes

1. Existe diferença entre "cidadania" e "nacionalidade"?

Resposta: Sim. Não se pode confundir "cidadania" com "nacionalidade". Ser cidadão é ter direitos políticos. Ter nacionalidade significa ser brasileiro, nato ou naturalizado (CF, art. 12). A nacionalidade é pressuposto da cidadania. Porém, nem todo nacional é cidadão, porque nem todos têm direitos políticos, como se viu.[45]

---

43 CERQUEIRA, Thales Tácito Pontes Luz de Pádua. *Preleções de Direito Eleitoral*. 1. ed. Rio de Janeiro: Lúmen Júris: Rio de Janeiro, 2006, p. 226.

44 Redação dada ao parágrafo pela Emenda Constitucional de Revisão nº 4/1994.

45 Nesse sentido: FERREIRA FILHO, Manoel Gonçalves. *Op. cit.*, p. 259.

2. **A suspensão de direitos políticos decorrentes de condenação criminal transitada em julgado cessa com o cumprimento ou extinção da pena?**
Resposta: Antes do advento da Súmula nº 9 do TSE, a prescrição da pretensão executória não impedia a inelegibilidade de que cogita esta alínea *e*. Vigente a Súmula nº 9, como a extinção da pena impede a suspensão dos direitos políticos (que é o antecedente), inviabiliza, com muito mais razão, a inelegibilidade aqui cogitada (que é o consequente). Mais a mais, esta inelegibilidade da alínea *e* pressupõe o cumprimento da pena, o que não existe na prescrição da pretensão executória. E, por fim, pela redação daquele édito pretoriano se vê que, para a suspensão dos direitos políticos e inelegibilidade, é irrelevante que permaneçam, na prescrição executória, os efeitos secundários da condenação.[46]
Agora, a discussão não tem mais fundamento. Veja a **Súmula nº 9 do TSE:**

> A suspensão de direitos políticos decorrentes de condenação criminal transitada em julgado cessa com o cumprimento ou extinção da pena, independendo de reabilitação ou prova de reparação dos danos.

3. **É necessária a reabilitação para o restabelecimento dos direitos políticos?**
Resposta: O doutrinador **Joel José Cândido** é favorável à dispensa da reabilitação, fazendo menção à posição contrária do doutrinador **Antônio Carlos Mendes**. A Súmula nº 9 do TSE supracitada é taxativa, ao afirmar que não é necessária a reabilitação. Uma vez declarada a extinção da punibilidade ou extinção da pena, o interessado não precisa ser reabilitado.

4. **É possível interpor um *habeas corpus* para contestar a suspensão dos direitos políticos?**
Resposta: Não. Segundo o STF "O habeas corpus *é remédio jurídico destinado exclusivamente à tutela da liberdade de locomoção, razão por que descabe, nessa via, analisar questões que não representem ameaça a esse direito, como a suspensão dos direitos políticos ou a condenação ao pagamento das custas processuais. Precedentes.* (Habeas Corpus nº 125991/MG, 2ª Turma do STF, Rel. Dias Toffoli. j. 24.03.2015, unânime, *DJe 28.04.2015)*".

10. Questões objetivas

1. **(TRE/CE) São considerados eleitores os:**
   a) brasileiros naturalizados, desde o ato solene de concessão da nacionalidade brasileira;
   b) recrutas, no período do serviço militar obrigatório;
   c) maiores de dezoito anos, devidamente alistados;
   d) maiores de dezesseis anos, a partir da data do aniversário;
   e) estrangeiros alistados, residentes no Brasil há, pelo menos, quinze anos ininterruptos.

[46] No sentido do texto: CÂNDIDO, Joel José. *Direito Eleitoral brasileiro*. 10. ed., Bauru: Edipro, 2003.

2. **(TRE/AC – Analista Judiciário) Considere as medidas abaixo.**

   I. Suspensão dos direitos políticos.

   II. Perda da função pública.

   III. Indisponibilidade de bens.

   IV. Ressarcimento ao erário.

   Os atos de improbidade administrativa importarão, na forma e gradação previstas em lei e sem prejuízo da ação penal cabível, a imposição das medidas referidas em:

   a) I, II, III e IV;
   b) I, II e III, apenas;
   c) II, III e IV, apenas;
   d) I, III e IV, apenas;
   e) I, II e IV, apenas.

3. **(MPF – Procurador da República) Os direitos políticos, segundo a Constituição da República:**

   a) não podem ser cassados, nem suspensos em nenhuma hipótese, porque essenciais à consolidação do regime democrático no País;
   b) podem ser cassados nas hipóteses de corrupção e subversão, visando a garantir a lisura nos pleitos e a probidade na administração pública;
   c) podem ser suspensos, ou ter decretada a sua perda, nas hipóteses de condenação criminal transitada em julgado, enquanto durarem seus efeitos, incapacidade civil absoluta, cancelamento de naturalização por sentença transitada em julgado, recusa de cumprir obrigação a todos imposta ou prestação alternativa e improbidade administrativa;
   d) não podem ser cassados, nem suspensos, nem ter sua perda decretada, salvo nas hipóteses de estado de sítio e estado de emergência.

4. **(MPF – Procurador da República) As inelegibilidades:**

   a) são restrições a direitos políticos que somente podem ser estabelecidas no próprio texto da Constituição ou no Código Eleitoral;
   b) podem ser constitucionais ou infraconstitucionais, sendo que estas são previstas em Lei Complementar para proteger a probidade administrativa, a moralidade para o exercício do mandato e a normalidade e legitimidade das eleições contra a influência do poder econômico ou o abuso do exercício de função, cargo ou emprego na administração direta ou indireta;
   c) implicam restrições à capacidade eleitoral ativa e passiva, impedindo, como restrições dos direitos políticos, o direito de votar e de ser votado;
   d) devem ser interpretadas de forma extensiva e analógica visando a restringir direitos políticos ativos e passivos de participação no processo eleitoral, inclusive o alistamento e o voto.

5. **(MPF/BR) Os direitos políticos, segundo a Constituição:**

   I. não poderão ter sua perda ou suspensão decretadas em nenhuma hipótese, sob pena de violação de princípio fundamental do Estado Democrático de Direito;

   II. ficarão suspensos na hipótese de condenação criminal transitada em julgado, enquanto durarem seus efeitos;

   III. terão sua perda ou suspensão decretada nos casos, respectivamente, de inelegibilidade absoluta ou relativa;

   IV. terão sua perda decretada nos casos de incapacidade civil absoluta e de cancelamento de naturalização por sentença transitada em julgado.

Analisando as asserções acima, pode-se afirmar que:

a) somente a de número I está correta;
b) as de número II, III e IV estão corretas;
c) estão corretas apenas as de número II e IV;
d) apenas as de número III e IV estão corretas.

11. Caso prático eleitoral superinteressante

A CONDENAÇÃO POR IMPROBIDADE E O EFEITO AUTOMÁTICO

1. A condenação por improbidade administrativa gera efeito automático?

Resposta: Entendo como **Adriano Soares:**[47] diferentemente do que ocorre com a hipótese de suspensão dos direitos políticos em razão de condenação criminal transitada em julgado, a improbidade administrativa, declarada em sentença judicial, não gera a suspensão dos direitos políticos como efeito anexo, automático. **Necessário que a decisão qualificadora de determinado ato administrativo como ímprobo expressamente disponha sobre a suspensão dos direitos políticos do agente público que o praticou**. Deveras, o art. 37, § 4º, da CF/1988 condicionou a suspensão dos direitos políticos por atos de improbidade à forma e gradação prevista em lei: "Os atos de improbidade administrativa importarão na suspensão dos direitos políticos, na perda da função pública, na indisponibilidade dos bens e no ressarcimento ao erário, na forma e na gradação previstas em lei, sem prejuízo da ação penal cabível".

O SEMI-IMPUTÁVEL

2. "A sentença penal que impõe medida de segurança ao semi-imputável, transitada em julgado, acarreta a suspensão dos direitos políticos?"

Resposta: Separei os itens para que você não confunda, debatemos o item "inimputabilidade" com exaustão no *Direito Penal - Parte Geral*, da *Série Universitária*, faço a seguir apenas uma diferença:

a) Quando o agente for inimputável, o Código Penal usará a terminologia "***inteiramente incapaz***" de entender o caráter ilícito do fato ou de determinar-se de acordo com esse entendimento.
b) Quando o agente for semi-imputável, o Código Penal usará a terminologia "***não era inteiramente***" incapaz de entender o caráter ilícito do fato ou de determinar-se de acordo com esse entendimento.

O semi-imputável, *como regra geral*, não é isento de pena, pois conforme preconiza o art. 26, parágrafo único, do Código Penal, a pena pode ser reduzida de um a dois terços, portanto, a sentença é condenatória e, consequentemente, haverá suspensão dos direitos políticos.

---

[47] Nesse sentido: COSTA, Adriano Soares da. *Instituições de Direito Eleitoral*. 5. ed. Belo Horizonte: Del Rey, 2002.

Disse *"como regra geral"*, pois há uma hipótese que ao semi-imputável poderá haver a imposição de medida de segurança, mas isso é um debate que fazemos no livro Direito Penal – Parte Geral e que não altera o entendimento acima exposto.

INIMPUTABILIDADE POR MENORIDADE PENAL

3. A sentença penal que impõe medida socioeducativa ao inimputável menor de 18 anos, transitada em julgado, acarreta a suspensão dos direitos políticos?

Resposta: Os menores de 18 (dezoito) anos são penalmente inimputáveis, ficando sujeitos às normas estabelecidas na legislação especial.

A presunção de inimputabilidade é absoluta, portanto, não adianta você provar que o menor é um gênio, se o mesmo tiver idade inferior a 18 anos será absolutamente inimputável.

A legislação especial, que regulamenta as sanções aplicáveis aos menores inimputáveis, é o Estatuto da Criança e do Adolescente (Lei nº 8.069/1990), que prevê medidas **socioeducativas** aos adolescentes (maiores de 12 e menores de 18 anos), consistentes em advertência, obrigação de reparar o dano, prestação de serviços à comunidade, liberdade assistida, semiliberdade ou internação, e a aplicação de medidas de proteção às **crianças** (menores de 12 anos), que venham a praticar fatos definidos como infração penal.

Em resumo, a sentença que impõe medida de socioeducativa aos menores de 18 anos é absolutória imprópria, assim, não sendo condenatória, não haverá suspensão dos direitos políticos.

Tanto é verdade que a Resolução nº 23.219/2010 dispõe sobre a instalação de seções eleitorais especiais em estabelecimentos penais e "em unidades de internação de adolescentes" e destaca em seu art. 1º, parágrafo único, inciso II:

> Para efeito desta resolução, consideram-se:
> II – adolescentes internados os menores de 21 e os maiores de 16 anos submetidos à medida socioeducativa de internação ou à internação provisória;

O PERDÃO JUDICIAL

Ocorre perdão judicial quando as consequências do fato afetem o autor do delito, de forma tão grave que a aplicação da pena não teria sentido.

Há, em realidade, grande controvérsia sobre a natureza jurídica do perdão judicial.

Entendo que a sentença que concede o perdão judicial é condenatória, pois o juiz declara o réu culpado e apenas deixa de impor a pena. Assim, os efeitos secundários da sentença não estariam excluídos (lançamento do nome dos réus no rol dos culpados, obrigação de reparar o dano etc.).

Sendo condenatória, a sentença que concede o perdão judicial suspenderá os direitos políticos.

▸ POSIÇÃO DIVERGENTE

Para outro segmento da doutrina penal, a sentença que concede o perdão judicial é declaratória, não substituindo, assim, qualquer efeito, inclusive de natureza secundária.

É também a posição do **STJ:** Nesse sentido, a Súmula nº 18 do Superior Tribunal de Justiça diz que: "*A sentença concessiva do perdão judicial é declaratória da extinção de punibilidade, não substituindo qualquer efeito condenatório.*"

Sendo declaratória, a sentença que concede o perdão judicial não suspenderá os direitos políticos.

12. Gabarito das questões objetivas

1. C
2. A – Veja o art. 37, § 4º, da Constituição Federal.
3. C
4. B
5. C

13. Simulação

Imagine-se na última fase de um concurso jurídico, pois, após a leitura do Capítulo 6, você agora já tem plenas condições de resolver a questão infracitada, elaborada em um concurso jurídico.

Disserte: *Direitos políticos negativos.*

Capítulo 7

O Sufrágio, o Voto e os Sistemas Eleitorais

Para que você perceba a importância do tema em análise, veja estas questões, formuladas em concursos jurídicos.

1. **O voto é um direito inerente ao homem ou é uma função pública conferida pela sociedade ao indivíduo?**
2. **O que se deve entender por representação proporcional?**
3. **A norma inscrita no parágrafo único do art. 106 do Código Eleitoral, ao dizer que se contam como válidos os votos em branco para determinação do quociente eleitoral, é incompatível com a Constituição vigente?**
4. **A regra do art. 110 do Código Eleitoral se aplica à hipótese de empate entre partidos ou coligações?**
5. **É admissível recurso contra a diplomação, no caso de eleições municipais, em virtude de ter ocorrido erro no cálculo do quociente eleitoral, por considerar existente coligação que, em verdade, não se formara?**
6. **Os votos brancos serão incluídos no cômputo do cálculo do quociente eleitoral?**
7. **Tendo encerrado o processo eleitoral, ainda poderá se fazer a correção do quociente eleitoral?**

Obs.: todas as questões serão solucionadas durante o desenvolvimento da matéria.

1. Noções didáticas

José Afonso da Silva conceitua sufrágio como "direito público de natureza política, que tem o cidadão de eleger, ser eleito e de participar da organização e da atividade do poder estatal".[1]

---

[1] *Curso de Direito Constitucional positivo.* São Paulo: Malheiros, 9. ed. – 2ª tiragem, 1993, p. 309.

É como diz **Adriano Soares**:[2] em verdade, o **direito de sufrágio** (= direito de votar; *ius singulii)* e a **elegibilidade** (= direito de ser votado; *ius honorum)* são espécies do gênero **soberania popular** (ou cidadania), como o explicita o próprio art. 14 da CF/1988, ao tratar conjuntamente dos dois institutos, quando da regulação sobre o modo de exercício da soberania popular: pelo sufrágio *(caput)* e pela elegibilidade (§ 3º).

1.1. Quadro exemplificativo

Cidadania (soberania popular)	Direito de sufrágio (*ius singulii*) Elegibilidade (*ius honorum*)

Conceito de voto. Para **José Afonso da Silva,** o voto é o "ato político que materializa, na prática, o direito público subjetivo de sufrágio".[3]

2. A importância do voto

A importância do voto é destacada por **Pinto Ferreira**:[4]

> Na democracia, o povo, com mais ou menos perfeição, governa-se a si mesmo e decide o seu destino. Faz-se representar, porque o povo é muito numeroso, e o instrumento de representação é o voto. Este é por conseguinte o instrumento da democracia, é a sua arma de cabeceira.

O voto é um instrumento necessário da ação política, que encontra a sua natural florescência nas democracias. Através dele, o cidadão expressa a sua opinião e escolhe os agentes do governo. Voto é, na realidade, o maior instrumento de exercício da cidadania.

▸ CURIOSIDADE INTERESSANTE

No Brasil, as mulheres conquistaram o direito de voto em 1932, após a publicação do primeiro Código Eleitoral. Entretanto, em 25 de outubro de 1927, graças ao empenho do então candidato ao Governo do Rio Grande do Norte, Juvenal Lamartine, foi aprovada uma lei eleitoral estadual autorizando o voto "*sem distinção de sexo*". Várias eleitoras compareceram e votaram nas eleições de 5 de abril de 1928. Seus votos, porém, foram anulados pela Comissão de Poderes do Senado.

2.1. A diferença entre sufrágio e voto

O ilustre Professor e Desembargador do Piauí, **Manfredi Mendes de Cerqueira**, estudioso desta matéria, ensinava:

---

2 Nesse sentido: *op. cit.*

3 *Op. cit.*, p. 316.

4 Nesse sentido: PINTO FERREIRA. *Código Eleitoral comentado*. São Paulo: Saraiva, 2. ed. 1990.

Não há de confundir-se sufrágio com o voto. **O primeiro é um direito em sua expressão genérica; o segundo é o exercício desse direito**. Daí ser lícita a informação de que nem todo sufrágio é voto, mas todo voto é sufrágio. Quando o mandamento constitucional (art. 14) estabelece que o sufrágio é universal e o voto é direto e secreto, já permite a visualização da diferença de ambos.

▸ SÍNTESE DIDÁTICA

Em suma, voto é o meio pelo qual se exerce o sufrágio.
Sufrágio é um processo de seleção de eleitores.

2.2. Características do voto

a) **Direto,** pois o eleitor escolhe o nome de seu candidato, não havendo nenhum corpo, singular ou colegiado, entre aquele (eleitor) e este (nome sufragado/candidato).

José Afonso da Silva afirma que o voto direto é uma regra que não comporta exceções,[5] mas entendo que razão assiste a **Alexandre de Moraes,**[6] que defende existir uma exceção, pois a própria Constituição Federal prevê, excepcionalmente, no art. 81, § 2º, uma espécie de eleição indireta para o cargo de Presidente da República. Assim, vagando os cargos de Presidente e Vice-Presidente da República, nos últimos dois anos do período presidencial, far-se-á nova eleição para ambos os cargos, em trinta dias depois da última vaga, pelo Congresso Nacional, na forma da lei.

b) **Secreto**, o voto não é identificado, apenas o eleitor se identifica na lista de presença, ou seja, o escrutínio é secreto, pois a escolha do candidato somente é do conhecimento do votante (via de regra, o escrutínio se realiza numa cabine indevassável).

CURIOSIDADE INTERESSANTE I

Conversando com um dos maiores juristas do Brasil, **Pinto Ferreira**, descobri algo muito interessante sobre o voto secreto. Relatou o mestre do Direito Eleitoral brasileiro que o voto secreto foi implantado no Brasil pelo Código Eleitoral de 1932, mas, antes, o Estado de Minas Gerais o havia admitido em sua legislação eleitoral. Todavia o que se conhecia no Brasil por **voto secreto** era o **voto simplesmente fechado**, onde se metia o voto numa sobrecarta antes de introduzi-lo na urna. Os cabos eleitorais, a mando dos coronéis do interior e empreiteiros políticos, distribuíam cinicamente as cédulas à boca da urna, intimidando os eleitores numa verdadeira e autêntica arregimentação de rebanhos eleitorais. O voto secreto atual se distingue

---

5 No sentido do texto: SILVA, José Afonso. *Op. cit.* p. 319.

6 No sentido do texto: MORAES, Alexandre. *Direito Constitucional.* São Paulo: Atlas, 2005, p. 224.

por conseguinte do **voto fechado** e do **voto a descoberto**, quando se podia identificar de imediato em quem votava o eleitor, para depois persegui-lo e hostilizá-lo.

Destarte, o que caracteriza realmente o voto secreto não é que ele seja somente fechado, mas o tornar sempre, obrigatoriamente, desconhecido. Deverá ser punido quem tentar conhecer o voto do cidadão, por qualquer meio, a não ser que o próprio eleitor o declare espontaneamente.

c) **De igual valor**, pois todos têm o mesmo peso, inexistindo distinção entre a natureza e categoria do eleitor.
d) **Exercido nos termos da lei federal ordinária**, que dará o balizamento para o exercício dos direitos políticos (votar e ser votado), obedecidos os parâmetros fixados na regra jurídica constitucional.
e) **Obrigatoriedade do comparecimento no dia da votação:** em regra, existe a obrigatoriedade do comparecimento no dia da eleição, exceto, aos maiores de setenta anos, aos analfabetos e aos menores de dezoito e maiores de dezesseis.
f) **Livre manifestação de escolha:** o eleitor é livre em seu ato de manifestação e não pode ser constrangido a escolher determinado candidato. Como respaldo nesta livre manifestação o eleitor pode até ter a faculdade de "votar em branco ou anular seu voto".
g) **Pessoalidade:** o voto só pode ser exercido pessoalmente. Não há possibilidade de se outorgar procuração para votar.
h) **Periodicidade:** os mandatos dos parlamentares e membros dos executivos não podem ser vitalícios, todos os mandatos têm um prazo determinado, portanto, o voto também é periódico.

Obs.: o voto direto, secreto, universal e periódico é uma cláusula pétrea, portanto, não será objeto de deliberação uma proposta de emenda constitucional tendente a abolir, por exemplo, o sigilo do voto ou a periodicidade das votações.

▸ INDAGAÇÃO DIDÁTICA

Agora ficou superfácil responder esta questão elaborada em um concurso jurídico: "*Quais são as principais características do voto?*"

2.3. Parâmetros constitucionais do voto

Os parâmetros constitucionais são aqueles fixados pelos parágrafos do art. 14 da CF/1988, que dispõe sobre:

a) a obrigatoriedade e facultatividade do voto:

> § 1º. O alistamento eleitoral e o voto são:
> I – obrigatórios para os maiores de dezoito anos;
> II – facultativos para:
> a) analfabetos;
> b) os maiores de setenta anos;
> c) os maiores de dezesseis e menores de dezoito anos.

CURIOSIDADE INTERESSANTE

Entendo que o voto, por si só, não é obrigatório. Se fosse, o eleitor não poderia anular sua manifestação de vontade política. A manifestação "nula" e a em "branco" não podem ser consideradas voto em sentido técnico, pois tais manifestações, como veremos, não são aproveitadas, nem no sistema majoritário, nem no proporcional. Portanto, entendo que "o que é obrigatório" será o **comparecimento do eleitor no dia da eleição**, e não o voto, já que o mesmo pode opinar pela manifestação "nula" ou simplesmente, votar em branco.

Sempre considerei a manifestação nula como um fator alienante, não é um estado de consciência cidadã, pois não deve ser encarada como um protesto de pessoas politizadas, afinal, apenas serve para manter o *status quo* dos que já estão no poder.

Portanto, por mais que você esteja decepcionado com os políticos brasileiros, "vote", e se você se decepcionar, vote novamente, sempre deve haver uma alternativa melhor. Vote, o voto é a única arma que temos para transformar a injusta correlação social que oprime e coloca na margem obscura da relação social a maioria dos nossos irmãos brasileiros.

b) Aqueles que não poderão alistar-se como eleitores:

> § 2º. Não podem alistar-se como eleitores os estrangeiros e, durante o período do serviço militar obrigatório, os conscritos.

c) As condições de elegibilidade:

> § 3º. São condições de elegibilidade, na forma da lei:
> I – a nacionalidade brasileira;
> II – o pleno exercício dos direitos políticos;
> III – o alistamento eleitoral;
> IV – o domicílio eleitoral na circunscrição;
> V – a filiação partidária;
> VI – a idade mínima de:
> a) trinta e cinco anos para Presidente e Vice-Presidente da República e Senador;
> b) trinta anos para Governador e Vice-Governador de Estado e do Distrito Federal;
> c) vinte e um anos para Deputado Federal, Deputado Estadual ou Distrital, Prefeito, Vice-Prefeito e juiz de paz;
> d) dezoito anos para Vereador.

d) A indicação dos inelegíveis:

> § 4º. São inelegíveis os inalistáveis e os analfabetos.

e) As condições para reeleição do Chefe do Poder Executivo, nas três esferas de poder:

> § 5º. O Presidente da República, os Governadores de Estado e do Distrito Federal, os Prefeitos e quem os houver sucedido ou substituído no curso dos mandatos poderão ser reeleitos para um único período subsequente.

§ 6º. Para concorrerem a "outros cargos", o Presidente da República, os Governadores de Estado e do Distrito Federal e os Prefeitos devem renunciar aos respectivos mandatos até seis meses antes do pleito.

f) Indicação das hipóteses de inelegibilidade em razão de vínculos pessoais com titulares de certos cargos:

§ 7º. São inelegíveis, no território de jurisdição do titular, o cônjuge e os parentes consanguíneos ou afins, até o segundo grau ou por adoção, do Presidente da República, de Governador de Estado ou Território, do Distrito Federal, de Prefeito ou de quem os haja substituído dentro dos seis meses anteriores ao pleito, salvo se já titular de mandato eletivo e candidato à reeleição.

g) Condições para eleição de militares alistáveis:

§ 8º. O militar alistável é elegível, atendidas as seguintes condições:
I – se contar menos de dez anos de serviço, deverá afastar-se da atividade;
II – se contar mais de dez anos de serviço, será agregado pela autoridade superior e, se eleito, passará automaticamente, no ato da diplomação, para a inatividade.

h) Remessa para Lei Complementar da indicação de outros casos de inelegibilidade e dos prazos de sua cessação:

§ 9º. Lei Complementar estabelecerá outros casos de inelegibilidade e os prazos de sua cessação, a fim de proteger a probidade administrativa, a moralidade para o exercício do mandato, considerada a vida pregressa do candidato, e a normalidade e legitimidade das eleições contra a influência do poder econômico ou o abuso do exercício de função, cargo ou emprego na administração direta ou indireta.

i) Estabelecimento das condições e do prazo para impugnação do mandato eletivo:

§ 10. O mandato eletivo poderá ser impugnado ante a Justiça Eleitoral no prazo de quinze dias contados da diplomação, instruída a ação com provas de abuso do poder econômico, corrupção ou fraude.
§ 11. A ação de impugnação de mandato tramitará em segredo de justiça, respondendo o autor, na forma da lei, se temerária ou de manifesta má-fé.

▸ INDAGAÇÃO DIDÁTICA

Afinal, uma derradeira indagação de filosofia política. O voto é um direito inerente ao homem ou é uma função pública conferida pela sociedade ao indivíduo?

Resposta: Pinto Ferreira[7] esclarece a indagação:

> Parece que o voto é uma função pública e, ao mesmo tempo, um direito. O cidadão tem o direito natural da liberdade: liberdade de opinião, de consciência, de religião, de pensamento, liberdade que se estende até mais adiante na liberdade de voto, que é o direito de expressar as suas opiniões, contestar e criticar o governo, sem intimidações e nenhuma coação.

O voto é assim um direito político, cujo exercício está regulado pela lei votada pela vontade coletiva, mas desde que não se lhe destrua o caráter de universalidade. O voto é, em essência, direito político e função pública.
Obs.: veja agora a questão nº 1.

2.4. Classificação do voto

Quanto à extensão → restrito ou universal
Quanto ao valor → igual ou plural
Quanto à forma → secreto ou público
Quanto ao modo → direto ou indireto
Quanto à distribuição → distrital ou circunscricional

2.5. Modalidades de votos

Os votos podem ser:

a) **diretos:** ocorrem quando o próprio eleitor faz a designação de seus representantes (modalidade adotada no Brasil);
b) **indiretos:** ocorrem quando, em um primeiro momento, é feita designação de delegados, para que estes, secundariamente, em nome do povo, façam as escolhas dos representantes.

2.6. A forma do voto

No sistema eleitoral brasileiro, prevalece o voto secreto, adotado desde o advento do Decreto nº 21.076, de 24/02/1932.

2.7. O sigilo do voto

O vigente Código Eleitoral brasileiro estabelece as cautelas que devem ser cumpridas para o necessário sigilo do voto, com a sequência de providências encadeadas no art. 91-A, *in verbis*:

> Art. 91-A. No momento da votação, além da exibição do respectivo título, o eleitor deverá apresentar documento de identificação com fotografia.

---

[7] Nesse sentido: *Op. cit.*

> Parágrafo único. Fica vedado portar aparelho de telefonia celular, máquinas fotográficas e filmadoras, dentro da cabina de votação.

2.8. Sanções ao inadimplemento

O eleitor que não votar em três eleições consecutivas, não justificar sua ausência e não quitar a multa devida terá sua inscrição cancelada e, após seis anos, excluída do cadastro de eleitores.

A regra não se aplica aos eleitores cujo voto seja facultativo (analfabetos, maiores de dezesseis e menores de dezoito anos, e maiores de setenta anos), e aos portadores de deficiência física ou mental que torne impossível ou demasiadamente oneroso o cumprimento das obrigações eleitorais, que requererem, na forma da Resolução do TSE nº 21.920/2004, sua justificação pelo não cumprimento daquelas obrigações.

Sem o comprovante de votação, ou de quitação de suas obrigações eleitorais, o eleitor fica impedido de exercer alguns direitos, tais como:

a) inscrever-se em concurso ou prova para cargo ou função pública, investir-se ou empossar-se neles;
b) receber vencimentos, remuneração, salário ou proventos de função ou emprego público, autárquico ou paraestatal, bem como fundações governamentais, empresas, institutos e sociedades de qualquer natureza, mantidas ou subvencionadas pelo governo ou que exerçam serviço público delegado, correspondentes ao segundo mês subsequente ao da eleição;
c) participar de concorrência pública ou administrativa da União, dos Estados, dos Territórios, do Distrito Federal ou dos Municípios, ou das respectivas autarquias;
d) obter empréstimos nas autarquias, sociedades de economia mista, caixas econômicas federais ou estaduais, nos institutos e caixas de previdência social, bem como em qualquer estabelecimento de crédito mantido pelo governo, ou de cuja administração este participe, e com essas entidades celebrar contratos;
e) obter passaporte ou carteira de identidade;
f) renovar matrícula em estabelecimento de ensino oficial ou fiscalizado pelo governo;
g) praticar qualquer ato para o qual se exija quitação do serviço militar ou imposto de renda;
h) obter Certidão de Quitação Eleitoral.

2.9. Isenção do voto

Segundo o Código Eleitoral, seriam isentos do direito de votar os enfermos, os que se encontrem fora do seu domicílio, os funcionários civis e os militares, em serviço que os impossibilite de votar.

▸ POSIÇÃO DIVERGENTE

Minha posição: o artigo supracitado não foi recepcionado pela nova Constituição Federal que, em seu art. 14, §§ 1º e 2º, determina quais são as pessoas que não têm a obrigação de votar.

Teremos, portanto, quanto ao voto, dois tipos de isenções:

1. **Isenção relativa.** A isenção é relativa quando a pessoa tem a faculdade de votar. Portanto, se não votar não haverá nenhuma penalidade.

EXEMPLOS DIDÁTICOS

Há isenção relativa para:

a) os analfabetos;
b) os maiores de setenta anos;
c) os maiores de dezesseis e menores de dezoito anos.

2. **Isenção absoluta**. A isenção é absoluta quando a pessoa, na circunstância em que se encontra, não tem a possibilidade de votar. Caracteriza isenção porque como estão impedidos de votar não poderão sofrer nenhuma sanção.

EXEMPLOS DIDÁTICOS

Há isenção absoluta ao direito de votar:

a) Os eleitores estrangeiros.
b) Durante o período do serviço militar obrigatório, os conscritos.
c) Os que tiveram o título cancelado.
d) Os que tiveram o título excluído.
e) Os que tiveram os direitos políticos suspensos.
f) Os que perderam os direitos políticos.
g) Os que estão fora de sua zona eleitoral no dia da eleição, devendo justificar a ausência na forma do item 2.11.
h) O portador de deficiência que torne impossível ou demasiadamente oneroso o cumprimento das obrigações eleitorais.[8]

2.10. A justificação

▸ INDAGAÇÃO DIDÁTICA

Veja esta questão elaborada em um concurso jurídico: "*Qual o prazo para o eleitor ofertar a justificação por ter deixado de votar?*"

Resposta: a questão aparentemente é fácil, mas exige uma maior reflexão.

Segundo o art. 7º do Código Eleitoral, o prazo é de trinta dias:

---

[8] Posição do TSE.

O eleitor que deixar de votar e não se justificar perante o juiz eleitoral **até trinta dias** após a realização da eleição incorrerá na multa de três a dez por cento sobre o salário mínimo da região, imposta pelo juiz eleitoral e cobrada na forma prevista no art. 367 (redação dada ao *caput* pela Lei nº 4.961, de 04/05/1966).

Cuidado I: com a Lei Complementar nº 6.091/1974, arts. 7º e 16, e nº 21.538/2003, art. 80, § 1º, o prazo supracitado foi alterado, portanto, o prazo de justificação foi ampliado para **60 (sessenta dias)** e para eleitor que se encontrar no exterior na data do pleito, o prazo será de **30 dias, contados do seu retorno ao país.**

Observe a redação dos novos artigos. Art. 16 da Lei nº 6.091/1974:

> O eleitor que deixar de votar por se encontrar ausente de seu domicílio eleitoral deverá justificar a falta, **no prazo de 60 (sessenta) dias**, por meio de requerimento dirigido ao Juiz Eleitoral de sua zona de inscrição, que mandará anotar o fato, na respectiva folha individual de votação.

A sanção é prevista no art. 7º da mesma Lei:

> Art. 7º. O eleitor que deixar de votar e não se justificar perante o Juiz Eleitoral até sessenta dias após a realização da eleição incorrerá na multa de três a dez por cento sobre o salário mínimo da região imposta pelo Juiz Eleitoral e cobrada na forma prevista no art. 367 da Lei nº 4.737, de 15 de julho de 1965.

Obs.: quanto ao salário mínimo, o art. 7º, IV, da Constituição Federal veda a vinculação do salário mínimo para qualquer fim. Veja a Resolução nº 21.538/2003, art. 85: fixação do valor de 33,02 Ufirs para base de cálculo das multas previstas pelo Código Eleitoral e leis conexas. O § 4º do art. 80 estabelece o percentual mínimo de 3% e o máximo de 10% desse valor para o arbitramento da multa pelo não exercício do voto.

Posicionamento majoritário do TSE I: não estará sujeita à sanção a pessoa portadora de deficiência que torne impossível ou demasiadamente oneroso o cumprimento das obrigações eleitorais relativas ao alistamento e ao exercício do voto.[9]

Posicionamento majoritário do TSE II: o juiz eleitoral poderá expedir certidão de quitação eleitoral, com prazo de validade indeterminado, em favor de cidadão portador de deficiência que torne impossível ou demasiadamente oneroso o cumprimento das obrigações eleitorais, relativas ao alistamento e ao exercício do voto.[10]

CUIDADO II: PRAZO PARA JUSTIFICAÇÃO DA ABSTENÇÃO REITERADA

A Lei nº 7.663, de 27/05/1988, acrescentou um § 3º ao art. 7º do Código Eleitoral com a seguinte redação:

---

9 TSE – RES nº 21.920/2004, art.1º, parágrafo único.

10 TSE – RES nº 21.920/2004, art.2º.

> Realizado o alistamento eleitoral pelo processo eletrônico de dados, será cancelada a inscrição do eleitor que não votar em 3 (três) eleições consecutivas, não pagar a multa ou não se justificar no prazo de 6 (seis) meses, a contar da data da última eleição a que deveria ter comparecido.

▸ POSIÇÃO DIVERGENTE

A resolução do TSE nº 21.538/2003, no art. 80, § 8º, preconiza ser de **60 dias** o prazo para justificação em tal hipótese, observada a exceção contida no § 6º da mesma resolução, ou seja, mesmo havendo abstenção por três vezes consecutivas, a inscrição não será cancelada se o eleitor houver apresentado justificativa para falta ou efetuado o pagamento de multa, ficando também excluída do cancelamento os eleitores que, por prerrogativa constitucional, não estejam obrigados ao exercício do voto "**e cuja idade não ultrapasse 80 anos**".

Obs.: a expressão "*e cuja idade não ultrapasse 80 anos*", foi considerada inconstitucional e suprimida da Resolução nº 21.538/2003 pelo Acórdão nº 649, de 15/02/2005.

Observe que na hipótese do **"cuidado I"** não há nenhum problema, pois uma "lei" posterior revogou uma anterior, mas agora temos dois prazos:

a) um indicado pela Lei nº 7.663, de 27/05/1988 = **6 meses**;
b) outro indicado por uma Resolução do TSE (*nº 21.538/2003, no art. 80, § 8º*) = **60 dias**.

"E agora, professor Dirceu? Qual prevalece, a Lei ou a Resolução? Será que uma resolução pode revogar uma Lei?"

Aprendemos duas coisas importantes no início do nosso estudo do Código Civil que são válidas para todas as disciplinas:

Primeiro: Não se destinando a vigência temporária, a "lei" terá vigor até que outra a modifique ou revogue. (*Art. 2º da LINDB*).

Segundo: A "lei" posterior revoga a anterior quando expressamente o declare, quando seja com ela incompatível ou quando regule inteiramente a matéria de que tratava a "lei" anterior. (*Art. 2º, § 1º, da LINDB*).

Portanto, indaga-se, Resolução é Lei?

A expedição de Resolução é prevista no art. 105 da Lei nº 9.504/1997:

> Até o dia 5 de março do ano da eleição, o Tribunal Superior Eleitoral, atendendo ao caráter regulamentar e sem restringir direitos ou estabelecer sanções distintas previstas nesta Lei, poderá expedir todas as instruções necessárias para sua fiel execução, ouvidos, previamente, em audiência pública, os delegados ou representantes dos partidos políticos.

Resolução é ato normativo, mas não é lei porque não passa pelo processo legislativo.

Resolução, portanto, é ato normativo com *força de lei*. Repita-se, não é lei, e sim *ato normativo com força de lei.*

Aprendemos logo no estudo do Capítulo 1 que a resolução tem dupla natureza jurídica:

a) **Ato normativo primário:** (*quando a resolução normatiza situação não regulada por lei*) não é o caso, pois, como vimos, já existe uma lei regulamentando a matéria;
b) **Ato normativo secundário:** (*quando a resolução apenas interpreta uma lei que já existe*) também não é o caso, pois não houve interpretação e sim mudança radical do prazo.

▸ CONCLUSÃO DIDÁTICA

Em conclusão entendo que uma Resolução (*que não é lei e sim ato normativo com força de lei*), não pode revogar uma lei, fato que acarretaria um verdadeiro atentado ao princípio democrático e à independência dos poderes, pois o poder judiciário estaria usurpando uma função típica do poder legislativo que é a de legislar.

Cuidado III: prazo para justificação do eleitor que estava no exterior.

O prazo de justificação é de 30 dias, a contar de sua volta ao país. (*Vide art. 80, § 1º, da Resolução nº 21.538/2003.*)

▸ RESUMO DIDÁTICO

1ª hipótese: Prazo para justificação normal: 60 dias. **(Sem divergência).**

2ª hipótese: Prazo para justificação do eleitor que estava no exterior: 30 dias. Apenas você deve ter um cuidado: a contagem dos 30 dias só começa quando o eleitor volta ao Brasil. **(Sem divergência).**

3ª hipótese: Prazo para justificação da abstenção reiterada: (Com divergência).

a) **Minha posição:** 6 meses (*Lei nº 7.663, de 27/05/1988*). É também a posição de **Joel J. Cândido.**
b) **Posição do TSE:** 60 dias (*Resolução nº 21.538/2003, no art. 80, § 8º*).

▸ COMO VOCÊ DEVERÁ RESPONDER EM UM CONCURSO

Depois de exposta a divergência, devo informá-lo que, se a questão for elaborada de forma "*objetiva*", haverá duas opções:

a) a questão será nula;
b) a comissão considerará correta a posição do TSE.

Portanto, siga a posição do TSE, qual seja, **60 dias.**

No caso da questão ser explorada de forma "subjetiva", você agora tem uma boa base para fazer uma ótima dissertação, destacando os pontos:

a) As previsões legais (Lei nº 7.663, de 27/05/1988, *versus* a Resolução do TSE nº 21.538/2003, no art. 80, § 8º);
b) Prazos diferenciados (06 meses *versus* 60 dias);

c) A natureza jurídica da Resolução (Ato normativo com força de lei);
d) Tipos de Resolução (Ato normativo primário e secundário);
e) E, finalmente, quando uma Lei é revogada (*Art. 2º e o seu § 1º da LINDB, Lei de Introdução às normas do Direito Brasileiro*).

3. O plebiscito, o referendo e a iniciativa popular

Obs.: leia o item 8 "A soberania popular", no Capítulo 4.

4. Das espécies de votos

Extraímos da lição de **Pinto Ferreira**[11] que são vários os sistemas de votação que têm sido adotados, distinguindo-se principalmente os seguintes: a) voto a descoberto; b) voto secreto com cédula individual; c) voto secreto com cédula oficial; d) voto mecânico.

a) **Voto a descoberto:** o voto a descoberto permite a identificação do eleitor e, por conseguinte, a sua intimidação, é um processo superado de votação.
b) **Voto secreto com cédula individual:** trata-se evidentemente de um sistema de votação sigilosa, onde o eleitor tem a sua própria "cédula" ou "chapa", recebe a sobrecarta da mesa receptora de votos, sobrecarta devidamente rubricada, ou no sistema eletrônico, retira-se para uma cabine indevassável e aí digita seu voto, sem que ninguém o veja.
c) **Voto secreto com cédula oficial:** segundo **Pinto Ferreira,**[12] o outro sistema mais aperfeiçoado do voto secreto é o da votação secreta com **cédula oficial**. Com esse sistema, há uma melhor garantia do voto. O eleitor terá a oportunidade de entrar na cabine indevassável, onde usará uma cédula com os nomes de todos os candidatos em uma determinada eleição e lá, isoladamente, sozinho, escolhe o nome de sua preferência. A **cédula oficial** será entregue ao eleitor pela mesa receptora de votos, apenas rubricada na parte externa, sendo a entrega feita antes de o votante-eleitor ingressar na cabine indevassável.
d) **Voto mecânico:** é o que hoje nós conhecemos por voto eletrônico.

4.1. Sistemas eleitorais

4.1.1. *Conceito*

Leciona Giusti Tavares:

> Sistemas eleitorais são construtos técnico-institucional-legais instrumentalmente subordinados, de um lado, à realização de uma concepção particular

---

[11] Nesse sentido: *Op. cit.*
[12] *Op. cit.*

> de representação política e, de outro, à consecução de propósitos estratégicos específicos, concernentes ao sistema partidário, à competição partidária pela representação parlamentar e pelo governo, à constituição, ao funcionamento, à coerência, à coesão, à estabilidade, à continuidade e à alternância dos governos, ao consenso público e à integração do sistema político.[13]

▸ RESUMO DIDÁTICO

Sistemas eleitorais são critérios, procedimentos e técnicas empregados na realização das eleições e têm um objetivo e uma função:

Objetivo: permitir a aferição da vontade dos cidadãos manifestada nas urnas.

Função: organizar as eleições e a conversão de votos em mandatos políticos.

4.1.2. *As espécies de sistemas*

Dois são os sistemas de eleições para distribuição das representações:

a) majoritário;
b) proporcional.

4.1.2.1. O sistema majoritário

Pelo sistema majoritário, considera-se eleito o candidato que obtenha a maior soma de sufrágios sobre os seus competidores. Os votos atribuídos aos demais candidatos são desprezados para que possa prevalecer, em termos completos, o pronunciamento emitido pela maioria. Acrescenta José Jairo:[14]

> O sistema majoritário funda-se no princípio da representação "da maioria" em cada circunscrição. Por ele, cada circunscrição eleitoral (União, Estado, Distrito Federal e Município) equivale a um distrito. O candidato que receber a maioria – absoluta ou relativa – dos votos válidos do distrito (ou circunscrição) é considerado vencedor do certame.

São eleitos pelo sistema majoritário, segundo a Constituição Federal:

> Art. 46. O Senado Federal compõe-se de representantes dos Estados e do Distrito Federal, eleitos segundo o princípio majoritário. (...)
> Art. 77. A eleição do Presidente e do Vice-Presidente da República realizar-se-á, simultaneamente, no primeiro domingo de outubro, em primeiro turno, e no último domingo de outubro, em segundo turno, se houver, do ano anterior ao do término do mandato presidencial vigente.[15]

---

[13] TAVAREZ, José Antônio Giusti. *Sistemas Eleitorais nas democracias contemporâneas*, p.17.

[14] No mesmo sentido: GOMES, José Jairo. *Direito eleitoral*. 13. ed. São Paulo: Atlas, 2017.

[15] Redação dada ao *caput* pela Emenda Constitucional nº 16/1997.

> § 1º. A eleição do Presidente da República importará a do Vice-Presidente com ele registrado.
> § 2º. Será considerado eleito Presidente o candidato que, registrado por partido político, obtiver a maioria absoluta de votos, não computados os em branco e os nulos.
> § 3º. Se nenhum candidato alcançar maioria absoluta na primeira votação, far-se-á nova eleição em até vinte dias após a proclamação do resultado, concorrendo os dois candidatos mais votados e considerando-se eleito aquele que obtiver a maioria dos votos válidos.
> § 4º. Se, antes de realizado o segundo turno, ocorrer morte, desistência ou impedimento legal de candidato, convocar-se-á, dentre os remanescentes, o de maior votação.
> § 5º. Se, na hipótese dos parágrafos anteriores, remanescer, em segundo lugar, mais de um candidato com a mesma votação, qualificar-se-á o mais idoso.

Além de ser usado nas eleições de **senador** e **presidente**, o sistema majoritário é também utilizado nas eleições para os cargos de **governador**, **vice-governador**, **prefeito** e **vice-prefeito**.

4.1.2.1.1. As espécies de sistema majoritário

Há duas espécies de sistema majoritário:

a) **Sistema majoritário de turno único:**

Por esse sistema, considera-se eleito, independentemente, da obtenção da maioria relativa ou absoluta, o candidato que obtiver o maior número de votos entre os concorrentes.

EXEMPLO DIDÁTICO

O sistema majoritário de turno único é utilizado nas eleições de Senador e para prefeito nas eleições em municípios com menos de 200.000 eleitores.

b) **Sistema majoritário de turno duplo:**

Por esse sistema, só poderá ser eleito em primeiro turno se o candidato obtiver a maioria absoluta de votos, não computados os em branco e os nulos. Não havendo maioria absoluta, os dois mais votados disputarão nova eleição.

EXEMPLO DIDÁTICO

O sistema majoritário de turno duplo é utilizado nas eleições para Presidente da República, Governador, Prefeito e seus respectivos vices em municípios com mais de 200.000 eleitores.

4.1.2.2. O sistema proporcional (*ou representação proporcional*)

▸ INDAGAÇÃO DIDÁTICA

Veja esta questão, elaborada em um concurso.

"O que se deve entender por representação proporcional?".

Gilberto Amado[16] escreve: "A representação proporcional é o sistema eleitoral que se destina a garantir a cada partido, que possua uma certa base numérica de membros, um mínimo de representantes correspondentes àquela base. Distingue-se do sistema de maioria, em que toda a representação é atribuída à maioria dos sufrágios. Naquele, no proporcional, são representadas no Parlamento tantas opiniões quantas existirem em número suficiente para formar uma base mínima constituída em partido".

Obs.: veja agora a questão nº 2.

▸ RESUMO DIDÁTICO

O sistema proporcional é o meio que proporciona aos partidos políticos um número de cadeiras no Parlamento na proporção exata dos votos recebidos.

EXEMPLO DIDÁTICO

O sistema proporcional é adotado nas eleições para Casas Legislativas, a saber:

a) Câmara de Deputados;
b) Assembleias Legislativas;
c) Câmaras de Vereadores.

4.1.2.2.1. Vantagens do sistema (representação) proporcional

São vantagens da representação proporcional:

a) Garante às opiniões em minoria a possibilidade de representação, desde que atinjam seus votos o quociente resultante da divisão do número de votantes pelo dos representantes a eleger.
b) Maior efetividade do voto. Pode-se afirmar que são muito poucos os votos que não são aproveitados, tendo em vista que qualquer voto dado a um partido político que obteve pelo menos um lugar no Parlamento pode ser considerado como aproveitado.
c) Fortalece o pluralismo político, como ensina Paulo Bonavides:

> Sendo por sua natureza, como se vê, sistema aberto e flexível, dele favorece, e até certo ponto estimula, a fundação de novos partidos, acentuando desse modo o pluripartidarismo político da democracia partidária. Torna, por conseguinte a vida política mais dinâmica e abre à circulação das ideias e das opiniões novos condutos que impedem uma rápida e eventual esclerose do sistema partidário, tal como acontece onde se adota o sistema eleitoral majoritário, determinante da rigidez partidária.[17]

d) Maior número de diferentes grupos ideológicos, portanto, há um incentivo a fomentação de diferentes ideias e projetos.

---

[16] AMADO, Gilberto. *Eleição e representação.* Rio de Janeiro: S.E., 1931, p. 77; DANTAS, Ivo. *Ciência política.* Rio de Janeiro: S.E., 1975.

[17] Neste mesmo sentido: BONAVIDES, 2005, p. 253.

4.1.2.2.2. Desvantagens do sistema (representação) proporcional

São desvantagens da representação proporcional:

a) Em razão da heterogeneidade, o governo não toma uma linha política definida e ninguém acaba se responsabilizando pela ineficácia da ação governamental.[18]
b) A complexidade do sistema eleitoral proporcional também é um de seus aspectos negativos, eis que os subsistemas (método dos maiores restos, da maior média etc.) são bastante complicados e difíceis de serem entendidos pela grande maioria do corpo de eleitores.[19]
c) Também pode ser trazido como exemplo de efeito negativo o fato de que a "representação proporcional ameaça de esfacelamento e desintegração do sistema partidário ou enseja uniões esdrúxulas de partidos – uniões intrinsecamente oportunistas que arrefecem no eleitorado o sentimento de confiança na legitimidade de representação, burlada pelas alianças e coligações de partidos, cujos programas não raro brigam ideologicamente".[20]

Segundo José Jairo Gomes,[21] o sistema proporcional ainda tem as seguintes desvantagens:

d) O sistema proporcional tende a ensejar a multiplicação de partidos, a fragmentação partidária. E o excesso de partidos contribui para emperrar a ação governamental. Essa é a grande objeção que sempre se faz, no mundo todo, ao sistema proporcional.
e) contribui para a elevação dos custos da campanha, pois essa é realizada em todo o território da circunscrição eleitoral (e não apenas em parte dele, como ocorre no sistema distrital);
f) devido à necessidade de o partido atingir o quociente eleitoral, raras vezes um candidato é eleito tão somente com a própria votação obtida nas urnas, devendo contar com a transferência de votos de outros candidatos para a formação daquele quociente;
g) há pouca (ou nenhuma) transparência quanto ao destino do voto do eleitor – isso é ainda mais grave na hipótese de haver coligação de partidos.

4.1.2.3. Os processos técnicos da representação proporcional

São eleitos pelo sistema proporcional, segundo a Constituição Federal:

---

18 Neste sentido: DALLARI, 2005, p. 193.

19 Neste mesmo sentido: BONAVIDES, 2005, p. 252.

20 BONAVIDES, 2005, p. 252.

21 No mesmo sentido: GOMES, José Jairo. *Direito eleitoral*. 13. ed. São Paulo: Atlas, 2017.

> Art. 45. A Câmara dos Deputados compõe-se de representantes do povo, eleitos, pelo sistema proporcional, em cada Estado, em cada Território e no Distrito Federal.

Obs.: os deputados estaduais e os vereadores também são escolhidos pelo sistema proporcional.

Duas são as técnicas que podem ser adotadas para a representação proporcional.

a) A técnica do número uniforme

No sistema proporcional com número uniforme, fica previamente, através de lei, estabelecido um número de votos correspondentes a cada vaga pelas diferentes circunscrições. Dessa maneira, tantas vezes seja esse montante atingido, tantas vagas estarão obtidas.

EXEMPLO DIDÁTICO

Consideremos, então, que sejam estipulados 35.000 votos por cada vaga a preencher por determinada circunscrição. **O número de eleitos por partido vai depender de quantas vezes apareça esse quantitativo fixado na votação de cada um dos partidos**. Se o partido A tiver conseguido 357.112, terá direito a dez vagas (veja que 357.112 dividido por 35.000 é igual a 10.203); enquanto que o partido H, com 170.001, terá direito a cinco representantes (veja que 170.001 dividido por 35.000 é igual a 485).

b) A técnica do quociente eleitoral

O sistema de quociente eleitoral consiste em que as vagas sejam distribuídas através de operações aritméticas sucessivas, para que haja representação proporcional.

▸ A FÓRMULA DOS VOTOS VÁLIDOS

Votos válidos = aos votos de todos os candidatos + votos dados à legenda partidária.

▸ OBSERVAÇÕES DIDÁTICAS

a) Os votos em branco e nulos não são computados como válidos (art. 5º da Lei nº 9.504/1997).
b) Deve ser desprezada a fração igual ou inferior a meio, sendo arredondada para um (1) a fração superior a meio.

▸ EXPOSIÇÃO DIDÁTICA

Primeiro, devemos determinar o quociente eleitoral, que deve resultar da soma dos votos válidos para que se faça a seguir a sua divisão pelo número de vagas existentes na circunscrição. São, pois, somados os votos atribuídos aos candidatos, mais os votos dados à legenda, **não se computando os votos nulos e os brancos.**

O CÁLCULO DO QUOCIENTE PARTIDÁRIO

Depois, passaremos à determinação do quociente partidário, de cada agremiação isoladamente, tomando-se as votações de todos os candidatos, agrupando-as na respectiva legenda, fazendo, então, a divisão pelo quociente eleitoral já antes determinado.

O resultado corresponderá ao número de vagas obtidas por cada partido.

▸ EXEMPLO DIDÁTICO[22]

O quociente eleitoral define os partidos e/ou coligações que têm direito a ocupar as vagas em disputa nas eleições proporcionais, quais sejam: eleições para deputado federal, deputado estadual e vereador.

"Determina-se o quociente eleitoral dividindo-se o número de votos válidos apurados pelo de lugares a preencher em cada circunscrição eleitoral, desprezada a fração se igual ou inferior a meio, equivalente a um, se superior" (Código Eleitoral, art. 106).

"Nas eleições proporcionais, contam-se como válidos apenas os votos dados a candidatos regularmente inscritos e às legendas partidárias" (Lei nº 9.504/1997, art. 5º).

Obs.: anteriormente à Lei nº 9.504/1997, além dos votos nominais e dos votos de legenda, os votos em branco também "eram" computados no cálculo dos votos válidos.

Fórmula

$$\text{Quociente eleitoral (QE)} = \frac{\text{número de votos válidos}}{\text{número de vagas}}$$

Exemplo

Partido/coligação	Votos nominais + votos de legenda
Partido A	1.900
Partido B	1.350
Partido C	550
Coligação D	2.250
Votos em branco	300
Votos nulos	250
Vagas a preencher	9
Total de votos válidos (conforme a Lei nº 9.504/1997)	6.050

[22] Fonte da pesquisa: *site* do TSE, www.tse.gov. br.

$$QE = \frac{6.050}{9} = 672,222222... \Rightarrow QE = 672$$

Logo, apenas os partidos A e B e a coligação D conseguiram atingir o quociente eleitoral e terão direito a preencher as vagas disponíveis.

Quociente partidário

O quociente partidário define o número inicial de vagas que caberá a cada partido ou coligação que tenham alcançado o quociente eleitoral.

"Determina-se para cada partido ou coligação o quociente partidário, dividindo-se pelo quociente eleitoral o número de votos válidos dados sob a mesma legenda ou coligação de legendas, desprezada a fração" (Código Eleitoral, art. 107).

"Estarão eleitos, entre os candidatos registrados por um partido ou coligação que tenham obtido votos em número igual ou superior a 10% (dez por cento) do quociente eleitoral, tantos quantos o respectivo quociente partidário indicar, na ordem da votação nominal que cada um tenha recebido" (Código Eleitoral, art. 108).

Fórmula

$$\text{Quociente partidário (QP)} = \frac{\text{número de votos válidos do partido ou coligação}}{\text{quociente eleitoral (QE)}}$$

Exemplo

Partido/coligação	Cálculo	Quociente partidário
Partido A	QPA = 1.900 / 672 = 2,8273809	2
Partido B	QPB = 1.350 / 672 = 2,0089285	2
Coligação D	QPD = 2.250 / 672 = 3,3482142	3
Total de vagas preenchidas por quociente partidário (QP)		7

4.1.3. *Distribuição das sobras*

Os lugares não preenchidos com a aplicação dos quocientes partidários e em razão da exigência de votação nominal mínima a que se refere o art. 109 do Código Eleitoral serão distribuídos de acordo com as seguintes regras:

a) dividir-se-á o número de votos válidos atribuídos a cada partido ou coligação pelo "**número de lugares definido para o partido pelo cálculo do quociente partidário do artigo 107 do Código Eleitoral**", mais um, cabendo ao partido ou coligação que apresentar a maior média um dos lugares a preencher, desde que tenha candidato que atenda à exigência de votação nominal mínima;

CUIDADO I: A expressão "*número de lugares definido para o partido pelo cálculo do quociente partidário do artigo 107 do Código Eleitoral*" foi suspensa pelo Supremo Tribunal Federal por decisão liminar proferida pelo Ministro Relator da ADI nº 5.420/DF.

CUIDADO II: Com a decisão do STF a regra continua a anterior, qual seja, "*dividir-se-á o número de votos válidos atribuídos a cada partido ou coligação de partidos pelo número de lugares por ele obtido, mais um, cabendo ao partido ou coligação que apresentar a maior média um dos lugares a preencher*".

b) repetir-se-á a operação para cada um dos lugares a preencher;
c) quando não houver mais partidos ou coligações com candidatos que atendam às duas exigências do item "a", as cadeiras serão distribuídas aos partidos que apresentem as maiores médias.
d) O preenchimento dos lugares com que cada partido ou coligação for contemplado far-se-á segundo a ordem de votação recebida por seus candidatos.
e) Poderão concorrer à distribuição dos lugares todos os partidos e coligações que participaram do pleito.

CUIDADO: NÃO CAIA NESSA PEGADINHA!

Responda a esta questão: Julgue com V ou F:

( ) Somente poderão concorrer à distribuição dos lugares os partidos ou as coligações que tiverem obtido quociente eleitoral.

Resposta: Falsa. Tenha cuidado, pois essa "pegadinha" ainda não foi elaborada em um concurso. A reforma eleitoral alterou o art. 109, § 2º, do Código Eleitoral, a redação ficou assim:

"Poderão concorrer à distribuição dos lugares todos os partidos e coligações **que participaram do pleito".**

▸ RESUMO DIDÁTICO

FÓRMULA DISTRIBUIÇÃO DAS SOBRAS

$$\frac{\text{votos dados ao partido}}{\text{quociente partidário} + 1} = \text{média do partido}$$

4.1.4. *Simulação*

Imagine-se na última fase de um concurso jurídico, pois você agora já tem plenas condições de resolver o caso infracitado. Imagine uma eleição em que tivemos:

votos válidos: 17.748;
número de vagas: 17;
votos do partido ABC: 13.722;
votos do partido DEF: 2.852.

Responda agora:

a) Qual o quociente eleitoral?
b) Quais os quocientes partidários?
c) Quem ficará com as vagas remanescentes?

Resposta: O mestre do Direito Eleitoral, **Fávila Ribeiro**, apresenta grande lição didática. Para determinar o quociente eleitoral, far-se-á a divisão do número de votos válidos pelo número de lugares a preencher, do seguinte modo:

$$\textbf{Quociente eleitoral} = \frac{\mathbf{17.748}}{\mathbf{17}} = \mathbf{1.044}$$

Depois, serão estabelecidos os quocientes partidários, que devem resultar da divisão da votação de cada agremiação pelo quociente eleitoral. Teremos:

$$\textbf{ABC}\ \frac{\mathbf{13.722}}{\mathbf{1.044}} = \mathbf{13}$$

$$\textbf{DEF}\ \frac{\mathbf{2.852}}{\mathbf{1.044}} = \mathbf{2}$$

Estão, pois, preenchidas quinze das dezessete vagas existentes, ficando ainda remanescentes duas vagas. Na distribuição das sobras, adota-se o sistema da média mais elevada com adição de uma unidade ao número de vagas já obtido pelo partido, de modo a que se verifique qual a proporção preponderante após a elevação examinada.

Aplicando-se a fórmula na situação exemplificada, teremos, para o 1º resto:

ABC

$$\frac{\textbf{13.722 (votação do partido)}}{\textbf{13 (vagas obtidas) + 1 (vaga em exame)}} = \textbf{980 (média por candidatos)}$$

DEF

$$\frac{\textbf{2.852 (votação do partido)}}{\textbf{2 (vagas obtidas) + 1 (vaga em exame)}} = \textbf{950 (média por candidato)}$$

De acordo com os resultados acima, a primeira vaga remanescente deverá ser atribuída ao ABC, visto que, com o aumento de uma vaga, os seus candidatos estarão sendo eleitos, cada um individualmente, com o montante de novecentos e oitenta sufrágios, com trinta votos a mais do que apresenta o DEF, ao se lhe adicionar uma unidade a mais.

Como ainda há uma vaga a preencher, dever-se-á prosseguir na operação. Cumpre verificar como ficará distribuída a votação do ABC, à vista da obtenção da primeira vaga na distribuição das sobras, ou dar-se-á ensejo a que o DEF passe a contar com mais uma vaga, elevando para três a sua representação, assim:

ABC

$$\frac{\textbf{13.722 (votação do partido)}}{\textbf{14}^{19}\textbf{ (vagas obtidas) + 1 (vaga em exame)}} = \textbf{914 (média por candidato)}$$

DEF

$$\frac{\textbf{2.852 (votação por partido)}}{\textbf{2 (vagas obtidas) + 1 (vaga em exame)}} = \textbf{950 (média por candidato)}$$

O resultado obtido indica que a última vaga (a de nº17) deverá ser reservada ao DEF, pois, recebendo-a, estará essa agremiação contando com novecentos e cinquenta sufrágios por cada candidato eleito, ao passo que o ABC ficará em posição inferior, com novecentos e quatorze sufrágios por candidato.

Por conseguinte, terá o ABC treze candidatos pelo quociente eleitoral e mais um, através da sobra eleitoral, totalizando quatorze eleitos. Por seu turno, o DEF, que tinha duas vagas, obteve mais uma, através da sobra, passando a dispor de três lugares.

Quanto à distribuição dos lugares, será feita de acordo com a ordem de votação de cada candidato, até perfazer o número conquistado pelo partido, resolvendo-se, em caso de empate, a favor do candidato mais antigo.

Todos os demais candidatos não incluídos no rol de eleitos passam à condição de suplentes, distribuídos pela ordem decrescente de votação, prevalecendo o mesmo critério em caso de empate.

O sistema de repartição de sobras vigente no Brasil afasta-se dos padrões de proporcionalidade, ao excluir das operações que se devem proceder os partidos que não atingiram o quociente eleitoral.

As médias dos partidos devem sofrer redução na repartição das sobras, uma vez que o número que vai figurar como divisor é resultante de acréscimo de uma unidade às vagas já obtidas para cada partido.

Macetes muito importantes:

a) No cálculo do QE (quociente eleitoral) você deve desprezar a fração se igual ou inferior a meio.

▸ EXEMPLOS DIDÁTICOS

2.4 será igual a 2

2.8 será igual a 3

b) No cálculo do QP (quociente partidário) é diferente porque toda fração deve ser desprezada.

---

[23] Observe que o nº 14 originou-se da soma do nº 13 (que é o quociente partidário do partido ABC) + 1 (que é a primeira vaga remanescente).

▸ EXEMPLOS DIDÁTICOS

2.4 será igual a 2
2.8 será igual a 2

Agora você entendeu por que o quociente partidário do partido "A" foi 2,8273809 e ficou igual a 2.

Cuidado: a maioria dos erros ocorre justamente porque o aluno não despreza as frações no cálculo do QP (quociente partidário).

É possível ocorrer que os novos valores obtidos nessa divisão sejam suplantados pela votação do partido que fica marginalizado dessas operações, se ele compartilhasse dos cálculos, como de justiça.

Segundo **Fávila Ribeiro**, está havendo injusta expropriação dos votos de uma corrente política em virtude do critério adotado, como pode ser demonstrado através da exemplificação que segue:

Partidos	**Votos**
A	**8.970**
B	**4.567**
C	**1.813**
Total	**15.350**

Número de vagas a preencher: 7.

Quociente eleitoral - 15.350: 7 = 2.193.

Quocientes partidários:

A - 8.970: 2.193 = 4.

B - 4.567:2.193 = 2.

Fica uma vaga de sobra.

Operações que se deveriam proceder:

$$\textbf{A} - \frac{\textbf{8.970}}{\textbf{4+1}} = \textbf{1.794}$$

$$\textbf{B} - \frac{\textbf{4.567}}{\textbf{2+1}} = \textbf{1.522}$$

$$\textbf{C} - \frac{\textbf{1.813}}{\textbf{0+1}} = \textbf{1.813}$$

Ora, para ser atribuída a vaga remanescente ao Partido A, por ter ficado com média superior ao Partido B, vai importar em que esteja "aquele partido elegendo cada um dos seus representantes, com adição da quinta vaga, com apenas 1.794 sufrágios, em detrimento do Partido C, que obteve 1.813 sufrágios. Assim sendo, a afetação da vaga remanescente ao Partido A vai desnaturar a regra da proporcionalidade, comprometendo, nesse ponto, a coerência do sistema.

Necessário se torna corrigir o método de repartição de sobras dominante. A incoerência da orientação adotada mais avulta quando se admite que as representações sejam distribuídas pela ordem majoritária dos votos dos candidatos, quando nenhum partido atinge o quociente eleitoral, conforme dispõe o art. 111 do Código Eleitoral.

Desse modo, conclui o mestre do Direito Eleitoral, se o quociente eleitoral não é elemento intransponível na distribuição de vagas, não deveria prevalecer o impedimento sobre as sobras acima focalizado, como princípio de justiça na aritmética eleitoral.

4.1.5. *O sistema distrital*

Chama-se distrital pois a eleição é decidida dentro de uma circunscrição em forma de distritos. Ensina José Jairo Gomes[24] que

> À vista das eleições legislativas, tem-se que nele a circunscrição eleitoral (União, Estado, Distrito Federal ou Município) é repartida em distritos. O número de distritos equivale ao número de cadeiras a serem ocupadas na respectiva Casa Legislativa. Cada partido pode apresentar um só candidato por distrito. No dia do pleito, aos eleitores é apresentada uma lista de votação restrita ao distrito a que pertencerem. A eleição segue a lógica majoritária, considerando-se vitorioso o candidato que obtiver o maior número de votos no distrito. A maioria poderá ser simples ou absoluta.

4.1.5.1. Vantagem do sistema distrital

Em relação ao "sistema distrital" são apontadas as seguintes vantagens:

(I) produz governabilidade;
(II) aproximação entre cidadãos e políticos;
(III) mais fácil fiscalização e cobrança dos eleitos;
(IV) custos baixos de campanha;
(V) redução e fortalecimento dos partidos.

4.1.6. *Espécies de sistema distrital*

Há duas espécies de sistema distrital, a saber:

1) Distrital puro

O sistema distrital puro usa a mesma metodologia do sistema majoritário de eleição.

▸ EXEMPLO DIDÁTICO

O Estado de São Paulo tem direito a 70 cadeiras na câmara dos deputados, então os 70 mais votados serão eleitos.

Vantagens do sistema distrital

a) Aproxima mais o eleitor do candidato.

---

[24] No mesmo sentido: GOMES, José Jairo. *Direito eleitoral*. 13. ed. São Paulo: Atlas, 2017.

b) Evita o candidato "paraquedas", assim o eleitor não pode votar em qualquer candidato que concorra a deputado em seu Estado, mas apenas nos candidatos inscritos pelos partidos em seu "distrito".

Observação importante: Distrito, por sua vez, é uma subdivisão do Estado, que pode ser maior, (distrito do tamanho do Estado), menor ou do tamanho de um município, a depender de como será feita a divisão.

c) É eliminada a hipótese de um político ser eleito pelos votos que seu partido recebe (voto proporcional), ou seja, um candidato muito votado não poderá eleger um cidadão que obteve poucos votos (fenômeno "Tiririca").

Desvantagem do sistema distrital

Personaliza o candidato e desvaloriza o partido.

2) Distrital misto:

Uma parte dos candidatos é eleita obtendo mais votos que seus concorrentes, majoritariamente. Outra parte é eleita usando os critérios da eleição proporcional que já estudamos.

▸ EXEMPLO DIDÁTICO

José Jairo Gomes[25] exemplifica:

> A circunscrição eleitoral (União, Estado, Distrito Federal ou Município) é dividida em distritos. No dia do pleito, aos eleitores são apresentadas duas listas de votação: uma majoritária (restrita ao distrito), outra proporcional (abrangente de toda a circunscrição).
> Na primeira lista, segue-se a lógica do sistema distrital. Ou seja, os eleitores votam no candidato indicado pelos partidos àquele distrito, considerando-se eleito o que obtiver mais votos no distrito.
> Na segunda lista, o eleitor vota em um partido – voto de legenda –, não em candidatos. A apuração do eleito leva em conta a votação em toda a circunscrição, isto é, em todos os *distritos, sendo feita com base em critérios proporcionais.*

4.1.7. *O processo da escolha dos eleitos no sistema distrital*

No processo da escolha dos eleitos, há no sistema três procedimentos, a saber:

a) **Lista fechada:** o partido é soberano para definir quem entre seus filiados ocupará a vaga por ele conquistada, ou seja, o eleitor vota só no partido, que define em uma lista pré-ordenada os políticos a serem eleitos.

b) **Lista flexível:** o partido ainda é soberano para definir quem entre seus filiados ocupará a vaga por ele conquistada, mas os eleitores interferem na posição dos

---

25 No mesmo sentido: GOMES, José Jairo. *Direito eleitoral*. 13. ed. São Paulo: Atlas, 2017.

candidatos previamente indicados pela agremiação partidária, podendo escolher uns e excluir outros.

c) **Lista aberta:** cabe aos próprios eleitores (e não aos partidos) formar a ordem nominal a ser observada na indicação dos eleitos.

4.1.8. *Candidatura de vice independente*

Não é possível. Sistema eleitoral vigente, vige a sistemática da chapa única e indivisível para a candidatura do chefe do executivo. A eleição do candidato a titular do cargo majoritário importará na eleição de seu vice, uma vez que este, no atual sistema eleitoral brasileiro, não recebe qualquer voto (arts. 77, *caput*, § 1º, 28 e 29, inciso II, da Constituição Federal e, ainda, 2º, § 4º, e 3º, § 1º, da Lei nº 9.504/97), sendo que o registro é sempre efetivado em chapa una e indivisível e, desta forma, a eleição é de forma simultânea (art. 3º, § 1º, da Lei nº 9.504/97).

5. Questões subjetivas importantes

1. **O prefeito gozará de foro especial, por prerrogativa de função, quando se tratar de representação ou investigação judicial?**

Resposta: Não. Conforme o TSE, o prefeito não goza de foro especial, por prerrogativa de função, quando se tratar de representação ou investigação judicial.[26]

2. **A norma inscrita no parágrafo único do art. 106 do Código Eleitoral, a dizer que se contam como válidos os votos em branco para determinação do quociente eleitoral, é incompatível com a Constituição vigente?**

Resposta: Não. Conforme o entendimento do STF, a norma inscrita no parágrafo único do art. 106 do Código Eleitoral não é incompatível com a Constituição vigente.[27] Veja a questão nº 6.

Minha posição: o entendimento do STF se encontra prejudicado, pois o parágrafo único do art. 106 do Código Eleitoral foi revogado pela Lei nº 9.504/1997.

Obs.: veja agora a questão nº 3.

3. **A regra do art. 110 do Código Eleitoral se aplica à hipótese de empate entre partidos ou coligações?**

Resposta: afirma o art. 110 do Código Eleitoral que: "Em caso de empate, haver-se-á por eleito o candidato mais idoso." Porém a jurisprudência do TSE é no sentido de que a regra do art. 110 do Código Eleitoral não se aplica à hipótese de empate entre partidos ou coligações.[28]

---

26 TSE – REsp nº 19.552 – (19.552) – Ladário – MS – Rel. Min. Sálvio de Figueiredo Teixeira – *DJU* 08/03/2002 – p. 191.

27 STF – RE nº 140.386 – TP – Rel. Min. Carlos Velloso – *DJU* 20/04/2001 – p. 137.

28 TSE – AI nº 2.845 – (2.845) – Santo Antônio de Lisboa – PI – Rel. Min. Sálvio de Figueiredo Teixeira – *DJU* 25/05/2001 – p. 49.

Conforme a Resolução nº 16.844/1990, o art. 110 do Código Eleitoral só se aplica em caso de empate no mesmo partido. Se o empate for em partidos ou coligações diferentes a regra será:

1º. Observa-se a maior média (usa-se a fórmula do sistema da média mais elevada que usamos no cálculo das vagas remanescentes).
2º. Observa-se a maior votação no partido ou coligação.
3º. Observa-se o maior número de votos nominais (voto ao candidato).
4º. Observa-se a idade (volta a regra do art.110 e o de maior idade vence).

Obs.: veja agora a questão nº 4.

4. No caso de ocorrer empate nas "médias" e no número de votos recebidos pelas coligações, qual será o terceiro critério de desempate?

Resposta: No caso de ocorrer empate nas "médias" e no número de votos recebidos pelas coligações, ter-se-á como terceiro critério de desempate o número de votos nominais recebidos pelas coligações.[29]

5. É admissível recurso contra a diplomação no caso de eleições municipais, em virtude de ter ocorrido erro no cálculo do quociente eleitoral, por considerar existente coligação que, em verdade, não se formara?

Resposta: Sim, é admissível o recurso contra diplomação, ainda que não se tenha apresentado a reclamação prevista no parágrafo 3º do art. 47 da Resolução nº 19.540.[30]

Obs.: veja agora a questão nº 5.

6. Os votos brancos serão incluídos no cômputo do cálculo do quociente eleitoral?

Resposta: os votos "em branco" eram computados no cálculo dos votos válidos. A previsão era do art. 106, parágrafo único, do Código Eleitoral. Esclareço, por oportuno, que os votos "em branco" **não podem ser mais computados no cálculo dos votos válidos**, porque o art. 106, parágrafo único, do Código Eleitoral foi revogado pela Lei 9.504/1997.[31]

Obs.: veja agora a questão nº 6.

7. Tendo encerrado o processo eleitoral, ainda poderá se fazer a correção do quociente eleitoral?

Resposta: Não. Decidiu o TSE que, em face da ocorrência da preclusão, pois, diplomados os eleitos, sem que tenha havido recurso, encerrado, assim, o processo eleitoral, não há mais lugar para a correção do quociente eleitoral.[32]

Obs.: veja agora a questão nº 7.

---

[29] TSE – AI nº 2845 – (2.845) – Santo Antônio de Lisboa – PI – Rel. Min. Sálvio de Figueiredo Teixeira – *DJU* 25/05/2001 – p. 49.

[30] TSE – AI nº 1.398 – (1.398) – Novais – SP – Rel. Min. Eduardo Ribeiro – *DJU* 12/02/1999 – p. 37.

[31] STF – RE nº 140.460 – TP – Rel. Min. Ilmar Galvão – *DJU* 04/05/2001 – p. 34.

[32] TSE – REsp nº 12.439 – (12.439) – MG – Rel. Min. Costa Leite – *DJU* 10/05/1996 – p. 15.168.

8. Pode-se cogitar de correção de quociente eleitoral após excedido o prazo para recurso contra a diplomação?

Resposta: Não. Pois o processo eleitoral lastreia-se, acima de tudo, na preclusão.[33]

9. O que é voto de legenda?

Resposta: São contados como votos de legenda os votos dados pelos eleitores apenas no número do partido, deixando de informar os três últimos números que definem o candidato. Assim, se o eleitor digitar apenas o (77), ou o (88), ou o (99) (número do partido) etc. sem informar os outros três números, seu voto será válido, somando-se aos votos nominais (votos dados aos candidatos) para o cálculo dos quocientes eleitoral e partidário.

10. Os portadores de necessidades especiais podem ser ajudados a votar?

Resposta: Os eleitores com necessidades especiais, que votarem em seções eleitorais apropriadas, poderão utilizar os meios e recursos postos à sua disposição pela Justiça Eleitoral para facilitar o exercício do voto. Os eleitores com necessidades especiais poderão contar com ajuda de pessoa de sua confiança para o exercício do voto.

11. Quantas vezes o eleitor pode justificar a sua ausência da votação?

Resposta: Não há limite de vezes para o eleitor justificar sua ausência no dia da votação, em seu domicílio. Segundo o Código Eleitoral, em seu art. 7º, § 3º: "Realizado o alistamento eleitoral pelo processo eletrônico de dados, será cancelada a inscrição do eleitor que não votar em 3 (três) eleições consecutivas, não pagar a multa ou não se justificar no prazo de 6 (seis) meses, a contar da data da última eleição a que deveria ter comparecido."

Obs.: pelo que dispõe o artigo, a justificativa eleitoral substitui eficaz e plenamente o voto. E, ainda, o recolhimento da multa, no caso de não votar e não justificar, substitui a ambos.

12. Quais são as consequências de não votar e não justificar ou pagar multa?

Resposta: O Código Eleitoral, em seu art. 7º, § 1º, estabelece que, sem a prova de que votou na última eleição, pagou a respectiva multa ou de que se justificou devidamente, não poderá o eleitor:

I – inscrever-se em concurso ou prova para cargo ou função pública, investir-se ou empossar-se neles;

II – receber vencimentos, remuneração, salário ou proventos de função ou emprego público, autárquico ou paraestatal, bem como fundações governamentais, empresas, institutos e sociedades de qualquer natureza mantidas ou subvencionadas pelo governo ou que exerçam serviço público delegado, correspondentes ao segundo mês subsequente ao da eleição;

---

[33] TSE – REsp nº 12.439 – (12.439) – MG – Rel. Min. Costa Leite – *DJU* 10/05/1996 – p. 15.168.

III – participar de concorrência pública ou administrativa da União, dos Estados, dos Territórios, do Distrito Federal ou dos Municípios, ou das respectivas autarquias;
IV – obter empréstimos nas autarquias, sociedades de economia mista, caixas econômicas federais ou estaduais, nos institutos e caixas de previdência social, bem como em qualquer estabelecimento de crédito mantido pelo governo, ou de cuja administração este participe, e com essas entidades celebrar contratos;
V – obter passaporte ou carteira de identidade;
VI – renovar matrícula em estabelecimento de ensino oficial ou fiscalizado pelo governo;
VII – praticar qualquer ato para o qual se exija quitação do serviço militar ou imposto de renda.

A Resolução nº 21.538/2003 acrescenta que será cancelada a inscrição do eleitor que se abstiver de votar em três eleições consecutivas, salvo se houver apresentado justificativa para a falta ou efetuado o pagamento de multa, ficando excluídos do cancelamento os eleitores que, por prerrogativa constitucional, não estejam obrigados ao exercício do voto e cuja idade não ultrapasse oitenta anos.

13. Quando será a posse dos prefeitos eleitos?

Resposta: A posse do prefeito e do vice-prefeito ocorrerá no dia 1º de janeiro do ano subsequente ao da eleição. Assim determina a Constituição Federal de 1988, art. 29, inciso III.

14. No Brasil, o sistema majoritário é usado para escolha de quais cargos eletivos?

Resposta: No Brasil, o sistema majoritário por maioria absoluta (segundo turno eventual) é utilizado para a escolha do presidente e vice-presidente da República, governador e vice-governador de Estado e prefeito e vice-prefeito municipal, e o sistema majoritário por maioria simples (um só turno) é utilizado para a escolha de senadores federais (e juiz de paz).

15. No Brasil, o sistema proporcional é usado para escolha de quais cargos eletivos?

Resposta: No Brasil, o sistema proporcional é utilizado para a escolha dos deputados federais, dos deputados estaduais e dos vereadores.

16. Como é calculado o número de votos válidos?

Resposta: Os votos válidos são iguais aos votos de todos os candidatos, mais votos dados à legenda partidária.

Obs.: os votos em branco e nulos não são computados como válidos (art. 5º da Lei nº 9.504/1997; **nas eleições proporcionais, contam-se como válidos apenas os votos dados a candidatos regularmente inscritos e às legendas partidárias**. Art. 106 do Cód. Eleitoral). Deve ser desprezada a fração igual ou inferior a meio, sendo arredondada para um a fração superior a meio.

17. Aponte a solução jurídica no caso de nenhum partido alcançar o quociente eleitoral.

Resposta: Neste caso, deve ser usada a regra do sistema majoritário. É o que dispõe o art. 111 do Código Eleitoral, *in verbis*:

> Se nenhum Partido ou coligação alcançar o quociente eleitoral, considerar-se-ão eleitos, até serem preenchidos todos os lugares, os candidatos mais votados.

18. Quem é considerado suplente na eleição proporcional?

Resposta: Conforme o art. 112 do Código Eleitoral:

> Considerar-se-ão suplentes da representação partidária:
> I – os mais votados sob a mesma legenda e não eleitos efetivos das listas dos respectivos partidos;
> II – em caso de empate na votação, na ordem decrescente da idade.
> **Parágrafo único.** Na definição dos suplentes da representação partidária, não há exigência de votação nominal mínima prevista pelo art. 108.

19. Em quais hipóteses o suplente será convocado para assumir a vaga do titular?

Resposta: O suplente será convocado nos casos de vaga, de investidura em funções previstas no art. 56 da Constituição Federal ou de licença superior a cento e vinte dias.

20. Apresente a solução jurídica no caso do suplente, na eleição proporcional, quando foi convocado para assumir a vaga do titular, já havia mudado de partido.

Resposta: O suplente não poderá assumir a vaga, pois segundo o **TSE** e o **STF** o mandato pertence ao partido e não ao candidato.

21. Aponte a solução jurídica no caso de não haver suplente para preencher a vaga deixada pelo titular.

Resposta: Preconiza o art. 113 do Código Eleitoral:

Na ocorrência de vaga, não havendo suplente para preenchê-la, far-se-á eleição, salvo se faltarem menos de nove meses para findar o período de mandato.

Minha posição: o artigo supracitado foi derrogado pelo art. 56, § 2º, da Constituição Federal, que preconiza:

> Ocorrendo vaga e não havendo suplente, far-se-á eleição para preenchê-la se faltarem mais de quinze meses para o término do mandato.

22. Aponte a solução jurídica no caso de não haver suplente para preencher a vaga deixada pelo titular e faltarem dez meses para terminar o mandato.

Resposta: A solução será a casa ficar com um parlamentar a menos, pois, como aprendemos na questão anterior, uma nova eleição só poderá ser realizada se "faltarem mais de quinze meses para o término do mandato".

23. Definido o número vagas para cada partido, o partido ABC ficou com 30 vagas. Apresente a solução jurídica considerando que o partido ABC concorria com apenas 20 candidatos.

Resposta: Não existe solução indicada na lei e a matéria é pouco explorada na doutrina. A perplexidade é o que será feito com as 10 vagas restantes.

Refletindo sobre o tema, entendo que só pode haver duas soluções:

1ª. A solução mais justa. Fazer nova eleição, usando por analogia o art. 56, § 2º, da Constituição Federal que preconiza: "Ocorrendo vaga e não havendo suplente, far-se-á eleição para preenchê-la se faltarem mais de quinze meses para o término do mandato."

2ª. A solução menos justa. Distribuir as 10 vagas para os demais partidos, usando o critério das sobras. Não defendo esta posição, pois a mesma, embora seja a mais fácil, não preserva a vontade soberana do eleitor e, sem previsão legal, acabará elegendo candidatos que foram repudiados pela vontade popular.

24. O que são votos apolíticos?

Resposta: Ocorre voto apolítico quando o eleitor, inconformado com a inexistência de candidato que julgue apto a obter o seu voto, se expressa pela "nulificação" do voto.

Observação importante: Tecnicamente não é um voto "nulo", pois mesmo que 50% + 1 dos eleitores optarem pelo voto apolítico, a eleição não será nula. Estudamos o assunto no livro *Curso de Processo Eleitoral.*

25. É possível uma emenda constitucional tornar o voto facultativo?

Resposta: Sim, a obrigatoriedade do voto não possui natureza de cláusula pétrea. Portanto, é possível que, por meio de Emenda Constitucional, se adote como regra o voto facultativo.

Em realidade, o que é cláusula pétrea, isto é, o que não pode ser objeto de deliberação é proposta de emenda tendente a abolir o voto direto, secreto, universal e periódico.

6. Questões objetivas de provas de concursos

Texto para as questões 1 e 2.

Na eleição de 2000 para a Câmara Municipal do Município de Utopia – PA, composta por cinco vereadores, concorreram três partidos, o Partido Beta (PB), o Partido Gama (PG) e o Partido Delta (PD). A votação deu-se mediante sistema eletrônico e, realizada a apuração dos votos, chegou-se ao resultado da tabela a seguir.

Legenda	Nº de votos
PB	450
PG	280
PD	170

Legenda	Nº de votos
Votos brancos	100
Votos nulos	80
Total	1.080

1. **(PA – Magistratura) Acerca da situação hipotética descrita no texto e da legislação pertinente, julgue os itens a seguir.**
   a) O PD elegeu apenas um candidato.
   b) O quociente eleitoral foi 180 e o quociente partidário do PG foi 1.
   c) Se fosse idêntica a votação nominal dos dois candidatos mais votados do PG, então seria eleito apenas o mais idoso entre eles, exceto se o mais jovem fosse candidato à reeleição.
   d) Na referida eleição, deveriam ter sido considerados nulos os votos em que não fosse possível a identificação do candidato, mesmo que o número identificador do partido tivesse sido digitado de forma correta.
   e) Considere a seguinte situação hipotética. Carlos mudou-se para Utopia em julho de 2001, sendo que, anteriormente, ele estava inscrito em Fortaleza – CE. Em janeiro de 2002, desejando transferir seu domicílio eleitoral de Fortaleza para Utopia, Carlos solicitou ao juiz eleitoral de Utopia a transferência de sua inscrição eleitoral para esta cidade. Nesse caso, o juiz eleitoral de Utopia somente poderia prover a solicitação de Carlos se o pedido de transferência houvesse sido instruído com atestado policial ou outro documento que provasse que Carlos havia fixado seu domicílio civil em Utopia, ou seja, que ele havia fixado moradia na cidade com ânimo definitivo.

2. **(PA – Magistratura) Novamente tendo em vista a situação hipotética descrita no texto e também considerando que Rodrigo foi um dos candidatos registrados pelo PD para concorrerem ao cargo de vereador de Utopia, julgue os itens abaixo.**
   a) Se o PB concorresse nas referidas eleições municipais em coligação com o PD, então a coligação poderia registrar até dez candidatos para o cargo de vereador de Utopia.
   b) Se a Câmara Municipal de Utopia fosse composta por oito vereadores e o PG registrasse oito candidatos para concorrer a esses cargos, seria necessário que esses candidatos fossem metade homens e metade mulheres.
   c) O registro da candidatura de Rodrigo deveria ter sido feito perante o juiz eleitoral de Utopia e, caso Rodrigo houvesse sido eleito, o órgão da Justiça Eleitoral competente para expedir seu diploma seria a junta eleitoral de Utopia, e não o juiz eleitoral.
   d) Se, à época do registro de sua candidatura, Rodrigo fosse filiado tanto ao PD como ao PB, caracterizar-se-ia dupla filiação, fato que, além de ser motivo suficiente para o indeferimento da solicitação de registro de Rodrigo como candidato, é tipificado como crime eleitoral de ação pública incondicionada.
   e) Se, na manhã do dia da eleição, Eduardo houvesse instalado caixas de som em seu carro e, utilizando a amplificação de voz proporcionada por essas caixas, saísse pelas ruas de Utopia convocando as pessoas para participar de uma carreata, às dezesseis horas, em favor da candidatura de Rodrigo, então agentes da Polícia Militar do Pará que tivessem observado Eduardo praticar esses atos poderiam prendê-lo em flagrante delito pela prática de crime eleitoral.

3. **(TRE/RJ) As eleições no sistema eleitoral brasileiro obedecem à seguinte regra:**
   a) o sufrágio é universal, o voto direto, secreto e obrigatório para todo cidadão;

b) o sufrágio é universal, o voto indireto, secreto e obrigatório para todo cidadão;
c) o sufrágio é universal, o voto indireto, secreto e facultativo para todo cidadão;
d) o sufrágio é universal, o voto direto, não secreto e facultativo para todo cidadão;
e) o sufrágio é universal, o voto direto e secreto, podendo ser obrigatório, facultativo e vedado, na forma da lei.

4. (GO – Juiz de Direito) O voto secreto, universal e igual para homens e mulheres foi introduzido no Brasil:

a) pela Constituição republicana;
b) pela Emenda Constitucional de 1926;
c) pela Constituição de 1934;
d) pela Lei Eleitoral de 1932;
e) pela Constituição de 1946.

5. (TRE/RJ) O sigilo do voto manual é assegurado através da seguinte providência, entre outras:

a) isolar o eleitor em cada cabina indevassável, para que assinale o candidato de sua escolha na cédula, que deve ser fechada em seguida;
b) utilização de cédulas oficiais em conformidade com o modelo aprovado pelo Superior Tribunal Eleitoral e Tribunal Regional Eleitoral;
c) verificação da autenticidade da cédula oficial à vista do juiz eleitoral;
d) verificação da autenticidade da cédula oficial à vista do juiz eleitoral e do presidente da mesa apuradora;
e) na falta de urna oficial, utilização de meio seguro de recolhimento do voto manual, assegurando-se a inviolabilidade do sufrágio.

6. (GO – Juiz de Direito) Os votos de eleitores brasileiros que se encontrem, no dia da eleição, no exterior são apurados:

a) pelos consulados em que se realizaram as eleições;
b) pelo Tribunal Regional Eleitoral do Distrito Federal;
c) pela embaixada do Brasil nos países respectivos;
d) pelo Ministério das Relações Exteriores;
e) nenhuma das questões anteriores.

7. (PE – Juiz de Direito) O quociente eleitoral é encontrado em qual das operações abaixo?

a) Na divisão da soma de todos os votos apurados, excluindo-se os votos brancos e nulos, pelo número de vagas a serem preenchidas.
b) Na divisão da soma de votos válidos e em branco, pela quantidade de candidatos registrados.
c) Na divisão da soma dos votantes, pela quantidade de vagas para serem preenchidas na respectiva Casa Legislativa.
d) Na divisão da soma dos votos válidos, em branco, nulos e de legenda, pela quantidade de candidatos a cargo majoritário ao mesmo pleito.
e) Na divisão da soma dos votos nominais, de legenda e em branco, pela quantidade de vagas na respectiva Casa Legislativa.

8. (TRE/SC – Analista Judiciário) De acordo com a Constituição da República Federativa do Brasil de 1988, o alistamento eleitoral e o voto são:

a) obrigatórios para os maiores de dezesseis anos e maiores de setenta anos de idade;
b) obrigatórios para todos os brasileiros natos e naturalizados, a partir de dezesseis anos de idade;

c) obrigatórios para os maiores de dezoito anos de idade e facultativos para os maiores de dezesseis anos e menores de dezoito anos de idade;
d) facultativos para os analfabetos, maiores de dezoito anos e de setenta anos de idade.

9. **(TRE/SC – Analista Judiciário) No Direito Eleitoral, o valor protegido na Constituição da República Federativa do Brasil de 1988 é a lisura do pleito eleitoral. Nesse caso:**

a) dependendo do pleito eleitoral, o sufrágio é estadual e direto; o voto, facultativo;
b) o sufrágio é universal e indireto; o voto, facultativo e secreto;
c) o sufrágio é distrital e direto; o voto, obrigatório, nos casos previstos em lei, e secreto;
d) o sufrágio é universal e direto; o voto, obrigatório, nos casos previstos em lei, e secreto.

10. **(MPF – Procurador da República) As eleições:**

a) para o Senado Federal e para a Câmara dos Deputados realizam-se, respectivamente, segundo o princípio majoritário e pelo sistema proporcional;
b) para Presidente da República e Governadores de Estados, realizadas pelo sistema majoritário, terão segundo turno, se nenhum candidato obtiver a maioria absoluta dos votos válidos no primeiro, computados os votos em branco e os nulos, legítima expressão da vontade popular;
c) para a Câmara dos Deputados e as Assembleias Legislativas, realizam-se pelo voto distrital misto, sendo majoritárias relativamente à metade das vagas e proporcionais quanto às demais, mediante lista fechada elaborada pelos partidos políticos;
d) pelo sistema proporcional, para deputados federais e estaduais, não admitem coligações partidárias, considerando-se a desfiguração delas resultantes para os votos de legenda.

11. **(MPF – Procurador da República) No sistema eleitoral brasileiro:**

a) deputados federais e senadores são eleitos pelo sistema proporcional e distrital misto, respectivamente;
b) somente há segundo turno nas eleições presidenciais se nenhum candidato obtiver a maioria absoluta dos votos, computados os em branco e nulos;
c) não há segundo turno nas eleições para Governadores dos Estados, salvo se a Constituição Estadual assim o estabelecer;
d) senadores são eleitos segundo o princípio majoritário e deputados federais, estaduais e distritais, pelo sistema proporcional.

12. **(MPF/BRA) De acordo com a Constituição da República, as eleições devem ser realizadas:**

I. para o Senado Federal, segundo o princípio majoritário, e para a Câmara dos Deputados, pelo sistema proporcional;

II. em dois turnos, para Presidente da República e para Governador de Estado, se nenhum candidato alcançar maioria absoluta dos votos na primeira votação, não computados os em branco e os nulos;

III. em datas diversas para Prefeito, Vice-Prefeito e Vereadores, devendo o número destes ser fixado pela lei orgânica do Município segundo os critérios que adotar, respeitada a autonomia municipal;

IV. nas datas fixadas pela Justiça Eleitoral e sob sua supervisão, sendo obrigatoriamente fiscalizadas por organizações não governamentais para assegurar a lisura e o caráter democrático do processo eleitoral, segundo padrões estabelecidos em tratados e convenções internacionais.

Analisando as assertivas acima, pode-se afirmar que:

a) todas estão corretas;
b) as de número I, II e III estão corretas;
c) apenas as de número I e II estão corretas;
d) somente as de número II e IV estão corretas.

13. (MP/SC) Assinale a alternativa correta sobre a vedação à capacidade eleitoral passiva.

I. Privados dos direitos políticos.

II. Analfabetos.

III. Menores de dezesseis anos de idade.

IV. Conscrito.

V. Estrangeiro.

a) Apenas I e II estão corretas.
b) Apenas I, II e III estão corretas.
c) Apenas I, II, III e IV estão corretas.
d) Apenas I, II, III e V estão corretas.
e) Todas estão corretas.

14. (UnB/Cespe – TRE/TO) A partir das disposições sobre o sistema eleitoral brasileiro a que se refere o texto vigente do Código Eleitoral, assinale a opção correta.

a) Nas eleições proporcionais, caso nenhum partido alcance o quociente eleitoral, são eleitos os candidatos mais votados, independentemente da votação do partido ou coligação.
b) O candidato pode filiar-se ao partido após a convenção partidária indicar o seu nome, na hipótese de eleição majoritária.
c) Por se tratar de mandato federal, o registro de candidato a deputado federal é feito perante o TSE.
d) Na eleição para deputado estadual, os votos em branco são computados para o efeito de cálculo do quociente eleitoral.
e) Nas eleições federais e estaduais, a circunscrição é o país.

15. (UnB/Cespe – TRE/TO) A Lei Eleitoral brasileira (Lei nº 9.504/1997) é considerada a mais importante atualização do Código Eleitoral. Sua característica fundamental é ser uma lei eleitoral permanente. A partir dela, não é mais necessária a elaboração de uma lei para cada eleição, como ocorria até então. Com base nessa lei, assinale a opção correta.

a) As eleições devem ser realizadas sempre no dia 3 de outubro.
b) O candidato a governador é eleito em primeiro turno na hipótese de maioria simples.
c) O candidato deve estar filiado ao partido político 6 meses antes da eleição, mas pode desincompatibilizar-se do domicílio eleitoral até 4 meses antes do pleito.
d) Na eleição majoritária, o critério da idade é utilizado para desempatar, na definição do participante do segundo turno, quando dois candidatos têm a mesma votação.
e) A lei eleitoral proíbe coligações partidárias para deputado federal, ao dispor sobre verticalização.

16. (TRE/SC – Cespe) Leia com atenção os itens abaixo.

I. A Constituição Federal de 1988 estabeleceu segundo turno para os cargos executivos, quando nenhum dos candidatos tiver alcançado maioria simples no primeiro turno.

II. No sistema proporcional, aplica-se o cálculo dos quocientes eleitorais, obtidos pela divisão do número de votos apurados pela quantidade de vagas a serem preenchidas.

III. A representação de cada Estado e do Distrito Federal, no Senado Federal, será renovada de 4 em 4 anos, alternadamente, por um e dois terços.

IV. O sistema proporcional de eleição foi instituído por considerar-se que o sistema majoritário poderia deixar sem representação minorias consideráveis, às vezes numericamente próximas da maioria vitoriosa.

Assinale a alternativa correta.

a) Somente os itens I, III e IV estão corretos.
b) Somente os itens II e III estão corretos.
c) Somente os itens III e IV estão corretos.
d) Somente os itens II, III e IV estão corretos.

17. (TRE/SC – Cespe) Analise com atenção as alternativas, assinalando a incorreta.

a) A democracia representativa contemporânea funciona pela escolha periódica de representantes, efetuada pelo conjunto do eleitorado, obedecido o princípio da maioria, para que os escolhidos deliberem sobre os interesses comuns.
b) O direito de votar e ser votado deflui do princípio constitucionalmente assegurado de apresentar-se o cidadão como candidato a cargo eletivo e participar da escolha dos representantes populares.
c) No sistema eleitoral brasileiro, o voto é obrigatório para os brasileiros de um e outro sexo, sendo que os eleitores facultativos que não o exercerem (por exemplo, aqueles entre 16 e 18 anos) incidem nas penalidades previstas, inclusive em multa eleitoral.
d) Em face da representação proporcional admitida em nosso sistema eleitoral, fica facultado a dois ou mais partidos coligarem-se para o registro de candidatos comuns a deputado federal, deputado estadual e vereador.

18. (TRE/SC – Cespe) Em face da representação proporcional, determina-se o quociente eleitoral dividindo-se o número de votos válidos apurados pelo de lugares a preencher em cada circunscrição eleitoral, desprezada a fração se igual ou inferior a meio, equivalente a um se superior. Assim sendo, assinale a alternativa incorreta.

a) Determina-se para cada partido ou coligação o quociente partidário, dividindo-se pelo quociente eleitoral o número de votos válidos dados sob a mesma legenda ou coligação de legendas, desprezada a fração.
b) Estarão eleitos, entre os candidatos registrados por um partido ou coligação que tenham obtido votos em número igual ou superior a 10% (dez por cento) do quociente eleitoral, tantos quantos o respectivo quociente partidário indicar, na ordem da votação nominal que cada um tenha recebido.
c) Se nenhum partido ou coligação alcançar o quociente eleitoral, considerar-se-ão eleitos os candidatos mais idosos, pela ordem decrescente de idade.
d) Considerar-se-ão suplentes da representação partidária os mais votados sob a mesma legenda, e não eleitos efetivos das listas dos respectivos partidos.

19. (UnB/Cespe – TRE/MT) Considerando o disposto na Constituição e na Lei nº 9.504/1997, em relação ao processo eleitoral, julgue os itens a seguir.

I. A lei que modifica o processo eleitoral entra em vigor na data de sua publicação, mas somente se aplica à eleição que ocorra até 1 ano após o início de sua vigência.

II. Nos Estados com menos de 200 mil eleitores, não há segundo turno nas eleições para governador.

III. Somente há segundo turno no Município que contar com mais de 200 mil eleitores, independentemente de esse Município ser ou não capital de Estado.

IV. Nas eleições proporcionais, os votos em legenda partidária são contados como válidos, para efeito de cálculo do quociente eleitoral.

V. Conforme resolução do TSE a respeito da verticalização, a coligação para deputado estadual deve ser rigorosamente idêntica à coligação para deputado federal.

Estão certos apenas os itens:

a) I e III;
b) I e V;
c) II e III;
d) II e IV;
e) IV e V.

20. (TRE/SC – Cespe) Assinale a alternativa correta. A eleição para os cargos de prefeito e vice-prefeito:

a) será realizada no primeiro domingo de outubro, em primeiro turno, e no primeiro domingo de novembro, em segundo turno, se houver, no caso de Municípios com mais de 200 mil eleitores, do ano anterior ao do término do mandato dos que devam suceder;
b) será realizada no primeiro domingo de outubro, em primeiro turno, e no último domingo de outubro, em segundo turno, se houver, no caso de Municípios com mais de 200 mil eleitores, do ano anterior ao do término do mandato dos que devam suceder;
c) será realizada no primeiro domingo de outubro, em primeiro turno, e no último domingo de outubro, em segundo turno, se houver, no caso de Municípios com mais de 200 mil habitantes, do ano anterior ao do término do mandato dos que devam suceder;
d) será realizada no primeiro domingo de outubro, em primeiro turno, e no primeiro domingo de novembro, em segundo turno, se houver, no caso de Municípios com mais de 200 mil habitantes, do ano anterior ao do término do mandato dos que devam suceder.

21. (UnB/Cespe – TRE/MT) Acerca dos princípios pertinentes ao Direito Eleitoral e aos direitos políticos de que trata a Constituição Federal, assinale a opção correta.

a) O exercício da soberania popular restringe-se ao sufrágio universal, com valor igual para todos.
b) O alistamento e o voto são facultativos para quem tem mais de 16 anos de idade e menos de 18 anos de idade.
c) O exercício dos direitos políticos não guarda relação com a elegibilidade.
d) Para ser candidato a prefeito de capital, é necessário ter 30 anos de idade, ou mais.
e) Os maiores de 70 anos de idade, em gozo de boas condições de saúde, são obrigados a alistar-se e a votar.

22. (TRE-2009) No sistema eleitoral pátrio em vigor, é correto afirmar que:

a) a eleição para os componentes da Câmara dos Deputados obedecerá ao princípio da representação majoritária em cada Estado, em cada Território e no Distrito Federal;
b) a eleição para os componentes da Câmara dos Deputados obedecerá ao princípio da representação proporcional em cada Estado e Território e ao princípio majoritário no Distrito Federal;
c) a eleição para os componentes da Câmara dos Deputados obedecerá ao princípio da representação proporcional e para o Senado Federal ao princípio majoritário;
d) a eleição para os componentes das Câmaras Municipais em todo o país se fará na mesma data e em dois turnos nos Municípios com mais de duzentos mil eleitores;

e) o Senado Federal compõe-se de representantes dos Estados e do Distrito Federal. A eleição de seus componentes obedecerá ao princípio majoritário, exceto para os representantes do Distrito Federal.

23. **(TRE-2009) As eleições no sistema eleitoral brasileiro obedecem à seguinte regra:**

a) o sufrágio é universal, o voto direto, secreto e obrigatório para todo cidadão;
b) o sufrágio é universal, o voto indireto, secreto e obrigatório para todo cidadão;
c) o sufrágio é universal, o voto indireto, secreto e facultativo para todo cidadão;
d) o sufrágio é universal, o voto direto, não secreto e facultativo para todo cidadão;
e) o sufrágio é universal, o voto direto e secreto, podendo ser obrigatório, facultativo e vedado, na forma da lei.

7. Casos práticos eleitorais superinteressantes

A VOTAÇÃO DO PRESO PROVISÓRIO

AS HIPÓTESES

1. **Pode o juiz eleitoral, em ano de eleições gerais, deixar de instalar seção eleitoral especial em presídio que possua mais de cinquenta presos provisórios (portanto, no pleno gozo de seus direitos políticos) com domicílio eleitoral no Estado em que estão recolhidos, diante do que dispõem os arts. 15, III, da Constituição da República, 136 do Código Eleitoral, e as Resoluções nº 20.471/1999 e nº 20.997/2002 do TSE?**
2. **O preso provisório, para exercer seu direito constitucional de voto, é obrigado a transferir seu título eleitoral da cidade em que possui residência, família e inscrição eleitoral (domicílio eleitoral histórico) para a cidade em que localizado o estabelecimento prisional onde está recolhido provisoriamente? Em caso afirmativo, essa transferência deve observar o prazo de cento e cinquenta dias de antecedência, previsto no art. 91 da Lei nº 9.504/1997?**
3. **Como deve proceder o Tribunal Regional Eleitoral para garantir o exercício do voto ao preso que está no gozo de seus direitos políticos? Está o Tribunal impedido de providenciar a destinação de urnas eletrônicas para os estabelecimentos prisionais com mais de cinquenta eleitores em condições de votar, sem que tenha havido prévia transferência da inscrição eleitoral?**

Resposta: Ementa: "Consulta. Seção eleitoral especial. Estabelecimento penitenciário. Presos provisórios. A possibilidade de presos provisórios virem a votar depende da instalação de seções especiais, bem como de os interessados terem efetuado pedido de transferência eleitoral." Res. nº 21.804, de 8/6/2004 (Cta nº 834/DF), Rel. Min. Humberto Gomes de Barros.

CASO PRÁTICO ELEITORAL SUPERINTERESSANTE

A JUSTIFICAÇÃO DO SEGUNDO TURNO

Se, na cidade em que Tício reside, houver segundo turno, mas, em seu domicílio eleitoral, não, pergunta-se: é necessário Tício justificar seu voto?

Resposta: Não. São obrigados a votar tão somente os eleitores dos municípios em que haja segundo turno. Os eleitores dos municípios em que as eleições foram definidas no primeiro turno estão dispensados deste procedimento.

A QUITAÇÃO EM OUTRA ZONA

Tício é eleitor da comarca "x". Pergunta-se: como Tício deverá proceder se o mesmo se encontra fora de sua zona e necessita do documento de quitação com a Justiça Eleitoral?

Resposta: Segundo o art. 11 do Código Eleitoral: "*O eleitor que não votar e não pagar a multa, se se encontrar fora de sua zona e necessitar documento de quitação com a Justiça Eleitoral, poderá efetuar o pagamento perante o Juízo da zona em que estiver.*"

Posicionamento majoritário do TSE: admissibilidade do pagamento, por aplicação analógica deste artigo perante qualquer juízo eleitoral, dos débitos decorrentes de sanções pecuniárias de natureza administrativa, impostas com base no Código Eleitoral e na Lei nº 9.504/1997, ao qual deve preceder consulta ao juízo de origem sobre o *quantum* a ser exigido do devedor.[34]

OS ERROS DO JUIZ

Tício não votou por três eleições consecutivas. Apresente a solução jurídica considerando que:

a) Tício também não justificou a sua ausência nas votações;
b) Tício tem mais de 70 anos;
c) o juiz determinou a exclusão do título e também que o eleitor ausente comparecesse ao cartório eleitoral com o objetivo de regularizar sua inscrição eleitoral.

Resposta: O juiz errou duas vezes.

a) Já aprendemos que deixar de votar por três vezes consecutivas é causa de cancelamento e não exclusão.
b) Tício tem 70 anos, portanto, não é obrigado a votar, não podendo sofrer nenhuma penalidade.

Posicionamento majoritário do TSE: "Inscrição eleitoral. Não utilização para o exercício do voto por três eleições consecutivas. Cancelamento. Eleitor maior de 80 anos. Exceção. Depuração do cadastro. Imposição de comparecimento ao cartório. Obrigação não prevista na Constituição. Reexame. Supressão de regra prevista em resolução. Procedência. Assegurado pela Constituição ao eleitor maior de 70 anos o exercício facultativo do voto, não se pode impor, por resolução, ao eleitor com idade superior a 80 anos esta obrigação visando preservar a regularidade de sua inscrição eleitoral. A depuração do cadastro, com a finalidade de excluir inscrições atribuídas a pessoas falecidas, deverá ser promovida em procedimentos específicos a partir das

[34] TSE – REsp nº 21.823/2004.

comunicações mensais de óbitos a que estão obrigados os cartórios de registro civil ou deflagrada de ofício pela Corregedoria-Geral, observados, em qualquer caso, o contraditório e a ampla defesa. Exclusão da referência aos eleitores cuja idade não ultrapassar 70 anos da ressalva prevista na regra de cancelamento do § 6º do art. 80 da RES – TSE nº 21.538/2003."[35]

8. Gabarito das questões objetivas

1. E – C – E – E – E
2. C – C – C – E – C[36]
3. E
4. D
5. A (a resposta está em consonância com o art. 103, inc. II, do Código Eleitoral).
6. B
7. A
8. C
9. D
10. A
11. D
12. B
13. E
14. A
15. D
16. C
17. C
18. C
19. A
20. B
21. B
22. C
23. E

9. Simulação

Imagine-se na última fase de um concurso jurídico, pois, após a leitura do Capítulo 7, você agora já tem plenas condições de resolver a questão infracitada, elaborada em um concurso jurídico.

1. Disserte: *Sistemas eleitorais* (*TRE – GO*).

2. Disserte: *Sistema proporcional* (*TRE – PR*).

a) *Quociente eleitoral*;

b) *Sobras eleitorais.*

---

35 AC nº 649, de 15/02/2005, Rel. Min. Peçanha Martins.

36 Quanto ao item "b", a resposta oficial foi "C". Entendo que a resposta está incorreta. Veja o art. 10, § 3º, da Lei nº 9.504/1997: "Do número de vagas resultante das regras previstas neste artigo, cada partido ou coligação deverá reservar o mínimo de trinta por cento e o máximo de setenta por cento para candidaturas de cada sexo". Quanto ao item "e", a resposta oficial foi "C". Entendo que a resposta também está incorreta, pois algo deve ser melhor esclarecido, o delito praticado por Eduardo, art. 39, § 5º, da Lei nº 9.504/1997, é de menor potencial ofensivo. Portanto, deve ser observada a regra do art. 69, parágrafo único, da Lei nº 9.099/1995, *in verbis:* "Ao autor do fato que, após a lavratura do termo, for imediatamente encaminhado ao juizado ou assumir o compromisso de a ele comparecer, não se imporá prisão em flagrante, nem se exigirá fiança." Em caso de violência doméstica, o juiz poderá determinar, como medida de cautela, seu afastamento do lar, domicílio ou local de convivência com a vítima.

Capítulo 8

A Elegibilidade e a Inelegibilidade

Para que você perceba a importância do tema em análise, veja estas questões, formuladas em concursos jurídicos.

1. **O Prefeito faleceu antes dos seis meses que antecederam o pleito. A cunhada e o irmão são elegíveis aos cargos de prefeito e de vice-prefeito?**
2. **Candidato que, presidente da Câmara Municipal, ocupou interinamente o cargo de Prefeito, enquanto não realizada eleição suplementar, concorreu ao cargo de Prefeito na eleição suplementar. Elegeu-se. Reelegeu-se nas eleições 2016. Pergunta-se: quando se deu a reeleição?**
3. **Tício teve o registro de sua candidatura impugnado e indeferido. Tício apresentou tempestivamente um recurso. Pergunta-se: podemos afirmar que, mesmo estando o registro de Tício *sub judice*, será possível que ele efetue todos os atos relativos à campanha eleitoral?**
4. **Em que hipótese o representante do Ministério Público não poderá impugnar o registro de candidato?**
5. **Existe necessidade, por parte de Prefeito e de Vice-Prefeito, de afastamento de seus mandatos para concorrer, respectivamente, à reeleição ao cargo titular, e, em caso de resposta positiva, qual o prazo para a medida?**
6. **O eleitor que passou à condição de conscrito e que, por consequência, teve suspenso seu alistamento eleitoral pode concorrer a cargo eletivo nas eleições municipais do presente ano?**
7. **Prefeito que renuncie ao cargo, até seis meses antes da eleição, pode se candidatar ao mesmo cargo em outro município?**

Obs.: todas as questões serão solucionadas durante o desenvolvimento da matéria.

1. Noções preliminares

1.1. A importância da teoria das inelegibilidades

Conceito. A elegibilidade é o direito subjetivo público de submeter alguém – o seu nome – ao eleitorado, visando à obtenção de um mandato. O consagrado

Professor **Pinto Ferreira** a define como "a capacidade eleitoral passiva, o poder de ser votado".[1]

▸ INDAGAÇÃO DIDÁTICA I

Veja agora esta questão, elaborada em um concurso jurídico.
"No Direito Eleitoral brasileiro, quem é detentor de elegibilidade?"

Resposta: Todo cidadão brasileiro, no pleno gozo dos direitos políticos, que tenha atingido a idade mínima exigida para o cargo, não analfabeto, filiado a partido político, com domicílio eleitoral, é detentor de elegibilidade. Entretanto, para exercer esse direito, necessita ter o seu nome escolhido pelo partido, em convenção, e ser registrada sua candidatura perante a Justiça Eleitoral.[2]

▸ INDAGAÇÃO DIDÁTICA II

Veja esta questão elaborada em um concurso jurídico: *"A declaração de inelegibilidade atinge a capacidade eleitoral ativa? Qual o posicionamento do TSE?"*

Resposta: Não, a declaração de inelegibilidade atinge somente a capacidade eleitoral passiva, ou seja, *o direito de ser votado*, deixando intacta a capacidade eleitoral ativa, ou seja, *o direito de votar*.

Posicionamento majoritário do TSE: a inelegibilidade atinge somente a capacidade eleitoral passiva; não restringe o direito de votar.[3]

1.2. Condições de elegibilidade próprias e impróprias

São condições de elegibilidade próprias as previstas diretamente na Constituição:

a) nacionalidade brasileira;
b) pleno exercício dos direitos políticos;
c) alistamento eleitoral;
d) domicílio eleitoral na circunscrição;
e) filiação partidária;
f) idade mínima exigível;
g) especiais para militares (art. 14, § 8º, da CF);
h) alfabetização;
i) inalistáveis.

Obs.: veremos futuramente que parte da doutrina entende que os inalistáveis e os analfabetos são causas de inelegibilidades.

São condições de elegibilidade impróprias as previstas na legislação infraconstitucional:

---

1 *Comentários à Constituição brasileira*, v. 1, p. 306.
2 Nesse sentido: PINTO, Djalma. *Op. cit.*
3 TSE – AC nº 12.371/1992, AC nº 22.014 e também AC nº 22.014/2004.

a) indicação em convenção partidária;
b) desincompatibilização.

2. Inelegibilidade

Conceito. A configuração da inelegibilidade é inaptidão jurídica para receber voto, como propõe **Tupinambá Miguel Castro,**[4] obsta a existência da candidatura, independentemente da manifestação do partido ou do próprio interessado. A ausência, pura e simples, de um dos requisitos da elegibilidade é que, neste caso, impede o seu surgimento, e, por via oblíqua, sua candidatura.

▸ INDAGAÇÃO DIDÁTICA

"Como se dividem as inelegibilidades?"

Conforme lição apresentada pelo Prof. **Adriano Soares da Costa,**[5] a teoria das inelegibilidades tem a seguinte divisão:

a) **inelegibilidades inatas:** falta de condições de elegibilidade previstas no art. 14, § 3º, da Constituição Federal.

Obs.: a falta desta pode ensejar a AIRC **(Ação de Impugnação de Registro de Candidatura)**;

b) **inelegibilidades cominadas:** derivam da ocorrência de uma transgressão eleitoral que pode ser:
   b.1 – de natureza eleitoral, dividindo-se em:
      b.1.1 – cominada simples: ocorre a inelegibilidade "para aquela eleição". Ex.: **cassação do registro ou diploma;**
      b.1.2 – cominada potenciada: ocorre a inelegibilidade "para as próximas eleições". Ex.: **art. 1º, I, *h*, da LC nº 64/1990 (para oito anos – efeito *ex tunc* – Súmula nº 19 do TSE** (O prazo de inelegibilidade decorrente da condenação por abuso do poder econômico ou político tem início no dia da eleição em que este se verificou e finda no dia de igual número no oitavo ano seguinte – Súmula atualizada pelo Ac.-TSE, de 10.5.2016, no PA nº 32345).
   b.2 – de natureza não eleitoral:

▸ EXEMPLOS DIDÁTICOS

a) art. 15, III, da CF/1988 (condenação criminal transitada em julgado);
b) *impeachment* (crimes de responsabilidade);
c) improbidade administrativa (ação civil pública);
d) falta de decoro parlamentar etc.

---

[4] *Lineamentos do Direito Eleitoral, síntese*, p. 66.

[5] COSTA, Adriano Soares da. *Instituições do direito eleitoral*. 5. ed. Belo Horizonte: Del Rey, 2004.

3. Elegibilidade e inelegibilidade

A diferença em resumo didático.

Pedro Henrique Távora Niess apresenta a diferença entre elegibilidade e inelegibilidade:

> Se a elegibilidade é pressuposto ao acesso regular a mandato político, a inelegibilidade é a barreira intransponível que desautoriza essa prática, com relação a um, alguns ou todos os cargos cujos preenchimentos dependam de eleição.[6]

A diferença é muito importante, porque a classificação da teoria das inelegibilidades defendida por **Adriano Soares da Costa** no item 2, apesar de contar com a defesa da maioria doutrinária, não tem aceitação na jurisprudência do TSE.

O doutrinador supracitado confunde causas de inelegibilidades (aquelas que causam **inaptidão** jurídica para receber o voto) com causas de elegibilidades (aquelas que ensejam **aptidão** jurídica para receber o voto). A jurisprudência dominante do TSE estabelece a seguinte diferença:

1) Características das causas de inelegibilidades:

a) Decorrem de um ato ilícito ou de uma incompatibilidade.

Exemplo didático de uma inelegibilidade por ato ilícito:

São inelegíveis para quaisquer cargos os que forem condenados, em decisão transitada em julgado ou proferida por órgão judicial colegiado, desde a condenação até o transcurso do prazo de 8 (oito) anos após o cumprimento da pena, pelos crimes cometidos contra a economia popular, a fé pública, a Administração Pública e o patrimônio público.

Exemplo didático de uma inelegibilidade por uma incompatibilidade:

São inelegíveis para qualquer cargo os inalistáveis e os analfabetos.

b) Só podem ser originadas através de lei complementar.

A previsão legal é o art. 14, § 9º, da Constituição Federal:

Lei Complementar estabelecerá outros casos de inelegibilidade e os prazos de sua cessação, a fim de proteger a probidade administrativa, a moralidade para o exercício do mandato, considerada a vida pregressa do candidato, e a normalidade e legitimidade das eleições contra a influência do poder econômico ou o abuso do exercício de função, cargo ou emprego na administração direta ou indireta.

c) Resolução do TSE não pode tratar de condições de inelegibilidades.

O motivo é bem claro, segundo o art.105 da Lei nº 9.504/1997:

> Até o dia 5 de março do ano da eleição, o Tribunal Superior Eleitoral, atendendo ao caráter regulamentar e sem restringir direitos ou estabelecer sanções distintas das previstas nesta Lei, poderá expedir todas as instruções

---

[6] *Ibid.*

> necessárias para sua fiel execução, ouvidos, previamente, em audiência pública, os delegados ou representantes dos partidos políticos.

Portanto, as resoluções expedidas pelo TSE têm força de lei ordinária e, como já estudamos, **as inelegibilidades só podem ser estabelecidas por lei complementar**.

2) Características das causas de elegibilidades:
   a) Decorrem de um ato lícito.
   b) Podem ser originadas através de lei ordinária.
   c) Resolução do TSE pode tratar de condições de elegibilidades.

A diferença supracitada, embora pouco defendida na doutrina, mas dominante na jurisprudência do TSE, é fundamental para entendermos vários artigos da legislação infraconstitucional. Entre eles posso citar:

> Art. 9º da Lei nº 9.504/1997:
> Para concorrer às eleições, o candidato deverá possuir domicílio eleitoral na respectiva circunscrição pelo prazo de seis meses e estar com a filiação deferida pelo partido no mesmo prazo.

Segundo o TSE, os artigos supracitados não são inconstitucionais porque tratam de condição de elegibilidade. Portanto, podem ser tratados através de lei ordinária. Você verá no item 5 que **Fávila Ribeiro** não estabelece a diferença que estamos defendendo, mas se os artigos acima citados forem causa de inelegibilidade, haverá afronta à Constituição Federal, pois as Leis nºs 9.504/1997 e 9.096/1995 são leis ordinárias e, como já estudamos, as inelegibilidades só podem ser tratadas através de lei complementar.

4. Inelegibilidades absolutas e relativas

Parte da doutrina eleitoral brasileira, por um outro prisma, ainda classifica as inelegibilidades em **absolutas** ou **relativas.**

a) Absolutas

A inelegibilidade vale para qualquer cargo.

▸ EXEMPLO DIDÁTICO

São absolutamente inelegíveis para qualquer cargo os inalistáveis e os analfabetos.

b) Relativas

A inelegibilidade só se refere a determinados mandatos.

A inelegibilidade relativa pode ser originada de:

b.1. Motivos funcionais

▸ EXEMPLO DIDÁTICO I

No caso de "segundo mandato", são inelegíveis para os *"mesmos cargos"*, no período subsequente, o presidente, os governadores dos Estados e Distrito Federal, os prefeitos e quem houver sucedido ou substituído nos seis meses anteriores ao pleito.

A mesma regra é aplicável aos vices, ou seja, podem concorrer à reeleição como vice, para um único mandato consecutivo.

▶ EXEMPLO DIDÁTICO II

São inelegíveis para concorrerem a "outros cargos" o presidente, os governadores dos Estados e Distrito Federal e os prefeitos **que não renunciarem aos respectivos mandatos até seis meses antes do pleito**.

b.2. Motivos de parentesco

Essa hipótese é denominada "*inelegibilidade reflexa*", porque incide sobre terceiros.

▶ EXEMPLO DIDÁTICO

Conforme o art. 14, § 7º, da Constituição Federal: "São inelegíveis, no território de jurisdição do titular, o cônjuge e os parentes consanguíneos ou afins, até o segundo grau ou por adoção, do presidente da República, de Governador de Estado ou Território, do Distrito Federal, de Prefeito ou de quem os haja substituído dentro dos seis meses anteriores ao pleito, salvo se já titular de mandato eletivo e candidato à reeleição."

A finalidade é evitar a casta hereditária, ou seja, o art. 14, § 7º, da Constituição Federal visa a evitar a perpetuação de uma mesma família no poder e o uso da máquina administrativa em favor do candidato parente, proporcionando, assim, uma maior igualdade no processo eleitoral.

Você entenderá melhor a matéria com a resolução dos casos práticos eleitorais superinteressantes infracitados.

CASO PRÁTICO ELEITORAL SUPERINTERESSANTE I

Tício era governador do Estado "X". Tício queria ser candidato a presidente da República e renunciou ao governo do Estado "X", porque sua esposa queria ser candidata ao governo do Estado "X".

Aponte a solução jurídica, considerando que Tício poderia ser candidato à reeleição ao governo do Estado "X".

Resposta: Tício agiu de forma correta. É possível a candidatura da esposa de Tício. A possibilidade é firmada pela renúncia de Tício ao governo do Estado "X", antes do prazo de seis meses do pleito, e pelo fato de que, se ele quisesse ser governador, seria possível, face o instituto da reeleição.

Observe que, se Tício estivesse no "segundo mandato", nem sua renúncia seis meses antes poderia legitimar a candidatura de sua esposa. Se fosse possível, haveria três mandatos familiares consecutivos, dois de Tício e um de sua esposa, fato vedado pelo art. 14, § 7º, da Constituição Federal, que proíbe veementemente a perpetuação de famílias no poder.

CASO PRÁTICO ELEITORAL SUPERINTERESSANTE II

Tício era governador do Estado "X". Tício queria ser candidato a presidente da República e renunciou ao governo do Estado "X", porque seu cunhado queria ser candidato ao governo do Estado "X".

Aponte a solução jurídica, considerando que Tício estava no segundo mandato; portanto, não poderia ser candidato à reeleição ao governo do Estado "X".

Resposta: O cunhado de Tício não pode ser candidato, mesmo que aquele renuncie seis meses antes da eleição de presidente.

Observe que Tício **NÃO** poderia ser candidato à reeleição ao governo do Estado "X", porque já estava no seu segundo mandato; portanto, seu cunhado também não poderá concorrer ao cargo de governador do Estado "X", pois isto afrontaria a CF/1988, face ao instituto da reeleição que deu nova interpretação ao art. 14, § 7º, da CF/1988 c/c a Súmula nº 6 modificada pelo TSE. ("São inelegíveis para o cargo de Chefe do Executivo o cônjuge e os parentes, indicados no § 7º do art. 14 da Constituição Federal, do titular do mandato, salvo se este, reelegível, tenha falecido, renunciado ou se afastado definitivamente do cargo até seis meses antes do pleito". Texto atualizado pelo Ac.-TSE, de 10.5.2016, no PA nº 32345.

▸ CONCLUSÃO DIDÁTICA

Conforme o Acórdão nº 19.442, de 21/8/2001 – TSE – Rel. Min. Ellen Gracie, juntando o § 5º, § 6º e § 7º do art. 14 da CF/1988, o TSE fez a seguinte leitura: "Os parentes do chefe do executivo são elegíveis para o mesmo cargo do titular, quando este for reelegível e tiver renunciado até seis meses antes do pleito."

CASO PRÁTICO ELEITORAL SUPERINTERESSANTE III

Tício é vice-prefeito da cidade "X" e sobrinho do atual prefeito. Apresente a solução jurídica, considerando que:

a) Tício quer ser candidato a prefeito;

b) Tício não substituiu seu tio nos últimos seis meses anteriores ao pleito.

Resposta: Tício pode ser candidato. O objetivo da norma constitucional é o de impedir a perpetuação de uma família na chefia do Poder Executivo. O sobrinho de chefe do Executivo municipal que exerce o mandato de vice-prefeito no mesmo município é **elegível para o cargo de prefeito por tratar-se de parente consanguíneo colateral de terceiro grau**, não havendo óbice na interpretação do art. 14, § 7º, da Constituição Federal. **Não há necessidade de renúncia ao mandato de vice-prefeito para eleição ao cargo de prefeito nas eleições subsequentes, desde que não venha a suceder ou substituir o titular nos seis meses anteriores ao pleito (art. 14, § 6º, da CF; art. 1º, § 2º, da Lei Complementar nº 64/1990)**. (TRE/RN – CO nº 50 – São Pedro – Rel. Des. Francisco Barros Dias – *DJU* 15/05/2003 – p. 25 – JCF.14 JCF.14.7 JCF.14.6).

CASO PRÁTICO ELEITORAL SUPERINTERESSANTE IV

Tício é prefeito da cidade "X". Foi candidato a reeleição e foi eleito.

Tício renunciou seis (6) meses antes ao segundo mandato. Pergunta-se: Tício poderá ser candidato a prefeito da cidade "X", na eleição subsequente?

Resposta: Não. O mandato subsequente seria um terceiro mandato, o que não é permitido pela Constituição Federal.

CASO PRÁTICO ELEITORAL SUPERINTERESSANTE V

Tício é prefeito da cidade "X". Foi candidato a reeleição e foi eleito.

Tício renunciou seis (6) meses antes ao segundo mandato. Pergunta-se: Tício poderá ser candidato a vice-prefeito da cidade "X", na eleição subsequente?

Resposta: Não. Segundo o TSE, se fosse possível haveria uma simulação de um terceiro mandato, pois, **no caso do titular renunciar, quem assumiria a prefeitura era Tício.**

Veja a posição do TSE: "Vice-prefeito reeleito pode se candidatar ao cargo do titular, ainda que o tenha sucedido ou substituído no curso do mandato. Já o prefeito reeleito não pode se candidatar ao cargo de vice-prefeito, pois estaria configurado o exercício de um terceiro mandato sucessivo" (TSE, Resp nº21.382, de 22/4/2003).

CASO PRÁTICO ELEITORAL SUPERINTERESSANTE VI

Tício é prefeito da cidade "X". Na eleição subsequente, foi candidato a vice-prefeito e foi eleito. Pergunta-se: Tício poderá ser candidato a prefeito da cidade "X", na eleição subsequente?

Resposta: Entendo que, se Tício renunciou seis (6) meses antes ao término do segundo mandato, poderá ser candidato. Não se trata de reeleição pois o cargo anterior é diferente.

CASO PRÁTICO ELEITORAL SUPERINTERESSANTE VII

Tício é prefeito da cidade "X". Na eleição subsequente, foi candidato a vice-prefeito e foi eleito. Tício substituiu o prefeito durante três meses, voltou a ser vice e se afastou do cargo seis meses antes do término mandato.

Pergunta-se: Tício poderá ser candidato a prefeito da cidade "X", na eleição subsequente?

Resposta: Sim. A substituição não conta como segundo mandato porque entendo que a substituição, que é temporária, não transmite a titularidade do cargo.

CASO PRÁTICO ELEITORAL SUPERINTERESSANTE VIII

Tício é prefeito da cidade "X". Na eleição subsequente, foi candidato a vice-prefeito e foi eleito. Tício substituiu o prefeito durante seis meses antes do término do mandato.

Pergunta-se: Tício poderá ser candidato a prefeito da cidade "X", na eleição subsequente?

Resposta: Não. Embora a substituição seja temporária, Tício teria que renunciar ao cargo seis meses antes. Tendo substituído o prefeito seis meses antes, Tício entrou na proibição do § 5º do art. 14 da Constituição Federal.

> O presidente da República, os governadores de Estado e do Distrito Federal, os prefeitos e quem os houver sucedido ou substituído no curso dos mandatos poderão ser reeleitos para um único período subsequente.

Se fosse possível, teríamos prefeito (primeiro mandato) + prefeito (substituição seis meses antes) + prefeito (terceiro mandato).

CASO PRÁTICO ELEITORAL SUPERINTERESSANTE IX

Tício é vice-prefeito da cidade "X". Na eleição subsequente, foi candidato a vice-prefeito e foi reeleito. Tício não substituiu o prefeito em nenhum dos mandatos anteriores. Tício, no segundo mandato, renunciou seis meses antes e foi eleito prefeito.

Pergunta-se: Tício poderá ser candidato a prefeito da cidade "X", na eleição subsequente?

Resposta: Sim. Infelizmente o esdrúxulo instituto da reeleição criou esta hipótese de quase perpetuação no poder.

José Jairo Gomes[7] leciona que: "*Em* síntese, tem-se o seguinte: a) o titular do Poder Executivo e o vice podem reeleger-se aos mesmos cargos uma só vez; b) cumprido o segundo mandato, o titular não poderá candidatar-se novamente nem ao cargo de titular nem ao de vice; c) neste caso, o titular poderá candidatar-se a outro cargo, devendo, porém, desincompatibilizar-se, renunciando ao mandato até 6 meses antes do pleito; d) se o vice substituir o titular nos 6 meses anteriores à eleição ou sucedê-lo em qualquer época, poderá concorrer ao cargo de titular, vedadas, neste caso, a reeleição e a possibilidade de concorrer novamente ao cargo de vice, pois isso implicaria ocupar o mesmo cargo eletivo por três vezes; e) se o vice não substituir o titular nos últimos 6 meses do mandato nem sucedê-lo, podem concorrer ao lugar do titular (embora não lhe seja dado concorrer ao mesmo cargo de vice), podendo, neste caso, candidatar-se à reeleição; assim, poderá cumprir 2 mandatos como vice e 2 como titular."

CASO PRÁTICO ELEITORAL SUPERINTERESSANTE X

Tício é prefeito da cidade "X". Na eleição subsequente, foi candidato a vice-prefeito e foi eleito. Tício sucedeu o prefeito em virtude da renúncia deste, mas se afastou do cargo seis meses antes do término do mandato.

Pergunta-se: Tício poderá ser candidato a prefeito da cidade "X", na eleição subsequente?

Resposta: Não. A titularidade do cargo foi transmitida com a sucessão. Portanto, se fosse possível a eleição subsequente, haveria um terceiro mandato consecutivo.

CASO PRÁTICO ELEITORAL SUPERINTERESSANTE XI

Tício é prefeito da cidade "X". Foi candidato a reeleição e foi eleito.

Pergunta-se: Tício poderá ser candidato a outro cargo na eleição subsequente?

Resposta: Sim. Desde que Tício tenha renunciado seis (6) meses antes ao segundo mandato. A regra é a do § 6º do art. 14 da Constituição Federal: "Para

---

[7] No mesmo sentido: GOMES, José Jairo. *Direito eleitoral*. 4. ed. Belo Horizonte: Del Rey, 2010. p. 156.

concorrerem a outros cargos, o presidente da República, os governadores de Estado e do Distrito Federal e os prefeitos devem renunciar aos respectivos mandatos até seis meses antes do pleito."

CASO CRIMINAL ELEITORAL SUPERINTERESSANTE XII

Tício é vice-prefeito reeleito e quer ser candidato novamente. Analise a possibilidade jurídica.

Resposta: Não há possibilidade. No mesmo sentido:

> Consulta nº 897/DF. Relatora Ministra Ellen Gracie. Ementa. Vice-prefeito reeleito em 2000, ainda que tenha se desincompatibilizado para se candidatar a deputado federal em 2002, não pode candidatar-se ao cargo de vice-prefeito novamente em 2004, pois restaria configurado um terceiro mandato sucessivo, o que é vedado pelo art. 14, § 5º, da Constituição Federal.

5. Os princípios básicos referentes à inelegibilidade

O grande jurista **Fávila Ribeiro** afirma que, na atual ordem jurídica brasileira, merecem ser destacados os princípios basilares no disciplinamento das inelegibilidades.[8]

a) **Princípio da elegibilidade privativa a brasileiros, natos ou naturalizados**, em conformidade com o art. 14, § 3º, I, da Constituição Federal, e em caso de perda da nacionalidade brasileira, por opção tácita ou expressa, com ela desaparecendo também a elegibilidade.

> § 3º. São condições de elegibilidade, na forma da lei:
> I – a nacionalidade brasileira;
> (...)

b) **Princípio da dependência da elegibilidade à condição de eleitor**, a significar que, sem a dimensão ativa da cidadania, comprovada pelo alistamento eleitoral, não pode haver pretensão à elegibilidade, nem mesmo sendo suficiente satisfazer às condições de alistabilidade, tendo de ser realmente integrante do corpo eleitoral e dele não se desvincular por desídia ou outra causa, pois, se assim ocorrer, desaparecerá também o atributo da elegibilidade (art. 14, § 3º, III, da Constituição Federal).

> § 3º. São condições de elegibilidade, na forma da lei:
> (...)
> III – o alistamento eleitoral;
> (...)

c) **Princípio da observância do limite etário**, de dezoito anos para ingresso no patamar inicial da elegibilidade (art. 14, § 3º, VI, *d*, da Constituição Federal);

---

8 *Op. cit.*

§ 3º. São condições de elegibilidade, na forma da lei:
(...)
VI – a idade mínima de:
(...)
e) dezoito anos para Vereador.

Observe que cada cargo exige uma idade mínima como condição de elegibilidade. Veja em síntese didática o quadro infracitado.

CARGOS	IDADE
Presidente e Vice-Presidente	35
Senador	35
Deputado Federal	21
Governador e Vice-Governador	30
Deputado Estadual	21
Prefeito e Vice-Prefeito	21
Vereador	18

Atenção: A idade mínima constitucionalmente estabelecida como condição de elegibilidade é verificada tendo por referência **a data da posse, salvo quando fixada em dezoito anos, hipótese em que será aferida na data-limite para o pedido de registro.**

▸ INDAGAÇÃO DIDÁTICA

Agora ficou superfácil responder esta questão elaborada em um concurso jurídico: *"Uma pessoa pode assumir o cargo de prefeito aos 18 anos de idade?"*

Resposta: Fácil? Mas, se você respondeu "não", a resposta está errada.

Como, professor Dirceu? Acabamos de aprender que a idade para concorrer ao cargo de prefeito é 21 anos.

Resposta: Correto; ***"para concorrer"*** ao cargo de prefeito a pessoa tem de ter 21 anos, mas pode ***"assumir o cargo"*** possuindo idade menor.

▸ EXEMPLO DIDÁTICO

Tício, com 18 anos de idade, elegeu-se vereador. No mesmo ano, também foi eleito presidente da Câmara, e, em virtude da renúncia do prefeito e da morte do vice, assumiu o cargo de prefeito.

▸ INDAGAÇÃO DIDÁTICA

As idades mínimas elencadas como condição de elegibilidade devem ser observadas na data do registro, da diplomação ou da posse?

Resposta: Segundo o art. 11, § 2º, da Lei nº 9.504/1997:

A idade mínima constitucionalmente estabelecida como condição de elegibilidade é verificada tendo por referência a data da posse, salvo quando fixada em dezoito anos, hipótese em que será aferida na data-limite para o pedido de registro.

▸ POSIÇÃO DIVERGENTE

Minha posição: embora em plena validade, o artigo supracitado viola a Constituição Federal, que estabelece tais idades como condição de elegibilidade. Portanto, devem ser aferidas pelo juiz no ato do pedido de registro da candidatura, e não na posse. É também a posição de **Tupinambá Miguel Castro Nascimento** e **Pedro Henrique Távora Neiss**.

Atenção: na resolução da questão no concurso, siga o que está previsto no artigo supracitado, pois o mesmo ainda não foi declarado inconstitucional, portanto, responda como correta a seguinte proposição:

> "Para o cargo de vereador, verifica-se a idade na data-limite para o pedido de registro, para os demais cargos na data da posse".

d) **Princípio da vedação à elegibilidade**, enquanto não for superada a condição de analfabeto averbada na inscrição eleitoral (art. 14, § 4º, da Constituição Federal);

> § 4º. São inelegíveis os inalistáveis e os analfabetos.

Sobre a inelegibilidade do analfabeto, **Djalma Pinto** apresenta uma preciosa lição:

> Há uma curiosidade, a propósito deste tema, que chega a intrigar largo segmento da sociedade. Para exercer a função de gari, responsável pela coleta de lixo, exige a Administração que o cidadão se submeta a exame para aferição de sua escolaridade. Ninguém, em princípio, pode ser servidor público sem prévia habilitação em concurso (art. 37, II, da CF). Tal exigência, porém, não atinge os agentes políticos. Para postular qualquer cargo eletivo é irrelevante o grau de escolaridade do candidato. A única restrição imposta pela Constituição dirige-se aos analfabetos. Essa exegese, seguramente, é incompatível com a vedação de elegibilidade aos analfabetos, sobretudo porque, segundo Aurélio Buarque de Holanda, analfabeto significa: "que não saber ler e escrever" **(Novo Dicionário Aurélio)**. Sem saber ler, o candidato é inelegível. Alguns juízes, devotados à causa pública, mesmo diante da ausência de norma específica, têm aferido a condição de escolaridade dos candidatos através de prova elementar para constatação de que sabem efetivamente ler.[9]

A matéria, aliás, já foi submetida ao Tribunal Superior Eleitoral que, através de Acórdão nº 12.510, do Ministro Sepúlveda Pertence, decidiu:

---

9 Nesse sentido: *Op. cit.*

Inelegibilidade do analfabeto: submissão à prova elementar de alfabetização, perante o juiz, de candidato que não apresentou documento de escolaridade mínima; acórdão recorrido que, com base na reprovação, confirmou o indeferimento do registro, recurso especial sem condições de admissibilidade; inexistência, ademais, no Parecer da Procuradoria-Geral, favorável ao candidato, de evidência de contrariedade à Constituição ou à Lei.

e) **Princípio da obrigatoriedade de prévia filiação a partido político,** para que possa ser preenchido o primeiro estágio da elegibilidade com a consagração oficial por sua agremiação da candidatura e consequente registro perante a Justiça Eleitoral (art. 14, § 3º, V, da Constituição).

§ 3º. São condições de elegibilidade, na forma da lei:
V – a filiação partidária;

Posicionamento majoritário do TSE I: inexigência de prévia filiação partidária do militar da ativa, bastando o pedido de registro de candidatura após escolha em convenção partidária.[10]

Posicionamento majoritário do TSE II: militar da reserva deve se filiar em quarenta e oito horas, ao passar para a inatividade, quando esta ocorrer após o prazo limite de filiação partidária, mas antes da escolha em convenção.[11]

Posicionamento majoritário do TSE III: filiação partidária proibida ao servidor da Justiça Eleitoral (*TSE – REsp nº 21.570/2003*).

Posicionamento majoritário do TSE IV: servidor da Justiça Eleitoral deve se exonerar para cumprir o prazo legal de filiação partidária, ainda que afastado do órgão de origem e pretenda concorrer em estado diverso de seu domicílio profissional.[12]

f) **Princípio da obrigatória identidade do domicílio eleitoral à circunscrição a que se vincula o mandato representativo postulado**, sendo evidente que essa exigência não oferece óbice às elegibilidades do presidente e do vice-presidente da República, por se projetarem ambas em dimensão nacional, em sua compreensão una e indivisível (art. 14, § 3º, IV, da Constituição Federal).

§ 3º. São condições de elegibilidade, na forma da lei:
(...)
IV – o domicílio eleitoral na circunscrição;

g) **Princípio da extensão das restrições da elegibilidade aos parentes dos titulares de mandatos**, nas hipóteses infracitadas, até o segundo grau. **Fávila Ribeiro** afirma que "pode-se dizer que este postulado é um consectário da vedação à

---

10 TSE – AC- nº 11.314/1990 e TSE – RES nº 21.787/2004.

11 TSE – RES nºs 20.615/2000 e 20.614/2000.

12 TSE – RES nº 22.088/2005.

reelegibilidade, pois ele apareceria com mais veemência na mobilização dos instrumentos de influenciação oficial para colocar em cena um preposto doméstico, ou seja, engaste nepotista".

Observação 01: entendo que a reeleição não é mais vedada de forma absoluta no nosso Direito.

Art.14, § 7º, da Constituição Federal, *in verbis*:

> São inelegíveis, no território de jurisdição do titular, o cônjuge e os parentes consanguíneos ou afins, até o segundo grau ou por adoção, do presidente da República, de governador de Estado ou Território, do Distrito Federal, de prefeito ou de quem os haja substituído dentro dos seis meses anteriores ao pleito, salvo se já titular de mandato eletivo e candidato à reeleição.

Portanto, são inelegíveis, no território de jurisdição do titular, o cônjuge e os parentes consanguíneos ou afins, até o segundo grau ou por adoção, do presidente da República, de governador de Estado ou Território, do Distrito Federal, de prefeito ou de quem os haja substituído dentro dos seis meses anteriores ao pleito, salvo se já titular de mandato eletivo e candidato à reeleição. Mesmo tendo sido aprovada a reeleição para os candidatos à chapa majoritária, e até por isso mesmo, permanece, ao nosso juízo, a condição de inelegibilidade para o cônjuge, e para os parentes consanguíneos ou afins. Do mesmo modo, o(a) concubino(a), eis que equiparado(a) ao cônjuge – **art. 226, § 3º, da CF,** regulamentado pela Lei nº 9.278/1996, que reconhece a união estável entre homem e mulher como entidade familiar.[13]

Posicionamento majoritário do TSE: "Os sujeitos de uma relação estável homossexual, à semelhança do que ocorre com os de relação estável, de concubinato e de casamento, submetem-se à regra de inelegibilidade prevista no art. 14, § 7º, da Constituição Federal."[14]

CASO ELEITORAL SUPERINTERESSANTE I

OS PARENTES IMPEDIDOS

Quem são os parentes em segundo grau?

Resposta: Vou dividir a resposta em etapas.

Primeira etapa: parentes consanguíneos (**parentesco por laços de sangue**).

a) **LINHA RETA CONSANGUÍNEA:** são parentes consanguíneos em linha reta os pais e filhos (1º grau), os avós e netos (2º grau), os bisavós e bisnetos (3º grau), e assim por diante.

Repetição didática

1. Até onde vai o impedimento dos consanguíneos em linha reta ascendente?

---

[13] Nesse sentido: Mascarenhas, Paulo. *Lei Eleitoral comentada, anotações à Lei nº 9.504, de 20/09/97*. São Paulo: Editora de Direito, 5. ed., 2002, p. 26.

[14] TSE – AC nº 24.564/2004.

a) pai ou mãe (1º grau);
b) avô ou avó (2º grau).

2. Até onde vai o impedimento dos consanguíneos em linha reta descendente?
   a) filho ou filha (1º grau);
   b) neto ou neta (2º grau).

b) LINHA COLATERAL CONSANGUÍNEA: já na linha colateral consanguínea, são parentes os irmãos (2º grau), os sobrinhos e tios (3º grau), e assim por diante.

Repetição didática

1. Até onde vai o impedimento na linha colateral?
   a) irmão ou irmã (2º grau).

Obs.: observe que não estão impedidos o tio, o sobrinho e os primos entre si.

2. Segunda etapa: parentes afins.

Conceito básico: afinidade é o vínculo que se estabelece entre cada cônjuge e os parentes do outro.

a) LINHA RETA AFIM

Na relação de afinidade, também são consideradas as linhas e os graus, de tal sorte que os sogros são afins, em linha reta, no 1º grau, dos genros e noras, o mesmo ocorrendo com os padrastos (e madrastas) com relação aos enteados.

Repetição didática

1. Até onde vai o impedimento dos afins em linha reta ascendente?
   a) sogro ou sogra, padrasto ou madrasta (1º grau);
   b) avô e avó do cônjuge (2º grau).
2. Até onde vai o impedimento dos afins em linha reta descendente?
   a) genro ou nora, enteado e enteada (1º grau);
   b) netos ou netas do cônjuge (2º grau).

b) LINHA COLATERAL AFIM

Os cunhados são afins em segundo grau, na linha colateral.

Repetição didática

Até onde vai o impedimento dos afins na linha colateral?

a) Cunhado ou cunhada.

▸ OBSERVAÇÕES DIDÁTICAS

a) O cônjuge não é parente, mas também é inelegível, na forma do § 7º do art. 14 da CF.
b) O adotado não é parente consanguíneo ou afim, mas, por disposição constitucional, seguirá as mesmas regras supracitadas, pois a norma suprema é clara: "São inelegíveis, no território de jurisdição do titular, o cônjuge e **os parentes consanguíneos** ou **afins**, até o segundo grau ou **por adoção** (...)" (art. 14, § 7º, da CF, transcrito em parte).

c) O sobrinho de chefe do executivo municipal que exerce o mandato de vice-prefeito no mesmo município é elegível para o cargo de prefeito, por tratar-se de parente consanguíneo colateral de terceiro grau, não havendo óbice na interpretação do art. 14, § 7º, da Constituição Federal. Não há necessidade de renúncia ao mandato de vice-prefeito para eleição ao cargo de prefeito nas eleições subsequentes, desde que não venha a suceder ou substituir o titular nos seis meses anteriores ao pleito (art. 14, § 6º, cf; art. 1º, § 2º, Lei Complementar nº 64/1990). (TRE/RN – CO 50 – (50) – São Pedro – Rel. Des. Francisco Barros Dias – p. 25.)
d) O concunhado é "afim de afim"; portanto, elegível.

CASO ELEITORAL SUPERINTERESSANTE II

A TERMINOLOGIA

A terminologia "no território de jurisdição do titular" deve ser melhor entendida. Observe os exemplos:

a) **Tício é prefeito da cidade "W". Pergunta-se: Mévia, que é mulher de Tício, pode ser prefeita da cidade "Y"?**
Resposta: Sim, Mévia não será candidata "no território de jurisdição do titular".
b) **Tício é presidente do Brasil. Pergunta-se: Mévia, que é mulher de Tício, pode ser prefeita da cidade "Y"?**
Resposta: Não, pois Mévia será candidata "no território de jurisdição do titular".

CASO PRÁTICO ELEITORAL SUPERINTERESSANTE III

c) **Tício é governador do Estado "X". Pergunta-se: Mévia, esposa de Tício, pode ser prefeita da cidade "Y" localizada no Estado "X"?**
Resposta: Não, pois Mévia será candidata "no território de jurisdição do titular".

CASO PRÁTICO ELEITORAL SUPERINTERESSANTE IV

d) **Tício é governador do Estado "X". Pergunta-se: Mévia, esposa de Tício, pode ser prefeita da cidade "Y" localizada no Estado "W"?**
Resposta: Sim, pois Mévia será candidata em território "diverso" da jurisdição do titular.

CASO PRÁTICO ELEITORAL SUPERINTERESSANTE V

e) **Tício é prefeito da cidade "K" no Estado "X". Pergunta-se: Mévia, esposa de Tício, pode ser governadora do Estado "X".**
Resposta: Sim, pois Mévia será candidata em território "diverso" da jurisdição do titular.

CASO PRÁTICO ELEITORAL SUPERINTERESSANTE VI

f) **Tício é governador do Estado "X". Pergunta-se: Mévia, esposa de Tício, pode ser candidata a presidenta da República?**

Resposta: Sim, pois Mévia será candidata em território "diverso" da jurisdição do titular.

CASO PRÁTICO ELEITORAL SUPERINTERESSANTE VII

g) **Tício é Presidente do Brasil. Pergunta-se: Mévia, esposa de Tício, pode ser candidata a governadora?**

Resposta: Não, pois Mévia será candidata "no território de jurisdição do titular".

CASO PRÁTICO ELEITORAL SUPERINTERESSANTE VIII

h) **Tício quer ser prefeito pela primeira vez da cidade "K". Apresente a solução jurídica considerando que Mévia, esposa de Tício, é também pela primeira vez candidata a vice-prefeita, na mesma chapa de Tício.**

Resposta: É juridicamente possível, pois nenhum dos dois são titulares do cargo que estão disputando.

CASO PRÁTICO ELEITORAL SUPERINTERESSANTE IX

i) **No caso anterior, havendo eleição, é possível os dois serem candidatos à reeleição?**

Resposta: Sim, é justamente a exceção preconizada no final do § 7º do art. 14 da Constituição Federal: "... salvo se já titular de mandato eletivo e candidato à reeleição".

CASO PRÁTICO ELEITORAL SUPERINTERESSANTE X

j) **Tício é prefeito da cidade "X". Pergunta-se: Petrus, irmão e adversário político de Tício, pode ser candidato a vereador da cidade "X"?**

Resposta: Não, o TSE não considera o fato dos candidatos serem adversários. Petrus não pode ser candidato porque quer concorrer a cargo "no território de jurisdição do titular".

CASO PRÁTICO ELEITORAL SUPERINTERESSANTE XI

k) **Tício é candidato pela primeira vez a prefeito da cidade "X". Apresente a solução jurídica considerando que Petrus, irmão de Tício, também quer ser candidato, pela primeira vez, a vereador da cidade "X"?**

Resposta: É juridicamente possível, pois nenhum dos dois são titulares do cargo que estão disputando.

CASO PRÁTICO ELEITORAL SUPERINTERESSANTE XII

l) **No caso anterior, havendo eleição, é possível os dois serem candidatos à reeleição nos mesmos cargos?**

Resposta: Sim, é justamente a exceção preconizada no final do § 7º do art. 14 da Constituição Federal: "... salvo se já titular de mandato eletivo e candidato à reeleição".

▸ OBSERVAÇÕES DIDÁTICAS

Observações muito importantes são apresentadas pelo Prof. **Tales Tácito:**[15]

1ª) O termo "jurisdição" encontra-se no seu sentido vulgar, pois tecnicamente deve ser lido como "circunscrição eleitoral". Assim, em regra (veremos exceções a seguir):

a) se o titular é prefeito, a circunscrição eleitoral de seu Município impede seus parentes alhures de concorrerem a prefeito ou vereador;

b) se o titular é governador, a circunscrição eleitoral do Estado impede seus parentes alhures de concorrem a governador daquele Estado, deputado estadual daquele Estado, senador daquele Estado, prefeito ou vereador por municípios localizados naquele Estado;

Obs.: informo que na lição do renomado professor faltou a frase "deputado federal daquele Estado".

c) se titular é presidente da República, a circunscrição eleitoral é em todo o território nacional, impedindo os parentes alhures de concorrerem a qualquer cargo no País.

Obs.: como já estudamos, estas inelegibilidades eram absolutas para o TSE, até que veio a emenda da reeleição, mudando todo o panorama acima. Com isso, o § 7º foi relido com os §§ 6º e 5º do art. 14, permitindo a elegibilidade dos parentes, **se o titular do mandato for reelegível e desincompatibilizar-se definitivamente (renunciar) nos seis meses anteriores ao pleito;**

CASO ELEITORAL SUPERINTERESSANTE XIII

"A" foi eleito para governador do Estado "X". Considere que é o primeiro mandato de "A" como governador e responda: na eleição seguinte, a esposa de "A" pode ser candidata a governadora do Estado "X"?

Resposta: Sim, analisando os §§ 6º, 5º e 7º do art. 14 da Constituição Federal, chegamos à conclusão de que os parentes do chefe do executivo são elegíveis para o mesmo cargo do titular, quando este for reelegível e renunciar seis (6) meses antes.

CASO ELEITORAL SUPERINTERESSANTE XIV

"A" foi eleito para governador do Estado "X". Considere que é o primeiro mandato de "A" como governador e aponte a solução jurídica: na eleição seguinte, a esposa de "A" foi eleita governadora do Estado "X", e agora pretende ser candidata à reeleição.

Resposta: Entendo que não é possível a reeleição, tal fato seria considerado um terceiro mandato, que é vedado pela Constituição Federal.

---

15 Nesse sentido: *Op. cit.*

CASO ELEITORAL SUPERINTERESSANTE XV

"A" foi eleito para governador do Estado "X". Considere que é o primeiro mandato de "A" como governador e aponte a solução jurídica: na eleição seguinte, a esposa de "A" foi eleita governadora do Estado "X", e agora "A" pretende ser candidato a governador.

Resposta: A candidatura de "A" também não é possível, tal fato seria considerado um terceiro mandato "familiar".

CASO ELEITORAL SUPERINTERESSANTE XVI

"A" foi eleito para governador do Estado "X". Considere que é o primeiro mandato de "A" como governador e aponte a solução jurídica: na eleição seguinte, a esposa de "A" foi eleita governadora do Estado "X", e agora pretende ser candidata a deputada federal.

Resposta: Sem problema, mas a governadora deve se afastar do cargo seis (6) meses antes do término do mandato.

CASO ELEITORAL SUPERINTERESSANTE XVII

"A" foi eleito para governador do Estado "X". Considere que é o segundo mandato de "A" como governador e responda: na eleição seguinte, a esposa de "A" pode ser candidata a governadora do Estado "X"?

Resposta: Não. Mesmo que o governador renuncie seis (6) meses antes do término do segundo mandato não seria possível a candidatura, pois estaria caracterizado um terceiro mandato.

CASO ELEITORAL SUPERINTERESSANTE XVIII

Tício é prefeito eleito pela primeira vez do município "X" e pretende ser candidato a prefeito do município "K". Pergunta-se:

a) **É possível?**
b) **E se for possível, quais as condições de elegibilidade?**

Resposta: No caso do prefeito eleito em primeiro mandato querer disputar o cargo de prefeito em outro município, a hipótese é a do § 6º da Constituição Federal (concorrer a outro cargo), e não a do § 5º (reeleição). Portanto, é necessário a renúncia do mandato até seis meses antes da data da eleição. Veja estes julgados:

> CONSULTA – Prazo para a renúncia de prefeito que pretenda concorrer ao mesmo cargo em outro município. A candidatura a cargo de prefeito de outro município caracteriza candidatura a outro cargo, exceto em se tratando de município desmembrado, incorporado ou que resulte de fusão, conforme decidido pelo TSE na resposta à Consulta nº 841. O prazo é de até seis meses antes do pleito, nos termos do art. 14, § 6º, da Constituição Federal (TRE/RS – Proc. 112003 – Porto Alegre – Relª Juíza Mylene Maria Michel – JCF.14 JCF.14.6).

Além da exigência da desincompatibilização seis meses antes do pleito, entendo que ainda há outra condição de elegibilidade que deve ser observada, é o domicílio na circunscrição e transferência do título eleitoral pelo menos um ano antes da eleição.

CASO ELEITORAL SUPERINTERESSANTE XIX

Tício é prefeito reeleito do município "X" e pretende ser candidato a prefeito do município "K". Pergunta-se: é juridicamente possível a candidatura se "K" é município desmembrado do município "X"?

Resposta: Sendo o município "K" desmembrado, entendo que não poderá Tício ser candidato, pois será eleito por grande parte dos eleitores que já tinham o elegido na primeira e segunda eleição no município mãe. Trata-se de terceira eleição consecutiva para o mesmo cargo.

CASO ELEITORAL SUPERINTERESSANTE XX

Tício é prefeito reeleito do município "X" e pretende ser candidato a deputado federal. Apresente a solução jurídica considerando que Tício requereu o afastamento seis meses antes da eleição.

A oposição impugnou o registro de candidatura de Tício, juntando várias provas de que Tício não se afastou de fato da prefeitura, tendo exercido informalmente a função de prefeito.

Resposta: A oposição tem razão, é necessário observar não só o afastamento de direito que é a data do protocolo do pedido de renúncia, como também o afastamento de fato, ou seja, o pleno afastamento do exercício das funções.

Veja este julgado:

> "A jurisprudência da Corte firmou-se no sentido de que a desincompatibilização se opera no plano fático para atender à exigência legal. Incumbe ao impugnante provar que a desincompatibilização não ocorreu no plano fático ou fora do prazo estabelecido pela LC nº 64/1990 (CPC, art. 333, I) (NCPC, art. 373, I)" (TSE, REsp nº 20.028, Rel. Min. Sepúlveda Pertence).

▸ ATENÇÃO:

Substituir o art. 333, I, do CPC pelo art. 373 do Novo Código de Processo Civil (Lei nº 13.105, de 16/03/2015 - *DOU* 17/03/2015), *in verbis*:

> Art. 373. O ônus da prova incumbe:
> I - ao autor, quanto ao fato constitutivo de seu direito;

2ª) A inelegibilidade de parentes vai até **segundo grau** e não se amplia para "afins de afins" como o concunhado.

3ª) A inelegibilidade de parentes é com o chefe do Executivo, e não com outros cargos, como, por exemplo, ministros de Estado.

4ª) Quanto aos parentes dos vices, entendo que em matéria de elegibilidade não podemos restringir direitos, mas segundo o TSE a restrição do parentesco é para o titular e também para o vice.

5ª) Uma hipótese injusta: se o prefeito que foi eleito pela primeira vez pretende disputar a reeleição, pode continuar no exercício de suas funções até a data do pleito. Entretanto, se o mesmo prefeito quer disputar outro cargo, deverá afastar-se das suas funções mediante renúncia do mandato até seis meses antes da data da eleição.

6ª) Quanto ao afastamento do vice para concorrer a outros cargos, entendo que "não há necessidade de renúncia ao mandato de vice-prefeito para eleição ao cargo de prefeito nas eleições subsequentes, desde que não venha a suceder ou substituir o titular nos seis meses anteriores ao pleito (art. 14, § 6º, CF; art. 1º, § 2º, Lei Complementar nº 64/1990)" (TRE/RN – CO 50 – (50) – São Pedro – Rel. Des. Francisco Barros Dias – p. 25). **Como já relatei, em matéria de elegibilidade, não podemos restringir direitos e a Constituição Federal só se refere ao titulares conforme o art. 14, § 6º**: "Para concorrerem a outros cargos, o presidente da República, os governadores de Estado e do Distrito Federal e os prefeitos devem renunciar aos respectivos mandatos até seis meses antes do pleito."

7ª) O TSE entende que o companheiro e a companheira têm situação jurídica idêntica à do cônjuge. Veja este julgado: "Os casos de inelegibilidade estão previstos na Constituição Federal e na LC nº 64/1990. É inelegível o irmão ou irmã daquele ou daquela que mantém união estável com o prefeito ou prefeita" (Resolução nº 21.376 – TSE, Consulta 845, do DF, Rel. Min. Luiz Carlos Madeira, em 1/4/2003, por unanimidade).

8ª) **Princípio da desincompatibilização e desobstrução da inelegibilidade dos titulares de cargos executivos**, desde que renunciem seis meses antes do pleito, para que concorram a outros cargos. Diz **Fávila Ribeiro** que: "De sorte que o único óbice inabalável era a disputa para o próprio cargo executivo exercido no período findante, o que não mais subsiste com o advento da Emenda nº 16, de 14/06/1997, extirpando a vedação à reeletividade no provimento dos cargos executivos em geral."

Veja a observação nº 1.

> CF, art. 14, § 6º. Para concorrerem a outros cargos, o Presidente da República, os Governadores de Estado e do Distrito Federal e os Prefeitos devem renunciar aos respectivos mandatos até seis meses antes do pleito.

Leia agora a Lei Complementar nº 64/1990, que estabelece, de acordo com o art. 14, § 9º, da Constituição Federal, casos de inelegibilidade, prazos de cessação e determina outras providências, inclusive entre os inelegíveis.

9ª) **Princípio da desincompatibilização propriamente dita.** Ainda ensina **Fávila Ribeiro**: "No Brasil, esse princípio é defendido por nós, e se refere ao afastamento dos detentores de determinados cargos para pleitearem funções no poder executivo ou legislativo." Observe que esse princípio é mais amplo do que o defendido por **Fávila Ribeiro** no item "8", e os prazos de afastamento serão vistos nos itens posteriores.

5.1. Os casos de inelegibilidade

Observação: Item em consonância com o julgamento realizado pelo STF dia 16 de fevereiro de 2012, nas Ações Declaratórias de Constitucionalidade nº 29 e nº 30 e Ação Direta de Inconstitucionalidade nº 4578.

SÃO INELEGÍVEIS PARA QUALQUER CARGO

a) Os inalistáveis e os analfabetos.

Não podem alistar-se como candidatos aqueles que não souberem se expressar na língua pátria; os estrangeiros; os que estiverem privados, temporária ou definitivamente, de seus direitos políticos e, durante o período do serviço militar, os conscritos – **art. 1º, I, *a*, da LC nº 64/1990.**[16]

b) Os membros do Congresso Nacional, das Assembleias Legislativas, da Câmara Legislativa e das Câmaras Municipais que hajam perdido os respectivos mandatos por infringência do disposto nos incisos I e II do art. 55 da Constituição Federal, dos dispositivos equivalentes sobre perda de mandato das Constituições Estaduais e Leis Orgânicas dos Municípios e do Distrito Federal, **para as eleições que se realizarem durante o período remanescente do mandato para o qual foram eleitos e nos oito anos subsequentes ao término da legislatura** (redação dada pela Lei Complementar nº 81, de 13/04/1994).

c) O Governador e o Vice-Governador de Estado e do Distrito Federal e o Prefeito e o Vice-Prefeito que perderem seus cargos eletivos por infringência a dispositivo da Constituição Estadual, da Lei Orgânica do Distrito Federal ou da Lei Orgânica do Município, para as eleições que se realizarem durante o período remanescente e **nos 8 (oito) anos** subsequentes ao término do mandato para o qual tenham sido eleitos.

Cuidado: a Lei Complementar nº 135, de 4 de junho de 2010, alterou a LC nº 64/1990; neste item, a principal alteração foi:

- Na LC nº 64/1990, o período de inelegibilidade era de três anos.
- Com a reforma, o período de inelegibilidade ficou em **8 (oito)** anos.

d) Os que tenham contra sua pessoa representação julgada procedente pela Justiça Eleitoral, em decisão transitada em julgado **ou proferida por órgão colegiado**, em processo de apuração de abuso do poder econômico ou político, para a eleição na qual concorrem ou tenham sido diplomados, bem como para as que se realizarem **nos 8 (oito)** anos seguintes. Vale lembrar que o Supremo

---

16 Nesse sentido: Mascarenhas, Paulo. *Lei Eleitoral comentada, anotações à Lei nº 9.504, de 20/09/1997*. 5. ed., São Paulo: Editora de Direito, 2002.

Tribunal Federal decidiu pela validade na aplicação do prazo de oito anos de inelegibilidade àqueles que foram condenados pela Justiça Eleitoral, por abuso do poder econômico ou político, anteriormente à edição da Lei Complementar (LC) 135/2010 (Lei da Ficha Limpa).

A tese fixada, proposta pelo relator ministro Luiz Fux, foi:

> "A condenação por abuso do poder econômico ou político em ação de investigação judicial eleitoral, transitada em julgado, *ex vi* do artigo 22, inciso XIV, da Lei Complementar 64/90, em sua redação primitiva, é apta a atrair a incidência da inelegibilidade do artigo 1º, inciso I, alínea *d*, na redação dada pela Lei Complementar 135/2010, aplicando-se a todos os processos de registros de candidatura em trâmite".

Cuidado: a Lei Complementar nº 135, de 4 de junho de 2010, alterou a LC nº 64/1990; neste item, a principal alteração foi:

- Na LC nº 64/1990:
  - Não havia a frase "*... ou proferida por órgão colegiado...*"
  - O período de inelegibilidade era de três anos.
- Com a reforma:
  - Houve o acréscimo da frase "... em decisão transitada em julgado **ou proferida por órgão colegiado...**"
  - O período de inelegibilidade agora é de **8 (oito)** anos.

e) Os que forem condenados, em decisão transitada em julgado **ou proferida por órgão judicial colegiado**, desde a condenação até o transcurso do prazo de **8 (oito) anos** após o cumprimento da pena, pelos crimes:
   1. contra a economia popular, a fé pública, a Administração Pública e o patrimônio público;
   2. contra o patrimônio privado, o sistema financeiro, o mercado de capitais e os previstos na lei que regula a falência;
   3. contra o meio ambiente e a saúde pública;
   4. eleitorais, para os quais a lei comine pena privativa de liberdade;
   5. de abuso de autoridade, nos casos em que houver condenação à perda do cargo ou à inabilitação para o exercício de função pública;
   6. de lavagem ou ocultação de bens, direitos e valores;
   7. de tráfico de entorpecentes e drogas afins, racismo, tortura, terrorismo e hediondos;
   8. de redução à condição análoga à de escravo;
   9. contra a vida e a dignidade sexual; e
   10. praticados por organização criminosa, quadrilha ou bando;

Cuidado I: a Lei nº 12.850, de 02.08.2013, alterou a nomenclatura "quadrilha ou bando" para "associação criminosa".

Cuidado II: a Lei Complementar nº 135, de 4 de junho de 2010, alterou a LC nº 64/1990; neste item, a principal alteração foi:

- Na LC nº 64/1990:
  - O período de inelegibilidade era de **três anos, após o cumprimento da pena**.
  - Só havia referência aos crimes praticados contra a economia popular, a fé pública, a Administração Pública, o patrimônio público, o mercado financeiro, pelo tráfico de entorpecentes e por crimes eleitorais.
- Com a reforma:
  - O período de inelegibilidade ficou em **8 (oito)** anos após o cumprimento da pena.
  - Houve o acréscimo de vários crimes, confira os itens "1" até o "10".
  - Havia uma grande controvérsia sobre se a condenação em crimes contra o patrimônio privado causava inelegibilidade, com a reforma a divergência foi elidida, pois a lei agora foi clara: ficam inelegíveis desde a condenação até o transcurso do prazo de 8 (oito) anos após o cumprimento da pena, os que forem condenados por crimes cometidos contra o patrimônio público ou privado, em decisão transitada em julgado ou proferida por órgão judicial colegiado.
  - Houve também o acréscimo da frase "... em decisão transitada em julgado **ou proferida por órgão colegiado...**"
  - Quanto aos crimes eleitorais houve radical mudança, pois a inelegibilidade supracitada só atinge os crimes eleitorais para os quais a lei comine **pena privativa de liberdade.**

Observação I: são considerados hediondos os seguintes crimes, consumados ou tentados:

- homicídio (art. 121), quando praticado em atividade típica de grupo de extermínio, ainda que cometido por um só agente, e homicídio qualificado (art. 121, § 2º, I, II, III, IV e V);
- latrocínio (art. 157, § 3º, *in fine*);
- extorsão qualificada pela morte (art. 158, § 2º);
- extorsão mediante sequestro e na forma qualificada (art. 159, *caput*, e §§ 1º, 2º e 3º);
- estupro (art. 213, *caput* e §§ 1º e 2º);
- estupro de vulnerável (art. 217-A, *caput* e §§ 1º, 2º, 3º e 4º);
- epidemia com resultado morte (art. 267, § 1º);
- falsificação, corrupção, adulteração ou alteração de produto destinado a fins terapêuticos ou medicinais (art. 273, *caput* e § 1º-A e § 1º-B, com a redação dada pela Lei nº 9.677, de 02/07/1998).

Observação II: considera-se também hediondo o crime de genocídio previsto nos arts. 1º, 2º e 3º da Lei nº 2.889, de 1º de outubro de 1956, tentado ou consumado.

f) Os que forem declarados indignos do oficialato, ou com ele incompatíveis, pelo prazo de 8 (oito) anos.

Cuidado: a Lei Complementar nº 135, de 4 de junho de 2010 alterou a LC nº 64/1990, neste item a principal alteração foi:

- Na LC nº 64/1990:
  - O período de inelegibilidade era de quatro anos.

- Com a reforma:
  - O período de inelegibilidade agora é de **8 (oito)** anos.

g) Os que tiverem suas contas relativas ao exercício de cargos ou funções públicas rejeitadas por irregularidade insanável que **configure ato doloso de improbidade administrativa**, e por decisão irrecorrível do órgão competente, salvo **se esta houver sido suspensa ou anulada pelo Poder Judiciário**, para as eleições que se **realizarem nos 8 (oito) anos seguintes,** contados a partir da data da decisão, aplicando-se o disposto no inciso II do art. 71 da Constituição Federal, a todos os ordenadores de despesa, sem exclusão de mandatários que houverem agido nessa condição.

Cuidado: a Lei Complementar nº 135, de 4 de junho de 2010, alterou a LC nº 64/1990; neste item, a principal alteração foi:

- Na LC nº 64/1990:
  - A irregularidade era apenas "insanável".
  - O período de inelegibilidade era de cinco anos.
  - A exceção era "salvo se a questão houver sido ou estiver sendo submetida à apreciação do Poder Judiciário".
- Com a reforma:
  - Agora a irregularidade deve ser "insanável" e também deverá **configurar ato doloso de improbidade administrativa**.
  - O período de inelegibilidade agora é de **8 (oito)** anos.
  - A exceção agora é "salvo **se esta houver sido suspensa ou anulada pelo Poder Judiciário"**.

d) A reforma também determinou: *"aplicando-se o disposto no inciso II do art. 71 da Constituição Federal, a todos os ordenadores de despesa, sem exclusão de mandatários que houverem agido nessa condição."*

Preconiza o inciso II do supracitado artigo que:

> O controle externo, a cargo do Congresso Nacional, será exercido com o auxílio do Tribunal de Contas da União, ao qual compete: II – julgar as contas dos administradores e demais responsáveis por dinheiros, bens e valores públicos da administração direta e indireta, incluídas as fundações e sociedades instituídas e mantidas pelo Poder Público federal, e as contas daqueles que derem causa a perda, extravio ou outra irregularidade de que resulte prejuízo ao erário público.

h) Os detentores de cargo na administração pública direta, indireta ou fundacional, que beneficiarem a si ou a terceiros, pelo abuso do poder econômico ou político, **que forem condenados em decisão transitada em julgado ou proferida por órgão judicial colegiado**, para a eleição na qual concorrem ou tenham sido diplomados, bem como para as que se realizarem nos 8 (oito) anos seguintes.

Cuidado: a Lei Complementar nº 135, de 4 de junho de 2010, alterou a LC nº 64/1990; neste item, a principal alteração foi:

- Na LC nº 64/1990:

  - A condenação deveria ser "pelo abuso do poder econômico ou político apurado em processo, com sentença transitada em julgado".
  - O período de inelegibilidade era **para as eleições que se realizarem nos três anos seguintes ao término do seu mandato ou do período de sua permanência no cargo**.
- Com a reforma:
  - Houve o acréscimo da frase "... **que forem condenados em decisão transitada em julgado ou proferida por órgão judicial colegiado".**
  - O período de inelegibilidade agora é para a eleição na qual concorrem ou tenham sido diplomados, bem como para as que se realizarem nos 8 (oito) anos seguintes.

i) Os que, em estabelecimentos de crédito, financiamento ou seguro, tenham sido ou estejam sendo objeto de processo de liquidação judicial ou extrajudicial, hajam exercido, nos doze meses anteriores à respectiva decretação, cargo ou função de direção, administração ou representação, enquanto não forem exonerados de qualquer responsabilidade.

j) Os que forem condenados, em decisão transitada em julgado ou proferida por órgão colegiado da Justiça Eleitoral, por corrupção eleitoral, por captação ilícita de sufrágio, por doação, captação ou gastos ilícitos de recursos de campanha ou por conduta vedada aos agentes públicos em campanhas eleitorais que impliquem cassação do registro ou do diploma, pelo prazo de 8 (oito) anos a contar da eleição.

k) O Presidente da República, o Governador de Estado e do Distrito Federal, o Prefeito, os membros do Congresso Nacional, das Assembleias Legislativas, da Câmara Legislativa, das Câmaras Municipais, que renunciarem a seus mandatos desde o oferecimento de representação ou petição capaz de autorizar a abertura de processo por infringência a dispositivo da Constituição Federal, da Constituição Estadual, da Lei Orgânica do Distrito Federal ou da Lei Orgânica do Município, para as eleições que se realizarem durante o período remanescente do mandato para o qual foram eleitos e nos 8 (oito) anos subsequentes ao término da legislatura.

l) Os que forem condenados à suspensão dos direitos políticos, em decisão transitada em julgado ou proferida por órgão judicial colegiado, por ato doloso de improbidade administrativa que importe lesão ao patrimônio público e enriquecimento ilícito, desde a condenação ou o trânsito em julgado até o transcurso do prazo de 8 (oito) anos após o cumprimento da pena.

m) Os que forem excluídos do exercício da profissão, por decisão sancionatória do órgão profissional competente, em decorrência de infração ético-profissional, pelo prazo de 8 (oito) anos, salvo se o ato houver sido anulado ou suspenso pelo Poder Judiciário.

n) Os que forem condenados, em decisão transitada em julgado ou proferida por órgão judicial colegiado, em razão de terem desfeito ou simulado desfazer vínculo conjugal ou de união estável para evitar caracterização de inelegibilidade, pelo prazo de 8 (oito) anos após a decisão que reconhecer a fraude.

o) Os que forem demitidos do serviço público em decorrência de processo administrativo ou judicial, pelo prazo de 8 (oito) anos, contado da decisão, salvo se o ato houver sido suspenso ou anulado pelo Poder Judiciário.
p) A pessoa física e os dirigentes de pessoas jurídicas responsáveis por doações eleitorais tidas por ilegais por decisão transitada em julgado ou proferida por órgão colegiado da Justiça Eleitoral, pelo prazo de 8 (oito) anos após a decisão, observando-se o procedimento previsto no art. 22.
q) Os magistrados e os membros do Ministério Público que forem aposentados compulsoriamente por decisão sancionatória, que tenham perdido o cargo por sentença ou que tenham pedido exoneração ou aposentadoria voluntária na pendência de processo administrativo disciplinar, pelo prazo de 8 (oito) anos.

Posicionamento majoritário do TSE: quanto à expressão "*enquanto não forem exonerados de qualquer responsabilidade*", o TSE defende que não é inconstitucional condicionar a duração à expressão de responsabilidade, sem fixação de prazo.[17]

SÃO INELEGÍVEIS PARA PRESIDENTE E VICE-PRESIDENTE DA REPÚBLICA

a) Até seis meses depois de afastados definitivamente de seus cargos e funções:
 1 – os ministros de Estado;
 2 – os chefes dos órgãos de assessoramento direto, civil e militar, da Presidência da República;
 3 – o chefe do órgão de assessoramento de informações da Presidência da República;
 4 – o chefe do Estado-Maior das Forças Armadas;
 5 – o Advogado-Geral da União e o consultor geral da República;
 6 – os chefes do Estado-Maior da Marinha, do Exército e da Aeronáutica;
 7 – os comandantes do Exército, Marinha e Aeronáutica;
 8 – os magistrados;
 9 – os presidentes, diretores e superintendentes de autarquias, empresas públicas, sociedades de economia mista e fundações públicas e as mantidas pelo Poder Público;
 10 – os governadores de Estado, do Distrito Federal e de Territórios;
 11 – os interventores federais;
 12 – os secretários de Estado;
 13 – os prefeitos municipais;
 14 – os membros do Tribunal de Contas da União, dos estados e do Distrito Federal;
 15 – o diretor geral do Departamento de Polícia Federal;

[17] TSE – AC nº 22.739/2004.

16 – os secretários-gerais, os secretários-executivos, os secretários nacionais, os secretários federais dos ministérios e as pessoas que ocupem cargos equivalentes.

b) Os que tenham exercido, nos seis meses anteriores à eleição, nos Estados, no Distrito Federal, Territórios e em qualquer dos Poderes da União, cargo ou função, de nomeação pelo presidente da República, sujeito à aprovação prévia do Senado Federal.

c) Os que, até seis meses antes da eleição, tiverem competência ou interesse, direta, indireta ou eventualmente, no lançamento, arrecadação ou fiscalização de impostos, taxas e contribuições de caráter obrigatório, inclusive parafiscais, ou para aplicar multas relacionadas com essas atividades.

d) Os que, até seis meses antes da eleição, tenham exercido cargo ou função de direção, administração ou representação nas empresas de que tratam os arts. 3º e 5º da Lei nº 4.137, de 10 de setembro de 1962, quando, pelo âmbito e natureza de suas atividades, possam tais empresas influir na economia nacional (observe que a Lei nº 4.137, de 10 de setembro de 1962, citada no art.1º da LC nº 64/1990, alínea *e*, foi revogada pela Lei nº 8.884/1994).

e) Os que, detendo o controle de empresas ou grupo de empresas que atuem no Brasil, nas condições monopolísticas previstas no parágrafo único do art. 5º da lei citada na alínea anterior, não apresentarem à Justiça Eleitoral, até seis meses antes do pleito, a prova de que fizeram cessar o abuso apurado, do poder econômico, ou de que transferiram, por força regular, o controle de referidas empresas ou grupo de empresas.

f) Os que tenham, dentro dos quatro meses anteriores ao pleito, ocupado cargo ou função de direção, administração ou representação em entidades representativas de classe, mantidas, total ou parcialmente, por contribuições impostas pelo Poder Público ou com recursos arrecadados e repassados pela Previdência Social.

g) Os que, até seis meses depois de afastados das funções, tenham exercido cargo de presidente, diretor ou superintendente de sociedades com objetivos exclusivos de operações financeiras e façam publicamente apelo à poupança e ao crédito, inclusive através de cooperativas e da empresa ou estabelecimentos que gozem, sob qualquer forma, de vantagens asseguradas pelo Poder Público, salvo se decorrentes de contratos que obedeçam a cláusulas uniformes.

h) Os que, dentro de seis meses anteriores ao pleito, hajam exercido cargo ou função de direção, administração ou representação em pessoa jurídica ou em empresa que mantenha contrato de execução de obras, de prestação de serviços ou de fornecimento de bens com órgão do Poder Público ou sob seu controle, salvo no caso de contrato que obedeça às cláusulas uniformes.

i) Os que, membros do Ministério Público, não se tenham afastado das suas funções até seis meses anteriores ao pleito.[18]

---

[18] Leia no Capítulo 3 o item "O Ministério Público e o exercício de atividade político-partidária".

j) Os que, servidores públicos, estatutários ou não, dos órgãos ou entidades da Administração Direta ou Indireta da União, dos Estados, do Distrito Federal, dos Municípios e dos Territórios, inclusive das fundações mantidas pelo Poder Público, não se afastarem até três meses anteriores ao pleito, garantido o direito à percepção dos seus vencimentos integrais.

SÃO INELEGÍVEIS PARA GOVERNADOR E VICE-GOVERNADOR DO ESTADO E DO DISTRITO FEDERAL

a) Os inelegíveis para os cargos de presidente e vice-presidente da República especificados na alínea *a* do inciso II do art. 1º da LC nº 64/1990 e, no tocante às demais alíneas, quando se tratar de repartição pública, associação ou empresas que operem no território do Estado ou do Distrito Federal, observados os mesmos prazos.

b) Até seis meses depois de afastados definitivamente de seus cargos ou funções:
   1 – os chefes dos Gabinetes Civil e Militar do governador do Estado ou do Distrito Federal;
   2 – os comandantes do Distrito Naval, Região Militar e Zona Aérea;
   3 – os diretores de órgãos estaduais ou sociedades de assistência aos Municípios;
   4 – os secretários da Administração Municipal ou membros de órgãos congêneres.

SÃO INELEGÍVEIS PARA PREFEITO E VICE-PREFEITO

a) No que lhes for aplicável, por identidade de situações, os inelegíveis para os cargos de presidente e vice-presidente da República, governador e vice-governador de Estado e do Distrito Federal, **observado o prazo de quatro meses para a desincompatibilização**.

b) Os membros do Ministério Público[19] e Defensoria Pública em exercício na comarca, **nos quatro meses anteriores ao pleito**, sem prejuízo dos vencimentos integrais.

c) As autoridades policiais, civis ou militares, com exercício no Município, nos **quatro meses anteriores ao pleito**.

SÃO INELEGÍVEIS PARA O SENADO FEDERAL

a) Os inelegíveis para os cargos de presidente e vice-presidente da República especificados na alínea *a* do inciso II do art. 1º da LC nº 64/1990 e, no tocante às demais alíneas, quando se tratar de repartição pública, associação ou empresa que opere no território do Estado, observados os mesmos prazos.

b) Em cada Estado e no Distrito Federal, os inelegíveis para os cargos de governador e vice-governador, nas mesmas condições estabelecidas, observados os mesmos prazos.

---

[19] Em virtude da nova redação do art. 128, inciso II, alínea *e*, a inelegibilidade em comento só pode ser aplicada para os promotores que ingressaram na instituição antes de 1988 e optaram pelo regime anterior.

São inelegíveis para a Câmara dos Deputados, Assembleia Legislativa e Câmara Legislativa, no que lhes for aplicável, por identidade de situações, os inelegíveis para o Senado Federal, nas mesmas condições estabelecidas, observados os mesmos prazos.

SÃO INELEGÍVEIS PARA A CÂMARA MUNICIPAL

a) No que lhes for aplicável, por identidade de situações, os inelegíveis para o Senado Federal e para a Câmara dos Deputados, observado o **prazo de seis meses para a desincompatibilização**.
b) Em cada Município, os inelegíveis para os cargos de prefeito e vice-prefeito, observado o **prazo de seis meses para a desincompatibilização**.

▸ OBSERVAÇÕES

Para concorrência a outros cargos, o presidente da República, os governadores de Estado e do Distrito Federal e os prefeitos devem renunciar aos respectivos mandatos até seis meses antes do pleito.

O vice-presidente, o vice-governador e o vice-prefeito poderão candidatar-se a outros cargos, preservando os seus mandatos respectivos, **desde que, nos últimos seis meses anteriores ao pleito, não tenham sucedido ou substituído o titular**.

São inelegíveis, no território de jurisdição do titular, o cônjuge e os parentes, consanguíneos ou afins, até o segundo grau ou por adoção, do Presidente da República, de Governador de Estado ou Território, do Distrito Federal, de Prefeito ou de quem os haja substituído dentro dos 6 (seis) meses anteriores ao pleito, salvo se já titular de mandato eletivo e candidato à reeleição.

A inelegibilidade prevista na alínea *e* do inciso I deste artigo não se aplica aos crimes culposos e àqueles definidos em lei como de menor potencial ofensivo, nem aos crimes de ação penal privada.

A renúncia para atender à desincompatibilização com vistas à candidatura a cargo eletivo ou para assunção de mandato não gerará a inelegibilidade prevista na alínea *k*, a menos que a Justiça Eleitoral reconheça fraude ao disposto nesta Lei Complementar.

6. Das ações eleitorais

6.1. AIRC – Ação de Impugnação de Registro de Candidatura

Há duas formas de impugnação ao registro:

a) Apresentar uma notícia de inelegibilidade;
b) Interpor um AIRC *(Ação de Impugnação de Registro de Candidatura)*

6.1.1. *O objetivo da AIRC*

O objetivo da AIRC é impedir que o candidato seja registrado, mas, dependendo do tempo em que a ação for julgada, poderá haver até declaração de nulidade do diploma. É o que veremos no item o "efeito".

6.1.2. *As causas de pedir que ensejam a AIRC*

Veja essa questão elaborada em um concurso jurídico: *"Quais as hipóteses em que é possível interpor uma AIRC?".*

Resposta: Na AIRC, podem ser alegados três motivos:

a) **Motivo 1: ausência de uma ou mais causas de elegibilidade do impugnado.**

b) **Motivo 2: presença de uma ou mais causas de inelegibilidades do impugnado.**

c) **Motivo 3: ausência de uma condição de procedibilidade do registro (registrabilidade)**

Ao fazer o **RRC** (*Requerimento de Registro de Candidatura*), o pré-candidato precisa apresentar vários documentos exigidos pela legislação.

Tais documentos são verdadeiras condições de procedibilidade do registro e estão elencadas no art. 11, § 1º da Lei nº 9.504/1997.

▸ RESUMO DIDÁTICO

De qualquer forma, com a AIRC, o que a impugnante busca é o indeferimento do registro da candidatura, sob o argumento de que há algum impedimento na vida do candidato, e este impedimento pode ser a ausência de uma causa de elegibilidade, a presença de causa de inelegibilidade e a ausência de uma condição de procedibilidade do registro.

6.1.2.1. O momento oportuno para verificação das condições de elegibilidade e das causas de inelegibilidade.

A reforma eleitoral acrescentou o § 10 ao art. 11, da Lei nº 9.504/1997, *in verbis:*

> "As condições de elegibilidade e as causas de inelegibilidade devem ser aferidas **no momento da formalização do pedido de registro da candidatura**, ressalvadas as alterações, fáticas ou jurídicas, supervenientes ao registro que afastem a inelegibilidade".

***Vide* entendimento dominante do TSE:**

Súmula nº 43 do TSE: *"As alterações fáticas ou jurídicas supervenientes ao registro que beneficiem o candidato, nos termos da parte final do art. 11, § 10, da Lei nº 9.504/97, também devem ser admitidas para as condições de elegibilidade".*

Súmula nº 70 do TSE: *"O encerramento do prazo de inelegibilidade antes do dia da eleição constitui fato superveniente que afasta a inelegibilidade, nos termos do art. 11, § 10, da Lei nº 9.504/97."*

6.1.3. *Previsão legal da AIRC*

A ação de impugnação ao registro de candidatura está prevista no art. 3º da LC nº 64/1990.

6.1.4. *Legitimidade ativa da AIRC*

Têm legitimidade para propor a AIRC:

a) qualquer candidato
b) partido político
c) coligação
d) Ministério Público

A impugnação por parte do candidato, do partido político ou da coligação não impede a ação do Ministério Público.

6.1.4.1. A notícia de inelegibilidade

Quanto ao eleitor, o posicionamento majoritário do TSE é no sentido da ilegitimidade de eleitor para impugnar registro de candidatura, podendo, entretanto, apresentar notícia de inelegibilidade.

6.1.4.2. A inaplicabilidade da Súmula nº 11 do TSE ao Ministério Público Eleitoral

O STF firmou o entendimento de que o Ministério Público Eleitoral tem legitimidade para recorrer da decisão que defere o Registro de Candidatura, mesmo não o tendo impugnado, inaplicando-se o teor da Súmula nº 11 do TSE ao Ministério Público Eleitoral.

6.1.4.3. Possibilidade da arguição de uma inelegibilidade *ex officio*

O juiz pode, ao receber a notícia de uma inelegibilidade, declarar a *inelegibilidade* de ofício.

Súmula nº 45 do TSE: *"Nos processos de registro de candidatura, o Juiz Eleitoral pode conhecer de ofício da existência de causas de inelegibilidade ou da ausência de condição de elegibilidade, desde que resguardados o contraditório e a ampla defesa"*.

6.1.4.4. Análise da capacidade postulatória

Há julgados defendendo que não é necessário advogado para propositura da AIRC, só sendo exigível nos recursos (*JTSE* 84 nº 131 e nº 132).

Nossa posição: a posição do TSE entra em confronto com o art. 133 da Constituição Federal, que preconiza ser "o advogado indispensável à administração da justiça, sendo inviolável por seus atos e manifestações no exercício da profissão nos limites da lei". A posição doutrinária amplamente dominante também defende a indispensabilidade do advogado para propor a AIRC. Entre os autores: Tito Costa, Pedro Henrique Távora Niess e Joel J. Cândido.

6.1.4.5. Vedação para o partido ou a coligação apresentarem impugnação aos seus próprios filiados

Embora a legitimação seja concorrente, o partido ou a coligação não pode impugnar seus próprios filiados. Com o mesmo raciocínio, entendemos que um partido de uma coligação não pode impugnar o registro de um candidato de outro partido pertencente à mesma coligação.

A única exceção seria o caso da alegação de que o candidato não foi escolhido na convenção ou que houve irregularidade na sua escolha.

6.1.4.6. Vedação para o partido político integrante de coligação impugnar isoladamente registro de candidatura

O partido político integrante de coligação não pode isoladamente impugnar registro de candidatura. A legitimidade passa a ser da coligação.

6.1.4.7. Quando é permitido ao partido ou coligação, que não impugnou o registro, recorrer da decisão que o defere

No caso de a matéria ser constitucional, pode o partido ou coligação, que não impugnou o registro, recorrer da decisão que o deferiu.

Segundo a Súmula nº 11 do TSE: *"No processo de registro de candidatos, o partido que não o impugnou não tem legitimidade para recorrer da sentença que o deferiu, salvo se se cuidar de matéria constitucional"*.

A ressalva é importante porque veremos no capítulo dos recursos que não existe preclusão contra matéria constitucional. Quanto ao Ministério Público Eleitoral, entendemos que é plenamente possível recorrer de uma decisão que deferiu o registro de uma candidatura, mesmo sem ter sido autor da impugnação, pois o órgão *parquet* agirá como fiscal da lei.

6.1.4.8. Quando o Ministério Público Eleitoral não pode impugnar

Veja essa questão elaborada em um concurso jurídico: *"Quando não é possível o Ministério Público Eleitoral impugnar um registro?"*.

Resposta: José Jairo Gomes[20] ensina que:

> *Se, nos quatro anos anteriores ao pleito, o representante do Ministério Público tiver disputado cargo eletivo, integrado diretório de partido ou exercido atividade político-partidária, estará impedido de exercer função eleitoral. Consequentemente, não poderá ingressar com a ação em apreço (LC nº 64/90, art. 3º, § 2º).*

Nossa posição: usando o critério cronológico, entendemos que o prazo de impedimento é de dois anos, isso porque o art. 80 da LC nº 75/1993, que é posterior,

[20] No mesmo sentido: GOMES, José Jairo. *Direito eleitoral*. 11. ed. São Paulo: Atlas, 2014.

determina: *"A filiação a partido político impede o exercício de funções eleitorais por membro do Ministério Público, até dois anos do seu cancelamento"*.

O TSE pacificou a discussão ao estabelecer que:

> *Não poderá impugnar o registro de candidato o representante do Ministério Público que, nos 2 anos anteriores, tenha disputado cargo eletivo, integrado diretório de partido político ou exercido atividade político-partidária (Vide art. 37, § 2º da Resolução do TSE nº 23.221/2010. LC nº 64/1990, art. 3º, § 2º; LC nº 75/1993, art. 80).*

6.1.4.9. Quando será possível um partido coligado atuar de forma isolada

Quando ocorre a coligação, seus integrantes formam uma única corporação, que representa os ideais de todos e que só passa a ter personalidade jurídica por acordo de vontades dos partidos que a integram.

É por isso que o entendimento jurisprudencial dominante, inclusive do TSE, afirma que a coligação, no momento de sua constituição, **assume, em relação ao pleito, todos os direitos e obrigações inerentes a uma agremiação partidária.** Logo, uma vez coligada, a agremiação política tem suspensa sua legitimidade para postular isoladamente medida judicial referente ao pleito para o qual se coligou. O fato de a coligação vir posteriormente a ingressar no feito, posição de assistente, não supera a falha, uma vez que a legitimidade *ad causam* há de ser aferida no momento do ajuizamento da medida judicial.[21]

Se já existe uma coligação, os candidatos e o partido político componente perdem, em regra, a condição legal para, isoladamente, formular uma representação eleitoral.

Portanto, formada a coligação, os partidos integrantes perdem a legitimidade para atuar de forma isolada no processo eleitoral, e a legitimidade passa a ser da coligação. Essa é a regra geral, porém há duas exceções:

a) A reforma eleitoral dispõe no § 4º do art. 6º da Lei nº 9.504/1997:

> **O partido político coligado somente tem legitimidade para atuar de forma isolada no processo eleitoral quando questionar a validade da própria coligação**, durante o período compreendido entre a data da convenção e o termo final do prazo para a impugnação do registro de candidatos.

b) Segundo o **TSE:**

> A coligação assume todos os direitos e obrigações dos partidos no momento de sua constituição (art. 6º, § 1º, da Lei nº 9.504/1997) até a realização das eleições, **após o que, a agremiação partidária coligada terá legitimidade para agir isoladamente.** (TSE – REsp nº 25.547, Ac., Rel. Min. José Augusto Delgado, p. 116).

---

[21] No mesmo sentido: Ac. nº 25.033, de 10.3.2005, rel. Min. Humberto Gomes de Barros.

6.1.5. *Legitimidade passiva da AIRC*

Os legitimados passivos são os pré-candidatos. Lembre-se de que a AIRC só pode ser interposta a partir da publicação do pedido de registro do candidato, ou seja, antes do deferimento do pedido de registro.

6.1.6. *Prazo para interposição da AIRC*

A AIRC deverá ser interposta no prazo de 5 dias, contados da publicação do pedido de registro do candidato. O prazo é decadencial e não se prorroga.

O prazo é contado, excluindo-se o dia do início e incluindo-se o último (*art. 224 do Novo CPC*) e tem inteira aplicação o art. 16 da LC nº 64/1990, *in verbis:*

> *Os prazos a que se referem o art. 3º e seguintes desta lei complementar são peremptórios e contínuos e correm em secretaria ou Cartório e, a partir da data do encerramento do prazo para registro de candidatos, não se suspendem aos sábados, domingos e feriados.*

6.1.7. *Competência para julgar AIRC*

As representações e as reclamações que versarem sobre a cassação do registro ou do diploma deverão ser apreciadas pelo Juízo Eleitoral competente para julgar o registro de candidatos, portanto, a **AIRC** deverá ser interposta:

a) perante o Tribunal Superior Eleitoral, quando se tratar de candidato a presidente ou vice-presidente da República;
b) perante os Tribunais Regionais Eleitorais, quando se tratar de candidato a senador, governador e vice-governador de Estado e do Distrito Federal, deputado federal, deputado estadual e deputado distrital; e
c) perante os juízes eleitorais, quando se tratar de candidato a prefeito, vice-prefeito e vereador.

Atenção: Não se aplica o foro por prerrogativa de função nas ações cíveis eleitorais, já que não se trata de matéria criminal.

6.1.8. *Efeito da procedência da AIRC*

Quando o registro é cassado "antes" das eleições, a AIRC terá os seguintes efeitos:

a) **No caso das eleições proporcionais, podemos identificar no contexto prático duas hipóteses:**

1ª **hipótese: Tício concorreu a um cargo do Poder Legislativo. O seu registro foi impugnado e, antes das eleições, foi indeferido com trânsito em julgado.**

Solução jurídica: Tício deve ser substituído no prazo de 10 dias, a contar da decisão judicial que decretou a cassação, na forma do estatuto do partido do substituído, observando o prazo de 60 dias antes do dia das eleições.

2ª hipótese: Tício concorreu a um cargo do Poder Legislativo. Seu registro foi impugnado e, antes das eleições, foi indeferido. Tício recorreu.

Solução jurídica: como Tício recorreu, poderá "*por sua conta e risco*" praticar todos os atos da campanha eleitoral.

No futuro, haverá três situações:

a) Se a sentença de indeferimento for confirmada "antes" das eleições, estamos diante da primeira hipótese, ou seja, Tício deve ser substituído, devendo ser observados os prazos legais.
b) Se a sentença de indeferimento do registro for confirmada "*após*" as eleições e o candidato não foi eleito, a AIRC deverá:
   - ser extinta por falta de objeto. Neste caso, o objeto da impugnação é uma condição de procedibilidade do registro;
   - ser extinta, devendo o órgão declarar a inelegibilidade "preexistente" do impugnado ou a ausência de uma causa de elegibilidade.
c) Se a sentença de indeferimento do registro for confirmada após as eleições e o candidato foi eleito, há três hipóteses de índole prática:
   1) se Tício ainda não foi diplomado, não poderá obter o diploma, pois este depende do registro;
   2) se Tício já tinha sido diplomado, este será cassado, fato que impedirá o exercício do mandato;
   3) se Tício já tinha sido diplomado e já estava no exercício do mandato, será imediatamente afastado.

b) No caso das eleições majoritárias, podemos identificar no contexto prático duas hipóteses:

1ª hipótese: Tício concorreu a um cargo do poder executivo. Seu registro foi impugnado e, antes das eleições, foi indeferido com trânsito em julgado.

Solução jurídica: Tício pode ser substituído no prazo de 10 dias a contar da decisão judicial ou da notificação do partido da decisão judicial.

Sabemos que a inelegibilidade tem caráter pessoal e não é extensiva ao outro integrante da chapa, mas como a chapa é una e indivisível, o indeferimento do registro de um determina fatalmente o indeferimento da chapa.

Portanto, é imperiosamente salutar que o juiz eleitoral, ao julgar procedente o pedido, indefira o registro da chapa e declare qual dos integrantes da chapa foi considerado inapto, pois só assim será possível efetivar a substituição.

2ª hipótese: Tício concorreu a um cargo do Poder Executivo. Seu registro foi impugnado e, antes das eleições, foi indeferido. Tício recorreu.

Solução jurídica: Tício participará das eleições normalmente "por sua conta e risco" e, no futuro, caso seja confirmado o indeferimento, devem acontecer duas situações:

a) Confirmado o indeferimento "*antes*" das eleições, Tício poderá ser substituído na forma da primeira hipótese.
b) Confirmado o indeferimento "*depois*" das eleições, haverá duas hipóteses:

1ª: Tício não foi eleito. A AIRC deverá:

- ser extinta por falta de objeto. Neste caso, o objeto da impugnação é uma condição de procedibilidade do registro.
- ser extinta, devendo o órgão declarar a inelegibilidade "preexistente" do impugnado ou a ausência de uma causa de elegibilidade.

2ª: Tício foi eleito. Voto dado a candidato sem registro é nulo de pleno direito, portanto:

a) se Tício ainda não foi diplomado, não poderá obter o diploma, pois este depende do registro;
b) se Tício já tiver sido diplomado, ele será cassado, fato que impedirá o exercício do mandato;
c) se Tício já tiver sido diplomado e já estiver no exercício do mandato, será imediatamente afastado.

6.1.8.1. A teoria da conta e do risco

O candidato que tiver seu registro indeferido poderá recorrer da decisão por sua conta e risco e, enquanto estiver *sub judice*, prosseguir em sua campanha e ter seu nome mantido na urna eletrônica, ficando a validade de seus votos condicionada ao deferimento de seu registro por instância superior.

6.1.8.2. A teoria da conta e do risco *versus* a antecipação da tutela

Em virtude da teoria da conta e do risco, não é possível a concessão da tutela antecipada, pois, mesmo que o registro seja indeferido, será permitido ao pré-candidato continuar na campanha eleitoral.

6.1.9. *Do litisconsórcio ativo e passivo*

6.1.9.1. Litisconsórcio ativo

Elmana Viana Lucena Esmeraldo[22] disserta de forma muito eficaz sobre o litisconsórcio ativo e passivo em sede de AIRC:

> É facultativo. Podem mais de um dos legitimados propor, em litisconsórcio, a AIRC. O TSE já pacificou o entendimento que no caso de litisconsortes com procuradores diferentes nos feitos eleitorais não se aplica o art. 191 do CPC (Atual artigo 229 do Novo Código de Processo Civil), ou seja, os prazos para contestar, recorrer ou de qualquer forma falar nos autos não serão contados em dobro.
>
> (...) Esta Corte já firmou que aos feitos eleitorais não se aplica a contagem de prazo em dobro, prevista no CPC, art. 191 (Atual artigo 229 do Novo Código

[22] Op. cit., p. 32.

de Processo Civil), para os casos de litisconsortes com diferentes procuradores. (TSE – Agravo Regimental em REsp nº 27.104, Ac., Rel. Min. Marcelo Henriques Ribeiro Oliveira, j. 17/04/2008, *DJ* 14/05/2008, p. 04).

6.1.9.2. Litisconsórcio passivo

a) **Análise da possibilidade jurídica do litisconsórcio passivo entre pré-candidato e o partido político/coligação**
Consoante Súmula nº 40 do TSE:

> "O partido político não é litisconsorte passivo necessário em ações que visem à cassação de diploma."

b) **Análise da possibilidade jurídica do litisconsórcio passivo necessário entre titular e vice Marcos Ramayama**[23] defende que:

> Nas eleições majoritárias, o vice é litisconsorte passivo necessário, em razão da indivisibilidade da chapa única. Firmamos a posição no sentido de que deve ser citado obrigatoriamente o vice, considerando a unidade e invisibilidade da chapa, art. 91 do Código Eleitoral, pois a eficácia da decisão depende de ambos os candidatos, possibilitando-se a substituição.

José Jairo Gomes[24] tem uma posição intermediária, *in verbis:*

> No entanto, eventualmente poderá haver conveniência na formação de litisconsórcio passivo entre titular e vice. Isso porque os pedidos de registro da chapa e de seus integrantes são julgados conjuntamente, no mesmo ato, embora cada candidatura seja analisada individualmente; o registro da chapa somente deve ser deferido se também o forem os pedidos dos dois candidatos que a compõem. Assim, para que a chapa seja registrada, há mister que cada um de seus integrantes esteja apto a disputar o certame.

Minha posição: Não há falar em litisconsórcio passivo necessário entre candidatos a prefeito e vice na AIRC, pois a elegibilidade e as causas de inelegibilidade são de caráter personalíssimo. Ora, a inelegibilidade do titular não acarreta em inelegibilidade para o vice. O artigo 18 da LC nº 64/90 é bem claro:

> A declaração de inelegibilidade do candidato à Presidência da República, Governador de Estado e do Distrito Federal e Prefeito Municipal não atingirá o candidato a Vice-Presidente, Vice-Governador ou Vice-Prefeito, assim como a destes não atingirá aqueles.

---

23 Ramayama, Marcos. *Direito eleitoral*. 15. ed. Rio de Janeiro: Impetus. p. 665.

24 No mesmo sentido: GOMES, José Jairo. *Direito eleitoral*. 12. ed. São Paulo: Atlas, 2016.

No mesmo sentido a Nova Súmula nº 39 do TSE:

Não há formação de litisconsórcio necessário em processos de registro de candidatura.

6.1.10. *Teoria das inelegibilidades extemporâneas*

Veja essa questão elaborada em um concurso jurídico: *"O que se entende por inelegibilidades supervenientes?".*

Resposta: A jurisprudência do TSE é assente em definir as inelegibilidades supervenientes como aquelas cuja causa ocorre entre o período de registro de candidatura (e eventual propositura de impugnação) e a data do pleito, portanto, a inelegibilidade superveniente somente cabe ser reconhecida até a data da eleição, segundo remansosa jurisprudência do Tribunal Superior Eleitoral.[25]

Caso não seja alegada a inelegibilidade no momento oportuno, haverá três hipóteses:

a) Se a inelegibilidade for prevista na legislação infraconstitucional, haverá preclusão, ou seja, ela não poderá ser arguida em outro momento.
b) Se a inelegibilidade for prevista na Constituição Federal, ela poderá ser arguida por ocasião do Recurso Contra a Diplomação, pois não pode haver preclusão contra norma constitucional.
c) Caso a inelegibilidade seja superveniente, mesmo sendo infraconstitucional, será possível ser arguida por ocasião do Recurso Contra a Diplomação.

6.2. AIJE (*Ação de Investigação Judicial Eleitoral*)

6.2.1. *A importância da AIJE*

A ação de investigação judicial eleitoral é um importante e eficaz instrumento destinado à repressão do abuso do poder econômico e político nas eleições, a fim de que seja garantida sua legitimidade, consistente na supremacia da vontade popular nos pleitos.[26]

6.2.2. *Para que serve a AIJE*

A AIJE serve para apurar:

1) **O uso indevido, desvio ou abuso do poder econômico, em benefício de candidato ou de partido político**

---

[25] No mesmo sentido: Recurso contra Expedição de Diploma nº 732.005 (323), TRE/MG – Rel. Francisco de Assis Betti, unânime.

[26] CERELLO, Anselmo. Ação de investigação judicial eleitoral. Resenha eleitoral – nova série. Florianópolis, v. 9, nº 2, jul./dez. 2002. Disponível em: <http://www.tre-sc.gov.br/site/institucional/publicacoes/artigos-doutrinarios-publicados-na-resenha-eleitoral/resenhas/v9-n2-juldez-2002/acao-de-investigacao-judicial-eleitoral/index.html>. Acesso em: 28 maio 2009.

Caracteriza-se abuso de poder econômico sempre que houver uso indevido do poder financeiro, configurando-se o intuito de desequilibrar a disputa eleitoral.

2) **Desvio ou abuso do poder de autoridade, em benefício de candidato ou de partido político**

Diferentemente do abuso de poder econômico, o abuso de poder político ou abuso de poder de autoridade só pode ser cometido por quem detém cargo, função, ou emprego na administração direta, indireta e fundacional da União, dos Estados, do Distrito Federal e dos Municípios, portanto, sempre que um cargo, emprego ou uma função pública for usada com escopo de obter votos, haverá improbidade por desvio de finalidade e, destarte, abuso de poder de autoridade.

3) **Utilização indevida de veículos ou meios de comunicação social em benefício de candidato ou de partido político**

É o uso de qualquer veículo de comunicação, em todo o período das campanhas eleitorais, em favor de partido político, coligação ou candidato, que não as veiculações em periódicos, rádio ou televisão, expressamente autorizadas por lei ou resolução da Justiça Eleitoral.[27]

6.2.3. *Previsão legal da AIJE*

A AIJE (Ação de Investigação Judicial Eleitoral) está prevista no art. 22 da LC nº 64/1990.

6.2.4. *Natureza jurídica da AIJE*

Veja essa questão elaborada em um concurso jurídico: *"Qual a natureza jurídica da AIJE?"*.

Resposta: Há na doutrina controvérsia sobre a natureza jurídica.

José Joel Cândido usa a terminologia IJE e defende que a natureza jurídica é:

> *Investigação Judicial atípica, com carga decisória relevante, de consistência constitutiva negativa (no caso em que cassa o registro) e carga declaratória (no caso em que declara a inelegibilidade por três anos),[28] o que é invulgar no ordenamento jurídico brasileiro.*

Entendemos que a natureza jurídica é de verdadeira ação (daí o nome ser AIJE), porque:

a) Só pode ser desenvolvida por iniciativa dos legitimados expressamente previstos em lei;
b) Obedece aos princípios do contraditório e ampla defesa;

---

27 No mesmo sentido: CÂNDIDO, Joel José. *Direito eleitoral brasileiro*. 10. ed. São Paulo: Edipro, 2003.

28 Atualizando a posição do renomado autor: leia-se oito anos.

c) Há produção de provas;
d) Finaliza com uma sentença;
e) Há possibilidade de ser usado o duplo grau de jurisdição;
f) Só pode ser interposta pelos legitimados através de advogado.

6.2.5. *Capacidade postulatória*

Quanto à necessidade de advogado para pleitear a AIJE há a mesma divergência que demonstramos na AIRC, mas a maioria absoluta da doutrina defende tal necessidade.

6.2.6. *Legitimidade ativa da AIJE*

Têm legitimidade para propor a AIJE:
a) qualquer partido político não coligado;
b) coligação;
c) candidato;
d) Ministério Público Eleitoral.

6.2.6.1. Análise do eleitor como agente ativo da AIJE

O eleitor não tem legitimidade para propor uma AIJE.

6.2.6.2. Análise da possibilidade da formação de litisconsórcio ativo

O litisconsórcio ativo é facultativo. Portanto, há possibilidade de mais de um dos legitimados propor, em litisconsórcio, a AIJE.

6.2.7. *Litisconsórcio ativo e prazo em dobro*

Não se aplica a contagem de prazo em dobro, prevista no artigo 229 do novo Código de Processo Civil, para os casos de litisconsortes com diferentes procuradores.

6.2.8. *Análise da possibilidade de o partido coligado ajuizar investigação judicial eleitoral*

Estamos aprendendo que a AIJE pode ser proposta pela coligação e também pelo partido político, mas o posicionamento majoritário do TSE é no sentido de que há plena **"ilegitimidade de partido coligado para ajuizar investigação judicial eleitoral"** (TSE – AC nº 25.015). Portanto, havendo coligação, a legitimidade é da coligação, e não dos partidos integrantes da mesma.

Não confunda "o fim das eleições" com "o dia das eleições", a coligação só será desfeita com "o fim das eleições", isto é, com a diplomação dos eleitos. Portanto, em caso de coligação, só será possível a legitimidade concorrente **após a diplomação.**

Em um resumo didático, podemos afirmar que havendo coligação a legitimidade até a diplomação será da coligação. Após a diplomação, a coligação é desfeita, **assim, após a diplomação**, será possível o partido político propor a AIJE.

6.2.9. *Análise da possibilidade de um candidato à eleição proporcional impugnar candidato da eleição majoritária.*

Entendemos que na hipótese de um candidato a eleição proporcional impugnar candidato da eleição majoritária e vice-versa, *in casu*, o interesse de agir é aferido não pelo proveito imediato do autor, e sim pela prevalência do interesse público na coibição de condutas que afetem a lisura do pleito.

Com o mesmo raciocínio, é possível que, para um deputado estadual ajuizar uma AIJE contra um candidato a deputado federal, *in casu*, exige-se apenas que a eleição seja realizada na mesma circunscrição eleitoral.

6.2.10. *Análise da possibilidade de um candidato a vice-prefeito ou vice--governador impugnar candidatura sozinho.*

Os "vices" estão legitimados, em conjunto ou separadamente, a ajuizar ação de investigação judicial eleitoral.

6.2.11. *Análise da possibilidade de um partido político que não esteja participando de um pleito eleitoral propor a AIJE*

A titularidade da ação de investigação judicial eleitoral, nos termos do art. 22, *caput*, da Lei Complementar nº 64/90, é conferida a "*qualquer partido político*", bastando que esteja devidamente constituído na forma da Lei dos Partidos Políticos, o objetivo é o de salvaguardar um interesse público de privilegiar a lisura do processo eleitoral, portanto, **um partido político que não esteja participando de um pleito eleitoral pode propor uma AIJE.**

6.2.12. *Análise da possibilidade de uma coligação formada para eleição majoritária impugnar candidatos da eleição proporcional*

Entendemos que se a coligação for constituída somente para a eleição majoritária, permanece a legitimidade para propor ação contra candidatos que disputam pleito proporcional, prevalecendo o interesse público na lisura eleitoral.

6.2.13. *Análise da possibilidade do ajuizamento pela coligação de uma AIJE sem a anuência de um dos partidos integrantes da composição*

É necessário destacar que a unicidade da coligação resulta de sua própria natureza. Com esse raciocínio, em um primeiro momento, o TSE entendia que a coligação devia, ao propor uma ação eleitoral, demonstrar anuência de todos os partidos integrantes. *"É nula a investigação suscitada sem aprovação de todos os partidos coligados"*. (Agravo Regimental em REsp. nº 25.002, Ac., p. 162).

Equivocada estava a posição supracitada, pois a natureza jurídica de uma coligação é a de "partido político temporário", portanto, tem denominação própria e um representante que terá atribuições idênticas de um partido político, especialmente no trato das questões eleitorais perante a Justiça Eleitoral, assim, para interpor uma ação eleitoral, não é necessária a anuência de todos os partidos políticos integrantes de uma coligação.

É o que dispõe o art. 6º, § 1º, da Lei nº 9.504/1997, *in verbis:*

> *A coligação terá denominação própria, que poderá ser a junção de todas as siglas dos partidos que a integram,* ***sendo a ela atribuídas as prerrogativas e obrigações de partido político*** *no que se refere ao processo eleitoral,* ***e devendo funcionar como um só partido no relacionamento com a Justiça Eleitoral*** *e no trato dos interesses interpartidários.*

Essa é a mais recente posição do TSE.

6.2.14. *Análise da possibilidade do ajuizamento pela coligação de uma AIJE após a diplomação*

Formada Coligação, surge, por ficção jurídica, o afastamento da legitimidade dos Partidos Políticos, mantida apenas, considerado o processo eleitoral, para impugnar a própria Coligação na forma do art. 6º, § 4º, da Lei nº 9.504/1997, *in verbis:*

> *O partido político coligado somente possui legitimidade para atuar de forma isolada no processo eleitoral quando questionar a validade da própria coligação, durante o período compreendido entre a data da convenção e o termo final do prazo para a impugnação do registro de candidatos.*

Em resumo didático, podemos afirmar que:

a) Havendo coligação, a legitimidade até "o fim das eleições" será da coligação. Após a diplomação, a coligação é desfeita, assim será possível ao partido político propor as ações eleitorais.

b) Como já afirmamos, após "o fim das eleições" a coligação é desfeita, portanto, não tem mais legitimidade para interpor nenhuma das ações eleitorais, entretanto, não é esta a posição do TSE, que vem reiteradamente decidindo que:

> **A coligação detém legitimidade para ajuizar ações eleitorais, mesmo depois da realização das eleições, haja vista que os atos praticados durante o processo eleitoral podem repercutir até após a diplomação.** Precedentes. Agravo regimental não provido." (AgR-REsp –Agravo Regimental em Recurso Especial Eleitoral nº 3776232 – Santana de Parnaíba/SP; Acórdão de 13/10/2011; Relatora: Min. Fátima Nancy Andrighi; Publicação: *DJE – Diário de Justiça Eletrônico*, Tomo 211, Data 08/11/2011, p. 17).

6.2.15. *Análise da possibilidade de um partido político prosseguir com a ação proposta por uma coligação que foi extinta*

Extingue-se a coligação, entre outros motivos: (a) pelo distrato, ou seja, pelo desfazimento do pacto firmado por seus integrantes; (b) pela extinção de um dos partidos que a compõem, no caso de ser formada por dois; (c) pela desistência dos candidatos de disputar o pleito, sem que haja indicação de substitutos, pois nesse caso terá perdido seu objeto (TSE – Ac. nº 24.035, de 7-12-2004); e (d) com o fim das eleições para as quais foi formada, isto é, com a diplomação dos eleitos. [29]

Entendo que não há possiblidade jurídica de um partido político prosseguir com a ação proposta por uma coligação que foi extinta em virtude do desaparecimento da própria finalidade pela qual se constitui essa coligação, que é a de concorrer ao pleito.

6.2.16. *Requisitos para que o candidato possa propor a AIJE*

Veja essa questão elaborada em um concurso jurídico: *"Quais os requisitos para um candidato ser legitimado para propor uma AIJE?"*.

Há dois requisitos para que o candidato possa propor a AIJE:

a) indicação em convenção partidária; e

b) requerimento do registro de candidatura.

Importante destacar que há posições defendendo que "se após propor a ação o pré-candidato perde essa condição por meio da renúncia, substituição ou indeferimento do pedido de registro, não perderá a condição de legitimado, já que o preenchimento dos requisitos retro deve ser analisado no momento da propositura da ação".[30]

Com o devido respeito, entendemos de forma diversa, posto que no caso de o agente ativo da ação renunciar e ser substituído, tem seu registro indeferido ou os direitos políticos cassados ou suspensos, devendo a ação ser julgada extinta sem resolução de mérito por ilegitimidade superveniente da parte.

6.2.17. *Legitimidade passiva da AIJE*

a) Partido (*com divergência*)

b) O candidato ou pré-candidato que usou indevidamente, desviou ou abusou do poder econômico ou do poder de autoridade, ou utilizou de forma indevida veículos ou meios de comunicação social, em benefício próprio, de outro candidato ou de partido político.

---

[29] No mesmo sentido: GOMES, José Jairo. *Direito eleitoral*. 10. ed. São Paulo: Atlas, 2014. p. 501.

[30] No mesmo sentido: ESMERALDO, Elmana Viana Lucena, na monografia *Sistematização das ações tipicamente eleitorais*.

A terminologia "candidato" deve ser aferida em sentido amplo, ou seja, inclui também o pré-candidato, considerando aquele que atende a dois requisitos:

a) foi escolhido em uma convenção partidária; e

b) requereu o registro de sua candidatura.

c) O cidadão que **não é candidato** também pode figurar como parte passiva, no caso de participação ou coautoria nos atos irregulares do candidato. Veremos que a lei prevê, como consequência da procedência da **AIJE**, a sanção de inelegibilidade para as eleições a se realizarem nos 8 (oito) anos subsequentes à eleição em que se verificou e ainda haverá determinação da remessa dos autos ao Ministério Público Eleitoral para instauração de processo disciplinar, se for o caso, e de ação penal, ordenando quaisquer outras providências que a espécie comportar;

Há posição doutrinária defendendo que o partido político e a coligação são **pessoas jurídicas**, portanto, não podem figurar no polo passivo da AIJE, uma vez que, como veremos em item próprio, as consequências do julgamento procedente da ação (*inelegibilidade, cassação do registro ou diploma do candidato diretamente beneficiado, instauração de processo disciplinar, se for o caso, e processo-crime*) só podem ser aplicadas aos candidatos e a outras pessoas físicas que hajam contribuído para a prática do ato.

O TSE tem posição diferente: Súmula nº 40 do TSE: "*O partido político não é litisconsorte passivo necessário em ações que visem à cassação de diploma.*"

Outras pessoas jurídicas, como bancos, prefeituras, empreiteiras etc., não podem figurar no polo passivo da AIJE, tendo em vista o fato de a sanção imposta pela referida norma não os alcançar.

6.2.18. *Legitimidade passiva e a possibilidade de formação do litisconsórcio passivo necessário*

Sabemos, em consonância com o artigo 114 do novo Código de Processo Civil, que: "*O litisconsórcio será necessário por disposição de lei ou quando, pela natureza da relação jurídica controvertida, a eficácia da sentença depender da citação de todos que devam ser litisconsortes*".

Preconiza o parágrafo único do artigo 115 do novo Código de Processo Civil que: "*Nos casos de litisconsórcio passivo necessário, o juiz determinará ao autor que requeira a citação de todos que devam ser litisconsortes, dentro do prazo que assinar, sob pena de extinção do processo*".

Há na doutrina e jurisprudência grande divergência sobre a necessidade de formação de litisconsórcio passivo.

O debate é de extrema importância, pois caso seja necessária a formação do litisconsórcio passivo entre o titular e o vice, e a AIJE tiver sido interposta apenas contra o titular, o juiz eleitoral deverá determinar, nos termos do parágrafo único do artigo 115 do novo Código de Processo Civil e sob pena de extinção do processo sem resolução do mérito, que o autor complete o polo passivo da ação, promovendo a citação do vice.

Tal citação deve ser efetivada dentro do prazo de propositura da AIJE, ou seja, antes de consumada a decadência.

Para os devidos fins didáticos, vamos dividir o tema em três hipóteses práticas:

1ª hipótese: possibilidade de formação do litisconsórcio passivo entre o titular e o vice.

Há grande discussão sobre se é necessário ou facultativo o litisconsórcio passivo do candidato a titular nas eleições majoritárias (Prefeito, Governador, Presidente e Senador) com o candidato a vice ou com os suplentes de Senador.

O que a doutrina quer definir é se a AIJE pode ser requerida apenas em face do candidato a titular ou se deverá necessariamente incluir o vice ou suplente da chapa no polo passivo.

Confusa e insegura é a posição da doutrina e também no TSE, o tema é muito controvertido.

Em realidade, haverá litisconsórcio necessário quando, *por disposição de lei ou quando, pela natureza da relação jurídica controvertida, a eficácia da sentença depender da citação de todos que devam ser litisconsortes*, assim como a chapa é una e indivisível, conduz necessariamente à citação dos que possam ser alcançados pelo pronunciamento judicial, havendo, pois, a necessidade de formação do litisconsórcio necessário, já que é indispensável a citação do vice, em face da possibilidade de este sofrer os efeitos gravosos de eventual decisão condenatória.

É esta a atual posição dominante do **TSE,** no mesmo sentido:

> O Tribunal Superior Eleitoral, a partir do julgamento da QO-RCED 703/SC, decidiu que há litisconsórcio passivo necessário entre o titular e o vice da chapa majoritária nas ações eleitorais que possam implicar perda do registro ou do diploma. Na espécie, correto o acórdão regional ao reconhecer a decadência do direito de ação e extinguir o processo com resolução de mérito, com fundamento no art. 269, IV, do CPC, (Atual artigo 487 do Novo Código de Processo Civil) devido à ausência de citação tempestiva da candidata a vice-prefeito. 3. Agravo regimental não provido. (Agravo Regimental em Agravo de Instrumento nº 78337 (783-37.2012.616.0092), TSE/PR, Rel. João Otávio de Noronha. j. 11.03.2016, unânime, *DJE* 21.03.2016).

Súmula nº 38 do TSE: (*Nas ações que visem à cassação de registro, diploma ou mandato, há litisconsórcio passivo necessário entre o titular e o respectivo vice da chapa majoritária).*

2ª hipótese: possibilidade de formação do litisconsórcio passivo entre o titular e o cidadão que não é candidato, mas praticou o ilícito visando ao benefício deste.

Neste caso, não há controvérsia, a lide não será decidida de forma uniforme para o candidato e para o cidadão que praticou o ilícito visando ao benefício deste, portanto, não haverá necessidade da formação do litisconsórcio passivo necessário.

3ª hipótese: possibilidade de formação do litisconsórcio passivo entre o candidato e partido político ao qual ele é filiado.

Segundo a ótica da posição doutrinária dominante, não há litisconsórcio passivo necessário porque não há homogeneidade entre o destino do candidato e do partido político, uma vez que a AIJE causa como efeito a declaração de inelegibilidade e, dependendo do caso concreto, a cassação do registro, *in casu*, o partido político não será diretamente atingido, pois tem a possibilidade de substituir, no prazo legal, o candidato.

O TSE entende de forma diversa, vide Súmula nº 40:

> *"O partido político não é litisconsorte passivo necessário em ações que visem à cassação de diploma".*

4ª hipótese: possibilidade de formação do litisconsórcio passivo entre o candidato e as pessoas que eventualmente hajam contribuído para a prática do evento abusivo.

Consoante escólio de José Jairo Gomes (Edição 2016):[31]

> Admite-se a formação de litisconsórcio passivo, o qual é de cunho facultativo e simples. Facultativo, porque em sua formação não é imperioso que o candidato seja acionado conjuntamente com as pessoas que eventualmente hajam contribuído para a prática do evento abusivo.
>
> *"[...] 2. A AIJE não exige a formação de litisconsórcio passivo necessário entre o beneficiado e aqueles que contribuíram para a realização da conduta abusiva. Precedentes" [...] (TSE – AgR-AI no 1.307-34/MG –* DJe *25.04.2011, p. 51).*
>
> *"[...] II – O inciso XIV do art. 22 da LC no 64/90 não exige a formação de litisconsórcio passivo necessário entre o representado e aqueles que contribuíram com a realização do abuso" (TSE – RO no 722/PR, de 15-6-2004 –* DJ *20.08.2004, p. 125).*
>
> Simples, porque a lide não é necessariamente decidida de maneira homogênea ou uniforme para todos os litisconsortes. Com efeito, a sanção atinente à cassação de registro ou diploma só pode ser aplicada a candidato. Segundo se tem entendido:
>
> *"3. Na investigação judicial eleitoral, o litisconsórcio é simples, sendo a conduta de cada representado examinada de forma autônoma e independente, ainda que o fato que embasa a ação seja único, não se exigindo, necessariamente, que o julgamento deva ser uniforme em relação a todos os candidatos, como ocorre no litisconsórcio unitário" (TSE – RO no 782/SP, de 8-6-2004 – DJ 03.09.2004, p. 108).*

6.2.19. *Prazo para interposição da AIJE*

6.2.19.1. Prazo inicial

Veja essa questão elaborada em um concurso jurídico: *"Qual o prazo inicial de uma AIJE?"*

---

31 No mesmo sentido: GOMES, José Jairo. *Direito eleitoral*. 12. ed. São Paulo: Atlas, 2016.

Resposta: Adriano Soares da Costa[32] defende que AIJE só pode ser interposta após o registro da candidatura, *embora possa envolver fatos ocorridos anteriormente.*

Nossa posição: *data maxima venia* aos argumentos do ilustre doutrinador, mas entendemos que tal posição gera, no contexto prático, a consolidação de várias injustiças; imagine uma eleição em que o prefeito no mês de janeiro comece explicitamente o abuso de poder econômico. Pergunta-se: qual a razoabilidade lógica em ter de esperar o dia 8 de junho (*início das convenções*) ou o dia 5 de julho (*início dos registros*) do mesmo ano para entrar com a AIJE? Defender tal posição é negar à Justiça Eleitoral o poder de fazer cessar imediatamente o ato de abuso lesivo à plena normalidade das eleições, destarte, a democracia.

Edson de Resende[33] também critica a posição de Adriano Soares afirmando:

> *A solução do eleitoralista alagoano peca por negar à Justiça Eleitoral, pela via da investigação, a possibilidade de fazer cessar imediatamente a conduta abusiva tão logo verificada, providência das mais importantes, principalmente quando se leva em conta que o principal objeto dessa ação é a preservação da normalidade e legitimidade das eleições. Então, não faz qualquer sentido colocar a Justiça Eleitoral como mera espectadora do abuso de poder, que pode se alastrar por meses, para tomar providências apenas após o registro da candidatura.*

Portanto, entendemos que deve haver um marco inicial da origem dos fatos, qual seja, devem ser analisados os fatos originados **"a partir da data em que o representado se porta como se candidato fosse"** (***teoria da mera conduta***).

Registro que a última posição do TSE foi no sentido de que o **termo inicial para ajuizamento da AIJE é o registro de candidatura, *in verbis:***

> Eleições 2014. Ação de investigação judicial eleitoral. 1. Recurso especial recebido como recurso ordinário por versar a decisão recorrida matéria passível de ensejar a perda do mandato eletivo. 2. **O termo inicial para ajuizamento da AIJE é o registro de candidatura, não sendo cabível a sua propositura se não estiver em jogo a análise de eventual benefício contra quem já possua a condição de candidato, conforme interpretação do art. 22, inciso XIV, da LC nº 64/1990.** 3. A jurisprudência do TSE admite o exame de fatos ocorridos antes do registro de candidatura, motivo pelo qual não há que se falar em violação ao art. 5º, inciso XXXV, da CF/1988. 4. Negado seguimento ao recurso. (TSE: Recurso Ordinário nº 102-65.2014.6.13.0000 - Classe 37 - Belo Horizonte - Minas Gerais. Relator: Ministro Gilmar Mendes).

De qualquer forma, o TSE admite que a ação de investigação judicial eleitoral, fundada no art. 22 da LC nº 64/1990, tenha como objeto abuso ocorrido antes do início do período eleitoral.

---

32 *Op. cit.*

33 CASTRO, Edson de Resende. *Teoria e prática do direito eleitoral*. 2. ed. Belo Horizonte: Mandamentos, 2005. p. 310.

6.2.19.2. O prazo final

E o prazo final? Aqui há um pequeno problema, porque a lei não fixou um prazo final para interposição da **AIJE**.

Joel J. Cândido defende que a **AIJE** "*só pode ser ajuizada até o dia da eleição*".

▸ POSIÇÃO DIVERGENTE

Nossa posição: *data maxima venia* ao argumento do ilustre autor, mas entendemos que tal posição também gera, no contexto prático, consolidação de injustiças. Imagine se o abuso do poder econômico é realizado no dia da eleição e só é descoberto no dia seguinte. Não seria justo impedir o acesso à Justiça Eleitoral, deixando uma ilegalidade impune.

Alguns argumentam que tal impunidade não existe porque pode haver a interposição de uma AIME (Ação de Impugnação de Mandato Eletivo) com o prazo de 15 dias depois da diplomação, mas pergunto: e se o candidato não for eleito? Resposta: não haverá diplomação, portanto, não será possível a ação; mas se o candidato vencedor não tem interesse, o Ministério Público Eleitoral tem, pois o combate à corrupção eleitoral é matéria de ordem pública. O prazo final, *in casu*, será a data da **diplomação dos candidatos eleitos.**

No mesmo sentido é a posição do TSE:

> Ação de investigação judicial. Prazo para a propositura. **Ação proposta após a diplomação do candidato eleito.** Decadência consumada. Extinção do processo. A ação de investigação judicial do art. 22 da Lei Complementar nº 64/1990 pode ser ajuizada até a data da diplomação. Proposta a ação de investigação judicial após a diplomação dos eleitos, o processo deve ser extinto, em razão da decadência. (TSE, RP nº 628, Ac. nº 628; REsp nº 15.263; REsp nº 12.531 e Ac. nº 15.099)

Aspecto prático relevante I: ultrapassado o marco final – fixado na diplomação –, a parte legitimada decai do direito de ingressar com a ação em foco, não mais podendo ajuizá-la. Essa solução afina-se com o princípio da segurança jurídica. Visa impedir a ocorrência de demandas oportunistas, em épocas já recuadas da data do pleito, bem como obstar que as discussões a respeito dos acontecimentos em torno das eleições fiquem eternamente pendentes, o que carrearia instabilidade ao exercício dos mandatos.[34]

Aspecto prático relevante II: uma AIJE foi proposta no mesmo dia em que ocorria a diplomação, porém algumas horas depois do ato ter se efetivado. A diplomação deu-se às 09:30, enquanto a AIJE foi protocolada no Cartório Eleitoral às 13:25 do mesmo dia. Pergunta-se: houve decadência?

---

[34] No mesmo sentido: GOMES, José Jairo. *Direito eleitoral*. 11. ed. São Paulo: Atlas, 2014.

Resposta: o prazo *ad quem* é a data da diplomação, então a AIJE em comento seria tempestiva porque protocolada no mesmo dia do ato, porém depois deste em razão do horário de funcionamento do Cartório Eleitoral, que, geralmente, se inicia às 13h00.

Não é possível saber Direito Eleitoral sem a respectiva convivência prática, explica-se porque há uma certa confusão em um determinado segmento da doutrina eleitoral ao confundir "data da diplomação" com "horário da diplomação", fato que, "na prática", faz uma diferença enorme.

A AIJE deve ser proposta até a "data da diplomação", considerando como tal **"o dia"** da diplomação e não **"a hora"** da diplomação. O dia da diplomação é considerado o período de funcionamento do cartório eleitoral, ou seja, de 13h00 às 19h00.

6.2.20. *Competência para julgar a AIJE*

A **AIJE** deverá ser interposta:

a) na segunda instância, perante o Tribunal Superior Eleitoral, quando se tratar de candidato a presidente ou vice-presidente da República, através do corregedor-geral eleitoral;
b) na segunda instância, perante os Tribunais Regionais Eleitorais, quando se tratar de candidato a senador, governador e vice-governador de Estado e do Distrito Federal, deputado federal, deputado estadual e deputado distrital, através do corregedor-geral eleitoral; e
c) na primeira instância, quando se tratar de candidato a prefeito, vice-prefeito e vereador, através dos juízes eleitorais.

6.2.20.1. Competência e foro por prerrogativa de função

Não há foro por prerrogativa de função no âmbito das ações eleitorais.

6.2.21. *Dos efeitos da AIJE julgada procedente*

6.2.21.1. Efeitos principais

Veja essa questão elaborada em um concurso jurídico: *"Quais os efeitos do julgamento da AIJE?"*.

Resposta: Devemos considerar, para os devidos fins didáticos, duas hipóteses:

Primeira hipótese: Quando a **AIJE** for julgada procedente após a proclamação dos eleitos, terá como efeitos principais:

a) a decretação da inelegibilidade do representado e de quantos hajam contribuído para a prática do ato, cominando-lhes sanção de inelegibilidade para as eleições a se realizarem nos 8 (oito) anos subsequentes à eleição em que se verificou;
b) cassação do diploma do candidato diretamente beneficiado pela interferência do poder econômico ou pelo desvio ou abuso do poder de autoridade ou dos meios de comunicação; e

c) haverá também determinação da remessa dos autos ao Ministério Público Eleitoral para instauração de processo disciplinar, se for o caso, e de ação penal, ordenando quaisquer outras providências que a espécie comportar.

Segunda hipótese: Quando a **AIJE** for julgada procedente antes da proclamação dos eleitos, terá como efeitos principais:

a) a decretação da inelegibilidade do representado e de quantos hajam contribuído para a prática do ato, cominando-lhes sanção de inelegibilidade para as eleições a se realizarem nos 8 (oito) anos subsequentes à eleição em que se verificou;
b) cassação do registro do candidato diretamente beneficiado pela interferência do poder econômico ou pelo desvio ou abuso do poder de autoridade ou dos meios de comunicação;
c) haverá também determinação da remessa dos autos ao Ministério Público Eleitoral para instauração de processo disciplinar, se for o caso, e de ação penal, ordenando quaisquer outras providências que a espécie comportar; e
d) para o cidadão que não era candidato ao tempo da conduta irregular, haverá sanção de inelegibilidade para as eleições a se realizarem nos 8 (oito) anos subsequentes à eleição em que se verificou e ainda haverá determinação da remessa dos autos ao Ministério Público Eleitoral para instauração de processo disciplinar, se for o caso, e de ação penal, ordenando quaisquer outras providências que a espécie comportar.

Grave na sua memória nº 01: quanto ao termo inicial para a aplicação da sanção de inelegibilidade, ainda permanece válida a posição do TSE, firmada antes da reforma eleitoral:

> O prazo de inelegibilidade decorrente da condenação por abuso do poder econômico ou político tem início no dia da eleição em que este se verificou e finda no dia de igual número no oitavo ano seguinte (art. 22, XIV, da LC nº 64/90 e Súmula nº 19 do TSE).

Grave na sua memória nº 02: julgamento procedente de uma AIJE sempre acarreta decretação de inelegibilidade, portanto, mesmo que o candidato não seja eleito, a AIJE deve prosseguir.

No mesmo sentido, o entendimento dominante do **TSE:**

> Investigação judicial eleitoral: sua procedência leva sempre à declaração de inelegibilidade, seja a decisão anterior ou posterior à eleição (LC nº 64/1990, arts. 1º, I, *d*, e 22, XIV e XV: inteligência). (TSE,REsp nº 19.832, Ac. nº 19.832 e TSE, AREsp nº 19.701, p. 106)

Grave na sua memória nº 03: na eleição proporcional, só não é eleito quem não obtiver o quociente eleitoral, portanto, até os suplentes eleitos devem ter os diplomas cassados, pois, eventualmente, podem substituir o titular.

Grave na sua memória nº 04: solução para as candidaturas *jub judice*:

Quid iuris se a decisão que cassar o registro (já deferido) não transitar em julgado, mas for ratificada pelo Tribunal eleitoral antes do pleito? Se o candidato obtiver efeito suspensivo do recurso interposto ao Tribunal Superior, concorrerá ao certame com o registro *sub judice*. Ao final, sendo mantida a decisão recorrida, devem-se distinguir duas situações. Se o recorrente não for eleito: (a) nada impede seja aplicada a sanção de inelegibilidade; (b) há perda de objeto recursal quanto aos pedidos de cassação de registro e de diploma. Por outro lado, se o candidato for eleito, atende à lógica do sistema e à razoabilidade a conclusão, segundo a qual o não provimento do recurso depois das eleições, ou mesmo da diplomação, retroagirá, atingindo o registro, tornando insubsistente a diplomação e, consequentemente, desconstituindo o mandato. É que, nesse caso, o candidato concorreu sob a condição de o recurso ser provido, assumindo, portanto, o risco de não sê-lo. E não se pode considerar regular e legítima a eleição de candidato que, ao final, não teve mantido o registro.[35]

6.2.21.2. Efeito secundário

Além da decretação de inelegibilidade, cassação do registro ou diploma, a procedência do pedido acarreta a declaração de nulidade dos votos efetivados ao representado (Fundamentação legal: art. 222 c.c. art. 224 c.c. art. 237 do Código Eleitoral).

6.2.21.3. A impossibilidade de o efeito da procedência da AIJE ser somente a inelegibilidade

José Jairo Gomes define uma hipótese em que seria possível o efeito da AIJE ser somente "a inelegibilidade". Disserta o renomado autor:

> Note-se que a inelegibilidade, enquanto viger, impede o sentenciado de concorrer a outro pleito; significa que não poderá ser eleito a outro cargo político-eletivo. Sendo ela a única sanção aplicada, só pode atingir "as eleições a se realizarem nos 8 (oito) anos subsequentes à eleição em que se verificou" (LC no 64/90, art. 22, XIV). Em tese, portanto, tal sanção não obstrui o exercício do mandato conquistado na própria eleição em que foi isoladamente imposta, tampouco cria embaraço à filiação partidária, nem à cidadania ativa (o inelegível deve votar). Esses só são afetados se houver suspensão ou perda de direitos políticos, nos termos do artigo 15 da Lei Maior.

E arremata:

> Assim, apesar de a sentença declarar a ocorrência de abuso de poder e firmar a inelegibilidade do candidato-réu pelo período de oito anos, mantêm-se incólumes o diploma e o mandato! Tem-se aqui legítima pérola da leniência

---

35 No mesmo sentido: GOMES, José Jairo. Direito eleitoral. 10. ed. São Paulo: Atlas, 2014. p. 566.

brasileira. Nesse contexto, a decretação isolada de inelegibilidade constituiria medida de pouco alcance, pois o mandato conquistado com abuso de poder não seria afetado. Para que isso não ocorra, é preciso ter sempre o cuidado de se inserir no pedido inicial e no dispositivo da sentença ou do acórdão a cassação do diploma.[36]

Com o devido respeito, entendo que é juridicamente impossível um julgamento procedente de uma AIJE por poder econômico ou pelo desvio ou abuso do poder de autoridade ou dos meios de comunicação cominar apenas a sanção de inelegibilidade. Tal convicção é formada por dois motivos:

a) o princípio da *emendatio libelli* civil eleitoral preconiza que o juiz eleitoral não está vinculado ao pedido exposto na petição inicial, assim as consequências da procedência das ações eleitorais podem ser livremente aplicadas pelo julgador ainda que não requeridas na exordial;
b) o próprio inciso XIV do art. 22 da LC nº 64/1990 é peremptório ao estipular que na sanção deve cominar a declaração de inelegibilidade "*além da cassação do registro ou diploma do candidato diretamente beneficiado pela interferência*".

6.2.22. *Dos efeitos dos recursos interpostos da sentença que julga a AIJE*

6.2.22.1. Efeito do recurso que julga a AIJE quando esta é usada para apurar uso indevido, desvio ou abuso do poder econômico ou do poder de autoridade, ou utilização indevida de veículos ou meios de comunicação social, em benefício de candidato ou de partido político

Quanto ao efeito do recurso que julga a AIJE, precisamos fazer uma diferença:

a) Nas eleições municipais, os efeitos não são imediatos. O efeito será o suspensivo em conformidade com o art. 15 da Lei Complementar nº 64/1990, *in verbis:*

> Transitada em julgado ou publicada a decisão proferida por órgão colegiado que declarar a inelegibilidade do candidato, ser-lhe-á negado registro, ou cancelado, se já tiver sido feito, ou declarado nulo o diploma, se já expedido.
> Parágrafo único. A decisão a que se refere o *caput*, independentemente da apresentação de recurso, deverá ser comunicada, de imediato, ao Ministério Público Eleitoral e ao órgão da Justiça Eleitoral competente para o registro de candidatura e expedição de diploma do réu.

Para que a sentença seja efetivada, será necessário o trânsito em julgado, ou seja, confirmada por um órgão colegiado (TRE).

---

36 No mesmo sentido: GOMES, José Jairo. *Direito eleitoral*. 10. ed. São Paulo: Atlas, 2014. p. 566.

b) Nas eleições estaduais e federais, o julgamento ocorrerá em um órgão colegiado, portanto, os efeitos são imediatos.

6.2.23. *Questões importantes sobre o procedimento da AIJE*

Veja essas questões elaboradas em concursos jurídicos:

1. "Na hipótese de litisconsórcio passivo necessário existente entre prefeito e vice, quantas testemunhas podem ser arroladas?".

Resposta: o número total das testemunhas de todos os integrantes do litisconsórcio passivo necessário não pode passar de 06 *(seis).*

A Lei Complementar nº 64/90, em seu art. 22, inciso V, foi bem clara:

> Findo o prazo da notificação, com ou sem defesa, abrir-se-á prazo de 5 (cinco) dias para inquirição, em uma só assentada, de testemunhas arroladas pelo representante e pelo representado, **até o máximo de 6 (seis) para cada um**, as quais comparecerão independentemente de intimação.

No mesmo sentido, o TSE:

> 1. A limitação do número de testemunhas – 6 (seis) testemunhas para cada parte, independentemente da quantidade de fatos e do número de recorrentes ou de recorridos, se mostra adequada à harmonização do princípio do devido processo legal.
> 2. Aos recorrentes incumbe provar suas alegações com as 6 (seis) testemunhas expressamente indicadas na inicial. Mesmo número franqueada aos recorridos para sustentar sua versão dos fatos em harmonia com o princípio da paridade de armas.
> 3. À luz do princípio da indivisibilidade da chapa única majoritária, **nem a presença do vice na relação processual nem a formação de litisconsórcio, seja no polo ativo, seja no polo passivo, autorizam arrolar testemunhas acima do permissivo legal, pois o mandato do vice é regido por uma relação jurídica de subordinação ao mandato do prefeito**. (REsp nº 25.839/PI, rel. Min. Cesar Asfor Rocha).' (TSE-RCED nº 671 – Ac. Rel. Min. Carlos Augusto Ayres Britto, publicado no *DJ*, volume 1 em 11/12/2007, p. 140).

No contexto prático, o juiz pode despachar no sentido de os representados adequarem o número das testemunhas ao máximo legal.

2. *Há expedição de carta precatória no direito eleitoral?*

Resposta: não, no direito eleitoral, vige o princípio da celeridade eleitoral. É este princípio que torna a Justiça Eleitoral a mais célere do Brasil. O princípio veda a procrastinação dos feitos e faz com que as decisões eleitorais sejam tomadas de forma rápida, evitando-se delongas para fases posteriores à data da diplomação.

No mesmo sentido, o TSE:

> O art. 22, V, da Lei Complementar nº 64/90, prescreve que o comparecimento das testemunhas arroladas pelas partes se dá independentemente de intimação,

sendo desnecessária a expedição de carta precatória. [...]." (Ac. de 1º.6.2010 no AgR-REspe nº 35.932, rel. Min. Aldir Passarinho Junior).

3. É possível a decretação de revelia e confissão em sede de AIJE?

Resposta: Sendo necessária, para procedência da AIJE, prova inconcussa dos fatos tidos como violadores do texto legal, não é cabível a decretação de revelia ou confissão tácita.

Posicionamento majoritário do TSE:

> 1. Na ação investigatória judicial, instaurada para os fins do art. 22 da Lei Complementar nº 64/1990, **descabe a decretação de revelia e confissão**, por depender a procedência da representação de prova inconcussa dos fatos tidos como violadores do texto legal, sendo o procedimento probatório inteiramente independente da formalização tempestiva e adequada da defesa dos representados. 2. A configuração do abuso do poder econômico exige prova inconcussa. Precedentes. Recurso ordinário desprovido (TSE, RO nº 382; Ac. nº 382).

4. O prazo para que o Ministério Público Eleitoral apresente as alegações finais na AIJE é em comum?

Resposta: A LC nº 64/90, em seu art. 22, inciso, X:

> *Encerrado o prazo da dilação probatória, as partes, inclusive o Ministério Público, poderão apresentar alegações no prazo comum de 2 (dois) dias;*

Conferir TSE:

> O prazo comum para manifestação das partes, previsto no art. 22, X, da LC nº 64/90, não lhes acarreta prejuízo ao princípio do contraditório. (No mesmo sentido: RO 749 DF. Relator(a): JOSÉ AUGUSTO DELGADO. Julgamento: 16.05.2006. Publicação: *DJ* – Diário de Justiça, Data 08.08.2006, p. 114).

No direito eleitoral, diferentemente do processo penal, o prazo é comum e corre em cartório para "as partes". Neste sentido, entendemos que:

a) se o Ministério Público "*for parte*", o prazo correrá de forma comum em cartório;
b) se o Ministério Público estiver agindo na condição de "*custos legis*", deve apresentar parecer logo após a manifestação das partes.

No mesmo sentido, a jurisprudência:

> **Padece de nulidade a sentença no que pertine à ausência de manifestação ministerial, uma vez que, no caso, o Promotor de Justiça Eleitoral atua na condição de custos legis, sendo-lhe conferida a prerrogativa de se manifestar após o oferecimento das alegações finais pelas partes, nos termos do inciso X do art. 22 da LC 64/90, que deve ser interpretado em consonância com o disposto no inciso XIII do mesmo artigo e com o art. 24, também da mencionada Lei Complementar.** A falta de intimação do advogado de

> um dos recorridos quanto ao conteúdo da sentença e para apresentação de contrarrazões configura vício passível de conhecimento de ofício, por se tratar de nulidade absoluta. 5. Cassação da sentença para concessão do prazo de 48 (quarenta e oito) horas ao Promotor de Justiça Eleitoral para apresentação de parecer após as alegações finais apresentadas pelas partes. (Recurso Eleitoral nº 3278, TRE/GO, São Luís dos Montes Belos, Rel. Urbano Leal Berquo Neto. j. 15.12.2005, unânime, *DJ* 12.01.2006). Referência Legislativa: Leg. Fed. Lei nº 9.504/97 (LE – Lei das Eleições) Leg. LC nº 64/90 Leg. Fed. Lei Ordinária nº 5.869/73. Constituição Federal/88 (grifou-se).

6.2.24. *A AIJE e a potencialidade lesiva*

Veja essa questão elaborada em um concurso jurídico: *"Na AIJE, exige-se a averiguação da potencialidade lesiva?".*

Resposta: Antes da reforma eleitoral, na AIJE seria necessário apurar se a conduta irregular foi suficiente para desequilibrar a igualdade de condições dos candidatos à disputa do pleito, ou seja, se foi decisiva para influenciar o resultado geral da eleição. Portanto, para que a AIJE fosse julgada procedente, não era suficiente a prova da ocorrência do alegado, seria imperiosamente salutar provar a potencialidade lesiva, é dizer, se a conduta ilícita teve potencialidade de influenciar na lisura e resultado do pleito.

Agora não há mais necessidade da demonstração da *potencialidade lesiva*, pois a Lei Complementar nº 135, de 4.6.2010, acrescentou o inciso XVI no art. 22 da LC 63/90, *in verbis:*

> XVI – para a configuração do ato abusivo, não será considerada a potencialidade de o fato alterar o resultado da eleição, mas apenas a gravidade das circunstâncias que o caracterizam.

Dessa forma, não se exige mais a potencialidade no sentido da necessidade da influência do evento para desequilibrar as eleições. Contudo, exige-se a proporcionalidade, no sentido de que a sanção seja proporcional à conduta e à lesão, afastando-se, excepcionalmente, a irregularidade de pequena monta.[37]

6.2.25. *A AIJE e o não cabimento do julgamento antecipado da lide*

Veja essa questão elaborada em um concurso jurídico: *"Na AIJE é possível o julgamento antecipado da lide?".*

Resposta: O julgamento antecipado da lide em sede de AIJE é tema controvertido na jurisprudência do TSE. Em algumas hipóteses, o TSE não admitiu,

---

[37] No mesmo sentido do texto: PELEJA JÚNIOR, Antônio Veloso; TEIXEIRA BATISTA, Fabrício Napoleão. *Direito processual*: aspectos Processuais, ações e recursos. Curitiba: Juruá, 2010. p. 159.

alegando que impossibilitaria a apuração dos fatos e afrontaria o devido processo legal. (Precedentes: Acórdãos nº 19.419, de 16.10.2001, Relator Ministro Sepúlveda Pertence, e nº 20.087, de 20.05.2003, Relator Ministro Fernando Neves. Recurso Especial Eleitoral nº 25628, TSE/MT, Sorriso, Rel. Min. Gilmar Ferreira Mendes. j. 16.03.2006, unânime, *DJ* 11.04.2006).

Entendo que, em atendimento ao princípio da celeridade dos efeitos eleitorais, é plenamente possível o julgamento antecipado da lide em uma única hipótese, *quando não houver necessidade de produção de outras provas* (*art. 355 do Novo CPC*).

Quanto ao julgamento antecipado da lide por revelia (*NCPC, artigo 355, inciso II*), não é juridicamente possível no direito eleitoral, pois, em sede de AIJE, a ausência de contestação não revela como verdadeiros os fatos afirmados pelo autor, em virtude de a matéria ser de ordem pública.

Seguem alguns julgados do TSE admitindo o julgamento antecipado da lide:

> Não obstante prevista dilação probatória no rito da investigação judicial (Lei Complementar nº 64/90, art. 22, I, a), esta se dará tão somente quando cabível. Dispensável quando a apreensão dos fatos submetidos ao exame da Justiça Eleitoral reclamar prova exclusivamente documental, já produzida nos autos. (Acórdão RP de 05.11.2002. Processo RP nº 404)
> Não há cerceamento de defesa no indeferimento motivado de produção de provas consideradas desnecessárias ao processo. Não se apresenta, portanto, violação dos arts. 5º, LV, da CF/88 e 330, I, do CPC. (Atual artigo 335 do Novo Código de Processo Civil). (Agravo Regimental em Recurso Especial Eleitoral nº 69125, TSE/MG, Rel. Fátima Nancy Andrighi. j. 13.10.2011, unânime, *DJe* 10.11.2011).

6.2.26. *A prova pré-constituída na AIJE*

Não é necessária a prova pré-constituída na AIJE. Neste sentido, o TSE:

> Vislumbra-se o entendimento, que é pacífico na doutrina e na jurisprudência, que para o ajuizamento da Ação de Investigação Judicial Eleitoral não se faz necessária prova pré-constituída, sendo suficiente a apresentação de indícios. Por conseguinte, a comprovação dos fatos tidos como ilícitos eleitorais será feita na instrução processual, por meio do devido processo legal e do contraditório. (Recurso Eleitoral nº 167548, TRE/PA, Rel. Eva do Amaral Coêlho. j. 09.04.2013, unânime, *DJe* 18.04.2013)

6.2.27. *Crime eleitoral na arguição de inelegibilidade de má-fé*

Constitui crime eleitoral a arguição de inelegibilidade, ou a impugnação de registro de candidato feito por interferência do poder econômico, desvio ou abuso do poder de autoridade, deduzida de forma temerária ou de manifesta má-fé.

6.2.28. *A AIJE e os recursos*

Os recursos são interpostos em consonância com a espécie de eleição, a saber:

1. Eleições municipais

a) Recurso cabível da decisão do juiz eleitoral

Da decisão proferida pelo juiz eleitoral em sede de AIJE, cabe embargo de declaração (vide artigo 275 do Código Eleitoral) e recurso inominado (vide artigo 265 do Código Eleitoral) no prazo de três dias para o TRE.

b) Recurso cabível da decisão do TRE

Da decisão do TRE que julgar procedente ou improcedente a ação de investigação judicial eleitoral, caberão embargo de declaração (vide artigo 275 do Código Eleitoral) e Recurso Especial para o TSE, com fundamento no art. 121, § 4º, I e II, da Constituição Federal c. c. o art. 276, I, do Código Eleitoral.

c) Recurso cabível da decisão do TSE

Da decisão do Tribunal Superior Eleitoral, caberão embargo de declaração (vide artigo 275 do Código Eleitoral) e Recurso Extraordinário ao Supremo Tribunal Federal desde que a decisão seja contrária à Constituição Federal, *ex vi* do art. 121, § 3º, da Constituição Federal. O prazo para interposição é de 3 (três) dias contados a partir da publicação do acórdão em sessão, nos termos do art. 11, § 2º, e 14 da LC 64/90 e nos termos da Súmula nº 728, STF.

2. Eleições nacionais

Nas eleições para presidente, a AIJE tramita em segundo grau de jurisdição no Tribunal Superior Eleitoral, assim, da decisão que julgar procedente ou improcedente a ação de investigação judicial eleitoral, caberão embargo de declaração (vide art. 275 do Código Eleitoral) e Recurso Extraordinário ao Supremo Tribunal Federal, desde que a decisão seja contrária à Constituição Federal, *ex vi* do art. 121, § 3º, da Constituição Federal.

O prazo para interposição é de 3 (três) dias contados a partir da publicação do acórdão em sessão, nos termos do art. 11, § 2º, e 14 da LC 64/90 e nos termos da Súmula nº 728, STF.

6.3. AIME (Ação de Impugnação de Mandato Eletivo)

6.3.1. Para que serve a AIME

A AIME é uma ação eleitoral de índole constitucional, que tem como principal escopo efetivar uma decisão declaratória de perda do mandato eletivo auferido com vício insanável, portanto, a presente ação servirá para combater:

a) o abuso do poder econômico;

b) a corrupção;

c) a fraude.

a) O abuso do poder econômico

Haverá abuso do poder econômico sempre que determinada candidatura for impulsionada por meios econômicos que causem desequilíbrio na obtenção de votos, comprometendo a igualdade da disputa eleitoral, conspurcando a normalidade e a própria legitimidade do pleito.

Responda esta questão elaborada em um concurso jurídico: Tício cometeu abuso de poder político. Pergunta-se: é possível interpor uma AIME para combater o abuso de poder político?

Resposta: há 03 posições:

a) Posição restritiva:

Távora Niess defende que a AIME *"somente pode ser exercida quando a exorbitância de poder se externar por uma de suas formas – a econômica – por ordem direta da Constituição (art. 14, § 10)."*

b) Posição ampliativa:

Djalma Pinto defende que: *"conquanto não se reporte o texto constitucional ao abuso de poder político, sua ocorrência também enseja a propositura da ação de impugnação de mandato"*.

c) Posição mista:

Nossa posição: A expressão "abuso do poder econômico" tem interpretação restritiva, portanto, não podemos usar a AIME com escopo de combater o abuso de poder político, o abuso de poder de autoridade e uso indevido dos meios de comunicação social, que como já estudamos são objetos da AIJE.

Responda esta questão elaborada em um concurso jurídico:

Tício 01 (um) ano antes da eleição cometeu abuso de poder econômico. Pergunta-se: é possível interpor uma AIME se o abuso de poder econômico não foi cometido durante o processo eleitoral propriamente dito?

Resposta: sim, o abuso do poder econômico pode ter ocorrido antes do início do processo eleitoral. Havendo lesão ao objeto jurídico tutelado e demonstrado a gravidade do fato, é possível interpor a **AIME.**

b) Corrupção

Na lição de Emerson Garcia,[38] configura corrupção o oferecimento de vantagem indevida a outrem para que pratique ato defeso em lei; omita-se quando devia agir; ou aja com fins distintos daqueles previstos na norma; o mesmo ocorrendo se a conduta foi desencadeada em razão de solicitação feita pelo agente que detinha competência para a prática do ato. A vantagem indevida pode consistir em pecúnia, favorecimento pessoal etc.

Responda esta questão elaborada em um concurso jurídico:

O promotor de justiça interpôs uma Ação Civil Pública com objetivo de condenar Tício por desvios de recursos financeiros destinados a programas sociais ocorrido no período em que o réu exercia o cargo de prefeito.

---

[38] GARCIA, Emerson. *Abuso de poder nas eleições*: meios de coibição. 3. ed. Rio de Janeiro: Lumen Juris, 2006.

Posteriormente, Tício foi reeleito prefeito da cidade X, e o promotor de justiça interpôs, pelos mesmos fatos, uma AIME alegando que houve corrupção.

Solução jurídica: a AIME deve ser julgada improcedente. A corrupção a que se refere o § 10 do art. 14 da CF é aquela ligada a práticas eleitorais, portanto, segundo o TSE não teria cabimento a AIME se a ação tem como fundamento suposto desvio de recursos financeiros destinados a programas sociais ocorrido no período em que o réu exercia o cargo de prefeito, ou seja, atos de corrupção administrativa e não eleitoral.[39]

No mesmo sentido o TSE:

> A ação tem como fundamento suposto desvio de recursos financeiros destinados a programas sociais ocorrido no período em que o réu exercia o cargo de prefeito, ou seja, atos de corrupção administrativa, hipótese que não se encontra entre aquelas capazes de embasar a referida ação, uma vez que a corrupção a que se refere o § 10 do art. 14 da CF é aquela ligada a práticas eleitorais. (Ac. nº 16.085, de 5.10.99, rel. Min. Eduardo Alckmin.)

Impende registrar que a AIME pode ser usada para combater captação ilícita de sufrágio, pois esta também se enquadra no conceito de corrupção eleitoral.

No mesmo sentido o TSE:

> **Captação irregular de sufrágio e abuso do poder econômico e político que podem ser examinados em sede de ação de impugnação de mandato eletivo.** (Ac. de 5.10.2006 no REsp nº 25.986, rel. Min. José Delgado.).

Responda esta questão elaborada em um concurso jurídico:

Tício ofereceu dinheiro a Mévio para que votasse no nº (...) no dia da eleição. Durante a apuração do fato, provou-se que Mévio era eleitor de outro município, portanto, não poderia votar. Pergunta-se:

a) houve crime eleitoral?;

b) houve corrupção que pode ser causa de pedir de uma AIME?

Resposta: vamos cindir a resposta em duas:

a) Não houve crime, neste sentido:

A oferta de votos para quem não é eleitor constitui crime impossível. (Conferir: TRE-PB- HC nº 226)

A oferta de votos para quem é eleitor, mas não vota no município do corruptor, também constitui crime impossível. (Conferir: TRE-SC, HC nº 545).

b) Zílio defende que "A corrupção, de seu turno, é negócio ilícito caracterizado pela relação personalidade entre o corruptor e o corrompido. Corrupção tem sentido largo, mas pode ser conceituada como o oferecimento ou promessa de qualquer vantagem para a prática de ato vedado por lei.

---

[39] No mesmo sentido: Ac. nº 16.085, Rel. Min. Eduardo Alckmin, 05.10.1999.

Ao contrário do crime previsto no art. 299 do CE, que tem roupagem estrita, a corrupção, para fins de AIME, não precisa, necessariamente, ter como finalidade a obtenção ou promessa de voto ou de abstenção. Neste norte, configura-se a corrupção se determinado candidato entrega dinheiro para que alguém, ainda que não eleitor (v. g., porque está com seus direitos políticos suspensos), impeça que meio de locomoção requisitado pela Justiça Eleitoral efetue o transporte dos eleitores, impedindo o exercício do voto".

c) **A fraude eleitoral**

Responda esta questão elaborada em um concurso jurídico:

Tícia foi candidata apenas para preencher o percentual de candidaturas para cada sexo. No final da eleição, comprovou-se: Tícia não obteve nenhum voto, pergunta-se: é possível a interposição de uma AIME por fraude?

Resposta: Provado que a estratégia foi fazer a reserva mínima de percentual de candidaturas para cada sexo, apenas "formalmente", estará caracterizada fraude eleitoral que pode ser alegada em sede de AIME (Ação de Impugnação de Mandato Eletivo).

Responda esta questão elaborada em um concurso jurídico:

Tício fraudou a transferência do domicílio eleitoral de várias pessoas. Pergunta-se: a fraude na transferência do domicílio eleitoral pode ser causa de pedir em uma AIME?

Resposta: Zílio indaga e responde: E a fraude, caracterizada como transferência de domicílio, pode ser discutida em AIME? O TSE já se manifestou pela impossibilidade de discutir fraude em transferência de domicílio eleitoral em AIME (Agravo Regimental em Recurso Especial Eleitoral nº 24.806 – Rel. Luiz Carlos Madeira – j. 24.05.2005). Como a fraude, para fins eleitorais, se configura quando traz reflexos no processo na votação ou apuração de votos, entende-se necessário traçar uma distinção: a fraude em transferência de domicílio eleitoral de candidato, de per si, não deve ser atacada através de AIME, já que nenhum reflexo trará sobre a normalidade do pleito, devendo a matéria ser arguida através de AIRC ou RCED (art. 262, I, do CE); no entanto, a fraude no domicílio eleitoral de considerável parcela do corpo de eleitores de uma circunscrição, cujo voto tenha sido relevante para a eleição de determinado candidato, deve ser admitida como causa petendi na AIME.

6.3.2. *Previsão legal da AIME*

A AIME é prevista no art. 14, §§ 10 e 11, da Constituição Federal, *in verbis:*

> *"O mandato eletivo poderá ser impugnado ante a Justiça Eleitoral no prazo de quinze dias contados da diplomação, instruída a ação com provas de abuso do poder econômico, corrupção ou fraude".*

1. **O bem tutelado na AIME**

Uma eleição livre e imune de quaisquer irregularidades e vícios é aspiração de todo regime democrático, portanto, o bem jurídico tutelado pela AIME é a normalidade e legitimidade das eleições.

2. A AIME e o segredo de justiça

Fazendo uma interpretação sistemática (art. 14 § 11º conjugado com o art. 93, inciso IX) defendemos que o trâmite da ação de impugnação de mandato eletivo deve ser realizado em segredo de justiça, mas o seu julgamento deve ser público.

3. Legitimidade ativa da AIME

A legitimidade da AIME não foi prevista pela Constituição Federal, mas entendemos que podem propor esta espécie de AIME:

a) Partidos Políticos

Diferentemente das outras ações eleitorais, o partido político, ainda que tenha disputado a eleição coligado, tem legitimidade para isoladamente interpor a AIME. Lembre-se que a AIME é interposta após a diplomação e, neste momento, não há mais coligações na disputa do pleito eleitoral.

b) Candidatos eleitos ou não

Entendemos que como a AIME é proposta fora do processo eleitoral, e, em momento que tecnicamente não existe mais candidatos, não é possível o candidato interpor a ação em comento.

O TSE entende de forma contrária conferindo legitimidade ativa até ao candidato não eleito:

> Candidato classificado em segundo lugar em pleito majoritário tem inegável interesse jurídico de recorrer na AIME proposta pelo Ministério Público Eleitoral, pois o desfecho da lide determinará sua permanência definitiva ou não na chefia do Poder Executivo Municipal, a par de ser, também, legitimado, segundo art. 22 da LC nº 64/1990, a propor a AIME. Portanto, ele ostenta a qualidade de assistente litisconsorcial e, como tal, tem poderes processuais autônomos em relação à parte assistida, inclusive para recorrer quando esta não interpuser recurso. (...) (TSE – Embargos de Declaração em REsp nº 28.121, Ac./RR, Rel. Min. Felix Fisher, j. 26.06.2008, *DJ* 07.08.2008, p. 20).

c) Ministério Público Eleitoral

No mesmo sentido:

> O Ministério Público, por incumbir-lhe a defesa da ordem jurídica, do regime democrático e dos interesses sociais e individuais indisponíveis (art. 127 da CP), é parte legítima para, em face da desistência da AIME pelo autor, assumir a sua titularidade e requerer o prosseguimento do feito. A AIME, ressalvadas apenas as peculiaridades inerentes à sua natureza e ao próprio processo eleitoral, submete-se ao rito ordinário, sendo, portanto, de quinze dias o prazo de resposta (Rec. Ordinário nº 04/DF).

d) O cidadão

Consoante posição dominante do TSE:

> O requerente é eleitor e não tem legitimidade para o ajuizamento de ação de impugnação de mandato eletivo ou do recurso contra expedição de diploma, por isso inviável a aplicação da regra da fungibilidade. (Res. nº 21.355, Ac. nº 21.095 e Acórdão nº 11.835/1994).

e) As coligações

Entendemos que as coligações não têm legitimidade para propor a AIME, e o motivo é muito simples, o prazo inicial para propositura da AIME é de 15 dias, contados da diplomação, neste período, não há mais coligações, cuja existência válida só perdura até a eleição.

Informo que não é este o entendimento do TSE, que, reiteradamente, vem decidindo que:

> *"As coligações partidárias têm legitimidade para a propositura de ação de impugnação de mandato eletivo, conforme pacífica jurisprudência desta Corte"* (Acórdão nº 19.663 e Ac. nº 4.410).

4. Legitimidade passiva da AIME

Segundo o entendimento doutrinário dominante da doutrina, a legitimidade passiva é o candidato que se **elegeu,** beneficiando-se do abuso do poder econômico, de corrupção ou fraude.

Responda esta questão elaborada em um concurso jurídico:

Tício disputou a eleição de deputado estadual, não foi eleito, mas ficou como suplente. Pergunta-se: é possível interpor uma AIME contra Tício?

Resposta: ao contrário do entendimento doutrinário dominante, entendemos que a legitimidade passiva da AIME não é o candidato que se elegeu, e sim todo aquele que for diplomado, portanto, também figura no polo passivo da AIME o suplente, pois ele é diplomado no mesmo ato dos eleitos e pode entrar no exercício do mandato no caso de cassação do diploma do titular.

No mesmo sentido, o TSE:

> Impugnação de mandato. Suplente. Embora não seja titular de mandato, o suplente encontra-se titulado a substituir ou suceder quem o é. A ação de impugnação de mandato poderá, logicamente, referir-se, também, ao como tal diplomado. (Ac. nº 1.130, de 15.12.98, rel. Min. Eduardo Ribeiro; no mesmo sentido o Ac. de 23.4.2009 no RO nº 1.515, rel. Min. Fernando Gonçalves.)

Responda esta questão elaborada em um concurso jurídico:

Tício disputou a eleição ao cargo de prefeito e não foi eleito, logo após as eleições o partido de Tício interpôs uma AIME com o objetivo de cassar o diploma do prefeito eleito. Apresente a solução jurídica.

Atenção: Aqui reside uma das principais diferenças entre a AIJE e a AIME: observe que esta só pode ser interposta contra o candidato que foi diplomado.

4.1 Análise da possibilidade de existência de litisconsórcio passivo necessário entre o titular e o vice na eleição majoritária

Responda esta questão elaborada em um concurso jurídico:

Tício disputou a eleição ao cargo de prefeito e foi eleito. Catorze dias após as eleições, Mévio, prefeito que perdeu as eleições, interpôs uma AIME contra

o prefeito diplomado. Pergunta-se: o que o juiz deve fazer no primeiro contato com a exordial?

Resposta: havendo litisconsórcio passivo necessário entre o titular e o vice na eleição majoritária, o juiz deve ordenar ao autor que promova a citação de todos os litisconsortes necessários, dentro do prazo que assinar, sob pena de declarar extinto o processo.

A matéria sempre foi muito controvertida no próprio TSE, em um primeiro momento a Egrégia Corte adotou a tese da necessidade de litisconsórcio necessário entre titular e vice, posteriormente, adotou a "*A teoria da subordinação do destino eleitoral do vice ao fado do titular*", negando a tese de litisconsórcio passivo necessário.[40]

O litisconsórcio será necessário por disposição de lei ou quando, pela natureza da relação jurídica controvertida, a eficácia da sentença depender da citação de todos que devam ser litisconsortes, assim como a chapa é una e indivisível, conduz necessariamente à citação dos que possam ser alcançados pelo pronunciamento judicial, havendo, pois, a necessidade de formação do litisconsórcio necessário, já que é indispensável a citação do vice, em face da possibilidade de este sofrer os efeitos gravosos de eventual decisão condenatória.

Esta é a nova posição dominante do **TSE** adotada nas últimas eleições, no mesmo sentido:

Súmula nº 38 do TSE: (*Nas ações que visem à cassação de registro, diploma ou mandato, há litisconsórcio passivo necessário entre o titular e o respectivo vice da chapa majoritária).*

4.2 Análise da possibilidade de existência de litisconsórcio passivo entre os candidatos e o partido

Responda esta questão elaborada em um concurso jurídico:

Tício disputou a eleição ao cargo de prefeito e foi eleito. Dois dias após as eleições, Mévio, prefeito que perdeu as eleições, interpôs uma AIME contra o prefeito e o vice em virtude do princípio da unicidade da chapa. Pergunta-se: sendo o mandato do partido e não do candidato, deve o partido ser citado para integrar a lide?

A doutrina dominante defende que não há litisconsórcio passivo entre os candidatos eleitos e o partido político, podendo este exercer no máximo a assistência litisconsorcial (Edson de Resende, Pedro Henrique Távora, Lauro Barreto, entre outros).

É também a posição jurisprudencial dominante:

> *"O litisconsórcio necessário entre o candidato e o partido pelo qual concorreu às eleições somente incide na hipótese de pedido de perda de mandato por infi-*

---

40 No mesmo sentido:*REsp* nº 19.540/MS,REsp nº 19.587/GO,REsp nº 15.817/ES, AgRgREsp nº 15.597/ES,REsp nº 19.540/MS, MS nº 2.672/MA,REsp nº 19.463;REsp nº 21.148/MG, AgRgREsp nº 19.342.

> *delidade partidária" (Recurso Ordinário nº 1.589 – Rel. Ricardo Lewandoswki – j. 12.11.2009).*
> *"O partido político não detém a condição de litisconsorte passivo necessário nos processos que resultem na perda de diploma ou mandato pela prática de ilícito eleitoral" (Recurso Ordinário nº 2.369 – Rel. Arnaldo Versiani – j. 25.05.2010)*

Posição do TSE: Súmula nº 39 (*Não há formação de litisconsórcio necessário em processos de registro de candidatura).*

4.3 Análise da possibilidade de existência de litisconsórcio passivo do partido na eleição proporcional

Responda esta questão elaborada em um concurso jurídico:

Tício quer interpor uma AIME contra Mévio, que foi seu adversário na disputa para eleições de deputado estadual. Pergunta-se: O partido político de Mévio detém a condição de litisconsorte passivo necessário nesta ação?

Resposta: não, conforme ensina Rodrigo Zílio:

> Nas eleições proporcionais, em que a eleição é determinada pelo quociente eleitoral e partidário, o partido pode ingressar na ação como assistente, e não como litisconsorte passivo necessário. A um, porque na AIME não se veicula pedido de nulidade de voto, que é efeito secundário da sentença de procedência. A dois, pela aplicação do art. 175, § 4º, do CE, que determina que quando a declaração de inelegibilidade ou cancelamento do registro for proferida após a realização da eleição – que é, sempre, a hipótese da AIME, cujo ajuizamento não prescinde da diplomação –, os votos serão computados para o partido pelo qual o candidato tiver concorrido.

5. Do prazo

O prazo de interposição da AIME é de 15 dias, contados da diplomação.

Responda esta questão elaborada em um concurso jurídico:

O Ministério Público propôs uma AIME contra o prefeito eleito. O juiz notificou o promotor para promover a citação do litisconsorte passivo necessário. Tal providência foi efetivada 18 dias depois da diplomação. Apresente a solução jurídica.

Resposta: houve decadência. Observe que o requisito básico da AIME é a diplomação, assim é importante ainda destacar que o prazo de 15 (quinze) dias deve ser observado para todos os litisconsortes passivos, pois, em virtude do litisconsórcio necessário entre titular e vice nas eleições majoritárias, não será possível a aditamento da exordial após o prazo supracitado.

No mesmo sentido é a lição de Fichtner:

> (...) se no ajuizamento da ação não estiverem presentes todos os litisconsortes no polo passivo, e já estiver esgotado o prazo decadencial (15 dias),

> a decadência se dará por inteiro. Isto é, atingirá todos os ocupantes do polo passivo da demanda, até mesmo aqueles que já estavam posicionados como réus tempestivamente.[41]

Responda esta questão elaborada em um concurso jurídico:

O Ministério Público propôs uma AIME contra o prefeito eleito e todos os litisconsortes passivos necessários. Apresente a solução jurídica, considerando que:

a) o 15º dia ocorreu em um domingo;

b) a AIME foi interposta na segunda-feira.

Resposta: entendemos que o prazo é decadencial, portanto, não pode haver interrupção ou prorrogação, porém é necessário informar que o TSE entende que o prazo de 15 dias é de "*natureza decadencial, e este fato, por si só, não afasta a regra geral de contagem dos prazos previstos no art. 184 do Código de Processo Civil, segundo a qual se o vencimento do prazo cair em dia em que não funcione o protocolo do Tribunal, ele é prorrogado para o primeiro dia útil subsequente*".[42]

Atenção: substituir o artigo 184 do CPC pelo novo artigo 224 do "Novo Código de Processo Civil" (Lei nº 13.105 DE 16/03/2015 - *DOU* 17/03/2015), *in verbis:*

> Art. 224. Salvo disposição em contrário, os prazos serão contados excluindo o dia do começo e incluindo o dia do vencimento.
> § 1º Os dias do começo e do vencimento do prazo serão protraídos para o primeiro dia útil seguinte, se coincidirem com dia em que o expediente forense for encerrado antes ou iniciado depois da hora normal ou houver indisponibilidade da comunicação eletrônica.
> § 2º Considera-se como data de publicação o primeiro dia útil seguinte ao da disponibilização da informação no Diário da Justiça eletrônico.
> § 3º A contagem do prazo terá início no primeiro dia útil que seguir ao da publicação.

6. Competência para julgar

A AIME deverá ser interposta:

a) na segunda instância, perante o Tribunal Superior Eleitoral, quando se tratar de candidato a presidente ou vice-presidente da República, através do corregedor-geral eleitoral;

b) na segunda instância, perante os Tribunais Regionais Eleitorais, quando se tratar de candidato a senador, governador e vice-governador de Estado e do Distrito Federal, deputado federal, deputado estadual e deputado distrital, através do corregedor-geral eleitoral; e

---

41 No mesmo sentido: FICHTNER, José Antônio. Op. cit., p. 83.

42 No mesmo sentido: Ac. nº 21.341, Rel. Min. Peçanha Martins e também Ac. nº 15.248, Rel. Min. Eduardo Alckmin; ainda no mesmo sentido os Acórdãos nº 12.309 e nº 2.368, Rel. Min. Ilmar Galvão.

c) na primeira instância, quando se tratar de candidato a prefeito, vice-prefeito e vereador, através dos juízes eleitorais.

Responda esta questão elaborada em um concurso jurídico:

A doutrina relata que "*só quem pode cassar o diploma é quem tem o poder de diplomar*", portanto, pergunta-se: nas eleições municipais, a AIME deve ser interposta perante a junta ou juiz eleitoral?

Resposta: Um erro constante na doutrina é dizer que a AIME deve ser interposta no local do órgão que tem o poder de efetivar a diplomação, pois "*a desconstituição do mandato somente pode ser determinada pelo órgão jurisdicional que tem o poder de diplomar*". Lembre-se de que nas eleições municipais quem tem atribuição para expedir diploma é a junta eleitoral, não o juiz eleitoral (conferir art. 40, IV, do CE).

Dada a importância, convém reiterar: nas eleições municipais, a AIME é interposta perante o juiz eleitoral, não direcionada à junta.

Responda esta questão elaborada em um concurso jurídico:

O Ministério Público propôs uma AIME contra o prefeito reeleito e todos os litisconsortes passivos necessários. Apresente a solução jurídica, considerando que:

a) o juiz indeferiu a ação afirmando que ela deveria ser interposta no TRE, local em que o prefeito tem foro privilegiado.

Resposta: o juiz errou, pois não se aplica o foro por prerrogativa de função nas ações cíveis eleitorais, já que não se trata de matéria criminal.

7. Efeito do julgamento da AIME

Vamos dividir em duas hipóteses:

1) AIME julgada procedente

AIME julgada procedente acarretará dois efeitos:

a) Efeito principal:

Perda do mandado eletivo.

b) Efeito secundário:

Responda esta questão elaborada em um concurso jurídico:

O Ministério Público propôs uma AIME contra o prefeito eleito e todos os litisconsortes passivos necessários pela prática de abuso de poder econômico. Apresente a solução jurídica, considerando que:

a) Ao final do procedimento, o juiz julgou procedente a ação, decretando a perda do mandato eletivo e a inelegibilidade por 08 (oito) anos.

Resposta: na primeira edição deste livro defendíamos, à míngua de previsão legal, que não seria possível a decretação da inelegibilidade na AIME.

A Lei Complementar nº 135, de 2010, inovou ao criar como efeito geral para toda representação julgada procedente pela Justiça Eleitoral, em decisão transitada em julgado ou proferida por órgão colegiado, em processo de apuração de **abuso do poder econômico** ou político, a decretação da inelegibilidade 8 (oito) anos. *In verbis:*

> Art. 1º São inelegíveis:
> I – para qualquer cargo: (...)
> d) os que tenham contra sua pessoa representação julgada procedente pela Justiça Eleitoral, em decisão transitada em julgado ou proferida por órgão colegiado, em processo de apuração de **abuso do poder econômico** ou político, para a eleição na qual concorrem ou tenham sido diplomados, bem como para as que se realizarem nos 8 (oito) anos seguintes.

Importante: O Supremo Tribunal Federal (STF) decidiu que é válida a aplicação do prazo de oito anos de inelegibilidade àqueles que foram condenados pela Justiça Eleitoral, por abuso do poder econômico ou político, anteriormente à edição da Lei Complementar (LC) 135/2010 (Lei da Ficha Limpa).

Responda esta questão elaborada em um concurso jurídico: A fraude eleitoral e a corrupção eleitoral geram também inelegibilidade?

Resposta: sim, as alíneas *"j"* e *"n"* da LC nº 64/90 também tratam da *corrupção eleitoral* e alguns tipos de ***fraude eleitoral***, *in verbis*:

> j) os que forem condenados, em decisão transitada em julgado ou proferida por órgão colegiado da Justiça Eleitoral, **por corrupção eleitoral, por captação ilícita de sufrágio**, por doação, captação ou gastos ilícitos de recursos de campanha ou por conduta vedada aos agentes públicos em campanhas eleitorais que impliquem cassação do registro ou do diploma, pelo prazo de 8 (oito) anos a contar da eleição;
> n) os que forem condenados, em decisão transitada em julgado ou proferida por órgão judicial colegiado, **em razão de terem desfeito ou simulado desfazer vínculo conjugal ou de união estável para evitar caracterização de inelegibilidade**, pelo prazo de 8 (oito) anos após a decisão que reconhecer a fraude;

O TSE ainda não atualizou seu anterior entendimento, destarte, mesmo após a Lei Complementar nº 135, de 2010 que:

> 1. O agravo de instrumento está, de fato, prejudicado pela perda do objeto, diante do término do mandato eletivo relativo ao período de 2009-2012. 2. A pretensão de declaração de inelegibilidade dos agravados pelo prazo de oito anos não merece prosperar. A uma, porque o pedido constitui inovação recursal, o que é inviável nesta seara, de acordo com precedentes desta corte. **A duas, porque a ação de impugnação de mandato eletivo enseja tão somente a cassação do mandato, não se podendo declarar inelegibilidade, à falta de previsão normativa** (AGR-respe nº 51586-57/PI, Rel. Ministro Arnaldo versiani, *DJE* 10.5.2011). 3. Agravo regimental desprovido. (Tribunal Superior Eleitoral TSE; AgRg-AI 1558-52.2010.6.00.0000; MG; Relª Minª Laurita Vaz; Julg. 08.08.2013; DJETSE 29.08.2013).

O TSE fixou o entendimento de que a procedência da AIME conduz à anulação dos votos.

> Os arts. 222 e 224 devem ser interpretados de modo que as normas neles contidas se revistam de maior eficácia [...] para contemplar, também, a hipó-

> tese dos votos atribuídos aos cassados em AIME para declará-los nulos, ante a descoberta superveniente de que a vontade manifestada nas urnas não foi livre. (Ac.-TSE, de 18.12.2007, no MS nº 3.649)

Responda esta questão elaborada em um concurso jurídico:

O Ministério Público propôs uma AIME contra o prefeito eleito e todos os litisconsortes passivos necessários pela prática de corrupção eleitoral. Apresente a solução jurídica, considerando que:

a) ao final do procedimento, o juiz julgou procedente à ação, decretando a perda do mandato eletivo, a inelegibilidade por 08 (oito) anos e multa de *cinquenta mil Ufirs*.

Resposta: Importa ainda registrar que o entendimento minoritário é no sentido de que quando a AIME for usada para combater captação ilícita de sufrágio, haverá como efeito, além da cassação do diploma e declaração de inelegibilidade, a aplicação de multa, *data maxima venia*, entendemos que a AIME só gera dois efeitos:

a) perda do diploma; e

b) decretação da inelegibilidade.

A multa como efeito da captação ilícita de sufrágio é efeito da AIJE que tem como previsão legal o art. 41-A da Lei nº 9.504/97, *in verbis:*

> Ressalvado o disposto no art. 26 e seus incisos, constitui captação de sufrágio, vedada por esta Lei, o candidato doar, oferecer, prometer, ou entregar, ao eleitor, com o fim de obter-lhe o voto, bem ou vantagem pessoal de qualquer natureza, inclusive emprego ou função pública, desde o registro da candidatura até o dia da eleição, inclusive, sob pena de multa de mil a cinquenta mil Ufirs, e cassação do registro ou do diploma, observado o procedimento previsto no art. 22 da Lei Complementar nº 64, de 18 de maio de 1990.

Usando outro argumento, o TSE noREsp nº 28.186/RN – JTSE 2:2008:99, também entendeu que não seria cabível a imposição de multa a que se refere o art. 41-A da Lei nº 9.504/97, por falta de previsão legal no art. 14, § 10, da Constituição Federal.

2) A AIME julgada improcedente

Se interposta de forma temerária ou de manifesta má-fé, responde o autor, na forma do art. 25 da LC nº 64/1990.

Se o autor propõe esta ação de forma temerária ou de manifesta má-fé, será condenado em perdas e danos (art. 14, § 11, da CF c.c. art. 79 do novo CPC).

Conforme o TSE:

> Ação de impugnação de mandato eletivo. Improcedência. Litigância temerária e de má-fé reconhecida pelo acórdão. Circunstância em que se legitima a condenação do autor em perdas e danos, na forma prevista no art. 14, § 11, da Constituição, c.c. art. 16 do CPC (Atual art. 79 do Novo Código de Processo Civil), apurado o valor da indenização por meio de arbitramento, na forma prevista no art. 18, § 2º, do referido diploma legal. (TSE –REsp nº 12.708, AC/BA, p. 30648).

Atenção: substituir o art. 16 do CPC pelo novo art. 79 do "Novo Código de Processo Civil" (Lei nº 13.105 de 16/03/2015 - *DOU* 17/03/2015), *in verbis:*

> *Art. 79. Responde por perdas e danos aquele que litigar de má-fé como autor, réu ou interveniente.*

8. A procedência da ação e a análise do elemento subjetivo

Responda esta questão elaborada em um concurso jurídico:

O Ministério Público propôs uma AIME contra o prefeito eleito e todos os litisconsortes passivos necessários pela prática de abuso de poder econômico. Apresente a solução jurídica, considerando que a defesa requereu o indeferimento da exordial, argumentando que:

a) o prefeito não agiu com dolo, ou seja, não tinha a intenção de afetar a normalidade do pleito eleitoral;

b) no abuso de poder econômico não houve participação direta do prefeito, e sim dos seus auxiliares.

Resposta: nas ações cíveis eleitorais não há análise da responsabilidade subjetiva do candidato representado, apuram-se apenas:

a) a existência objetiva dos fatos - abuso do poder econômico, corrupção ou fraude - e a prova, ainda que indiciária, da gravidade do fato;

b) a participação direta ou indireta no autor fato ilícito; e

c) o benefício que o autor obteve ao lesar o objeto jurídico tutelado.

Na exata afirmação do ex-Ministro Sepúlveda:

> A perda do mandato, que pode decorrer da ação de impugnação, não é pena, cuja imposição devesse resultar da apuração de crime eleitoral de responsabilidade do mandatário, mas, sim, consequência do comprometimento da legitimidade da eleição por vícios de abuso do poder econômico, corrupção ou fraude. Por isso, nem o art. 14, § 10, nem o princípio do *due process of law*, ainda que se lhe empreste o conceito substancial que ganhou na América do Norte, subordinam a perda do mandato à responsabilidade pessoal do candidato eleito nas práticas viciosas que, comprometendo o pleito, a determinem. O que importa é a existência objetiva dos fatos - abuso do poder econômico, corrupção ou fraude - e a prova, ainda que indiciária, de sua influência no resultado eleitoral. (REspe nº 9.145 (Felixlândia) - Ac. nº 12.030, 25.6.91, Hugo Gueiros, JTSE 3-3/229,240):

O ex-ministro Maurício Correia destaca a prescindibilidade da participação direta do agente passivo.

> A penalidade de perda do mandato, decorrente da procedência da ação de impugnação de mandato eletivo, não tem natureza criminal, sendo mera consequência do comprometimento da legitimidade da eleição por vícios de abuso do poder econômico, corrupção ou fraude. Precedentes. Configuração

> do abuso do poder econômico por meio do exame das provas. São irrelevantes para a procedência da ação de impugnação de mandato eletivo a comprovação da participação direta dos beneficiários nos atos e fatos caracterizadores da prática ilícita. (Recurso Especial Eleitoral nº 15.891 – Rel. Maurício Corrêa – j. 11.11.1999).

9. Do procedimento da AIME

Veja essa questão elaborada em um concurso jurídico: "*Qual o procedimento da AIME?*".

Resposta: Há divergência:

Posição 1: defende que deve ser usado o rito ordinário do Código de Processo Civil. É também a posição de Lauro Barreto e de Edson Resende e de Marcos Ramayana,[43] que explicam: "*O rito processual adotado para a ação de impugnação ao mandato eletivo é o ordinário do processo civil, segundo entendimento unânime do Tribunal Superior Eleitoral e da doutrina majoritária.*"

Posição 2: entendemos que o rito ordinário do "Novo Código de Processo Civil" é muito moroso e atenta contra a celeridade que deve reger os procedimentos eleitorais; deve, portanto, ser usado o rito preconizado nos arts. 3º a 8º da LC nº 64/1990.

Joel J. Cândido[44] afirma: "O TSE, contudo – sem nunca ter dado uma razão consistente para não se adotar o rito por nós sugerido –, tem indicado, reiteradamente, o rito ordinário do processo civil para AIME, com prazo de recurso em três dias".

O TSE, em questão de Ordem na Instrução nº 81, julgada em 19/02/2004, mudou de posição e fixou o entendimento de que na ação de impugnação de mandato eletivo deverá ser seguido o rito sumário previsto na LC nº 64/1990, para o registro de candidaturas.

Atualizando a posição do renomado autor, informo que TSE vem, reiteradamente, afirmando que:

> A ação de impugnação de mandato eletivo observará o procedimento previsto na Lei Complementar nº 64/90 para o registro de candidaturas, com a aplicação subsidiária, conforme o caso, das disposições do Código de Processo Civil, e tramitará em segredo de justiça, respondendo o autor na forma da lei, se temerária ou de manifesta má-fé (Constituição Federal, art. 14, § 11).

Novamente afirmo que a escolha errada do rito pode causar várias consequências. No mesmo sentido:

> A ação de impugnação de mandato eletivo se destina unicamente à apuração de abuso do poder econômico, corrupção ou fraude. Eventual divulgação de pesquisa sem registro, com violação do art. 33 da Lei nº 9.504/1997, deve

---

43 RAMAYANA, Marcos. *Direito eleitoral*. 4. ed. Rio de Janeiro: Impetus, 2005.

44 CÂNDIDO, Joel José. *Direito eleitoral brasileiro*. 13. ed. São Paulo: Edipro, 2008, p. 274.

ser apurada e punida por meio da representação prevista no art. 96 da Lei nº 9.504/1997 (TSE -REsp nº 21.291/SP - Porto Ferreira, Rel. Juiz Fernando Neves da Silva, p. 121).

Quanto ao desenvolvimento procedimental, veja as mesmas observações que fizemos no procedimento da AIRC.

9.1 A AIME e a prova pré-constituída

Responda esta questão elaborada em um concurso jurídico:

A coligação ABC propôs uma AIME contra o prefeito eleito e todos os litisconsortes passivos necessários pela prática de abuso de poder econômico. Apresente a solução jurídica, considerando que:

a) o juiz indeferiu a inicial, alegando que ela foi interposta sem prova pré-constituída.

Resposta: O art. 14, § 10, da Constituição Federal, determina que a AIME deve ser instruída com provas de abuso do poder econômico, corrupção ou fraude, ou seja, o autor tem de apresentar, junto com a exordial, elementos mínimos que possam firmar o livre convencimento do juiz eleitoral, é dizer, mostre a viabilidade de êxito da ação, mas cuidado, não há necessidade de produção de prova pré-constituída, pois conforme o TSE:

> *A ação de impugnação de mandato não exige, para sua propositura, a apresentação, com a inicial, de toda a prova da fraude, dado que o impugnante poderá demonstrá-la na instrução da causa (CF, art. 14, § 10). Com a inicial, entretanto, deverá o impugnante produzir, pelo menos, um começo de prova da fraude, ou indicar a ocorrência de indícios sérios.*[45]

A AIME prescinde de prova pré-constituída, admitindo-se dilação probatória.

9.2 A AIME e a prova emprestada

Insta acentuar ainda que, na AIME, há possibilidade do uso de prova emprestada, ou seja, não há óbice que sejam utilizadas provas oriundas de outro processo a fim de instruir ação de impugnação de mandato eletivo. O TSE entende que "*não há óbice que sejam utilizadas provas oriundas de outro processo a fim de instruir ação de impugnação de mandato eletivo, se estas provas tiverem sido produzidas sob o crivo do contraditório e da ampla defesa*" (Ac. nº 4.410, de 16.09.2003, Rel. Min. Fernando Neves).

10. A AIME e à potencialidade lesiva da conduta

Como o bem jurídico tutelado na AIME são a normalidade e a legitimidade das eleições, o TSE defende que seria necessária prova da potencialidade de lesão na lisura do pleito eleitoral.

---

[45] No mesmo sentido: Ac. nº 11.919, Rel. Min. Carlos Velloso, 10.11.1994.

Com a entrada em vigor da LC 135/2010, o entendimento supracitado deverá ser revisto, uma vez que o art. 22, inciso XVI da LC 64/90 (Incluído pela Lei Complementar nº 135, de 2010), foi taxativo:

> Para a configuração do ato abusivo, não será considerada a potencialidade de o fato alterar o resultado da eleição, mas apenas a gravidade das circunstâncias que o caracterizam.

11. Análise da possibilidade de existir litispendência entre AIJE e AIME

Há precedentes no TSE no mesmo sentido de que:

> Ação de investigação judicial. Litispendência. Ação de impugnação de mandato eletivo. Ausência. (...). Não há litispendência entre a ação de investigação judicial eleitoral e a ação de impugnação de mandato eletivo, pois, embora possam assentar-se nos mesmos fatos, perseguem objetivos distintos. Enquanto aquela busca a cassação do registro e a declaração de inelegibilidade, fundada na existência de uso indevido, desvio ou abuso do poder econômico ou do poder de autoridade, ou utilização indevida de veículos ou meios de comunicação social, esta tem por escopo a cassação do mandato eletivo, se conquistado mediante abuso do poder econômico, corrupção ou fraude. (...) NE: (...) nada impede a coexistência da investigação judicial e da ação de impugnação ao mandato eletivo. (...) (Ac. nº 4.203 e Ac. nº 21.218).

Entendemos que é possível no contexto prático existir litispendência entre a AIJE e AIME, pois hoje um dos pedidos da AIJE pode ser a cassação do diploma, portanto, é preciso distinguir duas hipóteses práticas:

Responda esta questão elaborada em um concurso jurídico:

O Ministério Público propôs uma AIME contra Mévio, prefeito eleito. Alegou abuso de poder econômico e requereu a cassação do diploma e a inelegibilidade por 08 anos. Apresente a solução jurídica, considerando que:

a) **o juiz extinguiu o processo, sem resolução de mérito (Novo CPC: Art. 485, inc. V), alegando litispendência, pois o Ministério Público já tinha proposto uma AIJE contra Mévio, alegando abuso de poder político, requerendo a cassação do registro ou diploma e a inelegibilidade por 08 anos.**

Resposta: o juiz errou. Há litispendência quando se repete ação que está em curso, e uma ação é idêntica à outra quando tem as mesmas partes, a mesma causa de pedir e o mesmo pedido. Observe que neste caso a causa de pedir AIME é abuso de poder econômico e AIJE é abuso de poder político, assim, só haveria litispendência se não fosse possível cindir os fatos, ou seja, havendo conexão entre abuso de poder econômico e abuso de poder político.

Responda esta questão elaborada em um concurso jurídico:

O Ministério Público propôs uma AIME contra Mévio, prefeito eleito. Alegou abuso de poder econômico e requereu a cassação do diploma e a inelegibilidade por 08 anos. Apresente a solução jurídica, considerando que:

a) **o juiz extinguiu o processo, sem resolução de mérito (Novo CPC: Art. 485, inc. V), alegando litispendência, pois o Ministério Público já tinha proposto uma AIJE contra Mévio, alegando abuso do poder econômico, requerendo a cassação do registro ou diploma e a inelegibilidade por 08 anos.**

Resposta: o juiz acertou. Há litispendência, pois as ações têm as mesmas partes, as mesmas causas de pedir e o mesmo pedido.

Responda esta questão elaborada em um concurso jurídico:

O Ministério Público propôs uma AIME contra Mévio, prefeito eleito. Alegou abuso de poder econômico e requereu a cassação do diploma e a inelegibilidade por 08 anos. Apresente a solução jurídica, considerando que:

a) **o juiz extinguiu o processo, sem resolução de mérito (Novo CPC: Art. 485, inc. V), alegando coisa julgada, pois o Ministério Público já tinha proposto uma AIJE contra Mévio, alegando abuso de poder econômico, requerendo a cassação do registro ou diploma e a inelegibilidade por 08 anos;**

b) **a AIJE foi julgada improcedente com trânsito em julgado.**

Resposta: Rodrigo Zílio ensina que:

> Considerada a individualidade do pedido e da causa de pedir de cada ação eleitoral, não há litispendência entre a AIME, AIJE ou RCED (Recurso Contra Expedição do Diploma nº 696 – Rel. Ricardo Lewandowski – j. 04.02.2010) e, de igual sorte, a eventual improcedência de uma AIJE ou RCED não pode ser oponível, à título de coisa julgada material, na AIME (Recurso Ordinário nº 516 – Rel. Sepúlveda Pertence – j. 29.11.2001).

Entendemos que é possível no contexto prático existir coisa julgada entre a AIJE e AIME, observando que, no caso prático em comento, foi reproduzida uma ação anteriormente ajuizada, que continha as mesmas partes, mesma causa de pedir e mesmo pedido e que já tinha sido decidida por sentença com trânsito em julgado.

12. Análise recursal da AIME

Há três possibilidades de interposição de recurso:

a) nas eleições municipais, cabe o recurso inominado no prazo de 03 dias (art. 258 do Código Eleitoral). Em conformidade com as diretrizes gerais do TSE para a aplicação da Lei nº 13.105, de 2015 – Novo Código de Processo Civil –, no âmbito da Justiça Eleitoral: *"Sempre que a lei eleitoral não fixar prazo especial, o recurso deverá ser interposto no prazo de 3 (três) dias, a teor do art. 258 do Código Eleitoral, não se aplicando os prazos previstos no Novo Código de Processo Civil"*;

b) nas eleições federais e estaduais, cabem os recursos ordinário e especial para o TSE (art. 276, incisos I e II do Código Eleitoral);

c) e nas eleições presidenciais, cabem os recursos ordinário do art. 281 do Código Eleitoral ou extraordinário para o STF previstos no art. 102, inciso II, da Constituição Federal.

Responda esta questão elaborada em um concurso jurídico:

O Ministério Público propôs uma AIME contra Mévio, prefeito eleito. Apresente a solução jurídica, considerando que:

a) **o juiz julgou a ação improcedente;**
b) **o Ministério Público recorreu; e**
c) **o recurso não foi recebido com a alegação de que o prazo de 03 (três) dias é peremptório e contínuo e corre em secretaria ou Cartório, prescindindo de intimação pessoal.**

Resposta: o rito da AIRC só é observado até a prolação da sentença, portanto, é inaplicável a regra prevista no artigo 16 da LC nº 64/90, devendo, em obediência ao princípio da ampla defesa e da relevância do objeto jurídico tutelado, a intimação ser pessoal.

Neste sentido, TSE:

> "***Quando a sentença for proferida após o período eleitoral, a fluência do prazo recursal dar-se-á com a publicação da decisão no órgão oficial ou com a intimação pessoal***" e, sendo efetivada a intimação pessoal, fica dispensada a publicação (Agravo Regimental em Recurso Especial Eleitoral nº 25.443 – Rel. Humberto Gomes de Barros – j. 14.02.2006).

12.1 Efeito recursal

Devemos considerar duas hipóteses:

a) Conforme o § 1º do 257 do Código Eleitoral, o efeito é só devolutivo, *in verbis:*

> *"A execução de qualquer acórdão será feita imediatamente, através de comunicação por ofício, telegrama, ou, em casos especiais, a critério do presidente do Tribunal, através de cópia do acórdão."*

b) *Na hipótese do* § 2º o efeito será suspensivo, *in verbis:*

> *"O recurso ordinário interposto contra decisão proferida por juiz eleitoral ou por Tribunal Regional Eleitoral que resulte em cassação de registro, afastamento do titular ou perda de mandato eletivo será recebido pelo Tribunal competente com efeito suspensivo."*

Conforme Joel J. Cândido afirma que:

> *"Em qualquer das instâncias eleitorais, os recursos contra as decisões que julgarem procedentes a Ação de Impugnação de Mandato Eletivo têm efeito suspensivo, podendo o titular do mandato exercê-lo em toda sua plenitude enquanto não se operar a coisa julgada."*

▸ RESUMO DIDÁTICO

O efeito será suspensivo na sentença que:

a) *cassa registro;*
b) *decreta afastamento do titular;*
c) *decreta perda de mandato eletivo.*

13. Análise da necessidade de interposição de recurso *ex officio*

Responda esta questão elaborada em um concurso jurídico:

O Ministério Público propôs uma AIME contra Mévio e Tício, prefeito e vice, respectivamente. Apresente a solução jurídica, considerando que:

a) o juiz julgou a ação procedente e recorreu *ex officio.*

Debate ainda a doutrina se a sentença que julga a AIME estaria sujeita ao reexame necessário, que alguns denominam, de forma inapropriada, de "recurso *ex officio*", por analogia ao art. 496 do Novo Código de Processo Civil.

Hoje, predomina o entendimento de que, em virtude da ausência de previsão legal, é incabível o chamado reexame necessário, no mesmo sentido: "Reexame necessário. Não previsão na ordem processual em sede de ação de impugnação de mandato eletivo. Não conhecimento" (TRE-MG, Rec. nº 770/01).

14. Análise da possibilidade de desistência da AIME

Responda esta questão elaborada em um concurso jurídico:

O Partido X propôs uma AIME contra Mévio, prefeito eleito. Apresente a solução jurídica, considerando que:

a) iniciada a ação, o Partido X apresentou um pedido de desistência da ação;
b) o juiz julgou a ação improcedente;
b) como a desistência ocorreu após o prazo para oferecimento de defesa, o juiz notificou o representado na forma do art. 485, § 4º, do Novo CPC *(oferecida a contestação, o autor não poderá, sem o consentimento do réu, desistir da ação);*
c) o representado aceitou o pedido de desistência formulado pelo autor; e
d) o juiz extingue o processo, sem resolução de mérito, com fulcro no artigo 485, inciso VIII, do Novo CPC.

Resposta: Entendemos que na AIME deve prevalecer o princípio da indisponibilidade, pois a ação em estudo se destina à tutela do interesse público, uma vez que tem a missão constitucional de impedir que atos de abuso do poder, corrupção ou fraude contaminem a eleição, tornando ilegítimos os mandatos assim obtidos, portanto, em caso de desistência do autor, deve o Ministério Público Eleitoral assumir a titularidade.

No mesmo sentido:

> O Ministério Público, por incumbir-lhe a defesa da ordem jurídica, do regime democrático e dos interesses sociais e individuais indisponíveis (art. 127 da CF), é parte legítima para, em face da desistência da ação de impugnação de mandato eletivo pelo autor, assumir a sua titularidade e requerer o prosseguimento do feito. (...) (Ac. nº 4, de 17.03.1998, Rel. Min. Maurício Corrêa).

A intervenção do Ministério Público é justificada pela relevância do interesse público ínsito na demanda e por analogia, nos art. 9º da Lei 4.717/65 e nos art. 178, III do Novo CPC (Conferir: Agravo Regimental em Recurso Contra Expedição de Diploma nº 661 – Rel. Felix Fischer – j. 03.11.2009).

Em conformidade com as diretrizes gerais do TSE para a aplicação da Lei nº 13.105, de 2015 – Novo Código de Processo Civil –, no âmbito da Justiça Eleitoral: *Art. 6º. Não se aplicam aos feitos eleitorais as regras relativas à conciliação ou mediação previstas nos arts. 165 e seguintes do Novo Código de Processo Civil.*

Responda esta questão elaborada em um concurso jurídico:

O Partido X propôs uma AIME contra Mévio, prefeito eleito. Apresente a solução jurídica, considerando que:

a) iniciada a ação, o Partido X apresentou um pedido de desistência da ação;

b) o juiz julgou a ação improcedente;

b) como a desistência ocorreu após o prazo para oferecimento de defesa, o juiz notificou o representado na forma do artigo 485, § 4º, do Novo CPC *(oferecida a contestação, o autor não poderá, sem o consentimento do réu, desistir da ação);*

c) o representado aceitou o pedido de desistência formulado pelo autor; e

d) o juiz abriu vistas para o Ministério Público.

Pergunta-se: O Ministério Público Eleitoral é obrigado a assumir a titularidade da ação?

Resposta: o Ministério Público não é obrigado a assumir a titularidade do polo ativo, podendo, dependendo do caso concreto, fazer um parecer fundamentando o descabimento da ação e opinar por sua extinção, como ensina Niess, "*se não a proporia, porque descabida, não se lhe pode atribuir o dever de lhe dar continuidade quando por outrem proposta*".

Responda esta questão elaborada em um concurso jurídico:

O Partido X propôs uma AIME contra Mévio, prefeito eleito. Apresente a solução jurídica, considerando que:

a) iniciada a ação, o Partido X apresentou um pedido de desistência da ação;

b) o juiz julgou a ação improcedente;

c) como a desistência ocorreu após o prazo para oferecimento de defesa, o juiz notificou o representado na forma do art. artigo 485, § 4º, do Novo CPC *(Oferecida a contestação, o autor não poderá, sem o consentimento do réu, desistir da ação);*

d) o representado aceitou o pedido de desistência formulado pelo autor;

e) o juiz abriu vistas para o Ministério Público, que opinou pelo descabimento da ação; e

d) o partido Y, que também concorreu ao pleito eleitoral, apresentou petição assumindo a titularidade da ação.

Resposta: não é possível aos colegitimados assumir a titularidade, por dois motivos:

a) Preclusão, pois todos os colegitimados têm que propor a ação no prazo de 15 dias;
b) Só o Ministério Público eleitoral pode assumir a titularidade, em virtude de ser uma das suas atribuições a defesa do interesse social e indisponível, sendo no Direito Eleitoral, o verdadeiro guardião da normalidade e da legitimidade das eleições.

15. A tutela antecipada em sede de AIME

Entendemos que não é juridicamente possível a antecipação da tutela em sede de AIME, porque, além de o rito ser célere, há possibilidade de irreversibilidade do pedido concedido de forma antecipada, qual seja, a cassação do diploma, fato que enseja óbice ao início do mandato ou a suspensão do exercício do mandato eletivo já iniciado.

16. Julgamento antecipado da lide em sede de AIME

Se o juiz verificar que se trata de matéria de direito, ou de fato com provas já constantes nos autos, poderá julgar a causa desde logo, sem necessidade de dilação probatória, e julgar antecipadamente a lide.

O fundamento é o art. 5º, LC 64/90, *in verbis:*

> Decorrido o prazo para contestação, se não se tratar apenas de matéria de direito e a prova protestada for relevante, serão designados os 4 (quatro) dias seguintes para inquirição das testemunhas do impugnante e do impugnado, as quais comparecerão por iniciativa das partes que as tiverem arrolado, com notificação judicial.

Vide também o art. 355 do Novo CPC, de aplicação subsidiária.

17. Réplica e reconvenção

O **TSE** entende que não é possível a reconvenção. No mesmo sentido: "*No procedimento de impugnação de registro de candidatos, não se admite Reconvenção.*"[46] Em razão da celeridade do procedimento sumário, também não será possível a réplica, fato que equivaleria a uma ordinarização do procedimento.

18. Duração razoável do processo

Todos os processos que podem *resultar em perda de mandato eletivo agora tem um prazo conclusivo, veja o art. 97-A da Lei nº 9.504/1997:*

> Art. 97-A. Nos termos do inciso LXXVIII do art. 5º da Constituição Federal, considera-se duração razoável do processo que possa resultar em perda de mandato eletivo o período máximo de 1 (um) ano, contado da sua apresentação à Justiça Eleitoral.

[46] TSE –REsp nº 22.664, Rel. Min. Humberto Gomes de Barros, 15.09.2004, publicada em sessão.

> § 1º A duração do processo de que trata o caput abrange a tramitação em todas as instâncias da Justiça Eleitoral.
> § 2º Vencido o prazo de que trata o caput, será aplicável o disposto no art. 97, sem prejuízo de representação ao Conselho Nacional de Justiça.

6.4. RCD (Recurso Contra a Diplomação)

A Diplomação é o ato que encerra a última fase do processo eleitoral e tem como principal finalidade declarar que os eleitos estão habilitados ao exercício do mandato político para o qual foram eleitos.

A data da diplomação constitui termo inicial para contagem do prazo para ajuizamento de algumas ações eleitorais, a exemplo da Ação de Impugnação de Mandato Eletivo – AIME e da RCD – Recurso Contra a Diplomação.

1. Natureza jurídica do RCD

Embora a doutrina dominante e o próprio Código Eleitoral apresentem a denominação **RCD** ou **RCED** (Recurso Contra a Expedição de Diplomação), entendo que não pode ser um recurso porque não existe uma ação anterior que poderia impulsionar o duplo grau de jurisdição. É, portanto, uma ação eleitoral.

Na realidade, o que há é uma ação de impugnação do diploma e, por esse motivo, é mais coerente e técnico usar a terminologia RCD (Recurso Contra a Diplomação).

Dizia o ex-Ministro Sepúlveda Pertence que *"o chamado 'recurso contra expedição do diploma (art. 262 do CE,) antes de ser um recurso, é, na verdade, uma ação constitutiva negativa do ato administrativo da diplomação"*. (Texto do voto exarado nos autos do Mandado de Segurança nº 3.100 – j. 16.10.2002).

2. Previsão Legal

A RCD (Recurso Contra a Diplomação) tem previsão legal no art. 262 do Código Eleitoral, recentemente alterado pela minirreforma eleitoral, cuja redação anterior rezava:

> Art. 262. O recurso contra expedição de diploma caberá somente nos seguintes casos:
> I – inelegibilidade ou incompatibilidade de candidato;
> II – errônea interpretação da lei quanto à aplicação do sistema de representação proporcional;
> III – erro de direito ou de fato na apuração final, quanto à determinação do quociente eleitoral ou partidário, contagem de votos e classificação de candidato, ou a sua contemplação sob determinada legenda;
> IV – concessão ou denegação do diploma em manifesta contradição com a prova dos autos, nas hipóteses do art. 222 desta Lei, e do art. 41-A da Lei nº 9.504, de 30 de setembro de 1997.

Mesmo antes da edição da Lei nº 12.891, de 11 de dezembro de 2013, a jurisprudência do TSE já se manifestava no sentido de que o inciso IV do referido artigo não havia sido recepcionado pela Constituição. Aplica-se o princípio da fungibilidade para receber como AIME os Recursos contra a expedição de Diploma interpostos, com base no seguinte fundamento:

> Essas razões, acompanhando o Ministro Dias Toffoli e o Ministro Castro Meira, levam-me ao entendimento de que o inciso IV, hipótese de recurso contra expedição de diploma por manifesta contradição com a prova dos autos, na hipótese do artigo 222, que é o artigo 41-A da Lei nº 9.504, de 30 de setembro de 1997, **conflita com o texto constitucional**, § 10 do artigo 14. [...] Por essas razões e tendo em vista o precedente citado, recebo o recurso contra expedição de diploma interposto por José Reinaldo Carneiro Tavares como ação de impugnação de mandato eletivo, com base nos princípios da fungibilidade e da segurança jurídica, e declino da competência para o TRE/MA, para processamento e julgamento do feito, como entender de direito, aproveitando-se os atos processuais realizados. (TSE-RCED-MA nº 8-09.2011.6.10.0000, rel. Min. Henrique Neves da Silva, pub. *DOU* de 04.12.2013).

Com a edição da Lei 12.891/2013, a nova redação do art. 262 passou a vigorar conforme se transcreve abaixo:

> Art. 262. O recurso contra expedição de diploma caberá somente nos casos de inelegibilidade superveniente ou de natureza constitucional e de falta de condição de elegibilidade.
> I - (revogado);
> II - (revogado);
> III - (revogado);
> IV - (revogado). *(NR).*[47]

3 Cabimento e espécies de RCD

Com a alteração no art. 262 do Código Eleitoral, somente caberá a interposição da **RCD (Recurso Contra a Diplomação)** nos casos de:

3.1 Inelegibilidade superveniente ao registro de candidatura

Embora, como regra geral, as inelegibilidades devam ser arguidas por meio da AIRC, é possível, no contexto prático, que surja uma inelegibilidade superveniente à data do registro.

3.1.1 Divisão da inelegibilidade infraconstitucional

Podemos dividir a inelegibilidade infraconstitucional em duas espécies:

a) Inelegibilidade infraconstitucional de origem superveniente

A inelegibilidade de origem superveniente é aquela que surge após o prazo de deferimento do registro da candidatura e que, portanto, não poderia ter sido objeto de impugnação através da AIRC. Nesta hipótese, mesmo sendo de índole infra-

---

[47] Redação dada ao inciso pela Lei nº 12.891, de 11 dezembro de 2013.

constitucional, não haverá preclusão, podendo sim ser alegada em sede de Ação de Impugnação da Diplomação.

No mesmo sentido, o **TSE**:

> A inelegibilidade superveniente deve ser entendida como sendo aquela que surge após o registro e que, portanto, não poderia ter sido naquele momento alegada, **mas que deve ocorrer até a eleição.** (Ac. de 16.3.2004 no RCEd nº 643, rel. Min. Fernando Neves; no mesmo sentido o Ac. de 16.3.2004 no RCEd nº 646, rel. Min. Fernando Neves.)

Nesta hipótese, mesmo sendo de índole infraconstitucional, não haverá preclusão, podendo sim ser alegada em sede de Ação de Impugnação da Diplomação.

> A teor da jurisprudência desta Corte, a matéria atinente à inelegibilidade resultante de fato superveniente ao processo de registro pode ser suscitada em recurso contra a diplomação. (No mesmo sentido: Agravo de Instrumento nº 3174, TSE/CE, Baturité; p. 96).
>
> **Súmula nº 47 do TSE:** "A inelegibilidade superveniente que autoriza a interposição de recurso contra expedição de diploma, fundado no art. 262 do Código Eleitoral, é aquela de índole constitucional ou, se infraconstitucional, superveniente ao registro de candidatura, **e que surge até a data do pleito".**

Exemplos práticos:

Hipótese 1: Depois do deferimento do registro e antes das eleições, aparece uma inelegibilidade superveniente, como, por exemplo, Tício é condenado com decisão proferida por órgão judicial colegiado por ter cometido o crime de tráfico de entorpecentes (LC 64/90, artigo 1º, alínea *"d"*, item 7).

Hipótese 2: Se a decisão de rejeição de contas de candidato se tornou irrecorrível somente após o prazo para impugnação do registro de candidatura, é de reconhecer configurada causa de inelegibilidade infraconstitucional superveniente, que pode ser arguida em sede de recurso contra expedição de diploma.[48]

b) Inelegibilidade infraconstitucional de conhecimento superveniente

Responda esta questão elaborada em um concurso jurídico:

No mês de julho do ano das eleições, Tício requereu o registro de candidatura. Não houve impugnação, e o registro foi deferido. Tício foi eleito. Apresente a solução jurídica, considerando que:

Antes da diplomação, o promotor e o juiz eleitoral foram comunicados que no mês de maio, antes do requerimento do registro, Tício foi condenado à suspensão dos direitos políticos, em decisão proferida por órgão judicial colegiado,

48 No mesmo sentido, já tinha decidido o TSE antes da minirreforma eleitoral, conferir TSE: Ac. de 3.11.2010 no AgR-REspe nº 950098718, rel. Min. Arnaldo Versiani.

por ato doloso de improbidade administrativa, que causou lesão ao patrimônio público e enriquecimento ilícito.

Resposta: trata-se de uma inelegibilidade infraconstitucional originada antes do requerimento do registro, mas o seu conhecimento só ocorreu depois das eleições.

A inelegibilidade não é de origem superveniente, e sim de conhecimento superveniente, portanto, por não ser prevista na constituição, houve preclusão.

No mesmo sentido o TSE:

> Recurso de diplomação. Inelegibilidade. Fato superveniente. Sendo preexistente ao registro de candidato, não pode a condenação servir para arguição de inelegibilidade de diplomado, se não houve a oportuna impugnação ao pedido de registro. **O motivo da inelegibilidade é que deve ser superveniente ao registro, não o conhecimento dele pelos interessados.** *(Acórdão nº 7.438, rel. Min. José Guilherme Vilela, de 5.4.83, grifo nosso).*

O problema é que a Lei Complementar nº 64/90 em seu art. 1º, Inciso I, alínea "l" é bem claro:

> São inelegíveis: I – para qualquer cargo:
> l) os que forem condenados à suspensão dos direitos políticos, em decisão transitada em julgado ou proferida por órgão judicial colegiado, por ato doloso de improbidade administrativa que importe lesão ao patrimônio público e enriquecimento ilícito, desde a condenação ou o trânsito em julgado até o transcurso do prazo de 8 (oito) anos após o cumprimento da pena;

Quer dizer que nós estamos diante de um caso em que mesmo inelegível o candidato pode exercer um mandato?

Resposta: não, seria uma excrescência jurídica.

E qual a solução jurídica?

O Ministério Público e os demais legitimados podem ofertar "*notícia de inelegibilidade*" ao juiz eleitoral.

A matéria é de ordem pública, portanto, indisponível e de caráter cogente, assim o juiz eleitoral, tomando conhecimento da impossibilidade jurídica, deve *ex officio* indeferir a diplomação.

No mesmo sentido, o TSE:

> Inelegibilidade. Rejeição de contas. Não apreciação pela Justiça Comum. Notícia de inelegibilidade, por ser questão de ordem pública, pode ser conhecida pelo juiz ou pelo Tribunal Regional ao apreciar recurso em sede de registro de diplomação (art. 44, Res.-TSE nº 21.608/2004). (Ac. de 30.9.2004 no AgRgREspe nº 22.712, rel. Min. Humberto Gomes de Barros.)

- Não se tratando de eleitor de sua zona eleitoral, o juiz comunicará o fato diretamente àquela na qual for inscrito o titular.

Atenção: tratando de inelegibilidade preexistente ao pedido de registro de candidatura só poderá ser "arguida" em sede de **RCD** se estiver prevista constitucionalmente. Nesse sentido:

> Recurso contra expedição de diploma. Inelegibilidade. Condenação criminal. Inelegibilidade preexistente ao pedido de registro e já examinada em sede de impugnação ao registro de candidatura não pode ser arguida em recurso contra expedição de diploma, salvo se se tratar de inelegibilidade constitucional. [...] (Ac. de 17.2.2011 no AgR-REspe nº 3.857, rel. Min. Arnaldo Versiani.)

3.2 Inelegibilidade de natureza constitucional

Depois do deferimento do registro e antes da diplomação, percebe-se uma inelegibilidade prevista na Constituição Federal, que não foi objeto de impugnação ao tempo do pedido de registro.

Nestas hipóteses e na inelegibilidade infraconstitucional de origem superveniente, será possível a interposição de uma Ação de Impugnação da Diplomação. Não podemos falar em preclusão porque:

a) a inelegibilidade infraconstitucional de origem superveniente não estava presente ao tempo da impugnação do registro, ou seja, é superveniente;
b) a segunda hipótese trata de uma inelegibilidade prevista na Constituição Federal e, como já aprendemos, não há preclusão contra norma constitucional.

3.3 Falta de condição de elegibilidade

3.3.1 Elegibilidade

Conceito. A elegibilidade é o direito subjetivo público de submeter alguém – o seu nome – ao eleitorado, visando à obtenção de um mandato. O consagrado Professor Pinto Ferreira a define como "*a capacidade eleitoral passiva, o poder de ser votado*".[49]

3.3.2 Condições de elegibilidade

Conceito. São os requisitos que devem ser preenchidos pelo cidadão que pretende ser candidato a um cargo eletivo.

Responda esta questão elaborada em um concurso jurídico:

Tício concorreu ao cargo de vereador e foi eleito. Apresente a solução jurídica, considerando que:

Após o deferimento do registro e depois das eleições, transitou em julgado uma decisão que anulou a filiação partidária de Tício;

Pergunta-se: é possível interpor uma RCD com o objetivo de cassar o diploma de Tício?

Solução jurídica: a arguição da ausência de uma condição de elegibilidade em sede de RCD gerava acirrada controvérsia, havendo 02 (três) posições:

> **Não há omissões no aresto recorrido quanto à possibilidade de recurso contra expedição de diploma fundamentado na suspensão de direitos políticos, pois é condição de elegibilidade.** O aresto embargado é claro ao

---

49 *Comentários à Constituição brasileira*, v. 1, p. 306.

> asseverar que existem duas correntes na Corte sobre o tema: **a) a primeira, mais restritiva, entende que não cabe RCEd fundamentado na suspensão de direitos políticos, pois interpreta literalmente a expressão "inelegibilidade";** a segunda entende que as condições de elegibilidade constitucional podem ensejar o ajuizamento de RCEd. O acórdão embargado, acolhendo o parecer do Ministério Público, filiou-se à segunda corrente. Destacaram-se, ainda, precedentes da Corte (Ag nº 1.118/SP, Rel. Min. Eduardo Ribeiro, *DJ* de 16.10.1998, REspe nº 14.992/MA, Rel. Min. Nilson Naves, *DJ* de 21.11.1997) que admitiram RCEd fundamentado em suspensão de direitos políticos. (TSE – Embargos de Declaração em RCEd, Ac., Rel. Min. José Augusto Delgado, *DJ*, vol. 1, 17.12.2007, p. 93).

A Lei nº 12.891, de 11 dezembro de 2013, que alterou o art. 262 do Código Eleitoral, elidiu a controvérsia ao preconizar:

> *O recurso contra expedição de diploma caberá somente nos casos de inelegibilidade superveniente ou de natureza constitucional e de falta de condição de elegibilidade.*

Portanto, ausente uma das condições de elegibilidade, impõe-se o indeferimento do pedido de registro de candidatura ou do diploma, pois a ausência de uma ou mais condições de elegibilidade é plenamente incompatível com o ato de diplomação.

Responda esta questão elaborada em um concurso jurídico:

Tício concorreu ao cargo de prefeito e foi eleito. Apresente a solução jurídica, considerando que:

Após o deferimento do registro e depois das eleições, transitou em julgado uma ação penal que condenou Tício pelo crime de roubo.

Pergunta-se: é possível interpor uma RCD com o objetivo de cassar o diploma de Tício?

Para elucidar o caso prático sugerido, você tem que entender que a condição de elegibilidade pode ser:

1) Próprias

São condições de elegibilidade próprias as previstas diretamente na Constituição, a saber:

a) nacionalidade brasileira;
b) pleno exercício dos direitos políticos;
c) alistamento eleitoral;
d) domicílio eleitoral na circunscrição;
e) filiação partidária;
f) idade mínima exigível;
g) especiais para militares (art. 14, § 8º, da CF);
h) alfabetização; e
i) inalistáveis.

Nestes casos:

- Não há preclusão, portanto pode ser objeto de AIDE ou de reconhecimento *ex officio.*

No mesmo sentido, o TSE:

> Registro de candidatura. A falta de impugnação não obsta a que o juiz reconheça a inelegibilidade, já que pode fazê-lo de ofício. Condenação criminal. Acarreta a suspensão dos direitos políticos pelo tempo em que duraram seus efeitos. Irrelevância de estar em curso pedido de revisão criminal (TSE, Ac. n.13.924, RESP; Rel. Min. Eduardo Ribeiro, em 1.10.1996).

2) Impróprias

São condições de elegibilidade impróprias as previstas na legislação infraconstitucional:

a) indicação em convenção partidária;

b) desincompatibilização.

Nestes casos:

Se não for arguida em sede de AIRC, por serem de índole infraconstitucional, serão submetidas ao instituto da preclusão, portanto, não podem ser objeto de **RCD** e, em regra, não pode haver reconhecimento *ex officio.*

Solução jurídica da questão: a condenação criminal com trânsito em julgado gera suspensão dos direitos políticos, enquanto durarem seus efeitos (*Vide artigo 15, inc. III, da CF*), pode ser interposta um RCD ou ser reconhecida *ex-officio*, pois se trata de condição de elegibilidade própria ou constitucional.

Mesmo antes da minirreforma eleitoral, o TSE decidiu que:

> Recurso contra expedição de diploma. **Suspensão dos direitos políticos. (...) Se o candidato, na data da diplomação, está com seus direitos políticos suspensos em decorrência do trânsito em julgado de decisão penal posterior ao pedido de registro** –, é cabível a interposição de recurso contra expedição de diploma, com base no inciso I do art. 262 do Código Eleitoral. O fato de já ter sido expedido o diploma não acarreta a preclusão, por se tratar de matéria constitucional. Ademais, a condenação criminal ocorreu em momento posterior ao registrado de candidatura... **A superação da suspensão de direito políticos configura situação de incompatibilidade a que se refere o inciso I do art. 262 do Código Eleitoral, visto que não há como alguém que não esteja na plenitude desses direitos exercer mandato eletivo.** Conforme ocorre com as causas de inelegibilidade e as condições de elegibilidade – que são aferidas no momento do pedido de registro de candidatura – no ato de diplomação, o candidato não pode igualmente ostentar restrição à plenitude dos seus direitos políticos, a teor do que dispõe o inciso II do § 3º do art. 14 da Constituição Federal. Não se insere na competência da Justiça Eleitoral examinar as razões pelas quais a extinção da punibilidade do candidato somente foi decidida após a diplomação, além do que tal fato não afasta o obstáculo averiguado por ocasião de sua diplomação. **Isso porque é por ocasião da diplomação que**

> **se afere a aptidão do candidato, pouco importando que, posteriormente, tenha recuperado os direitos políticos por extinção da punibilidade.** (...) (TSE – Embargos de Declaração e Agravos Regimental no Recurso Especial Eleitoral nº 35.709/RS, rel. Min. Arnaldo Versiane, em 29.4.2010).

Responda estas questões elaboradas em um concurso jurídico:

1 – Tício concorreu ao cargo de prefeito e foi eleito. Apresente a solução jurídica, considerando que:

Após o deferimento do registro, e antes das eleições, Tício teve a sua indicação na convenção partidária anulada.

Pergunta-se: é possível interpor uma RCD com o objetivo de cassar o diploma de Tício?

2 – Tício concorreu ao cargo de vereador e foi eleito. Apresente a solução jurídica, considerando que:

Tício era servidor municipal e apresentou requerimento para desincompatibilização;

Após o deferimento do registro, constatou-se que Tício continuou a trabalhar na sua função.

Pergunta-se: é possível interpor uma RCD com o objetivo de cassar o diploma de Tício?

Solução jurídica: sim, pode ser interposta uma RCD ou ser reconhecida *ex officio* pelo juiz eleitoral. Entendemos que, embora a indicação da convenção partidária e a desincompatibilização sejam condições de elegibilidade impróprias, não houve preclusão, pois são de origem superveniente ao deferimento do registro.

No segundo caso, não importa o simples requerimento formal do afastamento, e sim o afastamento de fato.

No mesmo sentido o TSE:

> Nos termos da jurisprudência do Tribunal Superior Eleitoral, o afastamento efetivo das atividades laborais é imprescindível para comprovar a desincompatibilização que "se opera no plano fático para atender à exigência legal" (REspe nº 20028/RJ, Rel. Min. Sepúlveda Pertence, Sessão 5.9.2002).
>
> Não disciplinou, contudo, a lei, a forma pela qual o afastamento haveria de se verificar. Certo é que a lei quer que o candidato se afaste de suas funções públicas, de modo a garantir maior lisura do processo eleitoral, evitando o uso dessas funções em prol da candidatura do servidor. **Sendo este o escopo da norma em comento, importa, na realidade, que do ponto de vista fático tenha o servidor se afastado de suas funções"** (REspe nº 12.890, Rel. Min. Eduardo Alckmin, Sessão 11.9.1996).
>
> Confiram-se ainda os seguintes precedentes:REsp nº 189535, Rel. Min. Hamilton Carvalhido, Sessão 16.9.2010; AgR-REspe nº 30948/TO, Rel. Min. Joaquim Barbosa, Sessão 21.10.2008; ED-REspe nº 22753/PR, Rel. Min. Carlos Velloso, Sessão 18.9.2004; e AgR-REspe nº 22493/CE, Rel. Min. Luiz Carlos Madeira, Sessão 13.9.2004.

3.3.3 Análise da possibilidade de o juiz indeferir a diplomação *ex officio*

Responda esta questão elaborada em um concurso jurídico:

O curioso é que o Juiz poderá ficar diante de uma situação em que o pedido de registro foi deferido, porque preenchidas as condições de elegibilidade e ausente qualquer causa de inelegibilidade, mas, posteriormente, o candidato aparece com uma inelegibilidade superveniente, como a tal condenação criminal que transitou em julgado depois do deferimento do registro. Na hipótese aqui construída, o Juiz terá de diplomar o candidato (se eleito, evidentemente) e esperar que os legitimados ofereçam Recurso contra a Diplomação, fundado exatamente na inelegibilidade superveniente? Ou poderá o Magistrado deixar de diplomar o eleito, por reconhecer em seu desfavor a tal inelegibilidade superveniente?

Resposta: Já aprendemos que o juiz deve reconhecer *ex officio* as inelegibilidades logo quando o pedido de registro for formulado, mas é possível que tal inelegibilidade ou ausência de condição de elegibilidade apareça de forma superveniente, portanto, pergunta-se:

É possível o juiz indeferir a diplomação *ex officio*?

Sim, havendo uma causa objetiva que obste a expedição do diploma, o juiz eleitoral deve indeferi-lo *ex officio*.

No mesmo sentido:

> Dispõe o artigo 51 da Resolução nº 21.538/2003, alterado pela da Resolução nº 23.490/2016, *in verbis*:
>
> Art. 51. Tomando conhecimento de fato ensejador de inelegibilidade ou de suspensão de inscrição por motivo de suspensão de direitos políticos ou de impedimento ao exercício do voto, a autoridade judiciária eleitoral determinará a imediata atualização do cadastro.
> § 1º Não se tratando de eleitor de sua zona eleitoral, o juiz comunicará o fato diretamente àquela na qual for inscrito o titular.
>
> **Inelegibilidade é matéria de ordem pública e pode ser conhecida pelo juiz** ou Tribunal Regional ao apreciar recurso em sede de registro. (Ac. de 16.11.2006 no AgRgRO nº 1.178, rel. Min. Cezar Peluso, Ac. nº 21.902, de 31.8.2004, rel. Min. Luiz Carlos Madeira, TSE, Ac. n.13.924, RESP; Rel. Min. Eduardo Ribeiro, em 1/10/1996, TSE, Ac. nº 13.924, REsp).

3.3.4 Taxatividade da ação de impugnação da diplomação

As hipóteses supracitadas são taxativas, ou seja, não admitem extensão. Mesmo antes da alteração legislativa, a jurisprudência do TSE já era pacífica em reconhecer a taxatividade do rol elencado no dispositivo mencionado:

> Recurso contra expedição de diploma. Apuração. Conduta vedada. Inadequação da via eleita. Improvimento. O recurso contra expedição de diploma não é instrumento próprio para apurar eventual prática de conduta vedada pelo art. 77 da Lei nº 9.504/97, **pois suas hipóteses de cabimento são *numerus clausus* e**

estão previstas no art. 262 do Código Eleitoral. (Ac. de 21.3.2006 noREsp nº 25.460, rel. Min. Cesar Asfor Rocha. (grifo nosso)

Assim, não será possível interpor a RCD para combater as condutas vedadas nos arts. 73 a 77 e 30-A da Lei nº 9.504/1997, como já estudamos, o moderno direito eleitoral combate tais infrações com ações próprias (*Vide a ARCONVE e a ARAGI*).

3.3.5 Legitimidade ativa da RCD

Têm legitimidade ativa para propor a ação de impugnação da diplomação:

a) os partidos políticos;

b) candidatos que tenham concorrido ao pleito e cargo eleitoral.

Entendemos que, com exceção do Ministério Público Eleitoral, todos legitimados devem, ao propor a AIDE demonstrar o interesse no sucesso da ação (provimento do recurso), leia-se: o interesse de agir condiciona-se ao proveito que o proponente terá no cancelamento do diploma do representado (No mesmo sentido: TSE: AC nº 592/1999).

Portanto, não têm legitimidade ativa:

- o candidato com direitos políticos suspensos ou perdidos (*Vide RCD nº 694/2008);*
- o candidato com pedido de registro indeferido *(Vide Ac. nº 15.170/99);*
- o candidato que concorreu a outro cargo;
- o diretório municipal em relação a eleição estadual *(Vide Ac. nº 592/99);*
- o diretório estadual em relação à eleição nacional;
- partido político que não pode auferir o mandato impugnado.

c) As coligações

Entendemos que as coligações não têm legitimidade para propor a Ação de Impugnação da Diplomação propriamente dita, e o motivo é muito simples, o prazo inicial para propositura da RCD propriamente dita é de 3 dias, contados da diplomação, e neste período não há mais coligações, cuja existência válida só perdura até a eleição.

Informo que não é este o entendimento do TSE, o qual reiteradamente vem decidindo que

> "A coligação partidária tem legitimidade concorrente com os partidos políticos e candidatos para a interposição de recurso contra expedição de diploma. (...)" (TSE – RCEd nº 646, Ac., Rel. Min. Fernando Neves da Silva, *DJ*, vol. 1, 25.06.2004, p. 175).

d) Ministério Público Eleitoral

O Ministério Público Eleitoral tem legitimidade para propor todas as ações eleitorais, apenas preciso destacar que a legitimidade do Ministério Público é adstrita à sua área de atribuição.

No mesmo sentido, o entendimento dominante do TSE:

> A jurisprudência desta Corte Superior é uníssona ao reconhecer a legitimidade ativa do Ministério Público em recurso contra expedição de diploma. Nesse sentido, os seguintes precedentes: REspe nº 9.349/SP, Rel. Min. Sepúlveda Pertence, *DJ* de 06.03.1992 e RCEd nº 408/MG, Rel. Min. Aldir Passarinho.

Portanto, têm legitimidade para interpor a RCD:

a) o Promotor de Justiça Eleitoral tem legitimidade para interpor a RCD perante o Juiz eleitoral, mas a ação é direcionada para o **TRE**;
b) o procurador regional eleitoral tem legitimidade para interpor a RCD perante o **TRE**, mas a ação é direcionada para o **TSE**.

Já o procurador-geral da Justiça Eleitoral não tem legitimidade para propor a RCD, pois não cabe RCD nas eleições presidenciais.

3.3.6 Legitimidade passiva da RCD

As partes passivas serão os candidatos eleitos e também os suplentes, desde que diplomados.

3.3.7 Prazo para interposição

O prazo para interposição do RCED é decadencial de três dias, consoante dispõe os arts. 258 e 276 do Código Eleitoral, contados da sessão da diplomação.

Responda esta questão elaborada em um concurso jurídico:
O partido X interpôs uma RCD contra Mévio. Apresente a solução jurídica, considerando que:
a) a RCD foi interposta em uma segunda-feira;
b) a sessão de diplomação foi na quinta-feira anterior.

Pergunta-se: a RCD é tempestiva?
Resposta: sim. Segundo o TSE, o prazo é decadencial, mas prorroga-se, assim *"a superveniência do recesso forense no transcurso de prazo decadencial autoriza a prorrogação de seu termo final para o primeiro dia útil subsequente"*. (Agravo Regimental em Agravo de Instrumento nº 11.450 – Rel. Aldir Passarinho – j. 03.02.2011).

> TSE: "Não se aplicam ao recurso contra explicação de diploma os prazos peremptórios e contínuos do art. 16 da LC nº 64/90" (TSE – Recurso Contra Expedição do Diploma nº 647 – Rel. Fernando Neves – j. 16.03.2004).

O partido X interpôs uma RCD contra Mévio, prefeito eleito. Apresente a solução jurídica, considerando que:

a) O juiz notificou o autor para promover a citação do vice-prefeito (litisconsorte passivo necessário).
b) Tal providência foi efetivada 05 dias depois da sessão diplomação.
   Apresente a solução jurídica.

Solução jurídica: houve decadência, a citação tem que ser realizada no prazo da ação, 03 dias.

3.3.8 Competência para julgar

A competência para conhecer e julgar a RCD depende da eleição. Assim, teremos:

1) na eleição municipal, o juiz eleitoral é o competente para **conhecer** a RCD, mas quem **julga** é o **TRE**;

> Recurso contra diplomação (art. 262, I, CE). Vereador. Competência. TRE. Inelegibilidade (art. 14, § 7º, CF). [...] Compete ao Tribunal Regional Eleitoral o julgamento do recurso contra a expedição de diploma de vereador. (Ac. de 16.2.2006, no AgRgREspe nº 25.284, rel. Min. Gerardo Grossi.)

2) Nas eleições estaduais (deputado estadual ou federal, senador, governador, vice-governador), a RCD deve ser interposta no respectivo Tribunal Regional Eleitoral, mas o julgamento será efetuado pelo Tribunal Superior Eleitoral. Nesse sentido:

> Recurso contra expedição de diploma. [...] Governador e vice. Competência do TSE. [...] 2. Firme jurisprudência do TSE quanto a sua competência para julgar RCED contra Governador e Vice-Governador de Estado. (Ac. de 16.4.2009 no ERCEd nº 671, rel. Min. Eros Grau.)

c) Em relação às eleições para os cargos de presidente e vice-presidente da república, não há previsão legal para esta impugnação. Todavia, parte da doutrina defende que do ato de diplomação, na eleição presidencial, cabe recurso extraordinário para o STF.

Em realidade, entendemos que razão assiste a Emerson Garcia,[50] que defende: "O ato de diplomação tem natureza eminentemente administrativa, inexistindo causa para o efeito de interposição do referido recurso (art. 102, III, da CR/88)".

Cabe registrar que o TSE tem aplicado o princípio da fungibilidade na hipótese de interposição de recurso direcionado ao tribunal errado.

No mesmo sentido: "*O endereçamento indevido do recurso contra expedição de diploma ao Tribunal Regional Eleitoral, e não a este Tribunal Superior, não impede o seu conhecimento*".[51]

Registre-se que as regras relativas ao foro por prerrogativa de função não se aplicam a RCD, tendo em vista que não se trata de matéria criminal.

3.3.9 O que causa a procedência da RCD

Embora o legislador tenha utilizado a expressão Recurso, conforme mencionado anteriormente, a natureza jurídica do RCED é de ação, e a decisão deverá

---

[50] No mesmo sentido: GARCIA, Emerson. *Abuso de poder nas eleições*: meios de coibição. 3. ed. Rio de Janeiro: Lumen Juris, 2006.

[51] TSE – RCED nº 653, Ac. p. 174.

julgá-lo como procedente ou improcedente (TRE-MG - RCED nº 6487, julgado em 13/08/2013), e não como recurso provido ou não provido.[52]

Julgado procedente o pedido constante da petição inicial, a decisão condenatória implicará a cassação do diploma, o que resultará na perda do mandato. Não haverá aplicação de multa ou declaração de inelegibilidade.

Nesse diapasão, mesmo antes da recente minirreforma eleitoral, a Corte Superior Eleitoral já entendia que o RCED não era o meio processual indicado para pleitear a declaração de inelegibilidade:

> Recurso contra expedição de diploma. [...] Captação ilícita de sufrágio. Abuso de poder político e econômico. Uso indevido dos meios de comunicação. [...] 3. O art. 1º, I, c, da LC nº 64/90 prevê a inelegibilidade daqueles que perdem seus cargos eletivos por infringência a dispositivo da Constituição Estadual, da Lei Orgânica do Distrito Federal e da Lei Orgânica dos Municípios. **Contudo, a pretensão de ver declarada tal inelegibilidade deve ser manejada por instrumento próprio. Tal sanção não se inclui entre aquelas previstas para o recurso contra expedição de diploma.** (Ac. de 8.9.2009 no RCED nº 698, rel. Min. Felix Fischer.)

3.3.10 O efeito da RCD

Responda esta questão elaborada em um concurso jurídico:

Candidato eleito é cassado em sede de RCD. Houve recurso da decisão. Pergunta-se: o efeito do recurso em sede de RCD é devolutivo ou suspensivo?

A decisão só produzirá efeitos depois do trânsito em julgado, pois a interposição de recurso ao Tribunal Superior Eleitoral tem efeito suspensivo, conforme preceitua o art. 216 do Código Eleitoral, *in verbis*:

> *Enquanto o Tribunal Superior não decidir o recurso interposto contra a expedição do diploma, poderá o diplomado exercer o mandato em toda a sua plenitude.*

Ademais, a reforma eleitoral criou um novo § 2º ao artigo 257, determinando que o efeito seja suspensivo, *in verbis:*

> § 2º. O recurso ordinário interposto contra decisão proferida por juiz eleitoral ou por Tribunal Regional Eleitoral que resulte em cassação de registro, afastamento do titular ou perda de mandato eletivo será recebido pelo Tribunal competente com efeito suspensivo.
> § 3º. O Tribunal dará preferência ao recurso sobre quaisquer outros processos, ressalvados os de habeas corpus e de mandado de segurança.

[52] ESMERALDO, Elmana Viana Lucena. *Processo Eleitoral*: sistematização das ações eleitorais. 2. ed. Leme: J.H. Mizuno, 2012. p. 370.

Por tal motivo, entendemos não ser possível a antecipação da tutela em sede de ação de impugnação da diplomação.

3.3.11 A RCD e o juízo de retratação

Responda esta questão elaborada em um concurso jurídico:

Tício concorreu ao cargo de vereador e foi eleito. Apresente a solução jurídica, considerando que:

Mévio interpôs uma RCD;

Pergunta-se: o juiz *a quo* pode exercer o juízo de retratação?

É inaplicável à RCD a regra do art. 267, § 6º, do Código Eleitoral, que impõe o chamado juízo de retratação a todos os recursos oferecidos perante as Juntas e Juízos Eleitorais. É que, como diz Edson Resende, 'esse recurso' é, em verdade, uma ação eleitoral, embora seja ajuizada perante o Órgão Jurisdicional da Diplomação e dirigida ao Tribunal competente para a reapreciação do ato. Sendo ação, e não tipicamente recurso, não cabe ao Juiz que a recebeu e processou modificar o ato atacado"[53].

3.3.12 Análise da possibilidade de existência de litisconsórcio passivo necessário entre o titular diplomado e o vice na eleição majoritária

Como já foi exposto, haverá litisconsórcio unitário necessário quando se tratar de eleição majoritária, tendo em vista a indissociabilidade da relação jurídica entre os componentes da chapa majoritária. Portanto, exige-se que todos os integrantes do **litisconsorte passivo necessário** sejam indicados, na exordial, ou que a eventual providência de emenda da exordial ocorra no prazo para ajuizamento da respectiva ação eleitoral, sob pena de decadência.

Nesse sentido:

Súmula nº 38 do TSE: *Nas ações que visem à cassação de registro, diploma ou mandato, há litisconsórcio passivo necessário entre o titular e o respectivo vice da chapa majoritária.*

O pedido deverá conter a cassação do diploma do eleito ou suplente diplomados, não há que se falar em pedido para declaração de inelegibilidade por essa via.

Quanto ao rito, deverá ser seguido o disposto nos arts. 266 e 267 do Código Eleitoral, que determina que, tão logo seja protocolada e recebida a petição do RCED, o recorrido será citado para apresentar defesa (contrarrazões) no prazo de três dias.

Em seguida, os autos serão remetidos ao órgão competente para o julgamento e deve seguir o procedimento determinado no art. 269 do Código Eleitoral, combinado com o Regimento Interno do respectivo Tribunal.

3.3.13 Análise da possibilidade de existência de litisconsórcio passivo necessário entre o titular diplomado e o seu partido

Como já estudamos na AIME, hoje o mandato pertence ao partido e não ao candidato, portanto, como a existência de litisconsórcio necessário ocorre quando,

---

[53] CASTRO, Edson de Resende. *Teoria e prática do direito eleitoral*. 2. ed. Belo Horizonte: Mandamentos, 2005.

por disposição de lei ou pela natureza da relação jurídica, o juiz tiver de decidir a lide de modo uniforme para todas as partes, conclui-se que o partido político deve ser citado, integrando a lide como litisconsorte necessário.

O TSE tem posição diferente: Súmula nº 40 do **TSE:** "*O partido político não é litisconsorte passivo necessário em ações que visem à cassação de diploma*".

3.3.14 Análise da possibilidade de desistência da RCD

Há entendimento da Corte Superior Eleitoral (TSE-REspe nº 8536/AL) no sentido de não admitir o pedido de desistência por parte do recorrente (autor) do RCED, tendo em vista o caráter eminentemente público da matéria. Em conformidade com as diretrizes gerais do TSE para a aplicação da Lei nº 13.105, de 2015 – Novo Código de Processo Civil –, no âmbito da Justiça Eleitoral: "*Art. 6º. Não se aplicam aos feitos eleitorais as regras relativas à conciliação ou mediação previstas nos arts. 165 e seguintes do Novo Código de Processo Civil.*"

Todavia, mais apropriado é o entendimento no sentido de admitir a desistência da parte autora para facultar ao Ministério Público a oportunidade de assumir o polo ativo e intervir no feito como substituto processual, uma vez que na condição de fiscal da lei tem legitimidade em vista da relevância do interesse público.

No mesmo sentido, o entendimento dominante do TSE:

> Recurso contra expedição de diploma. [...]. Incorporação do partido autor por outro. Desistência. Homologação. Polo ativo. Ministério Público Eleitoral. Assunção. [...]. 2. A desistência manifestada pelo recorrente no Recurso Contra Expedição de Diploma não implica extinção do feito sem resolução do mérito, tendo em vista a natureza eminentemente pública da matéria. Na espécie, o recorrente originário, o Partido dos Aposentados da Nação (PAN), foi incorporado pelo Partido Trabalhista Brasileiro (PTB), que requereu a desistência da ação. O pedido foi homologado por esta Corte, e o Ministério Público Eleitoral assumiu a titularidade da ação. (Ac. de 21.9.2010 no RCED nº 661, rel. Min. Aldir Passarinho Junior.)

3.3.15 Litispendência/Continência

Em consonância com o entendimento do Tribunal Superior Eleitoral, não há que se falar em litispendência entre as ações eleitorais e o RCED por se tratar de ações autônomas, cujos objetivos são distintos.

Porém, caso fique constatada identidade entre as partes, a causa de pedir e os pedidos, e o objeto de uma das ações seja mais abrangente que o da outra, poderá configurar o que se chama de continência, nos termos do art. 56 do Novo CPC. Nesse caso, o julgamento da ação menos abrangente ficará prejudicado.

3.3.16 Recursos da RCD

a) Eleições municipais:

Tratando-se de diploma proveniente de eleições municipais, cuja competência originária para julgamento pertence aos Tribunais Regionais Eleitorais, cabe recurso especial à Corte Superior Eleitoral.

Caso seja negado seguimento ao Recurso Especial, caberá agravo se a decisão for prolatada pelo Pleno, e caso se trate de decisão monocrática proferida pelo Relator, caberá agravo regimental ao pleno.

b) Eleições federais, estaduais e distritais

Nesse caso, a competência para julgamento do RCED pertence ao Tribunal Superior Eleitoral, e o recurso cabível será o extraordinário, direcionado ao Supremo Tribunal Federal nos termos do art. 121, §3º da Constituição Federal.

Caberá agravo caso seja negado seguimento ao Recurso Extraordinário, e caso se trate de decisão monocrática proferida pelo Relator ou Presidente do TSE, caberá agravo regimental ao pleno daquela Corte.

Em ambos os casos, caberão embargos de declaração para impugnar os acórdãos prolatados pelos Tribunais.

3.3.17 Do Procedimento

Recebida a petição, mandará o juiz intimar o recorrido para ciência do recurso, abrindo-se-lhe vista dos autos a fim de, em prazo igual ao estabelecido para sua interposição, oferecer razões, acompanhadas ou não de novos documentos.

A intimação se fará pela publicação da notícia da vista no jornal que publicar o expediente da Justiça Eleitoral, onde houver, e nos demais lugares, pessoalmente pelo escrivão, independentemente de iniciativa do recorrente.

Onde houver jornal oficial, se a publicação não ocorrer no prazo de três dias, a intimação se fará pessoalmente ou na forma prevista no item seguinte.

Nas zonas em que se fizer intimação pessoal, se não for encontrado o recorrido dentro de 48 horas, a intimação se fará por edital afixado no fórum, no local de costume.

Todas as citações e intimações serão feitas na forma supracitada.

Veja essa questão elaborada em um concurso jurídico: *"O RCD exige prova pré-constituída?"*.

A antiga doutrina eleitoral considerava o RCED como um recurso, portanto, o raciocínio era: *"como o **RCED** é um recurso, exige-se no momento de sua interposição a apresentação de prova pré-constituída"*.

Com a evolução do direito eleitoral, a hodierna doutrina eleitoral passou a perceber que o RCED é uma ação eleitoral, portanto, como regra geral, podemos afirmar que há possibilidade de produção de provas na instância superior, não sendo requisito da ação em estudo, a apresentação na exordial das provas pré-constituídas.

Ademais, o próprio art. do 270 Código Eleitoral prevê uma fase instrutória, fato que deixa em séria dificuldade a doutrina que afirma ser um "recurso contra a diplomação que não prescinde da prova pré-constituída".

Atualmente, o Tribunal Superior Eleitoral entende que, em regra, não é exigível o requisito da prova pré-constituída, sendo possível a produção de provas nos autos desde que requeridas na petição inicial.

Os fatos alegados deverão ser provados através de documentos acostados à inicial, ou ainda, através de prova emprestada de outros autos:

> [...] a jurisprudência da Corte admite que se tome emprestada a prova de uma AIJE na qual a parte teve ampla possibilidade de defender-se, de utilizar essa prova em outro processo. (Ementa não transcrita por não reproduzir a decisão quanto ao tema). (Ac. de 3.5.2011 no AI nº 12103, rel. Min. Aldir Passarinho Junior, red. designado Min. Dias Toffoli.)

Contudo, em algumas hipóteses na interposição do RCED, deve-se apresentar a chamada prova pré-constituída, assim, se seu fundamento for uma causa de inelegibilidade superveniente, como, por exemplo, uma condenação criminal, deve-se juntar com a inicial a certidão do trânsito em julgado da sentença penal.

Responda esta questão elaborada em um concurso jurídico:

O partido X interpôs uma RCD contra Mévio e o vice. Apresente a solução jurídica, considerando que:

a) o partido X arrolou na exordial 07 testemunhas;

b) na contestação, Mévio apresentou 06 testemunhas;

c) o juiz despachou no sentido de que todos deviam adequar o número de testemunhas.

Pergunta-se:

1- É possível arrolar testemunhas em sede de RCD?

2- Caso seja possível, qual o número máximo de testemunhas?

Resposta: Admissão de produção de provas testemunhais

> "Recurso contra expedição de diploma. Prova testemunhal. Limitação. Possibilidade. Agravo desprovido. **1. A limitação do número de testemunhas – 6 (seis) testemunhas para cada parte, independentemente da quantidade de fatos e do número de recorrentes ou de recorridos** – se mostra adequada à harmonização do princípio da celeridade processual com o princípio do devido processo legal. 2. Aos recorrentes incumbe provar suas alegações com as 6 (seis) testemunhas expressamente indicadas na inicial. Mesmo número franqueado aos recorridos para sustentar sua versão dos fatos, em harmonia com o princípio da paridade de armas. 3. À luz do princípio da indivisibilidade da chapa única majoritária, nem a presença do vice na relação processual nem a formação de litisconsórcio, seja no polo ativo, seja no polo passivo, autorizam arrolar testemunhas acima do permissivo legal, pois 'o mandato do vice é regido por uma relação jurídica de subordinação ao mandato do prefeito' (REspe nº 25.839/PI, rel. Min. Cesar Asfor Rocha). [...]" NE: Alegação de que seria necessário admitir um número de três testemunhas para cada fato relatado na inicial do recurso contra expedição de diploma, à semelhança do que ocorre no processo penal. (Ac. de 27.11.2007 no AgRgRCEd nº 671, rel. Min. Carlos Ayres Britto.)

Responda esta questão elaborada em um concurso jurídico:

Tício concorreu ao cargo de vereador e foi eleito. Apresente a solução jurídica, considerando que:

a) Mévio interpôs uma RCD;

b) o juiz abriu vista para o promotor de justiça;

c) pergunta-se: o juiz, antes de remeter os autos ao TRE, deve abrir vistas ao Ministério Público?

Resposta: O promotor eleitoral de 1º grau não se manifesta, e sim o PRE (Procurador Regional Eleitoral), que só apresentará parecer caso o Ministério Público Eleitoral não seja o autor da RCD.

7. Das condutas vedadas aos agentes públicos em campanhas eleitorais

As condutas vedadas

São proibidas aos agentes públicos, servidores ou não, as seguintes condutas tendentes a afetar a igualdade de oportunidades entre candidatos nos pleitos eleitorais (art. 73, do CE):

> I – Ceder ou usar, em benefício de candidato, partido político ou coligação, bens móveis ou imóveis pertencentes à administração direta ou indireta da União, dos Estados, do Distrito Federal, dos Territórios e dos Municípios, ressalvada a realização de convenção partidária.

Obs.: a vedação do item I não se aplica ao uso, em campanha, de transporte oficial pelo presidente da República, obedecido o disposto no art. 76 da Lei nº 9.504/1997, nem ao uso, em campanha, pelos candidatos à reeleição de presidente e vice-presidente da República, governador e vice governador de Estado e do Distrito Federal, prefeito e vice prefeito, de suas residências oficiais para realização de contatos, encontros e reuniões pertinentes à própria campanha, desde que não tenham caráter de ato público.

Posicionamento majoritário do TSE: a vedação não abrange bem público de uso comum.[54]

> II – Usar materiais ou serviços, custeados pelos Governos ou Casas Legislativas, que excedam as prerrogativas consignadas nos regimentos e normas dos órgãos que integram.
>
> III – Ceder servidor público ou empregado da administração direta ou indireta federal, estadual ou municipal do Poder Executivo, ou usar de seus serviços, para comitês de campanha eleitoral de candidato, partido político ou coligação, durante o horário de expediente normal, salvo se o servidor ou empregado estiver licenciado.
>
> IV – Fazer ou permitir uso promocional em favor de candidato, partido político ou coligação, de distribuição gratuita de bens e serviços de caráter social custeados ou subvencionados pelo Poder Público.

---

[54] TSE – AC nºs 24.865/2004 e 4.246/2005.

Posicionamento majoritário do TSE: "A Lei Eleitoral não proíbe a prestação de serviço social custeado ou subvencionado pelo poder público nos três meses que antecedem à eleição, mas sim o seu uso para fins promocionais de candidato, partido ou coligação."[55]

Posicionamento majoritário do TSE: bem de natureza cultural, posto à disposição de toda a coletividade, não se enquadra neste dispositivo.[56]

> V – Nomear, contratar ou de qualquer forma admitir, demitir sem justa causa, suprimir ou readaptar vantagens ou por outros meios dificultar ou impedir o exercício funcional e, ainda, ***ex officio***, remover, transferir ou exonerar servidor público, na circunscrição do pleito, nos três meses que o antecedem e até a posse dos eleitos, sob pena de nulidade de pleno direito, ressalvadas:
> a) a nomeação ou exoneração de cargos em comissão e designação ou dispensa de funções de confiança;
> b) a nomeação para cargos do Poder Judiciário, do Ministério Público, dos Tribunais ou Conselhos de Contas e dos órgãos da Presidência da República;
> c) a nomeação dos aprovados em concursos públicos homologados até o início daquele prazo;
> d) a nomeação ou contratação necessária à instalação ou ao funcionamento inadiável de serviços públicos essenciais, com prévia e expressa autorização do chefe do Poder Executivo;
> e) a transferência ou remoção ***ex officio*** de militares, policiais civis e de agentes penitenciários.
> VI – Nos três meses que antecedem o pleito:
> a) realizar transferência voluntária de recursos da União aos Estados e Municípios, e dos Estados aos Municípios, sob pena de nulidade de pleno direito, ressalvados os recursos destinados a cumprir obrigação formal preexistente para execução de obra ou serviço em andamento e com cronograma prefixado, e os destinados a atender situações de emergência e de calamidade pública;
> b) com exceção da propaganda de produtos e serviços que tenham concorrência no mercado, autorizar publicidade institucional dos atos, programas, obras, serviços e campanhas dos órgãos públicos federais, estaduais ou municipais, ou das respectivas entidades da administração indireta, salvo em caso de grave e urgente necessidade pública, assim reconhecida pela Justiça Eleitoral;

Posicionamento majoritário do TSE: o TSE admite a permanência de placas de obras públicas desde que não contenham expressões que possam identificar autoridades, servidores ou administrações cujos dirigentes estejam em campanha eleitoral.[57]

> c) fazer pronunciamento em cadeia de rádio e televisão, fora do horário eleitoral gratuito, salvo quando, a critério da Justiça Eleitoral, tratar-se de matéria urgente, relevante e característica das funções de governo.

---

[55] TSE – AC nº 5.283/2004.

[56] TSE – AC nº 24.795/2004.

[57] TSE – AC nºs 57/1998, 19.323/2001, 19.326/2001 e 24.722/2004.

Obs.: as vedações do item VI, alíneas *b* e *c*, aplicam-se apenas aos agentes públicos das esferas administrativas cujos cargos estejam em disputa na eleição.

Posicionamento majoritário do TSE: a lei eleitoral não proíbe a realização de concurso público.[58]

Posicionamento majoritário do TSE: a redistribuição não está proibida por este dispositivo.[59]

Minha posição: entendo que a redistribuição de cargos e funções é uma forma de burlar a vedação prevista no item V em estudo. No mesmo sentido: é a posição do STJ.[60]

> VII – realizar, no primeiro semestre do ano de eleição, despesas com publicidade dos órgãos públicos federais, estaduais ou municipais, ou das respectivas entidades da administração indireta, que excedam a média dos gastos no primeiro semestre dos três últimos anos que antecedem o pleito;

CUIDADO: NÃO CAIA NA PEGADINHA!

Responda a esta questão: Julgue com V ou F:

> ( ) Realizar, em ano de eleição, despesas com publicidade dos órgãos públicos federais, estaduais ou municipais, ou das respectivas entidades da administração indireta, que excedam a média dos gastos nos três últimos anos que antecedem o pleito ou do último ano imediatamente anterior à eleição.

Resposta: Falsa. Tenha cuidado, pois essa "pegadinha" ainda não foi elaborada em um concurso. Leia novamente o texto e identifique dois erros.

> VIII – Fazer, na circunscrição do pleito, revisão geral da remuneração dos servidores públicos que exceda a recomposição da perda de seu poder aquisitivo ao longo do ano da eleição, a partir do início do prazo estabelecido no art. 7º da Lei nº 9.504/1997 e até a posse dos eleitos.

7.1. O conceito de agente público

Reputa-se agente público, para os efeitos dos itens anteriores, quem exerce, ainda que transitoriamente ou sem remuneração, por eleição, nomeação, designação, contratação ou qualquer outra forma de investidura ou vínculo, mandato, cargo, emprego ou função nos órgãos ou entidades da administração pública direta, indireta, ou fundacional.

---

58 TSE – RES nº 21.806/2004.

59 TSE – AC nº 405/2002.

60 STJ – AC de 27/10/2004, no MS nº 8.90.

7.2. As consequências do descumprimento das vedações

a) O descumprimento das disposições supramencionadas acarretará a suspensão imediata da conduta vedada, quando for o caso, e sujeitará os responsáveis a multa no valor de cinco a cem mil Ufirs, aplica-se estas sanções aos agentes públicos responsáveis pelas condutas vedadas e aos partidos, coligações e candidatos que delas se beneficiarem.
b) Nos casos de descumprimento do disposto nos incisos I, II, III, IV e VI, sem prejuízo do disposto no item "a", o candidato beneficiado, agente público ou não, ficará sujeito à cassação do registro ou do diploma.
c) As multas serão duplicadas a cada reincidência.
d) As condutas acima enumeradas caracterizam, ainda, atos de improbidade administrativa, a que se refere o art. 11, inciso I, da Lei nº 8.429, de 2 de junho de 1992, e sujeitam-se às disposições daquele diploma legal, em especial às cominações do art. 12, inciso III.
e) Na distribuição dos recursos do Fundo Partidário (Lei nº 9.096, de 19 de setembro de 1995) oriundos da aplicação do disposto no item "a", deverão ser excluídos os partidos beneficiados pelos atos que originaram as multas.

Observação muito importante: A Lei nº 11.300/2006 criou o § 10 no art. 73 da Lei nº 9.504/1973, que tem a redação abaixo descrita:

> No ano em que se realizar eleição, fica proibida a distribuição gratuita de bens, valores ou benefícios por parte da Administração Pública, exceto nos casos de calamidade pública, de estado de emergência ou de programas sociais autorizados em lei e já em execução orçamentária no exercício anterior, casos em que o Ministério Público poderá promover o acompanhamento de sua execução financeira e administrativa.

A reforma eleitoral acrescentou ao art. 73 da Lei nº 9.504/1997 os §§ 11, 12 e 13, a saber:

> § 11. Nos anos eleitorais, os programas sociais de que trata o § 10 não poderão ser executados por entidade nominalmente vinculada a candidato ou por esse mantida.
> § 12. A representação contra a não observância do disposto neste artigo observará o rito do art. 22 da Lei Complementar nº 64, de 18 de maio de 1990, e poderá ser ajuizada até a data da diplomação.
> § 13. O prazo de recurso contra decisões proferidas com base neste artigo será de 3 (três) dias, a contar da data da publicação do julgamento no Diário Oficial.

7.3. Conduta vedada com abuso de autoridade

Segundo o § 1º do art. 37 da Constituição Federal, a publicidade dos atos, programas, obras, serviços e campanhas dos órgãos públicos deverá ter caráter educativo, informativo ou de orientação social, dela não podendo constar nomes, símbolos ou imagens que caracterizem promoção pessoal de autoridades ou servidores públicos.

- **Destaque da reforma eleitoral:**

A reforma eleitoral alterou o art. 74 da Lei nº 9.504/1997 e agora dispõe:

> Configura abuso de autoridade, para os fins do disposto no art. 22 da Lei Complementar nº 64, de 18 de maio de 1990, a infringência do disposto no § 1º do art. 37 da Constituição Federal, ficando o responsável, se candidato, sujeito ao cancelamento do registro ou do diploma.

7.4. O período em que é vedada a contratação de *shows* artísticos pagos com recursos públicos

Nos três meses que antecederem as eleições, na realização de inaugurações é vedada a contratação de shows artísticos pagos com recursos públicos.

Nos casos de descumprimento do disposto neste item, sem prejuízo da suspensão imediata da conduta, o candidato beneficiado, agente público ou não, ficará sujeito à cassação do registro ou do diploma.

7.5. Vedação à participação em inaugurações de obras públicas

▸ INDAGAÇÃO DIDÁTICA

Veja esta questão elaborada em um concurso jurídico.

"Os candidatos a cargos do Poder Legislativo podem participar, nos três meses que precedem o pleito, de inaugurações de obras públicas?"

Resposta: A lei das eleições estipulava que: "*É proibido aos candidatos a cargos do* ***Poder Executivo*** *participar, nos três meses que precedem o pleito, de inaugurações de obras públicas.*" O entendimento majoritário do **TSE** era no sentido de que não havia proibição legal para candidatos a cargo do Poder Legislativo.

Cuidado: a reforma eleitoral alterou totalmente o entendimento supracitado.

- **Destaque da reforma eleitoral:**

A reforma eleitoral alterou o art. 77 da Lei nº 9.504/1997 e agora dispõe:

> É proibido a qualquer candidato comparecer, nos 3 (três) meses que precedem o pleito, a inaugurações de obras públicas.
> Parágrafo único. A inobservância do disposto neste artigo sujeita o infrator à cassação do registro ou do diploma.

8. Entendimentos sumulados pelo TSE

SÚMULA Nº 1

Proposta a ação para desconstituir a decisão que rejeitou as contas, anteriormente à impugnação, fica suspensa a inelegibilidade (Lei Complementar nº 64/1990, art. 1º, I, *g*).

Muito cuidado: esta súmula foi cancelada pelo Ac.-TSE, de 10.5.2016, no PA nº 32345, a atual posição do TSE consolidou o entendimento de que a mera propositura da ação anulatória, sem a obtenção de provimento liminar ou tutela antecipada, não suspende a inelegibilidade (**confira:** Ac.-TSE, de 24.8.2006, no RO nº 912; de 13.9.2006, no RO nº 963; de 29.9.2006, no RO nº 965 e no REsp nº 26.942; e de 16.11.2006, no AgRgRO nº 1.067, entre outros).

SÚMULA Nº 2

Assinada e recebida a ficha de filiação partidária até o termo final do prazo fixado em lei, considera-se satisfeita a correspondente condição de elegibilidade, ainda que não tenha fluído, até a mesma data, o tríduo legal de impugnação.

SÚMULA Nº 3

No processo de registro de candidatos, não tendo o juiz aberto prazo para o suprimento de defeito da instrução do pedido, pode o documento, cuja falta houver motivado o indeferimento, ser juntado com o recurso ordinário.

SÚMULA Nº 5

Serventuário de cartório, celetista, não se inclui na exigência do art. 1º, II, *l*, da LC nº 64/1990.

SÚMULA Nº 6

São inelegíveis para o cargo de Chefe do Executivo o cônjuge e os parentes, indicados no § 7º do art. 14 da Constituição Federal, do titular do mandato, salvo se este, reelegível, tenha falecido, renunciado ou se afastado definitivamente do cargo até seis meses antes do pleito (Texto atualizado pelo Ac.-TSE, de 10.5.2016, no PA nº 32345).

Posicionamento majoritário do TSE e do STF: cônjuge e parentes do chefe do Executivo são elegíveis para o mesmo cargo do titular, quando este for reelegível e tiver se afastado definitivamente do cargo até seis meses antes do pleito.[61]

SÚMULA Nº 7

É inelegível para o cargo de prefeito a irmã da concubina do atual titular do mandato.

Muito cuidado: esta Súmula foi revogada por decisão do Supremo Tribunal Federal no RE nº 157.868-8/PB, julgado em sessão de 02/02/1992. Relator: Ministro Marco Aurélio.

SÚMULA Nº 8

O Vice-Prefeito é inelegível para o mesmo cargo.

Muito cuidado: esta Súmula foi revogada pela EC nº 16, de 4 de junho de 1997.

---

61 TSE – AC nºs 3.043/2001, 19.442/2001 e STF – AC de 07/04/2003, no RE nº 344.882.

SÚMULA Nº 12

São inelegíveis, no Município desmembrado e ainda não instalado, o cônjuge e os parentes consanguíneos ou afins, até o segundo grau ou por adoção, do Prefeito do Município-mãe, ou de quem o tenha substituído, dentro dos seis meses anteriores ao pleito, salvo se já titular de mandato eletivo.

SÚMULA Nº 15

O exercício de mandato eletivo não é circunstância capaz, por si só, de comprovar a condição de alfabetizado do candidato.

SÚMULA Nº 19

O prazo de inelegibilidade decorrente da condenação por abuso do poder econômico ou político tem início no dia da eleição em que este se verificou e finda no dia de igual número no oitavo ano seguinte – art. 22, XIV, da LC nº 64/1990. (Súmula atualizada pelo Ac.-TSE, de 10.5.2016, no PA nº 32345).

SÚMULA Nº 37

Compete originariamente ao Tribunal Superior Eleitoral processar e julgar recurso contra expedição de diploma envolvendo eleições federais ou estaduais.

SÚMULA Nº 38

Nas ações que visem à cassação de registro, diploma ou mandato, há litisconsórcio passivo necessário entre o titular e o respectivo vice da chapa majoritária.

SÚMULA Nº 39

Não há formação de litisconsórcio necessário em processos de registro de candidatura.

SÚMULA Nº 40

O partido político não é litisconsorte passivo necessário em ações que visem à cassação de diploma.

SÚMULA Nº 41

Não cabe à Justiça Eleitoral decidir sobre o acerto ou desacerto das decisões proferidas por outros Órgãos do Judiciário ou dos Tribunais de Contas que configurem causa de inelegibilidade.

SÚMULA Nº 42

A decisão que julga não prestadas as contas de campanha impede o candidato de obter a certidão de quitação eleitoral durante o curso do mandato ao qual concorreu, persistindo esses efeitos, após esse período, até a efetiva apresentação das contas.

SÚMULA Nº 43

As alterações fáticas ou jurídicas supervenientes ao registro que beneficiem o candidato, nos termos da parte final do art. 11, § 10, da Lei nº 9.504/97, também devem ser admitidas para as condições de elegibilidade.

SÚMULA Nº 44

O disposto no art. 26-C da LC nº 64/90 não afasta o poder geral de cautela conferido ao magistrado pelo Código de Processo Civil.

SÚMULA Nº 45

Nos processos de registro de candidatura, o Juiz Eleitoral pode conhecer de ofício da existência de causas de inelegibilidade ou da ausência de condição de elegibilidade, desde que resguardados o contraditório e a ampla defesa.

SÚMULA Nº 46

É ilícita a prova colhida por meio da quebra do sigilo fiscal sem prévia e fundamentada autorização judicial, podendo o Ministério Público Eleitoral acessar diretamente apenas a relação dos doadores que excederam os limites legais, para os fins da representação cabível, em que poderá requerer, judicialmente e de forma individualizada, o acesso aos dados relativos aos rendimentos do doador.

SÚMULA Nº 47

A inelegibilidade superveniente que autoriza a interposição de recurso contra expedição de diploma, fundado no art. 262 do Código Eleitoral, é aquela de índole constitucional ou, se infraconstitucional, superveniente ao registro de candidatura, e que surge até a data do pleito.

SÚMULA Nº 49

O prazo de cinco dias, previsto no art. 3º da LC nº 64/90, para o Ministério Público impugnar o registro inicia-se com a publicação do edital, caso em que é excepcionada a regra que determina a sua intimação pessoal.

SÚMULA Nº 50

O pagamento da multa eleitoral pelo candidato ou a comprovação do cumprimento regular de seu parcelamento após o pedido de registro, mas antes do julgamento respectivo, afasta a ausência de quitação eleitoral.

SÚMULA Nº 51

O processo de registro de candidatura não é o meio adequado para se afastarem os eventuais vícios apurados no processo de prestação de contas de campanha ou partidárias.

SÚMULA Nº 52

Em registro de candidatura, não cabe examinar o acerto ou desacerto da decisão que examinou, em processo específico, a filiação partidária do eleitor.

SÚMULA Nº 53

O filiado a partido político, ainda que não seja candidato, possui legitimidade e interesse para impugnar pedido de registro de coligação partidária da qual é integrante, em razão de eventuais irregularidades havidas em convenção.

SÚMULA Nº 54

A desincompatibilização de servidor público que possui cargo em comissão é de três meses antes do pleito e pressupõe a exoneração do cargo comissionado, e não apenas seu afastamento de fato.

SÚMULA Nº 55

A Carteira Nacional de Habilitação gera a presunção da escolaridade necessária ao deferimento do registro de candidatura.

SÚMULA Nº 57

A apresentação das contas de campanha é suficiente para a obtenção da quitação eleitoral, nos termos da nova redação conferida ao art. 11, § 7º, da Lei nº 9.504/97, pela Lei nº 12.034/2009.

SÚMULA Nº 58

Não compete à Justiça Eleitoral, em processo de registro de candidatura, verificar a prescrição da pretensão punitiva ou executória do candidato e declarar a extinção da pena imposta pela Justiça Comum.

SÚMULA Nº 59

O reconhecimento da prescrição da pretensão executória pela Justiça Comum não afasta a inelegibilidade prevista no art. 1º, I, e, da LC nº 64/90, porquanto não extingue os efeitos secundários da condenação.

SÚMULA Nº 60

O prazo da causa de inelegibilidade prevista no art. 1º, I, e, da LC nº 64/90 deve ser contado a partir da data em que ocorrida a prescrição da pretensão executória e não do momento da sua declaração judicial.

SÚMULA Nº 61

O prazo concernente à hipótese de inelegibilidade prevista no art. 1º, I, e, da LC nº 64/90 projeta-se por oito anos após o cumprimento da pena, seja ela privativa de liberdade, restritiva de direito ou multa.

SÚMULA Nº 62

Os limites do pedido são demarcados pelos fatos imputados na inicial, dos quais a parte se defende, e não pela capitulação legal atribuída pelo autor.

SÚMULA Nº 64

Contra acórdão que discute, simultaneamente, condições de elegibilidade e de inelegibilidade, é cabível o recurso ordinário.

SÚMULA Nº 65

Considera-se tempestivo o recurso interposto antes da publicação da decisão recorrida.

SÚMULA Nº 66

A incidência do § 2º do art. 26-C da LC nº 64/90 não acarreta o imediato indeferimento do registro ou o cancelamento do diploma, sendo necessário o exame da presença de todos os requisitos essenciais à configuração da inelegibilidade, observados os princípios do contraditório e da ampla defesa.

SÚMULA Nº 69

Os prazos de inelegibilidade previstos nas alíneas *j* e *h* do inciso I do art. 1º da LC nº 64/90 têm termo inicial no dia do primeiro turno da eleição e termo final no dia de igual número no oitavo ano seguinte.

SÚMULA Nº 70

O encerramento do prazo de inelegibilidade antes do dia da eleição constitui fato superveniente que afasta a inelegibilidade, nos termos do art. 11, § 10, da Lei nº 9.504/97.

9. Questões interessantíssimas sobre elegibilidade

1. **O Prefeito faleceu antes dos seis meses que antecederam o pleito. A cunhada e o irmão são elegíveis aos cargos de prefeito e de vice-prefeito?**

Resposta: Subsistindo a possibilidade da reeleição do prefeito, para o período subsequente, seus parentes podem concorrer a qualquer cargo eletivo na mesma base territorial, **desde que ocorra o falecimento ou afastamento definitivo do titular até seis meses antes das eleições**. Hipótese em que o próprio titular poderia concorrer ao mesmo cargo, no pleito seguinte, não fosse seu falecimento no segundo ano do mandato, sendo legítimas as candidaturas da cunhada e do irmão aos cargos de prefeito e de vice-prefeito. Agravo e recurso especial providos.[62]

---

[62] Nesse sentido: TSE – AI nº 3.043 – (3.043) – Uauá – BA – Rel. Min. Jacy Garcia Vieira – *DJU* 08/03/2002 – p. 191.

Obs.: veja agora a questão nº 1.

2. **Candidato que, Presidente da Câmara Municipal, ocupou interinamente o cargo de prefeito enquanto não realizada eleição suplementar, concorreu ao cargo de prefeito na eleição suplementar. Elegeu-se. Reelegeu-se nas eleições 2000. Pergunta-se: quando se deu a reeleição?**

Resposta: A interinidade não constitui um "período de mandato antecedente" ao período de "mandato-tampão". O "período de mandato-tampão" não constitui um "período de mandato subsequente" ao período de interinidade. O período da interinidade, assim como o "mandato-tampão", constituem frações de um só período de mandato. Não houve eleição para um terceiro mandato. A reeleição se deu nas eleições de 2000.[63]

Obs.: veja agora a questão nº 2.

3. **O vice-prefeito que substitui ou sucede o prefeito, nos seis meses anteriores à eleição, pode candidatar-se ao cargo de prefeito?**

Resposta: O vice-prefeito que substitui ou sucede o prefeito, nos seis meses anteriores à eleição, pode candidatar-se ao cargo de prefeito.[64]

4. **Por afastamento do prefeito municipal pela Justiça Estadual, na qualidade de vice-prefeito do Município, assumindo o cargo de prefeito por tempo indeterminado, se o prefeito titular voltar ao cargo antes ou depois do dia 3 de abril do corrente, pode disputar a eleição para o cargo de prefeito municipal? Estando na interinidade, como está, pode ser candidato à reeleição?**

Resposta: Responde-se afirmativamente às duas indagações, na forma do art. 14, § 5º, da Constituição Federal.[65]

5. **Vice-prefeito na interinidade do cargo de prefeito até a realização do pleito pode ser candidato a prefeito?**

Resposta: Afirmativo, sem se afastar do cargo.[66]

6. **Mantém o mandato o vereador que transfere seu domicílio eleitoral para outro Município, em outra unidade da Federação?**

Resposta: Não, a transferência do domicílio eleitoral de prefeito, vice-prefeito e vereador para outro Município só pode ser deferida no curso de seu mandato se **houver a renúncia até um ano antes do pleito que deva realizar-se para eleger os seus sucessores** (art. 73, § 2º, da Lei nº 9.100/1995).[67]

---

[63] Nesse sentido: TSE – REsp nº 18.260 – (18.260) – Tabatinga – AM – Rel. Min. Nelson Azevedo Jobim – J. 21/11/2000.

[64] Nesse sentido: TSE – REsp nº 17.568 – (17.568) – Alexandria – RN – Rel. p/o Ac. Min. Nelson Azevedo Jobim – J. 03/10/2000.

[65] Nesse sentido: TRE – PI – CONS nº 914 – Rel. Juiz João Batista Machado – p. 37.

[66] Nesse sentido: TRE – PI – CONS nº 917 – Rel. Juiz Valerio Chaves – p. 36.

[67] Nesse sentido: TRE – PI – CONS nº 924 – Rel. Juiz José James Gomes Pereira – p. 30.

7. **Segundo o constante do art. 14, § 3º, inciso IV, da Constituição Federal, pode manter o seu mandato na câmara do Município-mãe (cedente) o vereador que tem seu domicílio em território desmembrado e transformado em Município?**

Resposta: Se o título de eleitor já era do Município que foi emancipado, o vereador não perde de imediato tendo, porém, **de transferir imediatamente seu domicílio para o Município cedente, sob pena de perder o mandato.**[68]

8. **Existe necessidade, por parte de prefeito e de vice-prefeito, de afastamento de seus mandatos para concorrer, respectivamente, à reeleição e ao cargo titular, e, em caso de resposta positiva, o prazo para a medida?**

Resposta: O prefeito pode concorrer à reeleição sem precisar desincompatibilizar-se (Constituição Federal, art. 14, § 5º, com redação determinada pela Emenda Constitucional nº 16, de 4 de junho de 1997). O vice-prefeito em exercício, nos termos do § 2º do art. 1º da Lei Complementar nº 64/1990 e da Resolução TSE nº 20.144, de 31 de março de 1998, pode candidatar-se a outros cargos preservando o seu mandato, **desde que não tenha substituído ou sucedido o titular nos seis meses anteriores ao pleito**. Entretanto, na hipótese de ter sucedido o prefeito, pode candidatar-se à reeleição, pois o fará na condição de titular do cargo de prefeito.[69]
Obs.: veja agora a questão nº 5.

9. **Existe possibilidade de vice-prefeito, candidato ao mesmo cargo, pleitear a reeleição se o mesmo substituir o prefeito, nos seis meses anteriores ao pleito?**

Resposta: Permite-se a reeleição de vice-prefeito para o mesmo cargo, se este substituir o Prefeito no curso do mandato, tendo em vista que, na referida substituição, há investidura apenas temporária, mantendo-se o substituto detentor do mandato de vice. Viabilidade da candidatura à reeleição, nos termos do § 5º do art. 14 da Constituição Federal.[70]

10. **Há necessidade de o conselheiro tutelar desincompatibilizar-se do cargo, para concorrer às eleições?**

Resposta: Existe divergência.

1ª posição: Há necessidade de o conselheiro tutelar desincompatibilizar-se do cargo.[71] Desincompatibilização de conselheiros tutelares no Município de Porto Alegre. Exercício de serviço público relevante e ocupação de cargo público comissionado. Necessidade de desincompatibilização, segundo a inteligência da alínea *l* do inciso II do art. 1º da Lei Complementar nº 64/1990, ou seja, três meses antes do pleito.[72]

---

[68] Nesse sentido: TRE – PI – CONS nº 924 – Rel. Juiz José James Gomes Pereira – p. 30.
[69] Nesse sentido: TRE – RS – CONS nº 22000900 – Rel. Juiz Isaac Alster.
[70] Nesse sentido: TRE – RS – CONS nº 22001300 – Rel. Juiz José Eugênio Tedesco.
[71] Nesse sentido: TRE – RS – CONS nº 22000200 – Relª Juíza Luiza Dias Cassales.
[72] Nesse sentido: TRE – RS – CONS nº 22002200 – Relª Juíza Luiza Dias Cassales.

▸ POSIÇÃO CONTRÁRIA

2ª posição: Inexiste previsão legal que estabeleça a necessidade de desincompatibilização de membro de conselho tutelar.[73]

Minha posição: o membro do conselho tutelar que deseja ser candidato a prefeito, vice-prefeito e vereador deve desincompatibilizar-se do cargo três meses antes do pleito, no Acórdão nº 16.878, de 27/9/2000, originado do Recurso Especial, Rel. Ministro Nelson Jobim, o TSE equiparou o membro do conselho tutelar ao servidor público, por força do art. 136 do ECA. Quanto ao membro de conselho municipal da criança e do adolescente, não há necessidade de desincompatibilização (Res. nº 19.553/1996 e nº 19.568/1996 – TSE).

11. Em caso afirmativo, deverá o conselheiro pedir licenciamento ou renúncia?

Resposta: Basta o mero licenciamento, sem necessidade de renúncia.[74]

12. Existe possibilidade de deputado estadual concorrer ao cargo de vice-prefeito?

Resposta: O deputado estadual, no exercício de mandato, não está impedido de concorrer ao cargo de vice-prefeito.[75]

13. O eleitor que passou à condição de conscrito e que, por consequência, teve suspenso seu alistamento eleitoral pode concorrer a cargo eletivo nas eleições municipais do presente ano?

Resposta: O retorno à situação de eleitor não é automático, pois, após cessada a condição de conscrito, deve o interessado, **no prazo de até um ano da data da baixa, providenciar a regularização de sua situação eleitoral, sob pena de multa**. O eleitor que deixou a condição de conscrito deve manifestar-se à Justiça eleitoral, comprovando a cessação do impedimento, através de requerimento próprio, acompanhado da documentação pertinente. No caso de conscrito, assim que cessada esta condição, ele deverá promover a sua filiação e solicitar junto ao escrivão eleitoral certidão.

Obs.: veja agora a questão nº 6.

14. Prefeito que renuncie ao cargo, até seis meses antes da eleição, pode se candidatar ao mesmo cargo em outro Município?

Resposta: O prefeito que renuncie ao cargo, até seis meses antes da eleição, pode se candidatar ao mesmo cargo em outro Município, **observados os prazos de domicílio eleitoral e de filiação partidária no novo Município**.[76]

Obs.: veja agora a questão nº 7.

---

[73] Nesse sentido: TRE – RS – CONS nº 22001200 – Relª Juíza Luiza Dias Cassales.

[74] Nesse sentido: TRE – RS – CONS nº 22000200 – Relª Juíza Luiza Dias Cassales.

[75] Nesse sentido: TRE – RS – CONS nº 22001500 – Rel. Juiz Nelson José Gonzaga.

[76] Nesse sentido: TSE – RAREG nº 9.828 – (12.871) – ES – Rel. Min. Torquato Jardim.

15. O que se entende por inelegibilidade relativa?

Resposta: A inelegibilidade relativa, segundo **Alexandre de Moraes**,[77] constitui restrição à elegibilidade para certos pleitos eleitorais e determinados mandatos em razão de situações especiais existentes no momento da eleição, em relação ao cidadão. "O relativamente elegível" – destaca ele – "possui elegibilidade genérica, porém, especificamente em relação a algum cargo ou função eletiva, no momento da eleição, não poderá candidatar-se. A inelegibilidade relativa poder ser dividida em: por motivos funcionais (reeleição e desincompatibilização), por motivos de casamento, parentesco ou afinidade, dos militares, previsões de ordem legal."

16. Quando a inelegibilidade decorre da perda ou suspensão dos direitos políticos, atinge a capacidade eleitoral passiva e a ativa?

Resposta: Quando a inelegibilidade decorre da perda ou suspensão dos direitos políticos, atinge não apenas a capacidade eleitoral passiva (*ius honorum*), mas o próprio direito de votar (*ius sufragii*). As hipóteses, nesse caso, estão, exaustivamente, descritas no art. 15 da Constituição. Como é óbvio, a perda dos direitos políticos pressupõe sua existência anterior, adquirida, como já se demonstrou, pelo alistamento eleitoral.

17. Qual a diferença entre inelegibilidade e incompatibilidade?

Resposta: Pertinente, pois, a advertência de **Tito Costa**: "Não se deve confundir inelegibilidade com incompatibilidade. Enquanto aquela impede alguém de ser candidato, esta permite a candidatura, mas impõe a escolha entre o mandato eletivo e a função ou profissão tida por incompatível. E obriga, ainda, o afastamento do cargo ou da função ao candidato a partir do registro, nos casos expressamente previstos em lei".[78]

18. O exercício de mandato anterior assegura elegibilidade ao candidato analfabeto?

Resposta: Não. O exercício de mandato anterior, por si só, não assegura elegibilidade ao candidato analfabeto. Nesse passo, o TSE, acertadamente, decidiu no Acórdão nº 13.069, do qual foi Relator o Ministro Nilson Naves:

> Inelegibilidade. Analfabetismo. Não se admite o registro de candidato que, embora já tenha ocupado a vereança, declarou-se analfabeto, não tendo sucesso na prova a que se submeteu, na presença do juiz. É inelegível para qualquer cargo o analfabeto (Constituição, art. 14, § 4º, e Lei Complementar nº 64/1990, art. 1º, I, a). Recursos especiais não conhecidos.[79]

19. Qual o rito processual da ação de impugnação de mandato eletivo?

Resposta: Posição dominante do TSE: o TSE em questão de Ordem na Instrução nº 81 fixou o entendimento de que na ação de impugnação de mandato

[77] *Idem, ibidem.*
[78] *Recursos em matéria eleitoral.* 5. ed., p. 130.
[79] *Jurisp. do TSE*, v. 8, nº 2 abr./jun./1997, p. 317.

eletivo deverá ser seguido o rito sumário previsto na LC nº 64/1990, para o registro de candidaturas.

No mesmo sentido, José Jairo Gomes:[80]

> Deveras, não vingou a aplicação do procedimento ordinário comum na impugnatória de mandato. Assentou-se na jurisprudência que o procedimento a ser observado é aquele previsto nos artigos 3º a 16 da LC no 64/90 para a Ação de Impugnação de Registro de Candidatura (AIRC), considerado "ordinário" na seara eleitoral. Por óbvio, o diploma processual civil será sempre invocável subsidiariamente. É este – reitere-se – o entendimento vitorioso e iterativo na hodierna jurisprudência eleitoral:
>
> [...] Na Ação de Impugnação de Mandato Eletivo, até a sentença, o rito a ser observado é o previsto na LC no 64/90" (TSE –REsp Ac. no 25.443/SC, de 14-2-2006 – *DJ* 10-3-2006, p. 177).

20. Qual o prazo para interposição de recurso na ação impugnatória de mandato?

Resposta: Os recursos devem ser interpostos em apenas três dias, conforme a jurisprudência consolidada no Tribunal Superior Eleitoral. O argumento invocado, para não se aplicar ao recurso o prazo fixado na legislação processual civil, é a existência de norma eleitoral expressa, estabelecendo o interstício de três dias para manejo dos recursos nesta órbita. No caso, o art. 258 do Código Eleitoral.[81]

Portanto, conforme a jurisprudência dominante no TSE, o prazo para interposição de recursos, também nos processos de impugnação de mandato, é de três dias; daí a necessidade de especial cautela em relação a esse ponto.

Reiterando posicionamento anterior sobre o prazo recursal, aqui enfocado, decidiu o Tribunal Superior Eleitoral, em 24/03/1998, no Recurso Especial Eleitoral nº 15.163, Relator Ministro Eduardo Ribeiro:

> Ação de impugnação de mandato. A aplicação subsidiária do Código de Processo Civil, com a adoção do posicionamento ordinário nele previsto, não afasta a incidência do disposto no art. 259 do Código Eleitoral. O prazo para interposição de recurso será de três dias.

21. A falta da documentação probatória da elegibilidade dentro do prazo fixado pela Justiça Eleitoral pode ser sanada posteriormente?

Resposta: A jurisprudência do TSE é no sentido de que "o requerimento de registro do candidato deverá ser instruído com a documentação exigida, observando-se o prazo estabelecido, sob pena de preclusão" (Acórdão nº 8.189/1986).[82]

---

80 GOMES, José Jairo. *Direito Eleitoral*, 12. ed. São Paulo: Atlas, p. 791.

81 Nesse sentido: PINTO, Djalma. *Direito Eleitoral, anotações e temas polêmicos*. 3. ed., Rio de Janeiro: Forense.

82 TSE – REsp nº 10.141 – (12.650) – SP – Rel. Min. Americo Luz.

22. Extinta a pena pelo cumprimento das condições do *sursis*, subsistirá a supressão dos direitos políticos?

Resposta: Extinta a pena pelo cumprimento das condições do *sursis*, não cabe cogitar de subsistência da supressão de direitos políticos decorrente da condenação criminal e, por outro lado, não incide o art. 1º, I, *e*, da LC nº 64/1990, se a condenação não foi baseada em qualquer dos crimes nela enumerados taxativamente.[83]

23. A concunhada do Prefeito Municipal possui elegibilidade para a disputa do mesmo cargo?

Resposta: A vedação expressa no art. 14, § 7º, da Constituição Federal alcança somente os parentes consanguíneos ou afins, até o segundo grau ou por adoção do titular do executivo municipal. Neste sentido, a Corte Eleitoral já firmou entendimento pela elegibilidade da concunhada do prefeito municipal (Resolução nº 17.742/1991).[84]

Com relação à cunhada, leia a questão nº 34.

24. A inelegibilidade relativa atinge também as candidaturas a vice?

Resposta: A inelegibilidade relativa para outros cargos diz respeito apenas aos titulares do Executivo Federal, Estadual e Municipal, desde que não renunciem aos respectivos mandatos até seis meses antes do pleito (CF, art. 14, § 6º), inexistindo, por outro lado, qualquer restrição a eventual candidatura do vice-governador, inclusive ao cargo de prefeito municipal. O disposto na Lei Complementar nº 64/1990, em seu art. 1º, § 1º, deve ser interpretado no sentido da preservação dos mandatos apenas para efeito da candidatura a outros cargos eletivos, não abrangendo o momento posterior à posse no novo cargo.[85]

Cuidado: haverá inelegibilidade no caso de o vice suceder ou substituir o titular nos 6 (seis) meses anteriores ao pleito.

25. O filho do prefeito é elegível, no território de jurisdição de seu pai, se este houver falecido em data anterior aos seis meses da realização do pleito?

Resposta: O filho do prefeito é inelegível, no território de jurisdição de seu pai, ainda que este tenha falecido em data anterior aos seis meses da realização do pleito.[86]

Minha posição: a resposta está em consonância com o julgado indicado na nota de rodapé, mas entendo que devemos fazer uma diferença.

a) Se prefeito (pai) exercia o mandato, pela **segunda** vez, e morreu antes de o concluir, o filho é inelegível, porque estaríamos diante de um terceiro mandato "familiar", o que **não é** permitido.

---

83 TSE – REsp nº 9.900 – (12.731) – RS – Rel. Min. Sepúlveda Pertence.

84 TSE – Cons. nº 12.714 – DF – Classe 10ª – Rel. Min. José Cândido.

85 TSE – Cons. nº 12.545 – DF – Classe 10ª – Rel. Min. Américo Luz.

86 TSE – REsp nº 16.866 – (16.866) – São Luís do Piauí – PI – Rel. Min. Jacy Garcia Vieira.

b) Se prefeito (pai) exercia o mandato, pela **primeira** vez, e morreu antes de o concluir, o filho é elegível. Seria o segundo mandato "familiar", uma espécie de eleição, o **que é** permitido.

26. O irmão do prefeito é inelegível para o mesmo cargo, no território onde este exerceu suas funções, ainda que este tenha falecido em data anterior aos seis meses da realização do pleito?

Resposta: Sim, ainda que o prefeito tenha falecido em data anterior aos seis meses da realização do pleito.[87]

Obs.: mantenho as mesmas observações dos itens "a" e "b" da questão anterior.

27. As revisões criminais suspendem a inelegibilidade?

Resposta: As revisões criminais não suspendem a inelegibilidade.[88]

28. O indulto equivale à reabilitação para afastar a inelegibilidade resultante de condenação criminal?

Resposta: O entendimento do TSE é no sentido de que o indulto não equivale à reabilitação para afastar a inelegibilidade resultante de condenação criminal.[89]

29. Deve-se indeferir o registro de candidato condenado por sentença transitada em julgado, mesmo que esteja em curso a suspensão condicional da pena?

Resposta: Sim, deve-se indeferir o registro de candidato condenado por sentença transitada em julgado independentemente da natureza do crime e mesmo que esteja em curso a suspensão condicional da pena (Sursis). **Precedentes do TSE.**[90]

30. O Presidente da República pode se recandidatar sem precisar deixar o cargo. Seus parentes, todavia, continuam inelegíveis se ele não se desincompatibilizar. Surge aqui uma indagação: poderia o Presidente da República se afastar do cargo seis meses antes da eleição, vindo a se candidatar novamente ao mesmo cargo, ensejando a possibilidade de algum parente seu também se candidatar?

Resposta: Afirma **Adriano Soares:**[91]

> Ora, se ele se desincompatibilizasse no tempo da irreelegibilidade, a resposta seria positiva. Agora, somos obrigados a acatar também a mesma ideia, sendo possível que a esposa ou o filho se candidatem na mesma eleição em que o mandatário tenta sua reeleição, uma vez que se desincompatibilizou. Essa é uma situação nova, que não era pensável quando da irreelegibilidade. Logo, se o ocupante do cargo do Poder Executivo se desincompatibilizar para ten-

---

87 TSE – REsp nº 17.199 – (17.199) – Itapemirim – ES – Rel. p/o Ac. Min. Jacy Garcia Vieira.

88 TSE – REsp nº 16.742 – (16.742) – Meridiano – SP – Rel. Min. Fernando Neves da Silva.

89 TSE – REsp nº 16.970 – (16.970) – Mirante da Serra – RO – Rel. Min. Fernando Neves da Silva.

90 TSE – RO nº 302 – (302) – Rio de Janeiro – RJ – Rel. Min. Edson Carvalho Vidigal – J. 30/09/1998.

91 Nesse sentido: COSTA, Adriano Soares da. *Op. cit.*

tar a reeleição, seus parentes poderão concorrer a qualquer cargo eletivo na circunscrição.

31. O Governador de Estado, para se recandidatar, não necessitará se afastar do cargo. E se ele pretender concorrer ao cargo de deputado estadual, terá de se desincompatibilizar?

Resposta: O Governador de Estado, para se recandidatar, não necessitará se afastar do cargo; **mas, para concorrer a deputado estadual terá de se desincompatibilizar**, segundo o § 6º do art. 14 da CF/1988. A solução parece um tanto iníqua, mas é o resultado do princípio da continuidade personalista político-administrativa, que está à base da reelegibilidade. Como o Governador, nessa hipótese, não tentaria a reeleição, não poderia permanecer no cargo.[92]

32. A falta de apresentação, no prazo legal, de certidão criminal acarreta o indeferimento do pedido de registro de candidatura?

Resposta: Na Lei nº 9.504/1997, em seu art. 11, os partidos e coligações solicitarão à Justiça Eleitoral o registro de seus candidatos até as 19h00 do dia 15 de agosto do ano em que se realizarem as eleições. Os prazos são fatais e peremptórios e transcorrem aos sábados, domingos e feriados. Decerto que o § 4º estabelece o prazo subsidiário de 48 horas, mas, após este prazo, a falta de apresentação da certidão criminal acarreta a presunção da inelegibilidade. Precedente do TSE nesse sentido.

Registro de candidato: A ausência de certidão de juízo criminal caracteriza desobediência à Lei nº 9.504/1997, art. 11, § 1º, VII. Recurso a que se nega provimento. Acórdão nº 256, de 16/08/1998 – Recurso Ordinário nº 256 – Classe 27a/SP (São Paulo). Relator: Ministro Edson Vidigal. Recorrente: Luiz Carlos Garcia, candidato a deputado estadual. São Paulo. Decisão: unânime em receber como recurso especial e negar-lhe provimento. Pedido de registro. Indeferimento que se mantém, pois não apresentada a certidão negativa, exigida em lei, relativa a crimes eleitorais. Acórdão nº 281, de 16/09/1998 – Recurso Ordinário nº 281 – Classe 27a/Rio Grande do Sul (Porto Alegre). Relator: Ministro Eduardo Ribeiro. Decisão: unânime, recurso não conhecido.

33. O que se entende por inelegibilidade reflexa?

Resposta: Inelegibilidade reflexa, afirma **Marcos Ramayama**, refere-se ao princípio da contaminação de cônjuge, parentes, consanguíneos ou afins, até o segundo grau. Atinge o companheiro(a), os casos de união estável, genros, sogras, cunhados, noras, filhos e netos. Estão excluídos dos reflexos impeditivos do *ius honorum* (capacidade eleitoral, passiva) os primos e tios. O art. 14, § 7º, da CRFB disciplina a hipótese.

34. Para a reeleição o vice-prefeito precisa desincompatibilizar-se?

Resposta: Não. O entendimento do TSE é no sentido de que o vice-prefeito não precisa desincompatibilizar-se para concorrer à reeleição.

---

92 *Ibid.*

35. Qual o prazo para um brasileiro naturalizado tomar-se elegível?

Resposta: Ensina **Djalma Pinto**[93] que a legislação brasileira não se reporta a essa matéria. Limita-se a Constituição a enumerar esses cargos como privativos de brasileiros natos: Presidente e Vice-Presidente da República, Presidente da Câmara dos Deputados, Presidente do Senado Federal, Ministro do Supremo Tribunal Federal, cargos da carreira diplomática, de oficial das Forças Armadas e de Ministro de Estado da Defesa. Entretanto, somente após ultimada a naturalização, pode o brasileiro naturalizado alistar-se e, em seguida, filiar-se a partido político. **O prazo mínimo exigido para filiação é de um ano antes do pleito (art. 9º, Lei nº 9.504/1997). Logo, somente os naturalizados há mais de um ano antes da eleição poderão ter condições de filiar-se a partido político para, então, disputar mandado eletivo.**

10. Testes objetivos

1. São inelegíveis:

a) os inalistáveis;
b) os analfabetos;
c) os maiores de sessenta anos;
d) os maiores de dezoito e menores de vinte e um anos;
e) a e b estão corretas.

Observação didática: se você encontrou dificuldades para resolver a questão, veja o art. 14, § 4º, da CF.

2. O militar alistável é elegível, atendidas as seguintes condições:

a) se contar menos de dez anos de serviço, deverá afastar-se da atividade;
b) se contar mais de dez anos de serviço, será agregado pela autoridade superior e, se eleito, passará automaticamente, no ato da diplomação, para a inatividade;
c) se contar menos de dez anos de serviço, não precisará afastar-se da atividade;
d) se contar mais de dez anos de serviço, será agregado pela autoridade superior e, se eleito, passará automaticamente, no ato da diplomação, para a atividade;
e) a e b estão corretas.

Observação didática: se você encontrou dificuldades para resolver a questão, veja o art. 14, § 8º, da CF.

3. É vedada a cassação de direitos políticos, cuja perda ou suspensão só se dará nos casos de:

a) cancelamento da naturalização por sentença;
b) incapacidade civil relativa;
c) condenação criminal;
d) recusa de cumprir obrigação a todos imposta ou prestação alternativa, nos termos do art. 5º, VIII.

Observação didática: se você encontrou dificuldades para resolver a questão, veja o art. 15 da CF.

[93] No mesmo sentido: PINTO, Djalma. *Direito Eleitoral*. 2. ed., Editora Atlas, 2005, p. 151.

4. **O alistamento eleitoral e o voto são facultativos para:**
   a) os analfabetos;
   b) os maiores de sessenta anos;
   c) os maiores de dezoito e menores de vinte e um anos;
   d) todas as respostas estão corretas.
   Observação didática: se você encontrou dificuldades para resolver a questão, veja o art. 14, § 1º, da CF.

5. **São condições de elegibilidade, na forma da lei:**
   a) o pleno exercício dos direitos políticos;
   b) o alistamento eleitoral;
   c) o domicílio eleitoral na circunscrição;
   d) todas estão corretas.
   Observação didática: se você encontrou dificuldades para resolver a questão, veja o art. 14, § 3º, da CF.

6. **Desde que respeitadas as condições constitucionais e legais de elegibilidade e incompatibilidade:**
   a) qualquer cidadão pode pretender investidura em cargo eletivo;
   b) qualquer cidadão, mesmo analfabeto, poderá ser eleito;
   c) qualquer cidadão sem ser filiado a partido político poderá requerer seu registro;
   d) qualquer cidadão poderá se candidatar a mais de um cargo eletivo;
   e) nenhuma das respostas está correta.
   Observação didática: se você encontrou dificuldades para resolver a questão, veja o art. 3º do CE e o art. 14 da CF.

11. Questões objetivas de concursos

Obs.: Nas questões 1 e 2, julgue os itens com "C" ou "E".

1. **(PA – Magistratura) Pedro, Vice-Governador do Pará pelo Partido Justo (PJ), substituirá o Governador durante todo o mês de maio de 2002, e Luíza, filha do atual Governador do Pará, terá o registro da sua candidatura solicitado pelo PJ à Justiça Eleitoral para concorrer, em 2002, à reeleição para a Câmara dos Deputados. Acerca dessa situação hipotética e da legislação pertinente, julgue os itens que se seguem.**
   a) Sendo João primo de Pedro, é correto afirmar que seu parentesco com o Vice-Governador não o tornaria inelegível para o cargo de deputado estadual do Pará nas eleições de 2002.
   b) Se um partido político impugnar a candidatura de Luíza, em virtude de seu parentesco com o Governador, o pedido de impugnação deverá ser indeferido, pois, como aos parentes em linha reta de Governador de Estado é vedada apenas a candidatura a cargos eletivos estaduais e municipais, nada impediria que Luíza se candidatasse ao cargo de deputada federal.
   c) Se a avó paterna de Luíza for escolhida, em convenção do Partido Laboral (PLb), para candidatar-se em 2002 ao cargo atualmente ocupado por seu filho, o PJ não poderá impugnar a decisão da convenção do PLb por meio de mandado de segurança impetrado frente ao juízo eleitoral pertinente.
   d) No período em que for permitido a candidato realizar propaganda eleitoral com vistas à eleição de 2002, será defeso aos partidos desses candidatos veicular em rádio e televisão qualquer propaganda partidária, seja ela paga ou gratuita.

e) Considere a seguinte situação hipotética. Augusta é dona de conceituado restaurante em Belém – PA, onde tem sua inscrição eleitoral e onde moram vários de seus parentes, com os quais ela mantém relações sociais com habitualidade. Entretanto, Augusta reside, há sete anos, em Natal – RN, onde possui e gerencia um restaurante e uma pousada. Nessa situação, um partido político poderia requerer ao juízo eleitoral de Belém o cancelamento da inscrição de Augusta, hipótese em que a Justiça Eleitoral de Belém deveria determinar a exclusão de Augusta, em razão de ela não ter requerido ao juízo eleitoral de Natal sua transferência para esta circunscrição eleitoral.

2. (PA – Magistratura) Júlio era Prefeito do Município de Crixás pelo Partido Livre (PLv) e concorreu à reeleição em 2000. No referido Município, o principal opositor ao PLv é o Partido da Educação (PEd).

Em face dessa situação hipotética, julgue os itens a seguir.

1) Se o juiz eleitoral de Crixás verificasse pessoalmente que, na data da convenção para a escolha do candidato do PLv a prefeito, Júlio espalhara em toda a cidade faixas contendo os dizeres convencionais do PLv, "escolham Júlio, o prefeito nota 10", o referido juiz poderia ter iniciado, de ofício, procedimento contra Júlio, visando a impor-lhe multa por propaganda irregular.
2) Se Júlio fosse reeleito para o cargo de Prefeito de Crixás em 2000 e, após a expedição de seu diploma, mas antes da data de sua posse, o PEd obtivesse provas de que, em janeiro de 2000, Júlio havia distribuído calendários contendo seu nome, sua foto e fazendo menção ao cargo por ele exercido, então o PEd poderia impugnar a eleição de Júlio, mediante recurso contra a expedição de diploma por motivo de realização de propaganda eleitoral extemporânea.
3) Se Júlio fosse reeleito para o cargo de Prefeito de Crixás em 2000 e, após a expedição de seu diploma mas antes da data de sua posse, o PEd obtivesse provas de que, em janeiro de 2000, Júlio havia doado sapatos, tijolos, sacos de cimento e cestas básicas para eleitores de baixa renda, com a finalidade de adquirir a preferência desse eleitorado, então seria correto afirmar que a conduta de Júlio constituiu abuso do poder econômico e que, portanto, o PEd teria o direito de representar ao juiz eleitoral de Crixás, solicitando a abertura de procedimento sumaríssimo de investigação jurisdicional para apurar a transgressão cometida por Júlio.
4) Se Júlio fosse reeleito para o cargo de Prefeito de Crixás e, quinze dias após a data de sua posse, o PEd obtivesse provas de que, em agosto de 2000, Júlio havia praticado atos que constituíam corrupção e abuso do poder econômico, seria incabível que o PEd impugnasse a reeleição de Júlio mediante ação de impugnação de mandato eletivo.
5) No nonagésimo dia anterior à data das eleições de 2000, o juiz eleitoral de Crixás não poderia ter determinado inscrição nem transferência de eleitores.

3. (MA – Magistratura) Em relação às proposições abaixo, assinale a resposta falsa.

a) O prefeito municipal reeleito pode ter seu filho candidato ao mesmo cargo.
b) No território de jurisdição do titular, são elegíveis o cônjuge e os parentes consanguíneos ou afins, até o segundo grau ou por adoção, desde que o titular não esteja no exercício de mandato conquistado em face de sua reeleição e se desincompatibilize seis meses antes do pleito.
c) O titular de mandato executivo que renuncia, se eleito para o mesmo cargo no período imediatamente subsequente, não poderá pleitear reeleição.
d) Vice-prefeito reeleito pode se candidatar ao cargo do titular, ainda que o tenha sucedido ou substituído no curso do mandato. Já o prefeito reeleito não pode se candidatar ao

cargo de vice-prefeito, pois estaria configurado o exercício de um terceiro mandato sucessivo.

e) É inelegível o irmão ou irmã daquele ou daquela que mantenha união estável com o prefeito ou prefeita reeleito(a).

4. **(MA – Magistratura) Tarcísio Freire foi eleito prefeito municipal de Santa Filomena do Maranhão, nas eleições de 2000. Houve recurso contra a diplomação sob a alegação de que, em 1996, quando das eleições municipais, tal candidato foi condenado por abuso de poder econômico, em sentença transitada em julgado, em 20/11/1998, tendo sido decretada sua inelegibilidade por três anos. Ajude o juiz eleitoral, indicando a alternativa correta.**

a) Tarcísio Freire é inelegível, porque, nas eleições de 2000, ainda não haviam transcorrido os três anos a que fora condenado.
b) Tarcísio Freire não é inelegível, porque o prazo de três anos é contado da data das eleições em que se deram os fatos abusivos.
c) Tarcísio Freire é inelegível, porque abuso de poder econômico é crime eleitoral que prescreve em dez anos.
d) Tarcísio Freire é elegível, porque a pena já foi prescrita.

5. **(MA – Magistratura) Ferdinando Marco, que tem 17 anos e completará 18 anos após a eleição, requereu o registro de sua candidatura ao cargo de vereador do município de Formosa da Serra Negra nas últimas eleições municipais. O juiz eleitoral decidiu:**

a) deferir o registro, porque Ferdinando Marco, enquanto eleitor, é elegível;
b) indeferir o registro, porque Ferdinando Marco é inelegível, haja vista não contar com a idade mínima exigível para o cargo;
c) indeferir o registro, porque o juiz deve averiguar a idade para o cargo de vereador na data-limite para o pedido de registro;
d) indeferir o registro, porque Ferdinando Marco não tem idade para filiar-se a partido político, sendo, portanto, inelegível.

6. **(GO – Juiz de Direito) A arguição de inelegibilidade, quando se tratar de candidato a prefeito, vice-prefeito, será feita perante:**

a) juiz eleitoral da zona;
b) junta eleitoral da zona;
c) Tribunal de Justiça;
d) Tribunal Regional Eleitoral;
e) nenhuma das questões anteriores.

7. **(PR – Promotor de Justiça) Assinale a alternativa errada.**

a) O prazo de inelegibilidade de parlamentares que perderem o mandato por falta de decoro é de três anos.
b) O mandato eletivo poderá ser impugnado ante a Justiça Eleitoral no prazo de quinze dias contados da diplomação, instruída a ação com provas de abuso do poder econômico, corrupção ou fraude.
c) Para concorrerem a outros cargos, o Presidente da República, os Governadores de Estado e do Distrito Federal e os Prefeitos devem renunciar aos respectivos mandatos até seis meses antes do pleito.
d) Não podem alistar-se como eleitores os estrangeiros e, durante o período do serviço militar obrigatório, os conscritos.

e) A lei que alterar o processo eleitoral entrará em vigor na data de sua publicação, não se aplicando à eleição que ocorra até um ano da data de sua vigência.

8. (PR – Promotor de Justiça) Assinale a alternativa incorreta.

a) Aos que, até seis meses antes da eleição, tiverem competência ou interesse, direto, indireto ou eventual, no lançamento, arrecadação ou fiscalização de impostos, taxas e contribuições de caráter obrigatório, inclusive parafiscais, ou para aplicar multas relacionadas com essas atividades, não poderão concorrer ao cargo da Presidência e Vice-Presidência da República.
b) Os membros do Ministério Público e da Defensoria Pública em exercício na comarca são elegíveis para os cargos de Prefeito e Vice-Prefeito, desde que observada a desincompatibilização no prazo de quatro meses que antecedem o pleito.
c) A impugnação do pedido de registro de candidato, por parte de partido político ou coligação, impede a ação do Ministério Público no mesmo sentido, em razão de litispendência.
d) O Vice-Presidente que não substituiu o Presidente nos seis meses que antecedem o pleito não precisará desincompatibilizar-se para se candidatar a outros cargos.
e) O militar não pode se filiar a partidos políticos enquanto em efetivo serviço.

9. (PA – Juiz) Em relação à inelegibilidade de gestor municipal diz-se que:

a) segundo a lei dos partidos políticos, a dupla filiação ocorre quando o filiado cancela sua inscrição em uma agremiação e, após três dias, solicita inscrição em outra agremiação, efetuando comunicação à primeira agremiação;
b) o analfabeto não pode alistar-se, não tendo, pois, capacidade eleitoral;
c) é condição de elegibilidade para a Câmara de Vereadores ser maior de vinte e cinco anos;
d) o órgão competente para rejeitar contas de Prefeito Municipal, tornando-o inelegível, é a Câmara de Vereadores;
e) tanto a Câmara de Vereadores quanto os Tribunais de Contas são órgãos competentes para rejeitar contas de Prefeito Municipal, determinando sua inelegibilidade.

10. (PR – Juiz) Assinale a alternativa correta.

a) A diplomação de candidatos eleitos para exercício de função política possui natureza constitutiva, não podendo ser admitida como ato declaratório.
b) Inelegibilidade consiste no obstáculo posto pela Constituição Federal ou por Lei Complementar ao exercício da cidadania passiva, por certas pessoas, em razão de sua condição ou em face de certas circunstâncias, configurando ao inelegível verdadeira negação do direito de ser representante do povo no poder.
c) podem ser criadas novas hipóteses de inelegibilidade através de decreto, ainda que não tenham por fim proteger a normalidade e legitimidade das eleições contra a influência do poder econômico ou abuso do exercício de função, cargo ou emprego na Administração Direta ou Indireta.
d) O objeto da ação de impugnação de mandato eletivo é a diplomação.

11. (MG – Promotor de Justiça) Assinale a assertiva falsa. Nos termos da Lei Complementar nº 64, de 18 de maio de 1990:

a) são inelegíveis para qualquer cargo os analfabetos;
b) são inelegíveis para qualquer cargo aqueles que forem declarados indignos do oficialato, ou com ele incompatíveis, pelo prazo de quatro anos;

c) são inelegíveis para qualquer cargo os que forem condenados criminalmente, com sentença transitada em julgado, pela prática de crimes contra a economia popular, a fé pública, pelo tráfico de entorpecentes e por crimes eleitorais, pelo prazo de três anos, após o cumprimento da pena;
d) compete ao Tribunal Regional Eleitoral decidir as arguições de inelegibilidade, quando se tratar de candidato a Governador;
e) compete ao juiz eleitoral decidir as arguições de inelegibilidade, quando se tratar de candidato a deputado estadual.

12. (MA – Juiz) Ainda segundo a jurisprudência dominante do Tribunal Superior Eleitoral, é verdadeiro afirmar que:

a) não são inelegíveis, no Município desmembrado, e ainda não instalado, o cônjuge e os parentes consanguíneos ou afins, até o segundo grau ou por adoção, do prefeito do Município-mãe, ou de quem o tenha substituído, dentro dos seis meses anteriores ao pleito;
b) a suspensão de direitos políticos decorrente de condenação criminal transitada em julgado não cessa com o cumprimento ou a extinção da pena, pois depende de reabilitação ou de prova de reparação dos danos;
c) os escreventes juramentados dos Ofícios do Registro Civil das Pessoas Naturais das Comarcas de Arari, Viana e Penalva devem, para concorrer ao cargo de vereador, obrigatoriamente, afastar-se de suas funções três meses antes da eleição, de acordo com o art. 1º, II, *l*, da LC nº 64/1990;
d) conquanto investido de poder de polícia, não tem legitimidade o juiz eleitoral para, de ofício, instaurar procedimento com a finalidade de impor multa pela veiculação de propaganda eleitoral em desacordo com a Lei nº 9.504/1997.

13. (GO – Juiz de Direito) De conformidade com a Lei Complementar nº 64/1990, tem competência para presidir a chamada investigação judicial:

a) o Ministério Público Eleitoral;
b) a Justiça Eleitoral;
c) a Polícia Civil;
d) a Polícia Federal;
e) nenhuma das questões anteriores.

14. (TRE/BA – Analista Judiciário) Em investigação judicial eleitoral, ficou apurada a utilização indevida de veículos de comunicação social em benefício de determinado candidato. Julgada procedente a representação, o Tribunal declarará, além de outras providências, a inelegibilidade do representado e de todos que tenham contribuído para a prática do ato. Essa inelegibilidade vigorará para as eleições subsequentes àquela em que se verificou o ato e que se realizarem no prazo de:

a) dois anos;
b) oito anos;
c) quatro anos;
d) cinco anos;
e) dez anos.

15. (TRE/SC – Analista Judiciário) Sobre a inelegibilidade, é correto afirmar:

a) são inelegíveis para qualquer cargo as pessoas que tenham contra si representação julgada procedente pela Justiça Eleitoral, transitada em julgado, em processo de apuração de abuso do poder econômico ou político, para a eleição na qual concorrem ou tenham sido diplomados;
b) são inelegíveis os servidores públicos que forem submetidos a processo disciplinar para apurar falta grave cometida;
c) são inelegíveis os membros do Ministério Público que não se tenham afastado das suas funções até um ano antes do pleito;
d) são inelegíveis para os cargos de Prefeito e Vice-Prefeito os detentores de cargo na Administração Pública Direta e Indireta que estejam exercendo cargo em comissão.

16. (TRE/SC – Analista Judiciário) A arguição de inelegibilidade de candidatos a senador, Governador e Vice-Governador de Estado será feita perante:

a) as juntas eleitorais do respectivo Estado;
b) o Tribunal Superior Eleitoral;
c) os Tribunais Regionais Eleitorais;
d) os juízes eleitorais.

17. (TRE/AC – Analista Judiciário) José é Prefeito Municipal de uma cidade do interior. Seu cunhado Manoel pretende candidatar-se ao cargo de vereador. Manoel:

a) pode ser candidato a vereador, porque se trata de eleição de jurisdição diversa daquela em que José se elegeu Prefeito Municipal;
b) só pode ser candidato a vereador se José renunciar ao mandato de Prefeito Municipal até seis meses antes do pleito;
c) pode ser candidato a vereador, porque o impedimento alcança apenas até o primeiro grau de parentesco por afinidade com o Prefeito Municipal;
d) pode ser candidato a vereador, porque o impedimento alcança apenas os parentes consanguíneos, não alcançando os afins, do Prefeito Municipal;
e) pode ser candidato a vereador, pois o impedimento decorrente do parentesco não se aplica às eleições municipais.

18. (TRE/AC – Analista Judiciário) Mauro e Luiz são presidentes de autarquias. Mauro pretende candidatar-se a deputado federal e Luiz, a Governador do Estado. Mauro e Luiz estão sujeitos ao prazo de desincompatibilização de:

a) seis meses e quatro meses, respectivamente;
b) seis meses;
c) quatro meses;
d) três meses;
e) três meses e seis meses, respectivamente.

19. (TRE/AC – Analista Judiciário) O Partido Político Alfa formulou requerimento de registro do candidato Valter, indicado na respectiva convenção, mas este, setenta dias antes do pleito, renunciou à sua candidatura. O partido político:

a) não poderá substituir o candidato Valter, por ter sido a renúncia formulada a menos de noventa dias do pleito;
b) poderá substituir o candidato Valter por qualquer outro filiado que preencha os demais requisitos legais para registro de candidatura;

c) não poderá substituir o candidato Valter, porque a substituição não é possível no caso de renúncia de candidatura;
d) só poderá substituir o candidato Valter por outro filiado indicado na respectiva convenção partidária e que não tenha completado a documentação necessária em tempo de formular o pedido de registro;
e) só poderá substituir o candidato Valter por outro filiado que, embora não tenha sido indicado na respectiva convenção partidária, tenha obtido pelo menos 1/3 dos votos dos convencionais.

20. (TRE/PI – Analista Judiciário) No sistema eleitoral brasileiro:

a) os candidatos a senador da República são registrados no Tribunal Superior Eleitoral;
b) admite-se, excepcionalmente, a figura do candidato avulso;
c) permite-se ao candidato disputar mais de um cargo, desde que na mesma circunscrição;
d) não se permite o registro de candidato, embora para cargos diferentes, por mais de uma circunscrição;
e) faculta-se usar cola para fechar a cédula única oficial e resguardar o sigilo do voto.

21. (MPF – Procurador da República) São condições de elegibilidade, segundo a Constituição:

a) a receptividade pelo eleitorado de acordo com pesquisas registradas, nos termos da lei, no Tribunal Superior Eleitoral;
b) para deputado federal, senador e Presidente da República ser brasileiro nato, ser filiado a partido político e ter domicílio eleitoral na circunscrição;
c) as condições impostas pelos partidos políticos para aprovação em convenção partidária da escolha do candidato, isoladamente ou em coligação com outros partidos, considerando os princípios da democracia interna e da autonomia para definir sua estrutura interna, organização e funcionamento;
d) a nacionalidade brasileira, o pleno exercício dos direitos políticos, o alistamento eleitoral, o domicílio eleitoral na circunscrição, a filiação partidária e a idade mínima prevista para os respectivos cargos eletivos.

22. (MP/MA) Acerca da elegibilidade é incorreto afirmar:

a) idade mínima de trinta e cinco anos para Presidente da República, Vice-Presidente e senador;
b) idade mínima de trinta anos para Governador e Vice-Governador de Estado e do Distrito Federal e deputado federal;
c) idade mínima de vinte e um anos para deputado estadual ou distrital, prefeito, vice-prefeito e juiz de paz;
d) idade mínima de dezoito anos para Vereador;
e) é privativo do brasileiro nato o cargo de Presidente da República.

23. (MPF – Procurador da República) As inelegibilidades:

a) se não arguidas na impugnação do registro de candidatura, podem ser opostas a qualquer momento, mesmo as de natureza infraconstitucional;
b) estão previstas na própria Constituição e no Código Eleitoral;
c) são restrições impostas a pessoas que tiveram seus direitos políticos suspensos por decisão da Justiça Eleitoral;
d) estão previstas na Constituição Federal e em Lei Complementar, estabelecendo esta outros casos e os prazos de sua cessação.

24. (MP/PA) Dentre os relacionados abaixo, são elegíveis para qualquer cargo:

a) os maiores de dezesseis e menores de dezoito anos;
b) os maiores com vinte e um anos;
c) os inalistáveis;
d) os maiores de setenta anos;
e) os analfabetos.

25. (MPF – Procurador da República) São condições de elegibilidade, na forma da lei:

a) a obtenção de votos válidos nas eleições e ter sido registrada a candidatura;
b) a filiação partidária e o domicílio eleitoral na circunscrição;
c) para Presidente da República, Governadores de Estados, senadores e deputados federais, a condição de brasileiro nato, em pleno exercício dos direitos políticos, e a idade mínima prevista para os respectivos cargos eletivos;
d) a não configuração de hipótese de inelegibilidade e o registro do candidato na Justiça Eleitoral.

26. (MP/PE) Muitas são as condições de elegibilidade que devem ser preenchidas para a participação política ativa e passiva. Rinaldo é oficial da Polícia Militar do Estado e conta mais de dez anos de serviço. Resolveu ser candidato a deputado estadual. Nesse caso, ele é:

a) elegível e, se eleito, passará automaticamente, no ato da diplomação, para a inatividade;
b) inelegível, porque os policiais militares estaduais são inalistáveis;
c) elegível e, se eleito, deverá permanecer afastado de suas funções até o término do mandato;
d) inelegível, visto que o militar só pode ser candidato a cargo eletivo após vinte anos de serviço;
e) elegível e só será afastado de suas funções se o requerer e não houver compatibilidade de horários.

27. (MP/MA) Com relação à inelegibilidade, no Direito brasileiro, é correto afirmar que:

a) decorre exclusivamente da Constituição Federal e do Código Eleitoral;
b) decorre exclusivamente da Constituição Federal e de Lei Complementar;
c) decorre exclusivamente da Constituição Federal;
d) decorre exclusivamente de Lei Complementar;
e) decorre exclusivamente do Código Eleitoral.

28. (MP/MA) Sobre as condições constitucionais de elegibilidade é incorreto afirmar que:

a) o candidato deverá possuir domicílio eleitoral na respectiva circunscrição pelo prazo, pelo menos, de um ano antes do pleito;
b) o candidato a Presidente da República deverá ter, no mínimo, trinta e cinco anos de idade;
c) o candidato a Deputado Federal e a Senador da República deve ser brasileiro nato;
d) o candidato deverá estar com filiação deferida pelo partido político no prazo de um ano antes do pleito, se por um tempo maior não estiver previsto no estatuto da agremiação;
e) o candidato a deputado estadual deverá ter, no mínimo, vinte e um anos de idade.

29. Assinale o item incorreto:

a) Segundo o TSE, o rito da AIME é o sumário previsto na LC nº 64/1990, ou seja, o mesmo rito da AIRC.

b) Conforme o TSE, a ação de impugnação de mandato não exige, para sua propositura, a apresentação, com a inicial, de toda a prova da fraude, visto que o impugnante poderá demonstrá-la na instrução da causa.
c) Há previsão na ordem processual de recurso ex officio em sede de ação de impugnação de mandato eletivo.
d) Salvo em caso de litigância de má-fé, não há falar-se em condenação em honorários em ação de impugnação de mandato eletivo.

30. (MPF – Procurador da República) As inelegibilidades:

a) são restrições a direitos políticos que somente podem ser estabelecidas no próprio texto da Constituição ou no Código Eleitoral;
b) podem ser constitucionais ou infraconstitucionais, sendo que estas são previstas em Lei Complementar para proteger a probidade administrativa, a moralidade para o exercício do mandato e a normalidade e legitimidade das eleições contra a influência do poder econômico ou o abuso do exercício de função, cargo ou emprego na administração direta ou indireta;
c) implicam restrições à capacidade eleitoral ativa e passiva, impedindo, como restrições dos direitos políticos, o direito de votar e de ser votado;
d) devem ser interpretadas de forma extensiva e analógica, visando a restringir direitos políticos ativos e passivos de participação no processo eleitoral, inclusive o alistamento e o voto.

31. (MPF/BR) O registro de candidato, nas eleições majoritárias ou proporcionais:

I. poderá ser impugnado, em petição fundamentada, por partido político, coligação ou pelo Ministério Público;

II. será cassado se, antes da eleição, for julgada procedente representação contra o candidato beneficiado por abuso de poder econômico ou de poder de autoridade;

III. poderá ser impugnado por inelegibilidade ou por falta de alguma das condições de elegibilidade;

IV. não mais poderá ser impugnado após exaurido o prazo legal, restando preclusa a matéria, salvo se se tratar de inelegibilidade de natureza constitucional. Analisando as assertivas acima, pode-se afirmar que:

a) apenas as de número I, III e IV estão corretas;
b) estão corretas as de número I e II;
c) somente as de número II, III e IV estão corretas;
d) todas estão corretas.

32. (TRE/SC – Cespe) Assinale a alternativa correta. O mandato eletivo poderá ser impugnado ante a Justiça Eleitoral:

a) até a diplomação;
b) no prazo de 10 dias, contados da diplomação;
c) no prazo de 15 dias, contados da diplomação;
d) no prazo de 20 dias, contados da diplomação.

33. (UnB/Cespe – TRE/MT) Para que alguém, entre nós, possa concorrer a uma função eletiva, é necessário que preencha certos requisitos legais, denominados condições de elegibilidade, e que não incida em nenhuma das inelegibilidades que precisamente constituem impedimento à capacidade eleitoral passiva. As condições de elegibilidade

e as inelegibilidades variam em razão da natureza ou do tipo de mandato pretendido. (José Afonso da Silva. Curso de Direito Constitucional positivo. 14. ed. São Paulo: Malheiros, 1997, p. 350, com adaptações.)

Considerando o texto acima e com base nas disposições constitucionais e legais sobre elegibilidade e inelegibilidade, assinale a opção incorreta.

a) Deputado estadual irmão de governador em exercício não pode ser candidato ao Senado Federal pelo mesmo Estado.
b) O vice-prefeito pode candidatar-se a prefeito, ainda que tenha, em qualquer período do mandato, substituído o titular, desde que provisoriamente.
c) A arguição de inelegibilidade de candidato a senador deve ser feita perante o Tribunal Regional Eleitoral.
d) Para candidatar-se ao cargo de governador, o chefe do Gabinete Civil deve afastar-se do cargo 6 meses antes do pleito.
e) Diretor do Banco Central pode candidatar-se a deputado federal, caso se afaste do cargo 6 meses antes do pleito.

34. (Concurso Público para Juiz Substituto – TJ/PA – FGV) João Tibúrcio, candidato à reeleição ao cargo de prefeito, veiculou propaganda de obras sociais, constando seu nome, datas das realizações das obras e o símbolo utilizado para identificação dos projetos sociais desenvolvidos na sua administração. Partido de oposição pediu abertura de investigação judicial, relatando os fatos e indicando as provas que pretendia apresentar. Em sua defesa, João Tibúrcio alegou que, uma vez que as obras foram realizadas, inexistia desvio na sua conduta porque tão somente estava prestando contas de sua administração. No julgamento, o juiz eleitoral acolheu o pedido formulado na investigação. Pergunta-se: a decisão está correta?

a) Sim. O juiz deveria acolher, porque caracterizado o abuso de autoridade, aplicando multa.
b) Sim. Em razão do abuso de autoridade praticado pelo candidato, o juiz deveria acolher a investigação e cancelar o registro do candidato.
c) Não. O juiz errou porque é direito do administrador e interesse dos cidadãos a prestação de contas dos atos praticados.
d) Não. O juiz não poderia acolher por ilegitimidade do partido que requereu a investigação.
e) Não, porque os fatos efetivamente ocorreram, e o candidato tão somente os relatou.

35. (Concurso Público para Juiz Substituto – TJ/PA – FGV) Para concorrer ao cargo de prefeito ou vice-prefeito, o secretário de Estado necessita desincompatibilizar-se?

a) O secretário de Estado não necessitará desincompatibilizar-se.
b) O secretário de Estado deverá observar o prazo de 6 meses para desincompatibilizar-se.
c) O secretário de Estado não necessitará desincompatibilizar-se, considerando que somente estão obrigados à desincompatibilização os ocupantes de cargos no próprio Município.
d) O secretário de Estado somente precisará desincompatibilizar-se para concorrer ao cargo de prefeito.
e) O secretário de Estado deverá observar o prazo de 4 meses para desincompatibilizar-se.

36. (Concurso Público para Juiz Substituto – TJ/PA – FGV) O prazo de inelegibilidade de 3 anos por abuso do poder econômico ou político é contado:

a) da data do trânsito em julgado da sentença que declarou a inelegibilidade;

b) do fato que deu causa ao processo de inelegibilidade;
c) a partir da data da eleição em que se verificou;
d) da data da sentença ou acórdão que julgou procedente a representação;
e) da data da escolha do candidato na convenção.

37. (Concurso Público para Juiz Substituto – TJ/PA – FGV) O deputado ou senador que perdeu o mandato e cujo procedimento foi declarado incompatível com o decoro parlamentar torna-se inelegível:

a) nos 8 anos subsequentes ao término da legislatura;
b) para o pleito seguinte que se realizar no período remanescente do mandato;
c) pelo período de 3 anos;
d) para as eleições que se realizarem durante o período remanescente do mandato para que foi eleito e nos 4 anos subsequentes ao término da legislatura;
e) para as eleições que se realizarem durante o período remanescente do mandato para que foi eleito e nos 8 anos subsequentes ao término da legislatura.

38. (Concurso Público para Juiz Substituto – TJ/PA – FGV) A arguição de inelegibilidade ou impugnação de registro de candidato feito por interferência do poder econômico, desvio ou abuso do poder de autoridade, deduzida de forma temerária ou de má-fé, constitui:

a) infração administrativa, punida com multa, para não candidatos, e suspensão do registro, se candidato;
b) infração administrativa, punida com multa;
c) ilícito civil, sujeito apenas à reparação por danos materiais e morais;
d) exercício do direito constitucional de ação;
e) crime eleitoral, punível com 6 meses a 2 anos de detenção e multa.

39. (Concurso Público para Juiz Substituto – TJ/PA – FGV) Quanto à competência e à atribuição para apurar investigações judiciais, assinale a alternativa correta.

a) A competência para conhecer e processar as transgressões pertinentes ao abuso do poder econômico ou político nas eleições municipais é do juiz eleitoral. Nas demais eleições, compete ao corregedor-geral e aos corregedores regionais apurar, mediante investigações jurisdicionais, o abuso do poder econômico ou político.
b) A competência para conhecer e processar as transgressões pertinentes ao abuso do poder econômico ou político nas eleições municipais é do Tribunal Regional Eleitoral e, nas demais eleições, do Tribunal Superior Eleitoral.
c) A atribuição exclusiva para a investigação do poder econômico ou político pertence ao Ministério Público.
d) A competência para conhecer e processar as transgressões pertinentes ao abuso do poder econômico ou político nas eleições municipais pertence ao juiz da Fazenda Pública.
e) Todas as alternativas acima estão incorretas.

40. (Concurso Público para Juiz Substituto – TJ/PA – FGV) Qual(is) a(s) sanção(ões) prevista(s) para a hipótese de utilização de servidor público municipal em comitê eleitoral?

a) Inexistirá sanção porque o servidor é livre para prestar os serviços ao comitê.
b) A utilização, por prefeito, de servidor público municipal não licenciado em comitê de campanha eleitoral, partido político ou coligação sujeita o responsável à multa e o candidato beneficiado, à cassação do registro ou do diploma.
c) A utilização, por prefeito, de servidor público municipal não licenciado em comitê de campanha eleitoral, partido político ou coligação, durante o horário de expediente

normal, sujeita o responsável à multa e o candidato beneficiado, à cassação do registro ou do diploma.

d) A utilização, por prefeito, de servidor público municipal não licenciado em comitê de campanha eleitoral, partido político ou coligação, durante o horário de expediente normal, sujeita o responsável à multa.

e) A utilização, por prefeito, de servidor público municipal não licenciado em comitê de campanha eleitoral, partido político ou coligação, durante o horário de expediente normal, sujeita o responsável e o candidato à multa, se o fato era do seu conhecimento.

41. (UnB/Cespe – TRE/PA) Quanto às condições de elegibilidade e de inelegibilidade, assinale a opção correta.

a) A idade mínima de 30 anos é uma das condições de elegibilidade para deputado federal, deputado estadual ou distrital, governador e vice-governador de Estado e do Distrito Federal.

b) O militar com menos de 10 anos de serviço alistável é elegível, mas, por ocasião do registro de sua candidatura, será agregado pela autoridade superior e, se eleito, passará automaticamente, no ato da diplomação, para a inatividade.

c) É inelegível para qualquer cargo, nas eleições que se realizarem durante o período remanescente do mandato para o qual foi eleita e nos 8 anos subsequentes ao término da legislatura, a pessoa que haja perdido o mandato por patrocinar, após a sua posse como senador, causa em que era interessada empresa concessionária de serviço público.

d) O cônjuge e os parentes consanguíneos ou afins (até o segundo grau ou por adoção) de titulares de cargos eletivos, ou de quem os haja substituído dentro dos 6 meses anteriores ao pleito, são inelegíveis no território de jurisdição do titular, salvo se já titulares de mandato eletivo e candidatos à reeleição.

e) Casos de inelegibilidade não previstos na Constituição da República e os prazos de sua cessação podem ser estabelecidos por norma infralegal, desde que com o objetivo de proteger a normalidade e legitimidade das eleições contra a influência do poder econômico ou o abuso do exercício de função, cargo ou emprego na Administração Direta ou Indireta.

12. Casos práticos eleitorais superinteressantes

AS 15 DÚVIDAS MAIS FREQUENTES SOBRE A ELEGIBILIDADE DO VICE

1. Vice-prefeito que se reelegeu para um segundo mandato consecutivo pode se candidatar para um terceiro cargo de vice?

Resposta: Não. Conforme leciona José Jairo Gomes[94] "A chapa vitoriosa nas eleições é sempre formada por um titular e um vice. A eleição e a reeleição subsequente de uma chapa tornam seus integrantes inelegíveis para um terceiro mandato para os mesmos cargos. Destarte, **nem o titular nem o vice poderão concorrer aos mesmos cargos pela terceira vez consecutiva.** Apesar de titular e vice serem cargos diferentes, quem ocupar o primeiro fica impedido de candidatar-se ao segundo, já que poderia tornar-se titular pela terceira vez consecutiva nas hipóteses de substituição e sucessão".

[94] No mesmo sentido: GOMES, José Jairo. *Direito Eleitoral*. 11. ed. São Paulo: Atlas, 2014.

2. **Prefeito que se reelegeu para um segundo mandato consecutivo pode se candidatar para o cargo de vice?**
Resposta: Não. No mesmo sentido o TSE:

> Consulta. Elegibilidade de Prefeito reeleito. Candidato a Vice-Prefeito. Terceiro Mandato. Impossibilidade. Na linha da atual jurisprudência desta Corte, o Chefe do Executivo que se reelegeu para um segundo mandato consecutivo não pode se candidatar para o mesmo cargo nem para o cargo de vice, na mesma circunscrição, independentemente de ter renunciado até seis meses antes da eleição (TSE – Res. no 21.483 – *DJ* 15-10-2003, p. 104).

3. **Vice-prefeito reeleito pode disputar o cargo de prefeito?**
Resposta: Sim. No mesmo sentido o TSE:

> O contrário, porém, pode suceder. Assim, o vice de uma chapa vitoriosa por duas vezes pode disputar, em uma terceira eleição, a titularidade, já que, desta feita, não concorre ao cargo de vice, mas, sim, ao de titular. Para isso, não poderá substituir o titular nos seis meses anteriores à eleição. Essa substituição não seria mesmo possível, diante da necessidade de desincompatibilização pelo mesmo prazo. A jurisprudência do TSE é nesse sentido, veja os itens seguintes:

4. **O vice-prefeito reeleito que tenha substituído o titular em ambos os mandatos poderá se candidatar ao cargo de prefeito na eleição subsequente?**

5. **O vice-prefeito reeleito que tenha substituído o titular nos seis meses anteriores ao pleito poderá se candidatar ao cargo de prefeito na eleição subsequente?**
Resposta: Depende do momento das substituições. No mesmo sentido o TSE:

> Consulta. Possibilidade. Vice-prefeito reeleito. Candidatura. Prefeito. Eleições subsequentes. O vice-prefeito reeleito que tenha substituído o titular em ambos os mandatos poderá se candidatar ao cargo de prefeito na eleição subsequente, desde que as substituições não tenham ocorrido nos seis meses anteriores ao pleito (TSE – Res. nº 22.815 – *DJ* 24-6-2008, p. 20).

6. **O vice que não substituiu o titular dentro dos seis meses anteriores ao pleito poderá concorrer ao cargo deste, sendo-lhe facultada, ainda, a reeleição, por um único período subsequente?**
Resposta: Veja a próxima questão.

7. **Na hipótese de havê-lo substituído, o vice poderá concorrer ao cargo do titular, neste caso, será possível a reeleição e a possibilidade de concorrer ao cargo de vice?**
Resposta: Sim. No mesmo sentido o TSE:

> Poder Executivo. Titular. Vice. Substituição. Reeleição. O vice que não substituiu o titular dentro dos seis meses anteriores ao pleito poderá concorrer ao

> cargo deste, sendo-lhe facultada, ainda, a reeleição, por um único período. Na hipótese de havê-lo substituído, o vice poderá concorrer ao cargo do titular, vedada a reeleição e a possibilidade de concorrer ao cargo de vice (TSE – Res. nº 21.791 – *DJ* 5-7-2004, p. 1).
> Registro de candidatura. Vice-governador eleito por duas vezes consecutivas, que sucede o titular no segundo mandato. Possibilidade de reeleger-se ao cargo de Governador por ser o atual mandato o primeiro como titular do Executivo Estadual. Precedentes: Res. – TSE nºs 20.889 e 21.026. Recurso improvido (TSE –REsp nº 19.939/SP – PSS 10.9.2002).

8. E se o vice que sucedeu ao chefe do Executivo quiser disputar a eleição seguinte não como titular (caso de reeleição), mas como vice, deverá promover a sua desincompatibilização?

Resposta: Situação interessante ocorre quando o vice que sucedeu ao chefe do Executivo quiser disputar a eleição seguinte não como titular (caso de reeleição), mas como vice. Nessa hipótese, impõe-se sua desincompatibilização.

No mesmo sentido o TSE:

> 1. O vice que passou a ser chefe do Poder Executivo, em qualquer esfera, somente disputa a reeleição se pleiteia o cargo de titular que ocupa por sucessão. 2. Já definiu o STF que a Emenda Constitucional nº 16/97 não alterou a regra do § 6º do art. 14 da Constituição Federal. 3. Se o vice que se tornou titular desejar ser eleito para o cargo de vice, deverá renunciar ao mandato de titular que ocupa até seis meses antes do pleito, para afastar a inelegibilidade (TSE – Res. nº 22.129 – *DJ* 13-3-2006, p. 142).

▶ RESUMO DIDÁTICO[95]

Em síntese, tem-se o seguinte:

9. O titular do Poder Executivo e o vice podem reeleger-se aos mesmos cargos?

Resposta: O titular do Poder Executivo e o vice podem reeleger-se aos mesmos cargos uma só vez;

10. Cumprido o segundo mandato, o titular não poderá candidatar-se novamente ao cargo de titular, e o de vice?

Resposta: Cumprido o segundo mandato, o titular não poderá candidatar-se novamente nem ao cargo de titular nem ao de vice;

11. Cumprido o segundo mandato, o titular não poderá candidatar-se novamente ao cargo de titular, e o de vereador? Se for possível, é necessário promover a desincompatibilização?

---

[95] Fonte da pesquisa dos itens 9 *usque* 13. GOMES. José Jairo. *Direito Eleitoral*. 11. ed. São Paulo: Atlas, 2014.

Resposta: Nesse caso, o titular poderá candidatar-se a outro cargo, devendo, porém, desincompatibilizar-se, renunciando ao mandato até seis meses antes do pleito;

12. **Se o vice substituir o titular nos seis meses anteriores à eleição ou sucedê-lo em qualquer época, poderá concorrer ao cargo de titular?**
Resposta: Se o vice substituir o titular nos seis meses anteriores à eleição ou sucedê-lo em qualquer época, poderá concorrer ao cargo de titular, vedadas, nesse caso, a reeleição e a possibilidade de concorrer novamente ao cargo de vice, pois isso implicaria ocupar o mesmo cargo eletivo por três vezes;

13. **No caso supracitado, será possível a reeleição e a possibilidade de concorrer novamente ao cargo de vice?**
Resposta: Se o vice não substituir o titular nos últimos seis meses do mandato nem sucedê-lo, poderá concorrer ao lugar do titular (embora não lhe seja dado concorrer ao mesmo cargo de vice), podendo, nesse caso, candidatar-se à reeleição; assim, poderá cumprir dois mandatos como vice e dois como titular.

O VICE E AS INELEGIBILIDADES REFLEXAS

14. **O filho do vice-prefeito reeleito pode ser candidato ao cargo de prefeito?**
Resposta: Sim, o vice pode ser candidato ao cargo de prefeito, portanto, o seu cônjuge e os seus parentes consanguíneos ou afins, até o segundo grau ou por adoção, são elegíveis ao cargo de prefeito.
No mesmo sentido:

> Não tendo o vice-prefeito reeleito substituído o titular nos seis meses que antecederam a eleição, o seu cônjuge e parentes consanguíneos e afins são elegíveis ao cargo de chefe do executivo municipal. (Recurso de Diplomação nº 4006 (29799), TRE/PR, Verê, Rel. Clotário de Macedo Portugal Neto. j. 05.05.2005, unânime, *DJ* 16.05.2005).

15. **O filho do vice-prefeito reeleito pode ser candidato ao cargo de vice-prefeito?**
Resposta: Não, o vice não pode ser candidato ao cargo de vice-prefeito, portanto, o seu cônjuge e os seus parentes consanguíneos ou afins, até o segundo grau ou por adoção, são inelegíveis ao cargo de vice-prefeito.

AUMENTANDO A COMPLEXIDADE I

16. **Tício foi eleito prefeito em 2008 e reeleito em 2012. Ocorre que em 2014 Tício renunciou ao cargo e foi eleito deputado estadual, tendo Mévio (vice-prefeito) assumido o cargo em 2014. Mévio é pré-candidato em 2016. Pergunta-se: a esposa ou o filho de Tício podem ser vice de Mévio nas eleições de 2016?**
Resposta: Parece incoerente, mas se o prefeito assumiu um só dia do segundo mandato, esse fato equivale a "*ele obter um segundo mandato*", portanto, não poderá ser eleito a um terceiro mandato consecutivo.

Neste sentido o TSE:

> O TSE já definiu que a assunção da chefia do Poder Executivo, **por qualquer fração de tempo ou circunstância, configura exercício de mandato eletivo** e o titular só poderá se reeleger por um único período subsequente (CTA nº 1.538/DF, rel. Min. Ricardo Lewandowski, *DJE* de 21.05.2009). 3. Consulta não conhecida. (Consulta nº 28210, TSE/DF, Rel. Maria Thereza Rocha de Assis Moura. j. 17.11.2015, unânime, *DJe* 17.12.2015).

Assim, se o ex-prefeito que renunciou ao segundo mandato, não é elegível, também o seu cônjuge e os seus parentes consanguíneos ou afins, até o segundo grau ou por adoção, são inelegíveis ao cargo de prefeito e vice-prefeito.

AUMENTANDO A COMPLEXIDADE II

17. Tício é eleito prefeito e, posteriormente, renuncia. Mévio, seu filho é eleito nas eleições subsequentes. Pergunta-se: Mévio pode ser reeleito?

Resposta: Não. No mesmo sentido o TSE:

> Mesmo grupo familiar. Renúncia de prefeito. Eleição subsequente do filho do prefeito. Reeleição deste. Terceiro mandato configurado. Precedentes. Recurso a que se nega seguimento. É inelegível ao cargo de Prefeito para o próximo mandato, ainda que por reeleição, o filho de Prefeito que renunciou no curso de mandato anterior. (Agravo Regimental em Recurso Especial Eleitoral nº 29184, TSE/AL, Rel. Joaquim Benedito Barbosa Gomes. j. 23.09.2008, unânime).

AUMENTANDO A COMPLEXIDADE III

18. Tício foi eleito prefeito e, posteriormente, foi reeleito e renunciou. Pergunta-se: o genro de Tício, que é o atual vice-prefeito, pode ser candidato ao cargo de prefeito ou de vice?

Resposta: Tício não é elegível nem ao cargo de prefeito nem ao de vice, assim seu cônjuge e os seus parentes consanguíneos ou afins, até o segundo grau ou por adoção, são inelegíveis ao cargo de prefeito e vice-prefeito.

No mesmo sentido o TSE:

> Terceiro mandato no mesmo grupo familiar. Configuração. Recurso a que se nega seguimento. É inelegível ao cargo de vice-prefeito no próximo mandato, ainda que por reeleição, o genro de Prefeito que renunciou no curso de mandato anterior. (Agravo Regimental em Recurso Especial Eleitoral nº 29191, TSE/AL, Rel. Joaquim Benedito Barbosa Gomes. j. 23.09.2008, unânime).

MOMENTO DE AFERIÇÃO DA CONDIÇÃO DE ELEGIBILIDADE

A HIPÓTESE

1. **Administrador público (governador, prefeito etc.) teve suas contas rejeitadas pelo Tribunal de Contas da União, para os efeitos do art. 1º, I, *g*, da Lei Complementar nº 64/1990, e seu nome lançado na lista dos inelegíveis e remetido à Justiça Eleitoral. Na eleição subsequente, o administrador, cujas contas foram rejeitadas, teve seu registro para ser candidato deferido pela Justiça Eleitoral, sem que houvesse impugnação no referido registro, tendo sido eleito e exercido todo o seu mandato. Ao pretender a reeleição, pergunta-se: (...) para ser candidato a cargo eletivo, a condição de elegibilidade, no caso em questão, tem como marco a data do registro da candidatura, a data das eleições ou a data da posse?**
   Resposta: Ementa: "Consulta. Rejeição de contas pelo TCU. Inelegibilidade. (...) c) As condições de elegibilidade têm como marco a data da eleição."
   Res. nº 21.563, de 18/11/2003 (Cta nº 940/DF), Rel. Min. Ellen Gracie.
   Cuidado: a reforma eleitoral alterou totalmente o entendimento supracitado. O novo artigo 11, § 10 da Lei nº 9.504/1997 agora preconiza:

> As condições de elegibilidade e as causas de inelegibilidade devem ser aferidas no momento da formalização do pedido de registro da candidatura, ressalvadas as alterações, fáticas ou jurídicas, supervenientes ao registro que afastem a inelegibilidade.

DESINCOMPATIBILIZAÇÃO DO SECRETÁRIO MUNICIPAL

A HIPÓTESE

a) **O pretendente ao cargo de vice, na hipótese *supra*, secretário municipal, deve desincompatibilizar-se do cargo, e, se afirmativo, qual o prazo?**

Resposta: Ementa: "(...) Para concorrer aos cargos de prefeito e vice-prefeito, os secretários municipais devem afastar-se dos cargos no prazo dos quatro meses que antecedem o pleito, de acordo com art. 1º, inciso II, *a*, 1, em combinação com os incisos III, *b*, 4, e IV, *a*, da Lei Complementar nº 64/1990, conforme já definido na Res. TSE nº 19.466/1996, da relatoria do Ministro Marco Aurélio. (...)" Res. nº 21.645, de 02/03/2004 (Cta nº 995/BA), Rel. Min. Luiz Carlos Madeira.

CÔNJUGE DE PREFEITO – CANDIDATO A PREFEITO

A HIPÓTESE I

(...) Pode a esposa do prefeito em exercício ser candidata para o cargo eletivo do Poder Executivo e/ou Legislativo no mesmo Município? No caso de negativa a resposta à pergunta anterior, em havendo a desincompatibilização ou renúncia, pode? Quais os prazos? (...)

Resposta: A *ratio legis* do § 7º, do artigo 14 da Constituição Federal é impedir o continuísmo na chefia do Poder Executivo, de forma a evitar que membros de uma mesma família se perpetuem no poder e também vedar o uso da máquina pública nas campanhas eleitorais, mantendo a lisura e a higidez do processo eleitoral, visando que a vontade suprema do povo seja exercida de forma livre a consolidar o regime democrático, portanto, a esposa e qualquer parente do prefeito até 2º grau é elegível para o mesmo cargo do titular, desde que:

a) O prefeito possa ser reeleito para o período subsequente;
b) e tenha renunciado até seis meses antes das eleições.

No mesmo sentido o entendimento jurisprudencial:

> Eleito o prefeito para o seu primeiro mandato, seu cônjuge, parente consanguíneo ou afim até o segundo grau ou por adoção **é elegível para o cargo do titular se aquele puder ser reeleito e tiver renunciado seis meses antes das eleições.** Na hipótese de prefeito reeleito para o segundo mandato, seu parente torna-se inelegível, mesmo tendo ocorrido o afastamento definitivo. O objetivo da norma constitucional é o de impedir a perpetuação de uma família na chefia do Poder Executivo. Decisão: Unânime, em consonância com o parecer ministerial, em conhecer da Consulta. (Consulta nº 47, TRE/RN, Natal, rel. Heriberto Escolástico Bezerra. j. 03.04.2003, *DJ* 26.04.2003, p. 21).
>
> **O parente do prefeito é elegível para o mesmo cargo do titular apenas quando este puder ser reeleito para o período subsequente e se tiver renunciado até seis meses antes das eleições.** Inviável a eleição de cônjuge de chefe do Executivo Municipal, o qual exerceu o cargo por dois mandatos, em face de vedação constitucional. A interrupção do segundo mandato, que fora cassado por Ação de Impugnação de Mandato Eletivo, não tem o condão de interromper a continuidade. Reconhecimento da inelegibilidade reflexa do cônjuge, vale dizer, inelegibilidade não decorrente diretamente da pessoa detentora de cargo eletivo, mas em face de grau de parentesco. Cassação dos diplomas do prefeito e de seu vice. Procedência. (Recurso Contra Expedição de Diploma nº 77996, TRE/RS, Rel. Elaine Harzheim Macedo. j. 02.04.2013, unânime, *DJERS* 04.04.2013).
>
> **O Tribunal assentou que o cônjuge e os parentes do chefe do Executivo são elegíveis para o mesmo cargo do titular, quando este for reelegível e tiver se afastado definitivamente até seis meses antes do pleito** – Acórdão nº 19.442, de 21.08.2001, Resolução nº 20.931, de 20.11.2001 e Acórdão nº 3043, de 27.11.2001)

Ementa: "(...). A esposa do prefeito poderá se candidatar a cargo no Executivo Municipal se ele puder ser reeleito e tiver se afastado do cargo seis meses antes da eleição (precedente: Ac. nº 19.442, Relatora Ministra Ellen Gracie). (...)" Res. nº 21.297 (Cta nº 841/RJ), Rel. Min. Fernando Neves.

A HIPÓTESE II

A cunhada de prefeito falecido é elegível?

Conforme entendimento jurisprudencial:

É inelegível, na circunscrição do titular e para o mesmo cargo, a cunhada de prefeito pré-morto, casada com o seu irmão. Em matéria de inelegibilidade, o parentesco afim colateral comporta distinções: a) dissolvido o vínculo conjugal pela morte de um dos cônjuges, extingue-se, *ipso facto*, a afinidade gerada pelo casamento, não incidindo na vedação constitucional prevista no art. 14, § 7º, da Constituição Federal os parentes colaterais do cônjuge supérstite; b) diverso, porém, deve ser o tratamento jurídico, quando o evento morte – é o caso dos autos – não interfere no vínculo matrimonial e, consequentemente no parentesco afim colateral, sendo inelegíveis os parentes afins até o segundo grau, na circunscrição do titular, para o mesmo cargo, salvo se já detentores de mandato eletivo e candidatos à reeleição. 2. Sobrevindo a morte de prefeito, antes dos seis meses anteriores ao pleito é elegível para o cargo de vice-prefeito o seu parente consanguíneo de segundo grau. Contudo, cassado o diploma do prefeito, com o qual concorreu em chapa única e indivisível, sua situação jurídica é afetada, por força da eleição vinculada, também merecendo ser cassado o seu diploma. Decisão: À unanimidade, rejeitaram-se as preliminares. No mérito, deu-se provimento, nos termos do voto do Relator, por maioria, vencido o Juiz Manoel Boulhosa Gonzalez. (Recurso de Diplomação nº 465 (298), TRE/BA, Uauá, Rel. Eduardo Carlos de Carvalho. j. 07.06.2001, *DPJBA* 20.06.2001, p. 87).

A HIPÓTESE III

Renunciando ou falecendo o titular de mandato executivo, nos seis primeiros meses de seu primeiro mandato, e tendo o seu cônjuge ou parente consanguíneo ou afim até o segundo grau, sido eleito para o mesmo cargo no pleito seguinte, pode este (cônjuge ou parente) candidatar-se à reeleição?

Resposta: Ementa: "Consulta. Falecimento ou renúncia de titular de mandato executivo. Cônjuge eleito para o mesmo cargo no pleito seguinte. Reeleição. Impossibilidade. Art. 14, § 7º, da CF. Em caso de renúncia do titular de mandato executivo, nos seis primeiros meses de seu primeiro mandato, seu cônjuge, já havendo sido eleito para o mesmo cargo do titular no pleito seguinte, não pode candidatar-se à reeleição, pois configuraria um terceiro mandato, bem como a perpetuação de uma mesma família na chefia do Poder Executivo, condutas veementemente combatidas pela norma constitucional. (...)". Res. nº 21.584 (Cta nº 934/DF), Rel. Min. Ellen Gracie.

A HIPÓTESE IV

É elegível para reeleição nas eleições 2004 candidata a prefeita cujo cônjuge foi prefeito na gestão 1997-2000, mesmo que este tenha renunciado no primeiro ano do exercício do seu mandato. (...).

Resposta: Ementa: "Consulta. Eleições 2004. Reeleição. Cônjuge. Ex-prefeito. Renúncia. Primeiro mandato. Ex-cunhado. Prefeito. Consulta respondida nos seguintes termos: a) em caso de renúncia do titular de mandato executivo, nos seis primeiros meses de seu primeiro mandato, seu cônjuge, já havendo sido eleito para o mesmo cargo do titular no pleito seguinte, não pode candidatar-se à reeleição, pois configuraria um terceiro mandato, bem como a perpetuação de uma mesma família na chefia do Poder Executivo, condutas vedadas pelo art. 14, § 7º, da Constituição Federal; (...)." Res. nº 21.779 (Cta nº 1.067/DF), Rel. Min. Ellen Gracie.

CÔNJUGES PREFEITO E VICE-PREFEITO E A REELEIÇÃO

A HIPÓTESE

1. **Em hipotético Município, o prefeito A foi eleito tendo como vice-prefeito seu cônjuge B, ambos em primeiro mandato. (...) Indaga-se: (a) A e B são reelegíveis para os mesmos cargos? (b) Se positiva a resposta, há necessidade de desincompatibilização? (...) (c) Se B substituir A poderá concorrer à eleição para o cargo de prefeito, beneficiado pela parte final do art. 14, § 5º, da Constituição, segundo a qual poderá ser reeleito para um único período subsequente o titular "e quem os houver sucedido ou substituído no curso do mandato"? Nesse caso, A deverá renunciar seis meses antes da eleição? (d) Se A concorrer à reeleição, poderá B assumir o cargo de prefeito? Haverá necessidade de afastamento ou renúncia de ambos? (e) Na hipótese anterior, B pode se candidatar à reeleição de vice-prefeito amparado pela ressalva contida no art. 14, § 7º, vale dizer, como titular de mandato eletivo e candidato à reeleição? (...)**

Resposta: Ementa: "1. Se os cônjuges – A e B – forem eleitos prefeito e vice-prefeito de um Município, poderão concorrer à reeleição aos mesmos cargos, para um único período subsequente, independentemente de desincompatibilização. (...) 3. Se B, eleito vice-prefeito, para um primeiro período, cônjuge de A, eleito prefeito, também para um primeiro período, havendo sucedido o titular, no período, poderá ser candidato a prefeito, independentemente de desincompatibilização nos últimos seis meses. Se houver substituído, haverá necessidade de que A renuncie seis meses antes do pleito. 4. Se B, cônjuge de A, assumir a Prefeitura Municipal, A – prefeito em primeiro período – poderá concorrer à reeleição. No plano das possibilidades, B somente poderá assumir o cargo se dele A estiver afastado. 5. Na hipótese de B substituir A – seu cônjuge e prefeito – por qualquer tempo, B poderá concorrer à reeleição a vice-prefeito, conforme Res. TSE nº 20.148/1998, Relator Min. Eduardo Alckmin. No caso de sucessão, B resulta inelegível para o cargo de vice-prefeito. (...)" Res. nº 21.493, de 09/09/2003 (Cta nº 928/DF), Rel. Min. Luiz Carlos Madeira.

A EX-COMPANHEIRA DO PREFEITO QUER SER PREFEITA

A HIPÓTESE

1. **Consulta: (...) Mulher de prefeito que não seja casada no civil ou religioso, mas, com o mesmo convive há alguns anos, em sociedade de fato, afastando-se do lar, por tempo superior a seis meses, pode ser candidata ao cargo majoritário? (...)**

Resposta: Ementa: "2. A ex-companheira poderá candidatar-se ao mesmo cargo eletivo de seu ex-companheiro, chefe do Poder Executivo Municipal, desde que este seja reelegível e se afaste do cargo seis meses antes do pleito. O afastamento do lar seis meses antes da eleição não elide a inelegibilidade da ex-companheira do prefeito, porque, em algum momento do mandato, existiu o parentesco. (...)" Res. nº 21.615, de 10/02/2004 (Cta nº 985/DF), Rel. Min. Carlos Velloso.

EX-PARENTE POR AFINIDADE DE PREFEITO QUER SER PREFEITO

A HIPÓTESE

1. **W é prefeito do Município I, eleito no último pleito municipal, sendo candidato à reeleição no pleito de 2004, que, em princípio, disputará sem afastamento do cargo. F era casado com a filha de W, da qual está separado de fato há quatro anos, tendo sido transitada em julgado, no corrente mês, a sentença de divórcio direto consensual do casal. F, integrante de legenda diversa daquela a que está filiado W, pretende disputar, no pleito de 2004, o cargo de prefeito do Município I, nos termos da legislação própria. Diante do exposto, o signatário consulta esse colendo Tribunal se, em face da legislação em vigor, a relação de parentesco de 2º grau, por afinidade, que existia entre W e F, tendo em vista o divórcio definitivo transitado em julgado, impediria a candidatura deste ao cargo de prefeito do Município I.**

Resposta: Ementa: "Consulta. Ex-genro divorciado da filha de prefeito em exercício do primeiro mandato. Candidatura ao mesmo cargo na eleição subsequente. Possibilidade. Exigência de afastamento definitivo do titular até seis meses antes do pleito. Precedentes: Res.TSE nº 21.099 e Acórdão nº 3.043. **Dissolução matrimonial. Sentença transitada em julgado no decorrer do mandato do chefe do Poder Executivo. Manutenção do parentesco por afinidade**. Incidência do art. 14, § 7º, da Constituição Federal." Res. nº 21.582, de 04/12/2003 (Cta nº 981/DF), Rel. Min. Fernando Neves.

A HIPÓTESE I

2. **É elegível às eleições ex-cunhado de atual prefeito, já que está separado judicialmente, para o cargo de prefeito municipal?**

Resposta: Você deve considerar que a dissolução da sociedade conjugal mantém o parentesco por afinidade, vide o § 2º do art. 1.595 do Código Civil:

> *Art. 1.595. Cada cônjuge ou companheiro é aliado aos parentes do outro pelo vínculo da afinidade.*
> *§ 1º O parentesco por afinidade limita-se aos ascendentes, aos descendentes e aos irmãos do cônjuge ou companheiro.*
> *§ 2º Na linha reta, a afinidade não se extingue com a dissolução do casamento ou da união estável.*

Assim, deve-se considerar duas hipóteses:

a) Se o prefeito já foi reeleito, o ex-cunhado é inelegível.
b) Se o prefeito não foi reeleito, o ex-cunhado é elegível, deste que o prefeito renuncie ao cargo seis meses antes.

No mesmo sentido o TSE:

Ementa: "Consulta. Reeleição. Cônjuge. Ex-prefeito. Renúncia. Primeiro mandato. Elegibilidade. Ex-cunhado. Prefeito. Consulta respondida nos seguintes termos: (...) b) ex-cunhado de atual prefeito, separado judicialmente, é elegível para idêntico cargo – uma vez que a dissolução da sociedade conjugal mantém o parentesco por afinidade –, desde que o titular do mandato executivo renuncie até seis meses antes do pleito e esteja no exercício de seu primeiro mandato". Res. nº 21.779, de 27.05.2004 (Cta nº 1.067/DF), rel. min. Ellen Gracie.

A HIPÓTESE II

3. **Pode um ex-genro do atual prefeito, separado de fato da filha do mesmo há anos, no entanto, divorciado judicialmente seis meses antes das próximas eleições de 2 de outubro de 2016, concorrer à sua sucessão no pleito deste ano, ao cargo de prefeito?**

Resposta: Ementa: "Consulta. Elegibilidade. Parentesco. Divórcio seis meses antes do pleito. Inelegibilidade. Precedentes. I – O TSE já assentou que a separação de fato não afasta a inelegibilidade prevista no art. 14, § 7º, da Constituição Federal. II – Se a sentença de dissolução do casamento transitar em julgado durante o mandato, persiste, para fins de inelegibilidade, até o fim do mandato o vínculo de parentesco com o ex-cônjuge, pois '(...) **em algum momento do mandato existiu o vínculo conjugal**'. III – Para fins de inelegibilidade, o vínculo de parentesco por afinidade na linha reta se extingue com a dissolução do casamento, não se aplicando o disposto no § 2º do art. 1.595 do Código Civil/2002 à questão de inelegibilidade. **Todavia, há de observar-se que, se a sentença de dissolução do casamento transitar em julgado durante o mandato, persistente até o fim do mandato o vínculo de parentesco por afinidade.**" Res. nº 21.798, de 03/06/2004 (Cta nº 1.051/DF), Rel. Min. Peçanha Martins.

Também já decidiu o **TSE** que:

> "É inelegível ex-genro do atual prefeito candidato à reeleição, na jurisdição do titular do mandato executivo, em razão de parentesco por afinidade na linha reta" (TSE – AREsp 22.602/PE, publicado na sessão de 20/09/2004).

O PARENTE DE PREFEITO E A UNIÃO ESTÁVEL

A HIPÓTESE

1. **Qual o posicionamento do TSE, diante da possibilidade ou não da candidatura de cunhados(as) de prefeitos(as) em exercício que comungam de união estável?**

Resposta: Ementa: "Consulta. Elegibilidade. Parentesco. Respondida nos seguintes termos: 1. Os casos de inelegibilidade estão previstos na Constituição Federal e na LC nº 64/1990. 2. É inelegível o irmão ou irmã daquele ou daquela que mantém união estável com o prefeito ou prefeita. Res. nº 21.376, de 01/04/2003 (Cta nº 845/DF), Rel. Min. Luiz Carlos Madeira.

A HIPÓTESE I

2. **É inelegível filho(a) de companheiro(a) de prefeito(a) municipal, na circunscrição correspondente ao Município? Sendo negativa a resposta à pergunta anterior, pode concorrer o filho(a) de companheiro(a) de prefeito(a) municipal ao cargo de prefeito, na circunscrição correspondente ao Município?**

Resposta: Ementa: "Consulta. Elegibilidade. Parente. Companheiro. Titular. Não é inelegível filho(a) de companheiro(a) de prefeito(a) municipal, na circunscrição correspondente ao Município, desde que candidato a cargo diverso e o titular se desincompatibilize seis meses antes do pleito; podendo concorrer também ao mesmo cargo do titular, desde que este não tenha sido reeleito e se desincompatibilize do cargo de prefeito seis meses antes do pleito." Res. nº 21.547, de 28/10/2003 (Cta nº 961/DF), Rel. Min. Carlos Velloso.

O TESTE PARA AFERIR A CONDIÇÃO DE ALFABETIZADO

1. **Problematização**

Tício, Juiz Eleitoral da comarca "x", fez um teste para auferir a condição de alfabetizado de todos os vereadores. Aponte a solução jurídica considerando que:

a) Mévio saiu reprovado no teste e teve sua candidatura impugnada;

b) Mévio alegou que:

b.1) como já era vereador, havia uma presunção de que ele era alfabetizado;

b.2) o teste é ilegal, não podendo o magistrado exigi-lo.

Resposta.

1.2. ***Argumento Número 1*****:** Mévio não tem razão. Alguns Tribunais Eleitorais, quando se tratava de candidatura nata (deputado federal, estadual, distrital e vereador), entendiam que não se podia questionar o analfabetismo, como se a candidatura nata os tornasse alfabetizados. Havia, assim, uma presunção de que quem exercia mandado era alfabetizado.

▸ POSIÇÃO DIVERGENTE

Outros Tribunais Eleitorais entendiam que a presunção em comento era relativa, ou seja, o fato de tratar-se de candidato nato não impede a apreciação de inelegibilidades inatas ou originárias.

Minha posição: entendo que a divergência foi dirimida com a edição da Súmula nº 15 do TSE. A partir do julgamento do Recurso Especial Eleitoral (nº 18.119/MG), o TSE firmou seu entendimento de que "este Tribunal tem firme entendimento a respeito de poder o juiz valer-se de teste de alfabetização, objetivando verificar se cumprido o preceito constitucional ínsito no art. 14, § 4º, da CF/1988".

Posicionamento majoritário do TSE: (Súmula TSE nº 15/1996).

> O exercício de mandato eletivo não é circunstância capaz, por si só, de comprovar a condição de alfabetizado do candidato. (Súmula atualizada pelo Ac.-TSE, de 10.5.2016, no PA nº 32345).

1.3. Legalidade do teste para auferir a condição de alfabetizado

Quanto à legalidade do teste, há duas posições do TSE:

Posicionamento majoritário do TSE: "nas hipóteses de dúvida fundada, a aferição da alfabetização se fará individualmente, sem constrangimentos; o exame ou teste não pode ser realizado em audiência pública por afrontar a dignidade humana" (TSE – AC nº 318/2004).

Resolução nº 23.455, de 15 de dezembro de 2015.

> *Art. 27, § 11. A ausência do comprovante de escolaridade a que se refere o inciso IV do caput poderá ser suprida por declaração de próprio punho, podendo a exigência de alfabetização do candidato ser comprovada por outros meios, desde que individual e reservadamente*
> A Constituição Federal não admite que o candidato a cargo eletivo seja exposto a teste que lhe agrida a dignidade. Submeter o suposto analfabeto a teste público e solene para apurar-lhe o trato com as letras é agredir a dignidade humana (CF, art. 1º, III). Em tendo dúvida sobre a alfabetização do candidato, o juiz poderá submetê-lo a teste reservado. Não é lícito, contudo, a montagem de espetáculo coletivo que nada apura e só produz constrangimento (TSE:REsp nº 21.707, de 17.8.2004).

Posicionamento minoritário do TSE: "ilegitimidade do teste de alfabetização quando, apesar de não ser coletivo, traz constrangimento ao candidato". (TSE – AC nº 24.343/2004).

No mesmo sentido: GOMES, José Jairo. *Direito eleitoral*. 4. ed. Belo Horizonte: Del Rey, 2010, p. 156. p. 162-163.

Argumento número 2:

> **Mévio tem razão. Entendo que o juiz não é parte na ação de impugnação de registro de candidatura, e com a iniciativa de fazer o teste, há um prejulgamento que implicará a arguição de sua suspeição.**

A situação não deixa de ser incoerente, se o juiz fez o teste e reprovou Mévio, posteriormente, quando o Ministério Público ou um partido político impugnar o registro da candidatura de Mévio, impreterivelmente o juiz estará vinculado à sua atividade extrajudicial, já tem formado um juízo de convicção, que atenta contra os princípios da ampla defesa e contraditório.

Seria a mesma situação dos repudiados procedimentos inquisitivos da idade média, em que o juiz participava da investigação e depois condenava o réu. Portanto, entendo que o juiz está impedido de realizar tal teste; este deve ser realizado pelo fiscal da lei, ou seja, pelo Ministério Público Eleitoral.

O Ministério Público Eleitoral só deverá fazer o teste se, diante da documentação acostada no pedido de registro da candidatura, surgir razoável dúvida sobre a alfabetização de algum candidato. Persistindo a dúvida, deverá o fiscal da lei eleitoral propor a ação de impugnação do registro de candidatura, e o juiz, que é o "ser imparcial" da relação processual, observando os princípios da ampla defesa, contraditório e devido processo legal, "dará a palavra final", aceitando ou não o registro de candidatura.

▸ POSIÇÃO DIVERGENTE

Informo, por uma questão de responsabilidade e ordem ética, que minha posição é minoritária, pois os Tribunais Eleitorais entendem que não há ilegalidade no fato de o juiz realizar o teste. Vejam estes julgados:

> Alfabetização. Não há ilegalidade em procurar o juiz averiguar se quem pretende registro como candidato atende a esse requisito de elegibilidade, mediante a realização de teste, dispensando se trazida prova suficiente (REsp nº 13.000/GO; Rel. Min. Eduardo Ribeiro; publicado em sessão de 12.9.1996).
>
> 1.Conforme já decidido pelo Tribunal (Recurso Especial nº 21.920, rel. min. Caputo Bastos), para comprovação de alfabetização, é facultado ao candidato, na ausência de comprovante de escolaridade, apresentar declaração de próprio punho. Não obstante, **é permitido ao juiz, se for o caso, determinar a aferição da alfabetização, por outros meios, o que será feito caso persista dúvida quanto à declaração apresentada**. 2. As condições de elegibilidade e das causas de inelegibilidade são aferidas a cada pedido de registro do candidato perante a Justiça Eleitoral, não podendo ser invocado eventual deferimento atinente à eleição pretérita. (Agravo Regimental em Recurso Especial Eleitoral nº 31511, TSE/RN, rel. Arnaldo Versiani Leite Soares. j. 06.10.2008, unânime).
>
> 1. O candidato instruirá o pedido de registro de candidatura com comprovante de escolaridade, o qual poderá ser suprido por declaração de próprio punho, **podendo o Juiz, diante de dúvida quanto à sua condição de alfabetizado, determinar a aferição por outros meios (art. 28, VII e § 4º, da Res. TSE nº 21.608).** 2. O teste de alfabetização, aplicado pela Justiça Eleitoral, visa à verificação da não incidência da inelegibilidade, a que se refere o art. 14, § 4º, da Carta Magna, constituindo-se em instrumento legítimo. Vedada, entretanto, a submis-

> são de candidatos a exames coletivos para comprovação da aludida condição de elegibilidade, uma vez que tal metodologia lhes impõe constrangimento, agredindo-lhes a dignidade humana. (Recurso Especial Eleitoral nº 21920, TSE/MG, Belo Oriente, rel. min. Carlos Eduardo Caputo Bastos. j. 31.8.2004, maioria).

O CONCEITO DE ANALFABETO:

Dada a inexistência de conceito legal, há muita controvérsia sobre o tema:

Ney Moura Teles[96] ensina que analfabetos são os que "não sabem compreender as comunicações escritas, nem se expressarem, por escrito, na língua pátria, ainda que rudimentarmente".

Diz Alberto Rollo[97] que é "a incapacidade absoluta de ler e escrever, que não se confunde com o semianalfabetismo, que é a extrema dificuldade - mas não total incapacidade - para compreender e reproduzir os símbolos gráficos".

José Jairo Gomes[98] defende que "analfabeto é quem não domina um sistema escrito de linguagem, carecendo dos conhecimentos necessários para ler e escrever".

Entendo que devemos adotar o conceito definido pela UNESCO de analfabeto funcional, qual seja, "uma pessoa incapaz de utilizar a escrita e a leitura para desempenhar atividades demandadas pelo seu grupo e comunidade e também incapaz de desempenhar tarefas em que a escrita, a leitura e o cálculo sejam exigidos para seu próprio desenvolvimento e o de sua comunidade".

A jurisprudência tem admitido as seguintes premissas para se considerar inelegível um candidato em razão da hipótese de analfabetismo:[99]

I) não demonstre habilidades mínimas (leitura e escrita) (TSE, REsp 13.180/1996);
II) é incapaz de esboçar sinais gráficos compreensíveis (REsp 10.499/1992);
III) não mostre aptidão para leitura (REsp 10.845/1992);
IV) não tenha êxito na prova a que se submeteu, mesmo já tendo exercido a vereança (REsp 21.958/2004).

A SUSPENSÃO NÃO DECLARADA

Tício foi condenado por ter praticado um crime. Apresente a solução jurídica, considerando que:

a) a sentença transitou em julgado;
b) o promotor de Justiça impugnou o registro da candidatura de Tício, argumentando que ele era inelegível;
c) Tício afirmou que, embora tenha sido condenado, o juiz não declarou na sentença a suspensão dos direitos políticos.

---

96 TELES, Ney Moura. Novo direito eleitoral: teoria e prática. Brasília: LGE Ed., 2002. p. 58.

97 ROLLO, Alberto et al. Elegibilidade e inelegibilidade: visão doutrinária e jurisprudencial atualizada. Caxias do Sul: Plenum, 2008. p. 86.

98 GOMES, José Jairo. *Direito eleitoral*. 4. ed. Belo Horizonte: Del Rey, 2009. p. 146.

99 CHALITA, Sávio. *Manual completo de direito eleitoral*. São Paulo: Foco, 2014.

Resposta: O promotor tem razão. Considerando que a suspensão dos direitos políticos decorre automaticamente do trânsito em julgado da sentença penal condenatória, não precisando nem mesmo ser nela declarada, em face do disposto no art. 15, inciso III, da Constituição Federal, fica o agente inelegível, enquanto durarem os efeitos da condenação. (TRE/MS – Rec-RCand nº 173 – (4.830) – Rel. Juiz Geraldo de Carvalho.)

ANÁLISE DA POSSIBILIDADE DE SER CONCEDIDA A EMANCIPAÇÃO CIVIL COM O OBJETIVO DE ATINGIR A IDADE MÍNIMA PARA CONCORRER A UM CARGO ELETIVO

Entendo que não existe possibilidade jurídica da concessão da emancipação para atingir a idade mínima constitucionalmente exigida como condição de elegibilidade. **No mesmo sentido é a posição do TSE**: "Candidato a deputado estadual, com idade inferior a vinte um anos, mas emancipado. Acórdão do TRE que indeferiu o registro, em face da condição constante do art. 14, § 3º, VI, *c*, da Constituição, não suprível pela emancipação. Recurso interposto pelo próprio candidato, sem assistência de advogado habilitado. Lei nº 8.906/1994, arts. 1º, I, e 4º; Código de Processo Civil, art. 36 – art. 103, *caput* e parágrafo único, do Novo CPC. Recurso não conhecido. Acórdão nº 15.402, de 31/08/1998 – Recurso Especial Eleitoral nº 15.402 – Classe 22a/MG (Belo Horizonte). Relator: Ministro Néri da Silveira. Decisão: unânime, recurso não conhecido. No mesmo sentido, os Acórdãos nº 15.405, de 31/08/1998, nº 204, de 04/09/1998, e nº 283, de 22/09/1998."

O "MANDATO-TAMPÃO I"

No primeiro mandato como vice-governador, Tício substituiu o governador durante quinze dias. No mandato seguinte, Tício também foi eleito vice-governador. Aponte a solução jurídica, considerando que:

a) no segundo período, o governador morreu e Tício assumiu o cargo de governador;

b) Tício quer ser candidato a governador.

Em um caso concreto, em outubro de 2005, a 2ª Turma do Supremo reconheceu que o Governador de São Paulo (...), estava apto a se candidatar à reeleição nas eleições estaduais de 2002. O julgamento ocorreu na apreciação de Recurso Extraordinário (RE nº 366.488) interposto pelas coligações (...). O recurso chegou ao Supremo Tribunal Federal contra acórdão do Tribunal Superior Eleitoral que, à época, negou provimento a recursos ordinários interpostos pelas duas coligações.

No recurso ao Supremo, as coligações sustentaram ofensa ao art. 14, parágrafo 5º, da Constituição Federal, com redação dada pela Emenda Constitucional nº 16. Alegaram que (...) foi eleito vice-governador na eleição de 1998, tendo ocupado por dois períodos a chefia do Executivo estadual, motivo por que seria inelegível para um terceiro mandato subsequente. Sustentaram, ainda, afronta ao princípio da igualdade, oportunidade da disputa eleitoral e da transitoriedade do exercício do poder, sedimentados na Constituição Federal e no ordenamento jurídico brasileiro, com o objetivo de combater o continuísmo.

Ao votar, o Ministro Carlos Velloso, relator do recurso, lembrou que o art. 14, § 5º, da Constituição Federal estabelece que o presidente da República, os governadores e os prefeitos, e quem os houver sucedido ou substituído, poderão se reeleger para um único período subsequente. "O vice-governador, portanto, poderá concorrer à reeleição no cargo de governador. Substituição pressupõe impedimento do titular, sucessão, vacância", afirmou o ministro. Lembrou, ainda, que, no primeiro mandato, (...) **substituiu** o então governador (...) e, no segundo, o **sucedeu**, após sua morte.

VAMOS ENTENDER MELHOR A QUESTÃO PARA QUE POSSAMOS FAZER OUTRA INDAGAÇÃO MUITO INTERESSANTE

1. **Considere as hipóteses infracitadas:**
    1º. Tício foi vice-governador no período 1995/1998 e substituiu o governador por motivo de doença.
    2º. Tício se afastou seis meses antes e concorreu a vice-governador para o período 1999/2002, tendo sido eleito, sucedeu, por motivo de falecimento, o governador.

Apresente a solução jurídica considerando que Tício quer ser candidato a governador para o período 2003/2006 e a oposição impugnou o registro de candidatura alegando se tratar de um terceiro mandato.

Resposta: A oposição não tem razão, porque:

a) o período 1995/1998 não conta como mandato porque entendo que a substituição, **que é temporária, não transmite a titularidade do cargo**.
b) a titularidade do cargo foi transmitida com a sucessão (período 1999/2002). Portanto, Tício pode ser candidato a governador para o período 2003/2006. Veja este julgado:

> "Havendo o vice – reeleito ou não – sucedido o titular, poderá se candidatar à reeleição, como titular, por um único mandato subsequente. (...) A reeleição deve ser interpretada *stricto sensu*, significando eleição para o mesmo cargo. O exercício da titularidade do cargo, por sua vez, somente se dá mediante eleição ou, ainda, por sucessão, como no caso dos autos. O importante é que este seja o seu primeiro mandato como titular, como de fato o é, no caso do Sr. Geraldo Alckmin. Conforme destacado pelo Ministro Fernando Neves, 'o fato de estar em seu segundo mandato de vice é irrelevante, pois sua reeleição se deu como tal, isto é, ao cargo de vice'" (TSE, Res. nº 21.026/2002).

2. **Baseado nas hipóteses supracitadas, pergunta-se: Tício foi eleito para o período 2003/2006 e agora quer ser candidato a governador para o período 2007/2010. Apresente a solução jurídica.**

Resposta: Há quem entenda que pode, porque a Constituição Federal autoriza a reeleição para um único período subsequente. Como Tício não foi reeleito, poderia disputar a eleição para o período 2007/2010.

Minha posição: entendo de forma contrária porque, se usarmos como critério a titularidade do cargo, estamos diante de uma reeleição tácita, porque a titularidade do cargo já havia sido transmitida com a sucessão (primeiro mandato: 1999/2002). Tendo sido eleito para o período 2003/2006 (segundo mandato), em uma nova eleição para o período 2007/2010, haveria impreterivelmente um terceiro mandato consecutivo, o que é proibido pela norma constitucional.

O "MANDATO-TAMPÃO II" E A CONTAGEM DO PERÍODO PARA O FIM DA REELEIÇÃO

O entendimento jurisprudencial é no sentido de que o chamado "mandato-tampão" não constitui um período de mandato antecedente. Veja este julgado:

> Registro de candidatura. Candidato que, Presidente da Câmara Municipal, ocupou interinamente o cargo de Prefeito enquanto não realizada eleição suplementar. Concorreu ao cargo de Prefeito na eleição suplementar. Elegeu-se. Reelegeu-se nas eleições 2000. CF, art. 14, § 5º. A interinidade não constitui um "período de mandato antecedente" ao período do "mandato tampão". O período de "mandato-tampão" não constitui um "período de mandato subsequente, ao período de interinidade". O período de interinidade, assim como o "mandato-tampão", constituem frações de um só período de mandato. Não houve eleição para um terceiro mandato. A reeleição se deu nas eleições de 2000 (*Acórdão nº 18.260, de 21 de novembro de 2000, Relator Ministro Nelson Azevedo Jobim*).

O PREFEITO REELEITO E O MANDATO DE VEREADOR

Prefeito que já foi reeleito pode ser candidato a vereador?

Resposta: Sim, desde que se afaste do cargo de prefeito seis meses antes da eleição. Veja a consulta nº 893/DF. Relator: Ministro Barros Monteiro. Ementa: Consulta. Prefeito reeleito. Candidatura ao cargo de vereador, no mesmo Município. Possibilidade, em face da observância do prazo de seis meses para a desincompatibilização. O prefeito reeleito pode candidatar-se ao cargo de vereador do mesmo Município, desde que se afaste da chefia do Executivo local em período que preceder os seis meses anteriores ao certame.

FILHO DE PREFEITO REELEITO QUER SER PREFEITO

Tício, prefeito reeleito, quer agora que Ticinho Júnior, seu filho, seja o seu sucessor no governo municipal. Aponte a solução jurídica.

Resposta: Ticinho Júnior não pode ser candidato, pois sua eleição configuraria um terceiro mandato familiar e afrontaria os §§ 5º e 7º do art. 14 da Constituição Federal que regulam a restrição de inelegibilidade, impedindo a ocorrência de três mandatos consecutivos.

Posição dominante do TSE: Consulta. Prefeito. Reeleição. Candidatura. Identidade de cargo. Eleição subsequente. Vedação. Matéria não eleitoral. Filho de prefeito reeleito não poderá candidatar-se para cargo majoritário do mesmo município na eleição subsequente. Conforme jurisprudência firmada pelo TSE, não se conhece de consulta referente à matéria não eleitoral. Nesse entendimento, o Tribunal respondeu negativamente à primeira indagação e não conheceu da segunda. Unânime. *Consulta nº 1.535/DF, Rel. Min. Ari Pargendler, em 13/05/2008.* No mesmo sentido também a *Consulta nº 1.573/DF, Rel. Min. Felix Fischer, em 05/05/2008.*

O REITOR

Tício é professor de carreira em instituição federal de ensino e exerce o cargo de reitor. Pergunta-se: o que Tício deve fazer para candidatar-se ao cargo de prefeito de sua cidade?

Resposta: Tício deverá:

a) afastar-se definitivamente do cargo de reitor;

Tempo: quatro meses antes do pleito.

b) licenciar-se das funções de magistério;

Tempo: até três meses antes do pleito.

Posição dominante do TSE: Consulta. Desincompatibilização. Professor. Reitor. Instituição federal de ensino. Candidatura. Eleição municipal. O professor de carreira em instituição federal de ensino que exerça o cargo de reitor e venha a se candidatar ao cargo de prefeito ou de vice-prefeito deverá afastar-se definitivamente do cargo de reitor quatro meses antes do pleito, bem como licenciar-se das funções de magistério até três meses antes do pleito. Nesse entendimento, o Tribunal respondeu a consulta. Unânime. *Consulta nº 1.585/DF, Rel. Min. Ari Pargendler, em 13/05/2008.*

O PREFEITO QUER SER VICE

Mévio é prefeito em primeiro mandato e quer ser candidato ao cargo de vice-prefeito. Pergunta-se: Mévio deve efetivar a desincompatibilização?

Resposta: sim, no mesmo sentido é a **posição dominante do TSE:**

Consulta nº 1.512/DF. Relator: ministro Caputo Bastos. Ementa: Consulta. Prefeito. Primeiro mandato. Candidato. Vice-prefeito. Eleição seguinte. Exigência. Afastamento. Cargo. Art. 14, § 6º, da Constituição Federal. 1. O § 6º do art. 14 da Constituição Federal estabelece que, para concorrerem a outros cargos, o presidente da República, os governadores de estado e do Distrito Federal e os prefeitos devem renunciar aos respectivos mandatos até seis meses antes do pleito. 2. Desse modo, o prefeito, em primeiro mandato, não pode candidatar-se ao cargo de vice-prefeito se não houver se desincompatibilizado no período de seis meses que antecede o pleito. Consulta respondida negativamente.

O CONCUNHADO

Tício é concunhado do prefeito Mévio. Pergunta-se: é possível Tício ser candidato à sucessão de Mévio?

Resposta: sim, porque os afins dos cônjuges não são afins entre si.

Posição dominante do TSE: Consulta nº 1.561/DF. Relator: Ministro Caputo Bastos. Ementa: Consulta. Elegibilidade. Parentesco. Art. 14, § 7º, da Constituição Federal. Concunhado de prefeito. 1. Conforme já assentado pelo Tribunal, os afins dos cônjuges não são afins entre si (Res. TSE nº 20.651/2000, Rel. Min. Edson Vidigal, de 6/6/2000, e Res. TSE nº 22.682/2007, Rel. Min. Ari Pargendler, de 13/12/2007). 2. Assim, é possível concunhado de prefeito, ainda que este não tenha se desincompatibilizado nos seis meses anteriores ao pleito, ser candidato à chefia do Poder Executivo. Consulta respondida positivamente.

A COMPANHEIRA DO CUNHADO DO PREFEITO CANDIDATO À REELEIÇÃO

Com o mesmo raciocínio do item anterior, o TSE entende que, no cunhadio, o impedimento não alcança o cônjuge ou companheiro(a) do(a) cunhado(a) do(a) titular do mandato.

Precedente do **TSE:**

> Consulta. Esposa ou companheira do cunhado do prefeito candidato à reeleição. Candidatura. Possibilidade: a esposa ou companheira do cunhado de prefeito candidato a reeleição pode candidatar-se a cargo eletivo porque os afins do cônjuge não são afins entre si. (Consulta nº 1.487/2007 Res. nº 22.682, *DJ* 12.2.2008, p. 8).

A CASSAÇÃO DO SEGUNDO MANDATO

Tício foi reeleito ao cargo de prefeito. Foi cassado no segundo mandato. Pergunta-se: é possível Tício ser candidato na eleição subsequente?

Resposta: Não. Conforme o entendimento dominante do TSE:

Consulta. Prefeito eleito em 2000. Reeleito em 2004. Cassado no segundo mandato. Candidatura em 2008. Prefeito reeleito é inelegível para um terceiro período consecutivo, não importando o tempo de exercício no segundo mandato. Vedação do art. 14, § 5º, da Constituição Federal. Respondida negativamente. (Resolução nº 22.776, de 24.4.2008. Consulta nº 1.431/DF. Relator: Ministro Marcelo Ribeiro Ementa: *DJ* de 15/05/2008).

A CASSAÇÃO DO SEGUNDO MANDATO E A POSSIBILIDADE DE DISPUTA DE OUTRO CARGO

Tício foi reeleito ao cargo de prefeito. Foi cassado no segundo mandato. Pergunta-se: é possível Tício ser candidato na eleição subsequente ao cargo de vereador?

Resposta: Devemos considerar duas hipóteses:

1ª hipótese: se a cassação ocorreu no segundo mandato, antes do prazo de seis meses exigidos para a desincompatibilização, haverá possibilidade.

2ª hipótese: se a cassação ocorreu no segundo mandato, depois do prazo de seis meses exigidos para a desincompatibilização, não há possibilidade.

Posição dominante do TSE: Tendo em vista que, no caso, a cassação ocorreu no segundo mandato, antes do prazo de seis meses exigidos para a desincompatibilização, o prefeito reeleito, seu cônjuge e seus parentes poderão se candidatar ao cargo de vereador no pleito subsequente (art. 14, § 6º, da CF). Respondido positivamente. *DJ* de 15/05/2008, Resolução nº 22.777, de 24/04/2008, consulta nº 1.548/DF. Relator: Ministro Marcelo Ribeiro.

QUANDO O VEREADOR NÃO PODE MAIS SER VEREADOR

Tício é vereador e presidente da Câmara Municipal. Ele substituiu o prefeito nos seis meses anteriores à eleição. Pergunta-se: Tício pode concorrer ao cargo de vereador?

Resposta: Não. Para concorrer ao cargo de vereador, que é outro cargo, Tício teria de fazer a desincompatibilização.

Posição dominante do TSE: Consulta. Presidente. Câmara Municipal. Exercício. Mandato. Prefeito. Seis meses que antecedem o pleito. Reeleição. Pretensão. Candidatura. Cargo. Vereador. Impossibilidade. Inelegibilidade. Caracterização. Conforme já assentado pela Corte Superior, o presidente da Câmara Municipal que substitui ou sucede o prefeito, nos seis meses anteriores à eleição, torna-se inelegível para o cargo de vereador, não havendo, portanto, a possibilidade de desincompatibilização. Nesse entendimento, o Tribunal respondeu à consulta. Unânime. Consulta nº 1.586/BA, Rel. Min. Caputo Bastos, em 20/05/2008.

SERVIDOR PÚBLICO CONCORRENDO ÀS ELEIÇÕES EM MUNICÍPIO DIFERENTE DE ONDE TRABALHA

▸ INDAGAÇÃO DIDÁTICA

Leia com atenção esta questão elaborada em um concurso jurídico: *"Servidor público pode concorrer às eleições em município diferente de onde trabalha sem precisar deixar o cargo?"*

Resposta: Em resposta a consultas (Cta nº 1.546 e Cta nº 1.547) formuladas ao Tribunal Superior Eleitoral (TSE), o Plenário declarou que, de acordo com a jurisprudência do TSE, não é necessário o servidor se afastar de seu cargo no caso de candidatura em município diverso daquele em que exerce suas atividades profissionais.

Na Consulta nº 1.546, o parlamentar mineiro questionou se "existe impedimento legal à candidatura a mandato de prefeito municipal quando o mesmo presta serviço público – médico, em comento – contratado por outro município que não aquele ao qual se pleiteia o cargo". O relator, ministro Caputo Bastos, respondeu negativamente a esta Consulta, já que não existe impedimento para tal.

A INELEGIBILIDADE REFLEXA HOMOAFETIVA

José Jairo Gomes[100] explica que:

> Chama-se homoafetiva a família constituída pela união de pessoas do mesmo sexo. Embora o casamento homossexual não seja expressamente contemplado no ordenamento brasileiro, o certo é que uniões dessa natureza são comuns. Na verdade, trata-se de realidade que não se pode ignorar, sobretudo na seara jurídica, visto que as relações daí surgidas devem ser objeto de disciplina legal adequada.

Nesse sentido, o TSE proclamou a inelegibilidade reflexa de pessoa que mantém com titular do Executivo "relação estável homossexual". Inegavelmente, tal exegese implica alargar o conceito de entidade familiar, que passa a abranger esse tipo de união, confira-se:

> ***Candidato ao cargo de prefeito – Relação estável homossexual com a prefeita do município – inelegibilidade (CF, 14, § 7º). Os sujeitos de uma relação estável homossexual, à semelhança do que ocorre com os de relação estável, de concubinato e de casamento, submetem-se à regra de inelegibilidade prevista no art. 14, § 7º, da CF. Recurso a que se dá provimento*** (TSE – REspe nº 24.564/PA – PSS 1/10/2004).

O PREFEITO ITINERANTE

Tício exerceu dois mandatos consecutivos no cargo de prefeito do município "A", em 2008 e 2012. Tício já transferiu o seu domicílio eleitoral para vizinha cidade "B", pois deseja ser candidato ao cargo de prefeito em 2016. Apresente a solução jurídica.

Resposta: A candidatura itinerante é um artifício escuso pelo qual o candidato tenta reeleger-se por mais vezes do que é permitido pelo § 5º do art. 14 da Constituição Federal.

Para concretizar tal objetivo, o político, depois de exercer dois mandatos consecutivos no município "A", transfere o domicílio eleitoral para município "B", com o objetivo de manter-se no poder.

Sendo possível a candidatura itinerante, Tício, que foi prefeito duas vezes consecutivas na cidade "A", transferindo seu domicílio, em tempo hábil, para o município "B", pode ser eleito por dois mandatos e depois voltar para ser candidato no município "A", depois poderia voltar para o "B" e depois ...

O artifício ardil tem um só objetivo, eternizar alguns grupos familiares no poder, afrontando o princípio constitucional da temporariedade dos mandatos executivos.

---

100 No mesmo sentido: GOMES. José Jairo. *Direito Eleitoral*, 4. ed., Belo Horizon-te: Editora Del Rey, 2010. p. 156. Pág. 162/163.

Portanto, entendo que só é possível uma reeleição subsequente para o cargo de prefeito, ***mesmo sendo em municípios diversos.***

Esta é também a atual posição do TSE, *in verbis*:

> A partir do julgamento do Recurso Especial nº 32.507/AL, em 17/12/2008, esta C. Corte deu nova interpretação ao art. 14, § 5º, da Constituição Federal, passando a entender que, no Brasil, qualquer Chefe de Poder Executivo - Presidente da República, Governador de Estado e Prefeito Municipal - **somente pode exercer dois mandatos consecutivos nesse cargo. Assim, concluiu que não é possível o exercício de terceiro mandato subsequente para o cargo de prefeito, ainda que em município diverso**. 3. A faculdade de transferência de domicílio eleitoral não pode ser utilizada para fraudar a vedação contida no art. 14, § 5º, da Constituição Federal, de forma a permitir que prefeitos concorram sucessivamente e ilimitadamente ao mesmo cargo em diferentes municípios, criando a figura do "prefeito profissional". A nova interpretação do art. 14, § 5º, da Constituição Federal adotada pelo e. TSE no julgamento dos Recursos Especiais nºs 32.507/AL e 32.539/AL, em 2008, é a que deve prevalecer, tendo em vista a observância ao princípio republicano, fundado nas ideias de eletividade, temporariedade e responsabilidade dos governantes. Agravos regimentais não providos (RESPE - 4198006, ALDIR Guimarães Passarinho Junior, 27.5.2010 e também Agravo regimental a que se nega provimento,REsp - 35888, Rel. Marcelo Henriques Ribeiro De Oliveira, 25.11.2010).

A INELEGIBILIDADE DECORRENTE DA FALTA DE QUITAÇÃO COM A JUSTIÇA ELEITORAL

NoREsp 30064 o TSE decidiu que:

> Por ter deixado de votar em 2005, de justificar a ausência e de pagar a multa no prazo previsto em lei, o atual prefeito de (...), e pré-candidato à reeleição, vai ficar fora da disputa pela Prefeitura Municipal.

O ministro Joaquim Barbosa, do Tribunal Superior Eleitoral (TSE), negou um recurso do prefeito contra a decisão do Tribunal Regional de (...), que impugnou seu registro de candidatura por falta de quitação com a Justiça Eleitoral.

Segundo a decisão do TRE do Estado "X", Tício não compareceu para votar no referendo sobre a comercialização de armas de fogo no Brasil em 2005, não justificou e nem pagou a multa pela ausência. **A corte estadual lembrou que a quitação eleitoral é condição primordial para elegibilidade, conforme o artigo 11 da Lei das Eleições (Lei nº 9.504/1997)**.

Contudo, ao analisar o recurso, o ministro Joaquim Barbosa afirmou que o TSE já se manifestou diversas vezes sobre o tema, ao lembrar que as condições de elegibilidade reclamam a quitação eleitoral em toda a sua plenitude, sendo esta aferida no momento do registro de candidatura. Observou o ministro-relator que "o simples fato de a multa estar sendo objeto de discussão judicial não autoriza que seja reconhecida a quitação eleitoral".

Concluiu o Ministro:

> É que a Justiça Eleitoral, sem a devida justificativa, não tem como adivinhar o motivo da ausência do recorrente às urnas. Serve como uma luva, no caso, a máxima jurídica: o Direito não socorre os que dormem.

PRINCIPAIS DÚVIDAS SOBRE A ELEGIBILIDADE DOS MILITARES[101]

1. **A condição de elegibilidade referente a filiação partidária**

A vedação constitucional do militar se filiar a partido político é absoluta, portanto, a filiação partidária não lhe pode ser exigida como condição de elegibilidade, ***in casu*, entendo que a condição de elegibilidade referente a filiação partidária não é exigível aos militares.**

O militar da ativa não pode exercer atividade político-partidária, por força do art. 142, § 3º, V, combinado com o art. 42, § 1º, ambos da Constituição Federal, **ao que basta o pedido de registro de candidatura após prévia escolha em convenção partidária.**

Será apenas necessário que Militar esteja inscrito como eleitor, e tenha seu nome escolhido na convenção realizada pela agremiação pela qual pretende concorrer.

No mesmo sentido o STF: *"Em função da missão constitucional outorgada às instituições militares, o estatuto jurídico de seus membros difere dos civis,* ***sendo vedado àqueles, v.g., a filiação partidária*** *e sindical, exercício de greve, impetração de* habeas corpus *contra punições disciplinares. (Precedentes: HC 108.811, Relator(a): Min. Ayres Britto, Segunda Turma, julgado em 08.11.2011 e também* Habeas Corpus *nº 110.328/RS, 1ª Turma do STF, Rel. Marco Aurélio. j. 11.11.2014, maioria,* DJe *09.02.2015).*

Conferir consulta ao TSE: I – O militar da ativa, com mais de dez anos de serviço, deve se filiar ao partido político: a) na convenção partidária? b) se respondido negativamente, sua filiação deverá se efetivar quando do deferimento de seu registro? c) se igualmente negativa a resposta, sua filiação se dará após a diplomação, caso eleito? II – O militar da ativa, com menos de dez anos de serviço, deve se filiar ao partido político: a) na convenção partidária? b) se respondido negativamente, sua filiação deverá se efetivar quando do deferimento de seu registro? c) se igualmente negativa a resposta, sua filiação se dará após a diplomação, caso eleito?

Resposta: Ementa: "Consulta. Militar da ativa. Concorrência. Cargo eletivo. Filiação partidária. Inexigibilidade. Res. TSE nº 21.608/2004, art. 14, § 1º. 1. A fi-

---

[101] Fonte de pesquisa: BARROS. Francisco Dirceu. *Manual de Prática Eleitoral*. 2. ed. São Paulo: JH Mizuno.

liação partidária contida no art. 14, § 3º, V, da Constituição Federal não é exigível ao militar da ativa que pretenda concorrer a cargo eletivo, bastando o pedido de registro de candidatura após prévia escolha em convenção partidária (Res. TSE nº 21.608/2004, art. 14, § 1º)." Res. nº 21.787, de 01/06/2004 (Cta nº 1.014/DF), rel. min. Humberto Gomes de Barros.

2. **A condição de elegibilidade referente ao domicílio eleitoral**

Preconiza o artigo 9º da Lei 9.504/1997 que:

> *"Para concorrer às eleições, o candidato deverá possuir domicílio eleitoral na respectiva circunscrição pelo prazo de seis meses e estar com a filiação deferida pelo partido no mesmo prazo.".*

Entendo que a condição de elegibilidade referente ao domicílio eleitoral de seis meses antes do pleito é exigível aos militares.

A esse respeito, assentou o **TSE:**

> ***"A condição de elegibilidade referente ao domicílio eleitoral um ano antes do pleito, na respectiva circunscrição, também se aplica aos servidores públicos militares*** *e não foi afastada pelo disposto no art. 55, § 2º, do CE, que trata apenas da possibilidade de transferência do título eleitoral sem necessidade do transcurso de um ano da inscrição anterior no caso de servidores públicos civis ou militares que tenham sido transferidos ou removidos." (TSE –REsp nº 22.378/ MG – PSS 13.9.2012).*
>
> **Atualização da posição do TSE em consonância com a reforma eleitoral:** leia "seis meses antes do pleito".

3. **Desincompatibilização**

Desincompatibilização é o ato pelo qual o pré-candidato é compelido a se afastar de certas funções, cargos ou empregos, na administração pública, direta ou indireta, com vistas à disputa eleitoral. Justifica-se pelo escopo de preservar a igualdade de oportunidades entre os candidatos, fator primordial para proporcionar um maior equilíbrio na disputa.

Quanto a necessidade de o Militar promover a sua desincompatibilização, há controvérsia.

Defendo que o afastamento do Militar **só será realizado após o deferimento do registro de candidatura.**

São duas regras:

a) Se o Militar contar menos de dez anos de serviço, a partir do registro da candidatura, passará para inatividade, ou seja, será afastado definitivamente, sendo, pois, desligado da organização a que pertence.
b) Se o Militar contar mais de dez anos de serviço, será agregado. O afastamento e a agregação só ocorrerão com o deferimento do registro da candidatura (No mesmo sentido: TSE – Ac. nº 20.169/2002 e nº 20.318/2002).

Neste caso, devemos considerar duas hipóteses:

1 – **O militar perdeu as eleições:** retornará as suas funções normais.

2 – **O militar foi eleito**, passará automaticamente, no ato da diplomação, para a inatividade.

No mesmo sentido o TSE:

> *"I – A transferência para a inatividade do militar que conta menos de dez anos de serviço é definitiva,* ***mas só exigível após deferido o registro da candidatura.*** *[...]" NE: candidatura a vice-governador. (Ac. no 20.318, de 19.9.2002, rel. Min. Sepúlveda Pertence.)*

4. Situações especiais

Há ainda três situações especiais:

a) Policial militar que ocupa função de comando

Como já registramos, o objetivo da desincompatibilização, é proteger a normalidade e legitimidade das eleições contra a influência do abuso no exercício de função, cargo ou emprego na Administração Direta ou Indireta, o escopo direto é promover uma maior equidade no processo eleitoral. Neste sentido, o Militar que tem função de comando, exerce uma maior influência hierárquica em relação a seus subordinados, portanto, entendo que o militar elegível, que ocupe função de comando, se submete ao prazo de desincompatibilização previsto no art. 1º, II, *l*, da LC nº 64/90, devendo se afastar de suas funções até três meses antes do pleito, sob pena de inelegibilidade.

O TSE também tem entendido que o Militar elegível que não ocupe função de comando não se submete ao prazo de desincompatibilização, *a contrario sensu*, caso o Militar elegível, ocupar função de comando, deve se submeter ao prazo de desincompatibilização.

a) Policial militar afastado de suas funções para exercer outro cargo na administração pública tem que promover a desincompatibilização

No mesmo sentido o TSE:

> *Policial militar afastado de suas funções para exercer cargo de direção de administração na Prefeitura Municipal desde o ano anterior à eleição até o primeiro semestre do ano eleitoral. Capacidade de influência no pleito. Necessidade de desincompatibilização de seis meses, prevista no art. 1º, II,* a, *item 16, c/c o III,* b, *itens 3 e 4, c/c o IV,* a, *c/c o VII,* b, *da Lei Complementar nº 64/90. Recurso a que se nega provimento. (Recurso Especial Eleitoral nº 22714, TSE/SP, Rosana, rel. min. Gilmar Ferreira Mendes. j. 18.09.2004, unânime). Referência Legislativa: Leg. Fed. Lei Complementar nº 64/90 (LC – Lei de Inelegibilidades).*

b) Para o Militar da reserva será exigido a filiação partidária

Se o militar já estiver na reserva remunerada, a restrição aludida é inaplicável, sendo exigida sua filiação partidária pelo prazo legal.

13. Gabarito dos testes objetivos

1. E
2. E
3. D
4. A
5. D
6. A

14. Gabarito das questões objetivas

1. C – E – C – C – E
2. E – E – E – C – E[102]
3. A
4. B
5. C
6. A
7. A
8. C (Quanto ao Ministério Público, veja o que falei sobre a possibilidade de o promotor de Justiça ser candidato).
9. D
10. B
11. E
12. D
13. B
14. B
15. A (quanto ao Ministério Público, veja o que falei sobre a possibilidade de o promotor de Justiça ser candidato).
16. C
17. B
18. B
19. B
20. D
21. D
22. B
23. D
24. D
25. B
26. A
27. B
28. C
29. C
30. B
31. D
32. C
33. B
34. B
35. E
36. C
37. E
38. E
39. A
40. C
41. C

15. Simulação

Imagine-se na última fase de um concurso jurídico, pois, após a leitura do Capítulo 8, você agora já tem plenas condições de resolver as questões infracitadas, elaboradas em concursos jurídicos.

1. Disserte: *Inelegibilidades e elegibilidades* (*MP – MG*).

a) Conceito.

b) Classificação.

c) Inelegibilidade por rejeição de contas.

---

[102] No item 5, "E" foi a resposta oficial, o item está correto, pois em conformidade com o art. 91 da Lei nº 9.507/1997: "Nenhum requerimento de inscrição eleitoral ou de transferência será recebido dentro dos cento e cinquenta dias anteriores à data da eleição."

2. **Disserte:** *Inelegibilidades* (*MP – RJ*).
3. **(UnB/Cespe – TRE/PA) Nos termos do *caput* do art. 19 da Lei Complementar nº 64, de 18 de maio de 1990, as transgressões pertinentes à origem de valores pecuniários e o abuso do poder econômico ou político que restrinja a liberdade de voto serão apurados, mediante investigações jurisdicionais realizadas pelo corregedor-geral e pelos corregedores regionais eleitorais.**
   De acordo com o parágrafo único do artigo supracitado, a apuração e a punição dessas irregularidades terão o objetivo de proteger a normalidade e a legitimidade das eleições contra a influência do poder econômico ou o abuso do exercício de função, cargo ou emprego na Administração Direta, Indireta e fundacional da União, dos Estados, do Distrito Federal e dos Municípios.
   Elabore, em forma de texto dissertativo, uma análise acerca do instituto a que se refere o texto acima, abordando, necessariamente, os seguintes aspectos:
   ➔ *nomen juris*, natureza jurídica e competência para a investigação;
   ➔ identificação da existência ou não de relação processual; identificação dos legitimados para provocar a autoridade judicial; possibilidade de agir de ofício; identificação dos sujeitos e do objeto da investigação;
   ➔ forma de término da investigação, na hipótese de a representação ser julgada procedente.

▸ OBSERVAÇÕES SUPERDIDÁTICAS

Vários concursandos não fizeram a dissertação exigida, pois não sabiam se o texto se referia a uma **AIME** ou uma **AIJE**; afinal, as duas ações têm algo em comum: combatem, entre outros fatos, o abuso de poder econômico. Vamos elucidar a questão.

▸ RESUMO DIDÁTICO

Lembre-se de que:

1 – A **AIME** é uma ação interposta contra "*vencedores*", ou seja, não há mais a figura do "*candidato*", pois este venceu as eleições e já foi "*diplomado*".

2 – A **AIJE** é uma ação interposta contra "candidatos", ou seja, "ele" ainda está disputando as eleições, portanto, não há "*diplomação*".

Macete: o texto em nenhum momento se referiu a "diplomado", portanto, disserte sobre a **AIJE**.

4. **(MP-Maranhão) 5ª Questão (1,0) – Máximo de 5 (cinco) linhas para cada resposta – O TSE, nas eleições municipais, realizou julgamento em que se discutia a incidência e alcance da regra do art. 14, § 7º, da Constituição da República de 1988. Pergunta-se:**
   1 – o juiz eleitoral de primeira instância, ao julgar pedido de registro de candidata a prefeita, pode reconhecer a inelegibilidade em decorrência de relação estável homossexual mantida com a prefeita do município? Justifique a resposta.

2 – apesar de o Direito de Família não reconhecer como entidade familiar a união estável – e outros institutos jurídicos semelhantes – entre pessoas do mesmo sexo, pode a Justiça Eleitoral reconhecer a repercussão de tal relação na esfera eleitoral? Justifique a resposta.
3 – em que consiste a regra da inelegibilidade reflexa? Quais são duas (2) finalidades da proibição, segundo a doutrina e jurisprudência?
4 – no que diz respeito ao cônjuge, a interpretação do dispositivo constitucional abrange outras situações não previstas expressamente? Cite dois (2) exemplos, se houver.

Capítulo 9

Partidos Políticos

Para que você perceba a importância do tema em análise, veja estas questões, formuladas em concursos jurídicos.

1. **Qual a natureza jurídica dos partidos políticos?**
2. **O que é fusão e qual o procedimento de criação do novo partido?**
3. **Se houver necessidade de intervenção, qual o procedimento a ser adotado?**
4. **De quem é a competência para o processo e julgamento do registro ou do cancelamento do registro de diretórios regionais e municipais partidários?**
5. **Com a reforma eleitoral, existe necessidade de se inscrever os candidatos e comitês financeiros no Cadastro Nacional de Pessoa Jurídica?**
6. **Quais as principais vedações aos partidos políticos?**
7. **O que é incorporação e qual a sua consequência?**

Obs.: todas as questões serão solucionadas durante o desenvolvimento da matéria.

1. Noções preliminares

Para **Paulo Bonavides**, há partido político toda vez que uma organização de pessoas, inspiradas por ideias ou movidas por interesses, busca tomar o poder, normalmente pelo emprego de meios legais, e nele conservar-se para a realização dos fins pugnados.[1]

2. Principais características

É livre a criação, fusão, incorporação e extinção de partidos políticos, resguardados:

1. a soberania nacional;
2. o regime democrático;

[1] *Ciência Política*. Rio de Janeiro: FGV, 1967, p. 283.

3. o pluripartidarismo;
4. os direitos fundamentais da pessoa humana.

2.1. Preceitos que devem ser observados pelos partidos políticos

a) ter caráter nacional;
b) proibição de recebimento de recursos financeiros de entidade ou governo estrangeiros ou de subordinação a estes;
c) prestação de contas à Justiça Eleitoral;
d) funcionamento parlamentar de acordo com a lei.

3. A autonomia dos partidos

São assegurados aos partidos políticos autonomia para definir sua estrutura interna, organização e funcionamento, devendo seus estatutos estabelecer normas de fidelidade e disciplina partidárias.

A minirreforma eleitoral alterou o art. 3º da Lei nº 9.096/1995, criando o parágrafo único infracitado:

> É assegurada aos candidatos, partidos políticos e coligações autonomia para definir o cronograma das atividades eleitorais de campanha e executá-lo em qualquer dia e horário, observados os limites estabelecidos em lei.

A Constituição Federal, ao proclamar os postulados básicos que informam o regime democrático, consagrou, em seu texto, o estatuto jurídico dos partidos políticos. O princípio constitucional da autonomia partidária – além de repelir qualquer possibilidade de controle ideológico do Estado sobre os partidos políticos – cria, em favor desses corpos intermediários, sempre que se tratar da definição de sua estrutura, de sua organização ou de seu interno funcionamento, uma área de reserva estatutária absolutamente indevassável pela ação normativa do Poder Público, vedando, nesse domínio jurídico, qualquer ensaio de ingerência legislativa do aparelho estatal. Ofende o princípio consagrado pelo art. 17, § 1º, da Constituição a regra legal que, interferindo na esfera de autonomia partidária, estabelece, mediante específica designação, o órgão do partido político competente para recusar as candidaturas parlamentares natas.[2]

Com propriedade, o constitucionalista **José Afonso da Silva**[3] explana o princípio retroenfocado:

---

[2] Nesse sentido: STF – ADIMCQ nº 1.063 – TP – Rel. Min. Celso de Mello – *DJU* 27/04/2001 – p. 00057.

[3] SILVA, José Afonso. *Curso de Direito Constitucional positivo*. 10. ed. São Paulo: Editora Malheiros, 1995. p. 386.

> Destaque-se aí o princípio da autonomia partidária, que é uma conquista sem precedente, de tal sorte que a lei tem muito pouco a fazer em matéria de estrutura interna, organização e funcionamento dos partidos, estes podem estabelecer os órgãos internos que lhes aprouverem. Podem estabelecer as regras que quiserem sobre seu funcionamento. Podem escolher o sistema que melhor lhes parecer para designação de seus candidatos: convenção mediante delegados eleitos apenas para o ato, ou com mandatos, escolha de candidatos mediante votação da militância. Podem estabelecer os requisitos que entenderem sobre filiação e militância. Podem disciplinar do melhor modo, a seu juízo, seus órgãos dirigentes. Podem determinar o tempo que julgarem mais apropriado para duração do mandato de seus dirigentes.

4. Natureza e finalidade do partido político

Até a entrada em vigor da Constituição Federal de 1988, os partidos políticos, pelo regime da Lei nº 5.682/1971 (Lei Orgânica dos Partidos Políticos), tinham personalidade jurídica de direito público interno.

Com a Carta Magna de 1988, esse panorama foi alterado. Diz o texto constitucional em seu art. 17, § 2º: "Os partidos políticos, após adquirirem personalidade jurídica, na forma da lei civil, registrarão seus estatutos no Tribunal Superior Eleitoral."

A Lei nº 10.825, de 22/12/2003, modificou o novo Código Civil:

> Art. 44. São pessoas jurídicas de direito privado: (...) V – os partidos políticos.
>
> Art. 2.031. As associações, sociedades e fundações, constituídas na forma das leis anteriores, bem como os empresários, deverão se adaptar às disposições deste Código até 11 de janeiro de 2007.
> Parágrafo único. O disposto neste artigo não se aplica às organizações religiosas nem aos partidos políticos.

O art. 1º da Lei nº 9.096/1995 (Lei dos Partidos Políticos), que veio regulamentar o referido artigo, declara que *"o partido político, pessoa **jurídica de direito privado**, destina-se a assegurar, no interesse do regime democrático, a autenticidade do sistema representativo e a defender os direitos fundamentais definidos na Constituição Federal. Parágrafo único: O partido político não se equipara às entidades paraestatais"*.

▸ CONCLUSÃO DIDÁTICA

Os partidos políticos são, portanto, pessoas jurídicas de direito privado.

▸ POSIÇÃO DIVERGENTE

Em que pese a clareza do texto constitucional, bem assim a publicação dos textos doutrinários irrespondíveis como os anteriormente transcritos, ainda são localizadas resistências ao caráter privatístico dos partidos políticos. Exemplo disto é encontrado no *Curso de Direito Civil brasileiro*, da Professora **Maria Helena Diniz,**[4] que classifica como pessoa jurídica de direito público interno, dentre outras, os partidos políticos (Lei nº 5.687/1971, art. 2º; Constituição Federal, art. 17, I a IV, §§ 1º ao 4º). Também **Arnold Wald** incorreu no mesmo equívoco, ao listar os partidos políticos como se fossem pessoas jurídicas de direito público.[5]

Sem embargo desses entendimentos, a doutrina e a jurisprudência predominantes apontam no sentido de que os partidos políticos **são pessoas jurídicas de direito privado.**

Obs.: veja agora a questão nº 1.

5. O registro dos partidos políticos

Os partidos políticos, após adquirirem personalidade jurídica, na forma da lei civil, registrarão seus estatutos no Tribunal Superior Eleitoral.

▸ OBSERVAÇÕES DIDÁTICAS

Só é admitido o registro do estatuto de partido político que tenha caráter nacional, considerando-se como tal aquele que comprove, no período de dois anos, o apoiamento de eleitores não filiados a partido político, correspondente a, pelo menos, 0,5% (cinco décimos por cento) dos votos dados na última eleição geral para a Câmara dos Deputados, não computados os votos em branco e os nulos, distribuídos por um terço, ou mais, dos Estados, com um mínimo de 0,1% (um décimo por cento) do eleitorado que haja votado em cada um deles.

CUIDADO: NÃO CAIA NESSA PEGADINHA!

Julgue com V ou F:

( ) Só é admitido o registro do estatuto de partido político que tenha caráter nacional, considerando-se como tal aquele que comprove o apoiamento de eleitores correspondente a, pelo menos, meio por cento dos votos dados na última eleição geral para a Câmara dos Deputados, não computados os votos em branco e os nulos, distribuídos por um terço, ou mais, dos Estados, com um mínimo de um décimo por cento do eleitorado que haja votado em cada um deles.

Resposta: Falsa. Tenha cuidado, pois essa "pegadinha" ainda não foi elaborada em um concurso. A reforma eleitoral (Lei nº 13.165/2015 de 29 de setembro de 2015) alterou totalmente os requisitos da criação de um partido político.

Só o partido que tenha registrado seu estatuto no Tribunal Superior Eleitoral pode participar do processo eleitoral, receber recursos do fundo partidário e ter acesso gratuito ao rádio e à televisão, nos termos fixados na Lei nº 9.096/1995.

---

4 DINIZ, Maria Helena. *Curso de Direito Civil Brasileiro*: 24. ed. São Paulo: Saraiva, 2010. v. 1.

5 *Curso de Direito Civil brasileiro*, introdução e parte geral. 6. ed., revista e atualizada, I/133. São Paulo: Revista dos Tribunais, 1989.

Somente o registro do estatuto do partido no Tribunal Superior Eleitoral assegura a exclusividade de sua denominação, sigla e seus símbolos, vedada a utilização, por outros partidos, de variações que venham a induzir a erro ou confusão.

Em realidade, há um duplo registro:

1º) Registro Civil de Pessoas Jurídicas (*aqui temos a aquisição de personalidade jurídica*).

2º) Registro no TSE (*aqui teremos o início de funcionamento do partido político*).

▸ CUIDADO: NÃO CAIA NESSA PEGADINHA!

Responda a esta questão: Julgue com V ou F:

( ) Poderá participar das eleições o partido que, até um ano antes do pleito, tenha registrado seu estatuto no Tribunal Superior Eleitoral, conforme o disposto em lei, e tenha, até a data da convenção, órgão de direção constituído na circunscrição, de acordo com o respectivo estatuto.

Resposta: Falsa. Tenha cuidado, pois essa "pegadinha" ainda não foi elaborada em um concurso. A reforma eleitoral alterou o art. 4º da Lei nº 9.504/1997, agora a redação é: *"Poderá participar das eleições o partido que, até seis meses antes do pleito, tenha registrado seu estatuto no Tribunal Superior Eleitoral, conforme o disposto em lei, e tenha, até a data da convenção, órgão de direção constituído na circunscrição, de acordo com o respectivo estatuto"*. Percebeu a diferença?

5.1. Resumo didático das condições para criação de um partido político

a) tenha caráter nacional;

b) comprovação do apoiamento de eleitores correspondente a, pelo menos:
   1. *meio por cento* dos votos dados na última eleição geral para a Câmara dos Deputados, *não computados* os votos em branco e os nulos;
   2. Distribuídos por *um terço, ou mais, dos Estados*;
   3. Com um mínimo de *um décimo* por cento do eleitorado que haja votado em cada um deles.

6. O procedimento de criação de um partido

O requerimento do registro de partido político, dirigido ao cartório competente do Registro Civil das Pessoas Jurídicas, da Capital Federal, deve ser subscrito pelos seus fundadores, em número nunca inferior a cento e um, com domicílio eleitoral em, no mínimo, um terço dos Estados, e será acompanhado de:

a) cópia autêntica da ata da reunião de fundação do partido;

b) exemplares do Diário Oficial que publicou, no seu inteiro teor, o programa e o estatuto;

c) relação de todos os fundadores com o nome completo, naturalidade, número do título eleitoral com a zona, seção, Município e Estado, profissão e endereço da residência.

O requerimento indicará o nome e função dos dirigentes provisórios e o endereço da sede do partido na Capital Federal.

Satisfeitas as exigências supramencionadas, o Oficial do Registro Civil efetua o registro no livro correspondente, expedindo certidão de inteiro teor.

Adquirida a personalidade jurídica, o partido promove a obtenção do apoiamento mínimo de eleitores já referidos e realiza os atos necessários para a constituição definitiva de seus órgãos e designação dos dirigentes, na forma do seu estatuto.

Feita a constituição e designação, os dirigentes nacionais promoverão o registro do estatuto do partido junto ao Tribunal Superior Eleitoral, através de requerimento acompanhado de:

a) exemplar autenticado do inteiro teor do programa e do estatuto partidários, inscritos no Registro Civil;
b) certidão do registro civil da pessoa jurídica;
c) certidões dos cartórios eleitorais que comprovem ter o partido obtido o apoiamento mínimo de eleitores.

A prova do apoiamento mínimo de eleitores é feita por meio de suas assinaturas, com menção ao número do respectivo título eleitoral, em listas organizadas para cada zona, sendo a veracidade das respectivas assinaturas e o número dos títulos atestados pelo escrivão eleitoral.

O escrivão eleitoral dá imediato recibo de cada lista que lhe for apresentada e, no prazo de quinze dias, lavra o seu atestado, devolvendo-a ao interessado.

Protocolado o pedido de registro no Tribunal Superior Eleitoral, o processo respectivo, no prazo de quarenta e oito horas, é distribuído a um relator, que, ouvida a Procuradoria-Geral, em dez dias, determina, em igual prazo, diligências para sanar eventuais falhas do processo.

Se não houver diligências a determinar, ou após o seu atendimento, o Tribunal Superior Eleitoral registra o estatuto do partido, no prazo de trinta dias.

Posicionamento majoritário do TSE: sobre formulário para coleta de assinaturas: pode ser inserida frase no sentido de que a assinatura não representa filiação partidária; cidadão analfabeto pode manifestar apoio por meio de impressão digital, desde que identificado pelo nome, números de inscrição, zona e seção, município, unidade da Federação e data de emissão do título eleitoral; e possibilidade de conter campos para endereço e telefone.[6]

6.1. A natureza jurídica do procedimento do registro partidário conforme o STF

Consoante posição do **STF:**

> O procedimento de registro partidário, embora formalmente instaurado perante órgão do Poder Judiciário (Tribunal Superior Eleitoral), reveste-se

[6] TSE - RES nº 21.853/2004.

de natureza materialmente administrativa. Destina-se a permitir ao TSE a verificação dos requisitos constitucionais e legais que, atendidos pelo Partido Político, legitimarão a outorga de plena capacidade jurídico-eleitoral à agremiação partidária interessada. A natureza jurídico-administrativa do procedimento de registro partidário impede que este se qualifique como causa para efeito de impugnação, pela via recursal extraordinária, da decisão nele proferida. (RE 164.458-AgR, Rel. Min. Celso de Mello, julgamento em 27/4/1995, *DJ* de 2/6/1995).

6.2. Cláusula de barreira

Cláusula de barreira é a exigência feita pelo legislador de determinado número de votos para que um partido possa participar da disputa eleitoral ou da distribuição das cadeiras no Parlamento.

Um exemplo de cláusula de barreira ao funcionamento parlamentar é o preconizado no art. 13 da Lei nº 9.096/1995, *in verbis:*

> Tem direito a funcionamento parlamentar, em todas as Casas Legislativas para as quais tenha elegido representante, o partido que, em cada eleição para a Câmara dos Deputados, obtenha o apoio de, no mínimo, cinco por cento dos votos apurados, não computados os brancos e os nulos, distribuídos em, pelo menos, um terço dos Estados, com um mínimo de dois por cento do total de cada um deles.

Observação muito importante: No dia 07/12/2006, o Plenário do STF considerou a "cláusula de barreira" inconstitucional.

A decisão unânime foi tomada no julgamento conjunto de duas ações diretas de inconstitucionalidade (ADIS n°s 1.351 e 1.354), ajuizadas, respectivamente, pelo Partido Comunista do Brasil (PC do B) e pelo Partido Socialista Cristão (PSC).

A cláusula de barreira seria aplicada no ano de 2007 e restringia o direito ao funcionamento parlamentar, o acesso ao horário gratuito de rádio e televisão e a distribuição dos recursos do Fundo Partidário.

Os partidos sustentaram, com base no princípio da liberdade e da autonomia partidária, que uma lei ordinária não pode estabelecer tais limites ou condições restritivas, submetendo os partidos a um tratamento desigual. Alegam, em síntese, que a submissão do funcionamento parlamentar ao desempenho de seu partido no período eleitoral viola o art. 17, *caput* e parágrafo 1º, da Constituição Federal.

CUIDADO: NÃO CAIA NESSA PEGADINHA!

Julgue com V ou F:

( ) Tem direito a funcionamento parlamentar, em todas as casas legislativas para as quais tenha elegido representante, o partido, que em cada eleição para a câmara dos deputados obtenha o apoio de, no mínimo, cinco por cento dos votos apurados, não computados os brancos e os nulos, distribuídos em, pelo menos, um terço dos estados, com um mínimo de dois por cento do total de cada um deles.

Resposta: F.

7. Os órgãos partidários

O partido político é uma pessoa jurídica complexa, se assim pudermos dizer. Isto em razão de ser integrada por órgãos diversos, com atividades também diversas e situadas em patamares hierárquicos bastante definidos. São os seguintes os principais órgãos dos partidos políticos:

a) **de deliberação:** as convenções municipais, regionais e nacionais;
b) **de direção e de ação:** os diretórios distritais, municipais, regionais e nacionais;
c) **de ação parlamentar:** as bancadas; e
d) **de cooperação:** os Conselhos de ética partidária, os conselhos fiscais e consultivos, os departamentos trabalhistas, estudantis, femininos e outros com a mesma finalidade.

Posição majoritária do TSE: a questão relativa ao funcionamento dos partidos não é matéria eleitoral.[7]

7.1. A responsabilidade do órgão partidário

- **Destaque da reforma eleitoral:**

A reforma eleitoral alterou o art. 15-A da lei dos partidos políticos (Lei nº 9.096/1995), passando a disciplinar a responsabilidade independente dos órgãos partidários. Leia o novo art. 15-A, *in verbis*:

> A responsabilidade, inclusive civil e trabalhista, cabe exclusivamente ao órgão partidário municipal, estadual ou nacional que tiver dado causa ao não cumprimento da obrigação, à violação de direito, a dano a outrem ou a qualquer ato ilícito, excluída a solidariedade de outros órgãos de direção partidária.

Obs.: Em relação à redação anterior houve apenas a inclusão da palavra "*trabalhista*".

▸ INDAGAÇÃO DIDÁTICA I

Agora ficou superfácil responder esta questão que futuramente será elaborada em um concurso jurídico: "*No Direito Eleitoral, de quem é a responsabilidade trabalhista motivada pelo não cumprimento da obrigação, pela violação de direito, pelo dano a outrem ou por qualquer ato ilícito?*"

▸ INDAGAÇÃO DIDÁTICA II

Leia esta questão elaborada em um concurso jurídico: "*Qual a justiça competente para resolver as divergências de ordem interna dos partidos políticos?*

---

[7] TSE – RES nº 22.132/2005.

Resposta: cuidado: os partidos não estão sujeitos à tutela da Justiça Eleitoral em suas divergências internas. As mesmas serão resolvidas no âmbito da Justiça Comum, devendo ser observado exclusivamente o disposto em seus Estatutos.

Responda a esta questão: Julgue com V ou F:

( ) O órgão nacional do partido político, quando responsável, "somente" poderá ser demandado judicialmente na circunscrição especial judiciária da sua sede, inclusive nas ações de natureza cível ou trabalhista.

Resposta: Verdadeiro. Tenha cuidado, pois essa "pegadinha" ainda não foi elaborada em um concurso. A minirreforma eleitoral alterou o art. 15-A da Lei nº 9.096/1995, criando o parágrafo único infracitado:

> O órgão nacional do partido político, quando responsável, somente poderá ser demandado judicialmente na circunscrição especial judiciária da sua sede, inclusive nas ações de natureza cível ou trabalhista.

8. Das futuras alterações

As alterações programáticas ou estatutárias, após registradas no Ofício Civil competente, devem ser encaminhadas, para o mesmo fim, ao Tribunal Superior Eleitoral.

O partido comunica à Justiça Eleitoral a constituição de seus órgãos de direção e os nomes dos respectivos integrantes, bem como as alterações que forem promovidas, para anotação:

a) no Tribunal Superior Eleitoral, dos integrantes dos órgãos de âmbito nacional;
b) nos Tribunais Regionais Eleitorais, dos integrantes dos órgãos de âmbito estadual, municipal ou zonal.

9. Do credenciamento de delegados

O partido com registro no Tribunal Superior Eleitoral pode credenciar, respectivamente:

a) delegados perante o juiz eleitoral;
b) delegados perante o Tribunal Regional Eleitoral;
c) delegados perante o Tribunal Superior Eleitoral.

Os delegados credenciados pelo órgão de direção nacional representam o partido perante quaisquer tribunais ou juízes eleitorais; os credenciados pelos órgãos estaduais, somente perante o Tribunal Regional Eleitoral e os juízes eleitorais do respectivo Estado, do Distrito Federal ou Território Federal; e os credenciados pelo órgão municipal, perante o juiz eleitoral da respectiva jurisdição.

Posicionamento majoritário do TSE: o TSE defende a manutenção de dois delegados junto ao Tribunal Regional Eleitoral e de até três em cada zona eleitoral.[8]

---

[8] TSE – RES nº 21.538/2003, art. 28.

10. Privilégios dos partidos políticos

Os partidos políticos têm direito a recursos do fundo partidário e acesso gratuito ao rádio e à televisão.

O fundo partidário supracitado é o previsto no art. 38 da Lei nº 9.096, de 19 de setembro de 1995, *in verbis:* "o Fundo Especial de Assistência Financeira aos Partidos Políticos (Fundo Partidário) é constituído por:"

> I – multas e penalidades pecuniárias aplicadas nos termos do Código Eleitoral e leis conexas;
> II – recursos financeiros que lhe forem destinados por lei, em caráter permanente ou eventual;
> III – doações de pessoa física ou jurídica, efetuadas por intermédio de depósitos bancários diretamente na conta do Fundo Partidário;
> IV – dotações orçamentárias da União em valor nunca inferior, cada ano, ao número de eleitores inscritos em 31 de dezembro do ano anterior ao da proposta orçamentária, multiplicados por trinta e cinco centavos de real, em valores de agosto de 1995.

Ressalvadas algumas vedações,[9] o partido político pode receber doações de pessoas físicas e jurídicas para constituição de seus fundos.

As doações supracitadas podem ser feitas diretamente aos órgãos de direção nacional, estadual e municipal, que remeterão, à Justiça Eleitoral e aos órgãos hierarquicamente superiores do partido, o demonstrativo de seu recebimento e respectiva destinação, juntamente com o balanço contábil. Outras doações, quaisquer que sejam, devem ser lançadas na contabilidade do partido, definidos seus valores em moeda corrente.

As doações em recursos financeiros devem ser, obrigatoriamente, efetuadas por cheque cruzado em nome do partido político ou por depósito bancário diretamente na conta do partido político.

- **Destaque da reforma eleitoral:**

A reforma eleitoral acrescentou ao art. 39 da Lei nº 9.096/1995, no seu § 3º, a saber:

> As doações de recursos financeiros somente poderão ser efetuadas na conta do partido político por meio de:
> I – cheques cruzados e nominais ou transferência eletrônica de depósitos;
> II – depósitos em espécie devidamente identificados;
> III – mecanismo disponível em sítio do partido na internet que permita inclusive o uso de cartão de crédito ou de débito e que atenda aos seguintes requisitos:
> a) identificação do doador;
> b) emissão obrigatória de recibo eleitoral para cada doação realizada.

---

9 Veja o item "restrições ao partido político".

É também assegurado ao partido político com estatuto registrado no Tribunal Superior Eleitoral o direito à utilização gratuita de escolas públicas ou Casas Legislativas para a realização de suas reuniões ou convenções, responsabilizando-se pelos danos porventura causados com a realização do evento.

A propaganda partidária gratuita, gravada ou ao vivo, efetuada mediante transmissão por rádio e televisão, será realizada entre as 19 h e 30 min e as 22 h para, com exclusividade:

a) difundir os programas partidários;
b) transmitir mensagens aos filiados sobre a execução do programa partidário, dos eventos com este relacionados e das atividades congressuais do partido;
c) divulgar a posição do partido em relação a temas político-comunitários;
d) promover e difundir a participação política feminina, dedicando às mulheres o tempo que será fixado pelo órgão nacional de direção partidária, observado o mínimo de 10% (dez por cento) do programa e das inserções a que se refere o art. 49 da Lei 9.504/97.

Fica vedada, nos programas de rádio e televisão:

a) a participação de pessoa filiada a partido que não o responsável pelo programa;
b) a divulgação de propaganda de candidatos a cargos eletivos e a defesa de interesses pessoais ou de outros partidos;
c) a utilização de imagens ou cenas incorretas ou incompletas, efeitos ou quaisquer outros recursos que distorçam ou falseiem os fatos ou a sua comunicação.

10.1. Os recursos do Fundo Especial de Financiamento de Campanha

Os recursos do Fundo Especial de Financiamento de Campanha (FEFC), para o primeiro turno das eleições, serão distribuídos entre os partidos políticos, obedecidos os seguintes critérios:[10]

> a) 2% (dois por cento), divididos igualitariamente entre todos os partidos com estatutos registrados no Tribunal Superior Eleitoral;
> b) 35% (trinta e cinco por cento), divididos entre os partidos que tenham pelo menos um representante na Câmara dos Deputados, na proporção do percentual de votos por eles obtidos na última eleição geral para a Câmara dos Deputados;
> c) 48% (quarenta e oito por cento), divididos entre os partidos, na proporção do número de representantes na Câmara dos Deputados, consideradas as legendas dos titulares;
> d) 15% (quinze por cento), divididos entre os partidos, na proporção do número de representantes no Senado Federal, consideradas as legendas dos titulares.

Para que o candidato tenha acesso aos recursos do Fundo supracitado, deverá fazer requerimento por escrito ao órgão partidário respectivo.

10 Art. 16-D, da Lei 9.504/97, inserido pela Lei 13.488/2017.

CUIDADO: NÃO CAIA NESSA PEGADINHA!

Responda a esta questão: Julgue com V ou F:

( ) Os limites de gastos de campanha, em cada eleição, são os definidos pelo Tribunal Superior Eleitoral com base nos parâmetros definidos em lei.

Resposta: Falsa. Tenha cuidado, pois essa "pegadinha" ainda não foi elaborada em um concurso. A reforma eleitoral alterou o art. 18 da Lei nº 9.504/1997, a nova redação é:

"Os limites de gastos de campanha serão definidos em lei e divulgados pelo Tribunal Superior Eleitoral."

10.2. Outras disposições gerais sobre as doações

As doações ainda devem obedecer às seguintes regras:

Regra 1: Pessoas físicas poderão fazer doações em dinheiro ou estimáveis em dinheiro para campanhas eleitorais, obedecido o disposto na Lei nº 9.504/1997.

Regra 2: As doações e contribuições de que trata o art. 23, § 1º, da Lei nº 9.504/1997 ficam limitadas a 10% (dez por cento) dos rendimentos brutos auferidos pelo doador no ano anterior à eleição.

Regra 3: O candidato poderá usar recursos próprios em sua campanha até o limite de gastos estabelecido na Lei nº 9.504/1997 para o cargo ao qual concorre.

Regra 4: As doações estimáveis em dinheiro a candidato específico, comitê ou partido deverão ser feitas mediante recibo, assinado pelo doador, exceto na hipótese prevista no § 6º do art. 28 que diz:

> *Art. 28. A prestação de contas será feita:*
> *§ 6º Ficam também dispensadas de comprovação na prestação de contas:*
> *I – a cessão de bens móveis, limitada ao valor de R$ 4.000,00 (quatro mil reais) por pessoa cedente;*
> *II – doações estimáveis em dinheiro entre candidatos ou partidos, decorrentes do uso comum tanto de sedes quanto de materiais de propaganda eleitoral, cujo gasto deverá ser registrado na prestação de contas do responsável pelo pagamento da despesa.*
> *III – a cessão de automóvel de propriedade do candidato, do cônjuge e de seus parentes até o terceiro grau para seu uso pessoal durante a campanha.*

Regra 5: a doação de quantia acima dos limites fixados nas regras anteriores sujeita o infrator ao pagamento de multa no valor de até 100% (cem por cento) da quantia em excesso.

Regra 6: inaplicabilidade do princípio da insignificância na fixação desta multa. (Ac.-TSE, de 15.12.2011, no AgR-REsp nº 24826).

Regra 7: a competência para processar e julgar a representação por doação de recursos acima do limite legal é do juízo do domicílio do doador. (Ac.-TSE, de 1º.8.2012, no CC nº 5792).

Regra 8: As doações de recursos financeiros somente poderão ser efetuadas na conta por meio de:

I – cheques cruzados e nominais ou *transferência eletrônica de depósitos*;
II – depósitos em espécie devidamente identificados até o limite fixado na regra 02;
III – mecanismo disponível em sítio do candidato, partido ou coligação na Internet, permitindo inclusive o uso de cartão de crédito, e que deverá atender aos seguintes requisitos:
a) identificação do doador;
b) emissão obrigatória de recibo eleitoral para cada doação realizada.

Regra 9: instituições que promovam técnicas e serviços de financiamento coletivo por meio de sítios na internet, aplicativos eletrônicos e outros recursos similares, que deverão atender aos seguintes requisitos:

a) cadastro prévio na Justiça Eleitoral, que estabelecerá regulamentação para prestação de contas, fiscalização instantânea das doações, contas intermediárias, se houver, e repasses aos candidatos;
b) identificação obrigatória, com o nome completo e o número de inscrição no Cadastro de Pessoas Físicas (CPF) de cada um dos doadores e das quantias doadas;
c) disponibilização em sítio eletrônico de lista com identificação dos doadores e das respectivas quantias doadas, a ser atualizada instantaneamente a cada nova doação;
d) emissão obrigatória de recibo para o doador, relativo a cada doação realizada, sob a responsabilidade da entidade arrecadadora, com envio imediato para a Justiça Eleitoral e para o candidato de todas as informações relativas à doação;
e) ampla ciência a candidatos e eleitores acerca das taxas administrativas a serem cobradas pela realização do serviço;
f) não incidência em quaisquer das hipóteses listadas no art. 24 da Lei 9.504/97;
g) observância do calendário eleitoral, especialmente no que diz respeito ao início do período de arrecadação financeira, nos termos dispostos no § 2º do art. 22-A desta Lei 9.504/97;
h) observância dos dispositivos da Lei nº 9.504/97relacionados à propaganda na internet;
V – comercialização de bens e/ou serviços, ou promoção de eventos de arrecadação realizados diretamente pelo candidato ou pelo partido político.

Regra 10: na prestação de contas das doações mencionadas nas regras supracitadas, é dispensada a apresentação de recibo eleitoral, e sua comprovação deverá ser realizada por meio de documento bancário que identifique o CPF dos doadores.

Regra 11: ficam vedadas quaisquer doações em dinheiro, bem como de troféus, prêmios, ajudas de qualquer espécie feitas por candidato, entre o registro e a eleição, a pessoas físicas ou jurídicas.

Regra 12: as doações realizadas por meio das modalidades previstas nos itens 03 e 04 supramencionados, fraudes ou erros cometidos pelo doador sem conhecimento dos candidatos, partidos ou coligações não ensejarão a responsabilidade destes nem a rejeição de suas contas eleitorais.

Regra 13: o limite previsto na regra 2 não se aplica a doações estimáveis em dinheiro relativas à utilização de bens móveis ou imóveis de propriedade do doador ou à prestação de serviços próprios, desde que o valor estimado não ultrapasse R$ 40.000,00 (quarenta mil reais) por doador.

Regra 14: as instituições financeiras e de pagamento não poderão recusar a utilização de cartões de débito e de crédito como meio de doações eleitorais de pessoas físicas.

10.3. Vedações nos programas de rádio e televisão

Fica vedada, nos programas de rádio e televisão:

a) a participação de pessoa filiada a partido que não o responsável pelo programa;

b) a divulgação de propaganda de candidatos a cargos eletivos e a defesa de interesses pessoais ou de outros partidos;

c) a utilização de imagens ou cenas incorretas ou incompletas, efeitos ou quaisquer outros recursos que distorçam ou falseiem os fatos ou a sua comunicação.

- **Destaque da reforma eleitoral:**

Conforme dispõe a reforma eleitoral, o partido que contrariar as vedações supracitadas será punido:

a) quando a infração ocorrer nas transmissões em bloco, com a cassação do direito de transmissão no semestre seguinte;

b) quando a infração ocorrer nas transmissões em inserções, com a cassação de tempo equivalente a 5 (cinco) vezes ao da inserção ilícita, no semestre seguinte.

11. Vedações aos partidos políticos

É vedado ao partido político ministrar instrução militar ou paramilitar, utilizar-se de organização da mesma natureza e adotar uniforme para seus membros.

Segundo o artigo 31 da Lei 9.096/95:

> *É vedado ao partido e candidato receber, direta ou indiretamente, doação em dinheiro ou estimável em dinheiro, inclusive por meio de publicidade de qualquer espécie, procedente de:*
> *I – entidade ou governo estrangeiros;*
> *II – entes públicos e pessoas jurídicas de qualquer natureza, ressalvadas as dotações referidas no art. 38 desta Lei e as proveniente do Fundo Especial de Financiamento de Campanha;*
> *III – (Revogado pela reforma eleitoral);*
> *IV – entidade de classe ou sindical,*
> *V – pessoas físicas que exerçam função ou cargo público de livre nomeação e exoneração, ou cargo ou emprego público temporário, ressalvados os filiados a partido político.*

CUIDADO: NÃO CAIA NESSA PEGADINHA!

Responda a esta questão: Julgue com V ou F:

( ) É vedado ao partido receber, direta ou indiretamente, sob qualquer forma ou pretexto, contribuição ou auxílio pecuniário ou estimável em dinheiro, inclusive através de publicidade de qualquer espécie, procedente de *autarquias, empresas públicas ou concessionárias de serviços públicos, sociedades de economia mista e fundações instituídas em virtude de lei e para cujos recursos concorram órgãos ou entidades governamentais.*

Resposta: Certa. Tenha cuidado, pois essa "pegadinha" ainda não foi elaborada em um concurso. A reforma eleitoral alterou o art. 31 da Lei nº Lei 9.096/95 e revogou o item que afirmava: art. 31: É vedado ao partido receber, direta ou indiretamente, sob qualquer forma ou pretexto, contribuição ou auxílio pecuniário ou estimável em dinheiro, inclusive através de publicidade de qualquer espécie, procedente de: III- ***"autarquias, empresas públicas ou concessionárias de serviços públicos, sociedades de economia mista e fundações instituídas em virtude de lei e para cujos recursos concorram órgãos ou entidades governamentais".*** A resposta está correta, pois a vedação agora é a do item II "*entes públicos e pessoas jurídicas de qualquer natureza, ressalvadas as dotações referidas no art. 38 desta Lei e as provenientes do Fundo Especial de Financiamento de Campanha*", entendeu? Todas entidades descritas no antigo item III "*são entes públicos e pessoas jurídicas de qualquer natureza*".

Outras vedações aos partidos políticos estão no art. 24 da Lei nº 9.504/97, *in verbis*:

> *É vedado, a partido e candidato, receber direta ou indiretamente doação em dinheiro ou estimável em dinheiro, inclusive por meio de publicidade de qualquer espécie, procedente de:*
> *I – entidade ou governo estrangeiro;*
> *II – órgão da administração pública direta e indireta ou fundação mantida com recursos provenientes do Poder Público;*
> *III – concessionário ou permissionário de serviço público;*
> *IV – entidade de direito privado que receba, na condição de beneficiária, contribuição compulsória em virtude de disposição legal;*
> *V – entidade de utilidade pública;*
> *VI – entidade de classe ou sindical;*
> *VII – pessoa jurídica sem fins lucrativos que receba recursos do exterior.*
> *VIII – entidades beneficentes e religiosas;*
> *IX – entidades esportivas;*
> *X – organizações não governamentais que recebam recursos públicos;*
> *XI – organizações da sociedade civil de interesse público.*

- **Destaque da reforma eleitoral:**

  A reforma eleitoral acrescentou um § 1º ao art. 24 da Lei nº 9.504/1997, *in verbis*:

> *"Não se incluem nas vedações de que trata este artigo as cooperativas cujos cooperados não sejam concessionários ou permissionários de serviços públicos, desde que não estejam sendo beneficiadas com recursos públicos, observado o disposto no art. 81".*

Obs.: veja agora a questão nº 6.

CUIDADO: NÃO CAIA NESSAS PEGADINHAS!

Julgue com V ou F:

É vedado, a partido e candidato, receber direta ou indiretamente doação em dinheiro ou estimável em dinheiro, inclusive por meio de publicidade de qualquer espécie, procedente:

( ) Somente de entidades esportivas que recebam recursos públicos;
( ) Somente de entidades esportivas que recebam recursos privados;
( ) De entidades esportivas.

Resposta: 1.F, 2.F, 3.C. **Cuidado:** antes da reforma, a vedação era destinada às "entidades esportivas que recebam recursos públicos". Hoje, é vedado a partido e candidato receber, direta ou indiretamente, doação em dinheiro ou estimável em dinheiro, inclusive por meio de publicidade de **qualquer espécie, procedente de entidades esportivas.**

12. O acesso aos partidos políticos

Os partidos políticos brasileiros são acessíveis a todos os cidadãos, sem discriminação de raça, sexo, classe social, categoria profissional, credo religioso e procedência geográfica, desde que não estejam incursos em impedimentos de natureza constitucional, com a mesma compreensão aplicada ao homem brasileiro.

Os filiados de um partido político têm iguais direitos e deveres.

A ação do partido tem caráter nacional e é exercida de acordo com seu estatuto e programa, sem subordinação a entidades ou governos estrangeiros.

Cuidado: somente os brasileiros, natos ou naturalizados, podem ingressar em partidos políticos, porquanto somente estes preenchem o requisito da cidadania.

▸ CASO ELEITORAL SUPERINTERESSANTE I

É possível a filiação de magistrados ou membros de Tribunais de Contas a partidos políticos?

Resposta: Não. Não podem dedicar-se a atividades político-partidárias: magistrados (CF, art. 95, parágrafo único, III), membros do Ministério Público (CF, art. 128, II, *e*), ministros do Tribunal de Contas da União (CF, art. 73, § 3º).

Os magistrados, membros dos tribunais de contas e do Ministério Público devem observar as disposições legais próprias sobre prazos de filiação, ou seja, após a exoneração do cargo ou aposentadoria deverão estar com a filiação deferida pelo partido no **mínimo seis meses antes da data da eleição.**

O partido político pode estabelecer, em seu estatuto, prazos de filiação partidária superiores ao definido em lei, para a candidatura a cargos eletivos, os quais não poderão ser alterados no ano da eleição (Lei nº 9.096/1995, art. 20, *caput* e parágrafo único).

▸ CASO ELEITORAL SUPERINTERESSANTE II

É possível a filiação de um eleitor considerado inelegível?

Resposta:

Cuidado I: A posição dominante do TSE é no sentido de que somente poderá filiar-se a partido o eleitor que estiver no pleno gozo de seus direitos políticos, mas há uma exceção. Leia o art. 1º da Resolução nº 23.117/2009, *in verbis:*

> Somente poderá filiar-se a partido o eleitor que estiver no pleno gozo de seus direitos políticos (Lei nº 9.096/1995, art. 16), **ressalvada a possibilidade de filiação do eleitor considerado inelegível** (Ac. TSE nºs 12.371, de 27 de agosto de 1992, 23.351, de 23 de setembro de 2004 e 22.014, de 18 de outubro de 2004).

Cuidado II: no seu concurso a questão pode ser formulada de duas formas:

a) Segundo a Lei nº 9.096/1995 (*lei dos partidos políticos*) só pode filiar-se a partido o eleitor que estiver no pleno gozo de seus direitos políticos.

Solução: Pode colocar "certo", pois é a exata redação do artigo 16 da Lei nº 9.096/1995.

b) Segundo o TSE só pode filiar-se a partido o eleitor que estiver no pleno gozo de seus direitos políticos.

Solução: Pode colocar "*errado*", pois a Resolução nº 23.117/2009 criou uma exceção: "*é a possibilidade de filiação do eleitor considerado inelegível*".

12.1. Da filiação partidária

▸ INDAGAÇÃO DIDÁTICA I

Observe esta questão elaborada em um concurso jurídico:

"*O partido político pode estabelecer, em seu estatuto, prazos de filiação partidária superiores aos previstos na Lei nº 9.096/1995?*"

Resposta: Sim, é facultado ao partido político estabelecer, em seu estatuto, prazos de filiação partidária superiores aos previstos na Lei nº 9.096/1995, com vistas à candidatura a cargos eletivos, mas os prazos de filiação partidária, fixados no estatuto do partido, com vistas à candidatura a cargos eletivos, não podem ser alterados no ano da eleição.

▸ INDAGAÇÃO DIDÁTICA II

Veja esta questão elaborada em um concurso jurídico:

"*A declaração de inelegibilidade obsta a filiação partidária?*"

Resposta: Conforme o **posicionamento majoritário do TSE,** "a inelegibilidade não impede a filiação partidária".[11] Lembre-se, estudamos no capítulo anterior que a declaração de inelegibilidade somente atinge a capacidade eleitoral passiva, ou seja, *o direito de ser votado.*

---

[11] TSE – AC nº 12.371/92, 23.351/2004 e 22.014/2004.

▸ INDAGAÇÃO DIDÁTICA III

Veja esta questão elaborada em um concurso jurídico: *"Para concorrer a cargo eletivo, quanto tempo antes da eleição deve o eleitor estar filiado a um partido político?"*

Resposta: Para concorrer a cargo eletivo, o eleitor deverá estar filiado ao respectivo partido pelo menos seis meses antes da data fixada para as eleições, majoritárias ou proporcionais.

Mas, entendo que há algumas exceções:

a) já aprendemos que o militar é elegível, mesmo sem estar filiado;
b) entendo que as categorias que têm vedação constitucional de filiação partidária estão dispensadas de cumprir o prazo de filiação fixado na lei supracitada, por exemplo, o juiz, os membros do Tribunal de Contas e o promotor são proibidos de se filiarem a partidos políticos, mas se um deles se aposentar a menos de seis meses da eleição, poderá ser candidato. No mesmo sentido, a consulta feita ao TSE:

> Consulta. Exercício atividade político-partidária. Promotor de Justiça. Os membros do Ministério Público, *por estarem submetidos à vedação constitucional de filiação partidária, estão dispensados de cumprir o prazo de filiação fixado em lei ordinária, devendo satisfazer tal condição de elegibilidade até seis meses antes das eleições, de acordo com o art. 1º, inciso II, letra j, da LC nº 64/1990*, asseverando ser o prazo de filiação dos membros do Ministério Público o mesmo dos magistrados. ***O prazo para desincompatibilização dependerá do cargo para o qual o candidato concorrer, prazos previstos na LC nº 64/1990***.

Com relação aos juízes e membros dos tribunais de contas leia a RES nº 19.978, de 25/09/1997, Rel. Min. Costa Leite, que indica a mesma solução da consulta supracitada.

Quanto ao Promotor de Justiça, leia o item 13 do Capítulo 3: "O Ministério Público e o exercício de atividade político-partidária."

▸ RESUMO DIDÁTICO

1 – Regra geral: todo cidadão que pretender concorrer a cargo eletivo deverá estar filiado ao respectivo partido no **mínimo seis meses antes da data da eleição.**

2 – Exceção 1: Todavia, essa regra não alcança o militar. Leia no capítulo o caso superinteressante *"Principais dúvidas sobre a elegibilidade dos militares"*.

3 – Exceção 2: O estatuto do partido político pode estabelecer um prazo maior.

CUIDADO: NÃO CAIA NESSAS PEGADINHAS!

Julgue com V ou F:

( ) Para concorrer às eleições, o candidato deverá possuir domicílio eleitoral na respectiva circunscrição pelo prazo de, pelo menos, um ano antes do pleito.

( ) Para concorrer às eleições, o candidato deverá estar com a filiação deferida pelo partido no mínimo um ano antes da data da eleição.

Resposta: F, F.

Cuidado: a reforma eleitoral alterou o art. 9º da Lei nº 9.504/1997: "*Para concorrer às eleições, o candidato deverá possuir domicílio eleitoral na respectiva circunscrição pelo prazo de seis meses e estar com a filiação deferida pelo partido no mesmo prazo*".

▶ RESUMO DIDÁTICO

Para concorrer às eleições, o candidato deverá possuir:

a) domicílio eleitoral na respectiva circunscrição pelo **prazo de seis meses;**

b) estar com a filiação deferida pelo partido no **prazo de seis meses.**

▶ CASO ELEITORAL SUPERINTERESSANTE I

"A PROVA DA FILIAÇÃO"[12]

A jurisprudência do TSE soluciona a questão em dois momentos diferentes:

Primeiro momento: antes da AIRC.

Aqui já temos um entendimento sumulado: **SÚMULA Nº 20.**

"A prova de filiação partidária daquele cujo nome não constou da lista de filiados de que trata o art. 19 da Lei nº 9.096/95, pode ser realizada por outros elementos de convicção, salvo quando se tratar de documentos produzidos unilateralmente, destituídos de fé pública". (Súmula atualizada pelo Ac.-TSE, de 10.5.2016, no PA nº 32345).

No dizer de José Jairo Gomes:

> *"Assim, sua prova pode ser feita por certidão emanada de Cartório Eleitoral, a qual é revestida de fé pública. Embora particulares e produzidos unilateralmente, não se pode recusar-lhes idoneidade, ainda que relativa, para comprovar a filiação".*

Segundo momento: no procedimento da AIRC.

Se houver impugnação em sede de AIRC, não haverá incidência da Súmula 20/TSE, portanto, a prova tem que ser robusta e contundente:

No mesmo sentido o TSE:

> *"[...] 1. De acordo com a jurisprudência do Tribunal Superior Eleitoral, nem a ficha de filiação partidária nem a declaração unilateral de dirigente de partido são aptas a comprovar a regular e tempestiva filiação. [...]" (TSE – AgR-REsp no 195855/AM – PSS 3-11-2010);*

> *"[...] 4. Documentos produzidos unilateralmente por partido político ou candidato – na espécie, ficha de filiação, ata de reunião do partido e relação interna de filiados*

---

12 Fonte de pesquisa: BARROS, Francisco Dirceu. *Manual de Prática Eleitoral*. 2. ed. São Paulo: JH Mizuno.

extraída do respectivo sistema – não são aptos a comprovar a filiação partidária, por não gozarem de fé pública. Não incidência da Súmula 20/TSE. [...]" (TSE – AgR-REsp no 338745/SP – PSS 6-10-2010). Em igual sentido: TSE – AgR-REsp no 31070/GO – PSS 27-11-2008; AgR-REsp no 29111/GO – PSS 23-10-2008.

12.2. Espécies de desfiliação partidária

Há dois tipos de desfiliação partidária:

a) **Desfiliação mediata**

Há desfiliação mediata, em três hipóteses:

1 - Quando houver filiação a outro partido. Nesse caso, o cidadão deve comunicar o fato ao juiz da respectiva Zona Eleitoral que irá mandar cancelar a filiação anterior. (**Cuidado:** esta é uma das alterações promovidas pela minirreforma eleitoral).

2 - Outras formas de desfiliação previstas no estatuto, com comunicação obrigatória ao atingido no prazo de 48 horas da decisão. Só depois deste lapso temporal a desfiliação surtirá efeito.

3 - Comunicação por escrito do cidadão de seu desligamento ao órgão de direção municipal e ao juiz eleitoral da zona em que for inscrito. Após dois dias da entrega dessas comunicações, estará extinto o vínculo partidário para todos os efeitos (art. 21 da Lei nº 9.096/1995). Observe que, diferentemente do item 1, o cidadão quer a desfiliação, mas não se filiou a outro partido político.

b) **Desfiliação imediata**

Em casos excepcionais, o cancelamento da filiação partidária ocorre de forma imediata, tal como se dá se houver:

a) morte do filiado;
b) perda dos direitos políticos do filiado;
c) expulsão do filiado;

Responda a esta questão: Julgue com V ou F:

( ) Quem se filia a outro partido deve fazer comunicação ao partido e ao juiz de sua respectiva Zona Eleitoral, para cancelar sua filiação; se não o fizer no dia imediato ao da nova filiação, fica configurada dupla filiação, sendo ambas consideradas nulas para todos os efeitos.

Resposta: Falso. Tenha cuidado, pois essa "pegadinha" ainda não foi elaborada em um concurso. A minirreforma eleitoral alterou o art. 22 da Lei nº 9.096/1995, criando o parágrafo único infracitado:

Havendo coexistência de filiações partidárias, prevalecerá a mais recente, devendo a Justiça Eleitoral determinar o cancelamento das demais.

▸ INDAGAÇÃO DIDÁTICA

Leia esta questão elaborada em um concurso jurídico: *"A suspensão dos direitos políticos do filiado acarreta a desfiliação partidária imediata? Qual o entendimento dominante do TSE?"*

Resposta: Cuidado: no caso de *suspensão* dos direitos políticos do filiado, não haverá desfiliação imediata e sim "*suspensão da filiação*".

No mesmo sentido, o entendimento dominante do TSE:

> Condenação criminal. Suspensão de direitos políticos. Filiação partidária, I. Conforme decisão proferida por esta Corte Superior no julgamento do caso Belinati, que se fundou inclusive no Acórdão nº 12.371, relator Ministro Carlos Velloso, subsiste a filiação anterior à suspensão dos direitos políticos. 2. Não se tratando de nova filiação, mas de reconhecimento de filiação anterior, que esteve suspensa em razão de cumprimento de pena, tem-se como atendido o requisito do art. 18 da Lei nº 9.096/1995. Recurso especial conhecido e provido" (TSE – REsp nº 22.980/SP).

12.3. Como fazer a desfiliação do partido

Hoje, com a minirreforma eleitoral, **basta a pessoa que se filiou a outro partido informar ao juiz de sua zona eleitoral.**

▸ INDAGAÇÃO DIDÁTICA

Agora ficou superfácil responder esta questão que futuramente será elaborada em um concurso jurídico: "*Os órgãos de direção nacional dos partidos políticos podem ter acesso às informações de seus filiados constantes do cadastro eleitoral?*"

Resposta: A reforma eleitoral supriu uma antiga controvérsia, agora prevê o § 3º do art. 19 da Lei nº 9.096/1995 que:

> § 3º. Os órgãos de direção nacional dos partidos políticos terão pleno acesso às informações de seus filiados constantes do cadastro eleitoral.

13. A extinção dos partidos

Quanto à extinção dos partidos, esta poderá ser decorrente:

a) do **processo de fusão** que implique o surgimento de um outro;
b) por deixar de subsistir por assim resultar com **a incorporação a outro** que prossegue com a sua precedente condição e com o esforço recebido;
c) a extinção *ex officio* decidida pelo próprio partido, em expressa manifestação que assim resulte formalizada, levada, a seguir, ao cancelamento pelo Tribunal Superior Eleitoral.

▸ OBSERVAÇÕES DIDÁTICAS

1. Fica cancelado, junto ao Ofício Civil e ao Tribunal Superior Eleitoral, o registro do partido que, na forma de seu estatuto, se dissolva, se incorpore ou venha a se fundir a outro.
2. O Tribunal Superior Eleitoral, após o trânsito em julgado de decisão, determina o cancelamento do registro civil e do estatuto do partido contra o qual fique provado:

a) ter recebido ou estar recebendo recursos financeiros de procedência estrangeira;
b) estar subordinado a entidade ou governo estrangeiros;
c) não ter prestado, nos termos desta lei, as devidas contas à Justiça Eleitoral;

Posicionamento majoritário do TSE: a não prestação de contas pelos órgãos partidários regionais ou municipais não implica o seu cancelamento.[13]

d) que mantém organização paramilitar.

3. A decisão judicial a que se refere o item 2 deve ser precedida de processo regular, que assegure ampla defesa.
4. O processo de cancelamento é iniciado pelo Tribunal, à vista de denúncia de qualquer eleitor, de representante de partido ou de representação do Procurador-Geral Eleitoral.
5. O partido político, em nível nacional, não sofrerá a suspensão das cotas do Fundo Partidário, nem qualquer outra punição como consequência de atos praticados por órgãos regionais ou municipais.[14]

Posicionamento majoritário do TSE: o diretório regional ou municipal diretamente beneficiado por conduta vedada pelo art. 73 da Lei nº 9.504/1997 será excluído da distribuição de recursos de multas dela oriundas, cuja importância será decotada do diretório nacional, e sucessivamente dos órgãos inferiores, de modo a atingir o órgão partidário efetivamente responsável.[15]

- **Destaque da reforma eleitoral:**

A reforma eleitoral acrescentou ao art. 28 da Lei nº 9.096/1995 os §§ 4º, 5º e 6º, a saber:

> § 4º. Despesas realizadas por órgãos partidários municipais ou estaduais ou por candidatos majoritários nas respectivas circunscrições devem ser assumidas e pagas exclusivamente pela esfera partidária correspondente, salvo acordo expresso com órgão de outra esfera partidária.
> § 5º. Em caso de não pagamento, as despesas não poderão ser cobradas judicialmente dos órgãos superiores dos partidos políticos, recaindo eventual penhora exclusivamente sobre o órgão partidário que contraiu a dívida executada.
> § 6º. O disposto no inciso III do caput refere-se apenas aos órgãos nacionais dos partidos políticos que deixarem de prestar contas ao Tribunal Superior Eleitoral, não ocorrendo o cancelamento do registro civil e do estatuto do partido quando a omissão for dos órgãos partidários regionais ou municipais.

6. Por decisão de seus órgãos nacionais de deliberação, dois ou mais partidos poderão fundir-se num só ou incorporar-se um ao outro.
7. No caso de fusão, observar-se-ão as seguintes normas:

[13] TSE – RES nº 20.679/2000.
[14] Lei nº 9.693, de 27/07/1998, *DOU* 28/07/1998.
[15] TSE – RES nº 22.090/2005.

> I – os órgãos de direção dos partidos elaborarão projetos comuns de estatuto e programa;
> II – os órgãos nacionais de deliberação dos partidos em processo de fusão votarão em reunião conjunta, por maioria absoluta, os projetos, e elegerão o órgão de direção nacional que promoverá o registro do novo partido.

8. No caso de incorporação, observada a lei civil, caberá ao partido incorporando deliberar por maioria absoluta de votos, em seu órgão nacional de deliberação, sobre a adoção do estatuto e do programa de outra agremiação.
9. Adotados o estatuto e o programa do partido incorporador, realizar-se-á, em reunião conjunta dos órgãos nacionais de deliberação, a eleição do novo órgão de direção nacional.
10. No caso de incorporação, o instrumento respectivo deve ser levado ao Ofício Civil competente, que deve, então, cancelar o registro do partido incorporado a outro.
11. O novo estatuto ou instrumento de incorporação deve ser levado a registro e averbado, respectivamente, no Ofício Civil e no Tribunal Superior Eleitoral.
12. Somente será admitida a fusão ou incorporação de partidos políticos que hajam obtido o registro definitivo do Tribunal Superior Eleitoral há, pelo menos, 5 (cinco) anos.

13.1. Cancelamento do partido político

O cancelamento de um partido político só pode resultar de decisão judicial, com trânsito em julgado, assegurados o contraditório e a ampla defesa.

13.2. Legitimidade para propor o cancelamento do partido político

Têm legitimidade para propositura do cancelamento de um partido político:

a) o Ministério Público;
b) qualquer partido político com legítimo funcionamento.

▶ ATENÇÃO

O cancelamento do registro acarreta a perda da personalidade jurídica do partido, razão pela qual ele deve ser registrado na forma da legislação civil.

14. Convenções partidárias

As convenções são atos político-partidários e dependerão, nas suas características, da espécie de eleição que se realizará.

Encerrado o alistamento, que, nos termos do art. 91 da Lei nº 9.504/1997, deve ocorrer cento e cinquenta dias antes da data do pleito, ocorrerão as convenções partidárias, cuja data de realização é fixada na lei. Inicia-se, com elas, a fase preparatória do processo eleitoral (1ª fase).

Sobre as convenções para a escolha de candidatos, preconiza a Lei nº 9.504/1997 (a chamada Lei das Eleições):

> Art. 7º. As normas para a escolha e substituição dos candidatos e para a formação de coligações serão estabelecidas no estatuto do partido, observadas as disposições desta Lei.
> § 1º. Em caso de omissão do estatuto, caberá ao órgão de direção nacional do partido estabelecer as normas a que se refere este artigo, publicando-as no Diário Oficial da União até cento e oitenta dias antes das eleições.

Cuidado:

- **Destaque da reforma eleitoral:**
  A reforma eleitoral acrescentou ao artigo supracitado os §§ 2º, 3º e 4º, *in verbis:*

> § 2º. Se a convenção partidária de nível inferior se opuser, na deliberação sobre coligações, às diretrizes legitimamente estabelecidas pelo órgão de direção nacional, nos termos do respectivo estatuto, poderá esse órgão anular a deliberação e os atos dela decorrentes.
> § 3º. As anulações de deliberações dos atos decorrentes de convenção partidária, na condição acima estabelecida, deverão ser comunicadas à Justiça Eleitoral no prazo de 30 (trinta) dias após a data limite para o registro de candidatos.
> § 4º. Se, da anulação, decorrer a necessidade de escolha de novos candidatos, o pedido de registro deverá ser apresentado à Justiça Eleitoral nos 10 (dez) dias seguintes à deliberação, observado o disposto no art. 13.

▸ INDAGAÇÃO DIDÁTICA

Agora ficou superfácil responder esta questão que futuramente será elaborada em um concurso jurídico: *"O que deve ser feito no caso de a convenção partidária de nível inferior se opor, na deliberação sobre coligações, às diretrizes legitimamente estabelecidas pelo órgão de direção nacional?"*

14.1. As convenções partidárias e o início do processo eleitoral

▸ INDAGAÇÃO DIDÁTICA

Leia esta questão elaborada em um concurso jurídico: *"Em que momento se inicia o processo eleitoral? Qual a posição do* ***TSE****?"*

Resposta: Há grande controvérsia doutrinária sobre o tema, mas entendo que é justamente com as convenções partidárias que ocorre o início do processo eleitoral.

O próprio **TSE** já decidiu que:

> Não fere o art. 16 da Constituição Federal lei que entra em vigor antes da realização de convenções partidárias, **porque são elas que marcam o termo inicial do processo eleitoral** (Recurso Ordinário nº 1616-60/DF, Relator: Ministro Arnaldo Versiani).

14.2. Das coligações

É facultado aos partidos políticos, dentro da mesma circunscrição, celebrar coligações para eleição majoritária, proporcional, ou para ambas, podendo, neste último caso, formar-se mais de uma coligação para a eleição proporcional dentre os partidos que integram a coligação para o pleito majoritário.

A coligação terá denominação própria, que poderá ser a junção de todas as siglas dos partidos que a integram, sendo a ela atribuídas as prerrogativas e obrigações de partido político no que se refere ao processo eleitoral, e devendo funcionar como um só partido no relacionamento com a Justiça Eleitoral e no trato dos interesses interpartidários.

Portanto, as coligações sempre serão tratadas como um único partido político.

- **Destaque da reforma eleitoral:**
  A reforma eleitoral acrescentou ao art. 6º da Lei nº 9.504/1997, § 1º A, *in verbis*:

> A denominação da coligação não poderá coincidir, incluir ou fazer referência a nome ou número de candidato, nem conter pedido de voto para partido político.

Na propaganda para eleição majoritária, a coligação usará, obrigatoriamente, sob sua denominação, as legendas de todos os partidos que a integram; na propaganda para eleição proporcional, cada partido usará apenas sua legenda sob o nome da coligação.

14.3. Outras regras que devem ser observadas na formação de coligações

Na formação de coligações, devem ser observadas, ainda, as seguintes normas:

> I – na chapa da coligação, podem inscrever-se candidatos filiados a qualquer partido político dela integrante;
> II – o pedido de registro dos candidatos deve ser subscrito pelos presidentes dos partidos coligados, por seus delegados, pela maioria dos membros dos respectivos órgãos executivos de direção ou por representante da coligação, na forma do inciso III;
> III – os partidos integrantes da coligação devem designar um representante, que terá atribuições equivalentes às de presidente de partido político, no trato dos interesses e na representação da coligação, no que se refere ao processo eleitoral;
> IV – a coligação será representada perante a Justiça Eleitoral pela pessoa designada na forma do inciso III ou por delegados indicados pelos partidos que a compõem, podendo nomear até:
> a) três delegados perante o Juízo Eleitoral;
> b) quatro delegados perante o Tribunal Regional Eleitoral;
> c) cinco delegados perante o Tribunal Superior Eleitoral.

▸ INDAGAÇÃO DIDÁTICA I

Leia com atenção esta questão elaborada em um concurso jurídico: *"Cite algumas regras que devem ser observadas na formação de coligações."*

▸ INDAGAÇÃO DIDÁTICA II

Agora ficou superfácil responder esta questão elaborada em um concurso jurídico: *"Quem representa a coligação perante a Justiça Eleitoral?"*

▸ INDAGAÇÃO DIDÁTICA III

Veja esta questão que futuramente será elaborada em um concurso jurídico: *"O partido político coligado possui legitimidade para atuar de forma isolada no processo eleitoral?"*

- **Destaque da reforma eleitoral:**

Cuidado: a reforma eleitoral consolidou uma antiga posição do TSE, agora, conforme dispõe o art. 6º, § 4º, da Lei nº 9.504/1997:

> O partido político coligado somente possui legitimidade para atuar de forma isolada no processo eleitoral quando questionar a validade da própria coligação, durante o período compreendido entre a data da convenção e o termo final do prazo para a impugnação do registro de candidatos.

14.4. A data da escolha dos candidatos pelos partidos e a deliberação sobre coligações

A reforma eleitoral alterou o art. 8º da Lei nº 9.504/1997, passando a dispor que: *"A escolha dos candidatos pelos partidos e a deliberação sobre coligações deverão ser feitas* ***no período de 20 de julho a 5 de agosto*** *do ano em que se realizarem as eleições, lavrando-se a respectiva ata em livro aberto, rubricado pela Justiça Eleitoral, publicada em vinte e quatro horas em qualquer meio de comunicação"*.

Observação importante I: Para a realização das convenções de escolha de candidatos, os partidos políticos poderão usar gratuitamente prédios públicos, responsabilizando-se por danos causados com a realização do evento.

Observação importante II: Segundo o art. 9º da Lei nº 9.504/1997:

> *"Para concorrer às eleições, o candidato deverá possuir domicílio eleitoral na respectiva circunscrição pelo prazo de, pelo menos, um ano antes do pleito, e estar com a filiação deferida pelo partido no mínimo seis meses antes da data da eleição".*

Cuidado: não caia na pegadinha!

Responda a esta questão: Julgue com V ou F:

( ) *Para concorrer às eleições, o candidato deverá possuir domicílio eleitoral na respectiva circunscrição pelo prazo de seis meses e estar com a filiação deferida pelo partido no mesmo prazo.*

Veja que a Lei nº 9.096/1995, art. 20, faculta ao partido fixar, em seu estatuto, prazo mínimo de filiação superior a seis meses.

▸ INDAGAÇÃO DIDÁTICA

Responda agora esta questão elaborada em um concurso jurídico: "*A existência da coligação ocorre a partir do acordo entre os partidos políticos ou a partir da homologação da convenção pela Justiça Eleitoral?*" Indique a posição do TSE.

Resposta: Você vai ficar surpreso, mas a **existência da** coligação ocorre a partir do acordo entre os partidos políticos com a consequente confecção da ata.

Posicionamento majoritário do TSE: a coligação existe a partir do acordo de vontades dos partidos políticos e não da homologação pela Justiça Eleitoral.[16]

14.5. Do registro de candidatos

Os registros dos candidatos devem observar as seguintes regras:

> Cada partido ou coligação poderá registrar candidatos para a Câmara dos Deputados, a Câmara Legislativa, as Assembleias Legislativas e as Câmaras Municipais no total de até 150% (cento e cinquenta por cento) do número de lugares a preencher, salvo:
> I – nas unidades da Federação em que o número de lugares a preencher para a Câmara dos Deputados não exceder a doze, nas quais cada partido ou coligação poderá registrar candidatos a Deputado Federal e a Deputado Estadual ou Distrital no total de até 200% (duzentos por cento) das respectivas vagas;
> II – nos Municípios de até cem mil eleitores, nos quais cada coligação poderá registrar candidatos no total de até 200% (duzentos por cento) do número de lugares a preencher.

Do número de vagas resultante das regras previstas neste artigo, cada partido ou coligação preencherá o mínimo de 30% (trinta por cento) e o máximo de 70% (setenta por cento) para candidaturas de cada sexo.

Em todos os cálculos, será sempre desprezada a fração, se inferior a meio, e igualada a um, se igual ou superior.

No caso de as convenções para a escolha de candidatos não indicarem o número máximo de candidatos, os órgãos de direção dos partidos respectivos poderão preencher as vagas remanescentes até trinta dias antes do pleito.

14.6. A obrigatoriedade do preenchimento dos percentuais para candidatura de cada sexo

Quanto à obrigatoriedade do preenchimento dos percentuais para candidatura de cada sexo, há quatro indagações:

---

16 TSE – Ac nos 345/1998, 15.529/1988, 22.107/2004, 5.052/2005 e 25.015/2005.

1 – Os partidos/coligações têm a obrigação de preencher os percentuais definidos no § 3º do art. 10 da Lei nº 9.504/1997?
2 – O TSE pode providenciar a regularização devida, de forma a adequar as candidaturas lançadas ao limite exigido?
3 – No caso de impossibilidade de cumprimento da norma, admite-se a apresentação de justificativa?
4 – No caso de não observância do preceito normativo pela coligação, como deve ser realizada a regularização?

RESPOSTAS

O Tribunal Superior Eleitoral, no julgamento do REsp nº 784-32/PA, decidiu que:

Resposta 1. Os partidos/coligações têm a obrigação de preencher os percentuais definidos no § 3º do art. 10 da Lei nº 9.504/1997, os quais têm por base de cálculo as candidaturas efetivamente lançadas, e não o total de vagas possíveis.

Resposta 2. Cabe ao partido/coligação providenciar a regularização devida, de forma a adequar as candidaturas lançadas ao comando normativo, não podendo o ajuste ser realizado pelo TSE.

Resposta 3. No caso de impossibilidade de cumprimento da norma, admite-se a apresentação de justificativa, com a devida comprovação.

Resposta 4. No caso de não observância do preceito normativo pela coligação, deve esta regularizar as candidaturas lançadas, podendo suprimir o número de candidatos e/ou incrementar o de candidatas a fim de alcançar os percentuais mínimos e máximos previstos na lei.

14.7. A data limite para os partidos e as coligações solicitarem à Justiça Eleitoral o registro de seus candidatos

Os partidos e coligações solicitarão à Justiça Eleitoral o registro de seus candidatos até as dezenove horas **do dia 15 de agosto do ano em que se realizarem as eleições.**

CUIDADO: NÃO CAIA NESSAS PEGADINHAS!

Julgue com V ou F:

( ) O prazo de entrada em cartório ou na Secretaria do Tribunal, conforme o caso, de requerimento de registro de candidato a cargo eletivo terminará, improrrogavelmente, às 19 horas do dia 15 de agosto do ano em que se realizarem as eleições.

( ) Até 20 dias antes da data das eleições, todos os requerimentos, inclusive os que tiverem sido impugnados, devem estar julgados pelas instâncias ordinárias, e publicadas as decisões a eles relativas.

( ) Até 20 horas antes do início das eleições, todos os requerimentos, inclusive os que tiverem sido impugnados, devem estar julgados pelas instâncias ordinárias, e publicadas as decisões a eles relativas.

Resposta: 1.V, 2.V, 3.F. Tenha cuidado, pois essa "pegadinha" ainda não foi elaborada em um concurso. A reforma eleitoral alterou totalmente o art. 93 do Código Eleitoral.

▸ INDAGAÇÃO DIDÁTICA

Leia esta questão elaborada em um concurso jurídico: *Os prazos dos pedidos de registro são suspensos nos feriados? Qual a posição do TSE?*

Resposta: O entendimento dominante do **TSE** é no sentido de que: "*Os prazos alusivos aos pedidos de registro são peremptórios e contínuos e não se suspenderão aos sábados, domingos e feriados, nos termos do art. 16 da Lei Complementar nº 64/1990*" (Agravo Regimental no Recurso Especial Eleitoral nº 3.910-95/RS, rel. Min. Arnaldo Versiani, em 9/9/2010).

14.8. A instrução do pedido de registro

O pedido de registro deve ser instruído com os seguintes documentos:

> I – cópia da ata a que se refere o art. 8º da Lei nº 9.504/1997;
> II – autorização do candidato, por escrito;
> III – prova de filiação partidária;
> IV – declaração de bens, assinada pelo candidato;
> V – cópia do título eleitoral ou certidão, fornecida pelo cartório eleitoral, de que o candidato é eleitor na circunscrição ou requereu sua inscrição ou transferência de domicílio no prazo previsto no art. 9º da Lei nº 9.504/1997;
> VI – certidão de quitação eleitoral;
> VII – certidões criminais fornecidas pelos órgãos de distribuição da Justiça Eleitoral, Federal e Estadual;
> VIII – fotografia do candidato, nas dimensões estabelecidas em instrução da Justiça Eleitoral, para efeito do disposto no § 1º do art. 59 da Lei nº 9.504/1997.
> IX – propostas defendidas pelo candidato a Prefeito, a Governador de Estado e a Presidente da República. (Item em consonância com a reforma eleitoral).

Cuidado: não caia na pegadinha!

Responda a esta questão: Julgue com V ou F:

( ) A idade mínima constitucionalmente estabelecida como condição de elegibilidade é verificada tendo por referência a data da posse.

( ) Caso entenda necessário, o Juiz abrirá prazo de setenta e duas horas para diligências.

Resposta: 1.F, 2.V. Não esqueça que a idade mínima constitucionalmente estabelecida como condição de elegibilidade é verificada tendo por referência **a data da posse, salvo quando fixada em dezoito anos, hipótese em que será aferida na data-limite para o pedido de registro.**

▸ INDAGAÇÃO DIDÁTICA

Leia esta questão elaborada em um concurso jurídico: *"Por que a doutrina afirma que não há direito adquirido a elegibilidade?" Qual a posição do TSE?*

Resposta: Não há direito adquirido a elegibilidade, porque as condições de elegibilidade as causas de inelegibilidade devem ser aferidas no momento da formalização do pedido de registro da candidatura, ressalvadas as alterações, fáticas ou jurídicas, supervenientes ao registro que afastem a inelegibilidade. No mesmo sentido é o entendimento dominante do TSE (AgRg no REsp nº 32.158).

- **Destaque da reforma eleitoral:**
  A reforma eleitoral alterou o art. 11, § 4º, da Lei nº 9.504/1997 e agora dispõe:

> Na hipótese de o partido ou coligação não requerer o registro de seus candidatos, estes poderão fazê-lo perante a Justiça Eleitoral, observado o prazo máximo de quarenta e oito horas seguintes à publicação da lista dos candidatos pela Justiça Eleitoral.

Observação importante III: até a data a que se refere este artigo, os Tribunais e Conselhos de Contas deverão tornar disponíveis à Justiça Eleitoral relação dos que tiveram suas contas relativas ao exercício de cargos ou funções públicas rejeitadas por irregularidade insanável e por decisão irrecorrível do órgão competente, ressalvados os casos em que a questão estiver sendo submetida à apreciação do Poder Judiciário, ou que haja sentença judicial favorável ao interessado.

Observação importante IV: A Justiça Eleitoral possibilitará aos interessados acesso aos documentos apresentados para os fins de instrução do pedido de registro. (*Item em consonância com a reforma eleitoral*)

14.9. A prioridade dos registros e as consequências

Segundo estabelece o *caput* do artigo 16 da Lei nº 9.504/1997, até 20 dias antes da data das eleições, os Tribunais Regionais Eleitorais enviarão ao Tribunal Superior Eleitoral, para fins de centralização e divulgação de dados, a relação dos candidatos às eleições majoritárias e proporcionais, da qual constará obrigatoriamente a referência ao sexo e ao cargo a que concorrem.

- **Destaque da reforma eleitoral:**
  A reforma eleitoral acrescentou ao art. 16 da Lei nº 9.504/1997 os §§ 1º e 2º, a saber:

> § 1º *Até a data prevista no* caput, *todos os pedidos de registro de candidatos, inclusive os impugnados e os respectivos recursos, devem estar julgados pelas instâncias ordinárias, e publicadas as decisões a eles relativas.*
> § 2º Os processos de registro de candidaturas terão prioridade sobre quaisquer outros, devendo a Justiça Eleitoral adotar as providências necessárias para o cumprimento do prazo previsto no § 1º, inclusive com a realização de sessões extraordinárias e a convocação dos juízes suplentes pelos Tribunais, sem prejuízo da eventual aplicação do disposto no art. 97 e de representação ao Conselho Nacional de Justiça.

O **TSE** decidiu que:

> Embora o *caput* do art. 47 da Res.-TSE nº 23.221 estabeleça que o pedido de registro seja julgado pelo Tribunal Regional Eleitoral no prazo de três dias

> após a conclusão dos autos ao relator, anoto que o eventual descumprimento desse prazo não enseja a prévia publicação da inclusão do feito em pauta de julgamento nem mesmo que seja dada ciência pessoal ao candidato quanto à decisão regional.
> O pedido de registro é levado a julgamento, independentemente da publicação de pauta, conforme expressamente prevê o parágrafo único do art. 10 da Lei Complementar nº 64/1990, e as decisões dos tribunais regionais eleitorais, em processos de registro, ocorrem em sessão, passando a partir daí a correr o prazo de três dias para recurso ao Tribunal Superior Eleitoral, nos termos do § 2º do art. 11 da Lei Complementar nº 64.
> As disposições legais objetivam imprimir a celeridade dos pedidos de registro de candidatura, cabendo, portanto, às partes e aos advogados acompanho processamento, a inclusão em pauta e consequente publicação em sessão da decisão (Agravo Regimental no Recurso Ordinário nº 3.701-56/ RN).

14.10. A necessidade de inscrever os candidatos no Cadastro Nacional da Pessoa Jurídica

Antes da reforma eleitoral os **candidatos e Comitês Financeiros** estavam obrigados à inscrição no Cadastro Nacional da Pessoa Jurídica – CNPJ.

Atualmente, só **os candidatos** estão obrigados à inscrição no Cadastro Nacional da Pessoa Jurídica – CNPJ.

Obs.: Responda à questão nº 05 no início do capítulo.

14.11. Da certidão de quitação eleitoral

A certidão de quitação eleitoral abrangerá exclusivamente:

a) a plenitude do gozo dos direitos políticos;
b) o regular exercício do voto;
c) o atendimento a convocações da Justiça Eleitoral para auxiliar os trabalhos relativos ao pleito;
d) a inexistência de multas aplicadas, em caráter definitivo, pela Justiça Eleitoral e não remitidas;
e) e a apresentação de contas de campanha eleitoral.

Para fins de expedição da certidão, considerar-se-ão quites aqueles que:

> I – condenados ao pagamento de multa, tenham, até a data da formalização do seu pedido de registro de candidatura, comprovado o pagamento ou o parcelamento da dívida regularmente cumprido;
> II – pagarem a multa que lhes couber individualmente, excluindo-se qualquer modalidade de responsabilidade solidária, mesmo quando imposta concomitantemente com outros candidatos e em razão do mesmo fato.
> A Justiça Eleitoral enviará aos partidos políticos, na respectiva circunscrição, até o dia 5 de junho do ano da eleição, a relação de todos os devedores de multa eleitoral, a qual embasará a expedição das certidões de quitação eleitoral.

> As condições de elegibilidade e as causas de inelegibilidade devem ser aferidas no momento da formalização do pedido de registro da candidatura, ressalvadas as alterações, fáticas ou jurídicas, supervenientes ao registro que afastem a inelegibilidade.
> A Justiça Eleitoral observará, no parcelamento da multa, as regras de parcelamento previstas na legislação tributária federal.

CUIDADO: NÃO CAIA NA PEGADINHA!

Responda a esta questão: Julgue com V ou F:

( ) O parcelamento das multas eleitorais é direito do cidadão, seja ele eleitor ou candidato, e dos partidos políticos, podendo ser parceladas em até 24 meses, desde que não ultrapasse o limite de 10% (dez por cento) de sua renda.

Resposta: Falsa. Tenha cuidado, pois essa "pegadinha" ainda não foi elaborada em um concurso. A reforma eleitoral alterou o art. 11, § 8º, da Lei nº 9.504/1997, criando o inciso III infracitado.

> O parcelamento das multas eleitorais é direito dos cidadãos e das pessoas jurídicas e pode ser feito em até sessenta meses, salvo quando o valor da parcela ultrapassar 5% (cinco por cento) da renda mensal, no caso de cidadão, ou 2% (dois por cento) do faturamento, no caso de pessoa jurídica, hipótese em que poderá estender-se por prazo superior, de modo que as parcelas não ultrapassem os referidos limites.

A reforma eleitoral também criou um inciso IV e um § 14 para o art. 11 da Lei nº 9.504/1997, passando a dispor que:

> IV – o parcelamento de multas eleitorais e de outras multas e débitos de natureza não eleitoral imputados pelo poder público é garantido também aos partidos políticos em até sessenta meses, salvo se o valor da parcela ultrapassar o limite de 2% (dois por cento) do repasse mensal do Fundo Partidário, hipótese em que poderá estender-se por prazo superior, de modo que as parcelas não ultrapassem o referido limite.
> § 14. É vedado o registro de candidatura avulsa, ainda que o requerente tenha filiação partidária.

14.12. Como serão as eleições no caso de indeferimento do pedido de registro

A decisão da Justiça Eleitoral que importe o indeferimento do registro, a cassação do diploma ou a perda do mandato de candidato eleito em pleito majoritário acarreta, **após o trânsito em julgado, a realização de novas eleições, independentemente do número de votos anulados.**

▸ INDAGAÇÃO DIDÁTICA

Veja esta questão que vai ser elaborada em um concurso jurídico.

"A decisão da Justiça Eleitoral que importe o indeferimento do registro de candidato eleito em pleito majoritário acarreta, após o trânsito em julgado, a realização de novas

eleições, independentemente do número de votos anulados. Neste caso, pergunta-se: como será a nova eleição?"

Resposta: A nova eleição correrá a expensas da Justiça Eleitoral e será:

a) indireta, se a vacância do cargo ocorrer a menos de seis meses do final do mandato;
b) direta, nos demais casos.

CUIDADO: NÃO CAIA NESSA PEGADINHA!

Julgue com V ou F:

( ) A decisão da Justiça Eleitoral que importe o indeferimento do registro, a cassação do diploma ou a perda do mandato de candidato eleito em pleito proporcional acarreta, a realização de novas eleições, independentemente do número de votos anulados.

Resposta: Falsa. Tenha cuidado, pois essa "pegadinha" ainda não foi elaborada em um concurso. Leia novamente o texto e identifique dois erros.

14.13. Casos práticos eleitorais superinteressantes

▸ ASPECTOS PRÁTICOS DAS CONVENÇÕES PARTIDÁRIAS E DA PROPAGANDA INTRAPARTIDÁRIA[17]

1. Permissão da propaganda intrapartidária

A lei permite ao postulante a candidatura a cargo eletivo, na quinzena anterior à escolha pelo partido político, fazer de propaganda intrapartidária com vista à indicação de seu nome, *inclusive mediante a fixação de faixas e cartazes em local próximo da convenção, com mensagem aos convencionais, vedado o uso de rádio, de televisão e de outdoor.*

2. Extrapolação dos limites da propaganda intrapartidária

A propaganda intrapartidária tem que ser realizada "em local próximo da convenção", extrapolado o limite, tem-se a configuração da propaganda extemporânea.

3. Direção da propaganda intrapartidária

A propaganda intrapartidária é permitida ao postulante à candidatura com vistas à indicação de seu nome em convenção, e deve ser dirigida somente aos respectivos convencionais, *quando a propaganda é realizada com fito de atingir os eleitores em geral, torna-se ilegal.*

4. Convenção intrapartidária ostensiva com potencial de atingir os eleitores em geral

A propaganda intrapartidária não pode ser direcionada aos eleitores em geral, senão aos filiados à agremiação que participarão da convenção de escolha dos candidatos que disputarão os cargos eletivos, assim, destaca-se:

[17] Fonte de pesquisa: BARROS, Francisco Dirceu. *Manual de Prática Eleitoral.* 2. ed. São Paulo: JH Mizuno.

4.1. Discursos realizados no âmbito da convenção partidária

Discursos realizados no âmbito da convenção partidária não caracterizam propaganda extemporânea, *desde que tal discurso não ultrapasse o âmbito convencional.*

Assim, caracterizam-se como propaganda extemporânea os discursos proferidos no âmbito da convenção partidária *que sejam transmitidos ou retransmitidos pala internet, rádio, televisão, carros de som ou outro veículo de comunicação.*

4.2. Entrevistas realizadas no âmbito da convenção partidária e retransmitidas para fora da convenção

No mesmo contexto, a propaganda realizada antes da convenção partidária *visando atingir não só os membros do partido, mas também os eleitores em geral, caracteriza propaganda eleitoral antecipada.*

Da mesma forma, as entrevistas realizadas no âmbito da convenção partidária e que são retransmitidas para fora da convenção extrapolam os limites convencionais.

5. Carros de som usados na convocação da convenção

Quanto aos carros de som, merecem destaque dois aspectos práticos:

a) Os carros de som não podem ser usados para retransmitir os atos convencionais, pois tal divulgação extrapola o limite do local da convenção;

b) Carros de som e convocação dos filiados.

Entendo que não há óbice legal no fato de os carros de som serem usados na convocação dos filiados, desde que:

1 – A divulgação seja direcionada apenas aos filiados e não à população em geral;

2 – Seja divulgado apenas que a convenção é do partido "x", *sem alusão a possíveis pré-candidaturas com os respectivos pedidos de votos*;

3 – Eventual despesa com locação do carro seja realizada pelo partido *e não por pré-candidatos*, pois estes estão obrigados à inscrição no Cadastro Nacional da Pessoa Jurídica – CNPJ.

Após o recebimento do pedido de registro da candidatura, a Justiça Eleitoral deverá fornecer, em até 3 (três) dias úteis, o número de registro de CNPJ, *momento em que os candidatos ficam autorizados a promover a arrecadação de recursos financeiros e a realizar as despesas necessárias à campanha eleitoral.*

Desde o dia 15 de maio do ano eleitoral, é facultada aos pré-candidatos a arrecadação prévia de recursos na modalidade prevista no inciso IV do § 4º do art. 23 da Lei 9.504/97, mas a liberação de recursos por parte das entidades arrecadadoras fica condicionada ao registro da candidatura, e a realização de despesas de campanha deverá observar o calendário eleitoral.

Na hipótese supracitada, se não for efetivado o registro da candidatura, as entidades arrecadadoras deverão devolver os valores arrecadados aos doadores.

6. Convenção e o uso de telão para retransmitir os atos convencionais

Entendo que o uso de telões extrapola os limites da propaganda intrapartidária.

7. **Convenção e as remessas de mensagens eletrônicas, remessa de cartas, utilização de faixas e cartazes, distribuição de folhetos aos filiados.**
Em consonância com a CTA – 1673 – TSE, podemos concluir que é permitida:
   - A remessa de mensagens eletrônicas, *dirigidas exclusivamente aos filiados.*
   - A remessa de cartas, *exclusivamente aos filiados.*

   E, ainda, será permitido em local próximo a convenção:
   - A utilização de faixas e cartazes.
   - A distribuição de folhetos aos filiados, nos limites do partido.

8. **A problemática da delimitação do espaço permitido na propaganda intrapartidária**

É lícita a colocação de faixas e cartazes em local próximo da convenção, com mensagem aos convencionais, na quinzena anterior à escolha pelo partido político, mas a lei não estabeleceu qual seria esse diâmetro "próximo da convenção".

Nas eleições anteriores, alguns TREs estabeleceram os limites:

a) TRE/MS: limite de 200 metros;
b) TRE/SP: MS 2549 – "Adjacências do local da convenção não devem ir além de cinco quarteirões ou mil (1000) metros, o que for menor".
c) TRE/RJ: limite de 200 metros dos locais das convenções, em municípios com menos de 200 mil eleitores. Nas demais cidades, a propaganda poderia ser afixada a distância de até 500 metros.

Diante do vácuo legislativo, o melhor critério para respaldar o princípio da segurança jurídica será usar a analogia ao art. 39 da Lei nº 9.504/1997 e estabelecer o limite de 200 metros em todos os casos.

9. **Propaganda extemporânea remanescente da intrapartidária**

A propaganda intrapartidária deve ser retirada imediatamente após a respectiva convenção. No mesmo sentido o artigo 1º, §§ 1º e 2º da Resolução do TSE nº 23.457/2015, que dispõe sobre a propaganda política, *in verbis*:

> Art. 1º (...)
> § 1º Ao postulante a candidatura a cargo eletivo, é permitida a realização, na quinzena anterior à escolha pelo partido político, de propaganda intrapartidária com vista à indicação de seu nome, inclusive mediante a fixação de faixas e cartazes em local próximo da convenção, com mensagem aos convencionais, vedado o uso de rádio, de televisão e de *outdoor* (Lei nº 9.504/1997, art. 36, § 1º).
> § 2º A propaganda de que trata o § 1º deverá ser imediatamente retirada após a respectiva convenção.

Não sendo retirada a propaganda intrapartidária, logo após, estará configurada propaganda antecipada, atraindo a multa do art. 36, § 3º da Lei nº 9.504/1997.

▸ A CANDIDATURA NATA

Como estabelece o § 1º supracitado, ao deputado federal, estadual ou distrital, ou ao vereador, e aos que tenham exercido esses cargos em qualquer período da

legislatura que estiver em curso, é assegurado o registro de candidatura para o mesmo cargo pelo partido a que estejam filiados. Quer dizer que existem candidatos "natos"? Ou seja, Tício, por ser vereador, não precisará disputar a convenção?

Resposta: Pela simples leitura do art. 8º, § 1º, da Lei nº 9.504/1997, diríamos que sim, o **deputado federal, estadual ou distrital, o vereador,** são candidatos "natos" e, nas convenções, não seriam obrigados a concorrer a uma vaga, pois obrigatoriamente deveriam ser contabilizados no número de candidatos a serem registrados para o preenchimento de vagas.

Em boa hora, em decisão liminar, o STF, na Ação Direta de Inconstitucionalidade nº 2.530, ajuizada pelo Procurador-Geral da República, por maioria, deferiu a medida cautelar para suspender a eficácia do § 1º do art. 8º da Lei nº 9.504, de 30 de setembro de 1997, vencido o Senhor Ministro Ilmar Galvão, Vice-Presidente no exercício da Presidência. Ausente, justificadamente, neste julgamento, o Senhor Ministro Marco Aurélio, Presidente (Plenário, 24/04/2002).

Os fundamentos para concessão da liminar foram:

a) a candidatura nata fere o princípio constitucional da isonomia;
b) a candidatura nata representa uma agressão à liberdade de organização dos partidos.

▸ CONCLUSÃO DIDÁTICA

O mérito da ação ainda não foi julgado, mas, hoje, com a suspensão da eficácia do § 1º do art. 8º da Lei nº 9.504/1997, a candidatura "nata" não é possível e todos, nas mesmas condições de igualdade, devem disputar a convenção. Acredito que, em um futuro bem próximo, essa anomalia jurídica deverá ser elidida do nosso Direito.

14.14. O princípio da verticalização das coligações

A verticalização é a regra pela qual os partidos devem seguir nos Estados a coligação a nível nacional, nas eleições presidenciais. Esta **"sempre"** foi a interpretação do TSE, mas em uma inegável manobra política foi promulgada a Emenda Constitucional nº 52/2006, que teve como **escopo acabar com o princípio da verticalização.**

A Emenda Constitucional nº 97, de 2017, reestabeleceu o entendimento do TSE, no sentido de exigir a verticalização das coligações.

Conforme a Constituição Federal, art. 17, 1º "*É assegurada aos partidos políticos autonomia para definir sua estrutura interna e estabelecer regras sobre escolha, formação e duração de seus órgãos permanentes e provisórios e sobre sua organização e funcionamento e para adotar os critérios de escolha e o regime de suas coligações nas eleições majoritárias,* ***vedada a sua celebração nas eleições proporcionais, sem obrigatoriedade de vinculação entre as candidaturas em âmbito nacional, estadual, distrital ou municipal,*** *devendo seus estatutos estabelecer normas de disciplina e fidelidade partidária*".

Portanto, os partidos políticos:

a) Têm liberdade para estabelecer o regime de suas coligações nas eleições majoritárias (presidente, governador e senado);
b) São proibidos de fazer coligação nas eleições proporcionais, sem obrigatoriedade de vinculação entre as candidaturas em âmbito nacional, estadual, distrital ou municipal.

▶ EXEMPLO DIDÁTICO

Os partidos A, B e C fazem uma coligação para eleições de Presidente da República (Majoritário). Pergunta-se: o partido A pode fazer uma coligação com o partido X e Y para disputar as eleições de deputado estatual (Proporcional)?

Resposta: Não. Há afronto ao princípio da verticalização das coligações. Portanto, a coligação proporcional, ou seja, para deputado estadual, terá que seguir a mesma da coligação majoritária (presidente), consequentemente, a coligação proporcional deverá ser realizada entre os partidos A, B e C.

▶ INDAGAÇÃO DIDÁTICA

O princípio da verticalização das coligações *será adotado nas eleições de 2018?*

Resposta: Não. A EC 97/2017 adiou a produção dos efeitos para as eleições de 2020, *in verbis:*

> Art. 2º A vedação à celebração de coligações nas eleições proporcionais, prevista no § 1º do art. 17 da Constituição Federal, aplicar-se-á a partir das eleições de 2020.

▶ RESUMO DIDÁTICO

Portanto, a liberdade aos partidos para fazerem coligações eleitorais independentemente da chapa formada para disputar a eleição majoritária só começará a valer a partir das eleições de 2020, **ou seja, foi decretado o fim da verticalização das coligações a partir das eleições de 2020**.

15. A sanção por desaprovação total ou parcial da prestação de contas do partido

A desaprovação das contas do partido implicará exclusivamente a sanção de devolução da importância apontada como irregular, acrescida de multa de até 20% (vinte por cento).

A Justiça Eleitoral pode determinar diligências necessárias à complementação de informações ou ao saneamento de irregularidades encontradas nas contas dos órgãos de direção partidária ou de candidatos.

A sanção supracitada:

a) Deve ser aplicada exclusivamente à esfera partidária responsável pela irregularidade, não suspendendo o registro ou a anotação de seus órgãos de direção partidária nem tornando devedores ou inadimplentes os respectivos responsáveis partidários.

b) Deverá ser aplicada de forma proporcional e razoável, pelo período de um a doze meses, e o pagamento deverá ser feito por meio de desconto nos futuros repasses de cotas do Fundo Partidário, desde que a prestação de contas seja julgada, pelo juízo ou tribunal competente, em até cinco anos de sua apresentação.
c) O desconto no repasse de cotas resultante da aplicação da sanção será suspenso durante o segundo semestre do ano em que se realizarem as eleições.

Da decisão que desaprovar total ou parcialmente a prestação de contas dos órgãos partidários caberá recurso para os Tribunais Regionais Eleitorais ou para o Tribunal Superior Eleitoral, conforme o caso, o qual deverá ser recebido com efeito suspensivo.

As prestações de contas desaprovadas pelos Tribunais Regionais e pelo Tribunal Superior poderão ser revistas para fins de aplicação proporcional da sanção, mediante requerimento ofertado nos autos da prestação de contas.

Os gastos com passagens aéreas serão comprovados mediante apresentação de fatura ou duplicata emitida por agência de viagem, quando for o caso, desde que informados os beneficiários, as datas e os itinerários, vedada a exigência de apresentação de qualquer outro documento para esse fim.

Os órgãos partidários poderão apresentar documentos hábeis para esclarecer questionamentos da Justiça Eleitoral ou para sanear irregularidades a qualquer tempo, enquanto não transitada em julgado a decisão que julgar a prestação de contas.

Erros formais ou materiais que no conjunto da prestação de contas não comprometam o conhecimento da origem das receitas e a destinação das despesas não acarretarão a desaprovação das contas.

A responsabilização pessoal civil e criminal dos dirigentes partidários decorrente da desaprovação das contas partidárias e de atos ilícitos atribuídos ao partido político somente ocorrerá se verificada irregularidade grave e insanável resultante de conduta dolosa que importe enriquecimento ilícito e lesão ao patrimônio do partido.

O instituto ou fundação de pesquisa e de doutrinação e educação política não será atingido pela sanção aplicada ao partido político em caso de desaprovação de suas contas, exceto se tiver diretamente dado causa à reprovação.

15.1. A sanção pela falta de prestação de contas do partido

A falta de prestação de contas implicará a suspensão de novas cotas do Fundo Partidário enquanto perdurar a inadimplência e sujeitará os responsáveis às penas da lei.

16. A fiscalização sobre a prestação de contas do partido e das despesas de campanha eleitoral

A Justiça Eleitoral exerce a fiscalização sobre a prestação de contas do partido e das despesas de campanha eleitoral, devendo atestar se elas refletem adequadamente a real movimentação financeira, os dispêndios e os recursos aplicados nas campanhas eleitorais, exigindo a observação das seguintes normas:

a) obrigatoriedade de designação de dirigentes partidários específicos para movimentar recursos financeiros nas campanhas eleitorais;

b) relatório financeiro, com documentação que comprove a entrada e saída de dinheiro ou de bens recebidos e aplicados;

c) obrigatoriedade de ser conservada pelo partido, por prazo não inferior a cinco anos, a documentação comprobatória de suas prestações de contas;

d) obrigatoriedade de prestação de contas pelo partido político e por seus candidatos no encerramento da campanha eleitoral, com o recolhimento imediato à tesouraria do partido dos saldos financeiros eventualmente apurados.

16.1. O objetivo da fiscalização sobre a prestação de contas do partido e das despesas de campanha eleitoral

Essa fiscalização tem por escopo identificar a origem das receitas e a destinação das despesas com as atividades partidárias e eleitorais, mediante o exame formal dos documentos fiscais apresentados pelos partidos políticos e candidatos, sendo vedada a análise das atividades político-partidárias ou qualquer interferência em sua autonomia.

17. Da prestação de contas dos candidatos

A prestação de contas será feita:

As prestações de contas dos candidatos às eleições majoritárias serão **feitas pelo próprio candidato**, devendo ser acompanhadas dos extratos das contas bancárias referentes à movimentação dos recursos financeiros usados na campanha e da relação dos cheques recebidos, com a indicação dos respectivos números, valores e emitentes.

As prestações de contas dos candidatos às eleições proporcionais serão **feitas pelo próprio candidato.**

As contribuições, doações e as receitas de que trata esta Lei nº 9.504/1997 serão convertidas em UFIR, pelo valor desta no mês em que ocorrerem.

Os partidos políticos, as coligações e os candidatos são obrigados, durante as campanhas eleitorais, a divulgar em sítio criado pela Justiça Eleitoral para esse fim na rede mundial de computadores (internet):

a) os recursos em dinheiro recebidos para financiamento de sua campanha eleitoral, em até 72 (setenta e duas) horas de seu recebimento;

b) no dia 15 de setembro, relatório discriminando as transferências do Fundo Partidário, os recursos em dinheiro e os estimáveis em dinheiro recebidos, bem como os gastos realizados.

Ficam também dispensadas de comprovação na prestação de contas:

a) a cessão de bens móveis, limitada ao valor de R$ 4.000,00 (quatro mil reais) por pessoa cedente;

b) ***doações estimáveis em dinheiro entre candidatos ou partidos****, decorrentes do uso comum tanto de sedes quanto de materiais de propaganda eleitoral, cujo gasto deverá ser registrado na prestação de contas do responsável pelo pagamento da despesa;*
c) a cessão de automóvel de propriedade do candidato, do cônjuge e de seus parentes até o terceiro grau para seu uso pessoal durante a campanha.

17.1. As atividades que os comitês deverão fazer ao receber as prestações de contas dos candidatos às eleições majoritárias e dos candidatos às eleições proporcionais que optarem por prestar contas por seu intermédio

Ao receber as prestações de contas e demais informações dos candidatos às eleições majoritárias e dos candidatos às eleições proporcionais que optarem por prestar contas por seu intermédio, os comitês deverão:

a) resumir as informações contidas na prestação de contas, de forma a apresentar demonstrativo consolidado das campanhas;
b) encaminhar à Justiça Eleitoral, até o trigésimo dia posterior à realização das eleições, o conjunto das prestações de contas dos candidatos e do próprio comitê, na forma do artigo anterior, ressalvada a hipótese do inciso seguinte;
c) havendo segundo turno, encaminhar a prestação de contas, referente aos 2 (dois) turnos, até o vigésimo dia posterior à sua realização.

Atenção 1: A inobservância do prazo para encaminhamento das prestações de contas impede a diplomação dos eleitos, enquanto perdurar.

Atenção 2: Eventuais débitos de campanha não quitados até a data de apresentação da prestação de contas poderão ser assumidos pelo partido político, por decisão do seu órgão nacional de direção partidária, neste caso, o órgão partidário da respectiva circunscrição eleitoral passará a responder por todas as dívidas solidariamente com o candidato, hipótese em que a existência do débito não poderá ser considerada como causa para a rejeição das contas.

17.2. A apreciação das contas pela Justiça Eleitoral

A Justiça Eleitoral verificará a regularidade das contas de campanha, decidindo:

a) pela aprovação, quando estiverem regulares;
b) pela aprovação com ressalvas, quando verificadas falhas que não lhes comprometam a regularidade;
c) pela desaprovação, quando verificadas falhas que lhes comprometam a regularidade;
d) pela não prestação, quando não apresentadas as contas após a notificação emitida pela Justiça Eleitoral, na qual constará a obrigação expressa de prestar as suas contas, no prazo de setenta e duas horas.

Observação importante I: A decisão que julgar as contas dos candidatos eleitos será publicada em **sessão até três dias antes da diplomação.**

Observação importante II: para efetuar os exames de que trata este item, a Justiça Eleitoral poderá requisitar técnicos do Tribunal de Contas da União, dos Estados, do Distrito Federal ou dos Municípios, pelo tempo que for necessário.

Observação importante III: *"Havendo indício de irregularidade na prestação de contas, a Justiça Eleitoral poderá* ***requisitar do candidato*** *as informações adicionais necessárias, bem como determinar diligências para a complementação dos dados ou o saneamento das falhas"*.

Atenção: "A prestação de contas retificadora apresentada a destempo não acarreta, por si só, o julgamento das contas de campanha como não prestadas [...]". (Ac.-TSE, de 15.5.2014, no AgR-REsp nº 11939).

17.3. O recurso da decisão que julgar as contas prestadas pelos candidatos

Da decisão que julgar as contas prestadas pelos candidatos caberá recurso ao órgão superior da Justiça Eleitoral, no prazo de 3 (três) dias, a contar da publicação no Diário Oficial.

No mesmo prazo supracitado, caberá recurso especial para o Tribunal Superior Eleitoral, nas hipóteses previstas nos incisos I e II do § 4º do art. 121 da Constituição Federal.

CUIDADO: NÃO CAIA NESSA PEGADINHA!

Julgue com V ou F:

( ) Da decisão que julgar as contas prestadas pelos candidatos e comitês financeiros caberá recurso ao órgão superior da Justiça Eleitoral, no prazo de 3 (três) dias, a contar da publicação no *Diário Oficial*.

Resposta: Falsa. Tenha cuidado, pois essa "pegadinha" ainda não foi elaborada em um concurso. A reforma eleitoral (Lei nº 13.165/2015, de 29 de setembro de 2015), retirou do § 5º do art. 30 da Lei nº 9.504/1997 a frase "e comitês financeiros".

17.4. Consequência da procedência da investigação judicial eleitoral para apurar irregularidades relativas à arrecadação e aos gastos de recursos

Haverá dois efeitos:

a) **Um efeito primário:** cassação ou negação do diploma.

Fundamento: Dispõe o § 2º do art. 30-A da Lei nº 9.504/1997 que: "*Comprovados captação ou gastos ilícitos de recursos, para fins eleitorais, será negado diploma ao candidato, ou cassado, se já houver sido outorgado.*"

b) **Dois efeitos secundários:**

- **A decretação da inelegibilidade.**

Fundamento: *Vide* alínea *j* do inciso I, art. 1º, DL nº 64/1990, incluído pela Lei Complementar no 135, de 2010, *in verbis*:

> Art. 1º São inelegíveis:
> I – para qualquer cargo:
> *(...)*

> *j) os que forem condenados, em decisão transitada em julgado ou proferida por órgão colegiado da Justiça Eleitoral, por corrupção eleitoral, por captação ilícita de sufrágio, por doação, captação ou gastos ilícitos de recursos de campanha ou por conduta vedada aos agentes públicos em campanhas eleitorais que impliquem cassação do registro ou do diploma, pelo prazo de 8 (oito) anos a contar da eleição; (...)*

Insta acentuar que a inelegibilidade supracitada depende da consolidação e de uma das três hipóteses infracitadas:

a) juiz eleitoral de primeiro grau decide, e órgão colegiado eleitoral retifica a decisão;
b) decisão proferida por órgão colegiado eleitoral;
c) trânsito em julgado da decisão.

- **Multa.**

Preconiza o art. 18-B da Lei nº 9.504/1997: "*O descumprimento dos limites de gastos fixados para cada campanha acarretará o pagamento de multa em valor equivalente a 100% (cem por cento) da quantia que ultrapassar o limite estabelecido, sem prejuízo da apuração da ocorrência de abuso do poder econômico*".

▸ INDAGAÇÃO DIDÁTICA

Agora ficou superfácil responder esta questão que futuramente será elaborada em concursos jurídicos: "*Qual a consequência da procedência da investigação judicial eleitoral para apurar irregularidades relativas à arrecadação e gastos de recursos?*"

17.5. Das sobras de recursos financeiros

Se, ao final da campanha, ocorrer sobra de recursos financeiros, esta deve ser declarada na prestação de contas e, após julgados todos os recursos, transferida ao partido, obedecendo aos seguintes critérios:

a) no caso de candidato a Prefeito, Vice-Prefeito e Vereador, esses recursos deverão ser transferidos para o órgão diretivo municipal do partido na cidade onde ocorreu a eleição, o qual será responsável exclusivo pela identificação desses recursos, sua utilização, contabilização e respectiva prestação de contas perante o juízo eleitoral correspondente;
b) no caso de candidato a Governador, Vice-Governador, Senador, Deputado Federal e Deputado Estadual ou Distrital, esses recursos deverão ser transferidos para o órgão diretivo regional do partido no Estado onde ocorreu a eleição ou no Distrito Federal, se for o caso, o qual será responsável exclusivo pela identificação desses recursos, sua utilização, contabilização e respectiva prestação de contas perante o Tribunal Regional Eleitoral correspondente;
c) no caso de candidato a Presidente e Vice-Presidente da República, esses recursos deverão ser transferidos para o órgão diretivo nacional do partido, o qual será responsável exclusivo pela identificação desses recursos, sua utilização, contabilização e respectiva prestação de contas perante o Tribunal Superior Eleitoral;

d) o órgão diretivo nacional do partido não poderá ser responsabilizado nem penalizado pelo descumprimento do disposto neste artigo por parte dos órgãos diretivos municipais e regionais.

As sobras de recursos financeiros de campanha serão utilizadas pelos partidos políticos, devendo tais valores ser declarados em suas prestações de contas perante a Justiça Eleitoral, com a identificação dos candidatos.

18. Divisão das eleições no Brasil

As eleições estão divididas em três espécies:

a) **eleições municipais**: para Prefeitos, Vice-Prefeitos, vereadores;
b) **eleições gerais** (estaduais): para Governadores, Vice-Governadores, senadores, deputados federais, estaduais e distritais;
c) **eleições presidenciais** (nacionais): para Presidente e Vice-Presidente da República.

18.1. Quadro didático sobre a duração dos mandatos

Cargo eletivo	Local da disputa	Duração
Presidente e vice-presidente	Nacional	4 anos com uma reeleição
Governador e vice-governador	Estadual	4 anos com uma reeleição
Senador e dois suplentes	Estadual	8 anos com reeleição
Deputado federal	Estadual	4 anos com reeleição
Deputado estadual	Estadual	4 anos com reeleição
Prefeito e vice-prefeito	Municipal	4 anos com uma reeleição
Vereador	Municipal	4 anos com reeleição

19. As espécies de convenções

As espécies de convenções são:

a) **convenções municipais:** para a escolha dos candidatos do partido a Prefeito, Vice-Prefeito e vereadores;
b) **convenções regionais:** para a escolha dos candidatos do partido a Governador, Vice-Governador, senadores, deputados federais e deputados estaduais;
c) **convenções nacionais:** para a escolha dos candidatos do partido a Presidente e Vice-Presidente da República.

20. Competência para o registro dos candidatos

a) Candidatos a Prefeito, Vice-Prefeito e vereadores, a competência do registro é dos juízes eleitorais.

b) Candidatos a Governador, Vice-Governador, senadores, deputados federais e deputados estaduais, a competência do registro é dos Tribunais Regionais Eleitorais.
c) Candidatos a Presidente e Vice-Presidente da República, a competência do registro é do Tribunal Superior Eleitoral.
Veja este excelente quadro didático, elaborado por **Joel José Cândido**:[18]

Natureza da eleição	**Cargos em disputa**	**Órgãos partidários de deliberação**	**Órgão de J. E. competente para registro**
Municipal	Prefeito Vice-Prefeito Vereadores	Convenções Municipais	Juiz Eleitoral
Geral (Estadual)	Governador Vice-Governador Senadores Deputados Federais Deputados Estaduais Deputados Distritais	Convenção Regional	TRE
Presidencial (Nacional)	Presidente Vice-Presidente	Convenção Nacional	TSE

21. As consequências da duplicidade de filiação

a) Efeito eleitoral cível

Antigamente, quando era detectada a duplicidade de filiações, ambas eram canceladas.

O parágrafo único do art. 22 da Lei nº 9.096/1995 era bem claro:

> Parágrafo único. Quem se filia a outro partido deve fazer comunicação ao partido e ao juiz de sua respectiva Zona Eleitoral, para cancelar sua filiação; se não o fizer no dia imediato ao da nova filiação, fica configurada dupla filiação, sendo ambas consideradas nulas para todos os efeitos.

Cuidado: houve uma grande mudança.

O parágrafo único do art. 22 da Lei nº 9.096/1995 foi alterado pela minirreforma eleitoral, dispondo agora que:

> Havendo coexistência de filiações partidárias, prevalecerá a mais recente, devendo a Justiça Eleitoral determinar o cancelamento das demais.

[18] Cândido, Joel José. *Direito Eleitoral*. Editora Edipro, 2002.

b) Efeito eleitoral criminal

Deve-se remeter cópia dos autos para a Polícia Federal com o fito de instaurar o TCOE (Termo de Circunstanciado de Ocorrência Eleitoral). Caso já existam provas nos autos, dispensa-se a requisição de TCOE e processa na própria Justiça Eleitoral a transação penal.

Aqui sempre surge um pequeno problema, pois quando há duplicidade de filiações partidárias, o eleitor assina a ficha e alguém sempre induz para que ele assine.

No direito eleitoral, o que prevalece é a teoria unitária eleitoral (monista ou monística). Todo aquele que concorre para a produção do crime paga pelo mesmo delito. Que é a mesma do direito penal. Ex.: "A" e "B" querem matar "C". Na hora da execução, "A" segura "C" e "B" dá as facadas. Pela teoria monista, todos respondem por homicídio.

Entretanto, no direito eleitoral temos várias exceções em que é possível a aplicação da teoria dualística (dualista). Segundo essa teoria, há um crime entre os autores e outro crime entre os partícipes.

Assim, temos:

Para o eleitor: art. 320 do CE (Código Eleitoral).

Inscrever-se o eleitor, simultaneamente, em 2 (dois) ou mais partidos:

Pena – pagamento de 10 (dez) a 20 (vinte) dias-multa.

Para quem induz: art. 321 do CE (Código Eleitoral).

Colher a assinatura do eleitor em mais de uma ficha de registro de partido:

Pena – detenção até 2 (dois) meses ou pagamento de 20 (vinte) a 40 (quarenta) dias-multa.

▸ ATENÇÃO

Quando estava em vigor o antigo parágrafo único do art. 22 da Lei nº 9.096/1995, o efeito civil/eleitoral da dupla filiação era "ambas serem consideradas nulas para todos os efeitos". Assim, defendíamos que, em atendimento ao princípio da intervenção mínima, não era possível penalizar "criminalmente" o autor da dupla filiação.

Na jurisprudência citávamos os julgados:

O tipo penal do art. 320 do CE há muito tem sido considerado pela Jurisprudência como não recepcionado pela CF (TRE-MG, Recurso Eleitoral nº 6.832.008, Acórdão nº 832 de 16/04/2008; Súmula 26 do TRE-MG; TRE-RO – RC nº 872209224 RO; dentre outros...) ou que há ausência de justa causa para a ação penal por inexistência de dolo (TRE-DF, Recurso Eleitoral (1ª Instância) Releit 1.497/DF) ou, ainda, que o fato é atípico por impossibilidade de cumulação de sanções em atenção ao princípio da intervenção mínima (TRE-RJ, RC nº 10.080/RJ; TSE, REsp nº 5.715/RJ, 03.08.2012).

Hoje, com a alteração promovida pela reforma eleitoral, e, sendo agora o efeito da dupla filiação a prevalência da mais recente "não há grandes prejuízos para o infrator", entendemos, *in casu*, que não podemos mais falar em afronta ao princípio da intervenção mínima, e para auferir maior efetividade a norma eleitoral, deve-se aplicar a reprimenda criminal prevista no art. 320 do Código Eleitoral o autor da dupla filiação.

22. O limite de gastos de campanha de cada candidato

O limite de gastos de campanha de cada candidato deverá ser considerado da forma abaixo estabelecida:

a) A distribuição dos recursos entre os partidos terá por base o número de representantes titulares na Câmara dos Deputados e no Senado Federal, apurado em 28 de agosto e, nas eleições subsequentes, apurado no último dia da sessão legislativa imediatamente anterior ao ano eleitoral.
b) Nas eleições para Presidente da República em 2018, o limite de gastos de campanha de cada candidato será de R$ 70.000.000,00 (setenta milhões de reais).
c) Na campanha para o segundo turno, se houver, o limite de gastos de cada candidato será de 50% (cinquenta por cento) do valor estabelecido no item "a".
d) O limite de gastos nas campanhas dos candidatos às eleições de Governador e Senador será definido de acordo com o número de eleitores de cada unidade da Federação apurado no dia 31 de maio.
e) Nas eleições para Governador, serão os seguintes os limites de gastos de campanha de cada candidato:

> I – nas unidades da Federação com até um milhão de eleitores: R$ 2.800.000,00 (dois milhões e oitocentos mil reais);
> II – nas unidades da Federação com mais de um milhão de eleitores e de até dois milhões de eleitores: R$ 4.900.000,00 (quatro milhões e novecentos mil reais);
> III – nas unidades da Federação com mais de dois milhões de eleitores e de até quatro milhões de eleitores: R$ 5.600.000,00 (cinco milhões e seiscentos mil reais);
> IV – nas unidades da Federação com mais de quatro milhões de eleitores e de até dez milhões de eleitores: R$ 9.100.000,00 (nove milhões e cem mil reais);
> V – nas unidades da Federação com mais de dez milhões de eleitores e de até vinte milhões de eleitores: R$ 14.000.000,00 (catorze milhões de reais);
> VI – nas unidades da Federação com mais de vinte milhões de eleitores: R$ 21.000.000,00 (vinte e um milhões de reais).
> f) Nas eleições para Senador, serão os seguintes os limites de gastos de campanha de cada candidato:
> I – nas unidades da Federação com até dois milhões de eleitores: R$ 2.500.000,00 (dois milhões e quinhentos mil reais);
> II – nas unidades da Federação com mais de dois milhões de eleitores e de até quatro milhões de eleitores: R$ 3.000.000,00 (três milhões de reais);
> III – nas unidades da Federação com mais de quatro milhões de eleitores e de até dez milhões de eleitores: R$ 3.500.000,00 (três milhões e quinhentos mil reais);
> IV – nas unidades da Federação com mais de dez milhões de eleitores e de até vinte milhões de eleitores: R$ 4.200.000,00 (quatro milhões e duzentos mil reais);
> V – nas unidades da Federação com mais de vinte milhões de eleitores: R$ 5.600.000,00 (cinco milhões e seiscentos mil reais).

g) Nas campanhas para o segundo turno de governador, onde houver, o limite de gastos de cada candidato será de 50% (cinquenta por cento) dos limites fixados no item "e".
h) O limite de gastos será de: Deputado Federal, Deputado Estadual e Deputado Distrital.
I – R$ 2.500.000,00 (dois milhões e quinhentos mil reais) para as campanhas dos candidatos às eleições de Deputado Federal;
II – R$ 1.000.000,00 (um milhão de reais) para as campanhas dos candidatos às eleições de Deputado Estadual e Deputado Distrital.
i) Se as doações de pessoas físicas a candidatos, somadas aos recursos públicos, excederem o limite de gastos permitido para a respectiva campanha, o valor excedente poderá ser transferido para o partido do candidato.

23. Entendimentos sumulados pelo TSE

SÚMULA Nº 3

No processo de registro de candidatos, não tendo o juiz aberto prazo para o suprimento de defeito da instrução do pedido, pode o documento, cuja falta houver motivado o indeferimento, ser juntado com o recurso ordinário.

O TSE também tem decidido que:

"No julgamento dos registros de candidaturas, o órgão jurisdicional deve considerar o documento juntado de forma tardia, enquanto não esgotada a instância ordinária. (Ac.-TSE, de 25.9.2014, no AgR-REsp nº 184.028 e, de 4.9.2014, no REsp nº 38.455)".

SÚMULA Nº 4

Não havendo preferência entre candidatos que pretendam o registro da mesma variação nominal, defere-se o do que primeiro o tenha requerido.

SÚMULA Nº 16

"A falta de abertura de conta bancária específica não é fundamento suficiente para a rejeição de contas de campanha eleitoral, desde que, por outros meios, se possa demonstrar sua regularidade".

Cuidado: não caia nesta pegadinha, pois esta Súmula foi cancelada pelo Ac.-TSE, de 10.5.2016, no PA nº 32345, publicado no *DJE* de 24, 27 e 28.6.2016. Mas, professor Dirceu, por que a súmula não foi retirada do livro? Por um motivo bem simples: a redação da súmula será cobrada no seu concurso, portanto, coloque "E" de errado.

SÚMULA Nº 20

"A prova de filiação partidária daquele cujo nome não constou da lista de filiados de que trata o art. 19 da Lei nº 9.096/1995 pode ser realizada por outros elementos de convicção, salvo quando se tratar de documentos produzidos unilateralmente, destituídos de fé pública". (Súmula atualizada pelo Ac.-TSE, de 10.5.2016, no PA nº 32.345).

SÚMULA Nº 21

"O prazo para ajuizamento da representação contra doação de campanha acima do limite legal é de 180 dias, contados da data da diplomação".

Cuidado: essa súmula foi cancelada. Mas, professor Dirceu, por que a súmula não foi retirada do livro? Por um motivo bem simples: a redação da súmula será cobrada no seu concurso, portanto, coloque "E" de errado.

SÚMULA Nº 53

O filiado a partido político, ainda que não seja candidato, possui legitimidade e interesse para impugnar pedido de registro de coligação partidária da qual é integrante, em razão de eventuais irregularidades havidas em convenção.

SÚMULA Nº 67

A perda do mandato em razão da desfiliação partidária não se aplica aos candidatos eleitos pelo sistema majoritário.

▸ RESUMO DIDÁTICO

Observação nº 01. O partido político, após adquirir personalidade jurídica na forma da lei civil, registra seu estatuto no Tribunal Superior Eleitoral.

Observação nº 02. As normas de fidelidade e disciplina partidária dos partidos políticos são estabelecidas nos estatutos dos respectivos partidos políticos.

Observação nº 03. A filiação partidária constitui condição *sine qua non* para a elegibilidade no modelo constitucional brasileiro.

Observação nº 04. Se um partido resolve, por deliberação dos seus dirigentes, unir-se a outro partido, adotando, em convenção nacional, os estatutos e o programa deste partido, estaremos diante de uma incorporação de partido.

Observação nº 05. Para concorrer ao cargo de prefeito municipal, o eleitor deverá estar filiado ao respectivo partido pelo menos um ano antes da data das eleições.

Observação nº 06. Para desligar-se do partido, o filiado deve comunicar sua decisão por escrito ao órgão de direção municipal e ao juiz eleitoral da zona em que estiver filiado.

Observação nº 07. Admite-se a intervenção dos órgãos partidários superiores nos inferiores para manter a integridade partidária ou preservar a linha político-partidária fixada pelas convenções ou diretórios nacionais ou regionais.

Observação nº 08. Acerca dos partidos políticos, é correto dizer que a filiação partidária é direito do cidadão, mas somente poderá ser exercido por quem estiver no pleno gozo de seus direitos políticos.

24. Questões interessantes sobre partidos políticos

1. O que é fusão e qual o procedimento de criação do novo partido?

Resposta: O jurista **Fávila Ribeiro** responde com maestria: "A fusão decorre da conjugação abrangendo dois ou mais partidos, da qual emergirá uma nova entidade partidária, absorvendo as agremiações que assim ajustaram, seguindo as mesmas tramitações aplicáveis à formação dos partidos. Nessa hipótese, devem os partidos interessados elaborar novos estatutos e programas de congraçamento como expressão da unidade que vai se consolidar, ficando incumbido da promoção do registro da entidade emergente e adoção das demais providências o Diretório Nacional que assim tenha ficado provisoriamente constituído."[19]

Obs.: veja agora a questão nº 2.

2. O que é incorporação e qual a sua consequência?

Resposta: Continua o renomado autor supramencionado: "A incorporação partidária importa na abdicação de determinado partido de sua individualidade e existência, perdendo a sua autonomia para agregar-se a outro existente, após assim ser deliberado nas apropriadas instâncias partidárias, aos moldes legalmente admitidos. Assim acontecendo, haverá uma unificação e uma reacomodação, sendo certo que se distenda ao corpo de filiados, aos quais se repassam os mesmos direitos e deveres indiferenciados na esfera da entidade receptora, e não pode ser de outro modo, pois sempre o filiado é o citado na esfera do partido assim devendo ser tratado."

Obs.: veja agora a questão nº 7.

3. Como ocorre o cancelamento do partido político?

Resposta: O cancelamento do partido, somente pode ser resultante de decisão judicial, com trânsito em julgado, em conformidade com o art. 5º, XIX, da Constituição Federal. Veja agora o item 13, "a extinção dos partidos".

4. Quem tem legitimidade para propor o cancelamento?

Resposta: Segundo o Prof. Fávila Ribeiro, tem legitimidade para propositura do cancelamento o Ministério Público e qualquer partido político em legítimo funcionamento.

Minha posição: entendo que qualquer eleitor também tem legitimidade para propor o cancelamento. Veja o art. 28, § 2º, da Lei nº 9.096/1995, *in verbis:*

> O processo de cancelamento é iniciado pelo Tribunal à vista de denúncia de qualquer eleitor, de representante de partido, ou de representação do Procurador-Geral Eleitoral.

5. Quais as causas do cancelamento?

Resposta: Leciona o Prof. **Fávila Ribeiro** que somente são cabíveis as ações de cancelamento de partido nos seguintes casos:

a) em caso de desvirtuamento de suas finalidades e dos compromissos fundamentais com o regime democrático;

[19] No mesmo sentido: CERQUEIRA, Thales Tácito Pontes Luz de Pádua. *Direito Eleitoral brasileiro.* Belo Horizonte: Del Rey, 2002, p. 158.

b) por haver perdido o caráter nacional, com o esmaecimento de sua representatividade política;
c) com a deserção de elevado contingente de filiados que lhe transmitia vitalidade coletiva.

Minha posição: as causas de cancelamento, hoje, são as previstas no art. 28 da Lei nº 9.096/1995, *in verbis:*

> O Tribunal Superior Eleitoral, após trânsito em julgado de decisão, determina o cancelamento do registro civil e do estatuto do partido contra o qual fique provado:
> I – ter recebido ou estar recebendo recursos financeiros de procedência estrangeira;
> II – estar subordinado a entidade ou governo estrangeiros;
> III – não ter prestado, nos termos desta Lei, as devidas contas à Justiça Eleitoral;
> IV – que mantém organização paramilitar.
> § 1º. A decisão judicial a que se refere este artigo deve ser precedida de processo regular, que assegure ampla defesa.

6. Qual o efeito do cancelamento?

Resposta: O cancelamento do registro acarreta a perda da personalidade jurídica do partido, assim devendo ser levado a registro na forma da legislação civil, a mesma que prevaleceu em sua criação.

7. Qual o órgão supremo de um partido político?

Resposta: O funcionamento interno dos partidos é disciplinado em lei, tendo por órgão supremo a convenção nacional.

8. Quais as categorias dos órgãos partidários?

Resposta: Os órgãos partidários estão agrupados nas categorias seguintes:

a) de deliberação;
b) de direito e de ação;
c) de ação parlamentar;
d) de cooperação.

9. Quais são as categorias de deliberação?

Resposta: As convenções municipais, regionais e nacionais.

10. Quais são as categorias de direito e de ação?

Resposta: Os diretórios distritais, municipais, regionais e nacionais.

11. Quais são as categorias de ação parlamentar?

Resposta: As bancadas, as Câmaras Municipais, Assembleias Legislativas e o Congresso Nacional.

12. Quais são as categorias de cooperação?

Resposta: Os conselhos de ética partidária, os conselhos fiscais e consultivos, os departamentos trabalhistas, estudantis, femininos e outros com a mesma finalidade.

13. Quais as pessoas que não podem participar de funções executivas dos órgãos partidários?

Resposta: "Não podem participar de funções executivas dos órgãos partidários o Presidente e o Vice-Presidente da República, os Ministros de Estado, os Governadores e Vice-Governadores, Secretários de Estado e dos Territórios Federais, Prefeitos e Vice-Prefeitos. Mas nenhum impedimento existe a que essas autoridades possam integrar os diretórios, sem vínculos com as suas respectivas comissões executivas. Todavia, se ocupassem funções executivas antes da investidura em algum dos cargos contemplados na vedação, deveriam desde então desligar-se definitivamente da posição executiva partidária, nada impedindo que permaneçam compondo os respectivos diretórios. Não é, porém, suficiente que haja o afastamento eventual. Impõe-se que seja definitivo o desligamento, com a produção da vacância da função, de modo a que não se apresente em atitude infringente ao preceito legal proibitivo."[20]

14. É admitida a participação simultânea de filiados em mais de um diretório?

Resposta: Em regra, não. É inadmitida a participação simultânea de filiados em mais de um diretório, abrindo-se exceção apenas se um deles for nacional.

15. Pode haver intervenção de um órgão partidário superior em outro inferior?

Resposta: Os órgãos partidários desempenham as suas atividades autonomamente, observando, é evidente, regras uniformes da vida partidária, consubstanciadas no programa e em seu estatuto. O princípio da não intervenção deve ser observado como regra. "Domina, assim, o princípio da não intervenção dos órgãos superiores nas atividades dos inferiores. Sempre se terá de entender que a intervenção é medida de proteção para preservar a unidade, o que afasta a ideia punitiva que com ela não se compadece."[21]

16. Se houver necessidade de intervenção, qual o procedimento a ser adotado?

Resposta: É uma atividade que deve ser realizada sob o manto da legalidade, por isto, concordamos com **Fávila Ribeiro**: "Antes que se efetive a medida da intervenção, é necessária a audiência do órgão afetado para que produza as explicações consideradas pertinentes, dispondo, assim, de oportunidades para reamoldar-se aos padrões partidários. Muitas vezes a interpelação surte o efeito desejado, fazendo prescindível a medida interventiva. A intervenção, deve ser esclarecido, é medida de caráter discricionário, e não despótico. Submete-se a controle de legalidade pela via jurisdicional."[22]

Obs.: veja agora a questão nº 3.

17. Qual o órgão competente para decretar a intervenção?

Resposta: A competência para decretar a intervenção é reservada aos diretórios, e não às correspondentes comissões executivas. Mas, segundo **Fávila Ribeiro**:

---

20 Nesse sentido: Ribeiro, Fávila. *Direito Eleitoral*. 5. ed. Rio de Janeiro: Forense.

21 Nesse sentido: Ribeiro, Fávila. *Direito Eleitoral*. 5. ed. Rio de Janeiro: Forense.

22 Nesse sentido: Ribeiro, Fávila. *Direito Eleitoral*. 5. ed. Rio de Janeiro: Forense.

"Nada obsta, porém, que a Comissão Executiva possa instaurar o procedimento, mandando, de logo, ouvir o órgão em causa, para que no momento em que se reunir o diretório para adotar a deliberação já esteja a matéria suficientemente instruída". Mais adiante acrescenta o mestre do Direito Eleitoral: "o que não cabe é o deslocamento da competência deliberativa sobre a intervenção do diretório para a comissão executiva".[23]

18. Quais as hipóteses de intervenção?

Resposta: As hipóteses de intervenção são as seguintes:

a) manter a integridade partidária, a caracterizar-se quando há risco de desagregação interna, por extremadas rivalidades entre facções;
b) reorganizar as finanças do partido, porque se tenha tornado insolvente, deixando de cumprir, com pontualidade, os seus compromissos financeiros ou que se tenha revelado desidioso em sua escrituração contábil ou impontual na apresentação de suas prestações de contas em regular estilo;
c) assegurar a disciplina partidária, uma vez que, por seus próprios meios, não o vem conseguindo o órgão afetado;
d) preservar normas estatutárias, a ética partidária ou a linha político-partidária fixada pelas convenções ou diretórios nacionais ou regionais, respectivamente, conforme a medida se aplique a diretórios regionais ou municipais;
e) normalizar a gestão financeira, apurando os vícios acaso existentes, colocando-a em termos racionais, com remoção dos responsáveis por quaisquer irregularidades;
f) garantir o direito das minorias a que se possa estabelecer revezamento democrático sem atribulação, prevalecendo as forças majoritárias, sem estigmatizar os grupos minoritários.

19. De quem é a competência para processar e julgar registro e cessação dos diretórios nacionais dos partidos políticos?

Resposta: O Código Eleitoral, ao delinear as competências do Tribunal Superior Eleitoral, inclui, no art. 22, I, *a*, a de processar e julgar registro e cessação dos diretórios nacionais dos partidos políticos.

20. De quem é a competência para o processo e julgamento do registro ou do cancelamento do registro de diretórios regionais e municipais partidários?

Resposta: O art. 29, I, *a*, do Código Eleitoral conferiu competência aos Tribunais Regionais para o processo e julgamento do registro ou do cancelamento do registro de diretórios regionais e municipais partidários.

Obs.: veja agora a questão nº 4.

[23] Nesse sentido: Ribeiro, Fávila. *Direito Eleitoral*. 5. ed. Rio de Janeiro: Forense.

21. De quem é a competência para disciplinar as normas que se devem cumprir na efetivação do registro e no seu cancelamento pela Justiça Eleitoral?

Resposta: Cabe ao Tribunal Superior Eleitoral, através de resoluções, disciplinar as normas que se devem cumprir na efetivação do registro e no seu cancelamento pela Justiça Eleitoral.

22. Quais as causas que excluem o filiado do partido político?

Resposta: São causas que excluem a filiação partidária:

a) desligamento;
b) cancelamento;
c) exclusão por desídia em relação às atividades partidárias em que esteja legal ou estatutariamente obrigado o filiado, como intercomunicação direitos--deveres.

23. Como ocorre o desligamento da filiação partidária?

Resposta: Ocorre o desligamento, verificada a pluralidade de filiação de ofício, pela Justiça Eleitoral, devendo prevalecer a mais recente.

24. Quais as causas de cancelamento da filiação partidária?

Resposta: São causas de cancelamento da filiação partidária:

a) a morte do filiado;
b) a perda dos direitos políticos que automaticamente atinge a participação na vida partidária de um modo geral;
c) a expulsão do filiado;
d) a filiação a outro partido, desde que a pessoa comunique o fato ao juiz da respectiva Zona Eleitoral.

25. Os partidos políticos têm imunidade dos impostos?

Resposta: Sim. Quanto à imunização de impostos, está sendo reafirmada no art. 150, VI, *c*, da Constituição da República.

> Art. 150. Sem prejuízo de outras garantias asseguradas ao contribuinte, é vedado à União, aos Estados, ao Distrito Federal e aos Municípios: (...)
> VI – instituir impostos sobre: (...)
> c) patrimônio, renda ou serviços dos partidos políticos, inclusive suas fundações, das entidades sindicais dos trabalhadores, das instituições de educação e de assistência social, sem fins lucrativos, atendidos os requisitos da lei;
> (...)

Nesse sentido: a Constituição Federal de 1988, em seu art. 150, VI, *c*, concedeu imunidade tributária sobre patrimônio, renda ou serviços dos partidos políticos, inclusive das fundações, das entidades sindicais dos trabalhadores, das instituições de educação e de assistência social, sem fins lucrativos, atendidos os requisitos da lei. A parte autora trouxe aos autos o estatuto social, acompanhado de outros documentos, que demonstra o seu enquadramento como beneficiária da imunidade tributária prevista na Constituição da República. Apelo da União e remessa oficial improvidos.[24]

26. Como é realizado o reconhecimento de firmas para fins eleitorais?

Resposta: Devem ser transplantadas ao âmbito das garantias eleitorais as regras consubstanciadas nos arts. 372 e 373 do Código Eleitoral:

> Art. 372. Os tabeliães não poderão deixar de reconhecer nos documentos necessários à instrução dos requerimentos e recursos eleitorais, as firmas de pessoas do seu conhecimento, ou das que se apresentarem com 2 (dois) abonadores conhecidos.
> Art. 373. São isentos de selo os requerimentos e todos os papéis destinados a fins eleitorais e é gratuito o reconhecimento de firma pelos tabeliães, para os mesmos fins.
> Parágrafo único. Nos processos-crimes e nos executivos fiscais referentes à cobrança de multas serão pagas custas nos termos do Regimento de Custas de cada Estado, sendo as devidas à União pagas através de selos federais inutilizados nos autos.

27. É gratuito o registro civil e de certidão de nascimento para fins eleitorais?

Resposta: Sim. A Lei nº 6.018, de 02/01/1974, em seu art. 2º, amplia a gratuidade em matéria eleitoral, distendendo-se à realização do registro civil.

28. O empregado pode ausentar-se do serviço para alistamento e transferência eleitorais?

Resposta: Sim. Consta do art. 48 do Código Eleitoral: "Art. 48. O empregado mediante comunicação com 48 (quarenta e oito) horas de antecedência, poderá deixar de comparecer ao serviço, sem prejuízo do salário e por tempo não excedente a 2 (dois) dias, para o fim de se alistar eleitor ou requerer transferência."

29. Quais os documentos necessários para o partido político requerer o registro dos seus candidatos?

Resposta: Uma vez processada a escolha dos candidatos pelo partido, rigorosamente no prazo fixado pela norma eleitoral, deve este partido requerer o registro dos seus candidatos, instruindo o pedido com os seguintes documentos:

a) cópia da ata da convenção em que foram escolhidos os candidatos;
b) autorização por escrito do candidato;
c) prova da filiação partidária;
d) declaração de bens, assinada pelo candidato;
e) cópia do título de eleitor ou certidão, fornecida pelo cartório eleitoral, de que o candidato é eleitor na circunscrição ou requereu sua inscrição ou transferência de domicílio no prazo de um ano antes do pleito;

---

24 TRF 1ª R. - AMS 200036000082976 - MT - 4ª T. - Rel. Juiz Hilton Queiroz - *DJU* 21/02/2002 - p. 73.

f) certidão de quitação eleitoral;
g) certidões criminais fornecidas pelos órgãos de distribuição da Justiça Eleitoral, Federal e Estadual; e
h) fotografia do candidato (Lei nº 9.504/1997, art. 11, § 1º).

Posicionamento majoritário do TSE: exigência, além dos documentos elencados na resposta supracitada, dos seguintes outros: prova de desincompatibilização, quando for o caso, e comprovante de escolaridade, cuja falta pode ser suprida por declaração de próprio punho.[25]

30. Onde será realizado o registro dos candidatos?

Resposta: O pedido de registro de candidato a prefeito, vice-prefeito e vereador é feito perante o juiz eleitoral. Dos candidatos a governador, vice-governador, senador, deputado federal, estadual ou distrital, junto ao Tribunal Regional Eleitoral; dos candidatos a presidente e vice-presidente da República, perante o Tribunal Superior Eleitoral.

31. O que se entende por filiação partidária?

Resposta: A filiação nada mais é do que o ingresso do cidadão no partido. Para concretizá-la, deve o mesmo subscrever uma ficha de filiação no diretório do Município em que for eleitor. Não existindo, ali, diretório, deverá inscrever-se no diretório regional ou junto à comissão provisória designada pela comissão executiva do diretório nacional. É, ainda, facultada a filiação do eleitor perante o diretório nacional do partido.

32. Por que a escolha correta do local da filiação tem relevância no Direito Eleitoral?

Resposta: A escolha do correto local da filiação é de maior importância para não dar margem à impugnação, por ocasião do pedido de registro, sob alegativa da sua imprestabilidade. A propósito, decidiu o Colendo TSE no Ac. nº 6.147: "Não é válida a filiação partidária efetuada em diretório de partido situado em localidade diversa daquela em que o eleitor possui o seu domicílio eleitoral".[26]

33. Qual o prazo para ser realizada a filiação?

Resposta: A Lei nº 9.096/1995 previa a filiação partidária pelo menos um ano antes da data fixada para as eleições. A Lei nº 9.504/1997, em seu art. 9º, alterou expressamente essa diretriz. Portanto, o candidato deverá estar com a filiação deferida pelo partido no mínimo seis meses antes da data da eleição.

Obs.: As exceções são: o juiz de direito e o promotor de justiça que vão se aposentar, os membros do Tribunal de Contas e os militares.

---

[25] TSE – RES nºs 20.993/2002, art. 24, IX, 21.608/2004, art. 28, VII e VIII, e 22.156/2006, art. 25, IV e V.

[26] *In*: BE nº 307/169, Rel. Min. Leitão de Abreu.

34. O que se entende por desligamento do partido político?

Resposta: Desligamento do partido é o rompimento do vínculo entre o eleitor e sua agremiação.

35. Quais as formas de desligamento?

Resposta: Poderá o eleitor se desligar do partido político de duas maneiras:

a) comunicação por escrito do seu desligamento ao órgão de direção municipal e ao juiz eleitoral da zona em que for inscrito. Após dois dias da entrega dessas comunicações, estará extinto o vínculo partidário para todos os efeitos (art. 21 da Lei nº 9.096/1995);
b) filiação do eleitor a outra agremiação. Basta comunicar o fato ao juiz eleitoral da respectiva zona.

36. Qual a natureza jurídica da filiação?

Resposta: A filiação partidária é ato jurídico bilateral. Pressupõe a vontade dirigida do eleitor, em pleno gozo de seus direitos políticos, de ingressar no partido e a deliberação deste, externada através da comissão executiva, de aceitá-lo como filiado.
Obs.: veja agora a questão nº 5.

37. O partido pode rejeitar a filiação do eleitor?

Resposta: Sim. Veja a lição de **Roque Citadini**: "Outrora – com a legislação de 1972 – o partido, ao recusar um pedido de filiação, deveria motivá-lo. Com a reforma de 1979, a motivação foi abolida, podendo as agremiações, depois de cumprirem as exigências do art. 65, pura e simplesmente, negarem-se a receber o filiado. A Justiça Eleitoral vem entendendo que a decisão sobre a filiação é o ato do partido, constituindo-se em matéria *interna corporis* que escapa à apreciação do Poder Judiciário Eleitoral."[27]

38. Qual a idade mínima para o eleitor filiar-se a um partido político?

Resposta: A idade mínima exigida para filiação partidária é de dezesseis anos. Por isso, o eleitor menor de dezoito e maior de dezesseis anos pode filiar-se a partido político. Não pode, todavia, exercer cargo na agremiação partidária por faltar-lhe capacidade civil plena.[28] Entendo que, com a nova maioridade civil, dezoito anos, esta vedação de exercer cargos em agremiação partidária só tem sentido para menores de dezoito anos.

39. Há algum limite legal imposto para se excluir o partido político do funcionamento parlamentar?

Resposta: Não. Havia no art. 13 da Lei nº 9.096/1995 ("*tem direito a funcionamento parlamentar, em todas as Casas Legislativas para as quais tenha elegido representante, o partido, que em cada eleição para a Câmara dos Deputados obtenha*

---

[27] Citadini, Roque. *Lei Orgânica dos Partidos Políticos, Comentários, Notas e Jurisprudência*. 1. ed. São Paulo: 1983, p. 73.

[28] Resolução TSE nº 16.790. *In* JTSE 1992, vol. 3, p. 315.

o apoio de, no mínimo, cinco por cento dos votos apurados, não computados os brancos e os nulos, distribuídos em, pelo menos, um terço dos Estados, com um mínimo de dois por cento do total de cada um deles").

Atenção: o STF, nas ADI nº 1.351 e nº 1.354, declarou inconstitucional este artigo.

40. A norma contida no art. 13 da Lei nº 9.096/1995 atenta ao princípio da igualdade consagrado pela Constituição Federal?

Resposta: A norma contida no art. 13 da Lei nº 9.096/1995 é atentatória ao princípio da igualdade. Neste sentido, o STF na ADIn nº 1.354-3, por unanimidade, declarou a inconstitucionalidade deste artigo. Plenário, 07.12.2006. Acórdão, *DJ* 30.3.2007. Publicada no *DOU* de 20.4.2007, p. 1.

41. Os partidos políticos têm legitimidade para o ajuizamento de Ação Direta de Inconstitucionalidade?

Resposta: Sim. Os partidos políticos têm legitimidade para o ajuizamento de Ação Direta de Inconstitucionalidade, independentemente da matéria versada na norma atacada, não se aplicando, em consequência, as restrições decorrentes da pertinência temática. Precedente: Ação Direta de Inconstitucionalidade nº 1.096/RS, relatada pelo Ministro Celso de Mello, e cujo acórdão foi publicado no Diário da Justiça da União, de 22 setembro de 1995. O tema está, de início, submetido à reserva legal, descabendo a disciplina mediante decreto do Poder Executivo. Precedente: Ação Direta de Inconstitucionalidade nº 482/RJ, relatada pelo Ministro Néri da Silveira (*Revista Trimestral de Jurisprudência* nº 150, p. 374).[29]

42. Os partidos políticos com representação no Congresso Nacional podem impugnar qualquer ato normativo do Poder Público?

Resposta: Sim. Os partidos políticos com representação no Congresso Nacional acham-se incluídos, para efeito de ativação da jurisdição constitucional concentrada do Supremo Tribunal Federal, no rol daqueles que possuem legitimação ativa universal, gozando, em consequência, da ampla prerrogativa de impugnarem qualquer ato normativo do Poder Público, independentemente de seu conteúdo material. A posição institucional dos partidos políticos no sistema consagrado pela Constituição do Brasil confere-lhes o poder-dever de, mediante instauração do controle abstrato de constitucionalidade perante o STF, zelarem tanto pela preservação da supremacia normativa da Carta Política quanto pela defesa da integridade jurídica do ordenamento consubstanciado na Lei Fundamental da República. A essencialidade dos partidos políticos, no Estado de Direito, tanto mais se acentua quando se tem em consideração que representam eles um instrumento decisivo na concretização do princípio democrático e exprimem, na perspectiva do contexto histórico que conduziu a sua formação e institucionalização, um dos meios fundamentais no processo de legitimação do poder estatal, na exata medida em que o povo – fonte de que emana

---

29 STF – ADIMC nº 1.396 – SC – TP – Rel. Min. Marco Aurélio – *DJU* 22/03/1996.

a soberania nacional - tem, nessas agremiações, o veículo necessário ao desempenho das funções de regência política do Estado. O reconhecimento da legitimidade ativa das agremiações partidárias para a instauração do controle normativo abstrato, sem as restrições decorrentes do vínculo de pertinência temática, constitui natural derivação da própria natureza e dos fins institucionais que justificam a existência, em nosso sistema normativo, dos partidos políticos. A jurisprudência do Supremo Tribunal Federal erigiu o vínculo de pertinência temática à condição objetiva de requisito qualificador da própria legitimidade ativa *ad causam* do autor, somente naquelas hipóteses de ação direta ajuizada por confederações sindicais, por entidades de classe de âmbito nacional, por Mesas das Assembleias Legislativas Estaduais ou da Câmara Legislativa do Distrito Federal e, finalmente, por Governadores dos Estados-membros e do Distrito Federal. Precedentes.[30]

43. O partido político que ajuíza Ações Diretas de Inconstitucionalidade perante o Supremo Tribunal Federal, estando representado pelo presidente de seu diretório nacional, dependerá de prévia audiência de qualquer outra instância partidária?

Resposta: O partido político, nas Ações Diretas de Inconstitucionalidade ajuizadas perante o Supremo Tribunal Federal, e representado pelo presidente de seu diretório nacional, independe de prévia audiência de qualquer outra instância partidária, exceto na hipótese de existir prescrição de ordem legal ou de caráter estatutário dispondo em sentido diverso.[31]

44. Qualquer partido político poderá indicar candidatos a Presidente e Vice-Presidente da República, Governador e Vice-Governador e Senador?

Resposta: Sim. Exsurgem conflitantes com a Constituição Federal os preceitos dos §§ 1º e 2º do art. 5º da Lei nº 8.713/1993, no que vincularam a indicação de candidatos a Presidente e Vice-Presidente da República, Governador e Vice-Governador e Senador a certo desempenho do partido político no pleito que a antecedeu e, portanto, dados fáticos conhecidos. A Carta de 1988 não repetiu a restrição contida no art. 152 da pretérita, reconhecendo, assim, a representação dos diversos segmentos sociais, inclusive os que formam dentre as minorias.[32]

45. Qual a condição básica para o eleitor se filiar a um partido político?

Resposta: Só pode filiar-se a partido o eleitor que estiver no pleno gozo de seus direitos políticos.

46. O que deve fazer um filiado para desligar-se de um partido político?

Resposta: Para desligar-se do partido, o filiado faz comunicação escrita ao órgão de direção municipal e ao Juiz Eleitoral da Zona em que for inscrito. Decorridos

---

30 STF - ADIMC nº 1.096 - RS - TP - Rel. Min. Celso de Mello - *DJU* 22/09/1995.

31 STF - ADIMC nº 1.096 - RS - TP - Rel. Min. Celso de Mello - *DJU* 22/09/1995.

32 STF: ADI nº 958-RJ, Relator Marco Aurélio, Tribunal Pleno, 11/05/1994.

dois dias da data da entrega da comunicação, o vínculo torna-se extinto, para todos os efeitos.

47. Cite duas consequências imediatas para o fato de o parlamentar deixar o partido sob cuja legenda tenha sido eleito?

Resposta: Desfiliação partidária e a perda automática da função ou cargo que exerça, na respectiva Casa Legislativa, em virtude da proporção partidária.

48. O partido é obrigado abrir conta bancária específica para registrar todo o movimento financeiro da campanha mesmo sem ter previsão de movimentação financeira?

Resposta: Sim. Segundo o art. 22 da Lei nº 9.504/1997: "É obrigatório para o partido e para os candidatos abrir conta bancária específica para registrar todo o movimento financeiro da campanha."

Posicionamento majoritário do TSE: obrigatoriedade de abertura da conta bancária mesmo que não haja movimentação financeira.[33]

Os bancos são obrigados a acatar, em até três dias, o pedido de abertura de conta de qualquer candidato escolhido em convenção, sendo-lhes vedado condicioná-la a depósito mínimo e a cobrança de taxas ou de outras despesas de manutenção;

Duas novas regras foram criadas pela reforma eleitoral:

a) Os bancos são obrigados a encerrar a conta bancária no final do ano da eleição, transferindo a totalidade do saldo existente para a conta bancária do órgão de direção indicado pelo partido e informar o fato à Justiça Eleitoral.
b) Essas exigências não se aplicam aos casos de candidatura para Prefeito e Vereador em Municípios onde não haja agência bancária ou posto de atendimento bancário.

25. Testes objetivos

1. **É livre a criação, fusão, incorporação e extinção de partidos políticos, resguardados a soberania nacional, o regime democrático, o pluripartidarismo, os direitos fundamentais da pessoa humana e observados os seguintes preceitos:**
   a) caráter regional;
   b) proibição de recebimento de recursos financeiros de entidade ou governo estrangeiros ou de subordinação a estes;
   c) prestação de contas à Justiça;
   d) funcionamento parlamentar de acordo com a norma legal.

   Observação didática: se você encontrou dificuldades para resolver a questão, veja o art. 17 da CF.

33 TSE – AC, de 21/3/2006, no REsp nº 25.306.

2. **Sobre os partidos políticos, podemos afirmar:**

a) é assegurada aos partidos políticos autonomia para definir sua estrutura interna, organização e funcionamento, devendo seus estatutos estabelecer normas de fidelidade e disciplina partidárias;
b) os partidos políticos, após adquirirem personalidade jurídica, na forma da lei civil, registrarão seus estatutos no Tribunal Superior Eleitoral;
c) os partidos políticos têm direito a recursos do fundo partidário e acesso gratuito ao rádio e à televisão, na forma da lei;
d) todas estão corretas.
Observação didática: se você encontrou dificuldades para resolver a questão, veja o art. 17 da CF.

26. Questões objetivas de concursos

1. **(GO – Juiz de Direito) O partido político, após adquirir personalidade jurídica na forma da lei civil, registra seu estatuto no:**

a) Cartório Eleitoral;
b) Cartório de Registro de Títulos e Documentos;
c) Tribunal Regional Eleitoral;
d) Tribunal Superior Eleitoral;
e) nenhuma das questões anteriores.
Observação didática: se você encontrou dificuldades para resolver a questão, veja o item "**resumo didático**", observação didática nº 01.

2. **(PE – Juiz de Direito) As normas de fidelidade e disciplina partidária dos partidos políticos são estabelecidas:**

a) na Constituição Federal;
b) no colégio eleitoral;
c) nos estatutos dos respectivos partidos políticos;
d) na lei que disciplina o processo eleitoral;
e) na Lei Complementar que venha a estabelecer outros casos de inelegibilidade, além dos definidos na Constituição Federal.
Observação didática: se você encontrou dificuldades para resolver a questão, veja o item "**resumo didático**", observação didática nº 02.

3. **(DF – Promotor de Justiça) Assinale a assertiva correta.**

a) A filiação partidária constitui condição *sine qua non* para a elegibilidade no modelo constitucional brasileiro.
b) No sistema constitucional brasileiro, os direitos políticos somente poderão ser exercidos pelos titulares de nacionalidade brasileira.
c) A Constituição veda expressamente a extradição de brasileiro.
d) Os cargos públicos somente são acessíveis a brasileiros.
e) O mandato eletivo poderá ser impugnado ante a Justiça Eleitoral, no prazo de quinze dias, contados da posse, em desacordo com a Lei nº 9.504/1997.
Observação didática: se você encontrou dificuldades para resolver a questão, veja o item "**resumo didático**", observação didática nº 03.

4. **(MA – Juiz) A Câmara Municipal de Loreto tem onze vereadores. Na próxima eleição municipal, concorrerão cinco partidos políticos. Três desses partidos deverão coligar-se e os outros dois concorrerão independentes. Com esses dados, assinale a afirmativa correta.**

   a) A coligação poderá apresentar candidatos até o triplo do número de vagas a serem preenchidas e cada partido poderá apresentar até o dobro do número de vagas.
   b) Cada partido ou coligação poderá registrar candidatos para Câmara Municipal no total de até 150% (cento e cinquenta por cento) do número de lugares a preencher.
   c) A coligação poderá apresentar candidatos até cento e cinquenta por cento do número de vagas e cada partido até cem por cento.
   d) A coligação poderá apresentar candidatos até o triplo do número de vagas e cada partido o dobro, sendo que todos eles deverão reservar vinte por cento de suas vagas para candidatos do sexo feminino.

5. **(MA – Juiz) O Partido dos Vianenses resolve, por deliberação dos seus dirigentes, unir-se ao Partido dos Cururupuenses, adotando, em Convenção Nacional, os estatutos e o programa deste partido. Neste caso, ocorreu:**

   a) fusão de partidos;
   b) extinção de partido;
   c) fundação de novo partido;
   d) incorporação de partido.

   Observação didática: se você encontrou dificuldades para resolver a questão, veja o item "**Resumo didático**", Observação didática nº 05.

6. **(MA – Juiz) A propósito de filiação partidária, considere as seguintes proposições.**

   I. **Para concorrer ao cargo de prefeito municipal, o eleitor deverá estar filiado ao respectivo partido pelo menos um ano antes da data das eleições.**
   II. **Para desligar-se do partido, o filiado deve comunicar sua decisão por escrito somente ao órgão de direção municipal.**
   III. **Para desligar-se do partido, o filiado deve comunicar sua decisão por escrito ao órgão de direção municipal e ao juiz eleitoral da zona em que estiver filiado.**
   IV. **Para desligar-se do partido, o filiado deve comunicar sua decisão por escrito ao órgão de direção municipal ou ao juiz eleitoral da zona em que estiver filiado.**

   Das afirmativas anteriores:

   a) I e II são corretas;
   b) II e IV são corretas;
   c) I e III são corretas;
   d) somente a de número I é correta.

   Observação didática: se você encontrou dificuldades para resolver a questão, veja o item "**Resumo didático**", Observações didáticas nº 06 e nº 07.

7. **(PR – Juiz) Sobre os partidos políticos, é correto afirmar que:**

   a) em face do princípio da autonomia partidária, não pode a Justiça Eleitoral, em hipótese alguma, fiscalizar a autenticidade das filiações;
   b) são, na nova ordem constitucional, pessoas jurídicas de direito público;
   c) é sempre facultado aos órgãos superiores do partido político a intervenção nas atividades dos órgãos partidários inferiores, porque em nosso sistema jurídico-político inexiste o princípio da não intervenção;

d) admite-se a intervenção dos órgãos partidários superiores nos inferiores para manter a integridade partidária ou preservar a linha político-partidária fixada pelas convenções ou diretórios nacionais ou regionais.
Observação didática: se você encontrou dificuldades para resolver a questão, veja o item "**Resumo didático**", Observação didática nº 08.

8. (PA – Juiz) Acerca dos partidos políticos, é correto dizer que:

a) como qualquer sociedade civil, seu registro é feito perante cartório de títulos e documentos;
b) o Fundo Especial de Assistência Financeira aos Partidos Políticos é constituído exclusivamente de valores arrecadados com aplicação de multas previstas na legislação eleitoral;
c) a filiação partidária é direito do cidadão, mas somente pode ser exercido por quem estiver no pleno gozo de seus direitos políticos;
d) a propaganda gratuita assegurada aos partidos políticos somente ocorre no período eleitoral;
e) o sistema eleitoral brasileiro estabelecido pela Lei nº 9.096 veda a fusão de partidos políticos.
Observação didática: se você encontrou dificuldades para resolver a questão, veja o item "**Resumo didático**", Observação didática nº 09.

9. (TRE/BA – Analista Judiciário) Ao servidor público da Administração Direta, autárquica e fundacional, no exercício de mandato eletivo, aplicam-se, dentre outras disposições, a de que:

a) se investido no mandato de prefeito, será afastado do cargo, emprego ou função, devendo obrigatoriamente receber a remuneração do cargo político, acrescido da verba de representação;
b) para efeito de benefício previdenciário, no caso de afastamento, os valores serão determinados pelo cargo administrativo somado ao do cargo político;
c) se investido no mandato de vereador e houver compatibilidade de horário, perceberá as vantagens de seu cargo, emprego ou função, com prejuízo da remuneração do cargo eletivo;
d) em qualquer caso que exija o afastamento para o exercício de mandato eletivo, seu tempo de serviço será contado para todos os efeitos legais, exceto para promoção por merecimento;
e) se afastado para o exercício de mandato eletivo federal ou estadual, seu tempo de serviço será contado para todos os efeitos legais, inclusive a promoção por merecimento.

10. (TRE/SC – Analista Judiciário) Sobre os partidos políticos, é correto afirmar que:

a) é livre a sua criação, fusão, incorporação e extinção; não possuem autonomia para definir a sua estrutura interna, pois seus estatutos deverão ser aprovados pelo Congresso Nacional;
b) é livre a sua criação, fusão e extinção; eles têm autonomia para receber recursos financeiros de entidades e/ou governos estrangeiros e estatutos registrados no Tribunal Superior Eleitoral;
c) é livre a sua criação, fusão, incorporação e extinção; eles têm autonomia para definir a sua estrutura interna e estatutos registrados no Supremo Tribunal Federal;
d) é livre a sua criação, fusão, incorporação e extinção; eles têm autonomia para definir a sua estrutura interna e estatutos registrados no Tribunal Superior Eleitoral.

11. (TRE/SC – Analista Judiciário) Assinale a alternativa correta.

a) O partido político, pessoa jurídica de direito privado, destina-se a assegurar, no interesse do regime democrático, a autenticidade do sistema representativo e a defender os direitos fundamentais definidos na Constituição Federal.
b) O partido político, pessoa jurídica de direito público, destina-se a assegurar, no interesse do regime democrático, a autenticidade do sistema eleitoral e a defender todos os direitos estabelecidos na Constituição.
c) O partido político, pessoa jurídica de direito público, destina-se a assegurar os interesses eleitorais estabelecidos no Estado Democrático de Direito e a preservar o direito fundamental do voto.
d) O partido político, pessoa jurídica de direito público, destina-se a assegurar, no interesse do regime democrático, a autenticidade do sistema proporcional e representativo e o Estado de Direito.

12. (TRE/CE) A criação de partidos políticos é livre, sendo-lhes assegurado o direito de:

a) utilizar organização paramilitar para fins de restabelecimento da democracia;
b) elaborar com autonomia seus estatutos, que deverão estabelecer normas de fidelidade e disciplina partidárias;
c) adotar caráter regional ou nacional, conforme estabelecido em seus estatutos;
d) receber recursos financeiros de entidades privadas nacionais ou estrangeiras, nos termos da lei;
e) receber recursos financeiros de entidades governamentais nacionais ou estrangeiras, nos termos da lei.

13. (TRE/CE) Após a realização das convenções, devem ser constituídos e registrados, junto à Justiça Eleitoral, comitês financeiros encarregados da prestação de contas. A constituição desses comitês é incumbência atribuída aos:

a) partidos, que são os únicos responsáveis pela veracidade das informações financeiras e contábeis;
b) administradores financeiros da campanha, designados na forma da lei;
c) candidatos, no prazo máximo de cinco dias após a escolha em convenção;
d) partidos, atendido o prazo de quinze dias após a realização da respectiva convenção;
e) partidos, afigurando-se facultativa, em se tratando de eleição presidencial, a criação de comitês nos Estados.

14. (TRE/AC – Analista Judiciário) Do número de vagas que poderá registrar para a Câmara dos Deputados, as Assembleias Legislativas e Câmaras Municipais, cada partido político ou coligação deverá reservar:

a) 10% das vagas para pessoas portadoras de deficiência;
b) o mínimo de 10% para candidaturas do sexo feminino, sem limite máximo;
c) o mínimo de 20% para candidaturas do sexo feminino, sem limite máximo;
d) o mínimo de 30% e o máximo de 70% para candidaturas de cada sexo;
e) cinquenta por cento para candidaturas de cada sexo.

15. (TRE/AC – Analista Judiciário) Luciano é suplente de vereador e substituiu o Vereador Pedro durante os dois primeiros meses da atual legislatura, em virtude de este ter tomado posse e, no dia seguinte, se afastado para tratamento de saúde. Com o advento das eleições, Luciano deseja candidatar-se ao cargo de vereador, mas não obteve votos suficientes para ser indicado pela convenção de seu partido político.

Quanto ao cargo de vereador, Luciano:

a) não pode candidatar-se porque a escolha em convenção partidária é indispensável para o registro da candidatura;
b) não pode candidatar-se por ter exercido esse cargo, na legislatura em curso, por período inferior a seis meses;
c) tem assegurado o registro de sua candidatura por ter exercido esse cargo, na legislatura em curso, pelo período de dois meses;
d) só pode candidatar-se se não for preenchido o número de candidatos que seu partido político tem direito de registrar;
e) só pode candidatar-se se tiver obtido na convenção partidária pelo menos 1/3 dos votos dos convencionais.

16. **(TRE/PI – Analista Judiciário) Um dos preceitos constitucionais que os partidos políticos devem observar é:**

a) a liberdade de recebimento de recursos financeiros;
b) a prevalência das bases sobre a cúpula;
c) o caráter regional ou local;
d) o caráter nacional;
e) o compromisso de defender o presidencialismo.

17. **(MPF – Procurador da República) A autonomia dos partidos políticos, assegurada pela constituição:**

a) implica sua absoluta independência, decorrente de sua personalidade jurídica adquirida na forma da lei civil, cabendo-lhes tão somente no período eleitoral registrar seus candidatos na Justiça Eleitoral;
b) permite, todavia, que o Tribunal Superior Eleitoral examine e decida sobre questões *interna corporis*, desde que de forma isonômica para todos os partidos registrados naquela Corte Superior;
c) é análoga à autonomia universitária, sendo que, durante as eleições, está submetida ao crivo da Justiça Eleitoral;
d) é para definir sua estrutura interna, organização e funcionamento, devendo seus estatutos estabelecerem normas de fidelidade e disciplina partidárias.

18. **(MP/MA) Dadas as assertivas abaixo:**

I. o partido político tem autonomia para definir sua estrutura interna, organização e funcionamento;

II. é livre a criação, fusão e extinção de partidos políticos;

III. o partido político é pessoa jurídica de direito privado;

IV. o partido político adquire a sua personalidade jurídica com o registro na forma da lei civil;

V. após registrar seus estatutos no Tribunal Superior Eleitoral, os partidos políticos podem receber recursos de entidades ou governo estrangeiros;

VI. é vedado ao partido político ministrar instrução militar ou paramilitar.

É correto afirmar que:

a) todas as alternativas estão certas;
b) apenas as alternativas I e II estão certas;
c) todas estão erradas;

d) apenas a alternativa V está errada;
e) as alternativas V e IV estão erradas.

19. (MPF – Procurador da República) Os partidos políticos:

a) são livremente criados, observada apenas a liberdade de associação para fins lícitos, sendo-lhes assegurada plena autonomia para definir sua estrutura interna, organização e funcionamento;
b) ao adquirirem personalidade jurídica, na forma da lei civil, estão desde logo habilitados a registrar candidaturas e participar de eleições;
c) têm direito a recursos do fundo partidário e acesso gratuito ao rádio e à televisão, na forma da lei, mesmo se não registrados os seus estatutos no Tribunal Superior Eleitoral;
d) devem estabelecer, nos seus estatutos, normas de fidelidade e disciplina partidárias e gozam de autonomia para definir sua estrutura interna, organização e funcionamento.

20. (MPF/BR) De acordo com a Constituição Federal e a Lei de Regência vigente, os partidos políticos:

a) adquirem personalidade jurídica ao registrar seus atos constitutivos no Cartório de Registro Civil, passando a ter plena capacidade para funcionamento, podendo promover a filiação partidária, organizar diretórios, registrar candidatos e participar de eleições majoritárias e proporcionais;
b) após adquirirem personalidade jurídica, nos termos da lei civil, devem obter, preenchidos os requisitos legais, o registro no Tribunal Superior Eleitoral para adquirir capacidade jurídica para funcionamento, devendo, para tanto, comprovar o seu caráter nacional mediante o apoiamento de eleitores correspondente a, pelo menos, meio por cento dos votos dados na última eleição para a Câmara dos Deputados, não computados os votos em branco e os nulos, distribuídos por um terço, ou mais, dos Estados, com um mínimo de um décimo por cento do eleitorado que haja votado em cada um deles;
c) tendo em vista a autonomia constitucional para definir sua estrutura interna, organização e funcionamento, não precisam registrar diretórios municipais ou estaduais na Justiça Eleitoral, nem encaminhar à mesma fichas de filiação partidária ou os nomes de seus delegados;
d) podem fundir-se ou incorporar-se livremente independentemente de qualquer procedimento ou registro perante a Justiça Eleitoral, tendo em vista a liberdade de associação para fins lícitos e sua autonomia constitucional.

21. (MPF/BR) No processo de registro de candidatos:

a) é facultado ao partido político ou à coligação substituir candidato que for considerado inelegível, renunciar ou falecer após o termo final do prazo do registro ou, ainda, tiver seu registro indeferido ou cancelado;
b) nas eleições majoritárias, o pedido de registro, por inexistir voto de legenda como nas eleições proporcionais, dispensa a prova da filiação partidária;
c) nas eleições proporcionais, o candidato indicará as variações nominais com que deseja ser registrado, devendo a Justiça Eleitoral, em caso de homonímia, decidir sempre em favor do que primeiro solicitou o registro;
d) no caso de coligação partidária para as eleições proporcionais, independentemente do número de partidos políticos que a integrem, poderão ser registrados candidatos até o triplo do número de lugares a preencher.

22. **(MP/SC) Assinale a alternativa correta.**

    A personalidade jurídica do partido somente ocorre:

    a) com o registro do Estatuto Partidário no Cartório de Registro Civil de Pessoas Jurídicas, tendo personalidade jurídica de direito privado;
    b) através de lei, tendo personalidade jurídica de direito público;
    c) com o registro do Estatuto Partidário no TSE;
    d) com o registro do Estatuto Partidário no TRE do local da criação do partido;
    e) com o registro do Estatuto Partidário no Cartório de Títulos e Documentos, tendo personalidade jurídica de direito privado.

23. **(UnB/Cespe – TRE/PA) Quanto aos partidos políticos, assinale a opção correta.**

    a) O requerimento do registro deve ser subscrito pelos fundadores do partido político, em número nunca inferior a 101, com domicílio eleitoral em, no mínimo, um terço dos Estados, e será acompanhado de relação de todos os fundadores com o nome completo, naturalidade, profissão, endereço residencial e número do título eleitoral, com especificação da zona, seção, Município e Estado.
    b) A obtenção da personalidade jurídica do partido depende de comprovação do apoiamento mínimo de eleitores.
    c) A prova do apoiamento mínimo de eleitores é feita por meio de assinaturas em listas organizadas para cada zona eleitoral, que devem ser acompanhadas de cópia do respectivo título eleitoral do subscritor.
    d) A aquisição da personalidade jurídica assegura a exclusividade da denominação, da sigla e dos símbolos do partido político, vedada a utilização, por outros partidos, de variações que venham a induzir erro ou confusão.
    e) O partido tem de comunicar ao juízo da zona eleitoral a constituição dos órgãos de direção de âmbito municipal ou zonal e os nomes dos respectivos integrantes, bem como as alterações que forem promovidas, para anotação.

24. **(UnB/Cespe – TRE/PA) No que se refere ao registro de candidatos, assinale a opção correta.**

    a) O pedido de registro dos candidatos deve ser subscrito pelos presidentes dos partidos coligados, por seus delegados, pela maioria dos membros dos respectivos órgãos executivos de direção ou por representante da coligação, que possui atribuições equivalentes às de presidente de partido político, no trato dos interesses e na representação da coligação, no que se refere ao processo eleitoral, e deve ser designado pelos partidos dela integrantes.
    b) Cada partido poderá registrar candidatos para a Câmara dos Deputados, Câmara Legislativa, assembleias legislativas e câmaras municipais no percentual de até 200% do número de lugares a preencher.
    c) No caso de coligação para as eleições proporcionais, independentemente do número de partidos que a integrem, poderão ser registrados candidatos para a Câmara dos Deputados, Câmara Legislativa, assembleias legislativas e câmaras municipais no percentual de até 300% do número de lugares a preencher.
    d) O cancelamento do registro do candidato que, até a data da eleição, for expulso do partido, em processo em que lhe seja assegurada ampla defesa e sejam observadas as normas estatutárias, será decretado de ofício pela Justiça Eleitoral.
    e) É facultado ao partido ou coligação substituir candidato que for considerado inelegível, renunciar ou falecer após o termo final do prazo do registro ou, ainda, que tiver seu registro indeferido ou cancelado; contudo, a substituição só se efetivará se o novo pedido for apresentado até 45 dias antes do pleito.

25. (TRE/SC – Cespe) Leia com atenção as afirmativas abaixo.

I. Os funcionários de qualquer órgão da Justiça Eleitoral poderão pertencer a diretório de partido político ou exercer qualquer atividade partidária.

II. Denomina-se Código Eleitoral a Lei nº 4.737, de 15/07/1965; Lei de Inelegibilidade, a Lei Complementar nº 64, de 18/05/1990; Lei dos Partidos Políticos, a Lei nº 9.096, de 19/09/1995; e Lei das Eleições, a Lei nº 9.504, de 30/09/1997.

III. Quem se filia a outro partido político deve comunicar ao partido e ao juiz da respectiva zona eleitoral para cancelar sua filiação; se não o fizer no dia imediato ao da nova filiação, fica configurada dupla filiação, sendo ambas consideradas nulas para todos os efeitos.

IV. Aos Tribunais Regionais Eleitorais compete aprovar a divisão dos Estados em zonas eleitorais ou a criação de novas zonas.

Assinale a alternativa correta.

a) Somente as afirmativas I e II estão corretas.
b) Somente a afirmativa II está correta.
c) Somente as afirmativas III e IV estão corretas.
d) Somente as afirmativas I e IV estão corretas.

26. (TRE/SC – Cespe) Leia com atenção as alternativas abaixo, assinalando a incorreta.

a) É facultado aos partidos políticos, dentro da mesma circunscrição, celebrar coligação somente para a eleição majoritária, devendo ter denominação própria, que poderá ser a junção de todas as siglas dos partidos que a integram, sendo a ela atribuídas as prerrogativas e obrigações de partido político no que se refere ao processo eleitoral.
b) Se a convenção partidária de nível inferior se opuser, na deliberação sobre coligações, às diretrizes legitimamente estabelecidas pela convenção nacional, os órgãos do partido poderão, nos termos do respectivo estatuto, anular a deliberação e os atos dela decorrentes.
c) Havendo fusão ou incorporação de partidos após o prazo estipulado para o candidato adquirir as condições legais para participar do pleito, será considerada, para efeito de filiação partidária, a data de filiação do candidato ao partido de origem.
d) O Código Eleitoral contém as normas destinadas a assegurar a organização e o exercício de direitos políticos, principalmente os de votar e ser votado, sendo que o Tribunal Superior Eleitoral expedirá as instruções para a sua fiel execução.

27. (TRE/SC – Cespe) Leia com atenção os enunciados, assinalando a alternativa incorreta.

a) A Justiça Eleitoral pode requisitar servidores federais, estaduais e municipais para prestar serviços e garantir o funcionamento do serviço eleitoral.
b) A cobrança judicial da dívida resultante de multa eleitoral será feita por processo de execução, na forma prevista para a cobrança da dívida ativa da Fazenda Pública, correndo a ação perante a Justiça Eleitoral.
c) Para desligar-se de partido político, o filiado faz comunicação verbal ao órgão de direção do partido e, por escrito, ao juiz eleitoral da zona em que for inscrito.
d) O serviço eleitoral tem preferência sobre qualquer outro, é obrigatório e não interrompe o interstício de promoção para os funcionários para ele requisitados.

28. (TRE/SC – Cespe) Analise as alternativas abaixo, relativas aos partidos políticos, e assinale a incorreta.

a) Têm autonomia para fixar em seu programa seus objetivos políticos e para estabelecer sua estrutura interna, organização e funcionamento, devendo seu estatuto fixar as normas de fidelidade e disciplina partidárias.
b) Por decisão de seus órgãos municipais de deliberação, dois ou mais partidos poderão fundir-se num só ou incorporar-se um ao outro.
c) O seu estatuto deve conter as condições de escolha de seus candidatos a cargos e funções eletivas.
d) Somente pode filiar-se o eleitor que estiver em pleno gozo de seus direitos políticos.

29. (TRE/SC – Cespe) Assinale a alternativa correta. O partido político:

a) é pessoa jurídica de direito público, com a finalidade de assegurar o regime democrático e defender os direitos fundamentais definidos na Constituição Federal;
b) pode participar do processo eleitoral, mesmo que não tenha registrado seu estatuto no Tribunal Superior Eleitoral, e receber recursos do fundo partidário;
c) adquire personalidade jurídica após o registro de seu estatuto no Tribunal Superior Eleitoral;
d) é pessoa jurídica de direito privado, que se destina a dar autenticidade ao sistema representativo democrático e a defender os direitos fundamentais fixados na Carta Constitucional.

30. (TRE/SC – Cespe) Em face da representação proporcional adotada em nosso sistema eleitoral, assinale a alternativa incorreta.

a) A deliberação sobre coligação caberá à convenção regional de cada partido, para a eleição destinada à Câmara de Deputados, às assembleias legislativas e câmaras de vereadores.
b) A deliberação sobre coligação será aprovada mediante a votação favorável da maioria, presentes dois terços dos convencionais, estabelecendo-se, na mesma oportunidade, o número de candidatos que caberá a cada partido.
c) A deliberação sobre coligação caberá à convenção regional de cada partido, quando se tratar de eleição para a Câmara dos Deputados e as assembleias legislativas, e à convenção municipal quando se tratar de eleição para as câmaras de vereadores.
d) Havendo cada partido indicado em convenção os seus candidatos, o registro será promovido em conjunto pela coligação.

31. (UnB/Cespe – TRE/MT) O estudo das fontes do direito encontra aspectos deveras sugestivos em amplitude e variedade no Direito Eleitoral.

As fontes não se isolam como elemento de vínculo exclusivo com o Direito Eleitoral, em virtude de indilacerável unidade da ordem jurídica em que está integrado. Mas não deixam de contar com elementos próprios, que refletem suas condições peculiares.

Para melhor ordenação lógica, há de se partir da Constituição Federal, que é a fonte suprema de onde promana, em distribuição hierarquizada, a ordem jurídica estatal, estabelecendo conexão formal e padrões de validade à criação e à aplicação do Direito em geral. (Fávila Ribeiro. Direito Eleitoral. 4. ed. Rio de Janeiro: Forense, 1997, p. 15, com adaptações.)

Tomando o texto acima como referência inicial, assinale a opção incorreta a respeito das fontes do Direito Eleitoral.

a) A Constituição de 1988, ao tratar dos direitos políticos, contempla os elementos que orientam a elaboração da Lei de Inelegibilidades, que tem natureza de lei complementar.
b) Legislar sobre Direito Eleitoral é competência privativa do Congresso Nacional.
c) A Lei dos Partidos Políticos, por ser orgânica, pode definir a estrutura interna, a organização e o funcionamento dos partidos, cabendo aos estatutos de cada partido apenas disciplinar o texto legal.
d) A Lei de Inelegibilidades proíbe a candidatura de militar que tenha sido considerado indigno do oficialato.
e) O Código Eleitoral confere ao Tribunal Superior Eleitoral (TSE) competência para expedir instruções para sua fiel execução.

32. (UnB/Cespe – TRE/MT) De acordo com o disposto na Lei Eleitoral a respeito das convenções e do registro de candidaturas, julgue os itens subsequentes.

I. É vedada a utilização de prédios públicos para a realização de convenções partidárias, ressalvada a hipótese de aluguel, observado o preço de mercado.

II. Em Estado cuja assembleia legislativa tenha 24 deputados, cada partido pode, sem coligação, lançar até 48 candidatos a deputado estadual.

III. Os prazos mínimos de domicílio eleitoral e filiação partidária são, respectivamente, de seis meses de residência documentada e de um ano de filiação registrada.

IV. É vedada a expulsão de candidato de seu partido, após a homologação do seu nome pela convenção partidária.

V. O número de pessoas do sexo masculino que compõem a lista de candidatos deve ser de, no mínimo, 30% do total de candidatos.

Estão certos apenas os itens:

a) I e III;
b) I e IV;
c) II e III;
d) II e V;
e) IV e V.

33. (MPE/ES) Julgue os itens.

I. A norma que impõe o alistamento e o voto obrigatórios para os brasileiros maiores de 18 anos excepciona, quanto ao alistamento, os maiores de 60 anos, e, quanto ao alistamento e o voto, os maiores de 70 anos.

II. Os analfabetos estão obrigados a promover o alistamento eleitoral, mas o voto é facultativo.

III. Nas eleições proporcionais, o cálculo do quociente eleitoral é efetuado dividindo-se o número de votos válidos pelo número de lugares a preencher em cada casa legislativa. Contam-se como válidos os votos dados a candidatos regularmente inscritos, às legendas partidárias e os votos em branco.

IV. Nas unidades da Federação em que o número de lugares a preencher para a Câmara dos Deputados não exceder a doze, nas quais cada partido ou coligação poderá registrar candidatos a Deputado Federal e a Deputado Estadual ou Distrital no total de até 200% (duzentos por cento) das respectivas vagas. Nos Municípios de até cem mil eleitores, nos quais cada coligação poderá registrar candidatos no total de até 200% (duzentos por cento) do número de lugares a preencher.

V. Os partidos e os candidatos estão obrigados a abrir conta bancária específica para registrar todo o movimento financeiro da campanha. A regra não se aplica aos casos de candidatura para Prefeito e Vereador em Municípios onde não haja agência bancária ou posto de atendimento bancário.

a) Apenas I, II e V estão corretos.
b) Apenas II, III e IV estão corretos.
c) Apenas I, III e V estão corretos.
d) Apenas III, IV e V estão corretos.
e) Apenas IV e V estão corretos.

27. Casos práticos eleitorais superinteressantes

A FIDELIDADE PARTIDÁRIA: A POSIÇÃO DO TSE E A DO STF E A NOVA REGRA DA REFORMA ELEITORAL

Por maioria de 6 votos a 1, os ministros do TSE definiram que os mandatos obtidos nas eleições, pelo sistema proporcional, pertencem aos partidos políticos ou às coligações, e não aos candidatos eleitos.

A consulta realizada por um partido foi nos seguintes termos: *"Os partidos e coligações têm o direito de preservar a vaga obtida pelo sistema eleitoral proporcional quando houver pedido de cancelamento de filiação ou de transferência do candidato eleito por um partido para outra legenda?"*

Resposta: Seis ministros afirmaram que sim, com os argumentos infracitados, em síntese:

a) A Constituição Federal, no art. 14, § 3º, inciso V, estabelece, como condição de elegibilidade do cidadão, dentre outras, a filiação partidária. Assim, sem o partido, o candidato não pode concorrer nem se eleger.
b) O art. 17, § 1º, da Constituição Federal assegura aos partidos estabelecer normas de fidelidade e disciplina.
c) Os arts. 108, 175, § 4º, e 176 do Código Eleitoral demonstram que "os votos pertencem ao partido político". O art. 175, § 4º, por exemplo, diz que os votos serão contados para o partido pelo qual tiver sido feito o registro do candidato, quando a decisão de inelegibilidade ou de cancelamento de registro for proferida após a realização da eleição a que concorreu o candidato.

Posição dominante do STF:

O Supremo Tribunal Federal, por oito votos a três, considerou constitucional a regra da fidelidade partidária com a consequente perda do mandato para os detentores de mandato proporcional (deputado federal, estadual e vereador) que trocarem de legenda depois de eleitos.

▸ INDAGAÇÃO DIDÁTICA I

E se um prefeito, após ser eleito, mudar de partido? Perderá o mandato por infidelidade partidária?

Resposta: Em junho de 2015, o Supremo Tribunal Federal (STF) decidiu, por unanimidade, que a perda do cargo por mudança de partido político não atinge os mandatos obtidos pelo sistema majoritário, julgando procedente Ação Direta de Inconstitucionalidade (ADI nº 5.081), formulada pelo Procurador-Geral da República contra dispositivos da Resolução TSE nº 22.610/2007.

O STF já tinha decidido que o mandato de deputado **pertence ao partido e não ao candidato eleito, de modo que a desfiliação partidária, ressalvadas algumas exceções, enseja a perda do mandato em favor da agremiação partidária.**

Preconiza o art. 22-A da Lei nº 9.096/1995 que:

> *Perderá o mandato o detentor de cargo eletivo que se desfiliar, sem justa causa, do partido pelo qual foi eleito.*
> *Parágrafo único. Consideram-se justa causa para a desfiliação partidária somente as seguintes hipóteses:*
> *I – mudança substancial ou desvio reiterado do programa partidário;*
> *II – grave discriminação política pessoal; e*
> *III – mudança de partido efetuada durante o período de trinta dias que antecede o prazo de filiação exigido em lei para concorrer à eleição, majoritária ou proporcional, ao término do mandato vigente.*

Entretanto, essa regra só é aplicável ao sistema proporcional (deputados federais, distritais, estaduais e vereadores), pois o STF criou duas regras:

1 – "A perda do mandato em razão da mudança de partido não se aplica aos candidatos eleitos pelo sistema majoritário (***Presidente, Senador, Governador e Prefeito***)".

2 – "A perda do mandato por infidelidade partidária atinge somente os ocupantes de cargos eleitos pelo sistema proporcional (*deputados federais, deputados estaduais e vereadores)*".

▸ INDAGAÇÃO DIDÁTICA II

Quanto ao tema "*infidelidade partidária*", leia estas questões elaboradas em concursos jurídicos:

1. *Quem é a parte legítima para propor a ação de perda do cargo eletivo em razão de infidelidade partidária?*
2. *Contra quem deve ser proposta a ação de perda do cargo eletivo em razão de infidelidade partidária?*
3. *Qual é a causa de pedir na a ação de perda do cargo eletivo em razão de infidelidade partidária?*
4. *Quais as hipóteses que são consideradas justa causa?*

RESPOSTAS

Resposta 01: No processo para perda do cargo eletivo em razão de infidelidade partidária, a Resolução do TSE prevê como legitimados:

a) o partido político, no prazo decadencial de 30 dias da desfiliação, e, nos 30 dias subsequentes;
b) o juridicamente interessado;
c) e o Ministério Público Eleitoral.

Resposta 02: No polo passivo devem figurar:
a) o mandatário que se desfiliou;
b) e o novo partido a que tenha aderido.

Resposta 03: A causa de pedir é a desfiliação partidária **sem justa causa.**

Resposta 04: Considera-se justa causa; portanto, **não enseja** infidelidade partidária, somente as seguintes hipóteses:
a) mudança substancial ou desvio reiterado do programa partidário;
b) grave discriminação política pessoal; e
c) mudança de partido efetuada durante o período de trinta dias que antecede o prazo de filiação exigido em lei para concorrer à eleição, majoritária ou proporcional, ao término do mandato vigente.

A INFIDELIDADE DO SUPLENTE

Quanto a infidelidade do suplente, o TSE respondeu duas consultas:
Primeira: Na consulta nº 1.679:

> "Enquanto suplente de senador o filiado pode sem justa causa mudar de legenda sem perder sua condição de suplência?"

O **TSE** respondeu que:

> 1. No recente julgamento do Agravo Regimental na Representação nº 1.399, relator Ministro Felix Fischer, o Tribunal decidiu que a mudança partidária de filiados que não exercem mandato eletivo, como na hipótese de suplentes, consubstancia matéria interna corporis, e escapa da competência da Justiça Eleitoral. 2. Em face desse entendimento, não há como se enfrentar questionamentos relativos à eventual migração partidária de suplente de Senador. Consulta não conhecida (Resolução nº 23.017. Data: 10/03/2009).

Segunda: Consulta nº 1.714:

> Se o suplente de Deputado Federal, no período em que esteja exercendo o mandato, em virtude de licença do titular, mudar de agremiação partidária perderá o mandato e poderá sofrer alguma outra sanção que culmine com sua inelegibilidade.

Resposta do **TSE**:

> 1. Aplica-se a disciplina prevista na Resolução-TSE nº 22.610/2007 aos casos em que suplente, no exercício de mandato eletivo, proporcional ou majoritário, mudar de partido sem justa causa. 2. A possibilidade de o suplente, no exercí-

cio de mandato eletivo, ao mudar de partido, vir a sofrer sanções diversas das previstas na Resolução-TSE nº 22.610/2007, às quais poderiam levar à sua inelegibilidade, depende da análise de cada caso concreto. 3. Consulta conhecida e respondida afirmativamente na primeira parte, e não conhecida na segunda parte (Resolução nº 23.149. Data: 24/09/2009).

Minha posição: não há como cindir as situações, pois o tema é o mesmo: infidelidade partidária; portanto, o titular ou o suplente sofrerão as mesmas consequências. A única questão a ser analisada é se houve ou não justa causa.

A VAGA DO SUPLENTE NA COLIGAÇÃO

As vagas abertas em virtude do licenciamento de parlamentares titulares de mandato são do suplente da coligação ou do suplente do partido?

Nos Mandados de Segurança nº 30.260 e nº 30.272, relatados pela ministra Cármen Lúcia, o Plenário do Supremo Tribunal Federal (**STF**) decidiu que eventuais vagas abertas em virtude do licenciamento de parlamentares titulares de mandato cabem ao ***suplente da coligação***, e não ao ***suplente do partido*** assumir o mandato parlamentar.

A posição do TSE é no sentido contrário:

1. Nos termos da jurisprudência do C. TSE, apenas o primeiro suplente do partido, e não da coligação, detém legitimidade para pleitear a perda do mandato eletivo de parlamentar infiel à agremiação pela qual foi eleito. Precedentes. 2. Na espécie, o suplente de Deputado Estadual, autor da ação, é filiado a partido diverso (PSDB) da agremiação que sofreu a perda (PPS), carecendo de interesse jurídico. 3. Agravo regimental não provido (TSE: RO – 290220, Rel. ALDIR GUIMARÃES PASSARINHO JUNIOR, 20/05/2010).

▸ RESUMO DIDÁTICO

O **TSE** (*Tribunal Superior Eleitoral*) defende que as vagas abertas em virtude do licenciamento de parlamentares titulares de mandato cabem ao ***suplente do partido***, e não ao ***suplente da coligação.***

O **STF** (*Supremo Tribunal Federal*) entende que as vagas abertas em virtude do licenciamento de parlamentares titulares de mandato cabem ao ***suplente da coligação***, e não ao ***suplente do partido.***

A convocação dos suplentes da eleição no sistema proporcional (deputados federais, deputados estaduais e vereadores) deve obedecer à ordem de suplência fixada de acordo com as listas das coligações partidárias.

No STF, prevaleceu a tese de que a diplomação dos candidatos eleitos e dos respectivos suplentes feita pelo Tribunal Superior Eleitoral é calculada a partir do quociente obtido pelas coligações. A corrente vencedora entendeu que as coligações são como superpartidos e que, apesar de serem figuras jurídicas efêmeras que se dissolvem com o final das eleições, seus efeitos jurídicos se estendem para depois da votação. Tanto que coligações podem ajuizar ações judiciais ou pedir recontagem de votos depois das eleições.

ENCAMINHAMENTO DA RELAÇÃO FILIAÇÃO PARTIDÁRIA E A COMPETÊNCIA

A HIPÓTESE

(...) Considerando que os estatutos partidários, em sua maioria, permitem que, excepcionalmente, a filiação poderá ser feita junto ao diretório nacional, indaga-se: ocorrendo essa hipótese, de filiação junto ao diretório nacional, deverá este comunicar diretamente o juiz eleitoral da zona do filiando, mesmo havendo, a nível municipal, órgão de direção partidária?

Resposta: Ementa: "Consulta. Filiação partidária efetuada em diretório nacional. Necessidade de comunicação ao juiz eleitoral. Art. 19 da Lei nº 9.096/1995. Prevê a lei que o partido encaminhe a relação dos filiados à Justiça Eleitoral no prazo legal, seja por meio de seu órgão de direção nacional – em que foi feita a filiação –, seja pelo municipal. Exegese do art. 19 da Lei nº 9.096/1995." Res. nº 21.522, de 7/10/2003 (Cta nº 952/DF), Rel. Min. Ellen Gracie.

A FILIAÇÃO PARTIDÁRIA DO MEMBRO DE TRIBUNAL DE CONTAS

A HIPÓTESE

Membro de Tribunal de Contas, para candidatar-se ao cargo de prefeito ou vice-prefeito, necessita se afastar de suas funções e filiar-se a partido político com quantos meses de antecedência da eleição?

Resposta: Ementa: "Consulta. Membro de Tribunal de Contas. Filiação. Desincompatibilização. Candidatura a cargo de prefeito e vice-prefeito. Prazo. Os membros dos tribunais de contas, embora dispensados de filiação partidária nos termos fixados em lei ordinária, qual seja, de um ano, haverão de obter essa condição de elegibilidade a partir de sua desincompatibilização, ou seja, no prazo de quatro meses anteriores ao pleito." Res. nº 21.530, de 9/10/2003 (Cta nº 956/DF), Rel. Min. Peçanha Martins.

O REGISTRO DO PARTIDO POLÍTICO CASSADO

O registro do partido político "wk" foi cassado em janeiro de 2016. Aponte a solução jurídica, considerando que Tício, que é filiado ao partido político "wk", quer disputar as eleições de 2016.

Resposta: Não é possível Tício disputar as eleições de 2016. O Tribunal Superior Eleitoral, respondendo à consulta, esclareceu que, para disputar as eleições gerais de outubro de 2016, o candidato terá que estar filiado ao partido político há, pelo menos, seis meses antes da data fixada para o pleito. O Ministro relator Humberto Gomes de Barros informou também ao parlamentar que a legislação eleitoral prevê duas possibilidades para o cancelamento de registro partidário. A primeira, em razão de dissolução, incorporação ou fusão da agremiação política, conforme estabelece o art. 27 da Lei nº 9.096/1995. A segunda, de acordo com o art. 28 da mesma lei, quando o Tribunal Superior Eleitoral, após o trânsito em julgado da decisão, determina o cancelamento do registro civil e do estatuto do partido contra o qual fique provado ter recebido recursos de fora do Brasil ou por ele estar subordinado a entidades ou a governos estrangeiros. Ou, também, na hipótese de a legenda não ter encaminhado a sua prestação de contas à Justiça Eleitoral, e, ainda, no caso de um partido manter uma organização paramilitar.

A SUBSTITUIÇÃO DE CANDIDATO

Transitada em julgado a decisão que indeferiu o pedido de registro, no caso de renúncia ou morte do candidato, o partido ou a coligação pode apresentar seu substituto (art. 13, Lei nº 9.504/1997).

- **Destaque da reforma eleitoral:**
  A reforma eleitoral alterou o art. 13, § 1º, da Lei nº 9.504/1997, que agora dispõe:

> A escolha do substituto far-se-á na forma estabelecida no estatuto do partido a que pertencer o substituído, e o registro deverá ser requerido até 10 (dez) dias contados do fato ou da notificação do partido da decisão judicial que deu origem à substituição.

Qual o termo *a quo* da contagem do prazo de dez dias para a substituição do candidato, no caso de renúncia, após o TRE haver indeferido o pedido de registro, estando, porém, a matéria submetida a recurso perante o TSE?

Enquanto não transitada em julgado a decisão que indefere o registro, não se conta o prazo de dez dias para a substituição do candidato cujo registro fora negado pelo Juiz Eleitoral ou pelo TRE. Dispõe, por sua vez, o art. 13, da Lei nº 9.504/1997: "*É facultado ao partido ou coligação substituir candidato que for considerado inelegível, renunciar ou falecer após o termo final do prazo do registro ou, ainda, tiver seu registro indeferido ou cancelado.*"

A SUBSTITUIÇÃO NAS ELEIÇÕES PROPORCIONAIS E MAJORITÁRIA

Cuidado: Não caia na pegadinha!

Responda a esta questão: Julgue com V ou F:

( ) Nas eleições proporcionais, a substituição só se efetivará se o novo pedido for apresentado até sessenta dias antes do pleito.

Resposta: Falsa. Tenha cuidado, pois essa "pegadinha" ainda não foi elaborada em um concurso. A minirreforma eleitoral alterou o § 3º do art. 13 da Lei nº 9.504/1997, passando a dispor que:

> Tanto nas eleições majoritárias como nas proporcionais, a substituição só se efetivará se o novo pedido for apresentado até 20 (vinte) dias antes do pleito, exceto em caso de falecimento de candidato, quando a substituição poderá ser efetivada após esse prazo.

A CANDIDATURA AVULSA

Tício, descrente com relação aos partidos políticos brasileiros, quer ser candidato a prefeito da cidade "X", mas não quer se filiar a nenhum partido político. Pergunta-se: *é possível, no Direito Eleitoral, a chamada candidatura avulsa?*

Resposta: Não, não existe no Direito Eleitoral candidatura avulsa, ou seja, independentemente de ser indicado na convenção de um partido político.

A reforma eleitoral criou o § 14 no artigo 11 da Lei 9.504/1997: *"É vedado o registro de candidatura avulsa, ainda que o requerente tenha filiação partidária"*.

Fique atento a esse debate, pois por unanimidade, o STF reconheceu a repercussão geral da matéria tratada no Recurso Extraordinário com Agravo (ARE) 1054490, no qual um cidadão recorre de decisão que indeferiu sua candidatura avulsa.

A Procuradora Geral da República ofertou parecer pela possibilidade da candidatura avulsa:

> *"Apesar da relevância dos partidos políticos para o processo democrático, o art. 60, § 4º, II, da CR não incluiu os partidos na cláusula de eternidade da Constituição de 1988. Ao contrário, nesse aspecto da organização social brasileira, a Constituição só declarou a salvo de mudanças o "voto direto, secreto, universal e periódico".*

O argumento do autor da ação, é que as candidaturas avulsas não poderiam ser proibidas porque o Brasil é signatário da Convenção Americana de Direitos Humanos, o Pacto de São José da Costa Rica, que não prevê a filiação partidária como condição de elegibilidade para ser votado.

Concluiu a PGR que:

> *"Os recorrentes parecem ter razão aqui, ao defenderem o ponto de vista de que o conflito entre o art. 14, § 3º, v, da CR e o art. 23, inc. 1, b, c/c o inc. 2, do Pacto de São José deve ser resolvido em favor da norma de direito internacional. Em especial quando se lê o inc. 2, percebe-se que a filiação partidária não consta dos motivos pelos quais se pode restringir a participação de candidatos em eleições americanas".*

O STF ainda vai decidir sobre a possibilidade jurídica da candidatura avulsa no Brasil.

Há uma hipótese segundo a qual é possível o militar ser eleito sem ser filiado a um partido político, mas entendo que não se trata de candidatura avulsa, pois, embora não esteja filiado a um partido político, o militar tem que ser indicado na convenção de um partido. Portanto, não se trata de candidatura avulsa.

IMPLICAÇÕES NA FORMAÇÃO DAS COLIGAÇÕES[34]

Uma coligação a nível estadual está vinculada às candidaturas em âmbito nacional?

[34] Fonte de pesquisa: cartilha das convenções do MPRS, coordenada por Rodrigo Zílio.

Reposta: a partir das eleições de 2020, foi decretada a verticalização das coligações a partir das eleições de 2020. Para uma melhor compreensão do tema leia o item "14.14. O princípio da verticalização das coligações".

É possível uma coligação ser realizada só no sistema proporcional? Ou seja, é possível uma coligação ser feita só para as candidaturas de vereadores ou deputados?

Resposta: Sim. É facultado aos partidos políticos, dentro da mesma circunscrição (Município, por exemplo), celebrar coligações:

a) somente para Prefeito (eleição majoritária);
b) somente para Vereadores (eleição proporcional);
c) para Prefeito e Vereador (eleições majoritária e proporcional).

Quando houver coligação para sistema majoritário e proporcional, é possível a formação de mais de uma coligação para a eleição proporcional?

Resposta: Quando houver coligação para Prefeito e Vereador, é possível a formação de mais de uma coligação para a eleição proporcional dentre os partidos que integram a coligação para o pleito majoritário (art. 6º, *caput*, Lei nº 9.504/1997).

É possível aos partidos adversários no pleito majoritário coligarem-se para o pleito proporcional?

Resposta: Não. Segundo o TSE (art. 4º, parágrafo único, da Res.-TSE nº 23.455/2015):

> *É vedado aos partidos adversários no pleito majoritário coligarem-se para o pleito proporcional.*

Existe alguma exceção?

Resposta: Sim. Como sanemos, o art. 6º da Lei nº 9.504/1997 impede o ingresso na coligação para o pleito proporcional de partido estranho àquela formada para disputar o cargo majoritário, mas deve ser ressalvada a hipótese de o partido não formar coligação majoritária.

Consoante entendimento do TSE:

> "O partido que não celebrou coligação para a eleição majoritária pode celebrar coligação proporcional com partidos que, entre si, tenham formado coligação majoritária" (TSE – Agravo Regimental em Recurso Especial Eleitoral nº 4616-46 – Rel. Min. Arnaldo Versiani – j. 7.10.2010).

Na chapa da coligação para as eleições proporcionais, podem inscrever-se candidatos filiados a qualquer partido político que não integre a coligação?

Resposta: Não. Conforme o TSE (art. 5º da Res.-TSE 23.455/2015), na chapa da coligação para as eleições proporcionais, podem inscrever-se candidatos filiados a qualquer partido político dela integrante.

28. Gabarito dos testes objetivos

1. B
2. D

29. Gabarito das questões objetivas

1. D
2. C
3. A
4. B
5. D
6. C
7. D
8. C
9. D
10. D
11. A
12. B
13. E
14. D
15. A
16. D
17. D
18. D
19. D
20. D[35]
21. A
22. A
23. A
24. A
25. B. Lembre-se: o item III está errado, porque a minirreforma eleitoral alterou o art. 22 da Lei nº 9.096/1995, criando o parágrafo único infracitado: *"Havendo coexistência de filiações partidárias, prevalecerá a mais recente, devendo a Justiça Eleitoral determinar o cancelamento das demais".*
26. A
27. C
28. B
29. D
30. A
31. C
32. D
33. E

30. Simulação

Imagine-se na última fase de um concurso jurídico, pois, após a leitura do Capítulo 9, você agora já tem plenas condições de resolver as questões infracitadas, elaboradas em um concurso jurídico.

(TRE/SC - Cespe) QUESTÃO DISCURSIVA.

A democracia contemporânea é representativa, em substituição à democracia direta criada nos tempos da Grécia clássica, sendo marcada pelo direito de votar e ser votado. O sistema eleitoral brasileiro, tendo adotado a representação proporcional em seu antigo Código Eleitoral, mantém atualmente disciplinamento de coligações em conformidade com a Lei nº 9.504/1997, que trata das eleições. Discorra sobre a abrangência das coligações nas eleições, não somente admitidas para as eleições obedientes ao princípio proporcional, mas também previstas atualmente na legislação eleitoral, e, ainda, esclareça sobre a denominada "verticalização das eleições", conforme é reconhecida pelo egrégio Tribunal Superior Eleitoral.

---

[35] "D" foi a resposta oficial, mas a resposta correta é a "b" e o fundamento é o art. 7º da Lei nº 9.096/1995: "O partido político, após adquirir personalidade jurídica na forma da lei civil, registra seu estatuto do Tribunal Superior Eleitoral. § 1º. Só é admitido o registro do estatuto de partido político que tenha caráter nacional, considerando-se como tal aquele que comprove, no período de dois anos, o apoiamento de eleitores não filiados a partido político, correspondente a, pelo menos, 0,5% (cinco décimos por cento) dos votos dados na última eleição geral para a Câmara dos Deputados, não computados os votos em branco e os nulos, distribuídos por um terço, ou mais, dos Estados, com um mínimo de 0,1% (um décimo por cento) do eleitorado que haja votado em cada um deles."

Capítulo 10

Da Propaganda Política

Para que você perceba a importância do tema em análise, veja estas questões, formuladas em concursos jurídicos.

1. Com a reforma eleitoral, a realização de prévias partidárias e sua divulgação pelos instrumentos de comunicação intrapartidária foram consideradas propaganda eleitoral antecipada?
2. Quais as consequências decorrentes do exercício da propaganda irregular?
3. Com a reforma eleitoral será permitida, no dia das eleições, a manifestação individual e silenciosa da preferência do eleitor por partido político, coligação ou candidato, revelada exclusivamente pelo uso de bandeiras, broches, dísticos e adesivos?
4. Em bens particulares, a veiculação de propaganda eleitoral por meio da fixação de faixas, placas, cartazes, pinturas ou inscrições depende da obtenção de licença municipal e de autorização da Justiça Eleitoral?

Obs.: todas as questões serão solucionadas durante o desenvolvimento da matéria.

1. Noções preliminares

1.1. Conceito de propaganda

A propaganda política é um conjunto de técnicas empregadas para sugestionar pessoas na tomada de decisão.

2. O gênero e as espécies de propaganda

A falta de contato com uma matéria tão importante como Direito Eleitoral leva os profissionais, estudantes e políticos a confundirem conceitos básicos.

a) **Espécie número 1: propaganda eleitoral**

A propaganda eleitoral é uma forma de captação de votos usada pelos partidos políticos, coligações ou candidatos, em época determinada por lei, por meio de divulgação de suas propostas, visando a eleição a cargos eletivos.[1]

Segundo o art. 36 da Lei nº 9.504/1997, "A propaganda eleitoral somente é permitida **após o dia 15 de agosto do ano da eleição**", portanto, havendo propaganda eleitoral realizada até o dia 15 de agosto do ano da eleição, com exceção da propaganda intrapartidária, caberá a interposição da representação eleitoral.

CUIDADO: NÃO CAIA NESSAS PEGADINHAS!

Responda rápido estas questões julgando com **E** ou **C.**

1 - ( ) **A propaganda eleitoral somente será permitida a partir de 15 de agosto.**

Cuidado I: a lei diz após o dia 15 de agosto, portanto, você deve ler:

"A propaganda eleitoral somente será permitida a partir de 16 de agosto do ano da eleição."

2 - ( ) **"A propaganda eleitoral somente será permitida a partir de 16 de agosto."**

Cuidado III: faltou a expressão "*do ano da eleição*".

3 - ( ) **"A propaganda eleitoral somente será permitida a partir de 6 de julho."**

Cuidado III: faltou a expressão "*do ano da eleição*".

b) **Espécie número 2: propaganda intrapartidária**

Propaganda intrapartidária é a realizada, nos prazos indicados por lei, pelos filiados de um partido político, com escopo de convencer correligionários de seu partido, que vão participar da convenção para escolha dos candidatos que irão concorrer a determinada eleição.

O período legal para realização da propaganda intrapartidária é 15 dias antes da convenção do partido. Fora deste prazo, caberá a interposição da representação eleitoral.

Ao postulante a candidatura a cargo eletivo, é permitida a realização, na quinzena anterior à escolha pelo partido político, de propaganda intrapartidária com vista à indicação de seu nome, inclusive mediante a fixação de faixas e cartazes em local próximo da convenção, com mensagem aos convencionais, vedado o uso de rádio, televisão e *outdoor* (Lei nº 9.504/97, art. 36, § 1º).

A propaganda intrapartidária deverá ser imediatamente retirada após a respectiva convenção.

▸ INDAGAÇÃO DIDÁTICA

Leia esta questão elaborada em um concurso jurídico: "*Quais os tipos de propaganda intrapartidária vedadas?*".

c) **Espécie número 3: propaganda partidária**

Propaganda partidária ou propaganda político-partidária é a divulgação genérica e exclusiva do programa e da proposta política do partido, em época de eleição ou

[1] No mesmo sentido: CÂNDIDO, Joel José. *Op. cit.*, p. 151.

fora dela, sem menção de nomes de candidatos a cargos eletivos, exceto partidários, visando a angariar adeptos ao partido.[2]

Esta espécie de propaganda não existe no segundo semestre do ano em que houver eleição. Caso exista, será cabível a interposição da representação eleitoral.

Estipulam os *§§ 2º e 3º do art. 36 da Lei nº 9.504/1997* que:

> § 2º Não será permitido qualquer tipo de propaganda política paga no rádio e na televisão.
> § 3º A violação do disposto neste artigo sujeitará o responsável pela divulgação da propaganda e, quando comprovado o seu prévio conhecimento, o beneficiário à multa no valor de R$ 5.000,00 (cinco mil reais) a R$ 25.000,00 (vinte e cinco mil reais), ou ao equivalente ao custo da propaganda, se este for maior.

2.1. Questão eleitoral superinteressante

Agora você tem condições de resolver esta questão, elaborada na prova de ingresso ao Ministério Público do Maranhão.

Faça a distinção entre propaganda partidária, propaganda intrapartidária e propaganda eleitoral, indicando os dispositivos legais onde se encontram previstas.

O dispositivo legal é o art. 36 da Lei nº 9.504/1997, *in verbis:*

> Art. 36. A propaganda eleitoral somente é permitida após o dia 15 de agosto do ano da eleição. **(É a propaganda eleitoral)**.
> § 1º. Ao postulante a candidatura a cargo eletivo é permitida a realização, na quinzena anterior à escolha pelo partido, de propaganda intrapartidária com vista à indicação de seu nome, vedado o uso de rádio, televisão e *outdoor*. **(É a propaganda intrapartidária)**.
> § 2º Não será permitido qualquer tipo de propaganda política paga no rádio e na televisão. **(É a propaganda partidária)**.

- **Destaque da reforma eleitoral:**
  A reforma eleitoral alterou o art. 36 da Lei nº 9.504/1997, § 4º, a saber:

> *"Na propaganda dos candidatos a cargo majoritário deverão constar, também, os nomes dos candidatos a vice ou a suplentes de senador, de modo claro e legível, em tamanho não inferior a 30% (trinta por cento) do nome do titular".*

▸ INDAGAÇÃO DIDÁTICA I

Veja esta questão elaborada em um concurso jurídico: *"Como o promotor de justiça pode provar que houve conhecimento prévio do beneficiário da propaganda irregular?"* *Qual a posição do TSE?*

---

[2] No mesmo sentido: CÂNDIDO, Joel José. *Op. cit.*

Posicionamento majoritário do TSE: caracterização do conhecimento prévio também pela intimação para retirada da propaganda.[3]

INDAGAÇÃO DIDÁTICA II

Agora ficou fácil responder esta questão elaborada em um concurso público: *"Quanto ao tempo de realização, como é feita a divisão da propaganda eleitoral?"*

3. Os princípios que regem a propaganda política

São princípios que regem a propaganda política em todas as suas modalidades: princípio da legalidade, princípio da liberdade, princípio da responsabilidade, princípio igualitário, princípio da disponibilidade (decorrente do princípio da liberdade da propaganda), princípio do controle judicial da propaganda.

3.1. O princípio da legalidade da propaganda

Consiste na afirmação de que a lei federal regula a propaganda, estando o ordenamento composto por regras cogentes, de ordem pública, indisponíveis e de incidência e acatamento *erga omnes*. Este princípio regula os demais.

3.2. O princípio da liberdade da propaganda

É o livre direito à propaganda lícita, na forma do que dispuser a lei.

- **Destaque da reforma eleitoral:**
  A reforma eleitoral alterou o art. 41 da Lei nº 9.504/1997, que agora dispõe:

> Art. 41. A propaganda exercida nos termos da legislação eleitoral não poderá ser objeto de multa nem cerceada sob alegação do exercício do poder de polícia ou de violação de postura municipal, casos em que se deve proceder na forma prevista no art. 40.
> § 1º O poder de polícia sobre a propaganda eleitoral será exercido pelos juízes eleitorais e pelos juízes designados pelos Tribunais Regionais Eleitorais.
> § 2º O poder de polícia se restringe às providências necessárias para inibir práticas ilegais, vedada a censura prévia sobre o teor dos programas a serem exibidos na televisão, no rádio ou na Internet.

O art. 248 do Código Eleitoral consubstancia proteção à liberdade de propaganda, afirmando que "*ninguém poderá impedir a propaganda eleitoral, nem inutilizar, alterar ou perturbar os meios lícitos nela empregados*".

Não se limitou o legislador a proclamar a liberdade de propaganda; garantiu a sua eficácia através da consagração das duas figuras delitivas, para punir os que atentarem contra a propaganda lícita, assim descrita:

---

[3] TSE – AC nºs 21.397/2004, 4.798/2005 e 5.628/2005.

> Art. 331. Inutilizar, alterar ou perturbar meio de propaganda devidamente empregado: Pena – Detenção até seis meses ou pagamento de noventa a cento e vinte dias-multa.
>
> Art. 332. Impedir o exercício de propaganda: Pena – Detenção até seis meses e pagamento de trinta a sessenta dias-multa.

3.3. O princípio da responsabilidade da propaganda

Toda propaganda é de responsabilidade dos partidos políticos e coligações, solidários com os candidatos e adeptos pelos abusos e excessos que cometerem.

3.4. O princípio igualitário da propaganda

Todos, com igualdade de oportunidades, têm direito à propaganda, paga ou gratuita.

3.5. O princípio da disponibilidade da propaganda lícita

Decorrente do princípio da liberdade da propaganda, significa que os partidos políticos, coligações, candidatos e adeptos podem dispor da propaganda lícita, garantida e estimulada pelo Estado, já que a lei pune com sanções penais a propaganda criminosa e pune a propaganda irregular com sanções administrativas eleitorais, precipuamente.[4]

3.6. O princípio do controle judicial da propaganda

Consiste na máxima segundo a qual à Justiça Eleitoral, exclusivamente, incumbe a aplicação das regras jurídicas sobre a propaganda e, inclusive, o exercício de seu poder de polícia.

Obs.: veja agora a questão nº 2.

4. A boca de urna

O nome científico dessa forma de propaganda no dia da eleição, que se opõe ao nome popular "boca de urna", é aliciamento (sem violência ou grave ameaça) de eleitores.

4.1. A fundamentação da proibição dos cem metros na boca de urna

Consoante o art. 238 do Código Eleitoral: "*É proibida, durante o ato eleitoral, a presença de força pública no edifício em que funcionar mesa receptora, ou nas imediações, observado o disposto no art. 141.*"

---

[4] No mesmo sentido: CÂNDIDO, Joel José. *Op. cit.*

A distância dos cem metros é criação jurisprudencial, provavelmente por analogia ao que contém a regra do art.141 do Código Eleitoral:

> A força armada conservar-se-á a cem metros da seção eleitoral e não poderá aproximar-se do lugar da votação, ou nele penetrar, sem ordem do presidente da mesa.

Se a força armada que vem para garantir o pleito não deve ficar postada a menos de cem metros da seção eleitoral, e há razões para isso, com muito mais razão os sectários das agremiações políticas deverão observar essa distância.

4.2. A boca de urna como crime

De acordo com a alteração no § 5º do art. 39 da Lei nº 9.504/1997:

> § 5º Constituem crimes, no dia da eleição, puníveis com detenção, de seis meses a um ano, com a alternativa de prestação de serviços à comunidade pelo mesmo período, e multa no valor de cinco mil a quinze mil Ufir:
> I – o uso de alto-falantes e amplificadores de som ou a promoção de comício ou carreata;
> II – a arregimentação de eleitor ou a propaganda de boca de urna;
> III – a divulgação de qualquer espécie de propaganda de partidos políticos ou de seus candidatos.
> IV – a publicação de novos conteúdos ou o impulsionamento de conteúdos nas aplicações de internet de que trata o art. 57-B desta Lei, podendo ser mantidos em funcionamento as aplicações e os conteúdos publicados anteriormente.

Responda esta questão: julgue este item com C ou E.

O uso de alto-falantes e amplificadores de som no dia da eleição só é considerado crime dentro de cem metros da seção eleitoral.

Resposta: E.

Cuidado: não caia nessa pegadinha!

A previsão legal do crime de "*boca de urna*" é a parte final do inciso II (***"ou a propaganda de boca de urna"***) do art. 39 da lei 9.504/1997.

Tal informação é importante porque o leitor pode concluir de forma equivocada que o crime previsto no § 5º do art. 39 supracitado, só ocorre dentro dos 100 metros estabelecidos no art. 141 do Código Eleitoral.

Portanto, leia-se: só a parte final do inciso II (*ou a propaganda de boca de urna*) **é que ocorre nos limites dos 100 metros.**

É bem verdade que ficou sem sentido o chamado crime de "*boca de urna*", pois a propaganda realizada no dia da eleição fora dos 100 metros, será punida na forma do inciso III (***"a divulgação de qualquer espécie de propaganda de partidos políticos ou de seus candidatos"***).

5. Divisão da propaganda quanto à possibilidade de aplicação de sanção

Quanto à possibilidade de aplicação de sanção, a propaganda é dividida em:

a) **Propaganda ilícita**

Na propaganda ilícita ou criminosa, há uma vedação que se constitui em crime; logo, existirá uma sanção de índole criminal.

▸ EXEMPLO DIDÁTICO

Constituem crimes, no dia da eleição, puníveis com detenção, de seis meses a um ano, com a alternativa de prestação de serviços à comunidade pelo mesmo período, e multa no valor de cinco mil a quinze mil Ufir:

> I – o uso de alto-falantes e amplificadores de som ou a promoção de comício ou carreata;

b) **Propaganda irregular**

Na propaganda irregular, há proibição, mas não existe previsão de sanção criminal que é a principal característica da propaganda criminosa.

A propaganda irregular, divide-se em:

1 – **Propaganda irregular com sanção imediata**

Na propaganda irregular com sanção imediata, há vedação e a consequente atribuição de multa civil/eleitoral.

▸ EXEMPLO DIDÁTICO

É vedada a propaganda eleitoral mediante *outdoors*, inclusive eletrônicos, sujeitando-se a empresa responsável, os partidos, as coligações e os candidatos à imediata retirada da propaganda irregular e ao pagamento de multa no valor de R$ 5.000,00 (cinco mil reais) a R$ 15.000,00 (quinze mil reais).

2 – **Propaganda irregular com sanção mediata**

Na propaganda irregular com sanção mediata, há vedação, não há atribuição de multa civil/eleitoral, mas se o juiz eleitoral mandar retirar a propaganda e houver desobediência, surge a sanção prevista no art. 347 do Código Eleitoral.

▸ EXEMPLO DIDÁTICO

Nas árvores e nos jardins localizados em áreas públicas, bem como em muros, cercas e tapumes divisórios, não é permitida a colocação de propaganda eleitoral de qualquer natureza, mesmo que não lhes cause dano.

1. **A propaganda eleitoral e a solidariedade de partidos na responsabilidade imputada aos candidatos e adeptos pelos excessos que cometerem.**

O art. 241 do Código Eleitoral preconiza que toda propaganda eleitoral será realizada sob a responsabilidade dos partidos e por eles paga, imputando-se-lhes solidariedade nos excessos praticados pelos seus candidatos e adeptos.

Afirma também o art. § 1º, art. 243 do Código Eleitoral que:

> O ofendido por calúnia, difamação ou injúria, sem prejuízo e independentemente da ação penal competente, poderá demandar, no Juízo Cível, a reparação do dano moral respondendo por este o ofensor e, solidariamente, o partido político deste, quando responsável por ação ou omissão, e quem quer que favorecido pelo crime, haja de qualquer modo contribuído para ele (parágrafo acrescentado pela Lei nº 4.961, de 04/05/1966).

Segundo a posição dominante do TSE:

> Nos termos do art. 241 do Código Eleitoral, os partidos políticos respondem solidariamente pelos excessos praticados por seus candidatos e adeptos no que tange à propaganda eleitoral. Precedente. 6. Agravo regimental desprovido. (TSE, AgRg-AI 2822-12.2010.6.07.0000/DF, Rel. Min. Dias Toffoli, j. 30/04/2013, *DJETSE* 05.06.2013) (Lei 4.737/1965, art. 241).

Cuidado: não caia nessa pegadinha!

Responda a esta questão: Julgue com V ou F:

( ) A solidariedade prevista no artigo 241 do Código Eleitoral não é restrita aos candidatos e aos respectivos partidos, portanto, alcança outros partidos, desde que sejam integrantes de uma mesma coligação.

Resposta: Falsa. Tenha cuidado, pois essa "pegadinha" ainda não foi elaborada em um concurso. A minirreforma eleitoral acrescentou um parágrafo único ao art. 241 do Código Eleitoral, a saber:

> Parágrafo único. A solidariedade prevista neste artigo é restrita aos candidatos e aos respectivos partidos, não alcançando outros partidos, mesmo quando integrantes de uma mesma coligação.

Atenção: a minirreforma eleitoral criou no art. 6º da Lei nº 9.504/1997 um § 5º, passando a dispor que:

> A responsabilidade pelo pagamento de multas decorrentes de propaganda eleitoral é solidária entre os candidatos e os respectivos partidos, não alcançando outros partidos mesmo quando integrantes de uma mesma coligação.

5.1. Atos que não são considerados propaganda eleitoral antecipada

5.1.1. *Especificação dos atos que não configuram propaganda eleitoral antecipada*

A reforma eleitoral estabeleceu que desde que não envolva pedido explícito de voto, a menção à pretensa candidatura, a exaltação das qualidades pessoais dos pré-candidatos e os seguintes atos (art. 36-A, da Lei nº 9.504/1997):

I – a participação de filiados a partidos políticos ou de pré-candidatos em entrevistas, programas, encontros ou debates no rádio, na televisão e na internet, inclusive com a exposição de plataformas e projetos políticos, observado pelas emissoras de rádio e de televisão o dever de conferir tratamento isonômico;

II – a realização de encontros, seminários ou congressos, em ambiente fechado e a expensas dos partidos políticos, para tratar da organização dos processos eleitorais, discussão de políticas públicas, planos de governo ou alianças partidárias visando às eleições, podendo tais atividades ser divulgadas pelos instrumentos de comunicação intrapartidária;

III – a realização de prévias partidárias e a respectiva distribuição de material informativo, a divulgação dos nomes dos filiados que participarão da disputa e a realização de debates entre os pré-candidatos;

A REGRA ANTES DA REFORMA ERA: a realização de prévias partidárias e sua divulgação pelos instrumentos de comunicação intrapartidária e pelas redes sociais;

IV – a divulgação de atos de parlamentares e debates legislativos, desde que não se faça pedido de votos;

V – a divulgação de posicionamento pessoal sobre questões políticas, inclusive nas redes sociais;

A REGRA ANTES DA REFORMA ERA: a manifestação e o posicionamento pessoal sobre questões políticas nas redes sociais.

A reforma ainda criou uma sexta hipótese, a saber:

VI – *a realização, a expensas de partido político, de reuniões de iniciativa da sociedade civil, de veículo ou meio de comunicação ou do próprio partido, em qualquer localidade, para divulgar ideias, objetivos e propostas partidárias.*

VII – campanha de arrecadação prévia de recursos na modalidade prevista no inciso IV do § 4º do art. 23 da Lei nº 9.504/97.

E também estabeleceu três regras:

a) § 1º É vedada a transmissão ao vivo por emissoras de rádio e de televisão das prévias partidárias, sem prejuízo da cobertura dos meios de comunicação social.

b) § 2º Nas hipóteses dos itens I a VI supracitados, são permitidos o pedido de apoio político e a divulgação da pré-candidatura, das ações políticas desenvolvidas e das que se pretende desenvolver.

c) § 3º O disposto no § 2º não se aplica aos profissionais de comunicação social no exercício da profissão.

A minirreforma eleitoral alterou o art. 36-B da Lei nº 9.504/1997, passando a dispor que:

> Art. 36-B. Será considerada propaganda eleitoral antecipada a convocação, por parte do Presidente da República, dos Presidentes da Câmara dos Deputados, do Senado Federal e do Supremo Tribunal Federal, de redes de radiodifusão para divulgação de atos que denotem propaganda política ou ataques a partidos políticos e seus filiados ou instituições.
> Parágrafo único. Nos casos permitidos de convocação das redes de radiodifusão, é vedada a utilização de símbolos ou imagens, exceto aqueles previstos no § 1º do art. 13 da Constituição Federal.

Obs.: Responda agora à questão nº 01 no início do capítulo.

6. A propaganda eleitoral e o Ministério Público

A atuação do Ministério Público é destacada por **Joel José Cândido**:[5]

> Matéria de ordem pública e regulada por regras cogentes, a propaganda, mormente em anos de eleição, é assunto que não pode prescindir da atuação constante e vigilante do Ministério Público. Atuará essa instituição como parte e, quando não o for, como custos legis da Lei Eleitoral, nas reclamações e representações eleitorais, legitimadas pela Lei Eleitoral (art. 24 e incisos) e pela Lei Processual Civil (CPC, arts. 81 a 85) (NCPC, arts. 176 a 181), subsidiariamente, assim como em todos os processos submetidos à apreciação judicial eleitoral.

▸ ATENÇÃO

Atualizando a referência do renomado autor aos arts. 81 a 85 do antigo CPC, estes devem ser substituídos pelos arts. 176 a 181 do Novo Código de Processo Civil (Lei nº 13.105, de 16.03.2015 - *DOU* 17.03.2015), *in verbis*:

> Art. 176. O Ministério Público atuará na defesa da ordem jurídica, do regime democrático e dos interesses e direitos sociais e individuais indisponíveis.
>
> Art. 177. O Ministério Público exercerá o direito de ação em conformidade com suas atribuições constitucionais.
>
> Art. 178. O Ministério Público será intimado para, no prazo de 30 (trinta) dias, intervir como fiscal da ordem jurídica nas hipóteses previstas em lei ou na Constituição Federal e nos processos que envolvam:
> I – interesse público ou social;
> II – interesse de incapaz;
> III – litígios coletivos pela posse de terra rural ou urbana.
> Parágrafo único. A participação da Fazenda Pública não configura, por si só, hipótese de intervenção do Ministério Público.

O Ministério Público atuará como parte e, quando não o for, como *custos legis* da Lei Eleitoral, nas reclamações e representações eleitorais.

> Art. 179. Nos casos de intervenção como fiscal da ordem jurídica, o Ministério Público:
> I – terá vista dos autos depois das partes, sendo intimado de todos os atos do processo;
> II – poderá produzir provas, requerer as medidas processuais pertinentes e recorrer.
> Art. 180. O Ministério Público gozará de prazo em dobro para manifestar-se nos autos, que terá início a partir de sua intimação pessoal, nos termos do art. 183, § 1º.

---

[5] Nesse sentido: *ibid.*

> § 1º Findo o prazo para manifestação do Ministério Público sem o oferecimento de parecer, o juiz requisitará os autos e dará andamento ao processo.
> § 2º Não se aplica o benefício da contagem em dobro quando a lei estabelecer, de forma expressa, prazo próprio para o Ministério Público.
> Art. 181. O membro do Ministério Público será civil e regressivamente responsável quando agir com dolo ou fraude no exercício de suas funções.

Relativamente ao Ministério Público dos Estados, com atuação perante a primeira instância eleitoral, legitimam-no, também, além desses dispositivos, os arts. 37, I; 72 e 78 da LC nº 75/1993; e 32, III, da Lei nº 8.625/1993.

Posição dominante do STF: o STF firmou o entendimento de que o Ministério Público tem legitimidade para apresentar representação na Justiça Eleitoral contra eventuais irregularidades na **propaganda partidária gratuita**, atuando na defesa da ordem jurídica e do regime democrático. A decisão foi tomada pelo Plenário do Supremo Tribunal Federal, ao julgar parcialmente procedente a Ação Direta de Inconstitucionalidade nº 4.617.

7. O poder de polícia e a propaganda

Conforme o entendimento majoritário do TSE: "O poder de polícia sobre a propaganda será exercido exclusivamente pelos Juízes Eleitorais, nos municípios, e pelos juízes designados pelos tribunais regionais eleitorais, sem prejuízo do direito de representação do Ministério Público e dos interessados nas eleições."

▸ DESTAQUE DA REFORMA ELEITORAL:

A reforma eleitoral acrescentou ao art. 41 da Lei nº 9.504/1997 os §§ 1º e 2º, a saber:

> § 1º. O poder de polícia sobre a propaganda eleitoral será exercido pelos juízes eleitorais e pelos juízes designados pelos Tribunais Regionais Eleitorais.
> § 2º. O poder de polícia se restringe às providências necessárias para inibir práticas ilegais, vedada a censura prévia sobre o teor dos programas a serem exibidos na televisão, no rádio ou na internet.

8. Propaganda em rádio e TV

Propaganda partidária gratuita: é aquela prevista na Lei nº 9.096/1995 e tem como finalidade a divulgação de propaganda dos partidos políticos, sendo permitida até 30 de junho do ano da eleição.

Segundo o § 2º do art. 36 da Lei nº 9.504/1997:

> Não será permitido qualquer tipo de propaganda política paga no rádio e na televisão.

Propaganda eleitoral gratuita: é aquela que será transmitida pelas emissoras de rádio e de TV, bem como pelos canais de TV por assinatura taxados no art. 64

da Resolução nº 20.562/2000 - TSE. Essa propaganda será permitida sempre nos quarenta e cinco dias anteriores à antevéspera das eleições.

Segundo o ensinamento do Prof. **Thales Tácito**, a finalidade dessa espécie de propaganda é dar publicidade aos candidatos aos cargos em disputa. Essa propaganda é feita de duas formas:

> **em bloco (ou em rede):** transmitida duas vezes ao dia, de segunda-feira a sábado (diariamente no 2º turno), em horários predefinidos na escala horária, com duração de trinta minutos cada;
> **inserções diárias:** transmitidas ao longo da programação, das 8 às 24 horas, em horários predefinidos no plano de mídia, com duração máxima de sessenta segundos cada, inclusive aos domingos, somente para os candidatos majoritários.

9. Da propaganda eleitoral em geral

9.1. A propaganda eleitoral

Joel José Cândido afirma que:

> *Escolhido o candidato na convenção, adquire ele – e seu partido político – o direito de, desde logo, pôr-se à rua com a propaganda, independentemente do deferimento de seu pedido de registro pelo juízo eleitoral competente. Não é correto dizer que só com o deferimento do pedido de registro da candidatura se inicia o período lícito da propaganda, nem mesmo com a propositura judicial desse pedido de registro. É antes. É com a convenção do partido político. No exato momento em que se encerra a lavratura da ata de convenção.*[6]

▸ POSIÇÃO DIVERGENTE

Com o devido respeito, já entendíamos em edições anteriores que não procedia a posição do renomado autor supracitado, agora não há mais dúvidas, pois o próprio código eleitoral e a lei das eleições (Lei nº 9.504/1997) indica de forma clara e precisa o exato momento do início da propaganda eleitoral.

Veja o art. 36 da Lei nº 9.504/1997, *in verbis:*

> *Art. 36. A propaganda eleitoral somente é permitida após o dia 15 de agosto do ano da eleição.*

Art. 240 do Código Eleitoral, *in verbis*:

> *A propaganda de candidatos a cargos eletivos somente é permitida após o dia 15 de agosto do ano da eleição.*

---

[6] No mesmo sentido: *Ibid.*

9.2. O fim do período da propaganda eleitoral

Afirma o parágrafo único do art. 240 do Código Eleitoral que:

> É vedada, desde quarenta e oito horas antes até vinte e quatro horas depois da eleição, qualquer propaganda política mediante radiodifusão, televisão, comícios ou reuniões públicas.

Concordamos com **Joel José Cândido** quando o mesmo afirma que este parágrafo precisa ser bem entendido. Ele não encerra o período de propaganda eleitoral que – repita-se – termina com o fechar da última urna. Esse período de quarenta e oito horas antes, e vinte e quatro horas após a eleição, restringe, apenas, algumas formas de propaganda, com outra *ratio legis* que não a que indica a absoluta vedação de captação de votos dos eleitores. É um período de liberdade restrita da propaganda, dentro de um período de propaganda com liberdade ampla.

10. A Lei nº 9.504/1997 inovou a propaganda eleitoral

A propaganda eleitoral somente é permitida após o dia 15 de agosto do ano da eleição.

10.1. Da propaganda intrapartidária

Como já relatei, ao postulante a candidatura a cargo eletivo é permitida a realização, **na quinzena anterior à escolha pelo partido**, de propaganda intrapartidária com vista à indicação de seu nome, vedado o uso de rádio, televisão e *outdoor*.

10.2. A vedação da propaganda gratuita

Não será permitido qualquer tipo de propaganda política paga no rádio e na televisão.

A violação do acima preconizado sujeitará o responsável pela divulgação da propaganda e, quando comprovado o seu prévio conhecimento, o beneficiário à multa no valor de R$ 5.000,00 (cinco mil reais) a R$ 25.000,00 (vinte e cinco mil reais), ou ao equivalente ao custo da propaganda, se este for maior.

10.3. A vedação à pichação, à inscrição a tinta e à veiculação de propaganda

"Nos bens cujo uso dependa de cessão ou permissão do poder público, ou que a ele pertençam, e nos bens de uso comum, inclusive postes de iluminação pública, sinalização de tráfego, viadutos, passarelas, pontes, paradas de ônibus e outros equipamentos urbanos, é vedada a veiculação de propaganda de qualquer natureza, inclusive pichação, inscrição a tinta e exposição de placas, estandartes, faixas, cavaletes, ***bonecos*** *e assemelhados".*

CUIDADO: NÃO CAIA NESSA PEGADINHA!

Julgue com V ou F:

(   ) Nos bens cujo uso dependa de cessão ou permissão do Poder Público, ou que a ele pertençam, e nos de uso comum, é possível a propaganda eleitoral com o uso de bonecos.

Resposta: Falsa. Tenha cuidado, pois essa "pegadinha" ainda não foi elaborada em um concurso. A minirreforma eleitoral incluiu para as próximas eleições a vedação de "bonecos".

A veiculação de propaganda em desacordo com o anteriormente preconizado sujeita o responsável, após a notificação e comprovação, à restauração do bem e, caso não cumprida no prazo, à multa no valor de R$ 2.000,00 a R$ 8.000,00.

Posicionamento majoritário do TSE: o conceito de bem de uso comum, para fins eleitorais, alcança os de propriedade privada de livre acesso ao público.[7]

10.4. A propaganda em bens particulares e públicos

- **Destaque da reforma eleitoral:**
  A reforma eleitoral alterou o art. 37, § 2º, da Lei nº 9.504/1997, que agora dispõe:

> § 2º Não é permitida a veiculação de material de propaganda eleitoral em bens públicos ou particulares, exceto de:
> I – bandeiras ao longo de vias públicas, desde que móveis e que não dificultem o bom andamento do trânsito de pessoas e veículos;
> II – adesivo plástico em automóveis, caminhões, bicicletas, motocicletas e janelas residenciais, desde que não exceda a 0,5 m^2 (meio metro quadrado).

CUIDADO: NÃO CAIA NESSA PEGADINHA!

Julgue com V ou F:

( ) Em bens particulares, a veiculação de propaganda eleitoral pode ser por meio da fixação de faixas, placas, cartazes, pinturas ou inscrições, desde que não excedam a $4m^2$.

( ) Em bens particulares, independe de obtenção de licença municipal e de autorização da Justiça Eleitoral a veiculação de propaganda eleitoral, desde que seja feita em adesivo ou papel, não exceda a 0,5 m^2 (meio metro quadrado) e não contrarie a legislação eleitoral, sujeitando-se o infrator às penalidades previstas na Lei nº 9.504/97.

Resposta: Falsa. Tenha cuidado, pois essa "pegadinha" ainda não foi elaborada em um concurso. A reforma eleitoral dispõe que não é permitida a veiculação de material de propaganda eleitoral em bens públicos ou particulares, exceto de: a)

---

7 TSE – AC nos 2.124/2000, 2.125/2000, 21.241/2003, 21.891/2004, 25.263/2005, e TSE – AC de 07/03/2006, no REsp nº 25.428.

bandeiras ao longo de vias públicas, desde que móveis e que não dificultem o bom andamento do trânsito de pessoas e veículos; b) adesivo plástico em automóveis, caminhões, bicicletas, motocicletas e janelas residenciais, desde que não exceda a 0,5 m² (meio metro quadrado).

Em bens particulares, a propaganda deve ser *feita em adesivo ou papel e não pode exceder 0,5 m² (meio metro quadrado) e também não pode contrariar a legislação eleitoral.*

Deve o candidato, por precaução, pedir autorização ao dono do imóvel, com fito de evitar futuros incidentes.

A veiculação de propaganda eleitoral em bens particulares deve ser espontânea e gratuita, sendo vedado qualquer tipo de pagamento em troca de espaço para esta finalidade.

Obs.: veja agora a questão nº 4.

10.5. A propaganda nas dependências do Poder Legislativo

Nas dependências do Poder Legislativo, a veiculação de propaganda eleitoral fica a critério da mesa diretora.

10.6. A definição de bens de uso comum para fins eleitorais

Bens de uso comum, para fins eleitorais, são os assim definidos pela Lei nº 10.406, de 10 de janeiro de 2002 – Código Civil – e também aqueles a que a população em geral tem acesso, tais como cinemas, clubes, lojas, centros comerciais, templos, ginásios, estádios, ainda que de propriedade privada.

10.7. Vedações da propaganda em árvores e nos jardins localizados em áreas públicas, bem como em muros, cercas e tapumes divisórios

Nas árvores e nos jardins localizados em áreas públicas, bem como em muros, cercas e tapumes divisórios, não é permitida a colocação de propaganda eleitoral de qualquer natureza, **mesmo que não lhes cause dano.**

10.8. A propaganda por meio de cavaletes, bonecos, cartazes, mesas para distribuição de material de campanha e bandeiras ao longo das vias públicas

- **Destaque da reforma eleitoral:**

A reforma eleitoral acrescentou ao art. 37 da Lei nº 9.504/1997 os §§ 6º, 7º e 8º, a saber:

> § 6º É permitida a colocação de mesas para distribuição de material de campanha e a utilização de bandeiras ao longo das vias públicas, desde que móveis e que não dificultem o bom andamento do trânsito de pessoas e veículos. (Redação estabelecida pela minirreforma eleitoral – Lei nº 12.891/2013).

> § 7º. A mobilidade referida no § 6º estará caracterizada com a colocação e a retirada dos meios de propaganda entre as seis horas e as vinte e duas horas.
> § 8º. A veiculação de propaganda eleitoral em bens particulares deve ser espontânea e gratuita, sendo vedado qualquer tipo de pagamento em troca de espaço para esta finalidade.

10.8.1. *A propaganda eleitoral pela distribuição de folhetos, volantes e outros impressos*

Independe da obtenção de licença municipal e de autorização da Justiça Eleitoral a veiculação de propaganda eleitoral pela distribuição de folhetos, adesivos, volantes e outros impressos, os quais devem ser editados sob a responsabilidade do partido, coligação ou candidato.

- **Destaque da minirreforma eleitoral:**

A reforma eleitoral acrescentou ao art. 38 da Lei nº 9.504/1997 os §§ 1º e 2º, a saber:

> § 1º. Todo material impresso de campanha eleitoral deverá conter o número de inscrição no Cadastro Nacional da Pessoa Jurídica – CNPJ – ou o número de inscrição no Cadastro de Pessoas Físicas – CPF – do responsável pela confecção, bem como de quem a contratou, e a respectiva tiragem.
> § 2º. Quando o material impresso veicular propaganda conjunta de diversos candidatos, os gastos relativos a cada um deles deverão constar na respectiva prestação de contas, ou apenas naquela relativa ao que houver arcado com os custos.
> § 3º Os adesivos de que trata o *caput* deste artigo poderão ter a dimensão máxima de 50 (cinquenta) centímetros por 40 (quarenta) centímetros.
> § 4º É proibido colar propaganda eleitoral em veículos, exceto adesivos microperfurados até a extensão total do para-brisa traseiro e, em outras posições, adesivos até a dimensão máxima fixada no § 3º.

10.9. A propaganda partidária ou eleitoral em recinto aberto ou fechado

A realização de qualquer ato de propaganda partidária ou eleitoral, em recinto aberto ou fechado, não depende de licença da polícia.

10.10. O tempo de comunicação de eventos

O candidato, partido ou coligação promotora do ato fará a devida comunicação à autoridade policial em, no mínimo, vinte e quatro horas antes de sua realização, a fim de que esta lhe garanta, segundo a prioridade do aviso, o direito contra quem tencione usar o local no mesmo dia e horário.

A autoridade policial tomará as providências necessárias à garantia da realização do ato e ao funcionamento do tráfego e dos serviços públicos que o evento possa afetar.

10.11. O tempo de funcionamento de alto-falantes ou amplificadores de som

O funcionamento de alto-falantes ou amplificadores de som somente é permitido entre as 8 e as 22 horas, sendo vedados a instalação e o uso daqueles equipamentos em distância inferior a duzentos metros:

a) das sedes dos Poderes Executivo e Legislativo da União, dos Estados, do Distrito Federal e dos Municípios, das sedes dos Tribunais Judiciais, e dos quartéis e outros estabelecimentos militares;
b) dos hospitais e casas de saúde;
c) das escolas, bibliotecas públicas, igrejas e teatros, quando em funcionamento.

10.12. A exceção

A realização de comícios é permitida no horário compreendido entre as 8 e as 24 horas.

11. As implicações da falta de ética na captação de sufrágio

Salvo exceções, é vedado por lei o candidato doar, oferecer, prometer ou entregar ao eleitor, com o fim de obter-lhe o voto, bem ou vantagem pessoal de qualquer natureza, inclusive emprego ou função pública, desde o registro da candidatura até o dia da eleição, inclusive, sob pena de multa de mil a cinquenta mil Ufirs, e cassação do registro ou do diploma, observado o procedimento previsto no art. 22 da Lei Complementar nº 64, de 18 de maio de 1990.[8]

As exceções estão preconizadas no art. 26 da Lei nº 9.504/1997:

> Art. 26. São considerados gastos eleitorais, sujeitos a registro e aos limites fixados nesta Lei:
> I – confecção de material impresso de qualquer natureza e tamanho, observado o disposto no § 3º do art. 38 desta Lei;
> II – propaganda e publicidade direta ou indireta, por qualquer meio de divulgação, destinada a conquistar votos;
> III – aluguel de locais para a promoção de atos de campanha eleitoral;
> IV – despesas com transporte ou deslocamento de candidato e de pessoal a serviço das candidaturas, observadas as exceções previstas no § 3º deste artigo.
> V – correspondência e despesas postais;
> VI – despesas de instalação, organização e funcionamento de Comitês e serviços necessários às eleições;
> VII – remuneração ou gratificação de qualquer espécie a pessoal que preste serviços às candidaturas ou aos comitês eleitorais;
> VIII – montagem e operação de carros de som, de propaganda e assemelhados;

---

8 Veja o art. 41-A da Lei nº 9.504/1997, artigo acrescentado pela Lei nº 9.840, de 28/09/1999, *DOU* 29.09.1999.

> IX – a realização de comícios ou eventos destinados à promoção de candidatura;
> X – produção de programas de rádio, televisão ou vídeo, inclusive os destinados à propaganda gratuita;
> XI – (Revogado. Redação anterior: pagamento de cachê de artistas ou animadores de eventos relacionados a campanha eleitoral).
> XII – realização de pesquisas ou testes pré-eleitorais;
> XIII – (Revogado. Redação anterior: confecção, aquisição e distribuição de camisetas, chaveiros e outros brindes de campanha).
> XIV – (Revogado. Redação anterior: aluguel de bens particulares para veiculação, por qualquer meio, de propaganda eleitoral).
> XV – custos com a criação e inclusão de sítios na internet e com o impulsionamento de conteúdos contratados diretamente com provedor da aplicação de internet com sede e foro no País;
> XVI – multas aplicadas aos partidos ou candidatos por infração do disposto na legislação eleitoral.
> XVII – produção de jingles, vinhetas e slogans para propaganda eleitoral.
> § 1º São estabelecidos os seguintes limites com relação ao total do gasto da campanha:
> I – alimentação do pessoal que presta serviços às candidaturas ou aos comitês eleitorais: 10% (dez por cento);
> II – aluguel de veículos automotores: 20% (vinte por cento).
> § 2º Para os fins desta Lei, inclui-se entre as formas de impulsionamento de conteúdo a priorização paga de conteúdos resultantes de aplicações de busca na internet.
> § 3º Não são consideradas gastos eleitorais nem se sujeitam a prestação de contas as seguintes despesas de natureza pessoal do candidato:
> a) combustível e manutenção de veículo automotor usado pelo candidato na campanha;
> b) remuneração, alimentação e hospedagem do condutor do veículo a que se refere a alínea *a* deste parágrafo;
> c) alimentação e hospedagem própria;
> d) uso de linhas telefônicas registradas em seu nome como pessoa física, até o limite de três linhas.

CUIDADO: NÃO CAIA NESSA PEGADINHA!

Responda a esta questão: Julgue com V ou F:

( ) São considerados gastos eleitorais, sujeitos a registro e aos limites fixados nesta Lei, dentre outros o aluguel de bens particulares para veiculação, por qualquer meio, de propaganda eleitoral.

Resposta: Falsa. Tenha cuidado, pois essa "pegadinha" ainda não foi elaborada em um concurso. A minirreforma eleitoral revogou o inciso XIV do art. 26 da Lei nº 9.504/1997, que preconizava: *"São considerados gastos eleitorais, o aluguel de bens particulares para veiculação, por qualquer meio, de propaganda eleitoral"*.

- **Destaque da reforma eleitoral:**

A reforma eleitoral acrescentou ao art. 41-A da Lei nº 9.504/1997 os §§ 1º, 2º, 3º e 4º, a saber:

> § 1º. Para a caracterização da conduta ilícita, é desnecessário o pedido explícito de votos, bastando a evidência do dolo, consistente no especial fim de agir.
> § 2º. As sanções previstas no caput aplicam-se contra quem praticar atos de violência ou grave ameaça a pessoa, com o fim de obter-lhe o voto.
> § 3º. A representação contra as condutas vedadas no caput poderá ser ajuizada até a data da diplomação.
> § 4º. O prazo de recurso contra decisões proferidas com base neste artigo será de 3 (três) dias, a contar da data da publicação do julgamento no *Diário Oficial*.

11.1. As propagandas não toleradas

Não será tolerada propaganda:

- de guerra, de processos violentos para subverter o regime, a ordem política e social, ou de preconceitos de raça ou de classes;
- que provoque animosidade entre as Forças Armadas ou contra elas, ou delas contra as classes e as instituições civis;
- de incitamento de atentado contra pessoa ou bens;
- de instigação à desobediência coletiva ao cumprimento da lei de ordem pública;
- que implique oferecimento, promessa ou solicitação de dinheiro, dádiva, rifa, sorteio ou vantagem de qualquer natureza;
- que perturbe o sossego público, com algazarra ou abuso de instrumentos sonoros ou sinais acústicos;
- por meio de impressos ou de objeto que pessoa inexperiente ou rústica possa confundir com moeda;
- que prejudique a higiene e a estética urbana;
- que caluniar, difamar ou injuriar qualquer pessoa, bem como atingir órgãos ou entidades que exerçam autoridade pública;
- que desrespeite os símbolos nacionais.

12. Vedação à propaganda eleitoral mediante *outdoors*

A propaganda mediante *outdoors*, que era prevista no art. 42 da Lei nº 9.504/1997, foi revogada pela Lei nº 11.300/2006.

Preconiza o art. 39, § 8º:

> É vedada a propaganda eleitoral mediante *outdoors*, inclusive eletrônicos, sujeitando-se a empresa responsável, os partidos, as coligações e os candidatos à imediata retirada da propaganda irregular e ao pagamento de multa no valor de R$ 5.000,00 (cinco mil reais) a R$ 15.000,00 (quinze mil reais). (Redação estabelecida pela minirreforma eleitoral – Lei nº 12.891/2013)

12.1. Vedação à utilização de trios elétricos

Até as 22 horas do dia que antecede a eleição, serão permitidos distribuição de material gráfico, caminhada, carreata, passeata ou carro de som que transite pela cidade divulgando *jingles* ou mensagens de candidatos.

É vedada a utilização de trios elétricos em campanhas eleitorais, exceto para a sonorização de comícios.

A lei eleitoral especifica a diferença entre carro de som, minitrio e trio elétrico, da seguinte forma:

a) **carro de som:** veículo automotor que usa equipamento de som com potência nominal de amplificação de, no máximo, 10.000 (dez mil) watts;
b) **minitrio:** veículo automotor que usa equipamento de som com potência nominal de amplificação maior que 10.000 (dez mil) watts e até 20.000 (vinte mil) watts;
c) **trio elétrico:** veículo automotor que usa equipamento de som com potência nominal de amplificação maior que 20.000 (vinte mil) watts.

Além das previsões supracitadas, será também considerado carro de som o veículo automotor que usa equipamento de som com potência nominal de amplificação de, no máximo, 10.000 (dez mil) watts, **como também qualquer veículo, motorizado ou não, ou ainda tracionado por animais, que transite divulgando *jingles* ou mensagens de candidatos.**

CUIDADO: NÃO CAIA NESSA PEGADINHA!

Julgue com V ou F:

( ) É considerado carro de som o veículo automotor que usa equipamento de som com potência nominal de amplificação de, no máximo, 1.000 (dez mil) watts, **como também qualquer veículo, motorizado, que transite divulgando jingles ou mensagens de candidatos.**

Resposta: Falsa. Leia o texto acima e corrija os dois erros.

12.2. A propaganda eleitoral e as permissões e vedações no dia das eleições

- **Destaque da reforma eleitoral:**

A reforma eleitoral inovou ao acrescentar à Lei nº 9.504/1997 o art. 39-A, *in verbis*:

> Art. 39-A. É permitida, no dia das eleições, a manifestação individual e silenciosa da preferência do eleitor por partido político, coligação ou candidato, revelada exclusivamente pelo uso de bandeiras, broches, dísticos e adesivos.
> § 1º. É vedada, no dia do pleito, até o término do horário de votação, a aglomeração de pessoas portando vestuário padronizado, bem como os instrumentos de propaganda referidos no caput, de modo a caracterizar manifestação coletiva, com ou sem utilização de veículos.
> § 2º. No recinto das seções eleitorais e juntas apuradoras, é proibido aos servidores da Justiça Eleitoral, aos mesários e aos escrutinadores o uso de vestuário ou objeto que contenha qualquer propaganda de partido político, de coligação ou de candidato.
> § 3º. Aos fiscais partidários, nos trabalhos de votação, só é permitido que, em seus crachás, constem o nome e a sigla do partido político ou coligação a que sirvam, vedada a padronização do vestuário.

> § 4º. No dia do pleito, serão afixadas cópias deste artigo em lugares visíveis nas partes interna e externa das seções eleitorais.

Obs.: Responda agora à questão nº 03 no início do capítulo.

13. Da propaganda eleitoral na imprensa

- **Destaque da reforma eleitoral:**

A reforma eleitoral alterou o art. 43 da Lei nº 9.504/1997, que agora dispõe:

> Art. 43. São permitidas, até a antevéspera das eleições, a divulgação paga, na imprensa escrita, e a reprodução na internet do jornal impresso, de até 10 (dez) anúncios de propaganda eleitoral, por veículo, em datas diversas, para cada candidato, no espaço máximo, por edição, de 1/8 (um oitavo) de página de jornal padrão e de 1/4 (um quarto) de página de revista ou tabloide.
> § 1º. Deverá constar do anúncio, de forma visível, o valor pago pela inserção.
> § 2º. A inobservância do disposto neste artigo sujeita os responsáveis pelos veículos de divulgação e os partidos, coligações ou candidatos beneficiados a multa no valor de R$ 1.000 (mil reais) a R$ 10.000,00 (dez mil reais) ou equivalente ao da divulgação da propaganda paga, se este for maior.

14. A propaganda eleitoral no rádio e na televisão

A propaganda eleitoral no rádio e na televisão restringe-se ao horário gratuito definido em lei, vedada a veiculação de propaganda paga.

- **Destaque da reforma eleitoral:**

A reforma eleitoral acrescentou ao art. 44 da Lei nº 9.504/1997 os § 1º, 2º e 3º, a saber:

> § 1º. A propaganda eleitoral gratuita na televisão deverá utilizar a Linguagem Brasileira de Sinais – LIBRAS – ou o recurso de legenda, que deverão constar obrigatoriamente do material entregue às emissoras.
> § 2º. No horário reservado para a propaganda eleitoral, não se permitirá utilização comercial ou propaganda realizada com a intenção, ainda que disfarçada ou subliminar, de promover marca ou produto.
> § 3º. Será punida, nos termos do § 1º do art. 37, a emissora que, não autorizada a funcionar pelo poder competente, veicular propaganda eleitoral.

Encerrado o prazo para a realização das convenções no ano das eleições, é vedado às emissoras de rádio e televisão, em sua programação normal e em seu noticiário:

a) transmitir, ainda que sob a forma de entrevista jornalística, imagens de realização de pesquisa ou qualquer outro tipo de consulta popular de natureza eleitoral em que seja possível identificar o entrevistado ou em que haja manipulação de dados;

b) usar trucagem, montagem ou outro recurso de áudio ou vídeo que, de qualquer forma, degrade ou ridicularize candidato, partido ou coligação, ou produzir ou veicular programa com esse efeito;

Cuidado: este item está com eficácia liminarmente suspensa, consoante o disposto na ADI nº 4.451.

c) veicular propaganda política ou difundir opinião favorável ou contrária a candidato, partido, coligação, a seus órgãos ou representantes;

Cuidado: este item está eficácia liminarmente suspensa, consoante o disposto na ADI nº 4.451.

d) dar tratamento privilegiado a candidato, partido ou coligação;

Cuidado: *o TSE decidiu que esse dispositivo não garante espaço idêntico na mídia a todos os candidatos, mas tratamento proporcional à participação de cada um no cenário político.* (Ac.-TSE, de 11.9.2014, na R-Rp nº 103246).

e) veicular ou divulgar filmes, novelas, minisséries ou qualquer outro programa com alusão ou crítica a candidato ou partido político, mesmo que dissimuladamente, exceto programas jornalísticos ou debates políticos;

f) divulgar nome de programa que se refira a candidato escolhido em convenção, ainda quando preexistente, inclusive se coincidente com o nome do candidato ou com a variação nominal por ele adotada. Sendo o nome do programa o mesmo que o do candidato, fica proibida a sua divulgação, sob pena de cancelamento do respectivo registro.

A partir de 30 de junho do ano da eleição, é vedado, ainda, às emissoras transmitir programa apresentado ou comentado por pré-candidato, **sob pena, no caso de sua escolha na convenção partidária, de imposição da multa e de cancelamento do registro da candidatura do beneficiário.**

CUIDADO: NÃO CAIA NESSA PEGADINHA!

Julgue com V ou F:

Encerrado o prazo para a realização das convenções no ano das eleições, é vedado às emissoras de rádio e televisão, em sua programação normal e em seu noticiário:

( ) transmitir, ainda que sob a forma de entrevista jornalística, imagens de realização de pesquisa ou qualquer outro tipo de consulta popular de natureza eleitoral em que seja possível identificar o entrevistado ou em que haja manipulação de dados;

( ) usar trucagem, montagem ou outro recurso de áudio ou vídeo que, de qualquer forma, degrade ou ridicularize candidato, partido ou coligação, ou produzir ou veicular programa com esse efeito;

( ) veicular propaganda política ou difundir opinião favorável ou contrária a candidato, partido, coligação, a seus órgãos ou representantes;

Resposta: V, F, F, lembre-se: há dois itens com eficácia suspensa consoante decisão do STF na ADI nº 4.451.

14.1. Sanções à inobservância do acima preconizado

A inobservância ao acima disposto sujeita o partido ou coligação à perda de tempo equivalente ao dobro do usado na prática do ilícito, no período do horário gratuito subsequente, dobrada a cada reincidência, devendo, no mesmo período, exibir-se a informação de que a não veiculação do programa resulta de infração da Lei Eleitoral.

Sujeita também a emissora ao pagamento de multa no valor de vinte mil a cem mil Ufirs, duplicada em caso de reincidência.

Cuidado I: o § 3º do art. 45 da Lei nº 9.504/1997 preconizava que as disposições supramencionadas aplicam-se aos sítios mantidos pelas empresas de comunicação social na *Internet* e demais redes destinadas à prestação de serviços de telecomunicações de valor adicionado.

- **Destaque da reforma eleitoral:**

Cuidado II: a reforma eleitoral revogou o § 3º acima citado e ainda acrescentou ao art. 45 da Lei nº 9.504/1997 os §§ 4º, 5º e 6º, a saber:

> § 4º. Entende-se por trucagem todo e qualquer efeito realizado em áudio ou vídeo que degradar ou ridicularizar candidato, partido político ou coligação, ou que desvirtuar a realidade e beneficiar ou prejudicar qualquer candidato, partido político ou coligação.

Cuidado III: este parágrafo possui eficácia liminarmente suspensa, consoante o disposto na ADI nº 4.451.

> § 5º. Entende-se por montagem toda e qualquer junção de registros de áudio ou vídeo que degradar ou ridicularizar candidato, partido político ou coligação, ou que desvirtuar a realidade e beneficiar ou prejudicar qualquer candidato, partido político ou coligação.

Cuidado IV: este parágrafo possui eficácia liminarmente suspensa, consoante o disposto na ADI nº 4.451.

> § 6º. É permitido ao partido político utilizar na propaganda eleitoral de seus candidatos em âmbito regional, inclusive no horário eleitoral gratuito, a imagem e a voz de candidato ou militante de partido político que integre a sua coligação em âmbito nacional.

Independentemente da veiculação de propaganda eleitoral gratuita no horário definido em lei, é facultada a transmissão por emissora de rádio ou televisão de debates sobre as eleições majoritária ou proporcional, assegurada a participação de candidatos dos partidos com representação no Congresso Nacional, de, no mínimo, cinco parlamentares, e facultada a dos demais, observado o seguinte:

I – nas eleições majoritárias, a apresentação dos debates poderá ser feita:

a) em conjunto, estando presentes todos os candidatos a um mesmo cargo eletivo;
b) em grupos, estando presentes, no mínimo, três candidatos;

II – nas eleições proporcionais, os debates deverão ser organizados de modo que assegurem a presença de número equivalente de candidatos de todos os partidos e coligações a um mesmo cargo eletivo, podendo desdobrar-se em mais de um dia;

III – os debates deverão ser parte de programação previamente estabelecida e divulgada pela emissora, fazendo-se mediante sorteio a escolha do dia e da ordem de fala de cada candidato, salvo se celebrado acordo em outro sentido entre os partidos e coligações interessados.

14.2. A ausência permitida nos debates

Será admitida a realização de debate sem a presença de candidato de algum partido, desde que o veículo de comunicação responsável comprove havê-lo convidado com a antecedência mínima de setenta e duas horas da realização do debate.

O horário destinado à realização de debate poderá ser destinado à entrevista de candidato, caso apenas este tenha comparecido ao evento (TSE, Acórdão nº 19.433, de 25.6.2002).

14.3. A vedação em mais de um debate

É vedada a presença de um mesmo candidato à eleição proporcional em mais de um debate da mesma emissora.

- **Destaque da reforma eleitoral:**

A reforma eleitoral acrescentou ao art. 46 da Lei nº 9.504/1997 os §§ 4º e 5º, a saber:

> § 4º. O debate será realizado segundo as regras estabelecidas em acordo celebrado entre os partidos políticos e a pessoa jurídica interessada na realização do evento, dando-se ciência à Justiça Eleitoral.
> § 5º. Para os debates que se realizarem no primeiro turno das eleições, serão consideradas aprovadas as regras, inclusive as que definam o número de participantes, que obtiverem a concordância de pelo menos 2/3 (dois terços) dos candidatos aptos, no caso de eleição majoritária, e de pelo menos 2/3 (dois terços) dos partidos ou coligações com candidatos aptos, no caso de eleição proporcional.

Importante: O STF, em decisão por maioria na ADI 5.487, deu parcial procedência ao pedido, conferindo interpretação conforme ao § 5º do art. 46 da Lei nº 9.504/1997, com a redação dada pela Lei nº 13.165/2015, para se determinar que os candidatos aptos não possam deliberar pela exclusão dos debates de candidatos cuja participação seja facultativa, quando a emissora tenha optado por convidá-los.

Preconiza o § 3º do art. 47 da Lei nº 9.504/1997:

> *"Para efeito do disposto neste artigo, a representação de cada partido na Câmara dos Deputados é a resultante da eleição".*

14.4. A veiculação de propaganda eleitoral gratuita nas localidades aptas à realização de segundo turno

- **Destaque da reforma eleitoral:**
  A reforma eleitoral alterou o art. 48 da Lei nº 9.504/1997, que agora dispõe:

> *"Nas eleições para Prefeitos e Vereadores, nos Municípios em que não haja emissora de rádio e televisão, a Justiça Eleitoral garantirá aos Partidos Políticos participantes do pleito a veiculação de propaganda eleitoral gratuita nas localidades aptas à realização de segundo turno de eleições e nas quais seja operacionalmente viável realizar a retransmissão".*

15. A vedação aos cortes

Não serão admitidos cortes instantâneos ou qualquer tipo de censura prévia nos programas eleitorais gratuitos.

16. A vedação à propaganda degradante

É vedada a veiculação de propaganda que possa degradar ou ridicularizar candidatos, sujeitando-se o partido ou coligação infratores à perda do direito à veiculação de propaganda no horário eleitoral gratuito do dia seguinte.

Sem prejuízo do disposto, a requerimento de partido, coligação ou candidato, a Justiça Eleitoral impedirá a reapresentação de propaganda ofensiva à honra de candidato, à moral e aos bons costumes.

A requerimento de partido, coligação ou candidato, a Justiça Eleitoral poderá determinar a suspensão, por vinte e quatro horas, da programação normal de emissora que deixar de cumprir as disposições prevista em lei sobre propaganda.

No período de suspensão a que se refere este artigo, a Justiça Eleitoral veiculará mensagem de orientação ao eleitor, intercalada, a cada 15 (quinze) minutos.

As disposições supramencionadas aplicam-se às emissoras de televisão que operam em VHF e UHF e os canais de televisão por assinatura sob a responsabilidade do Senado Federal, da Câmara dos Deputados, das Assembleias Legislativas, da Câmara Legislativa do Distrito Federal ou das Câmaras Municipais.

17. O direito de resposta

17.1. Do direito de resposta na Lei nº 9.405/1997

A partir da escolha de candidatos em convenção, é assegurado o direito de resposta a candidato, partido ou coligação atingidos, ainda que de forma indireta, por conceito, imagem ou afirmação caluniosa, difamatória, injuriosa ou sabidamente inverídica, difundidos por qualquer veículo de comunicação social.

- **Destaque da reforma eleitoral:**
  A reforma eleitoral acrescentou à Lei nº 9.504/1997 o art. 58-A, *in verbis*:

> Os pedidos de direito de resposta e as representações por propaganda eleitoral irregular em rádio, televisão e internet tramitarão preferencialmente em relação aos demais processos em curso na Justiça Eleitoral.

17.2. Os prazos do direito de resposta

O ofendido, ou seu representante legal, poderá pedir o exercício do direito de resposta à Justiça Eleitoral nos seguintes prazos, contados a partir da veiculação da ofensa:

a) vinte e quatro horas, quando se tratar do horário eleitoral gratuito;
b) quarenta e oito horas, quando se tratar da programação normal das emissoras de rádio e televisão;
c) setenta e duas horas, quando se tratar de órgão da imprensa escrita.
d) a qualquer tempo, quando se tratar de conteúdo que esteja sendo divulgado na internet, ou em 72 (setenta e duas) horas, após a sua retirada.

17.3. O procedimento do direito de resposta

Recebido o pedido, a Justiça Eleitoral notificará imediatamente o ofensor para que se defenda em vinte e quatro horas, devendo a decisão ser prolatada no prazo máximo de setenta e duas horas da data da formulação do pedido.

Caso a decisão não seja prolatada em 72 (setenta e duas) horas da data da formulação do pedido, a Justiça Eleitoral, de ofício, providenciará a alocação de Juiz auxiliar.

Posicionamento majoritário do TSE: é facultado ao juiz ou relator ouvir o Ministério Público Eleitoral nas representações a que se refere este artigo, desde que não exceda o prazo máximo para decisão.[9]

Posicionamento majoritário do TSE: possibilidade de redução do prazo de defesa para 12 horas em pedido de direito de resposta na imprensa escrita, formulado na véspera da eleição.[10]

Observar-se-ão, ainda, as seguintes regras, no caso de pedido de resposta relativo à ofensa veiculada:

I – **em órgão da imprensa escrita**:

a) o pedido deverá ser instruído com um exemplar da publicação e o texto para resposta;
b) deferido o pedido, a divulgação da resposta dar-se-á no mesmo veículo, espaço, local, página, tamanho, caracteres e outros elementos de realce

---

[9] TSE – AC nº 385/2002.

[10] TSE – AC nº 195/2002.

usados na ofensa, em até quarenta e oito horas após a decisão ou, tratando-se de veículo com periodicidade de circulação maior que quarenta e oito horas, na primeira vez em que circular;

c) por solicitação do ofendido, a divulgação da resposta será feita no mesmo dia da semana em que a ofensa foi divulgada, ainda que fora do prazo de quarenta e oito horas;

d) se a ofensa for produzida em dia e hora que inviabilizem sua reparação dentro dos prazos estabelecidos nas alíneas anteriores, a Justiça Eleitoral determinará a imediata divulgação da resposta;

e) o ofensor deverá comprovar nos autos o cumprimento da decisão, mediante dados sobre a regular distribuição dos exemplares, a quantidade impressa e o raio de abrangência na distribuição;

II – em programação normal das emissoras de rádio e de televisão:

a) a Justiça Eleitoral, à vista do pedido, deverá notificar imediatamente o responsável pela emissora que realizou o programa para que entregue em vinte e quatro horas, sob as penas do art. 347 da Lei nº 4.737, de 15 de julho de 1965 – Código Eleitoral, cópia da fita da transmissão, que será devolvida após a decisão;

b) o responsável pela emissora, ao ser notificado pela Justiça Eleitoral ou informado pelo reclamante ou representante, por cópia protocolada do pedido de resposta, preservará a gravação até a decisão final do processo;

c) deferido o pedido, a resposta será dada em até quarenta e oito horas após a decisão, em tempo igual ao da ofensa, porém nunca inferior a um minuto;

III – no horário eleitoral gratuito:

a) o ofendido usará, para a resposta, tempo igual ao da ofensa, nunca inferior, porém, a um minuto;

b) a resposta será veiculada no horário destinado ao partido ou coligação responsável pela ofensa, devendo necessariamente dirigir-se aos fatos nela veiculados;

c) se o tempo reservado ao partido ou coligação responsável pela ofensa for inferior a um minuto, a resposta será levada ao ar tantas vezes quantas sejam necessárias para a sua complementação;

d) deferido o pedido para resposta, a emissora geradora e o partido ou coligação atingidos deverão ser notificados imediatamente da decisão, na qual deverão estar indicados quais os períodos, diurno ou noturno, para a veiculação da resposta, que deverá ter lugar no início do programa do partido ou coligação;

e) o meio magnético com a resposta deverá ser entregue à emissora geradora, até trinta e seis horas após a ciência da decisão, para veiculação no programa subsequente do partido ou coligação em cujo horário se praticou a ofensa;

f) se o ofendido for candidato, partido ou coligação que tenha usado o tempo concedido sem responder aos fatos veiculados na ofensa, terá subtraído tempo idêntico do respectivo programa eleitoral; tratando-se de terceiros, ficarão sujeitos à suspensão de igual tempo em eventuais novos pedidos de resposta e à multa no valor de duas mil a cinco mil Ufirs.

- **Destaque da reforma eleitoral:**

A reforma eleitoral acrescentou ao art. 58 da Lei nº 9.504/1997 o inciso IV ao § 3º, a saber:

> IV – em propaganda eleitoral na internet:
> a) deferido o pedido, o usuário ofensor deverá divulgar a resposta do ofendido em até quarenta e oito horas após sua entrega em mídia física, e deverá empregar nessa divulgação o mesmo impulsionamento de conteúdo eventualmente contratado nos termos referidos no art. 57-C desta Lei e o mesmo veículo, espaço, local, horário, página eletrônica, tamanho, caracteres e outros elementos de realce usados na ofensa;
> b) a resposta ficará disponível para acesso pelos usuários do serviço de internet por tempo não inferior ao dobro em que esteve disponível a mensagem considerada ofensiva;
> c) os custos de veiculação da resposta correrão por conta do responsável pela propaganda original.

Se a ofensa ocorrer em dia e hora que inviabilizem sua reparação dentro dos prazos estabelecidos nas alíneas anteriores, a resposta será divulgada nos horários que a Justiça Eleitoral determinar, ainda que nas quarenta e oito horas anteriores ao pleito, em termos e forma previamente aprovados, de modo a não ensejar tréplica.

Da decisão sobre o exercício do direito de resposta cabe recurso às instâncias superiores, em vinte e quatro horas da data de sua publicação em cartório ou sessão, assegurado ao recorrido oferecer contrarrazões em igual prazo, a contar da sua notificação.

A Justiça Eleitoral deve proferir suas decisões no prazo máximo de vinte e quatro horas.

A inobservância do prazo previsto no parágrafo anterior sujeita a autoridade judiciária às penas previstas no art. 345 da Lei nº 4.737, de 15 de julho de 1965 – Código Eleitoral.

O não cumprimento integral ou em parte da decisão que conceder a resposta sujeitará o infrator ao pagamento de multa no valor de cinco mil a quinze mil Ufirs, duplicada em caso de reiteração de conduta, sem prejuízo do disposto no art. 347 da Lei nº 4.737, de 15 de julho de 1965 – Código Eleitoral.

Paulo Mascarenhas leciona que:[11]

> Assim, somente poderá requerer direito de resposta de ofensa irrogada no horário eleitoral gratuito dentro de vinte e quatro horas contadas da sua veicu-

---

[11] Nesse sentido: *Op. cit.*

lação. Tratando-se de ofensa veiculada na programação normal das emissoras de rádio e televisão, o prazo para requerer o direito de resposta é de quarenta e oito horas. No caso de imprensa escrita, o prazo sobe para setenta e duas horas. Após receber o pedido de direito de resposta, a Justiça Eleitoral notificará imediatamente o ofensor para que apresente a sua defesa, querendo, no prazo de até vinte e quatro horas, e a sentença deverá ser prolatada no prazo máximo de setenta e duas horas contado da data da sua formulação. Observar que o prazo é contado em hora, e não em dia.
Nos casos de pedido de direito de resposta por ofensa veiculada na imprensa escrita, o pedido deverá ser instruído com o exemplar da publicação onde consta a ofensa e o texto para a Resposta: Deferido o pedido, a divulgação da resposta será feita no mesmo veículo ofensor, e no mesmo espaço, local, página, tamanho e caracteres e outros elementos de realce que tenham sido utilizados na ofensa, vale dizer, deve ser a resposta publicada com o mesmo destaque dado à ofensa, em até quarenta e oito horas após a decisão. Tratando-se de veículo de comunicação com periodicidade maior que quarenta e oito horas, a resposta deverá ser publicada na primeira vez em que circular.

18. A forma das representações eleitorais

As reclamações ou representações eleitorais sobre propaganda não têm forma prefixada. São petições genéricas que pedem providência aos órgãos da Justiça Eleitoral sobre determinado assunto a ser exposto de sua competência. Apresentam os seguintes requisitos mínimos:[12]

a) a autoridade judiciária a que se destina;
b) a qualificação do requerente e do requerido;
c) a exposição clara dos fatos, dos indícios e das circunstâncias de tempo, local e modo de execução;
d) as provas que pretende produzir;
e) o pedido específico (obrigação eleitoral); e
f) o fundamento legal data e assinatura.

18.1. Duas regras novas sobre a representação que irá apurar a propaganda irregular

A reforma eleitoral consagrou duas regras que já eram entendimento dominante do TSE, ou seja:

a) Necessidade de a representação relativa à propaganda irregular ser instruída com prova da autoria ou do prévio conhecimento do beneficiário, caso este não seja por ela responsável.
b) A responsabilidade do candidato estará demonstrada se este, intimado da existência da propaganda irregular, não providenciar, no prazo de quarenta e

12 Nesse sentido: CÂNDIDO, Joel José. *Op. cit.*

oito horas, sua retirada ou regularização e, ainda, se as circunstâncias e as peculiaridades do caso específico revelarem a impossibilidade de o beneficiário não ter tido conhecimento da propaganda.

Todas as Resoluções do TSE sempre são editadas no sentido de que a intimação poderá ser realizada por candidato, partido político, coligação, Ministério Público ou pela Justiça Eleitoral, por meio de comunicação feita diretamente ao responsável ou beneficiário da propaganda, com prova de recebimento, devendo dela constar a precisa identificação da propaganda apontada como irregular.

19. Regras gerais sobre a propaganda no horário destinado aos candidatos às eleições proporcionais ou na propaganda das candidaturas a eleições majoritárias

- **Destaque da reforma eleitoral:**
  A reforma eleitoral inovou ao acrescentar à Lei nº 9.504/1997 o art. 53-A, *in verbis*:

> Art. 53-A. É vedado aos partidos políticos e às coligações incluir no horário destinado aos candidatos às eleições proporcionais propaganda das candidaturas a eleições majoritárias ou vice-versa, ressalvada a utilização, durante a exibição do programa, de legendas com referência aos candidatos majoritários ou, ao fundo, de cartazes ou fotografias desses candidatos, ficando autorizada a menção ao nome e ao número de qualquer candidato do partido ou da coligação. (Redação estabelecida pela minirreforma eleitoral – Lei nº 12.891/2013).
> § 1º. É facultada a inserção de depoimento de candidatos a eleições proporcionais no horário da propaganda das candidaturas majoritárias e vice-versa, registrados sob o mesmo partido ou coligação, desde que o depoimento consista exclusivamente em pedido de voto ao candidato que cedeu o tempo.
> § 2º. Fica vedada a utilização da propaganda de candidaturas proporcionais como propaganda de candidaturas majoritárias e vice-versa.
> § 3º. O partido político ou a coligação que não observar a regra contida neste artigo perderá, em seu horário de propaganda gratuita, tempo equivalente no horário reservado à propaganda da eleição disputada pelo candidato beneficiado.

20. Das pesquisas de opinião pública

As entidades e empresas que realizarem pesquisas de opinião pública relativas às eleições ou aos candidatos, para conhecimento público, são obrigadas, para cada pesquisa, a registrar, junto à Justiça Eleitoral, até cinco dias antes da divulgação, as seguintes informações:

a) quem contratou a pesquisa;
b) valor e origem dos recursos despendidos no trabalho;
c) metodologia e período de realização da pesquisa;
d) plano amostral e ponderação quanto a sexo, idade, grau de instrução, nível econômico e área física de realização do trabalho a ser executado, intervalo de confiança e margem de erro;

e) sistema interno de controle e verificação, conferência e fiscalização da coleta de dados e do trabalho de campo;
f) questionário completo aplicado ou a ser aplicado;
g) nome de quem pagou pela realização do trabalho e cópia da respectiva nota fiscal.

a) **O local do registro das pesquisas:**

As informações relativas às pesquisas serão registradas nos órgãos da Justiça Eleitoral aos quais compete fazer o registro dos candidatos.

QUADRO DIDÁTICO

1. **Eleição para presidente:** registro da pesquisa TSE.
2. **Eleição para governador:** registro da pesquisa TRE.
3. **Eleição para prefeito:** registro da pesquisa TRE.

b) **A publicidade da pesquisa eleitoral:**

A Justiça Eleitoral afixará no prazo de 24 horas, no local de costume, bem como divulgará em seu sítio na internet, aviso comunicando o registro das informações a que se refere este artigo, colocando-as à disposição dos partidos ou coligações com candidatos ao pleito, os quais a elas terão livre acesso pelo prazo de 30 (trinta) dias.

c) **A multa da pesquisa irregular:**

A divulgação de pesquisa sem o prévio registro das informações de que trata este artigo sujeita os responsáveis a multa no valor de cinquenta mil a cem mil UFIR.

d) **O crime de pesquisa fraudulenta:**

A divulgação de pesquisa fraudulenta constitui crime, punível com detenção de seis meses a um ano e multa no valor de cinquenta mil a cem mil UFIR.

e) **A fiscalização da regularidade das pesquisas:**

Mediante requerimento à Justiça Eleitoral, os partidos poderão ter acesso ao sistema interno de controle, verificação e fiscalização da coleta de dados das entidades que divulgaram pesquisas de opinião relativas às eleições, incluídos os referentes à identificação dos entrevistadores e, por meio de escolha livre e aleatória de planilhas individuais, mapas ou equivalentes, confrontar e conferir os dados publicados, preservada a identidade dos respondentes.

f) **Os crimes cometidos na ação fiscalizadora dos partidos:**

Crime 1. O não cumprimento do item "f" ou qualquer ato que vise a retardar, impedir ou dificultar a ação fiscalizadora dos partidos constitui crime, punível com detenção, de seis meses a um ano, com a alternativa de prestação de serviços à comunidade pelo mesmo prazo, e multa no valor de dez mil a vinte mil Ufir.

Crime 2. A comprovação de irregularidade nos dados publicados sujeita os responsáveis às penas supracitadas, sem prejuízo da obrigatoriedade da veiculação dos dados corretos no mesmo espaço, local, horário, página, caracteres e outros elementos de destaque, de acordo com o veículo usado.

g) **Responsabilidade penal:**

Pelos crimes definidos nos itens "e" e "g", podem ser responsabilizados penalmente os representantes legais da empresa ou entidade de pesquisa e do órgão veiculador.

h) **Período da divulgação de pesquisas eleitorais:**

A Lei nº 11.300, de 10/05/2006, criou o art. 35-A na Lei nº 9.504/1997: "*É vedada a divulgação de pesquisas eleitorais por qualquer meio de comunicação, a partir do décimo quinto dia anterior até as 18 (dezoito) horas do dia do pleito.*"

Cuidado: Os ministros do Supremo Tribunal Federal (STF) declararam **inconstitucional** o artigo supracitado, segundo o voto do relator, Ricardo Lewandowski, seguido pelos demais ministros; tal modificação configura restrição aos eleitores ao direito de informação.

Portanto, concursando, sempre que houver uma redação semelhante à do art. 35-A em uma questão, coloque "*errada*", porque o artigo supracitado foi declarado inconstitucional conforme decisão administrativa do TSE de 23/05/2006 (ata da 57ª sessão, *DJ* de 30/05/2006).

Posicionamento majoritário do TSE: o registro de pesquisa eleitoral não é passível de deferimento ou indeferimento.[13]

Posicionamento majoritário do TSE: não pode o magistrado proibir a publicação de pesquisa eleitoral mesmo sob alegação do exercício do poder de polícia.[14]

21. A reforma eleitoral e as principais regras da propaganda na internet

- **Destaque da reforma eleitoral:**

A reforma eleitoral criou várias regras sobre a propaganda eleitoral na Internet ao acrescentar na Lei nº 9.504/1997 os arts. 57-A, 57-B, 57-C, 57-D, 57-E, 57-F, 57-G, 57-H, 57-I e 57-J *in verbis*:

> Art. 57-A. É permitida a propaganda eleitoral na internet, nos termos desta Lei, após o dia 15 de agosto do ano da eleição.
>
> Art. 57-B. A propaganda eleitoral na Internet poderá ser realizada nas seguintes formas:
> I – em sítio do candidato, com endereço eletrônico comunicado à Justiça Eleitoral e hospedado, direta ou indiretamente, em provedor de serviço de Internet estabelecido no País;
> II – em sítio do partido ou da coligação, com endereço eletrônico comunicado à Justiça Eleitoral e hospedado, direta ou indiretamente, em provedor de serviço de Internet estabelecido no País;
> III – por meio de mensagem eletrônica para endereços cadastrados gratuitamente pelo candidato, partido ou coligação;

13 TSE – AC nº 4.654/2004.

14 TSE – AC nº 357/2004.

IV – por meio de blogs, redes sociais, sítios de mensagens instantâneas e aplicações de internet assemelhadas cujo conteúdo seja gerado ou editado por:
a) candidatos, partidos ou coligações; ou
b) qualquer pessoa natural, desde que não contrate impulsionamento de conteúdos.
§ 1º Os endereços eletrônicos das aplicações de que trata este artigo, salvo aqueles de iniciativa de pessoa natural, deverão ser comunicados à Justiça Eleitoral, podendo ser mantidos durante todo o pleito eleitoral os mesmos endereços eletrônicos em uso antes do início da propaganda eleitoral.
§ 2º Não é admitida a veiculação de conteúdos de cunho eleitoral mediante cadastro de usuário de aplicação de internet com a intenção de falsear identidade.
§ 3º É vedada a utilização de impulsionamento de conteúdos e ferramentas digitais não disponibilizadas pelo provedor da aplicação de internet, ainda que gratuitas, para alterar o teor ou a repercussão de propaganda eleitoral, tanto próprios quanto de terceiros.
§ 4º O provedor de aplicação de internet que possibilite o impulsionamento pago de conteúdos deverá contar com canal de comunicação com seus usuários e somente poderá ser responsabilizado por danos decorrentes do conteúdo impulsionado se, após ordem judicial específica, não tomar as providências para, no âmbito e nos limites técnicos do seu serviço e dentro do prazo assinalado, tornar indisponível o conteúdo apontado como infringente pela Justiça Eleitoral.
§ 5º A violação do disposto neste artigo sujeita o usuário responsável pelo conteúdo e, quando comprovado seu prévio conhecimento, o beneficiário, à multa no valor de R$ 5.000,00 (cinco mil reais) a R$ 30.000,00 (trinta mil reais) ou em valor equivalente ao dobro da quantia despendida, se esse cálculo superar o limite máximo da multa.

Art. 57-C. É vedada a veiculação de qualquer tipo de propaganda eleitoral paga na internet, excetuado o impulsionamento de conteúdos, desde que identificado de forma inequívoca como tal e contratado exclusivamente por partidos, coligações e candidatos e seus representantes.
§ 1º É vedada, ainda que gratuitamente, a veiculação de propaganda eleitoral na Internet, em sítios:
I – de pessoas jurídicas, com ou sem fins lucrativos;
II – oficiais ou hospedados por órgãos ou entidades da Administração Pública direta ou indireta da União, dos Estados, do Distrito Federal e dos Municípios.
§ 2º A violação do disposto neste artigo sujeita o responsável pela divulgação da propaganda ou pelo impulsionamento de conteúdos e, quando comprovado seu prévio conhecimento, o beneficiário, à multa no valor de R$ 5.000,00 (cinco mil reais) a R$ 30.000,00 (trinta mil reais) ou em valor equivalente ao dobro da quantia despendida, se esse cálculo superar o limite máximo da multa.
§ 3º O impulsionamento de que trata o *caput* deste artigo deverá ser contratado diretamente com provedor da aplicação de internet com sede e foro no País, ou de sua filial, sucursal, escritório, estabelecimento ou representante legalmente estabelecido no País e apenas com o fim de promover ou beneficiar candidatos ou suas agremiações.

Art. 57-D. É livre a manifestação do pensamento, vedado o anonimato durante a campanha eleitoral, por meio da rede mundial de computadores – Internet, assegurado o direito de resposta, nos termos das alíneas *a*, *b* e *c* do inciso IV do § 3º do art. 58 e do 58-A, e por outros meios de comunicação interpessoal mediante mensagem eletrônica.
§ 1º (VETADO)
§ 2º A violação do disposto neste artigo sujeitará o responsável pela divulgação da propaganda e, quando comprovado seu prévio conhecimento, o beneficiário, à multa no valor de R$ 5.000,00 (cinco mil reais) a R$ 30.000,00 (trinta mil reais).
§ 3º Sem prejuízo das sanções civis e criminais aplicáveis ao responsável, a Justiça Eleitoral poderá determinar, por solicitação do ofendido, a retirada de publicações que contenham agressões ou ataques a candidatos em sítios da internet, inclusive redes sociais. (Redação estabelecida pela minirreforma eleitoral – Lei nº 12.891/2013).

Art. 57-E. São vedadas às pessoas relacionadas no art. 24 a utilização, doação ou cessão de cadastro eletrônico de seus clientes, em favor de candidatos, partidos ou coligações.
§ 1º É proibida a venda de cadastro de endereços eletrônicos.
§ 2º A violação do disposto neste artigo sujeita o responsável pela divulgação da propaganda e, quando comprovado seu prévio conhecimento, o beneficiário à multa no valor de R$ 5.000,00 (cinco mil reais) a R$ 30.000,00 (trinta mil reais).

Art. 57-F. Aplicam-se ao provedor de conteúdo e de serviços multimídia que hospeda a divulgação da propaganda eleitoral de candidato, de partido ou de coligação, as penalidades previstas nesta Lei, se, no prazo determinado pela Justiça Eleitoral, contado a partir da notificação de decisão sobre a existência de propaganda irregular, não tomar providências para a cessação dessa divulgação.
Parágrafo único. O provedor de conteúdo ou de serviços multimídia só será considerado responsável pela divulgação da propaganda se a publicação do material for comprovadamente de seu prévio conhecimento.

Art. 57-G. As mensagens eletrônicas enviadas por candidato, partido ou coligação, por qualquer meio, deverão dispor de mecanismo que permita seu descadastramento pelo destinatário, obrigado o remetente a providenciá-lo no prazo de quarenta e oito horas.
Parágrafo único. Mensagens eletrônicas enviadas após o término do prazo previsto no caput sujeitam os responsáveis ao pagamento de multa no valor de R$ 100,00 (cem reais), por mensagem.

Art. 57-H. Sem prejuízo das demais sanções legais cabíveis, será punido, com multa de R$ 5.000,00 (cinco mil reais) a R$ 30.000,00 (trinta mil reais), quem realizar propaganda eleitoral na Internet, atribuindo indevidamente sua autoria a terceiro, inclusive a candidato, partido ou coligação.
§ 1º Constitui crime a contratação direta ou indireta de grupo de pessoas com a finalidade específica de emitir mensagens ou comentários na internet para ofender a honra ou denegrir a imagem de candidato, partido ou coligação, punível com detenção de 2 (dois) a 4 (quatro) anos e multa de R$ 15.000,00 (quinze mil reais) a R$ 50.000,00 (cinquenta mil reais). (Redação estabelecida pela minirreforma eleitoral – Lei nº 12.891/2013)

§ 2º Igualmente incorrem em crime, punível com detenção de 6 (seis) meses a 1 (um) ano, com alternativa de prestação de serviços à comunidade pelo mesmo período, e multa de R$ 5.000,00 (cinco mil reais) a R$ 30.000,00 (trinta mil reais), as pessoas contratadas na forma do § 1º." (Redação estabelecida pela minirreforma eleitoral – Lei nº 12.891/2013)

Art. 57-I. A requerimento de candidato, partido ou coligação, observado o rito previsto no art. 96 desta Lei, a Justiça Eleitoral poderá determinar, no âmbito e nos limites técnicos de cada aplicação de internet, a suspensão do acesso a todo conteúdo veiculado que deixar de cumprir as disposições desta Lei, devendo o número de horas de suspensão ser definida proporcionalmente à gravidade da infração cometida em cada caso, observado o limite máximo de vinte e quatro horas.
§ 1º A cada reiteração de conduta, será duplicado o período de suspensão.
§ 2º No período de suspensão a que se refere este artigo, a Justiça Eleitoral veiculará mensagem de orientação ao eleitor, intercalada, a cada 15 (quinze) minutos.

Art. 57-J. O Tribunal Superior Eleitoral regulamentará o disposto nos arts. 57-A a 57-I desta Lei de acordo com o cenário e as ferramentas tecnológicas existentes em cada momento eleitoral e promoverá, para os veículos, partidos e demais entidades interessadas, a formulação e a ampla divulgação de regras de boas práticas relativas a campanhas eleitorais na internet. (Incluído pela Lei nº 13.488, de 2017).

22. Disposições gerais sobre a propaganda lícita[15]

22.1. A problemática do *outdoor*

Veda-se a propaganda eleitoral mediante *outdoors*, inclusive eletrônicos, sujeitando-se a empresa responsável, os partidos, as coligações e os candidatos à imediata retirada da propaganda irregular e ao pagamento de multa no valor de R$ 5.000,00 (cinco mil reais) a R$ 15.000,00 (quinze mil reais).

22.1.1. *Requisitos para configuração de um* outdoor

a) **Análise da necessidade do *outdoor* ter destinação comercial**
Inicialmente, o **TSE** fixou o entendimento de que, para configuração de *outdoor*, **era necessário que o mesmo tivesse destinação comercial.**
Neste sentido:

> *Compreendendo-se por outdoor o engenho publicitário **com destinação comercial.** Nesse sentido: TSE – AAg. Ac. no 6.553/SP – DJ 2.6.2006, p. 101".*

[15] Fonte de pesquisa: BARROS, Francisco Dirceu. *Manual de prática eleitoral*. 3. ed. São Paulo: JH Mizuno, 2018.

> (...) precedentes desta Corte passaram a conceituar *outdoor* não mais em razão da sua dimensão, mas em função da sua exploração comercial" (TSE – AAg. Ac. nº 4.464/DF – *DJ* 17.3.2006, p. 148).

Hoje, doutrina e jurisprudência são uníssonas para a configuração de *outdoor*. **Não é exigido que a propaganda eleitoral tenha sido veiculada por meio de peça publicitária explorada comercialmente**, bastando que o engenho ou o artefato, dadas suas características e/ou impacto visual, se equipare a *outdoor*.

b) Análise da dimensão do *outdoor*

Ao responder à Consulta nº 1.274, em 9 de junho de 2006, o relator, Ministro Carlos Ayres Britto, esclareceu que:

> **Outdoor *é um engenho publicitário com dimensão igual ou superior a 20 m².***

In casu, para configuração do *outdoor*, exigia-se a exploração comercial e que a dimensão fosse igual ou superior a 20 metros quadrados.

No mesmo sentido:

> *O art. 42 da Lei nº 9.504/97 e o art. 13, § 1º, da Resolução/TSE nº 20.562/00 expressamente estabeleceram que,* ***para a caracterização do outdoor, exige-se a sua exploração comercial ou que, sem haver tal destinação, o engenho publicitário possua dimensão igual ou superior a 20 metros quadrados.*** *(Agravo Regimental em Agravo de Instrumento nº 3055, TSE/SP, Taquaritinga, rel. min. Fernando Neves da Silva. j. 5.2.2002,* DJ *12.4.2002, p. 187).*

Posteriormente, usando o recurso da analogia *intra legis,* o TSE fixou o entendimento no sentido de que a dimensão de um *outdoor* não poderia ultrapassar o limite estabelecido no art. 37, § 2º, da Lei nº 9.504/1997, qual seja, 4m² (quatro metros quadrados).

O problema é que a reforma eleitoral (Lei nº 13.488/2017) alterou a dimensão prevista no art. 37, § 2º, da Lei nº 9.504/1997 para 0,5 m² (meio metro quadrado).

Mesmo com a reforma supramencionada, permanece inalterada a posição do TSE fixando a dimensão máxima de um *outdoor* em 4m² (*quatro metros quadrados*).

No mesmo sentido:

> ***As propagandas eleitorais justapostas menores quando, no conjunto, estas ultrapassam o limite de 4m² em razão do seu efeito visual único e irregular, independentemente se ladeadas ou intercaladas por espaços vazios.*** *Precedente: AgRg-REsp nº 166141/MA, rel. min. João Otávio de Noronha,* DJe *16.6.2015. (Agravo Regimental em Recurso Especial Eleitoral nº 131664, TSE/PA, rel. Luiz Fux).*

c) A dimensão de notoriedade pública

Geralmente, o juiz eleitoral, no uso do poder de polícia, determina que seja feito um auto de constatação para aferir o tamanho da propaganda, mas tal laudo é prescindível quando a dimensão for notoriamente superior a 4 m².

Neste sentido o TSE:

> ***É possível aferir a dimensão da propaganda sem o auto de constatação quando for notoriamente superior ao limite fixado em lei. Precedente.*** *2. Outros meios de prova admitidos em direito podem alicerçar a conclusão de que ficou comprovado, ou não, ter havido propaganda eleitoral irregular, ter sido aposta a peça publicitária em bem público ou particular, bem como ter sido ultrapassado o limite legalmente previsto, assemelhando-se a peça publicitária a* outdoor. *(Agravo Regimental em Recurso Especial Eleitoral nº 607195 (6071-95.2010.606.0000), TSE/CE, rel. Laurita Hilário Vaz. j. 11.3.2014, unânime,* DJE *26.3.2014).*

d) Efeito com impacto visual equiparado a *outdoor*

Configura propaganda irregular a repetição de adesivos, pinturas, faixas, *banners*, placas, bandeiras que causem impacto visual único, típico de *outdoor*, acima do limite legal, ainda que, isoladamente, elas respeitem o tamanho permitido em lei ou estejam intercaladas por espaçamento mínimo ou por propaganda de candidatos diversos.

No mesmo sentido o TSE:

> *As propagandas eleitorais justapostas menores quando, no conjunto, estas ultrapassam o limite de 4m² em razão do seu efeito visual único é irregular, independentemente se ladeadas ou intercaladas por espaços vazios. Precedente: AgRg-REsp nº 166141/MA, rel. min. João Otávio de Noronha,* DJe *16.6.2015. Agravo regimental desprovido. (Agravo Regimental em Recurso Especial Eleitoral nº 131664, TSE/PA, rel. Luiz Fux. j. 12.11.2015, unânime,* DJe *8.3.2016. Conferir também* Agravo Regimental em Recurso Especial Eleitoral nº 778843, TSE/RJ, Rel. Luciana Christina Guimarães Lóssio. j. 25.2.2016, unânime, *DJe* 1º.4.2016).

e) Desnecessidade de notificação prévia

Defendemos no Manual de Prática Eleitoral[16] que:

> *A notificação não será necessária quando, no contexto prático, é perfeitamente possível provar que o representado tinha conhecimento prévio da propaganda irregular.*

▸ EXEMPLO DIDÁTICO

> *Em determinado caso concreto, um* outdoor *foi fixado na rua em que o pré--candidato residia.*
> ***Solução jurídica:*** *a ausência de notificação para a retirada da propaganda irregular não impede a constatação do prévio conhecimento. Tendo em vista a notoriedade e circunstância do caso concreto, torna-se impossível a alegação de não conhecimento da propaganda irregular.*

---

16 BARROS, Francisco Dirceu. *Manual de Prática Eleitoral*. 2. ed. São Paulo: JH Mizuno, 2016.

No mesmo sentido, o TSE:

> *[...] Propaganda eleitoral.* Outdoor. *Prévio conhecimento. Multa. Partido político. Solidariedade. Prova. Revolvimento. Impossibilidade. Prequestionamento. Ausência. Dissenso não caracterizado. Negado provimento.* ***I. A propaganda realizada mediante*** **outdoor*****, dada suas características, conduz à presença do prévio conhecimento*** *[...]. (TSE – Ac. 21.428, de 6.4.2004 – rel. min. Peçanha Martins e Agravo Regimental em Agravo de Instrumento nº 407123, TSE/RJ, rel. Tarcisio Vieira de Carvalho Neto. j. 23.6.2015, unânime,* DJe *16.10.2015).*
>
> *A veiculação de propaganda eleitoral mediante* outdoor *enseja a incidência do art. 39, § 8º, da Lei das Eleições,* ***mesmo que seja fixada em bem público e independe de notificação para sua retirada, tendo em vista a natureza dessa propaganda.*** *(Agravo Regimental em Recurso Especial Eleitoral nº 778843, TSE/RJ, rel. Luciana Christina Guimarães Lóssio. j. 25.2.2016, unânime,* DJe *1º.4.2016).*

f) A regularização de propaganda eleitoral em bem particular que ultrapassa a dimensão de 4m²

A regularização de propaganda eleitoral, em bem particular, que ultrapasse a dimensão de 4m², não afasta a ilegalidade, portanto, mesmo que o infrator da norma eleitoral **tenha cumprido a notificação da Justiça Eleitoral, retirando o *outdoor*, se sujeitará à penalidade prevista na lei, pois a regra contida no art. 37, § 1º, da Lei nº 9.504/1997, que elide a aplicação da multa em caso da retirada em atendimento a notificação, somente será aplicada aos bens públicos e aos de uso comum.**

No mesmo sentido o TSE:

> ***A regularização de propaganda eleitoral em bem particular que ultrapassa a dimensão de 4m² não afasta a aplicação da multa prevista no art. 37, §§ 1º e 2º, da Lei nº 9.504/1997*** *(AgRg-REsp nº 6738-81/CE, rel. min. Dias Toffoli,* DJe *29.8.2013; e AgRg-AI nº 129-41/SP, rel. min. Luciana Lóssio,* DJe *14.8.2013). Agravo regimental desprovido. (Agravo Regimental em Recurso Especial Eleitoral nº 131664, TSE/PA, Rel. Luiz Fux. j. 12.11.2015, unânime,* DJe *8.3.2016).*

g) O *outdoor* móvel

As faixas, banners e pinturas colocadas em veículos automotores podem causar um efeito visual que se equipara a um *outdoor* móvel, sujeitando o pretenso infrator a penalidades expostas no item 1.

No mesmo sentido o TSE:

> ***"A propaganda afixada em veículos de grande porte, com tamanho superior ao permitido (4m²), possui o efeito visual de*** **outdoor*****, caracterizando ofensa ao art. 39, § 8º, da Lei nº 9.504/97." (Agravo Regimental em Agravo de Instrumento nº 10305, Acórdão de 23.6.2009, rel. min. Joaquim Benedito Barbosa Gomes, DJE 2.9.2009, p. 20).*** *Conferir também: Resp nº 2641-05/PI, rel. min. Arnaldo Versiani,* DJE *27.5.2011. Agravo Regimental em Agravo de Instrumento nº 3815 (38-15.2012.619.0079), TSE/RJ, rel. Laurita Hilário Vaz. j. 4.2.2014, unânime,* DJE *20.2.2014).*

22.2. A problemática da propaganda em bens particulares

Antes da reforma eleitoral, a veiculação de propaganda eleitoral poderia ser realizada por meio da fixação de faixas, placas, cartazes, pinturas ou inscrições, desde que não excedessem a $4m^2$ (quatro metros quadrados).

A reforma eleitoral (art. 37, § 2º da Lei nº 13.165/2015) alterou totalmente a sistemática da propaganda nos bens particulares, permitindo, apenas, a propaganda; **desde que:**

a) seja feita em adesivo;
b) seja feita em papel;
c) não exceda a 0,5 m^2 (meio metro quadrado);
d) não contrarie a legislação eleitoral.

Portanto, em bens particulares, não é possível a propaganda por faixas, placas, cartazes, pinturas, inscrições, bandeiras, *banners* etc.

22.3. O uso das bandeiras na propaganda eleitoral

Em duas hipóteses é permitido o uso de bandeiras na propaganda eleitoral:

a) É permitida a colocação de mesas para distribuição de material de campanha **e a utilização de bandeiras ao longo das vias públicas,** desde que sejam móveis e que não dificultem o bom andamento do trânsito de pessoas e veículos.
   - A mobilidade referida estará caracterizada com a colocação **e a retirada dos meios de propaganda entre as seis horas e as vinte e duas horas.**

b) É permitida, no dia das eleições, a manifestação individual e silenciosa da preferência do eleitor por partido político, coligação ou candidato, revelada exclusivamente pelo uso de bandeiras, broches, dísticos e adesivos.

22.3.1. *A problemática da dimensão da bandeira*

A lei não fixou a dimensão das bandeiras.

Algumas hipóteses surgem como solução:

a) A bandeira deve ter dimensão que não exceda a 0,5 m^2 (meio metro quadrado), analogia *intra legis* ao § 2º do art. 37 da Lei nº 9.504/1997.
b) A bandeira deve ter dimensão que não exceda a $4m^2$ (quatro metros quadrados), analogia *juris* com a posição do TSE que estipula a dimensão do *outdoor.*
c) A bandeira deve ter a dimensão que não exceda ao tamanho oficial da bandeira do Brasil fixado pelo DL nº 5.700/1971, qual seja, 0,45 x 0,64 (01 pano).

22.4. Propaganda nos bens cujo uso dependa de cessão ou permissão do poder público, ou que a ele pertençam, e nos bens de uso comum

Nos bens cujo uso dependa de cessão ou permissão do poder público, ou que a ele pertençam, e nos bens de uso comum, inclusive postes de iluminação pública, sinalização de tráfego, viadutos, passarelas, pontes, paradas de ônibus e outros equipamentos urbanos, é vedada a veiculação de propaganda de qualquer natureza, inclusive pichação, inscrição a tinta e exposição de placas, estandartes, faixas, cavaletes, bonecos e assemelhados.

Bens de uso comum, para fins eleitorais, são os assim definidos pela Lei nº 10.406, de 10 de janeiro de 2002 – Código Civil e também aqueles a que a população em geral tem acesso, tais como cinemas, clubes, lojas, centros comerciais, templos, ginásios, estádios, ainda que de propriedade privada.

Nas árvores e nos jardins localizados em áreas públicas, bem como em muros, cercas e tapumes divisórios, não é permitida a colocação de propaganda eleitoral de qualquer natureza, mesmo que não lhes cause dano.

22.4.1. *Efeito da retirada tempestiva nos bens cujo uso dependa de cessão ou permissão do poder público, ou que a ele pertençam, e nos bens de uso comum*

No caso de propaganda em bens, cujo uso dependa de cessão ou permissão do poder público, ou que a ele pertença, e nos bens de uso comum, o responsável deverá ser notificado para retirar a propaganda e efetuar a restauração do bem e, **caso não cumprida no prazo estabelecido pela Justiça Eleitoral**, poderá ser imposta a respectiva penalidade pecuniária.

No mesmo sentido o TSE:

> *Nos termos do art. 37, § 1º, da Lei nº 9.504/97, com a redação dada pela Lei nº 11.300/2006, averiguada a irregularidade da propaganda, o responsável deverá ser notificado para efetuar a restauração do bem. Caso não cumprida a determinação no prazo estabelecido pela Justiça Eleitoral, poderá ser imposta a respectiva penalidade pecuniária. (Agravo Regimental em Recurso Especial Eleitoral nº 27692, TSE/SP, rel. Carlos Eduardo Caputo Bastos. j. 13.12.2007, unânime, DJ 12.02.2008, p. 06/07).*

22.4.2. *Efeito da retirada tempestiva da propaganda irregular nos bens particulares*

A retirada da propaganda eleitoral irregular de bens particulares não tem o condão de elidir a multa.

É também a posição do TSE, conferir (AgRg-REsp nº 554-20/CE, e AgRg-AI nº 184-89/SP, rel. min. Henrique Neves).

22.5. As inscrições na fachada das sedes e dependências do partido

Consoante redação do artigo 10 da Resolução do TSE nº 23.457/2015:

> *É assegurado aos partidos políticos registrados o direito de, independentemente de licença da autoridade pública e do pagamento de qualquer contribuição, fazer inscrever, na fachada de suas sedes e dependências, o nome que os designe, **pela forma que melhor lhes parecer**.*

Em realidade, o artigo supracitado repete a redação do artigo 244, inciso I, da Lei nº 4.737/1965 (Código Eleitoral), portanto, nada foi alterado em relação às eleições passadas, assim, os partidos políticos podem escrever, na fachada de suas sedes e dependências, o nome que os designe, **PELA FORMA QUE MELHOR LHES PARECER.**

Conclui-se, *in casu*, que:

a) a inscrição pode ser de tinta, adesivo ou papel;
b) não se aplica as dimensões limitadores do *outdoor*.

Insta acentuar que as exceções supramencionadas:

a) são para as designações do partido, nunca para nome ou número dos candidatos.
b) referem-se à designação do nome do partido em suas sedes e dependências, **não se estendendo às fachadas dos comitês eleitorais de candidato, que não podem realizar propaganda eleitoral acima do limite de 4 m².**

No mesmo sentido o TSE:

> *É pacífica a orientação jurisprudencial desta Corte no sentido de que a permissão instituída no art. 244, I, do Código Eleitoral, reproduzida pelo art. 10, I, da Resolução/TSE nº 23.191/2010,* ***refere-se à designação do nome do partido em suas sedes e dependências, não se estendendo às fachadas dos comitês eleitorais de candidato, que não podem realizar propaganda eleitoral acima do limite de 4 m²****, estipulado no art. 12 da referida resolução. 3. Agravos regimentais desprovidos. (Agravo Regimental em Recurso Especial Eleitoral nº 332757, TSE/BA, Rel. Marcelo Henriques Ribeiro de Oliveira. j. 17.5.2011, maioria, DJe 1º.7.2011).*
>
> **Conferir também:** (Agravo Regimental em Recurso Especial Eleitoral nº 339689, TSE/BA, rel. Marcelo Henriques Ribeiro de Oliveira. J. 5.4.2011, unânime, *DJe* 26.5.2011). (Agravo Regimental em Recurso Especial Eleitoral nº 339422, TSE/BA, rel. Marcelo Henriques Ribeiro de Oliveira. j. 7.4.2011, unânime, *DJe* 20.6.2011).

22.5.1. *Inscrições na sede do comitê central de campanha realizadas por candidatos, partidos e coligações*

Dispõe o § 1º do artigo 10 da Resolução do TSE nº 23.457/**2015:**

> "Os candidatos, os partidos e as coligações poderão fazer inscrever, na sede do comitê central de campanha, a sua designação, bem como o nome e o número do candidato, **em formato que não assemelhe ou gere efeito de *outdoor***".

Para cumprir essa disposição, o candidato deverá informar ao Juiz Eleitoral o endereço do seu comitê central de campanha.

Diferentemente da fachada das sedes e dependências do partido, na sede do comitê central de campanha, é possível a inscrição ser feita a tinta, adesivo, papel, constando o nome e o número do candidato, desde que não ultrapasse a dimensão de *4 m²* ou a justaposição das pinturas não gere efeito de *outdoor*.

Considera-se efeito de *outdoor* as propagandas eleitorais realizadas por meio de pinturas, faixas, placas e adesivos quando, embora confeccionadas no tamanho legal, sejam justapostas de forma que seu conjunto ultrapasse o limite de 4m² em razão do seu efeito visual único, independentemente de serem ladeadas ou intercaladas por espaços vazios.

A veiculação de propaganda eleitoral que gere efeito de *outdoor* enseja a incidência do art. 39, § 8º, da Lei nº 9.504/1997.

22.5.2. *Inscrições nos demais comitês de campanha*

Nos demais comitês de campanha, que não o central, a divulgação dos dados da candidatura não pode exceder a 0,5 m² (meio metro quadrado).

As inscrições nos demais comitês de campanha que excedam essa dimensão contrariam a legislação eleitoral, sujeitando-se os infratores às penalidades previstas no § 1º do artigo 37 da Lei nº 9.504/1997.

22.6. O uso do nome do candidato com expressões, símbolos, imagens, cargo ou função pública ou siglas que façam o elo entre o candidato e o trabalho que ele desenvolve em qualquer órgão da administração pública direta, indireta federal, estadual, distrital e municipal

Um dos princípios que regem a propaganda política é o "princípio igualitário da propaganda", pelo qual *"Todos, com igualdade de oportunidades, têm direito à propaganda, paga ou gratuita"*.

Há vários julgados no TSE que indicam a ilicitude da propaganda quando a mesma viola a isonomia entre os candidatos.

Neste sentido:

> *O emprego de artefatos publicitários com forte impacto visual e ampla divulgação da foto e do nome do recorrente em destaque,* slogan, *sigla e número do partido,* ***acarreta claro desequilíbrio entre os disputantes ao futuro pleito, violando a isonomia entre os candidatos preconizada pelo art. 36 da Lei das Eleições, tornando ilícita a propaganda.*** *Recurso conhecido e desprovido. (Recurso Eleitoral nº 5056, TSE/SE, rel. Ricardo Múcio Santana de Abreu Lima. j. 29.11.2012, unânime,* DJe *06.12.2012).*

Entendo que a *ratio legis* é proporcionar maior igualdade entre os candidatos. Neste sentido, não é possível de **expressões , símbolos, imagens, cargo ou função pública ou siglas que façam o elo entre os candidatos e o trabalho que eles desenvolvem em qualquer órgão da administração pública direta, indireta federal, estadual, distrital e municipal.**

Diz o artigo 31, § 2º, da Res. nº 23.455/2015:

> *"Não será permitido, na composição do nome a ser inserido na urna eletrônica, o uso de expressão ou de siglas pertencentes a qualquer órgão da administração pública direta, indireta federal, estadual, distrital e municipal".*

Assim, o uso na propaganda eleitoral das terminologias "fulano da saúde", "fulano da Sucam", "fulano do INSS", "fulano delegado", "fulano do conselho tutelar" ou a utilização de brasão, símbolos das entidades públicas, com a precípua finalidade de angariar votos, enquadra-se na utilização de expressões e meios que inevitavelmente estabelecem elo entre o candidato e o trabalho desenvolvido em entidades públicas e, destarte, estabelecem um inaceitável privilégio violador da isonomia entre os candidatos, na medida em que promovem desigualdades entre os concorrentes.

Perceba que as condutas vedadas (art. 73 da Lei nº 9.504/1997) são todas destinadas a promover maior igualdade de oportunidades entre candidatos nos pleitos eleitorais.

O "princípio igualitário da propaganda" também tem o mesmo escopo. A reforma eleitoral tentou, de todas as formas, diminuir os gastos das campanhas eleitorais, com fito de promover maior igualdade no embate eleitoral.

Nesse contexto, oportuna é a citação de San Tiago Dantas:

> *"O princípio da igualdade jurídica não traduz, no campo do direito – como opinião atrasada ou tendenciosa quer fazer crer – o desconhecimento dessa desigualdade natural. É antes um esforço para balanceá-la, compensando, o jogo das inferioridades de modo que elas não favoreçam também uma desigual proteção jurídica, pois é certo que os ônus e as recompensas, o bom e o mau êxito, acompanharão com maior ou menor regularidade as variações naturais, mas não é desejável que fique sob a mesma influência a distribuição da Justiça".*

Portanto, quando permitimos que o nome do candidato seja vinculado ao cargo ou função pública que ele exerce na administração pública, inevitavelmente estamos patrocinando a concessão de inaceitável privilégio a um dos litigantes do pleito eleitoral, em detrimento dos outros, além de chancelar ferimento constitucional ao princípio da igualdade, vez que o prestígio do cargo ou função pública seria usado para captação de votos.

O Ministro Gilmar Mendes, relatando a ADI 1351-3, fez pertinentes observações sobre o conteúdo do direito de igualdade:

> *"A um, a compreensão da igualdade como 'igualdade de chances' ou 'igualdade de oportunidades', sem o que não existe possibilidade de uma concorrência livre e equilibrada na vida política, a exigir uma neutralidade estatal, entendida como 'não influência da desigualdade, o que lhe confere caráter de igualdade formal'. A dois, a sede normativa do postulado da igualdade de chances com assento não só nos princípios da liberdade e pluralidade partidárias, como também no princípio geral de igualdade. A três, a existência da 'igualdade de chances' como princípio constitucional autônomo, verdadeiro direito fundamental dos partidos políticos, que assegura direito a tratamento igualitário aos partidos por parte do Poder Público. A quatro, que o princípio da igualdade de chances abrange todo o processo de concorrência entre os partidos, alcançando a legislação que disciplina o processo eleitoral, a atividade dos partidos e de seus candidatos, o financiamento, o acesso aos*

> *meios de comunicação e o uso de propaganda governamental. A cinco, que a admissão de gradação da 'igualdade de chances', estabelecendo cláusula de diferenciação entre os partidos políticos, em atenção à dimensão material da igualdade, deve assegurar-se* cum grano salis, *de modo a assegurar razoável e adequada eficácia a todo e qualquer esforço partidário. Até porque o abandono da orientação que consagra a igualdade formal entre os partidos não pode ensejar, em hipótese alguma, a nulificação do tratamento igualitário que lhes deve ser assegurado pelo Poder Público. Eventual gradação do direito de igualdade de chances há de se efetivar com a observância de critério capaz de preservar a própria seriedade do sistema democrático e pluripartidário".*

O juiz eleitoral, *ex officio* ou provocado pelo Mistério Público eleitoral, partido ou coligação, deve intimar o pré-candidato para indicar outro nome desvinculado dos órgãos públicos, devendo seguir o procedimento expresso no § 1º do artigo 31 da Resolução nº 23.455/2015, *in verbis:*

> *"O candidato que, mesmo depois de intimado, não indicar o nome que deverá constar da urna eletrônica, concorrerá com seu nome próprio, o qual, no caso de homonímia ou de excesso de caracteres, será adaptado pelo Juiz Eleitoral no julgamento do pedido de registro".*

22.7. O crime de uso na propaganda eleitoral de símbolos, frases ou imagens associadas a entidades públicas

Insta ainda acentuar que o uso de símbolos, frases ou imagens, associadas ou semelhantes às empregadas por órgão de governo, empresa pública ou sociedade de economia mista constitui crime eleitoral na exata forma do art. 40 da Lei nº 9.504/1997, *in verbis:*

> *"O uso, na propaganda eleitoral, de símbolos, frases ou imagens, associadas ou semelhantes às empregadas por órgão de governo, empresa pública ou sociedade de economia mista constitui crime, punível com detenção, de seis meses a um ano, com a alternativa de prestação de serviços à comunidade pelo mesmo período, e multa no valor de dez mil a vinte mil UFIR".*

23. Entendimentos sumulados pelo TSE

SÚMULA Nº 17

Não é admissível a presunção de que o candidato, por ser beneficiário de propaganda eleitoral irregular, tenha prévio conhecimento de sua veiculação (arts. 36 e 37 da Lei nº 9.504, de 30/9/1997).

Cuidado: a súmula supracitada foi cancelada, por decisão em Questão de Ordem formulada no julgamento do REsp nº 19.600-CE, em 16/4/2002. Caso a mesma seja "cobrada" em algum enunciado de questão, você deve colocar "E" (*errado*).

SÚMULA Nº 18

Conquanto investido de poder de polícia, **não tem legitimidade o juiz eleitoral para, de ofício**, instaurar procedimento com a finalidade de impor multa pela veiculação de propaganda eleitoral em desacordo com a Lei nº 9.504/1997.

SÚMULA Nº 48

A retirada da propaganda irregular, quando realizada em bem particular, não é capaz de elidir a multa prevista no art. 37, § 1º, da Lei nº 9.504/1997.

SÚMULA Nº 56

A multa eleitoral constitui dívida ativa de natureza não tributária, submetendo-se ao prazo prescricional de 10 (dez) anos, nos moldes do art. 205 do Código Civil.

SÚMULA Nº 68

A União é parte legítima para requerer a execução de *astreintes*, fixada por descumprimento de ordem judicial no âmbito da Justiça Eleitoral.

SÍNTESE DIDÁTICA

Observação didática nº 01. A realização de qualquer ato de propaganda partidária ou eleitoral em recinto aberto não depende de licença da polícia.

Observação didática nº 02. Segundo entendimento jurisprudencial, não se caracteriza como propaganda eleitoral a manutenção de *home page* na *internet*.

Observação didática nº 03. A realização de comícios durante o período legal de propaganda eleitoral é permitida no horário entre 8h da manhã até meia-noite.

Observação didática nº 04. O art. 42 da Lei nº 9.504/1997, que previa que "*A propaganda por meio de outdoors somente é permitida após a realização de sorteio pela Justiça Eleitoral*", foi expressamente revogado pela Lei nº 11.300, de 10/05/2006, *DOU* de 11/05/2006. **Cuidado:** agora não é mais possível a propaganda por meio de *outdoors*.

Observação didática nº 05. O horário da propaganda eleitoral gratuita no rádio e na TV deve ser distribuído apenas entre os partidos e coligações.

Observação didática nº 06. A partir da escolha de candidatos em convenção, já é assegurado o direito de resposta a candidato, partido ou coligação atingidos, ainda que de forma indireta por conceito, imagem ou afirmação caluniosa, difamatória, injuriosa ou sabidamente inverídica difundidos por qualquer veículo de comunicação.

Observação didática nº 07. Toda entidade de direito privado beneficiária compulsória de dinheiro público não poderá fazer qualquer doação para custeio de candidato.

Observação didática nº 08. É vedada desde quarenta e oito horas e até vinte e quatro horas depois da eleição, qualquer propaganda política mediante radiodifusão, televisão, comícios ou reuniões públicas.

Observação didática nº 09. Os postes de iluminação pública e sinalização de tráfego, viadutos, passarelas, pontes, paradas de ônibus e outros equipamentos urbanos, é vedada a veiculação de propaganda de qualquer natureza, inclusive pichação, inscrição a tinta, fixação de placas, estandartes, faixas e assemelhados.

Observação didática nº 10. Independe da obtenção de licença municipal e de autorização da Justiça Eleitoral a veiculação de propaganda eleitoral pela distribuição de folhetos, adesivos, volantes e outros impressos, os quais devem ser editados sob a responsabilidade do partido, coligação ou candidato.

Observação didática nº 11. A propaganda exercida nos termos da legislação eleitoral não poderá ser objeto de multa nem cerceada sob alegação do exercício do poder de polícia.

Observação didática nº 12. É permitida, até a antevéspera das eleições, a divulgação paga, na imprensa escrita, de propaganda eleitoral, no espaço máximo, por edição, para cada candidato, partido ou coligação, de um oitavo de página de jornal padrão e um quarto de página de revista ou tabloide.

Observação didática nº 13. A propaganda, no processo eleitoral, é permitida só após a escolha do candidato em convenção, observando o prazo legal, qual seja, o dia após o dia 5 de julho do ano da eleição.

Observação didática nº 14. A emissora que deixar de cumprir as disposições da lei sobre propaganda terá a sua programação normal suspensa por determinação da Justiça Eleitoral durante vinte e quatro horas.

24. Questões interessantes sobre propaganda

1. **É permitido ao partido político utilizar na propaganda eleitoral de seus candidatos em âmbito regional, inclusive no horário eleitoral gratuito, a imagem e a voz de candidato ou militante de partido político que integre a sua coligação em âmbito nacional?**
   Resposta: Sim. É exatamente o que dispõe a Lei nº 9.504/1997, art. 45, § 6º.

2. **É cabível recurso da decisão do TRE que concede ou nega direito de resposta?**
   Resposta: Sim. No Recurso Especial nº 9.186-Salvador, o TSE reformou decisão da Corte Regional Baiana, que negara direito de resposta ao então Governador Nilo Coelho, acusado de prática de ilicitude durante programa eleitoral gratuito.

3. **De quem é a competência para o julgamento do pedido de direito de resposta por ofensa veiculada nos programas partidários?**
   Resposta: Segundo o entendimento jurisprudencial, deve ser conhecido originariamente pelo TSE, competente para o julgamento, mesmo em se tratando de fato divulgado nas transmissões em cadeia estadual.[17]

4. **O uso sistemático de cores pode caracterizar símbolo ou imagem para fins do § 1º do art. 37 da Constituição da República?**

[17] TSE – REsp nº 328 – (328) – Vitória – ES – Rel. Min. Jacy Garcia Vieira – *DJU* 01/04/2002 – p. 113.

Resposta: O emprego de cores em obras ou imóveis públicos de qualquer meio que possa identificar a autoridade por eles responsável pode vir a constituir propaganda institucional.[18]

Deve ser observado o art. 37, § 1º, da Constituição Federal: "A Administração Pública direta e indireta de qualquer dos Poderes da União, dos estados, do Distrito Federal e dos municípios obedecerá aos princípios de legalidade, impessoalidade, moralidade, publicidade e eficiência e, também, ao seguinte: § 1º. A publicidade dos atos, programas, obras, serviços e campanhas dos órgãos públicos deverá ter caráter educativo, informativo ou de orientação social, dela não podendo constar nomes, símbolos ou imagens que caracterizem promoção pessoal de autoridades ou servidores públicos."

5. **As limitações impostas à veiculação de propaganda eleitoral afetam o direito à informação e à livre manifestação do pensamento?**

Resposta: As limitações impostas à veiculação de propaganda eleitoral não afetam o direito à informação e à livre manifestação do pensamento, constitucionalmente garantidos, até porque não estabelecem qualquer controle prévio sobre a matéria a ser veiculada. Vinculação, na ordem constitucional, a princípios como o da lisura e da legitimidade dos pleitos, bem como ao da isonomia entre os candidatos.[19]

6. **O que se entende por propaganda subliminar?**

Resposta: Considera-se propaganda eleitoral subliminar a publicidade que traça paralelo entre a administração atual e a anterior, despertando a lembrança dos eleitores para as qualidades do administrador candidato.[20]

7. **Quais os caracteres necessários para a configuração da publicidade institucional?**

Resposta: Para a configuração da publicidade institucional, é imprescindível a presença dos caracteres educativo, informativo ou de orientação social, previstos na Constituição Federal.[21]

8. **Candidato que fez uso de símbolo da administração durante o período de campanha, com o fim de promover a eleição do prefeito, pode alegar, em sede de recurso especial, que o símbolo não tem identidade com o da administração e não foi utilizado em período de campanha?**

Resposta: O uso de símbolo da administração durante o período de campanha, com o fim de promover a eleição do prefeito, pode caracterizar abuso de autoridade a

---

18 TSE – REsp nº 19.492 – (19.492) – Iacanga – SP – Rel. Min. Fernando Neves da Silva – *DJU* 22/03/2002 – p. 157.

19 TSE – RAREG nº 19.466 – (19.466) – Rio Branco – AC – Rel. Min. Sálvio de Figueiredo Teixeira – *DJU* 01/02/2002 – p. 249.

20 TSE – REsp 19.331 – (19.331) – Senador Canedo – GO – Rel. Min. José Paulo Sepúlveda Pertence – *DJU* 07/12/2001 – p. 08.

21 Precedente: Acórdão nº 15.749, de 04/03/1999, Rel. Min. Milton Costa Porto. TSE – REsp nº 19.331 – (19.331) – Senador Canedo – GO – Rel. Min. José Paulo Sepúlveda Pertence – *DJU* 07/12/2001 – p. 08.

atrair, em tese, a aplicação do disposto no art. 74 da Lei nº 9.504/1997, a ser apurado pela Justiça Eleitoral. As alegações de que o símbolo não tem identidade com o da administração e não foi utilizado no período de campanha dizem com os fatos e a prova, que não se expõem a exame em sede de recurso especial (Súmulas nº 7 do STJ e nº 279 do STF).[22]

9. Para fins de propaganda eleitoral, os táxis estão abrangidos pela vedação do art. 37 da Lei nº 9.504, de 1997?

Resposta: Os táxis, ainda que bens particulares, são considerados de uso comum e, portanto, abrangidos pela vedação do art. 37 da Lei nº 9.504, de 1997.

Consoante posição dominante do TSE:

"Para fins de propaganda eleitoral, os táxis, ainda que bens particulares, são considerados de uso comum e, portanto, abrangidos pela vedação do art. 37 da Lei nº 9.504, de 1997. 2. A permissão prevista no art. 37 inclui a licença para o serviço de táxis. 3. Possibilidade de se impor limites à propaganda eleitoral de modo a garantir a maior igualdade possível na disputa pelos cargos eletivos. 4. Agravo a que se negou provimento. Decisão: Por unanimidade, o Tribunal negou provimento ao agravo de instrumento. (Agravo de Instrumento nº 2890, TSE/SC, Faxinal dos Guedes, rel. min. Fernando Neves da Silva. j. 28.6.2001, *DJ* 31.8.2001, p. 158)".

10. É permitida a permanência das placas em obras públicas, colocadas antes do período vedado por lei?

Resposta: A permanência das placas em obras públicas, colocadas antes do período vedado por lei, somente é admissível desde que não constem expressões que possam identificar autoridades, servidores ou administrações cujos dirigentes estejam em campanha eleitoral (precedente: Recurso na Representação nº 57/1998). A ausência de prova de responsabilidade pela fixação ou permanência das placas não permite a imposição de sanção, nos termos da jurisprudência do TSE.[23]

11. A publicação, em jornais, de matérias ou artigos noticiando atos de prefeito constitui propaganda eleitoral ilícita?

Resposta: A publicação, em jornais, de matérias ou artigos noticiando atos de prefeito, por si só, não constitui propaganda eleitoral ilícita. Os abusos e excessos são passíveis de apuração e punição na forma do art. 22 da Lei Complementar nº 64, de 1990.[24]

12. A mera divulgação do nome e do trabalho desenvolvido, sem referências a eleições, candidaturas ou votos, caracteriza propaganda eleitoral antecipada?

Resposta: Não. Segundo o entendimento jurisprudencial, a mera divulgação do nome e do trabalho desenvolvido, sem referências a eleições, candidaturas ou

[22] TSE - RAREG 2.870 - (2.870) - Porto Ferreira - SP - Rel. Min. Jacy Garcia Vieira - p. 72.

[23] TSE - REsp nº 19.323 - (19.323) - Fortaleza - CE - Rel. Min. Fernando Neves da Silva - p. 70.

[24] TSE - REsp nº 19.128 - (19.128) - Bragança Paulista - SP - Rel. Min. Fernando Neves da Silva - p. 50.

votos, não caracteriza propaganda eleitoral antecipada nem permite a aplicação da multa prevista no art. 36, § 3º, da Lei nº 9.504, de 1997.[25]

13. Qual o tribunal competente para julgar representação formulada por órgão de direção de partido político em relação à propaganda político-partidária que se der em inserção estadual?
Resposta: O tribunal competente é o Tribunal Regional Eleitoral.[26]

14. A fixação de placa e bonecos com propaganda eleitoral em sinal de trânsito é sujeita às sanções legais?
Resposta: Sim, leia o art. 37 da Lei nº 9.504/1997:

> Art. 37. Nos bens cujo uso dependa de cessão ou permissão do poder público, ou que a ele pertençam, e nos bens de uso comum, inclusive postes de iluminação pública, sinalização de tráfego, viadutos, passarelas, pontes, paradas de ônibus e outros equipamentos urbanos, é vedada a veiculação de propaganda de qualquer natureza, inclusive pichação, inscrição a tinta e exposição de placas, estandartes, faixas, cavaletes, bonecos e assemelhados.
> § 1º A veiculação de propaganda em desacordo com o disposto no *caput* deste artigo sujeita o responsável, após a notificação e comprovação, à restauração do bem e, caso não cumprida no prazo, a multa no valor de R$ 2.000,00 (dois mil reais) a R$ 8.000,00 (oito mil reais).

15. Se um partido foi expressamente excluído da lide pelas instâncias ordinárias, ele possui legitimidade para recorrer em nome próprio em defesa dos interesses de seus candidatos multados pela prática de propaganda eleitoral irregular?
Resposta: Não, pois no caso há falta de interesse.[27]

16. Qual a razão da Lei das Eleições só admitir propaganda eleitoral após 15 de agosto do ano das eleições?
Resposta: A *ratio essendi* subjacente à vedação do art. 36, *caput*, da Lei das Eleições, que preconiza que a propaganda eleitoral somente será admitida após 15 de agosto do ano das eleições, é evitar, ou, ao menos, amainar a captação antecipada de votos, o que poderia desequilibrar a disputa eleitoral, vulnerar o postulado da igualdade de chances entre os candidatos e, no limite, comprometer a própria higidez do prélio eleitoral.

17. Sabemos que, nos bens cujo uso dependa de cessão ou permissão do poder público, ou que a ele pertençam, e nos bens de uso comum, inclusive postes de iluminação pública, sinalização de tráfego, viadutos, passarelas, pontes, paradas de ônibus e outros equipamentos urbanos, é vedada a veiculação de propaganda

---

[25] Precedentes. TSE – RESP nº 18.528 – (18.528) – Cachoeira Alta – GO – Rel. Min. Fernando Neves da Silva – p. 279.

[26] TSE – RAREG nº 2.171 – (2.171) – Curitiba – PR – Rel. Min. Waldemar Zveiter – p. 96.

[27] TSE – REsp nº 15.811 – (15.811) – Florianópolis – SC – Rel. Min. Maurício Corrêa – p. 126.

de qualquer natureza, inclusive pichação, inscrição a tinta e exposição de placas, estandartes, faixas, cavaletes, bonecos e assemelhados. Pergunta-se:

a) O que se entende por bem de uso comum para fins eleitorais?

b) Para fins eleitorais, os bens particulares que têm acesso público são considerados bens de uso comum? Qual é a posição do TSE?

c) O estabelecimento comercial que depende de autorização do Poder Público para seu funcionamento enquadra-se como bem de uso comum? Qual a posição do TSE?

Resposta: Nos termos do art. 37, § 4º, da Lei nº 9.504/1997, os "Bens de uso comum, para fins eleitorais, são os assim definidos pela Lei nº 10.406, de 10 de janeiro de 2002 – Código Civil e também aqueles a que a população em geral tem acesso, tais como cinemas, clubes, lojas, centros comerciais, templos, ginásios, estádios, ainda que de propriedade privada".

A jurisprudência deste Tribunal firmou-se no sentido de que os bens particulares abertos ao público devem ser considerados bens de uso comum. Precedentes. Agravo regimental a que se nega provimento. (Agravo Regimental em Recurso Especial Eleitoral nº 20.804, TSE/SP, rel. Henrique Neves da Silva. j. 11.6.2013, unânime, *DJe* 26.6.2013).

É irregular a propaganda eleitoral veiculada na área externa de banca de revista porque se trata de estabelecimento comercial que depende de autorização do Poder Público para seu funcionamento, além do que, comumente, situa-se em local privilegiado ao acesso da população, levando-se a enquadrá-la como bem de uso comum. Recurso especial provido. (Recurso Especial Eleitoral nº 25615, TSE/SP, rel. Carlos Eduardo Caputo Bastos. j. 30.3.2006, unânime, *DJ* 23.8.2006).

18. Analisando as resoluções do TSE, podemos afirmar que na propaganda para eleição proporcional, a coligação usará, obrigatoriamente e de modo legível, sob sua denominação, as legendas de todos os partidos políticos que a integram e na propaganda para eleição majoritária, cada partido político usará apenas sua legenda sob o nome da coligação?

Resposta: Não. A Lei nº 9.504/1997, art. 6º, § 2º, preconiza que: "*Na propaganda para eleição* ***majoritária****, a coligação usará, obrigatoriamente e de modo legível, sob sua denominação, as legendas de todos os partidos políticos que a integram; na propaganda para eleição* ***proporcional****, cada partido político usará apenas sua legenda sob o nome da coligação.*"

19. A colocação de propaganda em calçadas e passeios públicos sujeita o infrator a alguma penalidade? Qual a posição do TSE?

Resposta: **A colocação de propaganda em calçadas e passeios públicos, ainda que venha a ser retirada, sujeita o infrator à multa prevista no art. 37, § 1º, da Lei nº 9.504/1997.**[28]

[28] TSE – REsp nº 15.768 – (15.768) – GO – Rel. Min. Eduardo Ribeiro – p. 87.

20. É permitida a realização de propaganda intrapartidária? Qual a posição do TSE?

Resposta: A realização de propaganda intrapartidária é permitida, nos limites previstos na Lei nº 9.504/1997, art. 36, § 1º.[29]

21. Em termos de propaganda irregular, pode ser aplicada multa ao candidato sob a alegação do poder de polícia? Qual a posição do TSE?

Resposta: Não, pois para a imposição de penalidade, em razão de propaganda irregular, é necessário procedimento a ser instaurado a requerimento do Ministério Público ou dos que para isso se legitimam, nos termos do art. 96 da Lei nº 9.504/1997.[30]

22. Às multas decorrentes da prática de propaganda eleitoral irregular são aplicáveis as regras relativas ao prazo prescricional de ilícitos penais? Qual a posição do TSE?

Resposta: As multas decorrentes da prática de propaganda eleitoral irregular possuem caráter administrativo, não sendo aplicáveis as regras relativas ao prazo prescricional de ilícitos penais.[31]

23. A propaganda eleitoral, na forma de colagem de cartazes em prédio público, sujeita o infrator ao pagamento da multa prevista no art. 37, § 1º, da Lei nº 9.504/1997? Qual a posição do TSE?

Resposta: A propaganda eleitoral, na forma de colagem de cartazes em prédio público, mesmo que não cause dano, sujeita o infrator ao pagamento da multa prevista no art. 37, § 1º, da Lei nº 9.504/1997.[32]

24. É permitida a propaganda eleitoral em árvores de praça pública? Qual a posição do TSE?

Resposta: A teor da Lei nº 9.504/1997, art. 37, é vedada a propaganda eleitoral em árvores de praça pública, por fazerem parte do bem público de uso comum.[33]

25. O candidato que teve o registro impugnado e ainda não foi julgado de forma definitiva pode fazer propaganda?

Resposta: Sim. Segundo o art. 16-A da Lei nº 9.504/1997:

> O candidato cujo registro esteja sub judice poderá efetuar todos os atos relativos à campanha eleitoral, inclusive utilizar o horário eleitoral gratuito no rádio e na televisão e ter seu nome mantido na urna eletrônica enquanto estiver sob

---

[29] TSE – REsp nº 15.960 – (15.960) – MG – Rel. Min. Edson Vidigal – p. 106.
[30] TSE – REsp nº 15.883 – (15.883) – SP – Rel. Min. Eduardo Ribeiro – p. 97.
[31] TSE – REsp nº 15.728 – (15.728) – GO – Rel. Min. Maurício Corrêa – p. 66.
[32] TSE – AI nº 1.569 – (1.569) – RS – Rel. Min. Eduardo Ribeiro – p. 104.
[33] TSE – REsp nº 15.645 – (15.645) – Campo Grande – MS – Rel. Min. Edson Carvalho Vidigal – p. 79.

> essa condição, ficando a validade dos votos a ele atribuídos condicionada ao deferimento de seu registro por instância superior.
> Parágrafo único. O cômputo, para o respectivo partido ou coligação, dos votos atribuídos ao candidato cujo registro esteja sub judice no dia da eleição fica condicionado ao deferimento do registro do candidato. (Artigo acrescentado conforme determinado na Lei nº 12.034, de 29/9/2009, *DOU* 30/9/2009)

A minirreforma eleitoral criou o art. 16-B na Lei nº 9.504/1997, passando a dispor que:

> O disposto no art. 16-A quanto ao direito de participar da campanha eleitoral, inclusive utilizar o horário eleitoral gratuito, aplica-se igualmente ao candidato cujo pedido de registro tenha sido protocolado no prazo legal e ainda não tenha sido apreciado pela Justiça Eleitoral.

26. **A permanência de publicidade institucional durante o período vedado é suficiente para que se aplique a multa prevista no art. 73, § 4º, da Lei nº 9.504/1997?**
Resposta: Sim. Conforme entendimento do TSE:

> "1. A permanência de publicidade institucional durante o período vedado é suficiente para que se aplique a multa prevista no art. 73, § 4º, da Lei nº 9.504/97, sendo irrelevante que a peça publicitária tenha sido autorizada e afixada em momento anterior. Precedentes. 2. Nos termos da jurisprudência desta Corte Superior e do art. 73, VI, *b*, da Lei das Eleições, o caráter eleitoreiro da publicidade institucional é irrelevante para a incidência da vedação legal. 3. Para a configuração do ilícito previsto no art. 73, VI, *b*, da Lei nº 9.504/97, é desnecessária a existência de provas de que o chefe do Poder Executivo tenha autorizado à publicidade institucional divulgada no período vedado, uma vez que dela auferiram benefícios os candidatos aos cargos de governador e vice-governador, em campanha de reeleição, evidenciando-se, das premissas do acórdão recorrido, o conhecimento do fato apurado. Precedentes: REsp nº 334-59, rel. min. Henrique Neves da Silva, *DJe* 27.5.2015; AgR-REsp nº 590-30, rel. min. Luciana Lóssio, *DJe* 24.11.2015; REsp nº 408-71, red. para o acórdão Min. Marco Aurélio, *DJe* 11.10.2013; e AgR-REsp nº 355-90, rel. Min. Arnaldo Versiani, *DJe* 24.5.2010. 4. 'O art. 73, § 8º, da Lei nº 9.504/97 prevê a incidência da multa a partidos, coligações e candidatos que se beneficiarem das condutas vedadas' (AgR-RO nº 5163-38, rel. min. Maria Thereza de Assis Moura, *DJe* 2.12.2015). (Agravo Regimental em Recurso Especial Eleitoral nº 147854, TSE/DF, rel. Henrique Neves da Silva. j. 17.12.2015, unânime, *DJe* 18.2.2016)".

27. **Quem exerce o poder de polícia sobre a propaganda eleitoral?**
Resposta: O poder de polícia sobre a propaganda eleitoral será exercido pelos Juízes Eleitorais e pelos Juízes designados pelos Tribunais Regionais Eleitorais. O poder de polícia se restringe às providências necessárias para inibir práticas ilegais, vedada a censura prévia sobre o teor dos programas a serem exibidos na televisão, no rádio ou na Internet.

Lembre-se que no caso de condutas sujeitas a penalidades, o Juiz Eleitoral delas cientificará o Ministério Público, para que o mesmo interponha a ação competente com o fim de impor a multa ao infrator.

28. **Quais os requisitos necessários para a procedência da representação e imposição de penalidade pecuniária por realização de propaganda irregular?**
Resposta: Dispõe o art. 40-B da Lei nº 9504/1997 que:

> A representação relativa à propaganda irregular deve ser instruída com prova da autoria ou do prévio conhecimento do beneficiário, caso este não seja por ela responsável.
> Parágrafo único. A responsabilidade do candidato estará demonstrada se este, intimado da existência da propaganda irregular, não providenciar, no prazo de quarenta e oito horas, sua retirada ou regularização e, ainda, se as circunstâncias e as peculiaridades do caso específico revelarem a impossibilidade de o beneficiário não ter tido conhecimento da propaganda. (Artigo acrescentado conforme determinado na Lei nº 12.034, de 29/9/2009, *DOU* 30/9/2009)

29. **É possível a divulgação de pesquisas eleitorais do décimo quinto dia anterior até as dezoito horas do dia da eleição?**
Resposta: Sim. A Lei nº 9.504/1997, art. 35-A, proibia a divulgação de pesquisas eleitorais do décimo quinto dia anterior até as dezoito horas do dia da eleição, mas o artigo supracitado foi julgado inconstitucional conforme decisão administrativa do TSE de 23/05/2006 (ata da 57ª sessão, *DJ* de 30/05/2006).

30. **O titular de direito autoral tem legitimidade para representar à Justiça Eleitoral, visando coibir prática ilegal em horário gratuito de propaganda partidária ou eleitoral?**
Resposta: Sim, consoante o posicionamento majoritário no TSE, "há plena legitimidade do titular de direito autoral para representar à Justiça Eleitoral, visando coibir prática ilegal em horário gratuito de propaganda partidária ou eleitoral". No mesmo sentido quanto à competência da Justiça Eleitoral.[34]

▸ JULGUE E FUNDAMENTE OS ITENS:

31. **Pode ser utilizada a aparelhagem de sonorização fixa e trio elétrico durante a realização de comícios no horário compreendido entre as 8 horas e as 24 horas, não podendo, em nenhuma hipótese, ultrapassar este horário.**
Resposta: E. Fundamentação: art. 39, § 4º. A realização de comícios e a utilização de aparelhagens de sonorização fixas são permitidas no horário compreendido entre as 8 (oito) e as 24 (vinte e quatro) horas, com exceção do comício de encerramento da campanha, que poderá ser prorrogado por mais 2 (duas) horas.

---

[34] TSE – RES nº 21.078/202 e TSE.

32. **É proibida a realização de showmício e de evento assemelhado para promoção de candidatos, bem como a apresentação, remunerada ou não, de artistas com a finalidade de animar comício e reunião eleitoral.**
Resposta: C. Fundamentação: art. 39, § 7º da Lei nº 9.504/1997.

33. **Independe da obtenção de licença municipal e de autorização da Justiça Eleitoral, a veiculação de propaganda eleitoral pela distribuição de folhetos, volantes e outros impressos, devem ser editados sob a única responsabilidade do partido político ou coligação. O uso de adesivos depende de autorização da Justiça Eleitoral.**
Resposta: E. Fundamentação: A minirreforma eleitoral alterou o art. 38 da Lei nº 9.504/1997, passando a dispor que: "*Independe da obtenção de licença municipal e de autorização da Justiça Eleitoral a veiculação de propaganda eleitoral pela distribuição de folhetos, adesivos, volantes e outros impressos, os quais devem ser editados sob a responsabilidade do partido, coligação ou candidato*".

34. **O candidato cujo registro esteja *sub judice* poderá efetuar todos os atos relativos à sua campanha eleitoral, inclusive utilizar o horário eleitoral gratuito para sua propaganda, no rádio e na televisão.**
Resposta: C. Fundamentação: art. 17 da Resolução nº 23.191/2009 e também Lei nº 9.504/1997, art. 16-A.

35. **A propaganda eleitoral gratuita na televisão deverá utilizar a Linguagem Brasileira de Sinais (Libras) ou o recurso de legenda, que deverão constar obrigatoriamente do material entregue às emissoras.**
Resposta: C. Fundamentação: Lei nº 9.504/1997, art. 44, § 1º.

36. **A partir de 30 de junho do ano da eleição, é vedado, ainda, às emissoras transmitir programa apresentado ou comentado por pré-candidato, sob pena, no caso de sua escolha na convenção partidária, de imposição da multa e de cancelamento do registro da candidatura do beneficiário.**
Resposta: C. Fundamentação: art. 45, § 1º, da Lei nº 9.504/1997.

37. **A representação relativa à propaganda irregular deve ser instruída com prova da autoria ou do prévio conhecimento do beneficiário, caso este seja por ela responsável.**
Resposta: E. Fundamentação: Lei nº 9.504/1997, art. 40-B, afirma que: "caso este **não** seja por ela responsável".

38. **Considera-se carro de som, qualquer veículo, motorizado ou não, ou ainda tracionado por animais, que transite divulgando jingles ou mensagens de candidatos.**
Resposta: C. Fundamentação: art. 39, § 9º-A, da Lei nº 9.504/1997.

39. **Do número de vagas resultante das regras previstas neste artigo, cada partido ou coligação reservará o mínimo de 30% (trinta por cento) e o máximo de 70% (setenta por cento) para candidaturas de cada sexo.**

Resposta: E. Corrija: "Do número de vagas resultante das regras previstas neste artigo, cada partido ou coligação preencherá o mínimo de 30% (trinta por cento) e o máximo de 70% (setenta por cento) para candidaturas de cada sexo".

40. Constitui crime, punível com detenção de 6 meses a 1 ano, com a alternativa de prestação de serviços à comunidade pelo mesmo período, e multa no valor de R$ 10.641,00 (dez mil seiscentos e quarenta e um reais) a R$ 21.282,00 (vinte e um mil duzentos e oitenta e dois reais), o uso, na propaganda eleitoral, de símbolos, frases ou imagens, associadas ou semelhantes às empregadas por órgão de governo, empresa pública ou sociedade de economia mista.
Resposta: C. Fundamentação: Lei nº 9.504/1997, art. 40.

41. Constitui crime, punível com detenção de 2 meses a 1 ano ou pagamento de 120 a 150 dias-multa, divulgar, na propaganda, fatos que se sabem inverídicos, em relação a partidos ou a candidatos, capazes de exercerem influência perante o eleitorado.
Resposta: C. Fundamentação: Código Eleitoral, art. 323, *caput*.

25. Questões objetivas de concursos

1. **(MA – Magistratura) Em relação à propaganda eleitoral, é falso afirmar que:**

a) a realização de qualquer ato de propaganda partidária ou eleitoral em recinto aberto não depende de licença da polícia;
b) a propaganda eleitoral somente é permitida após o dia 15 de julho;
c) não se caracteriza como propaganda eleitoral a manutenção de *home page* na internet;
d) a realização de comícios durante o período legal de propaganda eleitoral é permitida no horário entre 8 da manhã até meia-noite;
e) a propaganda por meio de *outdoors* somente é permitida após a realização do sorteio pela Legislação Eleitoral.
Obs.: se você encontrou dificuldades para responder à questão, veja as observações didáticas números 01, 02, 03, 04.

2. **(MA – Magistratura) Assinale a alternativa correta.**

Os horários reservados à propaganda de cada eleição, nos termos do § 1º, serão distribuídos entre todos os partidos e coligações que tenham candidato, observados os seguintes critérios:

a) um terço, igualitariamente;
b) 2/3 (dois terços) distribuídos proporcionalmente ao número de representantes na Câmara dos Deputados, considerado, no caso de coligação, o resultado da soma do número de representantes de todos os partidos que a integram;
c) dois terços, proporcionalmente ao número de representantes na Câmara dos Deputados, considerado, no caso de coligação, o resultado da soma do número de representantes de todos os partidos que a integram;
d) do restante, 1/3 (um terço) distribuído igualitariamente e 2/3 (dois terços) proporcionalmente ao número de representantes eleitos no pleito imediatamente anterior para a Câmara dos Deputados, considerado, no caso de coligação, o resultado da soma do número de representantes de todos os partidos que a integram;

e) os itens "b" e "d" estão corretos.
Obs.: Os itens "b" e "d" estão em consonância com a minirreforma eleitoral, Lei nº 12.875/2013. Resposta: E.

3. **(MG – Promotor de Justiça) À luz da Lei nº 9.504, de 30 de setembro de 1997, que estabelece normas para as eleições, no concernente à propaganda eleitoral em geral, pode-se afirmar que, exceto:**

a) permite-se a fixação de placas, estandartes, faixas e assemelhados nos postes de iluminação pública, viadutos, passarelas e pontes, desde que não lhes cause dano, dificulte ou impeça o seu uso e o bom andamento do tráfego;
b) independe da obtenção de licença municipal e de autorização da Justiça Eleitoral a veiculação de propaganda eleitoral pela distribuição de folhetos, adesivos, volantes e outros impressos, os quais devem ser editados sob a responsabilidade do partido, coligação ou candidato;
c) a realização de qualquer ato de propaganda partidária ou eleitoral, em recinto aberto, depende de licença da polícia, devendo a autoridade policial tomar as providências necessárias à garantia da realização do ato e ao funcionamento do tráfego e dos serviços públicos que o evento possa afetar;
d) a propaganda exercida nos termos da legislação eleitoral não poderá ser objeto de multa nem cerceada sob alegação do exercício do poder de polícia;
e) é permitida, até o dia das eleições, a divulgação paga, na imprensa escrita, de propaganda eleitoral, no espaço máximo, por edição, para cada candidato, partido ou coligação, de um oitavo de página de jornal padrão e um quarto de página de revista ou tabloide.
Obs.: se você encontrou dificuldades para responder à questão, veja as observações didáticas números 09, 10, 11 e 12.

4. **(GO – Juiz de Direito) A propaganda, no processo eleitoral, é permitida:**

a) a partir do deferimento do pedido de registro da candidatura;
b) com a protocolização do pedido de registro;
c) só após a escolha do candidato em convenção;
d) a todo tempo, independendo de qualquer autorização;
e) nenhuma das questões anteriores.
Obs.: se você encontrou dificuldades para responder à questão, veja a observação didática nº 13.

5. **(GO – Juiz de Direito) A emissora que deixar de cumprir as disposições da lei sobre propaganda terá a sua programação normal suspensa por determinação da Justiça Eleitoral durante:**

a) vinte e quatro horas;
b) uma hora;
c) duas horas;
d) quarenta e oito horas;
e) nenhuma das respostas anteriores.
Obs.: se você encontrou dificuldades para responder à questão, veja a observação didática nº 14.

6. **(MA – Juiz) Assinale a alternativa correta.**

a) A propaganda por *outdoors* somente é permitida após o sorteio pela Justiça Eleitoral.
b) A propaganda por *outdoors* somente é permitida após a convenção partidária.

c) A propaganda por *outdoors* somente é permitida após o dia 5 de julho do ano eleitoral.

d) A propaganda por *outdoors* somente é permitida com autorização do partido ou coligação.

Obs.: se você encontrou dificuldades para responder à questão, veja a observação didática nº 04.

7. **(TRE/BA – Analista Judiciário – Juiz de Direito – GO) A propaganda eleitoral somente é permitida:**

a) a partir do pedido de registro do candidato;

b) a partir da homologação do pedido de registro da candidatura;

c) a partir da convenção partidária;

d) após o dia 15 de agosto do ano da eleição;

e) quarenta e oito horas após a convenção partidária.

8. **(TRE/BA – Analista Judiciário) Na propaganda por meio de *outdoors*, permitida após a realização de sorteio pela Justiça Eleitoral, havendo coligação, os espaços serão:**

a) divididos entre os partidos que compõem a coligação na proporção de seus candidatos;

b) distribuídos pelas coligações entre os seus candidatos, sem necessária observância de proporcionalidade entre os partidos que a compõem;

c) distribuídos de acordo com a possibilidade de pagamento dos respectivos custos pelos candidatos dos partidos que a compõem;

d) distribuídos pelo juiz eleitoral mediante novo sorteio entre os candidatos dos partidos que a compõem;

e) distribuídos pelo juiz eleitoral mediante novo sorteio entre os candidatos dos partidos que a compõem, que por eles manifestarem interesse no prazo de quarenta e oito horas.

9. **(TRE/BA – Analista Judiciário) As entidades e empresas que realizarem pesquisas de opinião pública relativas às eleições ou aos candidatos, para conhecimento público, são obrigadas, para cada pesquisa, a registrar, junto à Justiça Eleitoral, até cinco dias antes da divulgação, certas informações, sem obrigação de mencionar:**

a) o questionário completo aplicado ou a ser aplicado;

b) quem contratou a pesquisa;

c) o valor e a origem dos recursos despendidos no trabalho;

d) o nome de quem pagou pela realização do trabalho;

e) a identificação dos entrevistadores.

10. **(TRE/BA – Analista Judiciário) É facultada a transmissão, por emissora de rádio ou televisão, de debates sobre as eleições majoritárias ou proporcionais, observando regras, dentre as quais se inclui:**

a) a presença de um mesmo candidato à eleição proporcional a mais de um debate da mesma emissora será vedada;

b) os debates deverão fazer parte de programação previamente estabelecida pela emissora, a quem caberá a escolha do dia, fazendo-se obrigatoriamente, mediante sorteio, a escolha da ordem da fala de cada candidato;

c) a realização de debate sem a presença de algum partido será admitida, desde que o veículo de comunicação responsável comprove havê-lo convidado com antecedência mínima de quinze dias da realização do debate;

d) a apresentação dos debates, nas eleições majoritárias, poderá ser feita em grupos, estando presentes, no mínimo, cinco candidatos;

e) a participação, nos debates, de candidatos dos partidos com representação no Senado Federal, será assegurada.

11. (TRE/BA – Analista Judiciário e TRE Acre) Deferido o pedido pela Justiça Eleitoral, a resposta à ofensa veiculada em programação normal das emissoras de rádio e de televisão será dada em até:

a) vinte e quatro horas após a decisão, em tempo igual ao da ofensa, porém nunca inferior a dois minutos;
b) vinte e quatro horas após a decisão, em tempo igual ao da ofensa, porém nunca inferior a três minutos;
c) quarenta e oito horas após a decisão, em tempo igual à ofensa, porém nunca inferior a um minuto;
d) quarenta e oito horas após a decisão, em tempo igual ao da ofensa, porém nunca inferior a três minutos;
e) setenta e duas horas após a decisão, em tempo igual ao da ofensa, porém nunca inferior a dois minutos.

12. (TRE/SC – Analista Judiciário) Sobre as pesquisas e os testes pré-eleitorais, assinale a afirmativa correta.

a) As entidades e empresas que realizarem pesquisas de opinião pública não precisam, necessariamente, registrar junto à Justiça Eleitoral, tendo em vista o princípio da liberdade de expressão.
b) As entidades e empresas que realizarem pesquisas de opinião pública relativas às eleições ou aos candidatos, para conhecimento público, são obrigadas a divulgarem-nas apenas aos candidatos interessados nos resultados, sem necessidade de registro junto à Justiça Eleitoral.
c) As entidades e empresas que realizarem pesquisas de opinião pública relativas às eleições ou aos candidatos, para conhecimento público, são obrigadas, para cada pesquisa, a registrar, junto à Justiça Eleitoral, até cinco dias antes da divulgação, o nome de quem pagou pela realização do trabalho.
d) As entidades e empresas que realizarem pesquisas de opinião pública são obrigadas a divulgar os resultados obtidos, registrando-os apenas nos respectivos partidos políticos, sendo-lhes facultado, porém, divulgar quem pagou pela realização da pesquisa.

13. (TRE/CE) A prestação de contas relativa a campanhas eleitorais:

a) é apreciada pela Justiça Eleitoral, devendo ser julgada e publicada em sessão, até quinze dias antes da diplomação;
b) deve ser realizada em formulário que atenda modelo previamente aprovado em lei, em se tratando de eleições proporcionais;
c) poderá ser rejeitada, ainda que promovida a correção de erros formais e materiais;
d) compete aos candidatos às eleições majoritárias, devendo ser acompanhadas dos extratos das contas bancárias referentes à movimentação dos recursos financeiros;
e) obriga à declaração de sobra de recursos financeiros, que será utilizada pelo partido exclusivamente para o próximo pleito eletivo.

14. (TRE/AC – Analista Judiciário) A respeito da propaganda eleitoral é correto que podem ser:

a) feitas reuniões políticas e comícios, mediante prévia autorização por escrito da autoridade policial competente;

b) fixadas faixas em árvores das vias públicas, desde que não as danifiquem e não atrapalhem o trânsito nas vias públicas;
c) colados adesivos em táxis e lotações com nome e pedidos de votos para candidatos;
d) feitas através de alto-falantes ou carros de som em qualquer local, desde que entre 8 e 22 horas;
e) fixadas faixas em postes de iluminação pública, desde que não lhes cause dano e não impeça o bom andamento do tráfego.

15. (TRE/AC – Analista Judiciário) O exercício de direito de resposta por candidato ofendido em horário eleitoral gratuito, em programação normal de emissoras de televisão e em órgão da imprensa escrita, poderá ser requerido à Justiça Eleitoral, no prazo contado da divulgação da ofensa de, respectivamente:

a) vinte e quatro horas, quarenta e oito horas e setenta e duas horas;
b) quarenta e oito horas, setenta e duas horas e cinco dias;
c) setenta e duas horas, cinco dias e trinta dias;
d) quarenta e oito horas, vinte e quatro horas e cinco dias;
e) quarenta e oito horas, setenta e duas horas e noventa e seis horas.

16. (MP/MG) A respeito da propaganda eleitoral (Lei Federal nº 9.504/1997), assinale a alternativa correta.

a) Ao postulante à candidatura a cargo eletivo é permitida a realização, no mês anterior à escolha pelo partido, de propaganda intrapartidária com vista à indicação de seu nome, vedado o uso de rádio, televisão e *outdoor*.
b) A propaganda eleitoral somente é permitida a partir do dia 5 de julho do ano da eleição.
c) A veiculação de propaganda eleitoral pela distribuição de folhetos, volantes e outros impressos, os quais devem ser editados sob a responsabilidade do partido, depende da obtenção de licença municipal e de autorização da Justiça Eleitoral.
d) A realização de qualquer ato de propaganda partidária ou eleitoral, em recinto aberto ou fechado, não depende de licença da polícia.
e) Todas as alternativas estão corretas.

17. (MPF – Procurador da República) A propaganda eleitoral:

a) no ano da eleição, somente é permitida após o dia 5 de julho, com exceção da propaganda paga pela imprensa escrita, que pode ser feita desde o início do ano até o dia das eleições, dentro dos espaços fixados em lei para cada candidato, partido ou coligação, considerando a liberdade de informação jornalística e a vedação da censura;
b) mediante a realização de comícios é permitida em qualquer horário, salvo no dia das eleições, no qual pode ser distribuído material de propaganda política;
c) por meio de *outdoors* pode ser feita livremente mediante contratação com as empresas de publicidade;
d) restringe-se, no rádio e na televisão, ao horário gratuito, definido na lei das eleições, vedada a veiculação de propaganda paga e facultada a realização de debates entre os candidatos, com observância das normas na mesma lei estabelecidas.

18. (MPF – Procurador da República) A propaganda eleitoral:

a) na imprensa escrita, é inteiramente livre para candidatos, partidos políticos ou coligações, tendo em vista a plena liberdade de informação jornalística estabelecida na Constituição e a vedação de toda e qualquer censura de natureza ideológica ou política;
b) em bens particulares, inclusive mediante *outdoors*, não está sujeita a qualquer restrição legal ou controle pela Justiça Eleitoral;

c) no rádio e na televisão, restringe-se ao horário gratuito, na forma da lei, vedada a veiculação de propaganda paga;
d) nas hipóteses de imagens ou afirmações caluniosas, injuriosas, difamatórias ou sabidamente inverídicas, difundidas por quaisquer veículos de comunicação social, confere aos candidatos, partidos políticos ou coligações atingidos, no prazo máximo de quarenta e oito horas, direito de resposta, com maior destaque na imprensa escrita e por tempo computado em dobro, relativamente à duração da ofensa no rádio e na televisão.

19. (MPF – Procurador da República) A propaganda partidária gratuita:

a) visa a permitir que o partido político, que tem acesso gratuito ao rádio e à televisão, na forma da lei, possa divulgar propaganda de seus candidatos a cargos eletivos;
b) é a propaganda eleitoral, fora da época das eleições, que, segundo a Lei dos Partidos Políticos, assegura a isonomia às pequenas agremiações partidárias pelo acesso gratuito ao rádio e à televisão;
c) tem como finalidade, mediante transmissão gratuita por rádio e televisão em horários requisitados pelo Tribunal Superior Eleitoral, difundir os programas partidários, transmitir mensagens aos filiados sobre a execução do programa partidário, dos eventos com este relacionados e das atividades congressuais do partido, além de divulgar sua posição em relação a temas político-comunitários;
d) é aquela realizada sob a responsabilidade dos partidos políticos, e não dos candidatos, relativamente às eleições pelo sistema proporcional, que admite o voto de legenda.

20. (MP/PB) Assinale a alternativa inexata. Durante o período de propaganda eleitoral:

a) não é permitida a colagem de cartazes em placas de trânsito;
b) a realização de qualquer ato de propaganda, em recinto aberto ou fechado, não depende de licença da polícia;
c) não serão admitidos cortes instantâneos e censura prévia nos programas eleitorais gratuitos;
d) os comícios poderão ser realizados no horário compreendido entre as oito e as vinte e quatro horas;
e) a propaganda em jornais e revistas não sofre qualquer restrição, seja quanto ao prazo, seja quanto ao espaço máximo em cada edição.

21. (MP/PE) A distribuição de folhetos, volantes e outros impressos, que devem ser editados sob a responsabilidade do partido, coligação ou candidato, para veiculação de propaganda eleitoral:

a) depende tanto da obtenção de licença municipal como da autorização prévia da Justiça Eleitoral;
b) depende de autorização prévia da Justiça Eleitoral, mas independe de licença municipal;
c) depende da obtenção de licença municipal onde se der a distribuição, mas independe de autorização de Justiça Eleitoral;
d) independe da obtenção de licença municipal e de autorização da Justiça Eleitoral;
e) independe de qualquer autorização ou licença, mas o material a ser veiculado deve ser depositado no Cartório Eleitoral vinte e quatro horas antes da distribuição.

22. (MP/MA) Das afirmações abaixo quantas estão corretas?

I. A representação por propaganda eleitoral contra os candidatos a cargo eletivo federal, estadual e distrital é julgada pelo Tribunal Regional Eleitoral através do seu Pleno.

II. É competente para intentar representação por propaganda irregular, exclusivamente, o partido político, a coligação ou o candidato.

III. O prazo para recurso em caso de reclamação por propaganda irregular é de três dias.

IV. O julgamento da representação por propaganda antecipada na eleição presidencial deve ser do Tribunal Regional Eleitoral.

V. O juiz eleitoral pode, de ofício, usando o poder de polícia, aplicar multa por propaganda irregular.

VI. Nas eleições municipais, quando a circunscrição abranger mais de uma zona eleitoral, o Tribunal Regional Eleitoral designará um juiz para apreciar as reclamações referentes à propaganda eleitoral.

a) Todas estão corretas.
b) Todas estão erradas.
c) Apenas a V está correta.
d) Apenas a VI está correta.
e) Apenas a III está errada.

23. (MP/PE) Quanto aos programas que são utilizados nas urnas eletrônicas para o processo de votação e apuração das eleições, observe os seguintes itens:

I. programas-fonte;

II. sistema aplicativo;

III. chaves eletrônicas privadas;

IV. programas-executáveis;

V. senhas eletrônicas de acesso;

VI. sistema de segurança;

VII. bibliotecas especiais.

Buscando aperfeiçoar o processo eleitoral mediante transparência, permanecem no sigilo da Justiça Eleitoral, não devendo ser apresentados para análise dos partidos e coligações, apenas os itens:

a) I e IV;
b) II e VI;
c) III e V;
d) III e VII;
e) V e VI.

24. (MPF/BR) A propaganda eleitoral:

I. no rádio e na televisão é assegurada gratuitamente aos partidos políticos, na forma da lei, sendo vedada a propaganda paga;

II. emite críticas políticas à administração e à vida pública dos candidatos, não constituindo tal prática ofensa à sua honra pessoal;

III. não pode ser objeto de censura pela Justiça Eleitoral, cabendo-lhe, no entanto, assegurar direito de resposta aos ofendidos nos casos de calúnia, injúria ou difamação;

IV. pode ser realizada, dentre outros meios, pela imprensa escrita, por comícios, painéis de publicidade ou *outdoors*, nos limites e condições estabelecidos na lei. Analisando as assertivas acima, pode-se afirmar que:

a) somente as de número I e II estão corretas;
b) todas estão corretas;
c) as de número II, III e IV estão corretas;

d) estão corretas as de número I, II e III.
Obs.: as questões 24 e 25 se encontram parcialmente prejudicadas. Quanto à propaganda mediante *outdoors*, leia a observação didática nº 04.

25. (MPF/BR) A propaganda eleitoral:

a) é permitida em qualquer hipótese, em face do princípio constitucional da ampla liberdade de expressão e do debate democrático, sendo restringido apenas o uso do rádio e da televisão fora do horário gratuito;
b) tem limitações estabelecidas na legislação quanto à propaganda mediante *outdoors*, na imprensa e no rádio e na televisão, dentre outras, visando a garantir a isonomia na competição eleitoral, assegurando-se ainda direito de resposta a candidato, partido ou coligação, nas hipóteses de conceito, imagem ou afirmação caluniosa, injuriosa ou difamatória ou sabidamente inverídica, difundidas por qualquer veículo de comunicação social;
c) não é permitida mediante a realização de pesquisas e testes pré-eleitorais, sendo vedadas tais pesquisas de opinião pública em qualquer hipótese a partir do registro das candidaturas, para impedir a manipulação do eleitorado;
d) intrapartidária, visando à escolha em convenção de candidato, pode ser livremente realizada mediante uso de rádio, televisão e *outdoor.*
Obs.: leia novamente a observação supracitada.

26. (MPF/BR) A propaganda eleitoral:

I. é inteiramente livre, na imprensa, no rádio e na televisão, tendo em vista a liberdade de expressão garantida pela Constituição, podendo ser paga, assegurado o horário gratuito aos partidos políticos pela Justiça Eleitoral;

II. no rádio e na televisão, restringe-se ao horário gratuito, definido em lei, vedada a veiculação de propaganda paga;

III. por meio de *outdoors* **somente é permitida, nos termos da lei, após a realização de sorteio pela Justiça Eleitoral;**

IV. se for ofensiva à honra do candidato, não configurando crítica política, pode ter sua apresentação previamente vedada pela Justiça Eleitoral ou interrompida de imediato pela Corregedoria Eleitoral.

Analisando-se as asserções acima, pode-se afirmar que:

a) somente as de número II e III estão corretas;
b) estão corretas as de número I e IV;
c) as de número I, III e IV estão corretas;
d) apenas a de número II está correta.
Obs.: a questão 26 se encontra parcialmente prejudicada. Quanto à propaganda mediante *outdoors*, leia a observação didática nº 04.

27. (UnB/Cespe – TRE/MT) Considerando o disposto na legislação eleitoral a respeito da propaganda e dos crimes eleitorais, assinale a opção incorreta.

a) A distribuição de folhetos e volantes, no período em que a propaganda eleitoral é permitida, independe da obtenção de licença municipal e de autorização da Justiça Eleitoral.
b) O uso de símbolos ou imagens semelhantes aos utilizados pelo governo constitui crime punível com pena de detenção ou prestação alternativa e multa.
c) A captação de sufrágio mediante promessa de emprego ou função pública, ou outra vantagem pessoal, constitui crime punível com a cassação do registro ou diploma.

d) É vedado às emissoras de rádio e TV conferir tratamento privilegiado a candidato, partido ou coligação.
e) Os partidos são obrigados a distribuir o tempo de propaganda no rádio e na TV igualmente entre todos os candidatos, sob pena de infração ao princípio da isonomia.

28. (Concurso Público para Juiz Substituto – TJ/PA – FGV) O juiz eleitoral, investido do poder de polícia, constatada grave irregularidade em propaganda eleitoral, pode instaurar de ofício procedimento para imposição de multa?

a) Sim. O juiz eleitoral, no exercício do seu poder de polícia e buscando o equilíbrio do pleito eleitoral, pode instaurar o procedimento para imposição de multa.
b) Sim. O juiz eleitoral, no exercício do poder de polícia e em cumprimento às normas legais pertinentes, tem o dever de instaurar o procedimento para imposição de multa.
c) Não. O juiz eleitoral não tem legitimidade para, de ofício, instaurar procedimento com a finalidade de impor multa pela veiculação de propaganda eleitoral em desacordo com a lei.
d) Não. Somente pode ser instaurado o procedimento a requerimento do representante do Ministério Público.
e) Sim. O juiz eleitoral poderá instaurar o procedimento de ofício para imposição de multa.

29. (Concurso Público para Juiz Substituto – TJ/PA – FGV) O direito de resposta assegurado a candidato, partido ou coligação atingidos por conceito, imagem ou afirmação caluniosa, difamatória, injuriosa ou sabidamente inverídica, difundidos por qualquer veículo de comunicação social, é cabível:

a) no prazo de 48 horas, a contar da divulgação da propaganda;
b) no prazo de 48 horas, a contar do conhecimento da propaganda pelo candidato, partido ou coligação;
c) no prazo de 5 dias, a contar da veiculação da matéria jornalística;
d) no prazo de 30 dias, a contar do conhecimento da ofensa;
e) no prazo de 24 horas, quando se tratar de horário eleitoral gratuito; 48 horas, quando se tratar da programação normal das emissoras de rádio e televisão; e 72 horas, quando se tratar de órgão de imprensa escrita.

26. Gabarito das questões objetivas

1. B[35]
2. D
3. C[36]

[35] "B" foi a resposta oficial, mas entendo que o item "e" também está errado, leia o art. 39, § 8º, da Lei nº 9.504/1997: "É vedada a propaganda eleitoral mediante *outdoors*, inclusive eletrônicos, sujeitando-se a empresa responsável, os partidos, as coligações e os candidatos à imediata retirada da propaganda irregular e ao pagamento de multa no valor de R$ 5.000,00 (cinco mil reais) a R$ 15.000,00 (quinze mil reais)". (Redação estabelecida pela minirreforma eleitoral – Lei nº 12.891/2013).

[36] 3. **C. Obs.:** "C" foi a resposta oficial, mas entendo que com a entrada em vigor da nova Lei nº 11.300, de 10/05/2006 estão incorretos: a) o item "E". Leia o art. 43, *in verbis: "É permitida, **até a antevéspera das eleições**, a divulgação paga, na imprensa escrita, de propaganda eleitoral, no*

4. C
5. A
6. A[37]
7. D (art. 36 da Lei nº 9.504/1997)
8. B[38]
9. E
10. A
11. C
12. C
13. B
14. E[39]
15. A
16. D
17. D
18. C
19. C
20. E
21. D
22. D
23. C
24. B[40]
25. B[41]
26. A[42]
27. E
28. C
29. E

27. Simulação

Imagine-se na última fase de um concurso jurídico, pois, após a leitura do Capítulo 10, você agora já tem plenas condições de resolver a questão infracitada, elaborada em um concurso jurídico.

Disserte: *Propaganda: gênero e espécies.*

---

espaço máximo, por edição, para cada candidato, partido ou coligação, de um oitavo de página de jornal padrão e um quarto de página de revista ou tabloide". b) o item "A". Leia o art. 37: *"Nos bens cujo uso dependa de cessão ou permissão do Poder Público, ou que a ele pertençam, e nos de uso comum, inclusive postes de iluminação pública e sinalização de tráfego, viadutos, passarelas, pontes, paradas de ônibus e outros equipamentos urbanos, é vedada a veiculação de propaganda de qualquer natureza, inclusive pichação, inscrição a tinta, fixação de placas, estandartes, faixas, cavaletes e assemelhados"* (Redação estabelecida pela minirreforma eleitoral - Lei nº 12.891/2013).

37 6. **A. Obs.:** a questão ficou prejudicada, pois o art. 42 da Lei nº 9.504/1997, que previa: "*A propaganda por meio de outdoors somente é permitida após a realização de sorteio pela Justiça Eleitoral*", foi expressamente revogado pela Lei nº 11.300, de 10/05/2006, *DOU* de 11/05/2006.

38 8. **B. Obs.:** questão prejudicada, o art. 42 da Lei nº 9.504/1997, foi expressamente revogado pela Lei nº 11.300, de 10/05/2006.

39 "E" foi a resposta oficial, entendo que todas estão incorretas.

40 24. **"B"** foi a resposta oficial, mas a questão se encontra parcialmente prejudicada. Quanto à propaganda mediante *outdoors*, leia a observação didática nº 04.

41 25. **"B"** foi a resposta oficial, mas a questão se encontra parcialmente prejudicada. Quanto à propaganda mediante *outdoors*, leia a observação didática nº 04.

42 26. **"A"** foi a resposta oficial, mas a questão se encontra parcialmente prejudicada. Quanto à propaganda mediante *outdoors*, leia a observação didática nº 04.

28. Casos práticos eleitorais superinteressantes

▸ A PROPAGANDA SEM A LEGENDA PARTIDÁRIA

Segundo o art. 242 do Código Eleitoral, a propaganda, qualquer que seja a sua forma ou modalidade, mencionará sempre a legenda partidária e só poderá ser feita em língua nacional, não devendo empregar meios publicitários destinados a criar, artificialmente, na opinião pública, estados mentais, emocionais ou passionais. Pergunta-se: *o que deverá fazer o juiz ao tomar conhecimento de uma propaganda que não menciona a legenda partidária?*

Resposta: Preconiza o parágrafo único do art. 242 do Código Eleitoral que sem prejuízo do processo e das penas cominadas, *a Justiça Eleitoral adotará medidas para fazer impedir ou cessar imediatamente a propaganda realizada com infração do disposto neste artigo*. Conforme o entendimento do TSE: "Na propaganda eleitoral gratuita, na hipótese de inobservância do que prescreve este dispositivo e o correspondente do Código Eleitoral, **deve o julgador advertir – à falta de norma sancionadora – o autor da conduta ilícita, sob pena de crime de desobediência.**"[43]

▸ A PROPAGANDA ANTECIPADA

Afasta a ilicitude da propaganda o fato do beneficiário não ter sido escolhido candidato?

Resposta: Não. Conforme o posicionamento majoritário no TSE: "Propaganda eleitoral prematura. Não afasta a ilicitude do ato a circunstância de o beneficiário da propaganda não haver sido ainda escolhido candidato."[44]

O TSE também entende que as constantes mensagens mandadas pelos candidatos, como, por exemplo, feliz aniversário, natal, dias dos pais, páscoa etc., não se configuram propaganda fora de época, deste que conste apenas o nome da pessoa, ou seja, não tenha pedidos de votos. Particularmente, entendo que, se nesta mensagem houver *slogan,* como, por exemplo: "*a mudança continua*", "*neste você pode confiar*", há propaganda irregular implícita.

O professor **Delosmar Mendonça Jr.**[45] ensina que:

> Distinção relevante e polêmica é a que ocorre entre propaganda eleitoral extemporânea e mera promoção pessoal. O TSE entende que a colocação de faixas e cartazes com veiculação de mensagens festivas (natal, dia das mães, aniversário de alguém), contendo apenas o nome do candidato sem menção ao cargo e nem pedidos de votos, não se configura propaganda fora de época (Consulta 794).

---

43 TSE – AC n°s 439/2002, 446/2002 e 22.691/2004.

44 (...)". Ac. nº 15.307, Rel. Min. Eduardo Ribeiro; no mesmo sentido os acórdãos nº 4.560, Rel. Min. Humberto Gomes de Barros, 16.884, de 09/10/2001, Rel. Min. Sepúlveda Pertence e 1.242, Rel. Min. Eduardo Alckmin.

45 MENDONÇA, Jr. Delosmar. *Manual de Direito Eleitoral.* Brasília: Jus Podivm, 2006, p. 120.

> Há que se ter extremo cuidado na interpretação dos conceitos de promoção pessoal e propaganda irregular, devendo ocorrer avaliação em cima das situações concretas, pois a intensidade do ato de promoção pessoal, de forma abusiva, mostra desvio de finalidade e resulta em propaganda eleitoral. O conteúdo da mensagem deve ser examinado para se detectar caráter eleitoral.
> Se o nome do candidato tem maior destaque do que a mensagem, resta caracterizado o desvio de finalidade e o intuito eleitoral. Da mesma forma se o conteúdo da mensagem passa apelo eleitoral ou veicula *slogan* de campanha ou informação relacionada às eleições, há propaganda eleitoral irregular.
> Não é propaganda extemporânea a manutenção de *homepage* pessoal do candidato, desde que não contenha mensagem pedindo votos ou referência ao número ou outras informações relacionadas à campanha eleitoral.

▸ A PROPAGANDA CENSURADA

Em nosso direito, em regra, não pode haver violação à garantia constitucional de livre manifestação do pensamento nem constituição de censura prévia, portanto, pergunta-se: *É legal a decisão que determina a partido político a abstenção de divulgar material publicitário de conteúdo político?*

Resposta: Em alguns casos, a decisão será legal, pois não há direito individual absoluto. Portanto, o juiz, no exercício do poder de polícia, poderá mandar recolher material de propaganda que não é tolerado pelo Direito Eleitoral, tais como:

I – propaganda de guerra, de processos violentos para subverter o regime, a ordem política e social ou de preconceitos de raça ou de classes;

II – propaganda que provoque animosidade entre as forças armadas ou contra elas ou delas contra as classes e instituições civis;

III – propaganda de incitamento de atentado contra pessoa ou bens;

IV – propaganda de instigação à desobediência coletiva ao cumprimento da lei de ordem pública;

V – propaganda que implique em oferecimento, promessa ou solicitação de dinheiro, dádiva, rifa, sorteio ou vantagem de qualquer natureza;

VI – propaganda que perturbe o sossego público, com algazarra ou abusos de instrumentos sonoros ou sinais acústicos;

VII – propaganda por meio de impressos ou de objeto que pessoa inexperiente ou rústica possa confundir com moeda;

VIII – propaganda que prejudique a higiene e a estética urbana ou contravenha a posturas municipais ou a outra qualquer restrição de direito;

IX – propaganda que caluniar, difamar ou injuriar quaisquer pessoas, bem como órgãos ou entidades que exerçam autoridade pública.

O CONTROLE JURISDICIONAL DAS PROPAGANDAS

▸ INDAGAÇÃO DIDÁTICA

Veja esta questão elaborada em um concurso jurídico: *"Como é realizado o controle jurisdicional das propagandas irregulares e ilícitas?"*

Resposta: Nada impede o uso das medidas cautelares e do mandado de segurança, mas usualmente o controle jurisdicional da propaganda é feito através das representações e das reclamações previstas nos artigos infracitados:

a) através do direito de resposta previsto no art. 58 da Lei nº 9.504/1997;

b) das reclamações e representações previstas no art. 96 da Lei nº 9.504/1997 e devem relatar fatos, indicando provas, indícios e circunstâncias, podendo ser proposta por *qualquer partido político*, *coligação* ou *candidato*, e devem dirigir-se:

I - aos Juízes Eleitorais, nas eleições municipais;

II - aos Tribunais Regionais Eleitorais, nas eleições federais, estaduais e distritais;

III - ao Tribunal Superior Eleitoral, na eleição presidencial.

Mas, professor Dirceu... E o Ministério Público Eleitoral?

Resposta: Embora não catalogado no art. 96 da Lei nº 9.504/1997, entendo, e este é o entendimento majoritário na doutrina e jurisprudência, que, como fiscal da lei, o Ministério Público Eleitoral tem plena legitimidade para propor representações e reclamações.

É também o posicionamento majoritário no TSE.[46]

A ATIVIDADE *EX OFFICIO* DO JUIZ COM A FINALIDADE DE APLICAR MULTA NA PROPAGANDA IRREGULAR

▸ INDAGAÇÃO DIDÁTICA

Leia com atenção esta questão elaborada em um concurso jurídico: "Um juiz eleitoral, no exercício do poder de polícia, notificou um determinado pré-candidato para que, no prazo de 24 h, o mesmo retirasse a propaganda irregular. Após a retirada da propaganda o juiz determinou a abertura de um procedimento com a finalidade de impor multa ao infrator. Identifique os erros e acertos do juiz."

Respostas:

Acerto: É perfeitamente possível o juiz *ex officio* (*leia-se: sem ser provocado*) notificar o infrator para que, no prazo de 24 h, este retire a propaganda irregular.

Erro: O entendimento jurisprudencial e doutrinário, amplamente dominante, é no sentido de que não é possível o juiz instaurar procedimentos de ofício objetivando aplicar a sanção inerente ao descumprimento da lei eleitoral.

Posição dominante do TSE:

> Nos termos da Lei nº 9.504/1997, art. 96, § 3º, compete ao Juiz Auxiliar julgar as representações ou reclamações que tenham por objeto o não cumprimento desse diploma legal. Todavia, não lhe é permitido instaurar o processo de ofício. (TSE, Ag. Instrumento nº 1.812, JTSE, v. 11, nº 3, p. 74)

---

[46] AC nºs 39/1998.

Portanto, após o exercício do poder de polícia, se houver possibilidade de aplicar sanção eleitoral, o juiz deverá comunicar a prática ilegal ao Ministério Público e aguardar a representação, que também pode ser feita por parte de algum dos legitimados, para só então impor a sanção cabível.

A mesma orientação foi repetida pelo art. 26, § 2º, da Instrução nº 113/2007 do TSE, *in verbis*:

> Se for o caso de condutas sujeitas às penalidades, o juiz eleitoral delas cientificará o Ministério Público, para os efeitos desta resolução (Resolução nº 21.575/2003, art. 30, § 2º).

▸ EXECUÇÃO DE MULTA CÍVEL ELEITORAL

Quanto à execução da multa criminal eleitoral, já enfrentamos a controvérsia no item 6 do Capítulo 3. Agora precisamos enfrentar alguns temas referentes à multa cível eleitoral.

1. Quem deve executar a multa decorrente de propaganda irregular?
2. A execução deve ser realizada na Justiça Eleitoral ou na Justiça Federal?
3. É possível a execução provisória da multa eleitoral?

Com muita propriedade José Jairo Gomes[47] enfrenta o tema:

> O art. 367 do Código Eleitoral, regulamentado pela Resolução nº 21.975/2004 do TSE, dispõe sobre a execução da multa eleitoral.

Mas ainda há muitas questões a serem resolvidas.

Cumpre salientar inexistir execução provisória de multa, sendo sempre necessário aguardar-se o trânsito em julgado da decisão condenatória.

Para a operacionalização da cobrança judicial, o Tribunal Regional reporta-se diretamente a Procuradoria da Fazenda Nacional – PFN, porquanto é este o órgão responsável pela inscrição do débito na Dívida Ativa da União e posterior promoção de sua execução. *Com* a inscrição, a multa passa a constituir dívida ativa não tributária da União, aplicando-se as regras inerentes a este tipo de débito, inclusive no que concerne a prescrição.

Uma vez inadimplido o pagamento, deve a PFN ajuizar ação de execução. Tal demanda corre na própria Justiça Eleitoral, não na Justiça Federal, como já se entendeu. Nesse sentido, apreciando conflitos negativos de competência, o Superior Tribunal de Justiça tem reiteradamente afirmado a competência da própria Justiça Eleitoral para executar seus Julgados e as multas que impõe.

> Conflito de competência. Ação de anulação de debito decorrente de multa eleitoral. Art. 109, I, da Constituição Federal, e art. 367, IV, da Lei nº 4.737/1965. Competência da Justiça Eleitoral, I. Nos termos do art. 109, I, da constituição

---

[47] No mesmo sentido: GOMES. José Jairo. *Direito eleitoral*. 4. ed. Belo Horizonte: Del Rey, 2010. p. 610 e 611.

Federal, estão excluídos da competência da Justiça Federal as causas sujeitas à Justiça Eleitoral em que a União figurar como interessada na condição de autora, ré, assistente ou oponente. 2. Por sua vez, o art. 367, IV, do Código Eleitoral, determina que 'a cobrança judicial da dívida será feita por ação executiva na forma prevista para a cobrança da dívida ativa da Fazenda Pública, correndo a ação perante os juízes eleitorais'. 3. Na linha de orientação desta Primeira Seção, considerando a competência da Justiça Eleitoral para processar e julgar execuções de multas decorrentes de fatos sob sua jurisdição, infere-se também a competência dessa Justiça Especializada para as ações em que se pretende a anulação das ações por ela aplicadas. Precedentes. 4 Conflito conhecido para declarar a competência do Tribunal Regional do Paraná, o suscitante (STJ CC nº 46.901/PR – *DJ* 27/03/2006, p. 1.38).

Nos domínios da Justiça Especializada, a competência é do juiz eleitoral de primeira instância. Não importa que a multa tenha sido aplicada por Tribunal Eleitoral no exercício de sua competência originária, porquanto a competência para a ação de execução é sempre do juiz eleitoral de primeiro grau.

29. Aspectos práticos das convenções partidárias e da propaganda intrapartidária[48]

29.1. Permissão da propaganda intrapartidária

A lei permite ao postulante a candidatura a cargo eletivo, na quinzena anterior à escolha pelo partido político, fazer de propaganda intrapartidária com vista à indicação de seu nome, *inclusive mediante a fixação de faixas e cartazes em local próximo da convenção, com mensagem aos convencionais, vedado o uso de rádio, de televisão e de outdoor.*

29.2. Extrapolação dos limites da propaganda intrapartidária

A propaganda intrapartidária tem que ser realizada "em local próximo da convenção", extrapolado o limite, tem-se a configuração da propaganda extemporânea.

29.3. Direção da propaganda intrapartidária

A propaganda intrapartidária é permitida ao postulante à candidatura com vistas à indicação de seu nome em convenção, e deve ser dirigida somente aos respectivos convencionais, *quando a propaganda é realizada com fito de atingir os eleitores em geral, torna-se ilegal.*

[48] Fonte de pesquisa: BARROS, Francisco Dirceu. *Manual de prática eleitoral.* 3. ed. São Paulo: JH Mizuno, 2018.

29.4. Convenção intrapartidária ostensiva com potencial de atingir os eleitores em geral

A propaganda intrapartidária não pode ser direcionada aos eleitores em geral, senão aos filiados à agremiação que participarão da convenção de escolha dos candidatos que disputarão os cargos eletivos, assim, destaco:

29.4.1. *Discursos realizados no âmbito da convenção partidária*

Discursos realizados no âmbito da convenção partidária não caracteriza propaganda extemporânea, *desde que tal discurso não seja ultrapasse o âmbito convencional.*

Assim, caracteriza-se propaganda extemporânea os discursos proferidos no âmbito da convenção partidária *que sejam transmitidos ou retransmitidos pala internet, rádio, televisão, carro de sons ou outro veículo de comunicação.*

29.4.2. *Entrevistas realizadas no âmbito da convenção partidária e retransmitidas para fora da convenção*

No mesmo contexto, a propaganda realizada antes da convenção partidária *visando atingir não só os membros do partido, mas também os eleitores em geral, caracteriza propaganda eleitoral antecipada.*

Da mesma forma, as entrevistas realizadas no âmbito da convenção partidária e que são retransmitidas para fora da convenção, extrapola os limites convencionais.

29.5. Carros de som usados na convocação da convenção

Quanto aos carros de som, merece destaques dois aspectos práticos:

a) Os carros de som não podem ser usados para retransmitir os atos convencionais, pois tal divulgação extrapola o limite do local da convenção

b) Carros de som e convocação dos filiados

Entendo que não há óbice legal no fato dos carros de som serem usados na convocação dos filiados, desde que:

1 - A divulgação seja direcionada apenas aos filiados e não a população em geral.

2 - Seja divulgado apenas que a convenção é do partido "x", *sem alusão a possíveis pré-candidaturas com os respectivos pedidos de votos.*

3 - Eventual despesa com locação do carro seja realizada pelo partido *e não por pré-candidatos*, pois estes estão obrigados à inscrição no Cadastro Nacional da Pessoa Jurídica - CNPJ.

Após o recebimento do pedido de registro da candidatura, a Justiça Eleitoral deverá fornecer em até 3 (três) dias úteis, o número de registro de CNPJ, *momento em que os candidatos ficam autorizados a promover a arrecadação de recursos financeiros e a realizar as despesas necessárias à campanha eleitoral.*

29.6. Convenção e o uso de telão para retransmitir os atos convencionais

Entendo que o uso de telões extrapola os limites da propaganda intrapartidária.

29.7. Convenção e as remessas de mensagens eletrônicas, remessa de cartas, utilização de faixas e cartazes, distribuição de folhetos aos filiados

Em consonância com a CTA – 1673 – TSE, podemos concluir que é permitida:

- A remessa de mensagens eletrônicas, *dirigidas exclusivamente aos filiados.*
- A remessa de cartas, *exclusivamente aos filiados.*

E ainda será permitido em local próximo a convenção:

- A utilização de faixas e cartazes.
- A distribuição de folhetos aos filiados, nos limites do partido.

29.8. A problemática da delimitação do espaço permitido na propaganda intrapartidária

É lícita a colocação de faixas e cartazes em local próximo da convenção, com mensagem aos convencionais, na quinzena anterior à escolha pelo partido político, mas a lei não estabeleceu qual seria esse diâmetro "próximo da convenção".

Nas eleições anteriores, alguns TREs estabeleceram os limites:

a) TRE/MS: limite de 200 metros;
b) TRE/SP: MS 2549 ("Adjacências do local da convenção não devem ir além de cinco quarteirões ou mil (1000) metros, o que for menor").
c) TRE/RJ: limite de 200 metros dos locais das convenções, em municípios com menos de 200 mil eleitores. Nas demais cidades, a propaganda poderia ser afixada à distância de até 500 metros.

Diante do vácuo legislativo, melhor critério que respalda o princípio da segurança jurídica, será usar a analogia ao art. 39 da Lei nº 9.504/1997 e estabelecer o limite de 200 metros em todos os casos.

29.9. Propaganda extemporânea remanescente da intrapartidária

A propaganda intrapartidária deve ser retirada imediatamente após a respectiva convenção. No mesmo sentido o artigo 1º, §§ 1º e 2º da Resolução do TSE nº 23.457/2015, que dispõe sobre a propaganda política, *in verbis*:

> Art. 1º. § 1º Ao postulante a candidatura a cargo eletivo, é permitida a realização, na quinzena anterior à escolha pelo partido político, de propaganda intrapartidária com vista à indicação de seu nome, inclusive mediante a fixação de faixas e cartazes em local próximo da convenção, com mensagem aos convencionais, vedado o uso de rádio, de televisão e de outdoor (Lei nº 9.504/1997, art. 36, § 1º).
> § 2º A propaganda de que trata o § 1º deverá ser imediatamente retirada após a respectiva convenção.

Não sendo retirada a propaganda intrapartidária, logo após, estará configurada propaganda antecipada atraindo a multa do art. 36, § 3º, da Lei nº 9.504/1997, *in verbis*:

> Art. 36. A propaganda eleitoral somente é permitida após o dia 15 de agosto do ano da eleição. (...)
> § 3º. A violação do disposto neste artigo sujeitará o responsável pela divulgação da propaganda e, quando comprovado o seu prévio conhecimento, o beneficiário à multa no valor de R$ 5.000,00 (cinco mil reais) a R$ 25.000,00 (vinte e cinco mil reais), ou ao equivalente ao custo da propaganda, se este for maior.

ENQUETE *VERSUS* PROPAGANDA ELEITORAL

▸ INDAGAÇÃO DIDÁTICA

Leia estas questões elaboradas em concursos jurídicos:

1. **Existe diferença entre enquete e propaganda?**
2. **O TSE faz a diferença entre enquete e propaganda?**
3. **Deixar de advertir ao eleitor que a suposta enquete não foi produzida seguindo metodologia científica e não se submete às regras estabelecidas pela Lei nº 9.504/1.997 é crime?**

Resposta 01: Sim.

Enquete: É o levantamento de opiniões com algumas características peculiares:

a) não há controle de amostra;
b) não utiliza método científico para sua realização;
c) pode ser realizada em qualquer período;
d) depende apenas da participação espontânea do interessado;
e) dever legal de informar não se tratar de pesquisa eleitoral.

Pesquisa eleitoral

É a indagação feita ao eleitor, em um determinado momento determinado em lei, sobre a sua opção a respeito dos candidatos que concorrem a uma determinada eleição.

As entidades e empresas que realizarem pesquisas de opinião pública relativas às eleições ou aos candidatos, para conhecimento público, são obrigadas, a seguir todas as regras que especificamos no item 24 deste capítulo.

Resposta 02: Sim. No mesmo sentido o entendimento dominante do TSE:

> Recurso especial eleitoral. Não se confunde a enquete com a pesquisa eleitoral. Esta é formal e deve ser minuciosa quanto ao âmbito, abrangência e método adotado; aquela é informal e em relação a ela não se exigem determinados pressupostos a serem enunciados. Identificando-se, no caso, a divulgação de enquete e não de pesquisa, dá-se provimento ao recurso. REsp - Recurso Especial Eleitoral nº 20664 - São Paulo/SP. Acórdão nº 20.664 de 04/02/2003. Relator(a) Min. Fernando Neves Da Silva.

Resposta 03: Não é crime, mas deixar de advertir ao eleitor, por meio de texto e narração, que suposta enquete não foi produzida seguindo metodologia científica e não se submete às regras estabelecidas pela Lei nº 9.504/1997, sujeita o infrator à multa prevista no § 3º do art. 33 da referida Lei, por configurar-se pesquisa sem prévio registro.

No mesmo sentido o entendimento dominante do **TSE:**

> A veiculação de enquete sem o devido esclarecimento de que não se trata de pesquisa eleitoral autoriza a aplicação da multa prevista no art. 33, § 3º, da Lei nº 9.504/1997. Embargos de Declaração em Agravo Regimental em Agravo de Instrumento nº 11.019 – Pato Branco/PR, Acórdão de 16/03/2010, Relator(a) Min. Enrique Ricardo Lewandowski.

CUIDADO: NÃO CAIA NESSA PEGADINHA!

Responda a esta questão: Julgue com V ou F:

( ) É permitido, no decorrer do ano eleitoral, a realização de enquetes relacionadas ao processo eleitoral.

Resposta: Falsa. Tenha cuidado, pois essa "pegadinha" ainda não foi elaborada em um concurso. A minirreforma eleitoral alterou o art. 33 da Lei nº 9.504/1997, criando o § 5º infracitado:

> É vedada, no período de campanha eleitoral, a realização de enquetes relacionadas ao processo eleitoral.

Capítulo 11

Atos Preparatórios à Votação

Para que você perceba a importância do tema em análise, veja estas questões, formuladas em concursos jurídicos.

1. Qual a composição da mesa receptora?
2. Qual a consequência para o partido político, se não for realizada a reclamação contra a composição da mesa receptora?
3. Relacione as pessoas que não podem ser nomeadas presidentes e mesários.
4. Mesmo havendo recurso pendente, poderão ser atribuídos os diplomas aos candidatos à Câmara dos Deputados, ao Senado Federal, às Assembleias Legislativas e Câmara dos Vereadores, podendo ser exercidas as funções normalmente?

Obs.: todas as questões serão solucionadas durante o desenvolvimento da matéria.

1. Noções preliminares

1.1. Seções eleitorais

As seções eleitorais são os locais de votação.

As zonas eleitorais são divididas em seções, contendo cada uma o mínimo de cinquenta e o máximo de quatrocentos eleitores, nas capitais, e trezentos, nos demais municípios.

Segundo o art. 11, parágrafo único, da Lei nº 6.996, de 7 de junho de 1982, "cada seção eleitoral terá, no mínimo, duas cabinas".

▸ INDAGAÇÃO DIDÁTICA

Veja esta questão, elaborada em um concurso jurídico.

"As seções eleitorais são órgãos da Justiça Comum ou da Justiça Eleitoral?"

Resposta: Mais uma das ridículas e aéticas "pegadinhas de concursos". **As seções eleitorais não são órgãos da Justiça Comum nem da Justiça Eleitoral**. Veja o art. 118 da Constituição Federal:

São órgãos da Justiça Eleitoral:
I - o Tribunal Superior Eleitoral;
II - os Tribunais Regionais Eleitorais;
III -os Juízes Eleitorais;
IV -as Juntas Eleitorais.

2. As mesas receptoras

A cada seção eleitoral corresponde uma mesa receptora de votos.

2.1. Composição

Constituem a mesa receptora:
a) um presidente;
b) um primeiro e um segundo mesário;
c) dois secretários e um suplente.

Obs.: veja agora a questão nº 1.

2.2. Nomeação da mesa

Os integrantes supramencionados são nomeados pelo juiz eleitoral sessenta dias antes da eleição, em audiência pública, anunciada pelo menos com cinco dias de antecedência.[1]

Segundo o § 2º do art. 120 do Código Eleitoral, os mesários serão nomeados, de preferência entre os eleitores da própria Seção, e, dentre estes, os diplomados em escola superior, os professores e os serventuários da Justiça.

Posicionamento majoritário do TSE: há possibilidade de convocação de eleitor de zona eleitoral diversa em caráter excepcional e com prévia autorização do juízo da inscrição, ainda que se trate de mesário voluntário.[2]

O juiz eleitoral mandará publicar no jornal oficial, onde houver, e, não havendo, em cartório, as nomeações que tiver feito, e intimará os mesários através dessa publicação, para constituírem as mesas no dia e lugares designados, às 7 h.

Os motivos justos que tiverem os nomeados para recusar a nomeação, e que ficarão à livre apreciação do juiz eleitoral, somente poderão ser alegados até cinco dias a contar da nomeação, salvo se sobrevindos depois desse prazo.

O art. 130 do Código Eleitoral, estabelecendo uma norma de total preconceito e discriminação, estabelece que:

> Nos estabelecimentos de internação coletiva de hansenianos os membros das mesas receptoras serão escolhidos de preferência entre os médicos e funcionários sadios do próprio estabelecimento.

---

1 Veja o *caput* pela Lei nº 4.961, de 04/05/1966.
2 TSE - RES nº 22.098/2005.

Entendo que este artigo não é compatível com os preceitos constitucionais da igualdade e não discriminação.

Veja, portanto, que o sistema de preferência para escolha de mesário não é absoluto, sendo o artigo *ut supra* uma exceção à regra do art. 120, § 2º, do Código Eleitoral.

2.3. Da impugnação da nomeação dos membros da mesa

Entendo que o art. 121, *caput* e § 1º, do Código Eleitoral foi derrogado pelo art. 63 da Lei nº 9.504/1997. Vejamos:

> Art. 121. Do Código Eleitoral
> Da nomeação da mesa receptora qualquer partido poderá reclamar ao juiz eleitoral, no prazo de 2 (dois) dias, a contar da audiência, devendo a decisão ser proferida em igual prazo.
> § 1º. Da decisão do juiz eleitoral caberá recurso para o Tribunal Regional, interposto dentro de 3 (três) dias, devendo, dentro de igual prazo, ser resolvido.
> § 2º. Se o vício da constituição da mesa resultar da incompatibilidade prevista no número I do § 1º do art. 120, e o registro do candidato for posterior à nomeação do mesário, o prazo para reclamação será contado da publicação dos nomes dos candidatos registrados se resultar de qualquer das proibições dos números II, III e IV, e em virtude de fato superveniente, o prazo se contará do ato da nomeação ou eleição.
> § 3º. O partido que não houver reclamado contra a composição da mesa não poderá arguir, sob esse fundamento, a nulidade da seção respectiva.

Art. 63 da Lei nº 9.504/1997:

> Art. 63. Qualquer partido pode reclamar ao Juiz Eleitoral, no prazo de cinco dias, da nomeação da Mesa Receptora, devendo a decisão ser proferida em 48 horas.
> § 1º. Da decisão do Juiz Eleitoral caberá recurso para o Tribunal Regional, interposto dentro de três dias, devendo ser resolvido em igual prazo.
> (...)

Veremos, em capítulo próprio, que o recurso deve ser o inominado e as razões devem ser apresentadas dentro do mesmo prazo de interposição.

O partido ou coligação que não reclamar contra a composição da mesa não poderá arguir, sob esse fundamento, a nulidade da seção respectiva (Código Eleitoral, art. 121, § 3º).

Obs.: veja agora a questão nº 2.

Os menores de dezoito anos não poderão ser nomeados presidentes nem mesários, quer de mesa receptora, quer de mesa apuradora de votos.

Por sua vez, sustenta **Pinto Ferreira**:[3]

---

[3] Nesse sentido: *op. cit.*

> Qualquer partido poderá reclamar contra a nomeação da mesa receptora ao próprio juiz eleitoral, dentro do prazo de dois dias, a contar da audiência, devendo a decisão ser proferida também no prazo de dois dias. É possível, assim, a reclamação feita pelo partido sobre a nomeação da mesa receptora.
> Da decisão do juiz eleitoral cabe recurso para o Tribunal Regional Eleitoral, interposto dentro do prazo de três dias, devendo ser resolvido o recurso dentro de igual prazo.
> É preciso atenção ao caso: o partido que não houver reclamado contra a composição da mesa receptora de votos não poderá arguir, sob esse fundamento, a nulidade da seção respectiva.

2.4. Os impedimentos

Segundo o art. 36, § 3º, do Código Eleitoral, não podem ser nomeados membros das Juntas, escrutinadores ou auxiliares:

> I – os candidatos e seus parentes, ainda que por afinidade, até o segundo grau, inclusive, e bem assim o cônjuge;
> II – os membros de diretórios de partidos políticos devidamente registrados e cujos nomes tenham sido oficialmente publicados;
> III – as autoridades e agentes policiais, bem como os funcionários no desempenho de cargos de confiança do Executivo;
> IV – os que pertencerem ao serviço eleitoral.

Entendo que os impedimentos supracitados não são taxativos e sim meramente exemplificativos. Portanto, também não podem ser nomeados membros das Juntas, escrutinadores ou auxiliares:

a) os menores de dezoito anos;
b) os débeis mentais;
c) os membros do Ministério Público;
d) os que não estão em pleno gozo dos direitos políticos;
e) também "é vedada a participação de parentes em qualquer grau ou de servidores da mesma repartição pública ou empresa privada na mesma Mesa, Turma ou Junta Eleitoral" (Lei nº 9.504/1997, veja o art. 64).

Obs.: veja agora a questão nº 3.

Paulo Mascarenhas leciona que:[4]

> Proíbe a lei que sejam nomeados para uma mesma mesa receptora ou apuradora, para uma mesma turma ou junta apuradora parentes entre si, ou membros de uma mesma repartição pública ou empresa privada. Não se incluem nesta proibição os servidores de dependências diversas do mesmo Ministério, Secretaria de Estado, Secretaria de Município, autarquia ou fundação pública

---

[4] Nesse sentido: *op. cit.*

de qualquer ente federativo, nem de sociedades de economia ou empresas públicas, bem como serventuários da Justiça.
A melhor doutrina entende como parentes em qualquer grau o consanguíneo, o por afinidade e o parentesco civil, resultante de adoção.
Assim, se uma ou mais pessoas nomeadas estiver(em) dentre aqueles que a lei proíbe expressamente, os partidos e coligações deverão fazer a reclamação pertinente e no prazo estipulado nesta lei (cinco dias), sob pena de preclusão.

2.5. Penalidade para quem não declarar impedimentos

Os nomeados que não declararem a existência de qualquer dos impedimentos acima incorrem na pena estabelecida pelo art. 310 do Código Eleitoral, *in verbis:*

> Art. 310. Praticar, ou permitir o membro da mesa receptora que seja praticada qualquer irregularidade que determine a anulação de votação, salvo no caso do art. 311:
> Pena – detenção até seis meses ou pagamento de 90 a 120 dias-multa.

2.6. A instrução dos mesários

Os juízes deverão instruir os mesários sobre o processo da eleição, em reuniões para esse fim convocadas com a necessária antecedência.

2.7. Da substituição do presidente

Os mesários substituirão o presidente, de modo que haja sempre quem responda pessoalmente pela ordem e regularidade do processo eleitoral, e assinarão a ata da eleição.

O presidente deve estar presente ao ato de abertura e de encerramento da eleição, salvo força maior, comunicando o impedimento aos mesários e secretários, pelo menos vinte e quatro horas antes da abertura dos trabalhos, ou imediatamente, se o impedimento se der dentro desse prazo ou no curso da eleição.

Não comparecendo o presidente até as 7h 30min, assumirá a presidência o primeiro mesário e, na sua falta ou impedimento, o segundo mesário, um dos secretários ou o suplente.

Poderá o presidente, ou membro da mesa que assumir a presidência, nomear *ad hoc*, dentre os eleitores presentes e obedecidas as prescrições do § 1º do art. 120, os que forem necessários para completar a mesa.

2.8. A sanção pelo não comparecimento

O membro da mesa receptora que não comparecer ao local, em dia e hora determinados para a realização de eleição, sem justa causa apresentada ao juiz eleitoral até trinta dias após, incorrerá na multa de 50% (cinquenta por cento) a um salário mínimo vigente na zona eleitoral, cobrada mediante selo federal inutilizado no requerimento em que for solicitado o arbitramento ou através de executivo fiscal.

Se o arbitramento e pagamento da multa não for requerido pelo mesário faltoso, a multa será arbitrada e cobrada na forma prevista no art. 367. Se o faltoso for servidor público ou autárquico, a pena será de suspensão até quinze dias.

As penas previstas serão aplicadas em dobro se a mesa receptora deixar de funcionar por culpa dos faltosos. Será também aplicada em dobro a pena ao membro da mesa que abandonar os trabalhos no decurso da votação sem justa causa apresentada ao juiz até três dias após a ocorrência.

Veja, no item 10, o caso prático eleitoral superinteressante, e você entenderá como a matéria é importante e polêmica.

2.9. A falta dos integrantes da mesa

Não se reunindo, por qualquer motivo, a mesa receptora, poderão os eleitores pertencentes à respectiva seção votar na seção mais próxima, sob jurisdição do mesmo juiz, recolhendo-se os seus votos à urna da seção em que deveriam votar, a qual será transportada para aquela em que tiverem de votar.

As assinaturas dos eleitores serão recolhidas nas folhas de votação da seção a que pertencerem, as quais, juntamente com as cédulas oficiais e o material restante, acompanharão a urna.

O transporte da urna e dos documentos da seção será providenciado pelo presidente da mesa, mesário ou secretário que comparecer, ou pelo próprio juiz, ou pessoa que ele designar para esse fim, acompanhando-a os fiscais que o desejarem.

2.10. Da impossibilidade de realização do pleito

Se, no dia designado para o pleito, deixarem de se reunir todas as mesas de um Município, o presidente do Tribunal Regional determinará dia para se realizar o mesmo, instaurando-se inquérito para a apuração das causas da irregularidade e punição dos responsáveis.

Essa eleição deverá ser marcada dentro de quinze dias, pelo menos, para se realizar no prazo máximo de trinta dias.

2.11. Atribuições do presidente da mesa

Compete ao Presidente da Mesa Receptora de Votos e da Mesa Receptora de Justificativas, no que couber:

> I – verificar as credenciais dos fiscais dos partidos políticos e coligações;
> II – adotar os procedimentos para emissão do relatório Zerésima antes do início dos trabalhos;
> III – autorizar os eleitores a votar ou a justificar;

IV – anotar o código de autenticação emitido pela urna nos campos apropriados do formulário Requerimento de Justificativa Eleitoral;
V – resolver imediatamente todas as dificuldades ou dúvidas que ocorrerem;
VI – manter a ordem, para o que disporá de força pública necessária;
VII – comunicar ao Juiz Eleitoral as ocorrências cujas soluções dele dependerem;
VIII – receber as impugnações dos fiscais dos partidos políticos e coligações concernentes à identidade do eleitor, consignando-as em ata;
IX – fiscalizar a distribuição das senhas;
X – zelar pela preservação da urna;
XI – zelar pela preservação da embalagem da urna;
XII – zelar pela preservação da cabina de votação;
XIII – zelar pela preservação da lista contendo os nomes e os números dos candidatos, disponível no recinto da Seção, tomando providências para a imediata obtenção de nova lista, no caso de sua inutilização total ou parcial;
XIV – afixar na parte interna e externa das Seções, cópias do inteiro teor do disposto no art. 39-A da Lei nº 9.504/1997.
Compete, ao final dos trabalhos, ao Presidente da Mesa Receptora de Votos e da Mesa Receptora de Justificativas, no que couber:
I – proceder ao encerramento da urna e emitir as vias do boletim de urna;
II – emitir o boletim de justificativa, acondicionando-o, juntamente com os requerimentos recebidos, em envelope próprio;
III – assinar todas as vias do boletim de urna e do boletim de justificativa com o primeiro secretário e fiscais dos partidos políticos e coligações presentes;
IV – afixar uma cópia do boletim de urna em local visível da Seção e entregar uma via assinada ao representante do comitê interpartidário;
V – romper o lacre do compartimento da mídia de gravação de resultados da urna e retirá-la, após o que colocará novo lacre;
VI – desligar a urna por meio da sua chave;
VII – desconectar a urna da tomada ou da bateria externa;
VIII – acondicionar a urna na embalagem própria;
IX – anotar, após o encerramento da votação, o não comparecimento do eleitor, fazendo constar do local destinado à assinatura, no caderno de votação, a observação "não compareceu";
X – entregar vias extras do boletim de urna, assinadas, aos interessados dos partidos políticos, coligações, imprensa e Ministério Público;
XI – remeter à Junta Eleitoral, mediante recibo em 2 vias, com a indicação da hora de entrega, a mídia de resultado, acondicionada em embalagem lacrada, 3 vias do boletim de urna, o relatório Zerésima, o boletim de justificativa, os requerimentos de justificativa eleitoral, o caderno de votação contendo a ata da Mesa Receptora.

▸ OBSERVAÇÕES DIDÁTICAS

Nas eleições, os presidentes das mesas receptoras deverão zelar pela preservação das listas de candidatos afixadas dentro das cabinas indevassáveis, tomando imediatas providências para a colocação de nova lista, no caso de inutilização total ou parcial.

Observe que o eleitor que inutilizar ou arrebatar as listas afixadas nas cabinas indevassáveis, ou nos edifícios onde funcionarem mesas receptoras, incorrerá nas penas do art. 297 do Código Eleitoral.

2.12. Atribuições do secretário da mesa

Compete aos secretários (Código Eleitoral, art. 128, I a III):

> I – distribuir aos eleitores, às 17 horas, as senhas de entrada, previamente rubricadas ou carimbadas, segundo a ordem numérica;
> II – lavrar a ata da Mesa Receptora, preenchendo o modelo aprovado pelo Tribunal Superior Eleitoral, para o que irá anotando, durante os trabalhos, as ocorrências que se verificarem;
> III – cumprir as demais obrigações que lhes forem atribuídas.

2.13. Atribuições dos mesários

Compete aos mesários, no que couber:

> I – identificar o eleitor e entregar o comprovante de votação;
> II – conferir o preenchimento dos requerimentos de justificativa eleitoral e dar o recibo;
> III – cumprir as demais obrigações que lhes forem atribuídas.

3. Da fiscalização das eleições

a) A escolha de fiscais e delegados, pelos partidos ou coligações, não poderá recair em menor de 18 anos ou em quem, por nomeação do juiz eleitoral, já faça parte de mesa receptora.
b) O fiscal poderá ser nomeado para fiscalizar mais de uma seção eleitoral, no mesmo local de votação.
c) As credenciais de fiscais e delegados serão expedidas, exclusivamente, pelos partidos ou coligações.
d) Para efeito do disposto no item "c", o presidente do partido ou o representante da coligação deverá registrar na Justiça Eleitoral o nome das pessoas autorizadas a expedir as credenciais dos fiscais e delegados.
e) Cada partido ou coligação poderá nomear dois delegados em cada Município e dois fiscais junto a cada mesa receptora, funcionando um de cada vez. Quando o Município abranger mais de uma zona eleitoral, cada partido poderá nomear dois delegados junto a cada uma delas.[5]
f) O fiscal de cada partido poderá ser substituído por outro no curso dos trabalhos eleitorais.

---

5 Código Eleitoral, art. 131, Resolução/TSE nº 20.997, de 26/02/2002.

g) Os partidos e coligações poderão fiscalizar todas as fases do processo de votação e apuração das eleições e o processamento eletrônico da totalização dos resultados. Para o acompanhamento dos trabalhos de votação, só será permitido o credenciamento de, no máximo, 2 (dois) fiscais de cada partido ou coligação por seção eleitoral.
h) Todos os programas de computador de propriedade do Tribunal Superior Eleitoral, desenvolvidos por si ou sob encomenda, utilizados nas urnas eletrônicas para o processo de votação e apuração, serão apresentados para análise dos partidos e coligações, na forma de programas-fonte e programas-executáveis, inclusive os sistemas aplicativo e de segurança e as bibliotecas especiais, sendo que as chaves eletrônicas privadas e senhas eletrônicas de acesso se manterão no sigilo da Justiça Eleitoral.
i) A compilação dos programas das urnas eletrônicas, suprarreferidos, será feita em sessão pública, com prévia convocação dos fiscais dos partidos e coligações, após o que serão lacradas cópias dos programas-fonte e dos programas compilados.
j) No prazo de cinco dias, a contar da sessão acima referida, o partido ou coligação poderá apresentar impugnação fundamentada à Justiça Eleitoral.
k) Havendo necessidade de modificação dos programas, a sessão acima referida realizar-se-á, novamente, para este efeito.
l) A carga ou preparação das urnas eletrônicas será feita em sessão pública, com prévia convocação dos fiscais dos partidos e coligações para a assistirem e procederem aos atos de fiscalização, inclusive para verificarem se os programas carregados nas urnas são idênticos aos que foram lacrados na sessão acima referida, após o que as urnas serão lacradas.
m) No dia da eleição, será realizada, por amostragem, auditoria de verificação do funcionamento das urnas eletrônicas, através de votação paralela, na presença dos fiscais dos partidos e coligações, nos moldes fixados em resolução do Tribunal Superior Eleitoral.
n) Os partidos concorrentes ao pleito poderão constituir sistema próprio de fiscalização, apuração e totalização dos resultados, contratando, inclusive, empresas de auditoria de sistemas, que, credenciadas junto à Justiça Eleitoral, receberão, previamente, os programas de computador e os mesmos dados alimentadores do sistema oficial de apuração e totalização.
o) Os órgãos encarregados do processamento eletrônico de dados são obrigados a fornecer aos partidos ou coligações, no momento da entrega ao juiz encarregado, cópias dos dados do processamento parcial de cada dia, contidos em meio magnético.
p) O boletim de urna, segundo modelo aprovado pelo Tribunal Superior Eleitoral, conterá os nomes e os números dos candidatos nela votados.
q) O presidente da mesa receptora é obrigado a entregar cópia do boletim de urna aos partidos e coligações concorrentes ao pleito cujos representantes o requeiram até uma hora após a expedição.

r) O descumprimento do disposto no item anterior constitui crime, punível com detenção, de um a três meses, com a pena alternativa de prestação de serviço à comunidade pelo mesmo período, e multa no valor de um mil a cinco mil Ufirs.
s) A impugnação não recebida pela junta eleitoral pode ser apresentada diretamente ao Tribunal Regional Eleitoral, em 48 horas, acompanhada de declaração de duas testemunhas.
t) O Tribunal decidirá sobre o recebimento em quarenta e oito horas, publicando o acórdão na própria sessão de julgamento e transmitindo imediatamente à junta, via telex, fax ou qualquer outro meio eletrônico, o inteiro teor da decisão e da impugnação.
u) O presidente de junta eleitoral que deixar de receber ou de mencionar em ata os protestos recebidos, ou ainda, impedir o exercício de fiscalização, pelos partidos ou coligações, deverá ser imediatamente afastado, além de responder pelos crimes previstos na Lei nº 4.737, de 15 de julho de 1965 – Código Eleitoral.
v) Cumpre aos partidos e coligações, por seus fiscais e delegados devidamente credenciados, e aos candidatos, proceder à instrução dos recursos interpostos contra a apuração, juntando, para tanto, cópia do boletim relativo à urna impugnada.
x) Na hipótese de surgirem obstáculos à obtenção do boletim, caberá ao recorrente requerer, mediante a indicação dos dados necessários, que o órgão da Justiça Eleitoral perante o qual foi interposto o recurso o instrua, anexando o respectivo boletim de urna.

4. Crimes

Constituem crimes, puníveis com reclusão, de cinco a dez anos:

a) obter acesso a sistema de tratamento automático de dados usado pelo serviço eleitoral, a fim de alterar a apuração ou a contagem de votos;
b) desenvolver ou introduzir comando, instrução, ou programa de computador capaz de destruir, apagar, eliminar, alterar, gravar ou transmitir dado, instrução ou programa ou provocar qualquer outro resultado diverso do esperado em sistema de tratamento automático de dados usados pelo serviço eleitoral;
c) causar, propositadamente, dano físico ao equipamento usado na votação ou na totalização de votos ou a suas partes.

5. Da dispensa do serviço

Os eleitores nomeados para compor as mesas receptoras ou juntas eleitorais e os requisitados para auxiliar seus trabalhos serão dispensados do serviço, mediante declaração expedida pela Justiça Eleitoral, sem prejuízo do salário, vencimento ou qualquer outra vantagem, pelo dobro dos dias de convocação.[6]

---

6 *Vide* art. 98 da Lei nº 9.504/1997.

Preconiza a Lei nº 8.868/1994, art. 15 que: "Os servidores públicos federais, estaduais e municipais, da administração direta e indireta, quando convocados para compor as mesas receptoras de votos ou juntas apuradoras nos pleitos eleitorais, terão, mediante declaração do respectivo juiz eleitoral, direito a ausentar-se do serviço em suas repartições, pelo dobro dos dias de convocação pela Justiça Eleitoral."

▸ OBSERVAÇÕES DIDÁTICAS

Da sempre oportuna lição de **Pinto Ferreira**,[7] podemos extrair as seguintes observações:

> A designação dos lugares para o funcionamento das mesas receptoras é feita pelos juízes eleitorais sessenta dias antes das eleições, publicando a designação pela imprensa, onde houver, ou então, na inexistência desta, por edital afixado no local de costume.
> Será dada preferência aos edifícios públicos, só se recorrendo aos particulares se faltarem os edifícios públicos em número e condições adequadas, fazendo-se pelo juiz as necessárias comunicações, até dez dias antes da eleição, aos responsáveis pelos prédios ou residências particulares (art. 137, do CE), ou parte dela, cuja cessão gratuita é obrigatória.
> É expressamente vedado o uso de propriedade pertencente a candidato, membro de diretório de partido, delegado de partido ou autoridade policial, bem como dos respectivos cônjuges e parentes consanguíneos ou afins, até o segundo grau, inclusive.
> Não poderão ainda ser localizadas seções eleitorais em fazenda, sítio ou qualquer propriedade rural privada, mesmo existindo no local prédio público. Esta resolução visa a aniquilar as ameaças à votação e a intimidação ao eleitor.
> O partido pode ainda fazer a sua reclamação (art. 135, § 7º) da designação dos lugares de votação, dentro de três dias a contar da publicação, devendo o juiz decidi-la em quarenta e oito horas, cabendo recurso da decisão para o Tribunal Regional Eleitoral, dentro de três dias, devendo no mesmo prazo ser resolvido.

6. O poder de polícia nos atos preparatórios à votação

A legislação eleitoral confere ao juiz eleitoral e ao presidente da mesa receptora de votos o exercício do poder de polícia.

Pinto Ferreira afirma: "Durante o prazo dos trabalhos eleitorais, nenhuma autoridade estranha à mesa poderá intervir, sob pretexto algum, em seu funcionamento, salvo o juiz eleitoral, somente podendo permanecer no recinto da mesa receptora os seus membros, os candidatos, um fiscal e um delegado de cada partido, assim como o eleitor durante o tempo necessário à votação."

---

[7] *Ibid.*

A força armada conservar-se-á a cem metros de distância da seção eleitoral, não podendo aproximar-se do lugar de votação, nem nele penetrar, sem ordem do presidente da mesa.[8]

7. Da votação

7.1. Votos em separado

O eleitor normalmente deve exercer o seu voto perante a seção eleitoral a que pertence. A título excepcional, nas hipóteses expressamente consignadas, pode o eleitor votar em seção diferente, sendo o seu voto tomado em separado, ficando para a junta apuradora a tarefa de incorporá-lo aos votos da seção, após reconhecida a sua legitimidade.

7.2. Casos do voto em separado

Veja esta questão, elaborada em um concurso jurídico.

Quais as hipóteses em que o Código Eleitoral prevê o voto em separado?

Com o sistema eletrônico, ficou difícil a ocorrência de votos em separado, mas, consultando o Código Eleitoral, identificamos três causas determinantes do voto em separado.

a) **O eleitor que exibe título correspondente à seção e não é encontrada a sua folha individual de votação.**

Código Eleitoral, art. 146, inciso VII: "No caso da omissão da folha individual na respectiva pasta verificada no ato da votação, será o eleitor, ainda, admitido a votar, desde que exiba o seu título eleitoral e dele conste que o portador é inscrito na seção, sendo o seu voto, nesta hipótese, tomado em separado e colhida sua assinatura na folha de votação modelo 2 (dois)."

Atualização ao Código Eleitoral: veja o Acórdão do TSE nº 15.143/1998, *DJ* de 11/09/1998: "Incompatibilidade do voto em separado, na hipótese referida, com o cadastro eletrônico, uma vez que as listas emitidas são coincidentes com os assentamentos do Cartório Eleitoral."

b) **Se houver impugnação à identidade do eleitor (art. 147 do Código Eleitoral).**

c) **Os eleitores de seções diferentes que são admitidos a votar por razões funcionais.**

Código Eleitoral, art. 145. "O presidente, mesários, secretários, suplentes e os delegados e fiscais de partido votarão perante as mesas em que servirem, sendo que os delegados e fiscais desde que a credencial esteja visada na forma do art. 131, § 3º; quando eleitores de outras seções, seus votos serão tomados em separado."

---

8 Nesse sentido: PINTO FERREIRA. *Código Eleitoral comentado*. São Paulo: Saraiva, 2. ed., 1990.

Atualização ao Código Eleitoral: entendo que o art. 145 foi revogado pela Lei nº 6.996/1982, art. 12, § 3º, que preconiza: "Os votos dos eleitores mencionados nos parágrafos anteriores não serão tomados em separado."

Observação didática: afirma a Lei nº 6.996/1982, art. 12, § 5º, que: "A validade dos votos tomados em separado, das seções de um mesmo Município, será examinada em conjunto pela junta apuradora, independentemente da apuração dos votos contidos nas urnas."

▸ RESUMO DIDÁTICO

Embora haja no Código Eleitoral as previsões supracitadas, entendo, e esse é o entendimento jurisprudencial amplamente dominante, que o voto em separado não é admitido, por expressa vedação do art. 46 da Resolução TSE nº 20.997/2002, que exclui a aplicação do art. 148, § 1º, do Código Eleitoral.[9]

Posicionamento majoritário do TSE: impossibilidade de voto em separado, nos locais em que adotada urna eletrônica, com base no art. 62 da Lei nº 9.504; nos locais onde for realizada a votação por cédulas, somente poderá votar o eleitor cujo nome constar da folha de votação.[10]

Posicionamento majoritário do TSE: impossibilidade de voto em separado na hipótese de dúvida ou impugnação quanto à identidade de eleitor, impedindo-o de votar na urna eletrônica até decisão do juiz eleitoral.[11]

Estou destacando a matéria porque é possível que em um concurso seja elaborada a seguinte questão: *"Em quais hipóteses o Código Eleitoral prevê a votação em separado?"*

7.3. Do voto em trânsito

Aos eleitores em trânsito no território nacional é assegurado o direito de **votar para Presidente da República, Governador, Senador, Deputado Federal, Deputado Estadual e Deputado Distrital** em urnas especialmente instaladas nas capitais e nos Municípios com mais de cem mil eleitores.

O exercício do direito previsto nesse artigo sujeita-se à observância das regras seguintes:

a) para votar em trânsito, o eleitor deverá habilitar-se perante a Justiça Eleitoral no período de até quarenta e cinco dias da data marcada para a eleição, indicando o local em que pretende votar;

b) aos eleitores que se encontrarem fora da unidade da Federação de seu domicílio eleitoral somente é assegurado o direito à habilitação para votar em trânsito nas eleições **para Presidente da República**;

---

9 No mesmo sentido: TRE/MT – RECIN. 554 – (13830) – Cuiabá – Rel. Des. Rubens de Oliveira Santos Filho.

10 TSE – RES nº 20.686/2000.

11 TSE – RES nº 20.628/2000.

c) os eleitores que se encontrarem em trânsito dentro da unidade da Federação de seu domicílio eleitoral poderão votar nas eleições para **Presidente da República, Governador, Senador, Deputado Federal, Deputado Estadual e Deputado Distrital**.

Observação didática nº 01: os membros das Forças Armadas, os integrantes dos órgãos de segurança pública a que se refere o art. 144 da Constituição Federal, bem como os integrantes das guardas municipais, poderão votar em trânsito se estiverem em serviço por ocasião das eleições.

Observação didática nº 02: as chefias ou comandos dos órgãos a que estiverem subordinados os eleitores mencionados no item anterior enviarão obrigatoriamente à Justiça Eleitoral, em até quarenta e cinco dias da data das eleições, a listagem dos que estarão em serviço no dia da eleição com indicação das seções eleitorais de origem e destino.

Observação didática nº 3: os membros das Forças Armadas, os integrantes dos órgãos de segurança, bem como os integrantes das guardas municipais, uma vez habilitados na forma do item anterior, serão cadastrados e votarão nas seções eleitorais indicadas na listagem supracitada independentemente do número de eleitores do Município.

8. Do sistema eletrônico de votação e da totalização dos votos

A votação e a totalização dos votos serão feitas por sistema eletrônico, podendo o Tribunal Superior Eleitoral autorizar, em caráter excepcional, a aplicação das regras fixadas nos arts. 83 a 89 da Lei das Eleições, a saber:

> Art. 83. As cédulas oficiais serão confeccionadas pela Justiça Eleitoral, que as imprimirá com exclusividade para distribuição às Mesas Receptoras, sendo sua impressão feita em papel opaco, com tinta preta e em tipos uniformes de letras e números, identificando o gênero na denominação dos cargos em disputa.
> § 1º. Haverá duas cédulas distintas, uma para as eleições majoritárias e outra para as proporcionais, a serem confeccionadas segundo modelos determinados pela Justiça Eleitoral.
> § 2º. Os candidatos à eleição majoritária serão identificados pelo nome indicado no pedido de registro e pela sigla adotada pelo partido a que pertencem e deverão figurar na ordem determinada por sorteio.
> § 3º. Para as eleições realizadas pelo sistema proporcional, a cédula terá espaços para que o eleitor escreva o nome ou o número do candidato escolhido, ou a sigla ou o número do partido de sua preferência.
> § 4º. No prazo de quinze dias após a realização do sorteio a que se refere o § 2º, os Tribunais Regionais Eleitorais divulgarão o modelo da cédula completa com os nomes dos candidatos majoritários na ordem já definida.
> § 5º. Às eleições em segundo turno aplica-se o disposto no § 2º, devendo o sorteio verificar-se até quarenta e oito horas após a proclamação do resultado do primeiro turno e a divulgação do modelo da cédula nas vinte e quatro horas seguintes.

Leia a Lei nº 6.996/1982, art. 11: "*Cada seção eleitoral terá, no mínimo duas cabinas.*"

Posicionamento majoritário do TSE: "Fixação do número de 250 eleitores por cabina, nas seções das capitais, e de 200 nas seções do interior, de acordo com o art. 11 da Lei nº 6.996/1982."[12]

> Art. 85. Em caso de dúvida na apuração de votos dados a homônimos, prevalecerá o número sobre o nome do candidato.
>
> Art. 86. No sistema de votação convencional considerar-se-á voto de legenda quando o eleitor assinalar o número do partido no local exato reservado para o cargo respectivo e somente para este será computado.
>
> Art. 87. Na apuração, será garantido aos fiscais e delegados dos partidos e coligações o direito de observar diretamente, a distância não superior a um metro da mesa, a abertura da urna, a abertura e a contagem das cédulas e o preenchimento do boletim.
>
> § 1º. O não atendimento ao disposto no caput enseja a impugnação do resultado da urna, desde que apresentada antes da divulgação do boletim.
>
> § 2º. Ao final da transcrição dos resultados apurados no boletim, o Presidente da Junta Eleitoral é obrigado a entregar cópia deste aos partidos e coligações concorrentes ao pleito cujos representantes o requeiram até uma hora após sua expedição.
>
> § 3º. Para os fins do disposto no parágrafo anterior, cada partido ou coligação poderá credenciar até três fiscais perante a Junta Eleitoral, funcionando um de cada vez.
>
> § 4º. O descumprimento de qualquer das disposições deste artigo constitui crime, punível com detenção de um a três meses, com a alternativa de prestação de serviços à comunidade pelo mesmo período e multa, no valor de um mil a cinco mil Ufirs.
>
> § 5º. O rascunho ou qualquer outro tipo de anotação fora dos boletins de urna, usados no momento da apuração dos votos, não poderão servir de prova posterior perante a junta apuradora ou totalizadora.
>
> § 6º. O boletim mencionado no § 2º deverá conter o nome e o número dos candidatos nas primeiras colunas, que precederão aquelas onde serão designados os votos e o partido ou coligação.
>
> Art. 88. O Juiz Presidente da Junta Eleitoral é obrigado a recontar a urna, quando:
>
> I – o boletim apresentar resultado não coincidente com o número de votantes ou discrepante dos dados obtidos no momento da apuração;
>
> II – ficar evidenciada a atribuição de votos a candidatos inexistentes, o não fechamento da contabilidade da urna ou a apresentação de totais de votos nulos, brancos ou válidos destoantes da média geral das demais Seções do mesmo Município, Zona Eleitoral.
>
> Art. 89. Será permitido o uso de instrumentos que auxiliem o eleitor analfabeto a votar, não sendo a Justiça Eleitoral obrigada a fornecê-los.

[12] TSE – RES nº 14.250/1988.

8.1. O voto de legenda na eleição proporcional

A votação eletrônica será feita no número do candidato ou da legenda partidária, devendo o nome e fotografia do candidato e o nome do partido ou a legenda partidária aparecer no painel da urna eletrônica, com a expressão designadora do cargo disputado no masculino ou feminino, conforme o caso.

No sistema eletrônico de votação, considerar-se-á voto de legenda quando o eleitor assinalar o número do partido no momento de votar para determinado cargo e somente para este será computado.

Na votação para as eleições proporcionais, serão computados para a legenda partidária os votos em que não seja possível a identificação do candidato, desde que o número identificador do partido seja digitado de forma correta.

8.2. A sequência do painel

A urna eletrônica exibirá para o eleitor, primeiramente, os painéis referentes às **eleições proporcionais** e, em seguida, os referentes às **eleições majoritárias**.

8.3. A impressão do voto

Na Ação Direta de Inconstitucionalidade nº 4.543, Relatora: Min. Cármen Lúcia, o STF julgou inconstitucional o voto impresso:

> 1. A exigência legal do voto impresso no processo de votação, contendo número de identificação associado à assinatura digital do eleitor, vulnera o segredo do voto, garantia constitucional expressa. 2. A garantia da inviolabilidade do voto impõe a necessidade de se assegurar ser impessoal o voto para garantia da liberdade de manifestação, evitando-se coação sobre o eleitor. 3. A manutenção da urna em aberto põe em risco a segurança do sistema, possibilitando fraudes, o que não se harmoniza com as normas constitucionais de garantia do eleitor. 4. Ação julgada procedente para declarar a inconstitucionalidade do art. 5º da Lei nº 12.034/2009.

8.4. Do treinamento

O Tribunal Superior Eleitoral colocará à disposição dos eleitores urnas eletrônicas destinadas a treinamento.[13]

8.5. O sigilo da urna eletrônica

A urna eletrônica contabilizará cada voto, assegurando-lhe o sigilo e inviolabilidade, garantida aos partidos políticos, coligações e candidatos ampla fiscalização.

---

[13] *Vide* Lei nº 10.408/2002, e com aplicação conforme o disposto no art. 16 da Constituição Federal.

8.6. O momento da votação

Em caso de eleição manual, estabelece o art. 84 da Lei nº 9.504/1997 que:

> No momento da votação, o eleitor dirigir-se-á à cabina duas vezes, sendo a primeira para o preenchimento da cédula destinada às eleições proporcionais, de cor branca, e a segunda para o preenchimento da cédula destinada às eleições majoritárias, de cor amarela.

8.7. O tempo da votação

A Justiça Eleitoral fixará o tempo de votação e o número de eleitores por seção, para garantir o pleno exercício do direito de voto.

8.8. Proclamação e diplomação dos eleitos

A proclamação é o ato que faz a Justiça Eleitoral definir os nomes dos eleitos, à vista dos resultados numéricos apurados.

8.9. Competência para diplomação

É competente para emitir proclamação a junta eleitoral sobre os casos eletivos municipais.

Pertence ao Tribunal Regional Eleitoral a competência sobre a proclamação dos concorrentes às eleições diretas estaduais e federais, como compete ao Tribunal Superior Eleitoral a emissão dos diplomas eletivos ao Presidente e Vice-Presidente da República.

8.10. Efetivação da proclamação

Deve efetivar-se a proclamação no exato momento e na própria ocasião em que se faz a lavratura da ata geral, com a assinatura de todos os membros do órgão da Justiça Eleitoral competente.

No momento da proclamação, deve ser anunciada a data para a entrega do diploma aos eleitos, que é o título expedido pela Justiça Eleitoral para definir legitimidade dos representantes populares.

8.11. O que deve conter o diploma

Deverá o diploma mencionar o nome do eleito, a legenda a que pertence e o cargo para que foi eleito.

8.12. O diploma do suplente

No diploma do suplente, acrescentar-se-á a classificação, ou o que mais necessário se faça a que se determine a ordem de convocação, em caso de renúncia ou substituição.

8.13. Impedimento à diplomação

A inobservância do prazo para encaminhamento das prestações de contas impede a diplomação dos eleitos, enquanto perdurar.

8.14. O diploma em caso de recurso

Mesmo que haja recurso pendente, serão atribuídos os diplomas aos candidatos à Câmara dos Deputados, ao Senado Federal, às Assembleias Legislativas e à Câmara dos Vereadores, podendo ser exercidas as funções normalmente.

Insta acentuar que, em caso de provimento do recurso contra a expedição do diploma, torna-se-á insubsistente o diploma anteriormente expedido.

Observação: veja agora a questão nº 4.

Pinto Ferreira leciona que:

> Os candidatos eleitos receberão o seu diploma, que será expedido pelo Presidente do Tribunal Regional Eleitoral para os candidatos eleitos senadores, deputados federais e deputados estaduais, mas pelas juntas eleitorais para os candidatos aos cargos municipais.
>
> Nas eleições diretas para Governador e Vice-Governador, os diplomas serão expedidos pelos Tribunais Regionais Eleitorais respectivos.
>
> Do diploma deverão constar obrigatoriamente o nome do candidato, a indicação da legenda sob a qual concorreu, o cargo para o qual foi eleito ou a classificação como suplente. Facultativamente, outros dados, a critério do juiz ou tribunal.
>
> Não somente os candidatos eleitos como os suplentes recebem os seus diplomas.

Em conformidade com o art. 216 do Código Eleitoral: *Enquanto o Tribunal Superior não decidir o recurso interposto contra a expedição do diploma, poderá o diplomado exercer o mandato em toda a sua plenitude.*

> Desde que expedido o diploma em favor de um candidato eleito, ele toma posse na época prevista e entra no exercício do seu mandato, mas pode ser interposto contra ele o recurso chamado recurso contra a expedição do diploma. Enquanto não for decidido o recurso pelo Tribunal Superior Eleitoral, o candidato eleito e diplomado pode exercer tranquilamente o seu mandato com toda a plenitude e prerrogativas.

▸ OBSERVAÇÕES DIDÁTICAS

Ainda sobre votação e apuração, colacionamos as sábias observações feitas por **Pinto Ferreira**:[14]

> O presidente da mesa receptora fará entregar a todos os eleitores presentes as senhas numeradas. Todos os eleitores que estiverem presentes serão chamados

[14] *Op. cit.*

a votar, prolongando-se os trabalhos pelo tempo necessário. Pode ser que antes das 17 horas não existam mais eleitores na seção, ou que todos os eleitores presentes já tenham votado, mas de qualquer maneira a mesa receptora deverá permanecer em funcionamento até as 17 horas, pois até tal hora pode comparecer algum outro eleitor.

A lei permite o voto do eleitor cego, que poderá assinar a folha individual de votação em letras do alfabeto comum ou do sistema Braille, ou assinalar a cédula oficial, utilizando também qualquer sistema, ou afinal utilizar qualquer elemento mecânico de sua preferência que trouxer consigo ou lhe forneça a mesa receptora, que lhe permita o exercício do direito de voto. O art. 151, caput e incisos, está revogado pela Lei nº 7.914, de 7 de dezembro de 1989.

É aprazada a hora para o encerramento da votação, às 17 horas em ponto, quando o presidente fará a entrega das senhas aos eleitores presentes, convidando-os, depois em voz alta, a entregar os títulos à mesa, para que sejam admitidos a votar. Os títulos serão de imediato devolvidos, podendo ser retidos quando houver dúvidas ou impugnações sobre a identidade do eleitor.

A apuração dos votos nas eleições federais, estaduais e municipais é da competência das juntas eleitorais e dos Tribunais Eleitorais. As juntas eleitorais são constituídas de um juiz de Direito, que é o seu presidente, e de dois ou quatro cidadãos de notória idoneidade (Código Eleitoral, art. 36), com as suas competências estatuídas nos arts. 38 a 40 do Código Eleitoral vigente.

A respeito do assunto, escreve **F. A. Gomes Neto**:[15]

A apuração tem em nossa língua a significação de ato de tornar puro, de selecionar. As decisões das juntas apenas transitoriamente determinam que certas votações sejam tomadas em separado. O julgamento ou separação desses votos duvidosos cabe em definitivo aos Tribunais Regionais. Em definitivo, quanto à proclamação do resultado, porque a última palavra é dada pelo Tribunal Superior, ao julgar o recurso interposto contra a proclamação dos eleitores.

8.15. A revisão e correição das Zonas Eleitorais

O Tribunal Superior Eleitoral, ao conduzir o processamento dos títulos eleitorais, determinará de ofício a revisão ou correição das Zonas Eleitorais sempre que:

I – o total de transferências de eleitores ocorridas no ano em curso seja dez por cento superior ao do ano anterior;

II – o eleitorado for superior ao dobro da população entre dez e quinze anos, somada à de idade superior a setenta anos do território daquele Município;

III – o eleitorado for superior a sessenta e cinco por cento da população projetada para aquele ano pelo Instituto Brasileiro de Geografia e Estatística – IBGE.

---

15 *Teoria e prática*, cit., p. 241.

Posicionamento majoritário do TSE: "Não será realizada revisão de eleitorado em ano eleitoral, salvo em situações excepcionais, quando autorizado pelo Tribunal Superior Eleitoral".[16]

8.16. A requisição de espaço na mídia para a divulgação de comunicados, boletins e instruções ao eleitorado pela Justiça Eleitoral

O Tribunal Superior Eleitoral poderá, nos anos eleitorais, requisitar das emissoras de rádio e televisão, no período de um mês antes do início da propaganda eleitoral e nos três dias anteriores à data do pleito, até dez minutos diários, contínuos ou não, que poderão ser somados e usados em dias espaçados, para a divulgação de comunicados, boletins e instruções ao eleitorado.

O Tribunal Superior Eleitoral, no período compreendido entre 1º de abril e 30 de julho dos anos eleitorais, promoverá, em até cinco minutos diários, contínuos ou não, requisitados às emissoras de rádio e televisão, propaganda institucional, em rádio e televisão, destinada a incentivar a participação feminina, dos jovens e da comunidade negra na política, bem como a esclarecer os cidadãos sobre as regras e o funcionamento do sistema eleitoral brasileiro.

8.17. A prioridade dos feitos eleitorais

Os feitos eleitorais, no período entre o registro das candidaturas até cinco dias após a realização do segundo turno das eleições, terão prioridade para a participação do Ministério Público e dos Juízes de todas as Justiças e instâncias, **ressalvados os processos de *habeas corpus* e mandado de segurança.**

É defeso aos membros do Ministério Público, aos Juízes de todas as Justiças e instâncias deixar de cumprir qualquer prazo estipulado na Lei nº 9.504/1997, em razão do exercício das funções regulares. O descumprimento desta regra constitui crime de responsabilidade e será objeto de anotação funcional para efeito de promoção na carreira.

Além das polícias judiciárias, os órgãos da receita federal, estadual e municipal, os Tribunais e órgãos de contas auxiliarão a Justiça Eleitoral na apuração dos delitos eleitorais, **com prioridade sobre suas atribuições regulares.**

Os advogados dos candidatos ou dos partidos e coligações serão notificados para os feitos eleitorais com antecedência mínima de vinte e quatro horas, ainda que por fax, telex ou telegrama.

Nos Tribunais Eleitorais, os advogados dos candidatos ou dos partidos e coligações serão intimados para os feitos que não versem sobre a cassação do registro ou do diploma de que trata esta Lei por meio da publicação de edital eletrônico

---

[16] TSE – RES nº 21.538/2003, art. 58, § 2º.

publicado na página do respectivo Tribunal na internet, iniciando-se a contagem do prazo no dia seguinte ao da divulgação.

▸ SÍNTESE DIDÁTICA

Observação didática nº 01. A apuração poderá começar após o recebimento da primeira urna.

Observação didática nº 02. Terminada a apuração, será declarado o seu encerramento pelo presidente da junta.

Observação didática nº 03. A ata da eleição será preenchida por um dos secretários, conforme modelo fornecido pela Justiça Eleitoral.

Observação didática nº 04. O presidente da junta eleitoral tomará as providências necessárias para o recebimento da urna e dos demais documentos relativos aos trabalhos eleitorais.

Observação didática nº 05. Na ata da eleição, deverão constar os nomes dos membros da mesa que hajam comparecido no dia do pleito.

Observação didática nº 06. Os candidatos a cargos eletivos, a qualquer tempo que chegarem à seção eleitoral, durante o horário legal estabelecido para a votação, têm prioridade para votar.

Observação didática nº 07. Têm preferência para votar o juiz eleitoral da zona, seus auxiliares de serviço, os eleitores de idade avançada, os enfermos e as mulheres grávidas.

Observação didática nº 08. A polícia dos trabalhos eleitorais cabe ao presidente da mesa receptora e ao juiz eleitoral.

Observação didática nº 09. O eleitor cego poderá assinar a folha individual de votação em letras do alfabeto comum ou do sistema Braille.

Observação didática nº 10. A apuração da votação compete à Justiça Eleitoral, com a seguinte distribuição: aos Tribunais Regionais Eleitorais, nas eleições para Governador, Vice-Governador, senador, deputado federal e estadual, de acordo com os resultados parciais enviados pelas juntas eleitorais.

Observação didática nº 11. No processo de apuração de votos, é permitido aos partidos políticos credenciar, perante a junta eleitoral, três fiscais.

9. Questões interessantes sobre a matéria

1. **Qualquer pessoa pode ser designada fiscal ou delegado de partido? O delegado pode ser de outro Município?**

Resposta: Os fiscais e delegados, todavia, não poderão ser menores de dezoito anos, nem pessoas designadas para compor a mesa receptora. É, porém, irrelevante o fato de serem ou não eleitores da seção. Qualquer pessoa pode ser designada fiscal ou delegado de partido, ainda que eleitora de outro Município.[17]

---

17 Nesse sentido: PINTO, Djalma. *Op. cit.*

2. **A competência da Justiça Eleitoral se exaure com a diplomação dos representantes eleitos?**
Resposta: Sim. Segundo a iterativa jurisprudência da Corte Superior, a competência da Justiça Eleitoral se exaure com a diplomação dos representantes eleitos.[18]

3. **Quem poderá livremente fiscalizar a votação?**
Resposta: Os candidatos registrados, delegados e fiscais do partido podem ingressar no recinto das seções eleitorais, e livremente fiscalizar a votação.[19]

4. **Quem é competente para estabelecer o número total de deputados?**
Resposta: A competência é do Congresso Nacional, e não da Justiça Eleitoral, estabelecer, por Lei Complementar, o número total de deputados, bem como a representação por Estado e pelo Distrito Federal (Constituição Federal, art. 45, § 1º). Reconhecida a omissão do Congresso Nacional, torna-se evidente a prevalência de número de deputados federais fixado anteriormente.[20]

5. **O eleitor pode votar sem apresentar o título?**
Resposta: não. Conforme o art. 91-A da Lei nº 9.504/1997:

> Art. 91-A. No momento da votação, além da exibição do respectivo título, o eleitor deverá apresentar documento de identificação com fotografia.
> Parágrafo único. Fica vedado portar aparelho de telefonia celular, máquinas fotográficas e filmadoras, dentro da cabina de votação.

Posicionamento majoritário do TSE: as certidões de nascimento ou de casamento não são documentos hábeis para comprovar a identidade de quem não apresentar título de eleitor no momento da votação.[21]

6. **O que é eleição parametrizada?**
Resposta: Refere-se à eleição não oficial realizada por instituições públicas ou particulares com a utilização, a título de empréstimo, do sistema eletrônico de votação (urnas eletrônicas e programas). Por ser evidente, tal eleição não se submete às regras do Direito Eleitoral.

10. Casos práticos eleitorais superinteressantes

Tício foi convocado para trabalhar como mesário na eleição. Aponte a solução jurídica, considerando que:

a) **Tício, sem justa causa, não compareceu no dia da eleição;**

---

18 STJ - CC - 28.775 - SP - 1ª S. - Rel. Min. Francisco Falcão - p. 101.
19 TSE - REsp nº 8.473 - (10.837) - PI - Rel. Min. Roberto Ferreira Rosas.
20 TSE - RD nº 439 - (11.941) - RN - Rel. Min. Paulo Brossard - p. 7.959.
21 TSE - RES nº 21.632/2004.

b) **o juiz mandou o cartório eleitoral abrir procedimento para aplicação da multa prevista no art. 124 do CE e também requisitou a instauração de termo circunstanciado de ocorrência, para, futuramente, aplicar a pena de detenção e multa, na forma do art. 344 do Código Eleitoral.**

Resposta: Joel José Candido parece defender que deve haver penalidades cumulativas, quando afirma:

> É crime a recusa ao serviço de mesário ou o abandono desse serviço, sem justa causa (CE, art. 344). Além de crime, o fato enseja uma pena de multa, de natureza administrativo-judiciária, prevista no art. 124, combinado com o art. 367, ambos do Código Eleitoral. No caso de ser o mesário servidor público da Administração Direta e Indireta da União, Estados e Municípios, a pena não será de multa, mas de suspensão de até quinze dias. Tanto neste caso, como no de multa, não cabe recurso.[22]

O colega do glorioso Ministério Público do Rio de Janeiro, **Marcos Ramayana**,[23] defende que:

> A multa deve ser imposta, independentemente da análise do tipo penal do art. 344 do Código Eleitoral. Desta forma, a multa administrativa, e a de origem penal (transação penal) são sanções diversas. O juiz eleitoral deverá instruir o cartório a autuar separadamente o procedimento penal e o administrativo, pois o processo penal terá seguimento através de rito próprio (CE, arts. 359 e seguintes).

▸ POSIÇÃO DIVERGENTE

Minha posição: Com o devido respeito, há um histórico equívoco nessa construção doutrinária. Em realidade, há efetiva aplicação do princípio da *ultima ratio* do Direito Penal Eleitoral.

Entendo que a aplicação ao mesário faltoso de sanção administrativa de multa, prevista no art. 124 do Código Eleitoral, inviabiliza a cumulação com a sanção penal tipificada no art. 344 do mesmo diploma legal, por reconhecimento da aplicação subsidiária do Direito Penal apenas aos casos em que os outros ramos do Direito mostrem-se inócuos para coibir as condutas ilícitas.

O denominado "princípio da subsidiariedade" ou da *ultima ratio* do Direito Penal Eleitoral se traduz no fato de que a norma penal eleitoral exerce uma função meramente suplementar da proteção jurídica em geral, só válida a imposição de suas sanções quando os demais ramos do Direito não mais se mostram eficazes na defesa dos bens jurídicos. Esse princípio se projeta no plano concreto, isto é, o crime já existe, **mas no contexto prático forense a atuação do Direito Penal Eleitoral deixa de ser necessária porque há outros meios para proteger a sociedade**.

---

22 No sentido do texto: CÂNDIDO, Joel José. *Op. cit.*, p. 172, *usque* 173.

23 RAMAYANA, Marcos. *Código Eleitoral comentado*. Rio de Janeiro: Roma Victor, 2004. p. 224.

O Direito Penal Eleitoral é subsidiário, ou seja, só age quando os demais ramos do Direito, os controles formais e sociais tenham perdido a eficácia e não sejam capazes de exercer a proteção ao bem jurídico.

No mesmo sentido, a posição dominante do TSE é no sentido de que a conduta é atípica, subsistindo apenas a multa administrativa, veja:

> (...) É assente na jurisprudência deste Tribunal que o não comparecimento de mesário no dia da eleição não constitui o crime previsto no artigo 344 do Código Eleitoral, mas tão somente infração administrativa, em razão do previsto no art. 124 do CE, que não contém ressalva quanto à possibilidade de cumulação com sanção de natureza penal (TSE: AI 3.184/RJ, Brasília/DF, 27 de fevereiro de 2013, Ministro Dias Toffoli, Relator.
> O não comparecimento de mesário no dia da votação não configura o crime estabelecido no art. 344 do CE, pois prevista punição administrativa no art. 124 do referido diploma, o qual não contém ressalva quanto à possibilidade de cumulação com sanção de natureza penal. Ordem concedida (HC nº 638/SP, *DJe* de 21.05.2009, Rel. Min. Marcelo Ribeiro).
> Ausência de comparecimento para compor mesa receptora de votos. Não configuração do crime previsto no artigo 344 do Código Eleitoral, uma vez que prevista sanção administrativa, no artigo 124 do mesmo Código, sem ressalva da incidência da norma de natureza penal (TSE, RHC nº 21/SP, *DJ* de 11.12.1998, Rel. Min. Eduardo Ribeiro).

O aludido entendimento foi aplicado pelo **STF** no REsp nº 28.555/RJ, Rel. Min. Felix Fischer, *DJe* de 06.08.2009; no REsp nº 34.588/RJ, Rel. Min. Eros Grau, *DJe* de 11.02.2009; e no REsp nº 28.349/RJ, Rel. Min. Carlos Ayres Britto, *DJ* de 09.04.2008 (**STF**, *RT* 613/413) (**STF**, HC 88.452/RS, Eros Grau, 02/05/2006, 2ª Turma); **STJ** (STJ, HC 16.940/DF 2001/0065036-4) (STJ, HC 22.721/SP 2002/0065354-0).

O procedimento para punir o mesário faltoso foi regulamentado pela Resolução nº 23.399/2013 (Instrução nº 962-63.2013.6.00.0000 – Classe 19, Relator Ministro Dias Toffoli), e em nenhum momento impõe crime ao mesário ausente, veja:

> Art. 14. O membro da Mesa Receptora de Votos ou de Justificativas que não comparecer ao local em dia e hora determinados para a realização das eleições incorrerá em multa cobrada por meio de recolhimento de Guia de Recolhimento da União (GRU), se não apresentada justa causa ao Juiz Eleitoral em até 30 dias da data da eleição (Código Eleitoral, artigo 124, *caput*).
> § 1º Se o arbitramento e pagamento da multa não for requerido pelo mesário faltoso, a multa será arbitrada e cobrada na forma prevista no artigo 367 do Código Eleitoral (Código Eleitoral, artigo 124, § 1º).
> § 2º Se o mesário faltoso for servidor público ou autárquico, a pena será de suspensão de até 15 dias (Código Eleitoral, artigo 124, § 2º).
> § 3º As penas previstas neste artigo serão aplicadas em dobro se a Mesa Receptora deixar de funcionar por culpa dos faltosos, bem como ao membro que abandonar os trabalhos no decurso da votação sem justa causa apresentada ao Juiz Eleitoral, em até 3 dias após a ocorrência (Código Eleitoral, artigo 124, §§ 3º e 4º).

> § 4º O convocado para apoio logístico do local de votação que não comparecer aos locais e dias marcados para as atividades, inclusive ao treinamento, deverá apresentar justificativas ao Juiz Eleitoral em até 5 dias úteis.

▸ A NOVA ELEIÇÃO

Município que elegeu prefeito em 2008, que já teve seu vice-prefeito falecido e o prefeito pretende desincompatibilizar-se em abril de 2010 para concorrer a outro cargo é obrigado a fazer nova eleição para os cargos de prefeito e de vice, que completarão o período de seus antecessores?

Resposta: Segundo o relator da Consulta nº 1.140, Ministro Gilmar Mendes, caberá ao pleno do Tribunal Regional Eleitoral convocar e realizar o novo pleito – noventa dias contados da abertura da última vaga –, editar resolução fixando as regras e o calendário a serem observados durante o certame.

O presidente da mesa dispensará especial atenção à identidade de cada eleitor admitido a votar. Existindo dúvida a respeito, deverá exigir-lhe a exibição da respectiva carteira, e, na falta desta, interrogá-lo sobre os dados constantes do título, ou da folha individual de votação, confrontando a assinatura do mesmo com a feita na sua presença pelo eleitor, e mencionando na ata a dúvida suscitada. A impugnação à identidade do eleitor, formulada pelos membros da mesa, fiscais, delegados, candidatos ou qualquer eleitor, será apresentada verbalmente ou por escrito, antes de ser o mesmo admitido a votar. Pergunta-se: "*Se persistir a dúvida ou for mantida a impugnação, quais providências poderá tomar o presidente da mesa*?"

Resposta: segundo o art. 147, § 2º, do Código Eleitoral, se persistir a dúvida ou for mantida a impugnação, tomará o presidente da mesa as seguintes providências:

I – escreverá numa sobrecarta branca o seguinte: "Impugnado por "F";"

II – entregará ao eleitor a sobrecarta branca, para que ele, na presença da mesa e dos fiscais, nela coloque a cédula oficial que assinalou, assim como o seu título, a folha de impugnação e qualquer outro documento oferecido pelo impugnante;

III – determinar ao eleitor que feche a sobrecarta branca e a deposite na urna;

IV – anotará a impugnação na ata.

Minha posição: com o atual sistema eletrônico, não há mais possibilidade de serem adotadas as providências supracitadas, por isso, o **posicionamento majoritário do TSE** é no sentido de que "o presidente da mesa solicitará a presença do juiz para decidir, ficando o eleitor impedido de votar na urna eletrônica até decisão, dada a impossibilidade de voto em separado".[24]

▸ O TÍTULO E A FOTO

Preconiza o art. 91-A da Lei nº 9.504/1997 que:

---

[24] TSE – RES nº 20.638/2000.

> No momento da votação, além da exibição do respectivo título, o eleitor deverá apresentar documento de identificação com fotografia.
> Parágrafo único. Fica vedado portar aparelho de telefonia celular, máquinas fotográficas e filmadoras, dentro da cabina de votação.

Cuidado: por oito votos a dois, o STF julgou a medida cautelar na ADI nº 4.467-DF, e deferiu liminar para dar interpretação conforme a Constituição Federal.

Decisão: o STF, por maioria e nos termos do voto da Relatora, contra os votos dos Senhores Ministros Gilmar Mendes e o Presidente, Ministro Cezar Peluso, concedeu liminar para, mediante interpretação conforme conferida ao art. 91-A, da Lei nº 9.504/1997, na redação que lhe foi dada pela Lei nº 12.034/2009, **reconhecer que somente trará obstáculo ao exercício do direito de voto a ausência de documento oficial de identidade, com fotografia.** Ausente, justificadamente, o Senhor Ministro Joaquim Barbosa, com voto proferido na assentada anterior. Plenário, 30/09/2010.

Agora podemos concluir que:

- para votar não basta apenas o título de eleitor;
- para votar, deve-se apresentar documento oficial com fotografia.

São documentos oficiais para comprovação da identidade do eleitor:

a) carteira de identidade ou documento de valor legal equivalente (identidades funcionais);
b) certificado de reservista;
c) carteira de trabalho;
d) carteira nacional de habilitação, com foto.

- Não servem as certidões de casamento, nascimento, ou CPF.

11. Testes objetivos

1. A apuração poderá começar:

a) às 8 horas do dia seguinte;
b) às 7 horas do dia seguinte;
c) após o recebimento da primeira urna;
d) somente no dia seguinte;
e) após quarenta e oito horas do término da votação.

Obs.: se você encontrou dificuldades para responder à questão, veja a observação didática nº 01.

2. Assinale a alternativa errada.

a) Terminada a apuração, será declarado o seu encerramento pelo presidente da mesa.
b) A ata da eleição será preenchida por um dos secretários, conforme modelo fornecido pela Justiça Eleitoral.
c) Após quarenta e oito horas à realização da eleição, o juiz eleitoral é obrigado a comunicar ao TRE o número de eleitores que votaram em cada uma das seções da zona sob sua jurisdição, bem como o total de votantes.
d) O presidente da junta eleitoral tomará as providências necessárias para o recebimento da urna e dos demais documentos relativos aos trabalhos eleitorais.

e) Na ata da eleição, deverão constar os nomes dos membros da mesa que hajam comparecido no dia do pleito.

Obs.: se você encontrou dificuldades para responder à questão, veja as observações didáticas nºs 02, 03, 04 e 05.

12. Questões objetivas de concursos

1. **(TRE/RJ) No dia determinado para a votação, algumas regras devem ser observadas. Assinale a afirmação incorreta.**

a) No dia marcado para eleição, às 8h, o presidente da mesa receptora, os mesários e secretários verificarão se, no lugar designado, estão em ordem o material remetido pelo juiz e a urna destinada a recolher os votos, bem como se estão presentes os delegados de partido.
b) Os candidatos a cargos eletivos, a qualquer tempo que chegarem à seção eleitoral, durante o horário legal estabelecido para a votação, têm prioridade para votar.
c) Têm preferência para votar o juiz eleitoral da zona, seus auxiliares de serviço, os eleitores de idade avançada, os enfermos e as mulheres grávidas.
d) A polícia dos trabalhos eleitorais cabe ao presidente da mesa receptora e ao juiz eleitoral.
e) O eleitor cego poderá assinar a folha individual de votação em letras do alfabeto comum ou do sistema Braille.

Obs.: se você encontrou dificuldades para responder à questão, veja as observações didáticas nºs 06, 07, 08 e 09.

2. **(TRE/RJ) A apuração da votação compete à Justiça Eleitoral, com a seguinte distribuição:**

a) ao Tribunal Superior Eleitoral, nas eleições para Presidente e Vice-Presidente da República, senador e deputado federal, de acordo com os resultados parciais enviados pelos Tribunais Regionais;
b) aos Tribunais Regionais Eleitorais, nas eleições para Governador, Vice-Governador, senador, deputado federal e estadual, de acordo com os resultados parciais enviados pelas juntas eleitorais;
c) ao Tribunal Superior Eleitoral, nas eleições para Governador, Vice-Governador, senador, deputado federal e estadual, de acordo com os resultados parciais enviados pelos Tribunais Regionais;
d) às juntas eleitorais, nas eleições majoritárias e proporcionais, nas esferas federal, estadual e municipal;
e) ao Tribunal Superior Eleitoral, nas eleições regidas pelo princípio majoritário, nas esferas federal, estadual e municipal.

Obs.: se você encontrou dificuldades para responder à questão, veja a observação didática nº 10.

3. **(CE – Juiz) Após as eleições, iniciado o processo de apuração, a junta apuradora encerrará seus trabalhos em:**

a) vinte dias, interrompidos nos finais de semana, por ser prerrogativa a execução dos trabalhos no período comercial;
b) dez dias ininterruptos, podendo ser prorrogado por mais cinco dias por autorização do Tribunal Regional Eleitoral;
c) cinco dias ininterruptos, podendo ser prorrogado em mais cinco dias;

d) dez dias ininterruptos, não podendo ser prorrogado sob qualquer hipótese;
e) quinze dias ininterruptos sem qualquer prorrogação.

Obs.: a questão está de acordo com o Código Eleitoral, mas, em virtude do atual sistema eletrônico de votação, ficou sem sentido a previsão de dez dias ininterruptos para a junta terminar os trabalhos.

4. (CE – Juiz) No processo de apuração de votos, é permitido aos partidos políticos credenciar, perante a junta eleitoral:

a) dez fiscais;
b) doze fiscais;
c) oito fiscais;
d) três fiscais;
e) cinco fiscais.

Obs.: se você encontrou dificuldades para responder à questão, veja a observação didática nº 11.

5. (TRE/CE) Ao longo do processo de votação, admite-se:

a) a permanência no recinto da mesa receptora de dois fiscais e de dois delegados de cada um dos partidos ou coligações que tenham registrado candidatos ao pleito;
b) o término do recebimento dos votos após as 17 horas;
c) prioridade para votar, contemplando candidatos, delegados e fiscais de partidos políticos;
d) que eleitor, não inscrito na seção, vote sem exibir o respectivo título, sendo, posteriormente, comprovada sua participação mediante certidão expedida pelo juízo eleitoral competente;
e) a permanência do eleitor na cabine indevassável por, no máximo, cinco minutos.

6. (MPF/BR) A fiscalização das eleições:

a) é realizada exclusivamente pelo Ministério Público Eleitoral em todas as fases do processo de votação e apuração das eleições;
b) incumbe aos candidatos, aos partidos políticos e coligações e ao Ministério Público Eleitoral;
c) não é permitida quanto ao processamento eletrônico da totalização dos resultados, considerando que não há manipulação humana de cédulas ou risco de fraude;
d) é tarefa de todos os cidadãos, inscritos como eleitores no domicílio eleitoral, que, conforme a Constituição, têm direito de acesso à fiscalização em todas as fases do processo de votação e apuração das eleições, podendo promover impugnação de registros de candidaturas e de votos inválidos.

7. (MPF/BR) A votação e a totalização dos votos:

a) serão feitas por sistema eletrônico ou mediante o uso de cédulas oficiais, sendo que apenas no primeiro método não são computados os votos em branco no cálculo do quociente eleitoral, por razões de natureza técnica;
b) serão feitas, nas eleições proporcionais pelo sistema eletrônico, computando-se para a legenda partidária os votos em que não seja possível a identificação do candidato, desde que o número identificador do partido político seja digitado de forma correta;
c) a partir das eleições municipais de 1996, somente podem ser feitas pelo sistema eletrônico;
d) cabem exclusivamente à Justiça Eleitoral, que pode autorizar o Ministério Público e os partidos políticos, nas condições que estabelecer, a realizar, em parte, a totalização dos votos na presença dos candidatos e das coligações, como observadores eleitorais.

8. **(TRE/SC – Cespe) Analise os enunciados, assinalando a alternativa incorreta.**

a) Cabe a jurisdição de cada uma das zonas eleitorais a um juiz de Direito em efetivo exercício, que está obrigado a despachar todos os dias na sede da sua zona.

b) A urna eletrônica exibirá para o eleitor, primeiramente, os painéis referentes às eleições majoritárias e, em seguida, os referentes às eleições proporcionais.

c) Na votação para as eleições proporcionais, no sistema eletrônico, serão computados para a legenda partidária os votos em que não seja possível a identificação do candidato, desde que o número identificador do partido seja digitado de forma correta.

d) Os cegos alfabetizados pelo sistema Braille, que reunirem as demais condições de alistamento, podem exercer o direito ao voto, devendo o juiz eleitoral providenciar para que se proceda ao alistamento nas próprias sedes dos estabelecimentos de proteção aos mesmos.

9. **(TRE/SC – Cespe) Leia com atenção as alternativas abaixo, assinalando a incorreta.**

a) A votação e a totalização de votos serão feitas por sistema eletrônico, podendo o Tribunal Superior Eleitoral autorizar, em caráter excepcional, a aplicação das regras fixadas para votação não eletrônica.

b) A urna eletrônica disporá de recursos que, mediante assinatura digital, permitam o registro digital de cada voto e a identificação da urna em que foi registrado, resguardado o anonimato do eleitor.

c) Ao final da eleição, a urna procederá à assinatura digital do arquivo de votos, com aplicação do registro de horário e do arquivo do boletim de urna, de maneira a impedir a substituição dos votos e a alteração dos registros dos termos de início e término da votação, a fim de dificultar a realização de fraude.

d) Caberá à Justiça Eleitoral, em conjunto com a empresa de programas contratada mediante licitação, definir a chave de segurança e a identificação da urna eletrônica.

10. **(TRE/SC – Cespe) Assinale a alternativa correta.**

A justificativa pelo eleitor que não puder votar nas eleições, por se encontrar fora de seu domicílio eleitoral, deverá ser formulada:

a) no dia da eleição, quando o eleitor comparecerá aos locais destinados ao recebimento das justificativas com o formulário preenchido, munido de seu título eleitoral ou qualquer documento de identificação para a devida digitação pela mesa receptora, ou, quando não puder comparecer para justificar a falta no dia da eleição, no prazo de 60 dias, por meio de requerimento ao juiz eleitoral de sua zona de inscrição;

b) somente antes do dia das eleições, quando o eleitor deverá dirigir-se ao Cartório Eleitoral e preencher o formulário "Requerimento de Justificação Eleitoral";

c) somente após a eleição, no prazo de até 60 dias, em requerimento dirigido ao chefe do Cartório Eleitoral;

d) nenhuma das alternativas está correta.

13. Gabarito dos testes objetivos

1. C
2. C

14. Gabarito das questões objetivas

1. A
2. B
3. B
4. D
5. B
6. B
7. B
8. B
9. D
10. A

15. Simulação

Imagine-se na última fase de um concurso jurídico, pois, após a leitura do Capítulo 11, você agora já tem plenas condições de resolver a questão infracitada, elaborada em um concurso jurídico.

Disserte: *Sistema eletrônico de votação.*

Capítulo 12

Da Invalidade de Atos Eleitorais

Para que você perceba a importância do tema em análise, veja estas questões, formuladas em concursos jurídicos.

1. **Qual é a diferença entre nulidade e anulabilidade?**
2. **Qual é o efeito da declaração judicial do ato nulo?**
3. **Como é anunciado o ato nulo?**
4. **São nulos ou anuláveis os votos dados a candidatos inelegíveis ou não registrados?**
5. **Quais os casos de anulabilidade, previstos no Código Eleitoral?**

Obs.: todas as questões serão solucionadas durante o desenvolvimento da matéria.

1. Noções preliminares

1.1. O conceito de nulidade

Clóvis Beviláqua, em sua *Teoria geral do Direito Civil*, afirma que: "São atos nulos os que, inquinados por algum vício essencial, não podem ter eficácia jurídica."

O conceito de nulidade se enfoca, através da ideia de eficácia. A eficácia, di-lo **Zanobini**, é o poder que tem a norma de produzir efeitos jurídicos. A sua antítese é a ineficácia.

O art. 219 do Código Eleitoral preconiza:

> Na aplicação da lei eleitoral o Juiz atenderá sempre aos fins e resultados a que ela se dirige, abstendo-se de pronunciar nulidades sem demonstração de prejuízo.
> Parágrafo único. A declaração de nulidade não poderá ser requerida pela parte que lhe deu causa nem a ela aproveita.

Veja que o parágrafo único *ut supra* relata um princípio básico do Direito: "Ninguém poderá alegar em seu favor a sua própria torpeza."

Enquanto se recomenda que o aplicador evite declarar nulidades se não houver lesão aos objetivos tutelados pelo Direito Eleitoral, do mesmo modo não deverá deixar de pronunciar essa nulidade sempre que assim for necessário aos fins e resultados colimados, em se oferecendo oportunidade idônea.

2. Os atos nulos e anuláveis

Pinto Ferreira apresenta lúcida lição sobre o tema:

> Distingue-se normalmente entre nulidade e anulabilidade. A nulidade é declaração legal de que a determinados atos não se vinculam os efeitos jurídicos normalmente produzidos por outros atos semelhantes. A nulidade pode ser absoluta ou insanável ou nulidade relativa.
> Já a anulabilidade é nulidade relativa, porque necessita ser arguida para provocar a anulação do ato respectivo.
> A nulidade em matéria eleitoral decorre normalmente: a) da qualidade ou capacidade de votante; b) do defeito formal do sufrágio. Em caso de nulidade, o voto é considerado como inexistente, não só por motivo do interesse público, também porque os votos nulos não produzem efeito.

Obs.: veja agora a questão nº 1.

Adota-se a divisão dicotômica entre atos nulos e atos anuláveis, variando de amplitude, ora incidindo sobre as cédulas individuais pelos defeitos que contenham, ora sobre a votação de seção eleitoral, ou ainda sobre os votos dispersos de candidato declarado inelegível.

3. O ato nulo

Será nulo o ato que se apresentar eivado de vício essencial, afetando a sua própria existência. O ato nascido nulo permanece, sem que se possa suprir.

Os casos de nulidades são taxativos, havendo somente aqueles que a própria lei estabelece. As nulidades eleitorais devem ser indicadas pelos interessados, com fundamento na lei, somente podendo ser decretadas caso sejam arguidas em recursos tempestivos e regulares, quer-se dizer dentro do prazo legal e na forma consignada em lei.

Os recursos das decisões das juntas eleitorais serão interpostos verbalmente ou por escrito, com fundamentação no prazo de quarenta e oito horas, para que tenham seguimento, conforme o art. 169, § 2º, do Código Eleitoral.

Das decisões dos Tribunais Regionais Eleitorais, nos casos especificados no art. 276 do Código Eleitoral vigente, o prazo para recurso é de três dias, contado na forma dos §§ 1º e 2º do mesmo artigo.

Das decisões do Tribunal Superior Eleitoral para o Supremo Tribunal Federal, também nos casos restritos em que cabe recurso, o prazo é de três dias, de acordo com o art. 280 do Código Eleitoral.[1]

---

[1] Nesse sentido: PINTO FERREIRA. *Op. cit.*

Afinal, nos despachos, atos ou resoluções administrativos dos presidentes do Tribunal Superior Eleitoral ou dos Tribunais Regionais Eleitorais, o prazo do recurso, para o mesmo tribunal, é de três dias, segundo o art. 264 do Código Eleitoral.

3.1. O efeito da declaração judicial do ato nulo

O efeito é *ex tunc* (retroativo). O reconhecimento judicial de invalidade tem efeitos declaratórios, uma vez que fica reconhecida a invalidade desde o seu nascedouro.
Obs.: veja agora a questão nº 2.

3.2. A decretação *ex officio* do ato nulo

A autoridade judiciária tem o dever de pronunciar a nulidade, independente de qualquer provocação. É medida que deve tomar de ofício, uma vez que não pode ser sanada, sendo inoperante a conjunta aceitação das partes.

3.3. Como é anunciado o ato nulo no Direito Eleitoral

A nulidade dos atos é anunciada de modo variado, podendo ser:

a) através da categórica declaração "são nulos";
b) por fórmulas proibitivas, como "é proibido" "não será permitido" ou "é vedado".

Obs.: veja agora a questão nº 3.

3.4. Nulidades no Código Eleitoral

No art. 175 do Código Eleitoral, figuram as nulidades referentes a vícios sobre o sufrágio.

▸ GRUPO 01

Compreendem o primeiro grupo o *caput* do art. 175 e os itens de I a III, assim: Serão nulas as cédulas:

> I – que não corresponderem ao modelo oficial;
> II – que não estiverem devidamente autenticadas;
> III – que contiverem expressões, frases ou sinais que possam identificar o voto.

Observação 01: a nulidade também é reconhecida quando se quebra o sigilo da votação, por meio de expressões, frases ou sinais que possam identificar o votante com algum sinal convencionado. Assim, qualquer sinalização, cruz, letra ou perfuração são condições determinantes de nulidade da cédula.

Observação 02: em plena era do voto eletrônico, ainda há possibilidade de ocorrerem as nulidades supracitadas. Exemplo:

a) no voto em separado;
b) no caso de não haver possibilidade de ser realizada a votação eletrônica.

GRUPO 02

São as previstas no § 1º do invocado art. 175, de outras espécies de nulidades concernentes a cédulas, com referência aos cargos majoritários.

> § 1º. São nulos os votos, em cada eleição majoritária:
> I – quando forem assinalados os nomes de dois ou mais candidatos para o mesmo cargo;
> II – quando a assinalação estiver colocada fora do quadrilátero próprio, desde que torne duvidosa a manifestação de vontade do eleitor.

GRUPO 03

São as previstas no art. 175, § 2º, referentes às eleições proporcionais:

> § 2º. Serão nulos os votos, em cada eleição pelo sistema proporcional:
> I – quando o candidato não for indicado, através do nome ou do número, com clareza suficiente para distingui-lo de outro candidato ao mesmo cargo, mas de outro partido, e o eleitor não indicar a legenda;
> II – se o eleitor escrever o nome de mais de um candidato ao mesmo cargo, pertencentes a partidos diversos ou, indicando apenas os números, o fizer também de candidatos de partidos diferentes;
> III – se o eleitor, não manifestando preferência por candidato, ou o fazendo de modo que não se possa identificar o de sua preferência, escrever duas ou mais legendas diferentes no espaço relativo à mesma eleição.[2]

GRUPO 04

Serão nulos, para todos os efeitos, os votos dados a candidatos inelegíveis ou não registrados. O disposto não se aplica quando a decisão de inelegibilidade ou de cancelamento de registro for proferida após a realização da eleição a que concorreu o candidato alcançado pela sentença, caso em que os votos serão contados para o partido pelo qual tiver sido feito o seu registro.

Obs.: veja agora a questão nº 4.

OBSERVAÇÕES DIDÁTICAS

a) Em virtude da implantação, no Brasil, do voto eletrônico, entendemos que algumas das nulidades dos grupos supramencionados só podem ocorrer nos votos em separado.
b) **Conforme entendimento do STF:** serão nulos, para todos os efeitos, os votos dados a candidatos inelegíveis ou não registrados – Código Eleitoral, art. 175, § 3º. Assim, a decisão que cassa por inelegibilidade o registro do candidato tem eficácia imediata e torna nulos os votos recebidos. A ressalva contida no § 4º do art. 175 do Código Eleitoral tem aplicação nas eleições proporcionais,

---

[2] Antigo § 3º, reformulado pela Lei nº 4.961, de 04/05/1966.

apenas, certo de que pressupõe o citado § 4º do art. 175 que a decisão haja sido proferida após a realização do pleito.[3]

c) **Conforme entendimento majoritário do TSE:** declarados nulos os votos por captação indevida (art. 41 – A da Lei nº 9.504/1997), que, no conjunto, excedem a 50% dos votos válidos, determina-se a realização de novo pleito, não a posse do segundo colocado. Pleito proporcional. Vereador. Declarada a nulidade de voto de candidato a vereador, em razão da captação ilícita, aplica-se o disposto no art. 175, § 4º, do CE.[4]

▸ AS NULIDADES DE VOTAÇÃO

As nulidades capituladas no art. 220 do Código Eleitoral não atingem os votos esparsos considerados isoladamente, afetando a seção eleitoral como um todo, pela existência de vícios substanciais inoculados no processo de votação.

> Assim dispõe o art. 220. É nula a votação:
> I – quando feita perante mesa não nomeada pelo juiz eleitoral, ou constituída com ofensa à letra da lei;
> II – quando efetuada em folhas de votação falsas;
> III – quando realizada em dia, hora, ou local diferentes do designado ou encerrada antes das 17 horas;
> IV – quando preterida formalidade essencial do sigilo dos sufrágios;
> V – quando a seção eleitoral tiver sido localizada com infração do disposto nos parágrafos 4º e 5º do art. 135.[5]
> Parágrafo único. A nulidade será pronunciada quando o órgão apurador conhecer do ato ou dos seus efeitos e a encontrar provada, não lhe sendo lícito supri-la, ainda que haja consenso das partes.

▸ OBSERVAÇÃO DIDÁTICA

As infrações à lei que possam dar causa à nulidade de votação devem estar relacionadas à condição dos componentes da mesa, por se encontrarem incursos em alguma das causas impeditivas, consignadas no art. 120, § 1º, do Código Eleitoral:

> § 1º. Não podem ser nomeados presidentes e mesários:
> I – os candidatos e seus parentes ainda que por afinidade, até o segundo grau, inclusive, e bem assim o cônjuge;
> II – os membros de diretórios de partidos desde que exerçam função executiva;

---

[3] Recurso não provido. (STF – RMS nº 24.485 – MA – TP – Rel. Min. Carlos Velloso – p. 39) JCEL.175 JCEL.175.4 JCEL.175.3.

[4] TSE – REsp nº 19.759 – PR – Paiçandu – Rel. Juiz Luiz Carlos Lopes Madeira – p. 191. JLEI9504.41A JCEL.224 JCEL.175 JCEL.175.4.

[5] Inciso acrescentado pela Lei nº 4.961.

> III – as autoridades e agentes policiais, bem como os funcionários no desempenho de cargos de confiança do Executivo;
> IV – os que pertencerem ao serviço eleitoral.

4. Do ato anulável

Em excelente exposição didática, o grande jurista **Fávila Ribeiro** leciona:

> O ato anulável tem defeito comprometendo a sua eficácia, ficando a invalidade a depender da promoção da parte interessada, não podendo ser declarada de ofício. Nessa hipótese, visto está, a invalidade promana da decisão que a declara, subsistindo os efeitos produzidos até o instante em que é emitido o ato anulatório. É ato de eficácia constitutiva negativa. Mas, se os atos nulos ou anuláveis não forem tempestivamente arguidos, não se renova a oportunidade de fazê-lo, tornando-se matéria preclusa.

Ainda continua o mestre:

> Está colocada em ressalva a situação advinda de defeito superveniente ou motivo de ordem constitucional, devendo em ambos os casos ser suscitada a matéria ao momento de sua realização, pois não se há de admitir em matéria eleitoral um estado de indefinida pendência. Comporta a sua arguição imediatamente após o conhecimento da nulidade para que a possa declarar o órgão judiciário competente, ficando à parte o direito de complementar as suas alegações em razões que devem ser apresentadas no prazo de dois dias. Assim o estabelece o art. 223 do Código Eleitoral. Por conseguinte, não basta tratar-se de matéria constitucional para que as partes a possam agitar a qualquer tempo. A arguição está submetida ao princípio da preclusão. Mas, não obstante exaustão do prazo para interposição de recurso, poderá comportar ainda a arguição da nulidade em nova fase que se venha a oferecer no fluxo do processo eleitoral.[6]

Só discordo, *data venia*, do grande mestre supramencionado, no seguinte ponto: "Está colocada em ressalva a situação advinda de defeito superveniente ou motivo de ordem constitucional, devendo em ambos os casos ser suscitada a matéria ao momento de sua realização, pois não se há de admitir em matéria eleitoral um estado de indefinida pendência", pois entendo que não existe preclusão contra norma constitucional. Esta pode ser alegada a qualquer momento.

4.1. Anulabilidades no Código Eleitoral

Os casos de anulabilidade estão enfeixados nos arts. 221 e 222 do Código Eleitoral, assim concebidos:

---

6 Nesse sentido: *op. cit.*

> Art. 221. É anulável a votação:
> I – quando houver extravio de documento reputado essencial;
> II – quando for negado ou sofrer restrição o direito de fiscalizar, e o fato constar da ata ou de protesto interposto, por escrito, no momento;
> III – quando votar, sem as cautelas do art. 147, § 2º:
> a) eleitor excluído por sentença não cumprida por ocasião da remessa das folhas individuais de votação à mesa, desde que haja oportuna reclamação de partido;
> b) eleitor de outra seção, salvo a hipótese do art. 145;
> c) alguém com falsa identidade em lugar do eleitor chamado.
> Art. 222. É também anulável a votação, quando viciada de falsidade, fraude, coação, uso de meios de que trata o art. 237, ou emprego de processo de propaganda ou captação de sufrágios vedado por lei.
> § 1º. (Revogado pela Lei nº 4.961, de 04/05/1966).
> § 2º. (Revogado pela Lei nº 4.961, de 04/05/1966).

Cuidado: a anulabilidade (nulidade relativa) pode ser sanada se não for alegada no tempo oportuno.
Obs.: veja agora a questão nº 5.

5. A preclusão

A nulidade de qualquer ato, não decretada de ofício pela junta, só poderá ser arguida quando de sua prática, não mais podendo ser alegada, **salvo se a arguição se basear em motivo superveniente ou de ordem constitucional.**

Segundo o Código Eleitoral, se a nulidade ocorrer em fase na qual não possa ser alegada no ato, poderá ser arguida na primeira oportunidade que para tanto se apresente.

Se se basear em motivo superveniente, deverá ser alegada imediatamente, assim que se tornar conhecida, podendo as razões do recurso ser aditadas no prazo de dois dias.

▸ OBSERVAÇÕES DIDÁTICAS

A nulidade de qualquer ato, baseada em motivo de ordem constitucional, não poderá ser conhecida em recurso interposto fora de prazo. Perdido o prazo numa fase própria, só em outra que se apresentar poderá ser arguida.[7]

Exemplo didático. Se o partido FG deixa de impugnar o pré-candidato Tício no prazo da ação de impugnação ao pedido de registro de candidatos (LC nº 64/1990, art. 3º), mas a matéria é de ordem constitucional, por exemplo, filiação partidária, o caso pode ser apreciado na ação de impugnação ao mandato eletivo (CF, art. 14, §§ 10 e 11), desde que proposta a ação no prazo de quinze dias contados da diplomação, pois, caso contrário, se for excedido o prazo, não será possível o exame da falta de

---

7 *Vide* Lei nº 4.961.

condição constitucional de elegibilidade, e, neste caso, o candidato poderá exercer o mandado eletivo sem o preenchimento deste requisito constitucional.

Conforme o art. 224 do Código Eleitoral, se a nulidade atingir mais de metade dos votos do País nas eleições presidenciais, do Estado nas eleições federais e estaduais ou do Município nas eleições municipais, julgar-se-ão prejudicadas as demais votações e o Tribunal marcará dia para nova eleição, dentro do prazo de vinte a quarenta dias.

Se o Tribunal Regional, na área de sua competência, deixar de cumprir a disposição *supra*, o Procurador Regional levará o fato ao conhecimento do Procurador-Geral, que providenciará junto ao Tribunal Superior para que seja marcada imediatamente nova eleição.

6. Quadro didático[8]

ATO NULO	ATO ANULÁVEL
1. De ordem pública, em alcance geral e decretado no interesse da própria coletividade.	1. De ordem privada, no interesse da(s) pessoa(s) prejudicada(s) ou de um grupo determinado ou determinável de pessoas.
2. Não pode ser suprido pelo juiz ou Tribunal Eleitoral, ainda que pelos pedidos de todos os interessados (art. 220, parágrafo único, do Código Eleitoral).	2. Pode ser suprido pelo juiz ou pelo Tribunal Eleitoral, pelo requerimento das partes ou sanado, expressamente ou tacitamente, pela ratificação.
3. A nulidade pode e deve ser decretada de ofício pelo juiz eleitoral ou pela junta ou pelo TRE ou TSE.	3. A anulabilidade somente poderá ser anunciada mediante provocação da parte, não podendo ser decretada de ofício pelo juiz ou junta, pelo TRE ou TSE.
4. Pode ocorrer de pleno direito.	4. A anulação somente deve ser pleiteada por meio de instrumentos jurídicos eleitorais.
5. A nulidade provoca preclusão, exceto se: a) for matéria de ordem constitucional, e a preclusão ocorre se o recurso for interposto fora do prazo, sendo que, perdido o prazo numa fase própria, somente em outra que se apresentar poderá ser arguida; b) por matéria de ordem pública que atenta contra a democracia, como violação do voto secreto, da urna eletrônica, hipótese do art. 224 do Código Eleitoral etc.	5. Ocorrerá sempre a preclusão, ratificando o ato eivado de anulação.

8 Fonte da pesquisa: CERQUEIRA, Thales Tácito Pontes Luz de Pádua. *Direito Eleitoral brasileiro*. Belo Horizonte: Del Rey, 2002, p. 304.

7. A manifestação apocrífica do eleitor

Em toda eleição, circula na Internet um *e-mail* despolitizado e perigoso para o regime democrático. É um *e-mail* convocando o povo para votar **NULO** para anular as eleições.

Em realidade, tecnicamente não existe "voto nulo". **Por quê?**

A manifestação apocrífica do eleitor, quer dizer, *o voto nulo* não pode causar a nulidade de uma eleição por um motivo muito simples: na eleição majoritária, o número de votos válidos **não é aferido** sobre o total de votos apurados, *in casu*, leva-se em consideração tão somente o percentual de votos dados aos candidatos, **excluindo-se os votos nulos e os brancos.**

Na Consulta nº 1.657, o TSE decidiu que não se somam aos votos nulos derivados da manifestação apolítica dos eleitores, aqueles nulos em decorrência do indeferimento do registro de candidatos – "*afigura-se recomendável que a validade da votação seja aferida tendo em conta apenas os votos atribuídos efetivamente a candidatos e não sobre o total de votos apurados*".

O voto nulo ou em branco não é aproveitável:

a) **No sistema majoritário**

Fundamento legal: arts. 2º e 3º da Lei nº 9.504/1997, *in verbis*:

> Art. 2º. Será considerado eleito o candidato a Presidente ou a Governador que obtiver a maioria absoluta de votos, não computados os em branco e os nulos.
>
> Art. 3º. Será considerado eleito Prefeito o candidato que obtiver a maioria dos votos, não computados os em branco e os nulos.

b) **No sistema proporcional**

Fundamento legal: art. 5º da Lei nº 9.504/1997, *in verbis*:

> Art. 5º. Nas eleições proporcionais, contam-se como válidos apenas os votos dados a candidatos regularmente inscritos e às legendas partidárias.

Conclusão: nenhum efeito plausível causa o protesto pelo "*voto nulo*" (manifestação apocrífica); e o pior, você "*vota nulo*", mas alguém vota no corrupto, sua manifestação não tem nenhum efeito eleitoral **e o corrupto é eleito**. Portanto, só há um método de protesto válido e que causa grandes efeitos: **votar consciente e excluir do processo eleitoral os políticos corruptos.**

8. Questões subjetivas importantes

1. **A pequena diferença entre o número de votos dados aos candidatos, a perplexidade dos eleitores e a surpresa geral manifestada são pressupostos autorizadores para o deferimento do pedido de recontagem de votos?**

Resposta: Não. A mera suposição de que teria havido erro quando da transposição dos números para os boletins também não é argumento suficiente para a concessão do pleito, que há de estar fundamentado em fatos comprovados.[9]

2. **As hipóteses previstas no art. 121, § 4º, inciso III, IV e V da Constituição Federal são taxativas ou exemplificativas?**
Resposta: As hipóteses previstas no art. 121, § 4º, inciso III, IV e V da Constituição Federal são taxativas, não sendo possível ampliar os casos de recurso ordinário.[10]

3. **No âmbito do Direito Eleitoral, pode haver a aplicação das regras do Código de Processo Civil que impliquem aumento de prazo para recurso?**
Resposta: Tratando-se de matéria eleitoral, não se justifica a aplicação de regras do Código de Processo Civil que impliquem aumento de prazo para recurso.[11]

4. **A apresentação das contas fora do prazo pode-se consubstanciar em indício suficiente a se presumir a utilização indevida do poder econômico para fins eleitorais?**
Resposta: A mera extemporaneidade da apresentação das contas de campanha à Justiça Eleitoral não se consubstancia em indício suficiente a se presumir a utilização indevida do poder econômico para fins eleitorais.[12]

9. Questões objetivas de concursos

1. **(TRE/SC – Analista Judiciário) É nula a votação, quando:**
   a) for feita perante mesa não nomeada pelo juiz eleitoral, ou constituída com ofensa à letra da lei;
   b) houver extravio de documento essencial ao bom andamento dos trabalhos;
   c) for negado o direito de fiscalizar ou houver restrição a ele;
   d) o eleitor comparecer para votar com cédula de outro.

2. **(TRE/CE) Na aplicação da Lei Eleitoral, a declaração de nulidade da votação:**
   a) será pronunciada, ainda que haja consenso em contrário das partes, quando o órgão apurador conhecer do ato e o entender provado;
   b) ficará superada por força de acordo entre os candidatos concorrentes, considerando que não se devem pronunciar nulidades sem demonstração de prejuízo;
   c) poderá ser requerida pela parte que lhe deu causa, a qualquer tempo;

---

[9] Precedentes. (TSE – REsp nº 15.653 – (15.653) – Antônio Cardoso – BA – Rel. Min. Maurício José Corrêa – p. 53.

[10] TSE – AI nº 2.078 – (2.078) – PE – Rel. Min. Eduardo Ribeiro – p. 125.

[11] TSE – RAREG nº 1.249 – (1.249) – Brasília – DF – Rel. Min. Eduardo Andrade Ribeiro de Oliveira – p. 124.

[12] Ac. nº 15.064, Rel. Min. Mauricio Corrêa.

d) deverá ser proferida pelo presidente da mesa receptora ou por qualquer um de seus membros;
e) poderá ser arguida a qualquer tempo, na hipótese de se fundamentar em erro material.

3. (MP/MA) Assinale a alternativa correta.

a) É nula a votação quando feita perante mesa não nomeada pelo juiz eleitoral.
b) É nula a votação quando realizada em dia, hora e local diferentes do designado ou encerrada antes das 18 horas.
c) É anulável a votação quando preterida formalidade essencial do sigilo dos sufrágios.
d) É nula a votação quando for negado ou sofrer restrição o direito de fiscalizar e o fato constar da ata ou de protesto interposto, por escrito no momento.
e) É também nula a votação, quando viciado de falsidade, fraude, coação ou emprego de processo de propaganda ou captação de sufrágio vedado por lei.

10. Gabarito das questões objetivas

1. A
2. A
3. A

11. Casos práticos eleitorais superinteressantes

▸ A CASSAÇÃO DO GOVERNADOR E A NOVA POSIÇÕA DO STF

O Tribunal Superior Eleitoral (TSE) cassou o mandato do governador Tício. Aponte a solução jurídica considerando que:

a) o mandato foi cassado porque Tício na campanha cometeu abuso de poder econômico e político e conduta vedada a agente público;
b) Tício foi eleito com menos de 50% dos votos válidos;
c) quando o TSE efetivou a cassação faltavam menos de dois anos para Tício concluir seu mandato.

Pergunta-se: *"Segundo a posição dominante do TSE, qual a solução correta: a) assume o segundo colocado; b) assume o Vice-governador; c) haverá novas eleições?"*

Resposta: O STF finalizou o julgamento das Ações Diretas de Inconstitucionalidade (ADI) 5525 e 5619, que questionam regras da Minirreforma.

12. Simulação

Imagine-se na última fase de um concurso jurídico, pois, após a leitura do Capítulo 12, você agora já tem plenas condições de resolver a questão infracitada, elaborada em um concurso jurídico.

Disserte: *Atos nulos e anuláveis.*

Capítulo 13

Recursos Eleitorais

Para que você perceba a importância do tema em análise, veja estas questões, formuladas em concursos jurídicos.

1. Quais as principais características do recurso jurisdicional?
2. Quanto ao efeito, qual a regra predominante no Direito Eleitoral?
3. Cite os casos de cabimento do recurso especial.
4. No Direito Eleitoral, é admissível a ação rescisória?
5. No Direito Eleitoral, é possível a interposição de apelação sem oferecimento das respectivas razões?
6. Cite os casos de cabimento do recurso ordinário.

Obs.: todas as questões serão solucionadas durante o desenvolvimento da matéria.

1. Noções gerais

Recurso, como sabemos, é o meio de que se pode lançar mão para obter o reexame de uma decisão.

Na realidade, recurso é um ato de inconformismo, mediante o qual a parte pede nova decisão diferente daquela que lhe desagrada. É conatural ao conceito de recurso, no Direito brasileiro, o seu cabimento no mesmo processo, na mesma relação processual, em que houver sido proferida a decisão impugnada.[1]

▸ INDAGAÇÃO DIDÁTICA I

Veja esta questão, elaborada em um concurso jurídico.

"Em relação ao procedimento, o que acontece com a interposição de um recurso?"

---

[1] Cf. por todos, NERY JÚNIOR, Nelson. *Princípios fundamentais – teoria geral dos recursos*. nº 2.1, esp. p. 18.

Resposta: A interposição de um recurso instaura no processo um novo procedimento, o procedimento recursal, destinado à produção do novo julgamento pedido. O processo não se duplica nem cria uma nova relação processual.[2]

Novo curso se instaura, ou nova caminhada, em prolongamento à relação jurídica processual pendente, e daí falar-se em recurso. O procedimento dos recursos compõe-se de atos ordenados segundo determinados critérios e em vista do objetivo de cada espécie recursal, sendo que cada um dos atos sucessivamente realizados nesse procedimento vai produzindo seus efeitos e impulsionando a demanda do recorrente ao julgamento pelo órgão destinatário. Daí falar-se em efeitos da interposição do recurso, do recebimento ou indeferimento pelo juiz *a quo*, do conhecimento ou não conhecimento pelo órgão destinatário, do provimento ou improvimento do recurso, do provimento para reformar a decisão ou para anulá-la etc.

▸ INDAGAÇÃO DIDÁTICA II

Veja esta questão, elaborada em um concurso jurídico. *"No Direito Eleitoral, existe diferença entre impugnação e recurso?"*

Resposta: Sim. A propósito, escreve **Tito Costa**:[3]

> **Impugnação é oposição manifestada mesmo antes de ser tomada uma decisão ou praticado um ato.** Por exemplo: o fiscal do partido impugna, no ato da votação, a identidade de um eleitor que ainda vai votar; ou, no ato de apuração, a validade e a contagem de um voto. Geralmente, a impugnação é verbal e se destina a desaparecer logo depois de ser feita. É um protesto com a finalidade de medida preparatória que produz efeitos imediatos; ou mediatos, na hipótese de recurso posterior contra a apuração, caso em que o recurso somente será admitido se tiver havido impugnação perante a junta, no ato da apuração, contra as nulidades arguidas (CE, art. 171). **Recurso, no entanto, é medida de que se vale o interessado depois de praticado um ato ou tomada uma decisão.** Pode também ser manifestado oralmente, como a impugnação, mas para ter seguimento deve ser confirmado, dentro dos prazos legais, por petição escrita e fundamentada.

2. As decisões que comportam recursos

Adriano Soares apresenta valiosa lição didática sobre o tema da seguinte forma:[4]

> A indagação primeira a fazer, parece-nos, em matéria recursal, diz respeito ao saber-se sobre quais atos judiciais podem ser fustigados mediante a interposição de recurso. Dada a celeridade que o Direito Eleitoral requer, mercê da limitação

---

[2] Cf. BARBOSA, Moreira. *O juízo de admissibilidade no sistema dos recursos cíveis*. nº 3, esp. p. 12.

[3] *Op. cit.*, p. 80.

[4] Nesse sentido: COSTA. Adriano Soares da. *Op. cit.*

temporal das eleições (que vão desde as convenções partidárias até a diplomação dos candidatos eleitos), os ritos adotados são, em sua esmagadora maioria, de cognição sumária, com diminuição dos prazos para a atuação em juízo. Por isso, em matéria recursal, há um princípio geral presidindo o processo civil eleitoral. Nada obstante comporte exceções: trata-se do princípio da irrecorribilidade em separado das interlocutórias. No Direito Processual Eleitoral, as decisões proferidas pelo juiz no curso do processo, antes da entrega da prestação jurisdicional definitiva, são irrecorríveis, só podendo ser impugnadas quando da irresignação contra a sentença. Vejamos alguns exemplos: (a) a exclusão do eleitor e o cancelamento de sua inscrição eleitoral poderá ser requerida nos termos do art. 77 do CE. O juiz receberá a petição, mandará autuá-la, citará o excluendo e os interessados (outro eleitor ou delegado de partido, conforme o art. 73) para contestarem, no prazo de cinco dias, concedendo dilação probatória. Se o juiz vedar a produção de determinada prova (testemunhal, por exemplo), a parte prejudicada não terá oportunidade de recorrer dessa decisão interlocutória, devendo aguardar a decisão final, quando então poderá recorrer no prazo de cinco dias para o TRE (art. 80); (b) as impugnações propostas perante a junta eleitoral, por fiscais, delegados de partido e candidatos (art. 169 do CE) serão decididas de plano. Tal decisão é definitiva, cabendo recurso imediato, interposto verbalmente ou por escrito, que deverá ser fundamentado em quarenta e oito horas (art. 169, § 2º). Há exceções a esse princípio geral, como o recurso inominado do art. 270, § 2º, do CE, interposto contra a decisão do relator que rejeita a produção de prova, sendo tal decisão apreciada pelo pleno do Tribunal Regional. Caberá agravo de instrumento eleitoral da decisão do presidente do TRE que denegar recurso especial (art. 279 do CE). Da decisão do juiz eleitoral que conceder a medida acautelatória, inaudita altera parte, pleiteada em AIJE, cabe apenas mandado de segurança, à falta de previsão de via recursal contra a interlocutória.

3. Fundamentos recursais

▸ INDAGAÇÃO DIDÁTICA

Veja esta questão, elaborada em um concurso jurídico.

"Quais os principais fundamentos dos recursos eleitorais?"

Resposta: O reconhecimento da falibilidade do homem e a preocupação com a segura distribuição da Justiça tornam recomendável que os julgamentos, via de regra, sejam passíveis de reapreciação, antes que se tornem imutáveis.

Assinala **Francisco de Paula Batista** que, "sendo as sentenças atos de inteligência humana sujeita a erros e a prevenções, daí vem que, além dos cuidados e previsões da lei em bem ordenar a apresentação, discussão, instrução e julgamento das pretensões rivais, ela concede ainda às partes recursos como meios de obterem reparação das injustiças, que uma primeira decisão lhes possa ter causado".[5]

---

5 BATISTA, Francisco de Paula. *Compêndio de teoria e prática do Processo Civil comparado com Comercial e de hermenêutica jurídica*. 6. ed. Rio de Janeiro: H. Garnier Livreiro, 1901, p. 305.

4. Da sucumbência

Todo recurso supõe um gravame ou prejuízo da parte.

Em linha conceitual, sucumbência é a desconformidade entre o que foi pedido e o que foi concedido.

5. As características do recurso

▸ INDAGAÇÃO DIDÁTICA

Agora você já pode resolver esta questão, elaborada em um concurso jurídico.

"Quais as principais características dos recursos eleitorais?"

Resposta: Em grande síntese didática, o mestre do Direito Eleitoral brasileiro, **Fávila Ribeiro**, afirma que podem ser apresentadas as seguintes características do recurso jurisdicional:

a) a preexistência de relação processual;
b) antecedente emissão de ato decisório por órgão judiciário;
c) a provocação de uma das partes, inconformada com o resultado desfavorável, por intermédio do próprio órgão prolator da decisão;
d) a preexistência do contraditório processual;
e) impedimento a que se corporifique o efeito de coisa julgada;
f) a emissão de novo julgamento sobre as partes afetadas pelo recurso perante a mesma ou diante de autoridade julgadora de superior instância.

Em relação ao item "c", adverte **Frederico Marques** que, "por ser o recurso um ônus, não se forma o procedimento recursal sem que o vencido, nos limites do que o permite a sucumbência, peça o reexame da decisão".[6]

Obs.: veja agora a questão nº 1.

6. Da preclusão

Se o recurso não for interposto no prazo, ocorre a preclusão temporal e a decisão se torna firme no processo.

Quando a Lei Eleitoral estabelece que são preclusivos os prazos para interposição de recurso, **salvo quando nele se discutir matéria constitucional**, está adotando para os recursos eleitorais o instituto da **preclusão**, que consiste na perda de uma faculdade processual, em virtude de terem sido ultrapassados os limites fixados na lei para o exercício dessa faculdade. O princípio da preclusão rege o processo eleitoral.[7]

---

6 MARQUES, José Frederico. *Instituições de Direito Processual Civil*. Rio de Janeiro: Forense, 1960. vol. IV, p. 20.

7 COSTA, Tito. *Op. cit.*

O TSE entende que "a **preclusão** veda a prática de atos processuais fora do momento adequado ou quando já tenham sido praticados, ainda que invalidamente".[8]

O Código Eleitoral de 1950 (art. 152, § 2º) admitia o princípio da preclusão em matéria eleitoral.

O princípio da preclusão está mantido no atual Código Eleitoral, em seu art. 259, *in verbis*:

> Art. 259. São preclusivos os prazos para interposição de recurso, salvo quando neste se discutir matéria constitucional.
> Parágrafo único. O recurso em que se discutir matéria constitucional não poderá ser interposto fora do prazo. Perdido o prazo numa fase própria, só em outra que se apresentar poderá ser interposto.

▸ EXEMPLOS DIDÁTICOS

1. Como já relatei, não há preclusão quando a matéria é constitucional, por exemplo, filiação partidária. No entanto, se não for arguida na ação de impugnação ao pedido de registro, só poderá ser arguida na ação de impugnação ao mandado eletivo.
2. Já a inelegibilidade fundamentada na Lei Complementar nº 64/1990 e preexistente ao registro da candidatura não pode ser arguida em ação de impugnação de mandato eletivo, dado que a matéria torna-se preclusa, por força do art. 259 do Código Eleitoral.[9]

Repito, para melhor fixação: a preclusão, define **Tito Costa**,[10] "consiste na perda de uma faculdade processual, em virtude de terem sido ultrapassados os limites fixados na lei para o exercício dessa faculdade".

6.1. A vantagem da preclusão

A vantagem da preclusão, erigida como princípio na processualística, é imensa, porque o exercício dos mandatos é breve, os prazos de registro são curtos; se o procedimento não for rápido, tornar-se-á evidentemente inócuo. Por conseguinte, se o interessado não usar de imediato e tempestivamente o recurso eleitoral, opera-se a preclusão, exceto se a matéria for de conteúdo constitucional. O advogado eleitoral deve permanecer sempre atento ao recurso, assim como os delegados, com seus respectivos prazos, para que não sejam prejudicados, recorrendo tempestivamente.[11]

▸ EXEMPLO DIDÁTICO

O Código Eleitoral vigente prescreve o seguinte:

---

[8] TSE-BE 373/369.
[9] TREMA – RAIME nº 1.561 – (4.004) – Relª Juíza Rosimayre Gonçalves de Carvalho – p. 66.
[10] *Op. cit.*, p. 330.
[11] TSE – Boletim Eleitoral nº 33:399.

> Art. 171. Não será admitido recurso contra a apuração, se não tiver havido impugnação perante a Junta, no ato da apuração, contra as nulidades arguidas.

Cuidado: a parte deve arguir a nulidade, mas deve providenciar a lavratura do termo da sua impugnação, a fim de que não tenha operatividade a preclusão.

O fato é que a preclusão é instituto importante no Direito Eleitoral, porque assegura a celeridade ao processo, evitando procrastinações e efetivando o princípio constitucional da celeridade processual, pois, conforme a Constituição Federal, art. 5º, inciso LXXVIII:

> (...) a todos, no âmbito judicial e administrativo, são assegurados a razoável duração do processo e os meios que garantam a celeridade de sua tramitação.

A vantagem da preclusão também é destacada por **Chiovenda**: "O princípio da preclusão visa, no fundo, a assegurar precisão e rapidez no desenvolvimento dos atos judiciais."[12]

6.2. Os tipos de preclusão

Frederico Marques, em suas *Instituições de Direito Processual,*[13] distingue três tipos de preclusão, a saber:

a) a preclusão temporal;
b) a preclusão lógica;
c) a preclusão consumativa.

A preclusão temporal é a prevalecente no processo eleitoral, definida como "a perda de uma faculdade processual oriunda de seu não exercício ou prazo ou termo fixados na lei processual".

Registre-se que, no Direito Eleitoral, toda interposição recursal tem o efeito direto e imediato de prevenir a preclusão temporal, a qual fatalmente ocorrerá se recurso algum for interposto. Ao recorrer, e independentemente do resultado dos variados pronunciamentos judiciais sobre o recurso interposto, a parte evita que o ato judicial recorrido adquira desde logo firmeza e imunidade a questionamentos futuros, ou seja, ela evita que, ao menos naquele momento, ocorra a preclusão. Esse efeito está presente em todo e qualquer recurso e chega ao ponto de integrar o conceito desse remédio processual.

É tradicional em doutrina a afirmação de que a interposição recursal tem o efeito de impedir a preclusão, ou seja, de evitar que ela se consume.[14]

---

[12] *Instituições de Direito Processual Civil* (v. 3, p. 155).

[13] *Instituições de Direito Processual.* 1. ed., Forense, v. 2, p. 380.

[14] MOREIRA, Barbosa. *Op. cit.*, nº 221, esp. p. 391.

▸ POSIÇÃO DIVERGENTE

Insurge-se contra a posição supramencionada **Nelson Nery Júnior**, sustentando que as interposições recursais têm somente o efeito de adiar, ou retardar a preclusão, não o de impedi-la.[15]

6.3. Caso prático de preclusão na jurisprudência

Candidato a vereador que instruiu o pedido de registro com prova falsa de quitação com o serviço militar, apresentando certificado falsificado que se expedira originariamente em favor de irmão do candidato. O TRE-MS acolheu o recurso, reconhecendo a inelegibilidade do candidato e declarando, em consequência, a nulidade da votação, com a cassação do diploma. **O TRE afastou a alegação de preclusão (Código Eleitoral, art. 259), afirmando tratar-se, no caso, de matéria constitucional.** Recurso especial não conhecido: recusada a preclusão, porque se cuida de matéria constitucional posta no recurso de diplomação; provada a falsidade do documento que instruiu o pedido de registro, declara-se a inelegibilidade do candidato, com a cassação de sua diplomação. Recurso extraordinário, alegando-se ofensa aos arts. 5º, II e XXXVI; 14, § 3º, inciso II, e 15, todos da Constituição Federal.

6.4. Duas observações didáticas sobre preclusão

1ª. Lembre-se de que algumas matérias do Direito Eleitoral são previstas na própria Constituição Federal, e que não existe preclusão contra matéria constitucional. No mesmo sentido a posição dominante do TSE: "A inelegibilidade de estatura constitucional não se submete à preclusão".[16]

2ª. Lembra **Joel J. Cândido**[17] que a preclusão – como regra incidente sempre em Direito Eleitoral (art. 259) – não opera em relação à instauração de processo penal eleitoral. Portanto, não apresentada a denúncia no prazo legal, o órgão do Ministério Público estará sujeito às penalidades do art. 342 do Código Eleitoral e às sanções disciplinares de sua lei orgânica e de seu estatuto, mas, enquanto não prescrito o crime, pode o agente ser legalmente processado. Entende-se por que a preclusão não é causa de extinção da punibilidade (CP, art. 107), não podendo jamais beneficiar o acusado a esse ponto.

7. Efeito recursal

I – O efeito suspensivo

O efeito suspensivo, de que alguns recursos são dotados, consiste em impedir a pronta consumação dos efeitos de uma decisão interlocutória, sentença ou acórdão,

---

15 Cf. *Princípios fundamentais – teoria geral dos recursos*. nº 2.1, esp. p. 18-19.

16 TSE, AgR-REsp nº 36.043/MG.

17 *Op. cit.*

até que seja julgado o recurso interposto. Esse efeito não incide sobre a decisão judicial recorrida, como ato processual sujeito a ser cassado e eventualmente substituído por outro, mas propriamente sobre os efeitos que eles se destinam a produzir.

O recurso pode ter o efeito de obstar a eficácia natural que os atos judiciais possuem, refreando sua natural tendência a produzir no processo ou no mundo exterior os efeitos indicados na parte dispositiva.[18]

Consoante lição de **Tito Costa**:[19]

> No sistema eleitoral brasileiro, a regra geral é a de que os recursos não têm efeito suspensivo. Em consequência, a execução de qualquer acórdão será feita imediatamente, em princípio, através de comunicação por ofício ou telegrama. Em casos especiais, a critério do presidente do Tribunal, por meio de simples cópia do acórdão.

Por isso, quer se trate de sentença de mérito ou terminativa, ou mesmo de decisão interlocutória, o efeito suspensivo dos recursos só existe quando assim determina a lei, sendo natural a expansão de efeitos quando ela silencia. Nem todos os recursos são suspensivos da eficácia das decisões judiciárias, só aqueles a que o direito positivo confere tal eficácia; a suspensividade não é coessencial aos recursos ou ao conceito de recurso, como o efeito devolutivo é.

Desde que a decisão judicial seja passível de recurso, não se produzirá a coisa julgada enquanto não houver a transcorrência do prazo sem a iniciativa recursal da parte em sucumbência, tanto quanto ficará a depender dos recursos admissíveis tempestivamente interpostos. Disso resulta que o estado de pendência não se exaure enquanto houver admissibilidade a recurso.

A LC nº 135/2010 inovou em relação ao efeito suspensivo e criou três regras:

a) Previsão de suspensão da inelegibilidade com dois requisitos:
   1 – sempre que existir plausibilidade da pretensão recursal;
   2 – desde que a providência tenha sido expressamente requerida, sob pena de preclusão, por ocasião da interposição do recurso.
b) Conferido efeito suspensivo, o julgamento do recurso terá prioridade sobre todos os demais, à exceção:
   1 – do mandado de segurança;
   2 – do ***habeas corpus***.
c) A prática de atos manifestamente protelatórios por parte da defesa, ao longo da tramitação do recurso, acarretará a revogação do efeito suspensivo.
   Veja previsão legal: art. 26-C da LC nº 135/2010, *in verbis*:

> O órgão colegiado do tribunal ao qual couber a apreciação do recurso contra as decisões colegiadas a que se referem as alíneas d, e, h, j, l e n do inciso I do

[18] Cf. LIEBMAN. *Efficacia ed. autorità della sentenza*. Esp. nº 34, p. 95.

[19] COSTA, Tito. *Op. cit.*

> art. 1º poderá, em caráter cautelar, suspender a inelegibilidade sempre que existir plausibilidade da pretensão recursal e desde que a providência tenha sido expressamente requerida, sob pena de preclusão, por ocasião da interposição do recurso.
> § 1º. Conferido efeito suspensivo, o julgamento do recurso terá prioridade sobre todos os demais, à exceção dos de mandado de segurança e de *habeas corpus*.
> § 2º. Mantida a condenação de que derivou a inelegibilidade ou revogada a suspensão liminar mencionada no caput, serão desconstituídos o registro ou o diploma eventualmente concedidos ao recorrente.
> § 3º. A prática de atos manifestamente protelatórios por parte da defesa, ao longo da tramitação do recurso, acarretará a revogação do efeito suspensivo.

II – O efeito devolutivo: o efeito devolutivo é a regra predominante no Direito Eleitoral

Nem sempre, porém, a existência de recurso constitui causa impeditiva à execução. Pode, em certos casos, haver execução provisória do julgado, que se haverá de desfazer na hipótese de provimento do recurso. É a regra predominante no Direito Eleitoral brasileiro.

Nesse sentido, estabelece o art. 257 do Código Eleitoral:

> Os recursos eleitorais não terão efeito suspensivo.
> § 1º A execução de qualquer acórdão será feita, imediatamente, através de comunicação por ofício, telegrama, ou, em casos especiais, a critério do Presidente do Tribunal, através de cópia do acórdão.

A reforma eleitoral criou mais duas regras aos recursos eleitorais, a saber:

> § 2º O recurso ordinário interposto contra decisão proferida por juiz eleitoral ou por Tribunal Regional Eleitoral que resulte em cassação de registro, afastamento do titular ou perda de mandato eletivo será recebido pelo Tribunal competente com efeito suspensivo.
> § 3º O Tribunal dará preferência ao recurso sobre quaisquer outros processos, ressalvados os de habeas corpus e de mandado de segurança.

Obs.: veja agora a questão nº 2.

A exclusão da suspensividade dos recursos eleitorais coloca-os submetidos a efeitos apenas devolutivos. Com o efeito devolutivo, opera-se o deslocamento integral da matéria afetada pelo recurso para o órgão judiciário competente para dele conhecer. Reafirma-se com a recorribilidade das decisões a tutela ao direito individual, conferindo-se nova oportunidade de exame à pretensão dos litigantes.

O Professor **Fávila Ribeiro** adverte que "a não atribuição de efeito suspensivo reflete a prevalência do interesse público no disciplinamento dos recursos eleitorais, atribuindo força executória imediata ao ato decisório emanado do órgão estatal judicante. Precisamente ao desligar a suspensividade do recurso eleitoral, fica o juízo *a quo* com a sua competência prolongada para executar a decisão recorrida, mesmo que haja deslocamento do recurso para instância superior. O alcance do recurso pode ser total ou parcial, de acordo com a iniciativa das partes, sobre o qual incidirá o poder de reexame na instância revisora. Nem sempre o efeito devolutivo do recurso importa em transposição de conhecimento para órgão judicante diferente. Pode a competência recursória ser atribuída ao próprio órgão prolator da decisão recorrida, levando a um novo exame as questões controvertidas. É o caso, exatamente, dos embargos de declaração previstos no art. 275 do Código Eleitoral".[20]

Leciona **Tito Costa** que, "quando a Lei Eleitoral, mais precisamente o Código, estabelece que, de modo geral, os recursos não terão efeito suspensivo, está com sua atenção voltada para o interesse público, sem perder de vista a celeridade do processo eleitoral (processo aqui entendido como aquele complexo de atos relativos à realização de eleições em todas as suas fases e que vão desde a escolha em convenções partidárias até sua eleição e diplomação)".

Ao contrário da Justiça Comum, cuja morosidade se constitui, ao longo do tempo, num mal aparentemente sem cura, a Justiça Eleitoral processa e julga com louvável rapidez os feitos que lhe são submetidos. Excetuados, naturalmente, os de natureza criminal, que demandam instrução mais complexa, sujeita aos prazos comuns do Código de Processo Penal".[21]

O desfazimento da decisão vai produzir-se prospectivamente, a partir da decisão superveniente.

III. O efeito translativo

Entende-se por efeito translativo a capacidade que têm os tribunais eleitorais de avaliar matérias que não tenham sido objeto do conteúdo do recurso.

No mesmo sentido o entendimento dominante do TSE:

> O efeito translativo dos recursos autoriza o tribunal a reconhecer de ofício matéria de ordem pública, mesmo que não alegada nas razões ou contrarrazões do apelo (REsp 873.732/BA, Rel. Min. Mauro Campbell Marques, *DJe* 16/4/2009).

8. Dos prazos recursais eleitorais

Os recursos eleitorais, via de regra, devem ser interpostos no prazo de três dias da publicação do ato decisório.

8.1. Previsão legal

Prevê o art. 258 do Código Eleitoral:

> Sempre que a lei não fixar prazo especial, o recurso deverá ser interposto em 3 (três dias) da publicação do ato, resolução ou despacho.

---

[20] RIBEIRO, Fávila. *Op. cit.*

[21] COSTA, Tito. *Op. cit.*

Assim, se não houver expressa designação de prazo, há de prevalecer o prazo de três dias para interposição de recurso no Direito Eleitoral.

▸ EXEMPLOS DIDÁTICOS

Alguns casos de prazo de três dias.

a) Da decisão denegatória de transferência eleitoral (art. 57, § 2º, do Código Eleitoral):

Em caso de ***indeferimento*** da transferência, o eleitor poderá recorrer da decisão no prazo de *cinco dias*, pois o art. 7º, § 1º, da Lei nº 6.996/1982, derrogou o § 2º do art. 57 do Código Eleitoral.

No caso de ***deferimento*** da transferência, o prazo é de *dez dias*, contados da afixação da listagem dos eleitores.

Observação importante: a legitimidade para recorrer do ***deferimento*** da transferência é do delegado de partido político e do Ministério Público Eleitoral.

Há apenas uma diferença:

a) Em caso de ***deferimento*** da transferência o delegado de partido político pode recorrer em *dez dias.*
b) Em caso de ***deferimento*** ou ***indeferimento*** o Ministério Público Eleitoral pode recorrer em *dez dias.*

Observação didática: segundo o entendimento jurisprudencial, hoje dominante, o promotor de Justiça Eleitoral e os partidos políticos também têm legitimidade para recorrer.

b) Da decisão que determina o cancelamento de inscrição eleitoral (art. 80 do Código Eleitoral):

> Art. 80. Da decisão do juiz eleitoral caberá recurso no prazo de 3 (três) dias, para o Tribunal Regional, interposto pelo excluendo ou por delegado de partido.

c) Da decisão que estabelece a composição de mesa receptora (art. 121, § 1º, do Código Eleitoral):

Preconiza o art. 121 do Código Eleitoral:

> Art. 121. Da nomeação da Mesa Receptora qualquer partido poderá reclamar ao Juiz Eleitoral, no prazo de 2 (dois) dias, a contar da audiência, devendo a decisão ser proferida em igual prazo.
> § 1º Da decisão do Juiz Eleitoral caberá recurso para o Tribunal Regional, interposto dentro de 3 (três) dias, devendo, dentro de igual prazo, ser resolvido.

Cuidado I: não caia nessa pegadinha!

Responda esta questão: julgue este item com C ou E.

( ) Da nomeação da Mesa Receptora qualquer partido poderá reclamar ao Juiz Eleitoral, no prazo de 2 (dois) dias.

Resposta: E.

O art. 121 do Código Eleitoral entra em confronto com o art. 63 da lei 9.504/1997, a saber:

> Art. 63. Qualquer partido pode reclamar ao Juiz Eleitoral, no prazo de cinco dias, da nomeação da Mesa Receptora, devendo a decisão ser proferida em 48 horas.
> § 1º Da decisão do Juiz Eleitoral caberá recurso para o Tribunal Regional, interposto dentro de três dias, devendo ser resolvido em igual prazo.

▶ RESUMO DIDÁTICO

a) Da nomeação da Mesa Receptora cabe *"reclamação"* ao Juiz Eleitoral, no prazo de cinco dias, devendo a decisão ser proferida em 48 horas.
b) Da decisão do Juiz Eleitoral caberá recurso *"inominado"* para o TRE, no prazo de três dias, devendo ser resolvido em igual prazo.
c) Da decisão do juiz eleitoral aplicada à reclamação oferecida sobre a localização de seções (art. 135, § 8º, do Código Eleitoral, acrescentado pelo art. 25 da Lei nº 4.961, de 04/05/1966);

> § 8º. Da decisão do juiz eleitoral caberá recurso para o Tribunal Regional, interposto dentro de três dias, devendo, no mesmo prazo, ser resolvido (parágrafo acrescentado pela Lei nº 4.961, de 04/05/1966).

d) Da decisão em matéria de expedição de diplomas (art. 262 do Código Eleitoral):

> Art. 262. O recurso contra expedição de diploma caberá somente nos casos de inelegibilidade superveniente ou de natureza constitucional e de falta de condição de elegibilidade.

e) Dos atos, resoluções ou despachos dos presidentes (art. 264 do Código Eleitoral):

> Art. 264. Para os Tribunais Regionais e para o Tribunal Superior caberá, dentro de 3 (três) dias, recurso dos atos, resoluções ou despachos dos respectivos presidentes.

f) Dos atos, despachos dos juízes ou juntas eleitorais (art. 265 do Código Eleitoral):

> Art. 265. Dos atos, resoluções ou despachos dos juízes ou juntas eleitorais caberá recurso para o Tribunal Regional.
> Parágrafo único. Os recursos das decisões das Juntas serão processados na forma estabelecida pelos arts. 169 e seguintes.

g) Para embargos de declaração a acórdão (art. 275, § 1º, do Código Eleitoral):

> § 1º. Os embargos serão opostos dentro em 3 (três) dias da data da publicação do acórdão, em petição dirigida ao relator, na qual será indicado o ponto obscuro, duvidoso, contraditório ou omisso.

h) Para interposição de recurso especial e ordinário para o Tribunal Superior Eleitoral (art. 276, § 1º, do Código Eleitoral):

> Art. 276. As decisões dos Tribunais Regionais são terminativas, salvo os casos seguintes em que cabe recurso para o Tribunal Superior:
> I – especial:
> a) quando forem proferidas contra expressa disposição de lei;
> b) quando ocorrer divergência na interpretação de lei entre dois ou mais tribunais eleitorais;
> II – ordinário:
> a) quando versarem sobre expedição de diplomas nas eleições federais e estaduais;
> b) quando denegarem habeas corpus ou mandado de segurança.
> § 1º. É de 3 (três) dias o prazo para a interposição do recurso, contado da publicação da decisão nos casos dos números I, letras a e b, e II, letra b, e da sessão da diplomação no caso do número II, letra a.

i) Para interposição de agravo de instrumento do despacho do Presidente do Tribunal Regional denegatório do recurso especial (art. 279 do Código Eleitoral):

> Art. 279. Denegado o recurso especial, o recorrente poderá interpor, dentro em 3 (três) dias, agravo de instrumento.

j) Para interposição de recurso ordinário para o Supremo Tribunal Federal das decisões denegatórias de *habeas corpus* (art. 281 do Código Eleitoral):

> Art. 281. São irrecorríveis as decisões do Tribunal Superior, salvo as que declararem a invalidade de lei ou ato contrário à Constituição Federal e as denegatórias de habeas corpus ou mandado de segurança, das quais caberá recurso ordinário para o Supremo Tribunal Federal, interposto no prazo de 3 (três) dias.

Veja a Súmula nº 728, do STF: "É de três dias o prazo para a interposição de recurso extraordinário contra decisão do Tribunal Superior Eleitoral, contado, quando for o caso, a partir da publicação do acórdão, na própria sessão de julgamento, nos termos do art. 12 da Lei nº 6.055/1974, que não foi revogado pela Lei nº 8.950/1994."

k) Para interposição de agravo de instrumento da decisão do Presidente do Tribunal Superior Eleitoral que inadmita o recurso extraordinário (art. 282 do Código Eleitoral):

> Art. 282. Denegado o recurso, o recorrente poderá interpor, dentro de 3 (três) dias, agravo de instrumento, observado o disposto no art. 279 e seus parágrafos, aplicada a multa a que se refere o § 6º pelo Supremo Tribunal Federal.

l) Da decisão do juiz eleitoral concedendo ou denegando o registro a candidato a cargo eletivo (art. 11, § 2º, da Lei Complementar nº 64, de 18/05/1990):

> Art. 11. Na sessão do julgamento, que poderá se realizar em até 2 (duas) reuniões seguidas, feito o relatório, facultada a palavra às partes e ouvido o

> Procurador Regional, proferirá o Relator o seu voto e serão tomados os dos demais juízes.
> § 2º. Terminada a sessão, far-se-á a leitura e a publicação do acórdão, passando a correr dessa data o prazo de 3 (três) dias, para a interposição de recurso para o Tribunal Superior Eleitoral, em petição fundamentada.

m) A interposição de recurso da nomeação da mesa receptora de votos (art. 63, § 1º, da Lei nº 9.504/1997):

> Art. 63. Qualquer partido pode reclamar ao Juiz Eleitoral, no prazo de cinco dias, da nomeação da Mesa Receptora, devendo a decisão ser proferida em 48 horas.
> § 1º. Da decisão do Juiz Eleitoral caberá recurso para o Tribunal Regional, interposto dentro de três dias, devendo ser resolvido em igual prazo.
> (...)

n) O mestre **Fávila Ribeiro** apresenta outro exemplo de interposição de recurso no prazo de três dias: "do despacho do juiz eleitoral indeferindo requerimento de inscrição eleitoral (art. 45, § 7º, do Código Eleitoral)":

> § 7º. Do despacho que indeferir o requerimento de inscrição caberá recurso interposto pelo alistando e do que o deferir poderá recorrer qualquer delegado de partido.

Atualização: atualizando a posição do renomado autor, informo que a Lei nº 6.996/1982, art. 7º, § 1º, estipula o prazo de cinco dias para interposição de recurso pelo alistando e de dez dias pelo delegado de partido, nos casos de inscrição originária ou de transferência. Entendo que o promotor de Justiça Eleitoral, como fiscal da lei, também é parte legítima para interpor o recurso.

8.2. Como fazer a contagem dos prazos recursais

Temos que fazer uma divisão.[22]

1) A contagem dos prazos eleitorais cíveis

Em conformidade com as diretrizes gerais do TSE para a aplicação da Lei nº 13.105 de 2015 – Novo Código de Processo Civil –, no âmbito da Justiça Eleitoral, devem ser observadas as seguintes regras:

a) O disposto no art. 219 do Código de Processo Civil não se aplica aos feitos eleitorais.
   Preconiza o art. 219 do Novo Código de Processo Civil que:

> Na contagem de prazo em dias, estabelecido por lei ou pelo juiz, computar-se-ão somente os dias úteis.

[22] Fonte de pesquisa: BARROS, Francisco Dirceu. *Manual de Prática Eleitoral*. 2. ed. São Paulo: JH Mizuno.

> Parágrafo único. O disposto neste artigo aplica-se somente aos prazos processuais.

b) Os prazos processuais, durante o período definido no calendário eleitoral, serão computados na forma do art. 16 da Lei Complementar nº 64, de 1990, não se suspendendo nos fins de semana ou feriados.
Art. 16 da LC nº 64/1990, *in verbis:*

> Os prazos a que se referem o art. 3º e seguintes desta lei complementar são peremptórios e contínuos e correm em secretaria ou Cartório e, a partir da data do encerramento do prazo para registro de candidatos, não se suspendem aos sábados, domingos e feriados.

O período definido no calendário eleitoral será **entre 15 de agosto e 16 de dezembro de 2016**, no mesmo sentido a **Resolução nº 23.462, de 15 de dezembro de 2015 do TSE, art. 5º,** ***in verbis:***

> Os prazos relativos às reclamações, às representações e aos pedidos de resposta são contínuos e peremptórios e não se suspendem aos sábados, domingos e feriados entre 15 de agosto e 16 de dezembro de 2016 (Lei Complementar nº 64/1990, art. 16), excepcionados os feitos de competência do Tribunal Superior Eleitoral, que observarão o disposto no Calendário Eleitoral.

c) Os prazos processuais, fora do período definido no calendário eleitoral, serão computados na forma do § 3º do art. 224 do Código de Processo Civil, *in verbis*:

> A contagem do prazo terá início no primeiro dia útil que seguir ao da publicação.

2) Contagem do prazo na matéria criminal eleitoral
Se a matéria é criminal eleitoral, temos que fazer uma subdivisão.
   a) Na contagem do prazo **processual eleitoral**, usamos o art. 798 do Código de Processo Penal, *in verbis:*

> Todos os prazos correrão em cartório e serão contínuos e peremptórios, não se interrompendo por férias, domingo ou dia feriado.
> § 1º. Não se computará no prazo o dia do começo, incluindo-se, porém, o do vencimento.
> § 2º. A terminação dos prazos será certificada nos autos pelo escrivão; será, porém, considerado findo o prazo, ainda que omitida aquela formalidade, se feita a prova do dia em que começou a correr.
> § 3º. O prazo que terminar em domingo ou dia feriado considerar-se-á prorrogado até o dia útil imediato.
> § 4º. Não correrão os prazos, se houver impedimento do juiz, força maior, ou obstáculo judicial oposto pela parte contrária.
> § 5º. Salvo os casos expressos, os prazos correrão:
> a) da intimação;

b) da audiência ou sessão em que for proferida a decisão, se a ela estiver presente a parte;
c) do dia em que a parte manifestar nos autos ciência inequívoca da sentença ou despacho.

b) Na contagem do prazo penal eleitoral, usamos o art. 10 do Código Penal, *in verbis*:

> O dia do começo inclui-se no cômputo do prazo. Contam-se os dias, os meses e os anos pelo calendário comum (Redação dada ao artigo pela Lei nº 7.209, de 11/07/1984).

▸ OBSERVAÇÃO DIDÁTICA

Algo de muita importância é relatado por **Joel J. Cândido**:

> Pode ocorrer, numa ou noutra hipótese, que a lei eleitoral especial disponha de modo diverso, para uma determinada eleição ou ato processual[23] ou que o Tribunal Superior Eleitoral, com o poder normativo peculiar a suas resoluções, regule de outro modo, como costuma acontecer com os calendários eleitorais para as eleições, onde os prazos correm, muitas vezes nos sábados, domingos e feriados.

3) A contagem dos prazos eleitorais em horas
Teremos, no contexto prático, que observar duas hipóteses:
a) Contagem dos prazos em horas dentro do período definido no calendário eleitoral (entre 15 de agosto e 16 de dezembro de 2016)
A contagem do prazo em horas é feita de minuto em minuto.
No mesmo sentido:

> O prazo para interposição do recurso contra sentença prolatada em sede de representação é de vinte e quatro horas. A contagem do prazo em horas é feita de minuto em minuto. (Recurso Ordinário nº 834 (17.619), TRE/PA, Ananindeua, Rel. Hind Ghassan Kayath. j. 20.07.2004, unânime).
> A contagem do prazo em horas se dá minuto a minuto, a partir da efetiva intimação. Decisão: À unanimidade de votos, em conhecer e negar provimento ao agravo regimental, nos termos dos anexos relatório e voto do Relator. (Agravo Regimental nº 06 [25498], TRE/PR, Curitiba, rel. Gil Trotta Telles. j. 21.02.2002, *DJ* 13.03.2002).

Aspecto prático 1: a contagem será realizada assim:
Prazo de 24 horas.
Início: em uma sexta-feira, às 14 horas.
Termino: sábado, às 14 horas

---

[23] Lei Complementar nº 64/1990, art. 16.

Aspecto prático 2: Na contagem dos prazos fixados por horas, é fundamental registrar-se hora e minuto em que se deu a publicação. À falta desse registro, considera-se que a publicação ocorreu no último minuto da última hora do expediente forense. (*Ac. nº 19.833, de 22.4.2004, rel. Min. Humberto Gomes de Barros.)*

b) Contagem dos prazos em horas, fora do período definido no calendário eleitoral:

Fixado o prazo em horas, fora do período definido no calendário eleitoral, é plenamente passível, com escopo de facilitar a contagem exata, transformar-se em dia ou dias.

Portanto, a contagem será na proporção: 24 horas = 1 dia.

No mesmo sentido o TSE:

> "O prazo fixado em horas pode ser convertido em dias". (Precedentes: AgR-ED--Rp nº 789/DF, rel. designado Min. Marco Aurélio Mello, PSESS de 18.10.2005; AgR-AI nº 11.755/GO, rel. min. Arnaldo Versiani, *DJe* 23.06.2010). (Agravo Regimental em Agravo de Instrumento nº 85876, TSE/GO, rel. Aldir Guimarães Passarinho Júnior. j. 23.11.2010, unânime, *DJe* 11.02.2011) (Agravo Regimental em Embargos de Declaração em Representação nº 789, TSE/DF, Brasília, rel. min. José Gerardo Grossi, rel. Designado Min. Marco Aurélio Mendes de Farias Mello. j. 18.10.2005, maioria).

Aspecto prático 3: a contagem será realizada assim:

Prazo de 24 horas.

Início: em uma sexta-feira, às 14 horas.

Termino: segunda-feira, às 14 horas

No mesmo sentido o TSE:

> O prazo fixado em horas pode ser transformado em dias, quando a situação fática permitir. A respeito, conferir AgRg nos EDcl na Rp (TSE) nº 789/DF, rel. min. Marco Aurélio de Mello, *DJ* 18.10.2005: "Prazo. Fixação em horas. Transformação em dias. Fixado o prazo em horas passíveis de, sob o ângulo exato, transformar-se em dia ou dias, impõe-se o fenômeno, como ocorre se previsto o de 24 horas a representar um dia. A regra somente é afastável quando a lei prevê expressamente termo inicial incompatível com a prática". 3. **Na espécie examinada, a sentença foi publicada em 02.06.2006 (sexta-feira), às 14 horas. O prazo para recurso extinguiu-se em 05.06.2006 (segunda-feira), às 14 horas, por ser possível a sua transformação em dias.** (Recurso Especial Eleitoral nº 26214, TSE/SC, rel. José Augusto Delgado. j. 15.03.2007, unânime, *DJ* 02.04.2007).

8.3. Regra geral para os prazos recursais

Em conformidade com as diretrizes gerais do TSE para a aplicação da Lei nº 13.105 de 2015 – Novo Código de Processo Civil –, no âmbito da Justiça Eleitoral: *"Sempre que a lei eleitoral não fixar prazo especial, o recurso deverá ser interposto no prazo de 3 (três) dias, a teor do art. 258 do Código Eleitoral, não se aplicando os prazos previstos no Código de Processo Civil".*

UMA QUESTÃO INTERESSANTE

▸ INDAGAÇÃO DIDÁTICA

Veja esta questão, elaborada em um concurso.

"Quando começa a correr o prazo para a interposição de recurso do Ministério Público?"

Resposta: O Supremo Tribunal Federal decidiu no dia 05/11/2003 que o prazo de intimação pessoal do Ministério Público, para interposição de recurso, é contado a partir da entrada do processo nas dependências do Ministério Público.

Votos vencidos, os Ministros Joaquim Barbosa e Celso de Mello consideraram que a intimação pessoal somente se dá a partir do ciente expresso pelo Ministério Público nos autos do processo. Segundo o Ministro Celso de Mello, no início da década de 1980, o STF firmou entendimento de que "o termo inicial da fluência" do prazo recursal para o Ministério Público, em casos como o presente, há de situar-se na data em que o representante do *parquet* apõe o seu ciente nos autos, e não naquela em que esses ingressam fisicamente no edifício em que se situa a Procuradoria-Geral de Justiça.

Portanto, segundo **Thales Tácito Pontes**,[24] o julgado, aplicável também na esfera eleitoral, resolve duas grandes indagações:

a) o prazo para o MP recorrer é contado a partir da vista pessoal dos autos;
b) essa vista pessoal dos autos é contada com a chegada do processo devidamente formalizada às dependências do Ministério Público, mediante recibo do servidor e consequente encaminhamento devido.

Entendo, com o devido respeito à opinião do renomado amigo do glorioso Ministério Público de Minas Gerais, que a posição supracitada só pode prevalecer para o processo eleitoral criminal, pois no que concerne as ações eleitorais, leia-se processo eleitoral cível, a intimação tem que ser obrigatoriamente pessoal.

A consequência da ausência da intimação pessoal do Ministério Público Eleitoral será a nulidade absoluta na exata forma do art. 279 do Novo Código de Processo Civil, *in verbis:*

> É nulo o processo quando o membro do Ministério Público não for intimado a acompanhar o feito em que deva intervir.
> § 1º Se o processo tiver tramitado sem conhecimento do membro do Ministério Público, o juiz invalidará os atos praticados a partir do momento em que ele deveria ter sido intimado.
> § 2º A nulidade só pode ser decretada após a intimação do Ministério Público, que se manifestará sobre a existência ou a inexistência de prejuízo.

---

[24] *Op. cit.*

Impende ainda esclarecer que, segundo o art. 16 da LC nº 64/1990, "*Os prazos a que se referem o art. 3º e seguintes desta lei complementar são peremptórios e contínuos e correm em secretaria ou Cartório e, a partir da data do encerramento do prazo para registro de candidatos, não se suspendem aos sábados, domingos e feriados*".

Evidentemente, tal artigo não pode ser usado em relação ao Ministério Público Eleitoral que tem lei específica e posterior à prefalada lei complementar. *Vide* art. 18, inciso II, alínea *h*, da Lei Complementar nº 75/93, *in verbis:*

> Art. 18. São prerrogativas dos membros do Ministério Público da União:
> II – processuais:
> h) receber intimação pessoalmente nos autos em qualquer processo e grau de jurisdição nos feitos em que tiver que oficiar.

No mesmo sentido:

> É prerrogativa do membro do Ministério Público ser pessoalmente intimado nos autos (art. 18, inciso II, alínea h, da Lei Complementar nº 75/1993; art. 41, inciso IV, da Lei nº 8.625/1993 e arts. 236, § 2º, e 246 do Código de Processo Civil) (NCPC, art. 180). Ordem que se concede para determinar a remessa dos feitos eleitorais, listados na certidão que acompanha o mandamus, à Secretaria do Ministério Público de Petrópolis (Recurso em Mandado de Segurança nº 450, TSE/RJ, Rel. Min. Carlos Augusto Ayres de Freitas Britto).

▸ ATENÇÃO

Substituir, no julgado do TSE, a referência ao art. 236, § 2º, do CPC pelo novo art. 180 do Novo Código de Processo Civil (Lei nº 13.105, de 16/03/2015 – *DOU* 17/03/2015), *in verbis*:

> Art. 180. O Ministério Público gozará de prazo em dobro para manifestar-se nos autos, que terá início a partir de sua intimação pessoal, nos termos do art. 183, § 1º.
> § 1º Findo o prazo para manifestação do Ministério Público sem o oferecimento de parecer, o juiz requisitará os autos e dará andamento ao processo.
> § 2º Não se aplica o benefício da contagem em dobro quando a lei estabelecer, de forma expressa, prazo próprio para o Ministério Público.

9. Classificação dos recursos eleitorais

Nem todos os recursos utilizados no Direito Eleitoral brasileiro receberam designação "recurso", limitando-se o legislador, em muitos casos, a estabelecer a recorribilidade de decisões prolatadas em primeira instância, sem denotar preocupação com a sua nomenclatura.

Segundo o disposto no art. 362 do CE, "das decisões finais de condenação ou absolvição cabe recurso para o Tribunal Regional, a ser interposto no prazo de dez dias".

Um exame superficial, frente a este dispositivo, daria a falsa ideia de que, em matéria criminal, só caberia recurso ao final do processo. Entretanto, o art. 364 do mesmo estatuto eleitoral consigna que, "no processo e julgamento dos crimes eleitorais e dos comuns que lhe forem conexos, assim como nos recursos e na execução que lhes digam respeito, aplicar-se-á, como lei subsidiária ou supletiva, o CPP". Vai daí a necessidade de admitir-se, em princípio, o cabimento de todos os recursos criminais previstos no CPP que não sejam incompatíveis com o sistema adotado.

Assim, as espécies de recursos eleitorais são:

a) apelação eleitoral;
b) recurso inominado eleitoral (**Fávila Ribeiro** denomina "agravo de petição");
c) agravo de instrumento eleitoral;
d) embargos de declaração eleitoral;
e) embargos de nulidade e infringentes do julgado eleitoral;
f) recurso ordinário eleitoral;
g) recurso especial eleitoral;
h) recurso extraordinário eleitoral;
i) carta testemunhável eleitoral;
j) recurso em sentido estrito eleitoral;
k) recurso partidário interno.

9.1. Estudo específico dos recursos

9.1.1. *Apelação eleitoral*

É o recurso por excelência para provocar o reexame do mérito da causa.

Com o recurso apelatório eleitoral, haverá o deslocamento completo do caso decidido em definitivo ao exame de uma instância superior e o encerramento que se opera do poder decisório do juiz *a quo*, a partir de sua tempestiva interposição. Assim, não existirá retratação do juízo recorrido, ao qual cabe tão somente dar encaminhamento da matéria ao órgão judiciário de instância mais elevada, sem mesmo aduzir qualquer sustentação.

9.1.2. *O recurso interposto sem as razões*

A orientação da doutrina e da jurisprudência aponta no sentido de ser aplicável o Código de Processo Penal, que enseja interposição de apelação sem oferecimento das respectivas razões da inconformidade com a decisão apelada. Assim, se a parte regularmente intimada não oferecer as razões, o recurso subirá sem as mesmas.

Posicionamento majoritário do TSE: incabível a apresentação de razões recursais na instância superior; inaplicabilidade do CPP, art. 600, § 4º, devendo ser observados os arts. 266 e 268 deste código.[25]

Obs.: veja agora a questão nº 5.

---

[25] TSE – AC nº 11.953/1995.

9.1.3. *Casos em que cabem recursos de apelação*

Das decisões condenatórias ou absolutórias emitidas pelos juízes eleitorais em matéria criminal, cabe recurso de apelação, a ser interposto no prazo de dez dias.

É o que dispõe o art. 362 do Código Eleitoral:

> Das decisões finais de condenação ou absolvição cabe recurso para o Tribunal Regional, a ser interposto no prazo de dez dias.

Assim, segundo **Fávila Ribeiro**, cabe apelação eleitoral nos casos seguintes:

a) De decisão sobre a expedição de diploma (art. 262) do Código Eleitoral:

> Art. 262. O recurso contra expedição de diploma caberá somente nos casos de inelegibilidade superveniente ou de natureza constitucional e de falta de condição de elegibilidade.

b) Dos atos, resoluções ou despachos dos Presidentes dos Tribunais Regionais e Tribunal Superior para os respectivos Tribunais (art. 264):

> Art. 264. Para os Tribunais Regionais e para o Tribunal Superior caberá, dentro de 3 (três) dias, recurso dos atos, resoluções ou despachos dos respectivos presidentes.

c) Dos atos, resoluções ou despachos das juntas eleitorais para os Tribunais Regionais (art. 265 do Código Eleitoral):

> Art. 265. Dos atos, resoluções ou despachos dos juízes ou juntas eleitorais caberá recurso para o Tribunal Regional.
> Parágrafo único. Os recursos das decisões das Juntas serão processados na forma estabelecida pelos arts. 169 e seguintes.

d) Do desprovimento das impugnações e reclamações pela comissão apuradora regional (art. 200, § 2º, do Código Eleitoral, acrescentado pelo art. 44 da Lei nº 4.961, de 04/05/1966):

> Art. 200. O relatório a que se refere o artigo anterior ficará na Secretaria do Tribunal, pelo prazo de 3 (três) dias, para exame dos partidos e candidatos interessados, que poderão examinar também os documentos em que ele se baseou.
> (...)
> § 2º. O Tribunal Regional, antes de aprovar o relatório da Comissão Apuradora e, em três dias improrrogáveis, julgará as impugnações e as reclamações não providas pela Comissão Apuradora, e, se as deferir, voltará o relatório à Comissão para que sejam feitas as alterações resultantes da decisão. (Parágrafo acrescentado pela Lei nº 4.961, de 04/05/1966.)

e) Da decisão da junta eleitoral que rejeita impugnação (art. 169, § 2º, do Código Eleitoral):

> Art. 169. À medida que os votos forem sendo apurados, poderão os fiscais e delegados de partido, assim como os candidatos, apresentar impugnações que serão decididas de plano pela Junta.
> (...)
> § 2º. De suas decisões cabe recurso imediato, interposto verbalmente ou por escrito, que deverá ser fundamentado no prazo de 48 (quarenta e oito) horas para que tenha seguimento.

f) Da sentença do juiz acolhendo ou rejeitando arguição de inelegibilidade de candidato em pleito municipal (art. 8º da Lei Complementar nº 64, de 18/05/1964):

> Art. 8º. Nos pedidos de registro de candidatos a eleições municipais, o Juiz Eleitoral apresentará a sentença em Cartório 3 (três) dias após a conclusão dos autos, passando a correr deste momento o prazo de 3 (três) dias para a interposição de recurso para o Tribunal Regional Eleitoral.

Minha posição: entendo que, nesta hipótese, cabe recurso inominado.

g) Devem ainda figurar no elenco das apelações as hipóteses constantes do art. 165, §§ 3º e 4º, do Código Eleitoral, *in verbis*:

> Art. 165. Antes de abrir cada urna a Junta verificará:
> (...)
> § 3º. Verificado qualquer dos casos dos números II, III, IV e V do artigo, a Junta anulará a votação, fará a apuração dos votos em separado e recorrerá de ofício para o Tribunal Regional.
> § 4º. Nos casos dos números VI, VII, VIII, IX e X, a Junta decidirá se a votação é válida, procedendo à apuração definitiva em caso afirmativo, ou na forma do parágrafo anterior, se resolver pela nulidade da votação.

▸ OBSERVAÇÕES DIDÁTICAS

a) A apelação pode ser interposta por petição ou termo, no prazo legal (dez dias), a contar da intimação da sentença.
b) Se o apelante quiser apresentar razões, deverá fazê-lo nesse mesmo prazo; portanto, a lei não oferece outra oportunidade para tal.
c) Repito por ser importante: a apelação é o único recurso eleitoral que tem, em regra, efeito suspensivo. Não o terá quando a apelação for só do assistente (CPP, art. 598, *caput).*
d) Conforme entendimento jurisprudencial, o assistente não pode apelar quando o réu for condenado, faltando-lhe para tal legítimo interesse. Não é de se conhecer de seu apelo, tampouco, quando o objetivo for só a exasperação da

pena ou quando tiver o mesmo já manifestado pelo recurso do Ministério Público.[26]

9.2. Recurso inominado eleitoral

É o recurso dominante em matéria eleitoral com referência às decisões emanadas dos juízes eleitorais.

9.2.1. *O juízo de retratação*

Alcides de Mendonça Lima ensina que "o juiz, antes de remeter o recurso para a superior instância, poderá rever e reformar sua decisão. Se o não fizer, fará subir o recurso, que terá, assim, efeito devolutivo e, às vezes, também o efeito suspensivo".[27]

9.2.2. *Previsão legal*

Veja o art. 265 do Código Eleitoral:

> Dos atos, resoluções ou despachos dos juízes ou juntas eleitorais caberá recurso para o Tribunal Regional.

9.2.3. *Casos em que cabe recurso inominado*

a) De decisão deferindo ou indeferindo a inscrição eleitoral (art. 45, § 7º do Código Eleitoral):

> Art. 45. O escrivão, o funcionário ou o preparador, recebendo a fórmula e documentos, determinará que o alistando date e assine a petição em ato contínuo, atestará terem sido a data e a assinatura lançados na sua presença; em seguida, tomará a assinatura do requerente na "folha individual de votação" e nas duas vias do título eleitoral, dando recibo da petição e do documento.
> (...)
> § 7º. Do despacho que indeferir o requerimento de inscrição caberá recurso interposto pelo alistando e do que o deferir poderá recorrer qualquer delegado de partido.

b) De decisão prolatada em requerimento de transferência de eleitor (art. 57, § 2º, do Código Eleitoral):

> Art. 57. O requerimento de transferência de domicílio eleitoral será imediatamente publicado na imprensa oficial na Capital, e em cartório nas demais

---

[26] No mesmo sentido: CÂNDIDO, José Joel. *Direito Eleitoral brasileiro*. Bauru: Edipro, 2003.

[27] LIMA, Alcides de Mendonça. *Sistema de normas gerais dos recursos cíveis*. Rio de Janeiro: Liv. Freitas Bastos, 1963. p. 254.

> localidades, podendo os interessados impugná-lo no prazo de 10 (dez) dias. (Redação dada ao caput pela Lei nº 4.961, de 04/05/1966.)
> (...)

O § 1º do art. 7º da Lei nº 6.996/1982 estabeleceu o prazo de 5 dias para interposição de recurso pelo alistando e de 10 dias pelo delegado de partido nos casos de inscrição originaria ou de transferência.

c) De decisão sobre cancelamento de inscrição (art. 80 do Código Eleitoral):

> Art. 80. Da decisão do juiz eleitoral caberá recurso no prazo de 3 (três) dias, para o Tribunal Regional, interposto pelo excluendo ou por delegado de partido.

d) De decisão exarada em reclamação sobre nomeação da mesa receptora (art. 63 da Lei nº 9.504/97):

> Art. 63. Qualquer partido pode reclamar ao Juiz Eleitoral, no prazo de cinco dias, da nomeação da Mesa Receptora, devendo a decisão ser proferida em 48 horas.
> § 1º Da decisão do Juiz Eleitoral caberá recurso para o Tribunal Regional, interposto dentro de três dias, devendo ser resolvido em igual prazo.

e) De decisão emitida em reclamação sobre a localização de seções eleitorais (art. 135, § 8º, do CE, acrescentado pelo art. 25 da Lei nº 4.961, de 04/05/1966):

> Art. 135. Funcionarão as mesas receptoras nos lugares designados pelos juízes eleitorais 60 (sessenta) dias antes da eleição, publicando-se a designação.
> (...)
> § 8º. Da decisão do juiz eleitoral caberá recurso para o Tribunal Regional, interposto dentro de três dias, devendo, no mesmo prazo, ser resolvido. (Parágrafo acrescentado pela Lei nº 4.961, de 04/05/1966.)

f) De atos, resoluções emitidos singularmente pelos juízes eleitorais (art. 265 do Código Eleitoral):

> Art. 265. Dos atos, resoluções ou despachos dos juízes ou juntas eleitorais caberá recurso para o Tribunal Regional.
> Parágrafo único. Os recursos das decisões das Juntas serão processados na forma estabelecida pelos arts. 169 e seguintes.

▸ INDAGAÇÃO DIDÁTICA

Veja esta questão, elaborada em um concurso.

"Quais as principais decisões judiciais a que se pode opor o recurso inominado?"

Além das hipóteses supracitadas, **Joel José Cândido**[28] colaciona outras, a saber:

[28] *Op. cit.*

a) decisão que julgar impugnação à designação de escrutinadores e auxiliares (CE, art. 39);
b) decisão que julgar pedido de inscrição eleitoral processado pela Lei nº 6.996, de 07/06/1982 (art. 7º, § 1º do Código Eleitoral);
c) decisão que apreciar o direito de resposta e que julgar as representações feitas com base no poder de polícia eleitoral, salvo se houver disposição específica para esses casos (CE, arts. 243, § 3º, e 249);
d) decisão que julgar alegação de impedimento de mesário para o serviço eleitoral (CE, art. 120, § 4º);

Acrescenta ainda o renomado autor:

> Entendemos, ainda, que o recurso inominado é o adequado para atacar sentença que julga a Ação de Impugnação de Pedido de Registro de Candidatura, prevista e regulada pelos arts. 3º a 8º da Lei Complementar nº 64, de 18/5/1990 (Lei das Inelegibilidades). Do mesmo modo será ele interposto contra sentença que julgar a Ação de Impugnação de Mandato Eletivo, já que a adoção desse mesmo rito processual dos arts. 3º a 8º propugnamos para o seu processamento. E, por último, também indicamos o recurso inominado para a decisão que julgar a Investigação Judicial Eleitoral, forte no art. 258 do Código Eleitoral e no art. 22, XIV, da Lei Complementar nº 64/1990.

9.3. O recurso ordinário eleitoral

As decisões eleitorais normalmente se exaurem nos Tribunais Regionais. Como exceções são contempladas duas categorias de recursos para o Tribunal Superior Eleitoral: ordinário e especial.

9.3.1. *Cabimento do recurso ordinário*

Fazendo uma leitura do art. 276, II, *a* e *b*, do Código Eleitoral e interpretando em consonância com o que dispõe o art. 121, § 4º, incisos III, IV e V da Constituição Federal, podemos dizer que caberá recurso ordinário eleitoral em uma das hipóteses abaixo elencadas:

a) quando versarem sobre expedição de diplomas nas eleições federais e estaduais;
Fundamentação legal: art. 276, inciso II, alínea "*a*", do Código Eleitoral.

Neste caso, o prazo para a interposição do recurso é de 3 (três) dias contado da sessão da diplomação.

b) versarem sobre inelegibilidade ou expedição de diplomas nas eleições federais ou estaduais;
Fundamentação legal: art. 121, § 4º, inciso III da Constituição Federal.
c) anularem diplomas ou decretarem a perda de mandatos eletivos federais ou estaduais;
Fundamentação legal: art. 121, § 4º, inciso IV da Constituição Federal.

As decisões elencadas nos itens "a", "b" e "c", geralmente são tomadas em sede das ações eleitorais que estudamos nos capítulos anteriores.

d) denegarem *habeas corpus*, mandado de segurança, *habeas data* ou mandado de injunção.

Fundamentação legal: art. 121, § 4º, inciso V da Constituição Federal.

Nesta hipótese, o prazo para a interposição do recurso é de 3 (três) dias contado da publicação da decisão.

No mesmo sentido o entendimento dominante do TSE:

> O recurso ordinário eleitoral só é cabível nas hipóteses previstas nos incisos III a V do § 4º do art. 121 da CF, e nas alíneas ***a*** e ***b*** do inciso II do art. 276 do Código Eleitoral. Cabível, portanto, o recurso ordinário para o TSE quando o Tribunal ***a quo*** julgar caso de inelegibilidade ou expedição de diploma nas eleições estaduais ou federais; quando anular diploma ou decretar perda de mandato eletivo estadual ou federal; quando denegar ***habeas corpus***, mandado de segurança, ***habeas data*** ou mandado de injunção. Recurso não conhecido (Recurso Ordinário nº 790, TSE/AC e também Recurso Ordinário nº 1513, TSE/TO, p. 8).

Obs.: Veja a questão nº 6.

9.4. Recurso especial eleitoral

Com espeque nos artigos 276, I, *a* e *b*, do Código Eleitoral, c.c. art. 121, § 4º, incisos I e II, da Constituição Federal, caberá recurso especial eleitoral das decisões dos Tribunais Regionais Eleitorais somente quando:

a) forem proferidas contra disposição expressa na Constituição Federal ou de lei;
b) ocorrer divergência na interpretação de lei entre dois ou mais tribunais eleitorais.

Conforme a Súmula nº 72 do TSE:

> *É inadmissível o recurso especial eleitoral quando a questão suscitada não foi debatida na decisão recorrida e não foi objeto de embargos de declaração.* (Ac.-TSE, de 26.10.2017, no PA nº 32345).

9.4.1. *O prequestionamento no recurso eleitoral especial*

Consoante escólio de **Adriano Soares da Costa**,[29] prequestionamento é a referência feita pelo acórdão atacado à questão federal controvertida pelas partes. Portanto, é necessário saber se, para a configuração da parte dispositiva do *decisum*, concorreu o debate, ocorrido em sua fundamentação, sobre questão jurídica federal.

---

[29] No mesmo sentido: *op. cit.*

Tal concorrência pode ser explícita ou implícita, bastando tão só que seja ventilada no acórdão fustigado. Portanto, não bastam as alegações do advogado ou a referência da sentença reformada ou mantida pelo acórdão. Necessário é que o próprio acórdão enfrente ou debata o ponto controvertido, ou a ele faça referência, ainda que seja para dizer que não caiba a aplicação da norma federal, para se considerar como havido o prequestionamento.

9.4.2. *O procedimento*

O mestre **Fávila Ribeiro** defende que:

> O recurso especial fica a depender do reconhecimento de sua admissibilidade pelo Presidente do Tribunal Regional. Para tanto deve a petição de interposição do recurso ser anexada aos autos da ação principal, submetendo-se ao seu exame nas quarenta e oito horas seguintes, para que, em igual prazo, exare despacho fundamentado, admitindo-o ou não.
>
> Em reconhecendo pertinente o recurso, determinará abertura de vista à parte recorrida para que no prazo de três dias ofereça as suas razões. Transcorrido esse prazo, com ou sem as razões do recorrido, retornarão os autos conclusos ao Presidente para que os faça encaminhar ao Tribunal Superior Eleitoral, sem acrescentar qualquer sustentação. O despacho que inadmite o recurso especial poderá ser levado à apreciação do Tribunal Superior Eleitoral através de agravo de instrumento, como já estudado anteriormente, para que ordene ou não a subida dos autos para exame do recurso especial, dando, assim, por seu enquadramento a uma das modalidades contidas no art. 276, I, do Código Eleitoral.[30]

9.4.3. *Do prazo*

O prazo de interposição do recurso especial será de 03 dias.

No mesmo sentido o entendimento dominante do TSE: "É intempestivo recurso especial apresentado após o tríduo legal" (AG-8192/BA).

9.5. Os embargos de declaração eleitoral

Pinto Ferreira[31] afirma que os embargos são recursos interpostos para o próprio juízo prolator da sentença ou do acórdão, com o fim de declarar o seu conteúdo, reformá-lo ou revogá-lo. **Lopes da Costa,** em seu *Direito Processual Civil brasileiro,*[32] assim os define: "Os embargos são um recurso não devolutivo, vale dizer, interposto não para juiz superior na hierarquia, mas para o mesmo juiz prolator da sentença."

---

30 Neste sentido: *op. cit.*

31 *Ibidem.*

32 Rio de Janeiro: 1948, 4 v., v. 3, p. 171.

9.5.1. *O juízo de retratação*

O embargo de declaração exige um juízo de retratação, sem deslocamento a um grau superior de jurisdição, para reexame de mérito.

9.5.2. *Previsão legal*

Fávila Ribeiro entende que, "no Direito Eleitoral, os embargos de declaração somente são admitidos das decisões emanadas dos Tribunais Regionais Eleitorais e do Tribunal Superior, estando assim excluídos das decisões produzidas por juízes e juntas eleitorais. Os embargos são opostos ao próprio relator do acórdão que se pretende reformular, nos três dias subsequentes à sua publicação, em petição escrita, com indicação do ponto havido por omisso, contraditório, ambíguo ou obscuro."[33]

Entendo de forma contrária. É verdade que o Código Eleitoral trata deste recurso especificamente em relação a decisões de segundo grau. Isso não impede, entretanto, seu uso em relação a decisões de primeiro grau, pois tanto o CPC quanto o CPP o admitem e tem aplicação supletiva (art. 382 do CPP). Ainda que assim não fosse, é óbvio que a prestação jurisdicional tem de ser congruente, completa e clara, daí por que, pelo próprio sistema, o recurso – chame-se ou não assim – tem cabimento.

São cabíveis da sentença (art. 382 do CPP) ou dos acórdãos (art. 275 do CE), também interpostos no prazo de três dias, ao próprio juiz ou relator, com o objetivo de escoimar a decisão de obscuridade, ambiguidade, contradição ou omissão.

O Código Eleitoral assim dispõe, em seu art. 275:

> Art. 275. São admissíveis embargos de declaração nas hipóteses previstas no Código de Processo Civil.
> § 1º Os embargos de declaração serão opostos no prazo de 3 (três) dias, contado da data de publicação da decisão embargada, em petição dirigida ao juiz ou relator, com a indicação do ponto que lhes deu causa.
> § 2º Os embargos de declaração não estão sujeitos a preparo.
> § 3º O juiz julgará os embargos em 5 (cinco) dias.
> § 4º Nos tribunais:
> I – o relator apresentará os embargos em mesa na sessão subsequente, proferindo voto;
> II – não havendo julgamento na sessão referida no inciso I, será o recurso incluído em pauta;
> III – vencido o relator, outro será designado para lavrar o acórdão.
> § 5º Os embargos de declaração interrompem o prazo para a interposição de recurso.
> § 6º Quando manifestamente protelatórios os embargos de declaração, o juiz ou o tribunal, em decisão fundamentada, condenará o embargante a pagar ao embargado multa não excedente a 2 (dois) salários mínimos.

---

[33] Neste sentido, RIBEIRO, Fávila. *Direito Eleitoral.* 5. ed. Rio de Janeiro: Forense.

§ 7º Na reiteração de embargos de declaração manifestamente protelatórios, a multa será elevada a até 10 (dez) salários mínimos.

▸ OBSERVAÇÕES DIDÁTICAS

Segundo entendimento jurisprudencial, inexistindo qualquer omissão, contradição ou dúvida a serem suprimidas ou aclaradas, sendo manifestamente protelatórios os embargos de declaração, e assim afirmados, devem ser rejeitados, retirando-se-lhes a eficácia **suspensiva** para interposição de outros recursos. Inteligência do art. 275, § 4º, do Código Eleitoral e art.192 do Regimento Interno deste regional. II – Rejeição dos embargos de declaração.[34]

O grifo na palavra "**suspensiva**" foi proposital, pois o art. 275, § 4º, do Código Eleitoral afirma que "os embargos de declaração '**suspendem**' o prazo para interposição de outros recursos, salvo se manifestamente protelatórios e assim declarados na decisão que os rejeitar". Hoje, o entendimento majoritário na doutrina e jurisprudência é que a hipótese é de "**interrupção**". Veja os Acórdãos – TSE nº 12.071/1994 e nº 714/1999.

No mesmo sentido o art. 1.026 do Novo Código de Processo Civil, *in verbis*:

> Art. 1.026. Os embargos de declaração não possuem efeito suspensivo e interrompem o prazo para a interposição de recurso.
> § 1º A eficácia da decisão monocrática ou colegiada poderá ser suspensa pelo respectivo juiz ou relator se demonstrada a probabilidade de provimento do recurso ou, sendo relevante a fundamentação, se houver risco de dano grave ou de difícil reparação.

O objetivo dos embargos é o de aclarar obscuridade, dúvida, contradição ou omissão, daí não poderem buscar a modificação da decisão. Não obstante, excepcionalmente, têm sido admitidos com efeito infringente, quando evidente o equívoco da decisão.[35]

Posicionamento majoritário do TSE I: desnecessidade de pronunciamento da Procuradoria-Geral nos embargos de declaração.[36]

Posicionamento majoritário do TSE II: embargos protelatórios, além de não interromperem o prazo para interposição de outros recursos, sujeitam o embargante à multa prevista no art. 538 do CPC.[37]

▸ ATENÇÃO

Substituir, no julgado do TSE, a referência ao art. 538 do CPC pelo novo art. 1.026, §§ 2º, 3º *e* 4º do Novo Código de Processo Civil, *in verbis*:

---

[34] TRE/RN – ROED nº 2.654 – (2.654) – Baraúna – Rel. Des. Cristóvam Praxedes – *DJU* 20/03/2003 – p. 23 – JCEL.275 JCEL.275.4.

[35] TSE/BE nº 127/264.

[36] TSE – AC nº 15.031/1997.

[37] TSE – AC nº 2.105/2000.

> § 2º Quando manifestamente protelatórios os embargos de declaração, o juiz ou o tribunal, em decisão fundamentada, condenará o embargante a pagar ao embargado multa não excedente a dois por cento sobre o valor atualizado da causa.
> § 3º Na reiteração de embargos de declaração manifestamente protelatórios, a multa será elevada a até dez por cento sobre o valor atualizado da causa, e a interposição de qualquer recurso ficará condicionada ao depósito prévio do valor da multa, à exceção da Fazenda Pública e do beneficiário de gratuidade da justiça, que a recolherão ao final.
> § 4º Não serão admitidos novos embargos de declaração se os 2 (dois) anteriores houverem sido considerados protelatórios.

Posicionamento majoritário do TSE III: a hipótese é de interrupção e não suspensão.[38]

9.6. Carta testemunhável eleitoral

Os casos de cabimento da carta testemunhável estão disciplinados nos arts. 639 – 646 do CPP, *in verbis:*

> Art. 639. Dar-se-á carta testemunhável:
> I – da decisão que denegar o recurso;
> II – da que, admitindo embora o recurso, obstar à sua expedição e seguimento para o juízo *ad quem*.
>
> Art. 640. A carta testemunhável será requerida ao escrivão, ou ao secretário do tribunal, conforme o caso, nas 48 (quarenta e oito) horas seguintes ao despacho que denegar o recurso, indicando o requerente as peças do processo que deverão ser trasladadas.
>
> Art. 641. O escrivão, ou o secretário do tribunal, dará recibo da petição à parte e, no prazo máximo de 5 (cinco) dias, no caso de recurso no sentido estrito, ou de 60 (sessenta) dias, no caso de recurso extraordinário, fará entrega da carta, devidamente conferida e concertada.
>
> Art. 642. O escrivão, ou o secretário do tribunal, que se negar a dar o recibo, ou deixar de entregar, sob qualquer pretexto, o instrumento, será suspenso por 30 (trinta) dias. O juiz, ou o presidente do Tribunal de Apelação, em face de representação do testemunhante, imporá a pena e mandará que seja extraído o instrumento, sob a mesma sanção, pelo substituto do escrivão ou do secretário do tribunal. Se o testemunhante não for atendido, poderá reclamar ao presidente do tribunal ad quem, que avocará os autos, para o efeito do julgamento do recurso e imposição da pena.
>
> Art. 643. Extraído e autuado o instrumento, observar-se-á o disposto nos arts. 588 a 592, no caso de recurso em sentido estrito, ou o processo estabelecido para o recurso extraordinário, se deste se tratar.

---

[38] TSE – AC nºs 12.071/1994 e 714/1999.

> Art. 644. O tribunal, câmara ou turma a que competir o julgamento da carta, se desta tomar conhecimento, mandará processar o recurso, ou, se estiver suficientemente instruída, decidirá logo, *de meritis*.
>
> Art. 645. O processo da carta testemunhável na instância superior seguirá o processo do recurso denegado.
>
> Art. 646. A carta testemunhável não terá efeito suspensivo.

▸ OBSERVAÇÕES DIDÁTICAS

É pressuposto de admissibilidade do recurso de carta testemunhável a existência de um recurso interposto e que tenha sido denegado (art. 639, I, do CPP), ou uma decisão que, embora receba o recurso, obste seu seguimento para a instância superior (art. 639, II, do CPP). Inadmissível para atacar despacho do juiz que indefere a ouvida de corréus como testemunhas no mesmo processo, cabendo, quando muito, recurso previsto em lei processual estadual de correição parcial.[39]

É da natureza da carta testemunhável prevista nos arts. 639 e seguintes do Código de Processo Penal terminar com determinação do juízo *ad quem* para que se processe o recurso denegado, ou com análise imediata do mérito do recurso. Não é decisão que tumultua o processo aquela do juízo monocrático ao determinar o arquivamento do termo circunstanciado que imputa sobre o réu o delito do art. 32 da Lei das Contravenções Penais, quando a maioria da Câmara entende ter sido derrogada a norma diante do advento de novo Código Brasileiro de Trânsito.[40]

9.7. O recurso extraordinário eleitoral

O recurso extraordinário é um meio de impugnação de decisões judiciais, desfavoráveis, de única ou última instância, dirigido ao Supremo Tribunal Federal, por motivo de violação da supremacia constitucional ou da incolumidade e uniformidade de interpretação do Direito Eleitoral.[41]

Posição dominante do STF:

> Contra acórdão de Tribunal Regional Eleitoral somente cabe Recurso para o Tribunal Superior Eleitoral, mesmo que nele se discuta matéria constitucional. É o que se extrai do disposto no art. 121, ***caput***, e seu § 4º, inciso I, da Constituição Federal de 1988, e nos arts. 22, inciso II, e 276, I e II, do Código Eleitoral (Lei nº 4.737, de 15/7/1965). No âmbito da Justiça Eleitoral, somente os acórdãos do Tribunal Superior Eleitoral é que podem ser im-

---

39 TJSC – CT 01.006702-1 – 1a C.Crim. – Rel. Des. Solon D'eça Neves – J. 26/06/2001 – JCPP.639 JCPP.639.I JCPP.639.II.

40 TACRIMSP – CT 1.169.915-2 – SP – 11a C. – Rel. Juiz Renato Nalini – J. 08/11/1999 – JCPP.639.

41 SILVA, José Afonso da. *Do recurso extraordinário no Direito processual brasileiro*, cit., p. 22 e 208.

> pugnados, perante o STF, em Recurso Extraordinário (arts. 121, § 3º, e 102, III, ***a***, ***b*** e ***c***, da CF). (AI 164.491-AgR, Rel. Min. Sydney Sanches, julgamento em 18/12/1995, *DJ* de 22/3/1996).

9.7.1. *Cabimento*

Só cabe recurso extraordinário do TSE para o STF na hipótese de a decisão do primeiro contrariar a Constituição Federal, a teor do disposto no art. 121, § 3º, da CF, *in verbis:*

> Art. 121. Lei complementar disporá sobre a organização e competência dos tribunais, dos juízes de direito e das juntas eleitorais.
> (...)
> § 3º. São irrecorríveis as decisões do Tribunal Superior Eleitoral, salvo as que contrariarem esta Constituição e as denegatórias de habeas corpus ou mandado de segurança.

In casu, as hipóteses de recurso extraordinário são:

a) decisões que contrariarem a Constituição;
b) decisões denegatórias de *habeas corpus* ou mandado de segurança.

As hipóteses supracitadas estão previstas na Constituição Federal; outra hipótese defendida pela doutrina é a "decisão que declara a inconstitucionalidade de lei federal".

O STF diverge sobre o cabimento da terceira hipótese. A norma do mandamento constitucional "é de interpretação estrita, em face da autonomia, conferida a uma jurisdição política de competência especialíssima, como seja a da Justiça Eleitoral".[42]

Posicionamento majoritário do STF e do TSE I: não cabe recurso extraordinário contra acórdão de TRE; cabe recurso para o TSE, mesmo que se discuta matéria constitucional.[43]

Posicionamento majoritário do TSE II: não se aplica a regra de interposição simultânea de recurso especial e extraordinário.[44]

9.7.2. *O prazo*

O Ministro **Celso de Mello** relata que o recurso extraordinário deve ser interposto no prazo de três dias, contados da publicação da decisão que se deseja impugnar, nos termos da Lei nº 6.055, de 17/06/1974, art. 12, processando-se na forma dos arts. 278 e 279 do CE, como é da jurisprudência do TSE.[45]

---

42 TSE/BE nº 190/554, Rel. Min. Prado Kelly.
43 STF - AC de 18/12/1995, no AG nº 164.491, e TSE - AC nºs 4.661/2004 e 5.664/2005.
44 TSE - AC nº 5.117/2005.
45 Ag. nº 135.623-5/040 - DF, *in DJU* 191, s. I, p. 10.611, Rel. Min. Celso de Mello.

Apresentado o recurso e conclusos os autos ao presidente do TSE, proferirá ele, em quarenta oito horas, despacho fundamentado, admitindo ou não sua interposição. Acolhido o recurso, abrir-se-á vista ao recorrente para, em quarenta e oito horas, apresentar suas contrarrazões, voltando, depois, os autos conclusos ao presidente, que determinará sua remessa ao STF. Se o recurso for indeferido pelo presidente do TSE, da sua decisão caberá agravo de instrumento, a ser oferecido em três dias, contados da data de sua publicação, de acordo com os arts. 278 e 279 do CE.[46]

9.8. Embargos de nulidade e infringentes eleitorais

Quando não for unânime a decisão de segunda instância, desfavorável ao réu, admite-se embargos infringentes e de nulidade, que poderão ser opostos dentro de 10 (dez) dias, a contar da publicação de acórdão. Se o desacordo for parcial, os embargos serão restritos à matéria objeto de divergência.

O cabimento de embargos de nulidade e infringentes no Direito Eleitoral é de grande controvérsia na doutrina. Neste sentido, duas posições merecem destaque.

1ª posição. Defende que não tem cabimento no Direito Eleitoral porque, "embora sua previsão no RI-TRE-RS, esta Corte dele não conheceu, por escassa maioria, porque as decisões dos TREs são terminativas (CE, art. 276 e *b*) e porque não se divide em turmas, julgando sempre em plenário".[47]

▸ POSIÇÃO CONTRÁRIA

2ª posição. Defende o cabimento de tais recursos no Direito Eleitoral. Neste sentido, a doutrina de **Fávila Ribeiro**[48], de **Elcias Ferreira da Costa.**[49]

Tito Costa[50] dizia que não existe o recurso de embargos infringentes, ou de nulidade, no processo eleitoral. O TSE, em várias oportunidades, manifestou-se a esse respeito, afirmando que as decisões dele emanadas não são passíveis de embargos infringentes.[51] Da mesma forma, as decisões dos TREs não comportam o aludido recurso. Aliás, não comportavam, até o advento da antiga Lei Orgânica dos Partidos Políticos (Lei nº 5.682, de 21/07/1971)[52] que, ao tratar das decisões sobre arguição de infidelidade partidária, com a finalidade de obtenção da decretação da perda de mandados legislativos (federais, estaduais ou municipais), consagrou, como novidade no processo eleitoral, o cabimento de **embargos** ao próprio Tribunal, se

46 Nesse sentido: COSTA, Adriano Soares da. *Instituições de Direito Eleitoral.* 5. ed. Belo Horizonte: Del Rey, 2002, p. 655.

47 TRE-RS nº 22/04/1992.

48 *Op. cit.*, p. 436, nº 111.8.

49 *Compêndio de Direito Eleitoral.* 1. ed., 1978, Sugestões Literárias, p. 249, nº 2, item 8.

50 *Op. cit.*

51 TSE-BE nº 153/315.

52 A lei dos Partidos Políticos é a atual, de nº 9.096, de 19/09/1995, que revogou a de nº 5.682/1971.

houver, no julgamento respectivo, pelo menos dois votos divergentes. Embora a lei não se refira especificamente a embargos infringentes, não cabe nenhuma dúvida que os nela mencionados sejam dessa natureza.

Posicionamento majoritário do TSE: pelo cabimento de embargos infringentes e de nulidade previstos no CPP, art. 609, parágrafo único.[53]

9.9. O agravo de instrumento

Como há possibilidade de interposição de recurso especial, extraordinário, ou ordinário, há também o agravo de instrumento a ser utilizado quando da inadmissão desses recursos, no juízo de origem, sempre um Tribunal Superior.

Na realidade, o agravo de instrumento é aplicado no Direito Eleitoral nas hipóteses contidas nos arts. 279 e 282 do Código Eleitoral.

> Art. 279. Denegado o recurso especial, o recorrente poderá interpor, dentro em 3 (três) dias, agravo de instrumento.
> (...)
>
> Art. 282. Denegado o recurso, o recorrente poderá interpor, dentro de 3 (três) dias, agravo de instrumento, observado o disposto no art. 279 e seus parágrafos, aplicada a multa a que se refere o § 6º pelo Supremo Tribunal Federal.

▶ OBSERVAÇÃO DIDÁTICA

Segundo o art. 279, § 5º, do Código Eleitoral, o presidente do Tribunal não poderá negar seguimento ao agravo, ainda que interposto fora do prazo legal.

Posicionamento majoritário do TSE I: não admitido o recurso especial, caberá agravo de instrumento, consoante o art. 279 do Código Eleitoral, obedecendo-se, quanto ao procedimento, o disposto nos seus parágrafos.[54]

Posicionamento majoritário do TSE II: denegado o recurso extraordinário, caberá agravo de instrumento, observado o disposto no art. 282 do Código Eleitoral.[55]

Posicionamento majoritário do TSE III: no caso de interposição de agravo de instrumento, após o decurso de prazo, havendo ou não contrarrazões, a Secretaria Judiciária providenciará, de imediato, a remessa dos autos ao Supremo Tribunal Federal.[56]

9.9.1. *A formulação do agravo*

O agravo de instrumento será dirigido diretamente ao tribunal competente, por meio de petição com os seguintes requisitos:

a) os nomes das partes;

---

[53] TSE – AC nº 4.590/2004.

[54] TSE – PORT nº 129/1996, art. 1º.

[55] TSE – PORT nº 129/1996, art. 2º.

[56] TSE – PORT nº 331/2003, art. 2º.

b) a exposição do fato e do direito;
c) as razões do pedido de reforma ou de invalidação da decisão e o próprio pedido;
d) o nome e o endereço completo dos advogados constantes do processo.

Conforme o art. 1.017 do Novo CPC:

A petição de agravo de instrumento será instruída:

> I – obrigatoriamente, com cópias da petição inicial, da contestação, da petição que ensejou a decisão agravada, da própria decisão agravada, da certidão da respectiva intimação ou outro documento oficial que comprove a tempestividade e das procurações outorgadas aos advogados do agravante e do agravado;
> II – com declaração de inexistência de qualquer dos documentos referidos no inciso I, feita pelo advogado do agravante, sob pena de sua responsabilidade pessoal;
> III – facultativamente, com outras peças que o agravante reputar úteis.
> § 1º Acompanhará a petição o comprovante do pagamento das respectivas custas e do porte de retorno, quando devidos, conforme tabela publicada pelos tribunais.
> § 2º No prazo do recurso, o agravo será interposto por:
> I – protocolo realizado diretamente no tribunal competente para julgá-lo;
> II – protocolo realizado na própria comarca, seção ou subseção judiciárias;
> III – postagem, sob registro, com aviso de recebimento;
> IV – transmissão de dados tipo fac-símile, nos termos da lei;
> V – outra forma prevista em lei.
> § 3º Na falta da cópia de qualquer peça ou no caso de algum outro vício que comprometa a admissibilidade do agravo de instrumento, deve o relator aplicar o disposto no art. 932, parágrafo único.
> § 4º Se o recurso for interposto por sistema de transmissão de dados tipo fac-símile ou similar, as peças devem ser juntadas no momento de protocolo da petição original.
> § 5º Sendo eletrônicos os autos do processo, dispensam-se as peças referidas nos incisos I e II do *caput*, facultando-se ao agravante anexar outros documentos que entender úteis para a compreensão da controvérsia.

9.9.2. *O procedimento*

Serão obrigatoriamente trasladadas a decisão recorrida e a certidão da intimação.

Todos os agravos, ou recursos em sentido estrito, que devem subir por instrumento, consistem em remeter-se à instância superior uma reprodução, por peças, do processo principal, que permanece na instância *a quo*. Daí a necessidade de muita atenção da parte interessada na indicação de peças para traslado, não se esquecendo de nenhuma que seja essencial à compreensão da controvérsia, sob pena de o recurso restar improvido, em decorrência de uma instrumentação deficiente.[57]

[57] Nesse sentido: TSE-BE nº 285/159.

Deferida a formação do agravo, será intimado o recorrido para, no prazo de três dias, apresentar as suas razões e indicar as peças dos autos que serão também trasladadas.

Veja que como a maioria dos recursos eleitorais é de três dias, pouco importa o que, a respeito, digam o CPP ou leis especiais. O recorrido tem o mesmo prazo de três dias para apresentação de suas alegações e indicação das peças dos autos para o traslado.

Concluída a formação do instrumento, o presidente do Tribunal determinará a remessa dos autos ao Tribunal Superior, podendo, ainda, ordenar a extração e a juntada de peças não indicadas pelas partes.

Como já relatei, o art. 279 do Código Eleitoral preconiza que:

> § 5º O presidente do Tribunal não poderá negar seguimento ao agravo, ainda que interposto fora do prazo legal.
> § 6º Se o agravo de instrumento não for conhecido, porque interposto fora do prazo legal, o Tribunal Superior imporá ao recorrente multa correspondente ao valor do maior salário mínimo vigente no País, multa essa que será inscrita e cobrada na forma prevista no art. 367 do Código Eleitoral.
> § 7º Se o Tribunal Regional dispuser de aparelhamento próprio, o instrumento deverá ser formado com fotocópias ou processos semelhantes, pagas as despesas, pelo preço do custo, pelas partes, em relação às peças que indicarem.

Atualização ao Código Eleitoral: veja, na atualização nº 1, o que falei sobre a vinculação ao salário mínimo.

▸ SÍNTESE DIDÁTICA

O agravo de instrumento é um recurso vertical, não ensejando retratação. Não tem efeito suspensivo e não pode ser obstado pelo presidente, sendo de subida obrigatória, mesmo quando intempestivo. Neste caso, entretanto, a instância superior dele não conhecerá, impondo ao recorrente multa correspondente ao valor do maior salário mínimo vigente no País que, não paga, ensejará inscrição e cobrança mediante execução fiscal, que tramitará perante os juízos eleitorais (art. 367 e incisos do CE).

9.10. Recurso em sentido estrito eleitoral

O recurso em sentido estrito eleitoral é horizontal, ou seja, é direcionado ao órgão prolator da decisão e tem efeito misto, pois inicialmente haverá um efeito de retratação, ensejando reconsideração por parte do juízo recorrido e, só na hipótese de manutenção da decisão é que adquire o efeito devolutivo, com seu exame pela instância superior.

9.10.1. *As hipóteses de cabimento*

Por aplicação subsidiária do Código de Processo Penal, prevista no art. 364 do Código Eleitoral (**no processo e julgamento dos crimes eleitorais e dos comuns**

que lhes forem conexos, assim como nos recursos e na execução, que lhes digam respeito, aplicar-se-á, como lei subsidiária ou supletiva, o Código de Processo Penal), defendo que cabe recurso em sentido estrito eleitoral nas hipóteses infracitadas.

Caberá recurso em sentido estrito eleitoral, da decisão, despacho ou sentença:

1 – que não receber a denúncia ou a queixa;
2 – que concluir pela incompetência do juízo;
3 – que julgar procedentes as exceções, salvo a de suspeição;
4 – que conceder, negar, arbitrar, cassar ou julgar inidônea a fiança, indeferir requerimento de prisão preventiva ou revogá-la, conceder liberdade provisória ou relaxar a prisão em flagrante;
5 – que julgar quebrada a fiança ou perdido o seu valor;
6 – que decretar a prescrição ou julgar, por outro modo, extinta a punibilidade;
7 – que indeferir o pedido de reconhecimento da prescrição ou de outra causa extintiva da punibilidade;
8 – que conceder ou negar a ordem de *habeas corpus* na primeira instância;
9 – que anular o processo da instrução criminal, no todo ou em parte;
10 – que denegar a apelação ou a julgar deserta;
11 – que ordenar a suspensão do processo, em virtude de questão prejudicial;
12 – que decidir o incidente de falsidade.

▸ OBSERVAÇÕES DIDÁTICAS

a) O recurso em sentido estrito eleitoral não tem efeito suspensivo, o prazo de interposição é de três dias (art. 258 do CE), e deve ser fundamentado, sob pena de não conhecimento.
b) Subirá nos próprios autos ou, o que é mais comum, mediante instrumento.
c) Quando expressamente estiver previsto recurso em sentido estrito, não caberá apelação.

9.10.2. *Procedimento*

a) Quando o recurso houver de subir por instrumento, a parte indicará, no respectivo termo, ou em requerimento avulso, as peças dos autos de que pretenda traslado.
b) O traslado será extraído, conferido e concertado no prazo de cinco dias, e dele constarão sempre a decisão recorrida, a certidão de sua intimação, se, por outra forma, não for possível verificar-se a oportunidade do recurso, e o termo de interposição.
c) Dentro de dois dias, contados da interposição do recurso, ou do dia em que o escrivão, extraído o traslado, o fizer com vista ao recorrente, este oferecerá as razões e, em seguida, será aberta vista ao recorrido por igual prazo.
d) Se o recorrido for o réu, será intimado do prazo na pessoa do defensor.
e) Com a resposta do recorrido ou sem ela, será o recurso concluso ao juiz, que, dentro de dois dias, reformará ou sustentará o seu despacho, mandando instruir o recurso com os traslados que lhe parecerem necessários.

f) Se o juiz reformar o despacho recorrido, a parte contrária, por simples petição, poderá recorrer da nova decisão, se couber recurso, não sendo mais lícito ao juiz modificá-la. Neste caso, independentemente de novos arrazoados, subirá o recurso nos próprios autos ou em traslado.
g) Os recursos serão apresentados ao juiz ou tribunal *ad quem*, dentro de cinco dias da publicação da resposta do juiz *a quo*, ou entregues ao correio dentro do mesmo prazo.
h) Publicada a decisão do juiz ou do tribunal *ad quem*, deverão os autos ser devolvidos, dentro de cinco dias, ao juiz *a quo*.

9.11. Agravo de execução eleitoral

Recurso cabível na fase de execução dos crimes eleitorais.

Leciona **Gilberto Niederauer Corrêa**, em artigo publicado na RJ nº 201 – p. 129, com o título: "Da execução penal – aspectos penais e processuais no Código Eleitoral"**,** que:

> A relação executória penal, perante o juízo da execução da pena, tem a exclusiva atuação do MP no polo ativo da relação jurídica que se estabelece com o condenado no polo passivo. O que ocorre, aliás, em qualquer execução penal, e não apenas em matéria eleitoral.
> Se houver recolhimento do condenado ao sistema penitenciário, a execução penal competirá ao juiz indicado na lei local de organização judiciária ou, na sua ausência, ao juiz eleitoral sentenciante, por força das disposições contidas no parágrafo único do art. 2º, c.c. o art. 65 da LEP (Lei nº 7.210, de 11/07/1984).
> Na hipótese de não expedido o respectivo mandado de prisão, deve o MP requerer, em cinco dias, sua expedição, aos efeitos de cumprimento da pena, não só em decorrência do disposto no art. 363 do CE, quanto dos arts. 67 e 68 da LEP.
> Nesse mesmo prazo de cinco dias, deve o MP, tendo como título certidão da sentença condenatória, requerer a citação do condenado para que pague, em dez dias, o valor da multa, ou nomeie bens à penhora.
> Tal execução, a meu ver, processar-se-á perante o juízo eleitoral e obedecerá ao rito estabelecido nos arts. 164 a 170 da LEP.

9.11.1. *Previsão legal*

O art. 197 da Lei de Execução Penal prevê o recurso único de agravo, sem efeito suspensivo, contra todas as decisões prolatadas quando da execução da pena.

9.11.2. *As hipóteses de cabimento*

Defendo que cabe agravo de execução eleitoral nas hipóteses infracitadas.

Caberá agravo de execução eleitoral, da decisão, despacho ou sentença:

a) que conceder, negar ou revogar a suspensão condicional da pena;
b) que conceder, negar ou revogar livramento condicional;

c) que decidir sobre a unificação de penas;
d) que decretar medida de segurança, depois de transitar a sentença em julgado;
e) que revogar a medida de segurança;
f) que deixar de revogar a medida de segurança, nos casos em que a lei admita a revogação;
g) que converter a multa em detenção ou em prisão simples;
h) outras decisões na execução da pena eleitoral, tais como: remissão, detração, progressão de regime etc.

9.12. Recurso partidário interno

Pinto Ferreira[58] nos ensina que:

> Convém ainda acrescentar o recurso partidário interno, estabelecendo o contencioso quanto à filiação partidária, permitindo-se a qualquer eleitor do partido a legitimação ativa para oferecer impugnação à filiação, no prazo de três dias, a contar do preenchimento da ficha. Assegura-se igual prazo para a contestação pelo impugnado. Esgotado o prazo para contestação, a Convenção Executiva decidirá em cinco dias.
> O cidadão deverá inscrever-se no diretório municipal em que for eleitor, preenchendo e assinando uma ficha de filiação impressa pela Justiça Eleitoral e pelos partidos políticos, observando o modelo aprovado pelo Tribunal Superior Eleitoral, em três vias.
> Da decisão denegatória de filiação, que deverá sempre ser motivada e fundamentada, cabe recurso direto à Convenção Executiva Regional, ou ao juiz da respectiva zona eleitoral, a ser interposto dentro de três dias, salvo quando o recurso tenha de ser interposto para o Congresso Executivo Nacional.

▸ PEQUENA REVISÃO DIDÁTICA

Em revisão didática, você não pode esquecer duas regras gerais, atinentes ao sistema de recursos criminais do Direito Eleitoral.

1 – A primeira delas é a de que os recursos não têm efeito suspensivo, ressalvado o recurso de sentença condenatória, pois a execução só se dará, nos termos do art. 363 do CE, após a condenação ser proferida ou mantida no Tribunal Regional, o que dispensa, portanto, quer a invocação da LEP, quer a CF. Se depois da decisão do TRE, condenatória, for admitido recurso especial, seria de rigor a execução provisória da pena. Entretanto, não só **Fávila Ribeiro** preconiza, como o TSE tem decidido deva manter-se a suspensão da execução até a decisão final.

2 – Outra regra geral relativa aos recursos eleitorais é a referente ao prazo: é sempre de três dias (CE, art. 258), contados da data da publicação do acórdão, da sentença, do ato, da resolução ou do despacho que se quer impugnar, salvo se outro

---

[58] *Op. cit.*

prazo for especificamente consignado na lei, como é o caso das decisões finais de absolvição ou condenação, em que o prazo é de dez dias (CE, art. 362).

10. Ações eleitorais especiais

10.1. *Habeas data* eleitoral

O *habeas data* é usado para conseguir obter uma decisão com a finalidade de assegurar o conhecimento de informações pessoais constantes de registros ou banco de dados oficiais ou de caráter público ou para retificá-las ou complementá-las.

O tratamento de dados pessoais deve ser feito de forma segura, respeitando os direitos à intimidade e privacidade do cidadão. No Brasil, ainda não temos leis de proteção de dados e, por isso, devemos nos utilizar, por enquanto, de mecanismos constitucionais para viabilizar a proteção desses direitos. Como, por exemplo, o instituto do *habeas data,* assegurado no art. 5º, inciso LXII, que permite ao indivíduo mecanismo:

a) para assegurar o conhecimento de informações relativas à pessoa do impetrante, constantes de registros ou bancos de dados de entidades governamentais ou de caráter público;
b) para a retificação de dados, quando não se prefira fazê-lo por processo sigiloso, judicial ou administrativo.

Leciona **Joel José Candido** (*op. cit.*) que:

> O ***habeas data*** poderá ser mais usado em matéria eleitoral nos processamentos eletrônicos de dados a que se refere e autoriza a Lei nº 6.996/1982, mormente nos casos de inscrição eleitoral e suas alterações, bem como, eventualmente, em bancos de dados sobre eleições passadas, onde haja informações relativas a algum candidato, ex-candidato ou simples eleitor. Do mesmo modo, no cadastro geral de eleitores criado pela Lei nº 7.444/1985 e mantido pelo computador, onde contenham informações sobre as filiações partidárias, pretéritas ou não.
>
> A Lei nº 9.507, de 12 de novembro de 1997, regulou o direito de acesso a informações e disciplinou o rito processual do ***habeas data***. Ela se aplica integralmente ao Direito Eleitoral e partidário, a despeito de ter silenciado acerca da Justiça Eleitoral e seus órgãos judiciários. As três instâncias eleitorais são competentes para conhecer e julgar o ***habeas data*** eleitoral.
>
> Já o ***habeas data*** partidário poderá, ou não, ser de competência da Justiça Eleitoral, bem como da Justiça Comum. Quando o dado ou a informação que se quer conhecer ou retificar for de natureza eleitoral, ou se referir ou interessar a ato ou instituto de qualquer das fases do microprocesso eleitoral, não temos dúvida da competência da Justiça Especializada, e em seus foros a ação deve ser ajuizada. Fora este critério genérico para se aferir a competência, os casos concretos é que dirão, especificamente, o foro adequado para essa medida processual.

10.1.1. *Previsão legal*

Preconiza o art. 5º, LXXII, da Constituição Federal:

> Conceder-se-á *habeas data:*
> a) para assegurar o conhecimento de informações relativas à pessoa do impetrante, constantes de registros ou bancos de dados de entidades governamentais ou de caráter público;
> b) para a retificação de dados, quando não se prefira fazê-lo por processo sigiloso, judicial ou administrativo.

Afirma também o art. 121, § 4º, da Constituição Federal que:

> Das decisões dos Tribunais Regionais Eleitorais somente caberá recurso quando: (...)
> V – denegarem *habeas corpus*, mandado de segurança, *habeas data* ou mandado de injunção.

▸ OBSERVAÇÕES DIDÁTICAS

a) Conforme a Súmula nº 2 do STJ: "Não cabe o *habeas data* (CF, art. 5º, LXXII, alínea *a*) se não houver recusa de informações por parte da autoridade administrativa."

b) O TSE entende que: "Admite-se o recurso ordinário contra acórdãos regionais quando versarem sobre inelegibilidade e expedição de diploma, anularem diplomas ou decretarem a perda de mandatos eletivos, nas eleições federais e estaduais, e denegarem *habeas corpus*, mandado de segurança, *habeas data* ou mandado de injunção (arts. 276, II, *a* e *b*, do CE, c.c. o 121, § 4º, III a V, da CF). Não comporta provimento o agravo que deixa de infirmar os fundamentos da decisão impugnada."[59]

10.1.2. *Procedimento*

A Lei nº 9.507, de 12 de novembro de 1997, regulamentou o direito de acesso a informações e disciplinou o rito processual do *habeas data.*

10.2. Mandado de injunção eleitoral

Com o mandado de injunção, busca-se uma sentença para tornar viável o exercício dos direitos e liberdades constitucionais e das prerrogativas inerentes à nacionalidade, à soberania e à cidadania, inviabilizado por falta de norma regulamentadora.

---

[59] TSE – AG nº 4.292 – SP – Taubaté – Rel. Juiz Francisco Peçanha Martins – p. 105.

10.2.1. *Previsão legal*

O mandado de injunção é previsto no art. 5º, inciso LXXI, da Constituição Federal, *in verbis:* "Conceder-se-á mandado de injunção sempre que a falta de norma regulamentadora torne inviável o exercício dos direitos e liberdades constitucionais e das prerrogativas inerentes à nacionalidade, à soberania e à cidadania."

Como já vimos, o art. 121, § 4º, da Constituição Federal autoriza o uso do mandado de injunção no Direito Eleitoral.

▸ OBSERVAÇÃO DIDÁTICA

Decidiu o TSE que: "Mandado de injunção – art. 5º, § 4º, do ADCT/1988. Impretação para que o TSE baixe normas regulamentadoras fixando o número de vereadores no Município de São Paulo. É de se considerar prejudicado o mandado, sem maiores indagações de natureza processual, se é certo que o TRE já fixou o reclamado número de vereadores do Município de São Paulo. Relator Aldir Passarinho."

▸ CURIOSIDADE INTERESSANTE

O primeiro mandado de injunção eleitoral impetrado no Brasil, no dia seguinte à promulgação da Constituição Federal de 1988, foi do Ministério Público junto ao Tribunal Regional Eleitoral de São Paulo, através do ilustre Professor **Antônio Carlos Mendes**, então Procurador Regional Eleitoral.[60]

10.3. Revisão criminal eleitoral

Conforme **Manzini**: "No Processo Penal brasileiro, embora incrustrada no capítulo atinente aos recursos, a revisão é, também, verdadeira ação autônoma destinada ao desfazimento dos efeitos produzidos por uma sentença condenatória transitada em julgado."

Mirabete comunga com esse mesmo entendimento, asseverando que: "A opinião mais aceita, realmente, é a de que a revisão deve ser considerada como ação penal já que ela instaura uma relação jurídico-processual contra a sentença transitada em julgado. É, pois, uma ação de conhecimento de caráter constitutivo, destinada a corrigir decisão judicial de que já não caiba recurso."[61]

10.3.1. *Previsão legal*

A revisão criminal eleitoral é prevista no art. 621 do Código de Processo de Penal com aplicação subsidiária do Código de Processo Penal, prevista no art. 364 do Código Eleitoral.

---

60 No sentido do texto: Mendes, Antônio Carlos. *In: Cadernos de Direito Constitucional e Eleitoral.* Tribunal Regional Eleitoral e Procuradoria Regional Eleitoral de São Paulo, p. 57 a 59.

61 *Processo Penal.* 3. ed. Atlas, p. 646-647.

10.3.2. *As hipóteses de cabimento*

Cabe revisão criminal eleitoral nos processos findos:

1) quando a sentença condenatória for contrária ao texto expresso da lei penal ou à evidência dos autos;
2) quando a sentença condenatória se fundar em depoimentos, exames ou documentos comprovadamente falsos;
3) quando, após a sentença, se descobrirem novas provas de inocência do condenado ou de circunstância que determine ou autorize diminuição especial da pena.

▸ OBSERVAÇÕES DIDÁTICAS

a) A revisão poderá ser requerida a qualquer tempo, antes da extinção da pena ou após.
b) Não será admissível a reiteração do pedido, salvo se fundado em novas provas.
c) A revisão poderá ser pedida pelo próprio réu ou por procurador legalmente habilitado ou, no caso de morte do réu, pelo cônjuge, ascendente, descendente ou irmão.
d) Agravo regimental – recurso contra expedição de diploma – Candidato inelegível, com decisão transitada em julgado no TSE, que pôde concorrer às eleições por força de liminar em revisão criminal, posteriormente julgada improcedente – Aplicação do art. 175, § 4º, do Código Eleitoral, com o cômputo de votos conferido ao partido – Respeito à vontade do eleitor expressa no voto – Agravo improvido.[62]

10.4. Ação rescisória eleitoral

Pinto Ferreira leciona que:

> A ação rescisória não é propriamente um recurso, mas um remédio processual autônomo. Permite a admissão de um novo julgamento sobre o julgamento anterior, objetivando uma nova decisão sobre a sentença ou o acórdão rescindendo.
> No fundo, a ação rescisória representa um ataque à coisa julgada formal, como salienta o eminente jurisconsulto Pontes de Miranda.
> Tanto é razoável a reformulação dos preceitos da ação rescisória no Direito Processual Eleitoral brasileiro que a nossa mais alta Corte da Justiça Eleitoral já reexaminou a matéria por meio de embargos de declaração, em face de o pronunciamento do Tribunal assentar-se em falsa causa. Seria mais adequado o uso da ação rescisória, reformulando-se a sistemática processual.

[62] TSE – REsp nº 19.662 – SC – Imarui – Relª Juíza Ellen Gracie Northfleet – *DJU* 06/06/2003 – p. 138.

> Conforme voto do Ministro Haroldo Valladão,[63] "em casos extremos, heroicos, o próprio Supremo Tribunal Federal já tem, em embargos de declaração, alterado suas decisões".
> Contudo, o Tribunal Superior Eleitoral já decidiu sobre a não aceitação da ação rescisória como recurso eleitoral:
> "Ação Rescisória - Sua inadmissibilidade na Justiça Eleitoral, por ausência de previsão legal no Código Eleitoral, e por ser incompatível com a celeridade que se deve imprimir ao processo eleitoral."[64]

▸ POSIÇÃO DIVERGENTE

Minha posição: em diálogo pessoal com o amigo **Pinto Ferreira**, percebi que o emérito professor já atualizou a sua posição, pois a ação rescisória eleitoral está assim prevista no art. 22, I, alínea *j*, do Código Eleitoral:

> Compete ao Tribunal Superior:
> I - processar e julgar originariamente:
> (...)
> j) a ação rescisória, nos casos de inelegibilidade, desde que intentada dentro do prazo de cento e vinte dias de decisão irrecorrível, possibilitando-se o exercício do mandato eletivo até o seu trânsito em julgado.

No mesmo sentido a posição dominante do TSE: "Consoante o art. 22, I, *j*, do CE e o entendimento do Tribunal Superior Eleitoral, a competência desta Corte em sede de ação rescisória limita-se à revisão de seus próprios julgados que envolvam o exame de questões relativas à inelegibilidade".[65]

O artigo supramencionado motivou a ação direta de inconstitucionalidade, abaixo descrita, *ipsis litteris:*

> O Tribunal, por votação unânime, rejeitou as questões preliminares suscitadas pelo Presidente da República. Prosseguindo no julgamento, também por unanimidade, o Tribunal julgou parcialmente procedente a ação direta, para declarar a inconstitucionalidade da expressão "possibilitando-se o exercício do mandato eletivo até o seu trânsito em julgado", inscrita no art. 22, inciso I, alínea j, do Código Eleitoral (Lei nº 4.737, de 15/07/1965), na redação que lhe deu a Lei Complementar nº 86, de 14/05/1996, e da expressão "aplicando-se, inclusive, às decisões havidas até cento e vinte dias anteriores à sua vigência", consubstanciada no art. 2º da Lei Complementar nº 86/1996. Votou o Presidente.[66]

---

63 TSE, Boletim Eleitoral nº 127:264.

64 TSE, Res. nº 11.742, J. M. de Souza Andrade, *DJU*, 05/12/1983, p. 19.171-3.

65 Agravo Regimental em Ação Rescisória nº 4.975, TSE/MT, Rel. José de Castro Meira.

66 Direito constitucional e eleitoral. Ação Direta de Inconstitucionalidade. Ação rescisória eleitoral (Lei Complementar nº 86, de 14.05.1996, que acrescentou a alínea "j" ao inc. I do art. 22 do Código Eleitoral). Suspensão da eficácia da coisa julgada sobre inelegibilidade. Eficácia retroativa da Lei: inadmissibilidade. 1. Não ofende a Constituição Federal a instituição de

Sábia foi a decisão do TSE, pois o imoral efeito suspensivo obtido com a mera propositura da ação rescisória afrontava os princípios da igualdade, normalidade e legitimidade das eleições, além de extrapolar o efeito suspensivo do art. 216 do Código Eleitoral.

Obs.: veja agora a questão nº 4.

Posicionamento majoritário do TSE: o TRE não é competente para o julgamento de ação rescisória. A LC nº 86/1996, ao introduzir a ação rescisória no âmbito da Justiça Eleitoral, incumbiu somente ao TSE seu processo e julgamento, originariamente, contra seus próprios julgados.[67]

Posicionamento majoritário do TSE: cabimento de ação rescisória de julgado de TRE em matéria não eleitoral, aplicando-se a legislação processual civil.[68]

▸ INDAGAÇÃO DIDÁTICA

Leia com atenção esta questão elaborada em um concurso jurídico: *"A ação rescisória é cabível nos casos que versem sobre condições de elegibilidade? Qual a posição do TSE?"*

Resposta: posição dominante do TSE: ***Condição de elegibilidade.*** *Compete ao TSE processar e julgar ação rescisória de seus julgados.* ***A ação rescisória só é cabível em casos que versem sobre inelegibilidade, e não sobre condições de elegibilidade.*** *Nesse entendimento, o Tribunal negou provimento ao agravo regimental. Unânime. Agravo Regimental na Ação Rescisória nº 265/SP, Rel. Min. Marcelo Ribeiro, em 13/05/2008.*

10.4.1. *A competência para julgar a ação rescisória*

A competência é exclusiva do Tribunal Superior Eleitoral (art. 22, I, *j*, do CE, c.c. arts. 102, I, *j*, *e*, 105, I, *e*, da CF). Não cabendo ao TSE julgar ação rescisória de sentença de primeiro grau, mas apenas de seus julgados.

---

uma Ação Rescisória Eleitoral, como prevista na alínea "j" do inc. I do art. 22 do Código Eleitoral (Lei nº 4.737, de 15.07.1965), acrescentada pelo art. 1º da Lei Complementar nº 86, de 14.05.1996. 2. São inconstitucionais, porém, as expressões "possibilitando-se o exercício do mandato eletivo até seu trânsito em julgado", contidas na mesma alínea "j", pois implicariam suspensão, ao menos temporária, da eficácia da coisa julgada sobre inelegibilidade, em afronta ao inciso XXXVI do art. 5º da Constituição Federal. 3. Igualmente inconstitucionais as expressões "aplicando-se, inclusive, às decisões havidas até cento e vinte dias anteriores à sua vigência", constante do art. 2º da mesma L.C. nº 86/96, pois, essa eficácia retroativa afetaria direito adquirido daqueles que foram beneficiados pela coisa julgada em matéria de inelegibilidade, quando ainda não havia possibilidade de sua impugnação por Ação Rescisória. 4. Ação Direta julgada procedente, em parte, para declaração de tais inconstitucionalidades, tudo nos termos do voto do Relator (Plenário, ADI 1459/DF, DATA DE JULGAMENTO DO MÉRITO: Plenário, 17.03.1999. DATA DE PUBLICAÇÃO DO MÉRITO: 07.05.1999.

67 TSE – AC nºs 106/2000 e 89/2001.

68 TSE – AC nºs 19.617/2002 e 19.618/2002.

10.5. O *habeas corpus* no Direito Eleitoral

Na opinião de **Lafayette**, *habeas corpus* é "um recurso extraordinário, instituído para cessar de pronto e imediatamente a prisão ou o constrangimento ilegal".

Deve-se repudiar o nome "recurso" da definição de Lafayette, visto que, apesar de **Tito Costa**[69] desenvolver a matéria no livro *Recursos em matéria eleitoral*, a opinião dominante é que o *habeas corpus* não é um recurso, e sim uma ação mandamental. Como bem leciona **Pinto Ferreira**,[70] o *habeas corpus* é admitido no Código Eleitoral, embora não seja especificamente um recurso, mas um remédio processual especial. A Constituição brasileira o admite (art. 5º, LXVIII), atribuindo à Justiça Eleitoral a competência para o processo e julgamento tanto dos crimes eleitorais como em matéria eleitoral.

O remédio processual surge, assim, como meio de assegurar e garantir a liberdade de locomoção. A sua utilidade prática está na rapidez dos seus efeitos, correspondendo ao princípio da celeridade processual, enunciado entre outros por **Carnelutti**.

10.5.1. *A competência para julgar o* habeas corpus *eleitoral*

Segundo o Código Eleitoral, a competência para conhecer e julgar o *habeas corpus* em matéria eleitoral é dos juízes (art. 35, III), dos Tribunais Regionais Eleitorais (art. 29, I, *e*) e do Tribunal Superior Eleitoral (art. 22, I, *e*), todos *in verbis:*

> Art. 22. Compete ao Tribunal Superior:
> I – processar e julgar originariamente:
> (...)
> e) o *habeas corpus* ou mandado de segurança, em matéria eleitoral, relativos a atos do Presidente da República, dos Ministros de Estado e dos Tribunais Regionais; ou, ainda, o *habeas corpus*, quando houver perigo de se consumar a violência antes que o juiz competente possa prover sobre a impetração;[71]
> (...)
>
> Art. 29. Compete aos Tribunais Regionais:
> (...)
> e) o *habeas corpus* ou mandado de segurança, em matéria eleitoral, contra ato de autoridade que respondam perante os Tribunais de Justiça por crime de responsabilidade e, em grau de recurso, os denegados ou concedidos pelos juízes eleitorais; ou, ainda, o *habeas corpus*, quando houver perigo de se consumar a violência antes que o juiz competente possa prover sobre a impetração;
> (...)

---

[69] *Op. cit.*

[70] *Op. cit.*

[71] A expressão "ou mandado de segurança" teve sua execução suspensa pela Resolução SF nº 132, de 07/12/1984.

> Art. 35. Compete aos juízes:
> (...)
> III – decidir *habeas* corpus e mandado de segurança, em matéria eleitoral, desde que essa competência não esteja atribuída privativamente à instância superior;
> (...)

▸ OBSERVAÇÕES DIDÁTICAS

Admite-se o *habeas corpus* como remédio idôneo para corrigir a irregularidade em caso de cerceamento de defesa, no processo dos crimes eleitorais.[72]

O *habeas corpus* não é meio hábil para conseguir o registro de candidatos.[73]

O *habeas corpus* não é meio idôneo para invalidar processo administrativo, mesmo que o paciente e candidato necessite da liberdade para fazer campanha política.[74]

10.6. O mandado de segurança eleitoral

Para **Celso Agrícola Barbi,** o mandado de segurança não é propriamente um recurso, mas uma ação, uma "ação de cognição".[75]

Tito Costa lembra que "muita vez, no entanto, é utilizado como recurso, quando de decisão violadora de direito líquido e certo não caiba recurso específico".

10.6.1. *A legitimação passiva e ativa*

No mandado de segurança em matéria eleitoral, também existe uma legitimação passiva, assim como a mesma triangularidade da relação processual.

Os candidatos a postos eletivos são sempre parte legítima para impetrar o mandado de segurança, quando seja violado um direito seu, líquido e certo. Mas a Justiça Eleitoral só conhece o mandado de segurança nas questões específicas de processo eleitoral, do registro das candidaturas até a diplomação. As questões sobre o exercício do mandado se prendem à Justiça Comum.

Os eleitores são também parte legítima para impetrar mandado de segurança, na titularidade de direitos concernentes ao processo eleitoral: problemas de alistamento eleitoral, inscrição, votação nas suas seções eleitorais ou fora delas (voto em separado) etc.

Quanto aos partidos políticos, a opinião dominante é a de que eles têm legitimidade ativa para impetrar mandado de segurança, poder que se estende aos diretórios nacionais, regionais e municipais legalmente representativos do partido. Os partidos

---

72 TSE, Boletim Eleitoral nº 125:182.

73 TSE, Boletim Eleitoral nº 136:125.

74 TSE, Ac. nº 3.543, Boletim Eleitoral nº 148:130.

75 BARBI, Celso Agrícola. *Mandado de Segurança*. 2. ed. Rio de Janeiro: S.E.,1966, p. 48.

são reputados pela lei como pessoas jurídicas de direito privado, mas o mandado de segurança pode ser utilizado por pessoas jurídicas. Contudo, não se admite a legitimação passiva dos partidos políticos no mandado de segurança, dado que eles não exercem o *jus imperii*, e assim não se pode impetrar mandado de segurança contra os presidentes dos partidos políticos, nem os seus respectivos diretórios.[76]

▸ INDAGAÇÕES DIDÁTICAS

"Quais as autoridades coatoras?"

Resposta: De acordo com a Constituição Brasileira, o mandado de segurança pode ser impetrado "seja qual for a autoridade" dita coatora. Segundo a Lei nº 12.016/2009 (art. 1º, § 1º), "Equiparam-se às autoridades, para os efeitos desta Lei, os representantes ou órgãos de partidos políticos e os administradores de entidades autárquicas, bem como os dirigentes de pessoas jurídicas ou as pessoas naturais no exercício de atribuições do poder público, somente no que disser respeito a essas atribuições".

Podem ser consideradas autoridades coatoras: os sindicatos, quando seus atos são reflexos de poder delegado; os diretores de estabelecimentos particulares de ensino equiparados aos oficiais. Assim ensinam **Celso Agrícola Barbi**,[77] **Celso Antonio Bandeira de Mello**, em *Apontamento sobre os agentes e órgãos públicos*,[78] sendo o assunto discutido por **Pinto Ferreira**, em sua *Teoria geral do Estado*. Os atos praticados por autoridades privadas não são suscetíveis de impetração de mandado de segurança.

"É possível o mandado de segurança contra a coisa julgada formal ou material?"

Resposta: A Súmula nº 268 do Supremo Tribunal Federal determina categoricamente que não cabe mandado de segurança contra decisão judicial com trânsito em julgado.

"Legitimidade **ad partem**. *Postos os enfoques* **supra**, *surgem as indagações. Veja-se a primeira: a teor do que reza o art. 5º, LXX, a, pode ingressar em juízo com um mandado de segurança coletivo o partido político sem representação no Congresso Nacional?"*

Resposta: A resposta não pode ser dada sem um breve passeio pelas divergentes acepções oferecidas à questão. **J. J. Calmon de Passos** entende que não, reforçando ser carente de ação o partido político que não tiver assento no Congresso Nacional, e por isso terá o seu *writ* não conhecido. **Athos Gusmão Carneiro** não dissente de **Ada Pellegrini Grinover**, quando esta afirma que a legitimação do partido político para o *mandamus* coletivo é ampla e só pode sofrer restrição decorrente do texto constitucional, consistente na falta de representação do Congresso Nacional. **Diomar Ackel Filho** também segue esta linha, aduzindo que é indispensável que o impetrante

---

76 Nesse sentido: PINTO FERREIRA. *Op. cit.*, p. 290.

77 *Do mandado de segurança, Op. cit.*, p. 76.

78 São Paulo, 1972, p. 5 e s.

do *writ* coletivo se subsuma expressamente no rol especificado pela Carta, que é exaustivo, e não exemplificativo.[79]

11. Entendimentos sumulados pelo TSE

SÚMULA Nº 10

No processo de registro de candidatos, quando a sentença for entregue em cartório antes de três dias contados da conclusão ao juiz, o prazo para o recurso ordinário, salvo intimação pessoal anterior, só se conta do termo final daquele tríduo.

SÚMULA Nº 11

No processo de registro de candidatos, o partido que não o impugnou não tem legitimidade para recorrer da sentença que o deferiu, salvo se se cuidar de matéria constitucional.

Lembre-se: esta súmula não se aplica ao Ministério Público, pois o art. 127 da Constituição, ao incumbir o chamado *Parquet* de defender a ordem pública e o regime democrático, outorga a ele a possiblidade de recorrer, como *custos legis* (fiscal da lei), contra o deferimento de registros, mesmo que não tenha impugnado o pleito original, por se tratar de matéria de ordem pública.

No mesmo sentido o STF e o TSE:

> O Ministério Público tem legitimidade para recorrer de decisão que defere registro de candidatura, ainda que não haja apresentado impugnação, sendo-lhe inaplicável a presente súmula. (V. Ac. STF, de 18.12.2013, no ARE nº 728188; e Res.-TSE nº 23.405/2014).

SÚMULA Nº 22

Não cabe mandado de segurança contra decisão judicial recorrível, salvo situações de teratologia ou manifestamente ilegais.

SÚMULA Nº 23

Não cabe mandado de segurança contra decisão judicial transitada em julgado.

SÚMULA Nº 24

Não cabe recurso especial eleitoral para simples reexame do conjunto fático probatório.

SÚMULA Nº 25

É indispensável o esgotamento das instâncias ordinárias para a interposição de recurso especial eleitoral.

---

79 *Writs constitucionais*: *habeas corpus*, mandado de segurança, mandado de injunção, *habeas data*. 2a ed. São Paulo: Saraiva, 1991, p. 93.

SÚMULA Nº 26

É inadmissível o recurso que deixa de impugnar especificamente fundamento da decisão recorrida que é, por si só, suficiente para a manutenção desta.

SÚMULA Nº 27

É inadmissível recurso cuja deficiência de fundamentação impossibilite a compreensão da controvérsia.

SÚMULA Nº 28

A divergência jurisprudencial que fundamenta o recurso especial interposto com base na alínea b do inciso I do art. 276 do Código Eleitoral somente estará demonstrada mediante a realização de cotejo analítico e a existência de similitude fática entre os acórdãos paradigma e o aresto recorrido.

SÚMULA Nº 29

A divergência entre julgados do mesmo Tribunal não se presta a configurar dissídio jurisprudencial apto a fundamentar recurso especial eleitoral.

SÚMULA Nº 30

Não se conhece de recurso especial eleitoral por dissídio jurisprudencial, quando a decisão recorrida estiver em conformidade com a jurisprudência do Tribunal Superior Eleitoral.

SÚMULA Nº 31

Não cabe recurso especial eleitoral contra acórdão que decide sobre pedido de medida liminar.

SÚMULA Nº 32

É inadmissível recurso especial eleitoral por violação à legislação municipal ou estadual, ao Regimento Interno dos Tribunais Eleitorais ou às normas partidárias.

SÚMULA Nº 33

Somente é cabível ação rescisória de decisões do Tribunal Superior Eleitoral que versem sobre a incidência de causa de inelegibilidade.

SÚMULA Nº 34

Não compete ao Tribunal Superior Eleitoral processar e julgar mandado de segurança contra ato de membro de Tribunal Regional Eleitoral.

SÚMULA Nº 35

Não é cabível reclamação para arguir o descumprimento de resposta a consulta ou de ato normativo do Tribunal Superior Eleitoral.

SÚMULA Nº 36

Cabe recurso ordinário de acórdão de Tribunal Regional Eleitoral que decida sobre inelegibilidade, expedição ou anulação de diploma ou perda de mandato eletivo nas eleições federais ou estaduais (art. 121, § 4º, incisos III e IV, da Constituição Federal).

SÚMULA Nº 47

A inelegibilidade superveniente que autoriza a interposição de recurso contra expedição de diploma, fundado no art. 262 do código eleitoral, é aquela de índole constitucional ou, se infraconstitucional, superveniente ao registro de candidatura, e que surge até a data do pleito.

SÚMULA Nº 71

Na hipótese de negativa de seguimento ao recurso especial e da consequente interposição de agravo, a parte deverá apresentar contrarrazões tanto ao agravo quanto ao recurso especial, dentro do mesmo tríduo legal.

SÚMULA Nº 72

É inadmissível o recurso especial eleitoral quando a questão suscitada não foi debatida na decisão recorrida e não foi objeto de embargos de declaração.

▸ SÍNTESE DIDÁTICA

Observação didática nº 01. O *habeas corpus,* no Direito Eleitoral, é admitido perante todas as instâncias.

Observação didática nº 02. Perante o TSE, poderá arguir a suspeição ou impedimento dos seus membros qualquer interessado.

Observação didática nº 03. Quando se tratar de julgamento de recursos contra a expedição de diplomas, cada parte terá alguns minutos para sustentação oral, ou seja, vinte minutos.

Observação didática nº 04. Se o candidato, Ministério Público ou o partido político não impugnarem dentro do prazo legal, operar-se-á a preclusão.

Observação didática nº 05. São dois os recursos possíveis de oferecer-se, perante o STF, contra decisões da mais alta Corte Eleitoral: o recurso ordinário e o recurso extraordinário.

Observação didática nº 06. Da decisão proferida em *habeas corpus* interposto perante juiz eleitoral, cabe recurso inominado.

Observação didática nº 07. Das decisões das juntas eleitorais, cabe recurso imediato, interposto verbalmente ou por escrito, que deverá ser fundamentado no prazo de quarenta e oito horas para que tenha seguimento.

Observação didática nº 08. Ainda prevê o Código Eleitoral que, à medida que os votos forem sendo apurados, poderão os fiscais e delegados de partido, assim como os candidatos, apresentar impugnações, que serão decididas de plano pela junta.

Observação didática nº 09. Os recursos serão instruídos de ofício, com certidão da decisão recorrida; se interpostos verbalmente, constará, também, da certidão o trecho correspondente do boletim.

Observação didática nº 10. Não será admitido recurso contra a apuração se não tiver havido impugnação perante a junta, no ato da apuração, contra as nulidades arguidas.

Observação didática nº 11. Cabe o agravo de instrumento quando da decisão proferida pelo presidente do Tribunal Regional, denegando recurso especial.

Observação didática nº 12. Enquanto o Tribunal Superior não decidir o recurso interposto contra a expedição do diploma, poderá o diplomado exercer o mandato em toda a sua plenitude.

Observação didática nº 13. O primeiro recurso que chegar ao Tribunal Regional Eleitoral ou ao Tribunal Superior Eleitoral prevenirá a competência do relator para os demais casos do mesmo Município ou Estado, no mesmo pleito.

12. Questões interessantes sobre a matéria

1. **Fale sobre o trânsito livre de alguns recursos para a instância superior.**

Resposta: O juízo da admissibilidade é excluído nos casos de recurso ordinário e no processo de registro de candidatos (LC nº 64/1990, art. 12, parágrafo único). Uma vez interposto o recurso, nesses casos, deve o presidente da Corte Regional dar-lhe imediato seguimento. A urgência, na conclusão desses feitos, libera-os de qualquer entrave que possa resultar na impossibilidade do seu julgamento antes do pleito. Mesmo sem norma expressa, liberando o trânsito do recurso, nos processos em que postulados direito de resposta, a celeridade exigida pelo art. 58, §§ 5º e 6º, da Lei nº 9.504/1995, parece incompatível com o exercício do juízo de admissibilidade também nessa hipótese.[80]

2. **Os fiscais e delegados podem interpor os recursos em seus próprios nomes?**

Resposta: Não. O Código confere legitimação para apresentação de recurso aos candidatos, fiscais e delegados. Os fiscais e delegados agem em nome do partido; por isso, não podem interpor os recursos em seus próprios nomes. Muitos recursos, decisivos para a sorte de candidatos, não são conhecidos porque interpostos por pessoa física, em seu próprio nome, sem legitimação para fazê-lo.

3. **E se os fiscais e delegados não forem advogados?**

Resposta: Embora o Código Eleitoral preconize que os fiscais e delegados podem interpor recurso em nome do partido, a jurisprudência, por sua vez, não admite recurso interposto por quem não seja advogado. Nesse sentido, o julgado do TSE no Recurso nº 9.003-RO: "Recurso especial. Defeito de representação. Não se conhece do recurso interposto por quem não se fez representar por advogado legalmente constituído".[81]

---

80 Nesse sentido: PINTO, Djalma. *Op. cit.*

81 *In* JTSE, 1991, nº 4, vol. 2, p. 1.350; *idem* JTSE, 1992, nº 1, vol. 3, p. 180.

4. **Qual a diferença entre prazos legais e judiciais?**

Resposta: São legais e judiciais, segundo se determina a sua duração pela lei ou pelo juiz; distinguem-se porque os primeiros não podem ser encurtados nem prorrogados, a não ser nos casos taxativamente enumerados pela lei, enquanto que os judiciais o podem ser pelo juiz, mediante alegação de justos motivos. As partes não podem, nem no caso de comum acordo, alongar os prazos; porém, podem encurtá-los.

5. **É admissível o uso de recursos em domingos e feriados?**

Resposta: Pinto Ferreira[82] defende que a resposta é afirmativa, pois, se nesses dias se realizam as próprias eleições, pode-se também admitir a interposição de recursos em tais dias.[83]

6. **O partido que não participou das eleições isoladamente, mas em coligação, possui legitimidade para recorrer?**

Resposta: Ao partido que não participou das eleições isoladamente, mas em coligação, porquanto esta é tratada em cada pleito como unidade partidária, falta legitimidade para recorrer.[84]

7. **A qualquer momento poderá ser impugnado o pedido de registro de candidatura?**

Resposta: Não. Não impugnado no momento oportuno por parte legítima o pedido de registro de candidatura (LC nº 64/1990, art. 3), ou interposto recurso contra decisão que o deferiu, opera-se a preclusão (LC nº 64/1990, art. 16; CE, arts. 93, § 1º, e 259 c/c 223 e parágrafos) e serão mantidos o registro e a votação do recorrente.[85]

8. **Quanto à instância, onde podem ser interpostos os recursos eleitorais?**

Resposta: Diversas são as instâncias e diversos os recursos admitidos em nossa legislação eleitoral. Quanto às instâncias, podem ser interpostos:

a) perante as juntas e juízos eleitorais;
b) perante os Tribunais Regionais;
c) perante o Tribunal Superior Eleitoral, órgão máximo dessa Justiça especializada.

9. **Qual a diferença entre preclusão e coisa julgada?**

Resposta: Só a sentença que acolhe ou rejeita o pedido faz coisa julgada; todas as decisões referentes a questões que se apresentem no processo, quer se trate de sentença definitiva, quer interlocutória, relativas a questões processuais ou de direito material, de fato ou de direito, não têm a eficácia própria da coisa julgada, mas uma eficácia mais limitada, que consiste na preclusão da faculdade de renovar a mesma

---

82 *Op. cit.*

83 TRE – SP, Boletim Eleitoral nº 105:1833.

84 TSE – REsp nº 11.579 – (11.579) – AP – Rel. Min. Antônio de Pádua Ribeiro – p. 15.759.

85 TSE – REsp nº 9.405 – (12.034) – RS – Rel. Min. Villas Boas – p. 12.760.

questão no processo. A preclusão pode ser um campo maior ou menor no processo, segundo os sistemas.[86]

10. O recurso interposto por candidato, e por delegado que constitui advogado sem que tenha feito prova dessa condição, pode ser conhecido?

Resposta: A jurisprudência do TSE, a partir de 1988, com a vigência da nova Constituição, vem se firmando no sentido de que recursos subscritos por candidato interessado, e por delegado que constitui advogado sem que tenha feito prova dessa condição, não podem ser conhecidos, à vista do **defeito de representação.** Cf. Ac. nº 10.362; Res. nº 16.724, entre outros julgados.[87]

11. É cabível no Direito Eleitoral o reexame necessário?

Resposta: Não. As hipóteses previstas no art. 496 do novo Código de Processo Civil (*Está sujeita ao duplo grau de jurisdição, não produzindo efeito senão depois de confirmada pelo tribunal, a sentença*) não são aplicadas ao processo eleitoral.

12. O que são embargos de declaração?

Resposta: Também chamados **declaratórios,** os embargos de declaração constituem um recurso pelo qual se impugnam decisões do juízo superior e as de primeira instância, quando se apresentam obscuras, omissas ou contraditórias, segundo a conceituação de **Seabra Fagundes.**[88]

Como diz a lei, os embargos objetivam aclarar obscuridade, dúvida ou contradição do decreto judicial impugnado; ou, ainda, enfocar omissões que eventualmente contenha. Assim, esse recurso, quer no âmbito civil, quer no terreno do processo eleitoral, não pode pretender a alteração do julgado, nas suas conclusões, tal como entendido pelo STF: "a pretexto de esclarecer ou completar o julgado, não pode o acórdão embargado alterá-lo".[89]

13. Pode haver embargo de declaração de terceiro no Direito Eleitoral?

Resposta: Tito Costa ensina[90] que o TSE tem admitido, embora, claro, em caráter excepcional, a apresentação de embargos de declaração por **terceiro** que, não tendo sido parte no feito, possa vir a ser atingido pela eficácia natural da sentença. O Ministro Célio Silva, que ilustrou o TSE na condição de jurista, pela classe dos advogados, em voto que ali proferiu a respeito do tema, destacou: "Conforme ensina o eminente Professor Ministro **Amaral Santos**, o princípio fundamental dos limites da coisa julgada, vindo do Direito Romano para o brasileiro, é o de que a sentença só produz efeito entre as partes e, assim, a coisa julgada atinge somente as partes. Mas o eminente mestre, forte

86 COSTA, Tito. *Op. cit.*

87 *In* Jurisprudência do TSE, vol. 2. nº 2, p. 322.

88 FAGUNDES, Seabra. *Dos recursos ordinários em matéria cível.* Forense, p. 483.

89 STF - RTJ nº 90/659; RT nº 527/240 - *apud* Negrão, Theotonio. *Código de Processo Civil... op. cit.*, p. 192. Ver também TSE - BE nº 376/648.

90 *Op. cit.*

em **Liebman**, demonstra que a coisa julgada, qualidade especial da sentença, não se confunde com a eficácia natural da sentença, e esta vale para todos; daí por que o terceiro, se prejudicado pela sentença, a ela pode opor-se para demonstrar sua injustiça ou ilegalidade. Para tanto, todavia, deverá ser titular de um interesse jurídico em conflito com a decisão proferida, e que, desse conflito, possa resultar-lhe um prejuízo jurídico." Examinada com cuidado a espécie que lhe foi submetida, o TSE acabou por acolher, naquele caso concreto, embargos declaratórios opostos por terceiro, entendendo-o parte legítima para se opor à decisão que lhe era prejudicial. Acolheu-o para o fim de reconhecer legitimidade processual ao embargante. Mas, como não houvesse no acórdão pontos obscuros, contraditórios ou omissos, os embargos foram rejeitados. Pelo inusitado do recurso, no caso, cuidamos de registrá-lo, como importante precedente a ser invocado por eventuais terceiros que, não tendo sido parte em determinado feito, possam vir a ser prejudicados pelos efeitos da respectiva decisão.[91]

14. Em quais casos cabe agravo de instrumento?

Resposta: Leciona **Tito Costa**[92] que cabe em decisão (ou despacho) proferida por Presidente de Tribunal Regional denegando recurso especial (CE, art. 279). E cabe, também, nos casos de denegação de recurso ordinário pelo Presidente do TSE, desta feita dirigido ao STF (CE, art. 282). São as duas únicas hipóteses admitidas na legislação eleitoral para esse tipo de recurso. Embora não expresso na Lei Eleitoral, entendemos cabível o agravo de instrumento quanto a decisões ou despachos de juízes eleitorais em relação aos quais não caiba recurso específico. Mesmo porque ao juiz é dado reapreciar a matéria objeto do recurso, segundo o chamado **juízo de retrato.** Em sede de recurso eleitoral, diz acórdão do TRE-RN: "Confere-se ao juiz sentenciante o poder-dever de reapreciar o julgado, sendo-lhe autorizado, até mesmo, **assim como ocorre no agravo de instrumento** (grifo nosso), manifestar juízo de retrato, modificando o seu entendimento acerca do assunto. Esse poder-dever do magistrado transmuda-se, como expressão do direito de defesa, em oportunidade processual outra de o recorrente ver um novo exame de suas razões, pelo próprio juiz que proferiu o *decisum*." O CE, em seu art. 267, especificamente em seus §§ 6º e 7º, permite ao juiz reformar a decisão recorrida, com o que, certamente, encurtará o caminho do desfecho do processo, preocupação que encontra amparo no princípio da celeridade processual, nem sempre tão praticado quanto seria de desejar-se.[93]

15. Quem tem legitimação para invocar inelegibilidade em relação a candidato, por ocasião do seu pedido de registro?

Resposta: A Lei de Inelegibilidade preceitua que caberá, tão só, a qualquer candidato, a partidos políticos ou ao Ministério Público a impugnação ao registro,

---

91 TSE-Acórdão nº 4.893, Relator Min. Célio Silva, em BE nº 245/278.

92 *Op. cit.*

93 Ac. nº 523/1992 – TRE-RN, *in Cadernos de Direito Constitucional e Eleitoral*, do TRE-SP, nº 23, p. 177.

no prazo de cinco dias. Esse prazo conta-se da publicação do pedido de registro para conhecimento de terceiros interessados.

16. O recurso contra diplomação de candidato eleito impede a sua posse?

Resposta: O recurso contra diplomação de candidato eleito, como já referido, não impede sua posse e o exercício regular do mandato. Seguindo seu curso normal, e enquanto o Tribunal Superior Eleitoral não julgar o recurso apresentado, o diplomado exercerá o mandato em toda sua plenitude, tal como determina o art. 216 do CE. Trata-se de uma exceção à regra geral da Lei Eleitoral sobre a não suspensividade dos recursos. Assim também o preceituado no art. 15 da LC nº 64/1990, que fala da nulidade do diploma expedido e objeto de recurso, a ser reconhecida somente após o trânsito em julgado da decisão que declarar a inelegibilidade do candidato.[94]

Cuidado: havia uma diferença quando ao efeito da cassação do registro, afastamento do titular ou perda de mandato: o efeito era suspensivo ou devolutivo a depender do tipo de ação eleitoral. Contudo, com a reforma eleitoral, os efeitos foram unificados. Portanto, **o recurso ordinário interposto contra decisão proferida por juiz eleitoral ou por Tribunal Regional Eleitoral que resulte em cassação de registro, afastamento do titular ou perda de mandato eletivo será recebido pelo Tribunal competente com efeito suspensivo. Assim, o recurso contra diplomação de candidato eleito não impedirá a posse do eleito.**

17. Qual o recurso cabível contra decisão proferida em mandado de segurança?

Resposta: É de **apelação** o recurso contra decisão proferida em mandado de segurança. Conforme a Lei nº 12.016/2009:

> Art. 14. Da sentença, denegando ou concedendo o mandado, cabe apelação.
> § 1º Concedida a segurança, a sentença estará sujeita obrigatoriamente ao duplo grau de jurisdição.
> § 2º Estende-se à autoridade coatora o direito de recorrer.
> § 3º A sentença que conceder o mandado de segurança pode ser executada provisoriamente, salvo nos casos em que for vedada a concessão da medida liminar.
> § 4º O pagamento de vencimentos e vantagens pecuniárias assegurados em sentença concessiva de mandado de segurança a servidor público da administração direta ou autárquica federal, estadual e municipal somente será efetuado relativamente às prestações que se vencerem a contar da data do ajuizamento da inicial.

18. Em matéria recursal o Ministério Público Eleitoral tem prazo em dobro para recorrer?

Resposta: O TSE já tinha firmado o entendimento de que aos feitos eleitorais não se aplica a contagem de prazo em dobro, prevista no antigo CPC, para os casos de litisconsortes com diferentes procuradores, e nem para o Ministério Público. Por maior razão, não se aplicará sob a égide do novo CPC que omitiu esse privilégio.

---

[94] COSTA, Tito. *Recurso em matéria eleitoral*. 7. ed., revista, atualizada e ampliada. RT.

13. Testes objetivos

1. **O *habeas corpus* no Direito Eleitoral é admitido:**
   a) somente perante o juiz eleitoral;
   b) somente perante o presidente do Tribunal Regional;
   c) perante todas as instâncias;
   d) perante qualquer delegado de partido;
   e) somente perante as juntas eleitorais.
   Observação: se você encontrou dificuldades para responder à questão, veja a Observação didática nº 01.

2. **Perante o TSE poderá arguir a suspeição ou impedimento dos seus membros:**
   a) qualquer eleitor;
   b) qualquer interessado;
   c) somente os candidatos registrados;
   d) somente os fiscais de partidos políticos;
   e) somente os delegados de partidos devidamente credenciados.
   Observação: se você encontrou dificuldades para responder à questão, veja a Observação didática nº 02.

3. **Quando se tratar de julgamento de recursos contra a expedição de diplomas, cada parte terá alguns minutos para sustentação oral, ou seja:**
   a) dez minutos;
   b) trinta minutos;
   c) vinte minutos;
   d) apenas cinco minutos;
   e) apenas oito minutos.
   Observação: se você encontrou dificuldades para responder à questão, veja a Observação didática nº 03.

4. **Se o candidato, Ministério Público ou o partido político não impugnarem dentro do prazo legal, operar-se-á:**
   a) a preempção;
   b) a preclusão;
   c) a desimpugnação;
   d) a retificação;
   e) a suspeição.
   Observação: se você encontrou dificuldades para responder à questão, veja a Observação didática nº 04.

5. **São dois os recursos possíveis de oferecer-se, perante o STF, contra decisões da mais alta Corte Eleitoral:**
   a) o recurso especial e o recurso ordinário;
   b) o agravo de instrumento e o recurso extraordinário;
   c) o recurso ordinário e o recurso extraordinário;
   d) o recurso ordinário e o agravo de instrumento;
   e) o recurso especial e recurso parcial.
   Observação: se você encontrou dificuldades para responder à questão, veja a Observação didática nº 05.

6. **É correto afirmar que:**

   a) da decisão proferida em *habeas corpus* interposto perante juiz eleitoral, cabe recurso de apelação;
   b) da decisão proferida em *habeas corpus* interposto perante junta eleitoral, cabe recurso de apelação, e de decisão do Tribunal Regional Eleitoral, recurso ordinário;
   c) da decisão proferida em *habeas corpus* interposto perante juiz eleitoral, cabe recurso inominado;
   d) da decisão proferida em *habeas corpus* interposto perante junta eleitoral, cabe recurso inominado e da decisão do Tribunal Regional Eleitoral, recurso ordinário, cabendo ainda, contra esta decisão, recurso extraordinário ao Tribunal Superior Eleitoral;
   e) da decisão proferida em *habeas corpus* interposto perante juiz eleitoral, cabe recurso ordinário.

   Observação: se você encontrou dificuldades para responder à questão, veja a Observação didática nº 06.

7. **Em relação às impugnações apresentadas perante as juntas eleitorais, não é correto afirmar que:**

   a) de suas decisões cabe recurso imediato, interposto verbalmente ou por escrito, que deverá ser fundamentado no prazo de quarenta e oito horas para que tenha seguimento;
   b) a impugnação não recebida pela junta eleitoral pode ser apresentada ao juiz eleitoral, em quarenta e oito horas, acompanhada de declaração de duas testemunhas;
   c) à medida que os votos forem sendo apurados, poderão os fiscais e delegados de partido, assim como os candidatos, apresentar impugnações, que serão decididas de plano pela junta;
   d) os recursos serão instruídos de ofício, com certidão da decisão recorrida; se interpostos verbalmente, constará, também, da certidão o trecho correspondente do boletim;
   e) não será admitido recurso contra a apuração se não tiver havido impugnação perante a junta, no ato da apuração, contra as nulidades arguidas.

   Observação: se você encontrou dificuldades para responder à questão, veja as Observações didáticas nºs 07, 08, 09 e 10.

8. **Para que a deliberação impugnada seja apreciada pela instância superior, é necessário:**

   a) que se dê vista ao Procurador Regional Eleitoral;
   b) usar-se o recurso, do qual a impugnação foi um pressuposto indispensável;
   c) que os delegados tenham impugnado de acordo com os estatutos do partido;
   d) que os partidos tenham credenciado seus delegados perante os Tribunais Eleitorais;
   e) nenhuma das alternativas.

9. **Cabe o agravo de instrumento quando:**

   a) da decisão impugnada por partido político;
   b) da decisão proferida pelos juízes eleitorais;
   c) dos julgamentos exarados pelas juntas eleitorais;
   d) da decisão proferida pelo Presidente do Tribunal Regional, denegando recurso especial;
   e) da sentença prolatada pelos juízes e juntas eleitorais.

   Observação: se você encontrou dificuldades para responder à questão, veja a Observação didática nº 11.

10. **Enquanto o Tribunal Superior não decidir o recurso interposto contra a expedição do diploma:**

a) poderá o diplomado abdicar em favor do seu partido;
b) poderá o diplomado exercer o mandato em toda sua plenitude;
c) poderá o diplomado aguardar, ou passar logo o seu cargo, se quiser, ao seu suplente;
d) deverá o diplomado se afastar até que se decida a questão;
e) deverá o diplomado requerer outra eleição.

Observação: se você encontrou dificuldades para responder à questão, veja a Observação didática nº 12.

11. **O primeiro recurso que chegar ao Tribunal Regional Eleitoral ou ao Tribunal Superior Eleitoral:**

a) prevenirá a competência ao Corregedor, que tomará as devidas providências;
b) será distribuído ao seu Presidente;
c) prevenirá a competência do relator para os demais casos do mesmo Município ou Estado, no mesmo pleito;
d) prevenirá a competência do Procurador Regional, cuja função é fiscalizar a lei;
e) será distribuído ao juiz que se mostrar mais competente.

Observação: se você encontrou dificuldades para responder à questão, veja a Observação didática nº 13.

14. Questões objetivas de concursos

1. **(Diadema – Procurador do Estado) São irrecorríveis as decisões do Tribunal Superior Eleitoral, salvo:**

a) as que versarem sobre inelegibilidade ou expedição de diplomas nas eleições federais ou estaduais;
b) as que anularem diplomas ou decretarem a perda de mandatos eletivos federais ou estaduais;
c) as que contrariarem a Constituição e as denegatórias de habeas corpus ou mandado de segurança;
d) as que denegarem habeas corpus, mandado de segurança, habeas data ou mandado de injunção;
e) nenhuma das alternativas.

2. **(PA – Juiz) Determinado candidato a vereador teve indeferido seu registro a candidato pelo juiz, apresentando recurso para que fosse, após a observância das formalidades, apreciado pelo competente Tribunal Regional Eleitoral. O juiz recebeu o recurso somente no efeito devolutivo, impedindo o recorrente de continuar a participar da propaganda política eleitoral gratuita. Para que o recorrente possa tentar obter o efeito suspensivo ao recurso e continuar a participar da campanha até julgamento do recurso, deverá:**

a) ajuizar medida cautelar perante o Tribunal;
b) fazer o recurso de embargos de declaração ao juiz;
c) impetrar mandado de segurança perante o Tribunal;
d) interpor agravo de instrumento contra a decisão do juiz;
e) pedir reconsideração ao juízo para emprestar o efeito suspensivo.

3. **(MA – Juiz) Segundo a jurisprudência dominante do Tribunal Superior Eleitoral, é falso afirmar que:**

   a) no processo de registro de candidatos, quando a sentença for entregue em cartório antes de três dias contados da conclusão ao juiz, o prazo para o recurso ordinário, em qualquer hipótese, só se conta do termo final daquele tríduo;
   b) no processo de registro de candidatos, o partido que não o impugnou não tem legitimidade para recorrer da sentença que o deferiu, salvo se se cuidar de matéria constitucional;
   c) a falta de abertura de conta bancária específica não é fundamento suficiente para a rejeição de contas de campanha eleitoral, desde que, por outros meios, se possa demonstrar sua regularidade;
   d) o exercício de cargo eletivo não é circunstância suficiente para, em recurso especial, determinar-se a reforma de decisão mediante a qual o candidato foi considerado analfabeto.

4. **(GO – Juiz de Direito) No processo de apuração de eleições, têm legitimidade para oferecer impugnação:**

   a) apenas os delegados e fiscais dos partidos;
   b) qualquer pessoa do povo, ainda que não eleitor;
   c) o Ministério Público e qualquer eleitor da zona eleitoral;
   d) somente os candidatos, desde que em causa própria;
   e) nenhuma das questões anteriores.

5. **(TRE/SC – Analista Judiciário) Assinale a alternativa correta.**

   a) Quaisquer decisões dos Tribunais Regionais Eleitorais que versem sobre matéria eleitoral serão sempre passíveis de recursos ao Tribunal Superior Eleitoral.
   b) As decisões dos Tribunais são sempre recorríveis, exceto quando se tratar de fraude eleitoral.
   c) As decisões dos Tribunais Regionais Eleitorais são terminativas. A Constituição, porém, prevê exceções, como quando ocorrer divergência na interpretação de lei entre dois ou mais Tribunais Eleitorais.
   d) De todas as decisões dos Tribunais Regionais Eleitorais cabem recursos ao Tribunal Superior Eleitoral.

6. **(TRE/SC – Analista Judiciário) Caberá recurso contra expedição de diploma:**

   a) quando houver errônea interpretação da lei, quanto à aplicação do sistema de representação proporcional;
   b) somente no caso de haver erro na apuração dos votos favoráveis ao candidato;
   c) apenas se não houver possibilidade de mandado de segurança;
   d) quando houver erro na apuração parcial dos votos e impossibilidade de mandado de segurança.

7. **(TRE/CE) Considere uma decisão de um Tribunal Regional Eleitoral que não tenha sido proferida contra disposição expressa da Constituição Federal ou de lei. Mesmo assim é cabível recurso desta decisão se ela:**

   a) divergir de decisão de outro Tribunal Regional Eleitoral em matéria de interpretação de lei;
   b) versar sobre perda de mandatos eletivos estaduais ou municipais;
   c) versar sobre cancelamento de título eleitoral;
   d) denegar ação popular fundada em abuso do poder econômico nas eleições;
   e) conceder mandado de segurança em matéria eleitoral.

8. **(TRE/AC – Analista Judiciário) Segundo estabelece o Código Eleitoral, contra a diplomação por Tribunal Regional Eleitoral de candidatos eleitos para Governador e Vice-Governador do Estado:**

a) não cabe nenhum recurso;
b) cabe recurso especial para o Tribunal Superior Eleitoral;
c) cabe recurso ordinário para o Tribunal Superior Eleitoral;
d) cabe recurso de apelação para o Tribunal Superior Eleitoral;
e) cabe recurso de agravo de instrumento para o Tribunal Superior Eleitoral.

9. **(TRE/PI – Analista Judiciário) Quanto aos recursos eleitorais, sabe-se que:**

a) são cabíveis contra a expedição de diploma, mas tão só para se alegar a inelegibilidade;
b) deverá ser sempre interposto no prazo de cinco dias;
c) seu prazo é preclusivo, mesmo quando se trata de discutir matéria constitucional;
d) têm efeito devolutivo e, nos casos previstos em lei, efeito suspensivo;
e) a distribuição do primeiro recurso que chegar ao Tribunal Regional ou Tribunal Superior prevenirá a competência do relator para todos os demais casos do mesmo Município ou Estado.

10. **(MPF – Procurador da República) Das decisões dos tribunais regionais eleitorais:**

a) caberá sempre recurso, desde que tempestivo, para o Tribunal Superior Eleitoral, a cargo do representante do Ministério Público ou da parte interessada;
b) somente caberá recurso quando forem proferidas contra disposição expressa de lei ou da Constituição Federal, derem interpretação de lei divergente da adotada por outros Tribunais Eleitorais, versarem sobre inelegibilidade ou expedição de diplomas nas eleições federais ou estaduais, anularem diplomas ou decretarem a perda de mandatos eletivos federais ou estaduais e denegarem *habeas corpus*, mandado de segurança, *habeas data* ou mandado de injunção;
c) não caberá recurso, sendo terminativas, com exceção apenas dos recursos especiais para o Tribunal Superior Eleitoral nas hipóteses de acórdãos proferidos contra a jurisprudência daquela Corte;
d) poderão ser interpostos recursos ordinários ou especiais para o Tribunal Superior Eleitoral, nas hipóteses de violação de disposição expressa de lei, divergência jurisprudencial, inelegibilidades e invalidação de diplomas ou mandatos nas eleições federais, estaduais e municipais.

11. **(MP/PA) Assinale a alternativa incorreta.**

a) inexiste o recurso de embargos infringentes no processo eleitoral;
b) o recurso contra expedição de diploma pode ser interposto no prazo de quinze dias contados da sessão de diplomação;
c) não existe recurso contra a proclamação dos resultados da eleição;
d) o prazo para oferecimento de agravo, no processo eleitoral, é de três dias contados da intimação da decisão;
e) o Ministério Público pode recorrer do ato de diplomação de candidato eleito.

12. **(MPF – Procurador da República) As decisões do Tribunal Superior Eleitoral:**

a) são irrecorríveis em matéria eleitoral e partidária, e ainda relativamente a inelegibilidades constitucionais;
b) são suscetíveis de recurso extraordinário para o Supremo Tribunal Federal se contrariarem a Constituição ou de recurso ordinário para aquela Corte Suprema se denegatórias de *habeas corpus* ou mandado de segurança;

c) pressupõem o voto da maioria absoluta dos seus membros para conferir efeito vinculante às súmulas de sua jurisprudência consolidada;
d) são proferidas em sessão pública se relativas a registros de candidaturas e em sessão secreta nos casos de cassação de mandatos por abuso de poder de autoridade.

13. **(MP/PE) Em eleição para prefeito, um candidato derrotado recorreu contra a diplomação do candidato eleito, alegando abuso do poder econômico. Esse recurso:**

a) é de iniciativa de Partido Político ou candidato concorrente, nunca do Ministério Público Eleitoral;
b) não impede a atuação do Ministério Público Eleitoral no mesmo sentido;
c) deve ser único, razão pela qual a lei impede que o Ministério Público Eleitoral use de recurso no mesmo sentido;
d) só pode ser usado pelo Ministério Público Eleitoral e pelos Partidos Políticos;
e) deve ser processado independentemente do Ministério Público Eleitoral, que atua apenas até a proclamação dos resultados das urnas.

14. **(MP/PE) Em relação à ação rescisória eleitoral, é correto afirmar que:**

a) é admitida no prazo de trinta dias perante o juiz eleitoral;
b) é admitida no prazo de cento e vinte dias, perante Tribunal Regional Eleitoral;
c) é admitida no prazo de cento e oitenta dias, perante o Tribunal Superior Eleitoral;
d) não é admitida na Justiça Eleitoral em nenhuma hipótese, em razão do princípio da celeridade;
e) é admitida somente em casos de inelegibilidade.

15. **(MP/PE) Dadas as proposições:**

I. no processo de registro de candidatura, se o Ministério Público não impugnou, não tem legitimidade para recorrer da sentença que o indeferiu;

II. pode ser objeto de recurso contra a expedição de diploma inelegibilidade de natureza constitucional não arguida no momento do registro da candidatura;

III. na impugnação de registro de candidatura e no recurso contra a diplomação, a atuação de partido político ou coligação impede a ação do Ministério Público no mesmo sentido;

IV. proposta a ação para desconstituir a decisão que rejeitou as contas do candidato, anteriormente à ação de impugnação de registro de candidatura, fica suspensa a inelegibilidade;

V. o rito da ação constitucional de impugnação de mandato eletivo, segundo entendimento doutrinário e jurisprudencial, é o ordinário;

VI. enquanto o Tribunal Superior não decidir o recurso interposto contra a expedição do diploma poderá o diplomado exercer o mandato em toda a sua plenitude.

É correto afirmar que:

a) todas as alternativas estão corretas;
b) as alternativas I e III estão corretas;
c) todas as alternativas estão incorretas;
d) as alternativas II, IV, V e VI estão corretas;
e) somente as alternativas III e V estão corretas.

16. (MPF/BR) Na Justiça Eleitoral:

I. enquanto o Tribunal Superior não decidir o recurso interposto contra a diplomação, poderá o diplomado exercer o mandato em toda sua plenitude;

II. a ação de impugnação de mandato eletivo por corrupção, fraude ou abuso do poder econômico poderá ser proposta no prazo de quinze dias contados da diplomação;

III. os recursos têm sempre feito suspensivo, salvo quando se discutir matéria constitucional;

IV. compete privativamente ao Ministério Público, como custos legis, impugnar registros de candidaturas nas hipóteses de inelegibilidades.

Analisando as asserções acima, pode-se afirmar que:

a) todas estão corretas;
b) apenas as de número II e III estão corretas;
c) estão corretas apenas as de número I e II;
d) somente as de número III e IV estão corretas.

17. (MPF/BR) De acordo com as normas constitucionais e legais de organização e competência da Justiça Eleitoral:

a) compete ao Tribunal Superior Eleitoral processar e julgar os crimes eleitorais praticados pelos Governadores de Estados, deputados federais e senadores;
b) as decisões dos Tribunais Regionais Eleitorais são terminativas, delas não cabendo recurso, nas hipóteses de anulação de diplomas ou decretação de perda de mandatos eletivos nas eleições estaduais e municipais;
c) cabe ao Tribunal Superior Eleitoral processar e julgar originariamente a ação rescisória nas questões relativas a inelegibilidades, quanto aos seus próprios acórdãos e aos dos Tribunais Regionais Eleitorais e do Supremo Tribunal Federal;
d) cabe recurso especial para o Tribunal Superior Eleitoral nas hipóteses de decisões dos Tribunais Regionais Eleitorais proferidas contra disposição expressa da Constituição ou da lei e de dissídio jurisprudencial na interpretação da lei entre dois ou mais Tribunais Eleitorais, sendo irrecorríveis as decisões daquela Corte Superior, salvo se contrariarem a Constituição e as denegatórias de *habeas corpus* ou mandado de segurança.

18. (MPF/BR) As decisões do Tribunal Superior Eleitoral:

a) são irrecorríveis em matéria eleitoral e partidária, e ainda relativamente a inelegibilidades constitucionais;
b) são suscetíveis de recurso extraordinário para o Supremo Tribunal Federal, se contrariarem a Constituição, ou de recurso ordinário para aquela Corte Suprema, se denegatórias de *habeas corpus* ou mandado de segurança;
c) pressupõem o voto da maioria absoluta dos seus membros para conferir efeito vinculante às súmulas de sua jurisprudência consolidada;
d) são proferidas em sessão pública se relativa a registros de candidaturas e em sessão secreta nos casos de cassação de mandatos por abuso de poder de autoridade.

19. (UnB/Cespe – TRE/PA) Com relação aos recursos eleitorais, assinale a opção incorreta.

a) Do despacho que indeferir requerimento de inscrição ou de transferência de eleitor caberá recurso, que deve ser julgado dentro de 5 dias, interposto pelo alistando ou eleitor, no prazo de 5 dias, e da decisão que o deferir poderá recorrer qualquer delegado de partido político, no prazo de 10 dias, contados da colocação da respectiva listagem à disposição dos partidos.

b) Qualquer partido poderá reclamar ao juiz eleitoral da designação dos lugares de votação, dentro de 3 dias, a contar da publicação, devendo a decisão ser proferida dentro de 48 horas; dessa decisão caberá recurso para o tribunal regional, que deve ser interposto dentro de 3 dias, devendo, no mesmo prazo, ser resolvido.
c) O recurso eleitoral não possui efeito suspensivo e, sempre que a lei não fixar prazo especial, deverá ser interposto até 3 dias após a publicação do ato, resolução ou despacho.
d) Os recursos parciais, entre os quais se incluem os que versarem matéria referente ao registro de candidatos, interpostos junto aos tribunais regionais, no caso de eleições municipais, e junto ao tribunal superior, no caso de eleições estaduais ou federais, serão julgados à medida que derem entrada nas respectivas secretarias.
e) Da decisão sobre o exercício do direito de resposta cabe recurso às instâncias superiores, em 24 horas da data de sua publicação em cartório ou sessão, assegurado ao recorrido oferecer contrarrazões em igual prazo, a contar da sua notificação, e, nessa matéria, as decisões devem ser proferidas pela Justiça Eleitoral, no prazo máximo de 24 horas.

20. (TRE/SC – Cespe) Assinale a alternativa correta. As decisões do Tribunal Superior Eleitoral:

a) são irrecorríveis;
b) são recorríveis quando houver divergência de interpretação de lei federal com qualquer tribunal regional;
c) são recorríveis somente quando contrariarem a Constituição da República;
d) são recorríveis quando contrariarem a Constituição da República ou denegarem *habeas corpus* ou mandado de segurança.

21. (TRE/SC – Cespe) Assinale a alternativa correta. O mandado de segurança coletivo pode ser impetrado:

a) por qualquer partido político com representação no Congresso Nacional;
b) por qualquer partido político, mesmo sem representação no Congresso, desde que registrado há, pelo menos, 5 meses;
c) por entidade de classe ou associação legalmente constituída há, pelo menos, 6 meses;
d) por organizações não governamentais de defesa do meio-ambiente, desde que declaradas de utilidade pública, em favor de comunidades carentes.

22. (TRE/SC – Cespe) Assinale a alternativa correta. O mandado de injunção visa a:

a) proteger direito líquido e certo, não amparado por *habeas corpus*;
b) suprir a falta de norma reguladora de direitos e liberdades constitucionais e das prerrogativas inerentes à nacionalidade, à soberania e à cidadania;
c) assegurar o conhecimento de informações relativas à pessoa do impetrante, constantes de registros ou banco de dados de entidades governamentais ou de caráter público;
d) assegurar a retificação de dados, quando não se prefira fazê-lo por processo sigiloso, judicial ou administrativo.

15. Gabarito dos testes objetivos

1. C
2. B
3. C
4. B
5. C
6. C
7. B
8. E
9. D
10. B
11. C

16. Gabarito das questões objetivas

1. C	6. A	11. B
2. A	7. A	12. B
3. A[95]	8. C	13. B
4. B	9. E	14. E
5. C	10. B	

15. "D" foi a resposta oficial, mas o item V não está correto, porque o rito da ação constitucional de impugnação de mandato eletivo não é o ordinário, e sim o previsto no art. 3º da LC nº 64/1990. **O item IV também está errado.** Preconizava a Súmula nº 01 do TSE que "Proposta a ação para desconstituir a decisão que rejeitou as contas, anteriormente à impugnação, fica suspensa a inelegibilidade (Lei Complementar nº 64/90, art. 1º, I, *g*)". **Observação muito importante:** esta súmula foi cancelada pelo Ac.-TSE, de 10.5.2016, no PA nº 32345, publicado no *DJE* de 24, 27 e 28.6.2016. O TSE consolidou o entendimento de que a mera propositura da ação anulatória, sem a obtenção de provimento liminar ou tutela antecipada, não suspende a inelegibilidade (**Confira:** Ac.-TSE, de 24.8.2006, no RO nº 912; de 13.9.2006, no RO nº 963; de 29.9.2006, no RO nº 965 e no REsp nº 26.942; e de 16.11.2006, no AgRgRO nº 1.067, entre outros).

16. C	20. D
17. D	21. A
18. B	22. B
19. D	

17. Simulação

Imagine-se na última fase de um concurso jurídico, pois, após a leitura do Capítulo 13, você agora já tem plenas condições de resolver a questão infracitada, elaborada em um concurso jurídico.

Disserte: Recursos Eleitorais:

a) fundamentos;
b) preclusão;
c) efeito recursal;
d) classificação.

---

95 "A" foi a resposta oficial, mas o item "C" também se encontra errado, lembre-se que a súmula 16 foi revogada em 05/11/2002 pelo TSE.

Capítulo 14

Crimes Eleitorais

Para que você perceba a importância do tema em análise, veja estas questões, formuladas em concursos jurídicos.

1. **Apresente a solução jurídica no caso de haver relação de conexidade ou continência entre crime da competência da Justiça Especial e crime da competência da Justiça Comum.**
2. **Como se classificam os crimes eleitorais?**
3. **Se um crime de homicídio for cometido em conexão com um crime eleitoral, qual será a solução jurídica?**
4. **Quais são as espécies de crimes eleitorais?**

Obs.: todas as questões serão solucionadas durante o desenvolvimento da matéria.

1. Noções preliminares

Antes de adentrarmos ao estudo específico dos crimes eleitorais, é necessário fazer *a priori* uma breve abordagem dos elementos integrantes do crime.

O estudo do ilícito penal sob o aspecto dogmático (= técnico-jurídico) exige que dele se tenha uma visão analítica. Isso significa que, ao examinar o crime, o Direito Criminal busca identificar os requisitos que o comportamento humano deve preencher para se tornar um fato punível.

2. Conceito de crime

2.1. Divergência doutrinária

Informamos que fizemos uma longa exposição didática sobre o crime no livro *Direito Penal – Parte Geral*, da Série Universitária. Assim, faremos apenas uma breve consideração sobre o assunto.

Diverge a doutrina sobre o conceito de crime, com as seguintes posições:

a) **crime é um fato típico e antijurídico**, sendo a culpabilidade apenas um pressuposto de aplicação da pena **(René Ariel Dotti, Damásio de Jesus, Julio Fabbrini Mirabete, Celso Delmanto** e **Flávio Augusto Monteiro de Barros**, entre outros);
b) **crime é um fato típico, antijurídico, culpável e punível (Basileu Garcia, Muhoz Conde, Hassemer** e **Battaglini,** entre outros);
c) **crime é um fato típico e culpável, estando a antijuridicidade ínsita ao próprio tipo** (**Miguel Reale Júnior**, entre outros adeptos da teoria dos elementos negativos do tipo);
d) **crime é um fato típico, antijurídico e culpável** (**Bitencourt, Régis Prado, Fragoso**, **Aníbal Bruno, Nelson Hungria, João Mestieri, Noronha, Roque Brito Alves, José Cirilo de Vargas, Jair Leonardo Lopes, João José Leal** etc.). É o conceito predominante na doutrina brasileira e alienígena.
e) **Minha posição:** defendo no livro "*Tratado doutrinário de direito penal*" que, com a adoção da tipicidade "*conglobante ampla*" e o reconhecimento do princípio da insignificância como excludente de tipicidade material, entendo que o conceito de crime foi sensivelmente afetado, passando a ser:
"*Um fato conglobalmente típico e antijurídico*".

3. Os crimes eleitorais

3.1. Classificação

Existe grande dissenso doutrinário em relação à classificação dos crimes eleitorais. Entendo podermos classificar os crimes eleitorais da seguinte forma:

1. **Crimes eleitorais que atentam contra o alistamento eleitoral:**
   - ***Vide* arts. 289 a 293 do Código Eleitoral:**

> Art. 289. Inscrever-se fraudulentamente eleitor: Pena – reclusão até 5 (cinco) anos e pagamento de 5 (cinco) a 15 (quinze) dias-multa.

No mesmo sentido o entendimento dominante do TSE: "a prestação de auxílio material à inscrição fraudulenta de eleitor caracteriza a participação no crime previsto neste artigo". (Ac.-TSE, de 3.3.2015, no REsp nº 571991).

> Art. 290. Induzir alguém a se inscrever eleitor com infração de qualquer dispositivo deste Código: Pena – reclusão até 2 (dois) anos e pagamento de 15 (quinze) a 30 (trinta) dias-multa.

Ac.-TSE nº 68/2005: *induzir alguém* abrange as condutas de instigar, incitar ou auxiliar terceiro a alistar-se fraudulentamente, aproveitando-se de sua ingenuidade ou de sua ignorância.

> Art. 291. Efetuar o juiz, fraudulentamente, a inscrição de alistando: Pena – reclusão até 5 (cinco) anos e pagamento de 5 (cinco) a 15 (quinze) dias-multa.

Art. 292. Negar ou retardar a autoridade judiciária, sem fundamento legal, a inscrição requerida: Pena – pagamento de 30 (trinta) a 60 (sessenta) dias-multa.

Art. 293. Perturbar ou impedir de qualquer forma o alistamento: Pena – detenção de 15 (quinze) dias a 6 (seis) meses ou pagamento de 30 (trinta) a 60 (sessenta) dias-multa.

– ***Vide* Lei nº 9.504/1997, art. 91:**

Nenhum requerimento de inscrição eleitoral ou de transferência será recebido dentro dos cento e cinquenta dias anteriores à data da eleição. Parágrafo único. A retenção de título eleitoral ou do comprovante de alistamento eleitoral constitui crime, punível com detenção, de um a três meses, com a alternativa de prestação de serviços à comunidade por igual período, e multa no valor de cinco mil a dez mil UFIR.

2. Crimes eleitorais que atentam contra o funcionamento do serviço eleitoral:

– ***Vide* arts. 296, 339 a 347, arts. 135, § 5º, 45, §§ 9º e 11, 47, § 4º, 67, § 2º, 71, § 3º, 114, parágrafo único, e 120, § 5º, todos do Código Eleitoral:**

Art. 296. Promover desordem que prejudique os trabalhos eleitorais: Pena – detenção até dois meses e pagamento de 60 a 90 dias-multa.

Art. 339. Destruir, suprimir ou ocultar urna contendo votos, ou documentos relativos à eleição: Pena – reclusão de 2 (dois) a 6 (seis) anos e pagamento de 5 (cinco) a 15 (quinze) dias-multa.
Parágrafo único. Se o agente é membro ou funcionário da Justiça Eleitoral e comete o crime prevalecendo-se do carqo, a pena é aqravada.

Art. 340. Fabricar, mandar fabricar, adquirir, fornecer, ainda que gratuitamente, subtrair ou guardar urnas, objetos, mapas, cédulas ou papéis de uso exclusivo da Justiça Eleitoral: Pena – reclusão até 3 (três) anos de pagamento de 3 (três) a 15 (quinze) dias-multa.
Parágrafo único. Se o agente é membro ou funcionário da Justiça Eleitoral e comete o crime prevalecendo-se do cargo, a pena é agravada.

Art. 341. Retardar a publicação ou não publicar, o diretor ou qualquer outro funcionário de órgão oficial federal, estadual, ou municipal, as decisões, citações ou intimações da Justiça Eleitoral: Pena – detenção até um mês ou pagamento de 30 a 60 dias-multa.

Art. 342. Não apresentar o órgão do Ministério Público, no prazo legal, denúncia ou deixar de promover a execução de sentença condenatória: Pena – detenção até dois meses ou pagamento de 60 a 90 dias-multa.

Art. 343. Não cumprir o juiz o disposto no § 3º do art. 357: Pena – detenção até dois meses ou pagamento de 60 a 90 dias-multa.

Art. 344. Recusar ou abandonar o serviço eleitoral sem justa causa: Pena – detenção até dois meses ou pagamento de 90 a 120 dias-multa.

Art. 345. Não cumprir a autoridade judiciária, ou qualquer funcionário dos órgãos da Justiça Eleitoral, nos prazos legais, os deveres impostos por este

Código, se a infração não estiver sujeita a outra penalidade: Pena – pagamento de trinta a noventa dias-multa.

Art. 346. Violar o disposto no art. 377: Pena – detenção até 6 (seis) meses e pagamento de 30 (trinta) a 60 (sessenta) dias-multa. Parágrafo único. Incorrerão na pena, além da autoridade responsável, os servidores que prestarem serviços e os candidatos, membros ou diretores de partido que derem causa à infração.

Art. 347. Recusar alguém cumprimento ou obediência a diligências, ordens ou instruções da Justiça Eleitoral ou pôr embaraços à sua execução: Pena – detenção de 3 (três) meses a 1 (um) ano e pagamento de 10 (dez) a 20 (vinte) dias-multa.

– ***Vide* arts. 34, 70, 72, 87 e 94 da Lei nº 9.504/1997:**

Art. 34. (VETADO)
§ 1º Mediante requerimento à Justiça Eleitoral, os partidos poderão ter acesso ao sistema interno de controle, verificação e fiscalização da coleta de dados das entidades que divulgaram pesquisas de opinião relativas às eleições, incluídos os referentes à identificação dos entrevistadores e, por meio de escolha livre e aleatória de planilhas individuais, mapas ou equivalentes, confrontar e conferir os dados publicados, preservada a identidade dos respondentes.
§ 2º O não cumprimento do disposto neste artigo ou qualquer ato que vise a retardar, impedir ou dificultar a ação fiscalizadora dos partidos constitui crime, punível com detenção, de seis meses a um ano, com a alternativa de prestação de serviços à comunidade pelo mesmo prazo, e multa no valor de dez mil a vinte mil UFIR.

Art. 70. O Presidente de Junta Eleitoral que deixar de receber ou de mencionar em ata os protestos recebidos, ou ainda, impedir o exercício de fiscalização, pelos partidos ou coligações, deverá ser imediatamente afastado, além de responder pelos crimes previstos na Lei nº 4.737, de 15 de julho de 1965 – Código Eleitoral.

Art. 72. Constituem crimes, puníveis com reclusão, de cinco a dez anos:
I – obter acesso a sistema de tratamento automático de dados usado pelo serviço eleitoral, a fim de alterar a apuração ou a contagem de votos;
II – desenvolver ou introduzir comando, instrução, ou programa de computador capaz de destruir, apagar, eliminar, alterar, gravar ou transmitir dado, instrução ou programa ou provocar qualquer outro resultado diverso do esperado em sistema de tratamento automático de dados usados pelo serviço eleitoral;
III – causar, propositadamente, dano físico ao equipamento usado na votação ou na totalização de votos ou a suas partes.

Art. 87. Na apuração, será garantido aos fiscais e delegados dos partidos e coligações o direito de observar diretamente, a distância não superior a um metro da mesa, a abertura da urna, a abertura e a contagem das cédulas e o preenchimento do boletim .
§ 4º O descumprimento de qualquer das disposições deste artigo constitui crime, punível com detenção de um a três meses, com a alternativa de prestação de serviços à comunidade pelo mesmo período e multa, no valor de um mil a cinco mil UFIR.

Art. 94. Os feitos eleitorais, no período entre o registro das candidaturas até cinco dias após a realização do segundo turno das eleições, terão prioridade para a participação do Ministério Público e dos Juízes de todas as Justiças e instâncias, ressalvados os processos de habeas corpus e mandado de segurança.
§ 1º É defeso às autoridades mencionadas neste artigo deixar de cumprir qualquer prazo desta Lei, em razão do exercício das funções regulares.
§ 2º O descumprimento do disposto neste artigo constitui crime de responsabilidade e será objeto de anotação funcional para efeito de promoção na carreira.

- ***Vide* art. 15 da Lei nº 6.996/1982 (*Dispõe sobre a utilização de processamento eletrônico de dados nos serviços eleitorais, e dá outras providências*):**

Incorrerá nas penas do art. 315 do Código Eleitoral quem, no processamento eletrônico das cédulas, alterar resultados, qualquer que seja o método utilizado.

3. Crimes eleitorais que atentam contra a fé pública eleitoral:

- ***Vide* arts. 313 a 316, 348 a 354-A e 174 § 3º do Código Eleitoral:**

Art. 313. Deixar o juiz e os membros da Junta de expedir o boletim de apuração imediatamente após a apuração de cada urna e antes de passar à subsequente, sob qualquer pretexto e ainda que dispensada a expedição pelos fiscais, delegados ou candidatos presentes: Pena – pagamento de 90 a 120 dias-multa.
Parágrafo único. Nas secções eleitorais em que a contagem for procedida pela mesa receptora incorrerão na mesma pena o presidente e os mesários que não expedirem imediatamente o respectivo boletim.

Art. 314. Deixar o juiz e os membros da Junta de recolher as cédulas apuradas na respectiva urna, fechá-la, e lacrá-la, assim que terminar a apuração de cada secçao e antes de passar à subsequente, sob qualquer pretexto e ainda que dispensada a providência pelos fiscais, delegados ou candidatos presentes: Pena – detenção até dois meses ou pagamento de 90 a 120 dias-multa.
Parágrafo único. Nas secções eleitorais em que a contagem dos votos for procedida pela mesa receptora incorrerão na mesma pena o presidente e os mesários que não fecharem e lacrarem a urna após a contagem.

Art. 315. Alterar nos mapas ou nos boletins de apuração a votação obtida por qualquer candidato ou lançar nesses documentos votação que não corresponda às cédulas apuradas: Pena – reclusão até cinco anos e pagamento de 5 a 15 dias-multa.

Art. 316. Não receber ou não mencionar nas atas da eleição ou da apuração os protestos devidamente formulados ou deixar de remetê-los à instância superior: Pena – reclusão até cinco anos e pagamento de 5 a 15 dias-multa.

Art. 348. Falsificar, no todo ou em parte, documento público, ou alterar documento público verdadeiro, para fins eleitorais: Pena – reclusão de dois a seis anos e pagamento de 15 a 30 dias-multa.
§ 1º Se o agente é funcionário público e comete o crime prevalecendo-se do cargo, a pena é agravada.

§ 2º Para os efeitos penais, equipara-se a documento público o emanado de entidade paraestatal inclusive Fundação do Estado.

Art. 349. Falsificar, no todo ou em parte, documento particular, ou alterar documento particular verdadeiro, para fins eleitorais: Pena – reclusão até 5 (cinco) anos e pagamento de 3 (três) a 10 (dez) dias-multa.

Art. 350. Omitir, em documento público ou particular, declaração que dele devia constar, ou nele inserir ou fazer inserir declaração falsa ou diversa da que devia ser escrita, para fins eleitorais: Pena – reclusão até cinco anos e pagamento de 5 a 15 dias-multa, se o documento é público, e reclusão até três anos e pagamento de 3 a 10 dias-multa se o documento é particular.
Parágrafo único. Se o agente da falsidade documental é funcionário público e comete o crime prevalecendo-se do cargo, ou se a falsificação ou alteração é de assentamentos de registro civil, a pena é agravada.

Art. 351. Equipara-se a documento (348, 349 e 350), para os efeitos penais, a fotografia, o filme cinematográfico, o disco fonográfico ou fita de ditafone a que se incorpore declaração ou imagem destinada a prova de fato.

Art. 352. Reconhecer, como verdadeira, no exercício da função pública, firma ou letra que o não seja, para fins eleitorais: Pena – reclusão até cinco anos e pagamento de 5 a 15 dias-multa se o documento é público, e reclusão até três anos e pagamento de 3 a 10 dias-multa se o documento é particular.

Art. 353. Fazer uso de qualquer dos documentos falsificados ou alterados, a que se referem os arts. 348 a 352: Pena – a cominada à falsificação ou à alteração.

Art. 354. Obter, para uso próprio ou de outrem, documento público ou particular, material ou ideologicamente falso para fins eleitorais: Pena – a cominada à falsificação ou à alteração.

Art. 354-A. Apropriar-se o candidato, o administrador financeiro da campanha, ou quem de fato exerça essa função, de bens, recursos ou valores destinados ao financiamento eleitoral, em proveito próprio ou alheio: Pena - reclusão, de dois a seis anos, e multa.

Art. 174. As cédulas oficiais, à medida em que forem sendo abertas, serão examinadas e lidas em voz alta por um dos componentes da Junta.
§ 3º Não poderá ser iniciada a apuração dos votos da urna subsequente, sob as penas do art. 348, sem que os votos em branco da anterior estejam todos registrados pela forma referida no § 1º.

– ***Vide* Lei nº 7.021/1982, art. 5º:**

Constitui crime eleitoral destruir, suprimir ou, de qualquer modo, danificar relação de candidatos afixada na cabina indevassável. Pena – detenção, até seis meses, e pagamento de sessenta a cem dias-multa.

– ***Vide* arts. 2º, 3º, 4º, 5º, 8º, 10, 11 da Lei nº 6.091/1974 que:**

Art. 2º: Se a utilização de veículos pertencentes às entidades previstas no art. 1º não for suficiente para atender ao disposto nesta Lei, a Justiça

Eleitoral requisitará veículos e embarcações a particulares, de preferência de aluguel.
Parágrafo único. Os serviços requisitados serão pagos, até trinta dias depois do pleito, a preços que correspondam aos critérios da localidade. A despesa correrá por conta do Fundo Partidário.

Art. 3º Até cinquenta dias antes da data do pleito, os responsáveis por todas as repartições, órgãos e unidades do serviço público federal, estadual e municipal oficiarão à Justiça Eleitoral, informando o número, a espécie e lotação dos veículos e embarcações de sua propriedade, e justificando, se for o caso, a ocorrência da exceção prevista no § 1º do art. 1º desta Lei.
§ 1º Os veículos e embarcações à disposição da Justiça Eleitoral deverão, mediante comunicação expressa de seus proprietários, estar em condições de ser utilizados, pelo menos, vinte e quatro horas antes das eleições e circularão exibindo, de modo bem visível, dístico em letras garrafais, com a frase: "A serviço da Justiça Eleitoral".
§ 2º A Justiça Eleitoral, à vista das informações recebidas, planejará a execução do serviço de transporte de eleitores e requisitará aos responsáveis pelas repartições, órgãos ou unidades, até trinta dias antes do pleito, os veículos e embarcações necessários.

Art. 4º Quinze dias antes do pleito, a Justiça Eleitoral divulgará, pelo órgão competente, o quadro geral de percursos e horários programados para o transporte de eleitores, dele fornecendo cópias aos partidos políticos.
§ 1º O transporte de eleitores somente será feito dentro dos limites territoriais do respectivo Município e quando das zonas rurais para as Mesas Receptoras distar pelo menos dois quilômetros.
§ 2º Os partidos políticos, os candidatos, ou eleitores em número de vinte, pelo menos, poderão oferecer reclamações em três dias contados da divulgação do quadro.
§ 3º As reclamações serão apreciadas nos três dias subsequentes, delas cabendo recurso sem efeito suspensivo.
§ 4º Decididas as reclamações, a Justiça Eleitoral divulgará, pelos meios disponíveis, o quadro definitivo.

Art. 5º Nenhum veículo ou embarcação poderá fazer transporte de eleitores desde o dia anterior até o posterior à eleição, salvo:
I – a serviço da Justiça Eleitoral;
II – coletivos de linhas regulares e não fretados;
III – de uso individual do proprietário, para o exercício do próprio voto e dos membros da sua família;
IV – o serviço normal, sem finalidade eleitoral, de veículos de aluguel não atingidos pela requisição de que trata o art. 2º.

Art. 8º Somente a Justiça Eleitoral poderá, quando imprescindível, em face da absoluta carência de recursos de eleitores da zona rural, fornecer-lhes refeições, correndo, nesta hipótese, as despesas por conta do Fundo Partidário.

Art. 10. É vedado aos candidatos ou órgãos partidários, ou a qualquer pessoa, o fornecimento de transporte ou refeições aos eleitores da zona urbana.

Art. 11. Constitui crime eleitoral:
I - descumprir, o responsável por órgão, repartição ou unidade do serviço público, o dever imposto no art. 3º, ou prestar informação inexata que vise a elidir, total ou parcialmente, a contribuição de que ele trata:
Pena - detenção de quinze dias a seis meses e pagamento de 60 a 100 dias-multa;
II - desatender à requisição de que trata o art. 2º:
Pena - pagamento de 200 a 300 dias-multa, além da apreensão do veículo para o fim previsto;
III - descumprir a proibição dos arts. 5º, 8º e 10:
Pena - reclusão de quatro a seis anos e pagamento de 200 a 300 dias-multa (art. 302 do Código Eleitoral);
IV - obstar, por qualquer forma, a prestação dos serviços previstos nos arts. 4º e 8º desta Lei, atribuídos à Justiça Eleitoral:
Pena - reclusão de 2 (dois) a 4 (quatro) anos;
V - utilizar em campanha eleitoral, no decurso dos 90 (noventa) dias que antecedem o pleito, veículos e embarcações pertencentes à União, Estados, Territórios, Municípios e respectivas autarquias e sociedades de economia mista:
Pena - cancelamento do registro do candidato ou de seu diploma, se já houver sido proclamado eleito.
Parágrafo único. O responsável, pela guarda do veículo ou da embarcação, será punido com a pena de detenção, de 15 (quinze) dias a 6 (seis) meses, e pagamento de 60 (sessenta) a 100 (cem) dias-multa.

4. Crimes eleitorais que atentam contra o alistamento partidário - *Vide* arts. 319 a 321 do Código Eleitoral:

Art. 319. Subscrever o eleitor mais de uma ficha de registro de um ou mais partidos: Pena - detenção até 1 mês ou pagamento de 10 a 30 dias-multa.

Art. 320. Inscrever-se o eleitor, simultaneamente, em dois ou mais partidos: Pena - pagamento de 10 a 20 dias-multa.

Art. 321. Colher a assinatura do eleitor em mais de uma ficha de registro de partido: Pena - detenção até dois meses ou pagamento de 20 a 40 dias-multa.

5. Crimes eleitorais que atentam contra a propaganda eleitoral - *Vide* arts. 303, 304 e 323 a 338 do Código Eleitoral:

Art. 303. Majorar os preços de utilidades e serviços necessários à realização de eleições, tais como transporte e alimentação de eleitores, impressão, publicidade e divulgação de matéria eleitoral: Pena - Pagamento de 250 a 300 dias-multa.

Art. 304. Ocultar, sonegar, açambarcar ou recusar no dia da eleição, o fornecimento, normalmente a todos, de utilidades, alimentação e meios de transporte, ou conceder exclusividade dos mesmos a determinado partido ou candidato: Pena - Pagamento de 250 a 300 dias-multa.

Art. 323. Divulgar, na propaganda, fatos que sabe inverídicos, em relação a partidos ou candidatos, e capazes de exercerem influência perante o eleito-

rado: Pena – detenção de dois meses a um ano, ou pagamento de 120 a 150 dias-multa.
Parágrafo único. A pena é agravada se o crime é cometido pela imprensa, rádio ou televisão.

Art. 324. Caluniar alguém, na propaganda eleitoral, ou visando a fins de propaganda, imputando-lhe falsamente fato definido como crime: Pena – detenção de seis meses a dois anos, e pagamento de 10 a 40 dias-multa.
§ 1º Nas mesmas penas incorre quem, sabendo falsa a imputação, a propala ou divulga.
§ 2º A prova da verdade do fato imputado exclui o crime, mas não é admitida:
I – se, constituindo o fato imputado crime de ação privada, o ofendido não foi condenado por sentença irrecorrível;
II – se o fato é imputado ao Presidente da República ou chefe de governo estrangeiro;
III – se do crime imputado, embora de ação pública, o ofendido foi absolvido por sentença irrecorrível.

Art. 325. Difamar alguém, na propaganda eleitoral, ou visando a fins de propaganda, imputando-lhe fato ofensivo à sua reputação: Pena – detenção de três meses a um ano, e pagamento de 5 a 30 dias-multa.
Parágrafo único. A exceção da verdade somente se admite se o ofendido é funcionário público e a ofensa é relativa ao exercício de suas funções.

Art. 326. Injuriar alguém, na propaganda eleitoral, ou visando a fins de propaganda, ofendendo-lhe a dignidade ou o decoro: Pena – detenção até seis meses, ou pagamento de 30 a 60 dias-multa.
§ 1º O juiz pode deixar de aplicar a pena:
I – se o ofendido, de forma reprovável, provocou diretamente a injúria;
II – no caso de retorsão imediata, que consista em outra injúria.
§ 2º Se a injúria consiste em violência ou vias de fato, que, por sua natureza ou meio empregado, se considerem aviltantes: Pena – detenção de três meses a um ano e pagamento de 5 a 20 dias-multa, além das penas correspondentes à violência prevista no Código Penal.

Art. 327. As penas cominadas nos arts. 324, 325 e 326 aumentam-se de um terço, se qualquer dos crimes é cometido:
I – contra o Presidente da República ou chefe de governo estrangeiro;
II – contra funcionário público, em razão de suas funções;
III – na presença de várias pessoas, ou por meio que facilite a divulgação da ofensa.

Art. 330. Nos casos dos arts. 328 e 329, se o agente repara o dano antes da sentença final, o juiz pode reduzir a pena.

Art. 331. Inutilizar, alterar ou perturbar meio de propaganda devidamente empregado: Pena – detenção até seis meses ou pagamento de 90 a 120 dias-multa.

Art. 332. Impedir o exercício de propaganda: Pena – detenção até seis meses e pagamento de 30 a 60 dias-multa.

> Art. 334. Utilizar organização comercial de vendas, distribuição de mercadorias, prêmios e sorteios para propaganda ou aliciamento de eleitores: Pena – detenção de seis meses a um ano e cassação do registro se o responsável for candidato.
>
> Art. 335. Fazer propaganda, qualquer que seja a sua forma, em língua estrangeira: Pena – detenção de três a seis meses e pagamento de 30 a 60 dias-multa.
> Parágrafo único. Além da pena cominada, a infração ao presente artigo importa na apreensão e perda do material utilizado na propaganda.
>
> Art. 336. Na sentença que julgar ação penal pela infração de qualquer dos arts. 322, 323, 324, 325, 326, 328, 329, 331, 332, 333, 334 e 335, deve o juiz verificar, de acordo com o seu livre convencimento, se o diretório local do partido, por qualquer dos seus membros, concorreu para a prática de delito, ou dela se beneficiou conscientemente.
> Parágrafo único. Nesse caso, imporá o juiz ao diretório responsável pena de suspensão de sua atividade eleitoral, por prazo de 6 (seis) a 12 (doze) meses, agravada até o dobro nas reincidências.
>
> Art. 337. Participar, o estrangeiro ou brasileiro que não estiver no gozo dos seus direitos políticos, de atividades partidárias, inclusive comícios e atos de propaganda em recintos fechados ou abertos: Pena – detenção até seis meses e pagamento de 90 a 120 dias-multa.
> Parágrafo único. Na mesma pena incorrerá o responsável pelas emissoras de rádio ou televisão que autorizar transmissões de que participem os mencionados neste artigo, bem como o diretor de jornal que lhes divulgar os pronunciamentos.

Atenção: esse crime não foi recepcionado pela Constituição Federal. Ac.-TSE, de 14.10.2014, no REsp nº 36173, portanto, se na sua prova a questão for:

Julgue com V ou F:

( ) Segundo o Código Eleitoral, é crime participar, o estrangeiro ou brasileiro que não estiver no gozo dos seus direitos políticos, de atividades partidárias, inclusive comícios e atos de propaganda em recintos fechados ou abertos".

( ) Segundo o entendimento doutrinário e jurisprudencial dominante, o artigo 337, que prever ser crime participar, o estrangeiro ou brasileiro que não estiver no gozo dos seus direitos políticos, de atividades partidárias, inclusive comícios e atos de propaganda em recintos fechados ou abertos, não foi recepcionado pela Constituição Federal.

Resposta: 1.V, 2.F.

> Art. 338. Não assegurar o funcionário postal a prioridade prevista no art. 239: Pena – pagamento de 30 a 60 dias-multa.

- ***Vide* arts. 39 e 40 da Lei nº 9.504/1997:**

> Art. 39. A realização de qualquer ato de propaganda partidária ou eleitoral, em recinto aberto ou fechado, não depende de licença da polícia.

§ 5º Constituem crimes, no dia da eleição, puníveis com detenção, de seis meses a um ano, com a alternativa de prestação de serviços à comunidade pelo mesmo período, e multa no valor de cinco mil a quinze mil UFIR:
I – o uso de alto-falantes e amplificadores de som ou a promoção de comício ou carreata;
II – a arregimentação de eleitor ou a propaganda de boca de urna;
III – a divulgação de qualquer espécie de propaganda de partidos políticos ou de seus candidatos.
IV – a publicação de novos conteúdos ou o impulsionamento de conteúdos nas aplicações de internet de que trata o art. 57-B desta Lei, podendo ser mantidos em funcionamento as aplicações e os conteúdos publicados anteriormente.

Art. 40. O uso, na propaganda eleitoral, de símbolos, frases ou imagens, associadas ou semelhantes às empregadas por órgão de governo, empresa pública ou sociedade de economia mista constitui crime, punível com detenção, de seis meses a um ano, com a alternativa de prestação de serviços à comunidade pelo mesmo período, e multa no valor de dez mil a vinte mil UFIR.

Art. 33. As entidades e empresas que realizarem pesquisas de opinião pública relativas às eleições ou aos candidatos, para conhecimento público, são obrigadas, para cada pesquisa, a registrar, junto à Justiça Eleitoral, até cinco dias antes da divulgação, as seguintes informações:
§ 4º A divulgação de pesquisa fraudulenta constitui crime, punível com detenção de seis meses a um ano e multa no valor de cinquenta mil a cem mil UFIR.

Art. 57-H. (...)
§ 1º Constitui crime a contratação direta ou indireta de grupo de pessoas com a finalidade específica de emitir mensagens ou comentários na internet para ofender a honra ou denegrir a imagem de candidato, partido ou coligação, punível com detenção de 2 (dois) a 4 (quatro) anos e multa de R$ 15.000,00 (quinze mil reais) a R$ 50.000,00 (cinquenta mil reais). (Redação estabelecida pela minirreforma eleitoral – Lei nº 12.891/2013).
§ 2º Igualmente incorrem em crime, punível com detenção de 6 (seis) meses a 1 (um) ano, com alternativa de prestação de serviços à comunidade pelo mesmo período, e multa de R$ 5.000,00 (cinco mil reais) a R$ 30.000,00 (trinta mil reais), as pessoas contratadas na forma do § 1º. (Redação estabelecida pela minirreforma eleitoral – Lei nº 12.891/2013).

6. Crimes eleitorais que atentam contra o livre exercício do voto:

– *Vide* arts. 295, 297 a 302, 309 do Código Eleitoral:

Art. 295. Reter título eleitoral contra a vontade do eleitor:
Pena – detenção até dois meses ou pagamento de 30 a 60 dias-multa.

Art. 297. Impedir ou embaraçar o exercício do sufrágio:
Pena – detenção até seis meses e pagamento de 60 a 100 dias-multa.

Art. 302. Promover, no dia da eleição, com o fim de impedir, embaraçar ou fraudar o exercício do voto a concentração de eleitores, sob qualquer forma, inclusive o fornecimento gratuito de alimento e transporte coletivo:

Pena – reclusão de 4 (quatro) a 6 (seis) anos e pagamento de 200 a 300 dias-multa.

Art. 309. Votar ou tentar votar mais de uma vez, ou em lugar de outrem:
Pena – reclusão até três anos.

7. Crimes eleitorais que atentam contra o sigilo da votação:

- ***Vide* arts. 307, 308, 312 e 317 do Código Eleitoral:**

Art. 307. Fornecer ao eleitor cédula oficial já assinalada ou por qualquer forma marcada:
Pena – reclusão até cinco anos e pagamento de 5 a 15 dias-multa.

Art. 308. Rubricar e fornecer a cédula oficial em outra oportunidade que não a de entrega da mesma ao eleitor:
Pena – reclusão até cinco anos e pagamento de 60 a 90 dias-multa.

Art. 312. Violar ou tentar violar o sigilo do voto:
Pena – detenção até dois anos.

Art. 317. Violar ou tentar violar o sigilo da urna ou dos invólucros:
Pena – reclusão de três a cinco anos.

8. Crimes eleitorais que atentam contra o livre funcionamento da seção eleitoral:

- ***Vide* arts. 305, 306, 310 e 311 do Código Eleitoral:**

Art. 305. Intervir autoridade estranha à mesa receptora, salvo o juiz eleitoral, no seu funcionamento sob qualquer pretexto: Pena – detenção até seis meses e pagamento de 60 a 90 dias-multa.

Art. 306. Não observar a ordem em que os eleitores devem ser chamados a votar: Pena – pagamento de 15 a 30 dias-multa.

Art. 310. Praticar, ou permitir o membro da mesa receptora que seja praticada qualquer irregularidade que determine a anulação de votação, salvo no caso do art. 311: Pena – detenção até seis meses ou pagamento de 90 a 120 dias-multa.

Art. 311. Votar em seção eleitoral em que não está inscrito, salvo nos casos expressamente previstos, e permitir, o presidente da mesa receptora, que o voto seja admitido: Pena – detenção até um mês ou pagamento de 5 a 15 dias-multa para o eleitor e de 20 a 30 dias-multa para o presidente da mesa.

- ***Vide* Lei nº 9.504/1997:**

Art. 68. O boletim de urna, segundo modelo aprovado pelo Tribunal Superior Eleitoral, conterá os nomes e os números dos candidatos nela votados.
§ 1º O Presidente da Mesa Receptora é obrigado a entregar cópia do boletim de urna aos partidos e coligações concorrentes ao pleito cujos representantes o requeiram até uma hora após a expedição.
§ 2º O descumprimento do disposto no parágrafo anterior constitui crime, punível com detenção, de um a três meses, com a alternativa de prestação

de serviço à comunidade pelo mesmo período, e multa no valor de um mil a cinco mil UFIR.

9. **Crimes eleitorais que atentam contra a lei das inelegibilidades**
   - ***Vide* LC nº 64/1990, art. 25:**

Constitui crime eleitoral a arguição de inelegibilidade, ou a impugnação de registro de candidato feito por interferência do poder econômico, desvio ou abuso do poder de autoridade, deduzida de forma temerária ou de manifesta má-fé:
Pena – detenção de 6 (seis) meses a 2 (dois) anos, e multa de 20 (vinte) a 50 (cinquenta) vezes o valor do Bônus do Tesouro Nacional – BTN e, no caso de sua extinção, de título público que o substitua.

3.2. A lei eleitoral intermitente

As leis excepcionais e temporárias são espécies do gênero **intermitente**, ou seja, são leis feitas para durar por um período determinado.

Isto ocorre porque, em geral, as normas penais eleitorais têm prazo indeterminado, até que sejam por outras revogadas. Entretanto, em algumas situações especiais, torna-se imprescindível estabelecer um prazo certo de duração para leis eleitorais incriminadoras.

3.3. Divisão das leis eleitorais intermitentes

As leis eleitorais intermitentes se dividem em:

a) **Leis excepcionais**
   São as promulgadas em condições excepcionais, não raro sob **turbulência social, calamidades públicas, guerras, revoluções, cataclismos, epidemias** etc.

b) **Leis temporárias**
   São as que já trazem no seu próprio texto o tempo de vigência.

3.4. Característica das leis intermitentes

As leis temporárias e excepcionais têm ultra-atividade. A característica principal dessas duas leis é que elas são autorrevogáveis, ou seja, não é necessário outra lei revogá-las. Basta acabar o período de calamidade (no caso das leis excepcionais) ou o tempo determinado exaurir-se (no das leis temporárias), que elas estarão revogadas.

Observe que, se elas já nascem predeterminadas a saírem do ordenamento jurídico, ninguém iria obedecer ao preceito sancionador se não houvesse a observação do art. 3º do Código Penal aplicado de forma subsidiária ("*embora decorrido o período de sua duração ou cessadas as circunstâncias que a determinaram, aplica-se ao fato praticado durante sua vigência*"). É por isso que afirmamos que toda lei temporária ou excepcional é ultra-ativa, isto é, permanecem seus efeitos, embora revogada.

3.5. Do tempo do crime eleitoral

Três teorias tentam explicar o tempo do crime eleitoral

a) **Teoria da atividade**. Considera-se praticado o crime no momento da ação ou omissão, ainda que outro seja o momento do resultado.
b) **Teoria do resultado** (do evento, ou do efeito). Considera-se *tempus delicti* o momento da **produção do resultado**.
c) **Teoria mista** (ou da ubiquidade). O *tempus delicti* é, indiferentemente, o momento da **ação** ou do **resultado**.

Obs.: Teoria adotada para o Direito Eleitoral: **atividade.**

3.6. Do lugar do crime eleitoral

Para indicar o lugar do crime, também tem sido preconizadas três teorias principais.

1ª) **Da atividade**. É considerado lugar do crime aquele em que o agente desenvolveu a atividade criminosa, *i.e.*, onde praticou os atos executórios.
2ª) **Do resultado**. Segundo a teoria do resultado, também conhecida por teoria do efeito ou do evento, o local do delito é o lugar da produção do resultado.
3ª) **Da ubiquidade** (mista ou unitária). Lugar do crime é aquele em que se realizou qualquer dos momentos do caminho do crime, seja da prática dos atos executórios, seja da consumação.

No Direito Eleitoral, o lugar do crime é o local em que ocorreu a ação ou omissão, no todo ou em parte, bem como onde se produziu ou deveria produzir-se o resultado, ou seja, a teoria adotada, em relação ao lugar do crime, a teoria da ubiquidade ou mista.

3.7. A ação penal nos crimes eleitorais

Segundo o art. 355 do Código Eleitoral: "As infrações penais definidas neste Código são de ação pública." A doutrina, hoje, minoritária, defende que, em virtude da previsão do art. 355 do Código Eleitoral, não há ação privada no Direito Eleitoral, tal entendimento encontra-se totalmente superado em virtude da ação privada, subsidiária da pública, ter previsão na Constituição Federal *(art. 5º, LIX, da CF)*.

Posicionamento majoritário do TSE: cabimento de ação penal privada subsidiária no âmbito da Justiça Eleitoral por tratar-se de garantia constitucional, prevista na CF/1988, art. 5º, LIX. Inadmissibilidade da ação penal pública condicionada à representação do ofendido, em virtude do interesse público que envolve a matéria eleitoral.[1]

1 TSE - AC nº 21.29/2003.

▸ INDAGAÇÃO DIDÁTICA

Responda agora esta questão elaborada em um concurso jurídico: *"É admissível ação privada no Direito Eleitoral?"*

3.8. A pena mínima no Direito Eleitoral

Sempre que o Código Eleitoral não indicar o grau mínimo da pena, entende-se que a pena será:

a) de 15 (quinze) dias para a pena de detenção;

b) de 1 (um) ano para a de reclusão.

3.9. Atenuantes e agravantes

Quando a lei determina a agravação ou atenuação da pena sem mencionar o *quantum*, deve o juiz fixá-lo entre 1/5 (um quinto) e 1/3 (um terço), guardados os limites da pena cominada ao crime.

3.10. A pena de multa

A pena de multa consiste no pagamento ao Tesouro Nacional de uma soma de dinheiro, que é fixada em dias-multa. Seu montante é, no mínimo, 1 (um) dia-multa e, no máximo, 300 (trezentos) dias-multa.

O montante do dia-multa é fixado segundo o prudente arbítrio do juiz, devendo este ter em conta as condições pessoais e econômicas do condenado, mas não pode ser inferior ao salário mínimo diário da região, nem superior ao valor de um salário mínimo mensal.

A multa pode ser aumentada até o triplo, embora não possa exceder o máximo genérico (*caput*), se o juiz considerar que, em virtude da situação econômica do condenado, é ineficaz a cominada, ainda que no máximo, ao crime de que se trate.

4. As espécies de crimes eleitorais

Há duas espécies de crimes eleitorais:

a) **Crimes eleitorais próprios:**

Crimes eleitorais próprios são aqueles **que só são previstos** na legislação eleitoral.

▸ EXEMPLO DIDÁTICO

Fazer propaganda, qualquer que seja a sua forma, em língua estrangeira, é crime eleitoral próprio, ou seja, só é previsto no Código Eleitoral (art. 335). Sob o aspecto do Direito Penal comum, o fato é atípico.

b) **Crimes eleitorais impróprios:**

Crimes eleitorais impróprios são aqueles que são previstos na legislação eleitoral **e também no Código Penal.**

▸ EXEMPLO DIDÁTICO

Omitir, em documento público ou particular, declaração que dele devia constar, ou nele inserir ou fazer inserir declaração falsa ou diversa da que devia ser escrita é o crime de falsidade ideológica que é previsto no art. 350 do Código Eleitoral e também no art. 299 do Código Penal.

Mas, professor Dirceu... Como eu vou identificar se o crime será punido pelo Código Eleitoral ou pelo Código Penal?

Resposta: fácil, usaremos o princípio da especialidade que aprendemos no livro *Direito Penal* – Parte Geral, Série Universitária, ou seja, a norma especial (*eleitoral*) derroga a geral (*penal*), assim, você deve identificar a "*finalidade*", caso a falsidade tenha "*finalidade eleitoral*" o crime será eleitoral.

4.1. Atribuição para realização do inquérito em crime eleitoral

A atribuição para realização do inquérito em crime eleitoral é da polícia federal. Estabelece o art. 1º da Resolução nº 23.396/2013 que:

> O Departamento de Polícia Federal ficará à disposição da Justiça Eleitoral, sempre que houver eleições, gerais ou parciais, em qualquer parte do Território Nacional (art. 2º do Decreto-lei nº 1.064, de 24 de outubro de 1968).

Entretanto, nos locais onde inexistirem servidores da Polícia Federal, a polícia civil pode, em *atuação supletiva*, investigar e confeccionar o inquérito policial eleitoral em crime eleitoral.

Posição majoritária do TSE: o TSE, no Acórdão nº 16.048 – São Carlos (SP), considerou irrelevante a realização do inquérito pela Polícia Civil, ao decidir:

> Irrelevância de o inquérito ter sido realizado pela Polícia Estadual. A jurisprudência da Corte é no sentido de ser irrelevante ter o inquérito sido realizado pela Polícia Estadual, se a denúncia preenche os requisitos estabelecidos em lei. Precedente: Acórdão 8.476 (*DJU* 14.04.2000, p. 96, Rel. Min. José Eduardo Rangel de Alckmin).

Havia controvérsia sobre o tema, mas a Resolução do TSE nº 23.396/2013 elidiu a divergência:

> Art. 2º. Parágrafo único. Quando no local da infração não existirem órgãos da Polícia Federal, a Polícia do respectivo Estado terá atuação supletiva.

Responda a esta questão: Julgue com V ou F:

( ) O Conselho de Defesa dos Direitos da Pessoa Humana pode promover inquéritos e investigações eleitorais.

Resposta: F. Tenha cuidado, pois essa "pegadinha" ainda não foi elaborada em um concurso. A Lei nº 4.319/1964, que estabelecia a competência do Conselho de

Defesa dos Direitos da Pessoa Humana para promover inquéritos e investigações nas áreas onde tenham ocorrido fraudes eleitorais de maiores proporções para o fim de sugerir as medidas capazes de escoimar de vícios os pleitos futuros, foi revogada pela Lei nº 12.986, de 2014.

4.2. Como identificar um crime eleitoral

Há condutas na legislação eleitoral que são vedadas, mas não são crimes.

▸ EXEMPLO DIDÁTICO

São vedados, no dia do pleito, até o término do horário de votação, a aglomeração de pessoas portando vestuário padronizado e os instrumentos de propaganda (*uso de bandeiras, broches, dísticos e adesivos*), de modo a caracterizar manifestação coletiva, com ou sem utilização de veículos (**fundamento:** Lei nº 9.504/1997, art. 39-A, § 1º, c.c. *art. 70, § 1º, da Resolução nº 22.718/2008, c.c.* art. 49, § 1º, da Resolução nº 23.191/2009).

Para ser crime eleitoral:

a) deve haver a definição de crime no preceito primário;
b) deve haver uma pena no preceito secundário.
c) deve ser previsto no Código Eleitoral ou na Legislação Especial Eleitoral.

▸ EXEMPLO DIDÁTICO

Art. 299 do Código Eleitoral:

Preceito primário (*definição do crime*): "*Dar, oferecer, prometer, solicitar ou receber, para si ou para outrem, dinheiro, dádiva ou qualquer outra vantagem, para obter ou dar voto e para conseguir ou prometer abstenção, ainda que a oferta não seja aceita.*"

Preceito secundário: "*Pena – reclusão até quatro anos e pagamento de cinco a quinze dias-multa.*"

4.3. Crimes eleitorais mutantes transconfigurados

O crime eleitoral é mutante transconfigurado quando a conduta inicial não é crime, mas pode ser vedada pelo poder de polícia.

Quando a ordem oriunda do poder de polícia não é observada, ocorre a origem de um crime.

▸ EXEMPLO DIDÁTICO

Quando não for crime, o juiz eleitoral pode mandar retirar a propaganda eleitoral vedada. Caso a ordem não seja obedecida, surge o crime previsto no art. 347 do Código Eleitoral, *in verbis:*

Recusar alguém cumprimento ou obediência a diligências, ordens ou instruções da Justiça Eleitoral ou por embaraços à sua execução:

Pena – detenção de 3 (três) meses a 1 (um) ano e pagamento de 10 (dez) a 20 (vinte) dias-multa.

No mesmo sentido o entendimento dominante do TSE: "*CE/65, art. 242,* caput*: a propaganda mencionará sempre a legenda partidária. Ac.-TSE nº 439/2002, 446/2002 e Ac.-TSE, de 13/9/2006, na RP nº 1.069: na propaganda eleitoral gratuita, na hipótese de inobservância do que prescreve este dispositivo e o correspondente do Código Eleitoral, deve o julgador advertir –* ***à falta de norma sancionadora*** *– o autor da conduta ilícita, sob pena de crime de desobediência.*"

4.4. Crimes eleitorais que não admitem tentativa

Existem crimes nas leis eleitorais que não admitem tentativa.

a) Os crimes omissivos próprios: ou o indivíduo deixa de realizar a conduta e o delito se consuma, ou realiza-a, e não se pode falar em crime. Por exemplo: art. 342 do Código Eleitoral: "Não apresentar o órgão do Ministério Público, no prazo legal, denúncia ou deixar de promover a execução de sentença condenatória: Pena – detenção até dois meses ou pagamento de 60 a 90 dias-multa."

b) Os crimes unissubsistentes (materiais, formais ou de mera conduta), que se realizam por único ato. Por exemplo: injúria eleitoral cometida de forma verbal.

Obs.: em um lamentável erro histórico, o TSE confundiu crime formal com crime unissubsistente, veja o julgado:

Ac.-TSE, de 27/11/2007, no Ag. nº 8.905: "O crime de corrupção eleitoral, por ser crime formal, não admite a forma tentada, sendo o resultado mero exaurimento da conduta criminosa."

Erro: o crime formal descreve um resultado que, contudo, não se precisa verificar para ocorrer a consumação; portanto, o crime formal admite tentativa, o que não ocorre no crime unissubsistente.

c) Os crimes de atentado, pois é inconcebível tentativa de tentativa. São casos em que a tentativa é punida com a mesma pena do crime consumado, sem a diminuição legal. Exemplos: Lei nº 4.737, de 15 de julho de 1965, art. 309 ("*votar ou tentar votar mais de uma vez, ou em lugar de outrem*").

É por isso que a lei usa a expressão "salvo disposição em contrário", no parágrafo único do art. 14 do Código Penal.

d) Os crimes permanentes de forma exclusivamente omissiva. Por exemplo: art. 339 do Código Eleitoral: "Destruir, suprimir ou ocultar urna contendo votos, ou documentos relativos à eleição: Pena – reclusão de 2 (dois) a 6 (seis) anos e pagamento de 5 (cinco) a 15 (quinze) dias-multa. Parágrafo único. Se o agente é membro ou funcionário da Justiça Eleitoral e comete o crime prevalecendo-se do cargo, a pena é agravada". Observe que a conduta "ocultar urna contendo votos" é permanente e omissiva.

4.5. Crimes eleitorais com pena reflexa

São crimes em que há de forma reflexa uma pena quem concorreu para a prática de delito, ou do delito se beneficiou conscientemente.

▸ EXEMPLO DIDÁTICO

> Art. 336 do Código Eleitoral. Na sentença que julgar ação penal pela infração de qualquer dos arts. 322, 323, 324, 325, 326, 328, 329, 331, 332, 333, 334 e 335, deve o Juiz verificar, de acordo com o seu livre convencimento, se o Diretório local do partido, por qualquer dos seus membros, concorreu para a prática de delito, ou dela se beneficiou conscientemente.
> Parágrafo único. Nesse caso, imporá o Juiz ao Diretório responsável pena de suspensão de sua atividade eleitoral por prazo de 6 a 12 meses, agravada até o dobro nas reincidências.

4.6. Crimes eleitorais fixos

Há crimes eleitorais que são punidos desde o início da história do Direito Eleitoral no Brasil. Estes são chamados crimes fixos ou naturais, pois foram objetos de censura no passado, são reprimidos no presente e com certeza serão combatidos no futuro.

▸ EXEMPLO DIDÁTICO

Como exemplo de crime eleitoral natural podemos citar o crime de corrupção eleitoral previsto no art. 299 do Código Eleitoral, *in verbis:*

> Dar, oferecer, prometer, solicitar ou receber, para si ou para outrem, dinheiro, dádiva, ou qualquer outra vantagem, para obter ou dar voto e para conseguir ou prometer abstenção, ainda que a oferta não seja aceita: Pena – reclusão até 4 (quatro) anos e pagamento de 5 (cinco) a 15 (quinze) dias-multa.

4.7. Crimes eleitorais involutivos

Contrapõem-se ao crime eleitoral natural, o crime eleitoral involutivo, que são condutas que só são vedadas em determinado estágio da sociedade organizada e, em um futuro bem próximo, deverão ser revogados pela plena inutilidade da conduta vedada.

▸ EXEMPLO DIDÁTICO

> Art. 307 do Código Eleitoral: Fornecer ao eleitor cédula oficial já assinalada ou por qualquer forma marcada: Pena – reclusão até 5 (cinco) anos e pagamento de 5 (cinco) a 15 (quinze) dias-multa.

4.8. Crimes eleitorais ultra-ativos

São crimes que só são punidos em determinada época, mas embora decorrido o período de sua vedação, aplica-se pena ao fato praticado durante sua vigência.

Em geral, os crimes eleitorais são fixos, pois têm prazo indeterminado, até que sejam por outros revogados. Entretanto, em algumas situações especiais, torna-se imprescindível estabelecer crimes direcionados apenas para umas das etapas do processo eleitoral.

▸ EXEMPLO DIDÁTICO

> Art. 39, § 5º da Lei nº 9.504/1997:
> Constituem crimes, no dia da eleição, puníveis com detenção, de seis meses a um ano, com a alternativa de prestação de serviços à comunidade pelo mesmo período, e multa no valor de cinco mil a quinze mil Ufir:
> I – o uso de alto-falantes e amplificadores de som ou a promoção de comício ou carreata;
> II – a arregimentação de eleitor ou a propaganda de boca de urna;
> III – a divulgação de qualquer espécie de propaganda de partidos políticos ou de seus candidatos.
> IV – a publicação de novos conteúdos ou o impulsionamento de conteúdos nas aplicações de internet de que trata o art. 57-B desta Lei, podendo ser mantidos em funcionamento as aplicações e os conteúdos publicados anteriormente.

4.9. Crime eleitoral formal

O crime eleitoral **formal** descreve um resultado que, contudo, não se precisa verificar para ocorrer a consumação.

Os crimes eleitorais em geral são formais, pois a sua consumação independe da obtenção do resultado almejado, bastando o dano potencial ou o perigo de dano ao interesse jurídico protegido, cuja segurança fica, destarte, ao menos ameaçada.

▸ EXEMPLO DIDÁTICO I

> Art. 299 do Código Eleitoral. Dar, oferecer, prometer, solicitar ou receber, para si ou para outrem, dinheiro, dádiva, ou qualquer outra vantagem, para obter ou dar voto e para conseguir ou prometer abstenção, ainda que a oferta não seja aceita: Pena – reclusão até 4 (quatro) anos e pagamento de 5 (cinco) a 15 (quinze) dias-multa.

▸ EXEMPLO DIDÁTICO II

Tício ofereceu, para si, dinheiro para obter o voto de Mévio. Mévio não aceitou. Pergunta-se: o crime foi tentado ou consumado?

Resposta: Como o crime do art. 299 do Código Eleitoral é formal, a sua consumação é antecipada, assim não será necessário a ocorrência do resultado pretendido pelo agente ativo, pois sendo formal, a consumação é antecipada.

4.10. Crime eleitoral material

São crimes eleitorais materiais aqueles em que a lei descreve a conduta do agente e o resultado que consuma o crime.

▸ EXEMPLO DIDÁTICO

> Art. 72 da Lei nº 9.504/1997: Constituem crimes, puníveis com reclusão, de cinco a dez anos:
> III – causar, propositadamente, dano físico ao equipamento usado na votação ou na totalização de votos ou a suas partes.

A consumação só ocorre com o efetivo dano físico ao equipamento usado na votação, caso o agente ativo não consiga produzir o resultado almejado, haverá apenas tentativa.

4.11. Crimes eleitorais comuns

Crime eleitoral comum é aquele que pode ser cometido por qualquer pessoa.

▸ EXEMPLO DIDÁTICO

> Art. 301 do Código Eleitoral. Usar de violência ou grave ameaça para coagir alguém a votar, ou não votar, em determinado candidato ou partido, ainda que os fins visados não sejam conseguidos: Pena – reclusão até 4 (quatro) anos e pagamento de 5 (cinco) a 15 (quinze) dias-multa.

4.12. Crimes eleitorais próprios

São os crimes que só podem ser cometidos por determinada categoria de pessoas, por exigir o tipo penal certa qualidade ou característica do sujeito ativo.

▸ EXEMPLO DIDÁTICO

> Art. 300 do Código Eleitoral: Valer-se o "servidor público" da sua autoridade para coagir alguém a votar ou não votar em determinado candidato ou partido: Pena – detenção até 6 (seis) meses e pagamento de 60 (sessenta) a 100 (cem) dias-multa.

4.13. Crime eleitoral de congruência absoluta (ou atentado)

São tipos criminais eleitorais que preveem a punição da tentativa com a mesma pena do crime consumado.

▸ EXEMPLO DIDÁTICO

> Art. 312 do Código Eleitoral: Violar ou tentar violar o sigilo do voto:
> Pena – detenção até 2 (dois) anos.

4.14. Crime eleitoral de preceito primário remetido: ocorre quando a sua definição legal reporta-se a outros delitos, que passam a integrá-lo

▸ **EXEMPLO DIDÁTICO**

> Art. 343 do Código Eleitoral: Não cumprir o juiz o disposto no § 3º do art. 357:
> Pena – detenção até dois meses ou pagamento de 60 a 90 dias-multa.

4.15. Crime eleitoral de preceito secundário remetido: ocorre quando a sua pena reporta-se a outros delitos

▸ **EXEMPLO DIDÁTICO**

> Art. 354 do Código Eleitoral: Obter, para uso próprio ou de outrem, documento público ou particular, material ou ideologicamente falso para fins eleitorais:
> Pena – a cominada à falsificação ou à alteração.

5. A conexão dos crimes eleitorais

Nas disposições preliminares da parte penal do Código Eleitoral, houve completo silêncio sobre a conexão, operando-se, então, o recebimento da matéria pela forma indiscriminada de encampação, contida no art. 287, ao declarar aplicáveis aos fatos incriminados as regras gerais do Código Penal.

Mas, no capítulo concernente ao processo das infrações, vagamente, ao dispor o art. 364 sobre a aplicação subsidiária do Código de Processo Penal, refere-se, de passagem, ao processo e julgamento dos crimes comuns e dos que lhe forem conexos.

5.1. Conceito de conexão

O mestre do Processo Penal, **Tourinho Filho**, a quem eu me curvo como fiel discípulo, apresenta elucidativa lição:[2]

> A conexão é o nexo, a dependência recíproca que as coisas e os fatos guardam entre si; disjunção é a separação delas, separação forçada, por isso mesmo que todo criminal deve ser indivisível.
> **A conexão existe quando duas ou mais infrações estiverem entrelaçadas por um vínculo, um nexo, um liame que aconselha a junção dos processos**, propiciando, assim, ao julgador perfeita visão do quadro probatório e, de consequência, melhor conhecimento dos fatos, de todos os fatos, de molde a poder entregar a prestação jurisdicional com firmeza e justiça.

---

[2] TOURINHO FILHO, Fernando da Costa. *Processo Penal*. v. 2. São Paulo: Saraiva.

5.2. O efeito da conexão

A conexão tem por consequência imediata uma junção de processo e, por consequência subsequente, uma prorrogação de competência e um julgamento uno.[3]

▸ RESUMO DIDÁTICO DA REGRA E DAS EXCEÇÕES[4]

REGRA BÁSICA

Havendo conexão ou continência, a Justiça Eleitoral exerce a *vis atrativa*, isto é, ela atrai para sua competência o crime eleitoral e o não eleitoral (art. 78, IV, do CPP).

▸ EXCEÇÕES

Exceção 1. Havendo crime doloso contra a vida, deve haver desmembramento, ou seja, a Justiça Eleitoral julga o crime eleitoral e o Tribunal do Júri julga o crime doloso contra a vida, porquanto a CF/1988 deve ser respeitada (art. 5º, XXXVIII) e uma lei ordinária (CPP, art. 78) não pode prevalecer sobre a Carta Magna.[5]

▸ POSIÇÃO DIVERGENTE

Embora não seja a minha posição, por questão de ordem ética, informo que **Tourinho Filho** (*Leia o item 7.2*) e **Suzana de Carmargo** pensam de forma diferente. Esclarece Suzana de Carmargo: "O liame é de natureza objetiva, e decorre do disposto no art. 76, II, do CPP (...); havendo a concorrência entre o Tribunal do Júri e a Justiça especializada, a competência é desta última. É o que decorre do art. 78, IV, do CPP, dado estabelecer que no concurso entre a jurisdição comum e a especial, prevalecerá esta. Em suma, tratando-se de crimes eleitorais conexos a crimes dolosos contra a vida, o julgamento de todos eles há de ser realizado pela Justiça Eleitoral, a menos que caracterizada, em termos constitucionais, a competência funcional de outros órgãos jurisdicionais."[6]

Exceção 2. Se um dos autores tiver foro pela prerrogativa de função (ainda que previsto na Constituição Estadual, com respeito, porém, à Súmula nº 721 do STF), deve haver o desmembramento, ou seja, a Justiça Eleitoral julga o crime comum e o Tribunal competente julga aquele dotado de foro pela prerrogativa de função, porquanto a CF/1988 deve ser respeitada e uma lei ordinária (CPP, art. 78, III) não pode prevalecer sobre a Carta Magna.

Exceção 3. Se um dos autores tiver foro pela prerrogativa de função em crime comum **exclusivamente** previsto na **Constituição Estadual** e cometer crime doloso

---

3 GARRAUD. *Op. cit.*, p. 221.

4 Fonte da pesquisa: CERQUEIRA, Thales Tácito Pontes Luz de Pádua. *Direito Eleitoral brasileiro*. Belo Horizonte: Del Rey, 2002.

5 Veja no item 7.2 que Tourinho Filho entende de forma diferente.

6 "Crimes eleitorais", São Paulo: *Revista dos Tribunais*, 2000, p. 55-59.

contra a vida conexo com crime eleitoral, haverá desmembramento; porém, quem julgará o crime doloso contra a vida será o Tribunal do Júri (e não o Tribunal de Justiça – Súmula nº 721 do STF), enquanto que quem julgará o crime eleitoral será a Justiça Eleitoral (de primeira instância, já que não pode uma Constituição Estadual criar foro pela prerrogativa de função em Tribunal Eleitoral Estadual, pois legislar sobre Direito Eleitoral é da competência da União).

QUADRO DIDÁTICO SOBRE O ÓRGÃO COMPETENTE PARA JULGAMENTO DOS CRIMES ELEITORAIS

Eduardo Damian[7] leciona que: "*Podemos sintetizar a regra geral de competência para o processo e julgamento dos crimes eleitorais, em que autoridades figurem no polo passivo da ação, da seguinte forma:*

Cargo	Competência
Presidente e Vice	TSE
Senador e Suplentes	TSE
Deputado Federal	TSE
Deputado Estadual	TRE
Governador e Vice	TRE
Prefeito	TRE
Vice-Prefeito e Vereadores	Juiz Eleitoral

▸ POSIÇÃO DIVERGENTE

Minha posição: já é entendimento pacífico no STF que o crime eleitoral é crime comum (*veja a questão nº 1 do item 9, Capítulo 14*), portanto, razão assiste ao jurista **Djalma Pinto**[8] que defende:

> Os crimes eleitorais praticados pelo presidente da República, por senador da República, deputado federal, enfim, pelas pessoas relacionadas no art. 102, I, letras b e c, da Constituição, são julgados no STF.

Já os governadores dos Estados e do Distrito Federal, pela prática dos crimes eleitorais, são julgados pelo Superior Tribunal de Justiça (art. 105, I, *a*, CF).

A propósito, manifestou-se o TSE no processo nº 15.584-Manaus:

> Governador de Estado. Crime Eleitoral. A jurisprudência se pacificou no sentido de que a competência para processar e julgar, originariamente, os feitos relativos

7 DUARTE, Eduardo Damian. *Noções de Direito Eleitoral.* Rio de Janeiro: Ferreira, 2005.

8 No mesmo sentido: PINTO, Djalma. *Direito Eleitoral*, 2. ed., São Paulo: Atlas, 2005, p. 269.

a crimes eleitorais praticados por governador de Estado é do Superior Tribunal de Justiça (*DJU*, 30/6/2000, p. 159).

O Deputado Estadual, pela prática de crime eleitoral, nos termos do art. 29, I, *e*, do CE, deve ser julgado pelo TRE (STF, HC 434, *DJU*, 13/9/2002, p. 177).

Portanto, conforme nossa posição o quadro será:

Cargo	**Competência**
Presidente e Vice	STF
Senador e Suplentes	STF
Deputado Federal	STF
Deputado Estadual	TRE (*sem divergência*)
Governador e Vice	STJ
Prefeito	TRE (*sem divergência*)
Vice-Prefeito e Vereadores	Juiz Eleitoral (*sem divergência*)

Obs.: os promotores e juízes que cometerem crimes eleitorais serão julgados pelo Tribunal Regional Eleitoral.

Obs.: se o crime eleitoral é praticado pelo candidato, durante a campanha, a competência para julgá-lo é do Juiz Eleitoral. Se, porém, for ele eleito deputado estadual, a partir da diplomação a competência para processamento e julgamento transfere-se para o Tribunal Regional Eleitoral (CF, art. 53, § 1º, e art. 29, I, *e*, do CE).

Obs.: desembargador que comete crime eleitoral será julgado pelo STJ (art. 105, I, *a*, da CF).

Obs.: além dos indicados no quadro supramencionado, cometendo crimes eleitorais, serão julgados pelo **STF**: os ministros do STF, procurador-geral da República, os ministros de Estado e os comandantes da Marinha, do Exército e da Aeronáutica, os membros dos Tribunais Superiores, os do Tribunal de Contas da União e os chefes de missão diplomática de caráter permanente.

Obs.: além dos indicados no quadro *ut supra*, serão julgados pelo **STJ**, nos crimes eleitorais: os desembargadores dos Tribunais de Justiça dos Estados e do Distrito Federal, os membros dos Tribunais de Contas dos Estados e do Distrito Federal, os dos Tribunais Regionais Federais, dos Tribunais Regionais Eleitorais e do Trabalho, os membros dos Conselhos ou Tribunais de Contas dos Municípios e os do Ministério Público da União que oficiem perante tribunais.

Posicionamento majoritário do TSE: competência do TRE para processar e julgar prefeito por crime eleitoral.[9]

Posicionamento majoritário do TSE: cessa a prerrogativa de foro com a cessação do mandato.[10]

▸ RESUMO DIDÁTICO

Todas as autoridades (*Prefeitos, Deputados Estaduais, juízes, promotores etc.*) que possuem foro privilegiado nos **TJ** ou **TRF**, caso pratiquem crimes eleitorais, sujeitam-se a julgamento no **TRE**. Concluímos que o **TRE** tem competência originária criminal.

Cuidado: essa regra, entretanto, não se aplica ao **TSE**, que não possui competência criminal originária.

Fundamento: a Constituição Federal, ao estabelecer o foro por prerrogativa de função no **STF** ou **STJ**, não fez ressalva alguma em relação aos crimes eleitorais.

Portanto, todas as autoridades que possuem foro privilegiado no **STF** ou **STJ**, caso pratiquem crimes eleitorais, sujeitam-se a julgamento no **STF** ou **STJ**.

6. Observações didáticas

Observação didática nº 01. No processo e julgamento dos crimes eleitorais, assim como nos recursos e na execução que lhes digam respeito, aplicar-se-á, subsidiariamente, o Código de Processo Penal.

Observação didática nº 02. Constitui crime eleitoral a arguição de inelegibilidade deduzida de forma temerária.

Observação didática nº 03. Constitui crime eleitoral lesivo ao funcionamento do serviço eleitoral, o delito cometido por funcionários.

Observação didática nº 04. São competentes os Tribunais Regionais Federais para julgar crime comum praticado por juiz do Trabalho, ressalvada a competência da Justiça Eleitoral.

Posicionamento majoritário do TSE: A inobservância do prazo para denúncia não extingue a punibilidade.[11]

7. Das garantias eleitorais

Ninguém poderá impedir ou embaraçar o exercício do sufrágio.

O **juiz eleitoral**, ou o **presidente da mesa receptora**, pode expedir salvo-conduto com a cominação de prisão por desobediência até 5 (cinco) dias, em favor do eleitor que sofrer violência, moral ou física, na sua liberdade de votar, ou pelo fato de haver votado.

---

[9] TSE – AC nº 469/2003.

[10] TSE – AC nºs 519 e 520/2005.

[11] TSE – AC nºs 234/1994 e 4.692/2004.

A medida será válida para o período compreendido entre 72 (setenta e duas) horas antes e até 48 (quarenta e oito) horas depois do pleito.

▸ INDAGAÇÃO DIDÁTICA

Responda agora esta questão elaborada em um concurso jurídico: *"O presidente da mesa pode expedir salvo-conduto?"*

7.1. A prisão do eleitor

Nenhuma autoridade poderá, **desde 5 (cinco) dias antes e até 48 (quarenta e oito) horas depois do encerramento da eleição**, prender ou deter qualquer eleitor. Mas, há exceções:

a) prisão em flagrante delito;
b) prisão em virtude de sentença criminal condenatória por crime inafiançável;
c) prisão por desrespeito a salvo-conduto.

Os **membros das mesas receptoras** e **os fiscais de partido**, durante o exercício de suas funções, não poderão ser detidos ou presos, **salvo o caso de flagrante delito**; *da mesma garantia gozarão os candidatos desde 15 (quinze) dias antes da eleição.*

Ocorrendo qualquer prisão o preso será imediatamente conduzido à presença do juiz competente que, se verificar a ilegalidade da detenção, a relaxará e promoverá a responsabilidade do coator.

7.2. A legitimidade para denunciar o abuso de poder

A interferência do poder econômico e o desvio ou abuso do poder de autoridade, em desfavor da liberdade do voto, serão tolhidos e punidos.

Quanto à legitimidade para denunciar o abuso de poder, os § 1º e 2º do art. 237 do Código Eleitoral só fazem referência ao eleitor, *in verbis*:

> § 1º O eleitor é parte legítima para denunciar os culpados e promover-lhes a responsabilidade, e a nenhum servidor público, inclusive de autarquia, de entidade paraestatal e de sociedade de economia mista, será lícito negar ou retardar ato de ofício pendente a esse fim.
> § 2º Qualquer eleitor ou partido político poderá se dirigir ao Corregedor-Geral ou Regional, relatando fatos e indicando provas, e pedir abertura de investigação para apurar ato indevido do poder econômico, desvio ou abuso do poder de autoridade, em benefício de candidato ou de partido político.

Atualização ao Código Eleitoral: o art. 22 da LC nº 64/1990 ampliou a legitimidade ao prever: "Qualquer partido político, coligação, candidato ou Ministério Público Eleitoral poderá representar à Justiça Eleitoral, diretamente ao Corregedor-Geral ou Regional, relatando fatos e indicando provas, indícios e circunstâncias e pedir abertura de investigação judicial para apurar uso indevido, desvio ou abuso do poder econômico ou do poder de autoridade, ou utilização indevida de veículos ou meios de comunicação social, em benefício de candidato ou de partido político."

7.3. A força pública no edifício

É proibida, durante o ato eleitoral, a presença de força pública no edifício em que funcionar mesa receptora, ou nas imediações. A força armada conservar-se-á a cem metros da seção eleitoral e não poderá aproximar-se do lugar da votação, ou nele penetrar, sem ordem do presidente da mesa.

8. Questões interessantes sobre a matéria

1. **O crime eleitoral é comum ou especial?**

Resposta: O STF entende que "os crimes eleitorais incluem-se entre os crimes comuns", e esta é a orientação jurisprudencial firme. Não se situam entre os demais crimes políticos, como os relacionados com a segurança nacional e, portanto, não têm nem o rito processual nem as penalidades a estes relativas.

Há duas posições:

1ª posição: os que entendem que os crimes eleitorais são "crimes comuns", contentando-se com a divisão dos crimes feita pelos art. 102, *c*, e art. 105, I, *a*, ambos da Constituição Federal, em, tão somente, crime (ou infração) comum e crime de responsabilidade.

2ª posição: e os que entendem que o crime eleitoral não está entre os crimes comuns mencionados nesses artigos, formando, junto com os crimes militares, uma classificação à parte, integrativa dos "crimes especiais".

Minha posição: em realidade, a doutrina faz uma pequena "confusão" na análise do tema. Portanto, para os devidos fins didáticos vamos fazer uma distinção:

a) Os crimes eleitorais são "*comuns*", pois não se situam entre os demais crimes políticos, como os relacionados com a segurança nacional.

O STF também entende que "os crimes eleitorais incluem-se entre os crimes comuns", e esta é a orientação jurisprudencial firme.

b) Os crimes eleitorais são de Jurisdição Especial, ou seja, há uma justiça especializada (*justiça eleitoral*) competente para julgá-los.

No mesmo sentido, o amigo e mestre de todos nós **Fernando da Costa Tourinho Filho** afirma: "*Sabemos que as jurisdições ou Justiças Especiais que têm competência para julgar causas criminais são a Justiça Eleitoral e a Militar.*"

▸ RESUMO DIDÁTICO

Os crimes eleitorais são "*comuns*" e de jurisdição especial.

2. **A Lei nº 9.099/1995 (Lei dos Juizados Especiais Criminais) tem aplicação aos crimes eleitorais?**

Resposta: Sim. No mesmo sentido são os precedentes do Supremo Tribunal Federal.[12]

---

12 TSE – REsp nº 15.052 – (15.052) – SP – Rel. Min. Costa Porto – *DJU* 09/02/1998 – p. 153.

Hoje, já é pacífico na doutrina que a lei em comento se aplica para todas as infrações penais com rito especial (incluindo, neste contexto, os crimes eleitorais).

3. **O descumprimento de resolução do TSE configura a hipótese de crime?**
Resposta: Não. No caso, ocorre a atipicidade da conduta, por se tratar de descumprimento de normas genéricas, contidas em resolução do Tribunal Superior Eleitoral, sem sanção penal, e não de desobediência à ordem legal, concreta e específica, emitida por funcionário público, nem de resistência à execução de ato legal, concreto e específico, praticado por funcionário competente.[13]

4. **Qual o tribunal competente para processar e julgar prefeito acusado por crime eleitoral? Qual a posição do STF?**
Resposta: Consoante, entendimento do STF: Nos crimes eleitorais, o prefeito municipal é processado e julgado no Tribunal Regional Eleitoral, e não no Tribunal de Justiça do Estado.[14]

5. **É possível o interrogatório do réu no Direito Eleitoral?**
Resposta: Examinando a doutrina sobre o assunto, nota-se que os autores, via de regra, se posicionam no sentido de não ser cabível o interrogatório do réu no processo-crime eleitoral, cabendo apenas a apresentação de contestação.

Nesse sentido, é a opinião de **Joel J. Cândido**, no *Direito Eleitoral brasileiro*, p. 320. **Pinto Ferreira**, no seu *Código Eleitoral comentado*, limita-se a transcrever o art. 359 nas p. 395 e 397. As obras de **Fávila Ribeiro**, *Direito Eleitoral*, e **Antônio Roque Citadini**, *Código Eleitoral anotado*, p. 295, posicionam-se no sentido de que não há interrogatório do réu, nem a oportunidade de sua realização no processo penal eleitoral. **Paulo Lúcio Nogueira**, *Leis especiais – aspectos penais*, p. 167, diz que o acusado só será interrogado se requerer.

▸ POSIÇÃO DIVERGENTE

Minha posição: sempre defendi o interrogatório do réu, já que o mesmo é meio de defesa. A controvérsia não tem mais sentido, pois, a partir de 2003, a própria Lei Eleitoral já prevê o interrogatório do réu. Estão, portanto, superadas as posições em contrário.

6. **Como é realizada a prisão do agente político dotado de foro pela prerrogativa de função?**
Resposta: Ensina **Thales Tácito Pontes**:[15]

> No caso de crime eleitoral praticado por prefeito, por exemplo, o promotor eleitoral deve comunicar ao Procurador Regional Eleitoral para fins de requisição de inquérito policial ou instauração de ação penal.

---

13 STF – Inq. nº 526-6 – (QO) – DF – TP – Rel. Min. Sydney Sanches – *DJU* 06/05/1994.

14 STF – HC nº 69.503 – MG – 2ª T. – Rel. Min. Néri da Silveira – *DJU* 16/04/1993.

15 *Op. cit.*

> A dúvida é: cabe prisão em flagrante do prefeito? Imaginem que um prefeito esteja captando votos do eleitorado, nos termos do art. 299 do Código Eleitoral, e o promotor eleitoral constata isto. O promotor eleitoral poderá prendê-lo em flagrante, já que é processado e julgado junto ao Tribunal Regional Eleitoral, além da prerrogativa de ser ouvido apenas pelo Procurador Regional Eleitoral? A resposta é positiva, ou seja, poderá prendê-lo em flagrante, invocando o art. 301 do Código de Processo Penal, no qual "qualquer pessoa do povo poderá", e não "a autoridade deverá", pois a autoridade, no caso, seria o Procurador Regional Eleitoral. Recomenda-se que esteja com policiais, cuja função é obrigatória, e não facultativa. No entanto, deverá encaminhar o prefeito para a Polícia Federal e comunicar imediatamente o Procurador Regional Eleitoral, pois este analisará o flagrante e oferecerá a denúncia. Isso é possível porque o prefeito não possui imunidade formal relativa (não precisa de licença para ser processado).

Completando a orientação do renomado professor, faço uma indagação:

Imaginem que o presidente da República esteja captando votos do eleitorado, nos termos do artigo 299 do Código Eleitoral, e o promotor constata isto, pergunta-se: *"O promotor de justiça pode prender o presidente da República em flagrante?"*

Resposta: Não. Aprendemos no livro *Direito Penal – Parte Geral*, , que o presidente da República tem imunidade, não podendo ser preso, nas infrações comuns, antes do trânsito em julgado. Leia o artigo 86, § 3º, da Constituição Federal, *in verbis*:

> Enquanto não sobrevier sentença condenatória, nas infrações comuns, o Presidente da República não estará sujeito a prisão.

Aprendemos também no livro *Curso de Processo Penal para Concursos*, do mesmo autor, que **não podem ser presos em flagrante:**

a) menores de 18 anos (*tem aplicação ao Direito Eleitoral*);
b) Presidente da República (*tem aplicação ao Direito Eleitoral*);
c) diplomatas estrangeiros – em razão da Convenção de Viena (*tem aplicação ao Direito Eleitoral*);
d) agente que presta imediato socorro à vítima de acidente de trânsito (art. 301 da Lei nº 9.503/1997. *"Não" tem aplicação ao Direito Eleitoral*);
e) agente que, espontaneamente, se apresenta à autoridade policial, após o cometimento do crime de autoria ignorada (*tem aplicação ao Direito Eleitoral*);
f) o autor de infração de menor potencial ofensivo, salvo se não assumir o compromisso de comparecer ao juizado especial criminal. (*Vide* Lei nº 9.099/1995, art. 69, parágrafo único).

"Professor Dirceu... Quer dizer que o inimputável não pode ser preso em flagrante?"

Resposta: Calma, amigo*(a)* concursando*(a)*. Estou afirmando que *menor* não será preso em flagrante delito, quanto aos doentes mentais, apesar de serem inimputáveis, é possível serem presos em flagrante, uma vez que a eles pode ser aplicada medida de segurança, cabendo, no caso, a instauração de insanidade mental.

"Professor Dirceu... O professor Thales, no texto supracitado, afirma que 'qualquer pessoa poderá prender em flagrante', quer dizer, se alguém cometer um crime eleitoral, eu posso efetuar a prisão em flagrante?"

Resposta: É, amigo(a). A afirmação supracitada pode levar o concursando(a) a sério equívoco, pois há algumas exceções.

Há casos de pessoas que só podem ser presas em flagrante, quando se tratar de crimes *"inafiançáveis"*, tais como:

a) membros do congresso nacional (*art. 53, § 2º, da CF*);
b) os deputados estaduais (*art. 27, § 1º, c.c. art. 53, § 2º, da CF*);
c) magistrados (*art. 33, II, da LOMN*);
d) membros do Ministério Público (*art. 40, inciso III, da Lei nº 8.635/1993 e art. 18, inciso II, alínea* d, *da LC nº 75/1993*);
e) advogado no caso de o fato ter relação com o exercício de sua profissão na forma do art. 7º, § 3º, da Lei nº 8.906/1994, *in verbis*:

> Art. 7º. São direitos do advogado:
> § 3º. O advogado somente poderá ser preso em flagrante, por motivo de exercício da profissão, em caso de crime inafiançável, observado o disposto no inciso IV deste artigo.

Posição majoritária do STF I: a ADIn nº 1.127, em 06/10/1994, decidiu que o parágrafo supracitado não se aplica ao delito de desacato praticado contra autoridade judiciária.

Veja a matéria "Desacato" no livro *Direito Penal – Parte Especial*, Série Universitária.

7. **Como se resolve a questão da competência envolvendo deputado federal, ao cometer delitos eleitorais? Qual a posição do STF?**

Resposta: Crime eleitoral praticado por deputado – STF: "(...) Inquérito. Parlamentar federal. Denúncia por crime eleitoral oferecida em primeiro grau. Recebimento da denúncia por magistrado eleitoral. Incompetência do Ministério Público para apresentar a denúncia e do juiz eleitoral para recebê-la. Enquadram-se os crimes eleitorais entre os crimes comuns. Competência originária do STF (CF, art. 102, I, letra *b*). Incidência do art. 53, § 1º, da Constituição. *Habeas corpus*, de ofício, concedido para anular a denúncia e seu recebimento bem assim o processo, desde a denúncia, inclusive. Após, os autos devem ser encaminhados à Procuradoria-Geral da República, conforme por ela requerido."[16] STF: "Crime cometido por deputado federal quando no exercício do mandato. Persistência da jurisdição do Supremo

[16] JSTF nº 255/391.

Tribunal Federal, quando esse houver cessado. Súmula nº 394. A Constituição Federal, em seu art. 102, I, *b*, elegeu o STF à condição de juiz natural e exclusivo dos parlamentares em relação a qualquer ilícito penal."[17]

8. **Qual o juízo competente para tratar da execução da pena imposta pela Justiça Eleitoral?**
Resposta: A questão está devidamente sumulada: "Compete ao Juízo das Execuções Penais do Estado a execução das penas impostas a sentenciados pela Justiça Federal, Militar ou Eleitoral, quando recolhidos a estabelecimentos sujeitos à administração estadual" (Súmula nº 192 do Superior Tribunal de Justiça). Ressalte-se, por oportuno, que a extinção da punibilidade, decorrente do cumprimento integral da pena, para efeito de elegibilidade, deve ser declarada pelo juízo da execução penal, depois de observado, também, o pagamento da multa imposta pelo decreto condenatório. Nesse sentido, há diversos julgados do TSE.

9. **Um crime eleitoral foi cometido em conexão com o delito de Associação Criminosa. Pergunta-se: qual a justiça competente para julgar os delitos?**
Resposta: A justiça eleitoral. *"Crime eleitoral e crime comum de Associação Criminosa. 1. Competência. Compete à Justiça Eleitoral processar e julgar os crimes eleitorais e os comuns que lhe forem conexos (Código Eleitoral, art. 35-II e 364). Prescrita a pretensão punitiva quanto ao crime eleitoral, remanesce a competência da Justiça Eleitoral para o crime comum. 2. Inépcia da denúncia e falta de justa causa para a ação penal. Improcedência. Ordem de* habeas corpus *denegada"* (p. 118, *RJTSE*, v. 10, t. 2, p. 68).

10. **Se um menor de 18 anos comete um ato infracional definido como crime eleitoral de quem será a competência para julgá-lo?**
Resposta: Segundo o entendimento majoritário no STJ, a competência é do juízo da vara da infância e da juventude, ou do juiz que exerce tal função na comarca, para processar e julgar ato infracional cometido por menor inimputável, ainda que a infração seja equiparada a crime eleitoral.[18]

11. **No caso de uma pessoa ser condenada em multa de quem é a competência para executá-la?**
Resposta: Como defendi no livro *Direito Penal – Parte Geral*, Série Universitária, o Ministério Público não tem mais legitimidade para executar a multa.
Posicionamento majoritário do TSE: legitimidade da Procuradoria da Fazenda Nacional para a execução fiscal de multa eleitoral.[19]

12. **O STJ tem competência originária eleitoral?**
Resposta: Sim. Julgamento de governador que comete crime eleitoral.

---

[17] JSTF nº 188/354.
[18] STJ – AC de 11/06/2003, no CC nº 38.430.
[19] TSE – AC nº 5.764/2005.

13. **O STF tem competência originária eleitoral?**
Resposta: Sim. Julgamento de Presidente da República, vice-presidente, senador e deputado federal que comete crime eleitoral.

9. Casos práticos eleitorais superinteressantes

▸ A FINALIDADE ELEITORAL

1. **Tício cometeu dois delitos, falsidade ideológica e uso de documento falso. Aponte a solução jurídica, considerando que a finalidade dos delitos era eleitoral.**
Resposta: Competência para crime eleitoral – TJSP: "Falsidade ideológica e uso de documento falso. Finalidade eleitoral. Prevalência da competência da jurisdição especial sobre a comum. Sentença anulada. Redistribuição do feito à Justiça Eleitoral".[20]

▸ O PATRIMÔNIO DA UNIÃO

2. **Se um prefeito comete um delito eleitoral, ou um que atinja o patrimônio da União, de quem será a competência?**
Resposta: Mirabete[21] afirma que: Discute-se, porém, se é da competência do Tribunal de Justiça o julgamento dos crimes afetos às Justiças Especiais e à Justiça Comum Federal. A orientação do Supremo Tribunal Federal vinha sendo no sentido de que qualquer imunidade de deputados estaduais, por exemplo, não podia ser invocada em face do Poder Judiciário federal,[22] devendo eles serem julgados, nos crimes eleitorais, pelo Tribunal Regional Eleitoral[23] e, nas infrações penais em detrimento de bens, serviços ou interesses da União, pelos Tribunais Federais.[24] Fundamentava tal entendimento o fato de que as Constituições estaduais não podiam alterar a competência dos Tribunais Federais. No caso dos prefeitos municipais, porém, a competência do Tribunal de Justiça do Estado, com fundamento na prerrogativa de função, *ratione personae*, está prevista na própria Constituição Federal, não se podendo por aquele fundamento negar-lhe a possibilidade de julgá-los em

---

[20] JTJ nº 178/291.

[21] No mesmo sentido: MIRABETE, Júlio Fabbrini. *Processo Penal*, São Paulo: Atlas, 12. ed. 2001, p. 194.

[22] Súmula 3 do STF: "A imunidade concedida a deputados estaduais é restrita à Justiça do Estado." Nesse sentido: MELLO FILHO, José Celso de. "Imunidades de deputados estaduais". *Justitia* nº 114/167.

[23] RTJ nº 91/1959.

[24] Nesse sentido: *DJU* de 10/04/1985, p. 4.284. Contra, entendendo competente o Tribunal de Justiça para processar e julgar governador de Estado em crime de competência da Justiça Federal, TJSP: RT nº 554/315.

qualquer crime. Entretanto, os Tribunais Superiores têm entendido que, por força da própria Carta Magna, a competência da Justiça Comum estadual é residual, ou seja, exercendo a jurisdição nas áreas não ocupadas pelas jurisdições especiais, o que impede que o Tribunal de Justiça conheça e julgue originariamente prefeitos municipais por delitos que refogem à competência da Justiça local. **Assim, tem-se decidido reiteradamente que, nos crimes praticados contra bens, serviços ou interesses da União e suas autarquias ou de empresas públicas federais, a competência originária para processar e julgar os prefeitos municipais pertence ao Tribunal Regional Federal,**[25] **e que, tratando-se de delitos eleitorais, devem ser eles processados, originariamente, pelo Tribunal Regional Eleitoral.**[26]

▸ O PREFEITO HOMICIDA

3. **Tício é prefeito da cidade "X". Apresente a solução jurídica, considerando que:**
   a) Tício, no dia da eleição, matou Mévio;
   b) Mévio estava trabalhando como mesário.

   Resposta: Consoante a lição do Prof. **Thales Tácito**[27], como não se trata de crime eleitoral e sim crime comum; como tem prerrogativa de foro prevista na CF/1988 (art. 29, X, da CF/1988); e, por fim, como matou um funcionário público federal (arts. 283 do CE c/c 327 do CP) no exercício de suas funções, a competência é da Justiça Comum Federal (Súmula nº 147 do STJ), porém, pelo TRF por simetria constitucional, e não pelo Tribunal do Júri Federal (Súmula nº 702 do STF).

▸ A CESSAÇÃO DO EXERCÍCIO DA FUNÇÃO PÚBLICA

4. **Tício é prefeito da cidade "X". Tício cometeu um crime eleitoral. Pergunta-se, onde será proposta a ação penal competente, se já houve a cessação do exercício da função pública?**

   Resposta: Previa o art. 84, § 1º, do Código de Processo Penal: "A competência especial por prerrogativa de função, relativa a atos administrativos do agente, prevalece ainda que o inquérito ou a ação judicial sejam iniciados após a cessação do exercício da função pública." O artigo em comento foi declarado inconstitucional pelo STF. Portanto, deixando de ser prefeito, não existirá mais a "competência especial por prerrogativa de função"; a competência, portanto, será da comarca da cidade "X".

▸ O CRIME ELEITORAL E O TEMPO

5. **Tício cometeu um delito eleitoral no dia 27 de outubro de 2005. Aponte a solução jurídica, considerando que:**

---

[25] Nesse sentido, STF: RT nº 704/421; STJ: RT nº 703/362, nº 708/382; TRF da 4ª Região: JSTJ nº 31-537-8; TJRS: RJTJERGS nº 147/33 e nº 155/53.

[26] Nesse sentido: STF: RT nº 701/421.

[27] *Op. cit.*

a) o promotor de Justiça Eleitoral, no dia 13 de dezembro de 2010, foi intimado para uma audiência com o objetivo de ofertar a transação penal;
b) o crime eleitoral tinha a pena máxima inferior a um ano.

Resposta: Chega-se facilmente à conclusão de que a pretensão punitiva do Estado está prescrita, haja vista o decurso de prazo entre a data do fato e a data da audiência ser superior a três anos.

Nos termos do art. 109, inciso VI, do Código Penal brasileiro, verificar-se-á a prescrição em três anos, se o máximo da pena prevista no delito é inferior a um ano. Logo, podemos observar, no processo em epígrafe, que o lapso temporal entre a data do fato, 27 de outubro de 2005, e o dia 13 de dezembro de 2010 ultrapassa mais de três anos, tendo ocorrido, por conseguinte, a prescrição da pretensão punitiva.

▸ O CONFLITO DE ATRIBUIÇÕES DE PROMOTORES ELEITORAIS EM ESTADOS DIFERENTES

6. Aconteceu um crime eleitoral na divisa de São Paulo e Rio de Janeiro. O promotor eleitoral de São Paulo requisitou a instalação de inquérito policial. Apresente a solução jurídica, considerando que o promotor eleitoral do Rio de Janeiro, entendendo que o crime aconteceu em sua zona eleitoral, também requereu a instalação de procedimento inquisitorial para apurar tais fatos ilícitos.

Resposta: Trata-se de um conflito de atribuições entre dois promotores eleitorais, em circunscrições eleitorais distintas e Estados diferentes; portanto, não é possível o Procurador Regional Eleitoral de São Paulo ou Rio de Janeiro resolver o conflito de atribuição. A competência será do Procurador-Geral Eleitoral, na forma da Lei Complementar nº 75/1993, art. 75, inciso III, *in verbis*:

> Incumbe ao Procurador-Geral Eleitoral: (...) III – dirimir conflitos de atribuições.

▸ O PEDIDO DE ARQUIVAMENTO NO TRE

7. O Procurador Regional Eleitoral requereu ao TRE o arquivamento de um inquérito que apurava um crime eleitoral. Apresente a solução jurídica, considerando que o TRE entendeu que não era caso de arquivamento.

Resposta: dispõe o § 1º do art. 357 do Código Eleitoral que:

> Se o órgão do Ministério Público, ao invés de apresentar a denúncia, requerer o arquivamento da comunicação, o Juiz, no caso de considerar improcedentes as razões invocadas, fará remessa da comunicação ao Procurador Regional, e este oferecerá a denúncia, designará outro Promotor para oferecê-la, ou insistirá no pedido de arquivamento, ao qual só então estará o Juiz obrigado a atender.

Entendemos que o artigo supracitado foi derrogado pelo art. 62, inciso IV da Lei Complementar nº 75/1993 (**lei que dispõe sobre a organização, as atribuições e o estatuto do Ministério Público da União**), *in verbis*:

> Art. 62. Compete às Câmaras de Coordenação e Revisão:
> (...)
> IV – manifestar-se sobre o arquivamento de inquérito policial, inquérito parlamentar ou peças de informação, exceto nos casos de competência originária do Procurador-Geral;
> (...)

No mesmo sentido o Enunciado 29 da 2ª CCR (**2ª Câmara de Coordenação e Revisão do Ministério Público Federal**), *in verbis*:

> Compete à 2ª Câmara de Coordenação e Revisão do Ministério Público Federal manifestar-se nas hipóteses em que o Juiz Eleitoral considerar improcedentes as razões invocadas pelo Promotor Eleitoral ao requerer o arquivamento de inquérito policial ou de peças de informação, derrogado o art. 357, § 1º, do Código Eleitoral pelo art. 62, inc. IV, da Lei Complementar nº 75/93 (Sessão 468a, de 09/06/2009).

Portanto, assim será o procedimento:

a) **Procedimento do arquivamento na primeira instância**

Se o órgão do Ministério Público, em vez de apresentar a denúncia, requerer o arquivamento da comunicação, o juiz eleitoral, no caso de considerar improcedentes as razões invocadas, fará remessa da comunicação à **2ª Câmara de Coordenação e Revisão do Ministério Público Federal**, e esta tem as opções a seguir elencadas:

1) **Insistirá no pedido de arquivamento.**

Solução jurídica: Neste caso estará o juiz eleitoral obrigado a atender a deliberação da 2ª CCR.

2) **Entende que é o caso de ofertar denúncia.**

Solução jurídica:

a) A 2ª CCR designará outro Promotor Eleitoral para oferecer a denúncia.
b) A 2ª CCR envia os autos para que o PRE (Procurador Regional Eleitoral) oferte a denúncia.

Igual procedimento, na forma da Súmula nº 696 do STF e dos Acórdãos do TSE 15.106/1998, 15.337/1998, 435/2002 e 523/2005, será realizado quando reunidos os pressupostos legais permissivos da suspensão condicional do processo, mas se recusando o promotor de justiça eleitoral.

b) **Procedimento do arquivamento em competência originária**

O arquivamento em competência originária é realizado de duas formas:

1ª) **O arquivamento só gera coisa julgada formal.**

Solução jurídica: Será realizado pelo próprio PRE ou PGE.

2ª) **O arquivamento gera coisa julgada material.**

Solução jurídica: Neste caso será necessário o PRE ou PGE formular judicialmente o pedido de arquivamento; caso o órgão judiciário denegue o pedido, o mesmo deve ser remetido à 2ª Câmara de Coordenação e Revisão do Ministério Público Federal.

Segundo o REsp do TSE 25.030, "compete às Câmaras de Coordenação e Revisão manifestar-se sobre o arquivamento de inquérito policial (LC nº 75/1993, art. 62, IV) objeto de pedido do procurador regional eleitoral e rejeitado pelo tribunal regional".

▸ O PEDIDO DE ARQUIVAMENTO NO TSE

8. **O Procurador-Geral Eleitoral requereu ao TSE o arquivamento de um inquérito que apurava um crime eleitoral. Apresente a solução jurídica, considerando que o TSE entendeu que não era caso de arquivamento.**

O Professor **Thales Tácito**[28] defende que:

Como se trata do chefe institucional máximo do Ministério Público Eleitoral, neste caso o Tribunal Superior Eleitoral não pode discordar do arquivamento, porquanto não haveria órgão ministerial para agir em substituição. O pedido de arquivamento, mesmo não podendo ser discordado, é feito, para mera harmonia entre os órgãos.

Se o pedido de arquivamento, entretanto, é formulado por Procurador que atua em nome do Procurador-Geral Eleitoral (no caso, Vice-Procurador-Geral Eleitoral), não há vinculação do tribunal, podendo ser aplicado o art. 28 do CPP, que permite a remessa dos autos ao chefe máximo da instituição, conforme analogia ao julgado do STJ, Resp nº 148.544-AC, Hamilton Carvalho, *DJU* de 04/02/2002, p. 577, j. 17/05/2001; Rp nº 22-PR, Pádua Ribeiro, *DJU* de 16/12/1991.

9. **Tício cometeu um crime eleitoral. Apresente a solução jurídica, considerando que:**
   a) o delegado da Polícia Civil lavrou o auto de prisão em flagrante, concluiu o inquérito e remeteu-o para Justiça Eleitoral;
   b) Tício argumentou que o flagrante era nulo, porque a atribuição para investigar crimes eleitorais era da Polícia Federal.

Resposta: Tício não tem razão. O delegado da Polícia Civil tem, por delegação, atribuição para investigar os crimes eleitorais. Neste sentido, o TSE, através da Resolução nº 23.222/2010 , estabeleceu que as autoridades policiais estaduais têm competência para apurar os ilícitos eleitorais.

▸ A TRANSAÇÃO

Tício cometeu o delito previsto no art. 334 do Código Eleitoral ("Utilizar organização comercial de vendas, distribuição de mercadorias, prêmios e sorteios para propaganda ou aliciamento de eleitores"). Aponte a solução jurídica, considerando que o promotor eleitoral denunciou Tício, justificando não ser possível

---

[28] *Op. cit.*

ofertar a transação penal porque o crime tem um sistema punitivo especial, ou seja, é punido com detenção de seis meses a um ano e cassação do registro, se o responsável for candidato.

Resposta: O promotor tem razão. O entendimento doutrinário majoritário é no sentido de ser possível a transação penal nos crimes eleitorais, independentemente da ritualidade especial. Nesse sentido é a doutrina de **Joel José Cândido**, **Adriano Soares da Costa, Marcos Ramayana** e outros.

Mas o TSE, em memorável decisão, concluiu que o crime do art. 334 do Código Eleitoral não é cabível à transação penal, pois adota como pena autônoma a cassação do registro do candidato (agente ativo da empreitada delitiva), *in verbis:*

> (TSE) Resolução nº 21.294, de 07/11/2002, Processo Administrativo nº 18.956/DF. Relator: Ministro Sálvio de Figueiredo. Ementa. Infrações penais eleitorais. Procedimento especial. Exclusão da competência dos Juizados Especiais. Termo circunstanciado de ocorrência em substituição a auto de prisão. Possibilidade. Transação e suspensão condicional do processo. Viabilidade. Precedentes. I. As infrações penais definidas no Código Eleitoral obedecem ao disposto nos seus arts. 355 e seguintes, e o seu processo é especial, não podendo, via de consequência, ser da competência dos Juizados Especiais a sua apuração e julgamento. II. O termo circunstanciado de ocorrência pode ser utilizado em substituição ao auto de prisão em flagrante, até porque a apuração de infrações de pequeno potencial ofensivo elimina a prisão em flagrante. III. O entendimento dominante da doutrina brasileira é no sentido de que a categoria jurídica das infrações penais de pequeno potencial ofensivo, após o advento da Lei nº 10.259/2001, foi parcialmente alterada, passando a ser assim consideradas as infrações com pena máxima até dois anos ou punidas apenas com multa. IV. É possível, para as infrações penais eleitorais cuja pena não seja superior a dois anos, a adoção da transação e da suspensão condicional do processo, salvo para os crimes que contam com um sistema punitivo especial, entre eles aqueles a cuja pena privativa de liberdade se cumula a cassação do registro se o responsável for candidato, a exemplo do tipificado no art. 334 do Código Eleitoral. *DJ* de 07/02/2003.

O PRIVILÉGIO

Promotor investiga prefeito por suspeita de improbidade administrativa. Pergunta-se: O prefeito tem direito a foro privilegiado nas ações de improbidade administrativa?

Resposta: Não. Preconizava o art. 84, §§ 1º e 2º:

> § 1º. A competência especial por prerrogativa de função, relativa a atos administrativos do agente, prevalece ainda que o inquérito ou a ação judicial sejam iniciados após a cessação do exercício da função pública.
> § 2º. A ação de improbidade, de que trata a Lei nº 8.429, de 2 de junho de 1992, será proposta perante o tribunal competente para processar e julgar criminalmente o funcionário ou autoridade na hipótese de prerrogativa de foro em razão do exercício de função pública, observado o disposto no § 1º.

No dia 15/09/2005, por maioria, os ministros declararam inconstitucional o foro privilegiado a ex-autoridades. Por maioria de votos, o plenário do Supremo declarou a inconstitucionalidade (ADI 2.797/DF) dos §§ 1º e 2º do art. 84 do Código de Processo Penal (CPP), que estabelece foro privilegiado a ex-autoridades processadas por ato de improbidade administrativa.

▸ A RECUSA DO PROMOTOR

Tício foi denunciado por um crime eleitoral que tem a pena mínima de um ano. Apresente a solução jurídica considerando que:

a) **Tício tem bons antecedentes;**
b) **o promotor de justiça se recusou a propor suspensão condicional do processo.**

Agora responda:

1. **Nesse caso, pode o juiz eleitoral propor suspensão condicional do processo?**
2. **Em caso negativo, o que o juiz deverá fazer?**

Resposta: A suspensão condicional do processo é cabível nos crimes em que a pena mínima cominada *for igual ou inferior a um ano*, e como é direito subjetivo do réu, o Ministério Público, ao oferecer a denúncia, poderá propor a suspensão do processo, por dois a quatro anos, desde que o acusado não esteja sendo processado ou não tenha sido condenado por outro crime, presentes os demais requisitos que autorizariam a suspensão condicional da pena (art. 77 do Código Penal).

O ato é privativo do Ministério Público; portanto, o juiz não pode propor a suspensão condicional do processo, no caso em comento, deve o magistrado remeter o processo ao procurador-geral eleitoral, e este adotará uma das providências citadas a seguir:

a) oferecerá a proposta de suspensão;
b) designará outro órgão do Ministério Público eleitoral para oferecer a proposta;
c) insistirá que não é o caso de oferecer a proposta de suspensão do processo.

Posicionamento majoritário do TSE: aplicação do art. 28 do CPP, cujo teor é semelhante ao deste dispositivo, em caso de recusa do órgão do Ministério Público em propor suspensão condicional do processo.[29]

EFEITO DA REINCIDÊNCIA NO DIREITO ELEITORAL

▸ INDAGAÇÃO DIDÁTICA

Veja esta questão elaborada em um concurso jurídico: *"Quando é que a reincidência implicará a aplicação da pena de multa em dobro?"*

---

[29] TSE – AC nºs 15.106/1998, 15.337/1989, 435/2002 e 523/2005.

Resposta: É no caso de reincidência em um dos crimes previstos na lei das eleições. Segundo o art. 90, § 2º, da Lei nº 9.504/1997 (Lei das Eleições): "*Nos casos de reincidência, as penas pecuniárias previstas nesta Lei aplicam-se em dobro.*"

▸ O "FICHA SUJA"

Tício, em plena campanha eleitoral, divulgou que Mévio era um "ficha suja". Pergunta-se: qual crime cometido por Tício?

Resposta: Devemos considerar algumas hipóteses:

Primeira hipótese: a informação é inverídica e foi realizada como forma de propaganda eleitoral (*panfleto, comício etc.*).

Solução jurídica: fato típico: "*art. 323. Divulgar, na propaganda, fatos que sabe inverídicos, em relação a partidos ou candidatos, e capazes de exercerem influência perante o eleitorado*: *Pena – detenção de dois meses a um ano, ou pagamento de 120 a 150 dias-multa*".

Segunda hipótese: a informação é inverídica e "não foi" realizada como forma de propaganda eleitoral, mas *visava fins* de propaganda positiva ou negativa.

Solução jurídica: Fato típico: "art. 326. Injuriar alguém, na propaganda eleitoral, *ou visando a fins de propaganda*, ofendendo-lhe a dignidade ou o decoro: Pena – detenção até seis meses, ou pagamento de 30 a 60 dias-multa."

Lembre-se que, no Direito Eleitoral, a injúria é, em regra geral, crime de ação penal pública **incondicionada.**

▸ A SENSÍVEL DIFERENÇA ENTRE INJÚRIA, CALÚNIA E DIFAMAÇÃO ELEITORAL

Mas, Professor Dirceu... Chamar alguém de "ficha suja" não seria crime de difamação?

Resposta: depende de como foi a colocação da frase, pois temos que fazer uma sensível diferença:

A honra pode ser objetiva e subjetiva.

A difamação eleitoral atinge a honra objetiva que é o sentimento que a comunidade tem a respeito dos atributos físicos, morais e intelectuais do candidato. É a reputação que a pessoa tem no meio da sociedade. É ela exatamente o que os outros pensam a respeito do sujeito.

A injúria eleitoral atinge a honra subjetiva que é o sentimento que cada político tem a respeito de seus próprios atributos. É o juízo que a pessoa faz de si mesma. É seu amor próprio, é sua autoestima. Pertencem à honra subjetiva a honra dignidade e a honra decoro. A *honra dignidade* refere-se aos atributos da pessoa. Exemplo: "seu falsário". A *honra decoro* é o sentimento pessoal em relação às qualidades do homem, sejam físicas ou intelectuais. Exemplo: "seu analfabeto", "**seu ficha suja**".

▸ RESUMO DIDÁTICO

a) **Na calúnia**, eleitoral existe imputação de fato definido como crime e a ofensa é direcionada a **honra objetiva**.
b) **Na difamação**, eleitoral o fato é meramente ofensivo à reputação do ofendido, ou seja, o fato ofensivo não é definido como crime. A ofensa é direcionada a **honra objetiva**.
c) **Na injúria**, eleitoral o fato versa sobre qualidade negativa da vítima, a ofensa é direcionada a **honra subjetiva**.

No contexto prático, a diferença é sensível, por exemplo:

1 - Afirmar falsamente que Tício teve as contas rejeitadas por irregularidades = **difamação eleitoral.**
2 - Afirmar falsamente que Tício teve as contas rejeitadas por desvio de dinheiro público = **calúnia eleitoral.**
3 - Afirmar falsamente que Tício é uma "*ficha suja*" = **injúria eleitoral.**

Com a afirmação "*ficha suja*" não é atribuído ao candidato um fato e sim uma "*qualidade negativa*" daquele que tem as contas rejeitadas. Por tal razão, e como **regra geral**: jamais será admissível a exceção da verdade na injúria, **pois não se trata de imputação de fato, mas de qualidade negativa.**

Bento de Faria afirmava que "*pode existir injúria em reticências, ironia, alusão; insinuação, em apólogo; no fato de dar a um cão o nome de indivíduo; de dizer que alguém trocou a consciência por um emprego; de chamar alguém de asno etc.*"

Repito por ser importante: *na injúria,* ***em regra****, não existe a atribuição de fato, e sim de qualidade negativa que atinge a honra subjetiva do ofendido. Disse em regra,* porque a doutrina minoritária defende que, se for imputado ao agente passivo um fato genérico, vago e indeterminado, poderá haver injúria.

Veja a diferença na jurisprudência:

> ***A calúnia* versus *a difamação*** – "Calúnia é a falsa imputação a alguém de fato definido como crime; ***difamar é imputar a alguém fato não criminoso,*** ofensivo a sua reputação. Nos dois delitos se atribui fato determinado, com a diferença de que na difamação tal fato não é crime. ***Na injúria, não se imputa fato determinado,*** mas são enunciados fatos de modo vago e genérico, ***atribuindo a alguém qualidades negativas ou defeitos".***[30]

▸ O CRIME DE CAIXA DOIS ELEITORAL

O jargão político consagrou a expressão "caixa dois" para referir-se à prática de manutenção ou movimentação de recursos financeiros não escriturados ou falsamente escriturados na contabilidade de pessoas jurídicas as mais diversas,

[30] JTACRIM 92/61.

como associações, fundações, sociedades comerciais e partidos políticos. Com efeito, não existe em qualquer recanto de nossa legislação pátria um conceito jurídico positivo de "caixa dois". À doutrina coube o mister de definir seus limites semânticos no que erigiu as definições de "sistema paralelo de contabilidade" ou de "movimentação de capitais sem registro da escrituração" (ROSA, Fábio Bittencourt da. O Caixa dois. *Revista do Tribunal Regional Federal da 4ª Região*, v. 15, nº 51, ano 2004, p. 15).[31]

No Brasil, dois delitos se aproximam do conceito de "crime de caixa dois", a saber:

a) No âmbito dos delitos cometidos contra a ordem financeira, ele está previsto no art. 11 da Lei nº 7.492/1986:

> Manter ou movimentar recurso ou valor paralelamente à contabilidade exigida pela legislação. A pena é de 1 (um) a 5 (cinco) anos e multa.

b) Nos crimes tributários, o "caixa dois" está previsto no art. 1º da Lei nº 8.137/1990.

> Art. 1º Constitui crime contra a ordem tributária suprimir ou reduzir tributo, ou contribuição social e qualquer acessório, mediante as seguintes condutas: (...)
> II – fraudar a fiscalização tributária, inserindo elementos inexatos, ou omitindo operação de qualquer natureza, em documento ou livro exigido pela lei fiscal;

Nenhum dos delitos supracitados têm uma finalidade eleitoral, logo, inexiste o crime de "caixa dois eleitoral", o fato será punido, por ocasião da prestação de contas como falsidade ideológica eleitoral, *in verbis*:

> Art. 350 do Código Eleitoral: Omitir, em documento público ou particular, declaração que dele devia constar, ou nele inserir ou fazer inserir declaração falsa ou diversa da que devia ser escrita, para fins eleitorais:
> Pena – reclusão até 5 (cinco) anos e pagamento de 5 (cinco) a 15 (quinze) dias-multa, se o documento é público, e reclusão até 3 (três) anos e pagamento de 3 (três) a 10 (dez) dias-multa se o documento é particular.
> Parágrafo único. Se o agente da falsidade documental é funcionário público e comete o crime prevalecendo-se do cargo, ou se a falsificação ou alteração é de assentamentos de registro civil, a pena é agravada.

▸ IMPLICAÇÕES NOS CRIMES CONTRA HONRA ELEITORAIS

Tício cometeu os crimes de injúria, calúnia e difamação no mês de maio do ano eleitoral. Apresente a solução jurídica, considerando as seguintes questões:

---

[31] Agravo Regimental em Recurso Especial Eleitoral nº 23554, TSE/RS, rel. Luiz Fux. j. 25.6.2015, unânime, *DJe* 15.10.2015.

a) É possível que os crimes contra honra eleitoral sejam cometidos antes do início da propaganda eleitoral?
b) Os crimes de injúria, calúnia e difamação eleitoral são de ação privada?
c) Tício deve responder pelos três crimes?
d) E se houver vítimas diferentes?

Resposta: para responder estas questões, você deve saber que:

a) Todos os crimes eleitorais são de ação penal pública incondicionada. De forma excepcional, é possível ser interposta a ação privada subsidiária da pública na hipótese prevista no art. 5º, inc. LIX, da Constituição Federal.

b) **Concurso entre calúnia, injúria e difamação**
Diante da possibilidade de uma só conduta violar diferentes bens jurídicos pertencentes à mesma pessoa, poderá haver a tipificação de duas ou três infrações penais eleitorais, a exemplo dos tipos penais de calúnia, injúria e difamação. No caso, a solução jurídica se dará por meio da aplicação do princípio da consunção, com a incidência de uma das seguintes regras: crime progressivo, progressão criminosa ou fato anterior não punível, em que o agente será incurso no tipo penal mais grave, ficando absorvidos os demais.[32]

c) Todavia, se a conduta atingir mais de uma pessoa, a solução se dará com a aplicação das regras do concurso de crimes, que será formal se a infração ocorreu com apenas uma ação, nos termos do art. 70 do Código Penal, ou material se o crime decorreu de mais de uma ação.

d) Os crimes contra honra eleitorais são temporários.

Considerando a recente alteração na legislação eleitoral, implementada pela Lei nº 13.165/2015, a propaganda eleitoral somente será permitida após o dia 15 de agosto do ano da eleição. **Considerando que o legislador restringiu a abrangência do tipo penal para a propaganda exclusivamente eleitoral, o presente delito só poderá ser cometido durante o período reservado pela lei à propaganda eleitoral.**

Percebam que os três delitos são temporários, pois em todos eles há um limite temporário, qual seja, eles só podem ser cometidos "na propaganda eleitoral".

Assim, os crimes cometidos antes do dia 15 de agosto do ano das eleições serão punidos pela justiça comum, art. 138, 139 e 140 do Código Penal.

---

32 GOMES, José Jairo. *Op. cit.*, p. 112.

10. Questões objetivas de concursos

1. **(CE – Juiz) No processo e julgamento dos crimes eleitorais, assim como nos recursos e na execução que lhes digam respeito, aplicar-se-á(ão), subsidiariamente:**
   a) o Código de Processo Civil;
   b) as Leis das Contravenções Penais;
   c) a Código de Processo Penal;
   d) o Código Penal;
   e) o Código Civil.

   Obs.: se você encontrou dificuldades para responder à questão, veja a observação didática nº 01.

2. **(RN – Juiz) Constitui crime eleitoral:**
   a) a transmissão, sob a forma de entrevista, de imagens de realização de consultas eleitorais;
   b) a instalação de *outdoors* em locais não sorteados previamente;
   c) a veiculação de propaganda eleitoral mediante distribuição de folhetos e impressos, independentemente de licença municipal;
   d) a arguição de inelegibilidade deduzida de forma temerária;
   e) promoção de espetáculo circense com o objetivo de propaganda eleitoral.

   Obs.: se você encontrou dificuldades para responder à questão, veja a observação didática nº 02.

3. **Qual o crime eleitoral lesivo ao funcionamento do serviço eleitoral?**
   a) Fraude eleitoral.
   b) Corrupção eleitoral.
   c) O cometido por funcionários.
   d) Falsidade de documentos.

   Obs.: se você encontrou dificuldades para responder à questão, veja a observação didática nº 03.

4. **(MPF/BR) São crimes eleitorais:**
   a) o abuso do poder econômico e do poder político, em qualquer hipótese comprovada, observado o devido processo legal, sendo punidos os beneficiários do abuso com a perda do mandato e as penas dos crimes de prevaricação e corrupção passiva;
   b) aqueles tipificados no Código Eleitoral e na legislação eleitoral esparsa, que visam a proteger precipuamente como bens jurídicos fundamentais a lisura na realização do pleito e a verdade eleitoral;
   c) a não participação no processo político-eleitoral em detrimento do regime democrático, contribuindo deleteriamente para a abstenção, os votos em branco e nulos, e violando a soberania popular;
   d) todas as condutas vedadas aos agentes públicos em campanhas eleitorais.

5. **(GO – Juiz de Direito) No dia 3 de outubro do corrente ano, na Escola São Judas Tadeu, nesta cidade, um dos locais de votação da eleição para prefeito, por volta das 16h50min, Tácio, que era fiscal de um determinado partido político, sem que ninguém notasse, alterou a ordem da fila de votação, fazendo com que Cornélius, seu primo, votasse antes de quem estava à sua frente. Tácio cometeu:**
   a) crime eleitoral;
   b) contravenção penal;

c) conduta atípica, já que não era mesário;
d) crime de prevaricação;
e) nenhuma das alternativas anteriores.

6. **(TRE/BA – Analista Judiciário) O processo penal eleitoral tem início:**
a) apenas por queixa-crime oferecida por qualquer eleitor regularmente alistado na circunscrição em que tiver ocorrido a infração penal;
b) apenas por queixa-crime oferecida por partido político ou coligação;
c) apenas por denúncia do Ministério Público;
d) apenas por queixa-crime oferecida pelo ofendido ou por quem tenha qualidade para representá-lo;
e) por denúncia do Ministério Público ou por queixa-crime oferecida pelo ofendido ou por quem tenha qualidade para representá-lo, se a denúncia não for apresentada no prazo legal.

7. **(TRE/SC – Analista Judiciário) Segundo o Código Eleitoral, a denúncia do Ministério Público será rejeitada quando:**
a) o fato narrado evidentemente não constituir crime;
b) a parte, por meio de alegações escritas, manifestar claramente que foi prejudicada;
c) o fato narrado possuir evidências notórias de favorecimento à parte;
d) não estiver extinta a punibilidade.

8. **(TRE/SC – Analista Judiciário) Constitui crime eleitoral:**
a) sugerir a alguém se inscrever no partido político para votar nesse partido;
b) valer-se o servidor público da sua autoridade para coagir alguém a votar, ou não votar, em determinado candidato ou partido;
c) facilitar, como servidor público, a inscrição requerida;
d) apenas os praticados com o objetivo de impedir as eleições.

9. **(TRE/CE) Quanto à ação penal:**
a) no Direito Eleitoral e no Direito Comum, a ação penal pública é sempre incondicionada;
b) no Direito Eleitoral, diferentemente do Direito Comum, a denúncia pode ser escrita ou oral;
c) há completa identidade entre o Direito Eleitoral e o direito Comum;
d) no Direito Eleitoral, não há previsão de ação penal privada exclusiva, prevista, contudo, no Direito Comum;
e) no Direito Eleitoral, não é admitida a ação privada subsidiária da pública, possível no Direito Comum.

10. **(TRE/AC – Analista Judiciário) O Partido Político Alfa, integrante da Coligação Beta, apresentou, por seu presidente, comunicação verbal da prática de crime eleitoral ao juiz eleitoral da zona onde o mesmo se verificou. A comunicação foi reduzida a termo, assinado pelo apresentante e por duas testemunhas, e remetida ao Ministério Público. O órgão do Ministério Público requereu o arquivamento e o juiz, não concordando, ordenou a remessa da comunicação ao Procurador Regional Eleitoral, tendo este insistido no pedido de arquivamento. Nesse caso:**
a) o juiz remeterá a comunicação ao Tribunal Superior Eleitoral;
b) o juiz poderá baixar portaria, instaurando a ação penal;
c) o Partido Político Alfa poderá oferecer denúncia substitutiva;
d) a Coligação Beta poderá oferecer denúncia substitutiva;
e) o juiz estará obrigado a atender e deverá determinar o arquivamento da comunicação.

11. **(MP/PB) Sempre que o Código Eleitoral não indicar o grau mínimo das penas será ele de:**
    a) dez dias para a pena de detenção e dois anos para a de reclusão;
    b) seis meses para a pena de detenção e três anos para a de reclusão;
    c) três meses para a pena de detenção e seis meses para a de reclusão;
    d) quinze dias para a pena de detenção e um ano para a de reclusão;
    e) todas as alternativas são falsas.

12. **(MPF – Procurador da República) Os crimes eleitorais:**
    a) como crimes comuns, e não políticos, são processados e julgados pela Justiça comum dos Estados, e não pela Justiça Eleitoral, salvo se praticados por deputados federais, senadores ou pelo Presidente da República, hipóteses em que a competência é do Tribunal Superior Eleitoral;
    b) são de ação penal pública incondicionada, a cargo do Ministério Público Eleitoral, devendo as polícias judiciárias, os órgãos da receita federal, estadual e municipal, e os tribunais e órgãos de contas auxiliar na sua apuração, nos termos da lei, com prioridade sobre suas atribuições regulares;
    c) serão processados e julgados, nos termos do Código Eleitoral, não se lhes aplicando as normas gerais do Código Penal nem, como lei subsidiária ou supletiva, o Código de Processo Penal;
    d) são processados e julgados pelo Tribunal Regional Federal respectivo, se cometidos por prefeito municipal.

13. **(MP/PE) Para dois crimes eleitorais diversos, estão cominadas as penas de "reclusão até cinco anos" e de "detenção até seis meses". As penas mínimas, nesses dois casos, entende-se que devam ser de, respectivamente:**
    a) nove meses de reclusão e vinte dias de detenção;
    b) seis meses de reclusão e dez dias de detenção;
    c) três meses de reclusão e cinco dias de detenção;
    d) dois anos de reclusão e trinta dias de detenção;
    e) um ano de reclusão e quinze dias de detenção.

14. **(MPF – Procurador da República) Os crimes eleitorais:**
    a) nas hipóteses de abuso do poder econômico ou de autoridade, incluem a responsabilidade criminal do beneficiário, ainda que nenhuma participação tenha tido na prática do delito;
    b) são suscetíveis de ação penal pública incondicionada promovida pelo Ministério Público;
    c) considerando sua condição deletéria do regime democrático, são sempre processados e julgados no Tribunal Superior Eleitoral;
    d) conforme a gravidade, podem ter como pena, além da privação ou restrição da liberdade, a cassação dos direitos políticos.

15. **(MP/PI) Assinale a alternativa correta. São disposições próprias do Código Eleitoral para os fins eleitorais:**
    a) o conceito de funcionário da Justiça Eleitoral e de funcionário público;
    b) as relativas aos crimes e às penas e sua aplicação, atinentes às questões de imprensa, rádio, transporte de eleitores e processamento de dados, dentre outras;
    c) quanto à ação penal eleitoral, que é pública condicionada;
    d) relativamente ao órgão com atribuições em matéria de crime eleitoral, que é o Ministério Público junto ao Tribunal de Contas, que atua como *custos legis*;
    e) as pertinentes à especialização dos crimes eleitorais, sendo que alguns estão na legislação comum, tais como a abusiva propaganda eleitoral e a corrupção eleitoral.

16. **(MPF – Procurador da República) Os crimes eleitorais, definidos no Código Eleitoral:**
   a) são processados e julgados sempre pela Justiça Eleitoral;
   b) são crimes de ação penal pública;
   c) são crimes de ação penal privada, conforme o interesse dos candidatos ofendidos ou dos respectivos partidos políticos;
   d) se praticados por governadores de Estados, deputados federais e senadores, são processados e julgados pelo Tribunal Superior Eleitoral.

17. **(MPF/BR) Constitui captação de sufrágio, vedada por lei:**
   a) as promessas de campanha eleitoral de caráter demagógico e sem fundamento em dados reais;
   b) a veiculação de propaganda eleitoral ilícita, captada pelos eleitores, visando a induzi-los a erro na avaliação de fatos públicos e notórios;
   c) o candidato doar, oferecer, prometer ou entregar, ao eleitor, com o fim de obter-lhe o voto, bem ou vantagem pessoal de qualquer natureza, inclusive emprego ou função pública, desde o registro da candidatura até o dia da eleição, inclusive, ressalvado o disposto no art. 26 e seus incisos da Lei das Eleições;
   d) a captação, por escuta telefônica ilegal durante a campanha eleitoral, de informações de conversas com candidatos adversários sobre o sufrágio dos eleitores.

18. **(MP/SC) Se um adolescente com dezesseis anos de idade, ao votar, pratica infração penal eleitoral e crime doloso contra a vida, qual(is) órgão(s) será(ão) competente(s) para julgá-lo?**
   a) Justiça Eleitoral, face à conexão e por tratar-se de crime eleitoral.
   b) Justiça Comum Federal, em ambos os delitos.
   c) Justiça Comum Estadual (Infância e Juventude) em ambos os delitos.
   d) Justiça Comum Estadual, no Tribunal do Júri, pelo crime doloso, contra a vida e na Infância e juventude pelo crime eleitoral.
   e) Justiça Eleitoral, pelo crime eleitoral e pela Justiça Comum (Infância e Juventude), pelo crime doloso contra a vida.

19. **(UnB/Cespe – TRE/PA) Acerca do processo penal eleitoral, assinale a opção incorreta.**
   a) As infrações penais definidas no Código Eleitoral são de ação pública.
   b) Todo cidadão que tiver conhecimento de infração penal tipificada no Código Eleitoral deverá comunicá-la ao juiz eleitoral da zona onde o crime se verificou.
   c) Quando a comunicação do crime for verbal, mandará a autoridade judicial reduzi-la a termo, assinado pelo apresentante e por duas testemunhas, e a remeterá ao Ministério Público Eleitoral.
   d) Se, ao analisar a comunicação do crime, o Ministério Público julgar necessários esclarecimentos adicionais e documentos complementares ou outros elementos de convicção, deverá requisitá-los diretamente de quaisquer autoridades ou funcionários que possam fornecê-los.
   e) O procurador regional eleitoral que receber do juiz comunicação que fora inicialmente arquivada pelo Ministério Público não pode insistir na promoção do arquivamento em razão da natureza jurídica do bem jurídico tutelado pelo Direito Penal Eleitoral.

20. **(UnB/Cespe – TRE/MT) Para a garantia da lisura do processo eleitoral, a Lei nº 9.504/1997 estabelece critérios para a fiscalização das eleições e enumera quais condutas são vedadas aos agentes públicos durante campanhas eleitorais. Com relação a esses temas, julgue os seguintes itens.**
   I. É facultado aos partidos políticos e coligações fiscalizar todas as fases do processo de votação e apuração, inclusive o desenvolvimento dos programas de computador de propriedade do TSE.

II. Realizar a carga ou a preparação de urna eletrônica em local público constitui crime.

III. Causar, intencionalmente, dano físico a equipamento usado na votação constitui crime, punível com reclusão de 5 a 10 anos.

IV. É permitida a cessão de servidores públicos, desde que ocupantes de cargos efetivos, para trabalhar nos comitês eleitorais partidários oficialmente registrados.

V. Durante o processo eleitoral, é vedada a nomeação ou exoneração de servidor ocupante de cargo em comissão, assim como a dispensa de servidor ocupante de função de confiança.

Estão certos apenas os itens:

a) I e III;
b) I e V;
c) II e III;
d) II e IV;
e) IV e V.

11. Gabarito das questões objetivas

1. C
2. D
3. C
4. B
5. C
6. E
7. A
8. B

9. E.
"E", foi a resposta oficial, porém entendo que a Constituição Federal prevê a hipótese de ação penal privada subsidiária da pública; portanto, a ação penal eleitoral será iniciada por denúncia do Ministério Público ou por queixa-crime oferecida pelo ofendido ou por quem tenha qualidade para representá-lo, se a denúncia não for apresentada no prazo legal.

10. E.
11. D
12. B
13. E
14. B
15. A

16. B. Veja os comentários que fizemos na questão 9.

17. C
18. C
19. E
20. A

12. Simulação

Imagine-se na última fase de um concurso jurídico, pois, após a leitura do Capítulo 14, você agora já tem plenas condições de resolver a questão infracitada, elaborada em um concurso jurídico.

Disserte: *Crimes eleitorais:*

a) classificação;

b) conexão;

c) rito procedimental.

Capítulo 15

Revisão Didática

Vamos resolver cem questões, envolvendo todas as matérias estudadas.

1. **Há necessidade de cancelar título de falecido? Como se deve proceder?**

Resposta: Os oficiais do Registro Civil são obrigados por lei a comunicar, mensalmente, à Justiça Eleitoral, os óbitos ocorridos no mês anterior, para fins de cancelamento das respectivas inscrições eleitorais. Os familiares, no entanto, podem apresentar, ao juiz eleitoral da zona em que era inscrita a pessoa falecida, cópia da certidão de óbito e o original do título eleitoral, requerendo que seja procedido o cancelamento da inscrição. O cancelamento, além de legalmente exigível (art. 71, IV, do CE), é a garantia de que a inscrição não venha a ser utilizada fraudulentamente.[1]

2. **Como deve o eleitor requerer sua transferência eleitoral?**

Resposta: Para efetuar a transferência do título eleitoral, o eleitor deve dirigir-se ao cartório eleitoral mais próximo de sua nova residência, munido do título de eleitor, carteira de identidade e comprovante de residência. A transferência dar-se-á até cento e cinquenta dias antes da data da eleição.

3. **O que ocorre se o eleitor não votar e não justificar sua ausência?**

Resposta: O eleitor que não votar nem justificar sua ausência nos prazos determinados pela Justiça Eleitoral incorrerá em multa imposta pelo juiz eleitoral. Sem a prova de que votou, pagou multa ou de que se justificou devidamente, não poderá o eleitor inscrever-se em concurso público, obter passaporte ou carteira de identidade, renovar matrícula em estabelecimentos de ensino oficial, obter empréstimos em estabelecimentos de crédito mantidos pelo governo, participar de concorrência e praticar qualquer ato para o qual se exija quitação do serviço militar ou imposto de renda. Se o eleitor deixar de votar em três eleições consecutivas, seu título será cancelado.

---

1 Fonte de pesquisa das questões 1 *usque* 3, CÂNDIDO, Joel José. *Op. cit.*

4. **A falta de abertura de conta bancária específica é fundamento suficiente para a rejeição de contas de campanha eleitoral? Qual a posição do TSE?**

Resposta: Demonstrada a regularidade por outros meios, a ausência de abertura de conta bancária, por si só, não enseja a desaprovação das contas. Precedentes. Recurso especial conhecido e provido (Ac. nº 16.285, de 20/6/2000, Rel. Min. Maurício Corrêa). A não abertura de conta bancária específica não enseja, inexoravelmente, a rejeição das contas (Ac. nº 16.200, de 11/5/2000, Rel. Min. Eduardo Alckmin). A ausência de abertura de conta bancária específica não implica a desaprovação das contas, desde que comprovada por outros meios a regularidade da movimentação dos recursos financeiros aplicados na campanha (Ac. nº 16.147, de 19/10/1999, Rel. Min. Maurício Corrêa; no mesmo sentido, o Ac. nº 15.929, de 16/12/1999, Rel. Min. Maurício Corrêa).

▸ OBSERVAÇÃO DIDÁTICA

A Súmula nº 16 foi cancelada pelo Ac.-TSE, de 10.5.2016, no PA nº 32345, publicado no *DJE* de 24, 27 e 28.6.2016. Assim determinava: "A falta de abertura de conta bancária específica não é fundamento suficiente para a rejeição de contas de campanha eleitoral, desde que, por outros meios, se possa demonstrar sua regularidade".[2]

5. **Quais as formas previstas na legislação para o chamamento dos convencionais?**

Resposta: Há duas formas previstas na legislação para o chamamento dos convencionais: o edital e a notificação pessoal, sempre que possível esta última. De praxe, a forma escolhida é o edital publicado na imprensa local; não havendo jornal na cidade, o edital deverá ser afixado no cartório eleitoral da zona, a teor do art. 34, I, da ex-Lei Orgânica dos Partidos Políticos. O importante, porém, é que, seja a convocação pela forma da notificação pessoal, seja por edital publicado ou afixado, não pode ela ser deficiente para que não seja ineficaz juridicamente, como já decidiu o TSE.[3]

6. **O que se entende por ata da convenção?**

Resposta: A ata é a história da convenção, contada pelo partido, não se devendo supor que nela sejam consignados incidentes ou procedimentos que, eventualmente, pudessem embaraçar o registro. Nesse sentido, é peça de conteúdo meramente formal, embora nem por isso menos importante. Nela deverão ser consignados os nomes dos candidatos escolhidos pelo partido e seus respectivos números sorteados, devendo ser confrontada de vez que ela é o documento por excelência da convenção - com a nominata dos candidatos, apresentada para registro. Eventuais omissões ou discrepâncias serão objetos de diligências e esclarecimentos, trazidos pelo próprio partido ou pelo próprio candidato (CE, art. 94, § 1º, I).[4]

---

[2] Art. 34 da Lei nº 9.096, de 19/09/1995.

[3] Nesse sentido: CÂNDIDO, Joel José. *Op. cit.*

[4] Nesse sentido: *ibid.*

7. **O que se entende por candidaturas plurissubjetivas?**

Resposta: Adriano Soares da Costa[5] leciona: "chamo de **candidaturas plurissubjetivas** aquelas candidaturas registradas em chapa una e indivisível, de maneira que uma candidatura apenas será juridicamente possível com a outra ou com as demais, dependendo da exigência legal. Ou seja, por determinação legal, não se admite que apenas um nacional proponha o registro para candidatura que, juridicamente, foi concebida para ser dúplice ou plúrima. Enquanto para os cargos proporcionais a candidatura é unissubjetiva (embora em listas indicadas pela convenção), para os cargos majoritários há exigência de suplência constituída quando do pedido de registro, sem a qual não poderá ser ele deferido, vez que **o voto dado pelo eleitor não será, sob a óptica jurídica, apenas para o candidato principal, mas também para os que completam a chapa** (art. 178 do CE)".

8. **Se o candidato apresentar, por ocasião da prestação de contas, recibos que descreviam serviços de boca de urna (crime eleitoral), qual será o procedimento a ser adotado?**

Resposta: O que se pretende, no processo de prestação de contas, é apurar a entrada e saída de recursos. E este objetivo foi alcançado. Se a hipótese revela a ocorrência da conduta descrita no art. 39, § 5º, inciso II, da Lei nº 9.504/1997, esta deve ser apurada em processo próprio: a reclamação ou representação prevista no art. 96 da lei, em que se constataria ou não a ilicitude do que foi contratado (Ac. nº 16.022, de 11/11/1999, Rel. Min. Costa Porto).

9. **Erros formais ou materiais irrelevantes podem acarretar a rejeição das contas?**

Resposta: Não. Dispõem os §§ 2º e 2º-A do art. 30 da Lei nº 9.504/1997:

> § 2º Erros formais e materiais corrigidos não autorizam a rejeição das contas e a cominação de sanção a candidato ou partido.
> § 2º-A. Erros formais ou materiais irrelevantes no conjunto da prestação de contas, que não comprometam o seu resultado, não acarretarão a rejeição das contas.

10. **Qual o recurso cabível contra decisão de Tribunal Regional Eleitoral que julga contas de candidato ou partido político?**

Resposta: É o recurso especial (Ac. nº 2.367, de 20/3/2001, Rel. Min. Fernando Neves).

11. **Publicado o acórdão em 5 de dezembro (sábado), quando não houve expediente no Tribunal, quando o prazo começaria a fluir?**

Resposta: leia o item "como contar os prazos eleitorais".

---

[5] Nesse sentido: *Op. cit.*

12. Qual o termo *a quo* do prazo recursal?

Resposta: O termo *a quo* do prazo recursal começa no dia em que houve efetiva ciência do provimento judicial (Ac. nº 15.463, de 09/03/1999, Rel. Min. Maurício Corrêa).

13. Tendo o juízo de primeira instância determinado a publicação da sentença em cartório e que fossem intimadas as partes, em que momento o prazo recursal começa a fluir?

Resposta: O prazo começa a fluir a partir da cientificação dessas pela imprensa oficial ou mediante mandado (Ac. nº 15.254, de 03/12/1998, Rel. Min. Maurício Corrêa).

14. De quem é a legitimidade para propor a ação de impugnação de pedido de registro de candidatura?

Resposta: O Ministério Público, os partidos políticos ou coligações e os candidatos são partes com legitimidade exclusiva para formular essa impugnação. É indispensável que seja a ação ajuizada através de advogado habilitado, exigindo-se, aqui, fiel cumprimento ao disposto no art. 103 do Novo Código de Processo Civil e no art. 12, I, 1ª parte, da Lei nº 8.906, de 04/07/1994 (Estatuto da Advocacia e da OAB). Trata-se de processo de jurisdição contenciosa, onde se opera a coisa julgada, razão de ser da exigência de advogado habilitado representando os partidos ou candidatos. A questão, porém, não é pacífica na doutrina e jurisprudência.[6]

15. Apresente o roteiro prático da Ação de Impugnação do Pedido de Registro de Candidatura na primeira instância.

Resposta:

— petição inicial, em cinco dias;
— notificação do impugnado e intimação do Ministério Público, se não for o impugnante;
— contestação do impugnado, em sete dias. O partido ou a coligação também podem contestar; nesse caso, o prazo é comum;
— julgamento antecipado da lide ou despacho saneador;
— instrução, em quatro dias;
— diligência e produção de outras provas, em cinco dias;
— alegações finais, em cinco dias (prazo comum às partes e ao Ministério Público);
— conclusão ao juiz, em um dia;
— sentença, em três dias;
— recurso, com razões, em três dias;
— contrarrazões do recorrido (e do MP, se for o caso), em três dias;
— subida ao Tribunal, de imediato.

---

[6] Nesse sentido: CÂNDIDO, Joel José. *Op. cit.*

16. **O que se entende por teoria clássica da inelegibilidade?**

Resposta: Adriano Soares da Costa[7] afirma: "chamo de teoria clássica a teoria da inelegibilidade que se erige sobre três axiomas, explícita ou implicitamente, que dão sustentação a todo o arcabouço teórico de explicação dos institutos eleitorais:

- todo brasileiro é elegível;
- toda inelegibilidade é uma sanção; e
- a regra é a elegibilidade; a inelegibilidade, a exceção".

17. **Apresente o Rito da Investigação Judicial Eleitoral (nos tribunais - art. 22 da LC nº 64/1990).**

Resposta:

— petição inicial ao Corregedor, com documentos, rol de testemunhas (máximo de seis) e pedido de diligências;
— indeferimento da inicial. Possibilidade de renovação: art. 22, II;
— deferimento com ou sem suspensão do ato. Notificação ao requerido. Intimação do Ministério Público;
— defesa em cinco dias com documentos, pedido de diligências e testemunhas (máximo de seis).
— despacho. Julgamento antecipado (art. 355, I e II, do Novo CPC). Abertura da instrução. Apreciação das provas pedidas;
— instrução, em cinco dias;
— realização de diligências determinadas ou deferidas, em três dias. Ouvida de terceiros, excepcionalmente;
— alegações finais: dois dias (prazo comum) para as partes e Ministério Público;
— conclusão, no dia seguinte;
— relatório conclusivo, em três dias;
— remessa ao Tribunal, no dia seguinte;
— vistas ao Ministério Público no Tribunal, por quarenta e oito horas;
— julgamento pelo colegiado;
— recurso, em três dias.

18. **Como é a composição da mesa receptora de votos?**

Resposta: Os funcionários encarregados de uma mesa receptora de votos chamam-se "mesários" e sua atividade se exercerá, exclusivamente, no dia da eleição. Devem eles receber o eleitor e colher seu voto, em resumo. Uma mesa completa tem a seguinte composição, ditada pelo art. 120, *caput*, do Código Eleitoral, num total de seis membros:

a) presidente;
b) 1º mesário;

---

[7] Nesse sentido: *Op. cit.*

c) 2º mesário;
d) 1º secretário;
e) 2º secretário; e
f) suplente.

19. Cite outros casos, além dos enumerados no Código Eleitoral, que impedem as pessoas de exercerem a função de mesário.

Resposta: Leciona **Joel José Cândido** que: "pode-se, assim, enumerar outras causas que impeçam as pessoas de exercer a função de mesários, embora a análise deva ser feita caso a caso, antes de se expedirem os ofícios convocatórios". Porém, desde logo, não se pode convocar:[8]

a) os que não forem eleitores obrigatórios (maiores de dezoito anos);
b) os filiados a qualquer partido político;
c) os que estejam respondendo a qualquer processo judicial por crime doloso;
d) os membros do Ministério Público;
e) os que não estejam no gozo dos direitos políticos etc.

Leia minha posição no item 2.4 do Capítulo 11, mas adianto que, quanto ao item "b", discordo com veemência do doutrinador supracitado, pois, se "os filiados a qualquer partido político" fossem impedidos de exercer a função de mesário, seria impossível formar a mesa receptora de votos.

20. Cite algumas hipóteses em que a designação de um mesário possa vir a ser tornada sem efeito.

Resposta: Há três hipóteses em que a designação de um mesário pode vir a ser tornada sem efeito:

a) reconsideração da designação de parte do juiz;
b) alegação, pelo próprio mesário, de motivo justo (CE, art. 120, § 4º); e
c) a impugnação de seu nome (CE, art. 121, § 1º).

21. Os deputados e senadores, que pretendam concorrer à reeleição, necessitam afastar-se dos cargos legislativos para não serem incompatíveis?

Resposta: Extraímos da lição de **Adriano Soares da Costa**[9] que os ocupantes de cargos do Poder Legislativo que optem por sair candidatos a um cargo do Poder Executivo não terão de afastar-se em prazo hábil do exercício de seu mandato, sob pena de incompatibilidade, consoante longa tradição de nosso Direito Eleitoral, como também não necessitarão abdicar, ainda que provisoriamente, de seu mandato, se desejarem concorrer a um outro cargo diverso. Tal situação, incontroversa e jurisprudencialmente remansosa, não possui justificação de *iure condito* no Direito positivado. Tinha-se como fato evidente que, sendo a incompatibilidade uma restrição, apenas poderia vingar quando houvesse norma dispondo claramente sobre

---

[8] Nesse sentido: CÂNDIDO, Joel José. *Op. cit.*

[9] Nesse sentido: *Op. cit.*

ela, restando fora de seu campo de incidência todas as situações não hipotisadas no descritor da norma. Quedavam fora dessa imposição, de conseguinte, os mandatários do Poder Legislativo, os quais apenas se afastariam do cargo se assim alvidrassem, em exercício de seu direito ao afastamento para tratar de questões particulares (hoje, art. 56, inciso II, da CF/1988). Por isso mesmo, já poderíamos assentar uma primeira regra pressuposta do ordenamento jurídico: os parlamentares não necessitam se desincompatibilizar dos seus cargos para concorrerem à reeleição ou eleição de cargo diverso, porquanto (a) a incompatibilidade é disposta por norma restritiva de direitos, que merece interpretação angusta; (b) há apenas norma constitucional sobre incompatibilidade de ocupantes do cargo do Poder Executivo que desejem sair a outros cargos, não aplicável extensivamente aos parlamentares; e (c), não havendo norma sobre incompatibilização, entende-se que não há exigência de desincompatibilização.

22. Quais as etapas que devem ser observadas como medida preparatória à apuração?

Resposta: As etapas seguintes mostram mais claramente como deve se dar esta medida preparatória à apuração:

1. indicação de nomes de titulares e suplentes para integrarem a junta eleitoral, do juiz ao TRE, sem prazo fixo mas, no mínimo, setenta dias antes da eleição;
2. publicação desses nomes, indicando as respectivas zonas e a condição de titular ou de suplente, setenta dias antes do pleito, no *Diário Oficial do Estado;*
3. possibilidade de formulação de impugnação motivada a esses nomes, nos três primeiros dias, a contar da publicação, pelos partidos políticos (ou coligações, se for o caso), candidatos já registrados ou Ministério Público (CE, art. 24, VI), diretamente ao TRE;
4. julgamento dessas impugnações pelo TRE, nos sete dias seguintes;
5. aprovados os nomes pelo TRE, serão eles nomeados pelo seu presidente até sessenta dias antes do pleito.

23. Quais as pessoas que, por prerrogativa de função ou por condição especial, têm prioridade para votar?

Resposta: O exercício do voto, no dia da eleição, obedece a regras cuja observância é necessária para a regularidade do processo de votação e do pleito. Embora todos tenham o direito de votar, algumas pessoas, por prerrogativa de função ou por condição especial, têm prioridade para votar (CE, art. 143, § 2º):

1. os candidatos;
2. o juiz eleitoral da zona;
3. os funcionários da Justiça Eleitoral em serviço;
4. os idosos;
5. os enfermos;
6. as grávidas, entre outros.

24. **E os promotores eleitorais não têm prioridade para votar?**

Resposta: Os promotores eleitorais também têm prioridade para votar, como afirma **José J. Cândido:** "Os promotores eleitorais da zona, do mesmo modo que os juízes eleitorais e os funcionários da Justiça Eleitoral, têm prioridade para votar, eis que seus serviços profissionais, como o daqueles, são imprescindíveis para a realização correta do pleito. A enumeração *supra* não é taxativa e outras pessoas poderão obter preferência para votar, como o pessoal do serviço médico, os deficientes etc. O presidente da mesa deverá ter o máximo de bom senso na admissão do voto prioritário."

25. **Relacione as etapas que são desenvolvidas no exercício do voto.**

Resposta: A dinâmica do exercício do voto, pelos eleitores, será a seguinte:

— identifica-se o eleitor, examinando documento oficial com foto, que fica na mesa;
— localiza-se seu nome na listagem;
— o eleitor vota na cabina;
— assina a listagem, recebendo o título com o comprovante e se retira do local.

26. **A prescrição da pretensão executória impede a elegibilidade?**

Resposta: Antes do advento da Súmula nº 9 do TSE, a prescrição da pretensão executória não impedia a inelegibilidade de que cogita esta alínea *e* do art. 1º, I, da LC nº 64/1990. Vigente a Súmula nº 9, como a extinção da pena impede a suspensão dos direitos políticos (que é o antecedente), inviabiliza, com muito mais razão, a inelegibilidade aqui cogitada (que é o consequente). Mais a mais, esta inelegibilidade da alínea *e* pressupõe o cumprimento da pena, o que não existe na prescrição da pretensão executória. E, por fim, pela redação daquele édito pretoriano, se vê que, para a suspensão dos direitos políticos e inelegibilidade, é irrelevante que permaneçam, na prescrição executória, os efeitos secundários da condenação. (Súmula nº 9 "A suspensão de direitos políticos decorrentes de condenação criminal transitada em julgado cessa com o cumprimento ou extinção da pena, independendo de reabilitação ou prova de reparação dos danos.")[10]

27. **O que se entende por diplomação?**

Resposta: A diplomação é ato único, que não pode ser fracionado, dela surgindo alguns efeitos significativos. A partir de sua realização válida, nasce o termo a *quo* tanto para a interposição do recurso contra a diplomação, previsto no art. 262 do Código Eleitoral, como para a Ação de Impugnação de Mandato Eletivo, prevista no art. 14, §§ 10 e 11, da Constituição Federal, dois importantes instrumentos processuais que podem impedir o exercício do mandato eletivo. A partir dela, também, os eleitos podem assumir seus cargos; antes, não.[11]

---

[10] Nesse sentido: *Op. cit.*

[11] Nesse sentido: *Ibid.*

28. Na divisão do processo eleitoral, que etapa ocupa a diplomação?

Resposta: Na clássica divisão do processo eleitoral, a diplomação ocupa a quarta e última fase, sucedendo a apuração, que abrange a terceira fase. A partir daí, excetuando-se os casos de recurso ou ação eleitoral e os processos criminais, cessa, praticamente, a competência da Justiça Eleitoral, já que os incidentes ocorridos no exercício do mandato eletivo são, a princípio, de competência da Justiça Comum.[12]

29. Todos os recursos eleitorais têm efeito suspensivo?

Resposta: Excepcionando a apelação criminal eleitoral, que tem efeito suspensivo (CE, arts. 362 e 364, e CPP, art. 597), os demais recursos eleitorais não terão esse efeito, em regra (CE, art. 257). Nos casos em que cabe o recurso em sentido estrito (CPP, art. 581) em matéria eleitoral, como adiante se verá, os efeitos a serem dados no seu recebimento dependerão da hipótese que ensejou a propositura, resolvendo-se com a aplicação dos arts. 583 e 584 do Código de Processo Penal.[13]

30. Como é a sentença eleitoral?

Resposta: A sentença criminal eleitoral será igual à sentença criminal comum, seguindo o mesmo roteiro e com o mesmo contexto ontológico. O estudioso Ney Fayet ensina, com clareza, que a sentença deve conter um preâmbulo, relatório, fundamentação – com análise das preliminares e do mérito, em todos os seus aspectos – conclusão, provimentos finais e autenticação. Adverte, ainda, o eminente professor de Direito Penal, gaúcho, sobre os requisitos que deve conter a decisão judicial, assim como sobre os vícios que deve evitar, fundamentando suas preleções com sustentações doutrinárias e jurisprudenciais.[14]

31. Existe obrigatoriedade de o apelante apresentar as razões de apelação para seu recurso ser conhecido?

Resposta: Não há obrigatoriedade de o apelante apresentar as razões de apelação para que seu recurso seja conhecido, mesmo quando parcial a sua inconformidade. O que se impõe, se arrazoar, é que suas razões sejam apresentadas dentro dos mesmos dez dias, não podendo o juiz deferir prazo outro para sua apresentação, não indicado pela lei, criando momento processual inexistente.[15]

32. Pode o Ministério Público requerer o arquivamento do procedimento de investigação eleitoral?

Resposta: Sim. Toma-se o termo "investigação", aqui, em sentido genérico, significando qualquer expediente que investigue o crime eleitoral. Pois pode ocorrer que o Ministério Público conclua pela inocorrência de crime ou pela ocorrência de

---

[12] Nesse sentido: *Ibid.*

[13] Nesse sentido: *Ibid.*

[14] FAYET, Ney. *A Sentença criminal e suas nulidades.* RJ: Aide, 1987, 5. ed., p. 335/341.

[15] Nesse sentido: CÂNDIDO, Joel José. *Op. cit.*

qualquer outra causa que inviabilize a denúncia, como, por exemplo, a prescrição. Nesses casos, poderá pedir o arquivamento do expediente ao juiz eleitoral. Este poderá deferir ou não. Deferido, não se fala mais em ação penal, posto que desse despacho não cabe recurso, como já decidido (Súmula nº 524 – STF. *Vide*: Roberto Rosas, *Direito Sumular*, Revista dos Tribunais, 6. ed. SP: 1991, p. 258-259).

33. Qual a solução jurídica se o juiz indeferir o pedido de arquivamento?

Resposta: leia no capítulo 14 o item "O pedido de arquivamento no TRE".

34. Existem exceções quanto à obrigatoriedade do voto?

Resposta: Sim. Segundo **Fávila Ribeiro**: "as exceções são: os enfermos, os que se encontram fora do seu domicílio eleitoral, os funcionários civis e militares em serviço que impossibilite de votarem, os maiores de setenta anos, os analfabetos, os maiores de dezesseis e menores de dezoito anos".

Minha posição: a opinião do renomado autor supracitado pode confundir o concursando, pois as exceções quanto à obrigatoriedade do voto são para:

a) os analfabetos;
b) os maiores de setenta anos;
c) os maiores de dezesseis e menores de dezoito anos.

Para os enfermos, os que se encontrem fora do domicílio eleitoral, os funcionários civis, militares, promotores, juízes em serviço com impossibilidade de votar, o voto continua obrigatório, devendo os mesmos justificarem o voto.

35. O condenado ou preso perde o direito de votar enquanto permanece detido?

Resposta: À luz da Constituição Federal, esses eleitores teriam pleno direito ao exercício do voto. O impedimento deles é circunstancial, de fato. Eles não estão impedidos, na acepção jurídica do termo, de votar, mas impossibilitados, na acepção fática, tanto quanto um cidadão comum, fora de seu domicílio eleitoral, e, desse fato, eventualmente absolvido, ou cumprida a pena, restaurados seus direitos políticos, nenhum débito terão para com a Justiça Eleitoral, devendo, todavia, comparecer ao cartório eleitoral, justificando suas ausências nos pleitos.

36. Quais as hipóteses de cancelamento e exclusão da inscrição do eleitor?

Resposta: As hipóteses de cancelamento da inscrição do eleitor e sua exclusão estão previstas no art. 71 do Código Eleitoral. Além dele, o art. 5º, alterado pela Constituição Federal, também incide. O elenco que resulta desses dispositivos legais é o seguinte:

- infração do art. 5º do Código Eleitoral;
- infração do art. 42 do Código Eleitoral;
- suspensão ou perda dos direitos políticos;
- pluralidade de inscrições;
- falecimento;
- abstenção reiterada e não justificada nos pleitos; e
- revisão do eleitorado.

37. E se não houver no local do fato órgão da Polícia Federal, pode a Polícia Civil investigar crimes eleitorais?

Resposta: Nenhum óbice existe – nos termos do entendimento jurisprudencial dominante – para a atuação concorrente da Polícia Civil em matéria eleitoral, não se podendo falar em lesão ao princípio da exclusividade da Polícia Federal como polícia judiciária da União. Há delegação tácita de atribuições desta para atuação daquela. Há, aqui, plena incidência do art. 4º e seguintes do Código de Processo Penal.

38. E se o órgão do Ministério Público não oferecer a denúncia no prazo legal?

Resposta: A doutrina dominante defende que "poderá representar contra o Ministério Público, a autoridade judiciária". Entendo que, neste caso, pode a parte interessada entrar com a ação privada subsidiária da pública.

39. Quais as hipóteses previstas de substituição de candidatos?

Resposta: As hipóteses previstas na legislação eleitoral são: a renúncia, pelo falecimento, ou a inelegibilidade de candidato.

40. No tocante às eleições majoritárias, qual o prazo concedido para substituição?

Resposta: Ocorrendo qualquer das hipóteses acima previstas, poderá o partido, por seu órgão, no prazo de dez dias do evento, indicar seu substituto.

41. O que acontece se a substituição for deferida trinta dias antes do pleito?

Resposta: Fávila Ribeiro ensina que: "Se o pedido de substituição for deferido até trinta dias antes do pleito, ainda que as cédulas já tenham sido impressas, nova impressão deverá ocorrer; caso contrário, o substituto receberá os votos consignados pelos eleitores ao substituído, cujo nome já se encontrava impresso na cédula oficial."

Minha posição: em tempos de eleição eletrônica podemos dizer que o substituto receberá os votos dados ao substituído se não houver tempo de alterar o programa para incluir a foto e o número do novo candidato.

42. Em que período pode ocorrer a substituição nas eleições proporcionais?

Resposta: Em se tratando de eleições proporcionais, o pedido só prosperará se encaminhado ao Tribunal Regional Eleitoral, com todas as suas formalidades legais, até sessenta dias antes do pleito.

43. E se o motivo da substituição ocorrer dias antes das eleições proporcionais?

Resposta: Ocorrendo renúncia ou morte dentro dos sessenta dias antes do pleito, ou, antes, não podendo o partido diligenciar até o limite do prazo em toda a documentação do substituto, não será possível o registro (CE, art. 101, § 2º).

44. Uma junta eleitoral pode julgar *habeas corpus*?

Resposta: Não há hipótese de a junta eleitoral vir a decidir *habeas corpus*. Apesar de serem as juntas eleitorais órgãos típicos do Poder Judiciário, como qualquer outro, gozando seus membros, no exercício de suas funções, das plenas garantias constitucionais da magistratura, inclusive a inamovibilidade (CF, art. 121, § 1º), a lei lhes outorgou competência jurisdicional específica e própria da fase da apuração do processo eleitoral, relativa, somente, ao escrutínio e o que a ele se relacionar no destino dos votos.[16]

45. Quais as condições de elegibilidade?
Resposta:

> I – nacionalidade brasileira;
> II – exercício dos direitos políticos;
> III – alistamento eleitoral;
> IV – domicílio eleitoral na circunscrição;
> V – filiação partidária;
> VI – idade (expressamente indicada na CF/1988 para os diversos cargos. Art. 14, § 3º, VI, *a, b, c* e *d*).

46. Quais os requisitos da inscrição eleitoral obrigatória?
Resposta:
- nacionalidade brasileira;
- mínimo de dezoito anos;
- quitação com o serviço militar;
- não ser conscrito obrigatório;
- ser alfabetizado.

47. Cite os casos de perda dos direitos políticos.
Resposta: Leia o item 6 no Capítulo 6.

48. Quais os casos de suspensão dos direitos políticos?
Resposta: Leia o item 7 no Capítulo 6.

49. Quando termina a suspensão dos direitos políticos?
Resposta: Depende. Pode ocorrer:
- com o término do cumprimento da pena privativa de liberdade ou da pena restritiva de direitos;
- com o término do período de provas da suspensão ou do livramento condicional;
- com o efetivo pagamento da pena de multa; e
- com o término da execução da medida de segurança.

50. Qual a consequência da perda ou da suspensão dos direitos políticos?
Resposta: Uma vez já alistado o eleitor, a perda ou a suspensão dos direitos políticos acarretará o cancelamento ou suspensão da inscrição, com base e na forma do art. 71, II, e arts. 77 a 80 do Código Eleitoral.

---

16 Nesse sentido: *Ibid.*

51. Existência de condenação por crime eleitoral torna o candidato inelegível?

Resposta: Cuidado: com a reforma eleitoral, só haverá decretação da inelegibilidade por condenação por crime eleitoral com a observância de 2 (dois) requisitos, a saber:

a) condenação, em decisão transitada em julgado ou proferida por órgão judicial colegiado;
b) o crime eleitoral tem que ter pena privativa de liberdade;

Leia o art. 1º, inciso I, da LC nº 64/1990, com redação dada pela LC nº 135/2010:

> Art. 1º São inelegíveis:
> I – para qualquer cargo:
> e) os que forem condenados, em decisão transitada em julgado ou proferida por órgão judicial colegiado, desde a condenação até o transcurso do prazo de 8 (oito) anos após o cumprimento da pena, pelos crimes:
> 4. Eleitorais, para os quais a lei comine pena privativa de liberdade;

52. Tendo havido rejeição das contas da Administração, por decisão irrecorrível do órgão administrativo, o candidato ficará inelegível?

Resposta: Só a rejeição não basta. Deve também ser por irregularidade insanável que configure ato doloso de improbidade administrativa.

Leia o art. 1º, inciso I, da LC nº 64/1990, com redação dada pela LC nº 135/2010:

> Art. 1º São inelegíveis:
> I – para qualquer cargo:
> g) os que tiverem suas contas relativas ao exercício de cargos ou funções públicas rejeitadas por irregularidade insanável que configure ato doloso de improbidade administrativa, e por decisão irrecorrível do órgão competente, salvo se esta houver sido suspensa ou anulada pelo Poder Judiciário, para as eleições que se realizarem nos 8 (oito) anos seguintes, contados a partir da data da decisão, aplicando-se o disposto no inciso II do art. 71 da Constituição Federal, a todos os ordenadores de despesa, sem exclusão de mandatários que houverem agido nessa condição;

53. O que acarreta a condenação, em decisão transitada em julgado ou proferida por órgão colegiado da Justiça Eleitoral, por corrupção eleitoral?

Resposta: Se houver cassação do registro ou do diploma, haverá também inelegibilidade por 8 (oito) anos a contar da eleição.

Leia o art. 1º, inciso I, da LC nº 64/1990, com redação dada pela LC nº 135/2010:

> Art. 1º São inelegíveis:
> I – para qualquer cargo:
> j) os que forem condenados, em decisão transitada em julgado ou proferida por órgão colegiado da Justiça Eleitoral, por corrupção eleitoral, por captação ilícita de sufrágio, por doação, captação ou gastos ilícitos de recursos de campanha ou por conduta vedada aos agentes públicos em campanhas eleitorais que impliquem cassação do registro ou do diploma, pelo prazo de 8 (oito) anos a contar da eleição;

54. **Para que serve a ação de impugnação de pedido de registro de candidatura?**
Resposta: Para discutir os fatos que envolvam o candidato até a data do registro da candidatura.

55. **Para que serve a investigação judicial eleitoral?**
Resposta: Para apurar os fatos que envolvem o candidato desde antes do registro de sua candidatura até a eleição.

56. **Qual a competência para conhecer e julgar as arguições de inelegibilidade formuladas nas impugnações?**
Resposta: É da Justiça Eleitoral por seus órgãos, elencados casuisticamente no art. 2º e parágrafo único da Lei Complementar nº 64/1990, não havendo possibilidade nem razão para ser diferente. Há coerência da lei para registrar as candidaturas, conhecer e julgar as impugnações e diplomar.

57. **Quais os motivos que poderão ser alegados nas impugnações?**
Resposta: Os motivos podem ser resumidos em dois grandes grupos:
1º – ausência, no candidato, de uma ou mais condições de elegibilidade; e/ou
2º – ocorrência, nessa candidatura impugnada, de uma ou mais causas de inelegibilidade.

58. **Quais são as partes legítimas para pleitear a investigação judicial eleitoral?**
Resposta: São os partidos políticos ou coligações, os candidatos e o Ministério Público.

59. **O que se entende por propaganda eleitoral ou propaganda político-eleitoral?**
Resposta: Propaganda eleitoral ou propaganda político-eleitoral é uma forma de captação de votos usada pelos partidos políticos, coligações ou candidatos, em época determinada por lei, através de divulgação de suas propostas, visando à eleição a cargos eletivos.

60. **O que se entende por propaganda partidária ou propaganda político-partidária?**
Resposta: Propaganda partidária ou propaganda político-partidária é a divulgação genérica e exclusiva do programa e da proposta política do partido, em época de eleição ou fora dela, sem menção a nomes de candidatos a cargos eletivos, exceto partidários, visando a angariar adeptos.

61. **Qual o período inicial da propaganda no processo eleitoral?**
Resposta: Conforme o art. 36 da Lei nº 9.504/1997: "A propaganda eleitoral somente é permitida após o dia 15 de agosto do ano da eleição".

62. **Escolhido o candidato na convenção, este deverá esperar o deferimento de seu pedido de registro, para iniciar a propaganda?**
Resposta: Leciona **Joel José Cândido** que, escolhido o candidato na convenção, adquire ele – e seu partido político – o direito de, desde logo, pôr-se à rua com a

propaganda, independentemente do deferimento de seu pedido de registro pelo juízo eleitoral competente. Não é correto dizer que só com o deferimento do pedido de registro da candidatura se inicia o período lícito da propaganda, nem mesmo com a propositura judicial desse pedido de registro. É antes. É com a convenção do partido político. No exato momento em que se encerra a lavratura da ata de convenção.

Minha posição: o renomado autor supracitado só esqueceu de um detalhe importante, após a convenção o candidato deve esperar o período inicial da propaganda eleitoral que é previsto em lei.

63. Qual o fim do período da propaganda eleitoral?

Resposta: Na opinião de **Joel Cândido**: A lei não delimitou o fim do período da propaganda eleitoral, nem precisava fazê-lo. Naturalmente, com o fechar das urnas, na segunda fase do processo eleitoral – a votação –, encerra-se o período da propaganda lícita. Ninguém faria propaganda após esse momento.

64. Mas a propaganda eleitoral não se encerra quarenta e oito horas antes da eleição?

Resposta: Veja bem! O parágrafo único do art. 240 do Código Eleitoral precisa ser bem entendido. Ele não encerra o período de propaganda eleitoral que – repita-se – termina com o fechar da última urna. Esse período de quarenta e oito horas antes, e vinte e quatro horas após a eleição, restringe, apenas, algumas formas de propaganda, com outra *ratio legis* que não a que indica a absoluta vedação de captação de votos dos eleitores. É um período de liberdade restrita da propaganda, dentro de um período de propaganda com liberdade ampla.

65. Quais as medidas e consequências decorrentes do exercício da propaganda irregular?

Resposta: A lei prevê uma série de medidas e consequências decorrentes do exercício da propaganda irregular (ordinária). São elas de ordem eleitoral, *stricto sensu*, administrativa e, até, de ordem civil:

- cassação do registro do candidato (art. 334 do CE);
- ineficácia contratual dos candidatos ou partidos com empresas que possam burlar ou tornar inexequíveis quaisquer dispositivos do Código Eleitoral ou instruções baixadas pelo Tribunal Superior Eleitoral (art. 251);
- cassação do direito de transmissão da propaganda partidária gratuita pelo rádio e pela televisão (art. 45, § 2º, da LOPP);
- anulabilidade de votação (art. 222 do CE);
- solidariedade de partidos na responsabilidade imputada aos candidatos e adeptos pelos excessos que cometerem (arts. 241 e 243, § 1º, do CE);
- inelegibilidade para as eleições a se realizarem nos três anos subsequentes à eleição em que se verificou o ato, além da cassação do registro do candidato (LC nº 64/1990, art. 22, XVI).

66. O Ministério Público age na fiscalização da propaganda política?

Resposta: Matéria de ordem pública e regulada por regras cogentes, a propaganda, mormente em anos de eleição, é assunto que não pode prescindir da atuação constante e vigilante do Ministério Público Eleitoral.

67. A atuação do Ministério Público na fiscalização da propaganda política é sempre como fiscal da lei?

Resposta: Não. O Ministério Público atuará como parte e, quando não o for, como *custos legis* da lei eleitoral, nas reclamações e representações eleitorais.

68. O que legítima a atuação do Ministério Público na fiscalização da propaganda política?

Resposta: A Lei Eleitoral (art. 24 e incisos), a Lei Processual Civil (art. 177 do Novo Código de Processo Civil), subsidiariamente, assim como em todos os processos submetidos à apreciação judicial eleitoral.

69. É possível a propaganda eleitoral mediante *outdoors*?

Resposta: Não. A previsão legal de propaganda através de *outdoors* foi toda revogada pela Lei nº 11.300/2006. O Tribunal Superior Eleitoral, na sessão administrativa realizada no dia 23 de maio de 2006, decidiu que a mudança supracitada não é processo eleitoral, portanto, será válida para as eleições de 2006, não sendo aplicado o princípio da anualidade.

70. Quais os recursos cabíveis das decisões dos Tribunais Regionais Eleitorais?

Resposta: Os Tribunais Regionais Eleitorais compõem os órgãos de segunda instância da Justiça Eleitoral. Sua competência é originária ou recursal e ambas estão previstas nos arts. 29 e 30 do Código Eleitoral. Os recursos, em tese, cabíveis das decisões dessas cortes regionais são os seguintes:[17]

1. recursos parciais;
2. recurso contra a diplomação;
3. recurso inominado;
4. embargos de declaração;
5. recurso especial;
6. recurso ordinário;
7. agravo; e
8. revisão criminal.

71. Quais as hipóteses em que a designação de um mesário pode vir a ser tornada sem efeito?

Resposta: Há três hipóteses em que a designação de um mesário pode vir a ser tornada sem efeito:

---

[17] Nesse sentido: *Ibid.*

1 – reconsideração da designação de parte do juiz;
2 – alegação, pelo próprio mesário, de motivo justo (CE, art. 120, § 4º); e
3 – a impugnação de seu nome (CE, art. 121, § 1º).

72. **O que acontece com o mesário impedido de atuar, e que não revelar esse impedimento?**
Resposta: Comete crime o mesário impedido de atuar, e que não revelar esse impedimento (veja os arts. 120, § 5º, e 310, do Código Eleitoral).

73. **O que acontece com a pessoa que se recusa ao serviço de mesário ou abandona esse serviço, sem justa causa?**
Resposta: Comete o crime do art. 344 do Código Eleitoral.

74. **A revisão criminal eleitoral é um recurso ou uma ação?**
Resposta: Embora alguns autores não a vejam como recurso, como **Galdino Siqueira** e **Pontes de Miranda**, verdade é que a revisão criminal está regulada no Código do Processo Penal no título "Dos Recursos em Geral". Entendemos, porém, que a revisão criminal eleitoral não é um recurso, e sim uma ação penal de conhecimento de matéria constituída. Observe que, no Direito brasileiro, só pode existir recurso dentro do processo, e ele tem o condão de alargar a relação processual, a revisão ocorre após o trânsito em julgado.

75. **O promotor de Justiça pode interpor revisão criminal eleitoral?**
Resposta: Não. É recurso de benefício privativo do réu definitivamente condenado, tanto em sentença de primeiro grau como em acórdãos.

76. **Qual o efeito do recurso contra a diplomação?**
Resposta: O efeito é devolutivo; o art. 216 do Código Eleitoral autoriza o diplomado a exercer o mandato, em toda sua plenitude, enquanto o TSE não decidir o recurso interposto contra a expedição do diploma.

77. **Cabe recurso de embargos de declaração no Direito Eleitoral?**
Resposta: Sim, nas seguintes hipóteses:
I – quando há no acórdão ou sentença obscuridade, dúvida ou contradição;
II – quando for omitido ponto sobre o que devia pronunciar-se o Tribunal.

78. **Qual é a tramitação dos embargos de declaração?**
Resposta: Os embargos serão opostos dentro em três dias da data da publicação do acórdão, em petição dirigida ao relator, na qual será indicado o ponto obscuro, duvidoso, contraditório ou omisso. O relator porá os embargos em mesa para julgamento, na primeira sessão seguinte, proferindo o seu voto.

79. **É cabível ação privada subsidiária pública no Direito Eleitoral?**
Resposta: Joel José Cândido entende que: "todos os crimes eleitorais são de ação pública, já que o Estado é o sujeito passivo da lesão a essas normas. Os interesses da

ordem jurídica eleitoral são do Estado, inexistindo violação legal que não atinja a ordem pública tutelada por ele; consequentemente, ele e seus bens e valores sempre serão a objetividade jurídica imediata e prevalente nos casos de descumprimento da norma criminal eleitoral. O Estado sempre será a vítima ou o ofendido com a ação delituosa do agente".

▸ POSIÇÃO DIVERGENTE

Minha posição: Embora o entendimento supramencionado seja o dominante, entendo que cabe ação privada subsidiária da pública no Direito Eleitoral, porque tal ação, hoje, é mandamento constitucional expresso no art. 5º, inciso LIX, da Constituição Federal: "será admitida ação privada nos crimes de ação pública, se esta não for intentada no prazo legal". Ora, se os crimes do Direito Eleitoral são de ação pública incondicionada, eles devem seguir o preceito de ordem constitucional.

80. **Os partidos políticos podem ser assistentes da Promotoria?**
Resposta: Não. A lesão terá que ser pessoal, não bastando a ocorrência de eventual prejuízo político-partidário. Os partidos políticos, hoje pessoas jurídicas de direito privado, assim como não podem ser réus, não podem, do mesmo modo, figurar como assistentes à acusação em ação penal eleitoral.

81. **Os crimes eleitorais são comuns ou especiais?**
Resposta: Leia a questão 1 do item 9 no Capítulo 14.

82. **Qual o prazo para o promotor de Justiça oferecer a denúncia no Direito Eleitoral?**
Resposta: O prazo para denúncia será sempre os dez dias, pouco importando esteja o réu preso ou solto.

83. **Qual o recurso que cabe da decisão que rejeita a denúncia?**
Resposta: A decisão que rejeitar a denúncia estará desafiando recurso em sentido estrito, com base no art. 581, I, do Código de Processo Penal.

84. **Quais são as fases do processo eleitoral?**
Resposta: São quatro: alistamento, votação, apuração e diplomação.

85. **Quem tem competência para legislar sobre Direito Eleitoral?**
Resposta: Somente a União. É o que determina a Lei Maior, no seu art. 22, inciso I.

86. **Quem são os conscritos?**
Resposta: São aqueles que prestam serviço militar obrigatório.

87. **O que é capacidade eleitoral?**
Resposta: É a capacidade de alistar-se como eleitor, ou seja, é o direito que lhe é dado de inscrever-se no corpo eleitoral e que, nos dias atuais, poderá ser aos dezesseis anos de idade.

88. Quais são os órgãos da Justiça Eleitoral?

Resposta: Tribunal Superior Eleitoral, (TSE); Tribunais Regionais Eleitorais (TREs), juízes eleitorais e juntas eleitorais.

89. Quais são os componentes do Ministério Público Eleitoral?

Resposta: O Procurador-Geral Eleitoral, que é o Procurador-Geral da República, os Procuradores Regionais Eleitorais e os promotores de Justiça Eleitoral.

90. No caso de duplicidade, sobre qual inscrição deve recair cancelamento?

Resposta: Obedecendo a uma ordem decrescente, podemos citar o art. 75 do Código Eleitoral:

I – na inscrição que não corresponder ao domicílio do eleitor;
II – naquela cujo título não tenha sido entregue;
III – naquela cujo título não haja sido utilizado para o exercício do voto;
IV – na mais antiga.

91. A inscrição em jurisdição eleitoral diversa daquela que abrange fisicamente o domicílio do eleitor é causa de cancelamento?

Resposta: Sim. Constatando o fato, a inscrição do eleitor será cancelada sem prejuízo das sanções penais eleitorais.

92. O eleitor que deixa de votar em duas eleições consecutivas terá o seu título cancelado?

Resposta: Não. Somente em três eleições consecutivas é que o seu título deverá ser cancelado.

93. Como poderá ser promovida a exclusão do eleitor?

Resposta: Poderá ser *ex officio* pelo juiz eleitoral ou provocada, por delegado de partido ou qualquer eleitor.

Obs.: Leia o item 2.1 no Capítulo 5.

94. Qual o procedimento que deverá ser obedecido, no caso de o cidadão ter suspensos os seus direitos políticos?

Resposta: A autoridade que impuser essa penalidade providenciará para que o fato seja encaminhado ao juiz eleitoral ou ao TRE da circunscrição em que residir o réu.

95. Quando é adotado o sistema proporcional?

Resposta: Nas eleições para deputado federal, deputado estadual e distrital e, ainda, para vereador.

96. Em que consiste uma convenção partidária?

Resposta: Consiste na reunião dos filiados do partido político, convocados com antecedência que a lei fixar, para a escolha de membros dos respectivos diretórios, como também para escolha de candidatos a cargos públicos eletivos.

97. São irrecorríveis as decisões do TSE?

Resposta: Sim, salvo as que declararem a invalidade de lei ou ato contrário à Constituição Federal e, ainda, as denegatórias de *habeas corpus* e mandado de segurança.

98. Os institutos de mandado de injunção e do habeas data são aplicados no Direito Eleitoral?

Resposta: Sim, a nossa Lei Maior trouxe esses novos institutos para o Direito Eleitoral, mas ambas as medidas precisam de lei que as discipline.

99. Em quais situações, em matéria eleitoral, poderá ser usado o *habeas data*?

Resposta: Nos processamentos eletrônicos de dados, nos casos de inscrição eleitoral, bem como em bancos de dados sobre eleições passadas, onde haja informações relativas a algum candidato, ex-candidato ou simples eleitor. Além disso, também as informações sobre as filiações partidárias, pretéritas ou não, poderão lançar mão desse instituto.

100. É pacífica a admissibilidade do mandado de segurança contra decisão judicial, com a qualidade de assegurar efeito suspensivo a recurso que normalmente não o tem?

Resposta: Sim, mas, para isso, exige-se a demonstração do *fumus boni juris* e do dano irreparável ou de difícil reparação e no prazo legal.

Bibliografia

ACQUAVIVA, Marcos Cláudio. *Nova lei dos partidos políticos anotada*. São Paulo: Jurídica Brasileira, 1996.

BARRETO, Lauro. *Investigação judicial, eleição, impugnação, mandato eletivo*.

BARROS. Francisco Dirceu. *Manual de Prática Eleitoral*. São Paulo: JH Mizuno, 2016.

CÂNDIDO, Joel José. *Direito eleitoral brasileiro*. 10. ed. São Paulo: Edipro, 2003.

CASTRO NASCIMENTO, Tupinambá Miguel. *Lineamentos de direito eleitoral*. Porto Alegre: Síntese, 1996.

CERQUEIRA, Thales Tácito Pontes Luz de Pádua. *Direito eleitoral brasileiro*. Belo Horizonte: Del Rey, 2002.

CITADINI, Antonio Roque. *Código Eleitoral anotado e comentado*. 2. ed. São Paulo: Max Limonad, 1985.

CONEGLIAN, Olivar. *Propaganda eleitoral*. 9. ed. Curitiba: Juruá Editora, 2008.

COSTA, Adriano Soares da. *Direito processual eleitoral*. Salvador: Ciência Jurídica, 1996.

_____. *Inabilitação para mandato eletivo*. Belo Horizonte: Ciência Jurídica, 1998.

_____. *Instituições de direito eleitoral*. 5. ed. Belo Horizonte: Del Rey, 2002.

_____. *Teoria da inelegibilidade e do processual eleitoral*. Belo Horizonte: Del Rey, 1998.

COSTA, Elcias Ferreira da. *Compêndio de direito eleitoral*. São Paulo: Sugestões Literárias, 1978.

COSTA, Tito. *Recursos em matéria eleitoral*. 3. ed. São Paulo: RT, 1990.

FERREIRA, Pinto. *Código Eleitoral comentado*. 2. ed. São Paulo: Saraiva, 1990.

FICHTNER, José Antonio. *Impugnação do mandato eletivo*. Rio de Janeiro: Renovar, 1998.

JARDIM, Torquato. *Introdução ao direito eleitoral positivo*. Brasília: Jurídica, 1994.

MASCARENHAS, Paulo. *Lei eleitoral comentada, anotações à Lei nº 9.504, de 20/09/1997*. 5. ed. São Paulo: Editora de Direito, 2002.

MENDONÇA, Jr. Delosmar. *Manual de direito eleitoral*. Salvador: JusPodivm, 2006.

MONTE, Katia Maria. *Direito eleitoral – 1.100 perguntas e respostas*. S.E.:, 19–.

NOGUEIRA, José da Cunha. *Manual prático de direito eleitoral*. 3. ed. Rio de Janeiro: Forense, 1989.

PACHECO, Marilia. *Compêndio de legislação eleitoral e partidária*. 8. ed. Brasília: Brasília Jurídica, 2004.

PINTO, Djalma. *Direito eleitoral – anotações e temas polêmicos*. 3. ed. Rio de Janeiro: Forense, 2000.

QUEIROZ, Ari Ferreira de. *Direito eleitoral*. Goiânia: IEPC, 2000.

RIBEIRO, Fávila. *Direito eleitoral*. 3. ed. Rio de Janeiro: Forense, 1988.

SILVA, José Afonso da. *Do recurso extraordinário no direito processual brasileiro*. São Paulo: RT, 1963.

SOLOMON, E. Asch. *Psicologia social*. Trad. Dante Moreira Leite e Miriam Moreira Leite. 2. ed. São Paulo: Companhia Editora Nacional, 1966.

TOURINHO FILHO, Fernando da Costa. *Processo penal*. 18. ed. São Paulo: Saraiva, 1997. vol. 2.

VALENTE, Luiz Ismaelino. *Crimes na propaganda eleitoral*. Belém: Cyup, 1992.

VIEIRA FILHO, Meton. Propaganda eleitoral. *Revista Brasileira de Direito Eleitoral*, nº 3, Fortaleza, 1989.

Cód.: 617130

Gráfica: Geográfica – 2018/01.